雨花年鉴

YUHUA ALMANAC

长沙市雨花区年鉴编纂委员会　编

2018

方志出版社
Publishing House of Local Records

图书在版编目（CIP）数据

雨花年鉴．2018 / 长沙市雨花区年鉴编纂委员会编．—北京：方志出版社，2019.2

ISNB 978-7-5144-3654-9

Ⅰ．①雨… Ⅱ．①长… Ⅲ．①区（城市）—长沙—2018—年鉴 Ⅳ．① Z526.44

中国版本图书馆 CIP 数据核字（2019）第 035337 号

雨花年鉴（2018）

编　　者：长沙市雨花区年鉴编纂委员会
责任编辑：齐　笑

出 版 人：冀祥德
出 版 者：方志出版社
　　　　　地址　北京市朝阳区潘家园东里 9 号（国家方志馆 4 层）
　　　　　邮编　100021
　　　　　网址　http://www.fzph.org
发　　行：方志出版社发行中心
　　　　　电话（010）67110500
经　　销：各地新华书店
印　　刷：长沙市雅捷印务有限公司

开　　本：889 × 1194　　1/16
印　　张：40.125
字　　数：1039 千字
版　　次：2019 年 2 月第 1 版　　2019 年 2 月第 1 次印刷
印　　数：001 ～ 500 册

ISBN 978-7-5144-3654-9　　定价：120.00 元

重要事件

2017 年 1 月 6 日，雨花区人民政府与德国汉诺威水协“圭塘河流域综合治理”战略合作签约仪式
（区新闻中心／提供）

2017 年 2 月 16 日，区委书记张敏调研全区宣传思想文化工作　（区新闻中心／提供）

2017 年 2 月 27 日，圭塘河流域综合治理中德专家交流会　（区新闻中心／提供）

2017 年 4 月 27 日，雨花区政府与广东铁青国际旅行社全面战略合作协议签约仪式　（区新闻中心／提供）

2017 年 5 月 2 日，省委常委、市委书记易炼红（左五）调研雨花区经济社会发展情况　　（王健 / 提供）

2017 年 5 月 17 日，“歌唱社会主义核心价值观，我们有信仰”雨花区社会主义核心价值观“四进”活动启动仪式　　（区新闻中心 / 提供）

2017 年 5 月 20 日，雨花区第 27 次全国助残日“好声音·好故事”主题活动　（区新闻中心 / 提供）

2017 年 5 月 25 日，省委书记、省人大常委会主任杜家毫（中）调研长沙高铁新城火车南站及东广场建设情况
（郑瑞雅 / 提供）

2017 年 5 月 31 日，长沙市 2017 年庆祝“六一”儿童节暨“我的中国梦——学习和争做美德少年”主题活动 （区新闻中心／提供）

2017 年 6 月 13 日，区委副书记、区长刘素月（左一）专题调研雨花区民政工作 （区新闻中心／提供）

2017 年 6 月 15 日，区委书记张敏（右三）一行调研全区教育工作　（区新闻中心／提供）

2017 年 6 月 27 日，劳动路跨京广铁路桥开通　（区新闻中心／提供）

2017年8月25日，省委常委、组织部部长王少峰（右六）一行深入井湾子街道融城苑社区调研城市基层党建工作（区新闻中心／提供）

2017年9月9日，雨花区庆祝第33个教师节（区新闻中心／提供）

2017 年 9 月 26 日，航天中南先进光机电技术创新中心揭牌暨签约仪式　　（王健／提供）

2017 年 10 月 29 日，省委常委、市委书记胡衡华（中）调研雨花区　　（史炬辉／摄）

2017年11月1日，“芙蓉匠心·助力脱贫”湖南省巾帼巧手创业就业孵化基地授牌暨首届女红艺术节启动仪式
（区新闻中心／提供）

2017年11月8日，水利部副部长周学文（右三）一行到雨花区圭塘河羽燕湖段察看水生态系统修复情况 （区新闻中心／提供）

2017年12月29日，雨花区监察委员会揭牌成立 （区新闻中心／提供）

防汛抗洪抢险队 （李波／提供）

2017 年 7 月 1 日，潭阳洲大堤巡防 （秦俭／提供）

2017 年 7 月 3 日，曙光垸内积水回流浏阳河 （区新闻中心／提供）

2017 年 7 月 5 日，区环卫局紧急出动水车、机扫、垃圾车奔赴宁乡抗洪救灾 （赵伊冰／提供）

2017 年 7 月 14 日，区委办抗洪救灾募捐（区委办／提供）

顶着烈日巡堤 （唐清明／提供）

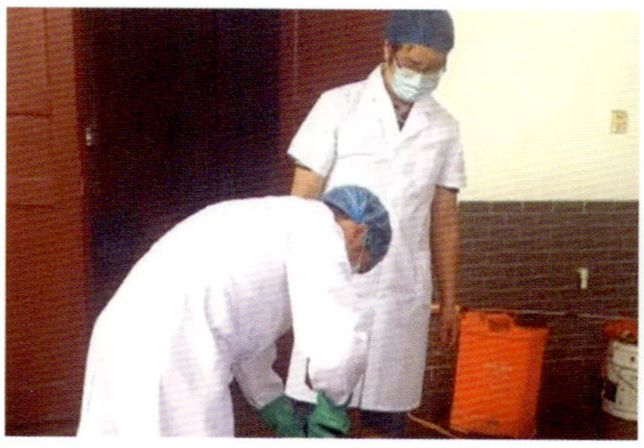

防汛防疫 （陈嘉琪／提供）

区司法局参与抗洪抢险（熊婷婷／提供）

区园林局参与抗洪抢险（黄菲／提供）

2017年11月18日，2017中国中部（湖南）农业博览会开幕式（区新闻中心／提供）

2017年11月23日，2017中国中部（湖南）农业博览会闭幕式（区新闻中心／提供）

2017年11月23日，2017中国中部（湖南）农业博览会闭幕式颁发袁隆平农业博览奖（区新闻中心／提供）

2017中国农博（长沙）峰会（区新闻中心／提供）

农博会“非遗”大舞台（区新闻中心／提供）

农博会展馆（区新闻中心／提供）

2017 年 9 月 12 日，雨花区“点赞新变化，喜迎十九大”离退休干部座谈会 （周俊仪 / 提供）

2017 年 10 月 18 日，区城建局组织观看中共十九大开幕会 （秦俭 / 提供）

2017 年 10 月 18 日，区工务局组织观看中共十九大开幕会 （梁峰 / 提供）

2017 年 10 月 18 日，区检察院组织观看中共十九大开幕会 （余颖 / 提供）

2017 年 10 月 18 日，区史志档案局组织观看中共十九大开幕会 （唐清明 / 提供）

2017 年 10 月 18 日，雨花区民族之家组织务工经商少数民族代表集中观看中共十九大开幕会

（王卓 / 提供）

2017 年 10 月 29 日，雨花区传达学习党的十九大精神大会

（区新闻中心 / 提供）

2017 年 11 月 10 日，区委书记张敏在东塘街道政院社区为社区干部群众宣讲十九大精神

（区新闻中心 / 提供）

2017 年 11 月 18 日，区卫计系统开展“不忘初心，重走长征路”徒步活动，践行十九大精神

（陈嘉琪 / 提供）

2017 年 11 月 24 日，雨花区科级领导干部“学习贯彻党的十九大精神”培训班开班动员

（区新闻中心 / 提供）

重要会议

2017 年 1 月 18 日，雨花区“六五”普法依法治理总结暨“七五”普法依法治理动员大会（熊婷婷／提供）

2017 年 2 月 15 日，2017 年区委经济工作会议（区新闻中心／提供）

2017 年 3 月 7 日，雨花区村（社区）党组织和村（居）民委员会换届选举工作动员会 （史炬辉 / 摄）

2017 年 3 月 10 日，2017 年度全区司法行政工作会议 （熊婷婷 / 提供）

2017 年 3 月 17 日，雨花区 2017 年安全生产工作大会 （区新闻中心／提供）

2017 年 4 月 20 日，雨花区第十二届“4·20”廉政文化节开幕暨廉政警示教育大会（区新闻中心／提供）

2017 年 9 月 8 日，雨花区卫生与健康工作大会　　（陈嘉琪／提供）

2017 年 9 月 27 日，雨花区潭阳洲片区拆迁工作讲评大会　　（区新闻中心／提供）

2017 年 11 月 2 日，雨花区第三次妇女代表大会第一次全体会议　　（吴杨 / 提供）

2017 年 11 月 28 日，区委常委（扩大）会议　　（区新闻中心 / 提供）

2017 年 12 月 26 日，政协长沙市雨花区第五届委员会第二次会议　（区新闻中心／提供）

2017 年 12 月 29 日，长沙市雨花区第五届人民代表大会第二次会议　（区新闻中心／提供）

魅力雨花

大安寺　　（刘希贤／提供）

德思勤鸟瞰（井湾子街道／提供）

圭塘河生态景观区　　（李文／提供）

桂花公园　　（左家塘街道/提供）

省植物园第十三届樱花节 （钟智敏／提供）

跳马关公雕塑 （刘希贤／提供）

浏阳河风光带 （刘希贤／提供）

石燕湖景区第一届风车节 （钟智敏／提供）

①同升湖（同升街道／提供）
②友谊商城（砂子塘街道／提供）
③运达中央广场（区新闻中心／提供）
④雨花非遗馆（区新闻中心／提供）

长沙南站　（郑瑞雅／提供）

长沙南站渠化岛　（黄菲／提供）

左宗棠墓　（刘希贤／提供）

品质雨花

2017 年 2 月 17 日，雨花区组织召开圭塘河二期、香樟路设计方案汇报会　　（区新闻中心 / 提供）

2017 年 3 月 31 日，对顺强混凝土搅拌站进行联合安全检查　　（秦俭 / 提供）

2017 年 4 月 5 日，区委书记张敏（前左四）一行到井巷社区提质提档调研　　（唐良云 / 提供）

①
② ③
④

①2017 年 4 月 13 日，雨花区组织社区全面提质提档工作观摩活动暨座谈会（区新闻中心／提供）

②2017 年 5 月 4 日，区委书记张敏（中）深入跳马镇、同升街道督查环保信访重点案件（区新闻中心／提供）

③2017 年 5 月 11 日，建设项目质量安全、环境保护现场观摩会（秦俭／提供）

④2017 年 5 月 15 日，区委副书记、区长刘素月（左二）一行到区环保局调研环保工作（区新闻中心／提供）

2017 年 5 月 15 日，区委副书记、区长刘素月调研高桥片区提质改造有关工作

（钟智敏／提供）

2017 年 5 月 18 日，“品质雨花，让幸福在家门口升级”——雨花区第 10 期“政研沙龙”活动（龙辉明／提供）

2017 年 6 月 2 日，雨花区城市建设及管理提质培训班开班动员会 （蔡琳琼／提供）

2017 年 6 月 6 日，雨花区深化城区街道管理体制改革工作部署会议 （区新闻中心／提供）

2017 年 8 月 18 日，区委副书记陈永高（右四）调研井巷社区提质提档
（唐良云／提供）

2017 年 10 月 17 日，区委书记张敏，区委副书记、区长刘素月调研重点项目建设
（梁峰／提供）

2017 年 10 月 29 日，第二十二届环卫工人节暨“品质雨花·最美环卫”表彰颁奖活动仪式　（赵伊冰／提供）

2017 年 11 月 29 日，粟塘小区自治委员会成立
（彭菊芬／提供）

阿里巴巴创新中心（长沙基地）创新创业公共服务平台　　（夏娟/提供）

圭星小学及其幼儿园方案图　（梁峰／提供）

抗旱保苗汇金路人工浇水　（黄菲／提供）

万芙路（先锋路—金海路区间）　（区新闻中心／提供）

神农茶都文化产业园建设项目　　（魏琦／提供）

健康步道
Healthy trail
起点
Starting Point
健康之路
始于足下

处世无奇用心传递正能量

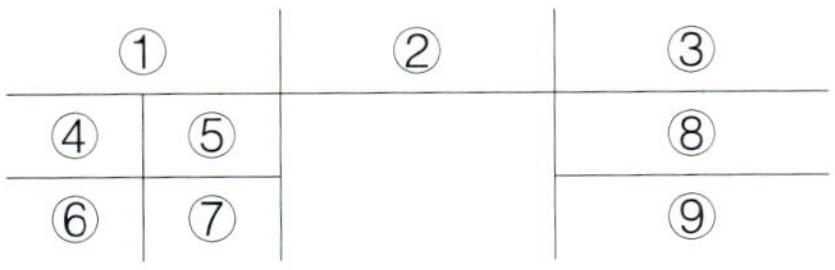

①枫树山社区　（区新闻中心／提供）
②圭塘社区示范街　（区新闻中心／提供）
③侯家塘社区　（区新闻中心／提供）
④牛角塘社区　（区新闻中心／提供）
⑤牛婆塘社区　（区新闻中心／提供）
⑥浦沅社区　（区新闻中心／提供）
⑦融城苑社区　（区新闻中心／提供）
⑧社区休闲文化广场　（区新闻中心／提供）
⑨政院社区　（区新闻中心／提供）

居民楼栋立面提质前 （唐良云／提供）

居民楼栋立面提质后 （唐良云／提供）

社区改造前 （唐良云／提供）

社区提质后 （唐良云／提供）

燕子岭公园建成前 （唐良云／提供）

燕子岭公园建成后 （唐良云／提供）

宅间景观提质前 （唐良云／提供）

宅间景观提质后 （唐良云／提供）

平安雨花

2017 年 3 月 23 日，区委书记张敏调研政法工作

（周晓辉 / 提供）

2017 年 3 月 30 日，全省电梯安全监管现场经验交流会在雨花区举行　（胡蓉 / 提供）

2017 年 5 月 18 日，砂子塘街道“平安夜话”主题宣传活动　（康丽洁 / 提供）

2017 年 5 月 19 日，高桥消防中队队例训练

（陈莉 / 提供）

2017 年 5 月 19 日，雨花区组织社区服刑人员集中教育和行为规范活动 （熊婷婷／提供）

2017 年 6 月 9 日，首批入额法官宣誓仪式 （魏小晓／提供）

2017 年 7 月 12 日，雨花区 110 非警务事项分流处理工作现场经验交流会 （周晓辉／提供）

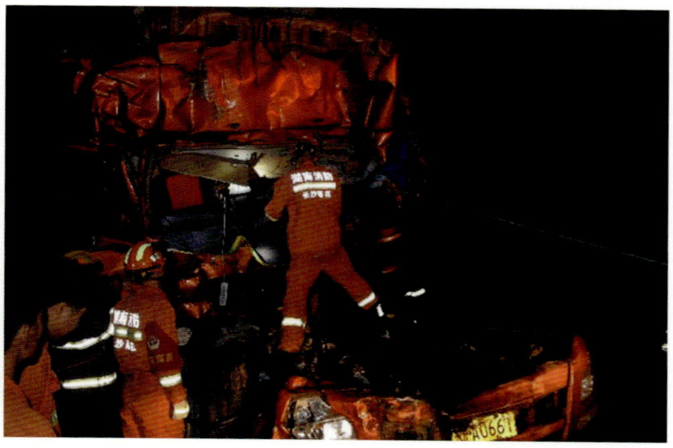

2017 年 8 月 13 日，同升消防中队处理京港澳高速 1516 段发生的一起挂车追尾事故 （陈莉／提供）

2017 年 9 月 13 日，市公安局党委委员、政治部主任韦树恒为区公安分局东山派出所为“李杨中队”授牌
（杨新明／提供）

2017 年 10 月 31 日，雨花消防大队组织中小学生开展消防安全疏散应急演练　　（陈莉／提供）

2017 年 9 月 4 日，儿童急救宣讲　　（汤林／提供）

2017 年 6 月 16 日，雨花区全国安全生产月启动仪式
（刘丽香／提供）

雨花区人民法院　　（区新闻中心／提供）

文化雨花

2017 年 4 月 28 日，长沙市“倡勤廉家风·扬清风正气”诗文朗诵会活动
（龙辉明 / 提供）

2017 年 5 月 7 日，侯家塘街道组织开展“朗读春天 悦动青春”朗读比赛暨五四青年节活动 （龙辉明 / 提供）

2017 年 5 月 18 日，“宣传方志文化，推介雨花发展”地方志宣传活动
（唐清明 / 摄）

2017 年 6 月 9 日，“档案—我们共同的记忆”主题宣传活动
（唐清明 / 摄）

2017 年 6 月 14 日，“传承长沙文脉，培育方志情怀”地方志文化进社区活动
（唐清明 / 摄）

2017 年 8 月 18 日，《雨花区镇街简志》评审会召开　（唐清明／摄）

2017 年 8 月 23 日，秋收起义 90 周年双拥专题文艺汇演　（区新闻中心／提供）

2017 年 9 月 12 日，《黎托乡志》与《洞井镇志》编纂工作座谈会　（黄真／提供）

2017 年 9 月 19 日，喜迎党的十九大“欢乐潇湘·品质长沙·幸福雨花” 文艺汇演　（龙辉明／提供）

2017年10月26日，长沙市校园戏曲进社区雨花专场活动　　（区新闻中心/提供）

2017年11月1日，瑶族家阿婆传授织锦的《咔嚓梭》　　（区新闻中心/提供）

2017年11月22日，雨花区第七届民族联谊　　（王卓/提供）

2017年12月3日，雨花区第九届“书香雨花”读书节　　（区新闻中心/提供）

2017年12月6日，雨花区“12·4”国家宪法日宣传活动　　（熊婷婷/提供）

数据雨花

地区生产总值

单位：亿元

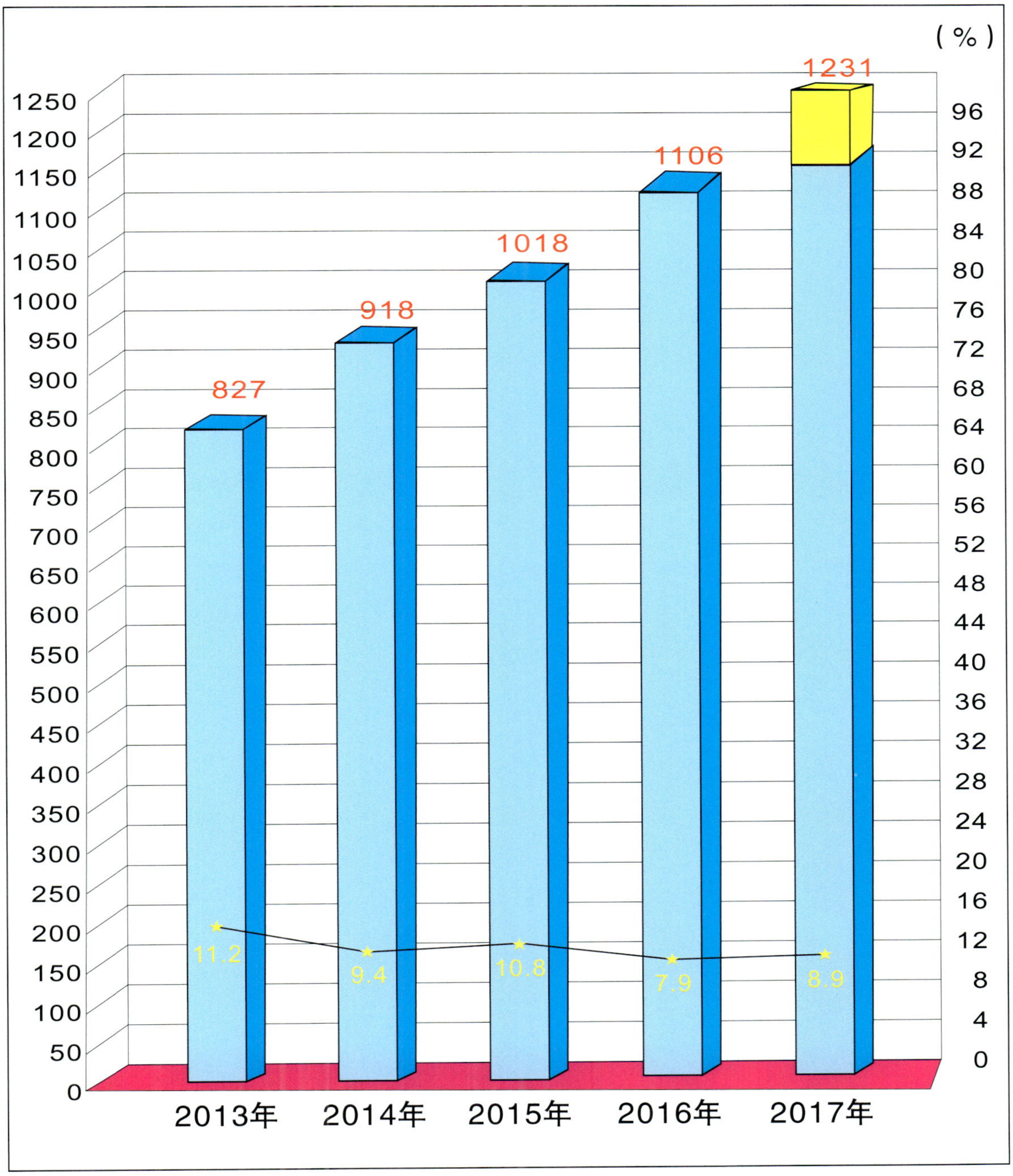

2013—2017 年长沙市雨花区地区生产总值示意图

规模工业总产值

2013—2017 年长沙市雨花区规模工业总产值示意图

全社会固定资产投资

单位：亿元

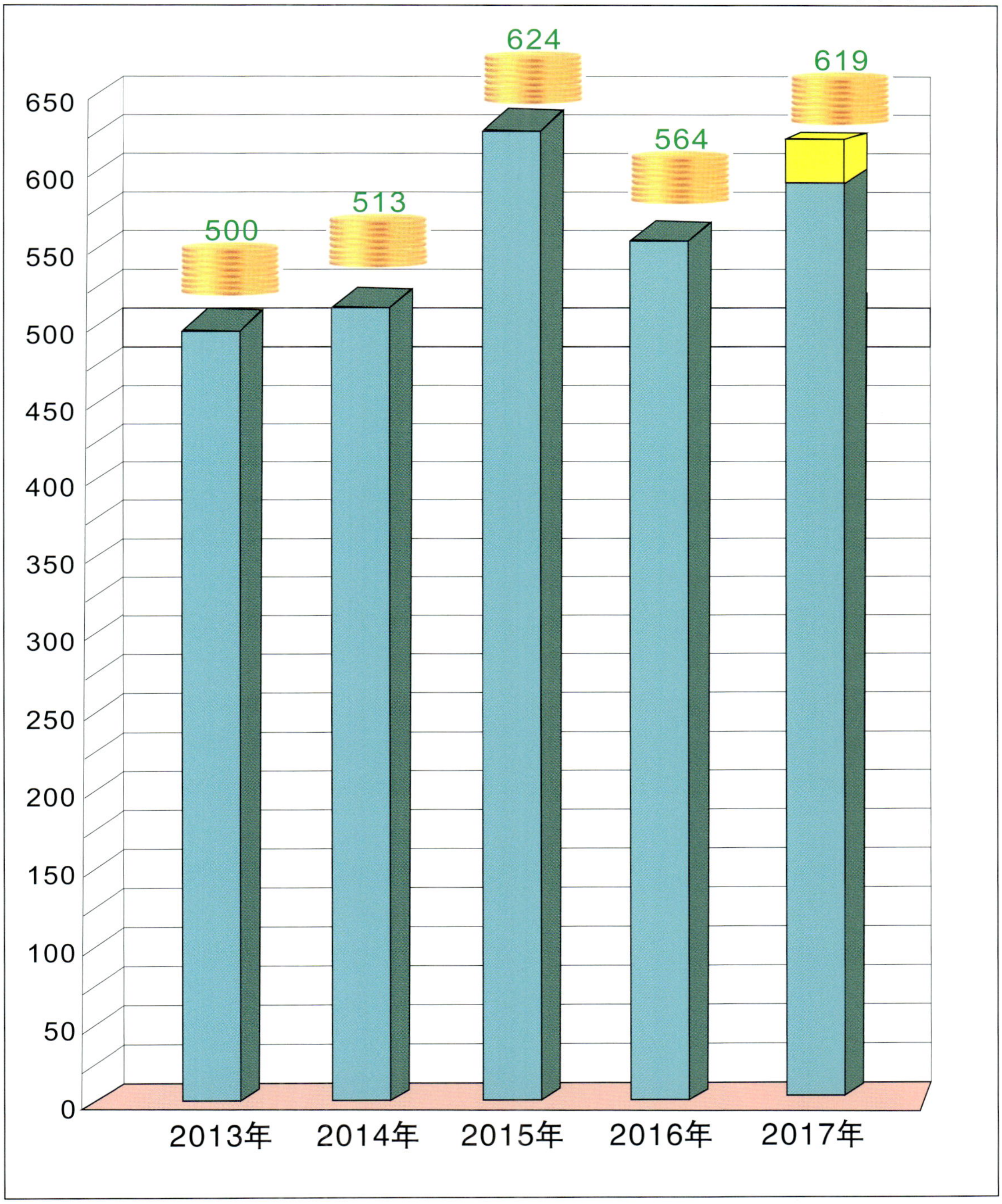

2013—2017 年长沙市雨花区全社会固定资产投资示意图

社会消费品零售总额

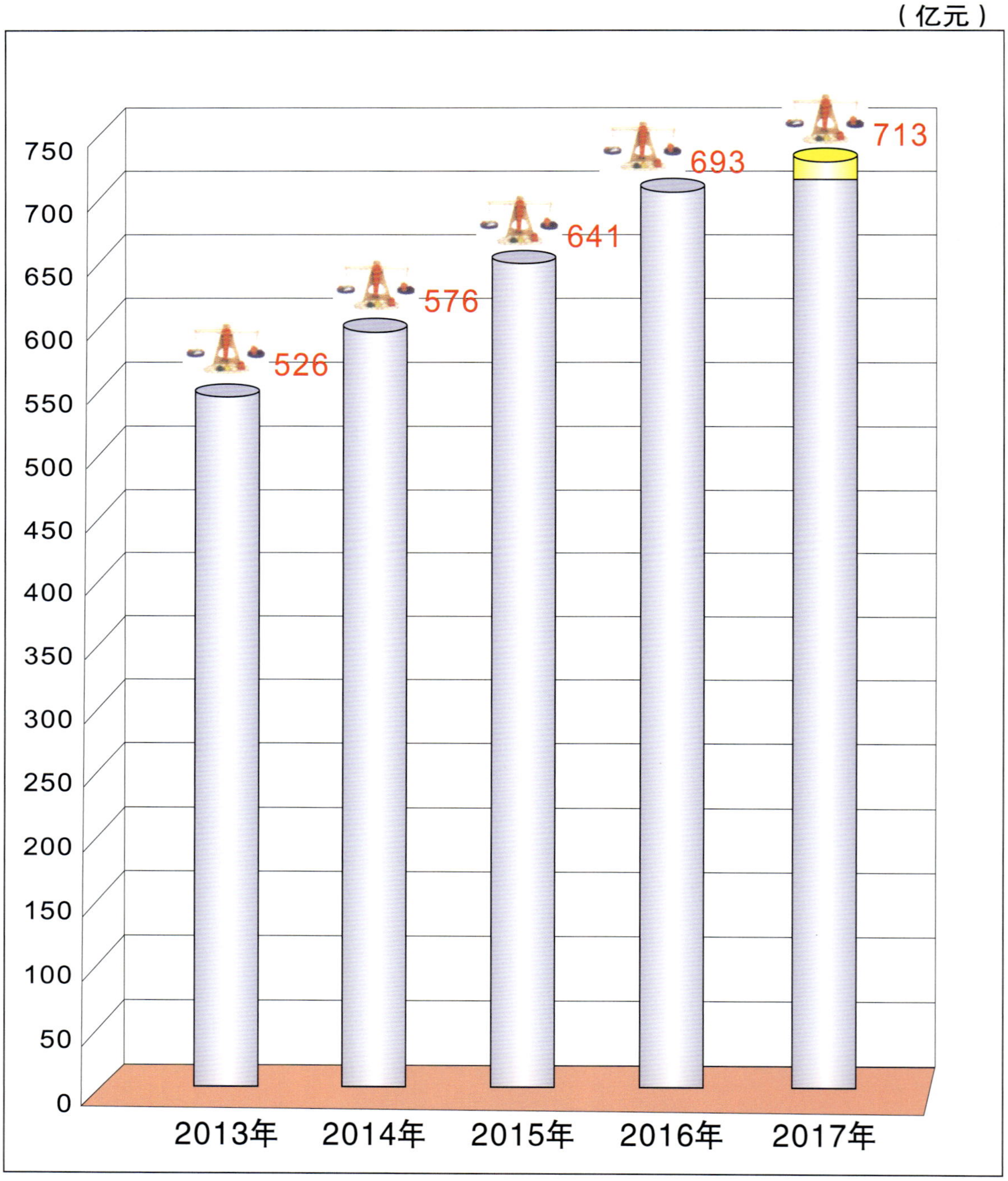

2013—2017 年长沙市雨花区社会消费品零售总额示意图

地方财政公共预算收入总额

单位：万元

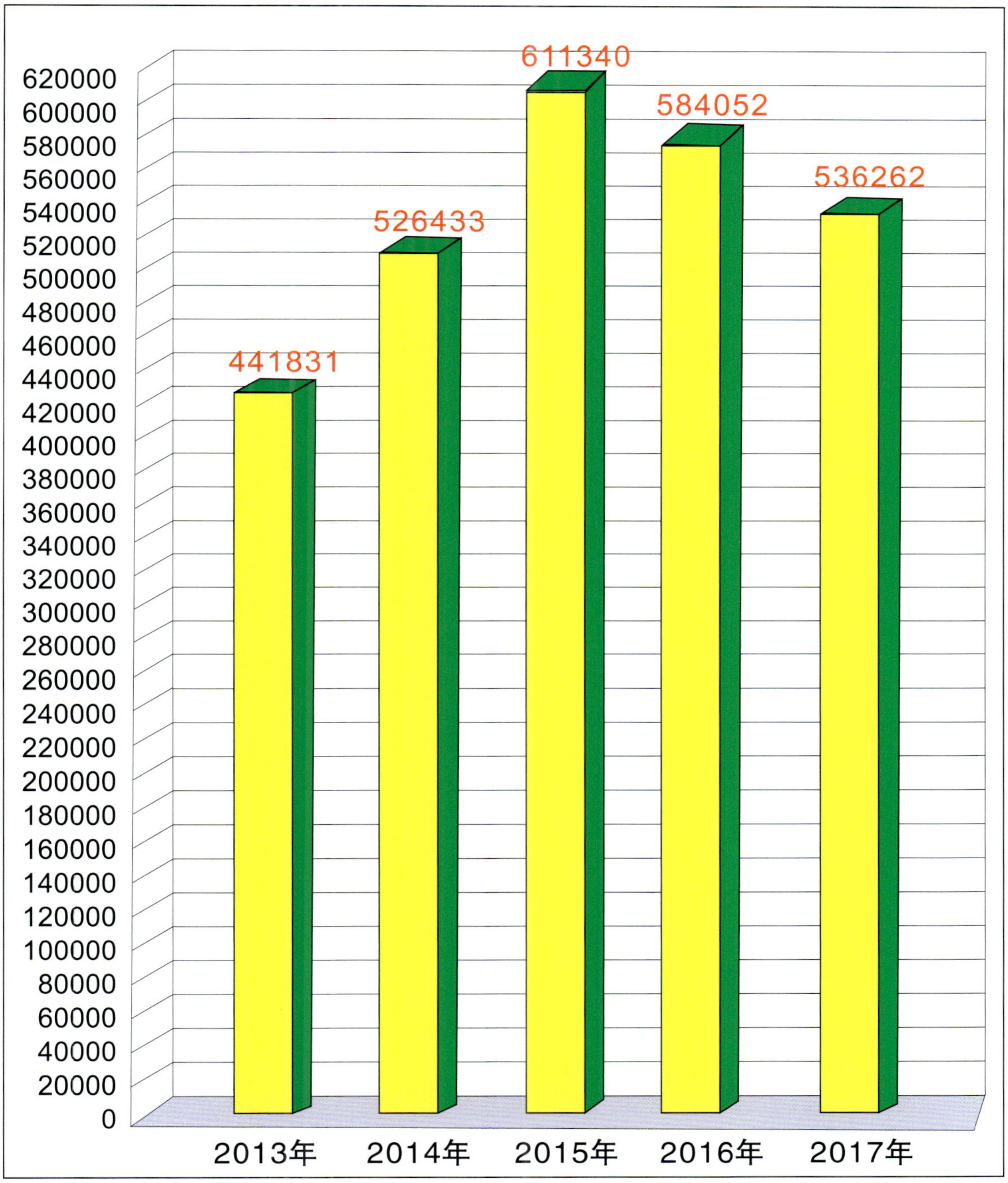

2013—2017 年长沙市雨花区地方财政公共预算收入总额示意图

城镇居民人均可支配收入

单位:元

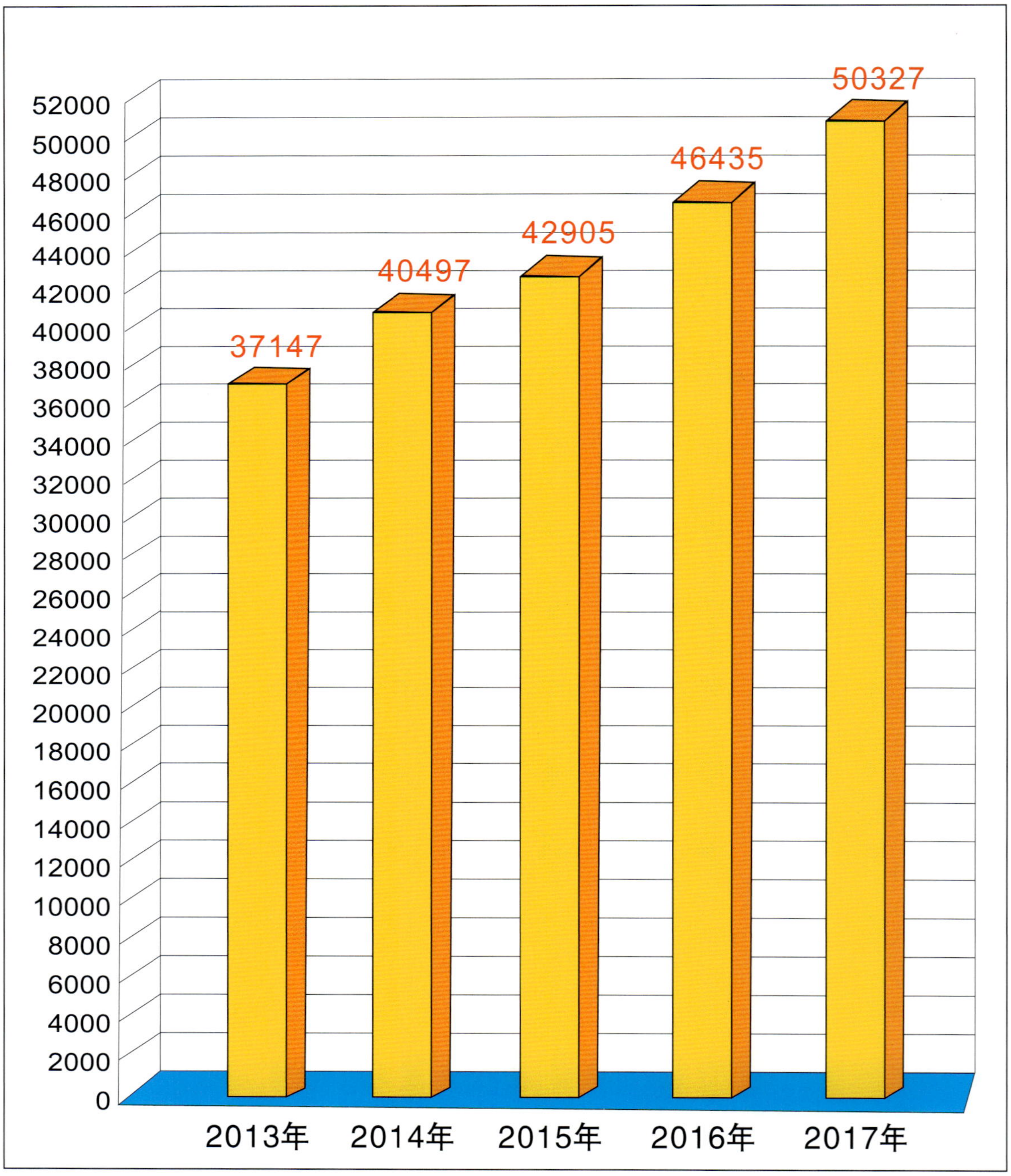

2013—2017 年长沙市雨花区地方城镇居民人均可支配收入示意图

《雨花年鉴》编纂委员会

《雨花年鉴（2018）》编辑部

《雨花年鉴（2018）》组稿人员

（按篇目顺序排列）

柳　旻	戴娟娟	唐清明	贺　莹	刘科明	柳美丽	李　文	谭佳林
康　韬	谭　洁	单东霞	周　宇	李章博	刘　艺	向　斌	谭水平
周戴京妮	曾　锦	龙　辉	刘　麟	蔡琳琼	周俊仪	吴晓红	罗奇林
刘希颖	刘　娜	蒋福明	孙　琴	刘青帝	唐　佶	罗　宁	赵　铭
陈　泽	黄　庆	莫志刚	袁　首	罗发明	禹雪梅	吴海军	凌　敏
傅　利	李霜洁	钟之兴	吴　杨	郭　敏	刘伊祉	戴　鹰	曾　慧
周晓辉	田小青	杨新明	陈　莉	余　颖	魏小晓	熊婷婷	龙　迪
段　昆	秦高辉	王　莎	何少华	沈　玮	马　理	邓　星	梁　丹
秦　俭	梁　峰	张　丽	陆红连	伍　君	黄文博	周永平	彭菊芬
谢　菁	李　波	赵伊冰	黄　芳	黄　菲	颜　丹	郑瑞雅	李　欣
王　健	谢胜男	卞丽姣	甘　银	程钰超	刘　庆	刘丽香	陈　婷
胡　蓉	文妍霞	钟智敏	夏　娟	赵　佩	胡　靖	谭暑燕	孙　雯
李丽梅	徐　辉	刘　早	陈曼琪	蒋　悦	彭　芳	余素梅	何兵生
贺　勇	陈　俊	何敬之	赵　昊	陈嘉琪	程　燕	杨震宇	汤　林
邓颖晴	王　卓	陈嘉雪	成丽辉	卢金慧	刘　婧	康丽洁	宋彧颖
吴　伟	周李琦	乔玉冰	唐良云	饶　亮	陈　岚	刘希贤	

编辑说明

一、《雨花年鉴》以马克思列宁主义、毛泽东思想、邓小平理论、“三个代表”重要思想、科学发展观、习近平新时代中国特色社会主义思想为指导，坚持辩证唯物主义和历史唯物主义的立场、观点和方法，系统反映雨花自然、政治、经济、文化、社会等方面情况。《雨花年鉴（2018）》全面、系统记载2017年度雨花区各部门、各行业的主要工作、重要事件，收录若干文献和统计资料，所载资料全面、系统、翔实、准确，是了解雨花区的权威性工具书。

二、本卷年鉴资料收录时间为2017年1月1日至12月31日，县级以上领导和区直单位、各街道负责干部名单以2017年12月31日在职者为准，有任免的分别予以注明。

三、本卷年鉴采用分类编辑法，设类目、分目、条目3个层次，条目为记述基本层次。全书设要闻、大事记、雨花区概况、中共雨花区委员会、雨花区人民代表大会、雨花区人民政府、政协雨花区委员会、中共雨花区纪委、民主党派、社会团体、法治、军事、城乡建设、城市管理、园区建设、经济监管管理、商务·旅游·服务业、工业和信息化、农业·林业·水利、财政·税收·金融、教育·科技、文化·体育、卫生医疗、社会生活、街道·镇、人物、统计资料、附录28个类目。正文体例有概况、条目、附录、资料、图表等，以条目为主体。

四、本卷年鉴文稿均由各部门专人撰写，领导审核，年鉴编辑部编辑人员加工整理后再反馈原单位核对，最后由编委会定稿。统计资料由区统计局提供。文稿中有些地区性、部门性数据，由于统计口径不同等原因，与区统计局公布的可能不完全一致，请读者在查阅和引用时注意。

总　　目

目　　录

要　闻

重要事件

领导视点

大事记

雨花区概况

中共雨花区委员会

社会团体

法 治

公安消防

检察

法院

司法行政

军　事

人民武装

城乡建设

商务·旅游·服务业

体育

卫生医疗

卫生行政

疾病预防

卫生监督

东山街道

同升街道

跳马镇

人　物

一、人物简介

统计资料

附　录

索　引

Main Contents

Important news

chronicle of events

Overviews of Yuhua District

Yuhua District Committee of the CPC

Yuhua District Standing Committee of people's Congress

Yuhua District people's Government

Yuhua District Committee of the CPPCC

Tianxin Disciplinary Inspection Commission

Democratic parties

Social groups

Public Security and Administration of Justice

Local Military

Urban and rural Construction

Urban Management

Industrial Park Construction

Economic Management and Supervision

Business & Travel & Service

Industry & informatization

Agriculture & Forestry & Water Conservation

Finance & Taxation & banking

Education & Science and Technology

Culture & Sports

Health Care

Social Life

Street & Town

Figures

Statistics

Appendix

Indexes

要　闻

重要事件

【学习中共十九大精神】 2017年10月18日，雨花区全区分单位组织集中观看中共十九大开幕会。10月29日，区召开传达学习中共十九大精神大会，区委书记张敏传达中共十九大精神，并就全区学习贯彻落实十九大精神进行部署。张敏强调，认真学习宣传贯彻中共十九大精神，是雨花区当前和今后的头等大事，是最重大的政治任务，全区上下要深入贯彻中央和省委、市委的部署要求，以高度的政治自觉和饱满的政治热情，迅速掀起学习热潮，推动全区学习宣传贯彻十九大精神步步深入、取得实效，让习近平新时代中国特色社会主义思想在雨花落地生根，形成生动实践。会后，全区迅速掀起学习宣传贯彻十九大精神热潮。10月30日，区委宣传部召开传达学习中共十九大精神会议，举行学习贯彻中共十九大精神首场学习研讨会。11月1日，区委常委，政法委书记王维宁组织政法系统集中学习党的十九大报告，传达省委、市委、区委主要领导关于学习贯彻落实中共十九大精神的要求。11月6日，区委理论学习中心组专题学习中共十九大精神，中共十九大代表、省妇联党组书记、主席姜欣作题为《十九大精神解读与思考》的导学式辅导报告。11月7日，雨花区“两学一做”学习教育宣讲团成员、国防科技大学人文教育学院教授彭忠秋到黎托街道作主题为“再造辉煌的伟大工程——学习习近平新时代党的建设思想”十九大精神宣讲；东山街道举行学习贯彻中共十九大精神首场专题辅导报告会，市委党校教授徐少兵作《迈入新时代、踏上新征程、肩负新使命》专题报告。11月8日，长沙市“五老”志愿者，八位“五老”金牌讲师组成宣讲队伍在砂子塘泰禹小学启动学习宣传中共十九大精神主题活动；雨花区关工委为110位贫困学生各发放千元助学金。11月9日，雨花区举办学习十九大精神统战知识抢答赛。11月10日，张敏携手“老首长工作室” 彭忠秋、徐佐林、王守山、郑国梁4位老教授，举行“砥砺奋进逐梦新时代，不忘初心再谋新发展”雨花区学习宣传贯彻中共十九大精神主题活动，到东塘街道政院社区为社区干部群众宣讲十九大精神。11月13日，市妇联党组书记、主席文方到侯家塘社区宣传中共十九大报告精神；国防科技大学人文教育学院教授徐佐林到同升街道洪塘社区筹建委员会作题为《决胜全面小康共享美好生活》的专题宣讲。11月15日，同升街道举办“十九大代表领学十九大·党旗指引同升路”的十九大专题学习活动，十九大代表、湖南龙骧巴士公交驾驶员吴晓红传达宣讲十九大精神；区委常委、雨花经开区党工委书记郭四军讲授《用新时代新思想武装头脑·向新征程新使命奋勇前进》的党课。11月16日，王维宁到高桥街道讲授党课“深入学习贯彻落实党的十九大精神，树立正确权力观”；洞井街道文化服务中心“美井星讲堂”之移动课堂开讲，思齐教育集团党委书记、董事长李中和以“党建引领，文化立企” 为主题宣讲贯彻十九大精神。11 月 17 日，吴晓红应邀到长沙火车南站综管办开展“党的十九大精神”宣讲活动。11 月 20 日，雨花区组织 59 名在职县处级领导干部分 10 期参加“全市县处级领导干部学习贯彻党的十九大精神集中轮训”。11 月 21 日，洞井街道分别举办学习贯彻党的十九大精神专题报告会和洞井地区市、区人大代表集中学习贯彻十九大精神会，国防科技大学退休教授、硕士研究生导师郑国梁作《努力适应全面从严治党新常态》的授课。11 月 22 日，区直机关工委组织召开机关各党总支（支部）书记会议，再发动、再部署扎实推进中共十九大精神学习贯彻工作。11 月 23 日，雨花区召开学习宣传贯彻中共十九大精神区委宣讲团动员会；洞井街道举办学习贯彻中共十九大精神专题报告会，中共十九大代表，湖南省林业科学院经济林果研究所所长陈永忠教授领学十九大精神。11 月 24 日，区委理论学习中心组（扩大）学习暨区科级领导干部“学习贯彻党的十九大精神”集中轮训班开班，轮训班邀请省委组织部党建研究所所长袁悦平作首场专题授课。11 月 28 日，雨花区科级领导干部“学习贯彻党的十九大精神”第一期培训班开班， 210 人参训。11 月 29 日，区“两学一做”学习教育宣讲团成员熊小平作《不忘初心，确保党同人民群众始终同呼吸共命运心连心》主题宣讲。11 月 30 日，区人大常委会进行学习贯彻中共十九大精神专题培训，湖南干部教育网络学院讲师颜广明作“深入贯彻落实十九大精神新时代扎实推进全面从严治党”的专题讲座；区委宣传部副部长李绍萍到东山街道作《把握新时代的时代精神，践行意识形态工作责任制》专题报告。12 月 4 日，中共十九大精神雨花区委宣讲团成员，区食药监局党组副书记、副局长王强到跳马镇作《坚定文化自信——为中华民族伟大复兴提供强大的精神力量》专题讲座。12 月 5 日，高桥街道组织开展中共十九大精神进基层专题宣讲活动，中共十九大精神雨花区委宣讲团成员、区委党校副校长龚剑新授课。12 月 6 日，雨花区科级领导干部“学习贯彻党的十九大精神”第二期培训班开班， 212 人参训。12 月 7 日，徐佐林到同升街道作《决胜全面小康·共享美好生活》主题宣讲。12 月 13 日，区委党校举行学习贯彻中共十九大精神新课试讲评议活动。杨维、喻军、丁咚、莫冉四位教师围绕党的十九大精神，结合各自专业背景开发新课，分别讲授《学习贯彻党的十九大精神坚定不移推动全面从严治党向纵深发展》《学习十九大党章精神严格遵守党章》《大力推进社会建设——十九大精神解读》《人民至上：坚持以人民为中心的发展思想》。12 月 15 日，区委宣讲团讲师、区委组织部副部长苏波到井湾子街道作《学习贯彻党的十九大精神 坚定不移推动全面从严治党向纵深发展》宣讲。12 月 26 日，区政协全体委员集中学习十九大精神，省政府参事、省委中共十九大精神宣讲团成员张志初作党的十九大精神专题辅导。

（柳　旻）

【“两学一做”学习教育】 2017 年，雨花区推进“两学一做”学习教育常态化制度化。5 月 4 日，湖南省推进“两学一做”学习教育常态化制度化工作视频会议召开，雨花区“四大家”领导班子成员、区直机关和事业单位党组（党委）主要负责人、镇（街）党（工）委主要人收看视频会议。借此契机，全区各部门单位、各镇街召开 2017 年第二季度党建工作推进会，传达《中共湖南省委办公厅印发〈关于推进“两学一做”学习教育常态化制度化的实施方案〉的通知》等文件。5 月 8 日，区委常委会听取“两学一做”学习教育常态化制度化工作汇报，并审议《关于推进“两学一做”学习教育常态化制度化的实施方案》（初稿）。5 月 23 日，区委常委会听取全区”两学一做”学习教育常态化制度化工作汇报，审议并通过《关于推进“两学一做”学习教育常态化制度化的实施方案》及常委会十项举措、2017 年工作要点等文件。同日，区委副书记、区长刘素月主持召开雨花区推进“两学一做”学习教育常态化制度化工作部署会，区委副书记陈永高传达习近平关于推进“两学一做”学习教育常态化制度化重要指示和中央、省、市推进“两学一做”

学习教育常态化制度化工作部署会精神，并对全区“两学一做”学习教育常态化制度化工作进行安排部署。区委书记张敏强调，全区上下务必进一步统一思想，迅速掀起学习热潮；在实践上更加扎实，深入推进学习教育常态化制度化各项工作；示范上更加主动，进一步发挥“关键少数”的先锋模范和示范引领作用；责任上更加严实，推动学习教育常态化制度化任务落地见效、开花结果；抓“两学一做”学习教育必须与中心工作深度融合，与重点工作有机衔接；要与做好当前经济工作结合起来，与配合中央环保督察工作结合起来，与村（社区）“两委”换届结合起来，与城市的综合整治工作结合起来；要与抓好安全生产、信访维稳结合起来。5月25日，雨花区直机关工委与雨花区委党校联合开展以“推进‘两学一做’严肃党纪党规，党课巡回宣讲暨党建引领强业务”为题的“区直机关党课大讲堂”活动，市委党校政治学与领导科学教研部主任、教授毛政湘主讲《坚定信仰，修养党性做合格党员》。6月，全体党员干部开展“转作风、提效率、优服务”专题讨论学习会议。6月2日，雨花区召开党建专干发展党员、“两学一做”学习教育常态化制度化业务工作培训会。6月28日，雨花区召开庆祝建党96周年暨基层党建工作推进会，会议回顾建党96周年以来的历程，传达中央、省、市委党建工作推进会会议精神，全面部署全区基层党建工作。7月14日，张敏主持举行理论学习中心组（扩大）学习并讲授“两学一做”学习教育常态化制度化主题党课。全体参学人员集中观看微电影《廖俊波》。区委常委、组织部部长龚畅宣读中共长沙市委关于追授张灿辉、陈小虎“长沙市优秀共产党员”称号的决定。全区开展“学习廖俊波同志先进事迹，反对‘四不’，对标做合格党员”为主题开展学习讨论。6月28日，市委常委、统战部部长谭小平调研雨花区“两学一做”学习教育常态化制度化工作。8月，雨花区各单位集中学习习近平总书记“7·26”重要讲话精神和《人民日报》、新华社有关评论文章。　（柳　旻）

【圭塘河流域综合治理】　圭塘河是浏阳河汇入湘江的最后一条一级支流，是长沙唯一的城市内河，发源于跳马镇鸭巢冲水库（石燕湖），在黎托街道花桥汇入浏阳河，河道全长28.3千米，流域面积125平方千米，纳污面积约450平方千米（含天心区、芙蓉区部分区域）。随着城市化快速发展，从20世纪70年代末开始，圭塘河逐步被污染，工业污染与过度开发让圭塘河污染日趋严重，河岸垃圾遍地、污水横流、水质黑臭，让人望而却步，掩鼻而逃。渐而被圭塘人称为“臭水沟”“龙须沟”。2016年，雨花区全面启动圭塘河流域综合治理，通过水质恢复、生态改造、生态引水等项目，实施圭塘河生态引水工程建设。2017年，雨花区按照“总体规划、分段实施”的原则，继续探索创新“6+”治河模式（理念创新—系统治理+精准治污、体制创新—九龙治水+一龙统筹、机制创新—政府河长+民间河长、模式创新—生态整治+产业融合、技术创新—中国智慧+德国技术、投融资创新—平台融资+市场化运作），全力推动流域综合治理工作，截污治污、清淤疏浚、拆违控违、引水工程、生态景观建设，有序开展，逐个落实，充分整合环保、水利、农业、园林、城管、市政、城建、城投、属地街镇九大力量，圭塘河流域综合治理指挥部实行流域治理归口统筹的“九龙治水+一龙统筹”体制，加快圭塘河流域治理进程。

2017年1月3日，市委副书记、代市长陈文浩，市政府副市长李蔚、刘明理、廖建华调研浏阳河流域水环境综合整治工作，实地察看新开铺污水处理厂尾水排口水质状况和圭塘河生态景观区二期建设情况；听取圭塘河流域治理总体规划方案；了解圭塘河流域截污治理工作和生态引水工程进展情况。陈文浩要求，各部门都应提高治理意识，相互配合，通力协作，形成流域综合整治的合力，推进流域综合整治工作。

1月6日，区政府与德国汉诺威水协签署圭塘河流域综合治理战略合作协议，引入德国先进治河理念及技术为圭塘河把脉问诊，以实现系统治理、精准治污，推动雨花区“海绵城市”建设、圭塘河流域综合治理等工作。1月19日，区委副书记、区长刘素月召开圭塘河水环境治理工作会议。雨花区政府注资5亿元成立圭塘河流域开发建设有限公司，成为长沙首个河道治理政府平台公司。它以市场化运作方式致力于圭塘河保护及全域生态旅游产业开发，为流域治理提供人才、资金、技术、运营、维护等方面的长效保障。

2月17日，雨花区组织召开圭塘河二期、香樟路设计方案汇报会。设计单位就圭塘河二期和香樟路提质改造设计方案进行汇报，区城建投等相关单位进行补充发言，参会领导就相关情况提出建议和具体要求。区委书记张敏指出，圭塘河二期和区重点道路提质改造工程是雨花区重大民生工程，香樟路的设计要围绕“开放雨花，梦想直达”的主题，真正做到“樟香盈溢，开敞明快”，为市民创造绿树成荫、鸟语花香的道路环境，圭塘河二期要坚持“成林成片、疏密有度、精致精美”的景观设计理念，打造一个特色鲜明、韵味独特的城市文化公园。2月22日，刘素月，区委常委、常务副区长邹春林，区人大常委会副主任叶松，区政府副区长陈怀宇、王明玖等实地察看井塘示范公园项目拆迁现场和圭塘河景观区二期项目施工现场，听取圭塘河流域综合治理工作汇报。刘素月要求街道要抓紧清理东西两岸已拆区域建筑垃圾，加大沿线环境维护整治力度，加快推进项目涉及的集体土地征拆进度；圭塘河流域指挥部尽快研究出台圭塘河水质治理方案，要抢抓有利天气，先行实施河道改造施工。刘素月强调，圭塘河流域是雨花区重点打造的城市“双修”和海绵城市的试点项目，流域的治理和规划至关重要，井塘段项目建设要成为全省示范、全市标杆；指挥部要改善流域生态环境，解决建设和改造难题，加快推进城市“双修”战略与海绵城市试点项目的进程。2月27日，圭塘河流域综合治理中德专家交流会举行。来自德国汉诺威水协的16位德方专家与长沙市市直相关部门、雨花区政府共同探讨流域治理和城市建设工作。德国专家分别从城市规划、景观建设、水处理系统、生态修复等角度，对圭塘河流域海绵城市建设提出“重塑长沙生命之河，打造雨花生态经济带”的初步思路。

3月6日，廖建华率高铁新城管委会、市住建委、市国土局、市规划局、市水务局、市环保局、市城管局、市园林局、市征地办、市水文局、市水业集团、长沙市武广新城开发建设有限责任公司等单位负责人到雨花区组织召开会议，调研圭塘河流域综合治理及潭阳片区征地补偿安置工作。德国汉诺威水协专家介绍圭塘河流域综合治理方案，雨花区汇报圭塘河流域综合治理及潭阳片区征地补偿安置工作，参会人员开展充分讨论，与会市直部门就有关事项发表意见建议。

3月22日，陈永高、王明玖一行考察圭塘河生态景观区二期二标段施工现场。陈永高指出，圭塘河生态景观区二期二标段作为海绵城市建设示范工程，一定要严格按照海绵城市六字方针“渗、蓄、滞、净、用、排”进行建设；地上停车场设计应做到简约、实用；园路边线应设置植草沟，便于雨水排放。

4月6日，陈永高考察圭塘河生态景观区项目建设，察看圭塘河生态景观区二期二标段施工现场。陈永高表示，各参建单位一定要将项目建设成为生态景观建设的“示范工程”“样板工程”；要加强施工工艺控制，做到精细化管理，提高施工技术水平；强化全过程、全方位的施工质量管理；加大资源投入力度，加快施工进度。4月26日，刘明理率市政府办、市水务、市工务、市规划院等部门负责人，专题调度圭塘河流域重点排口整治及中央环保督查迎检工作，在石牌大港箱涵排口，雨花区市政局负责人汇报三年来圭塘河沿线排口截污、箱涵清淤、截污干管维护等工作情况，雨花区圭塘河指挥部与汉诺威水协汇报石碑大港、劳动路石坝路等重点排口的整治思路，洞井街道负责人汇报圭塘河两厢拆违控违等迎检工作。4月28日，陈文浩一行督察雨花区圭塘河流域治理情况，圭塘河石碑大港，了解圭塘河流域综合治理总体规划和建设情况，希望雨花区和施工单位把项目做成精品、做成样板。

4月，经开区段生态景观工程（长沙大道至浏阳河入河口）竣工，流域长度3.2千米。

5月3日，刘素月，区政府副区长、圭塘河流域综合治理指挥部指挥长、圭塘河河长陈怀宇等实地察看圭塘河下游入河口段，了解目前流域治理各项工作进程，重点研究排口治理及水体生物活化技术试点方案。刘素月指出，圭塘河流域指挥部要充分发挥好统筹调度作用，城建、环保、农林水、市政、环卫、属地街道（镇）等部门要履行好本职，确保全域无污水入河、无垃圾漂浮、无违章违建。5月18日，省环保厅副厅长潘碧灵一行调研雨花区圭塘河流域综合整治工作，现场查看圭塘河雨花经开区河道圭塘河振华路段、香樟路段和雨燕湖段整治、井塘示范公园规划和雨燕湖水质改善情况，与巡河的民间河长志愿者交流，听取刘素月、叶松、陈怀宇等圭塘河整治情况专题汇报。潘碧灵提出，要加快圭塘河水环境综合整治，早日完成国家挂牌督办黑臭水体整治任务；要争取市委、市政府层面支持统筹推进圭塘河治理；要提升圭塘河流域整体规划起点，打造江河湖湿水系连通工程和生态走廊；要整合资源，争取住建、水利和旅游等相关部门加强指导支持，共同推进圭塘河水质改善与生态修复，打造雨花区乃至长沙市、湖南省生态名片。

5月，雨花区投资800万元，历时半年的清淤疏浚工程完成，共外运淤泥3.4万立方米。生态景观三期工程（长沙大道至浏阳河入河口）竣工，流域长度2.9千米，面积21.3公顷（320亩）。

6月1日，财政部副部长史耀斌一行调研长沙市圭塘河流域综合治理工作，察看位于长株潭绿心保护区核心地段的引水工程现场，听取长沙市和雨花区汇报圭塘河流域综合治理的相关工作，表示财政部将继续加大支持长沙市经济社会发展，继续高度关注绿心地区的发展和保护工作。

7月中旬，区市政局组织队伍，启动香樟路以南区域15处排污口截污改造。

8月21日，雨花区河长制工作会议召开。区河长办副主任莫志刚汇报雨花区河长制工作推进情况和有关工作建议，区河长办工作人员解读办事机构、工作制度、水质监测、一河一档相关方案及工作，与会单位负责人分别发言。副区长、区河长办主任刘江红提出意见和建议。

9月11日，长沙唯一城市内河圭塘河正式全面实施巡河三级网格化机制，雨花区政府把全程约28.3千米，流域面积125平方千米的圭塘河，全流域分为入境断面、植物园路至湘府东路、湘府东路至火焰路西侧、火焰路西侧至浏阳河口4大区域，由雨花区跳马镇，洞井、圭塘、黎托等8个街道和雨花经开区专人专职365天24小时不定期巡查。圭塘河巡河三级网格化机制，分别为街道辖区一级巡河专员，头戴小蓝帽、身穿蓝马甲，全天候不定期巡视全流域，负责日常巡河、记录、搜索污染源、组织处置、信息报告；指挥部二级巡河监督员，负责督查一级巡河落实情况、一般事件协助处置，重大事件牵头处置，信息报告等；流域三级综合执法处置专员，负责环保执法、水务执法、排口处置、管网维护、城管执法、监督等，做到巡查无死角，无污水下河，无垃圾堆积。通过河长制以及巡河工作制，实现2017年消除黑臭水体，2018年实现全域IV类水质，2019年一湾清水入江河，2020年一批海绵城市建设项目相继建成投产的总体目标。9月14日，金砖国家新开发银行副行长兼首席运营官祝宪一行实地调研长株潭绿心区域圭塘河跳马段综合治理工程。湖南长株潭绿心区域生态综合治理项目获金砖国家新开发银行20亿元贷款，其中4.18亿元将用于绿心区域圭塘河跳马镇段综合治理。

11月3日，张敏、刘素月等调研圭塘河流域开发建设有关工作，听取圭塘河流域开发公司工作情况汇报。刘素月要求继续着眼全局、攻坚克难，当前要紧盯红星片区容积率等重点指标的确定、圭塘河井塘段拆迁清零、招投标等工作，推动雨花区重点片区开发建设驶入高品质、高效益的“快车道”。张敏指出，要扎实推进圭塘河井塘示范项目的建设，抢抓汛期黄金期，组织好河道、截污干管施工；要着力推进项目的征地拆迁和建设工作；要围绕既定工作部署，着力完善工作机制，确保项目顺利实施、早日见效。11月7日，省绩效处处长李杰带领调研组一行考核雨花区省重点民生实事和重大项目建设，现场考察圭塘河生态景观区，调研圭塘河黑臭水体整治项目。调研组对雨花区在黑臭水体整治、海绵城市建设和跨区域重大排水系统改造方面做出的努力给予肯定，要求以更高的标准做好圭塘河下阶段治理工作，要努力打造好井塘段、植物园段、跳马段示范项目。

12月24日，“绿水青山就是金山银山”跳马镇全面推进河长制启动仪式举行。跳马镇向首批50名民间河长颁发“民间河长证书”及民间河长志愿服务队旗帜，开展区级资深民间河长向“新河长”授课、无人机在河道取水样由技术人员检测水质、民间河长巡河等主题活动。12月28日，雨花区政府宣布，历经一年建设，圭塘河生态引水工程完工通水。生态引水工程从浏阳河冬斯港修建引水泵站，采用压力管道经冬斯港村圆塘、南冲、新竹冲、金塘坡，将水提升至白竹村铁炉塘，压力管道长4.76千米；自铁炉塘修建引水渠，经洞株路、石燕湖路、金屏村流入圭塘河，明渠长3214米；全长7.97千米。圭塘河生态引水工程项目2016年初启动建设，解决圭塘河区域性、季节性缺水（水量）以及水生态（水质）问题，恢复河道生态环境。投资约1.58亿元。

12月，生态景观二期工程（木莲冲路至湘府路）竣工，流域长度2.4千米，面积60公顷（900亩）。

（柳　旻）

【迎接中央环保督查】　2017年，雨花区积极做好迎接中央环保督察，切实保护生态环境工作。1月23日，雨花区环委会2017年第一次会议暨“春雷行动”推进会议召开。雨花区环委会率先出台《生态文明建设和环境保护法定职责清单》；建立环保、公安、法院、检察院联席会议机制，设立区公安驻环保工作联络室；构建政府各职能部门，社会公众和环保公益组织共同的雨花区“大环保”格局；启动为期三个月的环保春雷行动，副区长王明玖具体部署“春雷行动”，开展监管大执法、隐患大排查、问题大整改、信访大化解、档案大清理等工作，主办信访件办结率和主办重点件办结率均为100%。区委副书记、区长刘素月强调，在压紧压实责任、全面摸清底子、铁腕整治问题方面下大力气，狠抓督查落实；要树立全区“一盘棋”格局，形成工作合力，强化执行督查，对拒不整改、我行我素的企业，要采取最严厉的措施；对工作不力、成效不好的部门、街镇和相关责任人，要严肃处理。雨花区开展“春雷行动”执法行动25次，立案42起，结案37起，其中查封扣押4起，移送行政拘留1起，处罚款33起（含行政拘留）。2月7日，雨花区政府召开常务会议专题研究部署迎接中央环保督察工作。会议听取区环保局关于迎接环保督察的情况汇报，并结合区内实际，综合各方意见，进行研究部署。2月9日，雨花区委召开常委会议专题研究迎接环保督察工作，决定成立由区委、区政府主要领导挂帅的雨花区迎接环保督察工作领导小组；由负有生态环境保护责任的分管领导和雨花经开区管委会主任任副组长；所有负有生态环境保护责任的部门单位、街道（镇）、园区主要负责人为成员。领导小组下设联络协调办公室，由区政府联系环保工作县级干部担任办公室主任，牵头调度；相关单位为成员，按照各自责任落实工作。会议明确要确保打赢环保攻坚战，对中央环保督察交办件立行立改，扎实整改，事事抓落实，全部实行一把手负责制，重点件区主要领导过问批示到现场，一般交办件责任单位一把手全流程负责。区环委会所有成员单位明确迎接环保督察专门负责领导，确定专人联系对接，建立快速响应机制，第一时间处理环保督察有关事项。区政府督查室、区生态办组织交办件责任部门单位和街道镇交叉检查，严查办结是否认真，整改是否落实，群众是否满意，后续是否长效，做到交办件处理不走样，整改不疲软，问题不反弹。雨花区建立环保、公安、法院、检察院联席会议机制，设立区公安驻环保工作联络室。4月20日，雨花区召开政府常务会议专题研究部署迎接中央环保督察工作，王明玖部署迎督工作，会议明确圭塘河治理是迎督工作的重中之重。4月27日，雨花区召开配合中央环保督察工作部署动员会，迎接中央环保督察。会议突出环境问题进行交办督办。王明玖传达省、市相关会议精神，对配合中央环保督察工作进行铺排部署。区委书记张敏强调，全区各级各部门务必在思想认识上保持高度清醒，务必在工作措施上抓得更细更实，务必在责任落实上确保万无一失，以最坚决的态度、最严厉的措施、最务实的作风、最严格的问责，确保打赢环保攻坚战。5月4日，区领导张敏、刘素月、龚畅、邹春林、余宏卿、周海毅、叶松、王明玖一行深入跳马镇、同升街道督查环保信访重点案件。张敏一行现场督察湖南长沙天山水泥有限公司、长沙跳马涧建材有限公司、同升湖污水处理厂、兄弟食品厂等4家企业，查看各企业主要排污口及环保处理设施，详细询问排污管线、环评资质等情况。张敏要求企业要认真落实主体责任，扎扎实实整改到位；相关责任部门做好后续解决措施，确保治污除根，防止死灰复燃。张敏一行专门听取前段时间全区环境保护工作及配合中央环保督察的情况汇报。刘素月要求，全区各级各部门要对区迎督协调联络办交办的案件主动担当，不推诿，不争论，党政一把手要亲自过问亲自督办，务必落实到位，情况回复必须客观真实，一把手亲自审定把关；对情况报送有延迟的单位和个人要启动问责，采取组织措施，绝不姑息。5月5日，长沙市环保专项督察组督察中央环保督察组交办的各项工作，调研贯彻落实中央环保督察组各项要求情况，交办的信访件办理及整改情况及对重点信访件追责问责情况，对涉及雨花区的11个重点问题进行问责督察。听取区环保局党组书记、局长钟智宏关于雨花区配合中央环保督察问责工作汇报，查阅中央环保督察组转办雨花区的信访件处置情况。当日，雨花区启动问责机制，对长沙跳马涧建材有限公司、湖南长沙天山水泥有限公司废水废气污染问题进行追责。跳马镇主要负责人表示坚决在第一时间处置整改，制定方案举一反三。与会人员相继发言，表示坚决支持市委市政府的决策部署和服从环保督察问责结果。5月10日，区环保局召开配合中央环保督察“鼓劲会”。5月12日，雨花区召开中央环保督察交办件办结工作专题调度会，钟智宏通报全市及雨花区中央环保督察交办件办理情况，王明玖具体部署下阶段交办件办理工作，刘素月传达省委常委、市委书记易炼红在市委全会上要求加快办结中央环保督察交办件的指示精神，要求全区各级各部门将积极配合中央环保督察作为当前最重要的工作，特别是将交办件办理摆在第一位，主动将全区工作目标和中央环保督察目标保持一致，积极探索环境保护长效机制；加快办结，要坚决落实市委部署，严格把握办结要求，以群众满意作为最高的标准，每天定期通报全区各责任部门交办件的数量、办结率，及时向群众公开投诉件的处理情况，主动反馈、接受监督，切实提升办结率、降低重复投诉率；明确目标，要通过开展扎实有效的工作，着力形成办结率最高、整改最快、效果最好的工作格局，力争雨花区成为全市办结率第一、满意率第一的区（县、市）。5月24日20时，中央第六环保督察组结束在湘期间督察。至此，中央环保督察组入湘31天，下沉长沙市督察3天，1至18批次雨花区主办（自办）95件，办结95件，办结率100%。截至5月25日，督察组分30批次向雨花区交办群众信访投诉件217件，办结166件，办结率76.5%。交办件数、交办件办结数和交办件办结率均在内五区领先。兄弟食品园等4家企业因集体私设暗管偷排污水，被顶格罚款共40万元，企业负责人被依法行政拘留7天。该案成为中央第六环境保护督察组驻湘后，长沙城区查处的处罚金额最高、涉案人数最多的环境违法案件。中央第六环境保护督察组撤湘后，雨花区继续坚持从严督察、铁腕执法、环境治理和“开门环保”，构建“大环保”机制，建设蓝天碧水、宜居宜业的生态雨花。7月13日，雨花区召开生态环境保护委员会第二次全会暨环境治理战役“夏季攻势”工作动员大会，会议下发2017年度环境治理“夏季攻势”任务清单等文件，区环委会办公室通报当前全区生态环境保护项目推进情况，王明玖通报配合中央环保督察工作情况，铺排环保督察“回头看”、淘汰黄标车等重点工作。刘素月指出，全区各级各部门要坚持久久为功，认真总结、限时整改、精准施策，巩固环保督察成果；要突出问题导向，大力开展“碧水”“清霾”“静音”“净土”等行动，全面打响环境治理“夏季攻势”；要进一步强化责任意识，做到责任上肩、保障到位、严格督查，以高度的政治自觉打好环境治理“夏季攻势”。8月4日，雨花区召开中央环保督察未销号案件及突出环境问题整改调度会。8月11日，雨花区召开第四次环委会，专题部署推进中央环保督察及省市反馈问题整改工作。雨花区环委会办公室对各责任单位下发问题与单位一一对应的环境问题交办函。城建、农林水、环保三部门主要负责人针对生态环保绩效考核扣分情况做表态发言。8月31日，雨花区环委会第五次会议召开，副调研员易云和宣读《中央环保督察反馈意见长沙市雨花区整改工作方案》，刘素月向各责任单位下发涉及中央、省市反馈的环境问题、环保项目建设和生态环保市对区考核任务等三个方面的交办函。会议下发《中央环保督察反馈意见长沙市雨花区整改工作方案》《雨花区环境保护工作责任规定（试行）》《雨花区重污染天气应急预案》及黄标车淘汰、黑臭水体整治、空气质量进展情况表。10月19日，张敏主持召开专题会议，听取中央环保督察组督察交办反馈问题及突出环境问题整改工作情况汇报，强调要对中央环保督察交办反馈的问题思想认识再深化、整改措施再完善、推进力度再加大，确保问题后续整改有力有效；要以壮士断腕的决心抓整改，要以铁面无私的纪律抓执法；要开展经常性的“回头看”，防止问题反弹；建立健全长效机制，切实抓好全区生态环境保护工作。12月20日，雨花区召开人大环保工作专项测评大会，通报雨花区近年来的环境保护工作成果。区人大常委会主任龚景顺表示，应像对待生命一样对待环境，要始终牢牢把握维护生态环境安全这个大局，有效理顺环保工作机制，充分凝聚环保合力，有力强化各类保障，推动全区环境保护的质量和水平的提升。（柳　旻）

【社区提质提档】 2017年，雨花区贯彻落实市委、市政府关于《社区全面提质提档三年行动计划（2016—2018）》的决策部署，围绕“社区组织体系更加健全，民主管理制度不断完善，生活生态环境舒适宜居，公共服务水平明显提升，经费保障机制基本建立，综合承载功能有效发挥”的总体目标，推进社区全面提质提档，全面提升社区宜居环境、公共服务、社会治理能力等。按照40%的社区提质提档计划，将50个社区纳入提质提档范畴。重点对井巷、嘉园、曲塘、浦沅、梨子山、永祥、长重、长刚、阿弥岭、桔园、新城11个老旧社区进行提质改造。提质改造工作重点围绕环境整治、楼栋整治、市政建设、绿化提质、设施完善等方面推进。拆除各类陈旧、破损的违规亭棚，拆除擅自搭建的小门店、仓库、废弃杂物等违法建设，拆除各类违章设置或设置不规范的户外广告与门店招牌，改善小区形象。提质小区基础，清理疏通小区管网、化粪池、明沟，规范整治弱电线路，进行楼栋屋面防水处理，更换破损沟盖板，增加小区路灯等基础设施，保障居民正常生活。开展小区立面、地面整治，粉饰楼栋外墙、更换雨阳棚、更新楼栋标识、统一临街商户门店招牌；统一修剪小区道路两厢行道树，对部分品相较差、长势不好的树木进行更换，增加部分观赏性苗木，增设树篦等，美化小区环境，提升居民生活幸福指数。

1月5日，市文明办副主任杨立平率社区全面提质提档验收组考核验收雨花区2016年社区全面提质提档工作，察看高桥街道永祥社区、左家塘街道曹家坡社区全面提质提档的工作情况。3月22—30日，长沙市社区全面提质提档联席会议第五验收组组长、市综治办副主任肖文辉带队对雨花区纳入到全市社区全面提质提档工作2016年度布点社区范围的23个社区逐一进行复核验收，市验收组现场听取23个社区及相关街道的提质提档工作汇报，观看提质提档纪录推广VCR，实地查看各社区人居环境改造、阵地达标建设以及改造后的人行道、停车位、绿化、小区监控室等情况，了解各社区提质提档工作的具体做法、特色亮点、资金投入等，查阅社区党建、公共服务、和谐稳定等档案资料。考核组对人居环境、公共服务、社区党建、和谐稳定等四大任务进行逐项考核，随机对居民群众进行入户问卷调查、听取群众意见建议。4月13日，市民政局副调研员、市提质提档联席办主任杨文斌一行复查洞井街道高升社区小区提质提档工作。检查组先后察看高升安置小区、法治文化广场、高升文化园，了解社区提质提档工作的开展情况以及成功的经验。4月20日，市委副秘书长、市社区全面提质提档工作联席会议总协调谭慧慧，杨文斌调研雨花区社区全面提质提档工作。谭慧慧一行实地查看雨花区东塘街道政院社区文化长廊、社区健康主题公园、社区标准化阵地及东塘街道浦沅社区、井湾子街道井巷社区的提质施工现场，听取社区提质提档工作汇报，了解社区的基本情况、提质提档建设推进的进度，对已完成提质提档的社区给予充分肯定，并对正在施工建设的社区提出意见。杨文斌主持召开提质提档工作座谈会。雨花区提质提档办汇报工作情况，区委副书记陈永高从全局谋划、全面铺排、全力推进、全新格局四个方面对雨花区提质提档工作进行总结介绍。谭慧慧建议，围绕“提”字做文章，进一步提升认识、提升经验、提高品质、提快速度；围绕“精”字下功夫，精准施策、精雕细琢、精细管理、打造精品工程。4月24日，杨文斌一行到丰园社区检查社区提质提档工作，查看公共服务中心、“温暖益家”品牌公益基地以及辖区提质提档改造场地。5月24日，长沙市社区全面提质提档工作联席会议办公室公示《2016年度长沙市社区全面提质提档工作考核结果》，雨花区东塘街道政院社区、高桥街道永祥社区、黎托街道广益社区、洞井街道高升社区、侯家塘街道韶山路社区、同升街道联盟社区、东山街道黎郡社区、砂子塘街道金地社区8个社区为示范社区；井湾子街道井旺社区、融城苑社区、井湘社区，圭塘街道景程社区、圭塘社区，洞井街道丰园社区6个社区为先进社区；雨花亭街道麻塘桥社区、砂子塘街道白沙社区、东塘街道枫树山社区、侯家塘街道廖家湾社区4个社区为达标社区；因城市建设规划调整等原因，雨花亭街道曲塘社区，左家塘街道嘉园社区、湖橡社区纳入2017年度考核。6月7日，雨花区村（社筹）、社区书记主任培训班学员270余人到洞井街道高升社区观摩学习，观看高升提质提档改造经验成果汇报视频。9月11日，谭慧慧、杨文斌调研左家塘街道社区全面提质提档工作，实地察看赤岗社区、阿弥岭社区、湖橡社区、荷叶塘社区提质提档施工现场，听取社区工作汇报，了解社区的基本情况、提质提档建设推进的进度。11月15日，谭慧慧带队到雨花区开展社区全面提质提档观摩活动，观摩团实地观摩东塘街道浦沅社区“浦沅情”匠心园、和润养护院、新建社区公共服务中心以及井湾子街道井巷社区燕子岭公园、工业文明墙、“俭·美”社区文化阵地等提质提档软硬件建设项目，了解社区全面提质提档工作情况及取得的成效。

2017年，雨花区及早谋划社区全面提质提档工作。陈永高在市联席会议召开后，第一时间召集各成员单位对提质提档工作重点任务逐项研究，整合意见，明确责任。在总结上年经验的基础上，确定“财政资金撬动，打捆各类资源”的工作思路，加大财政资金投入，充分整合各种项目资源和社会资金融入提质提档工作。重点任务分类指导，组织区级牵头责任单位分解党建引领、环境提质、人才保障、服务增效、阵地建设、平台升级、机制创新、社区稳定八项任务，对街道、社区开展业务指导。重点社区分层实施，底子薄、基础差、资源少的老旧社区，由区统一调度力量和资金，人居环境较好、辖区内资源较多的社区由街道组织实施。重点环节及时跟进，重点推进道路改造、立面亮化、社区阵地等项目建设，加强沟通协调，加快开工进度，督促街道、社区提前做好向联点社区市领导汇报的相关准备工作。2月15日，雨花区召开2017年社区全面提质提档工作大会，区政府副区长刘江红报告全区社区全面提质提档工作，区社区提质提档办通报2016年度雨花区社区全面提质提档工作奖励等次情况，砂子塘街道、井湾子街道、区城管执法局、政院社区分别作典型发言。陈永高强调，要始终突出群众期盼、内外兼修、示范引领，实现社区全面提质；要立足长沙创建国家中心城市、实现基本现代化和打造“财富、幸福、品质”雨花的长远目标，更加注重并解决工作中认识不够高、进展不平衡、质量不过关、管理不规范等问题；要认真总结成绩经验，更加突出工作的目标重点、标准质量、品牌特色、巧干实干，实现工作新作为；要进一步凝聚思想共识，加速形成合力。4月13日，雨花区组织社区全面提质提档工作观摩活动暨座谈会，实地观摩高桥街道永祥社区、东塘街道浦沅社区、井湾子街道井巷社区、同升街道联盟社区，了解社区提质提档工作具体做法和发展经验、特色亮点及未来规划。刘江红主持在同升街道办事处召开雨花区提质提档工作座谈会。区提质提档办通报全区社区全面提质提档工作进展情况，王明玖对全区提质提档过程中遇到的问题进行阐述，给出可行性建议。陈永高全面部署全区社区提质提档工作，强调要以群众生活得更美好、更舒适、更便捷为目标，切实增强居民满足感与幸福感。4月28日，谭慧慧率领市社区全面提质提档工作联席会议各牵头单位分管责任人，高新区、各区、县（市）联席会议召集人、总协调和联席办主任，市联席办全体成员到雨花区东塘街道浦沅社区现场观摩提质提档工作。浦沅社区推进社区提质提档工作，铺设主次干道沥青路面1.5万平方米，粉刷22栋房屋外墙、内墙6.4万平方米，改造下水道管道1600米等；道路围栏油漆、停车位增补、晾衣架等工程将陆续完成；申请惠民资金安装摄像头；通过改建共享，社区阵地有2450平方米；打造主题社区健康公园；开辟社区文化长廊；建设集社区卫生服务中心、日间照料中心为一体的多功能综合服务场所；打造“清涟·慧生活”文化中心，形成“六都邻亲”邻里互助品牌，社区公共服务全面升级；培育社会组织“老口子”亲情服务队，在社区提质改造、小区治安巡逻、邻里纠纷调解、法治宣传、文明引导等方面发挥积极作用；建设社区“微型消防站”，经常性开展消防演习。6月21日，雨花区召开社区全面提质提档工作联席会议，听取工作情况汇报并安排部署下阶段工作，讨论《雨花区2017年度社区全面提质提档资金扶持奖励办法（征求意见稿）》。区人大常委会副主任李劲松，刘江红分别就示范社区打造、社区软硬件建设等方面提出具体意见和建议。陈永高强调，要确保年底验收时创建12个示范社区一个不少，49个社区全市达标一个不丢；要抓重点，着力提升样板标准，要重点打造井巷社区作为全市观摩示范社区，围绕居家养老、老口子管理、垃圾分类管理、有色金属科普平台等软件提升，擦亮井巷“简美”社区文化品牌，在全市乃至全省树立标杆。6月30日，雨花区召开2017年社区全面提质提档工作推进会。陈永高总结2017年上半年全区社区提质提档工作情况，安排部署下阶段工作。刘江红通报2016年度市对区社区全面提质提档考核结果和相关表彰决定，东塘、井湾子、左家塘街道分别作典型发言。区委书记张敏要求，务必要提高站位，抓好社区提质提档工作；务必要把握重点，统筹社区提质提档工作；务必要齐抓共管，推进社区提质提档工作。8月2日，雨花区组织召开社区全面提质提档工作推进会，分析问题不足、研究对策措施。区社区提质提档办公室汇报全区社区提质提档工作基本情况，结合市对区年中督查反馈结果，客观分析存在的问题和不足，提出下阶段工作建议。与会部门围绕等考核项目发表各自意见。王明玖、刘江红分别就加快项目施工进度、分清工作缓急以及加强业务指导、打造亮点特色、浓厚工作氛围等方面提出具体工作要求。陈永高回顾总结全区社区全面提质提档工作存在的压力，认为部分城管改造项目推进迟缓，与市、区工作要求差距明显；部分街道社区实质性投入少，克服项目资金瓶颈问题的办法不多，难度很大；部分单位领导不重视、责任不上肩、执行不到位，对社区全面提质提档工作中存在的困难和问题没有进行及时研究解决。陈永高强调，对市领导联点社区、纳入城管提质改造的社区、争创示范的社区、街道重点投入的社区要强化分类指导；要强化工作调度，全力以赴抓好社区全面提质提档各项工作，认真分析研究和破解制约目前项目推进中的重难点问题；要强化工作保障，加大财政支持力度。9月12日，雨花区召开2017年度社区全面提质提档培训会，邀请杨文斌以及区委组织部、区综治办、区民政局相关负责人作专题授课。永祥社区分享提质提档工作经验，会议书面通报2017年8月全区社区全面提质提档工作督查情况。陈永高强调相关部门单位要高度重视社区全面提质提档工作；要积极争取社会各方力量支持，强化工作的统筹调度和安排。12月13日，雨花区召开社区全面提质提档工作调度会，区社区全面提质提档联席办通报区级考核验收工作情况，联席会议牵头责任部门进行发言，刘江红就迎接市对区提质提档考核验收工作提出意见建议，要求对照标准查漏补缺、对照时间加快扫尾、对照要求科学铺排。陈永高要求，各街道(镇)要高度重视、专门部署、提质提速，抓紧项目施工扫尾；严把建设“标准化”，相关部门单位要深入调查研究，加强业务指导，严把项目施工细节和工程质量；强化过程要“痕迹化”，对工作资料要进行规范细致整理和统一建档；确保效果“立体化”，要从硬件建设和软件文化等多个方面让居民群众满意，共享改革发展成果，提升幸福感、获得感。会议部署2018年社区全面提质提档工作。

2017年，雨花区坚持领导亲自调度、亲自协调、亲自推进，确保工作开展在前、问题解决在前、成效展示在前。2月23日，区委常委、区委办主任周海毅，刘江红等到跳马镇走访联点产业项目，调研社区提质提档工作，研究全域旅游有关问题，实地查看斑竹塘社区及石燕湖大道沿线的基础建设和环境综合整治情况，专题听取跳马镇关于全域旅游、环境整治、文明创建、提质提档等相关工作的情况汇报。3月15日，王明玖、刘江红带领区政府办、园林局相关负责人，考察指导井湾子街道井巷社区提质提档工作，实地察看样板楼栋和燕子岭公园项目建设现场，听取项目进展情况介绍，了解工程建设进度，询问项目建设当前面临的困难和问题。王明玖、刘江红在调研中指出，井巷社区提质提档及燕子岭公园项目建设工程是深化城市环境综合整治、建设更高水准的文明城市的重点工程，此次提质改造工程既是一项关乎城市品位的形象工程，也是关乎民众安居乐业的民生工程，井湾子街道要进一步增强责任感和紧迫感，按计划全力加快工作进度，严把工程质量，确保保质保量如期完工。4月5日，张敏调研井湾子街道井巷社区社区全面提质提档项目建设，查看井巷社区示范楼栋和井圭游园项目建设情况，并就项目建设过程中遇到的困难和问题进行现场研究。张敏强调，要确保施工进度，要确保施工质量，要确保施工安全。4月19日，陈永高一行调研指导左家塘街道社区全面提质提档工作，查看牛角塘社区的整体环境和社区办公阵地建设情况，听取左家塘街道关于社区全面提质提档工作的汇报。陈永高强调，要重点解决交通、消防安全、环境文明等老百姓关注的问题，按梯次规划好各社区的提质提档，加快推进，每个社区抓住一两个亮点。6月2日，张敏，区委副书记、区长刘素月，陈永高一行调研区造绿复绿项目和井巷社区建设，现场查看到圭塘河风光带（木莲冲路—湘府路）、井巷社区、雨花机器人主题生态公园项目进展情况，听取项目工作情况汇报，检查现场施工质量和安全文明施工。刘素月提出，要充分彰显公园文化特色，结合公园整体定位，重点突出运动文化；要对完工区域进行全面检查，对于存在的质量问题和施工缺陷，及时整改、修复到位，确保整体效果；要进一步加强现场文明施工，及时将沿线垃圾清理干净，并安排专人巡查。张敏要求，相关职能部门一定要坚持全力以赴、通力协作、全面配合，认真做好项目观摩活动的相关准备工作；各参建单位要压实主体责任，全面梳理工作任务；要进一步加强现场管理，在确保施工安全和工程质量的前提下，加快施工进度，确保项目观摩效果。6月5日，市政协副主席段安娜一行调研高桥街道火焰社区全面提质提档工作，实地查看社区的文体商贸城、火焰大市场、神农茶都现场，火焰社区汇报社区提质提档工作情况。6月7日，市委常委、常务副市长张迎春一行调研雨花亭街道曲塘社区提质提档工作。张迎春要求完善社区水电路气等功能性建设，提升社区整体服务能力；突出功能、做好结合，社区提质与棚户区改造、企业转型升级、城市管理相结合，把握历史机遇，形成叠加优势；突出保障、加强领导，积极发挥社区、街道、区市各级部门效应，形成合力，将曲塘社区建设成为功能完备，服务升级群众满意的现代化社区。7月18日，陈永高，区政府副区长陈怀宇、王明玖等实地察看井湾子街道井巷社区康和医院、社区提质提档各标段及燕子岭公园等地的提质进展情况，听取井湾子街道、区园林局主要负责人汇报井巷社区提质提档工作情况及与会单位负责人的表态发言，听取社区居民意见。会议要求全力统筹，倒排工期，各相关单位按照项目进度要求，各司其职，加快核心地块拆迁、燕子岭公园和社区提质提档建设，奋力40天，确保8月底全面完成井巷社区提质提档工作。8月3日，区委常委、宣传部部长余宏卿一行督查指导左家塘街道牛角塘社区文明创建和提质提档工作，实地查看社区环境卫生、文明创建宣传氛围、社区道德讲堂、社区活动室等建设情况，听取社区文明创建的情况汇报，了解提质提档改造后社区的绿色网吧及流动书屋的运作情况，参观圣辉代表工作室、齐石坚工作室、“两代表一委员”特色活动室、社区民族风情一条街，开展现场点评。8月10日，陈永高到曲塘、火焰、长钢、茶园坡等社区调研全面提质提档工作，实地查看社区办公阵地及项目施工现场，了解提质提档工作进展情况及工作效果，并就方案优化设计、资源优化整合、工程质量安全、痕迹化资料管理、特色亮点打造以及群众思想疏导、基层矛盾化解等方面提出意见。9月1日，张敏、周海毅调研左家塘街道项目建设、文明创建、社区提质提档、小区党建等工作情况，实地察看劳动东路两厢地块棚户区改造项目、曹家坡社区阵地、阿弥岭社区提质提档以及树木岭社区鑫天鑫城小区党支部，询问辖区棚改项目征拆、文明创建、社区提质提档和小区党建的情况，听取相关的工作汇报，并和社区居民、小区党组织负责人和社区工作人员深入交流。张敏要求，街道全力抓好棚改项目清零，集中力量推动劳动东路棚户区改造项目建设；全力抓好文明创建，全面提升精细化管理水平；全力关注民生，注意收集整理好老百姓反映的意见，解决好老百姓关切困难和问题；全面推广“四位一体”（小区党支部、业主委员会、业主监委会及物业公司）小区党建模式，通过党建引领“四方联动”，服务居民，管理社区，提升居民幸福感和获得感。9月15日，区政府副调研员潘冬云指导圭塘街道泰安社区提质提档工作。潘冬云要求社区要加快提质提档各项工作进程，打造提质提档精品项目，提升居民居住环境。9月18日，区人大常委会主任龚景顺督查调研左家塘街道社区全面提质提档工作，查看狮子山社区社区阵地、社区公园、社区医养结合老年人日间照料中心，对社区以“孝”文化为主题的精神文明建设表示肯定。龚景顺指出，社区提质提档要以全面提升社区管理能力和服务能力为核心，引进相关社会组织，以社区为平台，社会组织为载体依托，社会工作专业人才为支撑，形成有机融合，为居民群众提供更加优质的服务。9月27日，龚景顺等调研左家塘街道牛角塘社区社区提质提档及“人大工作进社区”情况。10月10日，区政协副主席彭可佳调研东塘街道提质提档工作情况，实地考察东塘社区融和巷灾后重建工程，重点查看融和巷受灾塌陷区域护坡修复情况、人行道绿植移栽培护情况、社区宣传栏信息公开等。10月30日，张敏率区领导陈永高、邹春林、周海毅、王明玖、刘江红和相关单位负责人调研社区全面提质提档工作，实地查看人居环境项目硬件建设和软件特色等情况。张敏一行察看浦沅社区提质提档改造后的居民楼栋立面、“浦沅情”匠心园、和润养护院及新建中的社区办公阵地，并与社区“老口子亲情服务站”队长、老党员丁秋林交谈；实地查看井巷社区示范楼栋及燕子岭社区公园等项目建设情况。张敏强调，要坚持把“品质提升”理念贯穿始终，更加注重补短板、强功能、提档次；要充分发挥“五老”、社会组织、志愿者在基层治理中的积极作用，构建多元服务体系，真正畅通联系和服务群众的“最后一公里”；要让社区成为“宜居宜业、精致精美、人见人爱”的靓丽风景。11月14日，陈永高、王明玖、刘江红组织开展雨花区社区全面提质提档工作观摩活动，实地参观东塘街道浦沅社区、井湾子街道井巷社区。11月29日，刘江红带队督查指导圭塘街道雨花家园社区、雨花亭街道曲塘社区、洞井街道新城社区、同升街道古樟树社区提质提档工作，实地查看社区新建办公阵地、居家养老服务中心以及居民楼栋和道路改造施工现场，就存在的具体问题提出指导性意见。

2017年，雨花区街道（镇），社区全力实施社区全面提质提档工作。2月16日，东山街道组织街道社会事务办、设计单位、社会组织等在南雅社区召开社区提质提档工作部署会，会议提出将南雅社区“彩虹桥”学雷锋志愿者工作站和“君师里南雅尊师园”活动中心打造成社区精品品牌，对补绿、墙面道路破损、监控、路灯等绿化亮化工程及文化氛围等提出相关建议，对阵地建设、标牌制度、设计理念提出相关要求，强调要强化文化氛围，突出特色亮点，打造出社区特色，确保提质改造工作按时按质完成。2月17日，东塘街道在政院社区召开社区全面提质提档工作推进会，总结2016年度社区提质提档工作情况，部署2017年社区提质提档工作，分享政院社区全面提质提档经验，明确4个社区开展提质提档工作。高桥街道高桥大市场社区组织提质改造指挥部代表、天诚物业管理有限公司负责人、涟源百货城业主、商户代表，召开市场提质改造工作动员会，会议围绕市场提质改造项目，积极动员涟源百货城物业、业主、商户积极配合，有效推进，确保提质改造施工“零阻碍”。社区工作人员与业主、商户深入交流探讨，了解业主和商户的需求，共同寻求解决难题的方案，促进提质改造工作更顺畅、更有实效。会议拟定在涟源百货城选拔出一批有能力、有担当的楼栋长，协助社区开展提质改造工作，强化市场自我管理水平。2月21日，砂子塘街道调研纳入2017年社区提质提档的桔园、茶园坡、野坡三个社区提质提档工作。2月22日，高桥街道召开社区全面提质提档工作调度会，明确全街提质提档4个社区的区、街联点领导，并就全街的社区全面提质提档工作进行部署，制定切实可行的提质提档工作方案，突出社区文化品牌特色。井湾子街道井巷社区在社区大厅和社区围墙展出居民楼栋和社区道路设计效果图。2月23日，黎托街道推进黎锦苑社区提质提档工作，听取社区主要负责人汇报社区提质提档工作的前期准备、开展情况和存在的问题。2月28日，井巷社区示范楼栋施工进场。3月16日，黎托街道组织召开社区提质提档工作调度会，广益社区和黎锦苑社区汇报社区现状、存在的困难和问题及下步工作措施。东山街道召开黎郡社区提质提档工作六方协商推进会，社区、项目施工方、监理方、设计预算方、小区物业公司、业委会、部分居民代表参加会议。左家塘街道组织到雨花区井旺、金地、政院三个社区参观学习社区提质提档工作，参观井旺社区社区公共服务中心、“优儿推”健康服务中心、“小蜜蜂之家”等阵地建设。3月21日，洞井街道召开街道市对区社区提质提档复核验收迎检工作调度会，全面部署迎检工作，介绍市级复核验收时间、验收方式以及考核标准和计分办法；丰园社区和高升社区书记汇报提质提档迎检工作中存在的困难、问题及需解决的问题等。东山街道组织召开2017年社区提质提档工作调度推进会。明确要确保南雅社区顺利通过市区提质提档考核，并争取建成示范社区；黎郡社区完成小区整改项目扫尾，顺利通过市检；黎雅社区启动活动阵地建设和完成农安小区提质改造；会议铺排2017年社区全面提质提档进行工作。3月22日，砂子塘街道实地考察金地、白沙、梨子山3个社区提质提档工作，对需要整改之处提出意见和建议，迎接市提质提档验收工作。3月23日，东山街道组召开黎郡社区提质提档复核验收迎市检调度会议，就市级对社区复核验收时间、验收考核标准和迎检路线、工作内容责任划分进行工作安排，全面部署迎检工作。3月24日，圭塘街道雨花家园社区召开社区全面提质提档意见征集讨论会。社区汇报社区提质提档工作的前期准备、开展情况，通报前期收集整理的社区绿化美化、基础设施、阵地建设、标识标牌规范、物业管理等十四条急需提质提档整改的问题，征求各位代表意见，商讨整改方案。3月27日，洞井街道召开丰园社区提质提档迎检调度会。4月7日，井湾子街道召开井巷社区全面提质提档项目建设技术交流会。区园林局副局长余勇峰安排部署井巷社区全面提质进场工作。井湾子街道党工委书记肖司昊对社区提质工作提出要求，区政府副调研员段仁华要求，各负责人要认真履职，确保井巷提质工作出成效、有影响；要督促施工单位加快进度，倒排工期；确保良好的施工环境，强化宣传工作，加强引导。同升街道在联盟社区组织召开街域提质工作现场观摩暨动员大会，现场观摩学习联盟社区提质提档工作，整体调度全街街域提质具体工作开展。街道确定，全街提质工作将以白田小区、金井小区改造作为切入点，从“化解矛盾、理顺民意、树立权威、打牢基础、主体建设、创建示范、提升自我”七个方面做好结合，力求从根本上改变全街老旧社区面貌，全面实现打造全街精致精美社区的目标。4月11日，洞井街道在新城社区辖区中天佳园小区物管办召开新城社区社区三年提质提档方案意见征求会，听取居民群众的意见，讨论小区增加停车位、中心花坛改造、篮球场旁健身器材的移位、消防通道的改造、小区楼道间绿化带改停车位、楼栋间路面的扩宽、15栋篮球场旁厕所改造、小区路灯、绿化改造重点问题。4月14日，左家塘街道调研狮子山社区提质提档工作，查看社区外围环境、办公阵地，听取社区汇报提质提档的相关计划，了解社区提质提档工作情况。4月18日，高桥街道召开金环社区提质提档工作调研会议，听取社区提质提档工作完成情况及存在困难的汇报，及社区创建、城管、安监、综治等工作情况及存在问题的补充汇报，分析金环社区的现状，商讨解决提质提档方面存在的问题的意见建议。4月24日，东山街道南雅社区雅致名园前坪提质改造工程竣工，雅致名园前坪小区改造成为一个约4500平方米，200余划线停车位的规范停车坪。4月26日，侯家塘街道召开社区提质提档工作推进会，再安排、再部署社区提质提档工作，参与创建和达标的侯家塘、电院、湘农桥、麻园湾、广济桥5个社区负责人就相关工作开展情况进行简要汇报，对存在的问题和急需解决的事项进行相互交流和探讨。5月17日，侯家塘街道召开社区提质提档工作调度会，统筹部署广济桥、侯家塘、湘农桥、麻园湾和电院5个社区提质提档。6月14日，洞井街道召开提质提档工作部署会，2017年度提质提档的四个社区主任分别汇报社区的项目推进、工程进展，各社区书记和专干就工作重点和难点进行补充发言；街道提质办通报6月上旬对社区提质提档工作检查结果和5月任务清单完成情况，重点部署后段社区提质提档工作。6月19日，洞井街道新城社区召开社区提质提档工作专题学习会。6月20日，井湾子街道组织2016年和2017年全面提质提档的社区负责人以及提质提档专干，召开社区全面提质提档工作经验交流座谈会。井巷社区、红星村社区、德馨园社区、冯家冲社区、农博社区汇报提质提档的工作进度和提质提档过程遇到的困难以及存在的问题。井旺社区分享2016年社区全面提质提档迎检工作经验。会议要求各社区充分挖掘辖区资源，树立井湾品牌，扎实有效推进社区全面提质提档工作。7月3日，雨花亭街道召开社区提质提档工作推进会，传达区提质提档会议精神，明确打造一个精品示范社区、其余社区“保二争一”的目标。纳入提质提档的5个社区汇报提质提档工作开展的亮点、重点、难点及需要解决的问题。7月7日，侯家塘街道召开社区全面提质提档工作推进会，实地参观学习韶山路社区的提质提档建设成果。通报全市2016年度社区全面提质提档工作考核结果，传达市、区两级的工作要求及相关会议精神。韶山路社区主任贺亚利介绍工作经验。2017年提质提档拟达标的侯家塘、电院、湘农桥、麻园湾和广济桥5个社区的书记依次以PPT的形式汇报社区工作进度以及计划实施的改造项目。7月20日，黎托街道组织召开社区提质提档工作调度会。会议分析黎锦苑社区的工作状况和社区现状，明确黎锦苑社区要承担主体责任。8月11日，东山街道组织召开社区全面提质提档工作调度会议。会议宣读《东山街道2017年社区全面提质提档工作方案》，对南雅社区提质提档工作考核指标进行任务分解，南雅社区汇报社区提质提档工作，街道对南雅社区全面提质提档工作进行具体安排部署，强调社区提质提档工作资料要在8月20日前整理归档。明确在10月底前完成南雅社区提质提档的工作目标，争取把南雅社区创建为市级提质提档示范社区。8月14日，洞井街道召开三季度社区提质提档工作会议，听取2017年度提质提档的4个社区介绍社区工作进度和下阶段工作安排，部署迎接8月中下旬区提质办组织的提质提档联合督查。8月21日，左家塘街道调研指导曙光社区提质提档工作，察看背井小巷，讨论社区外墙美化、路面整洁、公共设施完善问题。8月22日，同升街道召开白田小区提质提档一期工程动员大会。会议详细说明白田小区提质提档一期工程所涉及的提质改造项目，计划以道路交通、生活配套、文化提升、绿化景观、外部形象五个方面进行提质提档改造，要求相关人员齐心协力做好小区提质提档工作，通过一期工程建设把白田小区初步打造成环境整洁，交通有序、居民生活舒适的小区。8月23日，侯家塘街道指导侯家塘社区提质提档工作。8月25日，黎托街道召开黎锦苑社区提质提档工作调度会，黎锦苑社区汇报提质提档工作进度情况及存在问题，街属各大办汇报各线社区提质提档的业务工作情况和意见。9月5日，东塘街道调研芙蓉南路社区进行提质提档前期工作。9月8日，圭塘街道召开社区全面提质提档工作调度会。会议讨论社区全面提质提档工作重点、难点问题，部署推进提质提档工作。9月12日，东山街道召开社区全面提质提档工作推进会，南雅社区各项目施工负责人汇报提质提档项目进展，南雅社区汇报提质提档工作进展和任务完成情况，并对社区提质提档的项目进展工作作出具体要求。街道传达雨花区2017年度社区全面提质提档培训会上的相关要求，调度项目建设。9月14日，井湾子街道召开农博、冯家冲提质提档社区小型建设工程项目施工单位的确定会议。各社区书记汇报社区提质提档工作进度，介绍拟建项目的内容、项目施工建设建议单位的基本情况及建设优势等，并对农博、冯家冲两个社区小型工程项目施工单位的确定分部门征求意见，讨论明确农博和冯家冲两个社区提质提档项目的具体施工单位，明确社区提质提档项目的建设要求。9月15日，左家塘街道组织到开福区新河街道陈家湖社区、芙蓉区马王堆街道马王堆社区、芙蓉区定王台街道丰泉古井社区、天心区文源街道文源社区参观学习社区提质提档工作，观摩小区提质改造及社区阵地建设情况，学习社区充分发挥居民自主能力、提质改造施工的经验，交流探讨老旧小区改造的软硬件维护等方面工作。9月18日，圭塘街道召开雨花家园社区提质提档工作现场办公会，社区负责人汇报社区全面提质提档工作启动现状、完成情况及所面临的7大重难点问题。10月10日，洞井街道指导督查植物园社区提质提档工作，听取社区提质提档项目推进情况介绍。社区绿化提质项目全部完工，完成道路白改黑4200平方米，拆除违法建筑5000平方米，增设停车位71个，改建游乐休闲园1个。辖区单位中天瑞景改造两个小区健身广场和游园步道，助力社区提质提档。10月11日，东塘街道初步验收和现场督查牛婆塘社区办公服务阵地的建设情况，现场查看所有办公用房、活动场所，听取社区对办公服务阵地开展提质改造的想法和建设方对工程情况的汇报，对解决便民服务中心和办公服务用房等工程的细节问题上提出指导意见。10月25日，左家塘街道听取桂花社区居民对社区提质提档的意见和建议，争取居民对提质提档工作的理解和支持。11月13日，同升街道召开古樟树社区提质提档工作调度会，商讨嘉华城小区提质改造工程，讨论交流项目审批、施工进度、施工环境以及存在的问题。11月14—15日，左家塘街道全面验收牛角塘等11个社区的提质提档施工项目。11月17日，洞井街道督查提质提档工作，实地察看植物园社区、湘天社区、新城社区和龙庭社区改造项目现场，了解工程项目进展情况及困难。召开全街提质提档工作推进会，各社区以PPT的形式总结汇报社区提质提档情况。会议要求各社区对照项目计划加紧施工，确保年底提质提档验收工作的顺利完成。12月19日，洞井街道召开提质提档工作部署会，安排2017年度年终市级复核验收工作，部署2018年度社区全面提质提档工作。12月19—21日，左家塘街道督查指导桂花社区、阿弥岭社区、荷叶塘社区、曙光社区、长钢社区、湖橡社区等11个社区的提质提档工作。

2017年，联点单位助力雨花区社区全面提质提档工作。4月7日，市住房保障局调研东山街道南雅社区的提质提档工作，实地考察即将提质改造凤凰佳园、凤凰苑廉租房保障小区两个小区的绿化环境、违章搭建、监控、门禁、消防设备、消防通道、电动车停放等情况。调研座谈会上，南雅社区汇报提质提档工作情况和改造方案。4月21日，金科园社区群工站组织社区、中冶长天的单位领导，专家，辖区房地产开发商召开小区提质改造高层建筑研讨会，征求相关专家的意见，听取专家学者就国内其他城市相关经验的介绍。4月25日，市住房保障局调研东山街道南雅社区凤凰佳园、凤凰苑廉租保障小区提质提档工作，调研组参观凤凰佳园四栋架空层，听取社区拟打造以法制建设为主题活动室的规划；与社区和物业的相关负责人现场沟通交流社区监控设施、消防通道、绿化环境、垃圾分类等工作。5月19日，区司法局指导井湾子街道社区提质提档工作，听取井巷社区社区提质提档工作方案、施工设计效果和社区提质提档工作进度汇报，了解社区提质改造中亟待解决的问题和困难；察看燕子岭社区公园提质施工现场。5月20日，井巷社区群工站深入社区楼栋向居民群众发放调查问卷，了解到社区提质提档工程施工导致老年人活动范围受限、小学生上学途中存在安全隐患等实际困难，制定相应措施。5月23日，市爱卫办调研全面提质提档联点单位新城社区提质提档工作，听取新城社区提质提档工作汇报、了解改造项目进展情况以及目前面临的困难，实地察看社区新阵地建设。6月8日，区交警大队调研黎托街道黎锦苑社区黎锦苑小区道路微循环和交通设施建设问题整改，实地查看粟塘路、黎锦苑小区一、二期中间道路、竹沙路；商议交通微循环问题，并提出在竹沙路增设禁停标志、重新划分车位等解决现有交通问题的手段，保障居民出行。7月26日，区发改局督查指导左家塘街道荷叶塘社区文明创建、提质提档工作，督查小组听取荷叶塘社区基本情况，文明创建、提质提档工作进展情况汇报。8月15日，市企业社会保险服务局调研美林景园社区退休人员社会化管理服务工作，推进社区提质提档工作。8月31日，区文化体育新闻出版局督查指导洞井街道龙庭社区提质提档工作，听取街道和社区主要负责人对社区提质工作的社区文化定位和提质项目进展，实地察看社区“小龙人之家”“龙舞艺术中心”等社区文化阵地。区卫计局走访居民，向居民群众介绍社区提质改造工程的整体设计方案，介绍公共配套设施、绿化提质、道路整改、下水道疏通、增设停车位、门禁系统改造等问题，听取居民群众对提质提档的意见与建议。9月20日，区发改局督查指导左家塘街道文明创建、提质提档工作，询问荷叶塘社区、王公塘社区两个社区文明创建、提质提档工作近期进展。10月27日，区政府副区长易静、区教育局长王青春调研左家塘街道桂花社区桂花树小学周边的桂花树街、曾家湾巷提质提档情况，听取桂花社区提质提档范围和进度汇报。

2017年，雨花区及时督察社区全面提质提档工作。4月25日，区民政局党组成员、区提质提档办主任阳伟军，区政府督查室杨龙，区提质提档办毛明督查督查洞井街道植物园社区、龙庭社区、湘天社区和新城社区提质提档工作，听取社区提质提档工作方案以及项目启动和完成情况汇报。4月27日，区提质提档办督查和调研东山街道南雅社区全面提质提档工作对照资料，重点考察南雅社区已经提质改造完成的项目情况。南雅社区投入100万余元改造完成的雅致名园4500平方米、具备200余个划线停车位的停车场，雅致名园“南雅尊师园”文化活动中心竣工，投入30余万元全面复绿南雅中学周边，推进雅致名园、凤凰苑、凤凰佳园小区的黄土裸露补绿工作。7月19日，肖文辉带队集中督查指导雨花区社区全面提质提档工作。督查组要求，更加注重社区提质提档的内涵提升，做到硬件软件同步抓、地上地下同步推，对拟打造的12个示范社区和纳入城管改造的老旧型社区，要聚焦难点问题，整合部门资源，加强督促指导。市督查组分三个小组对全区纳入2017年提质提档考核任务的49个社区逐一进行实地考察并就工作中重难点问题进行研究落实、提出意见建议。7月20日，长沙市提质提档联席办李竞，市人社局基层指导处处长柴佳、区提质提档办孙飞翔、李岚一行督查高桥街道进行提质提档工作，督查组一行实地查看五一、永定、金环社区提质提档项目现场，文化长廊、社区警务室、社区文化活动中心阵地，询问相关工作的进展情况，并对提质提档工作提出指导性的意见。8月9日，谭慧慧、杨文斌调研雨花区社区全面提质提档工作，实地调研左家塘街道牛角塘社区、侯家塘街道侯家塘社区、井湾子街道红星村社区和雨花亭街道香南郡社区。8月24日，区提质提档办指导井巷社区搭建培育自治平台、社区三社联动、楼栋协商自治等特色亮点工作，听取社区谭珍香里长工作室、老人家爱心联盟、悦读花园（书香文化）三个党建和社区治理服务品牌的情况，汇报社区服务阵地文化提质情况。8月25日，区提质提档办督查植物园社区提质提档工作半年度完成进度，听取社区提质提档工作汇报，查摆提质提档工作中的不足之处，明确社区提质提档第四季度的工作任务。区提质提档督查组到左家塘街道督查社区提质提档工作，实地考察窑岭社区阵地建设以及资料等工作。区提质提档第二督查组督查指导洞井街道社区全面提质提档工作。实地督察新城社区、龙庭社区，听取社区提质提档工作开展情况、社区在提质提档工作中的特色亮点及难点汇报。8月30日，雨花区提质提档督查组督查黎托街道黎锦苑社区全面提质提档工作，黎锦苑社区汇报社区改造工程项目、硬件软件提质、特色亮点工作及下阶段工作安排。区提质提档办第二督查组督查指导东山街道南雅社区社区全面提质提档工作。9月1日，区提质提档督查组督查东塘街道社区全面提质提档工作，督查组听取街道和华银园社区、浦沅社区、牛婆塘社区和省人大社区社区提质提档工作进展情况、社区工作特色亮点和现存难点的工作汇报。10月12日，区提质提档办调研和验收侯家塘街道市级项目，实地考察侯家塘社区示范新阵地；验收麻园湾社区“家和苑”庭院议事自治项目，了解麻园湾社区新阵地的建设进度以及工作中遇到的困难，要求街道和社区要合理运用、发挥阵地的各项功能，整合优化社区各类资源，确保庭院议事自治机制稳定有序的开展；参观广济桥社区办公服务用房，听取社区办公服务用房的使用情况以及活动介绍。10月11日，区提质提档办到东塘街道调研和督查新办公服务阵地建设推进情况。督察组实地察看芙蓉南路社区、浦沅社区、省人大社区三个社区新办公服务阵地，给社区新办公阵地建设提出指导意见。督察组要求芙蓉南路社区的“资源共享”办公阵地扩建项目，要广泛汲取居民群众的意见，要建设好、落实好办公阵地改造项目；浦沅社区要发挥好“市级典范”社区阵地的带动作用，打造具有自身特色的创新型办公服务阵地；省人大社区的要落实好阵地建设工作，尽快亮出社区为民服务的最好名片。11月21日，谭慧慧、杨文斌调研砂子塘街道野坡、茶园坡、桔园社区提质提档项目建设，实地查看野坡社区赤岗小游园、金科园巷、公交小区及桔园社区标准化阵地、提质施工现场。12月5日，区提质提档办对高桥街道五一、火焰、永定、金环四个提质提档社区进行考核验收。12月11日，区提质提档督查组督查指导左家塘街道窑岭社区社区提质提档工作。12月14日，市委副书记徐宏源，谭慧慧调研雨花区社区全面提质提档工作，实地察看井巷社区燕子岭公园、燕子岭小学、康和医院、二十三冶职工生活区、社区便民服务点及社区办公阵地、悦读书苑等提质提档建设成果。12月21日，市发改委党委委员、工会主席、市社区全面提质提档考核验收组第五组组长张国华、杨文斌等带队对雨花区社区全面提质提档工作进行考核验收。

2017年，雨花区坚持党建引领，成立以党员为骨干的工作组，全程参与提质提档工作，协商解决问题。坚持以人民为中心的发展理念，根据社区实际进行高标准设计施工，重点打造井巷、浦沅等一批示范社区。对社区阵地进行新建或改扩建，同时，优化完善社区基础配套，打造党建、文明示范岗，深度挖掘社区文化品牌。全区投入社区提质提档政府资金5.7亿元，撬动社会资金超过1亿元，重点打造井巷、浦沅、长重、长钢、阿弥岭、牛角塘、曲塘、嘉园、侯家塘、新城、火焰、雨花家园、红星村、香南郡、桔园、茶园坡等精品示范社区。

完成各类建设项目891个，粉刷房屋立面56万余平方米，疏浚下水管道8万余米，道路“白改黑”37万余平方米，增绿补绿17万余平方米，增设停车位7300余个，安装休闲座椅、便民晾衣架、路照灯6764个，拆除违法建筑7.9万余平方米，新建或改扩建27个社区阵地3万余平方米，打造家文化、孝文化、廉文化、诚文化、德文化等有影响、群众欢迎的文化品牌，实现环境更美、服务更优、干群贴近、幸福提升四个效果。（柳　旻）

【城中村改造】 2017年5月27日，区委副书记、区长刘素月主持召开雨花区城中村改造工作专题研究会议。会议传达全市城中村改造工作会议精神，与会人员就城中村改造工作进行交流探讨、专题研究，对城改审批手续、农民安置房产权证办理、整村规划编制、拆迁安置资金筹措、村集体经济改制、片区统筹开发等具体问题提出意见建议。刘素月强调，充分借鉴红星、高升的成功经验，在新一轮城中村改造中探索与央企合作、走片区开发的模式，以时间换空间，以空间换利益；城中村改造以村为主、政府支持，通过分类指导、精心指点，因地制宜，一村一策，帮助解决资金筹措、项目引进、村民安置等工作中存在的难题；切实加强与市里的沟通衔接，争取把雨花区对城改工作的想法和建议融入全市新一轮城改政策制定中，确保城中村改造工作稳步推进、取得实效。

洞井街道鄱阳社区筹委会被纳入全市城中村改造工作考核范围。洞井街道成立专门征拆指挥部，设立城改领导小组，制定详细方案。指挥部专门研究制定便民手册，层层召开动员会议，6月底，启动鄱阳村城改板塘村城中村改造市储备地、城投26号地项目。8月28日，区政府副区长、洞井拆迁建设指挥部指挥长陈怀宇专题调度洞井街道板塘村城中村改造市储备地、区城投26号地两个项目的拆迁工作。洞井街道工委委员万建军代表洞井街道汇报板塘市储备地、区城投26号地两个项目前期所做的拆迁工作和解决项目推进过程中存在的困难和问题的建议和意见。与会人员专题研究和探讨快速高效地推进项目征拆工作。陈怀宇提出分户包干工作思路，要求坚定工作目标、严格执行政策、保证公平公正。9月12日，洞井街道组织召开鄱阳村城改拆迁工作研讨碰头会，与会人员听取鄱阳社区筹建党总支书记杨卓关于城改拆迁、安置工作情况汇报，专题研究和探讨鄱阳征地拆迁模式、补偿标准，安置等问题。9月15日，区政府副调研员刘广平专程调度项目签约清零攻坚工作，传达区相关指示精神，指导签约清零工作。经过一轮调查、二轮复核、三轮答疑、四轮核查，9月20日，板塘储备地、城投26号地项目已签约合法房屋19栋，剩余1栋未签约。9月下旬，街道启动拆除程序。11月11日，洞井街道召开城中村改造工作专题调度会，研究和探讨城中村改造推进过程中存在的困难和问题，铺排和部署下一步工作。11月14日，洞井街道专题调度鄱阳城中村改造项目拆迁工作。会议听取鄱阳村关于城中村改造工作推进情况的汇报，分析工作形势，研究和部署打好鄱阳拆迁工作攻坚战。11月21日，洞井街道在鄱阳社区筹委会召开鄱阳城中村改造项目拆迁动员大会。杨卓从作拆迁动员讲话，区国土分局拆迁事务所副所长杨健作拆迁政策宣讲，万建军作拆迁形势分析，工作人员现场解答村民的疑问，街道办事处主任宋电提出拆迁相关工作的具体要求。鄱阳城改项目拆迁工作正式启动。至年底，鄱阳城中村改造项目应签约农房19栋，成功签约并拆除农房19栋，共计拆除农房合法面积3830平方米，占整村应拆农房总量的100%。拆除违章面积10531平方米，占整村应拆违章总量的100%。实现整村合法农房和违建的全部拆迁清零，

黎托街道大桥、合丰、花桥三个村纳入市城改范围。6月14日，区政府副调研员、区城中村改造五年指挥部副指挥长潘冬云，区城中村改造五年指挥部办公室主任汤勇、副主任杨思宇一行到黎托街道调研城中村改造工作。3个城改村负责人总结汇报各村上半年工作完成情况、改造过程中出现的困难、组织机构的完善等情况，请求市、区、街三级多给予政策支持、多开展业务培训。黎托街道工

委副书记、办事处主任刘明生要求各城改村迅速成立专门的城改办公室，迅速熟悉业务、政策知识、改造要点；结合规划，全面理清改造思路，梳理问题；借鉴成功经验，全面开展工作。汤勇要求合丰、花桥根据土地、人口、面积、资金、时间节点等情况制定整村改造方案，加快安置房需办产权证摸底、规划修编、确定股份制改造截止日等工作的开展。潘冬云表示会将各村上报的问题进行收集并商量处理方法。9月14日，潘冬云，汤勇调研黎托街道城中村改造工作，大桥、合丰、花桥三个城中村改造负责人总结汇报考核任务完成情况、拆迁过程中出现的困难、土地确权明细等情况，请求市、区、街三级多给予政策支持、推进拆迁工作的开展。区国土分局毛丰简单说明城中村改造集体土地变性为国有土地的政策，要求各城中村了解流程、加快工作进度。刘明生请求区城改办对接污水处理厂、轨道公司相关部门，推进城中村拆迁工作；请求区城改办针对大桥两安用地手续办理，多提供政策支持。汤勇表示将对各村遇到的问题加强指导，积极对接相关部门，推进合丰、花桥村的拆迁工作，并要求加强城中村改造宣传力度。潘冬云要求街道和村要整合力量，加强调度，做好拆迁工作；统筹发展、做好三年规划，全面推进城中村改造工作。12月26日，汤勇、毛丰一行到黎托街道进行城中村改造工作年度考核。3个城改村负责人总结汇报各村考核任务完成情况、土地确权明细、三年规划思路等情况。城改办工作人员石润欣现场查看三个村土地变性、整村改造方案、集体经济产权制度改革等资料，肯定三个村的资料准备工作，要求按照市检标准查漏补缺完善资料。汤勇肯定三个村的城改工作情况，尤其是大桥的思路规划、合丰的拆迁、花桥的居民自治等工作，并对三个村的城改工作提出意见。 （柳 旻）

【红星大市场迁建】 2017年，雨花区继续推进红星农副产品大市场迁建工作。

1月，红星农副产品全球采购中心主体工程启动施工。

2月6日，雨花区红星农副产品大市场迁建指挥部2017年第一次调度会议召开，全面启动2017年迁建工作。区市场迁建办、指挥部简要汇报2016年市场迁建工作与近期工作的进展，初步安排2017年工作，红星实业集团汇报项目当前急需解决的几个问题，与会的区相关部门逐一发言表态。与会人员分别结合各自职能就市场迁建工作提出要求。会议专题研究、调度与部署重点就项目一期建设、宏禹水利征拆、配套道路建设、拆迁群众安置等工作。区人大常委会主任、区红星农副产品大市场迁建指挥部指挥长龚景顺要求，各级各相关部门要紧紧围绕“年内实现市场试营业”总体目标，切实落实好四大任务（即主体建设、道路建设、拆迁安置、配套保障），要制定出市场迁建全年工作的倒计时安排表，建立健全任务交办制、跟踪督促制和及时报送制，各单位要明确专人负责衔接沟通、进度报送等工作。2月26日，龚景顺带队实地调研红星农副产品全球采购中心及周边配套“两线三路”（红旗路南延线、时代阳光大道东延线、新平路、柳树塘路、川河路）建设，现场办公破解项目推进中的瓶颈问题。调研组到时代阳光大道东延线一段与二段交汇处、时代阳光大道东延线二段宏禹水利位置、红星农副产品全球采购中心、红旗路南延线与湘府路东路交汇处进行现场察看，通听取项目相关负责人的情况汇报、察看项目施工现场、观看项目展板等方式了解项目推进现状，对项目推进的瓶颈问题一一进行责任分解和任务分派。龚景顺要求，全区各相关职能部门、相关街道（镇）要制定科学的方案破解项目推进瓶颈问题，要将红星农副产品全球采购中心打造成品质工程、样板工程和示范工程。

3月1日，同升街道组织红星大市场建设指挥部、区征地办、区国土分局拆迁事务所召开时代阳光大道东延线项目关于长沙洞建机械化施工有限公司土地征拆工作的协商会，协商确保时代阳光大道东延线道路全线的尽早畅通，为红星大市场的顺利搬迁和运营提供强有力的交通保障。3月28日，区委副书记、区长刘素月专题调度红星大市场迁建工作，红星市场迁建办、红星实业集团汇报红星农副产品全球采购中心项目建设、配套路网征拆、白竹安置房建设以及项目推进中遇到的困难和问题。与会各部门就破解项目推进中的难题、加快项目建设一一发表意见并提出建议。会议对项目范围内相关企业的协议征收等具体事项进行研究。刘素月指出，全区各有关部门要积极主动，做好项目服务工作；对项目推进中各有关事项，要明确责任单位和责任领导；要严格按照既定的时限推进各项工作，紧扣破解难题把握时间节点；要积极回应白竹群众呼声，适时启动项目二期征拆工作，加快白竹安置房建设。

4月18日，雨花区红星农副产品大市场迁建指挥部召开调度会议。会议听取与会有关单位就3月28日区长专题调度会会议精神落实情况的工作汇报，重点对红星市场迁建项目当前迫切需要解决的一期和二期范围内国有土地征收、配套道路拆迁扫尾等瓶颈问题进行研究，细化和铺排工作。龚景顺要求，各有关部门和街道（镇）要全力以赴加快推进红星市场迁建项目，确保项目如期推进。

6月3日，龚景顺调度雨花区红星农副产品大市场迁建工作。龚景顺察看项目施工现场，听取项目一期、二期及周边配套“两线三路”的建设进展情况汇报。

7月14日，龚景顺主持召开红星市场迁建工作调度会议。会议听取与会单位就红星市场迁建工作有关情况汇报，研究和部署项目一期主体工程建设、二期拆迁及周边配套“两线三路”建设、电力供应、自来水供应、安置房建设等工作。7月15日，市政府副秘书长、市市场迁建办主任王体泽带队建设项目工地调度项目。会议听取红星市场迁建项目一期建设、二期征拆，周边配套路网征拆和建设、燃气管道铺设、自来水供应等情况汇报，并就加快红星新市场一期建设、二期中赛特气体征拆，尽快启动红旗路南延线、时代阳光大道东延线开工建设提出建议和要求。王体泽强调，各有关责任单位尽快列出工作任务清单，进行时间倒排，提交至市三大市场迁建和红星市场片区提质改造工作领导小组审定，并严格抓好工作进度落实。

8月25日，龚景顺组织召开调度会议。会议重点听取长沙红星农副产品全球中心项目及周边配套红旗路南延线、时代阳光大道东延线征拆、建设进展情况的汇报，研究、探讨项目推进中遇到的有关问题。与会有关单位解决有关问题一一进行发言。龚景顺表示，红星市场迁建项目及周边配套市建道路征拆、建设取得积极成效，强调区直有关职能部门、项目属地街道（镇）要做到项目一期、二期和配套市建、区建道路齐头并进，细致高效抓工程质量，争分夺秒抢抓工程进度，做好项目有关安置工作，确保新红星市场建设如期推进。

10月13日，龚景顺实地察看红星全球农批中心一期工地及周边配套道路施工现场，听取红星实业集团总经理张承彦汇报项目建设进展情况，叮嘱项目方积极做好安全生产工作，科学组织现场1000余名施工人员高效作业。他要求，区有关部门着力攻坚克难，加快推进周边配套道路建设，做好拆迁群众安置工作。

10月17日，市政府副市长邱继兴组织召开红星农副产品大市场迁建工作专题调度会。区政府副区长陈怀宇、红星实业集团董事长罗跃汇报项目有关进展情况，并提出请求市有关部门支持解决的问题。与会各市有关单位就项目存在的问题作出答复，并提出有关建议。邱继兴就加快项目建设推进有关工作一一进行部署和安排。

11月21日，区委常委、宣传部部长余宏卿主持召开红星全球农批中心电力工程工作调度会，电力施工单位汇报电力牵引工程进展情况，并提出请求支持支持解决的有关问题。红星实业集团作补充汇报，区有关单位就有关问题一一进行探讨并提出解决问题的建议。余宏卿要求，各有关单位要全力做好新市场的电力供应工作；要按照属地原则，做好电力牵引施工过程中所涉及的有关协调工作；要注重施工环境的维护，与电力线路属地群众达成一致。

12月5日，区委书记张敏，刘素月、龚景顺，区政协主席冯聪龙等到跳马镇白竹村红星农副产品全球采购中心进行项目观摩并指导该项目的工程建设。张敏一行察看红星全球农副产品批发市场项目建设的工程现场，了解市场项目进展的情况和存在的主要问题，了解该项目建设的总体规划和工程进度。

2017年年底，红星农副产品全球采购中心项目一期3栋22层高公寓式办公楼封顶，市场交易区26栋建筑全部封顶，市场交易区主体工程建设全面完成，达到试营业标准。配套路网时代阳光大道、新平路、柳树塘路、红旗路、川河路完成拆迁任务。二期项目所有拆迁户全部签约，完成拆迁工作。启动三期项目统征工作。（柳 旻）

【劳动路跨京广铁路桥通车】 长沙市劳动路跨京广（北京—广州）铁路桥位于长沙市城区东西向主干道劳动路上，东接二环线树木岭立交桥，跨越京广铁路线主干道，总长67.3米，桥面宽15.5米，1962年建成通车。设计荷载等级很低。经长沙城投铁路站场迁建公司组织专家现场踏勘，劳动路跨铁路老桥破损严重，桥梁主梁混凝土开裂、剥落，钢筋外露，桥面系栏杆破损，成为束缚城市交通的交通瓶颈，2014年，劳动路跨京广铁路危桥改造列入长沙市扩容提速城市路网“断头路、瓶颈路”改造工程和城市微循环项目。2017年4月4日，新建长沙市劳动路跨京广铁路桥北半幅完成主体建设，南北两半幅桥合成一座宽42米的长沙最宽的跨铁路桥。5月6日5日晚10时，劳动路跨京广线铁路桥北半幅全面竣工通车，车站路劳动路口取消车站路劳动路口北往东、北往西、东往北交通管制。所有原经南半幅行驶的机动车辆全部转移到北半幅。6月27日，长沙市劳动路京广铁路跨线桥全面竣工。扩建后的劳动路跨线桥共5跨，每跨有8片各重85吨的钢筋混凝土梁。将原来的4车道加宽至10车道（含2条非机动车道），进城方向变成2个直行车道，1个右拐弯车道，1个非机动车道和1个掉头车道；出城方向有4个直行车道和1个非机动车道，有利于车站南路车辆北往东、北往西的车辆通行，提高了通行能力，缓解了车站南路片区的拥堵。（柳 旻）

【雨花区首届文化艺术节】 2017年1月10日，2017年长沙市“杜鹃花”艺术月暨雨花区首届文化艺术节在港岛演艺中心举行。该次活动由区委宣传部、区文明办、区文体新局主办，各街道、镇、区文化馆、区公共图书馆联合承办。该次雨花区首届文化艺术节贯穿2017全年，内容包括雨花区首届文化艺术节启动式、“我们的中国梦·湖湘文化进万家”文化志愿者迎春文艺汇演、春节文化“五送”活动（送非遗、送春联、送灯谜、送电影、送演出）、“非遗”春晚、社区网络春晚、乡村艺术节、社区文化艺术节、雨花区文化原创作品大赛、“欢乐潇湘·幸福雨花”群众文艺汇演、雨花寻设计大赛、最美雨花文化人评选、“书香雨花”读书节、社区读书分享会、“图书漂流”、农博会之非遗大舞台、文化雨花年会等16个子活动，以“筑就时代文艺新高峰·建设创新创意新雨花”为目标，为雨花区人民上演各种节目。活动现场，12个节目亮相舞台，包括歌舞、合唱、独唱、戏曲、小品等，其中，《龙舟竞渡》和《绿色的约定》是雨花区2016年打造的两支原创文艺精品，并分别获2016“欢乐潇湘·品质长沙”大型文艺演出金奖及湖南省2016年“潇湘好歌曲”优秀曲目。现场为2016年雨花区获奖文艺团队举行颁奖典礼，区文化志愿者共同倡议为

2017年1月21日，“飞梦雨花”首届文化艺术节系列活动（戴娟娟/提供）

公益文化事业服务。1月21日，“飞梦雨花”首届文化艺术节系列活动在洞井街道丰园社区举行。区政府副区长易静及千余名群众参与。活动邀请省青年书法家协会副主席宋旦、市书法家协会主席孔小平、区书法家协会主席谭石光等一批书法名家现场挥毫泼墨。湖南省花鼓戏研究会秘书长王萍、湖南省歌舞剧院演员张音悦、长沙本土笑星刁子等与社区居民同台献艺，歌曲、舞蹈、奏乐、相声、小品、花鼓戏等文化大餐轮番上演。来自雨花非遗馆的非遗传承者教授居民群众剪纸、编织等传统技艺。活动现场，2000余份由区委宣传部制作，以解读社会主义核心价值观为主题的日历赠予到群众手中。雨花区作家协会和书香雨花·读书会于当天正式授牌成立。易静表示，活动旨在传承和丰富集结优秀传统的“年文化”，展现创新创业的时代风貌，增进群众的获得感、幸福感。（戴娟娟）

【雨花区“两委”换届选举工作】 2017年3月7日，雨花区召开村（社区）“两委”换届选举工作动员大会。区委书记张敏，区全体在职县级干部，区换届选举工作领导小组成员，区直部门主要负责人，各街镇党政主要负责人，分管党群副书记、纪委书记、派出所所长、组织委员、分管民政副职、党建办主任、民政办主任，各村（筹委会）、社区书记、主任等500余人参加会议。区委副书记、区长刘素月主持会议。会上，区委常委、组织部部长龚畅宣读《雨花区村（社区）党组织和村（居）民委员会换届选举工作方案》；区委常委、纪委书记王清政宣读《关于严肃村（社区）换届选举工作纪律的通知》；区政府副区长刘江红对全区村（社区）“两委”换届选举工作进行部署和安排；侯家塘街道党工委书记向星及同升街道党工委书记张建分别作为试点单位进行表态发言；各街镇党（工）委书记分别向张敏递交换届选举工作责任书。张敏强调，全区各级各部门要深化思想认识，切实增强工作责任感；要坚持基本原则，牢牢掌握工作主动权；要把握关键环节，紧紧扭住工作着力点；要加强组织领导，全面履行工作责任制，确保村（社区）“两委”换届选举成功。市委组织部组织指导处处长杨志强、区民政局纪检组长段萍分别就村（社区）党组织和村（居）民委员会换届选举的有关法规政策进行解读和培训辅导。该次村（社区）“两委”换届选举是雨花区首次村和社区同步进行换届，是新一轮合并村改革后进行的第一次换届选举，涉及全区13个街道（镇），149个村、社区（筹委会），将按照先村（社区）党组织，后村（居）民委员会的顺序进行。4月22—23日，雨花区集中召开党员大会，选举产生新一届党组织班子成员648人，新一届党组织书记148人。5月26—27日，雨花区集中进行村（居）民委员会投票选举，选举产生新一届村（居）委会班子成员703人，新一届村（居）委会主任148人，148个村（社区）“两委”换届全面完成。6月5日，雨花区召开全区村（社区）“两委”换届选举工作总结会议，全面回顾总结村（社区）“两委”换届选举工作情况，对换届选举中涌现出的优秀个人给予表彰。龚畅、刘江红、各镇（街道）党（工）委书记及分管负责人、各业务指导组组长等60余人参加会议。区民政局局长尹江华宣读表彰决定。刘江红全面总结村（社区）换届选举工作中的好经验好做法，指出存在的不足，对做好下一步村（社区）工作提出具体要求。龚畅就如何扎实推进农村和城市社区基层党建工作提出具体要求，指出各镇（街道）把农村和城市社区放在突出位置，激发“强基工程”的强大活力，掀起“强基工程”的新高潮；要以过硬的举措推进工作，着力抓好“1+3+5”（1个核心、3个自治组织、5项制度）建设；要全力推进“两学一做”学习教育常态化制度化落实落细。（唐清明）

【兰花博览会】 2017年3月25日，“兰花·让生活更美好”第27届中国（长沙）兰花博览会在红星国际会展中心开幕。市委副书记徐宏源主持开幕式，中国花卉协会副会长张延华发表讲话，中国花卉协会兰花分会常务副会长肖更生宣布博览会开幕，市委副书记、市长、湖南湘江新区党工委书记陈文浩致辞。省人大常委会副主任王柯敏，省政府副省长、省政协副主席戴道晋，省林业厅厅长邓三龙，省住房和城乡建设厅厅长蒋益民等参加。该届兰博会由中国花卉协会兰花分会、长沙市政府主办，长沙市园林管理局、市兰花协会、市广播电视台承办，中国兰花博览会首次结缘长沙。开幕式《惟楚有兰》分为“兰脉”“兰韵”“兰魂”三大篇章，开幕式首次运用全息投影、无边际升降等高科技手段，打造湘景棋布、兰韵如寨的情景画卷，情景化的穿越对白、角色化的艺术呈现，展区面积2.4万平方米，分特色区、交易区及国兰馆、湖南馆、文化科普馆、华东馆、华南馆等，其中主场馆1.2万平方米，内设有9个展区、72个展台，展出春兰、蕙兰、墨兰、寒兰、卡特兰、虎头兰、蝴蝶兰、兜兰、文心兰、万代兰等，展品价值逾百亿元。全国25个省份和香港、澳门、台湾地区及日本、韩国、新加坡等多个国家和地区的758个知名兰花企业、组织参展，展出精品兰花8000余盆。兰博会情境布展将分片区游览模式升级为体验型沉浸式情境模式，让参观者在花香四溢、琴音袅袅中享受兰花之美，以宜家模式建造的“城”，以古镇风格建造的“景”，以湖湘文人骚客宅邸为源建造的“韵”，一步一景，展现兰文化的湖湘特色。情境布展分为“书礼乐韵雅家”六大规划，还原极具湖湘特色的实景情境。“书”——再现屈原《离骚》中7次、写兰6次书蕙的场景，所有兰花依景而设；“乐”——将古琴、埙等古乐与兰花有机结合，观众循声赏兰；“韵”——以高科技手段重塑时间，一站看遍“如兰在野”“橘洲飘雪”等四季兰花之美；“家”——以宜家模式，将兰花融入“书房”“露台”“客厅”中。室外展览（自由交易区）占地2万平方米，来自全国各地近千位苗农自产自销，减少中间环节，让更多的高档精品绿色植物走入长沙的寻常百姓家。兰博会免费向全市人民开放，3月28日，兰花博览会闭幕。4天展期观展市民15.26万名，兰花交易额1.53亿元。兰博会设奖项350个。其中一盆来自杭州特金奖作品“蕙兰素心荷瓣”，价值约800万元，为中国花卉协会兰花分会知悉的品相最好、价值最高的国内精品兰花。（柳　旻）

【雨花区招商节会】　2017年4月25日，雨花区组织参加2017年湖南（香港）投资贸易洽谈周，作为首批重点签约项目，长沙市雨花区红星片区综合改造项目亮相2017年“港洽周”，与华润集团签下500亿元订单，推动雨花区红星片区城市更新，助力雨花区打造“森林公园商务区”，建设“千亿级”产业聚集区。6月21日，在省政府于北京主办的“央企湘企暨‘一带一路’产能合作对接活动”上，区委副书记、区长刘素月与中国建筑股份有限公司负责人成功签订“长沙市跳马生态片区两型保护与发展项目投资合作框架协议”。中国建筑将推动雨花区跳马生态片区两型保护与发展项目，该项目是中国建筑投资额最大的生态保护与发展综合开发项目，是湖南最大的绿心保护与发展创新和试点项目。11月22日，第八届湘商大会暨第五届湘南投洽会在郴州市拉开大幕，雨花区推选的万科长沙云计算智慧物流产业园作为长沙市代表项目登台签约，拟打造成以长沙为服务核心，同时辐射湘潭、株洲城市群的云服务物流产业基地。雨花区自主举办长沙楼宇经济高峰论坛暨雨花区重点项目签约仪式活动、城市更新专题招商沙龙活动，签约项目12个，累计签约金额超过1000亿元。雨花区为“内五区”唯一在省、市举办的三个招商活动中均有项目签约的区县。

2017年，全区重点招商引资项目共581个，其中100亿以上项目3个（世界500强企业华润置地签约拟投资500亿元推进红星“城市双修”；世界500强中国建筑集团签约拟投资500亿元实施跳马绿心两型保护、发展全域旅游；华夏幸福签约拟投资300亿元打造清泉生态健康小镇）、20亿~50亿项目1个（世界五百强中国电建集团投资20亿进行雨花电商产业园建设）。落地项目和企业544个，重点在谈项目37个，签约总投资1400亿元。一批世界500强或行业领军企业如毕马威长沙分所、平安普惠、交银康联人寿保险有限公司、西南证券、上海二十冶建设有限公司、爱奇艺湖南、一起看、中国有色金属长沙勘测院、中国航天科技集团公司第九研究院第十三研究所、深圳市大族激光科技股份有限公司、深圳众为兴技术股份有限公司、广州长步道光电科技有限公司、湖南创研智能装备有限公司等公司纷纷落地。（唐清明）

【长沙鹤诚医院在雨花区授牌】 2017年4月26日，湖南省退役士兵定点医院——长沙鹤诚医院授牌仪式在雨花区举行。这是民营资本进入卫生医疗体制，创新现有医疗格局的有益探索与实践。授牌仪式上，长沙雨花经济开发区管理委员会携手鹤诚医院打造医疗共同体、湖南省退役士兵就业创业服务促进会与鹤诚医院合作建立“湖南省退役士兵定点医院”分别进行授牌、揭牌仪式，并与沅陵县人社局签订框架协议。湖南省退役士兵就业创业服务促进会与长沙鹤诚医院签署战略框架协议，合作建立“湖南省退役士兵定点医院”。这是湖南省首家为退役士兵提供专门医疗服务的医院。

长沙鹤诚医院是一家二级综合医院，建筑面积1万平方米，拥有10余名省内外著名专家，他们以精准医疗为核心，与长沙雨花经济开发区管理委员会成立医疗共同体，整合辖区内的医疗资源，以满足共同体区域内的医疗卫生服务。医疗共同体采用基层首诊、双向转诊、急慢分治、上下联动的运行机制，除承担区域内一般疑难病的诊疗工作的同时，还与上级医院联系，确定区域外三级综合医院或专科医院作为区域外转定点医院，做好区域内外传病人的转诊服务；在辖区内建立科学有效的分级诊疗、双向转诊分工协作机制，通过资源共享，整体提高医疗共同体的效率，提升区域内的医疗服务水平。医院主要着力于“四个提供”：一是提供绿色通道，即为退役士兵优先挂号、门诊、住院治疗，免挂号费、长沙市区内120急救接诊，24小时开放绿色通道，提供全方位服务；二是提供特殊门诊，即为退役士兵全面提供专家免费门诊、专家会诊；三是提供床位保障，即为退役士兵优先安排住院，保障床位安排；四是提供医疗费用减免，即为退役士兵体检费用减免50%，就诊、住院治疗费用由长沙鹤诚医院补贴10%。以上各项优惠政策由湖南省退役士兵就创业服务促进会和长沙鹤诚医院共同监督执行，为湖南的广大退役士兵创造一个便捷、高效、安全、实惠的医疗服务保障体系。（唐清明）

2017年4月26日，长沙鹤诚医院挂牌（唐清明/提供）

【首届传统医药非物质文化遗产创新性传承与发展论坛】 2017年5月20日，全国首届传统医药非物质文化遗产创新性传承与发展论坛在长沙市雨花非遗馆顺利召开，该论坛由中华中医药学会、中和亚健康服务中心和湖南中医药大学联合发起，湖南中和亚健康服务中心、湘楚传统医药非遗传承推广中心、湖南福億堂国医馆共同承办。会议旨在挖掘、整理传统医药非物质文化遗产项目并协助非遗项目的申报，促进传统医药非遗项目的保护、研究和推广，推动传统医药非物质文化遗产项目的国际交流，主论坛和开幕式与国学国医岳麓论坛合并举行。省文化厅非遗处处长陈友材致开幕辞，湖南中医药学会会长邵湘宁、中和亚健康服务中心主任孙涛发表演讲。邵湘宁以湘西刘氏少儿推拿为例，鼓励地方传统医药项目依靠学术力量增强自身理论体系建设，夯实传承创新基础，深化项目内涵，为中医药服务体系的完善增光添彩。孙涛则以亚健康大产业的发展为背景，鼓励传统医药项目充分发挥自身治未病优势，知行合一，增强未病先防、已病防变的能力，努力丰富预防保健体系建设。湖南中医药大学中医文化研究室主任易法银剖析传统医药项目申遗的意义，解读传统医药项目申遗流程，现场为民间项目传承人答疑解惑。湖湘传统医药非遗传承基地负责人王萌介绍，以雨花非遗馆为依托，统一整体服务流程，促进各方面产学研深化结合，为传统医药项目的创新与传承保驾护航的湖南省非遗项目发展新模式。国家级非遗项目贾氏点穴疗法、赖氏傩医傩药项目，黑龙江省级非遗项目黄氏轻手法中医正骨疗法、湖南省省级非遗项目湘西刘氏少儿推拿、陈氏蜂疗、土家蛇毒疗法六个传统医药非遗项目进行专题分享和交流，陈氏蜂疗、土家族蛇毒疗法和黄氏轻手法中医正骨疗法三个项目进行现场体验与展示。项目交流结束后，参会人员参观雨花非遗馆的整体建设。（柳　旻）

【雨花区部署深化城区街道管理体制改革工作】2017 年 6 月 6 日，区委改革办组织召开全区深化城区街道管理体制改革工作部署会。会议通报城区街道管理体制改革工作情况，对改革相关工作进行全面部署动员。区委副书记陈永高，区编办、区财政局、区民政局以及砂子塘街道、东塘街道等 13 个涉改单位负责人参加会议。区委办副主任、区委群工办主任胡开通报全区街道管理体制改革相关工作情况，细化、明确工作思路，各涉改牵头部门和试点街道分别进行表态发言。区委常委、区委办主任周海毅指出，各涉改部门要严格落实主体责任、形成工作合力，确保改革各项任务顺利推进；要处理好迈稳步子与加大力度的关系、厘清责任与压实责任的关系、探索实践和总结提升的关系，边探索、边总结、边完善、边提升、边推介。陈永高指出，各涉改部门和试点街道要加快启动试点工作，明确各项改革任务的时间节点，加大宣传力度；明确好改革任务和改革试点的相关目标，注重方法创新的问题；要制定好相关配套制度；各涉改部门和试点街道要严明纪律，在依法依规的基础上抓重点，创特色，保目标，求实效，推动街道管理体制改革出亮点、出品牌。（柳　旻）

【雨花区防汛救灾】2017 年夏季，长沙迎来历年同期历时最长、范围最广、雨量最多、强度最大的强降雨，洪水超历史最高水位，雨花区举全区之力，积极应对，扎实开展防汛抗洪。6 月 25 日，长沙浏阳河椇梨站水位 36.39 米，超警戒水位 0.39 米。区委、区政府主要领导第一时间组织召开雨花区防汛抗旱指挥部全体人员紧急防汛调度会议，安排部署防汛工作，各县级干部主动及时前往联点单位督查防汛工作。区委、区政府督查室会同区防指工作人员对全区浏阳河段防汛值守工作进行现场督查。浏阳河流经雨花区 40.6 千米，圭塘河在雨花区境内 28 千米。全区有水库 18 座、山塘 3800 口、万亩堤垸 1 个、千亩堤垸 2 个，涵闸 16 处、泵站 16 处，防汛的压力和责任重大。雨花区防汛抗旱指挥部办公室通过防汛微信群、QQ 群及时转发中央、省市防汛应急文件和长沙重要天气消息、重大气象信息专报至各街镇、堤委会、水管站，要求各级各部门加强防范，做好应对工作。7 月 2 日，跳马镇曙光垸大堤水位 (41.7 米) 超保证水位（38.5 米）3.2 米，超历史最高水位（41.2 米）0.5 米，大堤出现 20 余处管涌，部分大堤发生漫堤。区党政主要负责人坐镇一线指挥，值班值守县级干部坚守大堤一线，800 余人连续奋战 3 天，及时启动预案组织人员疏散。7 月 2 日下午 14 时 30 分，曙光垸段突发溃口，直接涉及面积约 66.67 公顷，人口近 1000 人。发现险情后，区、镇迅速启动应急预案，区、镇主要负责人紧急调度指挥，组织 1000 余名干部群众全力处置险情，成立雨花区跳马镇曙光垸防汛救灾指挥部，全力确保曙光垸防汛抢险救灾工作高效有序进行。为应对险情，跳马镇 15 个村（社区）750 名党员志愿者，成立跳马镇共产党员应急抢险先锋队，其中包括来自斑竹塘社区的由 12 位老人组成的“银发先锋队”。7 月 3 日，省委常委、市委书记易炼红到跳马镇曙光垸大堤，要求当地负责人继续坚守一线，全线巡堤查险，杜绝类似险情出现，并尽快拿出科学管用的方案，尽快修复受损的基础设施。根据易炼红的指示精神，雨花区组织多名水利专家现场共同制定处置方案，经研究论证后紧急启动合拢工作，对浏阳河大堤曙光垸段进行抢修，共出动大型运输车辆165台，推土机7台，排渍系统9套，运输7500立方米石方、8000立方米土方对溃口进行回填加固。7月3日，由于浏阳河水位回落较快，曙光垸内积水由溃口回流致浏阳河，垸内疏散的人员得到妥善安置，曙光垸堤段进行全线修复；7月4日上午6时52分，浏阳河大堤曙光垸段修复合拢顺利完成。7月4日，陈文浩到浏阳河竹沙桥泵站现场通宵督战抢险，7月5日，经过20余个小时的连续奋战，竹沙桥泵站闸口全面封堵，险情处置成功。7月4日，市委副书记徐宏源到雨花区合丰垸检查指导泵站闸口处险工作，了解合丰垸竹沙桥泵站闸口出现的河水倒溢险情，询问计划方案及进展情况，要求采取有效措施，确保尽早完全封堵。7月5日，浏阳河曙光垸段大堤溃口完成修复。7月6日晚22时，京广高铁浏阳河隧道恢复列车通过，从7日早晨开始京广高铁全线恢复列车正常运行。

防汛应急响应期间，火车南站地区综管办组织站区单位近1000名工作人员及100余名志愿者、40余台临时排水泵站，3000余条防汛沙袋投入防汛应急当中，共引导疏散受困旅客6000余人，为旅客提供帮助达4万余人次，成功处置了东广场公交车坪出口处沪昆排水管爆裂等近10处险情，确保日均20万旅客的平安顺畅出行。区公安分局启动I级响应，全局上下投入到抗洪抢险战斗中，完成跳马曙光垸漫堤、黎托合丰垸竹沙桥泵站倒溢和京广高铁浏阳河隧道渗水等危难险急任务的处置工作，共出动警力2300余人次，营救、紧急转移被困群众4000余人。区城建局指导建筑工地、物业小区防汛、护坡抢险工作，做好跳马房屋受灾评估。7月4日，区城建局联合跳马镇及相关村、组对冬斯港村的团屋组、胜利组、横岭组及团然村的换塘组、新屋组、章家巷、中三字墙、上三字墙计147户（栋）进行房屋安全检查，其中建议拆除9户（栋），另有23户（栋）有安全隐患。汛期及灾后，区城建局组织对灾后的危房、护坡、山体滑坡、围墙等隐患进行整治，避免出现新的险情和次生灾害，期间共对区内3处危房、3处边坡隐患、1处护坡垮塌、3处山体滑坡、1处围墙隐患、1处围墙垮塌、1处房屋隐患、1处施工地面沉降共计14处隐患部位进行紧急抢险和处置。区工务局突出重点防范，在对在建项目全面排查的基础上，重点做好李洞中学、杜花路、柳树塘路等在建项目的边坡防护、排水工作；对杜花路项目增加大型机械设备24小时待命，增设两台抽水设备、安排人员不间断排查边坡稳定情况。7月4日，雨花区竹沙桥泵站发生河水倒灌，区工务局从在建市政项目精选粘性土20余车，以及钢丝绳40条用于抗洪。区环卫局实行班子成员、所负责人、管理员三级责任制，1448个清扫网格，57个管理网格，156个环卫设施网格铺排到位，出动2000余名环卫工人，安排20台大水车、71台小水车、25台机扫车、80台垃圾车进行灾后清理整治。区环卫局拆迁干部排查疏散受困居民群众，转移20余人。对井巷社区两处垃圾围子进行清理、拖运，出动人员20余人，垃圾车5车次，铲车1台，拖运垃圾20余吨。7月2日，区环卫局组织12个环卫所，出动2000余名环卫人，安排20台大水车、71台小水车、25台机扫车、80台垃圾车，对退水后冲积、堆积的垃圾、泥沙及时发现及时处理。7月4日，区环卫局紧急调用4台容量为12吨的大型洒水车到跳马镇曙光垸、冬斯港，为村民送去干净的自来水。7月5日，区环卫局出动5台水车、1台机扫、4台垃圾车、13名工作人员奔赴宁乡市，清理、清洗路段积泥积沙，做好垃圾清运工作。区园林局对汛期树木安全隐患排查工作进行部署，制定抢险预案，成立园林绿化应急抢险小分队，补充油锯、手锯、车辆等抢险设备，7月1日，各维护所对一些根系浅和树干倾斜的枝干进行支撑，对树冠大、树枝密的树木及时进行修剪，联合电力部门，对部分碍线树枝进行清理，确保供电线路不受影响；做好社区公园排水、清淤等防汛工作。截至7月3日，全区共清理隐患枝干、修剪树木752株，处理危树、倒树33株。7月4日，雨花区合丰垸竹沙桥泵站闸口发生开裂，区园林局组织70人到合丰垸竹沙桥泵站集结，出动工程车辆13台，其中运送8车护栏等抗洪救灾物资，5台机动车辆，配合落实巡堤、查险、救灾工作。区城管执法大队抽调精干力量120余名参与浏阳河段和各大垸区的防汛抢险工作；自7月1—7日，大队累计出动人员3000人次，车辆260台次，分别支援火车南站积水清理、湖南交通职院深基坑管涌、跳马曙光垸决堤、东山浏阳河段守堤、黎托合丰村浏阳河警戒及疏散群众等抢险救援。区委宣传部宣传推介典型人物、感人事迹40余个，《人民日报》以《洪水不退，我就把家安在河堤上》为题，报道东山街道渔场社区68岁老党员、原堤委会主任李长勤。

洪灾过后，为帮助受灾地区人民早日重建家园和恢复生产，区慈善办向全区发出抗洪救灾慈善捐款倡议书，全年募集到账资金799.3万元，物资折合金额110万余元。全区政协系统捐款捐物400万元。全区非公企业及非公经济人士募集捐赠现金约720万元，物资约554万元，用于抗洪救灾和灾后重建。全区200余个“两新”党组织、700余名党员投身抗洪救灾一线，捐款捐物2000万余元。区规划分局发挥专业优势，多次深入灾区调研，参加灾区重建调度会议，协调组织专业设计团队使用无人机进行航拍，全方位掌握受灾情况；对跳马镇冬斯港村、团然村的10余户垮塌农房进行权属和面积确认，提出灾民住宅迁建安置原则和安置选址的比选方案；拿出多个单体设计效果图，供区政府决策，供重建户选择。区城建局指导灾后护坡隐患整治，对左家塘车站南路、同升湖、井巷社区的3处进行抢险；受理并进行踏勘有6处；共募捐善款1.67万元，并存入雨花区慈善会专用账户。全区人社系统按照“特事特办“的原则，在救灾期间做好各项民生服务工作，及时足额发放城镇职工和城乡居民养老保险待遇；启动社保卡持卡就医应急预案，确保救治工作的顺利开展；医保、工伤待遇快速发放，确保群众及救灾人员及时就医；及时掌握灾区就业形势，研究制定工作方案，帮助灾区劳动者解决就业难题。7月5日，雨花区人大代表、神农酒店管理公司总经理李旭光采购价值5万元的大米、油送到灾区群众手上。区人大代表、中原（湖南）房地产代理有限公司董事、总经理胡治钢和区人大代表、湖南斯鸿酒店管理有限公司董事长陈石红分别筹集2万元救灾物资连夜装车。7月6日，东塘街道将15万余元的赈灾物资送到跳马镇冬斯港村、杨林新村；侯家塘街道发出募捐倡议书，街道机关支部、12个社区党委（总支），驻区各单位、企业、公司、个体经营户、驻地居民群众等为灾区捐献物资，所有登记造册统计后的捐赠物资分别送往受灾的跳马镇冬斯港村，黎托街道受灾的川河社区、花桥社区，长沙县黄兴镇部分受灾村。组织成立由城管专干、城管协管员等党员志愿者组成的110余人先锋突击队，安排18台垃圾车，于7月7—9日对跳马镇冬斯港村因洪水冲击而成的垃圾进行清理，共清理垃圾130余车。7月7日，区园林局成立救灾突击队，开展灾后自救，对绿化带进行全面清理，扶正倒伏苗木，清除垃圾杂物，修剪残枝败叶，修复园林绿化景观；清理绿地内渍水、污泥，减少绿地苗木淹渍时间，促进花卉苗木根系恢复生长，降低受害程度，减少损失。7月8日，区环卫局慰问奋战在救援一线的环卫人员，为他们送去生活用品、防暑降温等慰问物资。7月9日，支援宁乡灾后恢复清理的环卫人员扑灭宁乡市南太湖社区高坝窑组一栋无人居住的民房起火。7月17日，雨花区组织召开抗洪救灾企业代表募捐座谈会，区政府副区长刘江红和区民政局、区政府办主要负责人，湖南高桥大市场股份有限公司、红星实业集团有限公司、湖南华晨投资置业有限公司、长沙万科房地产开发有限公司等14家单位参加会议，刘江红通报雨花区受灾情况，与会的各企业代表发言；举行捐赠仪式。跳马镇举全镇之力启动重建工作，提前实现人员安置到位、电力及通讯迅速恢复、浏阳河大堤加固、物资发放有序、卫生清理消毒、群众生产生活基本恢复等工作目标，抓紧落实一次性生活补助发放，共计发放282户1102人，发放金额22.04万元。在冬斯港村部、鑫佳、团然幼儿园3个集中安置点安置人员66人。冬斯港村受灾群众174户531人，其中20人住宾馆，白竹安置点暂无人员居住，245人投亲靠友，32名企业人员由企业自行安置，安全回家居住58户，共计234人。受灾严重房屋涉及9户29人。团然村受灾群众266户868人，其中7人住宾馆，33人住团然幼儿园，393人投亲靠友，返回受灾房屋的人数435人。水毁水利工程加固全部修复，完成浏阳河大堤与峡山河大堤压渗平台填筑共计3274米、禾公山撇洪渠渠堤加高培厚全长2000米及灌溉渠新建约2000米、新竹支渠渠堤加高培厚全长1500米，渠道清淤1500米，左右岸护坡共计约3000米等3处曙光垸浏阳河大堤及相关配套水利设施应急抢险工程的项目建设；完成枫树河组渠道及放水涵管60米，洲尾组洲尾机台主干渠2100米等25处曙光垸灾后水利基础设施恢复工程项目；完成胜利组后背塘、横岭组挖盐塘等10个组的山塘整治工程。10月13日，跳马镇冬斯港村村民苏树坤的灾后重建房落成，为该次曙光垸房屋倒塌户中第一户入住的家庭。（唐清明）

【首届中国青少年足球公益联赛在雨花区开赛】

2017年7月3日，由中国青少年足球成长公益基金（简称“成基金”）和市体育局联合主办的首届中国青少年足球公益联赛在雅礼雨花中学开赛，同时首届全国梦想足球教师公益训练营也在长沙开营。该届联赛有来自全国11个省的共12支球队参赛，决出首届联赛冠军，除东道主长沙市雨花区队外，另外11支球队分别是来自内蒙古巴彦淖尔市杭锦后旗、贵州省铜仁市碧江区、四川省成都市大邑县、江苏省泰州市姜堰区、河南省洛阳市新安县、青海省西宁市大通县、山东省淄博市周村区、四川省达州市达川区、吉林省长春市净月高新区、山西省运城市盐湖区、福建省南平市武夷山市球队。首届中国青少年足球公益联赛旨在为中国内地城市和偏远地区没有足够的经济基础，热爱足球并有一定专业技能的孩子和球队，提供更广阔和更专业的联赛平台，在联赛中发掘优秀种子球员。与公益足球联赛同时进行的成基金首届全国梦想足球教师公益训练营，邀请国内外众多优秀足球青训专家和足坛名宿为欠发达城市地区中小学的青年足球教师提供培训，共有6省区120余名青年足球教师免费参与该次培训。雨花区有雅礼雨花中学、长沙市一中雨花新华都学校、德馨园小学、长塘里小学等18所学校被认定为全国校园足球特色学校。全区50所校园足球布点学校的区属代表队在全国及省市足球赛中获得冠军70余次，输送足球苗子137人，其中3人入选国少队，1人入选国青队，1人赴德国拜仁足球俱乐部试训、20余人进入中超、中甲职业俱乐部。7月7日，成基金·首届青少年足球公益联赛在长沙市雨花区长塘里小学落幕。来自全国11个省的共12支球队经过5天角逐，最终，雨花区队斩获该次联赛冠军，来自雨花区队的万磊获“最佳教练员”，来自雨花区队的陈中率获“最佳球员”。（唐清明）

2017年7月3日，首届中国青少年足球公益联赛（唐清明/提供）

【雨花区首届文明家庭颁奖活动】

2017年，雨花区开展“文明家庭”评选活动，评选出文明家庭20户。7月19日，“传承中国好家训·践行湖湘好家风”好家训好家风好家规进社区展示巡讲暨雨花区首届文明家庭颁奖活动在东塘街道举行。省人大常委会副主任谢勇，省人大常委会原副主任蔡力峰，省委宣传部副部长、文明办主任刘进能，区政府主席冯聪龙，区委常委、统战部部长成钢等参加活动。区委常委、宣传部部长余宏卿致辞，活动通过视频的方式分享获奖家庭的故事，在场领导为获奖文明家庭颁奖。现场表演改编自“全国文明家庭”罗华家庭的情景剧《飘扬的红纱巾》、东塘街道老首长工作室的义务宣讲员朗诵家风主题《和美家风润雨花》，湖南经视大型纪录片《曾国藩》的导演曾海波带领长沙涤非文化播音主持班的学生诵读家风经典《修身五箴》，两位党员干部现场书写十米长卷书法作品，进行雨花区《社会主义核心价值观》原创歌曲合唱、《家风》歌舞表演等。（柳　旻）

【潭阳洲拆违拆迁】 2017年7月25日，经全区全体征拆干部近两年的努力，潭阳洲拆违拆迁签约基本清零，8月15日拆除基本清零，累计签约、拆除1205栋，创造拆迁工作的“雨花速度”“雨花模式”，在拆迁期间片区未发生一起安全生产事故、未发生一起群众集访、未发生一起网络舆情。潭阳洲作为长沙申办中国国际园林博览会的主会场，位于长沙市雨花区黎托街道潭阳、川河社区筹委会，征地面积175.33公顷，涉及片区10—16号地块，应拆合法建筑1208栋，拆迁人口4500余人，违章建筑136.48万平方米。该项目提前4个月基本清零，腾地175.33公顷，为长沙申办国际园博会奠定基础，得到省委办公厅、市委办公厅分别在《要情汇报》《内情参考》等重要刊物，湖南卫视台《湖南新闻联播》、湖南经视台《经视新闻》、长沙政法频道《长沙新闻》《先锋潮》等电视台节目，《湖南日报》《长沙晚报》等报刊对雨花区潭阳片区拆迁工作进行专题报道。

2017年，区委、区政府将潭阳洲片区拆迁作为全区的重点项目来推进，一是坚持以党建为引领，在潭阳片区征拆指挥部成立临时党总支，每个工作小组设立党小组，实现从片区指挥部到所在街道临时党支部，从工作小组到村组队党的组织全面覆盖，发挥激发潭阳社区党支部作用，以党员干部发挥先锋模范作用。二是坚持以调度为抓手，成立指挥机构和工作班子，区委书记张敏任政委，区委副书记、区长刘素月任指挥长，14名县级干部任副指挥长，指挥部设“一办三组”，先期抽调140余名干部脱产攻坚，关键节点时，又增派10名潭阳籍干部组成“攻坚突击队”投入拆迁一线，并再从26个部门抽调59名干部组成“后盾”单位清零队。三是坚持以人民为中心。把“为民服务”的理念贯穿始终，把宣传作为征迁的“开路先锋”，通过宣传消除群众顾虑，打通群众思想，营造浓厚氛围，以法治思维做好群众，做到政策“一碗水端平”，一把尺子量到底，严格按政策刚性执行，公平公正地推进潭阳洲片区的拆迁工作。四是坚持以作风为保障。干部充分发扬“钉钉子”精神，常态保持“5+2”“白加黑”“晴加雨”的高强度工作节奏，四季坚守，敢为人先，全天候深入走访群众，坚持耐心细致地做好群众工作。（贺　莹）

【湖南省首届女红艺术节在雨花区启动】 2017年11月1日，“芙蓉匠心 助力脱贫”湖南省巾帼巧手创业就业孵化基地授牌暨女红艺术节启动仪式在长沙雨花非遗馆举行。省政府副秘书长黎咸兴，省妇联党组书记、主席姜欣，市政府副市长陈中，区委书记张敏，省市县相关单位负责人及来自全国妇女手工编织协会、省女红协会会员、市民等300余人参加启动仪式。十九大党代表、侗锦传承人粟田梅，衡阳蒸湘腾跃工艺厂厂长肖跃莲，隆回县涟塘村妇女手工编织协会负责人刘琳就带领与发动妇女进行巧手脱贫、通过手工编织实现增收等方面进行经验交流。省政府副省长杨光荣，全国妇联妇女发展部部长崔卫燕为雨花非遗馆、湖湘女红文化创客中心颁发“湖南省巾帼巧手创业就业孵化基地”奖牌，为开福湘绣研究所等20个基地颁发“湖南省巾帼巧手创业就业基地”奖牌。现场进行村企签约仪式，开展妇女巧手非遗文化展演，表演反映湖南女红技艺带领妇女脱贫成效，再现瑶族家阿婆传授织锦的《咔嚓梭》等节目，来自全省14个市州的巧手脱贫企业代表，进行现场展示展销。杨光荣、崔卫燕等考察雨花非遗馆，肯定雨花非遗馆在鼓励妇女创办小微企业，带动更多的妇女实现居家便捷就业，实现文化脱贫上做的贡献。（柳　旻）

【2017中国中部(湖南)农博会】 2017年11月18日，2017中国中部（湖南）农业博览会暨中国农博峰会在长沙国际会展中心开幕。全国政协副主席、民革中央常务副主席齐续春宣布开幕，省委副书记、省长许达哲致辞。该届农博会以“绿色与品牌、交流与合作”为主题，全力构建智慧型农博生态系统，打造政策解读、信息传递、产销助推、产业融合、品牌孵化、对外合作等6大平台，拓展产业范围，延伸服务内涵，提升品牌层次。同时，紧扣国家产业发展战略和中部农业发展优势，联合中部六省，建立全面互联互通网络，影响辐射全国及全球。农博会期间，30余个国家，10余个省份以及3000余家企业参展，现代农业馆、国际馆、品牌企业馆、特色产品馆、生态农村馆、港澳台馆、养殖业馆八大特色展馆开放，同时，开展产销对接洽谈会、开幕式暨中国农博（长沙）峰会、市（州）长推介会、绿色养殖与饲料安全高峰论坛、首届湖南生态循环农业品牌战略高峰论坛、首届“对话传承人”匠人峰会、扶贫群英会、首届“非遗+”创新融合发展研讨会、闭幕式暨颁奖典礼、主题宣传推介活动等活动。该届农博会首度以袁隆平院士名字设立“袁隆平农业博览奖”，首次发布农博会Logo，使中部农博会更具代表性，首次推出的“农博优品”网购平台，让展会电子化、智慧化管理，使得线上交易和线下实体企业融合升级，市民们足不出户，24小时挑选荟萃全国的农业产业精品和来自五大洲的“洋土产”。农博会推出农村废弃物还肥、“水上稻”种植、遥感测控装置、航天育种一系列凸显绿色、环保、创新的农业新科技、新装备、新业态。依托农博会的平台，雨花非遗馆以文带商打造首届匠人峰会暨文化创意消费节盛宴，将创意市集开进农博会。该次天工造物创意市集包括创意美食休闲区、文创手工造物区、文创品牌形象区、非遗手工互动体验区、非遗百艺展演区，通过非遗文化展演、峰会、互动、市集，不仅丰富农博会内涵，也将“非遗”传统文化以更立体的形式呈现在市民眼前。生态农村馆面积5000余平方米，由市林业局、省农林工业勘察设计研究总院、湖南瑞展览工程有限公司共同设计，演绎“山水林田湖草是一个生命共同体”的理念，展馆内有树形雕塑、100平方米不用土壤培植的立体绿植墙、可循环利用的3000多平方米天然草坪、温室培育不落叶的泓森槐、提前一个半月孵化的蝴蝶、人工驯化活泼可爱的小松鼠等。雨花馆占地面积3000余方米，展现雨花区近年来经济社会发展和品质提升的新亮点，在展馆中央，按1∶1的比例设计一节高铁车头，展现以雨花非遗馆和神农茶都为代表的文化产业和跳马全域旅游。在浏阳馆里，四位老人将浏阳小河乡的木活字印刷术进行展现。11月18日，养殖业重大项目集体签约农博会主体活动之一的绿色养殖与饲料安全高峰论坛举行。会上举行养殖业重大项目签约仪式，13个项目进行现场签约，签约总额13.08亿元。11月19日，2017年首届“非遗+”创新融合发展研讨会亮相农博会。各方专家就如何促进非遗文化与现代行业融合，进一步传承和发展非物质文化遗产，各抒己见，献计献策。11月20日，农博会扶贫群英会举行。百位村干部与各级领导、专家、媒体人士聚于一堂，就新时代扶贫帮困新模式展开深入探讨，引发一场精准扶贫的大讨论；湖南首届“对话传承人”匠人峰会在农博会展期间召开，为农博会增添非遗文化气息。峰会上，非遗匠人们与政府代表、企业家、行业专家学者等进行对话交流，探讨非遗的传承与发展，促进非遗走进现代生活。11月21日，雨花非遗展馆举行京剧野猪林《游园结拜》《长亭别》、现代京剧《智取威虎山·打虎上山》、京剧演唱《贵妃醉酒》《梅龙镇》等表演节目。11月23日，2017中国中部(湖南)农博会闭幕式暨颁奖典礼在长沙国际会展中心举行。闭幕式上，20个品牌获得农博会设计奖、42个品牌获农博会组织奖以及122个品牌获农博会产品金奖。《湖南日报》等单位获得媒体最佳组织奖。首届袁隆平农业博览奖揭晓，有7个品牌产品获奖，分别是金健星2号米，金健米业股份有限公司；黔阳冰糖橙，洪江市乡村发展有限责任公司；玲珑王·小叶茶，桂东县玲珑王茶叶开发有限公司；茅岩莓，张家界茅岩莓有限公司；正花牌花生系列休闲食品，河南

正花食品集团有限公司；“永生堂牌樱桃汁”，永生堂饮品股份有限公司；乳胶床垫、乳胶枕头，泰国皇家天然乳胶有限公司。该届农博会合同和现金成交额超过200亿元，“农博优品”网购平台成交额100万元。（唐清明）

领导视点

【孙春兰调研雨花区】 2017年5月9日，中共中央政治局委员、中央统战部部长孙春兰在到湖南调研，深入雨花群英会，考察网络统战工作情况，召开网络统战工作座谈会，孙春兰指出，要从为党广泛凝聚人心、汇聚力量的大局出发，从适应网络规律特点、创新工作思路方法的需要着眼，增强做好网络统战工作的责任意识、机遇意识；要密切关注网络舆情动态，搭建团结引导党外人士的网络平台，支持他们发挥专业优势和身份特点，加强正面舆论引导，在净化网络空间、维护意识形态安全中发挥积极作用；要加强统战工作网络阵地和队伍建设，提高开展网络统战工作的能力，充分利用网络宣传和阐释党的统一战线理论方针政策。省委书记、省人大常委会主任杜家毫，省委副书记、省长许达哲等参加调研。（柳　旻）

【孟建柱调研雨花区】 2017年3月22日，中共中央政治局委员、中央政法委书记、中央社会管理综合治理委员会主任孟建柱考察指导长沙火车南站综合治理联勤联动工作，了解长沙火车南站地区综合治理工作情况。孟建柱表示，长沙火车南站地区综合治理联勤联动工作值得肯定，要发挥综治协调作用，进一步聚合资源力量，建立健全信息共享、指挥统一、协同作战的工作机制，不断提高快速反应能力，努力实现对各类安全风险发现在早、防范在先、处置在小。省委书记、省人大常委会主任杜家毫，中央综治委副主任、中央政法委副秘书长、中央综治办主任陈训秋等参加调研。（柳　旻）

【齐玉考察雨花区】 2017年3月22日，中央组织部副部长齐玉考察火车南站地区党建工作及综合治理联勤联动工作，了解“和谐号”党建联盟和站区综合治理工作，给予肯定。（柳　旻）

【史耀斌调研圭塘河治理】 2017年6月1日，财政部副部长史耀斌一行调研长沙市圭塘河流域综合治理工作，在位于长株潭绿心保护区核心地段的引水工程现场，听取长沙市和雨花区圭塘河流域综合治理规划、项目进展、资金投入等相关情况汇报。史耀斌表示财政部将继续加大支持长沙市经济社会发展，继续高度关注绿心地区的发展和保护工作。（柳　旻）

【杜占元调研雨花区】 2017年3月16日，教育部党组成员、副部长、国家语言文字工作委员会主任杜占元调研雨花区教育工作。杜占元一行实地考察砂子塘万境水岸小学，听取该校校长关于学校办学特色、信息化建设、校园足球、教师队伍建设等方面的情况汇报。重点考察雨花教育“一校一特色，一生一特长”工作，参观部分学校的科技创新、艺术教育、剪纸、书法、皮影戏等特色项目的成果展示。杜占元肯定雨花区集团化办学思路，认为该思路值得推广，希望雨花教育乘势而上，坚持集团化办学思路，更加关注孩子们的全面发展，为国家和民族培养更多优秀人才。（柳　旻）

【倪红督察圭塘河治理】 2017年5月6日，住建部副部长倪虹一行在长沙督察圭塘河综合治理工作，实地察看悠游小镇滨水漫游街、新开铺排口、羽燕湖等项目，了解项目建设、运营情况及圭塘河截污治污、生态修复、环境整治、监管执法等情况，肯定雨花区圭塘河黑臭水体整治工作取得的成效，特别是“用生态修复生态”的理念值得宣传和推广。倪虹指出，黑臭水体整治要按照控源截污、内源治理、疏浚活水、生态修复、长效管理的基本思路，做到“旱天污水不入河、雨天溢流受控制”，要求雨花区从全流域考虑，治管兼顾，不断总结经验，不断提高治理成效，为市民营造更好的生活环境。

（柳　旻）

【张锁明督导反恐防暴工作】 2017年9月13日，国家反恐办第26督导组组长、武警部队副参谋长张锁明一行6人到长沙火车南站地区督查指导反恐防暴工作，听取站区联勤联动情况汇报，突击检查龙骧集团黎托高速汽车站及地铁站安检系统运行情况，现场检验站区对突发事件的集结处置情况。督导组人员对10支队伍1分钟内在西落客平台完成集结表示满意，肯定站区反恐防暴联勤联动的紧张备战状态，要求各单位部门、各工作人员要时刻拧紧反恐防暴这根弦，加强反恐防暴训练的常态化，全力以赴为迎接中共十九大的胜利召开营造安全稳定的社会环境。（柳　旻）

【杜家毫调研雨花区】 2017年5月25日，省委书记、省人大常委会主任杜家毫专题调研长沙高铁新城火车南站及东广场建设情况，了解长沙火车南站东广场和地下综合管廊高铁新城控制中心有关规划设计、项目建设等情况。杜家毫强调，要从人性化的角度、以方便旅客为出发点进行交通组织设计，构建立体交通枢纽系统；要科学规划建设立体慢行系统，更好地满足购物、娱乐、交通等多层次需求；要坚持产城融合，积极延伸高端商务、金融、餐饮、住宿、休闲等会展经济生态链；要抓好环境整治，加快建设地下综合管廊、公共绿地等，提升净化、美化、绿化水平，探索建立城市呼吸系统。（柳　旻）

【许达哲调研雨花区】 2017年3月19日，省委副书记、省长许达哲到省森林植物园检查生态建设、野生动植物保护和森林防火等工作，许达哲实地考察植物园各植物专类园区、世界名花广场、绿化湖南功臣纪念碑、野生动物救护繁殖中心等地，听取有关生态文明建设、野生动植物保护及生态旅游的情况介绍，了解该园园情、发展状况以及今后发展思路。许达哲要求省植物园要在做好林业科学研究的同时，更好发挥示范、带动、教育等作用，把植物园真正打造成生态强省的展示窗口和承载生态文明发展成果的重要平台，推动生态建设全民参与，生态建设成果人民共享，为生态强省建设注入强大活力；全省各级各部门务必要加强森林防火，突出抓好对各类重点区域、重点时段、重点人群的监管，切实维护好来之不易的生态建设成果和人民群众的生命财产安全。（柳　旻）

【乌兰调研高职高专院校思想政治工作】 2017年4月10日，省委副书记乌兰到长沙民政职业技术学院图书馆217教室观摩思政理论课，主持召开座谈会，征求长沙民政职业技术学院等高职高专院校对加强和改进新形势下高校思想政治工作的意见和建议。乌兰强调要切实增强做好高校思政工作的责任感使命感；要强化思想引领，努力培养又红又专、德才兼备、全面发展的技能型人才；要加强课堂教学和各类思想文化阵地管理；要加强思政教育队伍建设，实现全员育人、全过程育人；要强化改革创新，切实增强思政工作的针对性和实效性，推动全省高校思想政治工作再上新台阶。（柳　旻）

【易炼红调研雨花区】 2017年1月22日，省委常委、市委书记易炼红一行到长沙火车南站检查交通组织和安全保障等工作，强调要进一步科学调度、精心组织、强化协作，进一步提升站区综合管理水准，扮靓省会窗口。易炼红一行看望慰问正在执勤的公安、武警、交警、城管、交通、客管等一线工作人员和志愿者。

1月25日（农历腊月廿八），易炼红到东塘商圈看望慰问执勤的巡警、特警、交警和武警执勤人员，向大家致以节日的问候。他希望全市各级公安部门精心部署，进一步加强重点路段的巡逻管控和城区各主干道、出入城路口的疏导调度，进一步提升见警率；易炼红与龙骧巴士公司先进驾驶员代表亲切交谈，勉励公交系统工作人员坚持安全第一、服务至上，加强管理、科学调度，确保乘客春节期间安全出行。

3月7日，易炼红看望慰问侯家塘街道廖家湾社区妇女代表，表示社区工作者要心系群众，在与居民进行良性互动中，带去更多的关心、关怀。

5月2日，易炼红到雨花区调研三年造绿及经济社会发展情况。易炼红一行了解园区湖南昭泰医疗集团技术研发和成果运用情况，希望尽快在临床领域取得重大实质性成效，以先进的生物医药技术战胜重大疾病；到雨花非遗馆参观雨花非遗馆特色的国家级非遗项目和传统手工艺项目，其中包括剪纸、江永女书、蜡染、洪源中华第一剪、湘绣、浏阳夏布、菊花石雕等，询问非遗项目特色产品的传承、销售等情况； 到圭塘河景观二期建设现场，查看项目施工情况，听取项目建设情况汇报。易炼红对雨花区各项工作提出四点要求：一是务求转型创新发展有新突破；二是务求城乡品质提升有新跨越；三是务求民生改善有新成效；四是务求全面从严治党有新气象。

5月3日，易炼红督查长沙环保信访重点问题整改工作，考察湖南正圆动力配件有限公司废气、噪音、废水污染，京港澳高速黎托段噪音污染等环保问题整改情况。易炼红强调，要从人民群众反映强烈的环境问题入手，以铁腕手段，坚决打赢大气、水体、土壤、噪音污染的防治硬仗；要加快构建政府、企业、公民、社会、媒体多元共治的大环保格局，切实形成人人重视环保、支持环保、参与环保的强大合力；要以马上就办和钉钉子的精神，立说立行抓好环保问题整改。

5月5日，易炼红在途经树木岭路康乐小区时，看到沿线门店的广告、招牌，年久失修、结构老化，影响市容市貌，作出政府统一出资更换广告招牌的重要指示。

6月2日，易炼红调研雨花“非遗”民俗艺术特色街区。

6月8日， 易炼红到高铁新城片区项目建设工地，督查高铁新城片区项目建设推进工作，易炼红要求，要认真贯彻落实省委书记、省人大常委会主任杜家毫在高铁新城调研时的重要指示和讲话精神，以只争朝夕的精神推动高铁新城精彩蝶变；要大力践行马上就办、钉钉子和精益求精的工匠精神，以更大的决心、更有力的举措、更高的水准，谋划推进高铁新城的建设；要把目标定位体现在做精规划上，尽量避免新城开发中的失误和遗憾，努力建成中部地区乃至全国范围内城市功能的新标杆、城市产业的新标杆、城市生态的新标杆、城市形象的新标杆；要把开发建设体现在做优项目上，以项目建设完善基础设施，以项目建设聚集高端产业，以项目建设塑造城市景观；要把三年行动体现在做实工作上，强化责任担当；强化协同配合，各级各部门给予全力支持、全力配合；强化改革创新，在开发模式、建设方式中要有新理念、新招数、新机制。

7月3日，易炼红到雨花区跳马镇督战指挥防汛抗灾工作。 （柳　旻）

【黄关春调研雨花区】　2017年3月16日，省委常委、政法委书记、公安厅厅长黄关春督导长沙火车南站站区安全管理工作，实地考察长沙火车南站联勤联动指挥中心的工作情况，看望慰问各执勤点的民警、辅警。 （柳　旻）

【王少峰调研党建工作】　2017年8月25日，省委常委、组织部部长王少峰一行调研雨花区城市基层党建工作。王少峰了解井湾子街道融城苑社区社区党建、公益服务、文化建设等情况，与社区居民和工作人员深入交流，询问社区工作力量配备、待遇等情况。王少峰强调，要扎实推进“两学一做”常态化制度化，强化社区党组织的政治功能和服务功能，打造一支专业化的社区工作队伍，更加注重调动广大居民参与社区建设的积极性，努力把社区建成美好、舒心、和谐的家园；要深入学习贯彻习近平总书记系列重要讲话和基层党建工作重要指示精神，加大创新探索力度，充分发挥街道社区党组织领导核心作用。王少峰一行察看雨花经开区《党建铸园·党建兴企》宣传展板，中国（长沙）创新设计产业园党群交流活动中心、党员学习教育中心和设计博物馆党员示范岗，听取区委常委、雨花经开区党工委书记郭四军汇报党建工作。王少峰要求实现园区党的组织、活动、作用全覆盖，以党建引

领园区创新发展，并勉励园区发挥人才集聚优势，推动产学研合作，为加快推进创新引领开放崛起战略多作贡献。（柳　旻）

【胡衡华调研雨花区】　2017年8月16日，省委常委、长沙市委书记胡衡华专题调研基层党建特别是城市基层党建工作，实地考察融城苑社区调研基层党建工作，对融城苑社区以“融”文化为抓手，打造“党员360”等基层党组织服务品牌，实现社区零上访、零事故、零发案表示肯定。8月17日，胡衡华一行调研雨花经济开发区党建工作，实地考察中国（长沙）创新设计产业园党群交流活动中心、党员学习教育中心和设计博物馆党员示范岗，听取中国（长沙）创新设计产业园非公党建工作和设计师党员发展情况的介绍，对设计园“把优秀的设计师发展为党员，把党员培育成优秀设计师”的党建思路表示肯定。胡衡华强调，要充分发挥基层党组织的领导核心作用，切实强化政治引领功能，切实提升服务能力和水平，加强对群众的教育引导；基层党组织要把主要精力放在抓党建、抓治理、抓服务上，打通联系服务群众的“最后一公里”，最大限度地凝聚维护改革发展稳定的正能量。在雨花经开区的会议室里，胡衡华请来6位基层党组织书记，倾听加强基层党建工作的意见建议，逐一对发言作出点评和回应。胡衡华强调，推动全面从严治党向基层延伸，抓好基层党建义不容辞；推进治理体系和治理能力现代化，抓好基层党建是现实要求；顺应人民群众对美好生活的向往，抓好基层党建是必然选择，必须把基层党建工作摆在更加突出位置。

11月16日，胡衡华专题调研长沙高铁会展新城。胡衡华深入京港澳高速黎托段东西辅道施工现场了解项目建设进度，要求施工方在保证工程质量和安全的基础上，抓紧推进项目建设进度，确保早日投运；考察高铁新城地下综合管廊总控制中心，了解了监控管理平台运行情况，要求项目承建方进一步优化功能，突出功能和特色，构建技术先进、结构合理的现代化地下综合管廊体系。他强调，要高起点高水准推进高铁会展新城建设，提升建设标准，彰显高铁会展新城发展的新品质。（柳　旻）

【李友志慰问教师】　2017年5月31日，省人大常委会副主任李友志一行到雨花区教育局第一幼儿园看望慰问全体师生，陪同孩子们一起庆祝“六一”儿童节，询问幼儿园师资配备、教师待遇、家园共育以及区政府对学前教育的重视程度等情况。

9月8日，李友志走访长沙市雅礼中学和枫树山小学，考察学校的生态环境、硬件设施及教育模式，希望广大教师通过深化教育改革、提升师德水准、提高教学质量，推动学生德智美体全面发展。（柳　旻）

【张剑飞调研雨花区】　2017年1月13日，省政府副省长、省春运领导小组组长张剑飞率省直有关部门负责人检查指导春运工作，强调进一步增强红线意识，不断提升服务品质，规范运输管理，确保旅客平安满意出行。张剑飞一行到长沙磁浮快线高铁站、高铁长沙南站了解磁浮列车、高铁列车的运力安排、安全保障情况，要求抓实安全制度，精心统筹调度，完善站场服务，确保春运期间磁浮与高铁运力衔接科学有序，确保旅客平安满意出行。张剑飞一行检查长沙黎托高速汽车站车站售票区、候车区、发车区情况，要求抓实安全制度，严格执行客运车辆“三不进站、六不出站”的管理规定；加强对驾驶员和车辆的源头管理，强化高科技手段应用，全面排查各类安全隐患。（柳　旻）

【谢建辉调研雨花区】　2017年1月13日，省政府副省长谢建辉到长沙市红星步步高超市调研节日市场供应情况，了解超市的进货渠道。谢建辉要求，各单位要把好进货源头关，严防假冒伪劣商品进入市场，让消费者买得放心、吃得安全；不断提升服务质量，优化购物环境；各级各部门要积极组织货源，充分保证蔬菜、肉类、粮油等商品供应，工商部门要维护好市场秩序，及时处理消费者的投诉，切实保障消费者的合法权益。（柳　旻）

【何报翔调研市场供应】　2017年1月18日，省政府副省长何报翔率省直有关部门负责人，到红星蔬菜批发市场、家润多朝阳店检查指导节前节日市场工作，了解市场主要生活必需品的供应、价格、质量、安全、服务和应急准备等情况，要求着重加强对肉类、进口水果的食品安全监管；要求落实生活必需品和成品油市场供应突发事件应急预案。何报翔检查中石油万家丽加油站，要求确保成品油市场供应和经营秩序稳定，并提前落实好应急预案。

（柳　旻）

【杨光荣调研雨花区】　2017年4月6日，省政府副省长杨光荣调研省重点建设项目，察看长沙比亚迪汽车有限公司电动客车生产基地车辆生产的各个环节。杨光荣要求坚持自主研发为主，大力发展新能源汽车；各级各部门要做好协调服务工作，对企业发展过程中遇到的困难，要尽快调研，尽力帮扶，要对企业提出的合理合法合规的要求，根据各自职责特事特办，支持企业快速发展。

10月13日，杨光荣到同升街道同升湖社区参加湖南省"10·13"国际减灾日暨2017年度防灾减灾救灾宣传演练项目启动仪式。杨光荣强调，组织开展防灾减灾宣传演练活动，要深入细致，注重实效，省减灾委办公室及各成员单位要把活动组织好、落实好，各级减灾委及其成员单位要主动开展宣传教育，定期组织应急演练，全面普及相关法律知识和技能，排查灾害风险隐患，分期分批开展治理行动。

10月20日，杨光荣到长沙红星国际会展中心参加万佛岭·2017第五届湖南国际老年产业博览会开幕式，并宣布博览会开幕。

11月1日，"芙蓉匠心 助力脱贫"湖南省巾帼巧手创业就业孵化基地授牌暨女红艺术节启动仪式在长沙雨花非遗馆举行。杨光荣，全国妇联妇女发展部部长崔卫燕参加并讲话。杨光荣、崔卫燕等为雨花非遗馆、湖湘女红文化创客中心颁发"湖南省巾帼巧手创业就业孵化基地"奖牌，为开福湘绣研究所等20个基地颁发"湖南省巾帼巧手创业就业基地"的奖牌。

（柳　旻）

【冯毅调研雨花区】　2017年8月31日，省军区党委书记、政治委员冯毅一行调研东塘街道政院社区社区军民共建、军地融合工作，听取社区介绍社区阵地以及提质提档工作，实地考察政院社区"党建行动吧"；参观"科普e站"里智能机器人、雅格步天梯、VR设备等高智能产品；考察社区的党建工作。

（柳　旻）

【陈文浩调研雨花区】　2017年1月3日，市委副书记、代市长陈文浩一行专题调研浏阳河流域水环境综合整治工作，实地察看雨花区圭塘河入浏阳河口、新开铺污水处理厂尾水排口水质状况以及圭塘河生态景观建设。

1月6日，陈文浩出席雨花区人民政府与德国汉诺威水协"圭塘河流域综合治理"战略合作签约仪式。刘素月主持会议，陈怀宇、德国汉诺威水协总经理彭赤焰代表双方签署战略合作协议。

1月19日，市委副书记、市长陈文浩一行调研轨道交通建设运营发展情况，并对安全生产和春运工作进行检查。陈文浩询问地铁2号线长沙火车南站站工作人员有关春运安全和出行保障问题，听取相关负责人对建设中的地铁4号线平阳站施工进度和施工管理方式的介绍，重点了解施工安全的保障措施，并查看中控室对施工点的监控覆盖情况。陈文浩强调，要树立安全发展理念，建立最严厉的安全巡查制度，进一步突出企业主体责任，加大法治化和审计监督力度，从理念、思维、方法等多方面创新，严格用制度管事管人；轨道交通规划要立足长远、强力推进，并与今后的经营相结合，确保可持续发展；要进一步整合资源，推动品质长沙建设，带动城乡一体化发展。

2月16日，陈文浩到长沙国际体育中心建设工地调研长沙文化创意产业发展，听取市有关部门关于国际体育中心规划设计和建设情况。陈文浩强调，要按照国际体育中心的功能定位，优化设计方案和周边交通、配套，以一流的软硬件技术设施、一流的运营管理，集聚高水平运动队伍，吸引对外开放的国际顶尖赛事。

3月31日，陈文浩调研长沙高铁新城开发建设情况，陈文浩一行实地调研劳动东路、红旗路及两厢重点项目建设情况，肯定长沙高铁新城决策前瞻、推进有力、发展迅速。陈文浩强调，城市要走差异化发展之路，在开发建设过程中要更加强化功能定位，发掘优势资源，坚持特色化、组团式规划发展，将会展业等做大做强；要推进产城融合，围绕高铁枢纽、会展经济及其配套功能项目建设，集聚功能资源，有耐心、有定力地培养支柱产业；要搞好规划设计，加快基础设施等建设进度，突出运营管理，打造国际品质，要强化功能定位，推进产城融合，打造国际品质，建设开放高地，让高铁新城成为品质长沙的标杆区、开放崛起的新高地，成为五大新发展理念的先行区、试验区。

4月28日，陈文浩带队督察圭塘河流域治理以及京珠高速噪声扰民整治情况。陈文浩一行询问万里时代小区京珠高速噪声扰民的情况，听取高铁新城管委会和雨花区政府汇报整治方案，要求责任单位要迅速确定方案，抓紧实施整治工作；听取雨花区政府和汉诺威水协汇报圭塘河石碑大港集雨区的整治思路和初步方案，对整治思路和初步方案予以肯定，要求进一步修订完善。

6月6日，陈文浩到雅礼中学高考考点巡查，了解学校周边环境、交通保障、噪音消除、食品安全、考场布置和考试纪律等考务工作安排，到多媒体监控中心和考场内实地检查。陈文浩表示，各相关部门和学校要以考生和家长为中心开展工作，提供最精细化、人性化的服务；要消除考点附近噪音污染源，避免噪音影响考生发挥；各相关考务单位要做好考生接送工作，遇到紧急情况要及时调用各方资源，积极为考生排忧解难；要做好交通疏导，要确保考点内外的食品安全，要认真开展检查巡查，为考生创造公平竞争的考试环境。

6月8日，陈文浩调研雨花经济开发区，实地调研长沙卷烟厂、湖南机器人研发演示中心、长沙创新设计产业园。陈文浩强调，各相关单位要完善机制，强力推进，抓住用好园区平台；要强化长株潭城市群发展理念，处理好区域发展和绿心保护的关系；要加大绿心保护力度，加快园区转型发展；要明确园区功能定位，完善基础配套，推进产城融合；要加快城市更新改造，全面提升城市品质品位。。

10月19日，陈文浩出席长沙市创建国家食品安全示范城市调研暨推进会，实地调研圭塘街道鲜开心农贸市场，听取创建国家食品安全示范城市的工作汇报，了解该农贸市场的具体做法。陈文浩指出，创建国家食品安全示范城市是重大民生工程、民心工程，要坚持问题导向，继续发扬连续作战的作风，全力打好创建攻坚战，交出让国家和人民满意的“长沙答卷”；创建国家食品安全示范城市要大力强化标准引领，加快建设地方食品标准体系，依法制定一批富有地方特色的食品标准，真正让群众吃得放心、吃得满意；要大力推进食品产业转型升级发展，要探索和加快推进农贸市场快检室、明厨亮灶工程、豆制品米粉湿面作坊进园区等重点项目建设；要清醒认识创建工作面临的形势，切实保障创建工作推进的效果，严明责任、对照标准、严格节点抓落实，以更加饱满的热情、更加科学的举措、更加扎实的作风，全面完成国家食品安全示范城市创建任务，全力保障人民群众“舌尖上的安全”。

（柳　旻）

【徐宏源调研雨花区】 2017年3月24日，市委副书记徐宏源陪同山东济宁市委书记王艺华带队的党政考察团47人参观考察雨花非遗馆，考察团一行参观雨花非遗馆特色的国家级非遗项目和传统手工艺项目，重点考察非遗市场化项目：“芒果大叔木工坊”、非遗超市、大学生创业街。徐宏源强调，要将雨花非遗馆作为长沙市的旅游景点重点打造，要加大宣传力度。

4月11日，徐宏源一行调研造绿复绿项目建设，实地查看雨花经开区绿道、高铁绿带、圭塘河生态景观区二期等重点项目建设现场，了解项目的进展情况，听取各相关责任单位的汇报。徐宏源要求，绿化项目设计施工要因地制宜，对于空间不足的中心城区要通过立体绿化、拆墙透绿等多种方式增加绿色生态景观，实现应绿尽绿；要抢抓施工有利时机，科学统筹推进项目建设，务求在上半年完成年度计划任务的70%；要全面提升绿化品质，切实做好后期管理维护，将三年造绿大行动成果转化为市民实实在在的绿色福利；要务必绷紧安全生产这根弦，时刻将施工安全摆在首位，着力压实主体责任，坚决防范安全事故的发生。

6月14日　徐宏源调研东塘街道浦沅社区全面提质提档工作。

7月13日，徐宏源调研井湾子街道融城苑社区群众工作，到社区公园、党建长廊、“融”文化架空层、小区楼栋“幸福里”等地，了解社区“融”文化特色服务品牌和网格化群众工作方法。

10月11日，徐宏源调研雨花经开区重大产业项目建设，调研航天科技中南先进光机电创新中心、湖南安冠智能科技有限公司、湖南先步信息股份有限公司等创新型企业。徐宏源强调，全市各级各部门要把招商工作、产业发展作为经济工作的头等大事，抓住四季度项目施工“黄金期”，加快项目建设进度。要以五大发展理念为引领，提高项目引进门槛，引进一批世界500强、大型央企、上市公司行业龙头、民企100强和全球细分行业前10位企业，发挥产业基础和比较优势，延伸产业链，推动优势资源向产业园区集中，形成一批有国际竞争力的创新型领军企业；园区和相关部门要抓好“长沙工业30条”“人才新政22条”科技创新“1+4”政策体系等政策落地落实，支持军民融合产业、高新技术产业和“两型”产业发展，特别要加大力度扶持科技创新型小巨人企业，园区要主动对标国内先进城市，持续优化营商环境，切实增强投资吸引力；要发挥党组织战斗堡垒作用，夯实园区党建基础，为园区成长提供坚强的组织保证，助力企业健康发展。

11月3日，徐宏源到长沙红星国际会展中心出席“绿色发展·品牌引领”2017第三届中国果业品牌大会·全国果业扶贫大会·中国（长沙）优质果品博览会开幕式并致辞。

12月14日，徐宏源调研雨花区社区全面提质提档工作。徐宏源一行实地察看井巷社区燕子岭公园、燕子岭小学、康和医院、二十三冶职工生活区、社区便民服务点及社区办公阵地、悦读书苑等提质提档建设成果，观看井巷社区全面提质提档宣传片，现场察看人居环境改造、基层党建推进等情况，听取提质提档工作的相关情况汇报，了解社区提质提档设计理念、提质思路、推行步骤等工作情况；面对面交流，听取社区工作人员、小区居民意见和建议。徐宏源强调，要遵循“精明增长”“紧凑城市”理念，以工匠精神抓好“厕所革命”、步行道和自行车道建设、农贸市场改造、停车位建设等民生实事，切实解决道路不畅、地下管网缺损、公共设施陈旧等问题；要将社区提质提档与海绵城市建设、开放式街区建设、文明城市创建、拆违控违等工作结合起来，保留好地域特色与历史文脉，让社区更有内涵、更有温度、更有人情味；要以长沙市入选全国老旧小区改造试点城市为契机，积极探索居民、原产权单位、市场、政府多方共建的机制；要以党的政治建设为统领，切实加强社区党组织建设，选优配强“两委”班子特别是党组织书记，利用微信群等传播平台，加强正面宣传引导；充分发挥“五老”“社会贤达人士”的作用，率先打造共建共治共享的社会治理新格局；要抓好医养结合项目建设，切实满足居民需要，树立精细发展理念，为居民提供优质贴心的服务，将井巷社区打造成全市乃至全国社区提质提档样板观摩点。（柳　旻）

【程水泉调研雨花区】　2017年6月6日，市人大常委会主任程水泉率主任会议成员调研雨花区。市人大常委会副主任王国海、黄佳惠、罗衡宁、张智勇、袁黎明，秘书长柳美景参加。主任会议成员一行走访运达中央广场、昭泰医疗、非遗民俗艺术特色街区、圭塘河生态景观区二期等项目。程水泉指出，雨花区要加强统筹规划，打造特色亮点，实现功能重组，重塑比较优势；要突出产业发展规划，加强整体设计、统筹安排，充分释放机器人、新能源汽车、服务消费、农产品物流等优势产业的活力；

要突出特色园区建设，加大招商引资力度，创新招商引资方式方法，集聚更多符合园区特色的优质企业，进一步提高土地使用效率，推进园区更好更快发展；突出品质城区建设，以满足群众不断提升的居住要求为目标，提档老城区、提质主城区、建好新城区。程水泉鼓励雨花区领导班子发扬想为、敢为、勤为、善为的作风，齐心协力干事创业，并要求区人大常委会扎实有效履职，在围绕中心服务大局上做出新亮点、取得新成绩。

12月26日，程水泉调研长沙市人工智能及机器人产业链推进工作，到中国（长沙）创新智造中心，实地调研航天十三所、自兴人工智能研究院等地，了解人工智能和机器人技术研发、行业应用、市场开拓、技术服务等方面的情况，听取湖南中南智能装备有限公司、湖南新硕自动化科技有限公司等企业的负责人关于产业链建设和企业发展的意见和建议。程水泉表示，雨花经开区作为湖南省唯一的机器人产业集聚区，要坚定把这一产业做强做特的信心和决心；要集中发展，着眼于已有的产业基础，采取有力措施推进技术、产品的抱团发展；要合作发展，以市场换产业，面向本地优势产业大力推介人工智能及机器人的应用，实现多方共赢；要集聚发展，用好园区“湖南省工业机器人产业示范园区”和“机器人产业集聚区”政策优势，通过专业的平台和服务，将更多的优秀人才、企业、项目集聚到园区；园区和产业链推进办公室要摸清企业情况，制定三年发展规划和年度计划，提出产业链“建链、强链、补链、延链”的具体措施并进行落实，针对企业招商与项目建设中的实际情况，精准招商，精准施策，精准发力。（柳　旻）

【文树勋调研雨花区】 2017年3月9日，市政协党组书记、主席文树勋到雨花经开区调研重点项目建设，帮助企业解决发展中的难题。文树勋一行实地调研湖南康胜生物材料科技有限公司、湖南机器人产业集聚区、比亚迪电动卡车及特种车厂区，现场与企业负责人进行交流，了解企业现阶段发展情况与面临发展难题；听取园区与企业的发展和项目建设情况汇报，询问各企业的发展现状以及亟待解决的问题，现场办公解决企业发展中遇到的困难。文树勋希望各相关部门担当起各自职责，落实工作部署，高度关注长沙实体经济，确保实体企业在长沙有发展、能壮大。

5月3日，文树勋一行调研雨花区造绿复绿项目建设情况，查看圭塘河风光带丽白路至湘府路段项目建设现场施工进度，了解项目建设情况，听取圭塘河生态景区二期建设及全区造绿复绿情况汇报。文树勋强调，圭塘河是城区中宝贵的自然水系，要提升设计理念，绿化时考虑到四季不同的植物景观，加强施工工艺控制，严格按项目进度考核，将圭塘河畔绘就成城区最美的生态绿色画卷；要全力推进项目建设，全方位提升绿化品质，实现“新三年造绿大行动”的良好开局；项目建设要在细节上提升品质、引进先进的理念、结合水系打造生态系统；要在造绿复绿项目中坚持高标准设计、高质量建设、高水平维护，全方位提升绿化品质。

6月7日，文树勋调研井湾子街道井巷社区社区全面提质提档工作，实地了解了井巷社区提质改造相关项目规划、建设进度及存在的困难。。

11月7日，文树勋带队观摩指导井巷社区提质提档工作。

11月8日，文树勋率市政协主席会议成员考察调研雨花经开区机器人及智能制造产业发展。

（柳　旻）

【张迎春调研雨花区】 2017年6月7日，市委常委、常务副市长张迎春调研曲塘社区提质提档工作，了解曲塘社区面临的进出交通不畅、基础设施陈旧、企业面临搬迁等问题，要求社区突出源头、不忘初心，坚持问题导向，完善社区水电路气等功能性建设，提升社区整体服务能力；突出功能、做好结合，社区提质与棚户区改造、企业转型升级、城市管理相结合，把握历史机遇，形成叠加优势；突出保障、加强领导，积极发挥社区、街道、区市各级部门效应，形成合力，将曲塘社区建设成为功能完备，服务升级群众满意的现代化社区。

9月10日，市委常委、常务副市长、市征兵领导小组组长张迎春，市委常委、长沙警备区司令员王忠斌等到长沙火车南站地区西广场欢送2017年长沙市首批新兵。张迎春希望新兵们做一个好儿子，真正成为父母的骄傲；当一个好战士，担当起强军兴军的时代重任；要树一个好品牌，传承湖湘精神，发扬敢为人先、吃得苦、霸得蛮的“长沙兵”品牌。（柳　旻）

【蔡亭英督导换届选举】　2017年5月10日，省纪委常委、长沙市委常委、市纪委书记蔡亭英到同升街道同升湖社区，了解“两委”换届工作责任落实情况、程序执行情况、班子配备情况和换届风气监督情况等，实地督导雨花区村（社区）“两委”换届选举工作。蔡亭英强调，要围绕“提出好思路、选出好干部、配出好班子、换出好风气”的总体目标，按照早、严、实、好的要求精准发力，确保换届选举扎实推进；要切实增强抓好村（社区）“两委”换届风气监督工作的责任感，推动基层各级党委的主体责任和纪委的监督责任“两个责任”落地见效，严明换届纪律，将严实要求贯穿工作始终，确保村（社区）“两委”换届风清气正。（柳　旻）

【钟钢调研雨花区】　2017年1月12日，市委常委、政法委书记钟钢参加雨花区“红袖章”联盟启动仪式暨“红袖章”工程推进大会，并为“红袖章”联盟授旗。

9月14日，钟钢检查雨花区安全生产工作，询问德思勤城市广场各门店安全生产措施落实情况，查看各类消防设施配备到位、运转情况，叮嘱相关负责人严格落实安全生产主体责任和各项制度、措施，定期开展安全自查，及时排查隐患，坚决杜绝各类事故发生。钟钢要求，各级各相关部门要切实把安全生产摆在更加重要的位置，以铁的决心、铁的手腕，坚决把各类隐患消除在萌芽状态；要坚持“严”字当头，进一步加强安全设施建设和维护，深入排查并及时消除各类隐患，确保各项安全管理制度落到实处；做好排查记录，按照谁排查谁就负责督促整改的要求，层层落实安全生产责任制；进一步加强检查和督查，对发现的问题要及时采取措施、整改到位，全力确保安全生产。（柳　旻）

【付胜华调研雨花区】　2017年2月17日，市委常委、副市长付胜华在雨花区外国语学校出席长沙市与日本鹿儿岛市缔结友好城市35周年纪念活动之一的青少年书法交流活动。（柳　旻）

【黎春秋调研雨花区】　2017年1月13日，市委常委、宣传部部长黎春秋参加2017湖南省“和谐号”高铁志愿服务联盟活动暨长沙市雨花区高铁南站春运启动仪式，参观高铁南站志愿服务点，慰问志愿者们，鼓励志愿者继续发扬志愿服务精神，为志愿服务事业做出新的贡献。

1月23日，黎春秋走访慰问砂子塘干休所老红军吴国厚、全国美德少年唐荟、砂子塘街道困难群众李爱莲、困难老党员周福初，左家塘街道困难职工吴美珍，送去党和政府的关心和温暖。（柳　旻）

【高山调研雨花区】　2017年5月31日，市委常委、宣传部部长高山率市委宣传部部务会全体成员一行实地考察雨花非遗馆，调研指导雨花区宣传思想文化工作。区委常委、宣传部部长余宏卿汇报全区宣传思想文化工作，区委书记张敏作补充汇报。高山肯定雨花区在压实意识形态工作责任、新媒体中心组建、文明创建、文艺繁荣、文化发展等方面措施有力，成效显著。他强调，要认真总结、提升意识形态工作责任制方面的好做法、好经验、好效果，争做全市、全省乃至全国的典范和标兵；做好网络安全和信息化工作，管理好新闻舆论阵地和互联网阵地；抓好文明创建工作，为建设更高水准的全国文明城市贡献雨花力量，体现雨花担当；做大文化产业，优化布局、突出重点。（柳　旻）

【舒行钢调研生态环境】　2017年12月21日，市委常委、常务副市长舒行钢率市政府办公厅、市发改委等12家市直部门单位在实地察看天心区、雨花区绿心地区工业项目退出情况后，在雨花经开区主持召开座谈会。市两型办通报全市绿心地区工业项目退出整体情况，湘江新区、天心区、岳麓区、雨花区、长沙县、浏阳市分别汇报辖区绿心地区工业项目退出情况。舒行钢要求，各参会单位进一步摸清底数，做实做好做优工作方案，要在完成2017年度目标的基础上，确保2018年全市绿心地区工业项目退出工作能全盘清零。（柳　旻）

【谭小平调研雨花区】　2017年1月23日，市委常委、统战部部长谭小平，市委统战部副部长、市工商联党组书记丁文到高桥街道怡园社区，看望慰问中风瘫痪多年的困难老党员陈仕希。

1月24日，谭小平在市"两学一做"协调小组综合组组长、市委党校副校长于安全和市纪委有关人员陪同下参加雨花区委常委班子2016年度民主生活会并作点评讲话。谭小平一行到川河苑保障住房工程项目部、长沙火车南站联勤联动指挥中心和喜盈门范城商业中心，听取相关责任人对春节安全生产的部署，重点了解安全生产责任的落实情况，询问安全生产预案措施的部署，查看各类消防设施配备到位和运转情况。

2月14日，谭小平一行到跳马镇调研指导全域旅游工作，先后实地察看左宗棠墓、浏阳河枫树河渡口、团然村垃圾回收中心、英功桥、天鹅湖项目、中惠旅集团以及雨花区全域旅游开发建设指挥部等地，了解全域旅游的项目安排、全域构想。谭小平提出以群众工作方法助推全域旅游发展，加强宣传普及，动员所有干部包干到村、组、户，让老百姓知晓规划，接受新的理念，达成思想共识。

3月31日，谭小平一行走访慰问圭塘街道泰安社区转业士官向凯、洞井街道龙庭社区转业士官任高远，了解他们的工作、生活、身体及家庭情况，听取其诉求及建议。谭小平肯定军队退役人员曾为国家的安全发展，人民的幸福生活做出的重要贡献，希望继续保持军人的优秀品格，发扬军人的优良作风，自力更生，艰苦创业，走出一条战胜困难过上好日子的新路，创造更加幸福美好的生活。

7月28日，谭小平到井湾子街道红星村社区调研指导"两学一做"常态化制度化工作，走访慰问抗美援朝老党员张振华。

10月19日，谭小平调研昭泰集团并召开座谈会。（柳　旻）

【张宏益考察雨花区】　2017年5月22日，市委常委、组织部部长张宏益督察雨花区防汛抗灾工作，到合丰垅李家山泵站、浏阳河大堤、鸭巢冲水库等地，实地检查防汛物资储备、水利设施安全运行、专人值班值守等情况，对检查中发现的问题和隐患，限期整改落实到位。张宏益强调，要切实提高思想认识，绝不能掉以轻心、麻痹大意；要加强督察，强化举措，层层压实责任，做好充分准备；要认真做好防范预案，聚焦薄弱环节、隐患部位，抓好整改落实，改到底、改到位；要加强队伍建设，安排有经验的骨干队伍值班值守，全力以赴备战，防患于未然，确保人民群众生命财产安全。

6月30日，张宏益一行督查雨花区浏阳河大堤防汛工作，查看东山街道李家山泵站设施运行情况，现场听取泵站负责人关于泵站维护、建设管理，工作人员值班备勤和制度上墙情况；查看边山社区筹委会防汛点浏阳河汛情，现场查看浏阳河水位情况，听取雨花区关于防汛防涝工作的情况汇报，慰问坚守在浏阳河大堤上防汛一线的区、街、社区干部。张宏益要求，全区各级要把防汛工作作为一项重要的政治任务来抓，要时刻警惕、时刻关注汛情，第一时间恰当处理各类灾情，全力保障辖区群众的生命财产安全，确保平安度汛。

8月3日，张宏益陪同省委组织部副部长、省委"两新"工委书记蔡建和，省委基层党建办主任韩明镜，到砂子塘街道、金地社区调研城市基层党建工作。

8月9日，张宏益一行调研指导雨花区城市基层党建工作，参观融城苑社区小区"融"文化科普广场、党建文化长廊、"融"文化架空层和楼栋"幸福里"，了解党员红色责任田、"党员360"、五位一体"四方联动"等党建特色服务品牌，与当地党员和志愿者进行交谈；观看同升街道金井社区筹委会党建阵地每一版块内容，检查阵地建设情况；听取座谈雨花区委常委、组织部部长龚畅介绍雨花区在城市基层党建工作中的好的经验和做法，存在的问题和困惑；区委常委、长沙雨花经济开发区党工委书记郭四军汇报雨花经开区党建工作开展的基本情况；邀请雨花区乡镇(街道)、村(社区)、企业等6位基层党组织书记座谈基层党组织工作中面临的问题、困惑，面对面听取做好基层党组织工作大家的意见建议。张宏益表示，雨花区城市基层党建工作基础好、亮点多，特别是“四位一体”小区党建、楼宇党建、非公党建等领域都有成熟的品牌，希望雨花区能够把握城市发展的新形势新任务新要求，进一步发挥党建工作的统领作用，创造出更多更好的典型做法，为全市城市基层党建工作做出更多有益探索。（柳　旻）

【王忠斌调研造绿复绿工作】　2017年5月19日，市委常委、长沙警备区司令员王忠斌调研高铁新城造绿复绿项目建设，实地查看新花侯路（曲塘路—香樟路段）景观提质项目建设推进情况。王忠斌强调，要进一步提高思想认识，高起点、高标准搞好工程设计、施工建设；要着眼长远，项目建设尽量与周边设施、环境搞好衔接配套，避免重复建设；要严密组织施工，避免带来交通混乱，影响市民出行；要严格工程管理，防止发生违法违纪问题，按照市里统一要求，抓好工作落实，把新花侯路景观提质项目工程打造成为一张长沙的靓丽名片。

（柳　旻）

【刘新程调研棚改工作】　2017年1月12日，市人大常委会副主任，市安居工程和棚户区改造工作领导小组常务副组长刘新程专项督查雨花区洞井路、曙光路道路建设项目。副区长、雅塘新城三年改造指挥部常务副指挥长陈怀宇，区人大常委会副主任、雅塘新城三年改造指挥部常务副指挥长李劲松全程陪同调研。

3月9日，刘新程专题调研东塘街道华狮棚改项目扫尾攻坚工作，听取东塘街道办事处负责人华狮棚改项目的基本情况汇报和陈怀宇的项目扫尾清零工作补充汇报。刘新程要求，街道认真制定项目清零工作计划并严肃执行；要集中力量，依法依规，加大扫尾攻坚工作力度；市、区征收办针对华狮棚改项目征收补偿问题要进行专题研究和指导；市棚改办督促市相关单位和部门协助做好服务工作，共同加快项目扫尾工作清零进度。

3月24日 刘新程实地察看小林子冲棚改项目现场，在项目指挥部会议室听取雨花区一季度棚改工作情况汇报。刘新程肯定雨花区棚改工作，要求目标要明，计划要细，责任要清，效果要好，集中力量，集中突击，按时完成项目扫尾清零；要求新建项目的启动准备充分，签约要快，有序启动的。。

9月8日，刘新程查看棚改续建项目扫尾清零工作，现场考察侯家塘街道小林子冲、东塘街道华狮项目二期、左家塘街道劳动东路两厢B地块、砂子塘街道省纺织机械厂宿舍、雨花亭街道雅塘片区二期城中村、井湾子街道长橡棚改D地块6个项目现场，听取各项目指挥长关于项目扫尾清零进度、存在的困难问题及工作计划的情况汇报。刘新程强调，实施棚户区改造是一项推进城市建设、改善城市环境、提高老百姓幸福指数的民生工程，要按照全市扫尾清零的工作要求，高度重视，主动作为，攻坚克难，把握好时间节点，加快推进各项目扫尾清零。

10月30日，刘新程督查雨花区棚改工作，现场查看长沙市鼓风机厂地块棚改项目，了解项目具体进展情况和存在困难，听取雨花区棚改工作的进展情况汇报。刘新程认为，雨花区委、区政府高度重视棚户区改造工作，积极创新工作方法，主动作为，工作务实、实干，取得了卓有成效的成绩。他要求，要争分夺秒、再接再厉，确保扫尾清零和总任务的完成。刘新程对雨花区棚改工作中遇到的具体困难和问题进行交办。（柳　旻）

【王国海调研雨花区医疗企业】　2017年2月13日，市人大常委会副主任王国海，走访调研湖南昭泰医疗集团长沙总部基地。王国海一行察看昭泰医疗集团总部的人缘化小鼠生产GMP洁净车间以及全球首家T淋巴细胞库，听取湖南昭泰医疗集团董事长汤朝阳汇报企业基本概况、企业重点创新科技项目以及企业发展的现状和未来发展目标。王国海表示，要精心打造企业，作为一家富有特殊使命的高新企业，尤其要注重精心打造 团队、精心做好前期准备、精心发展产业；要精准服务企业，大力支持并全力推动以湖南昭泰集团为龙头的精准医疗产业的发展，从战略、政策、资金、人才补助等方面全面助力企业发展，为人类大健康产业做出贡献。（柳　旻）

【芮英姿调研工会工作】　2017年5月12日，市人大常委会副主任、市总工会主席芮英姿到雨花区调研工会工作。芮英姿一行实地考察长沙克明面业有限公司工会、左家塘街道工会联合会，重点了解模范职工之家、职工书屋及小三级工会网络建设等工作，听取雨花区总工会党组书记、常务副主席秦勇忠的工作汇报。芮英姿表示，希望雨花区继续创造好的经验，打造工会品牌特色工作，为全市工会工作做出贡献。（柳　旻）

【罗衡宁调研雨花区】　2017年5月16日，市人大常委会副主任罗衡宁一行调研雨花区燕子岭公园项目建设情况，实地查看燕子岭公园建设现场施工进度，了解项目建设情况，听取燕子岭公园建设情况的汇报。罗衡宁要求，抓住施工有利时机，推进项目建设，加强监管，保证建设质量；在公园建设中融入文化元素，挖掘历史文化，彰显长沙特色、人文气息和历史渊源；要因地制宜，了解建设场地原有生态情况，利用地形、选用乡土树种，社区公园在满足基本功能的前提下，考虑到不同年龄段、不同人群的需求，组织交通，增加休闲设施等；加强后期维护工作，在后续管理过程中持续投入，保证公园环境干净卫生、基础设施完善，特别是加强水系维护，监管并重，在机制、经费、人力、模式上，不断探索，引入社会市场机制，引入社会化的第三方，通过社会化的服务改善未来后续管理问题。

11月29日，罗衡宁率市委督查组一行专项督查雨花区贯彻落实加强县乡人大工作和建设系列文件精神的情况，实地察看侯家塘街道韶山路社区代表工作室和高桥街道人大代表活动室，听取区委书记张敏的专题汇报，与与会人员进行交流。罗衡宁表示，雨花区人大工作注重创新，成效显著，经验丰富，特别是在充分发挥代表作用、加强代表与人民群众联系、干部任后监督管理、财政预算联网监督等方面的工作创新，经验值得推广。罗衡宁强调，要狠抓相关工作要求的落实，特别是在规范街镇人大工作、加强队伍建设、发挥代表作用等方面狠下功夫，加强自身建设，努力提升人大工作者和人大代表的素质和能力；要进一步创造相关工作的经验，在更好地发挥人大监督作用，更好地运用重大事项的决定权，更好地发挥人大代表的主体作用等方面，创新工作方法，创造工作经验，助推人大工作迈上新台阶。（柳　旻）

【袁黎明督察执法工作】　2017年9月19日，市人大常委会副主任袁黎明率检查组对雨花区贯彻落实《中华人民共和国老年人权益保障法》和《湖南省实施〈中华人民共和国老年人权益保障法〉办法》情况进行督查。检查组实地考察雨花区社会福利中心和韶山路社区服务中心，深入了解“一法一办法”的实施情况，听取基层政府、养老机构和群众代表的意见、建议。袁黎明要求，要重视对老年人权益保障工作中突出问题的解决，着力做好农村老龄工作，切实为居家养老提供社会化服务，充分调动社会力量参与发展养老服务事业。（柳　旻）

【唐向阳调研公安工作】　2017年1月10日，市政府副市长、市公安局党委书记、局长唐向阳陪同省公安厅党委副书记、常务副厅长周符波到高桥大市场西大门参加市公安局第21个“公安110、为民保安宁”为主题的“110宣传日”活动。听取群众对110工作的意见和建议，向高桥大市场经营业主了解社会治安情况。

7月5日，唐向阳到合丰垸督察抗洪抢险工作。

8月4日，唐向阳向市人大代表雨花联组通报长沙市2017年上半年工作情况及下半年工作安排，听取与会人大代表的工作提出意见和建议。唐向阳表示，下一步将通过建设高效政府、智慧城市、过硬的作风，持续改革创新来解决各位代表提出的各类问题。

8月7日，唐向阳率市公安局领导班子成员到雨花区东塘立交桥执勤岗点，看望慰问烈日高温下执勤的雨花区交警、巡警。（柳　旻）

【陈中调研雨花区】　2017年1月19日，市政府副市长陈中调研雨花区文教卫体旅工作，到雨花非遗民俗艺术特色街区了解非物质文化遗产保护；查看东山街道社区卫生服务中心运行情况，调研雨花区基层医疗卫生服务工作，肯定中心医联体和科技特派员驻点等工作，强调做好基层卫生服务、加强能力提升，确保全民健康；考察雅境中学，调研中小学校师资力量及办学特色，希望雅境中学秉承雅礼中学百年传统，办出自己的特色，打造成一所名校。陈中强调，要着眼长远、深化认识，加快文教卫体旅事业发展；要认清形势，强化责任，围绕创建国家中心城市的战略目标，对标国内先进水准，与国际接轨，着力提升文教卫承载能力和水平；要突出重点，抓准关键，在抓规划优布局、强基层打基础、重管理出特色、推改革创新等方面下功夫。

4月19日，陈中陪同韩国大邱广域市市长权泳臻、日本京都市副市长植村哲及其随行行政团、演出团一行参加2017年东亚文化之都·长沙活动年系列活动，参观雨花非遗馆。（柳　旻）

【李蔚调研旅游工作】　2017年10月18日，市政府副市长李蔚、副秘书长戴建文带领市农业委、市林业局、市水务局相关负责人考察雨花区跳马镇美丽乡村建设和全域旅游工作。考察组参观新田园项目，考察新田村美丽乡村建设；到雨花全域旅游开发建设指挥部调研座谈，重点了解雨花全域旅游顶层设计和“醉美花香”项目等情况。李蔚表示，跳马镇生态资源丰富、区位优势明显，要着力于保护中开发、开发中保护，进一步对原有花木产业提质转型；做好雨花全域旅游和跳马美丽乡村建设工作，要保障小规划与大定位相结合、多元化与特色化相结合、打基础与谋思路相结合；保护绿心绿肺，科学处理矿山矿洞复绿工作；要妥善解决绿心地区居民的安置问题，做好规划建设的前期准备工作；突出重点特色产业，以花卉产业为龙头，促进多元化、多产业协调发展。（柳　旻）

【李晓宏调研雨花区】　2017年3月7日，市政府副市长李晓宏带队调研长沙汽车南站综合交通枢纽项目建设，听取湖南龙骧长南综合交通枢纽建设投资有限公司相关负责人介绍项目规划设计和施工进展情况；枢纽项目将集长短途公路运输、公交、出租车、城市轨道、城际铁路、社会车辆及城市值机于一体，便于长株潭三市市民出行。

4月7日，李晓宏带领市住建委、市交通局和市工商局分管负责人督查雨花区安全生产工作。李晓宏一行实地查看湖南怡天建材有限公司安全台账、驾驶员手册、规章制度，要求企业对细小隐患要建立台账及时解决，在运输过程中决不能超速、超载；现场察看洞株路的建设情况，要求对所有交通公路进行一次安全隐患的排查，特别是校车经过的地方，要一一列出隐患点，建立台账，及时整治；检查湖南红星冷冻食品有限公司，要求企业要加强危险化学品的防护措施，严格按规章制度进行操作，完善各项预案。李晓宏要求要切实落实好企业主体责任，健全安全生产规章制度，全力推行安全生产标准化管理；要加强应急演练，对重点区域实行24小时值班制度，确保各类事故及时有效处置。（柳　旻）

【刘明理调研城管工作】　2017年6月2日，市政府副市长刘明理出席长沙市城管工作雨花区现场会，听取雨花区智慧城管网格化管理经验介绍。刘明理对雨花区强化信息平台建设，资源共享、责任明确，整改提速、重在实效等网格化管理举措给予肯定，要求学习推介雨花城管网格管理智能化经验，

破解城管难题。（柳　旻）

【邱继兴调研雨花区】 2017年3月10日，湖南连硕智能制造人才培训基地落成仪式暨首届智能制造人才论坛在长沙雨花经济开发区举行，市政府副市长邱继兴出席基地揭牌活动并致辞。邱继兴表示，期待湖南省机器人集聚区为机器人产业的发展提供技术过硬、能力过人的专业人才，成为湖南省乃至全国智能制造人才培育行业的标杆，助推“长沙制造”向“长沙创造”转变。

5月25日，邱继兴陪同湖南出入境检验检疫局党组书记、局长杨杰到红星实业集团有限公司调研，专题研究在红星全球农批中心建设湖南国检综合监管试验区，打造“买全球、卖全球”的农副产品集散中心。邱继兴要求红星创新思维理念，助推湖南开放崛起，打造长沙开放新高地。

6月7日，邱继兴组织召开专题研究湖南高桥大市场开展市场采购贸易试点工作会议，全力推进湖南高桥大市场“市场采购”贸易方式试点申报工作。雨花区政府、湖南高桥大市场股份有限公司汇报湖南高桥大市场“市场采购”贸易方式试点申报工作进展情况及下一步工作举措。各参会单位对湖南高桥大市场汇报中提出的相关问题和请求作出回应，并提出相关建议。邱继兴指出，全市各相关部门要加大对湖南高桥大市场开展市场采购贸易方式的支持力度，要充分发挥湖南高桥大市场主体作用，做好试点申报、招商引资、项目引进、平台搭建等工作，认真谋划未来发展，全市各相关单位做好协调衔接，确保政策落实到位，全力协助湖南高桥大市场申报市场采购贸易方式试点，要加大政策支持力度，市区两级财政参照省级政策标准，对湖南高桥大市场给予配套支持。

6月28日，邱继兴在雨花区工商分局注册大厅为湖南省中青旅国际旅行社有限公司树木岭营业部现场颁发长沙市首张“四十三证合一”营业执照，推进商事制度“放管服”改革。

7月5日，邱继兴率市商务局局长高伟、市食药监局局长郭塨、市工商局局长卓精华一行，实地察看家润多朝阳店、中石化环城加油站、万科生鲜市场等商超企业和加油站，分别听取雨花区商务和旅游局抗洪救灾的汇报及商超企业、加油站市场负责人关于物资保供情况的介绍，向消费者了解物品价格及物资供应情况。邱继兴要求，要抓好物资保障工作，迅速盘点防汛物资储备情况，合理调配抢险救灾物资，为抗灾救灾提供充足物资保障；要积极开展灾后生产自救，认真做好安全生产、危房加固、疾病防治等工作；要全力做好供水、供气、通讯等生活保障，确保生产生活秩序正常运转、社会大局稳定。

9月12日，邱继兴出席“开放雨花·梦想直达——2017年长沙楼宇经济高峰论坛暨雨花重点项目签约仪式”，见证雨花现代电子商务产业园与丰彩投资发展有限公司下属子公司湖南丰彩实业发展有限公司签约丰彩好润佳物流项目、毕马威与雨花区政府签约成立长沙分所等10个项目签约入驻雨花区。

10月17日，邱继兴组织召开红星农副产品大市场迁建工作专题调度会。区政府副区长陈怀宇、红星实业集团董事长罗跃汇报项目有关进展情况，并提出请求市有关部门支持解决的问题。与会各市有关单位就项目当前存在的问题作出答复，并提出有关建议，邱继兴就加快项目建设推进有关工作一一进行部署和安排。（柳　旻）

【廖建华调研雨花区】 2017年3月6日，市政府副市长廖建华一行调研圭塘河流域综合治理及潭阳片区征地补偿安置工作，研究部署长沙园博园前期筹建等工作。廖建华一行听取德国汉诺威水协专家介绍圭塘河流域综合治理方案，听取雨花区圭塘河流域综合治理及潭阳片区征地补偿安置工作相关汇报。廖建华要求，进一步加大圭塘河综合治理力度，坚持高标准规划、高品质建设，分段、分项目推进全流域综合治理，力争打造成示范工程、精品工程。廖建华强调，雨花区要研究创新工作方法，组织更加精干的力量投入到潭阳片区征拆工作上来，如期实现园博会申办场地项目清零交地。

3月23日，廖建华到红星国际会展中心检查、调度长沙兰博会并指导筹备工作，考察主场馆，室外展区（自由贸易区），与来自云南等地的兰农亲切交流，观赏开幕式询问部分节目彩排，指导节目道具设置等工作，听取市园林管理局、市交警队、雨花区政府等单位工作情况汇报，要求各级单位要精心布展，组织好开幕式，做好接待工作，全面展示城市形象，抓好安全保卫和环境治理工作，加大宣传力度。

4月18日，廖建华带领市财政局、市国土局、市规划局、市园林局、高铁新城管委会、市武广公司等单位负责人深入雨花区潭阳洲片区，实地调研征拆安置工作，听取潭阳洲拆迁安置和红星片区综合改造工作情况汇报。廖建华表示，潭阳拆迁工作绝不能停顿，坚定不移地完成7月底清零倒地的目标任务；市政府要加大工作支持力度，加快园博会项目规划进程，迅速启动基础配套建设。会议对申博宣传、资金拨付、区外涉拆干部督签督拆等事项进行议定。廖建华强调，红星片区综合改造对彻底改善区域城市环境、提升城市综合功能具有十分重要的意义，雨花区要进一步梳理旧城改造的政策体系，展开全面的可行性研究工作，力争成为全省全市首个城市更新试点片区。

11月24日，廖建华率队调研长沙市鼓风机厂地块棚改项目，听取项目进展，以及对厂区部分进行保护性开发建设的情况汇报。

12月1日，廖建华调研雨花区劳动东路两厢棚改项目，查看项目现场。（柳 旻）

【段安娜调研社区提质提档工作】 2017年6月5日，市政协副主席段安娜率一行调研高桥街道火焰社区全面提质提档工作，实地查看文体商贸城、火焰大市场、神农茶都现场，座谈听取火焰社区党委社区提质提档工作情况汇报和高桥街道的补充汇报。段安娜强调，要高度重视提质改造工作，加速推进步伐，将责任落实到人；要充分调动社区组织、企业等社会力量积极参与社区建设，集众智、聚合力，共同做好社区提质提档工作。

11月15日，段安娜陪同湖南省政协提案委员会主任王剑平、副主任骆伟联合调研雨花区生态绿心片区保护与发展，走访位于雨花经开区的智庭园并现场听取雨花经开区绿心片区产业情况汇报，实地走访跳马涧建材与天赐园两家企业，市政协提案委主任张业军主持省市区政协调研雨花区生态绿心片区保护与发展座谈会，跳马镇、区两型办、区环保局等部门单位对雨花区绿心保护工作情况进行汇报，并就绿心片区的产业布局及产业发展提出意见与建议。段安娜从发展理念、高位协调、政策保障、创新机制等方面深度分析绿心地区保护与发展所面临的问题，表示市政协将会高度关注该问题，进一步将问题、原因挖深挖透，分析到位，以省市区三级政协联动办理重点提案为契机，切实贯彻好创新、协调、绿色、开放、共享的发展理念。（柳 旻）

【彭继球调研社区提质提档】 2017年5月25日，市政协副主席、市工商联主席彭继球调研茶园坡社区提质提档建设工作。彭继球强调，在社区提质提档过程中，要提高认识，提高品质，责任单位要提升服务能力；要整合资源，形成合力，有效推进社区提质提档工作；要高标准、高品位进行设计建设，确保按时按质完成建设工程，让老百姓的幸福感在家门口升级。（柳 旻）

【文丽霞调研雨花区】 2017年2月27日，圭塘河流域综合治理中德专家交流会在雨花区举行，市政协副主席文丽霞带领中方专家与德国汉诺威水协的16位专家共同探讨流域治理和城市建设工作。文丽霞要求，定好方向，市规划局和雨花区共同推动全流域编制总体综合规划工作并上升到全市控制性详规的层面；更新思路，河道治理由治标向治本转变，管网治理由截堵向疏通转变，雨水管理由单一强排向吸纳利用转变，河道管理由政府主导向市场转变；统筹市级相关部门，形成共建共管的机制，共同推进圭塘河治理工作，要在全市一盘棋的概念下统筹各项工作。

5月25日，文丽霞调研雨花区社区全面提质提档工作，实地查看洞井街道新城社区现有办公阵地、提质改造重点小区中天佳园、社区新阵地施工现场，听取社区提质提档工作汇报，以及市爱卫办、市城管局、市民政局等部门的表态发言和工作建议。文丽霞要求，扎实推进社区提质工作，将居民需求放在第一位，让居民参与提质项目的内容设计、中期管理、后期维护的各个阶段。（柳　旻）

【朱建军参加“同心”活动】 2017年5月25日，市政协副主席、民革长沙市委主委朱建军在雅礼中学出席民革长沙市委、市教育局、市司法局对口联系工作推进会暨“同心净言大讲堂”启动仪式，主讲“同心净言堂”第一课。朱建军表示，民革长沙市委将依托民革党员人才、智力资源优势，联合市教育局、市司法局共同开展“长沙市教育局及局直属单位义务法律顾问团”“2017年宪法宣传周——法治进校园”等活动，充分发挥民革法律精英聚集的优势，为全面推进依法治国献计献策。（柳　旻）

【李平调研体育工作】 2017年4月13日，市政协副主席、市体育局局长李平调研雨花区全民健身工作，实地考察雨花东山全民健身中心，听取东山全民健身中心项目负责人介绍相关情况，了解东山全民健身中心项目建设投入情况、发展理念及运营思路。区文体新局局长王琳汇报雨花区全民建设工作情况。李平表示将在雨花区召开全市的全民健身工作现场会，推介雨花区率先在城区范围内进行区域性全民健身中心建设的经验。李平指出，全民健身关系人民群众身体健康和生活幸福，是综合国力和社会文明进步的重要标志，东山全民健身中心在发展壮大的同时，要找准经济利益与社会效益的平衡点，为广大人民群众参加体育运动提供更为便利的条件，推动雨花区群众体育事业不断迈上新台阶。

7月19日，李平带队全面督查雨花区政府购买服务免费开放的华都游泳馆、华银园游泳馆、环保学院游泳馆3家游泳场馆及11个免费培训点，重点督查游泳场馆水质、救生设施、救生员资质等。李平要求，游泳池水质要干净；水质监测数据要公布上墙；相关部门每周进行联合督查行动，确保各项工作落实到位；各项培训要做好相关记录，并采取日报制方式上报情况。（柳　旻）

大事记

1 月

6 日　区政府与德国汉诺威水协“圭塘河流域综合治理”战略合作签约仪式在湘麓山庄举行。

8 日　井湾子街道井旺社区优儿帮·共创 2017 优儿天使千人盛典在湖南中医药大学举行。

10 日　全区打击非法物流促进安全生产专项整治工作阶段总结会议召开。

△　2017 年长沙市“杜鹃花”艺术月暨雨花区首届文化艺术节在港岛演艺中心举行。

11 日　市地名普查办组织省、市有关领导、专家，对雨花区第二次全国地名普查工作进行预验收。

12 日　雨花区 2016 年度履行基层党建工作责任述职测评会召开。

13 日　湖南省“和谐号”高铁志愿服务联盟活动暨长沙市雨花区高铁南站春运启动仪式举行。

14—15 日　井湾子街道“德馨帮扶·第一届爱心年货节”在德馨园社区商业街的“好人好店一条街”举行。

18 日　雨花区“六五”普法依法治理总结暨“七五”普法依法治理动员大会召开。

19 日　“爱在社区，梦圆中华”全国社区网络春晚廖家湾社区专场活动举行。

21 日　“飞梦雨花”首届文化艺术节系列活动在洞井街道丰园社区举行。

22 日　省委常委、市委书记易炼红到长沙火车南站，检查交通组织和安全保障等工作。

24 日　市委常委、市委统战部部长谭小平一行，到雨花区最大的保障性住房建设项目——川河苑检查节前安全生产工作。

2 月

9 日　鲁能集团考察小组一行到雨花区实地考察。

10 日　雨花区第五届纪委第二次全体会议召开。

△　“情满旅途，助力春运”志愿者服务活动举行。

13 日　试运行跳马镇—杨林公交专线。

14 日　2017 年雨花区“春风行动”首场“送政策、送服务、送岗位”的专场招聘会在东山街道农民安置小区举行。

15 日　2017 年区委经济工作会议召开。

△　关于推进雨花区市场“采购贸易”方式试点工作暨外贸政策宣讲会举行。

16 日　市委副书记、市长陈文浩考察长沙市国际体育中心项目。

17 日　区委全面深化改革领导小组第十三次会议召开。

△　全区建设项目税收管理员工作会议召开。

22 日　全区统计工作大会召开。

22—28 日　星城新宇·黎锦苑集中交房。

23日 2016年度药(械)、化妆品不良反应(事件)通报表彰暨业务培训会议召开。

24日 雨花区2016年度“六个走在前列”绩效考核通报讲评大会召开。

28日 雨花区“农民工创业服务站”挂牌。

△ 华狮棚改项目私房22号栋房屋顺利实施拆除。

△ 雨花区打击非法物流、促进安全生产专项行动推进会召开。

△ “农民工创业服务站”挂牌成立仪式暨2017年“春风行动”招聘会举行。

3月

2日 雨花区志愿服务活动宣传策划会——“春风送暖，善润雨花”在左家塘街道举行。

△ “春暖雨花·爱满星城”志愿服务项目认领暨《大爱妈妈》赠书仪式在侯家塘街道红旗法治广场举行。

3日 雨花区城市管理工作业务培训会举行。

△ 区食药监局举行政风行风义务监督员聘任仪式。

△ 金融知识宣传志愿服务活动举行。

△ 黎托街道被征地群众“春风行动”专场招聘会举行。

7日 雨花区村(社区)“两委”换届选举工作动员大会召开。

9日 雨花区工商联女企业家商会2016年度工作总结会暨“三八”联谊活动举行。

△ 市政协党组书记、主席文树勋调研雨花经开区重点项目。

△ 雨花区2017年“春风行动”专场招聘会在井湾子街道井圭路社区举行。

10日 景园路(万家丽路—马王堆路)取得施工许可证。

△ 以工业机器人应用开发为核心的智能制造人才培训基地——湖南连硕智能制造人才基地落户雨花经开区。

13日 区委副书记、区长刘素月调研全区卫计工作。

△ 圭塘街道老年人日间照料中心建成并运营。

14日 “服务重点企业，推动外贸发展——雨花区外贸发展重点企业访谈会”召开。

△ 雨花区健康促进医院评估培训及现场会在湖南省脑科医院召开。

16日 教育部党组成员、副部长，国家语言文字工作委员会主任杜占元调研雨花区教育工作。

△ 省委常委、政法委书记、省公安厅厅长黄关春到长沙火车南站实地考察长沙火车南站联勤联动指挥中心的工作情况。

△ 雨花区美术家协会成立，颜秋礼当选主席。

17日 雨花经开区产业发展大会召开。

△ 雨花区2017年安全生产工作暨“落实企业安全生产主体责任年”活动动员大会召开。

△ 18日 雨花区召集区域范围内有代表性的20家楼盘召开楼市新政政策宣讲会。

21日 雨花法院跳马法庭在跳马镇斑竹塘社区挂牌运行。

22日 中央政治局委员、政法委书记、社会管理综合治理委员会主任孟建柱到长沙火车南站考察并指导综合治理联勤联动工作。

△ 雨花区第25个“世界水日”主题活动——“寻找圭塘河的故事”征集活动启动仪式暨青少年环境教育示范基地挂牌仪式在圭塘河岸·悠游小镇举行。

23日 2017年度残疾人工作会议召开。

24日 “法润三湘”志愿者培训暨高铁片区法律知识讲座举行。

△ 雨花区领导干部经济责任审计工作领导小组暨审计工作调研会议召开。

△ 雨花区2017年麻疹类疫苗查漏补种工作会议召开。

28日 中国(长沙)国际健康小镇研讨会在雨花经开区召开。

△ 雨花区“双创”工作(食安创建和文明创

建）培训会举行。

31日　雨花区2017年“3·31”全国食品药品投诉举报主题宣传日活动暨食品安全知识及安全食品“进社区、进家庭、进厨房”系列活动启动仪式在井湾子国际家居MALL举行。

△　2017年雨花区社工宣传月启动暨青年社工人才导引计划签约仪式举行。

△　“推行节地生态安葬，促进城市文明，让爱和温暖永远延续”大型社区公祭暨全区殡葬改革集中宣传日活动举行。

4月

1日　雨花区落实“司法责任制”改革新机制启动仪式举行。

2日　“星动·行动·共享美好生活”第9个“世界自闭症日”主题趣味运动会举行。

7日　推进雨花区市场采购试点工作暨通关业务培训会在高桥国际商品展示贸易中心举行。

△　创客空间——夸克仓库原创设计创客空间启动仪式暨雨花区中小企业服务·新城新世界工作站点授牌仪式举行。

△　“我们一起来聊聊抑郁症”世界卫生日主题活动在长沙市第十五中学举行。

10日　雨花区园区建设工作领导小组会议召开。

12日　雨花区2017年度妇幼卫生工作会议召开。

13日　“科技追根溯源，保障‘舌尖上的安全’”暨肉菜追溯体系建设调度及业务培训举行。

△　雨花区组织社区全面提质提档工作观摩活动暨座谈会。

18—20日　第44届世界技能大赛砌筑项目中澳交流赛在长沙建筑工程学校举行。

19日　2017年知识产权宣传周启动仪式暨企业知识产权保护与运用论坛、专利权普法知识讲座在雨花经开区创新设计产业园举行。

△　新河路（湘府路—支路三）项目取得施工许可证。

△　雨花经开区知识产权保护与运用论坛活动举行。

20日　“激扬廉政清风，建设廉洁雨花”雨花区第十二届“4·20”廉政文化节开幕暨廉政警示教育大会召开。

△　雨花经开区举行“智造长沙·智汇雨花”主题招商集中签约，航天中南先进光机电技术创新中心等四个项目签约落户雨花经开区。

21日　全区重点建筑企业座谈会召开。

△　雨花区食品安全委员会2017年第一次全会召开。

22日　国家卫计委妇幼司出生缺陷防治处处长许宗余一行到雨花区督导出生缺陷防治工作。

23日　雨花区开展主题为“规范接种疫苗，共建健康中国”的宣传活动。

25日　雨花区组织参加2017年湖南（香港）投资贸易洽谈周，与华润集团签下500亿元订单。

26日　湖南省退役士兵定点医院——长沙鹤诚医院授牌仪式在雨花区举行。

△　唯品会自营快递业务板块——品骏快递湖南项目签约落户雨花现代电子商务产业园。

△　“健康中国，职业健康先行”为主题的2017年《职业病防治法》宣传周活动启动仪式暨长沙市首届噪声防护论坛举行。

27日　区司法局党组书记、局长梁云伟获“全国司法行政系统先进工作者”称号。

△　圭塘河路完成预验收移交。

△　“共建平安社区·共享平安生活”平安志愿者、平安志愿服务队及平安家庭表彰暨文艺汇演在侯家塘街道红旗法治广场举行。

28日　启迪控股常务副总裁、启迪科服集团董事长兼总裁、启迪古汉集团董事长王书贵，中国长城科技集团股份有限公司高级副总裁戴湘桃一行到雨花区考察武广片区项目。

30日　文化产业园二期项目实现清零。

5月

2日　雨花区“以青年之我，担时代之责”五四青年大会召开。

△　易炼红到雨花区调研三年造绿及经济社会发展情况，以及雨花经开区经济社会发展情况。

3日　全区负责干部会议召开。

4日　“扬就业之帆，启梦想之旅”专场招聘会在德思勤四季汇购物中心前坪举行。

5日　雨花区召开棚改征拆扫尾清零工作点评会。

△　区市政局开始对树木岭路的劳动路—曲塘路段的道路进行提质改造，对辖区内的东塘街道、砂子塘街道、圭塘街道等11个街道的6800座化粪池进行无害化处理。

6日　住建部副部长倪虹一行督察圭塘河综合治理工作，实地察看圭塘河黑臭水体治理情况。

9日　司法部基层司司长罗厚如一行到雨花亭司法所调研交通事故纠纷调解工作。

△　雨花区产业政策调整意见征询会召开。

△　“法制进校园”主题巡回法制宣讲活动在雅礼雨花中学、明德雨花实验中学举行。

10日　五部委联合检查组到雨花区检查无障碍环境建设情况。

△　省纪委常委，市委常委、市纪委书记蔡亭英一行到雨花区同升街道实地督导村(社区)“两委”换届选举工作。

△　2017年雨花区防汛抗灾和险情抢护技术培训班举行。

11日　刘素月调研全区集体土地征拆及棚改工作。

12日　“感恩母亲、分享经典”母亲节活动在左家塘街道牛角塘社区举行。

15日　《雨花区深入开展困难残疾人精准扶贫就业创业工作实施意见》出台。

17日　雨花经开区举办“服务企业·携手发展”主题沙龙活动。

△　雨花区启动社会主义核心价值观进社区、进学校、进企业、进机关组织“四进”活动。

18日　“品质雨花，让幸福在家门口升级”——雨花区第十期“政研沙龙”活动在侯家塘街道举行。

△　砂子塘街道民意快线工程系列活动之一——“平安夜话”在东塘步步高广场举行。

△　第六届“红星杯”文体运动会开幕式在红星国际会展中心南广场举行。

19日　冰岛驻华大使司迪方一行到雨花经开区参观考察。

△　《雨花区集中整改残疾人脱贫攻坚突出问题推进精准扶贫工作实施方案》出台。

△　试运行跳马镇—关刀新村公交专线。

20日　以“爱在天地间，感恩你我他”为主题的雨花区第27次全国助残日“好声音·好故事”主题活动在侯家塘街道法治广场举行。

△　区市政局开始对卉园路的非遗文化街区背街小巷道路进行提质改造。

21日　2017年科技周“世界计量日”精密计量实验室开放活动举行。

22日　2017雨花区科技活动周启动仪式暨科技企业推介活动于雨花经开区管委会举行。

24日　区文明委(扩大)会议召开。

△　湖南环保科技产业园开发建设投资有限责任公司正式获得中国银行间市场交易商协会的PPN注册发行批文，成为长沙市首个成功注册PPN的省级园区平台公司。

△　2017年全国“最美家庭”结果揭晓，雨花区左家塘街道窑岭社区刘娟娟家庭获评。

△　长沙市雨花区全域“旅游+”工业智造游创新创业活动在中国(长沙)创新设计产业园会议中心启动。

25日　省委书记、省人大常委会主任杜家毫调研长沙高铁新城火车南站及东广场建设情况。

△　全区经营动物及动物产品从业人员培训红星盛业三楼大会议室举行。

26日　“防治校园欺凌，护航未成年人成长”的检察开放日活动举行。

△ 嘉胜路(长沙大道－石坝路)取得工程规划许可证。

△ 雨花区治超工作总结会召开。

27日 《雨花区残疾人精准康复服务行动实施方案》出台。

△ 区国地税携手中国建设银行天心支行、长沙银行总行中小企业部、交通银行湖南省分行营业部，举办“银税企”互动工作对接会。

29日 洞井路项目清零。

6月

2日 长沙市城市管理工作现场会在雨花区召开。

△ 新疆驻湘工作组到雨花区调研新疆籍务工经商人员服务管理工作。

5日 雨花区召开全区村（社区）“两委”换届选举工作总结会议。

7日 市委常委、常务副市长张迎春一行到雨花区曲塘社区调研提质提档工作。

△ 文树勋调研井巷社区全面提质提档项目建设情况。

△ 雨花区工商联（总商会）五届二次执委会议召开。

△ 商务部国际贸易谈判代表兼副部长傅自应以及商务部相关负责人一行考察高桥大市场。

8日 易炼红督查高铁新城片区项目建设。

△ 陈文浩实地考察机器人集聚区研发演示中心、创新设计产业园。

△ 2017年雨花区服务业发展综合考核指标培训会召开。

△ 泰禹7号地项目拆除清零。

8—9日 雨花区开展养老机构服务质量建设专项行动核查工作。

9日 雨花区首批入额法官宣誓仪式在区法院前坪举行。

△ 国家信访局副局级督查专员孙宽平一行3人到雨花区专题调研信访听证工作。

△ 区人社局举行“重走长征路、喜迎十九大”启动仪式。

10日 2017全国“文化和自然遗产日”长沙站启动式在雨花非遗馆举行，该系列活动包含八个学非遗、赏非遗活动。

△ 长沙市“我的中国梦”主题教育暨雨花区“放飞梦想 共筑未来”活动举行。

12日 食品安全“护苗行动”等食品安全专项整治工作调度会召开。

13日 全区新生儿窒息复苏技术培训班举行。

14日 民政部中民社会救助研究院专家调研雨花区社会救助标准化建设。

15日 雨花区首个大学生就业见习基地在湖南晶炬钣金科技有限公司授牌。

△ 区委书记张敏调研全区教育工作。

16日 湖南省暨长沙市“安全生产宣传咨询日”活动在雨花区举行。

△ 雨花区第四届同升商圈消费文化节启动。

17日 雨花区青年志愿者沙龙第一期在长沙民政职业技术学院举行。

21日 雨花区大型液氨泄漏事故应急救援演练在湖南红星冷冻食品有限公司举行。

△ 区政府与中国建筑股份有限公司签订“长沙市跳马生态片区两型保护与发展项目投资合作框架协议”。

△ 雨花区参加由省政府于北京主办的“央企湘企暨‘一带一路’产能合作对接活动”，与中国建筑股份有限公司签订合作协议。

23日 道路货物运输一般突发事故应急救援演练举行。

24日 区公安分局破获全市首例非法出售、提供试题、答案案。

25日 “土地与生态文明建设”雨花区第27个全国“土地日”宣传活动举行。

28日 雨花区庆祝建党96周年暨基层党建工作推进会召开。

△ 雨花区建筑行业安全管理人员安全知识培训班举行。

△ 省科技厅党组书记、副厅长童旭东一行调研雨花经开区。

△ 市政府副市长邱继兴在在区工商分局注册大厅给创业者汤利“湖南省中青旅国际旅行社有限公司树木岭营业部”的营业执照，这是长沙市首张“四十三证合一”营业执照。

△ 雨花区“歌唱社会主义核心价值观，我们有信仰”广场舞决赛在长沙实验剧场举行。

29日　雨花区创建国家食品安全示范城市推进会召开。

△ 雨花区工商联（总商会）五届三次主席会议召开。

30日　区工商分局与中国建设银行股份有限公司长沙湘江支行签订“‘服务企业发展’战略合作协议”。

△ 全区危重症孕产妇急救演练活动举行。

△ 湖南2017年首届“文化和自然遗产日”宣传展示活动闭幕式暨第三届中国·雨花非遗文化艺术节闭幕式举行。

7月

3日　首届中国青少年足球公益联赛在雨花区开赛。

△ 圭塘路四标（香樟路—曲塘路）项目完成招标。

4日　区市政局开始对侯家塘街道所在的橡胶制品厂和造化堂社区进行补损改造。

5日　金地商置集团资本总监孙李军率领集团旗下启客商务咨询（上海）有限公司和广电地产（长沙）公司负责人一行到雨花区考察鼓风机厂项目和雅塘片区。

11日　区市政局开始对东塘街道融和巷和七里庙路护坡进行抢修施工。

12日　雨花区离退休干部工作委员会挂牌。

△ 刘素月观摩和考察中南国际眼镜城项目。

13日　市委副书记徐宏源到高桥街道永祥社区、井湾子街道融城苑社区实地查看群众工作站。

△ “最美家风，幸福家庭”主题活动举行。

15日　雨花区第四届“同升商圈梦想生活季”暨雨花同升商圈汽车小宝贝选拔大赛初赛举行。

17日　张敏专题调研雨花经开区工作。

△ 雨花区率全市之先启动运行“工业三十条”（《关于振兴长沙工业实体经济的若干意见》）咨询、办理绿色通道，在区政务服务大厅设立专门窗口。

17—20日　第五届中国中（小）学生舞龙舞狮锦标赛在雨花区明德洞井中学举行。

18日　区食药监局驻红星农副大市场管理办公室揭牌。

19日　长沙市雨花区“红袖章”联盟启动仪式暨“红袖章”工程推进大会召开。

20日　深圳中兴网信科技有限公司副总裁罗英群、湖南中兴网信科技有限公司总经理郎海等一行到雨花区考察健康医疗产业项目。

25日　区市政局开始对长华巷城南路—曙光路段进行补损施工，补损工程预算60万元；对侯家塘街道相关区域进行补损施工，施工预算92万元；对跳马镇进行文明创建补损施工，施工预算380万元。

△ 潭阳洲拆违拆迁签约基本清零。

28日　2017湖南首届“雨花杯”民宿设计创新创业大赛启动仪式在跳马镇举行。

31日　“创青春·创富中国行”活动在雨花区举行。

8月

2日　区公安分局破获“7·28”特大电信诈骗案。

4日　雨花区“环卫110”应急演练举行。

7日　陈文浩调研雨花区城管网格化管理工作。

△ 雨花区召开水利设施修复工作调度会。

8日　“路地”联合治超行动在京珠高速公路李家塘收费站开展。

9日　市委常委、组织部部长张宏益一行调研同升街道党建工作。

17 日　区委五届九次全体（扩大）会议召开。

△　省委常委、市委书记胡衡华一行到中国（长沙）创新设计产业园调研非公党建工作。

△　雨花区公共卫生大楼完成整体搬迁。

18 日　雨花区建筑业协会成立。

21 日　十二届全国人大代表长沙小组一行调研高桥大市场融入“一带一路”建设情况。

21—25 日　全区残疾人专职委员业务培训班举行。

22 日　《雨花区环境保护工作责任规定（试行）》审议通过。

25 日　全区禁毒工作推进会议召开。

△　省委常委、组织部部长王少峰一行到雨花经开区中国（长沙）创新设计产业园调研基层党建工作。

△　雨花区组织召开行政审批制度改革暨“互联网 + 政务服务”改革工作推进会推进会。

△　雨花区食品安全委员会第二次全会召开。

27 日　“圆梦七夕，白首之约——残疾人集体婚礼”暨残疾预防日主题活动在侯家塘街道廖家湾社区点子广场举行

28 日　雨花现代电子商务产业园道路基础设施建设 PPP 项目开工。

△　雨花区在全市首开三大惠民新政落地绿色通道，长沙“1+4”科技创新政策体系、“工业 30 条”“人才新政 22 条”这三大新政在区政务服务中心一个窗口就能咨询办妥。

30 日　长沙科技创新系列政策和人才新政宣讲会在雨花经开区举行。

31 日　城投 27 号地项目签约清零。

9 月

1 日　左家塘街道诗书画展在赤岗社区桂花公园举行。

△　东塘街道东塘社区惠民项目——融和巷灾后重建工程顺利通过验收。

3 日　“纪念抗战胜利 72 周年——爱国爱家与爱同行”亲子活动举行。

5 日　国家安监总局调研组考察圭塘街道安全生产文化长廊。

6 日　长沙首条法治廉洁文化警示长廊在左家塘街道荷叶塘社区落地。

7 日　雨花区在全市率先实现微信等移动支付方式缴纳学费。

9 日　2017 年雨花区庆祝第 33 个教师节暨“三名”“四优”颁奖典礼在雨花大会堂举行。

11 日　高升路（桂花坪路—杉木冲路）道路工程完成招标。

12 日　2017 年长沙楼宇经济高峰论坛暨雨花区重点项目签约仪式活动在长沙运达中央广场瑞吉酒店举行。

△　雨花现代电子商务产业园与丰彩投资发展有限公司下属子公司湖南丰彩实业发展有限公司，实现签约丰彩好润佳物流项目。

△　深圳市万科物流管理有限公司通过司法竞拍取得雨花现代电子商务产业园仓储 1 号地，规划在该地块建设万科长沙云计算智慧物流产业园项目。

13 日　国家健康促进评估组专家到东塘街道社区卫生服务中心进行创建点现场考察。

14 日　张敏带队督查“两节一会”期间消防安全。

△　“军民同心，让爱无缺”的大型健教活动举行。

15 日　雨花现代电子商务物流管委会与平江县人民政府签订“国土资源领域暨战略合作框架协议”。

△　省级评审组对雨花区创建妇幼健康优质服务示范单位进行评审。

19 日　长沙市“美丽长沙 · 美德先行”主题系列实践活动暨喜迎党的十九大“欢乐潇湘 · 品质长沙 · 幸福雨花”文艺汇演活动在侯家塘街道红旗法治广场举行。

20 日　全省“两新”组织党组织书记暨出资

人（负责人）示范班观摩雨花经开区基层党建工作。

△　雨花区食品安全管理示范农贸市场创建工作会议召开。

21日　全区民族宗教工作会议召开。

△　雨花现代电子商务产业园仓储3号地新增用地二由宝湾物流控股有限公司以4676万元的成交额成功摘得。

22日　全区直属基层工会财务经审工作业务培训班举行。

△　《雨花区控规实施评估》《城乡建设四年行动计划（2017—2020）》《海绵城市建设规划》三项专项规划编制研究会召开。

23日　“军民共建·携手共创”长沙雨花区纪念中国人民解放军建军暨秋收起义90周年双拥专题文艺汇演在长沙实验剧场举行。

24—25日　2017年雨花区政府与社会资本合作(PPP)模式培训研讨班举行。

26日　雨花区工商联（总商会）法律顾问团成立。

△　雨花区万芙路（先锋路—金井路）通车。

△　航天中南先进光机电技术创新中心揭牌暨签约仪式在中国(长沙)创新设计产业园举行。

28日　区商旅局与戴德梁行房地产顾问有限公司签订战略合作协议。

△　雨花区“提质提档为民生、文明共建促和谐”暨南雅社区首届社区邻里节在东山街道南雅凤凰佳园前坪举行。

△　长沙市“我们的节日——中秋”系列活动暨雨花区“诵读国学经典 纪念孔子诞辰”主题活动在雨花区王家冲小学举行。

29日　区市政局开始对辖区内冯家冲组内巷、水电街、电院街、水院巷等21条背街小巷进行提质改造。

10月

1日　区市政局开始对省人大院内进行提质改造施工。

10日　区市政局开始对东塘街道、侯家塘街道、砂子塘街道、左家塘街道4个街道的60座老旧化粪池进行进行全面改造和清理。

△　井湾子街道工委会批复同意成立中共湖南融港信息科技有限公司（阿里巴巴创新中心）支部委员会。

11日　徐宏源调研雨花经开区重大产业项目建设。

△　长沙市2017年“安全用药月”启动仪式暨执业药师大讲堂“安全用药 共享健康”活动。

12日　雨花区残联第五次代表大会召开。

13日　雨花区承办全省第28个国际防灾减灾日演练活动。

△　2017年“10·13国际减灾日”启动仪式暨集中宣传演练活动。

14日　省计划生育工作检查组对雨花区计划生育党政综治工作进行考评。

17日　“喜迎十九大·安全随身行”安全教育进校园暨《安全随身行》系列科普图书捐赠仪式举行。

19日　长沙市创建国家食品安全示范城市调研暨推进会在雨花区召开。

△　雨花外国语洪塘学校揭牌。

△　洞井街道丰园社区获评全国“书香社区”。

△　雨花区承办2017年长沙市健康教育工作现场经验交流会。

20日　区市政局开始进行曲塘路人行过街设施的建设工作。

△　国家工商总局副局长甘霖一行调研高桥大市场。

24日　雨花区“绿色示范社区”通过市级验收。

26—30日　第五届英国精品购物节暨高桥进口商品展销会在高桥大市场举行。

29日　雨花区召开传达学习中共十九大精神大会。

△　雨花区2017年首个家庭医生社区工作室在高桥街道鑫华社区华雅花园小区投入使用。

31日　雅塘片区地块棚改项目一期（顺特变

压器厂宿舍）棚改项目实现清零。

△ 雨花区网格化环境监管能力提升专题培训举行。

是月 雨花区住保信息审批系统推广运用。

11 月

1 日 湖南省巾帼巧手创业就业孵化基地落户雨花非遗馆。

△ 长沙市鼓风机厂棚改项目实现清零。

△ 区市政局对韶山路沿线及周边道路的1800座窨井进行整治。

△ 雨花区涉企信息统一归集公示工作会议召开。

2 日 区工商分局向湖南天赋共享网络科技有限责任公司负责人刘某发出雨花区第一张电子营业执照。

3 日 雨花区“法治雨花”建设工作领导小组办公室组织国家工作人员分类分众学法考试。

8 日 文树勋率市政协主席会议成员考察到雨花经开区。

9 日 川河南路（殡仪馆东门－时代阳光大道）施工队伍交接见面会召开。

△ 2017 年健康扶贫工作推进会议召开。

10 日 公共租赁住房新政培训会举行。

△ 雨花区食品生产加工企业暨食品安全知识培训会议召开。

11 日 “乐购雨花 · 福满星城”2017 雨花区购物节在保利 Mall 开幕。

14—15 日 位于雨花区辖区内的大安寺、丰田古寺、清泉寺组织召开寺院住持换届选举会议。

16 日 长橡棚改 AB 地块项目完成拆除腾地。

△ 由国台办组织的“第十四届海峡两岸媒体联合采访活动”到雨花经开区集中采访。

△ 以“创新超精密加工技术迎接智能制造新时代”为主题的第三届精密智造高层论坛暨第三十八届航天精密加工技术交流会开幕。

16—20 日 第十三届湘台经贸交流合作会和第二届海峡两岸（长沙）电子信息博览会在融程花园酒店和长沙红星国际会展中心同期召开。

17 日 “文明从排队礼让开始，城市因你而美丽”长沙市市民素质提升行动暨文明单位文明行为集体承诺践诺活动在长沙市第十一中学举行。

18—23 日 2017 中国中部（湖南）农博会在长沙国际会展中心举行。

21 日 位于雨花经开区的云冷产业园 1#、2# 厂房主体结构封顶。

△ 雨花区内部审计工作会议和内部审计培训召开。

22 日 雨花区参加第八届湘商大会暨第五届湘南投洽会，推选万科长沙云计算智慧物流产业园项目。

24 日 雨花区接受创建“全国基层中医药工作先进单位”国家级评审。

25 日 长沙壹起设计展暨中国（长沙）创新设计产业园周年成果展在雨花经开区开幕。

29 日 “聚焦雨花‘戴’领城市更新”专题招商沙龙活动举行。

△ 雨花区 2017 年突发重大动物疫情应急演练在跳马镇石燕湖村举行。

12 月

1 日 雨花区工会第四次代表大会召开。

△ 湖南“珍爱生命快乐成长”2017 年未成年人主题教育活动在雨花区举行。

3 日 长沙首届城市公益穿越挑战赛在雨花区东塘街道开赛，首份社会公益机构地图同步发布。

4 日 张敏、刘素月深入基层一线，对区食安委相关成员单位、街道（镇）创建国家食品安全示范城市工作进行专项督查。

7 日 “全面贯彻落实新《安全生产法》”宣传周活动在长沙市比亚迪汽车有限公司举行。

8 日 “法润长沙、幸福雨花”国家宪法日、国际残疾人日主题宣传活动举行。

△ 雨花区冬季绿化维护技能比武活动举行。

8—12 日 2017 东盟 · 湖南名优产品交易会在

雨花区举行。

10 日　2017 年“爱在雨花暨壹家人温暖湖南”公益活动举行。

11 日　华狮棚改项目二期“华鼎大酒店”建筑安全拆除。

12 日　湖南—芬兰农业及经贸合作推介会在雨花区中部国际农创园举行。

△　土壤污染风险防控知识培训举行。

△　雨花社保卡管理服务跳马分中心揭牌。

13 日　区政府召开建设“人民满意农贸市场”工作动员大会，宣布将启动三年行动计划，对全区农贸市场进行建设和提质改造。

14 日　区委 2018 年工作务虚会召开。

△　徐宏源调研井湾子街道井巷社区提质提档工作。

15 日　区委五届十二次全体（扩大）会议召开。

17 日　东山地块棚改项目完成签约腾房拆除工作。

19 日　胡衡华、陈文浩等带领 2017 全市项目建设流动观摩团到雨花经开区，现场观摩新能源汽车车身装备及零部件智能制造工厂项目。

20 日　区政府五届一次全体（扩大）会议召开。

24 日　跳马镇全面推进河长制启动仪式举行。

25 日　区市政局完成中意路新邵路口过街天桥工程的安装。

26 日　市人大常委会主任程水泉到雨花经开区对长沙市人工智能及机器人产业链推进工作进行调研。

26—28 日　政协雨花区第五届委员会第二次会议召开。

26—29 日　雨花区第五届人民代表大会第二次会议召开。

27 日　2017 年度财政决算工作会议召开。

雨花区概况

自然地理

【区域位置】 长沙市雨花区位于湖南省东部偏北，长沙市东南部，是1996年7月长沙市行政区划调整设立的新城区，雨花区名源于自长沙城东南古佛道圣地之名胜雨花亭，建制沿革于原长沙市郊区。2014年，境域范围为北纬28°02′30″～28°11′30″，东经112°57′30″～113°06′30″。东面以浏阳河为界，与长沙县黄兴镇和榔梨镇相接；南部和东南面以洞井街道、同升街道与跳马镇、暮云镇镇界为界，相邻长沙县；西面以芙蓉路、韶山路（至井湾子）和井湾子街道红星村与文源、青园两街街界、洞井街道与桂花坪街道街界、先锋街道街界为界，与天心区接壤；北以人民路（识字岭至花桥）和浏阳河为界，与芙蓉区毗邻。全区面积115.23平方千米，边界线全长67.72千米，其中，与芙蓉区边界线13.10千米，与天心边界线18.80千米，与长沙县边界线35.82千米。2015年，长沙县跳马镇划归雨花区，全区面积扩大至304.9平方千米。东面以浏阳河为界，与长沙县榔梨镇和黄兴镇相接，以跳马镇为界，与浏阳市柏加镇相邻；南部以跳马镇为界，与株洲市石峰区相邻，与湘潭市昭山镇接壤；西面以芙蓉路、韶山路（至井湾子）和井湾子街道与文源、青园两街街界、洞井街道与桂花坪街道街界、同升街道与先锋街道街界跳马镇与暮云街道姐界为界，与天心区接壤；北以人民路（识字岭至花桥）和浏阳河为界，与芙蓉区毗邻。（刘科明）

【地质地貌】 雨花区地域呈南北长、东西较窄的地理走向。地形呈波状起伏，地势南高北低，东南面黄狮山海拔146米，原为境内最高峰。跳马镇划入后，最高点金坑岭海拔274.6米，最低点浏阳河曙光垸海拔35米。全区地貌类型多样，主要为堆积地貌（平原）、侵蚀剥蚀地貌（岗地、丘陵）和侵蚀构造地貌（低山）。平原主要分布在洞井街道的白田铺至圭塘的溪谷平原和浏阳河黎托冲积平原；岗地主要分布在雨花亭街道、井湾子街道、同升街道、洞井街道、黎托街道和东山街道及跳马镇，跳马镇南边诸山与株洲隆起带相接。境内分布红色砂岩、砂砾岩、粉砂岩和页岩。全区成土母质以第四纪红土、河流冲积物为主。第四纪红土主要分布在洞井街道、井湾子街道、雨花亭街道一带，经垦殖后成为浅红黄泥、红黄泥、耕型红土红壤等土属，一般土层深厚，质地料黏，养分缺乏，呈酸性，耕性较差；河流冲积物主要分布于浏阳河两岸冲积平原，由其发育而成的土壤有河沙泥、耕型河潮土等土属，一般土层深厚，质地沙壤至壤土，呈酸性、微酸性或中性，肥力高，适种性广；紫色风化岩风化物零星散布于同升街道全境、洞井街道的和平、鄱阳、天华、牛头，黎托街道的大桥，东山街道的边山、侯照、由其发育而成的紫色土，土壤抗蚀力差，土层较浅，不耐旱、易拆裂，磷、钾含量

较丰富。（刘科明）

【气候河流】 雨花区属亚热带季风性湿润气候区，由于位居盆地内部、距海较远、受冬夏季风转换、地势向北倾斜等因素的影响，冬冷夏热，季节变化明显。年平均气温为17.2℃，积温为5457℃。全年日照充足，年平均日照时数为1762.64小时，年平均无霜期为296～298天。全年雨水充沛，多集中在春夏两季，年均降水量为1361.6毫米。夏冬季长，春秋季短，夏季约118～127天，冬季117～122天，春季61～64天，秋季59～69天。春温变化大，夏初雨水多，伏秋高温久，冬季严寒少。3月下旬至5月中旬，冷暖空气相互交绥，形成连绵阴雨低温寡照天气。从5月下旬起，气温显著提高，夏季日平均气温在30℃以上有85天，气温高于35℃的炎热日，年平均约30天，盛夏酷热少雨。9月下旬后，白天较暖，入夜转凉，降水量减少，低云量日多。从11月下旬至第二年3月中旬，节届冬令，长沙气候平均气温低于0℃的严寒期很短暂，全年以1月最冷，月平均为4.4℃～5.1℃，越冬作物可以安全越冬，缓慢生长。2017年雨花区年平均气温为18.23℃，极端最高温度为41.3℃，极端最低气温为-4℃。境内有浏阳河、圭塘河、双溪港三大水系。浏阳河自长沙县团头河入境跳马镇，经黎托街道花桥进入芙蓉区后注入湘江，蜿蜒32.6千米；圭塘河位于长沙市的东南部，系浏阳河一级支流，也是最后一条支流，发源于雨花区跳马镇鸭巢冲（石燕湖水库），由南向北贯穿雨花区，在人民东路浏阳河大桥处汇入浏阳河，起止均在雨花区境内，全程约28千米，是长沙唯一的城市内河。双溪港水系发源于跳马镇百倍冲水库，流经复兴、关刀、三仙岭、喜雨、团然、冬斯港6个村进入浏阳河，全长22千米。（刘科明）

建置·区划

【中华民国时期“外四区”】 清末，长沙市郊区境地分属长沙、善化两县。民国元年起，统属长沙县管辖。民国前期，长沙城郊属长沙县管辖。民国15年（1926年）8月，长沙近郊区农民协会成立，11月，中共长沙近郊区委成立。民国16年（1927年）3月，国民党湖南省党部正式划定长沙近郊区管辖范围：“云田全乡（现望城区谷山乡，岳麓区望岳街道金星社区以北，岳麓街道观沙岭社区以北）；麓山镇之清美、集思、同德、纯美五团（今岳麓区岳麓街道观沙岭社区以南，桃花社区以北，望岳街道金星社区以南、及天顶街道）；伏龙镇之三太、顺清、敦仁、顺福、靳江五团（今岳麓区岳麓街道桃花、天马、五星、靳江社区）；九峰镇之太平都十一团及静善上下七井、安静上下同仁六团（今天心区大托街道、南托街道、雨花区洞井街道、同升街道）；明道镇之一甲近甲、二甲朝阳、镇湘两团，三甲治安、永清、安清、河清四团（今雨花区黎托街道、东山街道，芙蓉区东岸街道，开福区洪山管理局和长沙县　梨镇）。5月21日长沙“马日事变”后，长沙近郊区被迫撤销。民国17年（1928年）8月，长沙市政筹备处划勘市区范围，南至太乙寺、沙湖桥、雨花亭、金盆岭、李公庙，北至落刀咀，东至杨家山、湖渍渡，西循岳麓山脊往北，经溁湾镇、南冲至施家港。在沿界设立32处钢筋水泥标界，城区与标界之间地域成为郊区正式区划的基础。民国22年（1933年），长沙市政府成立。重新划勘市区范围：河东，北抵落刀咀，东抵沙湖桥，南抵猴子石；河西，南抵廖家垸子，北抵大同岭。城郊从长沙县划归长沙市内四区管辖，东郊为城一区第四坊，南郊为城二区第四坊，西郊为城三区第四坊，北近为城四区第三坊和第四坊。民国23年（1934年），长沙城区继续扩大，湘江东岸，东抵湖渍渡、阿弥岭，北抵捞刀河，南抵百家河；湘江西岸，南抵靳江河，西抵小望城坡，北抵下大同岭与落刀咀隔江相望。民国27年（1938年）8月，长沙市改区坊保甲制为镇（乡）保甲制因城区难以管辖城郊农村，故实行城区与城郊分治，城区划为8镇，城郊从城区划出，改建为文艺、金盆、岳麓、会春4乡，由市政府直辖，即为郊区建置之始。1939年2

月，裁撤长沙市政府，城区镇和城郊4乡划归长沙县管辖。1941年10月，恢复长沙市政府，城区镇和城郊4乡重归长沙市管辖，并将4乡改建为4镇。1943年12月，废镇改区，4镇改为相应的四区，称“外四区”。（刘科明）

【长沙市郊区】 1949年8月4日，长沙和平解放，辖城东、城南、城西、城北、文艺、金盆、会春、岳麓8个区。10月，设立文艺、金盆、岳麓、会春人民区公所，直属长沙市人民政府领导，下辖37保，其中农业户14保、居民户11保，半农半居民户12保。1950年3月30日，设立长沙市人民政府郊区办事处，统辖文艺、金盆、岳麓、会春四区，是为郊区建置之始。境域与民国23年界址无甚变化，靠城区界址，东、南以铁路为界，北以兴汉路、湘春路为界，西以湘江东岸为界。总面积106平方千米，占长沙市总面积95%。6月，撤销郊区办事处，成立郊区工作委员会。8月，废除保甲制，农业、半农业地区划分为18个乡，分别建立乡人民政府，居民区设立11个居民委员会。其中，文艺区辖新合、滩头坪、桂花树、蓉园4个乡和韭菜园、新都、寿康里、衡湘里4个居委会；金盆区辖农改、沙湖、五福、新开、雨花5个乡和南大十字路、裕南街2个居委会；岳麓区辖靳顺、金顺、岳北、岳云、岳文、云麓6个乡和溁湾市、水陆洲2个居委会；会春区辖复兴、福安、永安3个乡和文昌阁、彭家井、留芳岭3个居委会。至此，郊区始有真正的政权体系和独立的行政区划。

1951年5月，从长沙县辖划入五乡，分别建立莲湖、自然、新农（划归金盆区）、东屯渡、藕塘、新化（划归文艺区）、涝湖、朝镇（划归会春区）、岳华（划归岳麓区）9个乡，郊区调整为4区27乡。1952年调整为4区24乡4街。12月，岳麓区水陆洲居委会划归城西区。1953年3月，郊区区划调整为4区22乡6个街道办事处。文艺区辖滩头坪、桂花树、新化、新合、藕塘5乡和东大路街道；金盆区辖沙湖、雨花、自然、新开、新农、莲湖6乡和麻园湾街道；岳麓区辖靳顺、金顺、云麓、岳文、岳华、岳北、岳云7乡和溁湾镇街道；会春区辖福安、涝湖、朝镇、洪西4乡和文昌阁、丝茅冲、伍家岭3个街道。8月，文艺区撤销东大路街道，居民划归城东区管辖，恢复蓉园乡建制；金盆区麻园湾街道划归城南区，恢复农改乡建置；会春区文昌阁街道和伍家岭、丝茅冲2个街道的居民区划归城北区，农民区改建为永福乡；岳麓区溁湾镇街道办事处改建为镇政府。至此，郊区下辖4区25乡1镇。1954年3月，长沙农场划归郊区管辖。9月，撤销郊区工作委员会，恢复郊区办事处。1955年7月，市内四区所辖2个高级农业社和5个初级农业社及尚未入社的菜农就近划入郊区各区、乡。1956年5月，郊区撤区并乡，撤销文艺、金盆、岳麓、会春四区，所辖各乡镇调整为文艺、金盆岭、雨花亭、会春、岳南、岳北6乡和溁湾镇，管辖长沙农场。10月，会春乡划分为会春、洪山2乡。7个乡下设24个高级农业合作社。11月，建立44个居委会，分属各乡镇人民委员会管辖。次年，析出洪山乡太阳升高级农业社，成立长沙市国营综合农场。1958年3月，长沙农场收归省、市管理。1958年9月，郊区撤销乡镇，建立工农兵学商五位一体，政社合一的人民公社体制，实行人民公社化。全郊设立东风、万年红、岳麓山3个公社，下辖19个大队和3个街道居委会，保留市国营综合农场。其中，岳麓山公社由岳南、岳北两乡和溁湾镇合并而成，下设6个大队和3个居委会。雨花亭乡、金盆岭乡合并为东风公社，下设5个大队；文艺、会春、洪山乡合并为万年红公社，下设8个大队。

1959年1月，撤销郊区并入长沙县。

1962年1月12日，恢复长沙市郊区建置，除辖原郊区地域外，另从长沙县划入部分近郊地区，辖岳麓区和雨花亭、东屯渡、伍黑路、岳麓山、洞井、南托、大托、高塘、榔梨、长冲、黎托、望仙桥、望岳、谷山14个公社及榔梨镇，共193个大队和3个居委会。10月，望仙桥公社分为望新、东岸两个公社，望岳公社分为望岳、天顶两个公社，并将天顶、大托、南托、洞井、望新、榔梨、高塘、长冲8个公社和榔梨镇划归长沙县。次年10月，又划出黎托、谷山、望岳3个公社，郊区下设1个区5个公社共48个大队和3个居委会。1964年，伍黑路公社改为上大垅公社，并将东屯渡公社渔场、岳麓山公社岳麓渔场、上大垅公社史家湖渔业队从所在公社划出，扩建为国社合营湘湖渔场、岳麓渔场和史家湖渔场（1966年更名为红色渔场）。1965年在岳麓山公社大干岭兴建长沙市养鹿场。1968年2月，雨花亭公社改名韶山路公社。3月，岳麓山公社湘江大队划归西区管辖。4月，郊区办事处改为郊区革命委员会。12月，综合、东屯渡2个国营农场和长沙市园艺场、市养鹿场划归郊区管辖。1970年，湖南农学院、农科院所属农场划归郊区，改建为团结、立新两个大队，划归东岸公社管辖。望城县境内国营东方红农场划归郊区，省高级兽医研究所下放郊区管辖，并与市园艺场合并为长沙市良种繁殖场。郊区下辖5个公社、5个农场、3个渔场、1个养鹿场，共50个大队，16个管区。1971年10月，市良种繁殖场划归市管（1973年分设为市园艺场和市畜牧农场）。1972年5月，岳麓山公社、岳麓渔场划归岳麓区。1973年6月重新划归郊区。12月，将岳麓山公社咸家湖、望麓桥2个大队和麓山大队及望岳公社望岳大队一部分划出，建成国社合营西湖渔场。1974年3月，国营综合、东方红农场划归市管，1975年，国营综合、东屯渡、东方红、畜牧农场，园艺场、养鹿场重归郊区管辖。1978年1月，1978年1月，长沙县大托、洞井、黎托公社和望城县望岳公社划归郊区管辖。至此，郊区行政区划相对稳定，辖9个公社、5个国营农场、4个国社合营渔场、一个养鹿场。

1980年，郊区革命委员会改为长沙市郊区人民政府。

1983年5月，郊区开展政社分设，建立乡、村政权的试点工作。韶山路公社改称雨花亭乡。1984年2月，历时25年的人民公社体制改制为乡人民政府。东屯渡公社更名为马王堆乡、上大垅公社更名福安乡，其余仍原名命乡，原大队改为村民委员会，生产队改为村民小组。此后，先后有红旗、桂花、新河、国庆、沙湖、赤岗、金盆、火星等村被征用。1990年，经市政府批准，成立火星镇。1993年6月，福安乡胜利村划归北区。10月，雨花亭乡石马村划归南区，望岳乡咸嘉湖划归西区。1994年12月，马王堆乡五一村划归东区管辖。

1996年6月，郊区下辖9乡1镇10场，90个村、9个居委会，28个管区（分场），即：马王堆乡（8村1居）、东岸乡（11村）、火星镇（6居）、黎托乡（12村1居）、大托乡（11村）、洞井乡（18村）、雨花亭乡（7村）、望岳乡（6村1居）、岳麓山乡（16村）、福安乡（1村）、东屯渡农场（4分场）、畜牧农场（2管区）、园艺示范繁殖场（1管区）、国营综合农场（12管区）、东方红农场（3管区）、湘湖渔场、西湖渔场（2工区）、岳麓渔场（2管区）、红色渔场、市养鹿场。 （刘科明）

【长沙市雨花区】 1996年6月19日，长沙市市辖区调整，撤销郊区，设立雨花区。7月10日，雨花区挂牌成立。雨花区下辖左家塘、侯家塘、井湾子、圭塘4个街道，黎托、洞井、雨花亭3个乡和高桥乡筹备领导小组。左家塘街道辖长钢、窑岭、湖橡、王公塘、长岭、湘农桥、阿弥岭一委、二委、妹子山一委、二委、曾家湾、桂花一委、二委、赤岗一委、二委、赤岗北路、曹家坡、营山巷、左家塘、牛角塘、官塘村、荷叶塘、红花坡、赤岗冲、狮子山一委、二委、树木岭一委、二委、梓园一委、二委、长塘里一委、二委、湘农桥、广济桥、韶山路、泉塘、东塘共37个居民委员会。侯家塘街道辖侯家塘、上、下麻园湾、廖家湾一委、二委（南大门）、枫树山、马家冲、政干校、雨花亭、省人大、七里庙、牛婆塘、涂家冲、野坡、新塘冲、茶园坡、梨子山、冶金院、砂子塘一委、二委、长沙卷烟厂、长沙锅炉厂、内燃机配件总厂共23个居民委员会；圭塘街道辖体院路、圭塘、大塘、中南院、航空路、医疗、长重一委、二委、雅塘冲一委、二委、三委、自然岭、正圆、鼓风、井塘、井巷共16个居民委员会；井湾子街道辖井圭路、卢家冲、中建五局、香樟路、红星、黑塘坡、赤岗岭、铁道、省路桥9个居民委员会；雨花亭乡辖自然、石马、井塘、莲湖、红星5村，洞井乡、黎托乡建置未变。高桥乡筹备领导小组辖高桥、友谊、五一、火焰4村。12月，雨花区本着“优化配置，城乡一体，成块连片，界限分明，便于管理，有利发展”的原则，进行区域微调，新设立东塘、砂子塘两个街道，保留左家塘、侯家塘、圭塘、井湾子4个街道建制，对城区街道作切块调整，以东塘广场为中心，以韶山路和劳动路为轴划为四块，东北角为左家塘街道，西北角为侯家塘街道，西南角为东塘街道，东南角为砂子塘街道，井湾子街道与雨花亭乡合并以乡建制，将洞井乡大塘、圭塘、月塘3个村划归圭塘街道。洞井乡改称为洞井镇。新建高桥乡，保留黎托乡。区域微调后，雨花区下辖6街3乡1镇，97个居民委员会，39个村。1997年7月，长沙市政府决定设立雨花亭街道和高桥街道，两乡建置撤销。

2000年7月24日，撤销侯家塘街道水电居委会，增设水院、电院和远东（后改称人民中路）3个居委会。8月31日，圭塘街道新设劳动东路居委会。9月15日，东塘街道增设伍桂塘居委会。到此，全区共有101个居民委员会。2001年10月，全区101个居民委员会，经过拆、并、改和新建，调整为76个社区居民委员会（简称社区，下同）。2003年，雨花区下辖左家塘、侯家塘、东塘、砂子塘、圭塘、雨花亭、高桥7个街道办事处和洞井镇、黎托乡1镇1乡，77个社区居委会，39个行政村。此后，经区划微调，2007年辖7个街道办事处、1个乡、1个镇，81个社区，35个行政村，4个社区筹委会。

2010年，撤销洞井镇、黎托乡，以街道建制。2011年全区全面“撤村设筹”，年底，雨花区辖9个街道办事处，90个社区，37个社区筹委会。

2012年1月，雨花区将洞井街道析置为洞井、同升两个街道，将黎托街道析置为黎托、东山两个街道，恢复井湾子街道，至此，全区共辖左家塘、侯家塘、东塘、砂子塘、圭塘、雨花亭、高桥、洞井、黎托、同升、东山、井湾子12街道。2014年末，雨花区辖12个街道，共105个社区，36个社区筹委会。2015年，长沙市区划微调，长沙县跳马镇整体划归雨花区管辖，雨花区辖12个街道、1个镇，112个社区、35个社区筹委会，17个行政村。2016年，雨花区实行建制村合并调整后，下辖12个街道，1个镇；计121个社区、19个社区筹委会、13个行政村。2017年，雨花区区划无变动。（刘科明）

【区治】 郊区区治位于人民中路245号，芙蓉路与人民路相交处的东南角，占地8229平方米。原有办公楼三栋，建筑面积9492.14平方米。因场地窄小，中栋办公楼于1991年下半年爆破拆除。1995年4月爆破拆除前栋办公楼，兴建综合楼。综合楼原设计为框剪结构，主楼28层，裙楼5层。因财力问题，1995年7月至1997年4月，建成主楼10层（地下三层，地上七层）、裙楼5层，建筑面积3万平方米。雨花区成立后，规划将区治从区的西北角迁建于区腹地。2002年2月与湖南弘欣置业有限公司联合，续建30层综合楼，面积2.6万平方米，由弘欣置业有限公司独资续建23层，其中8～14层归区政府所有，并将综合楼改成雨花大厦。

雨花新区治位于全区中心腹地，万家丽路与香樟路交汇处的东南角，东靠香莲路，南接玉竹路，西临火星大道（万家丽路），北傍香樟路。雨花区建区以后，原区治处在区的西北角顶端，且办公场地狭小，近半数的直属部门在区治外办公，群众到机关办事十分不便。同时，为加速雨花区腹地城市化进程，1997年12月，雨花区第一届人民代表大会一次会议提出抓好新区治的规划和建设，5年内完成整个机关搬迁的设想。2000年，新区治选址圭塘，2002年9月新区治奠基，2004年4月竣工。整个区治占地22万平方米，11个单体建筑，总建筑面积13.4万平方米。大院内还建有2万平方米的水、旱喷泉和1.2万平方米的山水园艺景观，大院西北角建有1.3万平方米水体喷泉和市民休闲广场。院区内绿化面积11.2万平方米，绿化率为53%。主楼及中心广场地下建有人防设施和356个车位的停车库。2014年，区政府接收位于香樟路的原湖南省武警总队直属支队营院改建为区政府“二办”，区民政局、区城市管理行政和执法局及其城市管理执法大队、区征地办公室、区食品药品安全监督管理局、区残联等单位迁往办公。（刘科明）

国民经济和社会发展

【综合】 2017年，雨花区经济发展质量和效益明显提升，主要指标稳居中部省会城区前列，综合实力跻身全国百强区第31位，较2016年上升3个名次，蝉联全省第一，投资潜力排名全国百强区第17位。地区生产总值（GDP）1230.87亿元（含中烟公司长沙卷烟厂部分），同比增长8.9%。其中，第一产业实现增加值5.74亿元，同比下降15.6%；第二产业实现增加值403.91亿元，同比增长3.8%，其中工业实现增加值282.06亿元，同比增长6.3%；第三产业实现增加值821.22亿元，同比增长12.0%。服务业、高新技术产业增加值占GDP比重分别提升至66%、46%。第一、二、三次产业分别拉动GDP增长-0.1、1.3、7.7个百分点，三次产业对GDP增长的贡献率分别为-1.0%、14.9%、86.1%。按常住人口计算，人均地区生产总值138611元，较上年增加5473元。三次产业结构为0.5 ：32.8 ：66.7。按含中烟湖南省工业公司口径核算，全年实现地区生产总值（GDP）1728.92亿元，同比增长5.4%。第二产业实现增加值901.96亿元，同比增长0.6%，其中第二产业实现增加值901.96亿元，同比增长0.6%，三次产业结构比为0.3 ：52.2 ：47.5。一般公共预算收入148.71亿元，同比增长8.2%；其中税收收入123.38亿元，占一般公共预算收入的比重达82.9%，较上年提高6.5个百分点。地方一般公共预算收入53.63亿元，同比下降4.2%。一般公共预算支出88.83亿元，同比下降2.8%。（柳　旻）

【人口】 2017年年末，雨花区常住人口为88.80万人，其中男性44.41万人，女性44.39万人。户籍总人口为69.00万人，其中城镇人口64.99万人，乡村人口4.01万人；户籍人口中男性34.23万人，女性34.77万人，人口出生率为17.07‰。城镇化率为97.7%。（柳　旻）

【农业】 2017年，雨花区农林牧渔服务业总产值8.82亿元，同比下降8.2%，其中农业总产值8.09亿元，同比下降8.1%；牧业总产值0.24亿元，同比下降59.7%；渔业总产值0.16亿元，同比下降74.7%；农业服务业总产值0.33亿元，同比增长3.6%。（柳　旻）

【工业和建筑业】 2017年，雨花区工业生产稳中有增。按含中烟公司长沙卷烟厂部分（含长烟）口径核算，全区实现规模工业总产值643.48亿元，同比增长15.3%；规模以上工业实现增加值277.54亿元，同比增长6.3%。按含中烟湖南省工业公司（含中烟）口径核算，2017年，全区实现规模工业总产值1236.40亿元，同比增长3.2%；剔除中烟公司（不含两烟）实现规模工业总产值410.26亿元，同比增长8.7%，其中雨花经开区实现规模工业总产值377.41亿元，同比增长8.7%。

全年具有建筑业资质等级的企业完成建筑业总产值1513.47亿元，同比增长15.72%；其中在外省完成的产值达978.95亿元。建筑业实现增加值123.05亿元，同比增长5.4%；房屋施工面积达13455万平方米。（柳　旻）

【固定资产投资】 2017年，雨花区实现固定资产投资619.34亿元，同比增长13.6%。其中城镇500万元以上固定资产投资396.4亿元，同比增长4.1%；房地产开发投资222.90亿元，同比增长35.6%，房地产开发投资占固定资产投资的比重为36.0%。全区实现商品房销售面积335.18万平方米，同比下降3.5%，其中住宅销售面积265.91万平方米，同比下降11.7%；实现商品房销售额307.79亿元，同比增长30.4%，其中住宅销售额231.21亿元，同比增长17.1%。（柳　旻）

【国内贸易】 2017年，雨花区实现实现社会消费品零售总额712.61亿元，同比增长4.8%，增速较上年下降3.4个百分点。按经营地统计，城镇实现消费品零售额703.67亿元，同比增长4.6%；乡村实现消费品零售额8.93亿元，同比增长19.6%。按行业统计，批发业实现83.04亿元，同比增长5.1%；零售业实现581.47亿元，同比增长4.4%；住宿业实现5.82亿元，同比下降4.6%；餐饮业实现42.26亿元，同比增长11.5%。其中，限额以上企业实现消费品零售总额301.44亿元，同比下降0.5%，占全部消费品零售总额的42.3%。限额以上连锁企业实现零售额102.94亿元，同比增长9.4%。大型商品交易市场稳定发展，全区拥有亿元以上商品交易市场12个。全部限额以上批零企业实现的零售额增长分类中，粮油、食品类同比增长0.3%；服装、鞋帽、针纺织品类同比增长2.2%；化妆品类同比增长7.7%；金银珠宝类同比下降2.5%；体育、娱乐类同比下降1.2%；中西药品类同比下降12.1%；石油及制品类同比下降0.6%；通讯器材类同比增长2.1%；家用电器和音像器材类同比增长10.2%；汽车类同比增长6.1%。（柳 旻）

【对外经济和旅游】 2017年，雨花区实现进出口总额（海关口径）10.51亿美元，同比增长11.2%，其中出口总额9.49亿美元，同比增长26.5%，进口总额1.02亿美元，同比下降47.8%。实际利用外资6.91亿美元，同比增长8.5%；实际到位省外境内资金123.51亿元，同比增长18.7%。新签对外承包工程、劳务合作和设计咨询合同金额0.41亿美元，实现营业额2.52亿美元。

2017年，雨花区实现旅游总收入374.41亿元。国内旅游人数为2858.67万人次，实现国内旅游收入362.31亿元，境外入境人数27.1万人次。（柳 旻）

【其他服务业】 2017年，雨花区规模以上其他服务业（不包含商贸业、房地产业以及金融业）企业共250家，营业收入302.23亿元，同比增长9.75%，利税总额3.96亿元，同比下降48.13%，从业人员平均人数较上年增加0.42万人，达到6.07万人。（柳 旻）

【教育和科学技术】 2017年，雨花区拥有普通高中4所；初中学校14所，增加2所；普通小学71所；各类民办学校71所；幼儿园187所，增加19所。普通高中在校学生5434人，同比增长7.9%；初中在校学生19508人，同比增长4.9%；普通小学在校学生75928人，同比增长6.8%；各类民办学校在校学生24500人；幼儿园在园幼儿32133人，同比增长11.2%。小学、初中适龄人口入学率100%，高中阶段毛入学率100%。落实义务教育保障资金9.80亿元。新建义务教育阶段合格学校3所。推进义务教育标准化学校建设，新改扩建学校40所，洪塘学校、砂子塘小学第六都校区、莲湖小学等学校和区六幼、七幼等公办幼儿园启用，新增优质学位8200个、园位1200个。

专利申请3828件，同比增加301件；授权专利2399件，同比增加313件；签订技术合同209项；获得国家科技进步奖励1项。实现高新技术产业增加值601.52亿元，同比增长14.2%。（柳 旻）

【文化体育卫生】 2017年，雨花区艺术表演团体26个；文化馆1个，公共图书馆1个。全年放映农村公益电影678场。档案馆1个，已开放各类档案1.19万卷（件）。拥有各种体育场地16个，体育馆12座，运动场40个，游泳池26个；各种训练房370个。深入推进文明城区建设，开展"欢乐潇湘文艺汇演"等群众文化活动，打造36个地下通道文化墙，建成示范性社区综合文化服务中心5个、全民健身中心1个。开展全民健身项目38项次，全民健身运动参加人数达60万人。

2017年，雨花区医疗卫生机构540个，其中医院、卫生院60个，床位数1776张，同比增加163张；社区卫生服务中心（站）67个，增加2个；卫生防疫、监督检验、妇幼保健机构各1个。卫生技术人员17626人，增加735人，注册护士2264人，增加398人。以砂子塘、燕子岭、桂花树小学为示范，加快推动“儿童友好型城市”建设。大力推进基层医疗机构标准化建设，全市率先建成高标准公卫大楼并投入使用，全国健康促进区创建通过验收。率先探索“邻家照护＋邻家在线”、医养结合等养老服务新模式。（柳　旻）

【环境保护】　2017年，雨花区有东塘、左家塘、雨花亭3个环境噪声达标区，总面积为28平方千米；烟尘控制区5个，面积47.60平方千米；工业项目环保“三同时”执行合格率100%，工业固体废物综合利用率100%；城市生活垃圾无害化处理率100%。全年空气质量良好以上天数为266天，空气质量达标率73.5%；地表水质达标率100%；总体水质满足Ⅲ类、Ⅳ类、Ⅴ类标准的断面比例各33.3%。森林资源蓄积量增长率4.2%；农村垃圾集中处理率95%；农村生活污水处理率52%；农村居民安全饮水率100%；行政村客运班线通达率100%。公园绿地面积337.02万平方米，同比增长18.8%。（柳　旻）

【安全生产】　2017年，雨花区安全生产事故3起，同比下降82.4%；安全生产事故死亡3人；亿元GDP生产安全事故死亡人数0.0024人；道路交通事故113起，同比下降1.7%。（柳　旻）

【人民生活】　2017年，雨花区城镇居民人均可支配收入50327元，同比增长8.4%。其中工资性收入25616元；经营净收入8377元；财产净收入4214元；转移净收入12120元。城镇居民人均消费支出42473元。在城镇居民消费分类中，食品烟酒消费9650元，占比22.72%；衣着消费2494元，占比5.87%；居住消费8145元，占比19.18%；生活用品及服务消费5953元，占比14.01%；交通通信消费4258元，占比10.03%；教育文化娱乐服务消费7916元，占比18.64%；医疗保健消费3192元，占比7.52%；其他用品和服务消费864元，占比2.03%。城镇住户年末每百户家庭拥有家用汽车54.95辆，家用电脑110.38台，接入互联网的计算机109.09台。人均自有住房面积40.10平方米。（柳　旻）

【社会保障】　2017年年末，雨花区城镇登记失业率为2.5%，同比下降3.1%；实现失业人员再就业6500人；全年新增就业人员1.58万人，其中城镇新增就业人员1.52万人。按区级口径计算，年末城镇基本养老保险参保人数为14.22万人，其中在岗职工参保人数12.41万人，退休人员参保人数1.81万人；参加工伤保险职工人数为11.56万人；参加失业保险职工人数为10.07万人；参加生育保险职工人数为10.67万人。

全区各类收养性社会福利单位收养人员885人，增加335人；床位数1260张，增加399张。养老服务示范点新增床位数66张。城镇各种社区服务设施1014个，其中综合性社区服务中心9个。筹集社会福利资金419.9万元，直接接受社会捐赠799万元，发放救灾救济款261.27万元。全年发放城镇居民最低生活保障经费2081.92万元，城镇居民得到政府最低生活保障人数为4097人；发放农村居民最低生活保障经费1015.18万元，农村居民得到政府最低生活保障人数为1853人。农村低保覆盖率100%。全区棚户区改造2120套。统筹推进困难居民医疗救助、城乡低保救助，社会救助标准化项目成为全国示范。启动雨花市民之家建设，推进退役军人服务中心建设。（柳　旻）

【城市品位】　2017年，雨花区以项目为支撑，围绕产业链建设精准发力，引进各类项目351个，爱奇艺、西南证券、毕马威、上海二十冶等一批优质企业落户雨花。154个重点产业项目进展顺利，比亚迪电动卡车及特种车、晓光新能源汽车车身装备及零部件智能制造工厂陆续投产；引进大族激光、创研智能等30余家智能制造企业，合作完成长泰机器人收购，10余个机器人孵化项目进展顺利，园区机器人企业达150余家；推进军民融合，航天十三所先进光机电技术创新中心投入运营。20个国家级现代服务业项目综合试点全面收官，商务楼宇去库存31.58万平方米，普洛斯、宝湾等电商物流项目加快建设。红星全球农产品批发中心一期主体完工；成功举办第十九届农博会，首设“袁隆平农业博览奖”。

2017年，雨花区融入发展大局，重点片区开发取得实质进展。高铁片区完成47个项目拆迁清零、腾地422.07公顷（6331亩），京港澳高速东西辅道、核心片区17号地等一批重点项目实现交地，潭阳洲园博园主会场200公顷（3000亩）提前四个月完成拆迁。红星片区与华润集团达成战略合作，投资500亿元实施城市更新，打造全市城市双修试点示范片区。引入德国汉诺威水协，推进圭塘河全域系统治理和海绵城市建设，总规编制基本完成，井塘示范公园建设顺利启动，生态引水工程实现通水，黑臭水体治理经验在全省推介。雅塘片区完成湘民制药厂、白云电器厂、鼓风机厂等棚改项目征收，加快洞井路、曙光路、中城苑等重点项目建设。与中国建筑签订框架协议，投资500亿元保护跳马生态绿心、发展全域旅游，规划修编、项目策划、矿坑整治、大堤修复等工作顺利推进。持续打造智慧城市、海绵城市、宜居城市。积极服务地铁、湘府路快速化改造及地下综合管廊等省、市重点工程建设。万芙路、山塘路、新缘路等10条市政道路建成通车，实施韶山路、长沙大道、芙蓉路、香樟路“六位一体”提质改造，完成树木岭路、太和园路、果茶巷等21条支路街巷提质改造，新修农村公路50千米。完成国有土地项目征收14个；94个集体土地项目结算交地，腾地740公顷（1.1万余亩）。鄱阳、牛头、合丰等城中村改造扎实推进。理顺城市管理体制机制，全面推行网格化管理，雨花经验在全市推广。持续开展户外广告招牌整治、扬尘污染防控、围挡标准化等专项行动，率先开展绿色夜市创建活动。切实加强生态环境保护，全力配合中央环保督察，229个交办问题全部整改到位。强力开展“清霾”“碧水”“静音”“净土”行动，黑臭水体整治、4418台黄标车淘汰等任务全面完成。建成环城绿带雨花段，完成圭塘河风光带二期、浏阳河段、经开区段、湘府段建设，新建燕子岭、赤岗等7个公园、游园，全年新增绿地80公顷。深入推进跳马美丽乡村建设。桃花苑、川河苑等保障性住房基本建成，太和园、黎锦苑等完成提质，全年安置被征地农民2173人。完成房产处遗4565户。完成50个社区全面提质提档，打造井巷、浦沅等一批示范社区。建成自行车道44千米、步行道41千米，改造港湾式公交站18个，开通跳马镇公交线路4条。建设服务业重点项目（楼宇），创建现代服务业示范集聚区。20个国家级现代服务业综合试点项目全面收官，育成“互联网+”物流园等9个服务业重点项目，打造顺天国际金融中心等现代服务业示范楼宇13栋，长沙德思勤商务区获批湖南省服务业示范集聚区。积极创建国家食品安全示范城市，完成明厨亮灶工程580余个。大力开展非法物流、交通运输、危化物品等安全生产专项整治，扎实抓好信访维稳、治安防控等工作，建立区交通管理指挥中心，推行110非警务事项分流处理机制。

（柳　旻）

【深化改革】　2017年，雨花区纵深推进9大类35项85小项改革事项，攻坚15个重点改革项目。推动长沙市第五轮简政放权、工业30条、人才新政22条、科技创新“1+4”、开放型经济“2+4”等改革政策落地见效，全市率先设立工业、人才服务窗口，首推企业组团服务。加速推进“放管服”改革，高效承接落实市级下放的58项经济管理权限，同步下放7项权限到雨花经开区，动态调整区本级权力清单88项，优化政务服务事项目录562项，推进园区财税体制改革。稳步推进城区街道管理体制改革，积极推进基层治理网格化，砂子塘、东塘、火车南站地区试点取得成效。出台《智慧雨花建设三年行动计划（2017—2019）》，启动智慧政务建设。推行高铁站区综合治理联勤联动，火车南站地区综管办获“全国社会治安综合治理先进集体”称号。落实“河长制”要求，在圭塘河率先实施“一河一策”，首创“政府河长+民间河长”双河长体系。扎实推进住宅小区物业管理改革，加快“三供一业”分离移交。深入推进全国居家和社区养老服务试点。探

索开展农村集体产权制度改革全国试点。（柳　旻）

精神文明建设

【品质雨花建设】　2017年，雨花区打造具有浓郁地方特色的区域品牌形象，提出“开放雨花，梦想直达”雨花区域品牌形象宣传口号，推出雨花LOGO、H5页、VI系统、核心区域精准宣传等“七位一体”社会宣传，逐一展现雨花区的独特魅力，制作“好人事迹展示墙”，大力宣传全区各类“好人”“模范”等典型，营造学习、崇尚、争当先进的良好氛围。（柳美丽）

【文明创建】　2017年，雨花区认真研究《新版全国文明城市测评体系》，组织干部群众积极参与文明创建，做到“氛围好、工作新、参与广”。承办省、市级活动110余次，中国文明网要闻报道26次。发表经验文章16篇。发放《雨花市民文明手册》1万余份；建成文化志愿服务团队6支120人。开展喜迎十九大文明创建“四保十看四查”“文明从排队礼让开始”主题市民素质等专项整治行动，劝导“不文明行为”8325人次。注重亮点打造，组织创作社会主义核心价值观原创歌曲《歌唱社会主义核心价值观》，广泛开展歌曲“四进”活动。汇编《深化创建更高水准全国文明城市重点阵地创建标准》和《深化创建更高水准全国文明城市督查要点》两本便于随身携带的“口袋书”，确保全区干部对创建标准更方便查找、更熟练掌握。国检期间，区委、区政府主要领导率先垂范，抓调度、抓督查、抓落实。专门成立文明创建迎检指挥部，坚持每天一调度，确保问题及时解决，工作有序推进。迎检期间，实行工作人员轮班制，确保24小时值守，做到领导联点到位、人员铺排到位、排查整改到位、责任落实到位，完成国检任务，为保住长沙文明城市招牌贡献雨花力量。（柳美丽）

【志愿服务活动】　2017年，雨花区开展“文明从排队礼让开始，城市因你而美丽”等市民素质提升活动1000余次，聘请全国岗位学雷锋标兵刘映先、全国道德模范提名奖孟繁英等6位先进典型为区第一批文明志愿监督员。建立雨花区志愿服务培训基地，打造排队礼让示范点57个、文化设施学雷锋志愿服务工作站6个，完善学雷锋志愿服务站近400个，建立区级志愿服务培训人员师资库，将10名专业教师纳入师资库，建立以服务时间和服务质量为主要内容的志愿者星级评定制度。推介“全国岗位学雷锋标兵”刘映先、“中国好人”刘国兴、游端霞，培育“湖南好人”6名，省级优秀志愿者3名，省级最美志愿服务项目1个，省级最美志愿服务组织2个，省级最美志愿服务社区1个，并对全区近年来获评的“中国好人”“全国美德少年”、优秀志愿者的人物事迹进行汇总，在东塘商圈等城区5处人流量大的地方制作安装“榜样的力量——雨花先进人物事迹展”。（柳美丽）

【未成年人工作】　2017年，雨花区在全区149个社区建立社区家庭教育辅导站、社区未成年人心理健康辅导站，构建区、街、社区（学校）三级心理辅导体系，实现未成年人心理健康教育网络化和全覆盖。打造生命教育的区域特色，承办湖南省2017年度“珍爱生命·快乐成长”主题教育活动，构建长塘里小学德育“云”平台、稻田中学家长学校等立体化生命教育网络，形成校内校外、线上线下相融合，教师、学生、家长、社区、社会爱心人士“五位一体”的教育格局。举办雨花区首届文明家庭颁奖典礼，表彰文明家庭20户，并成功推介“全国最美家庭”刘娟娟家庭。（柳美丽）

【高铁南站春运启动仪式】　2017年1月13日，湖南省“和谐号”高铁志愿服务联盟活动暨长沙市雨花区高铁南站春运启动仪式举行。该次活动由省文明办、团省委、省志工办主办，市文明办、团市委、区文明委承办。市委常委、市委宣传部部长黎春秋参加启动仪式。活动现场，省、市相关领导为“和谐号”高铁志愿者联盟的志愿服务代表队伍授旗，发放慰问物资，并鼓励大家发扬志愿服务精神。参加活动的领导共同宣布2017湖南省“和谐号”高铁志愿服务联盟活动启动。活动现场将旅客的受助感言以字幕的形式在屏幕上进行滚动播放。长沙南站八个重要区域专门设立志愿服务岗，多名志愿者采取流动巡逻的方式为游客提供问询服务。

（柳美丽）

2017年1月13日，高铁南站春运启动仪式 （郑瑞雅／提供）

【雨花区社会主义核心价值观“四进”活动】2017年5月17日，雨花区启动社会主义核心价值观进社区、进学校、进企业、进机关组织“四进”活动。现场，《歌唱社会主义核心价值观》唱响社会主义核心价值观的主旋律。该次发布的歌曲《歌唱社会主义核心价值观》由区文明委组织创作，歌曲主题鲜明、内涵深刻、歌词简洁，是雨花区培育和践行社会主义核心价值观的一个创新性举措。歌曲分为小组合唱和广场舞表演两个版本。现场，雨花区各社区、学校、企业和机关组织的文化志愿者们表演《歌唱社会主义核心价值观》歌曲样板小组唱、大合唱以及广场舞，全国美德少年唐荟、全国五一劳动奖章获得者龙凤舞等表演社会主义核心价值观样板歌曲串唱。6月28日，“歌唱社会主义核心价值观，我们有信仰”广场舞决赛在长沙实验剧场举行。比赛现场，从全区149个社区（筹委会）、村，30所中小学校，14家企业及57个区直机关部门中海选评出的16支代表队在《歌唱社会主义核心价值观》的旋律下表演自行编排的广场舞。

（柳美丽）

【“纪念抗战胜利72周年——爱国爱家，与爱同行”亲子活动】2017年9月3日，在阿拉善SEE湖南项目中心、区文明办、区环保局的指导下，由雨花城投、圭塘街道党工委、圭塘街道办事处主办，雨花区益友公益促进会、长沙市善飞大自然航拍发展中心、圭塘河岸·悠游小镇、圭塘街道泰安社区协办联合举行“纪念抗战胜利72周年——爱国爱家，与爱同行”亲子活动。全国知名青年演员、湖南省致公党委员、益友会创始者会员文祥到活动现场，与大家进行互动；中国最大的企业家环保组织阿拉善SEE湖南中心副主席、湖南童妍摄影公司董事长张谊全程参与活动。报名参加此次活动的有枫树山南屏锦源小学、树木岭小学、五一小学、石燕湖小学绿伞志愿服务队的孩子和家长们，此次活动分为15个小组，参与人员共180余人，以组为单位，通过竞赛的方式评选出优胜队伍。活动一开始，孩子们和家长们在雨花城投雨花广场共同观看爱国主义宣传片，增强民族自尊心、自信心和自豪感。通过活动中挑战关卡“背诵诫子书”“你是我的眼”亲子互动游戏提升孩子们的团结、有爱、感恩、合作精神，加强孩子和父母之间的亲子情感互动。

（柳美丽）

2017年9月3日，“纪念抗战胜利72周年——爱国爱家 与爱同行”亲子活动 （区新闻中心／提供）

【湖南未成年人主题教育活动在雨花区举行】2017年12月1日，湖南“珍爱生命快乐成长”2017年未成年人主题教育活动在雨花区东南湾小学举行。该活动由省文明办、省教育厅、省妇联主办，市文明办、市教育局、市妇联、区文明委等单位承办。省委宣传部副部长、省文明办主任刘进能，省教育厅党组成员、副厅长王玉清，省妇联党组成员、副主席张媛媛，省文明办副主任熊科文，市委宣传部副部长赵柏林，市委宣传部副部长、文明办主任郭润葵，区委书记、区文明委主任张敏，区委常委、区委宣传部部长余宏卿等参加活动。刘进能呼吁各界高度重视系统科学的生命安全和健康教育，帮助广大青少年认识生命、尊重生命、热爱生命、珍惜生命，促进学生身心健康发展。活动中，雨花区心辅中心、红星二小、雅礼雨花中学等，分别用不同的形式，展现生命的价值和对生活的热爱。活动现场，开展“省市心理健康教育示范校”结对帮扶。枫树山小学、雅礼雨花中学、枫树山南屏锦园小学、枫树山大桥小学、明德雨花实验中学5所省、市心理健康教育示范校，分别与长沙市一中新华都学校、砂子塘东澜湾小学、雅境中学、雅塘村小学、金屏小学、邵阳市黄塘中学等6所市、区心理健康教育示范校申报校结成对子。这些学校将在心理健康教育领域携手共进，深化交流，定期开展双方互动的课堂教学听课、心理咨询个案研讨、心理活动组织实施等活动。（柳美丽）

组织机构及负责人名录

·中共雨花区委员会·

书　记　张　敏
副书记　刘素月（女）
　　　　陈永高
常　委　王清政
　　　　龚　畅
　　　　王维宁
　　　　邹春林
　　　　宋尊德（7月免）
　　　　郭四军
　　　　余宏卿
　　　　周海毅
　　　　成　钢
　　　　王彦锋（挂职）（8月任）

·雨花区人大常委会·

主　任　龚景顺
副主任　谢爱龙
　　　　杨　平（女）
　　　　杨仕斌
　　　　叶　松（女）
　　　　李劲松

·雨花区人民政府·

区　长　刘素月（女）
副区长　邹春林
　　　　王彦锋（8月任）
　　　　黄健元
　　　　陈怀宇
　　　　王明玖
　　　　张良欣
　　　　刘江红
　　　　易静（女）

·政协长沙市雨花区委员会·

党组书记、主席　冯聪龙
副书记、副主席　康长萍（女）
党组成员、副主席　彭可佳
副主席　周凌云（女）
　　　　廖云伟
　　　　罗艳辉（女）
党组成员、秘书长　彭谱诚

·雨花区人民武装部·

部　长　宋尊德
政　委　罗永垂（5月免）
副部长　温利锋

·中共雨花区纪委（区监察局、委）·

书　记　王清政
副书记　谢国富
　　　　许耀明
纪委常委　张建平
　　　　谢新德
　　　　张　磊
　　　　傅丹成（女）
　　　　张　浩（12月免）
　　　　刘双果（女，4月免）
区监察委员会主任　王清政（12月任）
监察委员会副主任　谢国富（12月任）
　　　　许耀明（12月任）
监察委员会委员　张　磊（12月任）
　　　　傅丹成（女，12月任）
　　　　宁　毅（12月任）
　　　　王　勇（12月任）
区监察局局长　谢国富（12月免）
监察局副局长　杨胜艳（女，12月免）
　　　　刘双果（女，4月免）
信访室主任　黄　坚（9月任）
第一纪检监察室主任　肖上峰（12月免）
　　　　刘诺奇（12月任）

·长沙雨花经济开发区·

工委书记　郭四军
副书记、管委会主任　李国军
副书记、纪工委书记　洪　健（援藏）
委员、管委会副主任　邓　波
　　　　熊建良
委员、工会联合会主席　傅建辉
委员、纪工委书记　姜泽红（11月任）
委员、纪检监察室主任　李逾之
委员、同升街道工委书记　张　建（兼）
委员、规划建设局局长　刘　庄（女）
办公室主任　莫　伟
招商合作局局长　余　忠
经济发展局局长　袁海军（12月免）
工务局局长　廖昌规
　　　　宁　丽（12月任）
社会事务局局长　杜　江
企业党委专职副书记　张蛟龙（12月任）

·区委党校（行政学校）·

校　长　陈永高
常务副校长　周　敏（女）
副校长　李富山
　　　　毛玉生
　　　　张兴义
　　　　龚剑新（兼）
教研室主任　龚剑新
办公室主任　蒋　平

·长沙火车南站地区综合管理办公室·

党工委书记、主　任　吴平辉
党工委委员、副主任　肖建璋
　　　　刘非平（兼）(6月免副主任）
　　　　蒲新林（3月免工委委员，6月免副主任）
副主任　夏晓波（6月任）
党工委委员、纪工委书记　刘非平（3月免）
　　　　游　伟（3月任）
综合管理部部长　赵　灿（女）
社会事务部部长　夏晓波（6月免）
　　　　李朝晖（6月任）
执法协调部部长　邓文欢（6月任）

综合管理部副部长　范年慧
社会事务部副部长　邓文欢（6月免）
袁　首（女，6月任）
执法协调部副部长　王庭松（12月免）
陈建军（12月任）

·区委工作机构·

区委办公室

主　任　周海毅
第一副主任　王　朋（女，12月免）
常务副主任　段灿军（12月免）
胡　开（12月任）
副主任　言自平（兼）
钟　波（兼）
黄春艳（兼）（女）
周智婷（兼）（女，3月免）
胡　开（兼）（3–12月任）
杨　平（女，12月任）
谢冬波（3月任）
夏　杨（兼）
纪委驻区委办纪检组长　杨　平（女，9月免）
胡永谦（9月任）

区委组织部

部　长　龚　畅
常务副部长　张新卫（常务）（9月免）
苏　波（9月任）
副部长　吴　岚（兼）（女，3月免）
刘　虎（兼）（3月–12月任）
刘　虎（12月任）
喻思旭（兼）（女，12月任）
章　波（兼）（女，12月免）
蒋多利（兼）（女，12月任）
罗　玲（兼）（女，12月免）
李杏仁（兼）（女，12月任）
纪委驻组织部纪检组长　李　芳（女，9月任）

区委非公有制经济组织和社会组织工作委员会

书　记　张新卫（12月免）
刘　虎（12月任）
副书记　李　芳（女，9月免）
黄金山（兼）（9月任）
程　缅（兼）（9月任）
尹江华（兼）（9月任）
徐　端（12月任）

区基层党建工作领导小组办公室

主　任　张新卫（9月免）
刘　虎（9月任）

区绩效考核工作办公室

主　任　吴　岚（女）（3月免）
刘　虎（3月任）（12月免）
喻思旭（女）（12月任）
副主任　徐　安（女）

区委宣传部

部　长　余宏卿
常务副部长　陈　智（12月免）
李绍萍（女，12月任）
副部长　李绍萍（女，12月免）
戴江南（女，5月任）（兼）
纪委派驻纪检组长　黄够多（9月任）
文明办主任　戴江南（女）
文明办副主任　玲玲（女，3月免）
常　晖（3月任）
新闻中心主任　苏继纯
文化产业发展办主任　彭　畅（女）
未成办主任　别必雄

区委统战部

部　长　成　钢
副部长　邹开其（常务，12月免）
程　缅
驻统战部纪检组长　胡永谦（9月免）
区台办主任　唐荣欢（女）
党外人士服务中心主任　李登高（11月任）

区委政法委员会

书　记　王维宁

副书记　王恩铣（常务）
陈大勇
潘　武（兼）

纪委驻机关纪检组长　潘　武（9月免）
段　萍（女，9月任）

防范办主任　陈大勇

防范办副主任　陈海军（12月免）
周　晨

综治办主任　王　强

综治办副主任　徐国武
李练红

维稳办主任　潘　武

维稳办副主任　黄建文

区直机关工委

书　记　罗凤良（12月免）
王　坤（女，12月任）

副书记　王　石
黄文钦
袁海军（12月免）

纪委书记　刘铁山

区机构编制委员会办公室

主　任　李杏仁（女，12月免）
章　波（女，12月任）

副主任　黄　超
冯　粤（女，3月免）
蒲新林（3—9月任）

事登局局长　黄　庆（女，3月免）
张俊飞（3月任）

实名制信息中心主任　邹希敏（女，3月任）

区委老干部局

局　长　章　波（女，12月免）
蒋多利（女，12月任）

副局长　徐科华
黄吉祥（12月免）
李　奕（女，12月任）

活动中心主任　戴明艳（女，12月免）
李玉琴（女，12月任）

区信访局

党组书记、局长　言自平

副书记、副局长　黄　乐（8月免）

党组成员、副局长　张贻俊
张　良
张光祥（12月免）

党组成员　黄　乐
张　奎

副局长　宁资国

区史志档案局

党组书记、局长　夏　杨

副书记、副局长　周红雨（女）

副局长　尹亿民

·区人大工作机构·

区人大法制委员会

主　任　刘松山

区人大财政经济工作委员会

主　任　仇　莹

区人大常委会办公室

主　任　朱映凯

副主任　贺　耀
王赞谊（女）

机关纪检组长　李晓梅（女，12月免）

区人大常委会内务司法工作委员会

主　任　刘松山

副主任　陈　伟（女）

区人大常委会教育科技文化卫生工作委员会

主　任　刘素娟（女）

区人大常委会农业农村工作委员会

主　任　何小林

区人大常委会城乡建设环境保护工作委员会

主　任　邓自新（9月免）
邹开其（12月任）

区人大常委会选举任免联络工作委员会

主　任　郭彤莉（女）

副主任　朱海波（12月免）

李晓梅（女，12月任）

·区政府工作机构·

办公室

主　任　刘昌军

副主任　李　文

姚正清（3—11月任）

张辉煌（兼）

朱江梅（兼）（女）

彭　灿（女）

胡　开（3月免）

罗　闽（4月免）

杨万敏（任职时间）

王铁龙

钟　波

周洪灵（兼）

熊　灿（3月任）

杨　胜

陈建良（兼）（12月免）

纪检组长　梨　薇（女，9月免）

纪委派驻纪检组长　梨　薇（女，9月任）

区发展和改革局（物价局）

党组书记、局长　贺　芳（女）

副书记、副局长　黄　杰

罗龙忠

党组成员、纪检组长　郭　勇（9月免）

纪委派驻纪检组长　廖丽莉（女，9月任）

党组成员、总经济师　周舞云（女，4月任）

副局长　李文昭（挂职）（6月免）

党组成员　周秋国

两型办副主任　谢　斌（12月免）

区教育局

党委书记、局长　王青春（12月免）

张新卫（12月任）

副书记、副局长　李长青

许慧芝（女）

委员、主任督学　朱紫彪（女）

委员、副局长　谢述飞（9月任）

委员、纪委书记　李宏伟（12月免）

委　员　李宏伟（12月任）

区科学技术局（知识产权局）

党组书记、局长　张蛟龙（12月免）

易光明（12月任）

副书记、副局长　周德平（9月任）

副局长　黄小元

李江涛（1月任）

余　伍（女）

区城乡建设局

党委书记、局长　张学军

副书记、副局长　吴军红

副局长　罗艳辉（女，6月免）

李健球（6—11月任）

张忠顺（12月任）

党委委员、副局长　黎顺利（女，6月任）

党委委员、纪委书记　罗　能（9月免）

党委委员　李健球（9月免）

罗　能（12月任）

纪委派驻纪检组长　陈　超（9月任）

党委委员、总工程师　孔建军

区建筑工程质量安全监督站站长　湛　滨

区城乡建设执法监察大队大队长

李德祥（6月免）

谢志强（6月任）

区物业维修资金管理中心主任

王　冰（6月任）

区民政局

党组书记、局长　尹江华

副书记、副局长　汤　勇

罗　玲（兼）（女，12月免）

区政府督办员　李应强

党组成员、副局长　周果平

刘非平（3-10月任）

副局长　余铁光

佘宗龙（6月免）

欧阳伟军（12月任）

党组成员　欧阳伟军
区纪委第二巡视组副组长　刘非平（3月任）
纪检组长　段　萍（女，9月免）
社会救助局局长　罗　玲（女，12月免）
　　黎岳林（12月任）
区生活无着人员救助管理站站长　李玲（女）

区司法局

党组书记、局长　梁云伟
副书记、副局长　杨　涟（女）
副局长　姚万军
党组成员、副局长　吴振明
党组成员　贺立云
纪检组长　贺立云（12月免）

区财政局

党组书记、局长　周　宏
副书记、副局长　喻小健
副局长　陈　清（兼）（女）
　　张孟晗
　　方金莲（女）
　　张　柱
纪检组长　文艺明（9月免）
党组成员　文艺明（12月任）
纪委派驻纪检组长　郭　勇（9月任）
区财政评审中心主任　黄　华
国库管理局局长　刘勇志
非税收入管理局局长　游　斌

区人力资源和社会保障局

党组书记、局长　罗　玲（女，12月免）
　　李杏仁（女，12月任）
副书记、副局长　李金国
党组成员、副局长　颜怀亮
　　陈　敏（女，12月免）
　　周　亮（女，12月任）
纪检组长　陈　超（9月免）
党组成员、社保中心主任　肖跃武
党组成员　彭　彬（女，12月任）

环境保护局

党组书记、局长　钟智宏
副书记、副局长　蒋朝东
纪检组长　刘佩良（12月免）
副局长　刘佩良
　　王　强
　　周吉成
党组成员　邓光明

区商务和旅游局

党组书记、局长　舒　畅（女）
副书记、副局长　李泽友
　　刘黎黎（女，3月免）
副书记、纪检组长　刘黎黎（女，3—12月任）
党组成员、纪检组长　周　彬（3月免）
党组成员、副局长　周　彬（3月任）
　　陈　敏（女，12月任）
副局长　宁　丽（女，12月免）
　　易　蓓（挂职）
　　李　奕（挂职）

区文化体育新闻出版局

局　长　王　琳（女）
党组书记、副局长　赵振平（4月免）
　　程　献（4月任）
副书记、副局长　刘望峰（女）
副局长　邓　波
纪检组长　陈　珊（12月免）
党组成员　陈　珊

区文化市场综合执法局

局　长　邓　波

区卫生和计划生育局

党委书记、局长　周宏伟（女）
副书记、副局长　龚文波
纪检书记　陈琳波（女）（3月免）
　　黄够多（3—9月任）
副局长　陈　军（兼）
　　陈云清
　　武振刚
　　李春云（女）
　　罗　宁（女）
　　陈泽香

张丽娜（女）
陈　谨（兼）
党委委员　龚尚武（12 月免）

区审计局

党组书记、局长　罗春晖
副书记、副局长　吴海林
曾振环
党组成员、副局长　周　群（女）
党组成员、纪检组长　廖丽莉（9 月免）
党组成员、政府投资审计中心主任
史　良（6 月免）
政府投资审计中心主任　蔡　栋（6 月任）

区农业林业水利局（区委农村工作办公室）

局　长　莫志刚
党组书记、副局长　谢伍良（12 月免）
陈　智（12 月任）
纪检组长　王义文（12 月免）
党组成员、副局长　周　文（女）
王义文（12 月免）（兼）
石　浩（4 月任）
副局长　唐术江（4 月免）
伍　勇
党组成员、总工程师　刘　群（女）

区食品药品监督管理局（区食品安全管理办公室）

党组书记、局长　韩　哲
副书记、副局长　王　强
纪检组长　张海清（12 月免）
党组成员　张海清
党组成员、副局长　宋　明
邱晓峰
李海舟
党组成员　陈晓东
副局长　李志忠
党组成员、稽查大队大队长　陈　朔（6 月免）
肖佐邦（6 月任）

区城市管理和行政执法局

党委书记、局长　石远康
副书记 副局长　王广安（12 月免）
张　勇
石　华
副书记　喻鹏飞（兼）
委员、副局长　刘中华（6 月免）
易恒良（3 月任）
委员、纪委书记　易恒良（3 月免）
刘中华（3—9 月任）
纪委派驻纪检组组长　刘中华（9 月任）
副局长　高志勇（6 月免）
周祖辉

区城管执法大队

大队长　石远康
教导员　喻鹏飞（3 月任）
常务副大队长　喻鹏飞（6 月免）
周新元（6 月任）
副大队长　周新元（6 月免）
夏勇文（6 月免）
季正章
姜胜才
王衡初
党委委员　陶建华
徐　浪
田　莺（女）
张　靖（女，3 月任）
季正章（12 月免）

区政府法制办公室

主　任　朱江梅（女）
副主任　黄修海（6 月免）
周子贤（6 月任）

区经济和信息化局

党委书记、局长　易方顿
副书记、副局长　魏　然
纪委书记　喻向东（12 月免）
党委委员　喻向东
副局长　吴海平
廖　莎（女）

区交通运输局

党组书记、副局长　　陈春华（女）
副书记、局长　　刘诺奇（12 月免）
　　　　　　　　赵正坤（12 月任）
副书记、副局长　　李健球（6 月免）
副局长　　张忠顺（12 月免）
　　　　　谭　波（女）
　　　　　罗　宇（女）
　　　　　许用方（女，4 月任）
　　　　　赵　迪（12 月任）

区统计局

党组书记、局长　　刘　波（女，11 月任）
党组书记、副局长　　李先桃（11 月免）
副书记、局长　　刘波（女，10 月免）
党组成员 副局长　　钱永刚
　　　　　　　　　韩彬彬
副局长　　朱　慧（女）
普查中心主任　　吕　伟

区民族宗教和外事侨务局

党组书记、副局长　　谢　锋
副书记、局长　　姚正清（3 月免）
　　　　　　　　冯　粤（女，4 月任）
党组成员、副局长　　刘　霞（女）

区安全生产监督管理局（安全生产委员会办公室）

党组书记、局长　　刘　归
副书记、副局长　　王映东
党组成员、副局长　　周克难
　　　　　　　　　　刘　伟
　　　　　　　　　　杨绍炎
　　　　　　　　　　杨飞宇（女）
　　　　　喻海奎
纪检组长　　杨飞宇（女，12 月免）
党组成员　　刘建新
副局长　　杨自强
　　　　　刘志伟（1 月任）

区人防办

党组书记、主任　　刘硕平（12 月免）
　　　　　　　　　彭劲宇（12 月任）
副书记、副主任　　周小英（女）
　　　　　　　　　黄国富
党组成员、纪检组长　　匡平洋（12 月免）

区住房保障局

党委书记、副局长　　黄意平（12 月免）
　　　　　　　　　　李伟才（12 月任）
副书记、局长　　李　悦（女）
副局长　　付光雄
　　　　　何　军
　　　　　周　亮（女，12 月免）
　　　　　刘真烝（女，12 月任）
党委委员　　赵文武

区政务服务中心

党组书记、主任　　李建华
副书记 、副主任　　吴敌之
　　　　　　　　　易　强（2 月任）
纪检组长　　袁鸿斌（9 月免）
副主任　　袁鸿斌
　　　　　杨　军（2 月免）

区工务局

党组书记、副局长　　李　博
副书记、局长　　易光明（12 月免）
　　　　　　　　黄练文（12 月任）
党组成员、纪检组长　　王　扬（女，12 月免）
党组成员、副局长　　王　扬（女，12 月任）
　　　　　　　　　　胡祥松
副局长　　李清红（女）
　　　　　邓　卓（12 月任）
　　　　　黎春风（女）
　　　　　雷灵军（12 月免）
　　　　　张达唯
总会计师　　缪卉芬（7 月任）
总工程师　　资　伟（7 月任）

区机关后勤服务中心

党组书记、副主任　　黎岳林（12 月免）
　　　　　　　　　　周佳祥（12 月任）
副书记、主 任　　陈伯华
党组成员、副主任　　钟小平

李普得（3月任）
王玉文
李朝晖（女）
党组成员、纪检组长　刘伟峰（3月免）
政府督办员　邱小定

区物业管理中心（城建投融资中心）

党组书记、副主任　陈　萍（女，3月免）
刘双果（3月任）
副书记、主任　董正军
副书记、副主任　邓　友（女）
彭　晖
纪检组长　李俊龙
副主任　罗红星
马　晖（女）

区征地办公室

主　任　吴海军
党组书记　彭聪颖（女）
党组成员　彭　文
副主任　张希林（4月免）
王　磊（4月免）
刘贤兵（4月任）
蒋福山（4月任）
黄子洋（女，挂职）

长沙雨花现代电子商务物流管委会

党工委书记　李国庆
副书记、主任　黄　超
副书记、副主任　严忠正（12月免）
委员、副主任　方明星
肖建国（12月任）

区城市房屋征收和补偿办公室

党组书记、主任　黎顺利（女，4月免）
罗　闽（4—12月任）
张希林（12月任）
副主任　刘　琨（女）
党组成员、副主任　刘贤兵（4月免）
张希林（4—12月任）
陈　锐（12月任）

区棚户区改造工作办公室

主　任　陈建良（12月免）
黄红军（12月任）
副主任　黄　河
徐建文（12月免）
胡　杨（12月任）
黄子彧（挂职）（女）

区现代服务业发展办公室

主　任　万　多
副主任　谢建姣（女）

区市容环境卫生管理局

党委书记、副局长　刘新辉
局长、党委副书记　黎大强
纪委书记　王　芳（女，3月免）
周　扬（女，4—11月任）
党委委员、副局长　何伟华
赖庆龙
周　扬（女，11月任）
副局长　罗志德

区园林管理局

党委书记、副局长　刘鹏飞
副书记、局长　李　勇
纪委书记　熊　青（女，12月免）
副局长　杜令德
李朝晖（6月免）
唐术江（4月任）
周舞云（女，4月免）
余勇峰
杨　志（4月任）

区市政工程管理局

党委书记、副局长　吴　喆
副书记、局长　陶静湘
副局长　李普得（6月免）
孙三林
宋兴武
周清香（女）
王志爱

李　勇（6 月任）
纪委书记　王志爱（12 月免）

区疾病和预防控制中心

主　任　周建湘
书　记　李中华（女）
副主任　邓　婷（女）
王沙娅（女）
何　韬

区卫生计生综合监督执法局

支部书记　黄够多（3 月免）
陈琳波（女，3 月任）
局　长　黎雪军

妇幼保健所

书记、所长　陈　谨
副所长　张　玲（女）
刘建伟（女）

·政协工作机构·

办公室主任　彭谱诚
群团联络委员会主任　汤艳辉（女）
提案法制委员会主任　邓运娥（女）
人口资源环境委员会主任　谢国文
文化教育卫生体育委员会主任　谢淑贞（女）
经济科技委员会主任　袁　林
驻政协机关纪检组长　侯　莉（女，12 月免）

·长沙市雨花区人民法院·

党组书记、院长　凌　云
副书记、副院长　彭智勇
副院长　梁　平
党组成员、副院长　宋月清（女）
肖述华
纪检组长　钟红梅（女，12 月免）
党组成员　钟红梅（女）
党组成员、执行局局长　黄　森
党组成员、跳马法庭庭长　聂志强
审判委员会专职委员　蒋忠良
张朝晖

·长沙市雨花区人民检察院·

党组书记、检察长　马贤兴
副书记、副检察长　吴正文
党组成员、副检察长　熊　飞（12 月免）
李　勇
曾永清
李　平（挂职）（女，10 月免）
张明秀（女，12 月任）
副检察长　储　硕（女，9 月免）
纪检组长　杨　东（12 月免）
党组成员　杨　东
党组成员、专职委员　姜　农
党组成员、反贪污贿赂局局长
宁　毅（12 月免）
党组成员、反渎职侵权局局长
王　勇（12 月免）

·社会团体·

区总工会

主　席　冯聪龙（11 月免）
杨　平（女，12 月任）
党组书记、副主席　秦勇忠
党组成员、副主席　谭洪波
刘　伟
纪检组长　郭绍炎（12 月免）
党组成员　郭绍炎

区妇女联合会

主　席　郑迎春（女，4 月免）
周智婷（女，4 月任）
副主席　刘　娣（女）

共青团雨花区委员会

书　记　余静雯（女）（4 月任）
副书记　余静雯（女）（3 月免）

钟之兴（4月任）

工商业联合会（总商会）

主　席（会长）　叶　松（女）

党组书记、副主席（副会长）　程　缅

副主席（副会长）　戴　鹰（女）

区残疾人联合会

理事长　张福新

副理事长　张新其（3月免）

肖曙光

蒙正国（4月任）

区归侨侨眷联合会

主　席　邹　霞（女）

副主席　唐　平（女）

科学技术协会

主　席　彭　知（女）

副主席　易海清

·垂直管理单位·

长沙市公安局雨花分局

党委书记、局长　黄健元

副书记、政委　杜　剑

副书记、副局长　汪　琨

委员、副局长　樊正其（6月免）

金志勋

胡正坤（6月免）

祝新喜（6月任）

成劲林（6月任）

陈昌和

周　巍

李振宇

胡逐波

委员、副政委、纪委书记　范　竹

政工室主任　金志勋（兼）

长沙市工商行政管理局雨花分局

党委书记、局长　王金山

副书记、副局长　蒋苏阳

委员、副局长　周雄伟

李小群

委员、纪检书记　蔡建双

长沙市雨花区国家税务局

党组书记、局长　吕雅君

副书记、副局长　李文虎

副局长　张　靖

邓曙光

彭　欣（女）

饶玉华

纪检组长　董　谦（女）

长沙市雨花区地方税务局

党组书记、局长　周　兵

副局长　邓　明

周　歌（女）

冯　斌

纪检组长、副局长　张左文

工会主席　郝　玲（女）

长沙市国土资源局雨花分局

党组书记、副局长　文新平

副书记、局长　雷世良（9月免）

朱　光（9月任）

副书记、副局长　杨凌云

副局长、执法大队队长　黄　宏（1月免）

张立强（1月任）

纪检组长　邓　勇（5月任）

副局长　汤　菁（女）

长沙市城乡规划局雨花区分局

局　长　李定平

支部书记　全学文

副局长　孔　昶

执法大队大队长　刘朝晖

执法大队副大队长　陆　君（女）

长沙市质量技术监督局雨花分局

局　长　杨　忠

副局长　汤正国

段佑长

长沙农商银行雨花支行

总支书记、行长　张中豪（10月免）

张　锴（10月任）

委员、副行长　　邓志刚

杨　军

区交警大队

大队长　　李智文

教导员　　余卫东

副大队长　　邱　波

张　星

李　林

彭星顺

区消防大队

党委书记、教导员　　雷晓军（免职时间）

高　涛（任职时间）

副书记、大队长　　刘立宪

·民主党派·

民革雨花区工委

主　委　　陈　泽

民盟雨花区工委

主　委　　叶　松（女）

民建雨花区工委

主　委　　莫志刚

民进雨花区工委

主　委　　夏晓波

农工党雨花区工委

主　委　　罗发明

致公党雨花区工委

主　委　　易　静（女）

九三学社雨花工委

主　委　　吴海军

·街道（镇）·

雨花亭街道

工委书记　　张杰军

副书记、办事处主任　　黄练文（12月免）

王广安（12月任）

副书记、人大工委主任　　杨　丹

副书记、政协联络处主任、武装部部长　吴　波

副书记　　刘国华（兼）

工委委员、纪工委书记　　刘　娟

工委委员、办事处副主任　　许文智

石　浩（6月免）

工委委员　　彭　伟

李　娜（兼）（女）

王振凯（兼）

办事处副主任　　韦育华（女）

鲁伏华（6月任）

曹永忠

蒋福山（挂职）（6月免）

人大工委副主任　　周　智

高桥街道

工委书记　　尹新国（12月免）

向　星（女，12月任）

副书记、办事处主任　　彭劲宇（12月免）

罗　闽（12月任）

副书记、人大工委主任　　刘曙林

副书记、纪工委书记　　谢冬波（4月免）

李　勇（4月任）

政协联络处主任、武装部部长

周佳祥（12月免）

工委委员、副主任、政协联络处负责人

肖上峰（12月任）

副书记　　肖　朗（兼）

工委委员、副主任　　杨远高

李铁新

彭飞龙（4月任）

办事处副主任　　肖　英（女）（6月免）

钟志良（挂职）

周　剑（女）

邓　卓

副主任、人大工委副主任　黄庆（女，3月任）

左家塘街道

工委书记　　周建雄

副书记、办事处主任　聂文涛
副书记、人大工委主任　喻思旭（女，12月免）
工委委员、人大工委主任　莫正文（12月任）
副书记、政协联络处主任　常　曙
副书记　喻思旭（女，12月任）
邓集林
高文武（兼）
刘洛嘉（挂职）（5月任）
徐建文（12月任）
工委委员、副主任　莫正文（12月免）
工委委员、纪工委书记　王　炯
办事处副主任　蒙正国（4月免）
李德祥（4月任）
李鳗芝（女）
李文昭（4月任）
李玉琴（挂职）（女，12月免）
人大工委副主任　陈丹丹（女）

侯家塘街道

工委书记　向　星（女，12月免）
王青春（12月任）
副书记、办事处主任　刘助斌
副书记、人大工委主任　蒋多利（女，12月免）
工委委员、人大工委主任　喻伯正（12月任）
副书记、政协联络处主任　陈　勇
副书记、纪工委书记　陈燕武
副书记　喻运科
黄　亮（5月任）
工委委员　杨建立
办事处副主任　孙　雷
陈志刚
陈　朔（6月任）
沈　静（女）（挂职）
人大工委副主任　刘　炯（女）

砂子塘街道

工委书记　刘燕妮（女）
办事处主任　陈伟奇
工委委员、人大工委主任　赵正坤（12月免）
朱海波（12月任）
副书记、纪工委书记　黄　蔚（女，4月免）
工委委员、纪工委书记　董玲玲（女，4月任）
工委委员、政协联络处主任　石　斌
副书记　黄红军（12月免）
彭　冰（兼）
工委委员、副主任　丁志勇
黄　磊
吴志坚
办事处副主任　谭　琰
肖佐邦（挂职）（6月免）
人大工委副主任　朱旻芙（女）

东塘街道

工委书记　陈怀柏（12月免）
黄　金（女，12月任）
副书记、办事处主任　黄　金（女，12月免）
陈建良（12月任）
工委委员、人大工委主任　黄利萍（女）
工委委员、政协联络处主任　宁世平
副书记　张　卫（兼）
副书记、纪工委书记　游　伟（3月免）
工委委员、纪工委书记　邹建娇（女，3月任）
工委委员　张　靖（女，3月免）
王　况
办事处副主任　寻伟阳
佘宗龙（4月任）
邹建娇（女，3月免）
刘伟峰（4月任）
赵　华（挂职）（4月免）
匡喜乐（女，4月任）
人大工委副主任　陈　伟

圭塘街道

工委书记　姜泽红（12月免）
肖向东（12月任）
副书记、办事处主任　肖向东（12月免）
刘明生（12月任）
副书记、工委主任　程　献（4月免）
工委委员、人大工委主任　黄　蔚（4月任）
副书记、政协联络处主任、武装部长　昌名林

副书记、纪工委书记　李　勇（4月免）
工委委员、纪工委书记　李应飞（4月任）
工委委员　杨　柳（女）
工委委员、办事处副主任　罗飞跃
办事处副主任　陈　泽
杨　勇
徐建文（4月免）
于新鑫（挂职）（4月免）
彭　可（4月任）
贺丽琴（女）
人大工委副主任　朱红梅（女）

黎托街道

工委书记　王润虎
副书记、办事处主任　刘明生（12月免）
段灿军（12月任）
副书记、人大工委主任　刘　虎（5月免）
胡国强（5月任）
副书记、政协联络处主任、武装部部长
李伟才（12月免）
政协联络工作负责人　邹　鹏（12月任）
副书记、纪工委书记　彭　芬（女）
副书记　胡国强
刘　虎（3月免）
李建军（兼）
工委委员　杨万敏（3月免）
工委委员、办事处副主任　邹　鹏
张光祥（12月任）
办事处副主任　邹轶亮
舒　运
史　良（6月任）
王　磊（6月任）
黄　宇（挂职）
开　拓（挂职）
张文斌（挂职）
人大工委副主任　兰川烨

洞井街道

工委书记　张小军
副书记、办事处主任　宋　电
副书记、人大工委主任　文健雄
副书记、武装部部长　王金柱
副书记、纪工委书记　李　敏（女）
副书记　夏胜卫（兼）
工委委员、政协联络处主任　张　敬
工委委员　张　琳（兼）
万建军
办事处副主任　李应飞（4月免）
张　莹（4月任）
黄　桦（女）
周永浩
张　科（挂职）
王微艳（女）（挂职）
人大工委副主任　周凭姿

井湾子街道

工委书记　肖司昊
副书记、办事处主任　龙峥嵘
工委委员、人大工委主任　陈　昊
副书记、政协联络处主任、武装部部长　李　卫
副书记、纪工委书记　陈　琳（女）
副书记　罗　跃（兼）
王曙光（兼）
工委委员　黄　滔
办事处副主任　杨铁辉
曾　频（女）
刘舜乾
黄　芳（女）
陈　悦（挂职）（12月免）
许　浩（挂职）
人大工委副主任　黄赤松

同升街道

工委书记　张　建
副书记、办事处主任　邓　星
副书记、人大工委主任　曹旭鑫
副书记、政协联络处主任、武装部部长　陈　明
副书记　陈乾坤
黎银波（兼）
副书记、纪工委书记　王红艳（女）

工委委员、办事处副主任　冀治宇

侯　宇

工委委员　王东山（兼）

刘革新（4月任）

办事处副主任　刘革新（4月免）

刘小龙

师　俊（挂职）

王　宇（挂职）（女,4月免）

人大工委副主任　王　宇（女,4月任）

东山街道

工委书记　杨钦涵

副书记、办事处主任　周少敏

工委委员、人大工委主任　喻伯正（12月免）

张　浩（12月任）

工委委员、政协联络处主任　李　继

委员、纪工委书记　刘泳麟（12月免）

杨　文（12月任）

副书记　刘泳麟（12月任）

杨万敏（3—12月任）

工委委员、副主任　杨　文（12月免）

黎　华

王　芳（女，3月任）

办事处副主任　孙俊宗

邓　杰（挂职）（6月免）

人大工委副主任　谭振波

跳马镇

党委书记　谭爱兵

副书记、镇长　刘志平

副书记　王　坤（11月免）

黄杰刚（11月任）

张业武（3月任）

党委委员、人大主席团主席　章志刚（4月免）

陈　萍（女，4月任）

党委委员、政协联络处主任　林中胜

党委委员、纪委书记　黄杰刚（4月免）

党委委员、副镇长　彭飞龙（4月免）

张四平（女）

党委委员　文霄乾

人大主席团副主席　李　奕

副镇长　林中胜

肖　英（女，4月任）

张新良

中共雨花区委员会

重要会议

【区委五届九次全体（扩大）会议】 2017年8月17日，中共长沙市雨花区委五届九次全体（扩大）会议召开。区委副书记、区长刘素月主持会议。区委书记张敏作大会主题报告。会议指出：区委牢固树立“四个意识”，严肃党内政治生活，切实加强自身建设，按照中央和省委、市委的决策部署要求，团结和带领全区广大干部群众，紧扣主题主线，精准施策、攻坚克难，经济社会各项事业保持稳步健康发展的良好态势。在新常态下谋划区域发展，必须科学研判发展形势、认清自身优势、把握发展态势，找准规律，统筹推进，稳步实施，实现突破。宏观层面要把握大势、顺势而为；微观层面要坚定信念、树立信心。下半年工作要以迎接宣传贯彻中共十九大为主线，紧盯目标，扭住重点，促推各项工作再上新台阶，实现新跨越，确保全面超额完成年初制定的各项目标任务；要在项目建设全面提速、产业结构全面提质、城乡环境全面提升、民生保障全面提标、党的建设全面提效等方面实现新突破。

（谭佳林）

【区委五届十二次全体（扩大）会议】 2017年12月15日，中共长沙市雨花区五届十二次全体（扩大）会议召开。会议传达中共十九大精神、湖南省委十一届四次全会精神和长沙市委十三届五次全会精神，盘点全区经济社会发展情况，确定2018年工作的指导思想和预期指标，部署2018年各项重点工作。区委书记张敏指出，2018年，雨花区将坚持“稳中求进”工作总基调，突出“项目大攻坚、管理大提质”工作主题，致力稳增长、调结构、惠民生、促和谐，不忘初心，牢记使命，在财富品质幸福雨花建设征程中再立新功，并力争在项目建设、招商引资、开放创新、城乡融合、品质雨花、文化强区、法治建设、民生普惠等方面谱写新篇章。

（康 韬）

【区委常委会议】 2017年，区委召开常委会议24次。

1月12日，传达全国、全省安全生产电视电话会议精神；审议区委常委会班子民主生活会对照检查材料；研究有关人事工作；听取街镇书记抓基层党建综合测评情况汇报。

2月9日，听取反腐倡廉建设工作有关情况汇报；听取区委经济工作大会相关筹备情况；传达全省组织部长会议精神；审议区委常委班子2016年度民主生活会情况报告和问题整改清单；听取迎接中央环保督查情况汇报。

2月21日，讨论2016年攻坚克难突击队、攻坚克难突击手评选；听取2016年区绩效考核情况汇报。

3月1日，听取党委部门工作汇报；审议《关于表彰2016年度政法工作先进集体和先进个人的决定》以及学习《党政主要负责人履行推进法制建设第一责任人职责规定》《关于在全市各级国家机关中实现“谁执法谁普法”责任制的实施意见》；听取全区村（社区）党组织和村（居）民委员会换届选举工作汇报以及审议《雨花区关于落实2016年度市委主要领导向省委述职基层党建中工作有关问题整改方案》；审议意识形态工作责任制有关制度、党委中心组学习有关制度以及2016年全区精神文明建设、文化产业先进集体和优秀个人。

3月30日，听取全区党风廉政建设和反腐败工作专题汇报；审议《关于进一步压实工作责任的实施意见（试行）》；研究有关人事工作。

5月8日，听取区新媒体中心组建工作情况汇报；研究精准扶贫工作；听取村（社区）换届选举相关工作汇报；审议《关于加强非公有制经济组织和社会组织党的建设工作的实施意见》；研究部署“两学一做”学习教育常态化制度化工作；审议《关于开展“想为、敢为、勤为、善为”团队和干部评选活动的实施方案》；听取2017年市对区绩效考核责任分解及相关情况汇报；传达讨论《中共长沙市委办公厅关于雨花区对长办发电〔2017〕11号文件精神贯彻落实不及时不到位的通报》；研究有关人事工作。

5月23日，听取关于推进全区“两学一做”学习教育常态化制度化工作情况汇报；审议《开展“四提”行动，争当“四为”干部实施方案》；听取区第三届劳动模范评选工作情况汇报；有关人事工作研究。

5月31日，审议2017年区内考核体系；审议《中共长沙市雨花区委全面深化改革领导小组2017年工作要点及责任分工》；审议《雨花区深化城区街道管理体制改革试点工作方案》；审议《雨花区全面推行河长制工作实施方案》；听取雨花区委巡察工作情况汇报。

6月22日，研究经济工作和绩效考核工作；研究全区信访维稳工作；听取区社区提质提档工作情况汇报；研究有关人事工作。

8月1日，传达贯彻落实中央第六环保督察组督察湖南省情况反馈会、市委常委会2017年第26次（扩大）会议有关精神；研究部署文明创建迎检工作；集中观看庆祝中国人民解放军建军90周年大会直播；学习传达市委宣传部有关会议精神暨2017年上半年度全区落实意识形态工作责任制专题汇报；研究安全生产工作；审议《关于落实全面从严治党要求进一步加强区直机关党的建设的实施意见》；研究黎托“7·25”火灾事故后续有关情况。

8月16日，传达学习习近平总书记“7·26”重要讲话精神；传达学习《胡衡华同志在长沙高新区调研座谈会上的讲话》精神；传达湘办发〔2017〕88号文件精神；传达贯彻落实市委常委会2017年第29次（扩大）会议精神：①关于市州领导班子建设工作座谈会精神情况②关于长沙市贯彻落实中央第六环保督察组督查反馈意见整改方案情况；审议区委五届九次全体（扩大）会议报告；听取妇联工作及妇代会换届工作汇报；传达全市宣传部长会议精神、学习《关于规范党员干部网络行为的意见》文件精神；研究干部人事有关工作。

8月26日，通报省委督察组信访工作专项督查情况；通报省对市创建国家食品安全示范城市明查暗访情况；传达长沙科技创新大会精神，加快科技创新政策落地；传达市委、市政府有关拆迁舆情处置工作会议精神；研究全区防范和处理邪教工作；研究区残联第五次换届大会有关工作；研究全区农村土地制度改革有关工作；研究干部人事有关工作。

9月19日，听取全区深化改革工作情况汇报；研究法治雨花建设有关工作；传达学习《关于进一步规范和落实党内报告工作制度的意见》（湘办发〔2017〕40号）文件精神；传达全省城市基层党建工作经验交流座谈会精神，研究全区基层党建工作；研究退役军人服务中心有关事项；听取全区党风廉政建设和反腐败工作情况汇报（区纪委派驻机构改革工作）；听取第19届中国中部（湖南）农博会情况汇报；研究民族宗教工作。

9月22日，传达贯彻全市抗洪救灾总结暨水利建设动员大会精神；听取省人大代表资源摸底情况汇报。

9月25日，学习传达《中共湖南省委办公厅印发〈关于当前我省意识形态领域形势的通报〉的通知》文件精神；研究人事有关工作。

10月12日，传达贯彻市委第十三届五次全会精神；传达贯彻区县（市）领导班子建设座谈会精神；传达贯彻中共十九大特护期信访维稳工作动员部署暨信访积案化解攻坚调度讲评会精神；研究部署十九大特护期信访维稳安全生产等工作；传达贯彻10月9日全省巡视巡察工作电视电话会议精神，听取区首轮巡察工作汇报；研究有关案件情况。

10月29日，研究全区人大工作；研究全区政协工作；研究河长制有关工作；研究有关干部人事政策。

11月1日，研究干部人事有关工作。

11月14日，审议《中共长沙市雨花区委员会关于认真学习宣传贯彻党的十九大精神的实施方案》；审议《区管党费中留存的清理收缴党费使用方案》；听取区工会第四次代表大会情况汇报。

11月24日，学习传达讨论《关于4起领导干部受到“断崖式”处理的通报》（湘纪通〔2017〕27号）文件精神；研究信访积案化解“百日攻坚”有关事项；听取全区深化监察体制改革试点工作情况汇报；听取园区改革创新工作汇报；听取全区社会治理网格化建设工作汇报；听取《雨花区建设“人民满意农贸市场”三年行动计划（2018—2020年）》《雨花区社区菜店建设标准、管理规范及奖励办法》的情况汇报。

11月28日，学习传达省委十一届四次全体会议精神；听取全市学习中共十九大精神暨党委（党组）理论学习中心组秘书研修班学习情况汇报。

12月6日，听取全区脱贫攻坚工作情况汇报；听取郡阳小学外来渣土调查情况汇报；听取全区进一步加强和改进新时期关心下一代工作情况汇报；研究干部人事有关工作。

12月15日，审议区委五届十二次全体（扩大）会议报告；听取关于增补政协常委、政协委员的工作汇报；研究审议《关于加强和改进党委（党组）理论学习中心组学习的实施意见》。

12月21日，审议区五届二次人大会议区政府工作报告和区财政、区环保工作报告；听取区人民政府党组、区人民法院党组、区人民检察院党组工作汇报；研究干部人事有关工作。（李　文）

【区委经济工作会议】 2017年2月15日，区委经济工作会议召开。会上，区委副书记、区长刘素月作经济工作报告，总结2016年经济工作成绩，部署2017年经济工作任务。2016年，雨花区完成地区生产总值1105.7亿元（含长烟，下同），增长7.9%；含中烟达1618.4亿元；跻身全国中小城市综合实力百强区第34位、全省城区第一。财政总收入137.5亿元，增长6%，地方公共财政预算收入58.4亿元，税收占比提高3.3个百分点。2017年雨花区经济工作的总体思路是：以建设财富、品质、幸福雨花为核心目标，以“加快转型提质、彰显实干善为”为工作主题，重点在项目建设、深化改革、优化环境、改善民生上发力，加快打造中部领先、国内一流的现代化强区。区委副书记陈永高宣读《关于2016年度促进区域产业发展政策兑现决定》《关于2016年度服务经济发展工作考评结果的通报》，集中对255家企业（单位）进行2016年度产业政策兑现。区委书记张敏要求，要始终坚持经济工作主体地位不动摇，扭住发展不放松，把握重点不偏移，压实责任不松劲，营造加快发展的蓬勃之势；要进一步优化环境，锤炼过硬作风，为推进经济工作提供坚实保障，要提升能力、强化作风，优化环境、营造氛围，关心企业、把握原则，真正把雨花打造成为企业愿意来、成长好、留得住的发展高地、人才洼地、投资福地；要内强管理、外树形象，做到有信心、有本领、有责任、有底线，打造一支优秀的企业家队伍。（李　文）

【区委工作务虚会】 2017年12月14日，区委2018年工作务虚会召开。区委副书记、区长刘素月主持会议。围绕区委部署的事关全区发展大局的重点课题，调研课题组牵头领导就产业发展、招商引资、文明创建等做主题发言。刘素月表示，雨花区工作要紧紧围绕“以人民为中心的发展思想”，重点抓好园区、片区、社区三“区”建设，大力倡导“工匠精神、钉子精神、开拓精神、民本精神”四种精神，加快推动财富品质幸福雨花建设迈入新征程、续写新篇章。区委书记张敏强调，要解放思想，适应新时代的新要求，要提高政治站位，明确时代方位，找准发展定位，思考如何让中共十九大精神在雨花落地生根，要找准症结，优化城市人性化设计、建设和管理；要创新思维，以前瞻的视野推进工作，要提升思维层次，在产业发展、创新开放、片区开发、提升城市功能品质、改善居民生活环境、提升民生保障水平等方面保持定力；要转化成果，做好来年工作，要深入研究务虚会课题，把调研成果转化为谋划工作的思路、破解难题的措施、推动发展的动力，以问题为导向，贯彻新发展理念，找准结合点，做好来年的各项工作，奋力开创雨花发展新局面。（谭　洁）

【区委全面深化改革领导小组第十三次会议】2017 年 2 月 17 日，中共长沙市雨花区委全面深化改革领导小组第十三次会议召开。会议传达学习中央全面深化改革领导小组第三十二次会议和省委全面深化改革领导小组第二十五次会议精神，听取各专项小组工作情况汇报，研究部署全年全面深化改革工作任务，讨论并通过《雨花区 2017 年重点改革项目清单》《雨花区 2016 年度全面深化改革创新成果奖名单》《2016 年度全面深化改革先进单位和先进个人名单》《关于调整中共长沙市雨花区委全面深化改革领导小组组成人员的通知》《关于调整中共长沙市雨花区委全面深化改革领导小组专项小组组长的通知》。区委书记张敏指出，2016 年全面深化改革工作值得肯定，在省市有地位、有影响，为区委、区政府工作增添了不少色彩；做好 2017 年改革工作，总的要求是在精准对焦中狠抓改革落实，把改革举措转化为发展推动力和群众获得感。（康　韬）

【基层党建工作责任述职测评会】2017 年 1 月 12 日，中共长沙市雨花区 2016 年度履行基层党建工作责任述职测评会召开。18 位述职对象开诚布公，脱稿述职。区委书记张敏认真听取述职，一一现场点评，并指出，全区上下要牢牢树立抓党建是“最大政绩”理念，聚精会神抓党建；要切实扛起“第一责任”职责，不折不扣抓落实，思想认识上要更提高、机制保障上要更有力、行动落实上要更坚决；要强化“强基固本”思想，从夯实基层政权、落实基本制度、拓展基层组织等五个方面着力，突出抓好“强基”工程部署落实。（谭　洁）

【开局工作动员大会】2017 年 2 月 3 日，雨花区 2017 年开局工作动员大会召开。区委副书记、区长刘素月主持会议。会议认为，2016 年，全区上下精诚团结，攻坚克难，扎实工作，换届换出新气象，科学描绘新蓝图，区域实现新发展，干事彰显新作为，实现“十三五”的开篇。区委书记张敏强调，新年新干劲，新年新风貌，新年新作为，新年新气象，一开局就要精神十足、干劲十足，一开局就要意气风发、迎头赶上，一开局就要展现作为、彰显担当，为建设“三个雨花”、打造中部领先、国内一流的现代化强区作出贡献。张敏要求，牢固树立一个共识，始终坚持发展第一要务，心无旁骛抓发展，一门心思搞建设；积极倡导一种作风，始终坚持实干担当作为，一以贯之抓落实，雷厉风行抓落实；努力锤炼一支队伍，始终坚持共产党员本色，不忘初心，继续前进；始终倡树一种导向，坚持良好的用人导向，让有为者有位，为担当者担当。（单东霞）

【“六个走在前列”绩效考核通报讲评大会】2017 年 2 月 24 日，雨花区 2016 年度“六个走在前列”绩效考核通报讲评大会召开。全体在职县级干部、区各有关部门和街镇主要负责人参加会议。区委副书记、区长刘素月主持。区委常委、组织部部长龚畅宣读《关于 2016 年度“六个走在前列”大竞赛科级党政领导班子和领导干部绩效考核暨市垂直管理单位绩效评估结果和“攻坚克难突击队”“攻坚克难突击手”评选结果的通报》，区委副书记、区绩效考核领导小组组长陈永高讲评2016年度“六个走在前列”绩效考核情况，部署安排2017年全区绩效考核工作。区委书记张敏指出，全区上下要深化认识，从思想上重视绩效考核工作，客观、理性的看待考核结果，认真总结成绩和反思不足，解决好“怎么看”的问题；要把握关键，围绕政治责任落实、雨花目标定位、完善绩考体系、选人用人导向四个关键来抓考核，解决好“怎么考”的问题；要考准导向，拔高标杆、紧盯目标干，紧扣任务、压实责任干，强化执行、狠抓落实干，发扬“钉钉子”的精神和敢啃“硬骨头”的劲头，扎扎实实办大事、认认真真做实事，解决好“怎么干”的问题。（单东霞）

【党务工作暨文明创建工作推进会】 2017年3月8日，雨花区2017年党务工作暨文明创建工作推进会召开。区委副书记、区长刘素月主持。区委书记张敏指出，党务工作事关全局、事关根本，事关党的执政地位，特别是年内将召开中共十九大，抓好党务工作，意义更为重大。2017年要改革创新、实干善为，全面提升党务工作科学化水平，为建设“三个雨花”提供坚强保障，党办工作要立足于总揽全局、优化服务，为区域建设发展当好“前哨后院”；组织工作要围绕全面从严治党纵深推进，坚持正向激励，固本强基，提供坚强的组织保证和人才支撑；宣传工作要高举旗帜、引领导向，不断强化思想舆论保证，提升宣传思想工作水平；统战工作要更好地凝聚共识、凝聚力量，画出更大更美的同心圆；政法工作要切实增强使命、积极作为，营造稳定的发展氛围，全面提升社会和谐度和群众获得感。（李　文）

【市管干部报告个人有关事项工作专题培训会议】 2017年4月7日，雨花区召开市管干部报告个人有关事项工作专题培训会议。市委组织部干部监督处副处长陈剑斌解读两项法规精神，对领导干部报告个人有关事项填报进行辅导。区委书记张敏指出，领导干部报告个人有关事项，是党要管党、从严治党的一项重要制度安排，是领导干部必须遵守的政治纪律和组织纪律。要提高政治站位，增强思想自觉，深刻认识中央实施两项法规的重大意义，切实增强贯彻落实的思想自觉和行动自觉；要严格标准要求，准确如实填报，全体市管领导干部要对照文件，反复研读原文，认真学习下发的资料，准确把握文件精神和内容，看清要求，逐一核实填报；要严明纪律要求，杜绝漏报瞒报。要认真贯彻落实中央和省委、市委的部署要求，牢记职责使命，践行忠诚干净担当，以党性原则、纪律要求，确保实施报告制度等干部监督工作任务落到实处。（谭佳林）

【配合中央环保督察工作部署动员会】 2017年4月27日，雨花区召开配合中央环保督察工作部署动员会。区委副书记陈永高主持会议。区委书记张敏指出，雨花区作为省会中心城区，抓好环境保护工作、配合做好此次环保督察迎检工作，任务艰巨、责任重大，全区各级各部门务必在思想认识上保持高度清醒，务必在工作措施上抓得更细更实，务必在责任落实上确保万无一失，以最坚决的态度、最严厉的措施、最务实的作风、最严格的问责，确保打赢环保攻坚战，用实际行动向中央、省、市交上满意答卷。（康　韬）

【全区负责干部会议】 2017年5月3日，雨花区全区负责干部会议召开。区委副书记陈永高主持会议。会议传达省委常委、市委书记易炼红到雨花区调研考察讲话精神。张敏强调，在转型创新发展方面，要推进传统商圈全面提质，立足招大引强，引进战略投资项目，打造产业集群；扎实推进“大众创业、万众创新”；结合产业需要制定精准政策。在城乡品质提升方面，要以城管的信息化、数字化为基础，实现城市管理无缝对接、全面覆盖；要配合做好中央环保督察迎检工作，切实抓好征拆清零工作，抓紧跳马全域旅游、浏阳河圭塘河生态景观带开发建设。在改善民生福祉方面，要托底民生保障措施，抓牢安全生产工作，要做实信访维稳工作，切实维护大局和谐稳定。在全面从严治党方面，要坚持党要管党、从严治党，巩固“4·20”廉政文化品牌，抓紧社会诚信体系建设，要求全体党员干部做到严格要求自己、守住底线。（谭　洁）

【区文明委全体（扩大）会议】　2017年5月24日，雨花区文明委（扩大）会议召开。区委常委、宣传部部长余宏卿向大会报告工作。区委书记张敏指出，文明创建是综合评价城市管理水平的试金石，要通过文明创建，抓好环境卫生、公共秩序、窗口服务和社会治理等工作，进一步提升雨花城市品质；通过文明创建把城市扮得更靓，把社区管得更好，把环境变得更优，让市民群众有更多的认同感、获得感、幸福感；要通过擦亮窗口、文明执法、精细管理、严格监管等方式展现雨花文明创建的效果，把工作抓出实实在在的效果。全区各部门单位要进一步统一思想、凝聚共识，坚定做好文明创建工作的自觉性和主动性；要进一步明确任务、把握重点，扎实做好文明创建各项工作；要进一步压实责任、强化奖惩，汇聚抓好文明创建工作的强大合力，为长沙建设更高水准全国文明城市书写精彩的雨花答卷，以优异成绩迎接中共十九大召开。（谭　洁）

【在职县级领导联点街道（镇）工作情况汇报会】2017年6月20日，雨花区召开在职县级领导联点街道（镇）工作情况汇报会。区委副书记、区长刘素月主持会议。会议听取全区在职县级领导联点情况汇报。区委书记张敏要求：进一步压实责任，按照《关于进一步压实工作责任的实施意见》文件要求，将责任一级一级、一层一层传导落实下去，切实强化联点领导、区直部门和街镇的工作责任，落实好“党员同志一岗双责”和“属地管理”责任，通过严格的问责问效，确保工作成效；进一步强化落实，对于确定的各项工作部署、铺排交办的工作任务要自觉坚定、快速高效、统筹有序地执行，以认真负责的工作态度和脚踏实地的工作作风，确保工作落到实处；进一步凝聚合力，要求全区各级领导干部切实发挥“关键少数”的作用，通过营造氛围、展现风气、做出表率，营造上下一心、干事创业的生动局面。（单东霞）

工作纪要

【政策研究】　2017年，雨花区委政研室撰写各类文稿200余篇，完成领导讲话、会议文稿、重要汇报等各类文字起草任务。传达贯彻落实中共十九大重要精神、区委五届九次、十二次全会报告等稿件，得到领导的肯定。牵头组织区委常委会议23次，办理《区委常委会议纪要》4期、《区委常委办公会议纪要》17期、《区委通报》5期。坚持把调查研究作为服务区委和全区工作大局的重要抓手，针对全面建成小康、基层党建、筹改居、高铁会展新城等重点课题，切实形成信息互通、资源共享、携手攻关的大调研格局，刊发《雨花调研》7期，组织编印《雨花区2017年调查研究优秀成果选编》。推动调研成果进决策、进讲话、进文件，实现调研成果综合效益最大化。注重抓好区委重大工作成果和经验的总结，加大与中央、省、市各类媒体的对接力度，为雨花经济社会发展摇旗呐喊。其中，《锤炼过硬基本功 善于担当作为》在《湖南日报》刊发，《构建“亲”“清”政商关系 让廉洁成为生产力》《长沙首个社区警务分流综治中心在雨花试点 三成110报警分流化解在基层》《以“五个强化”推动全面从严治党向基层延伸》在《长沙晚报》刊发。以“品质雨花，让幸福在家门口升级”为主题举办第十期“政研沙龙”活动，共同为雨花转型跨越发展建言献策。做好市委、市人大、市政府、市政协等领导到雨花考察调研的文稿任务，全力做好市对区项目观摩、三年造绿观摩等重大活动服务。（康　韬）

【综合调研】　2017年，雨花区委办坚持把综合调研作为“当参谋、献良策”的核心工作，紧密围绕区委中心任务和重点工作，做到参在点子上，谋在关键处，成于实践中。坚持问题导向，精准选题，重点围绕全面小康、基层党建、乡村振兴、片区开发、产业建设、筹改居等方面工作开展课题研究，《做到“四个坚持” 打赢攻坚战役高铁会展新城潭阳片区拆迁实现基本清零》在省委办公厅《要情汇报》（专报）第84期及市委办公厅《内情参考》第13期刊发，《拆得下稳得住干得好雨花区劳动东路棚改项目征拆工作纪实》在市委政研室《长沙调研》刊发。把握发展大势，形成高质量调研成果，全年完成省市重点调研课题3个，牵头开展联合调研20余次，《雨花调研》出刊6期，编印《雨花区2017年调查研究成果选编》，选编各部门单位调研报告60余篇，形成一批有价值、有分量的调研报告和理论文章。时刻关注区委和区委主要领导关心的点，深入基层，积极参与区委、区政府的重大决策的落实，了解各方面的反映，为领导出台政策提供重要依据。积极推动调研成果进决策、进讲话、进文件，及时转化为推动当前工作和长远发展的政策意见、工作计划和具体措施，为区委科学决策、民主决策、依法决策当好参谋。对领导决策有借鉴意义，对雨花发展有助益的事情，第一时间主动调查研究，形成调研报告，供领导决策参考。

（谭佳林）

【督查工作】 2017年，区委督查室紧扣“加快转型提质、彰显实干善为”工作主题，围绕中心，推动各项决策的有效落实。着力抓好拆后地块裸露垃圾清理、安全生产、非法物流市场整治、道路提质改造、防汛工作、文明创建、重点项目、社区提质提档、安全信访维稳、群众工作等专项督查；抓好贯彻落实区第五次党代会、区委全会、区委办公会议、区委常委办公会议、区经济工作会议和政府工作报告等重要决策督查，两次进行跟踪督查对区第五次党代会报告既定目标任务完成情况，并以《雨花督查》专报的形式呈报区委主要领导。结合物流货运市场综合整治和树木岭路沿线秩序整治提质工作编发2期督查调研文章。办理省、市委领导批示件10余件，《问政湖南》书记信箱回复400余条，办理回复率100%，确保领导批示件的按时办结。《红网网络问政2017年网上群众工作大数据》对网贴《雨花区香樟鑫都小区西边非法建设洗沙场》《雨花区跳马镇第二批规划许可证仍没有发放》办理情况进行案例推广，被评为长沙市委网络问政办理优秀单位。加强对区委领导调研落实事项的交办和督办，交办区委领导交办事项20余批次，交办工作200余项，编发《雨花督查》（通报）26期，专报38期，交流2期。联合区政府督查室会同区电子政务办开发网上办公协同平台，提高督查工作效率和畅通督查工作渠道。

（周　宇）

【保密工作】 2017年，雨花区委坚持把保密工作列入重要议事日程。区委保密委员会履行全区保密工作管理职责，坚持“保密工作无小事”的理念，定期听取保密成员单位工作情况汇报，及时解决保密工作中存在的各种实际问题，强化制度建设、日常管理、经费保障等，落实保密各项工作，被评为全市保密工作先进单位。3月，经区委、区政府领导批准，区保密委员会办公室购买计算机终端保密检查系统（单机版）和存储介质消息清除工具各一套。区保密委员会办公室派人参加上级部门举办的各类保密培训、活动3人次，采取请进来的方式，邀请上级领导到区授课3次，坚持走出去的方式，区委常委、区委办主任周海毅为基层授课8次，区保密委员会办公室主任尹美娜为区直部门单位授课6次。落实保密宣传工作，全年举办各类保密知识培训9次，参训干部职工1000余人次；8月，组织全区3000余名在职在岗干部职工、临聘人员、实习生等签订“保密承诺书”，明确保密责任；9—10月，开展“保密工作在身边”主题征文活动，征集征文129篇，经过初步审核把关，向市国家保密局报送征文23篇，征文获一等奖1个，三等奖1个，优秀奖9个；10月，开展保密宣传月活动，利用机关大院电子显示屏，每周一连续滚动播放宣传标语和保密常识，通过每周推送手机短信的方式，向全区科级以上干部普及保密法规共1000余次。组织各种形式的文电保密安全检查4次，对重点涉密部门进行涉密计算机检查2次，联合区电子政务办对区直部门非涉密计算机安全情况展开专项检查

1次，检查结果均第一时间反馈至单位一把手，要求立查立改，并限期上交整改报告；5月，区保密局全面清理政府网站，联合区电子政务办进行“清池子”行动，逐一清理所有政务网站，做到不漏一个机关、单位，不漏一个网站，不漏一条信息；11月，联合区史志档案局开展全区档案和保密工作联合检查，并对各单位不足之处进行现场指正并下发整改通知书。严格落实文电管理，密级文件均在4月份登记上交至市委办公厅文电处，区内红头文件、领导讲话稿等资料均在6月份交省涉密载体销毁中心集中销毁；严格规范涉密人员管理，11月，区保密委员会办公室对全区涉密人员严格登记造册，并进行业务培训；严格管理涉密载体，制定相关制度，严格区分涉密和非涉密移动介质，严禁交叉使用，对全区所有办公室共用U盘进行编号管理，向全区各重点涉密单位发放“三合一”计算机使用须知，并要求涉密计算机使用人签订责任书。

（李章博）

【改革工作】 2017年，雨花区委改革办围绕《雨花区委深改组2017年工作要点》的目标和重点，狠抓基础性、规范性、实效性工作，推进9大类35项85小项改革任务，推进15个重点改革项目。区委、区政府组织全区各级领导干部共同观看《历史转折中的邓小平》精缩版，《将改革进行到底》大型政论专题片，举行全面深化改革专题报告会。通过系统深入地开展改革建言等活动，为全区改革工作提供丰富的内容和开阔的思路。为提高各部门、各街道（镇）基层探索的积极性，专门设立“全面深化改革创新成果奖”，鼓励改革、鼓励创新，把全面深化改革渗透到全区各系统、各领域、各层级，形成改革合力。建立健全改革的考核督察机制，将改革工作的落实情况纳入全区绩效考核内容，日常动态考核与年底绩效考核相结合，对落实不力的部门和街道（镇）进行问责问效，对改革过程中存在的问题进行跟踪反馈。在对承接上级改革任务进行督查的同时，由区纪委、区委改革办、两办督查室组成联合督查组，对全区物业管理改革、改革工作推进情况、街道管理体制改革试点、重点改革项目等进行专题督察3次。对全区85项改革任务，建立项目推进机制、动态考核机制、督查问责机制，将责任落实到部门、到岗位、到个人，形成改革“时间表”“路线图”“责任书”。区委深改组每季度召开1次领导小组会议，由区委书记、区委改革领导小组组长亲自主持，推动重大改革项目落实；区委改革办每月召开一次全面深化改革工作推进会，按照年初计划按月对标对账，找问题、定方向、明目标，确保各项改革任务的顺利实施。雨花区继续稳居2017年长沙市全面深化改革工作考核领先位置。长沙南站“联勤联动”、电梯监管、基层党建、黑臭水体整治等17项改革在中央和省级层面推介；长沙南站综合治理“联勤联动”模式得到原中央政治局委员、政法委书记孟建柱的高度评价，在全国“雪亮工程”建设推进会上被重点推介，火车南站地区综管办获“全国综合治理先进单位”称号。

（刘　艺）

【群众工作】 2017年，雨花区致力打造“民意快线”升级版，群众工作年度考核和群众工作民意调查连续三年全市排名第一。“四大家”一把手多次赴联点社区居民家中走访，区委书记张敏，区委副书记、区长刘素月对群众工作满意度调查报告精心批示，区、街、社区三级联动和同频共振，全区2280名党员干部一对一、点对点联系帮扶困难群众，开展“与群众交朋友、帮基层解难题”“听民声、知民情、解民忧—万卷问民心—民情大走访”“承诺办事”等系列活动，召开“民情恳谈会”“政情社情通报会”584余场次，走访帮扶困难群众和群众骨干16000余人次，收集各类群众意见建议1500余条，3次召开市直部门见面会和民生问题交办会，促进联点部门之间的沟通交流，推进民生问题的有效解决。跳马镇云白双回线路拆除问题等5个市级民生问题全部解决，交办民生问题449个，解决449个，完成率100%。建立全市首个群众工作师资培训库，探索培训新模式，通过群工示范点策划方案竞讲的形式，探索群工站示范点标准化建设的新机制，基层涌现出“网格群工”“互联网派单”“温暖益家”“祥和园”等特色亮点和品牌。实施“精准化”民调，将民调结果进行精准化分解。中央、省、市媒体先后刊载雨花区群众工作相关报道1000余条。7月，市委副书记徐宏源专题调研区群众工作时，肯定指雨花群众工作既是全市群众工作的缩影，也是全市群众工作的旗帜。 （向 斌）

【信息工作】 2017年，雨花区进一步建立健全区、街道（部门）、社区三级信息服务网络，设立信息工作专线，建立党委信息工作QQ群、微信群，全区信息员队伍达到260余人。强化部门横向联动，注重与公安、国保、信访、维稳、消防等重要部门的信息交流互通，紧急信息坚持一部门发现、多部门知晓，齐联动处理，避免迟报、漏报等现象。向省、市委办公厅报送日常信息340条、紧急信息134余条，报送的《长沙市雨花区“四个坚持”推动高铁会展新城潭阳片区拆迁基本清零》《雨花区四举措推进城市基层党建“全覆盖”》等信息先后被省、市委办公厅采用，未出现一起迟报、漏报、瞒报、误报的情况，连续7年保持全省、全市党委信息工作先进单位。区委办围绕“领导需要了解的情况和需要领导了解的情况”编报信息，编发《雨花要情》244期，为区委领导及时掌握各方动态提供第一手资料，强化本级党委信息的参谋服务作用。

（谭水平）

组织工作

【概况】 中共长沙市雨花区委组织部（简称“区委组织部”）负责全区组织工作、干部管理、党员教育工作。内设办公室、干部科、组织科（党代表联络处）、干部信息档案室、研究室5个科室，设区人才队伍建设工作中心、区绩效考核工作办公室、区委非公有制经济组织与社会组织工作委员会办公室3个二级事业单位。2017年，在职干部职工数26人，其中雇员3人；党员26人，其中在职党员24人，退休党员2人。办公地点设在雨花区人民政府机关大院1号楼外弧3楼。

2017年，雨花区推进全面从严治党责任系统工程，发挥党组织战斗堡垒和党员干部先锋模范作用，着力打造系统模范部门、组工过硬队伍；科学优化并创新绩效考核方式，全区绩效考核位列全市第一；加强和创新党建工作方式方法，夯实基层基础工作；在制度规范、轮岗交流、测评优化和方式培养等方面下功夫，着力加强干部队伍建设，在长沙区（县、市）委书记党建述职评议考核会中，连续四年位列一等优秀。雨花区委组织部加强组工队伍建设，部务会班子以政治建设为统领，旗帜鲜明讲政治，坚持做到科学决策、民主决策、依法决策，班子的凝聚力、战斗力进一步增强。坚持部务会集体决策机制，执行周一例会制度，凡涉及干部任用、重大活动安排、大额资金使用等重大事项均由部务会集体研究决定，以民主决策规范权力运行。部务会班子及其成员没有出现廉政建设的突出问题，没有发生违反廉政纪律案件。率全省组工部门之先，制定出台《“绝对忠诚”组工队伍建设十条规定（试行）》，从制度上对人事、财务等十个方面进行规范。全面加强组工干部作风建设，开展钉钉式考勤，构建作风建设动态管理；开展日志式管理，打破科室业务壁垒；推进部务公开，在网上开展部门预算及三公经费公示，严格执行党费管理与审批制度。以党的十九大精神为重点，开展赠送图书、读书交流等活动，组织组工干部学理论、熟业务、强素质。坚持带着问题学习、结合实际调研，每个科室都承担1个以上调研课题。注重加强组工干部党性修养，开展韶山红色体验、参观湖南党史陈列馆、少奇故居、干部成长感恩谁讨论等支部活动，搭建交心谈话、组工讲坛和微信群等沟通平台，激发团结干事活力，弘扬政治坚定、公道正派、求实创新、清正廉洁的组工文化。参与文明创建、安全生产等中心工作，带头开展在职党员到社区报到、认领公益岗位，推进“民意快线”活动，深入高桥街道高桥村进行民情走访，组织机关干部与困难群众结对帮扶。在7月份防汛救灾中，全体党员干部坚守河堤一线

全程巡防抢险，区委常委、组织部部长龚畅作为曙光垸防汛救灾指挥部指挥长，在曙光垸险情发生时，指挥救起12人。（周戴京妮）

【党员统计】 2017年，雨花区党员总数27841名，其中女党员11261名，占40.45%；少数民族党员369名，占1.33%。新增党员2534名（发展党员304名，转入组织关系2230名）；减少党员1759名（开除党籍7名，取消1名为经多方查找确实无法取得联系的预备党员；死亡255名，转出组织关系1477名）。党员中，1937年7月7日至1945年9月2日（抗日战争期间）入党的5人，1945年9月3日至1949年9月入党的19人，1949年10月1日及以后入党的27817人。在岗职工党员8752名，占31.44%，离退休党员9494名，占34.1%，其他党员7258名，占26.07%。研究生学历1136名，占4.08%；大学本科学历8409名，占30.20%;大专学历5799名，占20.83%；中专、高中、中技学历6369名，占22.88%；初中及以下6148名，占22.08%。35岁及以下党员7456名，占26.78%；36至45岁4782名，占17.18%；46至60岁5844名，占20.99%；61岁至70岁5195名，占18.66%；71岁及以上4565名，占16.40%。新发展党员中，女党员146名，少数民族党员3名；在岗职工195名，农牧渔民18名，离退休人员2名，其他89名；大学本科及以上党员139名大学专科94名，中专、高中及中技62名；初中及以下8名；35岁及以下204名，6岁至59岁97名，60岁及以上3名。发展对象448名，其中，在岗职工233名，农牧渔民113名，其他100名。入党积极分子975名，其中，在岗职工571名，农牧渔民169名，离退休人员6名，其他229名。（周戴京妮）

【基层组织】 2017年年底，全区有基层党组织1259个，其中党委62个，派出工委17个，党总支102个，党支部1095个。基层党委中，机关党委2个，事业单位党委12个，企业党委11个（全部为非公有制企业党委），其他类型党委37个〔城市社区（筹委会）党委〕。派出工委中，区委派出工委17个。党总支中，机关党总支13个，事业单位党总支7个，非公企业党总支13个，其他类型党总支69个。党支部中，机关党支部58个，事业单位党支部174个，企业党支部361个（其中非公企业党支部351个），其他类型党支部502个。全区社区（筹委会）136个，建立36个党委、62个党总支、38个党支部；建制村13个，全部建立党支部。（周戴京妮）

【组织建设】 2017年，雨花区深入推进“两学一做”学习教育常态化制度化，全面落实中组部十项重点工作任务，列明基层党支部工作指导性清单25项，统筹安排“三会一课”、主题党日活动等，组织区委中心组（扩大）学习12次，第一时间组织中共十九大精神传达学习和集中轮训，实现全覆盖，“红星云”学习积分全市排名第一。对基层党建工作一周一抽查，一月一通报，一季一述职，推动从严治党向基层拓展，向党员延伸。对县级党员领导干部落实全面从严治党主体责任全程纪实，使“关键少数”发挥“关键作用”。实施基层政权建设“强基工程”，出台“两意见四方案”（加强基层政权建设的《实施意见》、加强小区党建、楼宇党建工作的《实施意见》；“强基”工程重点村（社区）党组织联点帮扶《方案》、在全区党员中开展“两学一做”学习教育常态化制度化的《方案》、“树牢‘四个意识’发挥引领作用”专题学习教育的《方案》以及开展全面从严治党作风建设《方案》），安排千名干部大走访，送千场党课进基层，明确百名党员驻点帮扶。148个村（社区）全部完成换届选举，1122名“两委”成员均一次性高票当选，新一届村（社区）党组织书记平均年龄42.5岁，比上届下降2.1岁。大专以上文化程度129人，占村（社区）党组织书记总数的87.8%，比上届提高7.2个百分点。新任党组织书记52人，占村（社区）党组织书记总数的35.4%。构建“两新”组织“大工委制”，设立“两新”党建工作指导站18个，新建“两新”组织党组织136家。推动区、街道、社区三级党组织与269家驻区单位、新兴领域党组织建立共建共赢共享机制，在全区837个网格单元中成立党小组，形成“村（社区）党组织—小区党支部—网格党小组”三级便民服务体系。全面推行小区党组织、业委会、监事会、物业公司“四位一体、四方联动”工作机制，在65个小区建立党支部，全部实现“零上访”“零事故”“零发案”的工作目标，在全省城市基层党建交流会上，融城苑小区党建成果得到省、市领导肯定。构建财政支持、企业自筹、党费返还的多元“两新”党建经费保障机制，基层党建总投入3000万余元。推动人员力量、党建资源下沉到支部，郗阳等村（社区）软弱涣散基层组织全面整顿。分级分批举办培训班60余场，提升党员的理论素养和能力素质。开展“雨花好干部”评选，激发党员干部干事创业热情。建立全省首个“党员质量管理APP”和全市首个“退伍军人党支部”，党员信息采集等基础工作得到中组部调研组肯定。推进巡视巡察工作全覆盖，立案133件，处分99人。开展“亮身份、强服务、争先锋”活动，将每月24日为主题党日，每年7月为“践行党章·服务群众”主题实践月，用党员干部的真诚服务换取群众的真心拥护。以党建引领社会治理改革，试点社会事务“一口式”服务、非警务事项分流，实现基层减负增效，工作经验在全市推广。建立基层党组织志愿调解组织，发挥组织在矛盾纠纷化解、信访调解中的“第一道防线”作用，十九大期间实现进京零非访。在征拆、抗洪一线发挥党员干部先锋模范作用，提前4个月完成潭阳洲200公顷拆迁任务，全区“两新”党组织向灾区奉献爱心2000万余元。在跳马镇以及对口帮扶点，投入2000万余元加强基础设施建设，引导发展特色产业，3093人成功脱贫。（周戴京妮）

【“两新”组织党建】 2017年，雨花区重点做好党的组织全覆盖、党员管理无盲区、深化商圈及楼宇党建品牌等工作，实现“两新”党组织应建尽建全覆盖，涌现出高桥商圈、德思勤商圈、同升汽车6S街区“6S党建”等党建品牌，思齐党委在全国民办教育党建交流会上作典型发言，中国（长沙）创新设计产业园多次迎接中组部、省市领导专题调研。制定《雨花区关于建立区委非公有制经济组织和社会组织“大工委”工作机制的实施方案》，率先在全市构建“两新”组织“大工委”制，吸纳13个街镇、7个区直部门为成员单位，召开10次成员单位会议，研究部署“两新”党建工作。在雨花经开区单独成立企业党委，健全区教育、民政等部门行业党组织，设立18个“两新”党建工作指导站。出台《关于加强“两新”组织党的建设工作的实施意见（试行）》《区委领导联点商务楼宇党建工作》等文件，真正形成区委统一领导、组织部门牵头协调、“两新”党工委统筹负责、园区和街镇党（工）委具体落实的工作格局。通过网格分区、上门走访、电话核实、属地比对等方式，核实41730家“两新”组织，摸底工作经验做法获《非公有制企业党建》杂志推介。探索“3210”阶梯式组建模式，实现党的组织覆盖和工作覆盖100%。采取单独组建、挂靠组建、区域联建、行业统建等方式推进新兴领域党组织组建工作，新建非公经济组织和社会组织党组织136家，组建数位列内五区第一。选聘18名专职“两新”党建指导员，举办示范培训班3期。投入五项经费330万元，下拨“两新”党建工作指导站经费90万元。打造中国（长沙）创新设计产业园“1+N”党群活动中心、鑫融国际广场“融”家园等示范阵地。投资300万元，打造1000平方米雨花经开区“智造e家”党群活动中心，12月底建成使用。推进楼宇党建，打造商务楼宇党建示范点10栋进楼宇、商圈、市场、园区开展近百场十九大精神宣讲活动。组织策划抗洪救灾、精准扶贫、法律援助等主题活动2000余场，捐款捐物上亿元，直接受益群众5万余人。7月，全区200余个“两新”党组织、700余名党员投身抗洪救灾一线，捐款捐物2000万余元。（周戴京妮）

【干部工作】 2017年，雨花区坚持“好干部”标准，严格执行《党政领导干部选拔任用工作条例》相关规定，坚持“不唯资历唯能力、不看背景看背影、不讲成规讲成绩、不论口舌论口碑”的用人导向，将德才、人品、实效、公认作为评判标准。区委注重到一线、近距离、经常性考察干部，对干部在急难险重任务、关键时刻的表现同步考察、全面纪实；探索开展科级班子和科级干部综合分析研判，走访调研雨花经开区、雨花物流园、区直城建部门等9个科级班子和70余名科级干部，撰写综合分析研判报告；关心关爱基层一线干部，为担当者担当；开展“思想提振、工作提标、落实提速、尽责提效”行动，开展五好科级班子创建和“雨花好干部”评选活动，评选“雨花好干部”10名，在全区树立让想干事者有机会、能干事者有舞台、干成事者有地位的导向。制定《雨花区年轻干部培养方案》，对年轻干部进行全面摸底，择优选拔200名纳入后备干部库，建立优秀青年干部成长的纪实档案，安排年轻干部到街道挂职、到拆迁、城管和项目建设等急难险重一线进行历练。9月20日起，集中两个月，采取思想教育、军训拓展、龙山实践锻炼等方式，举办青年干部培训班。出台《关于区管干部进行提醒、函询和诫勉的操作办法（试行）》，将巡察工作、日常督查、审计、信访举报、绩效考核、个人有关事项报告、出国（境）审批备案等方面信息纳入函询、诫勉范围，全面加强干部日常性监督；完善《推进领导干部能上能下实施细则（试行）》，对不敢担当、作风不实、落实不力的干部，采取调离岗位、改任非领导职务、免职、降职、待岗培训等方式予以调整。贯彻“芙蓉人才行动计划”“人才新政22条”，率全市之先设立人才服务窗口，成立政策落地办，建立人才工作联席会议制度。通过雨花政务网、宣传册、微信公众号等媒介深入解读政策，到高校、企业、园区专题宣传人才新政，扩大政策知晓率和影响力。出台《关于引进高层次人才来我区柔性挂职的工作方案》，从湖南师范大学、中国工商银行湖南分行营业部等单位引进专业人才4名，到发改、环保、教育等单位柔性挂职。受理业务咨询7729人次，受理租房和生活补贴业务1512人，初审通过高级人才认定13个，受理职业技能晋级奖励业务申报14个，在园区设立高级人才公寓500套，首批评选“雨花工匠”11人，雨花经开区唐智科技成为全市第一家成功“组团”集中申报并享受“人才新政22条”红利的企业。

（周戴京妮）

【绩效考核】 2017年，雨花区科学优化并创新绩效考核方式。突出省考，将省绩效评估指标逐条责任分解到区分管负责人，区直部门主要负责人、分管副职，层层传导考核压力，层层压实工作责任。对各指标进行多层级、多形式的强力调度，创新责任清单制、重点交办制、督查问效制、限期销号制、定期通报制“一单四制”工作机制，对省考任务进行全面交办、全程跟踪，完成一个销号一个。各部门对照工作清单任务，积极对接、密切配合相关市直部门，全力以赴攻坚克难，省绩效评估各项指标有效推进。全面刚性对接市考指标体系分解市考任务，将考核权交与牵头市考责任单位，实现责任单位与配合市考单位荣辱与共，解决责任单位调度难、权责不对等的问题。严格采用对接名次的方式，优化市考计分办法，赋予牵头市考责任单位更为灵活的考核权，促进考核责任上肩，以考核增压力、以考核出动力、以考核促创新。出台《关于建立市对区绩效考核工作调度机制的通知》，建立“月调度、季度讲评、半年度汇报”工作机制。召开一季度讲评会、半年度指标调度分析会，三季度指标冲刺会，及时通报各项指标完成进度。对重点、难点指标，报分管区领组织相关单位专题分析调度，报区长单项指标专项调度。每周报送冲刺阶段重点指标和短板指标工作进度，分批次提请区委碰头会进行“一对一、点对点”的精准调度。优化区考指标设置，增设配合市考指标及中心工作，把创建国家中心城市和建设“三个雨花”的核心任务、工作短板作为考核的重中之重，全面分解到各区直部门；优化市考结果刚性对接加扣分办法、区内考核计分办法、排名制指标的优化等，提高考核的精准度。增设“负面清单”考核，强化底线约束。创新个性化考核，在区分内街、外街发展导向的基础上，对跳马镇设置“全域旅游”等特定指标，引导差异发展。注重公平公正公开，“以考制考”，对所有信息提供部门明确考核责任，减少考核权力的随意性。严格按季度实施考核，通报半年度、三季度区对街镇考核成绩，增加考核的透明度，及时指导街镇对照工作目标任务，实现比学赶超。坚持“评比科学、注重实绩、结果服众”原则，开展“雨花好干部”评选活动。通过单位推荐、组织审查等环节，推选出“雨花好干部”入围人选34名，通过现场大会评选，评选出2017年度“雨花好干部”10名。通过评选表彰活动，在全区树立让想干事者有机会、能干事者有舞台、干成事者有地位的导向，倡导广大党员干部，形成扎根基层、锐意进取、主动作为、攻坚克难，营造学先进、当先锋，作示范、当表率，形成你追我赶、不甘落后的干事创业浓厚氛围。

（周戴京妮）

【基层党建工作推进会】 2017年6月28日，雨花区庆祝建党96周年暨基层党建工作推进会召开。会议回顾建党96周年以来的历程，传达中央、省、市委党建工作推进会会议精神，全面部署全区基层党建工作。区属各党（工）委、党组的分管副职，各街道、镇党（工）委党建办主任，区管国有企业的负责人，“两新”组织、村（社区）党组织书记代表共130余人参加会议。区人社局、侯家塘街道韶山路社区、洞井街道鄱阳社区筹委会作经验交流发言。区委常委、组织部部长龚畅代表区委，向全区广大党员致以节日的问候。龚畅肯定全区基层党建工作成效，强调基层党建工作千头万绪，要注重理清思路、整体推进。要紧扣“全面从严治党”主题；把握“人民立场”政治方向；抓住“两学一做”学习教育常态化制度化契机。

（周戴京妮）

2017年6月28日，庆祝建党96周年暨基层党建工作推进会（史炬辉/摄）

宣传工作

【概况】 中共长沙市雨花区委宣传部（简称“宣传部”），正科级、内设办公室、理论教育课、群众文化艺术科、网宣办。下设3个二级事业单位（雨花区未成年人思想道德建设工作办公室、新闻中心、文化产业发展办公室）。未成年人思想道德建设工作办公室为副科级事业单位；新闻中心为参公单位；文化产业发展办公室高配副科级。区精神文明建设指导委员会办公室（正科级）在区委宣传部内挂牌。2017年，区委宣传部编制27名，其中行政编制9名。实有人数38人。其中在职在编人员20人（副处级1人、正科职2人、副科职4人、副科级2人、其他人员11人），退休人员4人，合同聘用人员14人。文明办抽调人员10人。宣传部党支部党员23人，其中在职党员20人，退休党员3人。办公地点设在雨花区人民政府关大院1号楼B座4层。

2017年，雨花区委宣传部坚持党建引领，坚持抓党建与抓业务同谋划、同部署、同实施，建立和落实机关党建工作责任制。严格坚持“三会一课”制度，落实书记带头讲党课、在职党员进社区等制度，定期开展民主评议党员，营造支部政治生活新常态。组织全体干部开展以《将改革进行到底》为主题的专题讨论活动、学习廖俊波先进事迹，反对“四不”，对标做合格党员主题大讨论、学习贯彻习近平“7·26”重要讲话精神暨第二次专题学习讨论、围绕“喜迎十九大”主题开展“争做党性最强、业务最精、作风最正的宣传思想干部，为党的十九大胜利召开凝聚磅礴正能量”专题学习讨论等，学习习近平新时代中国特色社会主义思想、党的十八大以来全面深化改革的重要成就、习近平治国理政新理念新思想新战略，进一步增强党员干部的责任意识和规矩意识。

（柳美丽）

【理论教育】 2017年，雨花区率先全市制定《区委常委班子及成员意识形态工作责任清单》，明确将区委班子、区委书记、分管领导、班子成员的职责清单化，向下级党委（党组）延伸覆盖。建立意识形态工作联席会议制度、分析研判制度、督查考评制度、述职评议制度等“十项制度”。区宣传思想文化暨意识形态工作领导小组研究出台落实党委（党组）意识形态工作责任制实施办法、重点任务分解表、操作流程等系列文件和具体要求。区委常委会6次听取宣传思想文化工作汇报，专题研究意识形态工作。发布意识形态工作15条“负面清单”，确保守住底线。意识形态工作纳入对街道（镇）及区直部门党委（党组）年度目标责任考核单项指标；率先出台意识形态领域七大阵地管理实施办法，加强对大型论坛讲座、公益广告等意识形态阵地日常管理，做好审核报批等工作。紧盯意识形态领域苗头性、倾向性问题，及时约谈、诫勉谈话，开展社科理论类讲座、党员干部私发苗头性朋友圈等情况约谈3次，未发生一起意识形态责任事故。《湖南宣传》《长沙宣传》刊发经验文章《主动作为 强化担当 全力推动意识形态工作责任制落实》。出台《关于加强和改进党委（党组）理论学习中心组学习的实施意见》。区委理论学习中心组（扩大）学习12次，邀请金一南，中共十九大代表、省妇联党组书记、主席姜欣等专家授课。开展学习宣传十九大精神活动，由区领导干部、党校教师、退休专家教授等组成学习宣传贯彻十九大区委宣讲团，在各街镇、区直部门全面开展集中宣讲。通过党员快板说唱、党代表宣讲、区领导讲党课、编印口袋书、组建“小飞燕”群众宣讲团等宣讲形式，受到基层干部群众欢迎。11月25日，《光明日报》第三版要闻推介雨花区在十九大精神宣讲工作中的创新。理论文章发表数量和质量“双量齐升”，省级刊物《学习导刊》2017年第4期发表《惠风和畅 雨润花开——对长沙市雨花区宣传思想文化工作的调查与思考》，市委机关刊物《长沙通讯》2017年第2期、第9期分别发表雨花区委常委、宣传部部长余宏卿署名文章《增强文化自信 建设文化强区》《抓好“三个创新”提高基层宣传思想文化工作水平》。推进社科普及基地建设工作，雨花区公共图书馆、雨花非遗馆成功获评长沙市社科普及基地称号。承办2017年湖南省长沙市社会科学普及主题周活动启动式。（柳美丽）

【新闻宣传】 2017年，雨花区把好舆论导向，强化对外宣传，区新闻中心围绕建设“富饶美丽幸福新湖南”“四更长沙”“三个雨花”战略部署和国家中心城市建设、文明城市建设、两型社会建设、社会管理创新、民生事业发展等重点热点内容，挖掘特色亮点，组织策划有重大影响力的宣传报道，充分宣传中共十八大以来雨花区经济社会发展显著成就和人民群众生活新变化，媒体平台播出、刊发稿件8791条。其中央媒报道310条；在主流纸质媒体刊发1405条，《人民日报》9条，《湖南日报》头版29条；在主流电视、电台媒体播发1553条，中央电视台《新闻联播》2条，《湖南新闻联播》播报105条。围绕中心工作，以学习宣传贯彻中共十九大、抗洪抢险、全域旅游、惠民新政、全球创客大赛、中部农博会等重点宣传，加大宣传力度。推出抗洪救灾保卫战相关宣传报道100余条，宣传推介典型人物、感人事迹40余个，《人民日报》以《洪水不退，我就把家安在河堤上》为题，报道东山街道渔场社区68岁老党员、原堤委会主任李长勤。开展辉煌中国、砥砺奋进、喜迎十九大、人才新政、创建食品安全城市等重要社会宣传。中央电视台《新闻联播》推出《中部（湖南）农博会：品牌升级 绿色健康》，立体化地呈现农博会盛况；《人民日报》海外版刊发《雨花经开区领跑湖南工业园》《比亚迪：新能源带动“汽车革命”》《长泰机器人：走在智能智造前沿》等文章，深度挖掘雨花区智能制造、创新发展等重点工作；《人民日报》刊发《生态农业的新鲜事越来越多》，着眼“生态农业”报道农博会；《新华每日电讯》单条刊发《米粉店“不主动收钱”浸染“好人好店一条街”》，《经济日报》刊发《湖南长沙：“雷锋城”里“雷锋多”点滴小事暖人心》报道“中国好人”刘国兴的先进事迹；《光明日报》要闻刊发《统一思想 凝聚力量增强实效》推介雨花区在十九大精神宣讲工作中的创新。中央人民广播电台《新闻与报纸摘要》栏目播报《长沙高铁南站打造志愿服务文明窗口志愿者引领文明之风》；《新闻纵横》栏目播报《小目标在路上·中国脱贫攻坚样本调查：城市里一样少不了“精准”》；《湖南日报》头版头条《不断增进政治共识 为党的十九大召开营造和谐稳定环境》报道雨花群英会，《长沙晚报》头版头条报道《“文艺范雨花”强势崛起》《警务分流“创”出平安新天地》《都市“桃花源记”》《五大洲3000商家荟萃农博会》，长沙新闻频道《长沙新闻》头条播报《城市新动能，园区加油干，雨花经开区：打造长沙智能制造中心的核心引领区》《“好人多粉店”更名营业，新增“墙上米粉”牌，传递爱心》《2017中国中部（湖南）农博会开幕》《长沙今年全面实施城乡低保一体化》《十八洞村非遗展示馆搬进省会长沙》《长沙今年改造49个断头路瓶颈路项目》《杜家毫在长沙调研时强调：突出特色 放大优势 完善功能 当好创新引领开放崛起的示范区和排头兵》《全市“新三年造绿大行动”现场观摩活动启动，易炼红陈文浩参加》《易炼红陈文浩率队开展“新三年造绿大行动”现场观摩》《文明让城市更美好，创建让市民更幸福》。编印《众志成城·防汛救灾新闻报道集锦》《2017年中国中部（湖南）农博会新闻报道集锦》《雨花区重点新闻报道集锦（2017年1—12月）》，更直观地展示雨花发展的新态势和新成效。（柳美丽）

【舆论引导】 2017年，雨花区创新传播方式，组建新媒体中心，建立全媒体集约化采编平台，实现新闻信息一次采集、网站、手机报、微信公众号多端分发、多种生成、多元传播。构建雨花政务网、雨花手机报、雨花新闻网、“飞梦雨花”官方微信公众号的“两网一报一微”宣传格局；改版提质“飞梦雨花”、雨花政务网、手机报。“飞梦雨花”公众号推送210余期，部分精品文章获多次转发，阅读点击量破万，影响力在全省政务类微信排名中居前列；雨花手机报推送200期，雨花政务网发布政务信息2000余条。建立健全《新闻宣传和舆论引导联席会议制度》《雨花区新闻、信息稿件规范管理制度》等一系列工作机制制度。十九大召开期间安排专干24小时网络监控值班，向相关部门发送舆情告知单265条，舆情电话报送90余条，系统上报舆情3900余条，呈送《雨花舆情摘报》55期，区主要领导批示8期，舆情涉及的职能部门根据批示快速处理，全区未发生一起较大负面舆情。举办雨花通讯大课堂、网络舆情评论与引导、新闻发言人培训、网络舆情安全培训、新媒体中心记者晚自习等学习活动14场。落实中央、省委、市委对社会宣传的工作要求，根据重要时间节点统筹做好社会宣传工作。指导13个街道（镇）、142个社区（村）在辖区范围内的电子显示屏、社区宣传橱窗、主要大街、背街小巷、社区楼道广泛开展辉煌中国、砥砺奋进、喜迎十九大、人才新政、创建食品安全城市等重要社会宣传。以征订劳务费的方式，发动社区工作人员发行报纸，征订党报党刊《人民日报》《求是》《光明日报》《经济日报》《湖南日报》《新湘评论》《长沙晚报》《新华每日电讯》《中国日报（英）》30261份，受到长沙市委宣传部通报表扬。

（柳美丽）

【文化建设】 2017年，雨花区加快文化产业发展，培育文化产业基地1个（雨花非遗馆），打造文化产业示范楼宇2栋（长沙广电、中机国际），策划文化产业大项目3个（鼓风机厂、网络大厦、神农茶都），规模以上的文化企业93家，文化创意产业协会新增20余家会员单位，会员单位增至70家。出台《雨花区促进群众文化发展扶持奖励办法》，设立专项资金200万元扶持群众文化发展。加强区域公共文化服务体系建设，全区三级公共文化网络进一步健全，文化馆、站、室全面实现免费开放常态化。洞井街道丰园社区获评国家级“书香社区”。东山全民健身中心、丰园社区户外全民健身中心等建成开放，5个示范性社区文化活动中心建设顺利推进。出台《雨花区打造创新创意文化高地三年行动计划》，持续推进项目建设，对长沙鼓风机厂现有的老旧厂区城市物业“活化”，引进大型文化创意产业开发商和运营商以及相关产品内容提供商，打造长沙乃至湖南最具影响力的泛娱乐文化创意产业园区。与长沙广播电视集团签订协议，打造成为区文化产业示范基地。发挥协会作用，举办各类座谈会、沙龙活动30余次。加强服务指导，对辖区内的重点文化企业开展走访活动，帮助企业解决发展中遇到的问题，建立详细的走访台帐，提高文创企业在雨花诞生、在雨花成长、在雨花壮大的信心。发挥政策引导作用，组织文化企业做好文化产业引导扶持资金项目申报工作，5家企业申报2018年度市级文化产业引导扶持资金项目，7家企业申报2017年度湖南省文化产业引导扶持资金项目工作，扶持资金390万元，41家企业申报2017年度雨花区促进文化产业发展奖励扶持资金项目，45个项目通过区级审定，奖扶金额1020万元；完成2016年度雨花区促进文化产业发展奖励扶持兑现工作，48家企业、62个项目通过区级审定，奖扶金额1664万元。开展“欢乐潇湘”系列群众文化活动60余场，《浏水笠影》获全省“欢乐潇湘”群众文艺汇演优秀节目二等奖。举办2017年长沙市杜鹃花艺术月雨花专场、“军民共建、携手共创”雨花区纪念中国人民解放军建军暨秋收起义90周年双拥专题文艺汇演等主题文艺活动。歌曲《绿色的约定》获湖南省“新人新歌”大赛通俗组铜奖和长沙市“新人新歌”大赛通俗组金奖。（柳美丽）

【雨花非遗馆】 2017年，雨花区重点打造雨花非遗馆品牌，推进“天下非遗聚雨花”的传承与保护工作，雨花非遗馆入驻10个世界级、55个国家级等344个非遗项目、1000余种工艺品，200位非遗传承人，雨花非遗馆推送刘金铎的刻瓷原创作品《泳坛之花》获第十三届文博会金奖。央视六集大型政论专题片《大国外交》中重点介绍雨花非遗馆。评定周招弟（龙舞（洞井龙舞））、赵双午（湖南柔术）、周毅（长沙古琴艺术）、刘上四（雨花区中华泥书（堆字牌匾）制作技艺）等13人为第一批区级非物质文化遗产项目代表性传承人。与湖南科技职业学院联手，成立全省首家非遗校外大学生创业孵化基地；创建长沙市非物质文化遗产青少年体验基地、长沙市非物质文化遗产创意项目孵化基地、雨花区非遗特色产业基地、雨花区非遗培训基地、湖南省君子文化践行基地、湘西十八洞苗绣孵化基地。湖南省妇联实施“芙蓉匠心计划”，在雨花非遗馆内成立湖南省巾帼手工创业就业孵化基地。开设非遗演艺区、非遗手工体验、非遗产品销售区；建立非遗志愿者队伍，吸引更多的有志之士加入非遗传承保护的队伍。雨花非遗馆内每周开设非遗公益大课堂，培训226场，参与人数近万人；开展省文化厅机关联基层活动、雨花区非遗项目代表性传承人申报培训、学雷锋志愿者助力“3·15晒宝英雄会”直播、陶笛公益课堂、非遗知识培训讲座、关爱自闭症儿童活动、朱建南先生戏曲脸谱艺术展、首届传统医药创新性传承与发展论坛、中国梦——非遗情，“我为非遗代言”“千人扎染”活动、省直单位高雅艺术进机关——湖湘优秀传统文化展示体验活动、抗洪救灾雨花非遗馆在行动、“湖湘文化”遇见“工匠精神”2017港澳青少年内地游学、“喜迎十九大欢乐潇湘 品质长沙”长沙市第六届校园文化进社区，梨园薪火永相传、2017非洲法语国家抽纱钩织技术班参观、巴中足球交流团到访、2017“互联网+武夷斗茶”活动、2017南太国家经贸管理和加勒比海经贸人员研修班参观等系列活动，一批留学生到雨花非遗馆体验游学。（柳美丽）

【地下通道文化墙】 2017年5月，雨花区36个打造地下通道文化墙通过验收，交付使用。地下通道文化墙以“楚韵湖湘”为主题，设计策划出湖湘人杰、湖湘非遗、原始民风、湖湘美景、老长沙印象、长沙韵味、红色湖湘、飞梦雨花等10个主题，以及古代名人、近代名人、开国伟人、时代骄子、湖湘精神、经典诗歌、湘绣、地方戏曲、陶瓷、山水故事、三湘秀水、湘茶、湘菜、古城遗影、长沙老街、童年记忆等36个系列。以手绘、漫画、卡通、水墨、书法、美术、摄影、邮票等设计元素，图文并茂的全面展现湖湘文化底蕴和韵味，总设计画面达450余幅。“一道一格、百道百格”，成为市民漫步雨花的“文化盛宴”，改变地下通道“脏乱差”、广告遍地等老旧印象。（柳美丽）

统一战线

【概况】 中共长沙市雨花区委统一战线工作部(简称“区委统战部”）主管雨花区统一战线工作，加挂中共长沙市雨花区委台湾工作办公室（长沙市雨花区人民政府台湾事务办公室）、长沙市雨花区归侨侨眷联合会（简称“侨联”）的牌子，区委统战部（台办、侨联）不设内部机构，2017年11月，新设二级事业单位——雨花区党外人士服务中心，全额事业编制3人。2017年年末，区委统战部在职在编人员11人，其中县级领导1人，正科实职人员4人，正科级待遇人员1人，科员1人，全额事业编制3人；工人1人，雇员1人。退休干部4人。部机关与区工商联机关设立联合党支部，党员12人，其中在职党员9人（统战部7人，工商联2人）。办公地点设在雨花区人民政府机关大院1号楼外弧2层。

2017年，区委统战部紧紧围绕区委中心工作，以多党合作、“四同创建”、新的社会阶层人士统战工作、社会组织、基层网络统战为重点，以“凝心聚力十三五”为工作主题，广凝共识、广纳民智、广聚人力，服务财富品质幸福雨花建设全面聚集力量，全面创新推进，全面提升水平，全面发展。全区统一战线各项工作在全市乃至全省有影响、有地位、有作为。网络统战和新的社会阶层人士统战工作得到中央政治局委员、中央统战部部长孙春兰充分肯定，新的社会阶层人士统战工作在全省、全市推介。（曾　锦）

【多党合作】 2017年，雨花区民主党派成员1286人。区委强化大统战格局，区委常委会3次专题研究统战工作。新春上班第一天，区委书记张敏一行集中走访看望各民主党派、工商联和党外知识分子联谊会主要负责人并专题调研全区统战工作。区委主要领导多次亲自调度、参与重大统战活动；党外干部、党外代表人士队伍建设与管理、“四同创建”、统一战线代表人士培训等重点工作得到区委全力支持。区人大250名代表中党外人士88名，占35%，区249名政协委员中，党外人士152名，占61%。召开对口特约人员联系大会，组建304名新的对口特约人员队伍，实现对全区51个政府部门和垂管部门的全覆盖。统战部与区四大办以及党委、政府其他工作部门单位及园区、镇街之间的协作机制进一步健全。统战理论专题学习纳入区委中心组（扩大）专题学习，邀请省委统战部常务副部长谭平专题授课。组织全区统一战线广大代表人士通过集中学习、座谈交流、工作调度会和微信群、QQ群、雨花同心网、雨花统战微信公众号、新浪官方微博等平台，开展深入学习彻中共十九大精神。组织全区统一战线代表人士集中观看中共十九大开幕会，工作经验被《长沙要情》213期推介。高桥大市场股份有限公司总经理罗晓作为优秀青年企业家代表，在全市民营企业学习中共十九大精神暨年轻一代民营企业家理想信念报告会上作经验发言。组织全区统一战线成员收看《将改革进行到底》系列片，并组织专题讨论。全区统战工作经验被中央统战部《中国统一战线》刊发，并在全国统战部长会议推介。《湖南统战周报》推介雨花区《新的社会阶层人士“网络+社会组织”工作模式》。全市统一战线凝心聚力“十三五”行动推进会在雨花区召开，张敏代表区委作经验发言。雨花统一战线参政议政、抗洪救灾、扶贫攻坚等工作得到社会各界人士肯定和好评。坚持以课题调研和社情民意信息畅通参政议政渠道。推出“善言堂”统战工作新品牌，聘用17名党外人士为雨花区统一战线建言献策信息员，组织党派负责人参与政府工作报告审议，所提意见和建议得到区领导重视。统一战线成员提交提案、建议案21件，形成调研报告26篇。在全省率先成立首个区级党外人士服务中心，形成“一个中心、两支队伍、多个基地”的党外人士服务新模式，激发各民主党派和党外知识分子参政建言的积极性。区知识分子联谊会提交的《关于开通市区政府之间通勤车的建议》被区政协立为1号提案并得到落实。民建区工委成立“调研信息领导小组”，编印《信息调研手册》，深入街巷居民家中收集社情民意。民进区工委会员李婉丽撰写的《关于湖南省儿童医院拓址扩建的建议》被列为市政府重点督办项目，会员陈红撰写的《建议改变小学生书包过重的现状》在民进中央获奖。九三学社区工委撰写的《关于加强全市公租房管理的几点建议》得到市委副书记、市长陈文浩等领导批示。（曾　锦）

【经济统战】　2017年，雨花区制定《区领导联系非公有制企业和非公有制经济人士实施方案》等文件，66家非公企业与区领导“阳光交友”。举办女企业家商会年度工作总结会议暨庆“三八”联谊活动，进一步发挥女企业家商会作用。投资2万元经费，配备阵地，创建“一会一品”——“善言堂”议政建言项目。成立区工商联（总商会）法律顾问团，聘请专业的律师团队为会员企业提供法律方面的意见、建议。加强基层商会建设，东山、跳马、圭塘、高建市场、同升、东塘、高桥成功创建为全市“四好”商会。召开工商联（总商会）执委会，邀请区纪委副书记、区监察局局长谢国富进行党风廉政建设和反腐败斗争专题讲座。组织非公有制经济人士到长沙廉政警示教育基地，接受警示教育。邀请市“两学一做”宣讲团成员、开福区五老金牌讲师团团长邹青围绕中共十九大报告作专题授课，组织非公企业家代表参加市联“2017中部（长沙）民营经济发展论坛”“党的十九大精神暨年轻一代企业家创新创业”报告会，促进非公会员深入学习十九大精神和习近平新时代中国特色社会主义思想。举办“我为雨花经济发展建言献策”座谈会、服务跳马全域旅游同心畅谈会。组织基层商会企业家代表到湘西龙山县石牌镇下池小学开展爱心助学活动，捐赠5.2万元给下池小学用于改善学校办学条件。联合群英会在腾讯公益上发布“雨花区总商会温暖山里娃”公益项目，为龙山县石牌镇上母小学全校175名小学生募集价值63875元的壹基金温暖包。7月，长沙发生洪涝灾害，全区非公企业及非公经济人士募集捐赠现金约720万元，物资约554万元，用于抗洪救灾和灾后重建。采购价值6000余元的防暑降温药品和绿豆、白糖等物质，为一线环卫工人送上夏日清凉。“八一”建军节前，给军地共建单位武警十四中队拨付慰问金1万元。（曾　锦）

【民生统战】　2017年，雨花区统一战线领域开展“同心汇”“善言堂”项目线下主题活动40余场，参与的社会各阶层人士逾千人次。民盟区工委结对团然村，举办“健康母亲，文明家庭”宣传义诊和“禁毒之声，唱享健康”禁毒宣传进校园活动。致公党区工委结对水院社区，以“水韵木影、同心传承”为主题，帮助全力打造以皮影木偶为主要元素的非遗文化特色街巷。民革区工委一、三支部出资30万余元，助力湖南福彩2017“福泽潇湘、扶贫助学”活动，区工委被评为“民革全国社会服务工作先进集体”。农工党区工委新成立综合支部，农工党党员、群英会理事长傅强获第二届“湖南省十大同心人物”“2017年湖南省抗洪救灾先进个人”、农工党中央“先进个人”等称号。雨花亭街道打造“楼宇统战”品牌，搭建“心桥”志愿者服务、“同心助困基金”等平台，募集扶贫帮困资金20万余元，慰问困难群众500余人，组织15家企业与困难居民结对帮扶；侯家塘街道发挥辖区统战资源优势，引领和带动一批统战成员投身社区治理、公益事业和志愿服务，成功创建省级“同心社区”廖家湾社区；井湾子街道联合“优儿推”等多家社会组织为社区提供社会服务，雨花非遗馆创建为长沙市海峡两岸交流基地；洞井街道打造丰园社区24小时图书馆，100余名统战成员成立读书推广会，获全国“书香社区”称号；东山街道动员和组织新的社会阶层人士加入彩虹桥志愿者服务站等社团组织；圭塘街道组织20余家爱心企业向受灾严重的宁乡市黄材镇井冲村捐赠22万元救灾资金和价值8万元的生活物资；高桥街道出台现代服务业扶持奖励办法，助力发展现代服务业，成功创建市级“同心项目”

湖南益友会；东塘街道打造非公企业“红色引擎”鑫融汇党总支，成功创建市级“同心社区”政院社区；砂子塘街道依托GPS定位和三维地图，将全街划分成50个网格，把辖区统战资源纳入网格管理系统；同升街道联合金炬实业打造“和家庭”项目双创平台，通过“雨滴儿”成长乐园项目在关爱未成年人领域探索新经验；左家塘街道将147名各类统战人士登记到册，牛角塘社区获评“湖南省级民族团结进步创建活动示范单位”；黎托街道动员30余家非公企业捐赠价值约26万元防汛救灾物资，并帮助宁乡市洪水受灾地区重建家园；跳马镇在新田村打造全镇首家“同心书屋”，大安寺获全市“道德型和谐寺庙”。（曾　锦）

【党外干部工作】　2017年，雨花区委坚持把党外干部的教育培养、履职考察、提拔使用纳入重要议事日程，与全区干部工作统一部署，统筹安排，统一推进。对党外干部更是高看一等，厚爱一筹，明确“一把手”负总责，分管领导具体抓，建立健全并坚持组织部、统战部共同培养选拔党外干部工作机制。区委书记碰头会、区委常委会3次研究党外干部培训、提拔、交流工作。区委组织部和区委统战部共同组织民意测评，全面了解党外干部的思想认识、履职能力、参政水平、生活作风和群众公认度。对工作积极主动、成效显著、群众公认的优秀党外干部，重点考察，安排到高校深造，到重点工程压岗锻炼，全面提升综合素质，为提拔重用搭平台、创机会、增本领。对思想上、性格上、工作中有波动的个别党外干部，由统战部出面，采取春交流谈心方式，帮助他们解除疑虑、树立信心，坚定留在党外与中共长期合作共事的决心。对其他党外干部，由统战部提供展示才能的机会和平台，激发其创业奉献的热情和自豪感。区委统战部积极推荐党外干部参加省、市党校、社会主义学院培训，主动协调参学人员所在单位，确保参学人员能集中时间、集中精力学习，坚持走访慰问，鼓励他们好好学习，不断成长进步。区委坚持与党外代表人士交友联系制度，根据中共领导的分管联系的工作选择对应的党外干部代表做朋友，定期约访，经常沟通，交友结对，浓厚全区合作共事的氛围。区委组织部、区委统战部联合对全区党外干部队伍资源全面摸底，健全党外干部信息库，实施动态管理，做到心中有数，随时推荐合适人选和优秀党外干部交流和提拔任职。2017年，雨花区党外科级以上干部71名，其中，副县职5名（区人大常委会副主任1名，区政府副区长1名，区政协副主席3名）；正科职党外干部9名（街道行政正职1名，长沙火车南站综管办部长1名，部门单位行政正职5名，法、检两院副职各1名），其他正科级干部4名；副科级57名（其中副科职33名）。13个镇、街道中9个街道班子中配备党外干部；26个政府工作部门中配备党外干部25名；法院中层干部中配备党外干部5名；检察院中层干部中配备党外干部2名。（曾　锦）

【民族宗教工作】　2017年5月，雨花区成立以区委常委、统战部部长为组长，区委政法委书记和区政府分管副区长为副组长的民族宗教工作领导小组，成员单位涵盖22个部门和13个街道（镇）。区委常委会第22次会议，专题听取全区民族宗教工作汇报。左家塘街道牛角塘社区获得“全省民族团结进步创建活动”示范单位称号，并代表雨花区在经验交流座谈会上作典型发言。突出政治引领，组织民族宗教界代表人士学习中共十九大精神，组织部分宗教教职人员参加雨花区统一战线党外中青年干部培训，增强民族宗教领域对统一战线的认识和对习近平新时代中国特色社会主义道路的认同，向群众发放《民族宗教知识问答》《民族政策常识宣传手册》《宗教工作法律法规政策汇编》等资料。凝聚人心力量，7月，高桥街道怡园社区少数民族代表为守堤消防官兵送去慰问物资，雨花区大安寺为跳马镇冬斯港村和团然村受灾村民捐助物资1.2万元，彰显宗教界人士的善行义举。区民宗外侨局和区委签订“2017年度雨花区党委（党组）意识形态工作责任书”，制定《雨花区关于加强宗教思想阵地管理的实施方案》，明确宗教思想阵地管理工作流程，完善分析研判、情况报告、双重预防、专项督查等推进机制。依法依规开展宗教活动场所社会信用代码赋码和“宗教活动场所登记证”换发工作。加强民建信仰场所管理，各街道（镇）制定宗教场所管理工作方案，全面摸清民间信仰场所底数，指导3个已登记的民间信仰场所成立场所民主管理小组，同时，将未登记的73处民间信仰场所全部纳入各街道（镇）综合治理。对宗教活动场所重点开展建筑安全、消防安全、网络安全、财务工作、文明环境优化和涉恐隐患六个方面督查，确保宗教领域的平稳可控。妥善处理德思勤城市广场兰州拉面商户上访等涉及少数民族的矛盾纠纷8起，依法打击和处置借宗教旗号非法行医等非法宗教活动3例。（曾　锦）

【同心工程】 2017年，雨花区开展“四同创建”。“和谐号”高铁志愿服务、雨花非遗嘉年华、“国学夜校”公益大讲坛、亲情中华全球华裔青少年传统文化才艺课程系列讲座等公益系列品牌影响深远。廖家湾社区创建省级同心社区，政院社区创建市级同心社区，创建市级项目2个（湖南益友会、雨花非遗馆）。新增区级“四同创建”项目10个。建立全区统战系统单位与村和社区结对帮扶工作新机制。打造新的社会组织统战平台“湖南益友会”，推出新的同心项目“雨花非遗馆”“高桥国学馆”和“火车南站同心志愿者服务站”。支持“雨台教育同心共建”项目、“孟妈妈青护园”“侨之家”法律服务中心和社区模拟法庭、“鲁爷爷工作室”“环卫工人暖心屋”等工作品牌的品质提升，扶持“致公万里行”“同心百课进基层”“‘新阳光’病房学校”“九三学社沁心幸福工作室”等民主党派品牌不断做大做强。联合省市民宗部门和高桥大市场打造高桥“少数民族之家”和“谦谦女社”。（曾　锦）

【党外人士服务中心】 2017年3月，雨花区党外人士服务中心（以下简称“中心”）正式挂牌，为区委统战部下设二级事业单位，工作人员11名，其中事业编制3名，党派志愿者8名。该中心为全省首个区县级党外人士服务中心，主要负责贯彻落实中央、省、市关于民主党派和无党派人士工作的方针政策，开展全区党外代表人士的服务，引导各民主党派组织和党外人士积极服务于全区经济建设和社会发展。中心以“团结合作、创新机制、助推发展”为工作主题，明确服务定位，丰富服务形式，突出服务重点，切实加强新形势下服务党外人士工作水平，为全面建成“财富、品质、幸福”雨花和中部领先、国内一流的现代化城区提供最广泛的力量支持，得到中央、省、市、区委领导的充分肯定。中央政治局委员、中央统战部部长孙春兰，湖南省委书记、省人大常委会主任杜家毫，湖南省委常委、长沙市委书记易炼红，湖南省委常委、省委统战部部长黄兰香，长沙市委常委、市委统战部长部长谭小平等先后深入“中心”的基层示范点视察并给予充分肯定。全省第十八期基层统战部长培训班学员、宁乡县委统战部、山东东营市垦利区委统战部等单位先后到中心考察学习。《中国统一战线》《湖南统战》等刊物先后推介中心的相关经验做法。（曾　锦）

【雨花区创新“网络+社会组织”统战模式】 2017年，雨花区积极探索通过“网络统战”手段进一步团结和联合新的社会阶层人士的新方式和新手段，区委统战部针对新的社会阶层人士喜欢集聚和参与各类社会组织、社会团体活动的情况，搭建“同心汇”社会组织互动共享合作平台，推出团结联合新的社会阶层人士的“网络+社会组织”创新模式。旨在团结带领全市乃至全省各类社会组织和社会团体，本着“互动互助”“共享共建”“合作共赢”的理念，通过网上组建微信群和每周线下活动聚会交流的形式，相互学习、相互提高，汇聚并整合各方社会资源、智慧和力量，共同打造资源共享、资讯互通、创意共谋、合作共赢的社会组织合作抱团、健康发展的平台，平台项目由区委统战部牵头，由区党外人士服务中心具体负责执行。5月起，坚持每周举办线下主题沙龙活动，吸引和组织各企业商家高管、各类社会组织秘书长以上负责人和新媒体行业从业人员等新的社会阶层人士积极参加。6月15日，《湖南统战》第35期凝心聚力“十三五”行动专刊刊发《雨花区创新“网络+社会组织”统战模式》的经验文章。2017年，“同心汇”两新组织互动共享合作平台微信群群员500人，举办线下主题沙龙活动27次，参加活动的新的社会阶层人士近千人次。区党外人士服务中心依托该平台对各类新的社会阶层人士进行调查摸底和建档造册，为1300余名党外人士建立个人信息数据库，其中新的社会阶层代表人士占到50%以上。（曾　锦）

【雨花区统一战线党外中青年干部培训班】　2017年5月17—19日，由区委统战部、区委党校联合举办，雨花区党外人士服务中心负责承办的雨花区统一战线党外中青年干部培训班在区委党校一楼多功能教室进行，来自全区各民主党派、知联会、工商联、台、侨、民族宗教、统战社团中200余名中青年骨干参加学习。为期3天的培训紧扣凝心聚力“十三五”行动。开班典礼上，区委副书记陈永高代表区委作动员讲话，号召广大党外人士准确把握时代特征，着力加强自身建设，不断增强履职能力。该次培训邀请省委统战部常务副部长谭平授课，他紧扣《中国共产党统一战线工作条例（试行）》，全面阐述了统战工作是什么、做什么、怎么做、谁来做的问题；全体学员到湖南党史陈列馆参观了解中国共产党的历史及与民主党派合作共事、共创伟业的史实。广大学员纷纷表示将积极参与各民主党派、知联会、台、侨、民族宗教、社会组织的活动，发挥优势作用，担负各自职责使命，为雨花的经济社会发展做出应有贡献。（曾　锦）

【统一战线版“我们是谁”系列动漫】　2017年8月21日，区委统战部、区党外人士服务中心联合雷风侠工作室，通过“雨花统战”微信公众号在全国率先推出《统一战线版“我们是谁”系列动漫》，设计“统战工作者”“非公有制经济人士”和“新的社会阶层人士”三个动漫版本，每个动漫版本进行附带文字性说明，分别是《中国共产党统一战线工作条例（试行）》第二章第七条，习近平2016年3月4日参加政协民建、工商联界联组会的讲话摘要、中共中央政治局常委、全国政协主席俞正声2017年2月23至24日在全国新的社会阶层人士统战工作会议上的讲话摘要。微信公众号链接推出后，“人民网”“TFBOYS后援会”“共青团中央”“潇湘晨报”等微博纷纷转载。（曾　锦）

“我们是谁”系列动漫之“新的社会阶层人士”
（曾锦/提供）

对台工作

【概况】　2017年，雨花区对台工作牢牢把握两岸关系和平发展的主题，积极“把握新常态，探索新路子，搭建新平台”，秉持“两岸一家亲”理念，找准对台工作发力点，积极构筑对台工作新思路，依法管理涉台事务，在对台经济、对台交往交流、对台宣传、对台联络工作、投诉协调、对台基层基础工作等方面展现新作为，完成对台工作各项目标任务，提升雨台两地的交流、交往与合作水平，为助推两岸和平发展，建设最美雨花作出积极贡献。（龙　辉）

【对台工作机制】　2017年，雨花区完善对台工作机制，围绕区委整体发展思路开展对台工作。涉台领域重要参访、交流、座谈、调研等活动，区委领导均高度关注，亲自参加，倾力指导。3月1日，区委常委会专题听取组团赴台交流活动相关事宜，并在经费人员等方面支持。区台办坚持每个季度定期主动上门走访区政法委、法院、商务、人社、民政等相关部门和基层街道、社区联系对台工作负责人，及时通报沟通涉台工作事宜，畅通对台工作联席会议机制，确保涉台涉诉问题一律有问必答、有求必应，最大限度地争取各部门单位对涉台工作的高度重视和全力支持，凝聚全区对台工作合力，保护全区涉台人员及企业的合法权益，全区大对台工作格局更加健全。4月，区台办与石马墓地迁移指挥部对接、协调，将台属金月纯其母和姨妈的墓地由石马村墓地迁移至望城区光明墓地。5月，区台办协同雨花亭街道解决台湾新娘卢福英棚改进程中的实际问题。9月，区台办协调初步解决长春化工（江苏）有限公司长沙分公司厂房租赁的问题；为台胞黄签在管理“雨花斋”所遇到的问题供解决方案。10月，台商张伯睿之子被伤害一案顺利结案。雨花区坚持为全区对台工作领导小组成员订阅《台湾工作通讯》《两岸关系》，坚持涉台重要文件、内刊和重要台情呈送区委对台工作领导小组负责人阅示的制度，使区领导进一步掌握党的对台方针政策和台海形势，及时了解全区涉台工作动态，更好地争取领导的重视和支持。（龙　辉）

【联络联谊工作】　2017年，雨花区深度发掘常驻台湾居民基本情况和两地居民往来情况，坚持定期约谈，不定期走访、交流座谈等联谊活动。加强“一对一”管理与服务，优化对台工作管理台账。通过“雨花对台之家”微信群和电话联系，坚持为驻区重点台商、台胞、台属送上问候关心。春节前夕，区台办开展带重点台商、台胞新春走访活动，走访慰问困难台属33户、台企8个、老台胞3位，下拨5万元慰问金及近万元慰问物资。中秋节前夕，区委常委、统战部常务副部长邹开其专程走访慰问跳马镇杨林新村原国民党起义投诚人员周科生。9月，区台办组织辖区涉台教育基地负责人及专干参加由长沙市台办组织的对台干部工作培训，市台办主任袁义和应邀为培训班作台海形势报告，系统讲授台湾政治、经济、社会和历史情况，以及习近平对台工作重要思想。（龙　辉）

【交流交往】　2017年，雨花区注重以台引台，以商招商，抓住区政府举办的各种招商活动契机，积极发挥穿针引线的作用，抓好对台招商引资重点项目的调研、论证，利用接待台胞、各种招商活动、网络等媒介向台胞发布招商信息，向台湾岛和台商、台资推介区里的亮点项目和优势项目，全力寻求与台商、台资的交流和合作机遇，接待台商参访团6个300余人次。3月，台湾东裕实业有限公司、台湾台峰新能源科技有限公司董事长范万田一行考察雨花经开区长沙比亚迪汽车有限公司，表示初步计划第一期将购买300台比亚迪电动大巴投放巴西市场。5月，长沙市台商协会会长林怀率台湾台中勤美草悟道文创聚落参访考察团实地考察砂子塘街道、东塘街道、井湾子街道和跳马镇文化产业、楼宇经济、精致农业和商业综合体等项目。5月27日，台湾精品产业园促进会会长陈一荣率台湾精密制造和精致农业考察团一行8人考察雨花区精密制造、农创园建设和精致农业发展。8月29日至9月26日，雨花区台办到区内东裕实业公司、鲜立达冷链物流有限公司、南泰贸易有限公司、小哈佛幼稚园、高桥台湾生活馆、科麦烘焙公司、台湾艋舺咖啡、台湾康师傅、庐山实业等台资企业进行走访调研。9月16日，台湾中小企业经营领袖协会代表团一行43人，参观考察雨花区六都国际、德思勤城市广场、雨花非遗馆和雨花经开区。11月16日，36家媒体单位（含中央及涉台媒体、台湾媒体、省内媒体及地方媒体）参观采访长沙（创新）设计产业园、自兴人工智能研究院、航天科技先进光机电创新中心、湖南新硕自动化科技有限公司和湖南安冠智能科技有限公司及雨花非遗馆。11月16—20日，第十三届湘台经贸交流合作会和第二届海峡两岸（长沙）电子信息博览会在融程花园酒店和长沙红星国际会展中心同期召开。11月18日，雨花区人民政府邀请台湾电机电子工业同业公会参访团全体成员参加“台商看雨花”活动，台湾电电工会车电参访团长沙比亚迪公司协谈合作意向协议。（龙　辉）

【对台宣传工作】　2017年，雨花区加强涉台教育及宣传工作。依托改版升级的“雨花同心网”，提质对台网宣水平；依托“雨花统战”微信公众号，扩大对外宣传影响力，依托全区24个统一战线“同心工作站”建设，普及涉台知识宣传。高桥街道怡园社区、井湾子街道红星村社区通过长沙市涉台教育基地检查验收，雨花区市级涉台教育基地增至5个，涉台教育工作处于全市领先位置。3月，天心区明德天心中学和仰天湖金峰小学考察王家冲小学涉台教育工作示范点。9月，王家冲小学获市台办对台干部培训班暨首届涉台教育板报竞赛活动一等奖第一名。12月13日，雨花区举办台海形势报告会，长沙市台办主任袁义和作《台湾问题及当前台海形势》专题报告，200余人聆听报告会，对积极推动两岸教育文化交流具有现实的指导作用。区台办上报各类信息、台情专报、经验文章52篇。（龙　辉）

【“台商看雨花”活动】　2017年11月18日，第十三届湘台经贸交流合作会和第二届海峡两岸（长沙）电子信息博览会雨花区召开期间，为使来长台商进一步了解雨花，感受“财富、品质、幸福”雨花，区政府邀请台湾电机电子工业同业公会参访团全体成员参加“台商看雨花”活动。参访团到雨花非遗馆，了解对传统文化的传承，对传统工艺的保护；到雨花经开区，参观节能环保汽车产业、现代智能制造业、机器人产业与创新设计；到高桥国际商品展示贸易中心，了解雨花区现代经营和服务业。通过该活动，有利于为雨台两地情谊更深发展提供渠道，为雨台两地关系更融合密切创造条件，为雨台两地经济互助共赢搭建平台。（龙　辉）

2017年11月18日，“台商看雨花”活动　（龙辉/提供）

机构编制

【概况】　长沙市雨花区机构编制委员会办公室（简称“区编办”）是长沙市雨花区机构编制委员会的常设正科级办事机构，负责研究制定行政管理体制、机构改革的方案以及机构编制的日常管理工作，列入区委的工作机构序列。下设二级事业单位区事业单位登记管理局（简称“区事登局”）和雨花区机构编制实名制信息中心。核定行政编制6名、事业编制6名，其中领导职数4名。2017年，在职干部职工数12人，退休3人；党员14人，其中在职党员11人。

2017年，区编办深化“放管服”改革和行政体制改革，优化机构编制资源配置，强化机构编制部门自身建设，为建设“财富品质幸福雨花”，打造中部领先、国内一流的现代化强区提供坚强的体制机制保障。（刘　麟）

【行政审批制度改革】　2017年，区编办坚持“放管服”三管齐下，深入推进行政审批制度改革工作。做好市级第五批下放权限的承接落实工作，指导全区12个部门高效承接市级经济管理权限58项，其中行政许可19项、行政确认2项、行政备案22项、其他职权15项。承接的四类事项同时纳入权责清单、流程清单管理，并进入窗口办理，办总件量17007件，实现承接事项“加量不加时”，确保市级下放权限落地生根。开展全区减证便民专项行动，形成《区直各单位取消证明材料事项清单》，首批取消证明材料56项，最大力度优化证明材料开具的办理流程，解决“奇葩证明”“重复证明”“循环证明”等问题，提升“便民利企”效能。启动“互联网+政务服务”改革，以建设“智慧雨花”为目标，创新设立“新政策落地绿色通道”窗口并对外服务，推进政务服务标准化工作。优化政务服务事项562项，动态调整权力清单事项88项。制定《雨花区投资建设项目审批事项目录》，将18项区级行政职权纳入长沙市投资项目在线审批监管平台，推进全区投资建设项目"一次性"审批改革和"多规合一"平台建设工作。优化园区审批流程和服务环境。以"赋权强园"为切入点，指导区直有关部门同步向园区下放经济管理权限7项（行政许可4项、其他职权3项）；建成雨花经开区"一站式"企业服务中心，设置项目服务、企业服务、综合服务、党群服务窗口，承接事项总办件量117件，其中涉及131号令办理事项74件。（刘　麟）

【重点领域体制机制改革】 2017年，区编办以重点体制改革为突破，理顺基层体制机制。出台雨花区试点街道改革工作方案，以转变职能为核心，推进街道管理体制改革将30余项改革重点任务细化分解到2个试点街道和11个职能部门，打造科学合理的机构组织架构，形成有梯次的编制配备和规范的人员管理。规范区级统计机构设置，将区统计局由直属事业单位调整为政府工作部门，推进有关编制调整事项。按时保质完成区委巡察办、巡察组、纪委派驻纪检组等机构设立和编制划转，保障纪检监察体制改革任务落地落实。推进园区安全监督管理体制改革，确定区安监部门与园区"一个机构两块牌子"的管理机构，夯实园区安全监管力量。调整政府投资评审体制，合理配置财政评审和审计监督资源，形成既相互协调配合又相互监督的体制机制保障。（刘　麟）

【机构编制管理】 2017年，雨花区全面完成雨花区机构编制云平台系统数据录入，涵盖全区368家单位机构编制台账。以机构编制实名制管理为依托，全面实现机构清、编制清、领导职数清、实有人员清，全年开具编单248份，涉及人数1024人。统筹使用编制资源，主动服务大局，收回部分单位节余事业编制，缓解重点领域用编的供需矛盾。推行编外人员实名制，协同区财政局、区人社局研发雨花区编外人员管理实名制系统，建立集编外人员基础台账、网上申报审批、实时动态管理、综合数据统计分析等功能于一体的协同工作平台，通过大数据管理方式来从严把控编外合同制人员管理的"入口关"。（刘　麟）

【事业单位登记管理】 2017年，雨花区完成登记设立10项次，注销登记9项次，变更登记95项次（其中名称变更11项次，法定代表人变更30项次，开办资金变更41项次，住所变更7项次，举办单位变更2项次，宗旨和业务范围变更4项次）。区编委办推进统一社会信用代码赋码工作，为4家机关、群团办理统一社会信用代码信息变更。办理中文域名326条，其中政务域名87条，公益域名239条；办理网站标识139个，其中党政机关38个，事业单位101个。全区97家机关事业单位全部完成网站挂标工作。（刘　麟）

党校教育

【概况】 中共长沙市雨花区委党校（简称"区委党校"）是区委领导下培养党员干部和理论骨干的副县级中专体制学校，长沙市雨花区行政学校是雨花区公务员和专业技术人员的重要培训基地，承担全区党员干部的培训和教育工作；两校合署办公，一套人马、两块牌子。总建筑面积12500平方米，拥有办公楼一层13间，教学楼（教室5间）、能容纳300人学习的多功能报告厅1个、装配电脑40台的多媒体教室一间，实训室一个，图书藏量2万册，光纤网络和教学监控相连，天地两网设备齐全。党校实行校委负责制，校长由区委副书记担任。下设办公室、理论教研室和行政后勤室，核定编制15名。2017年，在编在职干教职工14人，其中：副县级领导干部1人，正科实职领导干部4人，副科实职干部1人，专业教学科研人员7人，后勤保障人员1人。

2017年，区委党校坚持以邓小平理论、"三个代表"重要思想、科学发展观和习近平新时代中国特色社会主义思想为指导，围绕"四个一"（打造一流品牌、创新一套机制、锤炼一支队伍、推出一批经验）的办学目标，紧密结合区委、区政府的中心工作设置主体班次，科学安排培训内容，紧密结合雨花实际，积极开展难点、热点问题研究，致力将科研成果转化为决策依据。利用教学资源优势，积极开展送课下基层活动，开展“两学一做”学习教育常态化制度化、形成党的理论、党性修养、领导艺术、省情区情等为主要内容的教学结构体系。抓好雨花区对口帮扶石牌镇的各项工作，全面提升石牌镇镇村两级干部的综合素质和履职能力，开办为期一周的“龙山县石牌镇镇村干部培训班”，提升学员们的党性修养、履行岗位职责等能力。

（蔡琳琼）

【干部培训】 2017年，区委党校建立和完善包括高校教师、上级党校教师、各级领导干部、专家顾问团成员、本校优秀教师、普通党员干部在内的师资信息库，为教学提供有力的师资保障。举办主体班22期，联合办班122期，培训人数13812人次；送课下基层60堂，受训人数3880人次。举办雨花区科级领导干部“学习贯彻党的十九大精神培训班”2期，对科级领导干部进行“学习贯彻十九大精神”的轮训。举办人才引进培训班。开办复旦大学区域经济发展高级研修班、四川大学区城市建设及管理提质培训班、中山大学区高新产业发展专题研修班、清华大学雨花区纪检、党务干部素养提升高级研修班四期异地班，收到学员学习心得、论文316篇，培训满意率98.9%。 （蔡琳琼）

2017年5月24日，人才引进培训班开班动员会

（蔡琳琼/提供）

【教学管理】 2017年，区委党校按组织之需、岗位之需、个人之需设置培训内容，党的理论教育和党性教育课程纳入各培训班教程，形成以党的理论、党性修养、领导艺术、省市区情为主要内容的教学结构体系，以适应形势任务的发展变化和干部知识更新、能力提高的需要。实行“统一申报、统一标准、统一审核、统一管理”，规范经费管理。健全制度体系，优化工作流程，确保学校各项工作有章可循。严格落实考勤制度、重大事项民主决策制度、新课试讲评教制度、科研论文研讨审核制度及科研项目申报制度，提高党校工作服务大局的效能。科学制定教学方案，精选名师名课，有效提高培训的针对性、实效性。严格执行学员考核制度，培训期间学员的出勤情况、课堂表现、考试成绩、学习论文等环节分别按比例纳入培训考核范畴，对学员的综合考评更加科学，更加全面。通过协议等方式开辟杨开慧纪念馆、湖南党史陈列馆、井湾子街道红星社区、洞井街道高升社区等现场教学基地，健全“区委党校＋基层党校＋教学基地”三级培训模式。在各个教学基地分别打造党性教育、村级经济发展、社区综合治理的“实境课堂”。（蔡琳琼）

【科研工作】 2017年，区委党校坚持科研服务区域中心工作，科研成果运用于教育培训工作。把打造精品课题作为推动科研工作的重要抓手，围绕财富幸福品质雨花建设，申报各级各类课题。立项省委党校课题1项，结项课题1项；立项市情研究会课题2项。获省委党校理论征文比赛二等奖2项、三等奖1项；获市委党校征文比赛二等奖1项、三等奖1项。区委党校聚焦雨花区专业化市场转型升级、高铁经济发展、社会治理、党的基层组织建设等中心工作，开展区级重点课题研究，调研课题成果《关于长沙高铁新城建设的思考》《高桥专业市场集群转型升级的调查与思考》《全面从严治党新形势下加强机关党务干部队伍建设的思考》《坚持共建共享，推进社会治理精细化——雨花区城市管理网格化的实践与思考》全部进入区领导决策视野。入选省委党校系统理论研讨会科研论文4篇，其中2篇调研论文获省委党校理论研讨会二等奖并在《湖湘论坛》上发表，1篇获三等奖，2篇在《雨花调研》

上刊载。（蔡琳琼）

【雨花区青年干部培训班开班】 2017年9月20日，2017年雨花区青年干部培训班开学仪式在区委党校举行，区委副书记、区委党校校长陈永高，区委党校常务副校长周敏参加，会议由区委常委、组织部部长龚畅主持。开学仪式上，周敏向全体学员介绍该次培训的基本情况，提出参加培训必须严格遵守的纪律要求。青年干部盘瑶代表全体学员发言。陈永高以“你的坚持，终究美好”为题，结合雨花实际与青年干部交心谈心，勉励学员坚持“四个意识”，做坚定的共产党人；要坚守“四个不断”，做优秀的接班人；要肩负“四个重任”，做光荣的雨花人。龚畅对学员提出两点要求，一是要珍惜机会，力求取得学习实效；二是要严守纪律，确保培训圆满顺利。参加此次培训的62名学员均为“87后”，区委组织部、区委党校为培训作开设“军训拓展”“红色教育”“对口帮扶”“党性教育”“能力提升”“成果展示”6个教学板块。培训期间安排区情调查、讨论交流等实践活动。（蔡琳琼）

老干部工作

【概况】 长沙市雨花区委老干部局负责全区离休和副县级以上退休干部的管理服务，并对全区退休干部管理工作进行宏观指导，归口区委组织部管理。区关心下一代工作委员会办公室、区老干部活动中心为二级事业单位。内设政治待遇科、生活待遇科、老年教育科、办公室4个职能科室。核定编制10名，其中领导职数4名。2017年，在职工作人员10人，雇员7人；离休2人，退休7人。机关党总支下设机关在职支部、机关离退休支部、省属企业离休支部3个支部。办公地点设在雨花区机关大院1号楼B座3楼。

2017年，区委老干部局全面落实《进一步加强和改进离退休干部工作的意见》，贯彻落实全国、全省、全市“双先”表彰大会老干部局长会议要求，切实抓好离退休干部思想政治建设和党支部建设、全面落实离退休干部政治待遇和生活待遇、不断满足离退休干部多元化服务需求、创新平台载体，为离退休干部发挥作用创造条件，确保老干部工作科学发展的态势。2月，雨花区老干局获全市区县级唯一“全省老干部工作先进集体”称号。3月，雨花区老干部大学获“全国示范老年大学”奖牌和证书，成为全国首批示范性老年大学。（周俊仪）

【落实政治待遇】 2017年，雨花区依托老干部大学、老干部党校、“老干部理论学习大课堂”等学习活动阵地和载体，通过集中宣讲与个人自学相结合、专题报告与研讨交流相结合等形式，组织老干部学习宣传贯彻十九大精神和习近平总书记系列重要讲话精神，学习新修订的《中国共产党章程》，组织专题讲座和学习9场。坚持保障老干部阅文制度，为每位老干部订阅《长沙晚报》和《老年人》杂志，定期组织老干部传阅和学习相关文件，了解文件精神，掌握政策实质。落实重大会议、重大活动邀请老干部参加制度，邀请老干部参加全区经济工作大会、区委五届全体（扩大）会议，组织老干部参观2017年中国中部（湖南）国际农博会等。坚持形势通报和参观考察制度，组织全区副县级以上离退休干部听取区委、区政府2017年上半年经济形势报告；参加各类主题学习活动15次，组织老干部参观考察长沙县锦绣江南、胡耀邦故居、雨花非遗馆、湘西凤凰和张家界等地。黄吉祥、戴明艳、罗娟、周丹云等获评“全市离退休干部工作先进个人”；区老干部大学、区关工委获“全市离退休干部工作先进集体”称号。（周俊仪）

【落实生活待遇】 2016年，雨花区主动回应老干部所需所盼，用心用情服务老干部，做好“三必访六慰问”和易地安置老干部走访慰问工作，走访老干部1200余人次，电话慰问1600余人次。5月，组织老干部进行健康体检，及时反馈检查情况，协助他们看病住院。建立老干部服务管理个性化档案，为老干部提供个性化、差异化服务，提高服务的针对性。建立老干部短信服务平台，为老干部生活、学习提供便捷服务。完善“四就近”服务工作网络，按照离退休干部居住比较集中、基础设施条件比较完善、为老服务资源比较丰富的原则，加大离退休干部社区“四就近”服务推进力度，扩大社区“四就近”覆盖面，75个有离退休干部居住的社区（村）全部开展“四就近”服务工作，覆盖率100%。

（周俊仪）

【“五老四教”工作】 2017年，雨花区深入推进“五老四教”（五老：老干部、老模范、老教师、老专家；四教：开展形式政策、党的历史、思想道德、公民道德四项教育）主题活动，围绕“五老四教添新彩，言传身教壮长沙”工作主题，发挥五老人员作用。3月，按照政治素质高、能力强、有条件等要求，全面摸底和组建全区“五老”信息员队伍、志愿服务队伍等；组织参加全市“五老”宣传员培训班，全区老干部网络宣传员撰写网评文章100余篇，跟帖400多次；依托雨花区“五老”金牌讲师团，开展金牌讲师“三分三进”主题活动。4月，召开雨花区“五老”金牌讲师团工作会。5月开始，开展相关“点赞助力”主题座谈会120余场，参与人数近万人，传播正能量。6月，区委老干部局举办“点赞新变化，添彩新长沙，喜迎十九大”主题微宣讲活动，“五老”人员畅谈党的十八大以来全国、全省、全市、全区的新变化、新成就、新期望，为“财富雨花、品质雨花、幸福雨花”的建设加油鼓劲。挖掘整理好家风故事，“讲家史、晒家训、谈家规”，将好家风讲座送进机关、社区、学校。“五老”人员围绕社区换届选举、防汛救灾等工作，充分发挥自己的各项优势，助力攻坚。以学习宣传贯彻党的十九大精神为主线，通过强化组织引导、深化活动内涵、优化服务保障，进一步加大主题活动的组织领导、活动策划力度，巩固和深化主题活动成果，发动“五老”宣讲员500余人次，开展宣讲活动近800场次，参与群众近2.5万人次。创建“发挥五老作用”示范点，打造一批发挥“五老”作用金字招牌，东塘街道浦沅社区等6个社区获评全市发挥“五老”作用示范阵地。

（周俊仪）

【关工委工作】 2017年，雨花区关心下一代工作委员会落实《中共长沙市委关于进一步加强和改进新时期关心下一代工作的意见》等文件精神，加强组织领导，完善组织机构和人员配备。开展“学史明理、立德树人”区“五老”金牌讲师送课进校园、学雷锋、传承好家风、“争做向上向善美德少年”等主题教育活动，弘扬社会主义核心价值观和中华民族传统文化。组织7个街道（镇）关爱阵地载体建设召开现场经验交流会，推动关爱阵地建设。8月22日，联合区教育基金会开展“爱心助学活动”，召开2017年度扶助大学贫困新生座谈会并发放助学金，资助区内20名大学新生每人4000元。11月8日，由市文明办、区文明委、区老干局、区关工委、区教育局、区文明办联合举办的雨花区“五老”学习宣传十九大精神系列之“学史明理、立德树人”进校园主题活动启动仪式暨区关工委助学活动在砂子塘泰禹小学举行，区关工委资助区内111名贫困中小学生关爱资金11.1万元，减轻就学经济负担。充分利用各类平台阵地，对孤儿、残疾青少年、失智青少年、沉迷网吧青少年、单亲家庭青少年等特殊群体进行重点帮扶。

（周俊仪）

【协会工作】 2017年，雨花区各涉老协会积极开展各项工作，区老年保健协会构建老年保健工作网络，普及老年保健知识，开展各类宣传活动200余场；6月，雨花区老年保健协会、老科协举办“倡导健康生活方式”工作交流会。10月，举办全区健康养老方式倡导者评选活动，获得市老干部局、市老年保健协会肯定。区诗词书画协会以“回首过往，喜迎十九大”为主题，在全区开展书画巡展30余场。

（周俊仪）

【老干部工作推进会】 2017年3月24日，雨花区老干部工作推进会在区政府召开。区涉老协会相关负责人，区直相关部门、街道、镇分管领导及专干参加本次会议。区直有关部门单位老干部工作分管负责人，各街道分管老干部工作负责人及老干部工作专干参加会议。区委组织部副部长、老干部局局长章波主持会议，部署离退休干部党建工作以及长办发〔2016〕39号文件精神、老干部待遇规范落实及主题活动开展等方面工作。区关工委、区老科技工作者协会、区老年保健协会布置各自工作。区委副书记陈永高强调，各单位要始终真心尊重老干部、始终真心关爱老干部、始终真正重视老干部工作，带着感情、带着责任，带着过硬的作风做好老干部工作，引导全区广大离退休干部及“五老”在文明创建、关心下一代、社区文化建设等多方面发挥余热、传播正能量，为“三个雨花”的实现再立新功。（周俊仪）

【雨花区政情通报会】 2017年8月18日，雨花区离退休干部政情通报会召开。区委组织部副部长、老干部局长章波主持本次会议。区委常委、常务副区长邹春林通报2017年上半年雨花区社会经济发展情况。区委常委、组织部部长龚畅汇报区委五届九次全体（扩大）会议情况，通报省委常委、市委书记胡衡华到雨花区调研工作的情况。龚畅表示，区委将一如既往地落实好老干部政策，尽可能多的为老干部办实事、办好事。也拜请广大老领导、老同志一如既往地发挥经验优势、威望优势、智慧优势，关心支持区委、区政府的工作，为“三个雨花”的建设加油鼓劲。（周俊仪）

【离退休干部主题座谈会】 2017年5月25日，雨花区老干局组织区离退休正县实职老干部开展“点赞长沙发展变化，助力创建国家中心城市”主题座谈会。区委原副书记、离休干部肖学源，区人大原主任王健、彭美尧、戴国强、谭小杰，区政协原主席苏伟、杜正国等参加活动。老领导们畅谈身边的变化，并表示做全面从严治党的坚定支持者和模范践行者，永葆共产党人本色，老干部们将一如既往地全力支持和配合党委、政府的重大决策部署，在力所能及的条件下为党委政府决策落实尽自己的一份心意，助力国家中心城市创建。9月8日，雨花区召开区委离退休干部工委书记、委员座谈会。区委组织部副部长、老干部局局长、区委离退休干部工委书记章波介绍全区离退休干部党建基本情况，传达省、市、区离退休干部党建工作相关文件精神。区委离退休干部工委成员单位做表态发言。区委常委、组织部部长龚畅强调，要高度重视离退休干部党建工作，区直部门离退休党建工作要着重加强离退休干部党员政治生活和组织生活，部门要优化服务态度，做好后勤保障工作；社区方面要围绕全区重点工作，发挥离退休干部党支部堡垒作用，服务小区党建工作；区委离退休干部工委要切实加强领导，加强典型引路，形成良好的工作氛围。9月11日，雨花区“点赞新变化，喜迎十九大”离退休干部座谈会召开，章波介绍座谈会的主题和意义。老同志们畅所欲言，表达十八大以来感受到的变化。章波倡议，老领导们尤其是使用微信网络的老领导，不信谣、不传谣，不发未经官方认可的“所谓内部消息”，多发体现正能量的言论和文章，以实际行动迎接十九大的召开。（周俊仪）

【关心下一代工作现场观摩和经验交流会】 2017年6月14日，雨花区全区关心下一代工作现场观摩和经验交流会召开，与会人员参观赤岗社区、廖家湾社区、井旺社区关爱平台建设情况，听取东塘街道、高桥街道和融城苑社区、红花坡社区的介绍经验。市政协原副主席、市关工委常务副主任姚五零赞扬雨花区关心下一代工作取得的成效，希望雨花区多举行观摩交流活动，在均衡推进关心下一代工作建设时，争取使新平台也全面提升、用心提炼，打造出更多成效实、作用好、影响大的平台。雨花区委常委、统战部部长成钢，区人大原主任、关工委主任谭小杰，区政协原秘书长、关工委副主任胡义初，全区各街道（镇）关工委工作分管领导和专干参加观摩和经验交流会。（周俊仪）

【雨花区离退休干部工委挂牌】 2017年7月12日，中国共产党长沙市雨花区离退休干部工作委员会挂牌，市委离退休干部工委副书记、老干部局副局长

2017 年 7 月 12 日，雨花区委离退休干部工委挂牌成立（周俊仪 / 提供）

邓国强，区委常委、组织部部长龚畅出席仪式。邓国强肯定雨花区老干部工作及离退休干部党建工作上取得的巨大成就，鼓励雨花区充分利用离退休干部工委成立的大好局面，继续深入开展离退休干部党建工作，争取取得更好成绩。区委副书记陈永高感谢雨花区的老同志、老党员在抗洪防汛工作中的积极奉献，表示区委离退休干部工委的成立对雨花区离退休干部党建工作的发展而言，意义重大、影响深远。各单位要密切配合区委离退休干部工委，保证工委各项工作开展，形成工作最大合力；要不断加强离退休干部党组织建设，落实全面从严治党的要求；要积极发挥离退休干部党员的优势，为党和人民的事业增添正能量。挂牌仪式后，市委党校教授陈果为雨花区全区离退休党支部书记及委员第一次培训专题授课。（周俊仪）

【湖南省委离退休干部工委考评雨花区老干部工作】 2017 年 9 月 7 日，湖南省委老干部局人事处处长林文率省委离退休干部工委考评组考评政院社区全省示范离退休干部党支部建设情况。林文一行检查政院社区“老首长”离退休干部党支部阵地建设情况，和党支部的支委座谈并查阅支部工作开展台账资料，全面了解支部工作情况。（周俊仪）

【长沙市委老干部局调研雨花区老干部工作】 2017 年 11 月 16 日，长沙市委老干部局副局长唐安石一行参观提质改建后的东塘街道浦沅社区公共服务中心和“老口子”亲情服务队阵地、雨花亭街道新星社区群星志愿者协会阵地、考察雨花区发挥“五老”作用示范阵地建设情况；参观左家塘街道长钢社区，验收老年教育网络课堂示范点；听取 3 个社区“五老”工作情况、“五老”阵地建设情况和老年教育情况汇报。唐安石要求，社区要为老年人提供阵地、搭建平台、解决实际困难；借助社会力量进一步促进老年教育的发展；要注重发挥“五老”作用，“发挥五老”政治优势、威望优势、经验优势，帮助基层解决实际问题提质社区管理。11 月 21 日，市委老干部局副局长邓国强带队考察井湾子街道融城苑社区、砂子塘街道金地社区、圭塘街道雨花家园社区，调研雨花区基层离退休干部党建工作，对雨花区申报的市级“五好”离退休干部党支部督查验收。12 月 26 日，市委组织部副部长、老干部局局长、市委离退休干部工委书记罗玉环一行调研雨花区老干部工作，参观雨花区老干部大学和老干部活动中心的各个教室、功能室和场馆，了解区老干部大学学科设置情况和班级开设情况；听取区老干部大学校长谭小杰雨花区老干部大学运行情况汇报和区委组织部副部长、老干局局长蒋多利 2018 年雨花区老干工作的思路汇报。（周俊仪）

史志档案

【概况】 长沙市雨花区史志档案局为区委直属事业单位，主要职能是负责全区档案管理和保护、利用、档案宣教执法、史志编研及党史、区志宣传教育工作。内设办公室、档案馆、档案法制宣教科、史志科（党史办）4 个职能科（室）。核定编制 8 名，其中领导职数 3 名；全体在职干部职工数 14 人，其中引进人才 1 人，雇员 5 人；退休 8 人；党员 20 人，其中在职党员 12 人。办公地点设在雨花区人民政府机关大院文化中心。

2017 年，区史志档案局围绕年初确定的史志档案工作要点，加大史志、档案宣教力度，加强编史修志和档案管理利用工作，进一步增强服务雨花经济社会发展和人民群众的能力，以数字档案建设与年鉴编纂工作为重点，推动史志档案工作不断向前发展。实现《雨花年鉴（2016）》《红星村志》公开出版，《红色记忆（第三辑）》出版，协调推进《黎托乡志》与《洞井镇志》的编纂工作，启动乡镇简志编纂工作。馆藏档案5万余卷，全年为各重点项目提供建房、工程等档案1500余卷，提供婚姻、退伍、病案、文书等档案查阅2200余人次，利用卷宗2200余卷/件，接待各类咨询人数达到2500余人。获评全省档案宣传工作先进集体。

（唐清明）

【党史工作】 2017年，开展党史“四进”活动，通过丰富多彩的形式和措施，让更多人了解党史工作，利用党史资源。在区政府文化中心悬挂横幅，摆放展板，通过局官网、QQ群、微信群等方式，宣传党史工作，介绍区情区貌。在砂子塘街道金科园社区开展党史文化进社区活动，在高桥街道永祥社区赠送大量党史宣传资料。区委党史联络组老同志多次深入街道社区和机关单位，为党员干部群众上党课。以“中国共产党第十九次代表大会召开”与“中国人民解放军建军90周年”为主题，启动《红色记忆（第三辑）》编撰工作，于12月完成出版印刷。

（唐清明）

【地方志工作】 2017年，开展庆祝国务院颁布《地方志工作条例》11周年宣传活动。通过局官网、QQ群、微信群等各种方式，宣传地方志工作，介绍区情区貌。开展地方志文化进社区活动，向砂子塘街道社区群众提供史志知识与地情概貌的咨询服务，并免费赠送史志书籍资料。与市志办联合在高桥街道永祥社区开展以“传承长沙文脉，培育方志情怀”为主题的地方志文化进社区活动。按照“一年一鉴”要求，推进年鉴编纂工作。将《雨花年鉴》进行全彩页的改版，以更全面、更生动地反映出雨花全年的发展面貌。完成《雨花年鉴（2016）》公开出版。启动《雨花年鉴（2017）》编纂工作，收集到文字资料100万余字，图片资料800余张图片，年底完成该书初稿，共620页，110.1万字；彩页81页，图片199张。召开乡镇志编纂工作座谈会，协调推进《黎托乡志》与《洞井镇志》编纂工作。召开《雨花区镇街简志》评审会，形成复审稿。召开《红星村志》送审稿评审会，根据评审意见对稿件进行修改，于7月份形成定稿，11月完成《红星村志》出版印刷。参与《长沙年鉴》2016年度人物、年度事件评选推选工作，上报年度人物7名，年度事件12个。

（唐清明）

【档案工作】 2017年，“雨花区数字档案馆”项目建设一期工作全部完成，共完成480万页档案的扫描、微缩任务，全部通过验收并进行了挂接，投入使用；启动二期工程，完成剩余的1万余卷约500万页数字化处理的招投标及政府采购程序，中标公司进场施工。加强档案安全提升利用效率，库房安全管理人员定期对库房进行安全、温湿度检查，定期对档案进行除尘、消毒，定期清理库房卫生。完善档案数字化工作的进出库管理制度，做好档案数据备份，对中标公司的现场管理采取巡查制，严防档案泄密事件的发生。参加省、市档案局举办的档案业务知识培训班，提高本馆工作人员业务水平；分2期举办档案业务知识培训班，第1期为区直各部门新任档案工作人员的业务培训，第2期分街道、镇对各辖区内近170个社区（筹委会）、村的专兼职档案员进行业务培训，并现场指导、答疑，通过面对面的交流，提高参训人员积极性，现场解决他们在工作中遇到的实际困难。

（唐清明）

【雨花区馆藏档案数字化项目中期验收通过】 2017年2月21日，区史志档案局召开馆藏档案数字化项目中期验收会议。省档案局科技信息处副处长王康、市档案馆馆长马强、市档案局信息处处长汤才友等参加会议，对区馆藏档案数字化项目进行中期验收评估。该次中期验收完成数字化和缩微数字化一体化两项处理共计14065卷，总页面数2446570页，涉及文书、婚姻、退伍军人、知青、独生子女、领收养等34个全宗单位的档案。验收采取听汇报、实地查看、现场抽检数据等方式进行，专家验收组一致认为中期验收合格，强调档案馆与项目施工方应重视档案安全与质量两方面的问题，后期着重做好数字化处理工作人员现场管理、人员流动报备、质量反馈与及时整改，数据异地备份等工作，双方共同配合，提升项目质量。馆藏档案数字化验收合格为提升区史志档案局（馆）的档案利用效率奠定基础，为实现长沙市馆际分布式数据库远程共享利用提供了更多数据支持。（唐清明）

【市地方志工作督查组专项督查雨花区工作】2017 年 3 月 15 日，市地方志办党组书记、主任王习加一行到雨花区专项督查地方志工作。区委常委、区委办主任周海毅，区政府副区长刘江红，区史志档案局主要负责人及相关工作人参加座谈会。会上，区史志档案局党组书记、局长夏杨就全区地方志工作作专题汇报。周海毅强调，将进一步加大协调力度，确保“一纳入八到位”（纳入国民经济和社会发展规划、政府工作任务；认识到位、领导到位、机构到位、编制到位、经费到位、设施到位、规划到位、工作到位）落到实处，切实抓好组织领导、督查协调与服务保障，加强纵向横向的力量，整合各种有利资源，创造一切条件推动全区地方志工作走在前列。王习加对雨花区地方志工作取得的成绩表示肯定，认为雨花区地方志工作具有领导重视、保障有力、基础扎实、工作认真、特色突出、宣传到位等特点，对雨花区地方志工作在人员、编制、业务方面上的问题提出意见和建议，强调要进一步落实“一纳入八到位”，转型升级地方志基础工作，并结合雨花区实际开展特色亮点工作，发挥好地方志为经济社会发展服务的功能。（唐清明）

【乡镇简志推进会】2017 年 4 月 7 日，区史志档案局组织召开乡镇简志推进会，着力提高乡镇（街道）简志稿件的质量，为迎接市对区审查做好充分准备。区史志档案局党组书记、局长夏杨，史志科全体工作人员，跳马镇、各街道乡镇简志撰稿人参加会议。会上，区史志档案局史志科科长刘科明介绍雨花区开展乡镇（街道）简志编纂工作的背景及进展情况，对该工作提出针对性的要求。史志科唐清明介绍乡镇（街道）简志具有“全面”“简炼”“特色”三大特点，指出已有稿件存在着要素不全、体例不合、篇幅偏小、特色不足等共性问题，对乡镇（街道）简志评审验收的质量标准进行说明。《洞井镇志》主编肖亿明作经验介绍，强调要做好乡镇（街道）简志编纂工作，关键是要做到广泛收集资料和突出重点资料。各街道（镇）撰稿人作工作情况汇报，重点谈开展该工作的困难、问题及对策，表示将结合初审意见进一步完善稿件。夏杨强调编修乡镇（街道）简志的重要意义，对如何进一步做好该项工作提出要求：一是高度重视，确保专人负责；二是加强衔接，共享经验成果；三是克服困难，高质高效完成。（唐清明）

【雨花区《红星村志》送审稿评审会】2017 年 5 月 17 日，区史志档案局在区政府 2 号楼 B117 会议室召开《红星村志》送审稿评审会。省地方志编纂委员会市县志处处长隆清华，市地方志办党组书记、主任王习加，市地方志办副主任贺国成，市地方志办业务指导处处长高路，区党史联络组组长杜正国、副组长李海清，区史志档案局主要负责人及相关工作人员参加。会议由区史志档案局党组书记、局长夏杨主持。会上，省、市专家一一对《红星村志》送审稿发表评审意见。隆清华认为《红星村志》志稿体例符合要求，资料丰富翔实，行文规范，文风朴实，对志稿篇目设置与内容记述上提出修改意见，强调要在篇章设计上要充分彰显“红星”名片，体现发展中最突出的成就。高路认为志稿政治观点正确，总体资料齐全，行文流畅，层次分明，对篇目、行文规范、计量单位、语言文字表述、记述内容等各方面提出了具体细致的意见。贺国成认为志稿框架结构合理，篇目安排得当，还就篇章顺序以及人名、地名、数字规范等提出相应评审意见。王习加认为《红星村志》修志经验值得向全市推广，有利于带动全市名镇、名村志的编纂工作，建议《红星村志》既要严格按照志书体例编写，又要突出本地特色，打造成一本精品志书。通过该次评审会，收集到大量省、市地方志领导机构的指导意见，对于进一步提升《红星村志》的质量，加快修志进度具有重要意义，为按时按质完成《红星村志》公开出版奠定基础，为后续的乡镇志、村志编纂工作提供了修志经验。（唐清明）

2017年5月17日，雨花区《红星村志》送审稿评审会（唐清明/摄）

【“5·18”地方志宣传活动】 2017年5月18日，为庆祝国务院《地方志工作条例》颁布11周年，宣传地方志文化，促进读志用志，区史志档案局在砂子塘街道金科园社区开展地方志文化进社区活动。区史志档案局负责人及史志科全体工作人员及社区负责人、居民群众参与活动。活动现场，区史志档案局悬挂地方志宣传横幅标语，摆放展示《地方志工作条例》宣传册和《雨花区志》《湖南年鉴》《长沙年鉴》《雨花年鉴》《红色记忆》等大量宣传资料及地情书籍，提供地方志知识与地情概貌的咨询服务，免费向社区群众赠送书籍资料，活动得到群众的欢迎。通过该次活动，促进了居民群众走近和了解地方志，宣传了依法修志，推动和营造了学志、读志、用志的氛围。（唐清明）

【“传承长沙文脉，培育方志情怀”主题活动】 2017年6月14日，区史志档案局联合市地方志办以“传承长沙文脉，培育方志情怀”为主题，在高桥街道永祥社区开展地方志文化进社区活动。市地方志办副主任贺国成、肖清平及相关工作人员，区史志档案局党组书记、局长夏杨及史志科全体工作人员，高桥街道办事处副主任邓卓，永祥社区书记及主任，社区群众代表等共30余人参加活动。活动现场，永祥社区书记徐青峰致辞，讲述对地方志的理解和体悟。市地方志办负责人向社区授牌“方志之家”，希望社区能够打造方志阵地，让更多的居民群众了解方志文化。市地方志办与区史志档案局向永祥社区赠送《地方志工作条例》宣传册和《雨花区志》《长沙年鉴》《雨花年鉴》《红色记忆》等大量宣传资料及地情书籍，宣传依法修志，介绍长沙和雨花历史文化、地情地貌。肖清平强调利用社区平台来推广和宣传地方志文化，有利于发挥地方志“存史、资政、育人”的作用，希望社区多多挖掘可以讲故事的人，给地方志工作提供更多更好的素材和资料，共同推动地方志繁荣发展，弘扬中华优秀传统文化。市志办和区史志档案局领导及工作人员，在社区书记和主任的带领下，参观社区办公阵地，了解社区打造的“和”文化。通过该次活动，加深了社区居民群众对地方志文化的了解，营造读志用志的氛围。（唐清明）

【《雨花区镇街简志》评审会】 2017年8月18日，区史志档案局在区政府机关大院2号楼B117会议室召开《雨花区镇街简志》评审会。市地方志办党组书记、主任王习加，副主任贺国成，业务指导处处长高路，区政府副区长刘江红，各区县（市）史志档案局负责人和专家及《雨花区镇街简志》编辑部成员参加会议。会议由区史志档案局党组书记、局长夏杨主持。刘江红致辞，向与会领导、专家简要介绍雨花区情区貌及近年来经济社会发展成就，表示将继续对地方志工作给予支持，高质高效完成乡镇简志编纂工作。区史志档案局党组副书记、副局长周红雨从工作开展情况、存在困难及问题、下一步工作计划三个方面，介绍雨花区乡镇简志编纂工作情况。市地方志办专家从篇目、原则、内容、语言、行文规范等各个方面对整篇简志稿进行讲评，提出评审意见。各区县（市）按照评审篇目分工，发表评审意见。贺国成强调，客观真实是志书的关键，相关传说或传言可不记载，以充分保证志书的质量。王习加对《雨花区镇街简志》编纂工作给予肯定，要求接下来雨花区要认真细看每一条评审意见并充分吸收，花时间、下功夫对稿件的内容进行修改完善，并对全市年鉴编纂工作与参评工作、名镇志、名村志文化工程等工作进行调度，强调大家要共同努力推进长沙地方志工作始终走在全省前列。（唐清明）

【学习档案法律法规活动】 2017年9月5日，为纪念《中华人民共和国档案法》（以下简称《档案法》）颁布30周年，区史志档案局在C207会议室深入开展学习档案法律法规活动。活动由区史志档案局党组副书记、副局长周红雨主持。周红雨对《档案法》的实施现状和雨花区的档案执法工作进行简述，指出自《档案法》施行以来，档案行政管理部门工作人员基本具备依法治档的意识，档案法制观念得以加强，雨花区的档案执法检查工作每年如期举行，但全社会的档案法制意识与雨花区档案事业发展的要求还有较大差距，有法不依的现象还不同程度地存在，档案执法工作有待进一步深入和加强。档案科工作人员带领大家学习《档案法》《实施办法》《档案执法监督检查工作暂行规定》等法律法规；参会的干部职工谈自学习体会。周红雨认为该次活动提高了全局干部的档案法制意识，增强了法制观念，要求全局档案工作者遵循习近平提出的“档案工作要走向依法管理、走向开放、走向现代化”的要求，加强学习，提升业务能力，为档案执法检查工作打好基础，稳步地推进全区档案执法工作。（唐清明）

【《黎托乡志》与《洞井镇志》编纂工作座谈会】 2017年9月12日，区史志档案局在黎托街道五楼会议室组织召开《黎托乡志》与《洞井镇志》编纂工作座谈会，就乡镇志的编纂进行第四次指导。区史志档案局副局长尹亿民及史志科全体工作人员，黎托街道、洞井街道、同升街道、东山街道分管领导及史志专干，《黎托乡志》与《洞井镇志》编辑部全体成员参加会议。会上，《黎托乡志》主编唐让青介绍《黎托乡志》编纂工作情况：重新审定和编写书的目录；完成大事记的编写；完成正文18章的编写（总共21章）；完成《黎托街道简志》初稿。《洞井镇志》主编肖亿明介绍《洞井镇志》编纂工作情况：收集大量资料（查阅958卷，10万多页资料）；完成大事记编写，完成正文10章的编写（总共24章）。与会的街道分管领导分别发言，表示将继续关心和重视修志工作，在人力、物力、财力上给予最大支持，用心、用力、用情推进该项工作。区史志档案局史志科工作人员针对《黎托乡志》与《洞井镇志》存在的问题，进行业务指导。尹亿民强调对做好乡镇志编纂工作提出三条建议：一是要时间上再抓紧，把握好时间节奏；二是质量上再提升，做到内容全面、特色鲜明、兼具可读性；三是联系上再紧密，共同推动修志工作早日完成。该次会议是《黎托乡志》与《洞井镇志》编纂工作进入关键阶段的会议，有利于加强对该项工作的业务指导和进度把握，从而更好地高质、高效完成《黎托乡志》与《洞井镇志》编纂工作。（唐清明）

【《雨花年鉴（2016）》公开出版】 2017年10月，由长沙市雨花区人民政府主办，长沙市雨花区年鉴编纂委员会编纂的《雨花年鉴（2016）》，在方志出版社的审核批准下公开出版发行。该书是一部系统反映雨花区2015年度自然、政治、经济、文化、社会等方面情况的年度资料性文献。《雨花年鉴（2016）》设30个部类；122个分目；近1000个条目。全书共510页，90.6万字；彩页82页，图片284张；正文插图58张；表格34个；随书附带光盘。《雨花年鉴（2016）》是自2014年创刊以来连续出版发行的第4卷，与前三卷相比，该书首次采用全彩页印刷，并在正文中插入相关图片，使得全书内容更加丰富形象，更具可读性。《雨花年鉴》的连续公开出版发行，成为雨花区积累和保存年度珍贵的文字和图片资料的重要方式，也成为全社会认识雨花、了解雨花的重要窗口。（唐清明）

【《洞井镇志》编纂工作推进会】 2017年11月16日，区史志档案局在洞井街道召开《洞井镇志》编纂工作推进会，区史志档案局党组书记、局长夏杨，副局长尹亿民，洞井街道党工委副书记、办事处主任宋电，街道工委副书记、人大工委主任文健雄以及《洞井镇志》编辑部全体成员参加会议。会上，洞井街道党政办常务副主任唐静汇报《洞井镇志》编纂工作基本情况，重点介绍在推进该项工作存在的困难和问题。《洞井镇志》主编肖亿明从人员分工、篇章结构、统计数据、内容组稿等方面介绍《洞井镇志》的稿件撰写情况。《红星村志》主编刘小华分享《红星村志》的编修经验，就如何编写好《洞井镇志》提出建议。尹亿民指出在编写《洞井镇志》过程中，要正确处理好加快进度与放松心态、分工与合作两个方面的关系。宋电表示洞井街道将高度重视修志工作，在人员、经费等各方面给予该项工作充分保障，争取早日完成工作任务。夏杨指出洞井历史悠久，发展成就巨大，编修好《洞井镇志》意义重大，要求要按照工作目标，集合各方面的力量，扎扎实实推进该项工作，争取将《洞井镇志》打造成精品志书。（唐清明）

【《红星村志》公开出版】 2017年11月，由长沙市雨花区人民政府主办，长沙市雨花区《红星村志》编纂委员会编纂的《红星村志》，由方志出版社公开出版发行。该书是雨花区第一部村志，也是长沙市首部官修村级志书。《红星村志》记载红星村自1955年有建置以来至2012年8月撤村划分为4个社区的政治、经济、文化、社会等各方面的发展变化，集中展现红星村改革开放后的经济建设、社会发展新成绩和新经验。该书分篇、章、节、目四个层次，设6个篇：建设·境域·人口、政治、农业、商业·手工业·工业、村域建设·村民生活、教育·文体·卫生；20章；65节。全书共203页，38万余字；彩页8页，图片41张；地图2张；表格56个；随书附带光盘。《红星村志》编纂工作始于2014年3月，历经4年多时间完成。2014年3月，区史志档案局成立《红星村志》编辑部，5月，编辑部及相关人员到青岛、苏州等地考察写史修志，学习村史村志的编修经验。之后开始收集资料，共查阅1200余卷档案，约100万字，文字电子稿、录音及图片资料电子档案若干。2015年5月，根据具体工作实际，重新调整编辑队伍，由区史志档案局、区委党史联络组、外聘人员三方组成5人编辑部，并于7月中旬召开《红星村志》篇目评审会，通过省市领导和史志专家的评定。随后，正式开始村志初稿编写工作。2016年，完成初稿（共计8篇，25万余字），进入评审。2017年5月，《红星村志》顺利通过省市区三级评审，经过修改完善，于7月完成全志定稿（共计8篇，30万余字）。随之报方志出版社审核，于2017年11月公开出版印刷。《红星村志》是雨花区推动地方志工作走在全市前列的重要载体，是打造乡镇村级综合性精品志书的成功典范。该书具有经济人文色彩浓郁、地方特色鲜明等特点，对了解与研究红星村的历史变迁具有重要的史料价值，为雨花区推进经济社会全面发展提供了历史借鉴。（唐清明）

【雨花区馆藏档案数字化项目（一期）验收通过】 2017年11月1日，雨花区馆藏档案数字化项目（一期）验收会议在区政府机关大院文化中心三楼会议室召开。区史志档案局、供应商湖南琴海数码股份有限公司、招标代理公司长沙紫光招标咨询有限公司参会。国防科技大学高级工程师何志勇、湖南省政府采购评审专家蒋小勇、市档案局信息处处长汤才友等专家组成验收组进行评估。“雨花区数字档案馆”建设项目于2014年8月经区长办公会研究通过正式启动。该项目共分两期完成。2015年1月，湖南琴海数码股份有限公司通过政府采购公开招标程序中标项目一期，2015年5月正式进场，至2017年4月，项目的三个数据库软件平台（馆藏档案目录数据库、全文数据库、多媒体数据库）搭建完毕并试运行，完成馆藏档案数字化和缩微数字化一体化两项处理共计29718卷，总页面数4857983页，涉及文书、婚姻、建房、退伍军人、知青、独生子女等多种类型的档案。专家验收组严格把关验收程序，听取供应商的工作汇报，逐项查验各项报告，并现场抽检数据，最后达成共识，认为验收合格。专家验收组组长何志勇对做好以后的验收工作提出了加强资料整理、完善验收报告等切实可行的指导意见。2017 年 5 月，区史志档案局启动二期档案数字化处理项目，对馆藏档案 1 万余卷（主要是工程档案）约 500 万页进行数字化处理，招标工作顺利完成，中标公司已进场施工，力争在 2018 年底完成二期馆藏档案的数字化处理工作。该次档案数字化项目（一期）顺利通过验收为开展二期档案数字化处理工作奠定基础，提升了局（馆）档案利用效率，为实现市局“馆际一体化”目标提供了更多的数据支持，也将进一步推动档案管理工作模式的转变，提升档案服务社会的能力。（唐清明）

【2017 年度档案执法检查】 2017 年 11 月 7 日起，区史志档案局与区委机要局联合开展为期两周的工作检查。该次检查采取各单位自查和检查组抽查相结合的方式，共抽检区直各部门单位 44 家，12 个街道、跳马镇及各街道、镇所属社区（筹委会）、村 26 个。档案工作检查的主要内容是各单位档案工作机构的建立和专（兼）职档案人员配备情况；档案管理制度建立情况；档案库房与设施配备及档案安全保管情况；各门类档案收集与整理归档情况；各单位全宗介绍、大事记、档案利用实例情况等。通过书面汇报、查看档案与库房等方式，检查组对发现的问题逐项记录，并进行现场指导，提出相关建议。检查的整体情况稍后将在全区进行通报。通过检查发现，各单位档案工作领导体制基本建立，档案管理各项制度明确，档案保管条件进一步改善，档案利用服务效果日趋明显。同时，也还存在着部分单位档案收集不全、整理不规范、保管期限不明、库房管理不严等问题。通过此次检查，各单位增强了档案法制观念，提升了归档意识。针对检查中发现的问题，区史志档案局督促相关单位整改落实，并加强业务指导，提升各单位档案管理规范化水平，推动全区档案工作再上新的台阶。（唐清明）

【《红色记忆（第三辑）》出版】 2017 年 12 月，由中共长沙市雨花区委员会主办、区史志档案局组织编纂的《红色记忆（第三辑）》完成出版。该书成书于中国共产党第十九次全国代表大会召开、建军九十周年之际，旨在客观、真实地收录和反映党史人物、党史事件，具有丰富的图文内容和鲜明的时代特点，全书设党史答疑、不忘初心、建军辉煌、郊区岁月、改革发展五个板块，共 316 页，23 万余字，184 张图片，12 个表。该书作为雨花党史丛书第三辑，主要具有“回顾光辉历程，不忘党员初心”“聚焦周年纪念，展现建军辉煌”“体现雨花作为，书写改革成就”三个特点。该书既是区史志档案局贯彻落实中共十九大精神的重要载体，是做好党建、党史工作的抓手，有利于发挥党的历史以史鉴今、资政育人的作用，更好地为现实服务。（唐清明）

机关党建

【概况】 中共长沙市雨花区直属机关工作委员会（简称“区直机关工委”）负责区直机关党务、党建工作。核定行政编制 3 名。2017 年，区直机关工委在职在编干部 6 人，其中领导职数 4 名；雇员 2 人；退休干部 7 人。办公地点设在雨花区人民政府机关大院交通局 4 层。2017 年，机关工委负责指导 84 个党支部工作（其中，党总支 11 个，党委部门机关支部 11 个、离退休支部 11 个），区直机关党员总人数 1415 名（不含党委部门机关支部党员），其中在职党员 1092 人，离退休党员 323 人。（吴晓红）

【思想政治建设】 区直机关工委加强与机关各党组（委）的沟通、协调力度，切实加强机关党建力量，选取进取心强、责任心强，政治素质比较高、学历层次比较高的年轻干部任总支（支部）书记，区直机关 55 名党总支（支部）书记，均由班子成员兼任，部分支部书记为单位一把手或常委部门常务副职，选配党建专（兼）干 85 名。以“星级支部”为依托，开展“五化支部”创建活动，8 月，表彰一批“五化支部”和优秀党支部书记、优秀党建专干，发挥典型示范作用。坚持支部书记月工作例会、新任支部书记任前谈话和工作排名末位约谈制度、季度交叉检查述职述评会议以及不同层次的培训，提升机关党务干部的工作能力。12名优秀机关总支（支部）书记参加“清华大学党务干部素养提升高级研究班”学习，提高支部书记的履职能力。通过机关大课堂、三会一课、支部主题党日、支部主题讨论、集中学习等形式，深入学习党的十九大精神、习近平新时代中国特色社会主义思想和党章党规，发挥党组织的战斗堡垒作用和党员的先锋模范作用。利用互联网资源，建立党员微信群、QQ 群、短信互动平台，方便党员干部随时随地参加学习接受教育。开展十九大精神知识点竞赛活动，评选出区卫计局等优秀组织奖 5 个、先进个人 202 个，营造浓厚的你追我赶超的学习氛围，提高机关党员的政治素养。严格依法依规依程序发展新党员 16 名，11 名预备党员按期转正，培训入党积极分子 45 名；严格党费收缴管理，依规收取党费 59.65 万元；按时按要求完成对区直机关 1415 名党员的年度统计工作、党员信息采集排查和“红星云”注册等。开展“红星云”学习之星评选活动，雨花区名列全市区县级学习积分第一。（吴晓红）

【基层组织建设】 2017 年，区直机关工委负责指导 84 个党支部工作 . 其中，党总支 11 个，党委部门机关支部 11 个、离退休支部 11 个。雨花区出台《关于落实全面从严治党要求，进一步加强区直机关党的建设的实施意见》，坚持党要管党，从严治党，狠抓第一责任人“一岗双责”落实 。党委（组）履行管党治党的主体责任，坚持把抓好党建作为第一责任和最大政绩，把机关党建工作摆在突出位置，党建工作与业务工作同研究、同部署、同落实。区直机关工委会同区纪委、区委组织部、区财政局联合制定《关于进一步规范区属机关党组织活动的管理办法》；制定机关工委班子成员党建工作联系点制度、机关党员积分管理制度、区直机关年度党课巡回宣讲实施办法、机关党建季度交叉检查讲评实施办法等，以指导性文件引领、以制度体系化建设进一步规范机关党建工作。工委班子成员走访联点党总支（支部）109 个次，走访党员 800 余人次，提升机关党建工作品质。全面推行党员积分管理制度，坚持党员教育以党总支（支部）党课为主，机关巡回党课为辅，确保机关党员全员接受党的教育，实现党员教育经常化、制度化，党课巡回宣讲 8 次，实现支部党课全覆盖，党员党课覆盖率超 95%。落实季度交叉检查讲评实施办法，组织季度党建交叉检查人员 86 人次，检查党总支（支部）工作 340 个次，检查党员学习笔记本、党员证 6320 多人次。落实《支部主题党日》等七项制度，开展支部主题党日活动，支部主题党日活动主题突出、内容丰富、形式多样、特色鲜明。加强对机关党组织换届选举工作督促和指导，18 个党总支（支部）期满换届；严格落实机关党建工作痕迹化纪实管理，机关各党总支（支部）党建工作年初有计划、活动有方案、有台账、有总结，党员个人学习内容达标、笔记工整齐全，心得体会真实深刻，规范支部建设，推进工作的落实。10 月 27 日，全市机关党建现场交流观摩会在雨花区召开，观摩团参观区人社局、火车南站综管办、区交通运输局机关党建工作成果。（吴晓红）

【党员志愿服务】 2017 年，区直机关工委开展“亮身份、强服务、争先锋”主题实践活动，通过佩戴党徽，创建党员示范岗、党员先锋岗，提升党员干部的服务意识、工作标准、工作效率。开展“学雷锋精神，树党员形象”志愿服务主题活动，打造“党性锤炼”志愿服务基地 8 个，各党总支（支部）为服务基地的老人和残疾儿童捐款、捐物（折价）30 万余元；机关 90 名党员干部职工参加无偿献血；走访慰问机关老党员和生活困难党员、职工 70 人次，发放慰问金 5 万余元；组织“金秋助学”活动，帮扶贫困学生。（吴晓红）

【群团组织活动】 2017 年，雨花区组织“微理论 · 微宣讲暨依法治国看长沙”宣讲团队参加全市比赛，获得第三名。3 月，举办“财富雨花、品质雨花、幸福雨花”主题手机摄影比赛，收到200幅作品；组织机关工会健康才艺比赛等活动。5月，组织开展历时5个月的“喜迎十九大，重走革命路”健步走活动。6月，组织“歌唱社会主义核心价值观，我们有信仰”区直机关广场舞比赛。9月，组织区直机关干部职工参加“喜迎十九大，培育新动能”长沙市职工趣跑挑战赛。（吴晓红）

【党风廉政建设】 2017年，区直机关工委将机关党风廉政建设情况纳入党建工作季度交叉检查和机关党总支（支部）述职重点内容，强化党员干部的党风廉政教育，组织党员干部参观警示教育基地，上廉政党课等，适时开展警示教育和党风廉政教育。机关各党总支（支部）结合单位实际，开展党风廉政建设系列教育活动。组织机关党员干部观看《反腐枪声》《绝不饶恕》《将改革进行到底》等电影和党性教育电教片，引导教育党员干部增强党性意识、政治觉悟和组织观念；组织到长沙附近的红色革命圣地重温入党誓词，进行党性教育。开展“纠‘四风’治陋习”“雁过拔毛”“小官大贪”和“清理国家公职人员违规参与涉矿等经营性活动专项整治”四个专项治理。在元旦、春节、端午、中秋、国庆等重要时间节点及区“两会”期间，组织对区直机关的作风建设、会风会纪等情况专项督查和明察暗访10次，发现问题及时纠正。（吴晓红）

雨花区人民代表大会

主要工作

【概况】 2017年，长沙市雨花区人民代表大会设法制、财经2个专门委员会，长沙市雨花区人民代表大会常务委员会（简称“区人大常委会”）机关设6个正科级办事工作机构，常委会办公室内设二级机构1个。12个人大街道工作委员会为其派出机构。常委会机关在职干部职工33人，雇员1人，离退休人员31人。

2017年，区人大常委会召开常委会会议10次，主任会议20次，听取和审议专项工作报告4项，作出决议决定14项，开展专项工作评议1次、集中视察和专题调研18次。常委会学习贯彻习近平新时代中国特色社会主义思想，举办“深入贯彻落实十九大精神，新时代扎实推进全面从严治党”专题党课，推进“两学一做”学习教育常态化制度化，坚决执行全面从严治党各项规定，严守政治纪律和政治规矩，严肃党内政治生活，严格落实“三会一课”，严格执行党风廉政建设责任制，开展机关支部组织生活会，落实重大事项报告制度。全面修订常委会议事规则、讨论决定重大事项等27项规章制度，形成较为完善的规章制度体系，构建程序规范、运转高效、充满活力的运行机制。落实中央和省委、市委关于加强县乡人大工作和建设文件精神，完善人大机构设置，设立代表服务中心，增核人员编制，解决“一人委”问题；13个街（镇）均配齐人大工委主任（人大主席）、专职副主任（人大副主席）和专干。组织常委会组成人员、镇人大和人大各街道工委负责人赴复旦大学参加履职能力提升研修班集中培训，举办“全国县级人大常委会负责同志学习班”辅导报告解读会，提升履职水平。注重对上联系和对外交流，定期召开街镇人大工作联系会议，安排机关干部参加省市人大学习培训，有重点地选择财政预算联网监督课题，赴深圳、珠海专题学习，使人大干部不断适应新形势、承担新任务、符合新要求。（罗奇林）

【监督工作】 2017年，区人大常委会按照《中华人民共和国各级人民代表大会常务委员会监督法》的规定，依法监督、突出重点、注重实效，认真行使监督职权。加强全口径预决算审查监督。强化程序性计划预算监督，依法审查和批准2016年区本级决算、2017年区本级预算调整方案。强化预算执行监督，听取审议财政决算草案、预算调整、预算执行和审计工作等报告。完善全口径预算监督体系，制定《财政预决算审查监督办法》，建立预算审查前听取区人大代表和社会各界意见工作机制，邀请部分区人大代表、聘请相关财税专家组建预算代表小组和预算审查专家库，提前介入、深度参与2018年预算编制工作，推动预算决算、财政专项资金使用和绩效评价向社会公开。坚持审计整改跟踪问效，制定《建立和完善审计查出问题整改情况向区人大常委会报告机制的意见》《开展审计查出问题整改情况满意度测评实施办法》，听取审议区人民政府关于审计查出问题整改情况报告和区直14个部门单位所涉45个问题的整改情况汇报，并进行满意度测评。加强财税运行监督，听取区财政关于全区国库集中支付和区国、地两税税收征管情况汇报，督促政府加大对“三公”经费的监管力度，加强税源建设和税收清缴，将更多财力投向民生领域，促进财政资金使用效益的提升。督促推进片区发展和产业项目建设，听取全区发展改革工作、红星片区与华润集团战略合作等情况汇报，视察调研2017年区重点帮扶项目，督促政府在片区开发、政策支持、争资跑项等方面加大工作力度。听取雨花经开区工作汇报，集中视察机器人产业示范企业，推动园区加快成为创新开放的重要功能区。主任会议成员及部分委室负责人参与红星市场迁建、圭塘河流域综合整治、雅塘片区和潭阳片区征拆扫尾等项目现场和抗洪救灾、文明城市复检等一线，推动相关工作开展。召开环境保护工作评议大会，对区人民政府及7个区环委会成员单位进行环保专项工作评议，落实环保工作责任，促进人民群众反映强烈的大气、水体、土壤、噪声等方面问题的逐步解决。开展圭塘河流域综合治理专题询问“回头看”工作，对沿河水量状况、沿线治理情况、沿岸生活境况等进行督查，提出32条整改意见。组织开展“环保世纪行”活动，营造守护碧水蓝天、建设美丽雨花的氛围。督促区人民政府提交全区生态环境保护工作报告，并首次提请大会审查批准。听取区“三农”工作和跳马全域旅游情况汇报，主任会议成员实地调研圭塘河引水工程、浏阳河曙光垸段大堤恢复情况和喜雨村美丽乡村建设，推动农业农村可持续发展。开展“农产品质量安全行”和“三湘农民健康行”活动，主任会议听取区食品安全工作汇报，支持区人民政府高标准推进创建国家食品安全示范城市工作，确保群众“舌尖上的安全”。主任会议听取区文体工作汇报，推动文化体育事业的加快发展。推进“司法公正长沙·雨花行”，主任会议听取社区矫正工作情况汇报，督促政府从资金、人员配备方面保障社区矫正工作顺利开展；调研法院执行难工作情况，支持公检法系统探索建立破解法院执行难的协作机制；组织人大代表旁听和评议法院庭审工作、参加检察院开放日活动、督促处理涉法涉诉信访案件等方式，全面了解审判、检察机关执行法律和有关政策的情况，促进司法公正，提高司法效率。配合开展执法检查和立法调研工作，协助上级人大对《中华人民共和国环境保护法》《中华人民共和国老年人权益保障法》《中华人民共和国促进科技成果转化法》的实施情况开展执法检查，对《省人大常委会关于预算审查前听取人大代表和社会各界意见建议的若干规定》《长沙市动物无害化处理管理条例》等法规制定情况开展立法调研。加强规范性文件备案审查工作，对区人民政府报备的13件规范性文件进行备案审查，维护国家法制的统一。接待来访人员40人次，受理涉法涉诉信访案件31件，均按法律法规和政策规定进行转办、交办和督办。（罗奇林）

【决定重大事项】 2017年，区人大常委会加强依法讨论决定重大事项工作，推动将政府性债务纳入预算监督范围，听取区人民政府债务融资规模与偿还计划情况汇报，及时督促清理债务存量、严控债务增量、防范债务风险。专题调研雨花现代电子商务物流园建设，支持通过实施PPP项目推进园区道路基础设施建设。（罗奇林）

【决定与任免工作】 2017年，区人大常委会加强依法选举任免工作，坚持党管干部和依法任免相统一的原则，规范和完善任免工作制度，制定《干部任后监督管理暂行办法》，严把拟任命人员任前法律考试、任前调查、任前陈词、颁发任命书、向宪法宣誓等法定程序关，提高选举任免工作的规范性和公信力。接受区人大代表辞职11人、补选11人，任命委室兼职委员23人，任免国家机关工作人员61人次、法院人民陪审员56人次。（罗奇林）

【代表工作】 2017年，区人大常委会做好代表联系工作，坚持开展“人大常委会联系代表，代表联系人民群众”的“双联”活动，推进代表活动室、代表微信群等联络平台建设，及时通报常委会公报、计划安排、审议意见及区情信息等，加强常委会委员与代表、代表与人民群众的联系。扩大代表对常委会工作的参与，邀请代表列席常委会会议27人次，开展议政会、调研视察、政情通报等活动285人次；组织53名区人大代表向原选区选民述职。区人大常委会健全“牵头领办、重点交办、跟踪查办、全面督办”相结合的代表建议办理工作机制，区五届人大一次会议期间和闭会期间代表提出意见建议104件全部办理完毕，办结率100%。开展“项目推进雨花行”，组织省人大代表雨花区小组代表、市人大代表雨花区联组代表集中视察圭塘河二期项目、湖南机器人产业集聚区智庭制造园等项目；组织区人大代表听取“一府两院”上半年政情通报，收集整理交办代表审议意见104条；各代表小组结合工作实际围绕项目、民生、环境、公益等主题扎实开展代表活动84次。推进代表工作制度化、程序化、规范化建设，逐步完善代表履职学习培训、履职行为规则等8项制度；组织市人大雨花联组代表参加市十五届人大代表履职培训班，举办“代表如何提出议案和建议”专题培训班；建立代表履职档案，落实代表履职登记办法和考勤考绩等制度；加大履职典型的推介力度，代表投身发展、创新创业、为民代言、热心公益的责任意识和履职意识进一步增强。 （罗奇林）

【龚景顺调度红星大市场迁建工作】 2017年6月3日，区人大常委会主任、区红星农副产品大市场迁建指挥部指挥长龚景顺调度大市场迁建工作。龚景顺一行察看项目施工现场，市场交易区进行桩基础施工，3栋联排的公寓式办公楼建至第12层，招商接待中心基本搭成钢架；在指挥部会议室召开调度会，听取项目一期、二期及周边配套“两线三路”的建设进展情况汇报，就下一步的工作推进作铺排和部署。龚景顺指出，红星大市场迁建的2017年的目标任务是要实现一期新市场的开张，各有关部门要切实增强责任感和紧迫感；要提升工作能力和水平，立足于解决问题；加强工作统筹和协调，把各项工作梳理到位，统一步调、全力推进大市场迁建工作。7月14日，龚景顺主持召开红星市场迁建工作调度会议。会议听取与会单位就红星市场迁建工作有关情况汇报，重点将项目一期主体工程建设、二期拆迁及周边配套“两线三路”（红旗路南延线、时代阳光大道东延线、新平路、柳树塘路、川河路）建设、电力供应、自来水供应、安置房建设等工作进行研究和部署。龚景顺要求各有关部门，加强工作沟通与协调；切实履行工作职责，多主动作为；狠抓工作落细落实。 （罗奇林）

【鹿城区考察雨花区】 2017年11月9日，浙江省温州市鹿城区人大常委会副主任叶治台一行考察学习雨花区“全口径财政预决算审查监督”工作。区人大常委会主任龚景顺陪同考察。区人大常委会副主任杨仕斌简单介绍雨花区概况和区人大基本情况及主要特色工作；区人大财经委主任委员仇莹从重视制度建设、重视提前审查、重视会议审议、重视预算调研、重视审计监督五个方面介绍区人大常委会财政预算审查监督工作，并就考察组一行提出的相关问题逐一解答。区财政国库管理局负责人就雨花区城中村（棚户区）改造、产业引导资金预算监督的具体做法进行阐述。双方作加强财政预决算审查监督，防范地方政府债务风险等方面的工作交流。叶治台表示，雨花区人大常委会在财政预决算审查监督工作上有很多经验值得学习。通过这次交流，双方都认为以后要多进行这样的探讨，以便共谋发展，携手推进人大全口径财政预决算审查监督顺利开展。 （罗奇林）

【雨花区第五届人大代表履职专题培训班】 2017年10月17日，雨花区人大常委会在会议中心中型会议室举办区第五届人大代表履职专题培训班。全体区五届人大代表，区人大常委会机关干部，各街镇非代表的人大工委主任（主席）、副主任，区政府督查室相关人员，区法、检两院办公室主任等参加培训会。培训会由区人大常委会副主任谢爱龙主持。培训会上，省人大常委会联工委议案处处长文显科从代表提出议案和建议的法律依据、法定要求和应尽职责等方面作《代表如何提出议案和建议》的主题辅导报告。会上邀请专业技术人员就雨花区人大代表履职服务平台的操作和使用情况进行现场演示和讲解。区人大常委会主任龚景顺就人大代表如何履职、当好代表提出四点要求：一是要始终保持政治立场坚定；二是要始终坚持依法履职；三是要始终做到作风公道正派；四是要始终做好代表服务工作。（罗奇林）

2017 年 10 月 17 日，雨花区第五届人大代表履职专题培训班（罗奇林 / 提供）

【人大代表会前活动】 2017 年 12 月 18—19 日，为确保雨花区第五届人民代表大会第二次会议如期召开，在雨花区人大常委会的统一安排下，全区 13 个地区代表小组分别组织本地区代表小组开展会前代表活动。区人大常委会和区“一府两院”领导班子成员等分别参加各地区代表小组活动。活动中，各代表小组学习《大会须知》，酝酿讨论雨花区五届人大二次会议议程（草案）和主席团成员和秘书长建议名单，讨论代表提出议案和建议、批评、意见的注意事项，以及质询案的提出和办理程序，并就区人大常委会和区“一府两院”工作报告（征求意见稿）提出修改意见或建议 180 余条。（罗奇林）

重要会议

【雨花区第五届人民代表大会第二次会议】 2017 年 12 月 26—29 日，长沙市雨花区第五届人民代表大会第二次会议召开。会议听取和审议区《政府工作报告》《区 2017 年 1–11 月财政预算执行情况和 2018 年财政预算（草案）的报告》《区人大常委会工作报告》《区人民法院工作报告》《区人民检察院工作报告》《区 2017 年生态环境保护工作报告》，并通过关于 6 个报告的决议（草案）。会议选举王清政为区监察委员会主任，补选邹开其为区第五届人民代表大会常务委员会委员。会议要求，全区各级人大组织、人大代表要旗帜鲜明讲政治，坚持把政治建设摆在首位，严格遵守政治纪律和政治规矩，做到心中有党、心中有民，坚定不移走中国特色社会主义政治发展道路，落实好党中央和省委、市委、区委的决策部署；要担当作为抓落实，有全局观念、干事激情、责任担当，顶压力、担担子，盯住目标不放、攻坚克难，在“三个雨花”建设中贡献力量；要认真履职勤为民，加强改进监督工作、不断推进依法治理、切实维护群众利益，当好反映社情民意的“情报员”、人民利益的“维护员”、矛盾纠纷的“调解员”；要加强建设树新风，加强制度建设、能力建设和作风建设，坚持把纪律和规矩挺在前面，持之以恒落实“中央八项规定”，从严落实党风廉政建设要求，努力在“三个雨花”建设中发挥积极作用。（罗奇林）

【常委会议】 2017 年，区人大常委会共召开 10 次常委会议。

1 月 19 日，区五届人大常委会第二次会议表决通过雨花区第五届人民代表大会常务委员会代表资格审查委员会组成人员建议名单；表决通过关于提请决定任命谢国富等职务的议案；审议通过区人大常委会 2017 年工作要点。

3 月 15 日，区五届人大常委会第三次会议表决通过关于提请任命雨花区第五届人民代表大会财政经济委员会兼职委员的议案；表决通过关于提请任命雨花区第五届人大常委会各工作委员会兼职委员的议案；审议通过《长沙市雨花区人民代表大会常务委员会制度汇编（修订本）》。

5 月 25 日，区五届人大常委会第四次会议表决通过有关人事任免事项；审议通过《长沙市雨花区2016年财政预算调整方案（草案）》以及《雨花区人民代表大会常务委员会财政预决算审查监督办法（草案）》。

7月19日，区五届人大常委会第五次会议表决通过有关人事任免事项；听取和审议区人民政府关于2016年财政决算草案和2017年1—6月预算执行情况的报告；听取和审议区人民政府关于2016年度区本级预算执行和其他财政收支的审计工作报告。

9月29日，区五届人大常委会第六次会议表决通过有关人事任免事项，决定免去邓自新的雨花区人大常委会城乡建设环境与资源保护工作委员会主任职务，表决通过关于接受邓自新辞去雨花区第五届人民代表大会代表职务的议案，决定任命王彦锋为长沙市雨花区人民政府副区长（挂职一年），免去储硕的长沙市雨花区人民检察院检察委员会委员、副检察长职务；听取区人民政府关于区五届人大一次会议建议（议案）办理工作情况汇报。

10月31日，区五届人大常委会第七次会议听取和审议区人民政府关于长沙市雨花区2017年1–9月财政预算执行情况和2017年财政预算调整方案（草案）的报告；听取和审议长沙市雨花区人民代表大会财政经济委员会关于长沙市雨花区2017年财政预算调整方案（草案）初步审查结果的报告；审议通过长沙市雨花区人民代表大会常务委员会关于批准雨花区2017年财政预算调整方案（草案）的决议；审议通过长沙市雨花区人民代表大会常务委员会干部任后监督管理暂行办法。

12月7日，区五届人大常委会第八次会议审议通过区五届人大二次会议的日期和议程（草案），决定于2017年12月26日召开雨花区第五届人民代表大会第二次会议，议程（草案）将提请大会预备会议审议通过；审议通过区五届人大二次会议的特邀、列席人员建议名单的提出原则；讨论通过有关人事任免；听取和审议区人民政府关于2016年度审计查出问题的整改工作报告；听取和审议2016年度审计查出问题相关单位审计整改情况汇报；区人大常委会组成人员对2016年度审计查出问题相关单位进行审计整改情况满意度测评。

12月20日，区五届人大常委会第九次会议听取和审议区人民政府关于长沙市雨花区2017年1—11月财政预算执行情况、财政预算调整方案（草案）和2018年财政预算（草案）的报告，表决通过《区人大常委会关于批准雨花区2017年财政预算调整方案（草案）的决议》，并提交区五届人大二次会议备案。会议原则同意《区人民政府关于长沙市雨花区2017年1—11月财政预算执行情况和2018年财政预算（草案）的报告》提交区五届人大二次会议审议，原则同意《区五届人大二次会议关于质询案的提出和办理程序（草案）》提交区五届人大二次会议主席团第一次会议审议；同意《区五届人大二次会议主席团成员和秘书长名单（草案）》和《区五届人大二次会议筹备工作报告（草案）》提交区五届人大二次会议预备会议审议；表决通过区人大常委会工作报告（草案），授权主任会议对报告作进一步修改完善，并提交区五届人大二次会议听取和审议。

12月25日，区五届人大常委会第十次会议讨论通过有关人事任免事项，表决通过《长沙市雨花区人大常委会主任会议关于提请决定任免朱海波等职务的议案》《长沙市雨花区人民政府关于提请决定任免张新卫等职务的议案》《长沙市雨花区人民检察院关于熊飞等同志职务任免的议案》；审议通过长沙市雨花区第五届人民代表大会第二次会议代表资格审查报告（草案），并提交区五届人大二次会议预备会议听取和审议。

12月29日，区五届人大常委会第十一次会议表决通过《区人大常委会关于长沙市雨花区监察委员会副主任、委员任命和宪法宣誓程序的决定》，表决通过区监察委员会《关于提请任命谢国富等同志职务的议案》，决定任命谢国富、许耀明为区监察委员会副主任，张磊、傅丹成、宁毅、王勇为区监察委员会委员。（罗奇林）

【雨花区人大常委会与区“一府两院”工作联席会议】 2017年4月7日，区人大常委会与区“一

2017 年 4 月 7 日，区人大常委会与区“一府两院”工作联席会议
（罗奇林 / 提供）

府两院”工作联席会议在区会议中心中型会议室召开。区委书记张敏，区委副书记、区长刘素月，区人大常委会主任龚景顺，区委常委、常务副区长邹春林，区人大常委会副主任谢爱龙、杨平、杨仕斌、叶松、李劲松，区政府副区长陈怀宇、王明玖、易静，区五届人大常委会委员，区人民法院、区人民检察院全体班子成员以及区人民政府办公室主任、政府组成局局长及跳马镇人大主席、人大各街道工委主任等参加会议。会议由龚景顺主持。会上，谢爱龙通报区五届人大常委会 2017 年工作要点，并作区人大常委会相关制度说明；区人民法院、区人民检察院分别汇报各自 2016 年工作情况及 2017 年主要工作要点，并就加强相互间的联系、配合作了交流探讨；刘素月代表区政府发言，强调区政府一定牢固树立主动接受监督的意识、主动依法行政的意识、主动高效执行的意识，攻坚克难，真抓实干，确保各项工作目标和任务圆满完成。龚景顺表示，区人大常委会将围绕省、市人大工作安排和区委工作布局，认真总结、持续发扬好的做法、好的传统和好的制度，努力推动人大工作再上新台阶。张敏对提出三点具体要求：一是要切实加强党的领导，维护人大权威；二是要自觉接受人大监督，促进工作落实；三是要不断深化沟通联系，促进协调发展。

（罗奇林）

【区委调研人大工作会】 2017 年 9 月 20 日，区委书记张敏，区委副书记陈永高，区委常委、组织部部长龚畅，区委常委、区委办主任周海毅到区人大常委会调研工作，区人大常委会主任龚景顺，副主任谢爱龙、杨平、杨仕斌、叶松、李劲松等参加汇报会。会议传达全国、全省推进县乡人大工作会议主要精神，区人大常委会系统汇报换届以来的基本情况及主要工作。张敏对区人大常委会始终和区委保持高度一致，服务大局、担当有为、依法履职、为民尽责、有力推动全区经济社会发展给予高度评价；指出人大工作要在充分履职中彰显担当，积极作为，加强和改进监督，充分发挥代表作用，加强自身建设，为雨花发展提供坚实的法治保障；强调区委将一如既往地重视和支持人大及其常委会的工作，坚持把人大工作纳入区委的总体工作进行部署，全力支持区人大及其常委会依法行使职权，全力支持区人大及其常委会加强自身建设。

（罗奇林）

雨花区人民政府

工作纪要

【综合调研】 2017年，长沙市雨花区政府办公室协助领导处理日常事务，参与协调各类重大事项。精心筹备区长办公会、区政府常务会，会前广泛收集议题、充分准备资料，会后整理决策意见、归纳存档，为议事决策、督办落实提供参考。做好综合文字材料起草和撰写工作，广泛收集素材，认真提炼内容，及时交流信息，完成《2017年上半年政情通报》《政府工作报告》等各类文稿起草300余篇。配合区政府主要领导，围绕征地拆迁、项目建设、城市管理、生态治理等工作，开展调研40余次，及时整理各方意见，供领导决策参考。完善政务信息、新闻信息报送机制，成立信息科，围绕领导关注、群众关心的热点难点，加大政府民生信息宣传力度，推介先进典型和经验做法，及时、准确、全面地向市政府办报送信息165条，被采用45条，其中数条信息被国务院办公厅、省政府办公厅采用，报送信息总量、质量进提升。 （刘希颖）

【政令畅通】 2017年，雨花区出台《长沙市雨花区人民政府会议工作规范》《区政府会议（活动）工作流程》，严格规范办文程序和公文格式，完善办文、办会程序，区政府办公室核发公文1253件，办理收文3296件，处理涉密文件85件，办理保密邮件1985件，无文电泄密、遗失事件。严格规范办会程序，区政府常务会、区长办公会的议题采选，均先由相关部门单位提出申请，联络主任、政府办主任审查把关，先行征求涉及部门单位、街道（镇）意见建议，经分管副区长签字认可、区长审定后方可上会讨论。组织区政府全体（扩大）会议2次，区政府常务会议15次，区长办公会议16次等重要会议会务工作，基本做到“零差错”。统筹安排公务活动，协助制订区领导周工作安排表50份，编撰大事记180条，发放会议通知和落实参会事项1625个（次）。实行区长批示件登记制度，全年共登记区长批示616件，确保区政府领导批示件件有登记、件件有回音。受理市民群众咨询来电700余次。 （刘希颖）

【督查工作】 2017年，雨花区政府督查室围绕区委、区政府的重大决策部署和上级领导交办的任务，加大督查督办力度，对市、区《政府工作报告》科学分解任务，加强督促检查，全年各项目标任务均按时按质完成。强化跟踪问效，对区政府常务会、区长办公会等会议及区委、区政府主要领导批示件，明确主体、及时交办，跟踪督促、到期催办，下发交办函71件、督办函47件。承办各级人大代表建议103件、区级政协委员提案118件，均严格按照规范程序进行沟通和办理落实。发挥督查“指挥棒”作用，形成狠抓落实的工作导向，对拆违控违、环保市容、征地拆迁、涉水工程、食品安全等重要工作开展专项督查，完成市对区各类专项督查45次，

开展区内专项督查62次、会议督查34次，助推中央环保督查、黑臭水治理、抗洪抢险等重要工作的完成。（刘希颖）

【法制工作】 2017年，雨花区政府法制办公室坚持依法行政，严把法律政策关，对所有以区政府名义对外发布的各类公文，进行合法性审查，维护政府在经济、社会活动中的合法权益，出具法律意见和合理性建议，出台政府规范性文件15件，备案部门规范性文件1件，审查修订文件566份、政府合同89份，为区政府科学决策提供有效法律保障。进一步畅通行政复议渠道、加大调解和解力度，及时妥善参与化解信访矛盾纠纷，认真做好拆迁拆违、安置补偿等法律服务工作，代理区政府办理行政诉讼应诉案件90余件，收到行政复议案件30件，作为被申请人参与行政复议案件15件，为法治政府建设提供坚实保障。（刘希颖）

【金融工作】 2017年，雨花区政府办公室推动金融产业发展，参与引进金融机构10家，协助3家企业到新三板挂牌，4家企业到股交所挂牌，一批企业进入省、市上市入库企业名录。帮助10余家企业争取省市各类扶持资金700万余元，组织“金融机构走进高桥”活动及其他对接活动。对物流园基础设施PPP项目、圭塘河生态治理PPP项目、跳马全域旅游PPP项目、城投中票发行等项目进行编制、审核、谈判，促进一批项目落地开工。参与组织广发银行长沙分行、南粤银行长沙分行、省建行华兴支行、吉祥人寿、人保财险、省盐业公司、华融湘江银行等金融机构与区政府或相关企业建立合作关系，签订合作协议。组织开展“大清理、大排查、大整治”系列活动，开展互联网金融平台、现金贷、交易场所等各类整治行动，整治打击相关企业10余家。加强对辖内的5家融资性担保公司和6家小额贷款公司的现场检查、网络监测及月报表报送等工作，对融资性担保公司提交的年审资料进行初步审查，出具初审意见上交至市级金融办；组织开展小额贷款公司2016年度分类评级报告书的现场核查、初评打分及考评上报工作；组织辖区小额贷款公司开展自查自纠、交叉检查的工作，对自查发现的违规问题，严格按照要求认真整改，确保整改要求落实到位。2017年，小额贷款公司放贷134179.24万元；融资性担保公司新增担保额4715万元，在保金额22218.4万元。（刘希颖）

【电子政务】 2017年，雨花区率先全市出台《智慧雨花总体规划（2017—2020年）》《智慧雨花建设三年行动计划（2017—2019年）》《雨花区社会治理网格化综合管理体系建设方案》，试点开展互联网办公线上收发文。做好区政务网络的建设与维护，维修、维护网络及终端2892次，保障各种现场会议44次。严格做好政府网站日常管理，政府网站更新信息15210条，上报市政府信息2893条，回复区长信箱1566件，政务微博更新信息883条。“区长信箱栏目”被全国电子政务理事会评为2017年政府网站政民互动精品栏目。

（刘希颖）

【现代服务业发展工作】 2017年，雨花区建设服务业重点项目（楼宇），创建现代服务业示范集聚区。20个国家级现代服务业综合试点项目全面收官，育成“互联网+”物流园等9个服务业重点项目，打造顺天国际金融中心等13栋现代服务业示范楼宇，长沙德思勤商务区获批湖南省服务业示范集聚区。（刘希颖）

【会展工作】 2017年，雨花区筹备第十九届中国中部农博会，首次设立“袁隆平农业博览奖”，发挥展会在农业领域的引领、示范、带动作用。在红星国际会展中心举办各类展会107个，参会单位1.36万家，成交总额3783亿余元。指导开展中非地方农业产业博览会暨中国（湖南）非洲商品节、东盟湖南名优产品交易会等高规格展会。（刘希颖）

【应急管理】 2017年，雨花区落实值班制度，实行24小时专人值班。上报突发信息64条，没有出现漏报或迟报的情况，实现信息报告零失误，妥善处理突发事件10余件，开展应急宣传周活动，组织开展应急演练8次，确保从容应对紧急事故。

（刘希颖）

【爱卫工作】 2017年，雨花区创新实施公共区域病媒生物防制工作市场化，实现全区域全覆盖。做好跳马镇曙光垸、黎托街道合丰垸灾后突击防治工作。组织开展第29个爱卫月（世界卫生日）活动，创建整洁行动星级乡镇1个、1五星级村个、省级卫生村1个、市级垃圾分类示范村1个、市级卫生村2个、市级文明卫生单位2个、市级卫生社区2个。

（刘希颖）

重要会议

【区政府常务会议】 2017年，雨花区人民政府召开常务会议14次。通报《长沙市2017年市领导联点重大项目安排表（雨花区）》；审议《长沙市雨花区人民政府关于2016年度促进区域产业发展政策兑现的决定》《关于公布规范性文件清理结果的通告》《雨花区政府购买服务实施办法（暂行）》、区集体土地征拆工作相关文件；汇报迎接环保督查有关情况。审议《长沙市雨花区人民政府会议工作规范》；审议《雨花区农业林业水利局主要职责、内设机构和人员编制规定》《雨花区动物卫生监督所主要职责、内设机构和人员编制规定》；审议《关于成立长沙市雨花区城市双修和海绵城市建设领导小组的通知》；审议《长沙市雨花现代电子商务产业园道路基础设施建设PPP项目实施方案》。审议《雨花区城市发展基金框架合作协议》；审议《长沙市雨花区电子政务项目管理办法》《长沙市雨花区电子政务外网管理办法》；审议《关于成立区拆违控违工作领导小组的通知》；审议《关于成立长沙市雨花区中医药工作协调领导小组的通知》；审议《雨花区棚改项目征拆工作绩效奖励方案》。审议《长沙市雨花区城中村改造项目投融资管理暂行办法》。传达学习许达哲讲话精神并交办涉铁督办件；研究圭塘河综合治理规划设计招标采购工作。审议《关于成立热点领域信访问题专项工作小组的通知》；审议《全区信访积案化解百日攻坚誓师大会筹备工作方案》；审议《长沙市雨花区食品安全事故应急预案》；审议《长沙市跳马生态片区两型保护与发展项目合作框架协议》条款；研究圭塘河流域综合治理项目规划设计招标采购工作、审议《圭塘河流域综合治理四年行动计划实施方案（2017—2020）》；审议《关于成立长沙市雨花区社会信用体系建设领导小组的通知》；审议《关于成立雨花区机关事业单位福利待遇审批工作领导小组的通知》；审议《长沙市雨花区红星片区旧城改造项目投资合作框架协议》条款；研究关于聘请罗兰贝格、毕马威国际咨询服务机构及服务事项有关情况；审议《2016年雨花区城中村改造财政资助资金及绩效奖励方案》。传达全国、省市安全生产电视电话会议精神，研究部署安全生产大检查和安全生产工作责任清单；研究湖南国际健康小镇、中国中部航空航天科技城和园区环境提质改造项目；审议《雨花区妇女儿童发展规划（2016—2020年）》；审议《雨花区全民健身实施计划（2016—2020年）》；通报《有关区人民政府任命人员的处分意见》。审议《智慧雨花整体规划（2017—2020）》《智慧雨花建设三年行动计划（2017—2019）》《关于成立长沙市雨花区新型智慧城市建设管理应用领导小组的通知》；研究关于成立"长沙市雨花区人民政府政策落地办公室及雨花区重大公共政策第三方评估工作领导小组"相关事项；研究关于城投公司非公开发行公司债券有关问题；审议《合丰两安地项目合作开发协议》；审议《雨花区物业管理联系会议制度》；审议《雨花区重污染天气应急预案》，研究成立雨花区重污染天气应急指挥部相关事项；审议《雨花区环境保护工作责任规定（试行）》；审议《长沙市雨花区人民政府与毕马威企业咨询（中国）有限公司全面战略合作协议》；审议《长沙市雨花区现代电子商务物流管理委员会招商合作投资协议》；审议《长沙市雨花区人民政府办公室关于进一步做好计划生育特殊家庭扶助关怀工作的实施意见》。听取雨花区人民政府系统党风廉政建设和反腐败工作情况汇报；审议文明创建迎国检街道（镇）奖补资金拨付安排；审议《花桥两安用地项目合作开发协议》；审议《雨花区圭塘河井塘段城市双修及海绵示范公园建设PPP项目实施方案》；审议六大无主体市场施工工序出现遗漏和六大无主体市场252栋安置房东西两侧门店雨檐一并纳入提质改造增加财政投入有关问题；审议《关于切实加强新形势下优抚安置工作的通知》；审议《关于加强农村留守儿童关爱保护工作的实施意见》《关于成立雨花区未成年人（农村留守儿童）关爱保护工作联席会议制度的通知》；审议《关于成立长沙市雨花区发展养老服务业领导小组的通知》；审议《长沙市雨花区绿心生态补偿暂行办法》；审议《湖南裕天房地产开发有限公司与大连万达商业地产股份有限公司合作框架协议》《雨花现代电子商务物流管理委员会与湖南丰彩实业发展有限公司意向协议》。审议《长沙市雨花区贯彻落实〈党政主要负责人履行推进法治建设第一责任人职责规定〉实施细则》；审议关于加快启动圭塘河下游生态治理技术服务采购招标工作；审议《长沙市雨花区临时救助实施细则（试行）》《建立退役军人工作联席会议制度和退役军人服务中心（站）实施办法》。审议关于建设国家中心城市三年行动计划及设立相关议事协调机构的有关问题；审议关于还建省话剧团演出场馆及配套用房的有关问题；审议《长沙市雨花现代电子商务产业园道路基础设施建设PPP项目合同》《长沙市雨花现代电子商务产业园道路基础设施建设PPP项目合作经营合同》《长沙市雨花现代电子商务产业园道路基础设施建设PPP项目股东协议》；审议《长沙市雨花区海绵城市建设实施方案》；审议《雨花区农贸市场体系建设三年行动计划（2018—2020年）》；审议《雨花区全民科学素质行动计划纲要实施方案》。审议关于调整部分街道社区区域范围的有关问题；审议关于浏阳河曙光垸大堤抢险加固工程的有关问题；审议《雨花区示范社区菜店建设标准、管理规范及奖励办法》《雨花区人民满意农贸市场评比奖励办法》；审议修改《长沙市雨花区人民政府关于促进外贸回稳向好若干政策措施的实施意见》《长沙市雨花区商务和旅游局 < 关于促进外贸回稳向好若干政策措施的实施意见 > 的实施细则》并延长执行期的有关问题；审议《关于推进质量强区建设的意见》《〈长沙市雨花区质量强区工作领导小组成员及分工规定〉等三项制度》；审议《雨花区建立清理整治无证办学长效机制工作方案》；审议《长沙市雨花区科技计划项目及科技发展专项资金管理办法》；审议《长沙市雨花区职称改革工作领导小组的通知》；审议关于区城投公司发行中期票据、非公开定向债务融资工具的有关问题。传达学习《关于4起领导干部受到“断崖式”处理的通报》；审议《长沙市雨花区国有企业和国有资本审计监督实施办法》；审议处置东山镇社区资产有关情况；审议增拨信访资金有关问题；审议《雨花区圭塘河井塘段城市双修及海绵示范公园建设PPP项目公园物业15年运营权包干冲抵方案》《雨花区圭塘河井塘段城市双修及海绵示范公园建设PPP项目实施方案财务分析》；审议成立长沙市雨花区电力设施建设和保护工作领导小组有关问题；审议成立雨花区美丽乡村建设工作领导小组有关问题；审议区政府借支鄱阳村部分拆迁款有关问题；审议《关于加强困境儿童保障工作的实施意见》；审议望城区安东生态农业有限公司生态农业补助资金、安定镇正黄社区和止马村基础设施建设经费、衡阳县扶贫经费有关问题。审议《政府工作报告（送审稿）》；审议《关于长沙市雨花区2017年1—11月财政预算执行情况、财政预算调整方案（草案）和2018年财政预算（草案）的报告》；审议《雨花区2017年度生态环境保护工作报告》。（刘希颖）

【区政府全体（扩大）会议】 2017年12月20日，雨花区政府五届一次全体（扩大）会议召开。会议审议通过提交至区五届人大二次会议上的《政府工作报告》，会议肯定2017年全区以“绩效夺第一，工作争一流”的决心和担当、以强烈的大局意识和责任意识，团结务实、攻坚克难，确保区委、区政府决策部署推进有力、落地见效。会议强调，务必要领会中共十九大思想精髓、把握核心要义，特别是要立足区域实际，科学研判、全面把握，站在战略和全局的高度来谋划和推进雨花的发展，切实彰显新姿态和新作为。会议要求加速冲刺扫尾，确保完美收官，按照既定铺排，全力以赴实现“绩效夺第一，工作争一流”的目标。会议明确，2018 年的工作要科学谋划片区开发、抓紧开展项目调度、持续提升城市品质、用心办好民生实事、压实安全稳定责任、严格作风建设要求。（刘希颖）

【《政府工作报告（征求意见稿）》老干部座谈会】 2017 年 12 月 12 日，区委副书记、区长刘素月主持召开座谈会，就即将提交区第五届人民代表大会第二次会议审议的《政府工作报告（征求意见稿）》征求退休老干部代表意见。区委常委、常务副区长邹春林介绍《政府工作报告（征求意见稿）》的起草过程、思路框架和主要内容。退休老干部代表认为报告思路清晰、结构合理、主题鲜明，总结成绩、实事求是、客观全面，紧扣了党的十九大精神、省市有关决策部署，符合雨花实际情况，是一个鼓舞人心、催人奋进的报告。老干部们对产业转型、城市建管、环境保护、社会事业、政府自身建设等方面提出修改意见和建议。刘素月强调，老同志们对雨花的热爱、对政府工作的关注和支持令人感动，大家提出了许多富有建设性和针对性的意见和建议，会后区政府将认真梳理、研究，及时整理吸纳老同志们的意见建议，进一步修改完善报告，确保明年政府工作的目标任务更科学合理，措施更具操作性。刘素月指出，雨花经济社会实现持续健康发展和社会稳定和谐的局面，凝聚了老同志们的心血和汗水，希望各位老同志能够充分发挥余热，一如既往地关注和支持，通过各种形式对政府工作多提宝贵意见，为全区经济社会各项事业再做贡献。

（刘希颖）

人力资源和社会保障

【概况】 长沙市雨花区人力资源和社会保障局（简称“区人社局”）为正科级政府工作部门，负责全区社会保障、就业服务、人事管理、工资福利、人才服务、劳动监察、仲裁维权等工作。行政编制 18 名，其中领导职数 6 名，机关后勤服务编制 1 名。内设办公室、政策法规科（信访室、行政审批科）、综合管理科（公务员管理科）、工资福利科、社会保险管理科（征缴中心）、仲裁科、就业和培训科、基金监督科 8 个科室，下设社会保险服务中心、就业培训服务中心（创业指导中心）、医疗保险服务中心、劳动保障监察大队、城乡居民基本养老保险服务中心、人力资源公共服务中心 6 个二级机构，设置人力资源和社会保障经办大厅对外业务经办窗口 17 个。2017 年，全体在职干部职工数 103 名，其中在职在编人员 61 名（含区人武部地方安置专项事业编制 3 名）、引进人才 2 名、雇员 27 名、劳务派遣人员 5 名、经区政府同意抽调社保站工作人员 8 名；离退休干部职工数 20 名。局党支部党员 77 人，其中离退休党员 18 人。办公地点设雨花区万家丽路朝晖路 499 号。

2017 年，区人社局坚持“民生为本、人才优先”的主线，统筹推进就业创业、社会保障、人事人才、劳动关系、重点民生实事项目等工作。服务全区近 300 个征拆项目，确保 25700 余名被征地农民的各项社保待遇足额发放；参与潭阳洲拆迁拆违攻坚，完成合法房屋签订协议 12 栋、拆除倒地 22 栋完成潭阳所在工作组拆违项目清零任务，免费为潭阳群众举办培训班、送岗位上门、提供就业创业、社会保障等服务。24 项省市重点民生实事项目逐一落地。联点雅塘村社区开展党支部共建、扶贫帮困、“为党员找新家”、组织社区老党员探寻伟人故里、重温入党誓词等系列党建活动；帮助社区筹建长沙市图书馆雅塘分馆，组织各单位捐赠书籍 5000 余册。打造“人社党员 e 家园”党员教育品牌，助推人社各项工作上新台阶。鼓励干部职工继续深造， 8 名干部取得了研究生学历。获评“长沙市优秀青年文明号”“长沙市爱国拥军模范单位”“长沙市巾帼文明岗”“雨花区‘五化’支部创建优秀单位”等称号。（刘　娜）

【人事人才】 2017年，雨花区组织区内企业成功申报国家级引智项目1个、省级引智项目4个。出台《长沙市雨花区人才引进实施意见》，将招才引智与招商引资深度融合，在全市各区县（市）率先引进国家“海外高层次人才引进计划”（简称“千人计划”）专家、美籍华人、国际肾病领域顶尖科学家、生物科技领域战略型领军人才董政。率全市之先开设人才服务窗口，启用人才落地绿色通道，接受长沙市首家企业组团成功申报。“长沙人才新政22条”落地后，受理租房和生活补贴业务1512人，发放人才补贴103万元。组织全区近1000名公务员开展“施政能力提升”专题培训班，深入学习、贯彻落实中共十九大精神，提高全区公务员施政能力，促进公务员队伍综合素质提升。严格依法依规组织招聘、选调机关干部考试4次，招聘（选调）事业单位工作人员46人，组织考试规模、次数居全市前列，考试零事故。教育系统公开招聘教师，签约免费师范生42人、名优教师24人、中小学教师270人。仅一个月时间，顺利完成近三年全区6500余名机关事业单位在职工作人员津补贴（绩效工资）、19名离休人员及3300余名退休人员生活补贴的补发审批等工作，完成全区6000余人次的机关事业单位晋级晋薪晋档，确保职工待遇落实到位。做好2017年中小学教师职称评审和基层卫生专业技术人才职称评审等工作。有序推进机关事业单位岗位设置工作，岗位设置覆盖率96.6%，促进事业单位管理动态调整、常态化管理。（刘　娜）

【就业创业】 2017年，雨花区加强异地就业帮扶，携重点用工企业赴株洲茶陵、湘西龙山、吉首、凤凰等贫困县开展就业技能培训和省内贫困劳动力劳务协作等就业扶贫活动。落实“311”服务（每年为每名贫困劳动力提供3次职业介绍、1次就业创业指导、1次就业创业培训服务），为跳马镇贫困劳动力实现全部转移提供服务。新增城镇就业15216人，城镇登记失业率控制在2.5%，远低于市局4%的目标。落实支持全民创业的各项政策，持续推进创业带动就业。组织各类创业者活动40余场，为3000余名创业者提供创业政策、实用技能等培训。带动城乡就业19107人次，完成率127.38%；带动城镇就业11522人次，完成率128.02%；新增创业主体9175户，完成率131.07%。推荐21家初创企业申报扶持资金168万元，位居全市前茅。举办2017年“雨花杯”民宿设计创新创业大赛，拓宽跳马全域旅游新路径，激活跳马农民创业新活力。积极与湖南省人力资源服务中心进行充分沟通，力争湖南省首个国家级人力资源服务产业园落户雨花区。审核培训、社保等各项补贴1208.51万元，确保资金支出安全。组织240余名基层人社服务平台工作人员开展业务培训，发放小额担保贷款1274万元。指导推荐6个社区成功创建省级充分就业社区，雨花区有国家级充分就业社区1个，省级以上充分就业社区19个，居全市第一。（刘　娜）

【社会保障】 2017年，雨花区扩大社保覆盖范围，企业退休人员、城乡居民待遇人员养老金、被征地农民生活补助费等按时足额发放。机关事业单位养老保险改革稳步推进，实现3394名机关事业单位退休人员系统发放养老金。开展城乡居民基本养老保险宣传月活动，提高群众续保率、自主缴费率、高档次缴费率。高桥、左家塘街道成功申报市级城乡居民基本养老保险示范点。推进退休人员社会化管理服务工作，圭塘街道美林景园社区、高桥街道五一社区获评长沙市示范性社会化管理社区。五险征缴总额21亿元，其中企业养老保险征缴12.09亿元。全民医保覆盖率97%，助推小康社会的发展。跳马镇1257名精准扶贫对象医疗保险、大病保险参保率100%。全面启动长沙市参保人员省内及跨省异地就医联网直接结算，方便群众异地就医，省内入系统结算48人，省外入系统结算40人。落实“多证合一、一照一码”制度，通过优化社保登记经办流程，设置“经办自助服务区”，规范社保登记征收秩序和企业、个人行为，建立单位登记与职工参保登记衔接机制，不再要求提供营业执照等证明文件，实现“一窗受理、互联互通、信息共享”，提高经办工作效率，推动社保扩面征收，新增参保单位2700余家，社保基金征缴总额20.92亿元。严格执行阶段性下调失业保险费率政策，失业保险总缴费由1.5%降至1%，其中单位缴费费率由1%调整为0.7%，个人缴费费率由0.5%降至0.3%，惠及参保单位8000余户，直接减轻企业经济负担约1000万元。强化社保基金监督，与社保经办机构、各街道（镇）人社站签订“社会保险基金安全责任状”，开展城乡居民养老保险经办机构内部控制专项检查，维护基金安全。对40家企业进行社保缴费稽核，收缴稽核款51万余元。推行社会保险征缴网上经办业务，开通医保网上银行“长沙e钱庄”、微信“长沙人社12333”、支付宝等缴费模式，使群众足不出户完成缴费。发放社保卡22.08万张，发放率居于内五区第二。组织社保卡流动服务队，前往精神病院、跳马镇等地为精神病人、残疾人等弱势群体上门办理社保卡。社保经办大厅获雨花区唯一“长沙市优秀青年文明号”。（刘　娜）

【劳动维权】　2017年，雨花区加强劳动保障法规的宣传，举办企业法人劳动保障法规培训班两次，增强单位依法用工的意识，推进劳动保障监察“两网化”管理，开展农民工工资清欠等专项执法检查，规范企业用工行为，维护劳动者的合法权益。处置突发农民工讨薪事件7起，追回被拖欠农民工工资1400万余元，对4家用人单位进行行政处理、处罚，将1家用人单位以拒不支付劳动报酬罪移送公安机关。已建工会开展企业工资集体协商建制率90%以上。坚持“调解为主”“效率优先”的原则，首次聘请兼职仲裁员，加强仲裁员队伍建设，提高调解服务效率，处置劳动人事争议711件，为劳动者挽回经济损失3000万余元。处理各类信访批示件、交办件等200余件，“12345”市民热线330件，办结率100%，满意率98%以上，办理数量居区直部门前列。（刘　娜）

【“雨花杯”民宿设计创新创业比赛】　2017年，雨花区举办“雨花杯”民宿设计创新创业比赛，以“打造湖南民宿标杆，发展雨花全域旅游，建设跳马生态名镇”为主题，选定以跳马镇的部分村落或老旧民居为方案设计标的物，挖掘跳马镇深厚的历史文化、产业特点、民俗风情、自然风光、交通区位等特色资源及优势，打通跳马全域、全景、全业、全时、全民等全域旅游率发展产业链，持续推进民宿综合体创建和民宿重点项目建设，打造推动跳马镇的经济发展的强劲引擎，促进雨花区全域旅游转型跨越的新发展。该大赛是由中国饭店协会客栈民宿委员会、长沙市人力资源和社会保障局指导，中共雨花区委、雨花区人民政府主办，区人社局承办，雨花区全域旅游开发建设指挥部、雨花区跳马镇人民政府协办。7月28日，湖南首届“雨花杯”民宿设计创新创业大赛启动仪式，在长沙跳马镇育景山庄举行。组委会公布参赛公告和规程。市人社局就业促进处处长喻嘉，市人社局创业指导中心主任陈西，区委常委、区委办主任周海毅等出席。民宿设计运营领域的大咖和设计师齐聚一堂，辖区高校就业创业处负责人、区创业就业工作领导小组成员单位主要负责人，跳马镇政协委员代表、雨花区全域旅游建设指挥部、跳马镇花卉苗木协会、跳马镇的企业家代表、村民代表，媒体代表共100余人应

2017年11月7日，湖南省首届“雨花杯”民宿设计创新创业总决赛（刘娜/提供）

邀参加活动。报名工作同时启动，接受从事设计、艺术类及相关专业（建筑、设计、美术、装饰等）的个人或团队报名参与。比赛分初审、初赛、复赛和决赛，总奖金超过10万元，设有“雨花至尊设计奖”“雨花荣耀设计奖”“雨花创新设计奖”“评审会特别奖”“最具网络人气奖”和入围奖6个奖项。11月7日，2017湖南省首届“雨花杯”民宿设计创新创业总决赛闭幕。300余个团队报名参赛，10个团队进入决赛。（刘　娜）

【劳务协作脱贫专场招聘会】　2017年2月8日，雨花区落实精准扶贫的战略部署，首次跨市区进行劳务对接协作帮扶。区人社局组织区内比亚迪汽车、晓光模具等21家优质用工企业到省级贫困县——株洲市茶陵县开展区县间劳务协作脱贫专场招聘会。设立政策咨询台，免费发放“春风服务卡”“雨花区大学生创业就业地图”等宣传资料。150余人填写求职登记表、达成初步意向。（刘　娜）

【春风行动专场招聘会】　2017年2月17日，区人社局举行2017年“真情五助，财富雨花”助力行动暨“和煦春风送岗位，就业扶贫惠民生”春风行动专场招聘会，采取“一对一”方式，引领求职者参加现场招聘、并根据其自身情况对接用人单位，实现家门口就业。市委组织部副部长、市人社局党委书记、局长张白云，党委副书记、副局长王河，区政协主席冯聪龙等出席招聘会，村民、有就业意愿的贫困劳动力、大中专毕业生等各类求职者1000余人参与，初步达成就业意向272人。（刘　娜）

【“重走长征路、喜迎十九大”活动】　2017年6月9日，区人社局在浏阳河畔举行“重走长征路、喜迎十九大”启动仪式，活动采取“互联网+健步走”，以线上和线下相结合的方式模拟徒步长征路线，选取长征路线中13个具有纪念意义的地点，让参赛者在徒步运动中重走革命路线，健身中弘扬长征精神。该次活动以队为单位，将参赛各队每位队员的每日徒步数据累计相加，计算每日行程里数，与长征实际里程数两相比对，推动前进；活动分阶段将行走总数据换算成里程数，并在地图上相应地点插红旗，营造你追我超、团结奋进的氛围。自参赛之日起，参赛队员以微信运动计步器上传数据为准，每队队长负责统计本队参赛队员的行走数据，排名以各队总数据为准；各队之间将不定期交叉检查数据真实性。模拟路线：瑞金（起点）→湘江战役→遵义会议→四渡赤水→巧渡金沙江→强渡大渡河→飞夺泸定桥→翻越雪山→懋功会师→穿越草地→激战腊子口→大会师→延安（终点）。路线距离按红一方面军中走得最远的部队的长征路是二万五千里，即1.25万千米，换算为步数约1900万步。活动过程中，模拟行走至四渡赤水、飞夺泸定桥、穿越草地三个地点，进行阶段性奖励；最后抵达革命圣地延安时，进行最终的大会师胜利表彰。比赛设置优秀集体奖与优秀个人奖项若干，并给予适当奖励。（蒋福明）

重走长征路主题教育　（刘娜／提供）

【雨花区见习基地授牌仪式】　2017年6月15日，区人社局在湖南晶炬钣金科技有限公司举行雨花区见习基地授牌仪式。见习基地的建立将有利于促进大学生就业创业，拓展企业资源，帮助高校毕业生积累工作经验、提高毕业生的创新、实践和就业能力。创立于2000的年湖南晶炬钣金科技有限公司，拥有员工近300人，每年引进高校毕业生近20人。企业成功申请成为见习基地后能不仅能从见习大学生中选拔出优秀的人才还能依据政策享受招用高校毕业生见习的见习补贴。企业成为见习基地后要主动承担起社会责任，把接收高校毕业生见习、缓解就业压力作为一项重要的任务；要在提升高校毕业生就业能力的同时，鼓励高校毕业生自主创业，以创业促进就业，解决大学生就业问题。（蒋福明）

政务公开与政务服务

【概况】 长沙市雨花区政务服务中心为区政府直属事业单位，负责全区政务服务体系建设、政府信息公开、长沙市"12345"市民服务热线求助平台工作。内设办公室、督查科、业务科。单位编制数8人，领导职数4人。2017年，全体在职干部职工数15人，其中在职在编干部8人、引进人才1人、雇员6人。党员11人，其中在职党员10人。办公地点设在雨花区人民政府机关大院2号楼B栋一层。

2017年，雨花区政务公开政务服务工作以建设人民获得感更强的政务服务中心为目标，在整体提升改造升级的基础上，多措并举深化政务服务改革，以发现问题倒逼改革，以解决问题推进发展，全面打造品质政务、集成政务、智慧政务，推动政务服务质量稳步提升。建设政务服务电子评价综合评议体系，统计窗口工作人员服务满意率，形成检查通报常态机制，对存在问题要求相关窗口限期整改。大厅设置投诉意见本，及时、广泛听取群众意见和接受群众监督。开展窗口及部门工作人员服务态度、业务技能、遵规守纪与意见建议等民意测评，随机征集办事人员意见，一季度回收问卷近百份，收集到各方意见建议20余条，并针对群众提出的意见、建议指导部门单位落实整改到位。中心工作人员每月随机抽取办件，进行电话回访，对回访反馈信息，及时进行梳理，厘清问题性质，对回访中出现的普遍或反复发生的问题，采取与部门审批科长和窗口工作人员座谈的方式进行沟通，从根本上找原因。注重强化窗口管理工作机制，用制度来管理窗口，全面提升群众满意度，奋力打造政务服务"第一品牌"。建立窗口工作情况通报制度，每季度将业务办理、人员考核、督查反馈、表扬投诉等情况汇总向相关部门进行通报，形成中心与部门的良好互动，不断提升窗口服务质量。开展季度标兵、雷锋式服务标兵、优秀党员、党员示范岗以及"模范帮学对子"等评选活动，打造服务企业、服务百姓的品牌窗口。加大咨询服务力度，专设志愿者服务引导员，为办事群众答疑解惑、助力帮办。开辟网上自助查询区、休息等候区、便民服务书写区，免费为办事者提供笔、饮用水、雨伞等便民物品，营造贴心服务环境。开展"三亮三比三看三评"活动，通过"亮身份、亮职责、亮承诺""比能力、比作风、比业绩"，评选"党员示范岗""先进党员"以及"模范帮学对子"，在中心形成"比、学、赶、超"的氛围。通过组织岗位练兵、技能比拼等竞赛活动，掌握娴熟的业务技能，提高服务群众的本领。开展党员与团员、青年"结对共勉 携手共进"互帮互学活动，增强工作人员的履职能力和执行能力，提高团队的凝聚力和战斗力。开展"做一个'有涵养、有素质、有礼节'的窗口工作人员"活动，树形象强素质，提高窗口形象。强化服务意识，做到以最热忱的服务态度对待办事群众，起立迎接，微笑服务，真诚待客，满意为先。窗口之间每天见面主动问候、谈心谈话、经验交流，共同发挥凝聚力，营造友好互助的和谐氛围。（孙 琴）

【行政审批】 2017年，雨花区加强政务诚信建设，实施、推进"互联网+"政务服务改革，出台《智慧雨花总体规划（2017—2020年）》《智慧雨花建设三年行动计划（2017—2019年）》，制定《关于加快推进"互联网+"政务服务工作实施方案》，"互联网+"政务服务相关工作内容纳入《政府工作报告》和全面深化改革目标任务，明确牵头部门和协作部门，作为区级重点工作进行考核。由区深改办牵头，分批次组织区编办、区民政局、区人社局、区政务中心、区电子政务办、区法制办等部门单位到深圳、上海、贵阳、济南、武汉等地区学习考察"互联网+"政务服务、网格化管理工作；组织全区相关部门、街道负责人到株洲市荷塘区实地观摩“一门式”政务服务工作的先进经验和做法，做好前期调研，为全面落实打下基础。召开雨花区行政审批制度改革工作暨雨花区“互联网+”政务服务改革工作培训会，铺排“互联网+”政务服务及政务服务标准化工作全进程全阶段任务。编制流程清单，完成全区57项行政许可、164项行政确认、行政备案及部分其他职权的事项办理流程清单的梳理、编制以及规范工作，全区范围内（涉及23个部门单位），所有编制流程清单在雨花区门户网站发布。印发《关于做好政务服务事项服务指南和流程清单编制工作的通知》，部署安排政务服务标准化工作。开展编制政务服务事项服务指南和流程清单培训，初步完成流程清单与服务指南编制工作，计271项（含行政许可、行政确认、行政给付、其他职权及公共服务事项）。梳理基层事项，完成区级政务大厅基层“一口式”公共服务平台基础硬件的部署。通过对3个街（镇）、5个社区（筹委会、村）社会服务事项进行收录汇总，整理、汇编《街道（镇）、社区（筹委会、村）社会服务事项清单》，计179项（涉及国土、工商等）。行政许可类事项、公共服务事项完成收集、梳理以及编制工作，录入省“互联网+政务服务”一体化平台，达到清理最早、项目最多、公示最及时的效果。（孙　琴）

【政务服务】　2017年，雨花区持续创建“人民满意政务服务中心”活动，建立多载体多途径的评议制度，通过即时评价、现场问卷、网络评议、电话跟踪回访等方式，广泛听取群众意见和接受群众监督，及时掌握社情民意。制定《长沙市雨花区政务服务效能监督评估办法》，配合《长沙市雨花区政务服务工作考核办法》，政务服务监督考核更标准、更公平、更完善，服务意识更为强化。完成全区各街道（镇）政务服务中心标准化建设回头看工作。严格按照《长沙市乡镇（街道）政务服务中心标准化建设验收办法》的要求，在基层政务中心标准建设、规范管理方面进行认真梳理，所有街道（镇）结合政务服务工作特性以及公众对政务服务的需求和期望，构建由基础标准、管理标准、服务标准和工作标准组成的体系建设。统筹开展社区全面提质提档工作，在7个社区开展便民服务中心示范点建设，发挥典型引路作用，有力有序推进落实。在区政务大厅增设人才服务、人才落户窗口，在政策宣传、人员配备上优先倾斜，确保市级政策全面落地；增设“工业园区”窗口，开通“工业三十条”咨询、办理绿色通道，为99家企业及区内重点建设项目提供项目扶持、资金补贴、政策支持等特色服务。将基层帮（代）办工作作为优化服务的抓手，成立区级服务点1个、帮（代）办服务窗口1个；街道（镇）便民服务点13个，帮（代）办服务窗口13个，在社区（筹委会、村）便民服务中心建立代办员制度，设立“代办服务点”，针对重点帮扶重大项目、弱势群体、优抚对象等群众，通过网格化管理、网上预约，上门服务等方式开展服务，为群众提供帮（代）办服务10万余件。（孙　琴）

【政府信息公开】　2017年，雨花区出台《雨花区全面推进政务公开工作方案》，以“五张清单”（权力清单、责任清单、流程清单、负面清单和行政审批中介服务事项清单）和“互联网+政务服务”为重点抓手，部署全面推进行政决策公开、执行公开、管理公开、服务公开和结果公开，主动公开政府信息3万余条，区级政府回复政府信息依申请公开30件，无行政复议和行政诉讼败诉的情况。按照国家标准改版区政府门户网站政府信息公开专栏，印发《关于加强政府网站管理和内容保障工作的通知》《雨花区政务公开工作任务实施方案模板》，确保政务公开工作的深化与扩展。深化政府信息公开工作平台应用，政府信息公开目录管理系统覆盖全区56个区级部门单位，工作平台及工作流程进一步统一，政府信息公开目录分类体系和填报格式进一步规范，全区政府信息公开目录管理系统后台数据库初步实现通过数据交换平台互联互通、信息共享。组织开展政府信息公开培训，编制《雨花区政府信息公开宣传手册》《雨花区政府信息公开实务手册》等工作用书，建立健全工作机制及操作程序。聘请法律顾问，重点审查政府信息依申请公开答复的法律适用、公开事项和拟作出的回复实体内容、法律依据和程序，做到公开即公信。面向社会公开就业促进、扶贫解困、少数民族帮扶、教育助学、社会保障、医疗卫生、百姓安居、民生基础设施、生态环境、文化体育等民生工程建设项目名称、建设内容、建设年限、总投资及年度计划投资、项目业主单位、责任单位以及项目推进、完成情况等信息。主动做好政策解读，针对不同社会群体，采取不同传播策略，在第一时间发布政府重要会议、重要活动、重大政策信息，回应社会关切，增进社会认同。（孙　琴）

【“12345”市民服务热线】 2017年，全市31条部门热线并入市民热线平台，雨花区热线工单呈倍增态势，办结市民热线工单近1万件，办结率为100%，回访满意度98.42%。雨花区召开“12345”市民服务热线工作培训会议，系统性学习培训热线工作，提升工单承办人员业务能力。完成区级12345市民服务热线平台的扩容与升级，通过市民来电诉求统计、市级服务热线平台等渠道获取准确信息，新增录入信息191条，提高信息库内容的准确性，方便市民咨询。实行热线工作行政负责人问询制度，在督办、回访过程中，对区属部门、街道（镇）等成员单位行政一把手发警示、问询短信，促进热线工作成员单位办理工单高速、高效、优质完成。形成热线工作成员单位会商备忘录制度，对“12345”热线工单复杂、疑难问题召开专项联席会议，形成部门单位会议备忘录，用以指导类似问题的案例解决。执行热线工单办理联合执法制度行动，对热线承办工作涉及多个成员单位职责职权的工单，由各自办理变为牵头单位与配合单位协作办理，形成联合执法的长效机制，提升执法效果。及时调整年度考核细则，按照“一月一通报”原则，将每月工单受理情况、各部门排名、转办工单热点以及常见问题分析作出详细说明，对部分排名靠后、工单处理敷衍的单位采取分管领导约谈、通报批评等方式进行促进。针对部分疑难工单，如黄兴医院老旧住宅改造问题，在查实情、督进度的同时，联合责任单位共同梳理问题，并以书面形式向区政府提出意见建议，高位推进工作落实。探索将市民热线工作并入全区社会治理网格化综合管理体系，并进行多次调研。（孙　琴）

【政务公开政务服务会议】 2017年4月18日，雨花区政务公开政务服务暨电子政务工作会召开。区委常委、区纪委书记王清政，区委常委、区政府常务副区长邹春林，区委常委、区委办主任周海毅出席会议，区政务公开政务服务工作领导小组、区电子政务工作领导小组成员单位行政负责人参加会议。区政务服务中心主任李建华与区电子政务办主任张辉煌通报政务服务、电子政务工作情况以及2017年工作任务和建议；各成员单位就提出问题进行讨论发言。会议指出，新时期对全区政务工作提出更高的要求，区政府对政务服务工作高度重视，始终放在改革发展全局中的重要位置。会议强调，要加快推进“互联网＋政务服务”，加强政务公开和政务服务，深化行政体制改革，推进行政权力公开透明运行；推行“规范化＋政务服务”，完善政务服务体系建设，强化基层党建工作，加强对政务工作的监督考核；加大市民服务热线整合力度，提高服务满意度，确保市民反映问题解决；推动电子政务发展，加强电子政务软硬件基础建设，大力推进应用系统开发，完善相关配合保障工作。会议要求，各成员单位要增强做好政务服务工作的使命感和紧迫感，坚持服务为先、满意为本；坚持目标导向和问题导向，认清政务工作的形势，以百姓的满意为检验政务工作的出发点，不断优化各项服务流程，为百姓提供更加优质高效的服务；要强化责任担当，各部门相互配合、形成合力，全力以赴做好政务服务工作；要以“互联网＋政务服务”为统领，强化为民服务意识，着力打造体制健全、制度完善、服务周全、环境和谐的政务服务平台，保证政务服务工作高效有序运行。（孙　琴）

【雨花区推进“互联网＋政务服务”改革工作】2017年8月25日，雨花区组织召开行政审批制度改革暨“互联网＋政务服务”改革工作推进会推进会，区政务服务中心、区审改办、区电子政务办主要负责人、33家区直相关单位分管副职和行政审批科科长参加会议。会议部署推进承接市级第五轮下放权限、政务服务标准化和“互联网＋政务服务”平台建设等工作，雨花区政务服务中心、区审改办分别就编制政务服务事项服务指南和流程清单、优化政务服务事项目录工作进行培训讲解，重点讲解政务服务事项服务指南和流程清单编制范围、要求、编写参考样式(参考模板),政务服务事项目录范围、目标调整变化情况等内容。会议指出，推行行政许可标准化是加强政务服务信息化建设的重要组成部分，是全面深化“放管服”改革的需要，是有效解决“审批难”、约束自由裁量权、降低制度交易成本、提高审批效率的重要举措，是加强廉政建设的治本措施，也是促进规范化建设、改变审批服务现状的需要。全区各相关部门要充分认识到行政许可标准化对推进“互联网＋政务服务”改革工作的重要意义,要按照《行政许可标准化指引(2016版)》要求，以全区已公布的行政许可、行政确认、行政给付、其他职权以及公共服务事项为目录，科学规范编制政务服务事项服务指南与流程清单，以标准化促进全区政务服务规范化，通过进一步优化审批流程、规范事项办理、提高审批效率，让企业和群众切实增强获得感，最大程度地享受到改革发展的成果。会议强调，全区要以落实行政许可标准化为目标，推进“互联网＋政务服务”建设工作。紧扣改革精神，增强紧迫感和责任感，以运用现代信息技术创新行政审批和公共服务方式为手段，优化全区网上政务服务平台建设，着力打破信息孤岛，变“群众跑腿”为“信息跑路”，变“群众来回跑”为“部门协同办”。突出工作重点，全力以赴抓好工作的精准落实，紧紧围绕“一号申请、一窗受理、一网通办”工作目标，推进政务服务各环节规范化、标准化、优质化。加强改革力度，尽快实现政务服务事项“受办”分离，着力构建方便快捷、公平普惠、优质高效、智慧治理的政务服务体系。

（孙　琴）

【雨花区在全市首开三大惠民新政落地绿色通道】 2017年8月28日，雨花区在全市率先将科技、工业、人才新政服务窗口“三窗合一”，开设新政落地绿色通道窗口，免去企业、人才辗转多部门办事的奔波劳顿，提高政务服务效能。长沙“1+4”科技创新政策体系、“工业30条”“人才新政22条”这三大新政惠民红利，到雨花区政务服务中心，一个窗口就能咨询办妥。新政落地绿色通道窗口整合原有的长沙“工业30条”、长沙“人才新政22条”两个政务服务窗口，以及新增的科技创新政策咨询窗口。企业可以通过绿色通道窗口，咨询政府在扶持企业自主创新、加快科技平台建设、促进科技成果转化、深化科技金融结合、申报科技创新项目等方面的优惠扶持政策，可以享受“1+4”全方位咨询服务：“1”即一张宣传单，图文并茂详细解读长沙“1+4”科技创新政策；“4”即4个通道，通过政务窗口、政务网、官方微信、热线电话等方式，为企业提供线上线下全方位服务和交流互动平台。

（孙　琴）

信　访

【概况】 长沙市雨花区信访局负责受理、交办、转送、协调处理信访人提出的信访事项，承办上级和本级人民政府交由处理的信访事项，指导本级人民政府其他工作部门和下级人民政府信访工作机构信访工作。内设办公室、办信科、办案科、复查复核科、网络信访科、督查督办科6个职能科室；设区人民来访接待中心1个二级机构。核定行政编制5名，事业编制7名。2017年，在职干部职工19人，其中班子成员7人，一般干部6人，雇员6人；退休5人。局党支部党员21人，其中在职党员16人，退休党员5人。办公地点设在雨花区政府大院人民来访接待中心1层、2层。

2017年，雨花区召开区委常委会5次、区政府常务会3次，专题研究信访工作，召开全区性信访维稳会议30次，区委碰头会每周专题听取研究重大信访问题汇报。接待来区信访群众662批1733人次（其中集访43批828人次，初访106批，210人次），初访办结率100%，接待人次比上年下降18.2%。办理上级交办件21件，领导信箱99件，人民建议20件，省、市转办来信件186件（其中初信75件），网上投诉705件，处理复查信访事项33件，办结率均为100%。妥善劝返进京赴省到市非访群体，做好全国、省、市、区“两会”、香港回归20周年、建军90周年、“一带一路”国际合作高峰论坛、北戴河暑期会、中共十九大等特护期信访工作任务。按照“去存量、控增量、严防极端事件”的总体思路，强化进京非访治理，推进积案化解，强化基层基础，全区信访总量、进京赴省非访、信访积案数量下降，实现信访积案大量消化、特护时期平安稳定（十九大特护期进京非访零登记），全市信访工作季度讲评中取得3次红旗单位，1次先进单位。（刘青帝）

【领导接访】 2017年，雨花区坚持县级领导坐班接访制度，下发《关于印发〈雨花区2017年县级领导坐班接访工作时间安排表〉的通知》，7月开始，区党政领导信访接待日于每周三接访改为每个工作日接访，落实领导接访日113个，接待群众392批1406人次，按照县级领导联点安排、热点领域问题分类等情况，把坐班接访与预约接访相结合，通过党政领导接访集中解决一批信访老案难案，区信访局做好会前准备、保障对接，交办反馈，确保领导接访批示迅速传达到责任单位，办理情况及时反馈到领导手上，推动接访领导的再次调度和协调，确保上访人的合理诉求得到有效维护。（刘青帝）

【复查复核】 2017年，区信访局接到复查复核申请30件，同比下降36%，其中受理16件（含重新办理5件），不予受理13件，放弃申请1件。共出具告知书30份，出具复查意见书5份，所有书面材料均亲自送达信访人并由信访人签收。

（刘青帝）

【领导包案】 2017年，雨花区制定《雨花区突出信访问题及重点人员领导包案安排表》，将全区41个信访积案逐级落实县级领导包案，建立健全领导包案“八个一”（即至少上一次门，见一次面，谈一次话，组织一次情况调查，召开一次协调会，对所反映的问题作出一个明确的处理结论，提出一个合理的化解方案，出具一份答复处理意见）、“三个不放过”（即问题不查清不放过、问题不解决不放过、稳控措施不落实不放过）、“四个重新”（即重新组织专班、重新受理接访、重新调查审理、重新研究处理）、“五包”（一个县级包案领导、一个街道包案领导、一个化解责任人、一个社区工作人员）的工作机制，推动县级包案领导带案下访，面对面听取信访人诉求，帮助查找问题症结，制定化解措施，做好解决诉求、解疑释惑、引导教育、帮扶救助等工作，确保问题妥善化解。县级包案领导，通过领导接访日、约谈会、上门走访等方式与所包信访对象见面，组织工作组召开协调会研究问题解决方案、救助方案、依法处理方案。（刘青帝）

【依法治访】 2017年，雨花区健全联席会议制度，完善依法治访联席会议工作机制，定期召集公、检、法、司、信访、维稳等职能部门进行专题会商。坚持全天侯、全方位的做好进京赴省到市的各类非正常上访处置，全国、省、市“两会”，元旦、春节、香港回归20周年、建军90周年以及中共十九大、“一带一路”国际合作高峰论坛、北戴河暑期会等各重点时段，提前筹划、周密部署，确保社会大局平稳。派驻专门的工作组常驻北京，区信访局副局长调度，从各重点街道轮流抽派精干力量，建立一套完整的调度处置、信息收集、外围查找、人员疏导、送返回长沙，法制教育体制机制，北京外围查找176人次，接访劝返263人次，所有进京非访人员均实现“随有随接”、平安送返，无在京滞留、倒流情况。全年进京非正常上访登记87人次，比上年下降27%，党的十九大特护期，从全区抽调82人，分别在长沙、长沙南、岳阳、武汉、石家庄（保定、涿州）火车站设立巡查劝导工作组，24

小时坚守车站开展巡查劝导，坚持进京车次必守、重点车次必查，成功劝返各类拟进京非正常上访人员267人次，实现进京非正常上访“零登记”。健全联席办牵头、街道和公安治安力量联合行动的快速处置省市区非访工作机制，妥善处置赴省到市非正常上访48批2300余人次到区非正常上访164批近870人次，没有发生一例群体性重大恶性事件。组织工作力量驻省、市政府值班点开展巡查劝导，参加省、市安排的值班63次，完成驻点值班252天。

（刘青帝）

【积案化解】 2017年，长沙市交办雨花区重点信访积案30个。雨花区坚持把“事要解决”作为控增量、减存量的有效手段，开展信访积案化解“百日攻坚”行动，化解信访积案27个，化解率92.59%。落实领导包案制度，市委副书记徐宏源包案化解黎托街道贺某信访案件，区信访局组织协调推动，成功化解该案。市政协主席文树勋包案处理雨花亭街道武某案，高位协调省路桥公司，促使武某签订息访息诉协议。区委书记张敏，区委副书记、区长刘素月切实履行“第一责任人”责任，包全区最难“钉子案”“骨头案”，上门走访信访对象，主动与军队退役人员见面座谈，深入一线慰问困难群众。张敏包雨花亭街道孙某等5个疑难案件全部化解，刘素月所包的2个信访积案全部化解。区委、人大、政府、政协其他县级领导认真落实信访积案化解百日攻坚部署要求，亲自下访、调度、研究、协调，促使一部分沉积多年的信访老案得以彻底化解。区委工作碰头会7次专题研究信访积案个案处理方案，区联席会议坚持“一周一研究、一周一调度、一周一通报”工作机制，区信访局创新建立化解结案报告由责任部门主要负责人签字背书、积案化解结果纳入全区绩效考核工作机制，编发8期百日攻坚工作情况通报，点对点短信报告制度，区信访局参与所有责任单位积案化解工作，与街道部门协同配合，有喊必到、尽职尽责，多方协调，全程跟进，全力推动积案攻坚。研究成立涉法涉诉问题、企业军转干部问题、涉众型金融问题、征地拆迁及物业地产问题、企业改制问题、复退士兵优抚安置问题、城市出租车问题、教育资源配套问题8个热点领域信访问题专项工作小组，整合资源，分类处理，处置正圆死亡纠纷等群体性事件260余起；通过走访慰问、帮扶解困、成立军人之家等措施，做好军队退役人员矛盾纠纷化解。对2016—2017年全区化解的60个信访积案分类分层给予奖励，其中一类案件30件，每案奖励3万元；二类案件23件，每案奖励2万元，发放奖励资金136万元，进一步增强各责任单位化解积案工作积极性和热情。按照应救尽救的原则，给予19名信访对象支付救助金279.8万元，全部拨付到位。（刘青帝）

【网上信访宣传活动】 2017年2月28日，省、市、区三级信访局在长沙火车南站联动开展网上信访宣传活动。现场悬挂“网上信访足不出户、高效快捷、公开透明”“让数据多跑路，让群众少跑腿”等标语，发放宣传手册1500份。接受群众提问咨询、了解网上投诉有关事项，以群众喜闻乐见、通俗易懂的形式，宣传网上信访的意义和优势、网上投诉的方式方法。省信访局副局长夏玄英出席活动。

（刘青帝）

【国家信访局调研信访听证工作】 2017年6月9日，国家信访局副局级督查专员孙宽平，国家信访局研究室调研处处长马永辉、副调研员丹彤一行3人到雨花区专题调研信访听证工作，实地考察高桥大市场，在高桥街道召开调研座谈会。区委副书记陈永高汇报雨花区信访工作整体情况及信访听证工作开展情况，区信访局、高桥街道、雨花亭街道汇报区、街道信访听证工作的实际应用情况和意见建议。孙宽平肯定雨花区信访听证、积案化解、信访信息化建设等方面工作取得的成绩，高度评价雨花区委、区政府高度重视信访工作，全力打造“阳光信访”“责任信访”“法治信访”所取得的成效；希望雨花区再接再厉，以维护群众合法权益为核心，以推进信访工作制度改革为主线，改革创新、攻坚克难，以优异的成绩迎接中共十九大的胜利召开。

省信访局党组成员、副局长龙靖波，市信访局党组成员、副局长王强壮陪同调研。（刘青帝）

【徐宏源调研雨花区信访工作】 2017年7月13日，市委副书记徐宏源到高桥街道永祥社区、井湾子街道融城苑社区实地查看群众工作站，与基层信访工作人员交谈，了解社区信访工作和群众工作，调研雨花区信访工作。在雨花区政府召开包案对象贺某信访事项专题研究会。市政府副秘书长、市信访局党组书记、局长喻志军主持会议，市委统战部、市民政局、市信访局、市国土分局、市群工办、雨花区委、区政府、区委宣传部、区委群工办、区信访局、黎托街道负责人参加会议。区委书记张敏汇报全区信访工作和群众工作。会议听取雨花区研究处理贺某信访问题的情况汇报，与会单位发表处理该案意见，会议对该信访问题进行认真研究。会议认为，虽信访人提出的诉求无政策支持，考虑其家庭存在实际困难，应按照“三到位一处理”（诉求合理的解决到位、诉求无理的思想教育到位、生活困难的帮扶救助到位、行为违法的依法处理）原则，参照已息访息诉的类似案件给予适当救助和帮扶。会议确定贺某信访问题最终解决方案，为该案件的最终解决奠定基础，推动该问题有效化解。徐宏源肯定雨花区干部敢于担当、工作亮点纷呈、责任落实有力，强调要提高思想认识，高度重视信访、群众工作；突出问题导向，狠抓信访、群众工作落实；加强保障，形成信访、群众工作合力。（刘青帝）

2017年7月13日，市委副书记徐宏源（左三）在雨花区接待信访群众调研信访工作 （刘青帝 / 提供）

机关后勤

【概况】 长沙市雨花区机关后勤服务中心（简称“区后勤中心”），区政府直属正科级事业单位，负责区直机关大院机关食堂管理、办公用房及设施改造维修、安全保卫、物业管理、公务车辆管理、公共机构节能、国有资产管理、计划生育等后勤服务保障工作。内设办公室、公务车辆管理科、服务保障管理一科、服务保障管理二科、“二办”综合管理科、公共机构节能科、基建与招投标管理科、安保物业科、财务科9个职能科室。核定事业编制27名，其中领导职数4名。2017年，全体在职在编干部职工26人（含病休1人），雇员7人。单位内设立党总支，辖在职党支部和退休党支部，党员42人，其中在职党员24人。办公地点设在雨花区人民政府机关大院三号楼。

2017年，区后勤中心以“优质、品质”的保障服务要求抓队伍建设和食堂管理、以“精细、精美”的管理标准抓物业日常工作和机关大院整体环境、以“规范、规矩”的严格程序抓基建维修、节能改造项目，推动区后勤中心的工作发展。规范大院停车秩序，实行停车收费，解决大院停车难问题。全市率先完成利用合同能源管理方式改造机关大院地下车库照明系统，推进节约型办公区建设。增设雨花区公共卫生大楼食堂餐厅，保障区公共卫生大楼的干部职工就餐。区后勤中心先后被评为长沙市文明单位、全市内保系统党的十九大安保维稳工作先进集体。（唐　信）

【公车管理】 2017年，雨花区公务用车293台。区公车改革领导小组制定各项制度，完善各项实施方案，加强公务用车使用管理。公务用车服务管理中心加强信息化、平台化建设，严格机要通信用车、应急用车等保留车辆的使用管理，强化集中管理。所有纳入平台管理的车辆进行统一停放、集中调度。各参改单位通过信息化平台申请用车，严格公务用车使用登记制度，确保公务用车配备使用严谨合规，

节约高效。各单位月平均申请用车 255 次，月平均出车次 371 台次。（唐　信）

【安全保卫】 2017 年，区后勤中心落实大院消防、治安、安全管理责任，与区机关各部门和经营单位签订安全管理责任书，实行一把手责任制。建立健全安全制度，严格执行大院安防监督检查制度及隐患排查整改制度。严格落实留守备勤责任制，提高留守备勤在岗率，加大对重点时段、重点部位的巡逻检查力度；落实安全设备隐患排查制度化，每季度和节前组织相关人员到机关视频监控室、电梯控制机房、食堂锅炉房、中央空调设备房等处，对消防安全管理、水电设施设备运行、安全保卫、用水用电安全、绿化、环境保洁、公务车辆定点停放等工作进行检查。利用车辆门禁系统，确保停车场地的设备、设施和停放车辆的安全，加强人员出入和车辆停放管理，加强对大院、地下车库进出车辆及公车管理力度，实行非工作时段社会车辆停车收费，逐步解决停车难问题。加强对进入机关外来人员严格询问、登记制度，实行人车分流，对进出办公区域的办事人员凭身份证登记进入。接待和有效阻止大院内特大型上访 72 次、大型上访 367 次、小型上访 710 次，做到治安消防管理零事故。（唐　信）

【物业管理】 2017 年，区后勤中心优化“85881111”服务热线，坚持实行 24 小时值班制，实现“一站式”即时服务，前台工作人员接到来电来访逐一进行解答，对业主提出的的问题一一解答并做好详细记录，对职责范围无法解决的问题，第一时间通知相关部门解决，做到及时率 100%、满意率 100%。对绿化保洁人员，根据岗位轮换和新人员入职等实际，实行例会讲理论，在岗做示范的方式培训，签订目标责任书，责任到人，做到日程工作有秩序，操作有标准，安排专人监督检查绿化保洁人员的工作情况。实行部门清洁区承包责任制，坚持每日清扫保洁，每月开展定期检查评比，督促机关各部门搞好责任区卫生，保持机关整洁的环境。聘请 13 人专业养护绿化植物，实行责任制，建立奖勤罚懒制度。坚持养护分开管理，任务到地，责任到人，养护考核结果与职工利益挂钩，提高生产效率和绿地养护水平，机关大院绿化管理完好率 98%，名贵古树存活率 100%。对中央空调、电梯、锅炉、配电系统全面保养、检修检测，全部设备取得相关有效合格证书。清洗大院马路、人行道 12 次；冲洗各楼台阶、雨棚、地下室等 60 次；机洗所有会议室地毯 7 次；大院除四害 44 次；每周清洁大门玻璃、围栏玻璃 1 次；清洁大院管道、灯具共 17 余次；清理大院所有沟渠 12 次；清运垃圾 180 车。完成电设备公共类安装维修 4393 单，用户类安装维修 2338 单。接待会议中心会务服务 405 场，“四大家”会务服务 1010 场，公共会议室清洁卫生会务服务 3000 余次。服务全区重要会议和重大活动 394 次，满意率 100%。（唐　信）

【食堂管理】 2017 年区后勤中心步完善机关食堂物料采购验收、保管制度，确定定点供货商，统一供应食材，严格把好原材料验收关、检测关、复检关，使监督管理做到环环相扣，环环相连；完善食堂监控系统，实施无死角管理，保障食品安全，没有发生一起安全事故。通过定期开展食堂员工技能比拼、研制新式菜品、每月进行意见征求等方式，改进菜品式样，荤素合理搭配，为服务对象提供色香味美、营养健康的餐饮；组织员工进行礼仪知识、规章制度、基本技能、安全常识等方面的培训，对食堂员工管理实行工资与绩效挂钩，严格对出勤、综合评价、工作表现进行考核，激发员工积极性，打造高素质业务骨干队伍。增设雨花区公共卫生大楼食堂餐厅，保障雨花区公共卫生大楼的干部职工就餐。机关大院、“二办”、人社局、公卫大楼四个食堂及包厢接待用餐，就餐满意率 90% 以上，完成区残联、妇联、总工会换届选举等 20 余批次大型自助餐保障任务。针对食堂伙食改善、服务态度、环境卫生、综合评价开展问卷调查 4 次，征求意见箱收集意见 12 条，做到及时汇总、及时解决。（唐　信）

【基建维修】 2017年，区后勤中心受理各部门单位基建修改造项目及招标报告79份。完成区食药监局（含区农林水局、区计卫局等单位）办公用房改造、区人武部办公室用房维修改造、区直机关大院网架油漆、区市政局办公用房改造、机关食堂厨具改造以及其他部门单位办公用房、公用设施维修改造等基建维修项目61个；完成机关大院花卉摆放、会议中心会议设备、公务用车社会化租赁等招标项目6个；承办区人社局办公楼安全结构评价、区人社局办公楼加固设计及区委党校多功能教室改造前前期设计项目3个；施工中项目和待施工项目9个。（唐 倩）

【计划生育管理】 2017年，区机关后勤服务中心注重强化沟通联系，做好区机关大院育龄妇女随访、全面放开“二孩”政策解释工作，做好机关大院和流动人口中婚育妇女的计划生育管理及优质服务；梳理机关大院2155名干部职工及雇员档卡信息，开展“生育关怀”活动，经常性地开展跟踪随访慰问服务，及时上报人口计生信息，随访慰问50多人次，审核计生信息492人次，办理“生育服务证”32本，发放各类宣传资料300余份，发放计生药具1500余份。（唐 倩）

【公共机构节能】 2017年，雨花区推进节能技改，落实节能降耗，加强节能减排工作的管理和指导，深化开展节约型机关创建，节能降耗宣传工作，营造节能氛围，夯实能耗统计基础工作，实施节能改造，加强对车辆使用管理，强化对水、电、气的严格管理，实现公共机构节电、节水、节油指标同比下降的目标。全区公共机构119家，用能人数112168人，公务用车727台，较上年减少96辆，人均综合能耗同比下降3.34%，单位建筑面积能耗同比下降1.96%。水、电、汽油总消耗量分别同比下降1.4%、3.75%、43.89%。首次利用合同能源管理方式对机关大院地下车库照明系统进行改造。（唐 倩）

【厨艺练兵比武】 2017年10月16日，区后勤中心在机关食堂举办“喜迎十九大，厨艺展风采”厨艺练兵比武活动。采取裁判随机抽签、选手当场抽签、监委现场监督、操作封闭管理等方式，展现所有参赛选手综合素质和业务技能，做到“学在岗位、练在岗位、比在岗位”，把选拔高技能人才与普遍提高机关食堂员工技能水平有效结合，营造“比、学、赶、超”的氛围。比赛设红案和白案一、二、三等奖。（唐 倩）

【市机关事务管理局调研雨花区公共机构节能工作】 2017年8月23日，长沙市机关事务管理局副局长蔡剑锋、公共机构节能处处长罗峰等一行座谈调研雨花区公共机构节能工作，区机关后勤服务中心主任陈伯华、副主任李朝晖和公共机构节能科全体工作人员参加会议。李朝晖围绕组织领导、宣传发动、制度健全、能耗统计、节能改造五个方面作汇报；陈伯华表示要力求在节能降耗上取得新的突破。市机关事务管理局对雨花区公共机构节能工作给予肯定。（唐 倩）

【雨花区机关大院地下车库照明系统节能改造】 2017年7月11—30日，雨花区机关后勤服务中心组织对区治大院地下车库举行照明系统节能改造，将620套荧光灯改造为感应式LED灯，增强照明效果。该项目由湖南省证通三联光电科技有限公司施工，是雨花区首个以合同能源管理项目方式进行改造的项目，也是全长沙市2017年第一个落地完工的合同能源管理项目。8月11日，湖南省发展和改革委员会专家陈滇民带队实地验收该项目，经过听取汇报，查看工程建设各类试验及检测资料相关资料，实地查看，综合验收评审，一致认为达到工程实体质量及感观质量，符合设计及规范要求的验收标准，验收合格。（唐 倩）

政协雨花区委员会

政协工作

【概况】 中国人民政治协商会议长沙市雨花区委员会（简称“区政协”）设办公室和群团联络、经济科技、文教卫体、人口资源环境、提案法制5个专门委员会。按条块相结合的原则设12个街道政协工作联络处和雨花经开区政协工作联络处。区政协机关行政编制17名，事业编5名，工勤编3名。2017年，在职在岗人员24人，雇员1人；退休干部23人；机关党支部党员34人。

2017年，区政协秉承“勇智善雅”雨花政协文化传统，提升政协能力建设。发挥政协党组的核心作用，定期召开主席会议、常委会议，促进政协工作的制度化、规范化。组织委员就政治理论、履职业务等集中培训和经验交流3次，邀请专家进行法律和社会问题专题讲座，读书沙龙等活动深受委员欢迎。组建委员微信群，委员“政协云”开通率100%，征订“两刊一报”向全体委员免费赠阅，让政协委员及时了解上情。根据委员意愿，将每位委员相应安排进5个专委会，加强专委与委员交流互动。全面推进“两学一做”学习教育常态化制度化，加强机关党风廉洁建设。选派10余人次参加各级各类学习培训。选派优秀干部驻省人大社区开展群众工作，承诺实事全部圆满完成。配优工作人员，服务潭阳拆迁、跳马全域旅游、农博会筹备、环保督查、文明创建、安全生产、信访积案化解、社区换届、高铁会展新城招商、学校建设等中心工作，为委员履职提供组织保障。加大宣传力度，编发“政协云”资讯近40条，在省市各类媒体广泛宣传报道，展示雨花政协的工作成果和委员风采。建立机关图书室，组队参加市政协“同心杯”篮球赛，展现积极向上、充满活力的精神风貌。区政协收到社情民意信息122篇，向上级政协报送109篇，其中区政协委员谭秋荣撰写的《药品价格大幅上涨、货源紧张或将成为医患矛盾新的导火索》被全国政协采用，区政协委员陈红撰写的《关于给小学生书包“减负”的建议》被民进中央采用，雨花政协社情民意信息首上全国政协和民主党派中央。省政协采用5篇，市政协采用和转办9篇。通过社情民意途径，不少影响老百姓生活的问题引起重视或得到解决，社情民意信息作为“民情直通车”的作用得到发挥。

（罗　宁）

【协商议政】 2017年，雨花区委、区政府高度重视协商民主工作，主要领导和分管领导多次参加相关协商会议，现场听取委员们的意见与建议，做出相关指示。区政协确定统筹推进高铁会展新城建设和加快社区筹委会向社区居委会转变两个重点协商课题。在统筹推进高铁会展新城建设的调研中，区政协广泛听取各方意见建议，吸纳杭州、郑州等地经验，形成《破解瓶颈难题，深耕片区发展，加快打造“开放崛起新高地、品质长沙新标杆”》的调研报告，提出“六统”对策（思想统一、规划统

2017年6月30日，区政协统筹推进高铁会展新城建设专题协商会
（罗宁/提供）

揽、地域统辖、拆迁统领、资源统配、管理统制）28条建议。该题目被列入市政协的重点提案协商办理，市政府副市长廖建华组织相关市直部门召开专题协商会，推动协商成果转化。在加快推进筹改居转变的调研中，区政协党组书记、主席冯聪龙带队逐一走访8个涉农街道、39个社区及筹委会，经过认真梳理，提出“五抓”举措（抓优顶层设计、抓紧突破瓶颈、抓好全面保障、抓活集体经济、抓实社区治理）50条建议。及时将调研中发现的关于公租房管理问题通过社情民意信息上报，分别得到市委副书记、市长陈文浩，副市长廖建华的批示。协商会后，区委、区政府对调研报告进行专门研究，将建议逐一分解、落实到各有关部门，有效助推全区筹改居进程。（罗　宁）

【视察调研】　2017年，区政协主席会议成员围绕雨花智能制造、火车南站站场建设、现代电子商务物流园发展、精致精美品质雨花、社区提质提档、国家食品安全示范城市创建等工作开展主题调研视察11次。5个专委会组织对提高全域旅游环境质量、经济和信息化发展水平、跳马足球小镇开发、法治雨花建设、民族宗教工作等进行专题视察调研6次。各街（镇）结合实际，组织委员开展辖区热点问题视察16次。全区政协系统通过调研视察形成各类调研报告20余篇，为区委、区政府科学决策及各级各部门排忧解难、推动工作发挥积极作用。

（罗　宁）

【提案办理】　2017年，雨花区落实《雨花区政协提案办理办法》，完善提案领办、批办、督办、评议等机制，形成区委主要领导批办、区政府领导领办、区政协主席会议成员督办提案的新格局。区政协收到委员提案145件，审查立案120件，明确重点提案5件。其中，周谊、谭荣欢等4位委员的《促进跳马生态保护开发，实现雨花区全域旅游发展的建议》，夏晓波、邹异明等6位委员的《关于提质长沙火车南站地区周边路网的建议》2个重点提案分别由区委书记、区长亲自批示与督办。五届一次会议提案办复率100%，满意和基本满意率100%。不少提案纳入区委、区政府的决策范畴，得到区直部门的采纳。启动争取将绿心地区保护与发展列入省市区三级联办重点提案，省市政协专题到雨花区调研。（罗　宁）

【公益活动】　2017年，雨花区政协打造以“助残、助困、助学、助老、助业”为内容“真情‘五助’·温暖雨花”公益惠民品牌，实施“三个一”（一名政协委员资助一名贫困家庭在校学生完成学业、结对一个贫困家庭增加收入、帮助贫困家庭一名成员解决就业）扶贫行动，开展“真情五助+”系列活动40余场次。委员参与率超70%。在财富雨花·助力行动中，开展“春风行动”大型招聘活动4场，为失业人员提供工作岗位300余个。在品质雨花·增智行动中，开展系列讲学近20场次，建立了委员书屋”，特邀作家王跃文与委员及居民群众一起开展读书活动；在砂子塘吉联小学开展“大手牵小手·委员进校园”读书活动；由区政协委员牵头、政协之友参与的社会公益组织益友会在全省建立“益友书屋”6个。在幸福雨花·温暖行动中，委员参与扶贫帮困、跳马“爱心仓”等系列公益活动，走访慰问600余人，资助慰问金近300万元。积极应对长沙特大洪灾，主席会议成员、机关干部第一时间坚守抗洪第一线，奔赴救灾最前沿。各基层政协联络处、各民主党派及各位政协委员、政协之友

和一大批社会公益组织都积极响应号召，主动参与抗洪救灾，提供志愿服务，积极支援全区乃至省市其他受灾严重地区，全区政协系统捐款捐物400万元。区政协委员、益友会副理事长刘雄八进宁乡，区政协委员、金牌帮女郎工作室理事长陈旭主动承担全市抗洪救灾物资的接收分发。拓展政协工作面，全省率先成立雨花“政协之友”，将历届老政协委员以及热心参与公益行动、乐于参与政协活动的社会各界人士70余人凝聚起来，建立学习交流、团结联谊和参政议政的新平台，举行“雨花精英献良策”、理事专题座谈会、助力传统文化发展沙龙、法制讲座等专场活动，扩大政协“朋友圈”。

（罗　宁）

“大手牵小手·委员进校园”读书活动　（罗宁/提供）

【“三好六优”活动】 2017年，雨花区政协在全区政协系统开展“三好六优，助力雨花”主题活动，把组织好委员活动、履行好政协职能、服务奉献好社会作为基层政协联络处评先的标准；把政治过硬素质优、履职积极成果优、服务大局奉献优、促进和谐作用优、爱岗敬业成绩优、热心公益形象优作为委员评先的标准，新制定《雨花区政协委员履职考核办法》。通过主题活动，评选出高桥、井湾子、左家塘、东塘、同升、东山街道6个“三好”政协联络处和丘文、龙燕等32名“六优”委员，增进全区政协系统创先争优的履职共识。（罗　宁）

【智慧委员工作室】 2017年，雨花区政协积极适应“互联网+”的发展大势，立足各街（镇）、社区，在线下实体建设的基础上，率全省之先在全区每个街（镇）重点建设1个线上智慧委员工作室，建成和谐园、和馨园、和美园等13个“和”系列智慧社区委员工作室。科协、残联、妇联、民族宗教界和多个民主党派积极参与，做好结合文章，形成各有千秋的界别特色，吸省市政协委员和一些社会人士积极参与，得到省市政协肯定。全体政协委员通过线上明情、线下发力，走访居民、接待群众3000余人次，解决各类民生诉求400余件。“和”系列智慧政协委员工作室的建设，延伸政协工作触角，打通政协履职“最后一公里”。（罗　宁）

【雨花区“三个一”扶贫行动】 2017年1月19日，区政协在跳马镇白竹村开展“真情五助，幸福雨花”温暖行动暨“三个一”扶贫行动，区政协委员、委员们招募的60个市民家庭及孩子和跳马镇20个贫困农户家庭及孩子结对扶贫。区政协主席冯聪龙，副主席康长萍、彭可佳、周凌云、廖云伟、罗艳辉、任壮岳，区民政局局长尹江华，区妇联主席郑迎春、跳马镇党委书记谭爱兵、镇长刘志平、跳马镇政协联络处主任林中胜参加活动。该活动主题口号是“快乐扶贫、委员率先；扶贫跳马，爱心接力”，主要围绕坚决打赢精准扶贫攻坚战役，确保全面建成小康社会的有关精神。活动由康长萍主持，谭爱兵致辞，冯聪龙为跳马镇白竹村“爱心仓库”授牌；赠送慰问金、委员与农户结对帮扶交换爱心卡；城乡少年儿童一起学习《三德哥》手语舞、学唱《习主席寄语》、诵读《孝经》经典短篇，城乡家长一起学习《敬净静雅·礼》手语舞，集体吟诵“木瓜”。跳马镇这20个贫困农户家庭及孩子前往爱心仓库领取爱心物资，20名雨花区政协委员分赴各农户家庭，结对走访，送春联，贴福字，吃结对饭，共做家务，孩子们共同完成结对任务。冯聪龙指出，要将20名雨花区政协委员与跳马镇20个贫困农户家庭及孩子结对形成长效机制，打造雨花区扶贫公益品牌。（罗　宁）

【雨花区“政协之友”授牌仪式】 2017年6月9日，区政协举行雨花区“政协之友”授牌仪式暨区政协委员法律热点问题讲座。区政协主席冯聪龙，区政协党组副书记、副主席康长萍，区政协党组成员、副主席彭可佳，区政协副主席周凌云、廖云伟、罗艳辉，区检察院检察长马贤兴，区政协党组副书记任壮岳，全体区政协委员，“政协之友”成员，各镇、街道基层政协工作联络处负责人以及区政协全体机关干部参加活动。活动分为两个阶段，首先举行“政协之友”授牌仪式。区五届政协履职之初，就策划将已离任政协委员、热爱关心政协工作的各界精英人士组织起来，以“学习、交流、发展、服务”为宗旨，开展雨花区“政协之友”工作。经过前期精心筹备，在当天的活动现场，冯聪龙向区“政协之友”常务副理事长任壮岳，副理事长、秘书长吴勇进行“政协之友”授牌。该次授牌，标志着雨花区“政协之友”正式成立。活动第二阶段，由“政协之友”副理事长马贤兴为全体与会人员进行法律热点问题讲座。讲座中，马贤兴结合当前需要关注的法律和社会问题，从国家监察体制改革到《中华人民共和国民法总则》的时代价值与法治意义，从职务犯罪问题及其预防到近年来的相关案件分析，分别进行讲解，并与观众进行现场互动。（罗　宁）

2017 年 6 月 9 日，雨花区“政协之友”授牌仪式
（罗宁 / 提供）

【文树勋调研雨花区】 2017 年 11 月 8 日，市政协党组书记、主席文树勋率市政协主席会议成员到雨花区，就全区经济社会发展和政协工作进行深入调研。市政协党组副书记、副主席石长松，市政协副主席龚振湘、段安娜、袁志恒、邓自力、文丽霞、朱建军、李平，市政协党组成员、秘书长谭志等参加，区委书记张敏，区委副书记、区长刘素月，区委副书记陈高永等陪同调研。文树勋一行考察中国（长沙）创新智造中心、雨花非遗民俗艺术特色街区、井巷社区、圭塘河生态景观区二期项目，就雨花区项目建设情况、非遗保护与传承情况、社区提质提档工作以及生态景观区环境治理问题进行深入了解。文树勋对雨花区经济社会发展成就以及政协工作推进成果表示肯定，指出接下来雨花区要在如何规划和进一步发展建设上下功夫，要继续发挥自身优势，将打造智能制造产业放在突出位置，不断提质、提标；强调雨花区政协要紧贴民生需求积极履职，形成省市区三级联动，强化提案办理落实，为促进社会和谐发挥积极作用。（罗　宁）

2017 年 11 月 8 日，市政协党组书记、主席文树勋调研雨花区
（罗宁 / 提供）

政协会议

【政协雨花区第五届委员会第二次会议】 2017 年 12 月 26 — 28 日，政协长沙市雨花区第五届委员会第二次会议召开，区政协主席冯聪龙受政协长沙市雨花区第五届委员会常务委员会委托，向大会报告区政协五届一次会议以来的工作情况，并提出 2018 年的工作思路。区政协副主席周凌云受政协长沙市雨花区第五届委员会常务委员会委托，向大会报告区政协五届一次会议以来提案工作情况，并提出 2018 年政协提案工作的思路。吴尚、余其安、卢廿廿、罗炜豪、康静、夏晓波、罗晓 7 名政协委

员和政协之友分别围绕加强大气污染防治、提升残疾人保障水平、加快控而不征地块征拆工作、雨花电商产业园建设、中医药健康服务进社区、发挥民主党派及社会各界作用、高桥商圈建设作大会发言。区委书记张敏在闭幕式上讲话指出，政协工作要坚定政治方向，着力加强思想政治建设，自觉贯彻中央的决策部署，紧紧围绕省委、市委和区委的决策部署，扎实推进工作；要担当发展重任，围绕中心建言献策，立足岗位投身建设，紧扣重点强化监督；要共创和谐氛围，发挥好统一战线、协商民主、联系群众的作用；要全力履职作为，政协组织要健全政治协商、民主监督、参政议政制度，政协委员要加强政治涵养、职业素养、品德修养，政协组织中的共产党员要充分发挥先锋模范作用，努力成为合作共事、发扬民主、廉洁奉公的模范。（罗　宁）

【区政协常委会议】　2017 年 2 月 16 日，政协雨花区第五届委员会常务委员会第一次会议召开。会议传达省政协十一届五次会议、市政协十二届一次会议的主要精神，协商审议并通过《区政协 2017 年工作要点》，通报区政协五届一次会议提案审查情况和区政协五届委员会各专门委员会组成人员名单。9 月 14 日，政协雨花区第五届委员会常务委员会第二次会议召开。全体与会人员到圭塘河生态景观区二期、洞井街道丰园社区委员工作室、长沙智能机器人研究院实地视察雨花产业发展、城市建设以及委员工作室创建等情况，组织学习上级关于党风廉政建设的有关文件精神，通报区政协工作情况和重点工作安排。（罗　宁）

【政情通报会】　2017 年 8 月 11 日，雨花区召开 2017 年上半年政情通报会暨政协委员履职经验交流会，通报上半年雨花区经济社会发展情况，交流政协委员履职经验。区政协全体主席会议成员、全体区政协委员，区“政协之友”成员近 300 人参加会议。（罗　宁）

【界别代表座谈会】　2017 年 3 月 14 日，区政协召开界别代表座谈会，商讨交流如何更好地发挥界别作用，开展界别小组委员活动，促进界别小组活动制度化、规范化、程序化。各民主党派负责人、妇联、残联、科技界、教育界等界别代表结合自身工作特点发言。（罗　宁）

中共雨花区纪委

工作纪要

【概况】 中共长沙市雨花区纪律检查委员会（简称“区纪委”）与长沙市长沙市雨花区监察局合署办公，履行党的纪律检查和国家监察两项职能。区纪委内设办公室（下设纪检监察信息中心）、党风政风监督室、信访室、案件监督管理室、第一至第六纪检监察室、案件审理室共11个部门。在岗人员51名，其中行政编41名，工勤编2名，事业编7名，人才引进1名。纪委常委9名（含纪委书记1名，副书记2名）。监察委员会设主任1名（由纪委书记兼），副主任2名（由纪委副书记兼），委员6名（其中3名由区纪委常委兼任）。内设机构正职11名。2017年，雨花区纪委、区监委全面贯彻落实习近平新时代中国特色社会主义思想和十八届中央纪委七次全会、十一届省纪委二次全会、十三届市纪委二次全会、五届区纪委二次全会精神，坚持全面从严治党，深化落实“两个责任”，聚焦监督执纪问责，加快纪律检查体制和国家监察体制改革，加强党的纪律建设，持续推进作风建设，保持惩治腐败高压态势，打造执纪铁军，推动全区党风廉政建设和反腐败工作取得新进展，为推进建设财富雨花、品质雨花、幸福雨花，打造中部领先、国内一流的现代化强区提供坚强的纪律保证。（赵　铭）

【组织建设】 2017年，雨花区加强纪律检查体制机制改革和国家监察体制改革，进一步转变职能，突出主业，聚焦监督执纪问责。按照监督的再监督、检查的再检查的职能定位，把工作的着力点放到监督执纪问责上来。扎实推进纪委派驻机构改革工作，区委书记亲自过问、亲自督办，亲自审定纪委派驻机构改革方案，派驻机构改革工作列为区委全面改革的重要内容，全区设置9个纪检组，每个派驻机构设置行政编制数4个，各派驻纪检组设组长、副组长各1名，区纪委行政编制数由24个增至60个，实现对全区党政群机关、企事业单位监督全覆盖，监督执纪的“探照灯”正在发挥作用。3月，成立雨花区巡察工作领导小组、巡察办和3个巡察组，由区纪委书记任组长，出台《关于建立中共长沙市雨花区委巡察制度的意见》，建立中共长沙市雨花区委巡察工作领导小组工作规则（试行）》等7项巡察制度，围绕党风廉政建设和反腐败工作，坚持以改革作为动力，突出巡察重点，体现党内监督的韧劲和严肃性。6月至8月，启动对区农林水局、区园林局和左家塘街道3个单位的首轮巡察，，发现全面从严治党等方面的各类问题72个，立案5起，32条问题线索全部移交处理。11月30日，区委巡察组对圭塘街道、高桥街道和区工务局开启第二轮巡察。11月24日，区委召开区委常委会专题研究部署改革试点工作，成立雨花区深化监察体制改革试点工作小组，推进国家监察体制改革。区委书记张敏主持召开工作小组第一次会议，对区监察体制改革试点工作作具体安排部署，坚决把党中央、省市部署要求不折不扣落到实处，确保完成改革试点任务。12 月 29 日，区五届人大二次会议率全市之先选举产生雨花区监察委主任，区五届人大常委会第十一次会议表决通过《区人大常委会关于长沙市雨花区监察委员会副主任、委员任命和宪法宣誓程序的决定》，表决通过任命区监察委员会副主任、委员。雨花区监察委员会正式挂牌运行，实行监督全覆盖。（赵　铭）

【宣传教育】 2017 年，雨花区以浓厚政治文化为主要抓手，厚植党内政治文化土壤，明确重点，强化措施，狠抓落实，涵养山清水秀的政治生态，有效促进和加强全区基层党风廉政建设，推进全面从严治党在雨花区落地生根。以家助廉，确保廉政教育延伸延展“最末端”，举办“喜迎十九大，传扬家文化”共话家庭文化建设与清新风气涵养系列主题活动，引导全区广大党员干部从自身做起、从家庭做起，依托家庭助力廉政教育，在全区营造廉政教育好氛围。以教倡廉，积极探索构建新提任科级领导干部廉政教育预防体系，通过开展集体廉政谈话、廉政宣誓、一考两评等方式，在科级党员领导干部任职之初塑造忠诚老实、光明坦荡、公道正派、实事求是、艰苦奋斗、清正廉洁的党员价值观，推进构筑不想腐的堤坝，推动反腐倡廉建设向纵深发展。以文化廉，激发廉政教育向上向善“新活力”。坚持“抓早抓小、文化先行”的工作理念，举办以“激扬廉政清风，建设廉洁雨花”为主题的第十二届雨花区“4・20”廉政文化节活动；举办雨花区纪检监察系统首届“清涟杯”辩论赛，提升纪检监察干部的理论功底和专业素养，促进全区纪检监察干部对当前党风廉政建设和反腐败工作热点问题的理性思考。（赵　铭）

【党风廉政建设】 2017 年，雨花区全面落实党风廉政建设责任制，推动党委主体责任和纪委监督责任（简称“两个责任”）的落实。区纪委协助区委牵牢党风廉政建设的“牛鼻子”，坚守职责定位，层层压实责任。组织召开全区党委（党组）书记、纪委（纪检组）书记落实“两个责任”工作专题部署会，下发《2017 年雨花区党风廉政建设主体责任和监督责任清单》通知，明确具体要求。制定下发《中共长沙市雨花区委关于巩固不敢腐氛围构建不能腐不想腐机制推动全面从严治党向基层延伸的工作方案》，明确责任分工。组织全区科级以上领导干部填写《履责记实手册》。严格落实《中国共产党问责条例》，进一步唤醒责任意识，激发担当精神，深入推动“两个责任”落地生根。区党风廉政建设责任制领导小组下发《长沙市雨花区 2017 年度党风廉政建设责任制检查考核实施方案》，严格落实各单位党风廉政建设责任制，对全区各部门单位落实党风廉政建设情况进行责任考核，责任分解，量化评分。（赵　铭）

【党风政风监督】 2017 年，雨花区持之以恒抓作风建设，紧盯重要时间节点，发通报、强督查、严惩戒。按照《雨花区作风建设监督检查工作方案》，成立作风建设暗访检查组，定时上报明察暗访情况，对违纪情况实行周报制度。坚持在重大节日前向全区领导干部发送提醒短信，组织 33 个监督检查组开展作风督查和财经纪律检查。查处违反八项规定案件 17 起，给予党纪政纪处分 22 人，组织处理 2 人；查处“雁过拔毛”式腐败问题 23 起，给予党纪政纪处分 30 人，组织处理 4 人；查处涉赌涉毒案件 12 起，给予党纪政纪处分 12 人。全面抓严抓实换届监督工作，成立以区委常委、纪委书记为组长，区委常委、组织部部长为副组长的换届风气监督工作小组，全面抓严抓实换届监督工作，形成区委统领，组织、纪检、宣传、政法、民政齐抓共管的责任机制。紧抓时间节点，将严肃换届纪律工作与换届工作同谋划、同启动、同部署、同落实。制定下发《关于严明村（社区）换届选举有关纪律要求的通知》和《关于严肃村（社区）换届选举工作纪律的通知》，制定下发《雨花区村（社区）换届期间巡回督查工作方案》，成立 13 个区级巡回督查组，采取现场查验、个别访谈、查阅资料等方式，对全区换届选举进行全程驻点督查。对督导工作进行全程纪实，下发“换届问题台账”和“随机访问登记表”，及时受理和反馈发现的问题。各镇（街道）对村（社区）派驻148个换届风气现场督导组，确保监督无空白。收到信访举报5起，查实处理1起。

（赵 铭）

【案件查办】 2017年，雨花区纪委（监察局）坚持高标准和守底线相结合，贯彻执行《中国共产党廉洁自律准则》和《中国共产党纪律处分条例》。聚焦主业，强化监督执纪问责，立案查办各类违纪案件134件134人。其中科级干部18人，占查处人数13.5%，移送司法机关2人。规范纪律审查程序，制订应急安全防范预案，规范填写“初核和立案调查阶段谈话取证审批表”“被谈话人交接登记表”，保障被谈话人的合法权利，强化“惩前毖后、治病救人”和“以人为本”的工作理念，正确处理被谈话人的申辩权、人身权等权利保障与安全管理的关系。定点两个社区医院，谈话前约好社区医务人员到达指定地点，确保“一人一体检”。3月，经雨花区直属机关工作委员会批准，成立雨花区纪委(监察局）机关专案组临时党支部，通过选举产生临时党支部，强化办案一线党员管理教育。开展纪律审查谈话70余人次，未出现纪律审查安全事故。运用“四种形态”处置各类问题线索476件，其中，运用第一种形态，采取批评教育、谈话函询、予以澄清等方式了结370件次，占比77.7%，第四种形态严重违纪涉嫌违法被立案审查2件次，占比0.4%，真正让咬耳扯袖、红脸出汗成为常态，使被开除党籍、移送司法机关的真正成为极少数。开展“小官大贪”专项整治，重点查处民生领域存在的克扣侵占、截留私分、贪污挪用、虚报冒领、吃拿卡要等行为；工程建设领域存在的内外勾结、监守自盗、利益输送、权力寻租、失职渎职等行为；行政管理领域存在的贪污受贿、化公为私、以权谋私等行为，把坚决整治侵害群众利益的不正之风和腐败问题作为执纪的重中之重。立案查处高桥街道五一村腐败窝案3人。

（赵 铭）

【专项整治工作】 2017年，雨花区纪委成立专项整治工作领导小组及办公室，开展清理国家公职人员违规参与涉矿等经营性活动专项整治工作，通过多种形式讲政策传精神，引导公职人员自觉主动申报、如实申报，主动接受社会监督，推进整治工作；区纪委牵头加强对全区抗洪救灾纪律执行和款物使用情况进行督查，召集民政、卫计、农水等区直部门召开专题会议，安排部署3个督查组进行专项督查，确保抗洪救灾纪律执行不走样，款物管理使用规范有序；雨花区设立举报电话，开展专项整治，严禁党和国家工作人员违规操办或参加“升学宴”“谢师宴”，贯彻落实中央八项规定、省委九项规定、市委“两规定一办法”精神以及“纠‘四风’、治陋习”专项整治工作要求，营造良好社会风尚和文明和谐氛围；开展中小学违规征订教辅材料问题专项整治，联合区教育局出台“十个不准”，对因履职不力导致本地区发生严重的违规征订教辅材料问题，严格追究学校主要负责人和相关责任人的责任；开展扶贫领域突出问题专项整治工作。专项整治工作坚持问题导向，紧盯脱贫攻坚重点领域、重点环节、重点岗位、重点人员，重点查处和纠正存在的突出问题，加强对扶贫领域政策、措施、项目、资金等落实情况的监督检查，严肃查处扶贫领域违纪违法问题，为打赢脱贫攻坚战提供坚强纪律保障，确保各项扶贫政策落到实处。

（赵 铭）

【探索建立科级干部廉洁教育预防新机制】 2017年4月11日，长沙市雨花区48名新提拔的科级干部，在区领导、人大代表、民主人士、群众代表和干部家属等共同见证下，举行任职廉洁承诺。这是雨花区探索建立科级干部廉洁教育预防新机制的重要一环。区委、区政府认为，科级干部是干部从政履职第一站，是服务群众第一线，把好干部廉洁从政关，不仅关系到能否更好服务老百姓，而且关系到干部自身的成长，关系到整个干部队伍建设。区委书记指出，反腐倡廉重要的是防微杜渐，关键是做好预防，重点是抓好第一步，扣好廉洁“第一粒纽扣”。雨花区把重点放在把好新提拔科级干部试用期转正关，试用期后“一考两评”未通过者将延期转正，延期后考评还不能通过的，将不能转正。“一考”即由区纪检监察机关制定统一的廉洁考试大纲，对新提任科级干部开展廉洁知识闭卷考试，成绩合格作为转正的必要条件。围绕党风廉洁建设责任制履行和廉洁从政情况，组织新提任科级干部公开述责述廉和民主评议活动。“两评”之一，首次引入互联网大数据技术，对科级干部进行“云监察”。为提高研判效率，区纪检、审计、财政等多个部门联合开发“云监察”项目，由自动数据采集、数据整合、综合监察3部分构成，实现系统互联互通和数据共享。针对新提任科级干部特别是新提拔到重点岗位的干部，采集其工作业务系统的信息数据进行整合和梳理，建立统一的标准规范和数据模型，最终实现对其工作领域的综合监察和监察数据统计分析，形成系统监督的科学依据。“两评”还须过公众评议关。由于新提任科级干部的工作大多与群众生产、生活息息相关，雨花区在各街道、乡镇组建400余人的“廉洁义工”队伍，分别由人大代表、民主人士、居民群众等组成，构建“廉洁直通车”“勤廉敢言本”和“义工大帮扶”3大载体，由区委领导定期听取“廉洁义工”反馈情况，让基层群众时刻监督新提任的科级干部。（赵　铭）

【第十二届“4·20”廉政文化节】　2017年4月20日，“激扬廉政清风，建设廉洁雨花”雨花区第十二届“4·20”廉政文化节开幕暨廉政警示教育大会在雨花大会堂召开。雨花区全体在职县级干部；区纪委委员，区监察局特邀监察员；区副科实职（含）以上干部，市垂直管理单位党政主要负责人等近千人参会。大会由区委副书记、区长刘素月主持，区委书记张敏上题为《把“不想腐”印在每一个党员干部心里》的廉政党课，从历史的角度、我党的发展、党员的要求分析为什么要做到“不想腐”，从坚定理想信念、严肃政治生活、强化党内监督、恪守为民情怀、自觉克己修身、培育良好家风六个方面提出如何践行好“不想腐”，以此拉开雨花区第十二届“4·20”廉政文化节的序幕。刘素月要求，要高度重视廉政文化建设，廉政文化建设是纵深推进党风廉政建设的基础工程、长期工程，也是贯彻落实“党要管党、从严治党”的重要抓手、重要条件；要不断丰富文化活动内容，要持续保持廉政文化节的生命力，就必须不断创新内容和形式；要广泛发动干部群众参与，廉政文化只有走进千家万户，才能焕发勃勃生机，只有社会各阶层的广泛参与，才有利于以群众的力量推动廉政文化建设更接地气、廉政社会监督更有实效。（赵　铭）

重要会议

【中共雨花区第五届纪委第二次全会】　2017年2月10日，中共长沙市雨花区第五届纪委第二次全体会议召开。会议深入学习贯彻习近平总书记重要讲话精神和中央、省、市纪委全会精神，总结2016年全区党风廉政建设和反腐败工作，研究部署2017年工作任务。区委书记张敏出席并讲话，区委副书记、区长刘素月主持会议。区委常委、区纪委书记王清政作题为《保持政治定力 忠诚履职尽责 推动全面从严治党向纵深发展》的工作报告。王清政表示，全区各纪检监察组织要保持政治定力，忠诚履职尽责，认真落实全面从严治党要求，进一

2017年2月10日，王清政在区纪委五届二次全体会议上
（赵铭/提供）

步严明党的纪律；加大问责力度，压实管党治党政治责任；把作风建设抓到底，让八项规定精神落地生根；推进标本兼治，坚持把纪律挺在前面；保持高压态势，坚决遏制腐败蔓延势头；加强自身建设，打造忠诚干净担当的纪检监察队伍，推动全面从严治党向纵深发展，为推进建设财富雨花、品质雨花、幸福雨花，打造中部领先、国内一流的现代化强区提供坚强的纪律保障。（赵　铭）

民主党派

民革雨花区工委

【组织建设】 2017年，中国国民党革命委员会雨花区工作委员会（简称“民革雨花区工委”）换届。民革雨花区工委坚持深入学习政治理论并做到学以致用。认真贯彻执行民革市委和中共雨花区委、区政府，区委统战部的决议、决定，贯彻民主集中制原则，坚持重大问题集体讨论决定，坚持集体领导与个人分工负责相结合的制度。班子成员通力合作，建设“团结、进取、和谐、奉献”的领导班子，党派成员深入互动，营造良好的政治生态。工委党员分层级、多支部地多次学习中共十九大会议精神，形成良好的政治氛围。（陈　泽）

【参政议政】 2017年，民革雨花区工委积极参加民革市委、中共雨花区委、区政府和区委统战部的各项参政议政工作。号召工委人大代表、政协委员积极谏言献策，提出有质量、上档次的议案、提案，并借此向工委广大党员广纳意见，提高党员的政治敏感性和政治觉悟。党员吴建安《改善我市园林人着装的建议》、梁赛《关于加强我市网络食品安全的建议》、栗敏《关于解除机关事业单位长病休人员编制的建议》、王振林《应重视我市非贫困村贫困户的脱贫工作》、胡银燕《关于浏阳河休闲风光带西岸建设的建议》等社情民意文章得到相关领导的重视和认可。（陈　泽）

【服务社会】 2017年，民革雨花区工委积极服务社会，开展一系列有意义的社会活动。每季度，组织党员身着蓝马甲在武广南站进行志愿者活动。2月，组织党员慰问在雨花区居住的抗战老兵。6月，组织党员和爱心人士在长沙县第七中学开展“为高考学子减压”的心理辅导讲座。7月，组织部分党员慰问在洪灾中受损的群众。8月，民革与益友会牵手组成“共建小小捐书日活动”，为贵州陇公村完小捐书500余册。10月，工委参加雨花统战线同心杯运动会，取得团队第三名。12月，民革雨花工委获得民革中央授予的“社会服务先进单位”称号。（陈　泽）

民盟雨花区工委

【组织建设】 2017年，中国民主同盟雨花区工作委员会（简称“民盟雨花区工委”）设支部13个，盟员475人，其中，发展新盟员20人。民盟雨花区工委按照人才兴盟的工作思路，组织“活力支部”和“示范支部”建设活动。盟员中，10余人担任市、区人大代表、政协委员，36人担任区一级特约人员。民盟雨花区工委引导基层支部完善盟员档案、参政议政档案、社会服务活动档案。各支部利用三八节、青年节、老人节、教师节等节日活动，组织盟员在长沙市区、浏阳市、宁乡县，邵东县、邵阳县，江永县、蓝山县，湘阴县，以及怀化市等地开展各类

支部活动92次。（黄　庆）

【参政议政】　2017年，民盟雨花区工委组织盟员撰写人大、政协建议和提案16个，开展社会调研活动27次，撰写调研论文12篇，向盟市委和区委统战部投报社情民意20余条。工委主要负责人叶松、罗艳辉等参加区党委、人大、政府、政协重要工作协商，参加区各类专题协商会和征求意见会，就事关雨花区经济社会发展的问题发表意见和建议。《关于加强图书、网络监管，净化青少年成长环境的建议》《关于加强政府对社会组织的扶持与合作的建议》《关于大力推进教育精准扶贫的提案》、《关于将家庭教育服务纳入长沙市公共服务体系》等建议和提案，得到各级领导和相关部门的认可和重视。提交《城区快车道禁摩刻不容缓》《规范学校补课，净化教育环境》等紧贴市民生活和城市发展的社情民意。黄快生、吕建伟等盟员积极参与民盟省委、市委统战部、区委统战部课题招标。（黄　庆）

【服务社会】　2017年，民盟雨花区工委发挥孟妈妈青护园平台、高校支部、文教卫支部智力资源丰富的优势，与薄弱学校开展结对援助或支教活动，开展文化、科技、卫生、教育下乡活动，开拓多种渠道，采用多种形式做好社会服务。组织支部盟员开展跳马镇乡村文化经济发展调研，协助跳马镇改造乡村面貌，打造社会主义新农村。“孟妈妈青护园”通过黄丝带帮教系列行动推动建设和谐湖南，多次组织开展未成年人帮教、普法安全教育、禁毒宣传等活动。雨综二支部为邵东县三都小学设立“同心育蕙教育基金”，奖励优秀师生，改善学校办学条件。民政、雅礼、财经、商贸、15中、21中、稻田等支部组织盟员参加长沙高铁站的志愿者、居民义诊、社区书吧捐赠书、援教助学等社会服务活动。盟员孟繁英积极参与社会服务活动，得到区、市、省、乃至中央相关部门和领导的高度评价；盟员黄尚喜利用市政协平台，通过市政协重点提案推评、“主席接待日”等活动，推荐有关雨花区经济社会发展的提案，开展扶贫济困和送教送培活动，被评为2017年度长沙市优秀政协委员，“长沙政协”微信公众平台、长沙新闻频道等六家媒体同步推介其优秀事迹；盟员吕建伟发挥律师专业特长，积极参加听证、咨询、法律援助等活动；盟员吴尚积极参加区政协“爱心仓”扶贫济困、跳马公益研学扶贫、益友会公益捐赠等活动；7月抗洪救灾活动中，盟员积极相应政府号召，捐款、捐物，到灾区慰问受灾民众。（黄　庆）

民建雨花区工委

【组织建设】　2017年，中国民主建国会雨花区工作委员会（简称“民建雨花区工委”）召开2017年第一次工委会议，确定分工以及主要工作要点。10月18日，积极组织骨干会员到雨花区政府观看中共十九大开幕会，10月19日，工委组织各支部主委开会，下发学习贯彻中共十九大精神的文件。支部会员发挥所长，参与各项体育文化活动，丁朝贵、谢志农、王东华、杨照国等会员参加民建湖南省第二届运动会，参加区委统战部举办的雨花区“同心杯”运动会，展现民建雨花区工委的风采。民建雨花区工委落实民建市委的各项工作部署，整理会员组织关系档案，修订《会员通讯录》。（莫志刚）

【参政议政】　2017年，民建雨花区工委确定以双溪港的环境保护为标题的政协集体提案，9月3日组织各支部骨干会员15人赴跳马镇实地调研，采取水质样本送相关环境监测机构检测，形成调研材料，12月，作为雨花民建集体提案递交，得到区委、区政府的高度重视。三支部提交建议、提案4篇，王东华《尽快简化工商注销登记程序》的社情名义被民建中央采用报送全国政协。一支部为提高支部社情民意的质量和参政议政的水平，成立“调研信息领导小组”，编印《信息调研手册》，把重点调研、社情民意、提案议案的收集和整理分门别类，并把该项工作纳入政协、人大换届任职的考核

内容。（莫志刚）

【服务社会】 2017 年，民建雨花区工委依托组织优势，发挥党派特色，打造民建社会服务品牌。鼓励和引导广大有愿望、有能力的会员特别是企业家会员积极承担社会责任，参与帮扶工作，拓展帮扶领域，扩大帮扶数量和地域，扩大社会影响力。坚持扶贫帮困制度，采取组织集中号召、会员自愿报名的方式，实行“一帮一”“多帮一”结对帮扶。7 月，筹集近 4 万元的物资送往跳马灾区。（莫志刚）

民进雨花区工委

【组织建设】 2017 年，中国民主促进会雨花区工作委员会（简称“民进雨花区工委”）设 10 个支部，会员 172 名。会员中正科职干部 2 名，副科职干部 3 名；市政协委员 2 名、区人大代表 2 名、区政协委员 10 名。民进雨花区工委完善内部管理制度，明确班子分工，实行工作例会制。举办“三八”妇女节座谈会、杨开慧故居和雷锋纪念馆参观，望城书堂山铜官一日行等活动。注重学习培训，3 月，工委组织班子成员、支部主委和会员 36 人参加雨花区统一战线党外中青年干部培训班学习。会员蒋浪参加民进中央组织的经济类别的培训。10 月，医卫支部主委李婉丽、会员钟伟民参加湖南省骨干培训班的学习。工委主委夏晓波，支部主委邹异明、陈红、郑瑞雅、曾大东、陈炽喜、杨柳青参加民进会市委 2017 年基层负责人培训，夏晓波为培训班学员授课。举办“十九大精神专题学习讲座”，中共十九大代表、湖南龙骧巴士公司员工吴晓红讲解十九大精神。组织全体会员开展“了解雨花，献计雨花”活动、组织工委班子成员和支部主委赴重庆、湖北恩施考察学习。参观重庆民主党派历史陈列馆，与重庆江北区民进区委开展交流，为会员蒋浪在恩施建始县金盈农业科技示范园的扶贫项目积极建言献策。（袁　首）

【参政议政】 2017 年，民进雨花区工委坚持“有思有为、集智聚力、顺势而为、开拓创新”的工作方针，围绕建设学习型参政党，努力加强自身建设；围绕建设品质长沙和建设“财富、品质、幸福”雨花的大局，积极建言献策，开展社会服务。会员参政议政，撰写《火车南站周边配套改造项目香樟路提质改造工程》《长沙市中小学必须统一〈体育与健康〉教材》《关于湖南省儿童医院拓址扩建的建议》《新建儿童医院的建议》《提高公交司机的素养》《关于建设跳马镇社区教育中心》《关于加强中小学校餐饮的卫生建议》等多篇提案，其中李婉丽撰写的《关于湖南省儿童医院拓址扩建的建议》被列为市政府重点督办项目。撰写《关于设立长沙火车南站地区物业统一管理运营中心的建议》《关于进一步理顺火车南站管理机制、构建交通枢纽管理模式的建议》《关于出台全国高铁站区管理标准的建议》《关于在我市各居民小区修建封闭式分类垃圾站的建议》《建议对扩散性传染病儿童患者加强交通管控的建议》《关于儿童医院公交站台迁移的建议》《我市小区消防设施安全隐患亟待重视》等社情民意，陈红撰写的《建议改变小学生书包过重的现状》在民进中央获奖。《破解瓶颈难题 深耕片区发展 加快打造“开放崛起新高地、品质长沙新标杆”》大型课题调研报告，被列为区政协重点督办项目。（袁　首）

【服务社会】 2017 年，民进雨花区工委组织会员到长沙火车南站参加重点旅客服务联盟，为老弱病残孕等各类重点旅客提供温馨服务，被评为优秀服务单位。湖南省儿童医院新阳光病房学校“同心百课”活动经常。组建一支部民进志愿者工作室，定期开展“民进有情，服务献爱”“民进有情，师者有爱”的关爱白血病患儿活动，参加“城乡牵手爱心仓”区政协结对帮扶等活动。组织建设火焰社同心公园，协调市体育局安装价值 20 万余元体育器材，开展“同心爱心认购”等活动。捐款捐物折合人民币 23480 元扶贫帮困献爱心。夏晓波、袁首在开展工委工作的同时，全身心投入火车南站的综合治理工作，助力长沙火车南站综管办获得2017年全国青年文明号。夏晓波提拔为综管办副主任，获得2016年雨花区攻坚克难突击手、长沙市2016年度安全生产先进个人、市人民政府2016年铁路建设先进个人、长沙市2017年抗洪救灾先进个人等称号。袁首因工作业绩突出，被提拔为综管办社会事务部副部长。夏莹获评副高职称。艺术支部主委陈红被评为长沙市中小学独唱、独舞、独奏比赛“优秀指导老师”，教育系统未成年人思想道德建设工作先进个人，获长沙市综合实践教师说课比赛一等奖，被提拔为枫树山小学副校长。二支部主委郑瑞雅被选调到雨花区机构编制委员会办公室工作。医卫支部陶礼华带领耳鼻喉科获医院创新型芙蓉标兵岗，夏元喜、李婉丽获医院工会先进个人，吴宗文获医院优秀工会工作者，夏元喜获医院芙蓉百岗明星，夏元喜获医院十佳护士，杨柳青获医院优秀教育工作者，李婉丽获医院优秀带教老师，陶礼华、刘世华获医院优秀工会工作者。文剑锋获雨花区“优秀体育教师”称号，欧蓉被评为长沙市中小学独唱、独舞、独奏比赛“优秀指导老师”、杨伯群获湖南省教师教育学会、湖南省教师发展中心年度评审一等奖，廖希燕获长沙市中小学体育与健康教学评优活动优秀指导奖。廖正长作品《乌江朦月》在2017第六届庐山国际水彩艺术节展出，获佳作奖，作品《北海岸》在上海、南京2017全国第四届我爱水彩作品展中展出；绘画作品《渔季》在2017年938期“湖南教育”杂志封面刊登。寻玉辉获中国地理学会第十一届“地理小博士”全国地理科普知识大赛指导教师一等奖、全国优秀科技辅导员。张博获教育部2015—2016“一师一优课，一课一名师”活动市级优课。刘一波获雅礼中学“十佳”优秀班主任，李云皇获雅礼中学优秀教师，雅礼中学支部获民进长沙市“两学一助”优秀支部，李荣勇被评为第九届“全国优秀中学地理教育工作者，朱凤英被评为长沙市优秀教师，尚明霞、陈泽宇被评为长沙市骨干教师，肖红被评为长沙市艺术学校优秀教师、曾大东被评为长沙市优秀教研组长。退休会员王军英经常下到贫困山区为儿童提供义诊；伏平、邹德辉两位前任支部主委和总支主委，退休后分别担任雅礼中学关工委主任和雨花区教育局关工委常务副主任，致力于关心下一代工作；特级教师李庄担任教育督学，经常下到学校指导作文教学，很受学校师生的欢迎；袁俐被雨花区政府聘为“金牌讲师”，经常随讲师团深入机关、街道、社区开展义讲，指导家庭教育和社会教育，并作为民进长沙市委“名师巡讲团”成员多次参加民进省、市委组织的扶贫支教活动。（袁　首）

农工党雨花区工委

【组织建设】　2017年，中国农工民主党雨花区工作委员会（简称“农工党雨花区工委”）设6个支部，党员146人，其中新设支部1个，发展党员5名。农工党雨花区工委组织各总支、支部主委及党员参加农工党省委、市委组织学习活动10余次，参加区统战部及党外人士服务中心开展的理论学习及社会服务活动20余次。组织工委负责人集中收看中共十九大开幕会及认真学习十九大精神。配备1名专职自愿者定期办公，不断完善工作制度，完成工委5个支部的140余名党员的信息档案归总。工委主委罗发明牵头布置的东欧九国会展，赢得国内一致好评。中心医院支部主委向鹏，新开展三叉神经痛及面肌痉挛等功能神经外科手术50多例，获得很好的疗效。党员刘竞芳发表SCI文章一篇（Investigation on the Current Situtaon of Chronic Diseases in Community Elderly and its Influence Factors.）。党员傅强获2017年“湖南省十大同心人物”、雨花区“青年英才”、中国农工民主党中央“先进个人”“2017年湖南省抗洪救灾先进个人”等称号。党员谢文忠当选为湖南省医院协会医院医保管理专业委员会委员。党员薛志辉研究项目《基于计划行为理论对产科医护人员产后康复行为规范研究》被湖南省卫生计生委作为科研重点课题A类项目立项。党员谭秋荣完善和更新医院《2017年版药物手册》，做好合理用药监测系统（PASS）

和部分药品数据库及基药的维护工作等。党员王比男加强专科发展，盆底手术较上年增加 30%，盆底及康复门诊量增加 10%，被评为年度先进个人。党员李建军通过三级主任医师评审，领导生殖中心通过辅助生殖技术二年一度的校验，并通过了供精技术的筹建及申报，常年参与爱心助孕活动，2017 年担任中国非公医疗协会生殖专业委员会常务委员。党员郭海春被长沙市妇幼聘为妇二科病房副主任，任湖南省中西医结合性与泌尿生殖专业委员会常务委员，中国妇幼保健学会宫腔镜学组青年委员，中国非公医生协会生殖专业委员会委员，全年参加门诊 3000 余人次，手术 1000 余人次。（罗发明）

【参政议政】 2017 年，农工党雨花区工委结合工作实际和存在的问题开展多次社会调研活动，提交提案和社情民意 16 条，党员谭秋荣提交的社情民意调查《药品价格大幅上涨、货源紧张或将成为医患矛盾新的导火索》被全国政协选用。长沙市妇幼保健院支部主委李建军撰写的《全面落实二孩政策，切实加强长沙市妇幼保健服务能力的建议》《关于规范不孕症初筛并列入医保报销范围的建议》和田立红撰写的《在大中学生中开展性健康教育课程，以减少性病发生率》被评为全市优秀提案。市中心医院总支向鹏主委的《关于加强科技创新成果转化的建议》《关于医保制度改革的几点建议》被市委统战部采用。钟志良《廉政文化建设的重要意义》在《农工湘讯》杂志发表。（罗发明）

【服务社会】 2017 年，农工党雨花区工委充分发挥行业优势，服务社会。3 月 10 日，支部副主委江南英在同升湖街道新聚园社区，举办春季多发病的预防免费健康知识讲座。3 月 28 日，党员谭秋荣到跳马镇白竹村参加扶贫活动，党员薛志辉参加“你、我一样”农工党助残志愿活动，江南英、钟志良赴长沙县高桥镇百录村送爱心下乡义诊活动。5 月 11 日，中央政治局委员、中央统战部部长孙春兰考察长沙群英会，肯定农工党员傅强的工作。中心医院支部党员开展义诊数十次。党员郭皓宇、尹芝兰参加长沙市政协组织的全国第四个扶贫日特别行动浏阳市淳口镇义诊，《潇湘晨报》头版报道。长沙市妇幼保健院支部开展免费义诊 15 次，并建立长沙妇幼生殖健康医联体，常年爱心送温暖，关爱不孕不育家庭及失独家庭。7 月，工委主委罗发明组织党员参与抗洪救援工作，工委党员捐献物资价值 119107 元；傅强带领公益团队开展一线救援 140 余次，行动覆盖宁乡、城步、新宁、辰溪、湘阴、遂宁、桃江、安化、平江、岳阳县等重灾区域，发动调配志愿者 4000 余名，救援安置被困群众 1200 余名，向受灾民众直接发放帐篷、棉被、饮用水、睡袋、大米、食用油等灾区急需物资超过 940 万元。（罗发明）

致公党雨花区工委

【组织建设】 2017 年，中国致公党雨花区工作委员会（简称“致公党雨花区工委”）设 4 个支部，党员 110 人，新增党员 12 名，全部拥有海外背景。区工委成立社会服务、思想宣传、参政议政、侨海联络 4 个专委会，28 名党员成为专委会成员；禹雪梅担任党派工作专职义工，负责与区党外人士服务中心的工作对接。每个支部设宣传专干，共有宣传专干 8 名，向致公党市委和区委统战部报送信息 20 余篇。致公党雨花区工委建立区工委（支部）微信群，坚持微信学习时政要闻、政策及纲领性文件；成立致公讲师团，利用致公大讲堂开展公益宣传活动，长沙中培职业培训学校被区委统战部授予“两学一助”社会服务实践基地；组织党员集中观看中共十九大开幕会，学习十九大精神。参加区委统战部举行的统战知识抢答赛，参加雨花区统一战线青年骨干培训班和致公党省委五届十九次常委扩大会议暨专题学习会。党员宁丽被致公党中央评选为“坚持和发展中国特色社会主义学习实践活动”先进个人，参加致公党湖南省委“不忘合作初心，继续携手前进”主题教育巡回宣讲活动，在致公党湖南省第六次代表大会期间宣讲。由党员谢娴宣讲的禹雪梅老师平凡而又不平凡的人生故事和左芸宣讲的“致公万里行”让天下“致公一家亲”的活动故事在致公党长沙市委“不忘合作初心，继续携手前进”宣讲活动中双双获二等奖，区工委获活动“优秀贡献奖”。区工委1名党员进入正科实职岗位，2名党员进入副科实职岗位，3名党员被选拔进入雨花区“政协之友”。禹雪梅被评为省级优秀党员，4名党员被评为市级优秀党员，申志华被评为长沙市优秀政协委员、十大风采政协委员。二支部被评为省级先进支部、四支部被评为市级先进支部。在美洲故事吉纽思幼儿园联合开展“艺术的美丽·小善大爱”同心公益拍卖活动，党员捐赠20幅湖南本土书法家作品现场竞得爱心款54660元，所有竞拍款项捐赠给龙山县石牌镇桶车九年制义务学校。获雨花区统一战线首届“同心杯”运动会三个集体项目两个第一、一个第二的好成绩。承办2017年“致公党湖南省委基层组织建设现场会”并介绍区工委经验。（禹雪梅）

【参政议政】 2017年，致公党雨花区工委18名两级人大代表、政协委员积极履职，提交建议、提案近30篇，报送社情民意、统战信息28篇区工委集体提案《进一步发挥高端写字楼与星级酒店的集群效应，促进雨花经济新一轮跨越发展》被区政协评为优秀提案，罗炜豪在区政协五届二次会议上作《凝心聚力，共助雨花电商产业园腾飞》大会发言。3人被评为区政协“六优”政协委员，2人被评为“社情民意先进个人”“真情五助+”先进个人。《湖南企业一带一路投资风险防范》获批作为党派省政协集体提案。党员申志华在市政协作“以国际物流通道为平台 推进园区产业融合发展”的主题发言；主委易静撰写《关于尽快规范我市中小学生校外托管机构管理的建议》；提交《中小企业综合成本管控现状总结与相关建议》《民营企业在转型升级中发展壮大实体经济典型案例研究》两篇调研报告。“雨花致公·法律直通车”建言献策平台已形成长效机制，得到区政协主席冯聪龙，区委常委、区委办主任周海毅的肯定和批示。（禹雪梅）

【服务社会】 2017年，致公党雨花区工委推进同心社区、同心乡村建设。以“水韵木影、同心传承”为主题，计划利用三年时间，打造全省首个非物质文化遗产形象社区——水院社区；区工委多次到同心乡村——跳马村慰问。组织党员参加“和谐号”高铁春运志愿服务活动，中央文明网以“不一样的情人节”为题进行报道。慰问雨花区社会福利院福利院老人。帮助长沙县爱盟社会工作综合服务中心在99公益日壹乐园项目筹款12.5万余元，协助爱盟中心开展经济救助、医疗康复、精神慰藉、就业与创业指导的服务，超过600余户残友家庭受益。区工委主委易静数次赴浏阳河合丰垸朗梨水文站大堤前察看并指导防汛抢险工作。多名党员捐赠2万余元的物资，组织到宁乡珊瑚村、跳马冬斯港、岳麓区抗洪指挥部等抗洪一线进行看望慰问。区工委党员捐款16万余元用于抗洪救灾（其中汤朝阳个人捐赠12万元），禹雪梅被评为致公党长沙市委“助力抗洪救灾先进个人”。党员吴宏濬开办的中信职业培训学校多次开展公益培训讲座，帮扶贫困学员获得职业技能，被区委统战部授牌长沙市雨花区党外人士“两学一助”学习教育实践基地。致公鹏润农业打造以农产品扶贫加贫困地区精准扶贫的模式，成为党派持续性扶贫基地，形成“商贸+扶贫”的良好互动。开展“三侨”联动，与区侨联、民族宗教外事侨务局一起，邀请致公党长沙市主委王国海走访重要侨领企业——湖南欧翔科技公司，帮助企业排忧解难。调研雨花非遗馆，促进雨花非遗产业发展。接待柬埔寨湖南商会“雨花行”活动，龚炜、欧阳帆积极促成柬中“德月楼”项目顺利推进。高举致公万里行活动旗帜，周争平等党员代表致公党长沙市委、雨花区工委先后拜访新西兰、澳大利亚、加拿大多伦多致公、洪门组织，表达合作意愿，受到热情接待。组织党员参加第四届海归发展论坛暨第二届华中区千名海归发展论坛，多名党员承担重要工作任务。申志华协调引进控股运营型健康产业平台 -- 衡科健康产业股份有限公司落户雨花。（禹雪梅）

九三学社雨花区工委

【组织建设】2017年，九三学社雨花区工作委员会（简称“九三学社雨花区工委”）设6个支社，社员153人，其中发展和转入6名新成员。九三学社雨花区工委参加社市委和区委统战部组织的学习活动，组织工委成员深入学习中共十九大精神。发挥桥梁和纽带作用，主动发挥区党外人士服务中心九三专职义工作用，架好社市委和区委统战部之间的“桥梁”，发挥串联各支社和区工委全体社员的“纽带”作用。王琳、傅琼琼被评为社市委突出贡献奖；邓子云、刘选端、昌南燕、吴丽、吴海军被评为社市委参政议政优秀个人。在区政协五届二次全会上，区工委被评为“真情五助+”活动先进集体；区工委联点的丰园社区“和善园”被评为区政协“和”系列智慧委员工作室；区工委成员卢廿廿、黄湘获评雨花区“六优”政协委员，仓萍被评为“真情五助+”活动先进个人；卢廿廿撰写的提案《关于做大做强机器人产业集聚区的建议》和吴海军撰写的《关于加强联动，加速雨花科技发展的几点建议》被评为优秀提案；卢廿廿代表区工委作《关于加快我区控而不征地块征拆工作的建议》大会发言。

（吴海军）

【参政议政】2017年，雨花区工委积极参加区委、区政府和区委统战部召开的各种协商会、座谈会，广泛收集意见，就政府工作、城市建设等提出中肯的建议和意见。撰写调研报告和提案，对2017年雨花区政协组织开展“统筹推进高铁新城建设”和“加快社区筹委会向社区居委会转变”两个专题协商调研提出建议和意见。深入开展对全区安置工作的调研，形成《关于促进我区集体土地103号令安置工作的调研报告》，为全区安置工作出谋划策。参与民主协商和监督，引导区工委成员就政协工作、政府工作、城市建设等提出20余条建议和意见。主动反映信息和社情民意，区工委撰写的《关于加强全市公租房管理的几点建议》在市政协《社情民意》上第92期刊发，得到市委副书记、市长陈文浩等领导批示。

（吴海军）

【服务社会】2017年，九三学社雨花区工委打造雨花非遗馆“同心实践基地”，建设成区工委学习交流的教室、助推发展的前沿、帮扶创业的平台；打造丰园“同心社区基地”，参与开展“助学、助困、助残、助老、助业”系列活动，共同画好社区同心圆；打造冬斯港“同心乡村基地”，协助完成“一条路、一条港、一个中心、一个书屋、一个广场、一次活动”六大工程助推跳马全域旅游产业发展。提升“丰和公益联盟”品牌，拓宽丰和公益联盟的服务面和影响力；提质“同心梦工厂志愿服务”品牌，通过开展高铁南站志愿服务、保护圭塘河等志愿服务活动充实品牌内涵；做实“沁心幸福工作室”品牌，开展关于婚姻家庭、情商管理、心理学等主题公益讲座20场，进行“快乐工作，开心生活”系列公益团体辅导课程6场，持续关注普通百姓的婚姻家庭和工作问题。3月，在井湾子街道红星村社区开展“幸福雨花、真情五助、与爱同行”学雷锋志愿服务暨第18次全国爱耳日捐赠活动，为残疾儿童捐献价值5200元的爱心物质。5月，在梅溪湖桃花岭，承办以“激扬青春，砥砺前行”为主题的九三学社长沙市委第二届“九三杯”登山比赛活动，5月，参加“爱萌倾心，一直爱你”第27次全国助残日活动。7月，积极参与跳马冬斯港村的抗洪救灾活动，捐资捐款40935元。

（吴海军）

社会团体

总工会

【概况】长沙市雨花区总工会（简称“区总工会”）为群团组织，主要职能是突出维护职能，维护广大职工的合法权益；履行工会建设职能，努力完成经济建设和社会发展任务；履行参与职能，参加企事业单位的民主管理；履行教育职能，帮助职工提高综合素质；建立和发展各级基层工会组织，协助各级党组织对工会干部进行管理；组织实施送温暖工程开展扶贫帮困活动，维护全区的改革、发展和稳定；做好女职工保护工作，维护女职工的特殊利益；搞好经费审查工作，管理好工会财产。2017 年，区总工会在职干部职工 10 人，其中行政编制 4 人，事业编制 2 人，雇员 4 人。退休 6 人。单位设机关党支部，共有党员 13 人，其中在职党员 8 人。区总工会下设二级事业单位区职工服务（帮扶）中心。办公地点设雨花区政府机关大院内南栋三层。

龙凤舞获评全国五一劳动奖章　　（凌敏／提供）

2017 年，区总工会以“建家、当友”为主线，作温暖职工的贴心人；以维护职工权益为主抓手，作职工相信的代言人；以形式多样的活动为主平台，作职工认可的娘家人，引导全区工会组织和广大职工在雨花区建设“财富雨花、品质雨花、幸福雨花”中充当先锋。雨花区湖南天福景观建设有限公司总工程师龙凤舞获全国五一劳动奖章。晏敏劳模创新工作室获“长沙市示范性劳模创新工作室”称号。区疾控中心公卫医师胡蓉、东山街道社区卫生服务中心医生彭亮获长沙市“优秀工匠”称号；湖南兴德汽车技术服务有限公司技术总监胡元波获长沙市“优秀工匠”第一名。（凌　敏）

【组织建设】 2017 年，雨花区建立“小三级”工会组织网络建设制度、联点定期走访指导制度、组建定期报告制度等。依托街道（镇）、社区（村）工会组织，通过建立行业工会、基层联合工会等方式，采取“边组建、边充实、边完善、边规范”的灵活方式，加大组建力度，把难以单独建会的非公企业纳入管理，把大量分散、流动的职工组织起来。开展农民工集中入会行动，以园区为重点区域，以建筑、物流等为重点行业，开展工地工会的组建，简化入会手续，吸纳农民工入会，新建工会组织 83 家，涵盖法人单位 642 家，新增会员 2.8 万余人，其中农民工会员 2.2 万余人。推选湖南申亿五金标准件有限公司、雨花亭街道路桥社区获评长沙市“职工书屋”示范点。举办雨花区工会财务、经审工作培训班，区直属基层工会财务人员、经审主任参加培训，组织对全区20余家基层工会财务工作进行抽查。（凌　敏）

【职工素质】 2017年，雨花区开展“撸起袖子加油干、建功立业勇争先”劳动竞赛活动和创建“工人先锋号”活动，组织“名师带高徒”活动，发动职工积极参与技术创新、科研成果创新活动，全区近100家工会组织，5000余名职工参加劳动竞赛活动。推选长沙克明面业有限公司包装车间捆扎南组、金炬实业股份有限公司创新试制订单班组、湖南湘府新都大酒店有限公司行政人事部获评长沙市“工人先锋号”。推选长沙克明面业公司烤房改造项目获长沙市职工科技创新三等奖。开展免费培训，职工业余培训学校以集中培训、订单培训、流动课堂等形式，开设安全生产、消防知识等各类培训班14次，培训职工2000余人次。为区内单身男女搭建沟交流的平台，举办“爱在樱花盛开时”“缘汇雨花·幸福牵手”单身职工联谊活动，共有30余对配对成功。开展“幸福雨花”职工健康才艺大赛。举办“歌唱社会主义核心价值观”企业职工歌舞大赛。雨花区选送的女声表演唱《簸箕上的麻雀》节目在市总工会女职工培训学校优秀成果展示赛中获一等奖。（凌　敏）

【职工权益维护】 2017年，雨花区结合工会参与企业安全生产等内容，面向企业、社区以多种形式开展安全生产知识宣传教育，印制发放安全生产宣传资料1000余份。组织“强化安全意识、提升安全技能”企业职工安全生产知识竞赛。开展女职工关爱行动，即送温暖、送健康、送保障“三送”活动，为128名女职工送去7.68万元慰问金；1000余名女职工免费体检；3000余名女职工赠送女职工特殊疾病保障。开展“清凉一夏·关爱同行”高温慰问活动，慰问环卫、市政、园林及重点生产企业车间的一线职工、农民工1万余人。举办工资集体协商培训班暨2017年度“春季要约行动”启动仪式，60名工会主席、工会干部参加培训。完成工资集体协议75份，覆盖企业2057家、职工24705人。其中单建企业签订工资集体协议19份，覆盖职工2584人；签订区域性工资集体协议55份，覆盖职工21998人；签订行业工资集体协议1份，覆盖职工123人。续签率100%。推选湖南天福景观建设有限公司、长沙市威龙保安服务有限公司获评长沙市职代会和工资集体协商典型示范企业。定期召开劳模座谈会，听取劳模意见建议；建立健全劳模管理档案，发放劳模状况调查表，走访慰问困难劳模；组织劳模赴厦门、南宁等地进行疗养。开展劳模事迹宣讲报告会，组织优秀劳模到企业、机关进行先进事迹宣讲。开展第三届区级“劳动模范”评选活动，评选表彰刘映先、刘革新、李芳、陈丽琼、罗跃、唐博杰、梁志军、曾正良、曾竟成、潘昊10名区级劳动模范。（凌　敏）

【职工帮扶】 2017年，雨花区坚持春送岗位、夏送清凉、秋送助学、冬送温暖，共开展各类困难慰问500余人次，慰问资金和物资80万余元。与律师事务所签订协议，为职工特别是困难职工提供免费法律咨询。开展职工住院医疗互助活动，组织1.9万余人次参加互助活动，0.9万余人次参加女职工特殊疾病保障计划，为1300余人次申请补助金73.64万余元。（凌　敏）

【职工劳动模范、道德模范大讲堂】 2017年3月15日，区总工会在长沙比亚迪汽车有限公司举办雨花区职工劳动模范、道德模范大讲堂。讲堂设观看模范事迹短片、聆听模范先进事迹、一对一互动交流等三个环节，邀请“全国道德模范助人为乐模范提名奖”孟繁英、“湖南省劳动模范”游端霞作事迹报告，打动参加讲堂的近200名职工。活动后参与职工一致表示，一定以劳动模范、道德模范为榜样，提升自己的业务水平，践行个人品德和职业道德；立足本职岗位，爱岗敬业。（凌　敏）

【单身职工联谊活动】 2017年3月26日，区总工会联合湖南省植物园在湖南省植物园内举办“爱在樱花盛开时”单身职工联谊活动，区总工会组织50名机关事业单位单身职工参加活动。联谊活动现场设置才艺展示、自我介绍、男女生互换礼物、你是我的眼、情歌对唱、百人一起跳、快乐色彩跑以及恋爱速度配等互动交流游戏。通过互动交流加深了解，让现场的单身职工们相互熟悉，同时为在现场牵手成功的单身职工们送上了精美的礼品。活动结束后，区总工会继续跟进，与单身职工们保持联系，帮助他们早日解决婚恋问题。 （凌 敏）

【“幸福雨花”健康才艺大赛】 2017年3月31日，区总工会在雨花大会堂举行“幸福雨花”健康才艺大赛，来自雨花经开区、跳马镇及各街道和区直机关的26支队伍参加比赛，有瑜伽表演、健身操、集体舞、大合唱等节目。区教育局的男声合唱《欢乐的那达慕》、圭塘街道工会联合会选送的《激情欢歌》获一等奖，区工商分局、雨花亭街道工会联合会、跳马镇工会联合会、黎托街道工会联合会等单位选送的节目获二等奖，区人大常委会、长沙比亚迪汽车有限公司等11个单位选送的节目获三等奖。 （凌 敏）

【“歌唱社会主义核心价值观”企业职工歌舞大赛】 2017年8月17日，区总工会在雨花大会堂举办“歌唱社会主义核心价值观”雨花区企业职工歌舞大赛活动，来自雨花区8支小组唱、广场舞企业职工代表队积极组织，精心排练，展示工人阶级时代风采。长沙市雨花区三之三托斯卡纳幼儿园获得大赛一等奖，湖南湘府新都大酒店有限公司、湖南性保健研究所附属医院获得大赛二等奖，长沙安贞妇产医院有限公司、湖南省广通石燕湖生态旅游公园开发有限公司等单位获得大赛三等奖。 （凌 敏）

【全区工会财务经审工作业务培训班暨工会财务检查】 2017年9月22日，雨花区总工会举办全区直属基层工会财务经审工作业务培训班，全区直属基层工会财务人员、经审主任参加培训。该次培训班邀请市总工会财务部部长罗乃熙、市总工会经审办主任常红梅授课。罗乃熙从工会经费收支管理有关规定，结合当前工作中存在的问题等方面进行讲解。常红梅从支出业务处理、账务处理等方面进行讲解。参加人员结合本单位工作实际存在的疑惑向罗乃熙、常红梅现场进行提问。随后开展工会财务大检查，对全区部分直属基层工会财务资料进行抽查，抽查前区总工会经费审查委员会主任罗春晖针对财务检查工作进行业务培训。该次培训班，有利于增进各直属基层工会之间的相互交流，提升工会财务人员、经审主任的业务素养和能力，进一步严格收好、管好、用好工会经费。 （凌 敏）

【雨花区工会第四次代表大会】 2017年12月1日，区总工会召开区工会第四次代表大会，大会应到代表197人，因病因事请假16人，实到代表181人，选举产生区总工会第四届委员会、经费审查委员会以及协商产生女职工委员会，区总工会第四届委员会由王丹丹等41人组成；区总工会第四届经费审查委员会由邓翠吾等7人组成。召开区总工会第四届委员会一次全体会议，应到委员41人，因病因事请假4人，实到委员37人，采用无记名投票方式选举杨平为区总工会主席；秦勇忠、谭洪波、刘伟3人为区总工会副主席；王石等9人为区总工会第四届委员会常委。召开区总工会第四届经审委员会一次会议，应到委员7人，实到委员7人，采用

2017年12月1日，长沙市雨花区工会第四次代表大会
（凌敏／提供）

无记名投票方式选举罗春晖为区总工会第四届经费审查委员会主任。协商产生区总工会第四届女职工委员会，由杨平等7人组成，杨平为女职工委员会主任。（凌　敏）

共青团

【概况】　中国共产主义青年团长沙市雨花区委员会（简称“团区委”），为正科级行政单位，是长沙市雨花区各级团组织的领导机关。2017年，编制4人，在职干部3人，雇员1人；党员3人。办公地点设在雨花区人民政府机关大院1号办公楼。

2017年，团区委以品牌活动为特色，以组织建设为保障，以服务青年为重点，发挥团组织优势，通过广发声音、广聚力量、广泛影响，推进工作落实。雨花区团委创建国家级青年文明号2家，省、市级青年文明号5家，省、市级雷锋工作站5家，有40余个先进单位和个人受到国家、省、市、区团组织的表彰。（傅　利）

【组织建设】　2017年，开展“青春喜迎十九大不忘初心跟党走”“砥砺奋进的五年”等活动，集中学习中共十九大和习近平总书记系列讲话精神，贯彻落实群团工作会议精神；参与区委中心组（扩大）理论学习、党建经验交流培训会、网络学院在线学习、公务员业务培训、全省青年志愿者培训、长沙共青团网络思想宣传工作培训等活动；订阅《年轻人》《秘书工作》等刊物。开展“三严三实”“两学一做”学习教育活动，召开专题民主生活会；全面执行党风廉政建设责任制；举办青年干部培训班、团干部和团的后备干部培训班。协助区委组织部、区委党校进行青干班培训，培训青年干部70余人；利用“智慧团建”系统，新录入团组织20余家，团员信息系统录入。利用街道（镇）、社区（村）换届契机，整建完善社区、村一级团组织，健全团组织，配齐团干部，充实支部班子，社区（村）建团率100%。青年工作重心从街道一级团（工）委向社区（村）一级团组织转移，增强对辖区内青年组织和工作资源的协调和调动能力，突显社区（村）团组织在大团建工作格局的核心作用。全区以社区（村）团支部为核心，区域内各级各类团组织为骨干，各类青年组织共同推进。完成青联、青企协的换届工作，定期召开区青联常委会、区青企协理事会，通过举办专题活动增强组织凝聚。推进少先队活动课建设和学校少工委建设改革试点工作，得到团中央、团省委一致好评。（李霜洁）

【帮扶弱势青年】　2017年，开展走访慰问、结对困难群众、节假日等活动，上半年收集群众反映民生问题16个，办结率100%，结对社区困难居民6户，在联点社区开展共享单车有序整理的服务活动。将社区提质提档工作和造绿护绿工作相结合，在全街道（镇）各提质提档社区开展造绿服务，组织街道、社区团委书记在各提质提档社区开展植树活动，搞好青年阵地建设，促进老旧社区提质提档；强化提质社区中青年活动阵地建设，完善10余家社区“雷锋号”志愿者工作站、雷锋超市等公益阵地，在电院等3个社区打造示范性的青年活动阵地。动员全区各级团组织，搭建扶贫桥梁，开展抗洪救灾、“龙山贫困助学”“爱心捐赠零花钱”、希望工程“一元捐”“圆梦行动”和“华融湘江银行 绿色助学行动”，共捐赠价值50万余元的现金和物资。开展“百号联百户”“爱心伴成长”“青春公益行”等活动，帮扶对象全年共5000余人。（钟之兴）

【青少年群体教育服务】　2017年，开展网络舆论引导工作，深化“青年好声音”网络文化行动，指导各街道建立青年沙龙微信群，通过团委微信公众号覆盖全区上万青年群众。加强微信公众号的宣传，强化对青年思想引领的宣传。丰富青年活动载体，确保全区每个街道（镇）都建立1家“青年之家”，高桥国学馆被评为市级“青年之家”。依托青年之家阵地，抓住“五四”“七一”等重大节日契机，在青少年中广泛开展各种形式的国情教育和实践活动。6月上旬，在航空职业学院开展“禁毒之声”禁毒活动，增强青少年对毒品的防范意识。7月，在夸克仓库举办“创青春 创富中国行”活动。传播青年之声，部署和督促基层团组织按时按量保质完成50+50+100周工作，在微博、微信上开展社会主义核心价值观体系学习教育、理想信念教育、思想道德教育活动。注重在微信、微博上更新全区各街道、各社区组织的青年活动。组织参加各级青年岗位能手培训班，在全区各行各业推选青年岗位能手10名。在高桥国学馆、通天投资管理有限公司等20家两新团组织开展优秀杰出青年岗位能手展示评议会。在长沙民政学院开展青年岗位能手分享会，吸引200余名青年到场，并现场成立兴趣社团，组建微信群进行交流。（傅 利）

【服务青年创业就业】 2017年，按照“一个微信公众号、一批创业基地、一批创业导师、一些扶持政策、一个宣传载体”思路，完善雨花青年创业孵化基地，引导青年创业者在雨花创业，举办大型创业讲座4次，共计1000余名创业青年参与活动。整合“德思勤创业大街”“夸克仓库”等创业类实体空间，构筑“雨花青年创客空间联盟”。为大学生、企业管理人员和草根创业者等群体搭建培训平台，累计为200余人提供全程专业指导。搭建一站式服务平台，培训跨境贸易人才，开展青年国际交流和经贸合作。利用团区委微信公众号，搭建创业创新共享服务平台。通过雨花的微信公众号、微博，广泛宣传长沙人才引进“二十一条”。在长沙民政职业技术学院、长沙航空职业技术学院多次举办青年创业讲座，参与学生累计1000余人。在五四青年表彰会上推选一批“优秀双创青年”“青年岗位能手”“优秀青年英才”，激发雨花青年创业。依托跳马镇农业富地，培养新型职业农民，鼓励青年返乡创业。开展青年创业竞赛和青工“五小”创新竞赛，发掘培育双创人才，提高经济建设一线青年创新创效能力。（钟之兴）

【志愿服务】 2017年五四青年节，专门成立雨花区青年志愿者协会，吸收100余名集体会员，300余名个人会员。通过志愿者协会的成立，规范志愿者工作流程和服务，提高青少年志愿服务的水平。定期请培训机构、老师对青年志愿者开展培训，强化青年志愿者服务能力，对青年志愿者培训2次，共有600余名志愿者参加。依托社会组织和全区13家“雷锋号”志愿者工作站，在文明创建、农博会、高铁南站旅客服务中广泛开展志愿服务活动。暑假期间，保持20人以上参与为武广高铁旅客提供志愿服务，日均服务旅客数达5000人次以上。7月6日，由于暴雨积水，造成武广高铁长沙到武汉站高铁停运，20万旅客滞留，志愿者协会第一时间组织200名志愿者到高铁南站维护秩序。推进文明创建工作，担负全区联点干部和志愿者的培训指导工作，协助其他单位负责督查联点区直部门干部和志愿者的履职情况，在全区范围内开展“志愿服务月”主题实践活动，共组织1000余名青年志愿者参与文明创建工作。（傅 利）

【“以青年之我，担时代之责”五四青年大会】 2017年5月2日，雨花区举行“以青年之我，担时代之责”五四青年大会。团市委副书记周坤，区委副书记陈永高，区委常委、组织部部长龚畅，雨花区各部门分管共青团工作副职，各级团组织团委书记，青年志愿者协会代表以及各战线团员青年代表参加大会。会议由区政府副县级干部易云和主持。会上，通过《雨花青年》MV的播放，集中展现雨花青年精神风貌。周坤为获“2015—2016年度全国青年文明号”集体长沙火车南站地区综合管理办公室进行颁奖。区团委决定授予邓辉姣、邓颖晴等10人雨花区“优秀共青团干部”称号；授予共青团长沙市雨花区教育局委员会、共青团长沙雨花区砂子塘街道委员会共等10个团支部雨花区“五四红旗团组织”称号；授予尹桂香、王东山等10人雨花区“青年岗位能手”称号；授予孔小虎、宋旭东等10人雨花区“青年英才”称号。（傅 利）

【“共享单车·文明出行”青年志愿服务】 2017年5月12—16日，团区委在全区开展“共享单车·文明出行”青年志愿服务集中行动。活动通过开展绿色出行文明劝导志愿服务集中行动，引导广大市民自觉遵守交通规则、文明骑乘共享单车，在区市形成“讲文明、爱单车、做志愿、促和谐”的社会风尚，把青年智慧和青春力量凝聚到为创建“财富、品质、幸福”雨花上。志愿服务的内容包括：劝导共享单车骑乘市民乱停乱放、闯灯逆行、占道行驶等不文明行为；劝阻未成年人骑乘共享单车，预防交通安全事故发生；劝阻市民有意破坏单车等违法行为；整理摆放共享单车并发放文明骑乘倡议卡片；友好回答市民问询等。该活动的开展，有利于群众认识到共享单车的重要性，对文明使用共享单车产生积极影响。（傅　利）

【“雨花区青年志愿者沙龙”第一期】　2017 年 6 月 17 日，“雨花区青年志愿者沙龙”第一期在长沙民政职业技术学院 8 栋 205 教室举办，该活动由团区委、雨花区青年志愿者协会、雨花区群英会主办，长沙民政职业技术学院民政与社会工作学院承办。担任该次沙龙的分享嘉宾是国家二级心理咨询师、雨花区群英公益发展促进中心项目主任彭泽。雨花区青年志愿者协会会长、长沙民政职业技术学院志愿者行动指导中心常务副主任彭弈韬致欢迎词。沙龙设置两个环节，彭泽向志愿者分享自己志愿服务的经历和从中汲取的经验和教训，针对重点的问题进行解答。志愿者结合志愿服务和学习生活面对面交流，问题主要集中在婚恋、就业和学业上，彭泽从发展视角对多位志愿者的困惑进行分析。该活动的开展，有利于促进团区委、雨花区青年志愿者协会与长沙民政职业技术学院民政与社会工作学院的合作，促进雨花区青年志愿者事业发展。（傅　利）

2017 年 6 月 17 日，“雨花区青年志愿者沙龙”第一期（傅利 / 提供）

【“创青春 · 创富中国行”活动在雨花区举行】2017 年 7 月 31 日，由共青团中央青年发展部与新华通讯社新闻信息中心共同发起、网上车市和东风启辰汽车全程支持的“创青春 · 创富中国行”活动在雨花区“新世界夸克仓库”举行。活动中，杨洋、田飞、袁爱莎、余言 4 位“双创”青年，讲述创业过程中心路历程的同时，为雨花区及湖南省的“双创”工作如何成为推动经济和社会发展的强大动力、以及扩大就业的有力支撑提出建议。区委常委、宣传部部长余宏卿介绍，区委、区政府在全区大力弘扬创业精神，使崇尚创业成为社会价值的主流形态、奋发创业成为全区人民的自觉行动，雨花的经济社会事业，也因为创业发展得更好，涌现“德思勤创业大街”“雨花非遗馆创业基地”“新世界夸克仓库”等创业创新基地。（李霜洁）

【“喜庆十九大，岗位建新功”长沙市青年岗位能手分享会在雨花区举行】　2017 年 11 月 16 日，团区委在长沙民政职业技术学院图书四楼报告厅举办“喜庆十九大，岗位建新功”长沙市青年岗位能手分享会（雨花区分场），团市委城工部副部长黄韩斌，团区委副书记钟之兴，共青团长沙民政职业技术学院委员会副书记舒涛，2017 年市级青年岗位能手分享代表，社会公益组织代表以及百余名青年学生代表参加活动。分享会安排青年学生代表提问环节。钟之兴做总结发言，勉励青年朋友们要有理想、有本领、有担当，要坚定理想信念，脚踏实地，立足本职，不断提升自己的技能水平，在工作岗位上诠释着青年的责任和使命。（傅　利）

妇女联合会

【概况】 长沙市雨花区妇女联合会（简称“区妇联”）的主要职能是代表和维护全区妇女利益，促进男女平等。2017年，行政编制3名，其中领导职数2名。2017年在职在岗人数4人，其中干部3人，雇员1人；退休1人。区妇联党支部，党员6人，其中在职在编党员4人，雇员党员1人，退休党员1人。办公地点设在区政府机关大院1号楼。

2017年，全区妇女工作围绕促进妇女发展和维护妇女权益两条工作主线，在组织建设、事业发展、宣传工作、维权工作、妇儿工委等方面开展一系列的工作，推动全区妇女事业与经济社会的协调健康发展，被评为全省妇联系统宣传工作先进单位。（吴　杨）

【妇女组织建设】 2017年，区妇联坚持“党建带妇建”的原则，全面推进基层妇联组织改建工作。雨花区149个村社区妇联组织改建全面完成，选举出149名主席、447名兼职副主席和2350名执委。在具备条件的工业园区和社会组织新建20家妇女组织。加大对“示范妇女儿童之家”典型的培育力度，开展“示范妇女儿童之家”的评选，共评选出南雅、曹家坡、景程社区3个区级“示范妇女儿童之家”，推荐丰园、永祥和政院3个社区成功创建市级“示范妇女儿童之家”，推荐井旺社区成功创建省级“示范妇女之家”。通过完善“妇女儿童之家”的硬件和软件建设，指导“妇女儿童之家”开展有益于妇女、儿童、家庭的活动，让广大妇女和儿童享受家门口的服务。（吴　杨）

【关爱妇女儿童】 2017年春节期间，区妇联走访慰问全区85户困难妇女家庭，送去5万余元慰问金和过年物资。“六一”期间，开展“春蕾助学”的帮扶活动，为54名贫困儿童提供4万余元的助学金和学习用品。1月，联合区政协、区民政局在跳马镇白竹村开展“真情五助·幸福雨花”关爱留守儿童温暖行动，与跳马镇20个贫困留守儿童家庭结对帮扶。4月，组织妇联全体干部及各街道、镇妇联主席、副主席、跳马镇各村和社区的妇联主席参加全省巾帼脱贫攻坚督战电视电话会议会议。6月，联合区政协开展“春蕾助学·爱习飞扬”爱心助学活动，为跳马镇20户留守儿童发放1.2万元助学金和学习用品。7月，区妇联全体干部为在一线工作的环卫工人们送去慰问物资。7月洪灾过后，区妇联组织妇联执委深入跳马镇冬斯港村和团然村以及宁乡煤炭坝镇慰问受灾妇女，并捐赠生活用品和床上用品。12月，区妇联为全区20名身患“两癌”疾病的特困妇女开展救助活动，为她们送上4万元救助金以及过冬保暖物资。（吴　杨）

【维护妇女儿童权益】 2017年，区妇联做好“12338”维权热线接听、登记、统计工作，接待信访案件200余起。开展“三八”维权周宣传活动，专门印制“三八”维权宣传折页发放到各单位、各社区。开展“建设法治长沙·巾帼在行动”活动，以“进社区、进家庭、到身边”为主题开展巡讲活动，免费送课到各街镇、社区。6月，联合区禁毒办开展主题为“禁毒之声·畅享健康”的大型宣传活动，将常识宣传、禁毒宣誓、禁毒讲座等融为一体，强化妇女儿童禁毒意识。联合区综治办、区司法局、区民政局成立雨花区婚姻家庭调适服务中心，制定《婚调中心工作实施方案》，在雨花区公共法律服务中心设立专门的服务阵地并配套工作经费和专业调解员。2017年，区婚调中心共接待处理婚姻家庭咨询、调解495例。10月，编撰《妇女维权法律法规手册》。（吴　杨）

【妇女儿童事业】 2017年5月，组织召开雨花区妇儿工委全会，编制《雨花区妇女儿童发展规划（2016—2020年）》，在编制规划的基础上，创新方法，明确责任，按部门职能职责明确妇女儿童健康、教育、经济、决策与管理、社会保障和福利、环境、法律七大领域的推进实施分别由相关职能部门牵头负责，建立多部门合作、全社会参与的推进落实工作机制。联合人社部门开展“和煦春风送岗位，就业扶贫惠民生”春风行动专场招聘会，采取“一对一”方式，实现家门口就业，达成就业意向女性272人，其中建档立卡贫困劳动力8人。定期在人流聚集较多的车站、市场等集散地开展女性系列专场招聘活动。培育女性创业就业孵化基地1个。协同人社部门开展妇女实用技术的培训，共培训妇女607人，培训内容包括小儿推拿、育婴师、插花、手工编织等技能知识。组织有创业意愿的妇女302人进行创业就业培训，提高妇女就业创业能力。为23名妇女发放小额担保贷款254万元，一批创业妇女在小额担保贷款中受益。（吴　杨）

【评选表彰活动】 2017年，雨花区组织开展“三八红旗集体”“三八红旗手”“巾帼建功”等先进评选表彰活动，引导全区妇女立足岗位，建功立业。表彰10个“三八红旗集体”和10名“三八红旗手”等；评选16个区级“巾帼文明岗”和15名区级“巾帼建功标兵”；开展“最美家庭”“文明家庭”“平安家庭”“两型家庭”创建评选活动。评选最美家庭15户，文明家庭20户，推荐市级“两型创建家庭”200户，评选区级“两型示范家庭”10户。其中刘娟娟家庭获2017年度全国“最美家庭”称号。举办“传承中国好家训 践行湖湘好家风”雨花区首届文明家庭颁奖活动，编印文明家庭事迹手册进行广泛宣传，讲述最美家风故事、弘扬文明和谐家风、展示最美家庭魅力；在区第三次妇代会上，启动雨花区“最美女性”评选活动，在全区评选10名最美敬业女性、10名最美创业女性、10名最美志愿女性和20名最美孝老爱亲女性。（吴　杨）

【妇女儿童活动】 2017年，组织开展“三八”妇女节、“六一”儿童节、“520”邻里节等主题活动，鼓励广大妇女走出家庭，融入社会，展示自我。开展“家长课堂”和“风雅智慧课堂”，为社区定制婚姻家庭、健康育儿、法律维权和阅读分享等课程，免费为妇女群众和青少年家长提供专业培训。成立雨花区巾帼志愿者服务队，为志愿者队伍设计专门的服装，开展专业的培训，这支队伍在社区网格化治理、交通文明劝导、阅读推广、健康育儿等方面发挥作用。（吴　杨）

【雨花区“三八”国际妇女节纪念大会】 2017年3月7日，雨花区召开“三八”国际妇女节纪念大会。市妇联党组成员、纪检组长杨倩之，区委常委、组织部部长龚畅，区人大常委会副主任李劲松，区政协副主席康长萍，区政府副县级干部易云和，市妇联权益部部长陈香，区妇联主席郑迎春等以及来自全区各界的240余名妇女代表参加大会。会上，雨花区树木岭小学等10个单位被授予“三八红旗集体”称号；刘洁等10人被授予“三八红旗手”称号；左家塘街道窑岭社区等13个单位被授予“妇女工作先进集体”称号；长沙市公安局雨花分局砂子塘派出所等16个单位被授予“维权工作先进集体”称号；陈婷等16人被授予“妇女工作先进个人”称号；杨涟等15人被授予“维权工作先进个人”称号。大会对获奖集体和个人进行表彰，三八红旗集体和三八红旗手代表进行典型发言。郑迎春回顾总结妇联组织近两年所做的特色亮点工作和取得的成绩，强调在2017年要站在新的起点上团结奋进，加强思想引领，加强改革创新，助推创新创业，深化家庭文明，维护妇女权益。龚畅希望全区广大妇女继续为雨花新一轮转型发展作出更大贡献；希望全区各级妇联组织在引领妇女服务大局中做出应有贡献；希望各级党委政府及社会各界关心妇女发展，关注妇女事业，支持妇联工作，创造促进妇女发展的良好环境和条件。（吴　杨）

【“反对家庭暴力，促进性别平等”宣传活动】 2017年3月7日，市妇联、长沙民政职业技术学院及雨花区寸草心社会服务中心联合在长沙民政职业技术学院开展“反对家庭暴力，促进性别平等”宣传活动，拉开由政府相关部门主导，社会组织配合，在全市高校推广实施“反家暴法”的序幕。该次活动是市妇联首次将“反家暴”宣传引进高校，活动包括向学生发放《中华人民共和国反家庭暴力法》《长沙市家庭暴力告诫制度》等宣传资料，举办公益讲座，为学生解读什么是家庭暴力、家庭暴力的规律、如何判断家暴行为。活动后学生签署“从我做起，善待家人，反对暴力”的承诺。该次活动，有利于在大学生群体中宣传“性别平等、反对家庭暴力、构建和谐家庭”，鼓励大学生发现和反抗对家庭暴力，并投入到“反家暴”行动中去。（吴　杨）

2017年3月7日，“反对家庭暴力，促进性别平等”宣传活动 （吴杨／提供）

【雨花区妇儿工委全体会议】 2017年5月17日，雨花区政府妇儿工委全会及妇联相关工作部署会在区会议中心中型会议室召开。区政府副区长、雨花区妇儿工委主任王明玖，区妇儿工委副主任、区妇联主席提名人选周智婷，区委宣传部副部长（兼）、区文明办主任戴江南，区妇联副主席刘娣，雨花区妇儿工委全体成员单位分管领导和专干，雨花区各街道、镇分管妇联工作领导和妇联专干参加会议。会议由雨花区政府副县级干部易云和主持。会上，周智婷作《2017年雨花区妇儿工委全会工作报告》，就妇联相关工作尤其是全面推进村、社区基层妇联组织改建工作做安排部署；刘娣宣读《〈雨花区妇女儿童发展规划（2016—2020年）〉编制工作方案》；戴江南宣读《关于开展2017年雨花区“文明家庭”评选工作的通知》，区委组织部、区委宣传部、区卫计局、区教育局、区民政局、区人社局、区法制办等规划编制牵头责任单位就《雨花区妇女儿童发展规划（2016—2020年）》的编制工作及推进实施进行表态发言。王明玖提出三点要求：一是要明确职责，增强妇女儿童工作的责任感；二是要加强宣传，提高妇儿发展纲要的知晓率；三是要强化措施，推动妇女儿童事业的新发展。 （吴　杨）

【第四届“5·20邻里节”】 2017年5月20日，侯家塘街道韶山路社区以家人的名义——“把爱说出来”主题活动暨雨花区侯家塘街道韶山路社区第四届“5·20邻里节”在紫金苑中心广场举行。区妇联主席周智婷、区妇联副主席刘娣、侯家塘街道工委委员杨建立、侯家塘街道人大工委副主任刘炯，以及1000名居民群众参加活动。韶山路社区的老人李国其创作22首诗歌，收集成册，用文字表达爱，并分享给现场居民；湖南省核工业地质局的在职党员对高龄困难老人进行慰问；现场表彰一批文明标兵、文明家庭、文明门店等。活动现场，社区培育发展的摄影协会、书画协会在中心广场南侧举行摄影、书画作品展供居民欣赏；社区太极拳协会、棋牌协会等6个社会组织均通过设置便民服务台的方式，现场招募协会会员；侯家塘街道社区卫生服务中心、康乃馨养老机构、清枫律师事务所等26个志愿团队，现场为居民提供义诊、健康咨询、法律维权等特色服务。该次活动，有利于鼓励居民大胆地表达自己内心的情感，弘扬家庭美德，树立良好家风。 （吴　杨）

【长沙市2017年庆祝“六一”儿童节活动雨花区举行】 2017年5月31日，长沙市2017年庆祝“六一”儿童节暨“我的中国梦——学习和争做美德少年”主题活动在洞井街道砂子塘湘天小学举行。该次活动由市文明委主办，由市文明办、市关工委、市教育局、团市委、市妇联、区文明委承办；区文明办、区教育局、区关工委、区妇联、团区委、洞井街道执行。市委常委、宣传部部长高山，市委宣传部副部长、市文明办主任郭润葵，市关工委副主任刘耀杰，市文明办副主任梁飞彩，市妇联副主席赵景利，区委书记张敏，区委常委、宣传部部长余宏卿，市级美德少年代表等出席活动。活动开场，美德少年领百名学生演奏鼓舞《鼓舞少年》。张敏致辞，向希望孩子们在拥有健康体魄的同时也要努力学习新知识。上演湘天小学师生歌唱的由区文明委原创的《歌唱社会主义核心价值观》；展示10位市级“美德少年”故事的诗朗诵《中华美德代代传》。“全国美德少年”唐荟向全市青少年发出倡议，号召大家学习身边榜样。上演情景剧《向不文明行为说不》、舞蹈《心中的纸飞机》和诗配舞演出《中华颂》。活动现场对市级美德少年进行表彰，赵景利等领导向市级美德少年颁发证书，赠送学习用品。高山要求，全市少年儿童要不断提升道德修养和知识才干，成为国家的栋梁之材；家长要关注孩子成长，注重发挥好家风、好家训、好家教的作用；学校要把德育放在更加重要的位置，加强理想信念教育；全社会要共同关注、关爱、服务少年儿童，为少年儿童成长提供良好社会环境；要加强社区家庭教育指导服务站点和校外未成年人心理健康辅导站点的建设。（吴　杨）

【市妇联调研雨花区】　2017年7月27日，市妇联党组成员、副主席钟小珍一行到雨花区，调研全面“二孩”政策下女性创业就业情况，区妇联全体干部以及相关部门负责人和创业就业妇女代表参与调研。调研活动在高桥大市场国学馆举行座谈会，区妇联和职能部门介绍全面“二孩”政策实施以来女性创业就业方面开展的相关工作，生育二孩的创业就业典型代表分享自己对生育二孩和创业就业的经历和体会，雨花经开区、街道、社区妇联组织负责人对全面二孩政策实施之后如何维护妇女权益，推进妇女创业就业提出意见和建议。钟小珍要求各级妇联组织在在妇女的创新创业方面再发力；在创建巾帼文明岗方面再发力；在帮扶贫困弱势方面再发力。钟小珍一行到雨花区高桥国际商品展示贸易中心进行实地参观考察，督查雨花区省级巾帼文明岗建设情况。11月，市妇联党组成员、副主席周小春，市妇联组联部部长龚艳等一行来到井湾子街道，调研妇联组织区域化建设试点工作及示范妇女儿童之家创建工作。（吴　杨）

【雨花区第三次妇女代表大会】　2017年11月2日，雨花区第三次妇女代表大会在雨花大会堂召开。来自全区各行各业、各条战线的203名妇女代表和21名特邀代表参加会议。会议听取雨花区第二届执行委员会所作的工作报告。总结过去五年工作，明确接下来五年深入实施巾帼组织“强基工程”、巾帼建功“聚力工程”、巾帼文明“和谐工程”、巾帼服务“惠民工程”的工作目标和任务。张敏指出，过去五年来的实践证明，全区妇女在雨花改革发展中发挥“半边天”作用，希望全区各级妇联组织和广大妇女要投身雨花事业，贡献巾帼力量。大会选举产生雨花区妇联第三届执行委员会。周智婷当选为区妇联主席，刘娣当选为副主席，仓萍、龙燕、李理当选为兼职副主席。大会表彰一批“巾帼文明岗”“巾帼建功标兵”，启动“雨花区最美女性”的评选的活动，引导全区妇女立足岗位，建功立业。（吴　杨）

科学技术协会

【概况】　长沙市雨花区科学技术协会（简称“区科协”）是雨花区组织开展全区科普工作的群团组织，主要职能是牵头实施《全民科学素质纲要》；开展全区学术交流和学术研究；组织开展科普活动；反映全区科技工作者的意见和要求，维护科技工作者的合法权益；宣传、表彰、举荐优秀科技工作者；开展经济、科技、社会事业等方面的软科学研究，参与科学论证、决策咨询等。区科协不设内设机构。2017年，核定编制3名，其中领导职数2名；全体在职干部职工数5人；党员4人。办公地点设在区政府机关大院2号楼。

2017年，区科协按照“搭建平台、资源共享”的工作思路，以“大联合、大协作”的工作方式，围绕区域工作中心，着力开展科普宣传，在工作铺排上，重点突出“科普示范创建、科普网络机制优化、科普信息化建设、科普益民惠民行动、科协机关党建创建”五个方面；在工作绩效上，全民科学素质行动进一步普及深入。在全市各区（县）率先出台《雨花区全民科学素质行动计划纲要实施方案（2016—2020年）》，并召开相关会议进行任务分解；13个镇、街大部分设有科普活动中心、科普宣传栏等宣传设施；全区所有的社区（筹委会）大部分设有科普活动室等，区内中、小学大部分设有科技活动室。（郭　敏）

【组织建设】 2017年，雨花区落实主席（副主席）联系常委、常委联系委员、委员联系科技工作者制度，经常上门走访科技工作者，为区科协兼职副主席宋正国的企业湖南方正建材有限公司协调有关证照的解决，在跳马镇遭受特大水灾后，及时邀请有关专家到现场对苗木恢复生长给予指导，并对花卉苗木协会给予资金扶助。长沙市“1+4”科技新政出台后，区科协与区人社局、区科技局联合组织开展政策宣讲解读会。区科协牵头，组织各街、镇、部门的科技工作者代表召开“创新争先·筑梦雨花”庆祝首个“全国科技工作者日”活动，发出《求真务实，创新争先，为实现“三个雨花”贡献智慧和力量》的倡议。（郭　敏）

【助推创新驱动发展】 2017年，区科协牵头组织区科技局、区经信局、区中小微企业服务中心等单位开展科技需求摸底调查，将需要了解掌握大数据和物联网有关技术等需求报送至市科协有关部门，建议由市科协邀请有关学会、科研院所、高等学校等，协助开展有关技术合作。区科协与区经信局联合开展“星创同行·五彩雨花”——2017年双创嘉年华多层次资源对接系列活动，通过开展亚马逊AWS云创大讲堂、阿里巴巴诸神之战精英挑战赛、美丽绽放创业服务明星评选等28场活动，营造创新创业氛围。区科协与雨花经济开发区联动，支持北京航天13所和湖南自兴人工智能研究院申报建立长沙市院士专家工作站，帮助其申报有关资料。（郭　敏）

【服务社会】 2017年，组织开展“科技工作者建言”论文评选活动，长泰机器人有限公司董事长杨漾，湖南科技职业学院软件学院副院长、湖南省物联网学会秘书长成奋华，区科学教学理事会理事长张书文，区花卉苗木协会秘书长李树强围绕建设“三个雨花”，提出意见和建议，区科协整理汇编4个科技工作者的建言材料，送呈区委、区人大、区政府、区政协主要负责人及有关区领导阅看，其中两篇被市科协《科技工作者建议集》采用。主动与市科协、跳马镇有关领导沟通对接，拟在核心区域石燕湖大道的育景休闲山庄打造一个科普示范基地，此基地集科学普及、花木欣赏、种植研发、观光旅游为一体。（郭　敏）

【科普“e站”建设】 2017年，率全市之先在政院、香南郡等8个社区建设社区“科普e站”。“科普e站”里有居民群众喜闻乐见的一些科技作品展示和体验，作为新型的阅知移动终端设备，内置万册电子图书、海量高清图片和实时数字报纸，使科学知识变得触手可及、便捷灵活，可发送实时讯息、通知公告，使居民足不出户享受社区服务。（郭　敏）

【“全国科普示范县（市、区）”创建工作】 2017年，采取“分类指导、规范运行、培养典型、以点带面”的办法，推进“科普示范街镇”“科普示范社区（村）”“科普带头人”创建工作。香南郡社区创建为全国科普示范社区，梨子山等13个社区获“省级科普示范社区”称号，37个社区被评为“市级科普示范社区”。政院、融城苑、金地、香南郡4个社区被评为2017—2021年湖南省科普示范社区，韶山路、官塘冲、自然岭、黎锦苑4个社区被评为2017—2021年市级科普示范社区，雨花区育景景观苗木科普示范基地被评为市级科普示范基地，龚学荣、周文斌被评为市级农村科普带头人，长泰机器人有限公司董事长杨漾被评为长沙市第四届优秀青年科技人才，枫树山小学游景博被评为长沙市2016—2017年度优秀青少年科技创新人才。（郭　敏）

【全区科协工作部署暨培训大会】 2017年3月9日，区科协召开2017年全区科协工作部署暨培训大会，市科协普及部部长张宇、区科协主席彭知、副主席易海清、区13个街镇科协主席参加会议。会议由易海清主持。大会通报2017年科协工作要点，由张宇为与会人员进行培训学习。与会人员围绕会议内容交流探讨。彭知提出要求：要提高思想认识，更加重视科协工作；要强化责任意识，开拓创新奋发有为；要精心统筹安排，抓好当前重点工作，聚焦科普示范社区创建和科普e站的建设工作。（郭　敏）

【雨花区开展庆祝首个“全国科技工作者日”活动】2017年5月24日，区科协于牵头组织开展庆祝首个“全国科技工作者日”活动。市科协党组成员、副主席王勇，副调研员董晓明，区委副书记陈永高、区政府副调研员盘正元、区老科协会长吴承志，区科协常委会全体常委和区委办、区政府办、区教育局、区科技局、区经信局、雨花经开区经济发展局等有关部门主要负责人或分管领导，各街道（镇）分管科协工作领导、科普专干、部分科技工作者参加会议。活动由区政府副区长易静主持。长沙长泰机器人有限公司董事长杨漾，湖南科技职业学院软件学院副院长、湖南省物联网学会秘书长成奋华，区科学教学理事会理事长张书文、区花卉苗木协会秘书长李树强分别从各自领域进行经验交流；相关部门进行发言；区科协向全区科技工作者发出倡议。王勇、董晓明肯定区科协的工作，希望雨花区全区科技工作者为区域经济社会各项事业发展献计出力。陈永高指出，要充分认识设立“全国科技工作者日”活动的重要意义；要充分肯定雨花区科技工作者所作出的贡献；期待全区科技工作者在建设“三个雨花”中再添新功、再创佳绩。（郭　敏）

2017年5月24日，“全国科技工作者日”活动　　（郭敏/提供）

【刘晓河调研雨花区科普工作】2017年6月23日，省科协党组成员、副主席刘晓河到雨花区开展调研，市科协党组书记、副主席李范坤及有关班子成员、区政府副调研员盘正元、区科协全体干部陪同参加调研。刘晓河实地考察政院社区科普馆、“科普e站”等硬软件设施建设；肯定雨花区的科普工作；指出社区“科普e站”的设立，可通过信息化的手段向居民普及科学知识、传播科学思想，希望社区能能进一步建设好、使用好、管理好这个平台，让其更好地发挥作用，服务于社区居民。（郭　敏）

【刘小明调研雨花区】2017年6月28日，省科协党组书记、副主席刘小明来到周南雨花中学开展调研，市政协副主席、科协主席邓自力，市科协党组书记、副主席李范坤，区政府副区长易静等陪同调研。刘小明一行人参观学校科技创新成果展示；肯定周南雨花中学在科技发明方面的成绩；指出科协应该联手其他部门，为师生的科技创新制作提供有力的支持和保障；学校可与企业加强合作交流，一方面解决企业在科技创新方面的难题，另一方面促进科技成果的转化。（郭　敏）

【雨花区2017年全国科普日活动】2017年9月17日，2017年全国科普日自然岭社区“万众创新，拥抱智慧生活”系列活动举行。该活动由区科协、自然岭社区联合举办，邀请第一批进入汶川大地震的空降兵石大磊为社区的亲子家庭讲课。讲座介绍地震波、震级、地震带等一般地震知识，以互动、实践的形式讲解在学校、家庭、公共场所的室内外应急、自救和互救的相关知识。活动现场展出防震减灾科普知识，开展赠送防震减灾知识宣传资料书籍、社会公众防震减灾知识咨询活动。与会人员观看“科普e站”屏媒的动漫《地震被困我们该怎么办》，进行现场演习；学习使用防灾减灾气象显示屏。该次科普日活动，有利于增强社会大众的防震减灾意识，提高群众应对地震及自救自护能力。9月20日，雨花区2017年全国科普日活动启动式暨校园科技节活动在砂子塘天华学校举行。该次活动由区科协和区教育局主办、区艺术体育科技中心承办。市科协党组成员、副主席王准，区政府副区长易静，区教育局党委书记、局长王青春等参加活动。启动仪式上，王青春致辞；静介绍雨花区科普工作；王准宣布雨花区2017年全国科普日活动启动式暨校园科技节活动开幕。启动式结束后，与会人员参观丰富多彩的科技展示活动，有科普大篷车、模型活动、机器人活动、创客作品、发明作品、奇思妙想竞赛活动、DI活动展示等。9月28日，雨花区2017年全国科普日活动之“打造清风香南郡 构建科普微乐园”在社区广场举行。市科协普及部部长张宇，区委办公室副主任、群工办主任胡开，区科协主席彭知，区民政局纪检组长段萍、雨花亭街道工委副书记、人大工委主任杨丹等参加活动。整场活动以团队比赛模式为主，以辖区居民组成的4支团队进行科普知识抢答赛、健康美食对对碰、才艺展示大比拼，评选出优胜队伍。在活动的另一角，设置四大志愿服务区，科普展示区、健康服务区、便民服务区和代购代买区，分别为居民提供健康检查、科普养生知识宣传和青少年阿尔法人形机器人展，吸引200余名居民群众参与。该次科普活动，为居民们提供一次集科普展示与互动娱乐于一体的精彩科技体验，有利于让居民们体验式参观各种神奇有趣的科普模型，学习到相关的科普知识。11月23日，东山街道2017年科普日活动暨“科普中国百千万行动”启动仪式在黎郡社区举行。东山街道办事处副主任杨国辉和辖区10个社区（筹委会、集体资产管委会）负责人参加。该次科普活动大力普及宣传“创新、协调、绿色、开放、共享”的发展理念，突出“节约能源资源、保护生态环境、保障安全健康、促进创新创造”的工作主题，在全社会弘扬科学精神、普及科学知识、传播科学思想和科学方式，提高全民科学文化素质。活动中，设宣传区1个，制作宣传展板6个，悬挂宣传横幅10条，发放宣传手册500余份，知识普及群众2000余人。（郭　敏）

归侨侨眷联合会

【组织建设】 2017年5月，雨花区归侨侨眷联合会（简称“侨联”）召开区侨联三届五次全委会，选举邹霞为新一任的侨联主席。侨界政协委员提交提案5篇，调处侨界纠纷6起。指导省人大社区和高桥怡园社区2个市级侨联示范社区提质提档，支持鲁爷爷侨之家社会工作室开展工作。鲁遐龄和罗炜豪入选市级侨界风采人物，新发展市侨商会会员8名，侨联成员单位明珠国际旅游股份有限公司在全区经济工作大会上获得近100万元的扶持奖励。（刘伊祉）

【社会服务】 2017年5月，模拟法庭走进左家塘街道牛婆塘社区开展“普法为民，共创和谐”活动。7月，承办“亲情中华湖南夏令营，海外华裔青少年雨花行”活动；组织侨联委员赴黎托街道合丰社区赈灾，送去慰问物资1万元，并向社会发出号召，募集近10万元的救助物资送到社区。8月，柬埔寨湖南商会投资旅游项目交流团访问雨花区，侨联促成雨花区一个餐饮企业在柬落地；“两学一做”学习教育暨侨商会会员学习活动深入宁远县舜帝陵廉政文化教育基地。11月，启动“银侨之家”为老侨服务项目，集中全面走访57名老归侨和侨界特殊人士，为其每人每年提供20小时免费居家上门服务、联络联谊阵地和特定关怀，呵护老侨安度晚年。（刘伊祉）

工商业联合会

【概况】 2017年，长沙市雨花区工商业联合会(总商会)(简称“区工商联”)是雨花区委领导下面向工商界、以非公有制企业和非公有制经济人士为主体的人民团体和商会组织，具有统战性、经济性、民间性质的社会团体组织和民间商会，是党委和政府联系非公有制经济人士的桥梁纽带，是政府管理和服务非公有制经济的助手，工商联工作是统一战线工作和经济工作的重要内容。机构级别为正科，没有内设机构。2017年，区工商联暨商会核定行政编制2名，其中领导职数2名。

2017年，区工商联树立和贯彻落实新发展理念，坚持“两个健康”工作主题，深化理想信念教育实践活动，发挥工商联特殊优势。（戴　鹰）

【提升非公经济人士素质】 2017年，区工商联召开执委会，邀请区纪委副书记、区监察局局长谢国富进行党风廉政建设和反腐败斗争专题讲座；借助常委会，组织常委到长沙廉政警示教育基地，接受警示教育。邀请市“两学一做”宣讲团成员、开福区五老金牌讲师团团长邹青围绕中共十九大报告作专题授课。组织非公企业家代表参加市联“2017中部(长沙)民营经济发展论坛”“党的十九大精神暨年轻一代企业家创新创业”报告会等；加强与区干教领导小组的合作，组织会员参加“不忘合作初心，继续携手前进”雨花区统一战线党外中青年干部培训班学习，加强国情党情区情教育。通过“雨花工商联”政务网和主席(会长)、执常委微信群、QQ群，及时为会员发布商会的会务活动情况，宣传发布政策信息，解读政府政策法规，更新社会热点。（戴　鹰）

【服务非公经济发展】 2017年，组织开展非公经济人士“我为雨花经济发展建言献策”座谈会，建立区委、区政府领导与非公有制经济代表人士联谊交友制度，制定出台《区领导联系非公有制企业和非公有制经济人士实施方案》文件，66家企业与区领导“阳光交友”，为政企沟通、政府有关部门解决企业发展中遇到的困难和问题搭建桥梁。配合市工商联开展“上规模民营企业调研”“民间投资”“园区营商环境评估”等业务调研，通过收集调研问卷，掌握会员企业的愿望和诉求；表彰一批2016年度区工商联系统优秀调研成果的单位和个人，在区工商联系统中开展重点课题调研和社情民意评选活动，共收集调研报告、社情民意29篇；发动、引导工商界人大代表、政协委员围绕区域经济发展，群众普遍关心的热点、难点问题，主动建言献策，提交议案、提案40篇。与贵州省天柱县工商联、河南省焦作市温县工商联、修武县工商联开展工作交流、项目推介及友好商会缔结活动，为有需求的会员企业，拓展省外业务、捕捉商机、开拓市场，搭建平台，提供服务。举办女企业家商会年度工作总结会议暨庆“三八”联谊活动，共同探讨商会未来发展；组织常委进行健康体检，成为服务会员企业和会员健康发展的常规工作；举办“同心杯”羽毛球比赛，邀请部分区直部门领负责人，各街道(镇)党政领导、机关干部和非公有制经济人士共同组成14支队参赛；创建“一会一品”——“善言堂”议政建言项目，投资2万元经费，阵地设在左家塘街道商会，与“同心汇”两新组织互动共享合作平台，策划组织各种主题线下活动40余场，参与的社会各阶层人士千人次。成立区工商联(总商会)法律顾问团，聘请专业的律师团队为会员企业提供法律方面的意见、建议和法律维权服务，帮助广大会员企业增强法律维权意识、防范法律风险、维护自身合法权益、提升企业经营发展能力。（戴　鹰）

【光彩公益事业】 2017年，区工商联向全区非公有制企业和非公有制经济人士发出“参加精准扶贫，彰显社会责任”的倡议，引领和带动更多非公有制企业和非公有制经济人士把自己的聪明才智和物力、财力凝聚到助推精准扶贫攻坚上来，把参与精准扶贫作为履行责任、回馈社会的善行义举。组织基层商会企业家代表到湘西龙山县石牌镇下池小学开展爱心助学活动，捐赠5.2万元给下池小学用于改善学校办学条件；联合群英会在腾讯公益上发布“雨花区总商会温暖山里娃”公益项目，为龙山县石牌镇上母小学全校175名小学生募集价值63875元的壹基金温暖包，每个温暖包中有14样物品，包括小学生衣服、文具、玩具等。及时向全体基层商会和非公企业及非公经济人士发出号召，要求广大非公经济人士把支援抗洪抢险救灾作为义不容辞的责任，全区募集非公企业及非公经济人士捐赠现金约720万元，物资价值约554万元，募集的款项和物资用于抗洪救灾和灾后重建。女企业家商会以实际行动助力文明创建工作，采购价值6000余元的防暑降温药品和绿豆、白糖等物质送至联点社区。结合联点贫困户特点，开展春节、端午、中秋等传统节日的走访慰问活动，拨付帮扶款3万元，慰问困难群众百余人；组织会员和会员企业为辖区内困难群体提供助学、就业帮扶，发动各基层商会和非公有制经济代表人士向辖区内生活困难群众、弱势群体开展访贫帮困活动。“八一”建军节前，给军地共建单位武警十四中队拨付慰问金1万元。

（戴　鹰）

【基层商会】　2017年，组织召开基层商会工作现场推进会，通过实地观摩学习，加强商会间交流，引导各基层商会结合自身特点开展工作。指导基层商会实行组织建设规范化、工作方式系统化、基本保障制度化管理，东山、圭塘、跳马镇、高建市场、同升、东塘和高桥等7个商会获评市“四好”商会，东山商会会长刘文革、秘书长綦冠笑，跳马镇商会游兴国、秘书长周文斌，东塘商会会长曾多喜，同升商会秘书长张露分别获全市工商联优秀会长和优秀秘书长。开展年度评比活动，对单项工作有突出成绩和创新成果的基层商会，下拨2万~3万元奖励金，全年共拨付奖励金17万元。制定2017年全区工商联会员发展计划表，召开执委会，对9名执常委进行调整，吸收新社会阶层中的积极分子、优秀人士，充实代表人士队伍。全年发展新会员59家。健全完善会员组织数据库，规范会员档案管理，会员登记台账和全区工商联执、常委数据库资料及时补充完善和更新。动态掌握会员企业发展基本情况和主导产业、行业分布情况，为区委、区政府制定有关非公经济发展政策提供依据。　（戴　鹰）

【女企业家商会2016年度工作总结会】　2017年3月9日，雨花区工商联女企业家商会在圭塘河岸悠游小镇展示中心召开2016年度工作总结会暨“三八”联谊活动，区委统战部副部长、区工商联党组书记程缅，区工商联副主席戴鹰以及女企业家商会部分会员代表，共40余人参加会议。会上，湖南亚洲湘会展有限公司董事长、女企业家商会会长荣丽萍全面总结汇报2016年商会工作开展情况，女企业家商会会员在参与区域经济建设发展、凝聚商会活力、承担社会责任中展示女企业家的魅力风采；雨花区虹德精工机械有限公司总经理、商会副会长文锦虹通报会费收支情况。与会会员们围绕2017年商会工作思路发言，共同探讨商会未来发展；会议投票选举为商会做出贡献的优秀会员单位和积极参与商会活动的会员，进行表彰。　（戴　鹰）

【产业政策调整意见征询会】　2017年5月9日，区工商联联合区商务局、区发改局组织召开雨花区产业政策调整意见征询会，该次意见征询会，旨在加强雨花区民营企业代表与有关部门之间的联系和沟通，为此次产业政策调整积极建言献策，共促地方社会经济发展。涉及到全区旅游、地产、物流、电商等优秀雨花民营企业界代表20余人参加会议。会上，来自世界500强的全球仓储物流领军企业普洛斯湖南地区负责人表示，相关政策要对细分行业的技术指标和认定标准进行科学合理的界定，提高政策的可行性和落地性；湖南贝贝熊孕婴连锁商业有限公司负责人认为，政策要对各行业和产业进行平衡，加大对中小企业和初创企业的扶植力度，提供信息共享、对外交流和投融资等服务；全国知名的高桥和红星两大商贸流通市场的相关负责人将雨花区与先进地区进行政策对比，对进出口贸易、商贸物流及提质改造等专项补贴提出可行性的想法；华润置地有限公司、通程集团、恒丰银行湖南分行、中惠旅智慧景区管理股份有限公司、湖南新康辉国际旅行社有限公司等企业分别结合自身企业和行业发展特点与需求提出建设性的意见。与会单位和区工商联就如何搭建平台，更好地为雨花区非公有制经济发展提供综合服务进行探讨。区工商联表示一定会搜集整理好各位企业家的宝贵建议和意见，搭建好“桥梁”，共同致力于促进雨花区非公有制经济的长期、健康发展。（戴　鹰）

【“我为雨花经济发展建言献策”座谈会】 2017年5月12日，“我为雨花经济发展建言献策”座谈会在区会议中心中型会议室召开。会议由区人大常委会副主任、区工商联（总商会）主席（会长）叶松主持，区委常委、区委统战部部长成钢、区政府副区长易静出席，区直22个相关部门，跳马镇、各街道分管经济工作副职，区工商联各基层商会、行业商会会长及非公经济人士代表近90人参加会议。会上，区工商联会员代表及各基层商会、行业商会的各位企业家从武广片区建设、红星商圈建设、跳马生态名镇建设、传承非遗文化、振举实体经济、构建良好政商关系、运用PPP运营模式激发民间投资等方面进行交流互动。易静代表区政府为企业家们做相关政策解答，并从“坚定发展信心，把好政治方向；强化扎根实业，优化改革供给，弘扬工匠精神；注重科技创新，加大研发投入，提高科技创新能力，加快转型升级”三方面寄语企业家。成钢从“抓好政策落实、抓好平台建设、抓好协调机制、抓好队伍建设”上强调指出，要把促进非公经济发展的各项政策措施落实到位，实施“访民企、办实事、强信心”行动；落实政企恳谈机制，出台区领导与非公经济代表人士联系交友制度；运用“善言堂”议政建言工作品牌建设，畅通上传下达沟通渠道；要扩大会员覆盖率，优化会员结构。该次座谈会，有利于帮助民营企业提振发展信心、激发民营经济活力和创造力，为非公有制企业转型、服务区域经济共谋发展大计。（戴　鹰）

【雨花区工商联（总商会）五届二次执委会议】 2017年6月7日，雨花区工商联(总商会)五届二次执委会议在区政府会议中心中型会议室召开。区委副书记、区长刘素月，区工商联（总商会）全体执委，各街道、跳马镇分管工商联工作的副职、经济专干和区工商联全体工作人员共150余人参加会议。会议由区委常委、统战部部长成钢主持。大会通过工商联（总商会）有关人事任免，回顾总结2016年工作成绩，整体部署2017年工作任务，通报一年来的会费收支使用情况，表彰一批2016年度的优秀调研文章，邀请区纪委副书记、区监察局局长谢国富作《十八大以来党风廉政建设和反腐败斗争的简要回顾和未来形势的展望》的党风廉政建设和反腐败斗争专题讲座。会上下发长发办〔2017〕17号《关于印发〈长沙市构建“亲”“清”政商关系的若干意见〉的通知》、雨办〔2017〕12号《关于印发〈区领导联系非公有制企业和非公有制经济人士实施方案〉的通知》两份文件。刘素月分别从“适应新常态，谋求新发展”“遵循新标准、找准新定位”“珍惜新荣誉，开创新局面”三个方面强调，全区非公有制企业要抢抓发展机遇，将企业自身发展顺势融入区域发展大局，强化创新引领，全面增强企业的核心竞争力，加快转型升级，实现壮大规模、健康发展；要弘扬法治精神，依法依规经营，坚守道德操守；要履行社会责任，热心公益事业，支持慈善事业；要求区工商联要在提供优质维权服务上加快建立符合工商联特点的会员信息库、项目数据库，更加精准服务，要在构建新型政商关系上有作为，要引导非公经济人士把企业自我发展和服务地方发展。参会的非公有制企业负责人表态发言。（戴　鹰）

【雨花区工商联（总商会）五届三次主席会议】 2017年6月29日，区工商联（总商会）在湖南金炬实业股份有限公司召开五届三次主席会。区委常委、区委统战部部长成钢，区人大常委会副主任、区工商联主席叶松，区工商联（总商会）部分副主席（副会长）参加会议。会议由区委统战部副部长、区工商联党组书记程缅主持。会议由金炬实业股份有限公司介绍本企业围绕中心抓党建、抓好党建促发展的做法和体会。与会人员分别就雨花商会大厦建设和赴龙山县开展精准扶贫调研等工作进行谈讨和协商。该次会议有利于提升中共党组织在非公企业中的号召力、凝聚力和战斗力，对非公企业如何以改革创新精神不断提高非公企业党建工作水平，进而促进非公企业的全面健康发展提供新的思路和有益的借鉴。（戴　鹰）

【人才新政和科技创新系列政策宣讲会】 2017年8月30日，雨花区首场大规模人才新政和科技创新系列政策宣讲会在雨花区比亚迪汽车有限公司举行。会议邀请市委组织部人才处处长余万贤和市科技局党组成员、总工程师盛湘饶进行新政专业解读和答疑解惑。辖区内300余家非公企业负责人和13个街道（镇）分管经济负责人参加首场新政系统学习和业务培训。该次宣讲会旨在让辖区企业知晓和掌握人才新政细则和申报流程；动员企业集中组团申报。在细则出台后，区工商联联合区人社局、区经信局、雨花经开区等部门组织企业进行专场政策解读和宣讲，扩大新政的影响范围，加快新政传播速度，减少群众申报的奔波次数。8月21日至28日，雨花区人才服务窗口受理业务咨询1438人次，其中青年人才租房和生活补贴咨询489人次；高校毕业生落户咨询640人次；长沙人才购房和购房补贴咨询297人次。补贴咨询297人次。

（戴　鹰）

雨花区人才、科技创新系列政策宣讲解读会（戴鹰/提供）

【雨花区工商联（总商会）法律顾问团成立】 2017年9月26日，雨花区工商联（总商会）法律顾问团成立仪式在区公共法律服务中心（左家塘街道办事处6楼）会议室举行，区人大常委会副主任、区工商联（总商会）主席（会长）叶松，区委统战部副部长、区工商联党组书记程缅，区司法局副书记、副局长杨涟以及全区12个街道和跳马镇分管工商联工作负责人、会员企业家代表和受聘的长沙市内各专业领域律师等共100余人参加仪式。仪式由湖南瀛湘律师事务所律师罗书娥主持。成立仪式上，杨涟对区工商联（总商会）法律顾问团的规范化发展、建设提出展望与支持；程缅宣读《关于设立长沙市雨花区工商联（总商会）法律顾问团的决定》；授牌成立雨花区工商联（总商会）法律顾问团，并聘请瀛湘律师事务所李建波、炳坤律师事务所邓晔、思博达律师事务所刘异等20名律师为雨花区工商联（总商会）法律顾问团的首批法律顾问，湖南瀛湘律师事务所主任李建波作为顾问团代表发言。叶松强调商会法律顾问团的设立，能更好地为全区各基层商会、会员企业提供法律维权、法律援助服务，搭建富有成效的法律服务平台，有利于营造全区依法依规重商扶商的良好氛围；希望区工商联（总商会）法律顾问团能够发挥各自专业特长，在维护企业合法权益、引导企业合法经营上有所作为。雨花区工商联（总商会）法律顾问团是公益性组织，旨在通过专业的律师团队为会员企业提供法律方面的意见、建议和法律维权服务，帮助广大会员企业增强法律维权意识、防范法律风险、维护自身合法权益、提升企业经营发展能力，为非公有制企业经营发展提供专业保障。（戴　鹰）

【“同心杯”羽毛球赛】 2017年11月3日，区工商联（总商会）在体院巷新鸿羽羽毛球馆举行“同心杯”羽毛球赛，区委常委、区纪委书记王清政，区委常委、统战部部长成钢，区人大常委会副主任、区工商联（总商会）主席（会长）叶松参加比赛开闭幕式。该次比赛邀请部分区直部门负责人和各街道（镇）党政负责人、机关干部和非公有制经济人士共同组队，裁判员、运动员和全体工作人员共230余人参加比赛。比赛采取两个男双、一个混双共三个项目的团体比赛，总商会、跳马镇、12个街道商会共14支代表队分成4个小组循环小组赛，逐出4支队伍进行决赛。同升商会获得第一名，东塘商会获得第二名，总商会获得了第三名。

（戴　鹰）

残疾人联合会

【概况】　长沙市雨花区残疾人联合会（简称“区残联”）为正科级事业单位，主要职能是为残疾人提供代表、服务和管理保障。内设有办公室、组宣文体部、康复部、教育就业部、维权部5个部室。2017年，核定编制3名，其中领导职数2名；有在职干部职工数9人，其中科级领导3人，专业人才1名，雇员1名；退休人员3人。区残联设立一个党支部，共有党员9名，其中在职党员7人。办公地点设在香樟路592号（区政府二办一号楼）。

2017年，区残联以服务保障残疾人为中心，以加快实现“三个雨花”为目标，以推进“两个体系”建设为重点，全区残疾人基本生活、康复、教育、就业、扶贫等各项工作取得成绩。获评2017年度全市残疾人社会保障体系和服务体系建设红旗单位、2017年度全市残疾人维稳工作红旗单位。

（曾　慧）

【组织宣传】　2017年10月12日，召开区残联第五次代表大会，选举产生新一届区残联主席团、执行理事会和各专门协会，选举产生市级代表13人，区级代表135人，主席团成员9人，专门协会5个共10人。出台《雨花区残疾人专职委员管理办法》，选聘43名专职委员和37名兼职委员，动态数据更新7800余条，培训残疾人专干360余人，洞井丰园等49个社区成功创建为星级社区，在侯家塘、雨花亭街道举办扶残助残活动，其他街道、社区和机构利用“全国助残日”和“国际残疾人日”时机，举办各类活动60余场，筹措经费180万余元，为残疾人解难题、办实事500余件。出台《雨花区残联信息工作奖励办法》，通过各类媒体刊载各类信息、报道280条，侯家塘街道在省级以上媒体发表信息7篇。其中，《长沙晚报》专版报道雨花区残疾人工作，刊发《多措并举，为残疾人撑起“关爱伞”》《无障碍改造让残疾居民出行无忧》等文章，《中国残疾人》杂志专题刊发雨花区残联《扶贫看精准　服务促民生——湖南省长沙市雨花区脱贫攻坚工作纪实》，长沙电视台对雨花区残联“全国助残日”“国际残疾人日”两场大型助残活动进行专题报道。参加长沙市“善行四十佳”评选活动，杨新湘获长沙市“十佳残疾人自强模范”，胡祝华获长沙市“十佳基层残疾人工作者”，蒋桂华获长沙市“十佳扶残助残爱心个人”，“美人鱼”志愿助残服务团队获长沙市“十佳扶残助残爱心集体”

（曾　慧）

【康复工作】　2017年，投入经费1890万元，提前或超额完成市区各项任务指标。累计投入经费430万元，开展残疾儿童康复救助和“光明关爱”等服务项目，全区683名残疾人得到不同程度的康复，辅具适配率、全年康复服务率分别达到100%和73%（长沙市要求均为40%）。长沙市0~14岁残疾儿童康复救助项目，共计救助残疾儿童285名，其中0~6岁残疾儿童181名，7~14岁残疾儿童104名。为项目内和项目外278名残疾儿童发放陪护费63.49万元。2017年长沙市辅具适配项目，共计投入18万元，为500名残疾人适配辅具650件。长沙市“光明·关爱”眼疾救助项目，组织定点医院深入社区开展眼疾筛查217场，筛查总人数12513人次，免费为107名白内障患者实施手术、为50名翳肉患者、2名眼底病患者实施手术救助，为80名低弱视力患者免费装配助视器，实施康复训练。长沙市“义肢助残”项目，免费为15名下肢缺失残疾人装配假肢。雨花区2017年“提升残疾人幸福指数”之贫困中风偏瘫、脊髓损伤残疾人住院救助项目，共计投入经费10万元，为50名贫困残疾

人提供住院救助。完成精准康复系统录入工作，有康复需求的残疾人康复服务率50%。（曾　慧）

【残疾人教育就业】　2017年，审核就业单位134家，征收残保金7500万元；全年投入90万余元，为224人次贫困残疾人家庭子女和残疾学生提供助学补助，适龄适学残疾学生入学率100%；在跳马镇、黎托等13个街道（镇）举办招聘会12场，在高桥街道永祥社区筹建全区第一个残疾人就业创业孵化基地，分别在高桥、跳马镇、井湾子举办残疾人订单式、职业技能和农村实用技术提供培训，105名各类残疾人参加培训，298名残疾人实现就业创业。对全区285名未满18周岁的困境残疾儿童进行全面康复保障；联合区教育局、区财政局、区人社局等部门，全力做好残疾少年儿童随班就读工作，确保残疾少年儿童入学率100%。（曾　慧）

【残疾人维权】　2017年，加强政策法规宣传力度，常年聘请法律顾问化解残疾人纠纷，保障残疾人的合法权益。全年受理残疾人来信来访、“12345”市民热线200人次，调处率、办结率均为100%，确保残疾人群体稳定。（曾　慧）

【康复托养机构建设】　2017年，跳马镇农村残疾人康复服务中心运转顺畅，全年为残疾人提供有效服务120余次；投入40万元，推进丰园社区“梦想家园”康复托养中心建设，发挥康复、托养、就业创业综合性服务作用；市区15家两类托养和康复机构管理规范，落实项目管理、财务制度、队伍建设和基础设施等严格有序。（曾　慧）

【扶贫帮困】　2017年，投入380万余元，抓“两补”（困难残疾人生活补贴、重度残疾人护理补贴）政策落实、困难残疾人节日慰问和救助、兜底保障、意外伤害保险、“连千村帮万户及扶贫工程”和无障碍改造等工作。全年协助区民政局审核各类残疾人基本信息6449人次，完成智力、精神和重度残疾人托养100人次，救助困难残疾人及残疾人家庭子女190人，慰问困难残疾人3016人次，为全区7747名残疾人购买人身意外伤害保险，兜底保障529名特困残疾人基本生活，结对帮扶同升村10户困难残疾人家庭，落实浏阳市社港镇龙华村贫困户精准帮扶工作，周蓬勃、付末香、付苏林3户家庭成功脱贫。对井湾子街道三湘社区和侯家塘街道广济桥社区、98户贫困残疾人家庭进行无障碍改造，补贴残疾人叽叽车补贴和燃油补贴256名，办理残疾证769本，爱心公交卡256张。（曾　慧）

【残疾人就业招聘会】　2017年2月17日，2017年“春风行动”就业精准扶贫专场招聘会在跳马镇石燕湖广场举行。参加招聘会的企业、单位共60余家，提供近800余个岗位，在前来参加招聘的1000余名求职者中，约有300余名各类残疾人士参加，约有30余名残疾人签订就业意向。2月22日，“真情五助·财富雨花”助力行动暨“和煦春风送岗位，就业扶贫惠民生”专场招聘会在洞井街道汽车南站过渡站入站口前坪举行。招聘会现场有50家企业现场招聘，提供岗位1000余个。前来参加招聘活动的残疾人200余人，供求双方达成初步就业意向40余人。现场设立专门为残疾人提供服务的政策咨询台，为残疾人群众解答社保医保、就业创业、劳动监察等人社政策，向残疾人发放“春风行动卡”、用工手册、小额担保贷款、培训、大学生创业地图等资料600余份。3月9日，区残联联合区人社局、井湾子街道，在红星人才交易中心成功举办主题为“就业帮扶，真情相助”的残疾人就业专场招聘会，110家企业进场，提供近千个岗位，有2000名残疾人参与，近600名残疾人与单位达成就业意向。井湾子、跳马、同升、高桥、砂子塘、东塘、雨花亭、洞井等街道主动结合各自优势，适时开展20余场残疾人就业创业招聘活动，助推残疾人实现灵活就业。6月26日，由区残联在跳马镇新田村会议室举行举办“农村残疾人实用技术培训班”。该次培训为期一周，集中组织残疾人免费学习花卉苗木的种植技术、花卉的分类与识别、花卉的繁殖等实用技术知识。培训对象共计30名（其中轻度视力残疾人10名，轻度肢体残疾人17名，其他类别残疾人3名）。培训班专门请到长沙市环保学院的许桂芳、陶晓宁、马天乐为学员们授课，授课形式采取与学员们互动和实际操作相结合的模式。7月3日，由区残联组织指导、雨花区培源社会工作服务中心具体负责承办的残疾人手工艺制作创业技能培训在长沙环境保护职业技术学院西门对面红星安置小区28栋2楼“蛋糕梦想”实训基地开班。参加培训的残疾人30人，他们在指导老师和4名专业义工的帮助下，进行为期7天的点心、蛋糕手工艺制作培训。执教老师将参训学员分为6人一组，分阶段进行手把手培训，培训内容包括理论教学、实践操作、成品展示等。10月13日，雨花区残联就业订单式培训班开班。该次培训班由区残疾人联合会主办，益友会和福企商学院承办，旨在提高残疾人多方面职业技能，成为企业的核心人才。首期参训学员65名残疾人。（曾　慧）

【《雨花区困难残疾人救助办法补充实施细则》出台】　2017年3月22日，《雨花区困难残疾人救助办法补充实施细则》（以下简称《实施细则》）制定出台，《实施细则》是对《雨花区困难残疾人救助办法》的补充说明和解读，对救助对象具备条件、救助项目内容、程序、标准等内容进行解释和说明，使之更加具有操作性。（曾　慧）

【2017年度残疾人工作会议】　2017年3月23日，雨花区残联组织13个街道、镇残联理事长和专干召开2017年度残疾人工作会议，市残联副理事长任铁强，区残联全体工作人员参加会议。区残联理事长张福新传达长沙市残联2017年残疾人工作有关文件精神，总结回顾雨花区2016年度残疾人工作取得的主要成绩，梳理铺排雨花区2017年度残疾人组宣、康复、教育就业、维权等各条业务线上相关工作，对各街道、镇落实相关任务提出要求。任铁强肯定雨花区2016年度的残疾人工作，认为雨花区残疾人工作体现了大手笔、大投入、大气势、大实惠、大效果；希望2017年雨花区残联系统能进一步整合资源；进一步贴近工作实际、贴近工作对象；进一步加强队伍建设、抓好内部管理；进一步搭建平台、优越环境、扎实为民。会议下发《关于雨花区残联班子成员及各部室负责同志分工调整的通知》《2017年雨花区残疾人工作要点》《雨花区残联信息工作奖励办法》等7个文件，印发《雨花区困难残疾人救助办法》补充实施细则及其他业务文件资料10余份，组宣、康复、教育就业、维权各业务部室分别进行业务培训。

【“世界自闭症日”活动】　2017年4月2日，区残联联合区工商联、长沙爱萌特殊儿童康复中心，在长沙民政学院开展“星动 行动 共享美好生活”第9个“世界自闭症日”主题趣味运动会。600余名自闭症儿童、家长、老师、社会爱心人士和志愿者参加活动，筹措奖励物资2万元。区工商联为爱萌康复中心捐赠2万元的爱心款及康复器材。雨花区星苑自闭症培训中心在万达广场开展长沙市“携手星儿，爱心帮扶”精准志愿服务活动，550人参加活动，中心现场发起“10元约起，助力行动之星儿篇”捐募活动，怡智学员及喜憨儿的优果屋进行现场售卖。（曾　慧）

【残疾人“好声音”歌唱比赛】　4月28日，区残联在区文体中心举行残疾人“好声音”歌唱比赛。经过各个街道、镇初步甄选的优秀残疾人歌手共计23人参加比赛。市残联组宣文体部部长李梅、区残联理事长张福新、侯家塘街道副书记喻运科、区政协罗宁、区文体新局马宁等专家作为现场评委对参赛选手进行现场打分。经过紧张的角逐，决出一等奖2名，二等奖5名，三等奖6名，优胜奖10名。

【五部委联合检查组到雨花区检查】　2017年5月10日，由住房城乡和建设部、工业和信息化部、民政部、中国残联、全国老龄办五部委组成的《无障碍环境建设条例》贯彻实施情况工作检查组，到雨花区洞井街道丰园社区对无障碍环境建设情况进行全面检查。检查组一行10余人在听取社区相关情况汇报后，着重检查丰园社区办公阵地、社区图书馆、小区公园、社区道路、休闲场所、公共服务设施、居住建筑的无障碍环境建设情况，对辖区内帮扶残疾人和困难群体的社会组织——长沙市雨花区晴天公益就业援助中心、星苑自闭症儿童康复中心、社区社会组织孵化培育促进中心配套实施的无障碍环境建设工作给予肯定，对小区盲人图书馆的建立、无障碍护栏和停车位的精心设计、残疾人康复和就业中心的运营模式、小区休闲场所辅助器具的配置等具有雨花区特色的工作给予中肯评价，提出无障碍建设与改造的若干意见和建议，以便更好地为残疾人、老年人等特殊群体提供无障碍服务，帮助他们共享社会文明成果。（曾　慧）

【《雨花区深入开展困难残疾人精准扶贫就业创业工作实施意见》出台】 2017年5月15日，《雨花区深入开展困难残疾人精准扶贫就业创业工作实施意见》出台。从2017年起，雨花区529户困难残疾人家庭将建档立卡，获得精准帮扶。雨花区残联将采取三项举措，确保到2020年实现扶贫残疾人“两不愁、三保障”（不愁吃、不愁穿，保障义务教育、基本医疗和住房）目标。主要的举措有：一是抓好困难残疾人就业创业工作。由区残联、区人社局负责，整合相关部门培训资源，将有就业创业愿望和培训需求的各类城乡困难残疾人，统一纳入到全区就业创业培训计划中，力争使每个困难残疾人掌握1~2门技能技术；开展好“订单式”培训和“个性化”培训，帮助困难残疾人实现精准就业创业；落实好就业创业培训补贴，为困难残疾人减轻经济负担。组织相关单位为残疾人就业创业进行免费职业指导和项目介绍，鼓励和帮助困难残疾人向工业园区企业、城市社区服务行业、现代农业行业等领域转移就业或以自主创业形式实现就业；鼓励和支持各部门单位、街道（镇）经常性举办多样化的助残就业招聘活动；开展“就业援助月”活动，通过购买公益性岗位方式，对困难残疾人实行就业援助。对户籍在雨花区、持二代“残疾证”、在法定劳动年龄以内、具备一定创业能力和创业条件，在全市自主创业并从事微利项目的困难残疾人，开展创业扶持；对残疾人创办的企业，及时给予创业扶持；对申办个体工商户或私营企业的困难残疾人，相关部门要及时开辟“绿色通道”。鼓励和扶持农村困难残疾人，因地制宜发展种植业、养殖业、加工业和家庭副业，提高农村困难残疾人自我发展的能力；通过“基地（扶贫项目）+残疾人户”等形式，将农村困难残疾人融入产业化扶贫助残项目，改善农村困难残疾人家庭基本生活。二是做好困难残疾人基本社会保障。将符合低保条件的困难残疾人及时纳入低保保障范围。对完全丧失劳动力的贫困低保对象个人予以重点保障，按规定提高个人补助标准。对建档立卡的困难残疾人，实现全部参加基本养老保险和基本医疗保险；对低保户、特困供养两类困难残疾人符合新农保、新农合参保条件的，实行兜底保障，直至其脱贫；为全区残疾人购买意外伤害保险，帮助残疾人在遭遇各种意外伤害后减轻医疗方面的经济负担；对困难残疾人因患重性疾病、无力负担医疗费用等，根据实情进行资助，逐年提高资助名额。对遭遇突发事件、意外伤害、重大疾病导致基本生活陷入困境，其他社会救助制度暂时无法覆盖或救助之后基本生活暂时仍有严重困难的残疾人家庭，给予应急、过渡性救助。引导社会力量加大扶持救助力度，帮助他们渡过难关。三是构建助残扶残体系。主动与困难残疾人家庭结对开展“帮、包、带、扶”，增强残疾人贫困户脱贫信心，引导带动残疾人贫困户脱贫致富。鼓励社会各界人士通过捐赠救助、实业带动、就业促进等多种形式参与扶贫；鼓励企业和个人采取“一对一”结对帮扶的方式，为扶贫对象提供创业、就业、教育、医疗、技能培训等方面的帮助；动员残疾人企业家、残疾人致富能人帮助带动残疾人贫困户增收。引导和鼓励社会工作服务机构、志愿服务组织等社会组织扎根基层社区，进入偏远农村为残疾人服务，参与全区困难残疾人扶贫开发工作；发挥残疾人专门协会作用，创新服务困难残疾人的新模式，推动建立完善社会帮扶工作的长效管理机制。（曾　慧）

【《雨花区集中整改残疾人脱贫攻坚突出问题推进精准扶贫工作实施方案》出台】 2017年5月19日，《雨花区集中整改残疾人脱贫攻坚突出问题推进精准扶贫工作实施方案》出台，区残联成立5个专项工作组，推动残疾人脱贫攻坚突出问题的整改落实。一是社会扶贫工作组。落实税收优惠政策、贷款贴息、职业培训补贴等就业创业扶持政策；发挥残疾人创业孵化基地的作用。二是就业扶贫工作组。加强残疾人就业服务平台建设；落实按比例安排残疾人就业政策；加大残疾人就业服务力度；加强残疾人职业技能和适用技术培训；维护残疾人劳动者的合法权益。三是康复托养工作组。重点实施康复项目；开展辅具适配；做好康复救助；加强残疾人托养工作。四是危房改造组。加强与住房保障、民政等部门的沟通，争取将贫困残疾人危房改造纳入重点范围、进行重点支持、优先改造；加大农村贫困残疾人家庭危房改造工作帮扶力度；配合相关部门做好贫困残疾人家庭危房改造与新农村建设、传统村落保护发展等项目的对接，引导贫困残疾人家庭科学选址、理性建房。五是兜底保障工作组。配合民政部门落实兜底保障扶贫资金对贫困残疾人家庭实行特殊扶助的政策，使贫困残疾人家庭全部纳入最低生活保障范围，实现应保尽保；落实残疾人特殊生活补贴和重度残疾人护理补贴政策，协助民政等部门探索建立“两项补贴”稳定增长机制，不断增强“两项补贴”的兜底保障功能。落实好《雨花区困难残疾人救助办法》，为各种因病、因灾、因祸、因残等原因的困难残疾人实施困难救助；为全区持证残疾人购买意外伤害保险，减轻因意外伤害造成的经济损失；利用春节等传统节日及“全国助残日”等重要节庆活动，开展走访慰问贫困残疾人家庭活动。（曾　慧）

【“全国助残日”之“好声音·好故事”主题活动】 2017年5月20日，以“爱在天地间，感恩你我他”为主题的雨花区第27次全国助残日“好声音·好故事”主题活动在侯家塘街道法治广场举行。该次活动由市残联、市文明办、区政协、区文明委、区残工委主办，由区文明办、区文体新局、区直机关工委、区残联、侯家塘街道承办。主题活动共分为三个板块，在第一个板块“自强自爱”中，自主创业、产值过亿的残疾人自强模范贺彪讲述《我的创业故事》，坚守在社区残疾人专职委员岗位上6年多的王彩虹讲述《平凡岗位上的坚守》，自主创业的周建华讲述《一个盲人按摩师的故事》；在第二个板块“关心关爱”中，丰园社区主任蒋战勇讲述如何为残疾人专职委员《搭建平台，点燃激情》，区政协委员、圆之旅爱心基金的周谊讲述她的公益助残路《520，带着爱行走》，爱丽聋儿康复中心刘艾伦讲述政府和全社会助残的故事《爱，在这里汇聚》；在第三个板块“人间大爱”中，轮椅上的美人鱼肖卓作讲述《快乐美人鱼的公益路》，爱萌特殊儿童康复中心的张玲俐讲述她如何从最初的为了康复女儿而创建机构到心怀梦想心怀更多自闭症儿童的历程《十年爱萌，大爱家园》。通过该次活动，鼓励了残疾人的信心，营造关心残疾人的氛围。（曾　慧）

【《雨花区残疾人精准康复服务行动实施方案》出台】 2017年5月27日，《雨花区残疾人精准康复服务行动实施方案》出台。文件规定，由区残联、区卫计局、区扶贫办、区人社局联合推进雨花区残疾人精准康复服务工作，区残联牵头制定《雨花区残疾人精准康复服务行动实施方案》；督导各街道（镇）残疾人精准康复服务工作进度，做好全区年度任务执行情况的汇总和反馈工作；确定残疾人康复服务机构的标准及机构目录；开展技术培训和宣传工作。区卫计局将残疾人康复服务融入深化医改大局，纳入基层医疗卫生机构服务考核内容，结合健康扶贫工程，对贫困残疾人实施分类救治，提供医疗康复服务；加强医疗卫生专业技术人员的康复技术培训。区扶贫办将贫困残疾人纳入脱贫攻坚工程，统筹使用脱贫攻坚经费，结合精准专项扶贫工程，重点对建档立卡的贫困残疾人实施精准帮扶。区人社局将29项医疗康复项目纳入基本医疗保险支付范围，提高参保残疾人的医疗康复保障水平。

区民政局、区财政局在各自的职责范围内共同开展残疾人精准康复服务保障。各街道（镇）建立相应的工作机制。确保到2020年年底，有需求的参加儿童和持证残疾人接受基本康复服务比例80%以上。从2017年开始，以上一年度全国残疾人基本服务状况和需求信息动态更新数据为依据，确定全区本年度有需求的残疾儿童和持证残疾人接受基本康复服务的比例，2017年、2018年、2019年比例分别达到40%、55%、70%以上，至2020年达到80%以上。具体措施有：制定本地基本康复服务目录和补贴标准，确定康复服务机构，统筹安排残疾人康复资金。2017年，共为683名残疾人提供个性化精准康复服务。（曾 慧）

【《雨花区残疾人专职委员管理办法》制定出台】2017年7月25日，《雨花区残疾人专职委员管理办法》（以下简称《管理办法》）正式出台，《管理办法》从选拔聘用、工作职责与工作内容、管理考核、待遇报酬等多个方面对残疾人专职委员的管理工作进行规范，为全市残疾人专职委员队伍管理提供模板与借鉴。（曾 慧）

【全区残疾人专职委员业务培训班】2017年8月21—25日，区残联举行全区残疾人专职委员业务培训班。全区13个街道、镇残联专干和2017年新选聘的45名残疾人专职委员、各协会负责人、各机构负责人共计70人参加培训。市残联各业务部室负责人和业务骨干分别对组织宣传、教育就业、康复扶贫、维权维稳、星级社区创建等主要业务工作进行专题辅导；残联法律顾问、盈科律师事务所的卿律师对残疾人法律法规问题进行专题解读；全市十佳残疾人专职委员余其安、曾敏做分享；区残联各部室负责人对公文写作及信息报送、无障碍改造、助学救助、残疾人优惠政策等进行全面解读。区残联理事长张福新作开班动员和结业讲话，专题讲解《用足政策体系，创新政策保障》；区残联组宣部就“如何做好一名合格的专职委员”做探讨。培训最后一天，全市精准康复工作专业教师邓娟对全区所有街道和社区、村的残疾人专干、专职委员就精准康复工作进行专题辅导。（曾 慧）

【雨花区残联第五次代表大会】2017年10月12日，雨花区召开区残联第五次代表大会。大会的主题是：强化保障惠民生，优化服务促发展，全面推进雨花区残疾人事业再上新台阶。市残联副理事长任铁强，区委副书记陈永高、区人大常委会副主任谢爱龙、区政府副区长刘江红、区政协副主席康长萍，来自全区13个街镇和区直部门的135名正式代表、41名特邀代表参加会议。大会回顾和总结5年来全区残疾人事业取得的成绩和经验，确定接下来5年的工作规划和总体思路。会议选举产生新一届区残联主席团、执行理事会和各专门协会，选举产生市级代表13人，主席团成员9人，选举产生刘江红为区残联第五届主席团主席，张福新为区残联第五届主席团执行理事会理事长，选举产生区残联肢残人、聋人、盲人、智亲和精亲五个专门协会的主席和副主席共10人。（曾 慧）

【“国际残疾人日”主题宣传活动】2017年12月8日，“法润长沙、幸福雨花”国家宪法日、国际残疾人日主题宣传活动在雨花区通程喜乐汇广

2017年12月8日，“国际残疾人日”主题宣传活动（曾慧/提供）

场，该活动由市残联主办、区残联、雨花亭街道承办。市残联党组书记、理事长刘增三，市残联党组成员、副理事长任铁强，市残联组宣部部长李梅，区政府办副主任熊灿，区残联理事长张福新，雨花亭街道党工委书记张杰军等及残疾人代表、居民群众、残疾人工作者300余人参加活动。张杰军致欢迎词。刘增三强调，组织开展该活动就是要在残疾人中推动形成“办事依法、遇事找法、解决问题用法、化解矛盾靠法”的法治环境。该主题宣传活动分为多个板块。一是雨花区民族民间艺术团、雅塘村金秋艺术团、雨花区美人鱼公益服务中心、雨花区大森林老年艺术团等团队表演合唱、民乐、舞蹈等节目；残疾人表演轮椅舞。二是全区残疾人工作者中在两天的法律知识培训后进行法律知识竞赛，参加活动领导为获奖团队颁奖。三是进行两轮法律知识现场抢答。四是进行现场宣传。通程喜乐汇的巨型电子显示屏滚动播出十九大精神、国际残疾人日和宪法宣传日的宣传口号；现场展出30多块残疾人事业和法律宣传展板。（曾　慧）

法 治

政法委及综治

【概况】 中共长沙市雨花区委政法委员会（简称“区委政法委”，区社会管理综合治理委员会办公室与其一个机构两块牌子），主管全区政法和社会管理综合治理工作。区委维护稳定工作领导小组办公室在区委政法委员会内挂牌。区委政法委内设办公室、执法监督室、社会管理综合治理基层基础科，行政编制 14 名，工勤编制 1 名，其中领导职数 3 名。中共长沙市雨花区委防范和处理邪教问题领导小组办公室，（简称“区委防范办”）是区委、区政府防范和处理邪教组织问题的部门管理机构，归口区委政法委员会管理。行政编制 6 名，领导职数 2 名。区委政法委（含区委防范办）退休干部 6 人；党员 25 人。

2017 年，全区政法系统以打造“最具安全感、公平感、正义感的城区”为目标，以开展“五大竞赛”为抓手，以“七个不发生”为底线，推进平安雨花、法治雨花和过硬队伍建设，提升司法公信力、提高政法工作能力水平。获评湖南省“平安县市区”、全省铁路护路联防先进单位；全市 2017 年度维护稳定工作红旗区县（市）、全市防范处理邪教工作红旗区县（市）、2012—2016 年度全市防范处理邪教工作红旗等次区县（市）、2017 年度全市综治工作优秀等次区县（市）。 （周晓辉）

【维护稳定】 2017 年，完成中共十九大安保维稳政治任务。围绕中共十九大召开，规范影响社会稳定风险评估工作，成立 8 个热点领域信访问题专项工作小组，开展两轮影响社会稳定矛盾纠纷大排查，实施积案化解百日攻坚，完善维稳情报信息系统，搜集重要预警信息 300 余条。针对维稳重点对象，依法予以处理，依法处理涉访违法人员 35 人，劝返欲进京人员 51 人。创新设立退役军人之家，实现中共十九大期间涉军人员无一人进京。区国安办与区维稳办实行合署办公，区维稳办主任兼任国安办主任，整合工作力量，形成工作合力。完善反邪教防控工作“五道防线”建设，全区反邪教警示教育阵地覆盖率 85%，基层应急分队和信息员达到 215 人，全年打击涉邪人员 6 人，收缴反宣资料 2000 余份。在火车南站地区建立完善综合治理联勤联动机制，做到对公共安全风险发现在早、防范在先、处置在小，被确定为全省综治创新项目，并被推荐在全国综治表彰大会上作经验介绍。打造全国首个区级铁路护路联防指挥中心，自主开发联防指挥系统，实现对区内铁路安全的有效管控。完善防暴恐工作机制，抓获涉恐犯罪嫌疑人 5 人。开展针对重点违法犯罪行为的专项打击行动，全年立刑事案件 10219 起，刑事拘留 1339 人。建立完善寄递物流业安保工作长效机制，开展“护校安园”专项行动，对涉危涉爆隐患开展专项整治。全面加强消防安全管理，区领导亲自带队开展消防安全检查，全区火灾起数下降 39%。 （周晓辉）

【平安建设】 2017年，投入13万元提质改造区级综治中心，鼓励基层街道、社区先行先试，在侯家塘街道试点建设综治中心，整合平安建设、法律服务、信访维稳、矛盾纠纷调解等职能。按照“地缘相近、居住相邻、人文相亲、便于管理”的原则，将全区划分为居民型、单位型、混合型等3类共计603个管理网格，制作网格化管理平面图，形成覆盖全区、条块结合的街道、社区、楼栋三级网格管理服务体系。深化数据应用，完善研判机制，以数据分析驱动决策、服务管理、支撑实战，“天网工程”三期新增社会治安监控视频摄像头600路，实现区综治中心实时对接公安天网工程，促进公共安全信息资源互联互通，应急指挥调度联勤联动。推行综治“三会”、刑事发案月通报等机制，强化基层治安防控责任。结合全市社区提质改造三年行动，统筹推进治安摄像头、防爬刺、防盗窗、人脸识别系统等基础设施建设，提升基层技防物防水平。推行专业巡防与志愿巡防相结合的“大巡防”工作机制，基层派出所负责对巡防队员进行日常管理，区巡防办定期开展巡防业务培训和巡防绩效讲评，每月采取以奖代补的方式对考核排名靠前的街道巡防队进行奖励，全区巡防队员扭送各类犯罪嫌疑人516名，调解各类纠纷362起。制定下发《雨花区关于进一步健全“红袖章”平安志愿者队伍长效机制的意见》，成立雨花区红袖章联盟。在全区开展控压发案大竞赛和治理“三害”（黄赌毒）大竞赛，“110”接处警97757万起，同比下降2.76%。开展“扫黄禁赌百日会战”“涉黄休闲场所专项整治月”等专项行动，破获毒品案件278起，缴获毒品42691.87克，捕诉189人。制定《雨花区社会治安重点地区整治工作方案》，梳理摸排出洞井和平八组沿线等8个重点地区，并按属地管理原则开展重点整治。召开全区校园及周边环境专项整治工作会议，向相关单位交办问题整改责任清单，限时整改到位。推行社区矫正对象人脸识别定位手机监管制度，为320余名社区矫正对象配备人脸识别定位手机，加强对肇事肇祸等严重精神障碍患者的救治和管控，针对全区442名精神病人建立管理治疗信息库，开展社会化禁毒工作，对全区457名社区戒毒（康复）人员落实管控措施，报到率100%。在全区开展矛盾排调大竞赛。完善调解网络，全区建成人民调解委员会187个，其中街道一级调委会13个，社区一级调委会153个，行业性、专业性调解组织21个。开展矛盾纠纷专项排查化解，各级人民调解组织成功调处各类纠纷3152件，为群众挽回经济损失近1.1亿元。开展信访积案化解百日攻坚行动，全区复杂信访积案化解率92.59%。打造人民调解信息化特色平台，自主研发人民调解办案管理系统，实现人民调解从申请到完结全过程的标准化、规范化、自动化，建立远程视频调解网络。（周晓辉）

【司法公正】 2017年，推行“110”分警务事项分流处理机制改革。在基层街道配备专门调解力量，随“110”出警，受理、调解纠纷，“110”非警务求助事项对应移交至城管、民政、劳动、城建、经济、社会事务等相关部门处理。侯家塘街道向各部门、社区、驻街单位分流非警务事项665起，占期间该街道全部警情近20%。4月12日，《长沙晚报》头版头条对该项工作进行专题报道。推进认罪认罚从宽试点，对认罪认罚的被告人依法从宽、从简、从快处理，当庭宣判率100%，无一例上诉。科学整合区检察院内设机构，减少行政管理层级和行政管理人员，实行扁平化管理。明确员额检察官依法独立对案件的批捕、起诉、不批捕、不起诉等处理事项作出决定，突出检察官办案主体地位。推进执法权力运行机制综合配套改革，设立受立案管理室，实现刑事案件统一受理、审核、管理。执法监督工作有条不紊。组建案件评查小组，在全区政法系统集中开展案件评查活动，抽取的30件全部为合格以上等次，并评选出优秀案件11件。注重对疑难案件、敏感案件、久拖不决案件、机制创新、舆情信访等问题协调处理，组织召开案件协调会48次。组织对长期未结案的执行案件进行自查，对超期或即将超期未处理的积案定期提醒承办人，并就办案结案情况进行定期通报。加强对侦查、民事行政诉讼、刑罚执行和刑事审判的监督，针对公安机关侦查活动违法提出纠正5件次，受理不服人民法院执行案件4件，发出检察建议2份，提起抗诉7件。召开常委（扩大）会议，学习中办、国办印发的《党政主要负责人履行推进法治建设第一责任人职责规定》，以区委办、区政府办名义印发实施《关于在全区国家机关中实行“谁执法谁普法”责任制的实施意见》，召开全区“七五”普法依法治理动员大会，全面推进“七五”普法规划落实，全区6698名国家工作人员完成网上学法考试，参考率、合格率均为100%。组织开展消费者权益维护、“法治进校园”、反对校园欺凌、“农村法治宣传教育月”等主题法治宣传活动，发放宣传资料5万余份。红旗法治文化广场、砂子塘法治教育示范街形成品牌，接待来自宁夏回族自治区、四川省、吉首市等地政法单位参观考察10批次。组建“雨花法官讲师团”，主动到学校、机关、社区等单位，以模拟法庭、案例解析、知识讲座等方式进行法治宣讲。（周晓辉）

【政法队伍建设】 2017年，开展全面学习贯彻落实中共十九精神专题活动，区委常委、政法委书记带头到基层支部宣讲。组织党员干部集中观看警示教育片，赴省反腐倡廉警示教育基地长沙监狱参观。派员参加市委政法委开展的2017年全市政法综治维稳干部政治培训班。组织开展全区依法治访工作培训班，300余名政法干部参加培训，组织政法系统和信访局干部赴冷水滩区考察学习依法处置违法上访行为的先进经验，提高政法干部维护正常信访秩序和社会秩序的能力和水平。全面落实科技强警战略，加强政法干警科技应用意识和能力培训，鼓励政法各家广泛开展轮值轮训、实岗练兵、技能比武活动，提高政法干警专业履职能力。建立健全区委政法委纪律作风督查巡查机制和人民群众反映问题及时核查制度，教育引导政法干警养成纪律自觉。全年查处民警违纪违法案件2起6人。

（周晓辉）

【孟建柱到长沙火车南站考察指导综合治理联勤联动工作】 2017年3月22日，中央政治局委员、政法委书记、社会管理综合治理委员会主任孟建柱到长沙火车南站视察并指导综合治理联勤联动工作。省委书记、省人大常委会主任杜家毫，中央综治委副主任、中央政法委副秘书长、中央综治办主任陈训秋，省委常委、政法委书记、公安厅厅长黄关春，副市长、市局党委书记、局长唐向阳，区委书记张敏，副区长、公安分局党委书记、局长黄健元，公安分局党委副书记、政委杜剑等参加调研。

（周晓辉）

【全区禁毒工作推进会议】 2017年8月25日，雨花区召开全区禁毒工作推进会议。区委副书记、区长、区禁毒委主任刘素月，区委常委、区委政法委书记、区禁毒委副主任王维宁，副区长、区公安分局局长、区禁毒委副主任黄健元，区政协副主席、区禁毒委副主任周凌云，区社会禁毒协会会长徐德钧等参加会议。会议由王维宁主持。会上，黄健元传达省、市禁毒工作推进会议精神，总结近年来全区禁毒工作情况，分析禁毒工作面临的形势和存在的问题，对下阶段禁毒工作进行全面部署。周凌云通报省禁毒委对雨花区禁毒工作的督查情况。刘素月指出，要强化重任在肩的责任感，要清醒认识到禁毒工作是一项严峻性、复杂性、反复性和长期性的社会工程，要打好标本兼治的组合拳；强调要通过加强组织领导，加大工作保障，加强督查考核，坚决打赢打好禁毒人民战争。（周晓辉）

【雨花区“红袖章”联盟成立】 2017年7月19日，长沙市雨花区“红袖章”联盟启动仪式暨“红袖章”

2017年7月19日，雨花区“红袖章”联盟成立（周晓辉/摄）

工程推进大会在雨花大会堂召开。市委常委、政法委书记钟钢，市委政法委副书记、市综治办主任闵文，区委书记张敏，区委副书记、区综治委主任陈永高，区委常委、政法委书记王维宁，副区长、区公安分局局长黄健元等参加活动。雨花区率全省之先成立“红袖章”联盟，旨在对辖区内的群众性义务群防队伍进行综合性规范管理，定期组织培训，开展评比竞赛，进一步提升“红袖章”参与平安雨花建设的能力水平，强化基层社会面的防控能力，增强广大人民群众的安全感。大会以“聚是一团火，散作满天星”的主题，通过录像、平安文艺节目、成员宣誓等形式展现雨花区“红袖章”的风采，王维宁总结雨花区“红袖章”工作情况，并作下阶段部署。大会对平安志愿活动先进个人和优秀集体进行表彰颁奖。张敏宣布雨花区“红袖章”联盟正式成立，钟钢为联盟授旗。截至 2017 年 7 月 19 日，雨花区“红袖章”人数 1.2 万余人，“红袖章”志愿服务团队 490 余支。（周晓辉）

【雨花区信访积案化解百日攻坚调度会】2017 年 8 月 8 日，雨花区信访积案化解百日攻坚调度会召开。区委书记张敏，区委副书记、区长刘素月，区委副书记陈永高，区人大常委会主任龚景顺，区政协主席冯聪龙，全体区委常委和区政府副区长，以及雨花经开区、公安、法院、检察院主要负责人，各街道、镇党工委书记，相关部门主要负责人参加会议。会议由陈永高主持。会上，区委常委、政法委书记王维宁通报前段全区信访积案化解工作情况；各街镇党工委书记汇报化解工作情况，作表态发言；各县级包案领导分别汇报所包案件工作开展情况。刘素月强调要提高政治认识，坚定化解信心，提高工作针对性，夯实基层基础，全力推动问题化解。张敏提出工作要求：一是要提高政治站位，牢固树立四个意识；二是要做到心中有数，情况了然于心；三是要坚定信心决心，强化责任担当；四是要克服畏难情绪，敢于攻坚克难。（周晓辉）

【2017 年雨花区“平安进社区”文艺宣传巡演】2017 年 11 月 8 日，2017 年雨花区“平安进社区”文艺宣传巡回演出活动在圭塘街道旭辉购物广场举行。该次活动由区委政法委员会（综治办）主办，圭塘街道办事处承办，旨在进一步深化“平安雨花”建设，加强舆论引导，争取社会支持，提高市民群众对平安建设知晓率和社会公众安全感的参与率。街道全体机关干部、辖区单位职工以及各社区（筹委会）近千名居民群众踊跃参加活动。舞蹈《花开盛世》拉开“平安进社区”文艺晚会的序幕。快板《颂平安》，展示 2017 年雨花区在平安创建工作取得的成绩；小品《受伤的心灵》让大家对毒品有了更深刻的认识。互动游戏“平安知识挑战赛”，由 5 人依次进行挑战，答题数量最多的为胜出。邀请消防协会教官为分析消防案例，普及消防安全知识识。演出现场播放红袖章志愿者录像，红袖章志愿者们以表演者的身份出现在活动的现场，共同唱响《红袖章之歌》。该次活动，有利于让现场观众在欣赏节目、娱乐的同时，学到政法综治知识。（周晓辉）

【全区政法系统第四届“平安杯”男子篮球比赛】2017 年 11 月 27 日，全区政法系统第四届“平安杯”男子篮球比赛在东山全民健身中心篮球馆开幕。区委政法委、区人民法院、区人民检察院、区公安分

2017 年 11 月 27 日，全区政法系统第四届“平安杯”男子篮球比赛（周晓辉 / 摄）

局、区司法局、区交警大队、区消防大队分别派代表队参赛。12 月 1 日，比赛全部结束，区公安分局、区消防大队、区交警大队代表队分获冠、亚、季军。

（周晓辉）

法治政府建设

【概况】 长沙市雨花区人民政府法制办公室（简称“区法制办”）为正科级单位，归口区人民政府办公室管理，主要职责有督促指导全区依法行政工作，协助或承担政府立法工作，指导与监督行政执法，规范行政执法行为，统筹全区行政执法责任制工作，指导和监督全区规范性文件管理工作，对区政府重要决策、签订的合同协议草案、重要工作进行法律审查、出具法律意见、提供法律服务等。2017 年，行政编制 4 名，其中领导职数 2 名。

（田小青）

【政府法律顾问工作】 2017 年，落实《长沙市法律顾问管理办法》规定，聘请坐班律师服务日常工作，补充法制办人员力量。推进法律顾问制度，区直部门及街镇基本普及政府法律顾问。区法制办严把法律政策关，发挥参谋助手作用。区法制办审查文件 460 份，加强政府文件的合法性、规范性和严肃性。审查、修改政府合同 81 份。区法制办为 2017 年雨花区圭塘河井塘段城市双修及海绵示范公园建设、跳马镇全域旅游开发、雨花现代电子商务产业园建设 PPP 模式提供政府法律服务。研读财政部、发改委等部门印发的 PPP 项目操作法规文件，严格把关 PPP 项目实施方案和项目合同，做到反复求证、逐一反馈。征询各专业领域的专家顾问意见，对项目前期论证、招投标及项目具体操作等提出严谨的法律意见。全程参与项目建设 ppp 模式的讨论、调研、谈判，推进 PPP 项目规范运行。（田小青）

【规范性文件管理工作】 2017 年，区法制办按照《长沙市规范性文件制定规则（试行）》要求，严格执行规范性文件制定程序，确保规范性文件的合法性和规范性，杜绝损害社会公众利益的规范性文件出台。出台政府规范性文件 15 件，备案部门规范性文件 1 件。依法向市政府和区人大常委会报送备案，报备及时规范。重点审查整合雨花区“1+X”产业扶植奖励政策的系列文件，加强扶植奖励资金的管理，提高扶植资金使用效率，以政策引领推动区域经济发展。

（田小青）

【行政复议、诉讼工作】 2017 年，区法制办以行政复议规范化建设为抓手，畅通行政复议渠道、加大调解和解力度，化解矛盾。区法制办处理行政复议案件 30 件；代理区政府作为被申请人的行政应复议案件 15 件。在行政复议案件处理过程中，区法制办严把复议案件质量关，及时妥善处理涉及交通运输纠纷、征收土地纠纷、政府信息公开纠纷，发挥行政复议在防范和化解行政争议、构建和谐社会中的积极作用。区法制办组织相关部门领导出庭应诉、落实案件执行，代理区政府办理行政诉讼应诉案件 90 件，组织区领导出庭应诉 8 件。2017 年败诉案件零新增。（田小青）

【行政执法工作监督】 2017 年 1 月，区法制办配合省、市法制办对全区符合要求的且通过考试成绩合格的行政执法人员颁发行政执法证 500 余本；12 月再次组织 139 名新进执法人员参加执法资格考试。5 月，区法制办对区直部门单位、各街道（镇）共计 190 余名分管法制的领导和法制专干进行集中培训；开展雨花区行政执法案卷评查活动，案卷评查采取抽调行政执法单位人员集中交叉评查、区法制办会同区政府法律顾问重点评优相结合方式进行。11 月，配合市法制办开展长沙市行政执法案卷评查，其中雨花区行政处罚案卷平均分 98.8，排名内五区第一，行政许可案卷平均分 96.4；区城管执法局、区文体新局均出现满分卷。（田小青）

【服务经济社会发展】 2017 年，区法制办坚持参与领导信访接待日活动，对区信访局起草的信访案件复查决定书进行法律审查，与信访群众面对面交流沟通，倾听群众诉求，努力为群众提供法律意见，为领导决策、解决信访问题提供法律参考。区法制办为拆迁拆违工作提供法律支持，提出专业意见与法律指导，对相关通告进行合法性审查。配合区编办推进简政放权，优化行政审批流程。（田小青）

公　安

【概况】　长沙市雨花区辖区内有12个街道、1个镇，共有121个社区、15个社区筹委会、13个村。全区实有人口155.25万人（其中户籍人口69.33万人、流动人口85.92万人）。长沙市公安局雨花分局（简称“区公安分局”）下设正科级机构32个，其中综合管理机构4个：指挥中心（办公室）、政治工作办公室（包含：机关总支、工会、团委）、纪委（监察室）、后勤保障科；执法勤务机构15个：法制科、警卫科、刑事侦查大队、第一治安管理大队、第二治安管理大队、第三治安管理大队、经济犯罪侦查大队、禁毒大队、国内安全保卫大队、网络安全保卫大队、人口与出入境管理大队、单位内部安全保卫大队、巡警大队、城管大队、消防大队；派出所13个：左家塘派出所、侯家塘派出所、砂子塘派出所、东塘派出所、雨花亭派出所、井湾子派出所、洞井派出所、高桥派出所、黎托派出所、东山派出所、圭塘派出所、同升派出所、跳马派出所。2017年，区公安分局有民警769人（男民警673人，女民警96人），职工7人，保安职工2人。副处级8人，正科职62人，副科职151人（含中队长41人，指导员44人）。分局机关警力73人，占总警力的9.5%；队、所警力696人（大队239人，派出所457人），占总警力的90.5%。有辅警525人，其中男性475人，女性50人。

2017年，区公安分局围绕中共十九大安保维稳这根主线，按照市公安局“四抓四提”战略部署，加快推动雨花公安工作转型升级上台阶，确保全区社会治安大局持续稳定。区公安分局以“雷锋式”系列争创活动为载体，选树刑侦大队、东山派出所以及安志、刘杰、张家清、陈海青、张文武等一批先进集体和优秀个人。在全国“两会”安保、中韩足球赛安保、抗洪抢险、十九大安保等特殊时期，及时启动战时宣传和报奖程序，29名个人被省公安厅、市公安局记功嘉奖，召开“全国优秀人民警察”安志同志先进事迹报告会，授予东山派出所四中队为“李杨中队”。2017年，共有1个集体、2名个人获国家级荣誉；4个集体、16名个人获省级荣誉；4个集体、157名个人获市级荣誉；5个集体、14名个人获市公安局荣誉；1个集体立三等功，6个集体获嘉奖，32名个人记三等功，40名个人记嘉奖；6个集体、219人次获得区政府表彰奖励，17个集体、112人次获得分局表彰奖励。（杨新明）

【刑侦工作】　2017年，区公安分局组织开展“打击盗抢骗”“打击治理电信网络新型违法犯罪”等专项行动，对违法犯罪行为保持严打高压态势。共破案2547起（命案发5破5），打击处理各类违法犯罪嫌疑人3897名（刑拘、逮捕、治拘人数同比上升3.4%、9.36%、6.65%），打掉各类犯罪团伙96个（恶势力团伙10个）。（杨新明）

【治安工作】　2017年，区公安分局开展“黄赌专项整治”“打击网络贩枪犯罪”等专项行动，侦破涉黄涉赌案件198起，抓获涉黄涉赌违法犯罪嫌疑人693名，查处涉枪涉爆案件7起，缴获枪支、管制刀具、仿真枪支109支。（杨新明）

【经侦工作】　2017年，区公安分局组织开展“云端2017”、打非、猎狐、打传等专项行动，侦破公安部“云端”行动二号专案，在全市“云端2017”专项行动中排名第一，并受到省公安厅贺电嘉奖。全年侦破经济犯罪案件49起，打击处理111人，追缴、挽回经济损失456.8万元。其中，打击涉嫌传销犯罪12人，捣毁传销窝点35处，遣返参与传销人员88名。（杨新明）

【内保工作】 2017年，区公安分局建立健全省、市、区三级党政首脑机关安防建设“定期调度分析、勤务协调联动”的动态化监督指导工作机制，形成点、线、面有机结合和人防、技防、物防、制度防四位一体的内部治安防控网络。开展“护校安园”行动，辖区公办校园保安配备，物防、技防设施达到国家标准。深化“平安医院”创建，全年化解医患纠纷180余起，打处涉医违法犯罪嫌疑人8名。全面落实寄递物流实名登记、开箱验视、过机安检“三个100%”制度，全年共检查物流寄递企业（门店）1534家，排查整改隐患578处。严格落实辖区散装汽油管控工作，全区38家加油站全部纳入平台管控。（杨新明）

【人口出入境工作】 2017年，区公安分局集中解决“错、重、假”户口登记管理问题，完成部级人口信息人像比对线索共410对，无相片人员清理320人，清理往年死亡未注销人口11780人。根据《长沙市高校毕业生落户实施办法》，实现“零门槛”落户，全年受理落户高校毕业生3167人，其中研究生及以上学历364人。将异地身份证办理服务向各派出所延伸，实现异地办证“全覆盖、全对接”。全区实有人口155.25万人，同比增加9.56%。其中，户籍人口69.33万人，同比增加3.18%，流动人口85.92万人，同比增加13.34%。全区登记出租房屋2.46万户，同比下降40.58%。受理因私出国（境）境申请7.81万人次，同比增长0.3%，办理身份证7.87万张同比增长10%。强化境外人员管理服务，全年涉外人员登记入住4.79万人次，查处涉外案（事）件90起。（杨新明）

【禁毒缉毒】 2017年，区公安分局组织开展“打击毒品犯罪”专项行动，夯实易制毒化学品管理，构建对涉毒违法犯罪的严打高压态势。提请区委、区政府制定并出台《雨花区禁毒奖励经费使用管理办法》《雨花区举报毒品违法犯罪奖励暂行办法》，人民群众参与禁毒人民战争的积极性、主动性得到巩固提高。全年侦破毒品刑事案件194起同比上升29.33%，抓获涉毒违法犯罪嫌疑人1507名同比上升27.82%，强制隔离戒毒290人同比上升26.64%，裁决社区戒毒251人同比上升13.06%，缴获毒品33.57千克。（杨新明）

【食药环侦工作】 2017年，区公安分局侦破食药环侦案件19起，涉案金额1500万余元，移送起诉31人，成功侦破“5·4”刘德林非法经营案、“12·28”冯灵军污染环境案等案件，维护雨花区生态环境和人民群众“舌尖上的安全”。（杨新明）

【法制工作】 2017年，区公安分局推进执法权力运行机制综合配套改革，受立案管理室于2017年7月1日运行，实现刑事案件“三统一”（统一入口、审核、出口）。推进“执法办案积分制”，全年兑现积分奖励35.1万余元。明确各执法单位法制分管领导，强化日常考评、网上巡查、实地检查，构建由法制科、各执法单位分管领导与法制员共同参与、职责明晰的执法监督机制，形成立体化执法监督网络，执法监督工作纵向落地。（杨新明）

【信访工作】 2017年，区公安分局开展信访积案“清仓见底”工作，全力消减分局信访存量。全年各级交办分局信访积案8起，化解8起，化解率为100%。依法打击处理进京非访人员53人次，其中刑事拘留7人，行政拘留46人。拦截劝返拟进京非访重点人员100余人次，查找失控重点人员81人次。在中共十九大期间，分局通过周密细致研究，提前安排部署，全区实现进京非访零登记。（杨新明）

【消防管理】 2017年，区公安分局部署开展夏季消防检查、高层建筑消防安全综合治理、今冬明春火灾防控等专项行动，购买消防宣传培训“外包”服务工作。全年检查单位3856家，整改火灾隐患8188处，责令“三停”场所36家，查封单位84家，罚款185.4万元，拘留161人。对全区2568栋高层建筑进行全面排查，着力解决高层建筑监管不力、设施维保不到位等隐患难题。开展消防重点单位“户籍化”管理、消防安全社区创建、微型消防站建设等活动，落实街道（镇）、社区（村）消防安全网格化管理，建成微型消防站370个。全年发生火灾291起、死亡0人、受伤4人、直接财产损失567万元，火灾四项指数同比“三降一升”，其中火灾起数、亡人数、直接财产损失分别下降36.6%、100%、38.3%，受伤人数上升100%。（杨新明）

【巡防工作】 2017年，区公安分局健全公安民警、武警官兵“混合编组、联合巡逻、公安为主、武警配合”的常态化武装网格化巡逻工作模式，常态组织开展定点警戒、巡面控要、机动增援武装巡逻，确保“一院（省人大）、两站（长沙火车南站、长沙汽车南站）、三商圈（高桥、红星、东塘商圈）”、区委、区政府等核心区域、重点部位实现快速反应。开展夜巡工作，全年机关夜巡民警参与处置各类警情150余起，现场抓获各类违法犯罪嫌疑人29名。全区110接报警同比下降2.76%，刑事发案同比下降8.5%，2017年下半年全区民意调查得分85.74分比上半年提高1.4分。（杨新明）

【网络安全】 2017年，区公安分局紧紧围绕“信息网技”达标建设，狠抓理念提升、科技应用、人才培养和作风转变，推进网技工作转型升级。全年受理配侦、协侦案件27起，抓获各类犯罪嫌疑人46名，受理电子证物勘验委托10起，检查手机电子数据取证70余台，电脑电子数据取证20余台，出具电子证据勘验检查报告书22份，为办案提供证据支撑。全年提供情报信息252条，其中公安部十一局采用69条、积累27条，省公安厅采用195条；上报政治谣言专项有害信息2452条，采用261条。中共十九大期间完成公安部统一调度的4个舆情导控任务。（杨新明）

【后勤保障】 2017年，区公安分局强化公安经费保障，年度经费支出预算同比增长38.74%。推进机关院落提质升级建设，先后建成乒乓球室、篮球场和羽毛球场，并为健身房新添健身器材。加强装备建设管理，更换执法执勤车辆38辆，其中25辆配备到位，完成分局中心枪库和15个用枪单位智能化枪库改造任务。

【派出所建设】 2017年，区公安分局全面推进派出所、警务室提质改造及示范派出所、警务室建设工程，完成圭塘派出所、长钢等8个社区警务室的新建工程，完成东山等6个派出所和窑岭等30个社区警务室的提质改造工程。（杨新明）

【打击邪教】 2017年，区公安分局加强邪教重点人员管控，对全区303名重点人员开展“敲门行动”，分门别类谈话教育、逐人建档，澄清底数，夯实基础。（杨新明）

【维稳处突】 2017年，区公安分局把中共十九大安保维稳工作作为头等大事和重要政治任务，围绕打好“政治安全保卫战、反恐防恐保卫战、社会稳定保卫战、公共安全保卫战”四大战役，全面深入开展“大排查、大研判、大管控、大演练”四大行动。对全区重点人员实现精确管控，准确核查7名危安类在逃人员轨迹，通过实时预警纳入购票监测318人，反馈购票信息101条。严密完成全区8839家重点单位、场所、企业隐患排查，有效确保“1、3分钟、5分钟”快速应急勤务要求。（杨新明）

【安全保卫】 2017年，区公安分局完成完成“N106”“N103”等警卫任务55批次，确保工作到位、绝对安全。完成中韩足球赛等大型活动安保工作121场次，确保措施严密、万无一失。（杨新明）

【公安宣传】 2017年，区公安分局全面加强新闻宣传力度，组织刑侦大队优秀民警走进湖南广播电台汽车音乐频道，讲述警察故事。在湖南都市频道、湖南经视频道、长沙政法频道、《潇湘晨报》《长沙晚报》等新闻媒体刊播新闻报道300余篇（条），开展新闻宣传策划5次，组织媒体进行各类专访

10余次，拍摄宣传片1部。在《人民公安报》《湖南日报》刊发《一线岗位无小事 忠诚为民保平安》、长沙公安机关唯一一个“全国青年文明号”在雨花刑侦大队》等稿件，组织湖南公共频道、政法频道系列报道刑侦大队《全国青年文明号背后的故事》，《人民公安报》在《长沙市公安机关开展学习贯彻十九大精神活动》报道中对区公安分局学习十九大活动进行重点宣传。通过微博、微信等新媒体定期向广大群众推送警务动态和各类资讯。牢固树立“舆情就是警情”理念，完善网上网下联动机制和快速反应处置机制，全力加强涉警舆情处置工作，2017年，监控处置涉警舆情140余条，关注敏感事件100余起。（杨新明）

雨花公安分局文体协会成立启动仪式　　（杨新明 / 提供）

【公安队伍建设】　2017年，区公安分局落实基层党建工作责任制，推进“两学一做”常态化制度化，开展“迎接十九大，忠诚保平安”主题教育实践，开展“干部成长感恩谁”学习讨论，组织开展党员“党性体检”。举办1期入党积极分子培训班，按程序转正党员8名，发展党员10名，建立入党积极分子档案24名，组织清理完善党组织关系转移12人次，慰问生活困难党员70余人（户）。2017年缴纳党费519718.5元。全年组织召开12次政治工作例会。完成职务职级并行共190人，工资晋级139人，工资晋档68人，警衔工资161人，造表发放2017年一至四季度车补，办理73人警衔晋升，21人退休手续，1人辞职手续以及78人次人员异动。对有违纪违规苗头现象的民警、辅警实行重点管控，重点帮扶46人，成功解除帮扶25人。推进警营文化建设，成立游泳、篮球、足球、摄影书画、文艺等十大文体协会，组织开展“平安雨花、欢乐警营”春节联欢晚会、“传承雷锋精神，守护平安雨花”主题演讲比赛、“警营好声音·舞动警营”达人秀等主题活动。选调20名实战技能过硬、具有教学经验的民警担任兼职教官，成立分局警务实战兼职教官团队，创新送教方法。开展各类随岗培训工作，组织开展暴力现场处置、设卡盘查、单警装备使用等六大课题的实战训练送教活动6期，参训人数400余人次。2017年，组织参加上级各类调训任务525人次。以执法资格考试推动执法规范化建设，2017年，区公安分局分别有28人、34人、25人通过初级、中级、高级执法资格考试。慰问生日民警767人。组织退休干部开展养生活动3次，慰问民警及家属生病住院等576人次，发放慰问费58万余元，其中特困户127人次，民警住院86人次，老干住院56人次，民警亲属住院80人次，老干去世3人，民警亲属去世142人，因公受伤慰问28人次，其他54人次。（杨新明）

【抓获部督“2016-856”目标专案一主要犯罪嫌疑人】　2016年11月9日，在市公安局禁毒支队、网技支队和广东警方的支持下，区公安分局通过4个多月成功破获部督“2016-856”目标专案，摧毁一盘踞在长沙市的特大贩卖毒品团伙。2017年2月8日，区公安分局通过连续守点布控成功抓获部督“2016-856”专案中主要贩毒犯罪嫌疑人胡某，完善证据链条，为该案的成功诉讼奠定基础。（杨新明）

【破获“3·8”贵州铜仁籍入室盗窃案】　2017年3月8日，在市公安局大侦查作战中心的支持下，在贵州铜仁警方的协助下，区公安分局指挥作战中心通过技术串并、视频侦查和分析研判打掉一贵

州铜仁籍入室盗窃团伙，抓获7名犯罪嫌疑人，破获系列入室盗窃案件20余起，累计涉案金额30余万元。（杨新明）

【黄关春一行考察督导长沙火车南站】　2017年3月16日，省委常委、政法委书记、省公安厅长黄关春率市委常委、政法委书记钟钢，副市长、市公安局局长唐向阳一行到长沙火车南站实地考察长沙火车南站联勤联动指挥中心的工作情况，慰问各执勤点的民、辅警。（杨新明）

【破获公安部云端行动二号专案】　2017年4月23日，在省公安厅经侦总队的统一指挥和市公安局经侦支队、网技支队的大力协助下，区公安分局历时半年成功破获公安部云端行动2号专案，打掉一盘踞在长沙市的生产、销售伪劣白酒网络，捣毁生产、销售伪劣白酒窝点9个，抓获犯罪嫌疑人14名，查获制假工具、制假材料若干，涉案金额1000万余元。（杨新明）

【破获全市首例非法出售、提供试题、答案案】2017年6月24日，在市公安局网技支队的支持下，区公安分局成功侦破长沙市“5·20”专案，打掉一非法出售、提供试题、答案犯罪团伙，抓获犯罪嫌疑人4名，查获无线设备、电脑及考生名单等涉案物品若干。该案为《中华人民共和国刑法修正案（九）》出台后，长沙市侦破的首例有组织有预谋的非法出售、提供试题、答案案。（杨新明）

【破获“7·28”特大电信诈骗案】　2017年8月2日，在浙江警方的协助下，在湖南省反电诈中心的大力支持下，区公安分局所队协作、快速出击，成功破获“7·28”特大电信诈骗案，抓获3名犯罪嫌疑人，涉案金额100万元，为群众挽回经济损失46万余元。（杨新明）

【侦破诈骗国家医保基金案】　2017年8月27日，区公安分局根据市局刑侦支队移交线索缜密侦查先后抓获17名犯罪嫌疑人，成功侦破湖南省首例骗取国家医保基金案。（杨新明）

【驻湘新疆籍务工经商人员服务管理工作组到区公安分局考察交流工作】　2017年9月12日，驻湘新疆籍务工经商人员服务管理工作组党委书记、组长石建，党委委员赵世锋，党委办公室主任朱守水，组员艾克拜尔、周鹏、努尔斯曼古丽一行6人到区公安分局考察交流信息共享、运行协作等方面工作，并就建立协作会商和常态联络工作机制达成了共识。区委常委、政法委书记王维宁，副区长、区公安分局局长黄健元等参加会议。（杨新明）

【国家反恐办到雨花区检查督导反恐工作】　2017年9月13日，国家反恐办第26督导组组长、武警总部副参谋长张锁明一行6人在省公安厅党委副书记、副厅长周赛保，市委常委、市委政法委书记钟钢，副市长、市公安局党委书记、局长唐向阳，党委委员、副局长徐波跃的陪同下到雨花区检查督导反恐工作。区委常委、政法委书记王维宁，副区长、区公安分局党委书记、局长黄健元，党委委员、副局长成劲林及相关部门负责人陪同检查。（杨新明）

【2017年今冬明春消防工作会议】　2017年11月22日，雨花区在区公安分局三楼大会议室组织召开2017年今冬明春消防工作会议。区委常委、政法委书记王维宁，区政府副区长、区公安分局党委书记、局长黄健元，区公安分局党委委员、副局长兼政工室主任金志勋，区消防大队大队长刘立宪、教导员高涛，各街道（镇）、区消安委成员单位负责人及各派出所所长参加会议。会议由黄健元主持。会上，高涛讲解《消防安全责任制实施办法》；刘立宪通报近3年全区冬春火灾形势，并安排部署了全区下阶段消防安全管理工作；金志勋组织与会人员学习《2017年全区今冬明春火灾防控工作方案》。黄健元就今冬明春火灾防控工作提出要求：一是各消安委成员单位要认真贯彻落实《消防安全责任制实施办法》；二是各消安委成员单位要加大依法整

治消防安全隐患工作力度；三是高桥、井湾子等街道务必加大对辖区内6家重大火灾隐患单位的整改力度。王维宁在就做好今冬明春火灾防控工作强调：一是要突出重点，责任先行；二是要认清形势，强化措施；三是要争取支持，确保实效。

（杨新明）

2017年11月22日，2017年今冬明春消防工作会议（杨新明／提供）

【破获一起特大跨省运输毒品案】 2017年12月8日，在云南昆明警方的大力配合和市公安局禁毒支队的支持下，区公安分局破获1起特大跨省运输毒品案，抓获犯罪嫌疑人2名，查获毒品海洛因35267.22克，摧毁一条从云南西双版纳途径长沙再转运衡阳的运毒通道。（杨新明）

【公安部刑事科学技术室等级评定实地考核组考核雨花区】 2017年12月17日，公安部刑事科学技术室等级评定实地考核组组长施昆一行在省公安厅刑侦总队副总队长陈东明、市公安局刑侦支队副支队长邢尚义等人的陪同下到区公安分局考核全国示范刑事科学技术室等级评定创建工作。通过检查，公安部考核组认为分局刑事科学技术室各方面建设均达到全国示范标准，在省内起到示范引领作用。区政府副区长、区公安分局党委书记、局长黄健元，区公安分局党委副书记、政委杜剑，党委委员、副局长李振宇及刑侦大队相关负责人陪同考核。

（杨新明）

公安消防

【概况】 长沙市雨花区公安消防大队（简称“区消防大队”）是集火灾防控、火灾扑救、抢险救援、社会救助等多种功能于一体的综合体系。担负252个重点单位、298.23平方千米、120万人口的消防安保任务，共87名官兵、35名合同制消防员，13名消防文员。下设三个中队：红星中队、高桥中队、同升中队，共16台消防车，3台皮卡车，2台执法检查车。

2017年，全区发生火灾291起，交通工具火灾37起，死亡0人，受伤4人，直接经济损失567万元。同期相比，火灾起数下降36.6%，死亡人数下降100%，受伤人数上升100%，直接财产损失下降38.3%。区消防大队被市消防支队评为“全面建设先进大队”和“安全防事故先进大队”；区消防大队高桥中队被市消防支队评为“正规化管理先进中队”“执勤训练先进中队”“装备管理先进中队”。（陈　莉）

【执勤备战】 2017年，全区消防部队接警1731起，出动消防车2659辆次，出动消防官兵16949人次，抢救被困人员131人，疏散人员402人，抢救财产价值132万元。完成2017年春节、元宵节，“两会”“一带一路”国际合作高峰论坛，中共十九大消防安全保卫，黎托街道辖区竹沙桥泵站、暮云镇许兴村、中航城等抗洪抢险任务。（陈　莉）

【消防基础建设】 2017年，区消防大队改善中队营区环境，投入100万余元对红星消防中队营区篮球场、绿化、文化墙、食堂等基础设施进行改造提质，对红星消防中队营区外前坪进行规划，合理安排车辆摆放。对高桥消防中队改建篮球场和单双杠训练区，购置盆栽，增添绿化带，新建的食堂全面投入使用。完成高桥、红星、同升三个中队3D红门影院建设工作，丰富基层官兵文化生活。推进洞井中心消防站建设，洞井中心消防站选址于洞井街道桃花塅路以南、化工部长沙设计研究院以北，面积为20302.68平方米，为雨花城投18号社保融资用地，规划用途为二类居住用地。区消防大队多次与区委、区政府相关负责人进行汇报，推动区政府组织相关部门负责人召开专题会议。2017年，洞井中心消防站完成项目立项，进行“三通一平”（水通、电通、道路通和场地平整）建设。（陈　莉）

区消防大队防火监督员检查单位消控室　　（陈莉/摄）

【消防宣传】　2017年，区消防大队签订《政府购买消防宣传培训教育服务采购合同协议书》，明确近两年区政府购买消防宣传培训教育服务采购总金额为210万元，用以保障培训机构人员薪资、福利、交通办公、教学器材、资料印刷等各项费用的开支，由湖南省协成消防职业培训学校和湖南省人人居安消防安全服务有限公司具体承办实施。通过“雨花消防”官方微信公众号和消防安全重点单位QQ群、微信群，发送最新消防工作要求，定期开展提示性、警示性消防宣传。消防监督员全年不间断开展每周半日消防宣传活动，并记录备案。招募22名对消防工作热心、具有一定社会影响力的各界人士开展“全民消防我代言”活动。在各社区评选至少一位“社区消防宣传大使”，指导家庭居民开展火灾隐患自查自纠自改。开展“消防教育进军训”活动。（陈　莉）

【消防整治】　2017年，区消防大队推动区政府召开区长办公会，专题研究雨花非遗馆、梓园大厦、开宇大厦、富通综合楼、泰禹家园三期、上海城小区等6家重大火灾隐患单位的整改工作，推进重大火灾隐患整改。在全区开展足疗、洗浴、汗蒸类场所，消防产品、夏季消防检查、易燃易爆场所、宗教活动场所、养老机构、电气场所、高层建筑、今冬明春等消防安全综合治理专项行动。经过摸排，全区共有高层建筑2568栋，其中一类公共162栋，二类公共95栋，一类住宅1584栋，二类住宅710栋，工业建筑17栋，超高层100米以上建筑14栋。区消防大队出动监督检查人员7769人，检查单位3856家，发现火灾隐患或违法行为8203处，督促整改火灾隐患或违法行为8188处，下发责令改正通知书2258份，下发行政处罚决定书133份，下发临时查封决定书84份，责令“三停”单位36家，拘留161人，罚款185.4万元。（陈　莉）

【区长办公会专题研究消防工作】　2017年10月23日，区政府召开区长办公会，专题研究全区6家重大火灾隐患整改相关工作。区委副书记、区长刘素月，区委常委、常务副区长邹春林，副区长、区公安分局局长黄健元，副区长陈怀宇、易静，区政府办、区城乡建设局、区文体新局、各相关街道主要负责人参加会议。会议对雨花非遗馆、梓园大厦、开宇大厦、富通综合楼、泰禹家园三期、上海城小区等6家重大火灾隐患单位的整改工作进行专题研究、部署。会上，区消防大队刘立宪大队长汇报6家重大火灾隐患单位的基本情况。各相关街道就前期在推进重大火灾隐患整改方面所做的工作发言，对下一步重大火灾隐患整改工作发表意见和建议。会议决定，分层次、分类别对待6家重大火灾隐患单位的隐患整改工作；雨花非遗馆、上海城小区、富通综合楼由单位落实主体责任，督促按期完成整改，梓园大厦、泰禹家园三期由街道落实属地责任，区城乡建设局加大行业支持力度，开宇大厦由区政府牵头处理，落实部分整改资金；区住建局、区文体新局要落实行业监管责任，街道要落实属地管理责任，重大火灾隐患单位要落实消防安全主体责任，严防火灾事故发生。（陈　莉）

【张敏督查消防安全】 2017年9月14日，区委书记张敏带领区委办、区安监局、区消防大队相关负责人督查五江天街北街建筑工地、湘府鑫都酒店消防安全工作。区委常委、常务副区长邹春林，区委常委、区委办主任周海毅陪同检查。在湘府鑫都酒店，张敏书记一行查看酒店消防安全情况，询问该酒店经理有关酒店消防控制设备、消防队员人数、消防培训等情况，对酒店员工如何使用灭火器进行现场抽查及示范，并要求酒店现场进行一个小型的消防报警模拟演示，并提出整改要求。在五江天街北街建筑工地，张敏对工地上的消防设施配备、用火用电管理等逐一进行查看，询问项目负责人关于安全机构、人员和履职等情况，查看安全资料是否完善、是否有安全规章制度、是否有每日安全检查记录等，要求对相关问题进行整改。（陈　莉）

检　察

【概况】 长沙市雨花区人民检察院（简称“区检察院”）有内设机构6个：刑事检察一局、刑事检察二局、刑事检察三局、民事行政检察局、检务监管局、检务保障局。其中，法警大队实行编队管理，根据工作需要调派警力。纪检工作人员与监察工作人员合署办公。其中，监察工作人员由纪检组和检务监管部双重管理。2017年1月，区检察院有检察专项编制82人，在职干警77人（含事业编1人）。其中，男干警51人，女干警25人，事业编女1人；中共党员66人，非党员11人。2017年12月，侦防部门转隶后，区检察院有检察专项编制62人，在职干警54人（含事业编1人）。其中，男干警28人，女干警25人，事业编女1人；中共党员41人，非党员13人。位于区政府机关大院内。

2017年，区检察院履行维护社会稳定、促进社会公平正义、保障人民安居乐业的职责使命，聚焦司法办案、司法改革和队伍建设，检察工作取得成效，为雨花经济社会发展提供司法保障。区检察院检察长马贤兴获得“全国维护妇女儿童权益先进个人”称号。区检察院廖湘红、陈清被省检察院记二等功，吴礼强被市检察院记三等功。（余　颖）

【打击刑事犯罪】 2017年，区检察院受理审查逮捕案件930件1292人，经审查，批准逮捕739件988人；受理审查起诉案件1328件1850人，向法院提起公诉1275件1692人。依法批捕故意伤害、“两抢一盗”（抢劫、抢夺、盗窃）等多发性犯罪465人，起诉640人。重点打击“黄赌毒”、黑恶势力犯罪，批捕233人，起诉400人。对肖某等4人聚众斗殴和冯某等7人利用网络购买彩票实施诈骗案犯罪嫌疑人批准逮捕并提起公诉。（余　颖）

【处理涉众型经济犯罪】 2017年，打击非法吸收公众存款、集资诈骗、传销等涉众型经济犯罪案件，批捕29件51人，起诉15件53人。以涉嫌高利转贷1.2亿元对湖南省某机电商会“十联户”原会长彭某望等10人提起公诉。被骗进入传销组织的受害人王某到区检察院反映情况，区检察院及时将该线索移送并督促公安机关立案侦查，公安机关以办理此案为突破口，在全区部署开展打击传销专项行动，查办传销案7件21人。在办理曾某军、陶某珍伪造国家机关证件骗取他人巨额借款案时，为让办案人员对市场经济活动中民事欺诈与诈骗罪的界限、社会危害性程度有更深切的理解，区检察院创新司法为民形式，在法律框架中进行新探索，首次引入受害人上检察委员会陈述机制。长沙普济医院通过虚开药品、制作假病历等方法骗取国家医保基金898万元，区检察院以涉嫌诈骗罪批准逮捕了犯罪嫌疑人林某耀、林某雄。（余　颖）

【严惩食品药品安全犯罪】 2017年，区检察院起诉危害食品药品安全类犯罪案件11件27人。2017年1月，蒋涛等5人将工业盐变更包装为“雪天”

牌加碘食用盐，并销售至多家粮油店，区检察院以涉嫌销售假冒注册商标罪对蒋涛等五人提起公诉，五人均被判处有期徒刑并处以罚金。罗思医疗美容门诊部非法进行隆胸手术致患者成植物人，区检察院以非法行医罪对犯罪嫌疑人罗思、曾建兵批准逮捕并及时提起公诉。督促区卫生监督部门对辖区内的医疗美容机构开展清理整顿。该案系 2017 年湖南省医疗美容行业首例刑事犯罪案件。（余　颖）

【落实宽严相济刑事政策】　2017 年，区检察院依法决定不批捕 173 人，不起诉 114 人。依法对 13 名犯罪情节轻微、可以不判处刑罚的涉罪未成年人作出相对不起诉决定，对 9 名未成年人附条件不起诉。在办理谭某等 3 人盗窃案时，充分考虑他们是高三在校学生，且系初犯、偶犯，具备教育感化挽救的条件，依法对其相对不起诉。2017 年谭某等 3 人均考上大学。对两家物业公司纠纷引发的寻衅滋事案先逮捕双方涉案嫌疑人，之后通过教育，嫌疑人确有悔罪表现，并积极赔偿达成谅解，区检察院及时变更强制措施予以取保，获得法律效果与社会效果的统一。（余　颖）

【诉讼法律监督】　2017 年，区检察院监督侦查机关立案 15 件，撤案 2 件，对侦查活动违法提出纠正 5 件次，追加逮捕 2 人，追诉漏犯 8 人。针对交警开展酒驾违法集中整治活动，涉嫌醉驾刑事案件多达 200 余件的情况，开创“检警联合办公”新模式，建立雨花交警检察联络室，主动定期派检察官驻雨花交警队现场办公，对该类案件进行“面对面”指导，同时采取“集中移诉、集中审判”的办案方式，批量处理该类案件。办理民事监督案件 12 件，督促履职案件 2 件，行政公益诉讼类案件 5 件。位于长株潭生态绿心范围约 3.33 公顷的林地，自 2009 年以来一直处于被毁坏及非法占用的状态。2017 年 10 月，区检察院依法对涉及国土、规划、城管、农业水利等行政执法部门不履行职责进行立案调查。对全区 390 余名纳入社区矫正范围的监外执行罪犯逐一登记造册，定期核查并配合社区矫正，发出检察建议 5 份，依法监督收监执行 2 人，刑事财产刑监督案件 7 件。羁押必要性审查办结 15 件 15 人。（余　颖）

【职务犯罪侦查】　2017 年，区检察院立案查办贪污贿赂案件 9 件 9 人，侦查终结 6 件 6 人，判决 4 件 4 人。办理高桥街道五一村村干部汪某奇等受贿系列案 3 件 3 人。以查办项目建设、房地产开发等重点领域和大型企业工作人员以权谋利案件为重点，查办湖南省水利水电科学研究院财务结算中心原副主任谭某挪用公款案，长沙天下一家房地产开发有限公司董事长陈某行贿案等。开展渎职侵权犯罪工作，立案查办渎职侵权案件 2 件 2 人。对雨花区房屋产权管理局科员柳某某涉嫌玩忽职守予以立案侦查。依法惩治危害民生民利的渎职犯罪，区国土分局行政执法人员毛某在 2009 年、2011 年两次执法过程中故意隐瞒他人非法占用农用地的行为，导致同升湖周边环境受到严重破坏，区检察院以徇私舞弊不移交刑事案件罪对毛某立案侦查。推进预防工作检企共建，与中建五局、中铁五局等单位开展项目专项预防，帮助企业完善制度，堵塞管理漏洞，携手打造廉洁工程和精品工程。开展预防宣讲活动，深入机关、街道、国企等单位开展警示教育、预防职务犯罪讲座 22 场次，受教育人数 2600 余人次。检察长受邀为同升、侯家塘、井湾子、跳马等街镇和国土、卫计、城管等行政执法部门以及驻区央企专题讲授《职务犯罪预防与心态建设》。开展行贿犯罪档案查询 14396 次，发挥技术预防优势作用。（余　颖）

【检察改革】　2017 年，按检察权运行、检察权运行监管、检务保障三大块职能来整合内设机构，将原有的 13 个内设机构整合为 7 个。遵循司法规律和精简、务实、效能要求，推行扁平化管理，部门正副职精简 46.2%，业务岗位人数为全院干警数的 81.2%，一线办案人员增加 10.8%。入额检察长、副检察长除承担原有的行政管理职能外，还按规定承担部分办案任务，区检察院检察长马贤兴办理 4

件虚假诉讼监督案件，另外3名副检察长改革后共承办案件40件。区检察院副检察长吴正文牵头组成检察官办案组织，承办湖南机电商会11名正副会长高利转贷案，亲自出庭公诉。优化办案组织，共配备9个“1+1+1”检察官办案组，19个“1+1”检察官办案组。检察官主要负责证据的审查、使用和法律适用问题，检察辅助人员主要负责文书制作等辅助性事务。新的办案组织增强员额检察官的责任心、工作积极性和职业尊荣感。两名50余岁的员额检察官在改革后办案积极性大幅提升，主动带头承办疑难复杂案件。内设机构负责人、分管检察长退出业务决策主体，检察长对检察官办案充分授权。检察官在其职权范围内，对所办案件的处理有充分的自主权，除规定情形下的案件接受检察长监督制约外，检察官依法独立对案件的批捕、起诉等处理事项作出决定，对不批捕、不起诉案件和其他重大疑难复杂敏感案件，由副检察长召集检察官召开联席会议讨论，形成意见供检察官参考。批捕和公诉办案效率分别提升19%和37%。按照中央政治体制改革举措，检察院反贪、反渎、预防机构、职能和人员建制划转至监察委组建专门的反腐败机构，区检察院全体检察官全力配合改革，做好职能划转和机构人员转隶等各项工作。（余　颖）

【检察队伍建设】　2017年，加强对社会治安重点地区、重点场所、重点人群的依法整治，注重犯罪调查和类案分析，研判预警倾向性、苗头性问题，向有关部门提出防控风险、改进管理和预防犯罪检察建议5件。开展业务学习，邀请著名专家、教授和检察业务能手到区检察院授课5次。开展检察官讲坛、业务竞赛和技能比武等活动，派员参加各级学习培训200余人次。保证人民监督员对“十一种情形”的刚性监督。建立信息公开机制、“检察开放日”制度和案件公开听证制度。推进案件信息和法律文书公开，利用案件信息公开系统公开案件563件。选派检察官到中小学校担任法治副校长，与辖区内砂子塘新世界小学联合开展专题讲座。检察长赴北京、上海、广州、南京、武汉等地国家机关、政法机关和高等院校就司法体制改革、婚姻家庭立法、妇女儿童权益维护、虚假诉讼和虚假仲裁防治等开展学术交流。发挥“两微一端”（微博、微信及移动客户端）作用，讲好检察故事，传播检察声音，发布检察信息106条。（余　颖）

【雨花区司法责任制改革】　2017年4月1日，区检察院举行落实“司法责任制”改革新机制启动仪式，雨花区正式运行以司法责任制为核心的司法体制改革新机制。省检察院党组副书记、副检察长卢乐云，市检察院党组书记、检察长王勋爵，区委书记张敏，区委常委、政法委书记王维宁，区检察院检察长马贤兴等参加仪式。市检察院党组成员、副检察长闵文主持仪式。启动仪式上，区检察院检察长马贤兴做落实“司法责任制”改革工作报告，区检察院于3月6日被省检察院确定为以“司法责任制”为核心的司法体制改革工作先行先试单位，历经20余天，做好司法体制改革方案制订、工作量测算、岗位配置、职能设置、内设机构重构、检察人员分类等工作。王维宁宣读《长沙市雨花区人民检察院司法改革机构设置与人员配置方案》。举行员额检察官宣誓活动，该院首批入额的38名检察官手持《中华人民共和国宪法》宣誓。王勋爵指出，要汇集智慧力量，为“雨花模式”在全省推开创造有益经验和有力借鉴；雨花区检察院党组和检察长要把推进改革先行先试工作作为当前头号任务，落实工作指导，全力支持配合，市检察院机关要发挥

2017年4月1日，雨花区“司法责任制”改革新机制启动仪式　（余颖／提供）

承上启下的联系指导作用，强化督导检查。卢乐云要求，全体检察人员要全面保障司法责任制改革的推动，要挑起改革的责任，培养意志，独立办案，建立检察官如何独立行使办案职权的经验交流机制；强调要注重对司法责任制改革的宣传，让办案工作为经济社会发展提供司法保障。截至2017年年底，新的司法机制运行良好，检察官主体地位凸显，司法质效提升，司法改革“雨花模式”初显成效。该次改革整合机构打破“官本位”的思想，通过内设机构整合，实现对有限人力资源的有效整合和调配。按照“谁办案谁负责、谁决定谁负责”的要求，内设机构负责人、分管检察长退出业务决策主体，案件行政审批程序简化。通过检务监管局，对案件线索、诉讼案件统一受理，实行对外一个窗口，对内一个闸门的管理模式。一个案件从审查逮捕环节即纳入员额检察官审查范围，发现侦查机关的违法行为及时提出纠正意见，督促侦查机关对证据和程序瑕疵进行补救。员额检察官的办案主体地位得以体现，为落实司法责任制打下坚实基础。

（余　颖）

【“防治校园欺凌，护航未成年人成长”的检察开放日活动】　2017年5月26日，区检察院举行主题为“防治校园欺凌，护航未成年人成长”的检察开放日活动。活动邀请区法制办、团委、教育局等有关部门的代表、部分中小学校校长参加，共同为如何防治校园欺凌，减少未成年人犯罪建言献策。

（余　颖）

2017年5月26日，检察开放日活动　　（余颖／提供）

法　院

【概况】　长沙市雨花区人民法院（简称“区法院”）为副处级单位国家审判机关。单位内设机构16个：刑事审判庭、民事审判一庭、民事审判二庭、民事审判三庭、执行工作局、未成年人审判庭、立案庭、审判监督庭、土地房屋征收审判庭、跳马人民法庭、行政审判庭、办公室、监察科、研究室、政工室、法警队。挂牌机构1个：非诉行政案件执行局挂牌在土地房屋征收审判庭。2017年，政法专项编制数115名；有在职干部数为110人，其中政法专项编制人数108人，事业编制人数2人；领导职数（副科职以上）25人；党员人数95人；退休干部数24人。

2017年，区法院践行“司法为民、公正司法”工作主题，以人民满意为标准，以深化改革为动力，以信息化建设为支撑，以队伍建设为保障，提出2017年工作要点：坚守法治思维，着力增强服务大局的责任感；坚守司法为民，全力提升人民群众的获得感；坚守公平正义，不断强化司法改革的认同感；坚守廉洁责任，始终保持从严治院的紧迫感。全年受理各类案件21733件，办结17532件，收、结案率同比分别上升14.8%和29%。推进“互联网+诉讼服务”，开展网上立案试点，开通“12368”诉讼服务热线、建立自助语音应答系统，创新民商事案件财产保全机制，设立全省首家民商事案件财产保全窗口，让司法更加贴近民愿；构筑审判流程、庭审活动、裁判文书、执行信息四大司法公开平台，拓展司法公开的广度和深度；强化信访责任，妥善办理申诉信访案件，让司法更加贴近民心。以落实司法责任制为重点，全面推进审判权运行机制改革；坚持革故鼎新，推动案件繁简分流。面对案件数量逐年递增、增幅高位运行的态势，发挥法院在矛盾纠纷化解中的推动和引领作用，完善与社区、人民调解委员会以及政府相关部门诉调对接机制，推进刑事案件认罪认罚从宽制度改革试点工作；坚持自觉规范，落实领导和监督措施。采取措施，提高队伍政治素质和司法能力；狠抓思想政治建设，弘扬忠诚尚法良好院风；狠抓司法能力建设，培育审思明辨学习风尚；狠抓党风廉洁建设，彰显风清气正政治生态。2017 年 2 月，区法院邱水生、阳勇、杨眺宇、黄辉、彭灿平、李艳辉、王德安、宁跃武等 8 名法官和柳建辉警官获最高人民法院授予的“荣誉天平奖章”。（魏小晓）

【刑事审判】 2017 年，区法院受理各类刑事案件 1294 件，结案 1143 件。依法审结严重暴力和多发性侵财犯罪案件 407 件 510 人，黄赌毒犯罪案件 276 件 330 人。坚决惩治腐败，审结贪污、贿赂等职务犯罪案件 6 件 11 人。严惩食品药品制假售假和非法经营的犯罪分子，依法审结刘利爱等 5 人非法经营疫苗案、蒋涛等 5 人非法经营工业盐案。出台《关于为全区创建食品安全示范城市提供司法服务和保障的意见》，保障群众“舌尖上”的安全。突出打击涉众型经济犯罪，审结集资诈骗、非法吸收公众存款、电信网络诈骗等犯罪案件 29 件 43 人。成放明等人非法吸收公众存款案，涉案金额 433 万元，受害群众 478 人，被依法严惩。坚持宽严相济刑事政策，依法对具有从轻、减轻情节的 46 名被告人适用非监禁刑。加强未成年人司法保护，完善犯罪记录封存、社会帮教等机制，办结未成年人犯罪案件 31 件 44 人。未成年人案件综合审判庭被评为全省法院先进集体。（魏小晓）

【民事审判】 2017 年，区法院受理各类民商事案件 12840 件，结案 10026 件，涉及金额达 320 余亿元。重视对经济发展新常态的司法应对，注重保护债权与促进实体经济发展相统一。审慎处理全洲药业集团破产重整案件，涉及债权金额超 10 亿元，帮助企业走出困境。推进对家事、物业、劳动纠纷等案件的专业化审判、人性化处理，妥善审结相关案件 3161 件。依法审结商品房开发、买卖以及建设工程等房地产纠纷案件 1441 件，维护房地产市场秩序。依法保护产权和倡导诚信，审结新类型借贷担保、买卖纠纷等案件 2516 件，保障市场交易安全。加大民商事案件调解力度，促成百名业主诉长沙绿地高铁新城置业有限公司等一批群体性案件调解结案，调解撤诉率 42.4%。（魏小晓）

【行政审判】 2017 年，区法院受理行政诉讼案件 344 件，审结 312 件。以撤销、确认违法及责令履行法定职责等方式判决各级行政机关败诉案件 29 件，保护行政相对人的合法权益。与区政府法制部门建立经常性工作联系，就行政审判中发现的共性和突出问题，采取专题研讨、发布司法审查报告等方式提出司法建议，促进社会管理的法治化，从源头上减少行政纠纷的发生。依法审结涉及城市拆迁、征地补偿案件 173 件。加大非诉执行力度，通过加强与有关职能部门、街道和行政相对人的沟通，促进行政争议实质性解决，促使当事人主动和解 167 件，8 个重点项目的被征收人主动履行腾房交地义务。在保障当事人合法权益的前提下，对影响区域经济建设发展的 13 起案件，坚决予以强制执行，为沪昆高铁配套、雨花亭石马保障住房等全区重点项目建设提供司法保障。（魏小晓）

【执行工作】 2017 年，区法院受理执行案件 7127 件，结案 5944 件，执行到位案款 4.26 亿元。开展执行专项行动，对追索劳动报酬、人身损害赔偿、工伤赔偿等涉及民生案件，优先执行、重点执行。共执结该类案件 512 件，执结率 97.6%。加强执行信息化建设，改造升级执行指挥中心，加大网络查控被执行人财产的力度。加强执行规范化建设，实现执行环节网上运行，全程留痕。启动网络司法拍卖，实现司法拍卖的公开透明。上线以来成交 33 件，成交金额 6418 万元，平均溢价率 20.39%。强化执行威慑机制建设，推进失信被执行人名单发布常态化。将 867 名“老赖”纳入失信被执行人名单，公开曝光，限制高消费，限制乘坐飞机、高铁。打击恶意转移财产、抗拒阻碍执行的行为，全年司法拘留 37 人，累计有 1200 余名被执行人在强制执行的威慑力下主动履行义务。（魏小晓）

【雨花法院跳马法庭启动】　2017 年 3 月 21 日，雨花法院跳马法庭在跳马镇斑竹塘社区挂牌运行，市中级人民法院党组成员、副院长周芳乐，区委常委、政法委书记王维宁，区司法局局长梁云伟，跳马镇党委书记谭爱兵等参加挂牌仪式。跳马法庭的设立体现各级党委、政府以及法院对跳马经济社会发展的重视，旨在引入司法这一社会管理力量，推动法律治理的基层化与基层治理的法治化。跳马法庭针对当地案件的特点，提供全方位的立案指导与诉讼服务，并借助基层网络，探索并推动人民陪审员与人民调解对接，人民陪审员立案介入等机制，方便辖区群众诉讼。（魏小晓）

2017 年 3 月 21 日，跳马法庭揭牌仪式　（李丹 / 摄）

【首批入额法官宣誓仪式】　2017 年 6 月 9 日，雨花法院举行首批入额法官宣誓仪式。区人大常委会主任龚景顺等 31 名市、区人大代表，区法院首批入额的 46 名法官参加活动。仪式上，宣读《中共湖南省高级人民法院党组关于确定刘庆富等同志为员额法官的通知》，宣布雨花法院入额法官名单。首批入额法官宣誓，标志着雨花法院第一批员额法官正式产生，司法改革工作进入新阶段。区法院党组书记、院长凌云领誓，雨花区 30 名人大代表共同见证。（魏小晓）

【最高人民法院到区法院调研信息化建设工作】2017 年 6 月 22 日，最高人民法院信息中心副主任钱晓晨，执行局执行指挥管理室主任孙建国等一行 6 人在省高级人民法院司法装备技术处副处长董保国、信息中心主任夏凌宏，市中级人民法院执行局政委王建平、执三庭庭长戴晖等人的陪同下到区法院调研指导信息化建设工作，专门召开座谈会听取意见建议。调研组考察区法院诉讼服务中心、执行指挥中心、12368 诉讼语音平台等处，观看院宣传片，听取区法院院长凌云等人有关信息化工作的专题汇报，观看执行指挥中心远程联线指挥执行行动，并通过视频联线的方式与最高人民法院执行局局长孟祥联线，孟祥在北京对该院干警表示慰问。调研组对该院网络查控系统存在的问题当场予以解决。钱晓晨对区法院信息化建设工作取得的成效给予肯定，对接下来的信息化建设提出了具体要求，希望让信息化建设更好地服务审判、服务群众。最高院的调研，标志着区法院信息化建设工作迈向新的高度。（魏小晓）

【“我是小法官——做诚实守信小公民”主题普法活动】　2017 年 6 月 26 日，区法院响应上级法院开展“送法进校园”暨首届“十百万”校园普法活动的号召，开展“我是小法官 -- 做诚实守信小公民”主题活动，砂子塘天华寄宿学校 120 名学生参加活动。学生们参观区法院诉讼服务中心、未成年人案件综合审判庭、执行指挥中心，倾听讲解员对法院功能、法院执行知识、诚信守法等内容的讲授和介绍；穿上法袍，做起“小法官”，并参与趣味抢答，有奖互动。该次普法活动，在同学们的心中埋下了守法诚信的种子。（魏小晓）

【区法院设立全省首家民商事案件财产保全窗口】2017 年 7 月，区法院创新民商事案件财产保全机制，在立案大厅设立全省首家民商事案件财产保全窗口，一个窗口即可办理全部保全事务，满足人民群众对审判效率的要求。设立“保全调度中心”，诉前财产保全、执行前的财产保全、仲裁程序中的财产保全、诉讼中的财产保全案件的立案审查、作出保全裁定和处理有关异议、复议等事务归口于保全调度中心统一调度，统一处理。诉前保全门槛的放开，增大当事人调解的可能性，减少当事人诉讼成本，把一部分案件终结在立案前，诉前保全和诉前调解以及速裁相结合，把一部分案件终结在移交审判庭室前，减轻审判压力。同时保全可以在一定程度上解决执行难的问题，保护当事人的实质权利。（魏小晓）

司法行政

【概况】 长沙市雨花区司法局（简称“区司法局”）为区政府工作部门，主要职能是负责全区“法治雨花”建设、法治宣传教育、人民调解、法律援助、社区矫正、安置帮教工作。内设办公室、基层工作科、法律服务工作管理科、法制宣传教育科、社区矫正工作管理科5个职能科（室）；下设雨花区法律援助中心1个二级机构；下辖13个基层司法所。共有专项行政编制38名，其中领导职数5名；在职干部34人；退休干部9人；党员38人。雨花区“法治雨花”建设工作领导小组办公室设在区司法局。

2017年，区司法局以推进法治雨花、平安雨花建设为主线，以深化司法行政改革为重点，以夯实基层基础工作为保障，创新思路、健全机制、狠抓落实，实现雨花司法行政工作走在省、市前列。2017年，区司法局党组书记、局长梁云伟获“全国司法行政系统先进工作者”称号；雨花亭街道人民调解委员会获评“全国模范人民调解委员会”；区司法局被中华全国人民调解员协会评为“人民调解宣传工作先进集体”；砂子塘街道法治教育示范街入选长沙市“十佳法治文化精品”。（熊婷婷）

【法治雨花建设】 2017年，雨花区召开全区“七五”普法依法治理动员大会，区委、区政府转发《区委宣传部、区司法局关于在全区公民中深入开展法治宣传教育的第七个五年规划（2016—2020年）》，印发实施《关于在全区国家机关中实行“谁执法谁普法”责任制的实施意见》，制定出台考评办法，压紧压实普法责任。草拟《长沙市雨花区贯彻落实〈党政主要负责人履行推进法治建设第一责任人职责规定〉实施细则》及职责清单，推动领导干部认领法治建设责任。组织开展《中华人民共和国反家庭暴力法》、“农村法治宣传教育月”“法律六进”、十九大精神宣讲、“12·4”国家宪法日等主题法治宣传活动60余场次，发放法治宣传资料近6万份、法治宣传环保袋近2万个，解答群众咨询近1000人次。组织全区6698名国家工作人员完成网上学法考试，参考率、合格率均为100%。试点开展分类分众学法考法工作，为执法人员精准学习“当家法”奠定基础。坚持以青少年为普法重点对象，联合区教育局在明德洞井中学开展“法治电影进校园”活动，在全区各中小学开展“反对校园欺凌”巡回宣讲活动。6月，《长沙晚报》刊登《法治雨花盛开公平幸福之花》，展示全区法治建设成果。依托“飞梦雨花”微信公众平台，开展“你学法我送票，答题免费看电影”活动，开启“学法+观影”新模式，参加答题人数近5000人次，送出电影票900余张。红旗法治文化广场、砂子塘法治教育示范街建成示范标杆，接待宁夏、四川等地司法行政单位参观考察10余批次。砂子塘法治教育示范街入选长沙市“十佳法治文化精品”。开展“民主法治示范村（社区）”“依法办事示范窗口单位”创建活动，砂子塘街道茶园坡社区、侯家塘街道韶山南路社区被评为市级“民主法治示范社区”。区环保局、侯家塘司法所等7个单位被命名为“2016—2018年全省依法办事示范窗口单位”。（龙　迪）

【人民调解】 2017年，全区各级人民调解组织共成功化解各类社会矛盾纠纷3761件，其中疑难复杂纠纷157件，防止群体性上访63件，防止群体性械斗27件，防止民转刑案件35件，为群众挽回经济损失13438万元。雨花区573名人民调解员统一登记、统一编号、统一颁证、统一佩戴徽章和胸牌。发展行业性专业性人民调解组织，巩固原有调解组织，重点抓好驻派出所调解室、医疗纠纷调委会组建。10月，面向社会公开招聘13名驻公安派出所调解员；11月挂牌成立长沙市雨花区医疗纠纷调解中心，在中心协调指导下，各街道（镇）人民调解委员会成功调处医患纠纷70余件。9月1—10日，区司法局按照《2017年雨花区司法所规范建设实施方案》，检查本辖区13个司法所，均达到《湖南省司法所规范化标准》要求。雨花区司法局人民调解办案管理系统1月试运行，4月进行升级改版，共录入统计的调解案件1331件，涉及当事人3136人。5月，雨花亭调委会被评为“全国模范人民调委会”；11月，区司法局被中华全国人民调解员协会评为“2017年度人民调解宣传工作先进集体”。1月6日，在区公共法律服务中心会议室举办人民调解办案管理系统培训班，各街道司法所所长、专职人民调解员共计60余人参训。

（段　昆）

【社区矫正、安置帮教】　2017年，雨花区接收各类社区矫正人员456人，开展审前社会调查评估510件，组织社区矫正人员教育学习6520人次，开展公益劳动5872人次，收监执行3人。接收安置帮教对象683名，协助符合条件的安置帮教对象办理低保2人。每月定期分批、分片组织社区矫正人员在公益劳动基地开展行为规范教育，强化社区矫正人员的“在刑”意识。创新采用人脸识别定位监管模式，对全区在册社区矫正对象实施人脸识别定位手机监管，在线率长期保持90%以上，将在册社区矫正对象全部纳入实时管控范围，防止脱管、失控。与跳马镇辰午山庄、洞井街道俊龙建设有限公司合作，建立新型社区矫正对象公益劳动基地和刑满释放人员过渡性安置基地，开展社区矫正人员公益劳动、集中教育学习、行为规范训练和安置帮教对象过渡性就业安置、困难帮扶、职业技能培训等工作；与湖南德馨社工服务中心开展社区矫正人员心理咨询和心理矫治服务合作，为全区在册的400余名社区矫正对象建立心理档案，提供心理咨询、心理评估、心理矫治服务。与长沙孟妈妈青少年保护园合作开展“情暖高墙关爱孩子”专项活动，为73名家境贫困的社区矫正人员及刑满释放人员送去帮扶资金和物资。每月组织社区矫正专干召开社区矫正监管安全分析会议，并进行社区矫正和安置帮教业务知识培训；2月20日，举办一期社区矫正和安置帮教培训班；3月组织各司法所长和社区矫正专干参加全市社区矫正和安置帮教业务培训；2月和9月分别组织各司法所长和社区矫正专干参加全省社区矫正和安置帮教业务培训。（秦高辉）

【法律援助】　2017年，区法律援助中心办理法律援助案件447件，（其中民事案件327件、刑事案件120件），为81名未成年人、4名老年人、136名农民工、110名妇女等弱势群体提供法律援助。接待法律咨询1000件，代写法律文书89件，完成全年重点实事项目指标任务（240件）的186%。4月14日，黎托街道法律援助工作站开展“法律服务心连心”专题普法宣传活动。5月19日，高桥街道法律援助工作站和街道共同在五一社区前坪小区开展以“爱心助残・情满人间”为主题的法律援助宣传活动。6月7日，跳马法律援助工作站开展法律援助维权宣传活动。《三少年盗窃，法援为他们争取高考资格》《花季少女打架触法网，法律援助让其重新做人》等案例被《三湘都市报》、掌上长沙等媒体报道。区法律援助中心的“邹某劳动争议案”“周某劳动争议案”“阳某某故意伤害案”被评为“2017年度长沙市法律援助优秀案例”。

（王　莎）

【法律服务】　2017年，区司法局联合区委政法委先后召开公共法律服务工作站部署会、经验交流会暨现场观摩会，印发《关于建设雨花区公共法律服务工作站点的实施办法》(雨政法发〔2017〕5号)，街道（镇）公共法律服务工作站建成率100%、社区（村）工作点建成率87%，每个街道（镇）均打造2个以上示范工作点。调整社区法律顾问单位，召开社区法律顾问工作会议，印发《2017年度雨花区社区法律顾问考评方案》（雨政法发〔2017〕

2号），2017年，社区法律顾问到岗服务5732次，提供法律咨询6279次，参与矛盾化解1161次，进行居（村）务法律体检374次，提出法律意见381条。3月，举办“法润三湘”志愿者培训暨高铁片区法律知识讲座活动，培训280名法律志愿者服务拆违拆迁工作。组织志愿者参与“12·4”国家宪法日等法治宣传活动，为群众提供免费法律服务。3月，办理5个区属基层法律服务所、41名基层法律服务工作者年检注册。5月，办理3个区属律师事务所、51名律师的年检注册初审。分别为湖南国风德赛律师事务所4名律师、湖南超前律师事务所1名律师、湖南凯威律师事务所1名律师办理调出，对湖南国风德赛律师事务所1名律师恢复执业等事项进行初审。对区属法律服务机构进行2次“双随机一公开”（随机选派执法检查人员，对辖区内的法律服务机构及执业人员随机抽查检查，并将抽查情况及查处结果及时向社会公开）督察检查，就检查结果进行通报公示。（何少华）

【“七五”普法依法治理动员大会】 2017年1月18日，雨花区“六五”普法依法治理总结暨“七五”普法依法治理动员大会在区会议中心中型会议室召开。雨花经开区、各街道（镇）、区直各部门单位分管副职及法治宣传骨干近200人参加会议。区政府副区长、区公安分局局长黄健元就雨花区“六五”普法工作成效和“七五”普法规划安排情况作工作报告，区委常委、政法委书记王维宁要求全区各级各部门特别是党政主要负责人认真履行推进法治建设第一责任人职责，各街道（镇）、各部门单位认真贯彻落实“谁执法谁普法”的普法责任制要求，努力构建“党政统一领导、人大加强监督，司法行政部门组织、部门分工负责”的法治宣传教育体系，确保“七五”普法规划顺利实施，取得成效。

（熊婷婷）

【周桥调研检查雨花区司法工作】 2017年2月27日，省司法厅基层工作处处长周桥一行在市司法局党委副书记、副局长骆正平等陪同下，到雨花区调研基层司法所规范化建设工作。调研组与司法所长代表就如何解决司法所职级地位、加强司法所队伍建设、提高专职人民调解员待遇等问题进行深入探讨并对雨花区自主研发的人民调解办案管理软件实现人民调解管理智能化、提高调解效率表示肯定。该次调研旨在为出台进一步规范基层司法所建设相关文件提供理论和实践支撑，推动基层司法所规范化建设取得新成效。10月18日，周桥一行在市司法局副局长贝先明等陪同下检查考评雨花区2017年度司法行政工作并对省级模范司法所、规范化司法所进行复查验收。考评组到区社区矫正中心、公共法律服务中心、洞井司法所、雨花亭司法所、同升司法所实地检查、查阅资料台账，并到跳马公益劳动基地对社区服刑人员行为规范训练进行现场验收。考评组认为雨花区司法行政工作积极作为，取得成效，希望雨花区司法局以此次考评为契机，拓宽思路，补齐短板，推进法治雨花建设。（沈 玮）

【2017年度全区司法行政工作会议】 2017年3月10日，2017年度全区司法行政工作会议在左家塘街道办事处六楼公共法律服务中心会议室召开。区委常委、政法委书记王维宁，区人大常委会副主任李劲松，区司法局领导班子成员，机关全体干部，法律援助中心主任，各司法所所长、副所长，区属律师事务所、基层法律服务所负责人，全体专职人民调解员、社区矫正专干共计90余人参加会议。会议由区司法局党组副书记、副局长杨涟主持。会上，区司法局党组书记、局长梁云伟在工作报告中指出，2017年雨花区司法行政系统要突出抓好五项重点工作：一是深入推进法治雨花建设；二是全力维护社会安全稳定；三是健全公共法律服务体系；四是全面夯实基层基础建设；五是锤炼忠诚纯洁可靠队伍。会议表彰一批2016年度司法行政工作先进单位和先进个人，李劲松宣读表彰通报。王维宁强调，雨花区司法行政系统要瞄准全国“七五”普法先进目标，推进法治建设、服务发展大局、锤炼党性作风。（熊婷婷）

【黄泽良督查雨花区法治建设】 2017年3月15日，省人大内司委副主任委员黄泽良，省人大内司委司法监督处处长马建忠，省政府办公厅秘书五处副处长雷朝晖一行在省司法厅党组成员、副厅长唐世月，市司法局党委委员、副局长孙美秀等陪同下到雨花区督查法治建设工作。此行主要督查湖南省人大常委会审议“六五”普法情况报告的意见及整改落实情况，特别是普法依法治理工作是否纳入县级人民政府目标管理和绩效考核内容，旨在推动“七五”普法规划实施，推进法治建设进程。督查组听取区司法局党组书记、局长梁云伟关于雨花区“六五”普法工作及落实《湖南省法治宣传教育条例》情况汇报并参观砂子塘法治教育示范街，希望雨花区发挥法治文化阵地优势，以基层群众的文化需求为导向，拓展法治文化传播载体，增强法治文化的渗透力、引领力和感染力。 （马　理）

【“法润三湘”志愿者培训暨高铁片区法律知识讲座】 2017年3月24日，区文明办、区司法局、东山街道联合主办“法润三湘”志愿者培训暨高铁片区法律知识讲座活动。区委常委、政法委书记王维宁，区委常委、宣传部部长余宏卿，东山、黎托街道社区（筹委会）书记、综治主任、村（居）民小组长等280余名“法润三湘”法律服务志愿者等参加。培训通过“法润三湘”法律服务志愿者，将培训成果应用到征拆法律法规宣传、征拆矛盾纠纷化解等实际工作中，为高铁片区农安小区居民和群众提供法律服务和相关法律帮助，为高铁片区拆违拆迁提供法治保障。 （熊婷婷）

2017年3月24日，“法润三湘”志愿者培训暨高铁片区法律知识讲座 （熊婷婷／提供）

【“法制进校园”主题巡回法制宣讲活动】 2017年5月9日，由区司法局、区教育局联合主办的“法制进校园”主题巡回法制宣讲活动在雅礼雨花中学、明德雨花实验中学举行。湖南金州律师事务所律师甘元春及长沙监狱收教中心指导员李晋分别为两所学校师生讲授法制课。雨花区“法制进校园”主题巡回法制宣讲活动于5月在全区范围内各中小学校开展10余场次专题讲座，重点宣传《中华人民共和国未成年人保护法》《中华人民共和国刑法》《中华人民共和国治安管理处罚法》《中华人民共和国侵权责任法》等，用法制教育提升青少年的法治意识和法律素养，遏制和消除校园暴力。 （马　理）

【罗厚如调研基层基础工作】 2017年5月9日，司法部基层工作指导司司长罗厚如一行在省司法厅党组书记范运田，副厅长傅莉娟，市司法局党委书记、局长尹小英等陪同下，调研雨花区司法局基层基础工作。罗厚如一行考察雨花区洞井司法所和道路交通事故矛盾纠纷调处中心，了解洞井司法所规范化建设情况和道路交通事故纠纷“四位一体”调解机制运行情况，听取雨花区、天心区4名司法所长、7名调解员代表的发言，指出新形势下矛盾纠纷多元化发展，行业、专业领域的矛盾纠纷增多，互联网时代对人民调解也提出新要求，强调要重视人民调解在维护社会和谐稳定、促进经济社会发展中的作用。 （熊婷婷）

2017年5月9日，司法部基层工作指导司司长罗厚如（左五）调研雨花区司法局基层基础工作 （熊婷婷／提供）

【黄道安调研矛盾纠纷调解信息化平台建设】 2017年6月22日，省综治办综治二室主任黄道安一行到区司法局调研矛盾纠纷调解信息化平台建设情况。区委常委、政法委书记王维宁，区检察院党组书记、检察长马贤兴等陪同调研。黄道安一行听取矛盾纠纷远程调解平台的建设运行情况及存在的问题并与区委政法委、法检公司部门负责人进行交流，肯定区司法局在远程调解平台建设和人民调解办案管理软件研发上走在省市前列，希望巩固基础，优化软件，整合调解资源，推进多元化矛盾纠纷化解工作。（沈　玮）

【省三调联动专项督查组督查】 2017年8月3日，省高级人民法院党组成员、立案信访局局长李立新，省高级人民法院信访办主任吴兆堂，省司法厅基层处副处长刘委东等组成的三调联动专项督查组，在市委政法委副书记、市综治办主任闵文，市司法局党委书记、局长尹小英等陪同下，到雨花区督查“三调联动解纠纷，防控风险促发展”专项调解活动。督查组一行分别到区司法局雨花亭司法所及圭塘街道人民调解委员会驻区法院人民调解室实地检查，表示雨花区人民调解工作规范有序、诉调对接衔接机制顺畅，希望进一步整合司法、行政、人民调解资源，多渠道解决矛盾纠纷。（马　理）

【“法润雨花——你学法，我送票”活动】 2017年9月25日至10月27日，“法润雨花——你学法，我送票”活动在“飞梦雨花”微信公众号上线，活动由雨花区“法治雨花”建设工作领导小组办公室主办，运用新媒体平台开展公益普法活动，旨在通过“学法＋观影”的新颖形式，以轻松娱乐的方式将学法融入群众日常生活，增强法治宣传教育的吸引力、辐射力，营造浓厚的法治氛围。（熊婷婷）

【国家工作人员分类分众学法考试】 2017年11月3日，由雨花区“法治雨花”建设工作领导小组办公室组织，来自雨花区食品药品监督管理局、区教育局等10个执法机关的近300名国家工作人员进行分类分众学法考试。分类分众学法考试，是落实“谁执法谁普法”责任制，检验行政执法人员对本部门执行的法律法规、规章的掌握程度，达到以考促学，以考促用，提高行政执法机关运用法律法规解决实际问题的能力与水平。（马　理）

分众学法考试试点工作　　（熊婷婷／提供）

【追捕收监执行社区服刑人员】 2017年12月11日，区司法局派员到贵阳将撤销缓刑在逃的社区服刑人员杨某安押解回长沙，成功收监执行该名因严重违反社区矫正监管规定被撤销缓刑的社区服刑人员。该次跨省收监执行活动，彰显法律的权威和社区矫正刑罚执行的严肃性，对雨花区在矫的其他社区服刑人员起到震慑及警示作用。法、检、公、司等部门理顺职能，通力协作，提升了依法打击违法犯罪、维护社会和谐稳定的能力和水平。（熊婷婷）

军　事

人民武装

【概况】　中国人民解放军长沙市雨花区人民武装部（简称“区人武部”）为正团级单位，隶属于中国人民解放军长沙警备区，区委书记兼任中共雨花区人武部委员会第一书记。区人武部设部长、政治委员、副部长，内设军事科、政工科和后勤科。区内街、乡、镇、企事业单位设立基层人武部，地方编制，编配专职部长、干事各1人，接受同级党委和区人武部的领导。

2017年，区人武部深入贯彻军委主席习近平关于强军目标和能打胜仗的新要求，以军事斗争准备为龙头、以能打胜仗为主题，积极解决制约武装工作新发展的各种问题，重点在党委班子和专武干部队伍建设、民兵预备役整组、民兵军事训练、征兵工作机制等方面取得突破性进展，促进了人武部全面建设，提升雨花区人民武装整体战斗力。

（邓　星）

【坚持党管武装】　2017年，区委、区政府始终坚持把党管武装作为党的领导的重要组成部分，把国防动员和兵役工作作为政府工作的重要内容，摆上各级党委重要工作议程，形成相关规章制度，并严格督促落实；抓经济和抓武装相统一，把武装工作与雨花区经济社会发展同步规划、同步部署、同步落实，将基层党管武装工作纳入区年度绩效考评范畴；选拔一批学历高、素质好的年轻干部充实到基层武装部，提升专武干部队伍建设水平；加大经费投入，为各街道（镇）打造国防教育阵地。

（邓　星）

【思想政治建设】　2017年，区人武部党委围绕学习贯彻中共十九大精神这条主线，狠抓思想政治工作落实。中共十九大召开后，区人武部党委组织所属人员学原文、读党章、写心得、讨论交流、开展授课辅导和宣讲活动。学习贯彻活动区分现役干部、专武干部和民兵骨干，针对各自特点和要求，精选重点学习内容，采取集中组学、个人自学相结合的方式以提高学习效率。通过两个多月的学习活动，广大干部和民兵骨干领会了习近平新时代中国特色社会主义思想和强军思想。区人武部开展“维护核心、听从指挥”主题教育和“坚决贯彻主席训令，忠实履行神圣使命”“学哲学用哲学”专题教育，推进“两学一做”学习教育常态化制度化，开展“坚决维护主席核心地位”专题理论学习。召开民主生活会和专题组织生活会，党委主要成员结合学习成果，带头对照检查，开展批评和自我批评，整改存在的思想和工作问题，并递交拥护支持军队改革决心书。研究完善广大民兵预备役人员学习中共十九大精神计划，有针对性的选择学习内容，依托地方教育、宣传、网络、管理等平台和资源，创新活动开展的新形式、新载体、新方法，坚持军地齐抓共管、融合互动。梳理总结切合雨花区民兵预备役人

员实际的政治学习教育经验做法。（邓 星）

【军事斗争准备】 2017年，区人武部重视全民国防教育工作，采取订报刊、作报告、建网站、发资讯、出专栏、搞巡展等多种形式，推动国防教育进机关、进企业、进学校、进社区。国防教育巡展受教育的干部、群众和学生6万余人。雨花区育新小学、驻雨花区长沙航空职业技术学院被国家教育部评为“国防教育特色学校”。坚持现役干部训练常态化，参加省军区“非转专”培训，每周利用交班时间进行军事理论学习和业务训练，开展军事和要素研究作业，围绕人武部业务工作进行个人研究作业，参加警备区组织的年终军事考核，取得所属干部全优成绩。组织一次规模较大的全区专武干部集训，突出解决专武干部工作中的重点和难点问题，提高专武干部履职尽责能力。2017年，分防空、舟桥、应急、防火、警戒和装备维修等6个专业，完成民兵训练任务。4月12—19日 区人武部组织民兵操舟机骨干参加警备区集训，集训进行政治理论学习专业训练。5月8—12日 区人武部组织民兵舟桥分队集训。集训在黎托街道潭阳洲实施，目的是提高防汛抢险能力和湖南水域作战保障能力。6月19—27日 区人武部组织民兵应急分队集训。集训在雨花区民兵训练基地实施，目的是落实上级关于“聚焦改革强军，着眼真打实备，夯实应急应战基础”要求，采取走训形式。9月17—30日 区人武部选派民兵参加警备区防空兵集训。集训在预备役高炮团采取驻训形式实施。9月26日 区人武部组织专武干部集训。10月16—20日 区人武部组织民兵森林防火集训。集训在跳马镇复兴村以走训形式实施，集训内容为森林灭火理论、水泵单泵架设、泵车结合训练等。11月13—22日 区人武部组织民兵安全警戒分队集训。集训地点设在长沙航空职业技术学院内，集训内容包括政治教育、队列基础、体能训练等。11月25日至12月1日 区人武部组织民兵装备维修分队集训。集训在湖南体育职业学院内采取走训形式实施，集训内容为政治教育、队列基础、体能训练等。（邓 星）

民兵应急分队集训 （邓星/提供）

【安全管理工作】 2017年，区人武部坚持经费向战斗力建设聚焦的思想，认真编制、执行年度经费预算，加大战备训练经费投入，压减行政消耗性开支；开展经济责任自查自审自改，堵塞经费开支漏洞。开展安全大检查、枪弹专项清查整治、“条令月”“百日安全”等活动，完善相关管理规章制度；组织签订安全责任状，强化责任落实；对干部职工进行政治考核，把住安全工作思想源头；开展营院防暴恐演练等，确保单位全年安全稳定。1月26日 区人武部对干部职工进行节日战备和安全教育。（邓 星）

【兵员征集】 2017年，年初起，区人武部发动各街道（镇）和村（社区）干部上门入户开展兵役登记核查，掌握适龄青年潜力，经过近半年辛苦工作，将全区18岁男性青年兵役登记率达到100%；突出大学生兵源这个重点，结合相关政策待遇，加大征兵宣传发动力度，坚持思想工作做到位，挖掘兵源潜力，严把标准，严格程序，廉洁公正，精选优质兵员。新兵到达部队后，迅即跟进回访，教育引导新兵矢志军营、安心服役。完成男性义务兵若干人，女性义务兵若干人的征集任务，以及定向培养士官，直招士官的任务。其中大学生义务兵占比增长10%。1月11日，区人武部召开兵役登记部署会。会议对全区兵役登记条件，登记时间等进行部署，强调要加强兵役登记宣传工作，要及时审核应征青年的相关信息。会议就2017年度网上兵役登记操作方法进行培训。5月17日　区人武部副部长温利锋一行到湖南交通职业技术学院检查指导2017年度大学生应征入伍工作。5月18日　区人武部组建由国防科大教授徐佐林、一名武警部队干部和三名大学生退役士兵组成的征兵宣讲团到驻区高校巡回宣讲，对大学生进行征兵思想发动。6月25日，区人武部组织开展“征兵宣传月”活动。6月30日，区人武部完成兵役登记工作。7月26日，雨花区召开征兵工作会议。会议回顾2016年度征兵工作，全面部署2017年度征兵工作任务。8月9日，区征兵办召开征兵监督员培训会，对在全区聘任的63名征兵监督员进行业务培训。8月11日，区人武部完成征兵体检初检工作。9月3—4日，区人武部首次组织新兵役前训练。9月10日，区人武部为长沙首批新兵送行。9月13日，雨花区举行新兵入伍欢送仪式。10月30日，区人武部完成新兵入伍回访工作。12月28日，驻区长沙航院举行定向培养士官入伍欢送仪式。（邓　星）

雨花区征兵宣讲团入高校巡回演讲　（邓星／提供）

【民兵整组】　2017年，区人武部对全区民兵预备役整组工作坚持“编为战、编为用”的工作指导，细化兵力编成，优化编组布局。基干民兵队伍由原来的应急、支援、储备三支队伍调整为应急、专业、特殊三支力量，着重抓应急力量（含护路分队）的建设。整组期间，对各街道（镇）属地内50人规模以上企业进行调查摸底。区人武部深化和推广基层典型单位抓建成果，持续推进基层武装部和民兵营达标建设。本年度重点指导帮建雨花经开区、砂子塘街道武装部等基层单位的阵地建设，在全区推广相关经验。砂子塘街道深化网格化社会治理体系中“武装模块”的运用，为基层抓建工作提供实践经验。3月7日，区人武部指导区重要目标单位民兵编组。深入本区3个一类、3个三类重要目标单位，确定新的民兵编组计划。3月22—30日，区人武部督导民兵整组工作，分片对全区每一个街道（镇）和企事业单位的民兵整组工作进行全面督导。4月19日，区人武部组织召开全区民兵预备役整组工作会议。会议回顾2016年度整组工作情况，表彰整组工作先进单位和个人，全面部署本年度民兵整组工作任务。4月30日，区人武部完成民兵整组工作任务。（邓　星）

【参建参治】　2017年，区人武部在区委、区政府的支持下，成立退役军人联席会议办公室，在基层成立退役军人服务中心、站，搭建为退役军人办事的平台；“六一”国际儿童节前夕，为区内砂子塘泰禹小学、桔园小学捐赠图书、校服等；协调安排30余名现役军人子女入学入托；“八一”前夕，协调区委宣传部、区文体新局等部门，组织纪念建军九十周年系列活动；组织复退军人代表“返军营、看发展、忆初心、保本色”活动，激发复退军人奋发有为，建设家乡的热情；加强与地方信访、维稳等部门的联系，发挥涉军维权服务咨询站的“桥梁”和“纽带”作用，为军人军属进行免费法律咨询与援助，协调处理涉军案件纠纷，接待军人军属法律咨询和援助。组织单位全体干部职工和全区民兵代表参加“向雷锋塑像敬献花篮”活动；配合区民政部门，利用春节、学雷锋纪念日、“八一”建军节、抗战胜利纪念日等机会，走访困难军烈属，赠发慰问金及物资6万余元。组织民兵为敬老院和困难群众家庭搞卫生、做好事等。抗洪救灾期间，雨花区出动人武干部、民兵在长沙市雨花区潭阳洲、榔梨水文站、跳马镇曙光垸、竹沙桥泵站、天心区南郊公园、长沙县安沙镇、宁乡县白马桥镇和坝塘镇等地遂行抢险救灾任务，共转移被困群众400余人，

运送抢险救灾物资60余舟次，清理土石塌方80余立方米，封堵大型建筑基坑管涌1个。（邓　星）

【退役军人座谈会】　2017年3月27日　雨花区召开退役军人座谈会。区委书记张敏，区委副书记陈永高，区委常委、政法委书记王维宁，区委常委、常务副区长邹春林，区委常委、区人武部部长宋尊德上校，区委常委、区委办主任周海毅，区政府副区长刘江红，相关街道、区直部门负责人和6名军队退役人员代表参加座谈会。会议由陈永高主持。会上，军队退役人员代表逐一发言，汇报退役后工作生活情况，反映有关诉求。对此，与会区领导和相关街道、区直部门负责人分别提出解决这些诉求问题的意见和建议。张敏要求各单位一定要秉持和发扬拥军优属的优良传统，带着感情、带着责任、带着办法，依法依规依政策维护军队退役人员的正当权益，做好退役军人的服务保障工作；希望军队退役人员共同维护好雨花区来之不易的良好发展大局，在雨花区的建设发展中展示军人的风采。

（邓　星）

2017年3月27日，退役军人座谈会　（邓星／提供）

【刘素月调研退役军人服务工作】　2017年10月10日，区委副书记、区长刘素月一行专题调研全区退役军人服务工作。刘素月一行到区人武部，查看新成立的退役军人工作联席会议办公室及其设备设施配套情况，要求抓紧时间选优配齐工作力量，推动退役军人工作联席会议尽快运转；实地察看雨花亭街道、左家塘街道退役军人服务中心，听取街道关于退役军人服务工作开展情况汇报，并就如何做好退役军人服务工作与工作人员进行交流。刘素月要求相关部门单位要坚决落实有关政策，妥善解决好退役军人面临的各类困难，特别是要积极拓宽各类就业渠道，为退役军人搭建更多的就业平台；要切实发挥党组织作用，提高对退役军人服务工作质量，抓好全区退役军人服务中心业务培训。

（邓　星）

人民防空

【概况】　长沙市雨花区人民防空办公室（简称“区人防办”）内设3个职能科（室）：综合科、工程管理科（行政审批科）、指挥通信科（宣传教育科）。2017年，核定编制6名，其中领导职数4名；全体在职干部职工8人（含改非领导2人），政府雇员1人；退休干部3人；党员10人，其中在职党员5人。办公地点设在雨花区人民政府机关大院1号楼。

2017年，区人防办以“长期准备、重点建设、平战结合”的人防工作方针为指导，提高人民防空“战时应战、急时应急、平时服务”的能力。全区人防工程各街道乡镇均有分布，新增面积及总计面积居全市之首；承接长沙市人民政府下放的4项经济管理权限，制定流程清单，明确承接人员及时与经开区进行了对接初步明确经开区人防工作对接人员。（梁　丹）

【人防工程管理与维护】　2017年，全区人防工程实行“3+1”管理模式（区、街、社区＋人防工程维护管理单位），截至到2017年年底，全区人防工程面积累计总量和发展规模均列全市之首。2017年年初，区人防办制定人防工程安全生产监督检查计划，对区内83处人防工程维护管自理进行监督检查，完成节假日、防汛专项检查及值班。对发现的2处人防工程内使用易燃易爆物品（液化石油气）、堵塞人防通道现象进行督促整改；对发现1处用电不规范疑惑通报给主管单位和所在街道；发现的1处消防问题报区安委。2017年汛期，制定防汛预案，加强防汛值班，对辖区内防空洞防洪抗涝进行排查，对华雅花园、长建市场等汛期积水严重的人防工程进行现场检查指导。按人防工程维护管理主体分类、人防工程维护管理监管责任分级制订《关于实行人防工程分类管理工作的指导意见》。召开区、镇街道关于落实全市人防工程维护管理标准化工作方集专题会议，雨花区人防工程维护管理标准化检查工作基本完成。（梁　丹）

【防空警报器管理与维护】　2017年，对全区防空警报器维护管理情况进行全面的检查，（一次电话、一次现场）坚持“三定”原则（定人、定岗、定责），严格按照市人防办的要求，逐台检查，逐项对照，做到心中有数，针对在检查中发现存在的问题及时提出指导意见、整改措施，确保全区警报器处在安全、良好的运行状态，未发生损坏、丢失、锈蚀现象，平时完好率100%。（梁　丹）

【人防宣传教育】　2017年，区人防办宣传教育工作以“喜迎党的十九大，人民防空为人民”为主题，开展一系列活动。结合“5·12防灾减灾日”，5月12日，与区民政局、区应急办、区卫计局、区安监局、区交警大队等单位在砂子塘街道沃尔玛凯德广场集中开展“5·12防灾效灾日”大型宣传活动。结合“11·1防空警报试鸣”，开展“喜迎党的十九大人民防空为人民”宣传板报比赛，“喜迎党的十九大人民防空为人民”人防知识竞赛等，11月1日，在南雅社区、万境水岸小学、万境水岸中学开展人防宣传活动。（梁　丹）

【人防行政执法】　2017年，区人防办组织开展执行人防法律法规情况的自查，配合长沙市的检查。依申请对1处人防工程拆除进行审批，收缴拆除人防工程补偿费74万元，全部上缴国库；完成1台警报器拆除审批迁移工作；对1处人防工程拆除应补建暂未补建情况进行调查处理，暂收取拆除人防工程补偿费134万元；回复处理群众举报咨询4次，配合相关部门妥善处理中央环保督查组交办1起群众投诉。（梁　丹）

【“5·12防灾减灾日”宣传活动】　2017年5月12日，区人防办与区民政局、区应急办、区卫计局、区安监局、区交警大队等单位在砂子塘街道沃尔玛凯德广场集中开展“5·12防灾减灾日”宣传活动。通过在人口密度高、流动性大的场所，设立人防咨询台、摆放人防宣传展板、向路人发放宣传册等方式，对群众进行防空防灾知识宣传，提高群众对“防灾减灾”相关知识的了解。该次活动，有利于使群众认识到防灾减灾知识的重要性，增强防灾减灾意识和应急自救的能力，更加关注和支持人防工作。

2017年5月12日，“5·12防灾减灾日”宣传活动（梁丹/提供）

【防空警报试鸣工作培训会】　2017年10月30日，区人防办在区政府会议中心303会议室组织召开防空警报试鸣工作培训会。区人防办党组书记、主任刘硕平，区人防办全体工作人员，跳马镇、各街道

2017年10月30日，防空警报试鸣培训工作会（梁丹/提供）

人防主管、人防专干参加会议，会议对2017年度防空警报试鸣工作和进行安排部署。明确各街道、各警报器单位的任务分工，要求各单位要在试鸣日之前做好警报器的自查工作，确保试鸣日当天警报器鸣响率100%；保证人防知识宣传要到位，试鸣日当天有条件的街道可在社区设置宣传活动点，向群众普及人防知识，在警报鸣响时，把控时间及时向居民发送警报器鸣响的解读信息。（梁　丹）

【防空警报试鸣暨人防宣传活动】 2017年11月1日，防空警报试鸣暨人防宣传活动举行。结合“11·1”试鸣日，开展为期一月的人防宣传月活动。活动从10月16日拉开序幕，开展“喜迎党的十九大人民防空为人民”宣传板报比赛，“喜迎党的十九大人民防空为人民”人防知识竞赛等等，各街道社区、学校通过悬挂横幅、设立人防知识容询台、发放宣传资料、进行防空袭演练等多种形式进行人防知识的宣传普及。11月1日，在南雅社区、万境水岸小学、万境水岸中学摆放宣传展板、发放人防宣传资料、开展人防知识问答，解答群众咨询，警报试鸣日当天，利用短信平合同步解析防空警报信号及应当采取的行动。将短信媒介平合细化为区、街道、学校三套子系统全面覆盖，精选时间节点向全区各级部门全体干部职工、所有企事业单位居民和辖区中小学老师发送防空警报同步解析信息，普及各种防空警报的辨识方法和应当采取的行动的知识。（梁　丹）

城乡建设

建设管理

【概况】 长沙市雨花区城乡建设局（简称“区城建局”）为区政府直属行政单位。内设办公室、计财科、行政审批科（区建设工程招投标管理工作办公室）、行业管理科（区职业技能鉴定办）、安全管理科（区房屋安全鉴定办、区装饰装修管理办）设计和工程技术管理科（区建筑节能管理办公室）、物业监督管理科、燃气热力管理科8个职能科（室）。下设二级机构有雨花区建筑工程质量安全监督站、雨花区城乡建设执法监察大队、雨花区物业维修资金管理中心。全体在职干部职工数37人，其中人才引进2人，政府雇员10人；退休老干部22人。局内设立机关党支部1个（党员32人），离退休党支部1个（党员14人）。办公地点设在区治大院3号楼。

2017年，区城建局以年初布置的20项重点工作为主线，落实项目帮扶，确保重点工程和重点项目顺利推进，推进建安行业管理、燃气安全管理、物业监管、建筑质安监管、建设执法、房产处遗工作、物业管理改革、黑臭水体整治的牵头工作、农村危房改造工作、区建筑公司改制、围而未建实体围墙的拆除整治、绿道、慢道（自行车道）、城市微改造的任务铺排工作、区属建筑工地围挡整治、雨花区建筑工地扬尘治理、区预拌混凝土整治、房价调控工作等各项工作。获2017年度住建系统人口和计划生育综合治理工作先进单位；2017年中心城区物业管理工作年度绩效考核第二名；市年度绩效考核第一名。 （秦 俭）

【建筑市场管理】 2017年，办理47个项目的建筑施工许可，造价为7.1亿元。区管建筑工程招投标项目共58个，建筑面积27.3万平方米，造价13.9亿元。完成设计方案审查40个、初步设计批复14个、建设项目施工图审查备案58个、深基坑及边坡设计施工图审查备案5个、装饰装修项目审查备案5个、临时建筑施工图审查备案5个。

（秦 俭）

【建筑安全隐患治理】 2017年，加大建设领域的隐患排查力度，全年检查危房约125栋次（其中C类51栋次、D类74栋次）。排查深基坑和挡土墙护坡56处，并针对恶劣气候条件下容易发生的险情有针对性的下达4份隐患整改通知书，确保全年未发生任何建筑物（构筑物）倒塌事故。组织安全生产宣传和教育活动，于6月16日在湖南职教城作现场宣传，发放宣传资料，解答群众提问。

（秦 俭）

【建筑行业管理】 2017年，雨花区建安企业总数730余家，新增企业214家。面对建安企业资质审批流程革命性的改革（区级层面取消资质审批管理），原有对企业的服务管理模式被打破，区级建筑行业管理部门抓好企业资质审批的事后跟踪服务与管理，引导企业加强诚信建设。完善建筑企业信息管理系统、建筑行业统计报表管理系统、企业一体化平台管理系统。雨花区建筑公司改制基本完成。向区政府报送《关于加快推进雨花区建筑业发展的意见》，成立雨花区建筑业协会。制定落实企业安全生产主体责任的实施方案，制定《2017年雨花区建筑企业主要负责人、安全管理人员安全大培训工作计划》，督导企业认真抓好特种作业人员、安全生产“三类人员”的教育培训，区属建安企业安全生产许可证新办、延期共120家，全年对76家建筑企业进行全面的安全检查。组织全区建安企业负责人开展安全生产培训1次，组织区管建设工地和混凝土场站负责人开展安全生产培训2次，组织全区燃气站点负责人开展安全生产培训2次，组织物业企业安全管理人员开展安全生产培训1次。

（秦　俭）

【绿道、慢道（自行车道）、城市微改造】　2017年，做好全区绿道计划下达《雨花区绿道建设实施工作方案》及示范项目的对接；完成关于省府周边慢道（自行车道）项目与天心区政府、区工务局等相关单位任务部署对接工作，城市微改造的任务铺排到位，完成雨花区管廊规划征求意见工作，完成《长沙市雨花区海绵城市建设工作方案》工作。

（秦　俭）

【建设领域安全监管】　2017年，落实会议精神及安全生产“三大”集中行动开展情况，对安全生产工作进行全面部署，明确任务分工，各线开展一系列安全检查。以创建省级“安全质量标准化示范工地”为平台，加强区管建筑工地安全生产监管。2017年，区城建局受监工程项目23个，受监率100%，全年未发生安全生产责任事故。全年发出质量安全整改通知97份，停工通知6份，不良行为记录4份，机械设备限制使用通知3份，排除施工现场的质量安全隐患。开展季度质量安全大检查4次、专项检查10余次、飞行检查5次。（秦　俭）

【建设执法管理】　2017年，通过日常巡查与重点查处相结合，调查各类违法违章工程31个，下达执法文书50余份，行政处罚2例，不良行为记录1例。执法覆盖率和证据收集有效率均为100%。受理和处置妥当违法装饰装修投诉（市长信箱、区长信箱、“12345”热线、电话、网络问政等）500余起。执法过程中做到了第一时间到现场核实处理，采取现场调解、检测机构鉴定等方式，规范行业秩序。全年无一起提起行政复议或行政诉讼的案件，无一例群众投诉现象。

（秦　俭）

【液化气经营门店管理】　2017年，建立液化气生产经营企业信息共享平台，与液化气经营企业签订安全责任状。组织开展冬季行业安全大检查和液化气专项整治。结合“百日行动”和春节前后工作特点，对辖区内液化气企业和销售网点开展拉网式排查，重点打击一批“黑气点”和“黑车”。全年组织联合执法行动21次，取缔和捣毁非法经营瓶装液化气的黑气点9处，查获涉嫌运输液化气面包车4辆，暂扣液化气钢瓶830个，全区过期未申报三级站的服务点全部关停。对辖区内存在严重安全隐患的管道天然气热水器3264户居民，组织街道、社区初步进行走访联系、劝导整改。积极和液化气经营企业对接，组织各街道依托企业和专业人员和设备器材，联合制订燃气安全事故应急抢险救援预案。初步建立健全全区城镇燃气安全管理网格，明确镇街燃气管理部门、社区或村安全专干、楼栋长或村民小组长四层级的安全管理职责和权限。

（秦　俭）

【物业行业监管】　2017年，建立区物业管理工作领导机构，明确专门机构负责物业和维修资金管理；街道（镇）明确物业管理工作机构和分管领导；依据市物管联席办要求建立区、街、社区物业管理工作三级台账。配备物业管理专职社工149名，加强对符合条件的住宅小区组建业主大会工作指导，提高业主大会成立率，业主委员会成立率47%。成立物业管理矛盾纠纷调处中心，开展矛盾纠纷办案率和社会投诉满意度调查，开展住宅小区物业服务业主满意度调查，及时处理“12345”热线、市（区）长信箱、网络问政、电话投诉和现场矛盾调处等1200余件，处理中央环保督查组督办件2件。房屋维修资金服务于民，受理及时，严格流程，高效办结，受理房屋维修资金业务170余件，组织现场外勘172次，申请划拨资金120余笔，划拨资金500万余元，实现零投诉、零差错，申请单位与个人满意率百分之百。（秦 俭）

【房产办证处遗】 2017年，雨花区房产处遗工作任务有14个项目，共计4578户。区城建局多次组织国土、规划、消防等职能部门和相关街道召开市、区两级处遗工作会商会，明确县级领导包案，房产处遗工作艰难、有序推进。经市处遗办确认，4578户任务全部完成。（秦 俭）

【农村危房改造】 2017年，雨花区有存量危房213户，其中4类重点对象47户，其他贫困户166户。截至2017年年底，全面完成4类重点户的改造。（秦 俭）

【物业管理改革】 2017年，做好物业管理改革的推进工作（物业管理改革工作被2017年10月23日的《长沙晚报》以题为《小区党建众人划桨，破解城市物管“痛点”》和中国产经新闻采访）。推进住宅小区四方联动机制建立，探索试点小区建立“物业联动服务中心”。研究制定业主大会选举筹备方案，与各街道（镇）、社区共同指导、规范业委会的选举备案工作。构建以党组织为核心的小区党小组、业委会委员、业主监事会、物业服务企业人员构建四方联动机制，建立“四方联动”机制的小区75个，占总数的21%，其中小区党组织建立占45%，业委会建立占47%，监事会建立占21%。每个街道有三个以上物业小区建立“物业联动服务中心”。加强物业企业公共安全事务责任，建立物业小区供水、供电、供气、电梯、消防、安全监控等重大设施设备的排查整改机制，与所有物业企业签订“安全监管承诺书”。兑现星级物业项目评选奖励资金，鼓励物业服务企业争先创优提升服务品质。研究出台《长沙市雨花区物业服务企业管理规定（试行）》《关于对雨花区住宅小区物业服务质量开展满意度调查的实施方案（试行）》，以此为抓手促进物业企业规范管理。建立雨花区物业管理联席会议制度，区、街两级设立物业矛盾纠纷调处中心，业委会成立难、物业维修资金使用难、物业投诉和纠纷处理难等事关万千百姓生活的热点、难点问题得到化解。发挥物业管理四方联动机制，强化属地职能，发挥物业矛盾调处中心平台作用，大部分物业矛盾纠纷属地消化。创新物业维修资金使用途径，制定严格规范的实施细则，针对群众反响强烈的房屋漏水、垃圾站、消防设施维修开辟绿色通道，实现零差错、零投诉，申请单位和业主满意率100%。（秦 俭）

【户表改造】 2017年，市户改指挥部对雨花区下达户改造任务为1.5万户，主要以“三供一业”单位为主，“三供一业”单位在全市数量第一，任务最为艰巨，根据与市水业集团与市指挥部对接，完成1.5万户，100%完成年度民生考核目标，解决部分市民用水难的问题。（秦 俭）

【预拌混凝土整治】 2017年3月底、4月中旬和5月上旬，区城建局开展3次预拌混凝土搅拌站安全专项检查，5月下旬联合市质监站开展质量专项检查。雨花区预拌混凝土搅拌站共计12家，通过质量、安全督查以及中央环保督察期间的检查督促，雨花区混凝土搅拌站质量安全状况基本可控，三环以内无预拌混凝土搅拌站。（秦 俭）

【建筑工地扬尘治理】 2017年，区政府制定《长沙市雨花区建筑施工扬尘防治工作方案》，区城建局制定并下发《配合中央环境保护督察工作暨环保督察期间建筑施工大气污染防治工作方案》《关于开展建筑施工环境保护专项检查的通知》《关于进一步加强建筑施工扬尘污染防治工作的通知》等一系列通知。设置美观整洁、规范标准的施工围挡，装卸物料时采取喷水、遮挡等防尘措施，工地出入口配置车辆冲洗设施，裸露地面、裸土采取硬化、临时绿化、防尘网覆盖等标准，纳入常态化工作。加大投入建立现场监测，2017年，建设项目配备环境监测仪16台、雾炮机5台、洒水车11台，将区内所有混凝土场站扬尘污染纳入到在建工地视频监控和扬尘在线监测系统区级平台，加强区环保子站周边扬尘治理等一系列措施，扬尘防治“5个100%”落到实处。（秦　俭）

【区属建筑工地围挡整治】　2017年，成立雨花区围挡整治工作领导小组，印发《长沙市雨花区围挡整治工作方案》。通过对香樟路沿线围挡、区投区建项目围挡、城市主干道、武广片区围挡的整治，做到规范、有序、整洁。（秦　俭）

【围而未建实体围墙的拆除整治】　2017年，经雨花经开区、各街道（镇）摸排，全面部署、集中攻坚，完成“围而未建”地块拆围复绿治理工作，全区核定“围而未建”实体围墙87处，共计43994米，按要求拆除58处共28408.1米，复绿15.66公顷，建生态停车场3处共346个停车位。（秦　俭）

【区建筑公司改制】　2017年，通过企业借资的方式，先行向区城投借资2000万余元启动改制。经区人社局与长沙市医疗保险管理服务局协调，公司与市医保局签订提留退休人员的医疗费缴纳协议，缴纳协议费用。召开区建筑公司改制工作职代会，和在职职工签订解聘协议，支付失业保险金、退休职工的补偿款，与区城建投对接资产移交。（秦　俭）

【黑臭水体整治】　2017年，黑臭水体整治总任务共24处，区农林水局实施浏阳河及武广片区20处（完成5处），圭塘河指挥部4处。截至2017年年底，雨花区24处黑臭水体全部完成治理，在第三方机构组织的黑臭水体整治评估中，所有水体治理民意调查满意度均达到93%以上，并且有多个水体的满意度100%。12月8日，市住建委联合市环保局、市水务局和绿色潇湘公益组织对雨花区黑臭水体整治工作开展模拟考核。考核组通过现场查看和资料审核，肯定雨花区24处黑臭水体整治的工作成效，对圭塘河水质的持续好转、治理思路的创新思维及景观绿化的高品质建设给予肯定。

（秦　俭）

【房价调控】　2017年，通过对重点楼盘约谈、宣贯楼市相关新政、控制网签、促推低价房源、高低对冲等措施，紧抓日均成交面积和成交均价两个重点，达到保量限价的调控目标；配合市住建委对372家房地产中介、50家在售楼盘的房屋公积金贷款政策及91家房地产非住宅库存进行全面摸底。

（秦　俭）

【承接市级下放经济社会管理权限】　2017年，区城建局承接市级下放经济社会管理权限共18项，其中新增全新职能8项，需在园区设立工作站或办事窗口的有10项。区城建局主动与市住建委、区审改办、区政务服务中心等就职权下放后交接事宜进行对接，理顺承接关系，规范办理流程，完善办事指南，加强审批窗口服务人员培训。与雨花经开区对接，需园区设立工作站或办事窗的事项，采取区城建局与雨花经开区规划建设局合署办公或委托下放（见章盖章）形式共同办理。经双方同意明确《关于委托下放长沙雨花经济开区管理委员会部分经济管理权限的委托书》。2017年，各项承接工作办理情况：建筑起重机械设备产权和使用备案共计148台，新型墙体材料产品备案1起，城镇污水排入排水管网许可证核发2个，房屋建筑和市政工程项目初步设计审批8个，房屋建筑工程和市政公用工程施工图设计文件审查备案13个，建筑工程施工许可证核发13个，委托雨花经开区办理3个。

（秦　俭）

【中央第六环境保护督察组交办相关工作】　2017年中央环保督察期间，接到有关建筑施工扬尘污染和物业管理方面的投诉督办案件5起（木莲路幸福兰亭扬尘投诉、沙湾路泰禹四期扬尘投诉和李洞中学土方施工扬尘投诉等），并全部办结。（秦　俭）

【地下管网规划建设】　2017年，区城建局配合做好建设前期手续办理，在雨花经开区新建雨污水管网长约2.69千米，分别为荷新路、白秋路、杨洪路；完成35条道路及地下管线同步审批；配合圭塘河指挥部及农林水局主要依托圭塘河风光带建设及本次黑臭水体治理对沿线末端进行局部改造。（秦　俭）

【全区建设领域设计和行政审批管理工作座谈会】2017年1月6日，区城建局在区政府二号楼B117会议室组织召开全区建设领域设计和行政审批管理工作座谈会。会上，区政协副主席（兼）、区城建局副局长罗艳辉总结市对区审批权限下放以来雨花区的设计和行政审批工作情况，2015年度下发17个建设项目的初步设计批复，2016年度下发19个建设项目的初步设计批复，提出建设项目初步设计审批需各相关单位共同协商的有关问题。各单位负责人就设计和行政审批程序与区政务中心电子政务审批的有效衔接问题、控制设计与施工中的变更问题及建设项目在审批中遇到的困难等进行交流。市住建委相关负责人对雨花区设计审批工作表示肯定，并提出意见。（秦　俭）

【全区燃气行业管理交流会】　2017年1月11日，区城建局在区委党校四楼七教室组织召开全区燃气行业交流暨安全监督管理业务培训会。市燃气热力管理局局长赵志勇，区城建局党委书记、局长张学军参加会议。会上，长沙新奥燃气公司城南分公司、长沙冰宇燃气有限公司、洞井街道办事处、黎托街道办事处的代表先后发言，围绕企业安全生产管理和燃气行业安全监督管理工作交流经验做法、研讨监管方法。市燃气热力管理局罗正友、市燃气协会副秘书长林科分别就如何抓好液化气门店安全监管和燃气事故应急处理进行专题辅导。张学军强调，要下大力建立覆盖全区城镇的燃气安全管理网格化体系，把每个家庭、每个用气点都纳入管理格栅，实施全区燃气全方位、全员额、全覆盖安全监管；下大力强化燃气安全常识宣传。赵志勇指出，燃气安全管理工作人员要做到“三有三心”——对本职心有敬畏、抓安全手有余力、强管理抓有痕迹，尽心工作、公心办事、热心服务。长沙市液化石油气发展有限责任公司等6家企业及所属销售站点向区城建局递交安全责任状。（秦　俭）

【建设安全生产检查】　2017年1月18日，区政府副区长陈怀宇带队，对“一节两会”期间安全生产工作开展情况进行督查、指导，先后检查圭塘街道扬子路液化气经营门店和星城新宇·川和苑保障房建筑工地。在液化气经营门店询问店主安全生产工作开展情况，查看安全设施和相关台账，对存在的问题进行现场指导；在建筑工地了解安全施工保证措施及施工工艺，查看施工现场安全文明设施，对存在的问题提出整改要求。1月18日，区委常委、组织部部长龚畅带领工作组深入侯家塘街道活力社区长液公司红旗区供应站液化气钢瓶仓库，实地检查该站安全生情况，对该公司的劳动防护、设备管理、应急救援、入户安检和安全宣传工作进行调研。同日，陈怀宇带队检查地处圭塘街道杨月塘社区的澄海燃气公司杨子路供应站的安全管理情况，实地考察液化气供应站的站区管理、钢瓶管理及送气服务情况。1月24日，市委常委、市委统战部部长谭小平一行，到雨花区最大的保障性住房建设项目——川河苑检查节前安全生产工作，对项目建设过程中项目监理履职，施工单位组织施工工艺，施工过程中的安全管理、安全制度的落实等情况进行了解，提出要深刻吸取以前的经验教训，确保人民生命财产安全。2月14日，区城建局党委书记、局长张学军带队，针对区管建筑施工项目，开展节后复工复产安全和质量专项检查，共检查红星国际公馆二期、星城新宇·川和苑、星城新宇·中城苑、星城新宇·桃花苑二期等12个施工项目，发现安全隐患和质量通病，并下达整改通知书，要求责任单位限期整改。3月30日晚至31日凌晨，张学军带队对辖区内的混凝土搅拌站进行安全生产紧急检查。该次共计紧急检查7个混凝土搅拌站，针对生产现场安全生产管理人员不足、不到位，安全生产制度不符合要求、安全生产措施不力，现场存在安全隐患等问题，当场对湖南鲁湘混凝土有限公司、湖南海力嘉业建材有限公司、湖南同升混凝土有限公司、湖南瑞信混凝土有限公司、湖南鸿锦建材有限公司等5家混凝土企业下发安全生产整改通知书，限期整改到位。31日凌晨对全区所有混凝土搅拌站企业下发《关于开展预拌商品混凝土企业（场站）专项整治检查的通知》，要求各相关企业对安全生产进行紧急检查。4月7日，市政府副市长李晓宏带队对长沙市雨花区混凝土搅拌企业安全生产工作开展情况进行督查、指导。李晓宏一行询问湖南怡天建材有限公司的经营状况及安全生产情况，查阅安全管理资料，并对存在的问题进行现场指导，提出要求：一定要汲取“3·30”事件的教训，将安全生产工作常抓不懈，确保不发生任何安全事故。5月22—26日，区城建局党委副书记、副局长吴军红和局总工程师孔建军带队，对雨花区属建安企业进行安全生产检查，检查2016年6月以前由省管下放到雨花区的建安企业40家，检查组重点检查各企业安全生产管理机构的设置、安全责任制度的建立、企业安全生产许可证办理及三类人员考核情况等内容。（秦　俭）

【“控房价、防泡沫、防风险”精准实施座谈会】 2017年1月18日，“控房价、防泡沫、防风险”精准实施座谈会召开，区政府副区长陈怀宇，区政府副调研员刘广平，区城建局党委书记、局长张学军参加会议，并集体约谈26个高价、涨幅过快和新批预售楼盘的负责人，其中嘉熙中心、运达中央广场、中航城、嘉华城等在会上表态发言，表示支持市委、市政府的房地产调控政策。张学军传达市委、市政府“控房价、防泡沫、防风险”房地产市场相关政策、通报前段工作情况、分析雨花区房地产现在的市场形势，对后期工作做安排部署。陈怀宇从健康、平稳、有序发展的角度，要求准确把握形势，共同维护市场稳定；高度重视，做到稳控有力；加强监管，建立价格会商机制；加大执法力度严查各类不规范行为。（秦　俭）

2017年1月18日，“控房价、防泡沫、防风险”精准实施座谈会（秦俭/提供）

【非法“黑气点”整治】 2017年2月24日，由市燃气热力管理局牵头，区城建局、区安监局、区交通局和高桥街道办事处共同组织联合执法行动，依法取缔位于高桥街道东二环长虹宾馆以北的一处非法经营瓶装液化气“黑气点”。此联合执法行动一举查获该经营点的倒气工具1套，暂扣非法经营钢瓶166个（其中包括明令禁用的螺丝瓶73个、报废瓶8个），并对涉嫌非法运输瓶装液化气车牌号为湘A-J646N面包车的车主进行批评教育。7月11日，区城建局、圭塘街道办事处、圭塘公安派出所等单位对圭塘街道各社区进行燃气安全联合检查。联合检查组在巡查圭塘社区金域华府小区时，发现一台中型箱式货车内存放液化气钢瓶实瓶25个、空瓶14个。联合检查组对该货车车主、金域华府一期3栋108号门面经营户王军明进行批评教育，依法取缔该非法经营液化气的“黑气点”。（秦　俭）

【长沙市楼市政策新政宣讲会】 2017年3月18日，雨花区召集区域范围内有代表性的20家楼盘召开楼市新政政策宣讲会，区政府副区长陈怀宇，区城建局党委书记、局长张学军，区政府办及区城乡建设局相关负责人参加会议。会上，张学军分析全国房地产市场发展及长沙市房地产市场形势，宣讲长沙市楼市新政的相关政策，要求大家将政策落实到位。20家楼盘负责人表态，把具体要求贯彻落实到每个环节，不做违法违规销售行为。陈怀宇要求，一是要高度统一思想，支持长沙楼市新政；二是要统一步调，不做违法违规行为；三是相关部门做好服务工作；四是加大执法检查，依法打击恶意炒作、捂盘惜售、违反新政等违法违规行为。（秦　俭）

【市住建委督查调研雨花区】 2017年3月29日，市住建委科技处处长李彦青率检查组对雨花区绿色建筑实施情况进行专项检查。检查组检查雨花区绿色建筑项目资料，听取项目在绿色建筑设计审批、施工进展以及当前存在困难等情况的汇报。李彦青肯定雨花区建设局贯彻落实《长沙市绿色建筑项目管理规定》，推动绿色建筑发展所做的工作，并做出指导：一是领导要重视，要加大绿色建筑理念的宣传；二是在绿色建筑审查的全过程中要严把技术关，把绿色建筑技术贯彻落实到位。4月11日，市住建委安全处处长易穗颖、副处长吕建军到雨花区调研D类危房及“以补促改”抢险项目，区城建局总工程师孔建军及安全科全体人员陪同。易穗颖一行现场调研雨花区赤岗社区、砂子塘社区、长重社区、化工部长沙设计院等4处D类危房及韶山路社区与省水利水电总公司之间护坡安全隐患抢险项目，了解隐患的基本情况，提出将成片D类危房纳入棚改的隐患处置建议。调研中对雨花区既有建（构）筑物安全隐患整治工作给予肯定。4月12日，市住建委到区城建局调研“放管服”工作并召开会议。市住建委副主任胡汉清、区政府副区长陈怀宇、市住建委相关处室负责人、区城乡建设局部分班子成员、二级机构和机关各科室负责人参加会议。会上，区城建局党委书记、局长张学军汇报2012年以来市住建委下放建设管理权限落实情况，城建局各科室负责人与委处室负责人就各线工作进行汇报和交流。胡汉清提四点要求：一是做实基层，提升区域建局的地位；二是抓好安全生产监管和市场秩序；三是加大放权，尽可能地做好责权相对应，工作做到有抓手；四是职能下放后要细化规定，建立完善的检查和督查监管机制。8月25日，市住建委党委书记、主任王伟胜一行到雨花区调研物业监管及“放管服”工作。区委书记张敏，区委常委、区委办主任周海毅等参加调研。该次调研主要是对雨花区贯彻落实市委、市政府《关于全面推进物业管理工作的实施意见》文件精神和住建领域“放管服”改革工作的推进情况。调研组实地考察运达中央广场、檀香山和东澜湾物业小区的物业管理情况，察看小区绿化、地下车库等日常管理情况。王伟胜对运达中央广场小区的物业管理工作给予肯定，指出各区要重视和加强物业管理工作；推动物业管理要从设计、设施、设备管理等环节提质；要重视老旧小区、经济适用房小区和农安小区的提质改造；要认真做好承接市级下放管理权限相关工作。8月31日，市住建委节能办主任杨勇率检查二组对雨花区开展2017年度长沙市建筑节能、绿色建筑与墙体革新专项检查。区城建局分管负责人及相关科室负责人陪同检查。检查组听取雨花区建筑节能、绿色建筑与墙体革新工作汇报，现场抽查雨花区芙蓉路小学建设项目，重点检查该项目的建筑节能设计说明专篇、建筑节能设计审查备案表、绿色建筑审批资料及建筑节能与绿色建筑施工图设计文件的实施情况，并对项目现场存在的问题进行反馈。检查组提出要求：一是要强化建筑节能、绿色建筑政策宣传力度；二是要进一步加强建筑节能强制性标准实施的监管和从业人员的培训；三是要将绿色建筑纳入建设基本程序，逐步强制推广绿色建筑和建筑节能。（秦　俭）

2017年3月39日，市住建委进行绿色建筑专项检查（秦俭/提供）

【省法制办、省住建厅调研雨花区物业管理立法】2017年5月9日，省政府法制办社会立法处、省住建厅房产处、市政府法制办、市住建委法制处、物监处一行9人到雨花区就《湖南省物业管理条例（草案送审稿）》进行立法听证会召开前的调研和座谈。区城建局组织11名小区业主代表、业主委员会主任，6位物业企业负责人、5位区、街道、社区物业监管工作人员参与调研和座谈。与会代表从各自在物业管理活动中不同的立场出发，就湖南物业管理立法亟须解决的业主大会成立及监督、物业企业进退、物业矛盾纠纷联席会议、物业区域停车收费等热点、难点问题，对《湖南省物业管理条例（草案送审稿）》的具体修改和制定提出建议和意见。该次调研和座谈工作为省政府、省住建厅的《湖南省物业管理条例》立法工作提供思路和参考。（秦　俭）

【建设项目质量安全、环境保护现场观摩会】2017年5月11日，区城建局建筑工程质量安全监督站在雨花区最大的保障性住房项目——川河苑召开质量安全、环境保护、文明施工现场观摩会。区各街道城建线分管负责人、区施工企业代表、区管各在建项目质安负责人、监理负责人及项目负责人以及区城建局全体人员共170余人参加观摩。该次活动主要是针对建设工程安全生产、质量标准化、质量通病防治、文明施工、环境保护等方面的交流学习，是雨花区区投区建项目的首次观摩活动。活动中，施工单位湖南省第六工程有限公司运用BIM管理技术，优化施工管理，在项目现场体现出的较高管理水平得到好评。通过该次观摩，有利于对施工现场的文明施工和环境保护形成示范作业，提高区管项目的质量安全管理水平。（秦　俭）

【房产处遗工作市直会商会】2017年6月7日，区政府在区会议中心303会议室召开雨花区房产办证遗留问题市直会商会，专题就雨花区曙光家园、惠馨楼、开宇大厦、利璞大厦、洞井商贸城、火焰安置小区等12个处遗项目处理方案进行会商。会议由区政府副区长陈怀宇主持，市委督查室主任张志中、市住建委陈杰刚、市国土局刘国梁、市规划局丁旭明、市公安消防支队陈贻来，市处遗办、市财政局、市地税局、市不动产登记中心，区人大常委会副主任谢爱龙、区政协副主席廖云伟、罗艳辉等12位县级包案干部，以及区政府办、区委政法委、区城建局、区规划分局、区国土分局、区地税局、区消防大队负责人参加会议。区城建局党委副书记、副局长吴军红就12个处遗项目整体情况及区级会商会初步意见进行全面汇报。市处遗办、市规划局、市国土局等市直部门针对每个项目存在的问题进行讨论并提出意见，表示按处遗相关政策支持雨花区处遗工作。张志中对房产处遗工作提出建议：明确目标任务；落实工作责任，加快工作进度；打消顾虑、敢于担责。陈怀宇讲话：请市直各相关部门给予支持；各县级包案领导要包案到位，加强调度；明确责任；协调联动，统筹调度。（秦　俭）

【建筑行业安全管理人员安全知识培训班】2017年6月28日，区城建局举办建筑行业安全管理人员安全知识培训班。培训班由区城建局总工程师孔建军主持，区城建局党委书记、局长张学军作开训动员。区安全生产监督管理局局长刘归受邀出席培训，结合发生的事故，强调安全生产的重要性。市住建委建设教育培训中心王作伟和市建设工程安全监督站总工程师李建方，分别就《建安企业抓好安全生产基础知识》和《建安企业如何抓好建设工程安全生产》授课。该次培训班参加企业100余家，培训人员300余人。（秦　俭）

【雨花区建筑业协会成立】2017年8月18日，长沙市雨花区建筑业协会在区民政局社团登记机构的指导下，在长沙洞井建筑股份有限公司召开第一次会员大会。会议由区城建局党委副书记、副局长吴军红主持，区城建局党委书记、局长张学军参加会议。会议按相关程序表决通过《长沙市雨花区建筑业协会章程》，选举产生刘鲤、邹勇等5名副会长、25家理事单位和2名监事。选举吴军为第一届协会会长，张萍为秘书长。吴军表示将带领协会秉承“服务企业、反映诉求，规范行为、维护权益、合作共赢”的宗旨服务于雨花区建筑行业。张学军强调，雨花区建筑业协会的成立，要充分发挥政府和企业的桥梁和纽带作用，通过协助政府实施行业管理和维护企业合法权益，促进企业之间信息共享、沟通交流、合作共赢，实现行业自律，要避免不正当竞争，维护共同利益。（秦　俭）

【全区燃气管理培训交流会】 2017年9月28日，区城建局在区治大院3号办公楼二楼学习室组织召开全区燃气安全监督管理业务培训交流会。全区所有镇街燃气管理专干、长沙冰宇燃气有限公司等进入雨花区市场的6家瓶装液化气经营公司的法人及安全工作负责人参加会议。会议主要围绕企业安全生产管理和燃气行业安全监督管理两项内容开展经验做法交流和监管方法研讨，并就如何抓好液化气门店安全监管和燃气事故应急处理进行专题培训。会议强调，2017年下半年要建立覆盖全区城镇的燃气安全管理网格化体系，把每个家庭、每个用气点都纳入管理格栅，实施全区燃气全方位、全员额、全覆盖安全监管，同时要下大力强化燃气安全常识宣传。区城建局执法监察大队大队长谢志强就国庆、中秋两节及中共十九大期间全区燃气安全管理工作进行部署调度。（秦　俭）

【建设工程消防应急演练】 2017年11月13日，由区城建局党委书记、局长张学军带队在星城新宇川河苑项目组织举行消防演练活动。该次演练重点强调明火作业注意事项、灭火器使用方法及火灾发生自救疏散等工作，结合极易发生火灾事故实例及实际模拟火灾现场，从现场起火报警到启动应急预案、抢险自救、紧急疏散等一系列工作进行消防逃生演练，以此加强施工现场日常作业中突遇火灾情况的应急能力，提高日常作业中防火意识。通过该次演练活动，有利于检验施工现场应急预案的可行性和可操作性，增强现场安全生产管理水平，提高建设工程参建各方消防应急能力，锻炼应急救援队伍快速反应、协调作战技能。（秦　俭）

重点工程

【概况】 长沙市雨花区工务局（简称“区工务局”）为区政府直属事业单位，主要职能是承担区政府投资项目的建设（或代建）实施和监督管理职责；负责省、市重点工程征拆工作与市重点办协调、联络；负责重点工程建设项目设计、报建等前期手续办理工作；负责民生项目（教育、卫生、公安）的具体实施工作。内设办公室、总工室、工程计划科、工程报建科、市政工程管理科、房建工程管理科、财务管理科、项目综合协调办公室8个职能科室。2017年，全局有工作人员55人，其中在编在岗人员19人（含挂职1人），区人才引进5人，重点工程雇员31人；党员24人。办公地点设在雨花区人民政府机关大院2号楼。

2017年，全局安排建设项目80个（含市建区拆、预备、前期研究项目），区级年度计划总投资11.25亿元。其中，续建项目12个，投资额约3.25亿元；新建项目12个，投资额约4亿元；市建区拆项目10个，征拆费约4亿元；预备项目27个，前期研究项目19个。有9条市政项目建成通车，6个民生项目建成投入使用。共受理人大代表建议和政协提案共15件，其中市人大建议2件，市政协提案1件，区人大建议11件，区政协提案1件。15件建议、提案中，2件为单独办理件，5件为主办件，8件为会办件。需要与代表、委员见面并答复的共计7件。区工务局完成与所有代表、委员的答复工作，做到三个100%，即建议、提案办理的见面率100%，答复率100%，满意率100%。12月11日，雨花区在长沙市公共资源交易中心提前完成和顺苑提质改造、官寺冲路（香樟东路—曲塘路）道路工程、支路12–3（官寺冲路—京珠辅道）道路工程三个列入2018年建设计划的项目招标工作。（梁　峰）

【重点工程建设】 2017年，全局安排建设项目80个（含市建区拆、预备、前期研究项目），区级年度计划总投资11.25亿元。市政建设项目建成项目9个，实现万芙路、山塘路、圭塘路三标等8条市政道路建成通车，通车里程约7.1千米，总投资约3亿元。完成省质监局周边配套道路的人行道、绿化带等提质改造任务，合计长度1.5千米，总投资0.12亿元；在建项目13个，推进侯照路、新平路、柳树塘路、杜花路（东段）等13条市政道路的建设，通车里程约10.2千米，总投资约4.4亿元。社会事业项目建成项目6个，枫树山莲湖小学、砂子塘小学第六都校区、和平小学综合楼扩建工程等6个房建项目完工或投入使用，总投资约4亿元；在建项目5个，推进李洞中学、郡阳小学、东方红小学等3所学校和区教育局培训大楼、雨花区中心消防站的建设，总投资约3.28亿元。 （梁 峰）

【配合市重大项目】 2017年，区工务局推进红旗路、时代阳光大道、战备路、先锋路等9个项目用地手续办理，完成8个项目的用地手续（仅剩先锋路在办理集体土地转征手续）。在拆迁协调上，完成时代阳光大道一、二、三段、红旗路一、二、三段和战备路的拆迁，并移交施工单位进行施工，共计支付拆迁资金约2.5亿元。 （梁 峰）

【区领导调研重点工程项目】 2017年2月8日，区政府副区长陈怀宇在区治大院2号楼B321会议室主持召开万芙路（先锋路－金井路）提质工作调研会，洞井片区拆迁建设指挥部常务副指挥长马启良，区工务局、洞井街道、市规划设计院等单位相关负责人参加会议。会上，陈怀宇听取市规划设计院项目负责人关于万芙路提质改造方案及海绵道路设计的介绍，对项目设计工作提出具体意见，要求采用切实可行海绵道路设计方法，并全面提升绿化品质，将万芙路（先锋路—金井路）建设成既便于出行又可观景的精致精美项目；要求洞井片区指挥部牵头，洞井街道配合，尽快落实建设用地范围，确保万芙路（先锋路—金井路）提质工作落到实处。与会各单位也表示，将会齐心协力，攻克难关。2月22日，陈怀宇到区工务局调研，就政府投资项目亟待解决的问题听取专题汇报。区工务局梳理亟需区领导协调解决的18个问题，其中杜花路（万家丽路—沙湾路）、官寺冲路（香樟东路—沙湾路）、花卉园路（时代阳光大道—农博路）等项目属于重大方案决策问题。陈怀宇要求区工务局细化方案，进一步研究；要求区工务局将海绵城市建设的理念根植于所有项目的建设中，以高标准设计规划、建设好各个项目。3月4日，陈怀宇主持召开万芙路高品质建设及桃花路、仙岭路、支路18提质改造项目的设计方案汇报会议。区政府副区长王明玖、区政府副调研员刘广平，以及区建设局、区财政局、区工务局（区重点办）、区环卫局等部门单位负责人参加。陈怀宇、王明玖、刘广平等区领导听取两家设计单位的方案汇报以及万芙路、桃花路、支路18、仙岭路4条市政道路项目的现状、前期工作进展、存在的问题等情况的汇报，要求相关部门明确责任，协调解决拆迁腾地、设计审批、施工环境等问题。陈怀宇要求将海绵城市的理念融入到万芙路项目建设的提质改造中，打造市政道路建设的精品、样板工程。3月9日，陈怀宇带队，深入莲湖小学施工现场针对项目建设的质量、安全、进度等情况进行综合调度，要求区工务局、监理单位为项目建设做好服务工作；要求施工单位科学组织、精细管理，加大人

2017年10月17日，区委书记张敏调研区重点工程 （梁峰／提供）

员机械材料投入，力保莲湖小学秋季开学的目标顺利完成。3月13日，区委副书记、区长刘素月，区委常委、常务副区长邹春林一行到洞井街道卫生服务中心现场进行调研。区工务局局长易光明汇报项目的基本概况、现场进度、工作目标等情况，刘素月对项目建设的质量、安全、进度和品质方面提出具体要求和指示。6月7日，区政府副区长易静带队，在莲湖小学施工现场进行综合调度。易静一行实地考察莲湖小学项目建设情况，听取工作汇报，要求区工务局加强对施工单位综合调度，做好管理协调服务工作，要求施工单位加大人员材料设备投入，确保莲湖小学秋季开学的目标顺利完成，将莲湖小学建设成一所质量过硬、环境优美、绿色环保的现代学校。8月5日，区委书记张敏一行到芙蓉路小学项目工地，对该项目的"文明创建"情况进行检查，听取项目的建设情况汇报，进行实地视察，对芙蓉路小学项目的"文明创建"活动进行肯定。10月17日，张敏深入区重点工程建设项目调研。区领导刘素月、邹春林、王彦峰、陈怀宇、王明玖等出席，区工务局全体班子成员及其他重点工程建设相关部门负责人参加。张敏实地考察长塘路、枫树山莲湖小学、万芙路、林科路、省质监局周边三条配套道路及其圭塘派出所等项目现场；在区治大院1号楼A401会议室听取区工务局局长易光明关于区重点工程建设工作汇报。张敏强调，需制定科学计划，加强对工程的科学管理，要依法依规抓好招投标工作。（梁　峰）

【李洞中学项目】　2017年3月9日，李洞中学新建工程完成施工许可证的办理。该项目位于杉木冲路与高升路交汇处西南角，东临规划支路40，南依桂花坪路，被列为2016年市对区的考核项目，系雨花区2016年重点项目之一。项目建筑面积为18240平方米，建设规模为一级普通中学标准，主要建设内容包括综合办公室、图书馆、教学楼、食堂、报告厅、体艺馆、地下车库及人防等主体建筑、装饰和安装工程建设以及1个200米运动场，室外篮球场与排球场各1个，同时配套建设室外给排水、供配电、绿化、道路硬化、弱电系统等附属工程建设。（梁　峰）

【景园路（万家丽路—马王堆路）项目】　2017年3月10日，景园路（万家丽路—马王堆路）取得施工许可证。景园路(万家丽路—马王堆路)是高桥街道的东西向城市次干道，道路全长407米，路幅宽16米，既是雨花区2016年的新建项目，又是区人大建议督办项目。景园路的建设，有利于缓解长沙大道的交通压力，优化城区道路交通组织，加快沿线项目开发进程。（梁　峰）

【区工务局赴常德考察】　2017年3月24日，区工务局局长易光明带队，区建设专业技术人员20余人赴常德实地考察学习海绵城市建设。该次考察，由与区政府达成战略合作协议的德国汉诺威水公司承办，区政协副主席、区城建局副局长罗艳辉，区规划分局副局长孔昶一同参加考察学习。考察人员重点参观常德幼儿师范高等专科学校项目，该项目充分利用海绵城市措施与校区绿地景观相结合，在满足校园雨水、污水处理要求的同时，为师生提供优质、舒适的景观空间；在常德市紫菱路，参观者看到通过对已建成道路进行海绵城市提质改造，结合道路两厢绿地建设生态滤池，用以过滤、蓄存机动车道雨水，达到雨水净化、重复循环利用的效果。通过该次考察，区重点工程建设者们对海绵城市建设有了更加直观的认识，更加深入地了解到海绵城市建设的标准和细节。（梁　峰）

【山塘路项目】　2017年4月12日，山塘路开展沥青摊铺工作，10月该项目竣工通车。山塘路（长沙大道—石坝路以南350米）北起长沙大道，南至石坝路以南350米，长1083.2米，规划路幅宽20米，是雨花区沿圭塘河的南北向道路建设项目。山塘路与石坝路、博进路平交，是一条集景观、交通于一体的城市景观道路，为圭塘河生态景观区重要组成部分。该项目沿经多个居住区，包括大桥安置小区、华雅花园、嘉盛华庭、桂花城，出行需要很大，项

目的修建将有利于方便集镇居民的出行，改善其出行条件。（梁 峰）

山塘路沥青摊铺 （梁峰/提供）

【新河路（湘府路—支路三）项目】 2017年4月19日，新河路（湘府路—支路三）项目取得施工许可证。新河路（湘府路—支路三）是圭塘片区的南北向城市次干道，道路全长1846米，路幅宽20米，既是雨花区2017年的新建项目，又是区人大建议督办项目。12月，新河路竣工通车，有利于缓解湘府路的交通压力，优化城区道路交通组织。（梁 峰）

【圭塘河路完成预验收移交】 2017年4月27日，圭塘河路完成预验收移交。移交会由区工务局组织，市城管综合规划处、市质监中心、市容处、市政处、交通设施处、市园林局绿化处、市城建档案馆、市交警队、市路灯所、区财评、区交警队、区市政局、区环卫局、施工单位和片区指挥部相关人员参加会议。圭塘河路位于长沙市雨花区黎托片区内一条沿圭塘河走向的城市支路，南起大桥路，北至人民路。（梁 峰）

【郡阳小学建设项目】 2017年5月2日，郡阳小学建设项目招标在长沙公共资源交易中心完成。湖南东方红建设集团有限公司被确定为该项目的第一中标候选单位。郡阳小学项目位于洞井街道高升路与和升路交汇处，拟按完全小学标准进行建设，设42个班级，每班45人。项目总建筑面积为17496.42平方米，其中地上建筑面积14630.28平方米，地下建筑面积为2866.14平方米。地上5层，包括3栋教学楼、1栋科教综合楼、食堂、大门、风雨操场及其他室外附属工程，地下1层。项目周边有郡阳小区，颐和佳园、佳天名苑等小区。该项目的建设，有利于优化雨花区教育资源配置，满足周边居民对优质教育资源的需求，解决郡阳小区及周边区域居民子女上学问题。（梁 峰）

【嘉胜路（长沙大道—石坝路）项目】 2017年5月26日，嘉胜路（长沙大道－石坝路）取得工程规划许可证，6月26日，顺利完成招标。嘉盛路建设项目位于黎托街道，列入市对区重点考核工程，该道路北起长沙大道，南至石坝路，长约635米，规划路幅宽16米，总用地面积为1.04公顷，工程造价约2104万元，已列入2017年区发改局计划，要求2017年全部完成建设，建设单位为长沙市雨花区城市建设投资集团有限公司。（梁 峰）

【省府周边慢行道雨花区段改造】 2017年6月5日，区工务局完成省府周边慢行道雨花区段改造。该工程分别在时代阳光大道（中意一路—天雨交界处）900米路段的两侧非机动车道上修建1.5米宽的绿道；在高升路（时代阳光大道—中意一路）1460米路段的两侧人行道上修建1.8米宽的绿道。该项目于5月16日开工建设，建设期间，区工务局局长易光明多次到现场督察调度，克服建设中交通分流、多次强降雨等困难，经过20天白天黑夜24小时连续施工，完成该项目。慢行道可供骑自行车、慢跑、健步行等人群使用，为市民提供通勤、休闲健身的便利。（梁 峰）

【圭塘路四标（香樟路—曲塘路）项目】 2017年7月3日，圭塘路四标（香樟路—曲塘路）项目完成招标，9月10日，取得工程规划许可证，10月18日，取得施工许可证。圭塘路四标位于圭塘街道，项目南起香樟路，北至曲塘路，道路全长1010米，规划路幅宽36米。道路现状为16米宽沥青砼路面，并且部分区域病害较严重。东侧有新星小区、万坤图财富广场，西侧有景塘家园安置小区、英郡年华二期等。建设内容主要是对西半幅进行新建、东半幅进行提质改造。包括道路、排水、照明、交通设施、绿化等工程。项目的建成，有利于提高交通通行效率，增加两厢开发品质，改善周边居民出行环境。（梁　峰）

【高升路（桂花坪路—杉木冲路）道路工程招标顺利完成】 2017年9月11日，高升路（桂花坪路—杉木冲路）道路工程在长沙公共资源交易中心顺利完成。长沙金诚建筑有限公司被确定为本项目的第一中标候选单位。该项目南起桂花坪路，北至杉木冲路，西侧为在进行建设的李洞中学，东侧为洞井一小区，全长763.25米，宽26米，双向4车道，为城市次干道。建设内容主要包括道路排水、照明、交通设施、绿化、电力埋管工程。项目的建成对于拉通已建道路，促进片区开发和建设起着重要作用；将城市道路、给水、排水、供电、电讯等紧密结合在一起，改善城市环境，加快城市化进程；项目周边既有普通小区，又有即将建成的李洞中学，对于提升城市居民的居住水平，方便适龄学生出入学校具有重要意义。（梁　峰）

【万芙路（先锋路—金井路）通车】 2017年9月26日，雨花区万芙路（先锋路—金井路）通车，该项目全长1940米，宽36米。该项目人行道采用彩色透水混凝土，并在人行道下设排水暗涵。平时路面上的雨水，经过暗涵排至道路外侧地势较低的绿地，形成生态灌溉。大雨时，超标雨水通过溢流口就近排入预埋排水井。万芙路（先锋路—金井路）通车后，与前期建成的万芙路其他路段形成一条全长7320米，连接湘府路、时代阳光大道、先锋路、新韶山路和万家丽路的主要道路。该路段的通车，有利于发挥万芙路的交通功能，完善长沙市雨花区的路网结构，方便沿线单位老百姓的出行。

（梁　峰）

征　地

【概况】 长沙市雨花区征地办公室（简称“区征地办”）为正科级全额拨款事业单位，主要职能是负责雨花区内集体土地征地补偿安置工作的组织、实施、协调、监督和管理。内设综合科、财务科、安置科、征拆科4个职能科室。2017年，核定编制数13名，实有9人，其中正科职3人，副科职2人；全体在职干部职工数21人，其中在编干部9人，挂职1人，人才引进1人，雇员5人，劳务派遣2人，短期聘用2人，借调1人。办公地点设在区治大院2号楼。

2017年，雨花区集体土地征地补偿安置工作紧扣工作主题，突出重点，加大征拆力度，推进项目建设。全年接待群众来访82人次，办理省信访平台来信来访17件，处理政府信息公开13件，回复区长信箱、市长信箱6件，全年无重大群体信访事件。开展争议协调，推动项目进度，参与项目特殊个案研究133次，牵头组织召开征地补偿安置争议协调会3次。发布征地公告36个、征地通告6个，做好社会稳定风险评估报告44件，征地公告严格按相关规定及时在政务网上进行公示，做到阳光征拆。全年办理批示件、督办件24件，办结“12345”市民热线9件，办结率100%。全年组织承办百人以上会议6个，受区政府办委托接待全国各类学习考察团8个。参与13起行政诉讼案、1起行政复议，无行政诉讼败诉或者行政复议被撤销、改变、确认违法的情况。全年无因审计监督、财务监督、行政监督不到位，发生行政违法行为的情况。配合各级政府及有关部门处置来访、来信、来电共113起，其中湖南省信访平台来访12起，来电73起，来访28批次。开展全区征地补偿安置工作，夺得全市绩效考核第一名。（贺　莹）

【项目征拆】 2017年，全区实施集体土地征拆项目120个，涉及征地面积1091.99公顷，动迁人口5558人，其中省市重点项目73个，涉及征地面积714.95公顷。全年出结算单185个，拆除合法房屋1268栋，拆除合法房屋面积29万平方米，完成94个项目结算交地，实现腾地733.33公顷，其中重点项目完成58个，实现腾地613.52公顷。高铁核心区17号地、湘诚壹佰、107保障住房等一批征地公告发布多年的项目实现拆迁清零；鄱阳小学实现完成最后一户的签约拆除工作；妥善处理60号令遗留项目扫尾工作，国人城东方红小学教育配套项目在多方努力下，顺利地完成结算交地。

（贺　莹）

【重点片区征拆】　2017年，完成高铁、跳马、雅塘三大片区36个项目的结算交地，实现腾地437.13公顷。其中，高铁会展新城片区共41个项目，完成京港澳高速东西辅道（含综合管廊）、潭阳园博园等21个项目结算交地，腾地322公顷。跳马片区共10个项目，全面完成红星市场二期、时代阳光大道等7个项目，腾地69.6公顷。雅塘片区共12个项目，完成曙光路、洞井路等8个项目，腾地45.53公顷。在潭阳片区的园博园项目，区委、区政府主要负责人一线调度部署，14名县级干部协助指挥，重点对象亲自上门，26个后盾单位全力支持，140名抽调干部脱产攻坚，完成1205栋合法房屋签约和拆除工作，共腾地174.67公顷。

（贺　莹）

【安置保障】　2017年，完成黎锦苑二期、太和园、黎雅苑、莲景苑、颐景苑、瑞景苑共6个保障住房安置小区9批次的分房交房工作，共计分房1943套，安置2386人。促进桃花苑二期、颐景苑二期、川河苑、中城苑共4个保障住房项目的建设，房源约5672套，可安置7308人。全年发放延期过渡费1757万元，确保被征拆群众在外安心过渡。全年纳入社保体系6968人，累计纳入29279人，纳入社保率99.27%。全年缴纳社保资金24432万元，累计解缴271518万元，社保资金解缴率98.04%。扩大纯货币化安置覆盖面，引导被征拆群众选择货币补贴安置，全年实现回购1110人，补贴金额32235万元。

（贺　莹）

【征拆基础工作】　2017年，在年初的经济工作大会上提出"清零扫尾年"的目标，以"阳光征拆"为指导，围绕项目清零，突出优化机制、完善政策，主动转变工作模式，成立由区委书记任政委、区长任指挥长的拆迁建设总指挥部，各涉农街道（镇）成立拆迁建设指挥部，街道（镇）的书记、主任（镇长）为第一责任人。抽调肯干事、能干事、有征拆经验的机关干部到高铁会展新城、潭阳、雅塘等重点片区的征拆一线，充实征拆力量。年初，区征地办作为区拆迁建设总指挥部的主要组成部门，对全区全年征拆工作分解任务，对各个项目的实施公告、合法清零、结算交地的时间进行明确。执行过程中，定期组织召开总指挥部指挥长会议，高位调度全区各拆迁项目指挥部。制定《雨花区居民家庭户口人员纳入项目拆迁安置联合认定操作规程》《雨花区集体土地征地补偿安置公示制度》等10余项政策和制度。政策执行采取归口管理，业务内容由征地、国土部门把关，个案研究分级处理，一般个案由征地、国土等部门联合把关，特殊个案由主管区长组织召开会议议定。

（贺　莹）

【保障住房申购资格审核】　2017年4月25日至5月3日，由区征地办牵头会同区国土分局、区卫计局、黎托街道安置办和各社区针对已拆待安的21个项目、494户开展保障住房申购资格联合会审工作。联合会审期间，工作人员依法依规对保障住房资格审核申报对象的征拆人口入册情况、户籍性质、独生证、半边户、世居非农资格等情况进行审核。该次联合会审共涉及21个项目，审核494户1811人，其中纯农人口1533人，半边户236人，世居非农31人。9月19日，区征地办牵头组织区卫计局、区国土分局等相关部门（单位），联合东山街道各社区筹委会对2017年已拆房对象保障住房申购资格审核进行会审。该次会审涉及东山街道侯照、边山、长托、黎托、东山共5个社区筹委会，共计审核112户311人，其中纯农284人，半边户12人，世居非农 15 人，独生证 46 本。联合会审的顺利进行为东山街道太和园、黎雅苑第五批次分房明确分房对象、审定分房资格打下基础。11 月 16 日，由区征地办牵头组织区卫计局、区国土分局、雨花亭街道、石马社区等相关部门（单位）工作人员在雅塘新城三年改造指挥部，对雨花亭街道石马社区洞井路项目拆迁安置对象进行了保障住房资格联合会审。该次审核共计 31 户 155 人，其中纯农 110 人、非农 18 人、独生子女证 27 本。11 月 28 日，由区征地办牵头，组织区卫计局、区国土分局、雨花亭街道、井塘社区等相关单位在在圭塘河综合整治项目指挥部，对雨花亭街道井塘社区圭塘河项目拆迁安置对象的保障住房资格进行联合会审。该次联合会审共计审核 77 户 286 人，其中纯农人口 214 人、独生子女证 41 本、非农人口 31 人。11 月 29 日至 12 月 1 日，由区征地办牵头，组织区卫计局、区国土分局、黎托街道、潭阳社区等相关单位工作人员在黎托街道潭阳社区筹委会一楼会议室，针对黎托街道潭阳社区整村拆迁项目拆迁安置对象进行第九批次联合会审。该次保障住房资格审核 231 户 1024 人，其中纯农人口 890 人、独生子女证 102 本、非农人口 32 人。（贺　莹）

【2017 年全区征拆工作绩效考核冲刺调度会】 2017 年 11 月 17 日，雨花区召开 2017 年全区征拆工作绩效考核冲刺调度会。会议由区委副书记、区长刘素月主持。会上，区政府副区长陈怀宇就全区征拆工作情况进行通报讲评，分析全区集体土地和棚改征收项目的总体情况和考核冲刺的严峻形势，提出相关工作思路，要求各级部门要强力调度、加强引导、强力推进、同行同向、严格奖惩。相关街道（镇）和相关部门负责人作表态发言。区委书记张敏指出，征拆工作后段要紧扣目标、全力冲刺，要压实责任、上肩上紧，要全民调度、加强对接，要强化督查、严格奖惩，全面完成工作任务。（贺　莹）

【保障住房分房大会】 2017 年 9 月 6 日，雨花区雨花亭街道星城新宇·颐景苑保障住房第五批次分房大会在自然村村部大会议室召开。该次分房工作从启动保障住房资格审核到正式分房抓阄历时一个月，区征地办指导雨花亭街道、自然社区筹委会整理完善分房资格审核资料，协调组织区国土局、区卫计局、区城投公司等部门支持和配合，确保该次分房按既定时间完成。该次分房对象主要为自然 107 项目和圭塘河综合整治工程项目拆迁对象，分房共有安置户 71 户，368 人，分房 249 套。10 月 20 日，雨花亭街道井塘村保障房井塘苑第三次分房大会召开，该次分房共 9 户，分房 17 套。参与该批次分房的对象除 2 户系新增外，其余 7 户均为前两次分房后剩余的对象。10 月 31 日，井湾子街道莲湖社区莲景苑安置保障住房第四次分房大会召开。该次分房涉及 75 户安置对象，共分房 279 套，其中 80 户型 174 套、100 户型 10 套、120 户型 89 套、140 户型 6 套。（贺　莹）

【洞井路项目清零】 2017 年 5 月 29 日，洞井路项目最后一栋王某某户成功签约，实现洞井路项目清零。道路建设启动的是洞井路和曙光路两个项目，这两路的建设有利于缓解韶山路和万家丽路的交通压力。项目自启动以来，备受市、区领导的重视。市人大常委会副主任刘新程多次亲临指导。区委书记张敏，区委副书记、区长刘素月多次来项目调研，帮助指挥部及相关部门理思路、定措施，协调解决具体困难和问题。项目所在街道联点领导定期召开征拆工作推进会，总结征拆协调工作情况。（贺　莹）

【文化产业园二期项目实现清零】 文化产业园二期项目是武广高铁片区 2017 年的重点项目，根据区委、区政府要求，2017 年 4 月 30 日前要完成项目清零。项目内有 81 栋合法建筑，需要在三个月之内完成清零扫尾。接到任务后，粟塘指挥部分析项目形势，进行部署铺排。粟塘指挥部指挥长段仁华，街道领导王润虎、刘明生、副指挥长李伟才、袁林带领指挥部干部及社区两委成员，提前研究拆迁方案，谋划拆迁策略，将项目拆迁任务按照时间节点进行细化，明确任务内容、工作要求，合理铺排人员，全面调度。粟塘社区两委干部和指挥部干部利用周末和节假日时间，到拆迁户家中宣传政策，力促达成补偿协议。坚持以拆违促拆迁，整合区城管警察、区城管特勤队、黎托城管中队、黎托派出所等多方力量，重点针对文化产业园二期项目的房前屋后违章建筑，联合组织开展拆违行动，促进扫尾项目的拆迁腾地，顺利拆除5000余平方米违章建筑。工作组深入拆迁户家中反复宣传相关政策，解决拆迁户实际困难和问题，争取群众的理解和支持。历经三个月，4月30日，81栋合法建筑全部签约完毕。（贺 莹）

【刘素月调研集体土地拆迁与棚改征收工作】2017年5月11日，区委副书记、区长刘素月调研全区集体土地征拆及棚改工作。刘素月一行实地调研长城信息棚改项目、川河片区指挥部、园博家园项目和潭阳片区征拆工作，听取各单位工作情况汇报，了解项目征拆、建设进度，对一些重点事项进行现场研究调度。刘素月指出，要站在建设品质长沙的高度，将棚改工程打造成品质工程、精品工程，改善居民生活环境；要求全区各责任部门要紧追项目清零扫尾目标，严格执行政策，加快项目征拆进度，加大房屋拆除力度。6月19日，刘素月在区集体土地拆迁建设总指挥部，组织召开会议专题调度高铁会展新城武广片区征拆工作。会议就片区重点项目征拆进展情况及存在的问题进行逐一分析和探讨。刘素月指出，要加强定期调度，以更过硬的措施确保每周都有新进展、新变化；要转变工作观念，转变工作方法，完成工作目标，分阶段确保完成重大项目的扫尾清零。会议就6月份必须完成的红旗路匝道、片区17号地、黎托生态公园等9个项目任务和工作要求进行逐一明确。7月19日，刘素月在区拆迁建设总指挥部，组织召开高铁会展新城片区征拆工作调度会。会议邀请市高铁新城管委会郭勇、市轨道公司曹前、市武广公司吴斌飞等市直单位负责人参加会议。会上，黎托、东山街道逐一汇报前段高铁会展新城片区铺排的20个项目征拆进展情况。参会的市区领导、区直部门单位负责人分别发表意见和建议。区政府副区长陈怀宇对于后段工作，要求目标不变、进度不缓，坚定推进片区重点项目；要合理铺排项目时序，坚持政策统一，坚持公平公正原则，加强对接协调。刘素月要求后段进一步提升认识，形成合力，做好道路、学校、防洪堤、产业等项目拆迁；要强化计划，明确时间节点坚定执行推进；要克服困难确保完成任务，就具体项目问题明确时间和责任。（贺 莹）

征 收

【概况】 长沙市雨花区城市房屋征收和补偿管理办公室（简称“区征收办”）为全额拨款正科级事业单位，2015年10月29日，经区编委研究同意列为公益一类事业单位，主要负责组织实施雨花区范围内城市房屋征收和补偿及拆迁拆除工作。内设办公室、征收科、补偿科、财务科、拆除科5个职能科室。2017年，核定编制15名，领导职数3名。

2017年，雨花区共实施45个项目（含市对区绩效考核项目31个），其中棚改项目23个，基础设施项目22个，涉及征收767户，征收房屋面积约50.42万平方米。全年接待和处理信访案件231例620余人次，其中当面接待151批，书面回复省网上信访系统、“12345”市民热线工单和依申请信息公开75例，其他交办件5例，无群体性事件或重大舆情事件发生。严格按照安全生产管理相关规定，实施房屋拆除工作，全年无安全生产事故发生。区征收办在市对区国有土地征拆绩效考核工作中内五区名列第一；获评长沙市“棚户区改造工作优秀集体”称号。（张 丽）

【征收项目】 2017年，雨花区发布征收公告151个，征收决定18个，完成长城信息、省话剧团、长沙鼓风机厂、顺特变压器厂等26个项目签约清零或拆除腾地，累计签约565户，拆除房屋面积

2017 年 3 月 7 日，劳动路 A 地块 9 栋拆除　　（张丽 / 提供）

约 34.55 万平方米，足额发放征收补偿资金约 12.12 亿元。2015 年扫尾项目共 6 个，完成左家塘街道省话剧团、东塘街道长城信息、井湾子街道长橡 AB 地块等 3 个项目拆除腾地；雨花亭街道华云、侯家塘街道小林子冲的等 2 个项目签约清零；砂子塘街道长电项目仅剩最后 1 户未签约。2016 年扫尾项目共 12 个，雨花亭街道湘民制药厂、左家塘街道劳动路 A 地块、砂子塘街道省纺机、圭塘街道白云、井湾子街道长橡 C 地块、雨花亭街道和砂子塘街道洞井路等 6 个项目腾地清零；左家塘街道衡器厂签约清零。2017 年新启动项目 13 个，雨花亭街道长沙鼓风机厂、砂子塘街道顺特变压器厂、东山街道东山地块腾地清零；基础设施项目 10 个，跳马镇时代阳光大道东延线（花卉路—红旗路），雨花亭街道圭塘河双修、儿童福利院、圭塘路四标，高桥街道美联路，左家塘街道地铁六号线（朝阳站），圭塘街道地铁四号线（树木岭站）、景园路，黎托街道粟塘路，洞井街道瓦窑路等 10 个项目全部完成腾地清零。未纳入市对区绩效考核的项目 14 个，其中扫尾项目 5 个，东塘街道华狮一期、圭塘街道和东山街道杜花路完成腾地；其余 3 个（井湾子街道长橡 E 地块、跳马镇红星迁建市场、雨花亭街道四十三中学等项目），开展清零扫尾工作；新启动项目 9 个，其中棚改项目圭塘街道铜铝材厂发布一公告，8 个基础设施项目按程序发布公告。　　（张　丽）

【征收工作】　2017 年，建立以区委副书记、区长刘素月任指挥长、区主要领导坐镇调度的区棚改征收拆迁建设指挥部。采取司法程序与做思想工作兼顾的方式进行扫尾攻坚，并保持常态，将司法任务分解到事、责任到人。全年完成非诉执行案件 114 件，其中 12 个扫尾项目（全年扫尾项目共计 19 个）在司法强推下完成签约清零或拆除腾地，107 户在强制程序进行中签订补偿协议，法院执行 8 户，办理行政复议案件 11 件，行政诉讼案件 46 件，法院（法制部门）审结 41 件，胜诉率 100%。在顺特项目推广实施模拟征收成功，在原有的 5 万元“VIP”购房奖励的基础上进行新的激励方式探索，以顺特和鼓风项目为试点，设立签约腾房“3+2”奖励模式，即在规定时间内完成签约奖励 3 万元，完成腾房奖励 2 万元。两个项目五公告发布 1 个月相继完成全部签约工作，尤其是鼓风项目从集中签约开始，用时 15 天完成 112 户被征收户签约。　　（张　丽）

【顺特变压器厂宿舍地块棚改项目】　雨花区雅塘片区顺特变压器厂宿舍地块棚改项目位于砂子塘街道，洞井路与规划王家冲路交叉口东北和东南角，征收范围内涉及 18、19 栋房屋共 98 户住户，房屋建于 20 世纪 80 年代，经有关部门鉴定为 E 类危房。由于洞井路修建后产生 12 米的高度差，给居民出行带来不便，存在安全隐患。雨花区采用模拟征收方式对该项目进行改造，于 2017 年 10 月 31 日完成全部 98 户的征收签约，12 月 10 日实现全部腾房，12 月 29 日完成 18 栋、19 栋拆除倒地工作。

（张　丽）

【长沙市鼓风机厂棚改项目完成拆除腾地】　长沙市鼓风机厂棚改项目位于曲塘社区，东至树木岭路，西至融科东南海 C 区，南至曲塘路，北至劳动路。项目总用地面积约 11.07 公顷，包含长沙鼓风机厂厂区和宿舍区：厂区面积约 10.67 公顷，涉拆厂房及办公楼建筑面积约 7 万平方米；宿舍区面积约 0.4 公顷，涉拆房屋建筑面积 4500 平方米，居民 112 户。该项目于 2017 年 9 月 30 日发布征收决定公告启动签约工作，10月18日开始集中签约，用时15天，于11月1日完成全部112户被征收户签约工作，于12月30前完成拆除腾地工作。 （张 丽）

【华狮棚改项目私房22号栋房屋顺利实施拆除】 2017年2月28日，东塘街道对华狮棚改项目私房22号栋房屋顺利实施拆除，区政府副区长陈怀宇现场指导拆除工作。华狮棚改项项目二期位于韶山中路304号，征收面积1.72公顷（114户居民住户以及韶山路沿线6家单位）。项目于2016年5月启动签约工作，签约期内签约目完成签约115户（其中私房113户，公房2户）。2017年，项目进入攻坚扫尾阶段。 （张 丽）

【区棚改征收拆迁建设指挥部成立】 2017年4月，区棚改征收拆迁建设指挥部于成立，通过与区征收办、区住保局等相关部门集中办公的方式，发挥指挥部在全区面上的综合协调、政策把握、程序办理、后勤保障和具体点上的疑难处置、个案化解、重点突破的作用，组织相关区直部门和街道负责人一起，深入项目现场统筹调度，掌握情况、督促进度、梳理问题，逐一分析未签约和未腾房原因，研讨破解办法，促进签约、腾房、拆除工作。全年完成省下达的棚改考核任务2906户；完成市下达的棚改考核任务1720户，为年度任务的104.5%，在内五区市对区国有土地征拆绩效考核中排名第一。 （张 丽）

【棚改征收扫尾清零工作调度会】 2017年6月26日，区政府副区长陈怀宇组织区棚改办、区征收办、区住保局等相关负责人，召开棚改征收扫尾清零工作调度会，对项目扫尾清零和棚改征拆建设指挥部运行作具体部署安排，并就市对区国有土地征拆绩效考核、新项目的启动、保障房源问题等情况进行研究分析。 （张 丽）

【国有土地上房屋征收补偿信息系统培训】 2017年11月2日，雨花区举办国有土地上房屋征收补偿信息系统培训。该次培训会由市征收办主办，区征收办具体承办，邀请市征收办信访科科长高润石、软件系统开发专家进行授课。区征收办、区棚改办、各街道办事处相关工作负责人及指挥部征拆工作人员参加培训。会上，高润石介绍长沙市实施国有土地上房屋征收补偿信息系统的意义和重要性。市征收办信息系统负责人对软件的使用进行教学操作演示。操作演示后，学员们就实际操作中的个案问题或疑惑，与专家进行交流和互动。区征收办党组书记、主任罗闽就信息系统工作进行部署及任务分工。通过该次培训，有利于规范雨花区国有土地上房屋征收补偿管理工作，增强征拆工作人员相互学习、沟通和交流。 （张 丽）

【长橡棚改AB地块项目完成拆除腾地】 2017年11月16日，坐落在井圭路小学旁边的一栋2层楼房倒塌，这是长橡棚改AB地块中最后一栋被拆除的房屋，该栋房屋的拆除，标志着长橡棚改AB地块完成拆除腾地任务，也标志着长橡棚改2015年启动项目收官。拆除前，经过多次排查和安全确认，确保所有房间无人员逗留，无遗落的贵重物品，作业机械在专业人员的指挥下进行拆除工作。拆除当天长橡棚户区征迁指挥部的工作人员在现场拉起警戒线，设置警戒牌，与附近居民、过路行人解释宣传，维持现场拆迁序。 （张 丽）

【华狮棚改项目二期“华鼎大酒店”建筑安全拆除】 2017年12月11日，在市征收办、区征收办相关负责人现场全程指导下，东塘街道组织调度下，拆除公司克服施工组织难、交通秩序维护难等问题，华狮棚改项目二期内“华鼎大酒店”建筑安全平稳拆除倒地，涉拆面积10441.64平方米。（张 丽）

棚 改

【概况】 长沙市雨花区棚户区改造工作办公室（简称“区棚改办”）于2012年9月设立，为区政府办公室的全额拨款二级事业单位，核定事业编制5名。长沙润雨棚户区改造投资有限公司（简称“润雨棚改公司”）于2009年1月成立，主要负责全区棚户区及旧城区改造工作。长沙市雨花棚改投资有限责任公司（简称“雨花棚改公司”）于2014年6月成立，主要负责全区新一轮棚改项目的改造工作。

2017年，区棚改办围绕扫尾清零重点工作，完成续建扫尾清零项目14个，占全市扫尾清零项目的40%；完成新建项目清零3个，完成改造1720户，占市任务104.5%。2017年，省下达雨花区棚改考核任务2906户，涉及项目9个，截至2017年12月31日全面完成；市下达的棚改考核任务1646户，涉及续建项目20个、新建项目3个，截至2017年12月31日累计签约1720户，完成年度任务的104.5%。获评长沙市内五区绩效考核一等单位，长沙市棚改先进单位。（陆红连）

【资金筹措】 2017年，区棚改办对接市棚改公司、市住保局、市财政局、国家开发银行等部门单位，拓宽融资渠道，全年筹集改造资金8.54亿元，其中：国家开发银行贷款资金1.74亿元，城发基金3.8亿元，农商行青竹湖支行贷款资金3亿元。为项目顺利启动征拆实现签约清零提供资金保障。（陆红连）

【东山项目实现清零】 东山地块棚改项目位于浏阳河以西，湘秀路以南，新花侯路以东，湘府东路以北，涉及征地面积1.37公顷，应拆合法房屋51栋，该项目于2017年3月启动签约工作。项目指挥部采取集中宣讲、上户走访的工作方法，了解居民的想法和诉求，讲解政策；通过协调多方力量，将办理相关事项的服务窗口搬到居民家门口，采取异地签约、上门签约的方式，为居民解决各种实际困难。12月17日，随着最后一户杨某户成功签约，并顺利拆除，东山街道东山地块棚区改目顺利实现当年启动当年完成签约腾房拆除工作。（陆红连）

【棚改项目征拆扫尾清零工作点评会】 2017年5月5日，雨花区召开棚改征拆扫尾清零工作点评会。区委书记张敏，区委副书记、区长刘素月等参加会议。会议通报、点评4月份全区棚改征拆项目扫尾清零任务完成情况，对5—6月的棚改工作进行统筹部署。张敏强调，要肯定工作，在成绩上再鼓劲；要认清形势，在思想上再加压；要坚定信心，在行动上再发力；要狠抓落实，在责任上再压实。刘素月要求，要咬定清零扫尾攻坚的目标不动摇，通过靠前调度指挥、严格执行政策、强化保障措施确保任务完成。（陆红连）

【刘素月调研棚改项目】 2017年2月16日，区委副书记、区长刘素月率队现场调研左家塘劳动东路两厢地块、砂子塘梨子山长电苎麻、和雅塘村社区3个棚改项目工作推进情况，区政府副区长陈怀宇，区政府副调研员刘广平，以及区相关部门、街道负责人等参加调研。刘素月一行听取各项目的工作汇报，就具体事项进行研究部署；要求指挥部全体工作人员进行科学铺排，强化时序保障；做好拆迁户的思想工作；鼓励要严抓实赶，力争完成既定目标。3月9日，刘素月、陈怀宇、刘广平一行现场调研东塘街道和井湾子街道的棚改项目，现场指导华狮、长城信息、长橡等棚改项目的"清零"扫尾工作。5月24日，刘素月深入棚改项目现场调度扫尾清零相关工作。刘素月一行到雨花亭街道湘民制药厂和华云机器厂、圭塘街道白云电器厂，左家塘街道长沙衡器厂棚改项目现场，实地察看项目清零扫尾进展情况，了解各项目存在的具体困难，询问前期采取的工作措施，并对存在的问题逐一解

2017年3月9日，区委副书记、区长刘素月调研棚改项目（陆红连/提供）

剖、逐一分析，共同商量破解对策，现场还就项目扫尾签约以及加快腾房等具体事项明确完成期限。刘素月就下阶段工作提出要求，一是领导力量要加强；二是司法程序要加快；三是腾房拆除要督促；四是政策刚性要坚守；五是房源保障要到位；六是城市管理要加强。9月4日，刘素月深入左家塘、砂子塘、圭塘街道棚改项目进行调研。11月9日，刘素月，区委常委、副区长王彦峰，陈怀宇，刘广平一行深入现场，调研棚改项目扫尾清零工作。

（陆红连）

【廖建华调研雨花区棚改项目】 2017年11月24日，市政府副市长廖建华率队调研雨花区长沙市鼓风机厂地块棚改项目，市住保局党组书记、局长周飞，区委书记张敏，区委副书记、区长刘素月，区政府副区长陈怀宇、张良欣陪同。在项目现场，廖建华听取项目进展，以及对厂区部分进行保护性开发建设的情况汇报；强调私房部分要加快拆除腾地，厂区部分的发展规划要细致，操作模式要具体，争取早见成效。12月1日，廖建华率市经信委、市财政局、市国土局、市国资委、市审计局等相关部门负责人一行，调研雨花区劳动东路两厢棚改项目。廖建华一行查看项目现场，在项目指挥部召开会议。会上，陈怀宇汇报劳动东路两厢棚改项目、原赤岗冲棚改项目、湖南中海投资有限公司的基本情况及项目推进过程中存在的困难和问题，并提出相关建议和请求。市直相关部门结合各自工作职能，对涉及的事项进行说明，并提出意见。廖建华提出要求，一是劳动东路棚改项目成效显著，应予以肯定；二是要重新组织力量，再动员、再部署。（陆红连）

城市建设投融资开发

【概况】 长沙市雨花区物业管理中心（简称“区物管中心”）成立于1997年9月29日，为正科级全民事业单位，自收自支，实行企业化管理。长沙市雨花城市建设投资有限责任公司（简称“区城建投”）成立于2002年4月8日，2012年10月更名为长沙市雨花城市建设投资集团有限公司，是按照《中华人民共和国公司法》成立的国有投资公司，负责经营管理国有土地和房屋资产的招商、转让和开发，重点工程的融资；区保障住房、圭塘河生态景观建设及雨花区道路体质改造工程等工作。雨花区物业管理中心、雨花城市建设投资集团有限公司（区城建投融资中心）实行“两块牌子、一套人马”的管理模式。内设16个职能部门：办公室、人力资源部、党群纪检部、战略发展部、财务部、报建部、招标合约部、技术部、工程一部、工程二部、预结算部、综合协调部、物业管理部、分房办、资产运营部、三供一业；下辖8个子公司：长沙市雨花农业综合开发有限责任公司、长沙市雨博文化传播有限公司、长沙市三力置业有限责任公司、长沙市三力物业管理有限公司、长沙市雅塘新城建设投资有限公司、长沙市黎托新城建设开发有限责任公司、长沙市雨花城投报建咨询公司、长沙市雨花城市配套实施建设有限责任公司；合伙企业一个：长沙长银雨花城投投资合伙企业（有限合伙）；合资公司一个：湖南绿地城花发展有限公司。2017年，有工作人员110人，在编干部职工20人（其中领导职数7人）、退休2人、引进人才2人，政府雇员8人；党员人数21人(含退休)，其中在职党员17人；招聘公司雇员80人，党员总人数14人。办公地点设在长沙市雨花区圭香路瑞景苑4号栋。

2017年，区物管中心(区城建投)以“项目提质、工作提标、管理提效”为工作重点，推动工作向前发展。全年公司累计融资18.45亿元；完成农民保障房建设6栋共800套（建筑面积9.9万平方米），基本完工15栋3154套(建筑面积38.3万平方米)；实现农民保障房分房交房1942套，安置人口约2400人，安置面积约20万平方米；对安置户开展7次回购工作，共受理回购8.89万平方米，回购金额总计32415万元；销售保障住房车位共105个，累计销售1100余个，销售金额约3100万元；圭塘河生态景观区三期工程基本完工，二期工程2号、4号、5号地块配套建筑主体工程完工，景观区约(22

万平方米）的绿化工程完成95%。道路提质改造PPP项目长沙大道、芙蓉路、韶山路竣工验收，香樟路提质改造土建主体工程基本完工；完成20个停车场，3949个泊位建设，完成年度目标132%；公司实现物业经营收入约3050万元，物业管理收入约648万元；投入资金1.05亿元完成同升湖学校资产合同（二）、合同（三）收购事宜，为区内园区、企业、街道提供贷款和担保、垫付，共涉资金14.36亿元。（伍　君）

【工程建设】 2017年，承建的保障房项目建设累计完成产值约6.5亿元，其中桃花苑二期（建筑面积9.9万平方米）全部完工；中城苑（建筑面积36.4万平方米）攻克阻碍项目建设的关键难点（110千伏高压杆线下地），为后续项目建设和雅塘片区整体开发打下基础；川河苑（建筑面积38.8万平方米）主体工程完工。（伍　君）

【融资工作】 2017年，新增贷款18.45亿元，其中光大银行4亿元，长沙农村商业银行4.6亿元，华夏银行3亿元，工商银行2亿元，建设银行1亿元，交通银行1亿元，北京银行0.95亿元，华融湘江银行1.9亿元。（伍　君）

【物业经营】 2017年，实现物业收入3050万元，其中雨花大厦租赁经营收入1320万元，三力物业公司物业管理收入648万元（三力物业公司实现盈利约70万元），其他资产租金收入1082万元。（伍　君）

【安居工程】 2017年，完成黎锦苑西片区、黎雅苑、太和园、自然苑、莲景苑、井塘苑和月雅苑等七个项目的分房交房工作，共计交房2000余套，安置人口2400余人，安置面积约20万平方米。累计分房9000余套，安置人口约1.1万人，安置面积约100万平方米。（伍　君）

【土地报建】 2017年，围绕项目建设计划，加大与规划、国土、街道等相关部门的协调配合，及时办理中城苑、市民之家、圭塘河生态景观区等项目的报建手续，推进太和园、黎雅苑、黎锦苑等安置小区的物业配套用房（即5平方米物业）性质变更，完成城投3号、15号、26号、27号地的拆迁工作，推进城投4号、11号、14号、19号、22号地的拆迁工作。（伍　君）

【房屋回购】 2017年，完成七批次房屋回购工作，解决约1100人安置对象的回购需求，回购面积93512.5平方米，发放回购资金32235万元。累计回购面积335006.25平方米，发放回购资金114387万元，解决约3939人安置对象的回购需求，缓解安置工作压力，节省安置和社保融资用地20万余平方米（20余公顷）。（伍　君）

【车位销售】 2017年，销售车位300余个，销售金额352万元。车位销售工作的有力推进，有利于缓解保障住房小区业主停车难的矛盾，改善小区公共秩序与环境。

（伍　君）

【拆迁农民安置】 2017年，区城建投承建的保障房项目建设取得突破，全年完成产值约6.5亿元。川河苑（建筑面积38.8万平方米）主体工程完工，由于施工质量优、安全文明形象好，被省建设厅确定为全省“安康杯”观摩项目。（伍　君）

【公共停车场建设】 2017年，区城建投利用商业建筑地下部分和圭塘河流域公园规划区域进行停车位建设，为周边重点交通交叉口及未来新增堵点缓解压力。承建的市民之家项目采用多层升降横移式立体车库，成为雨花区首个使用立体停车设备的政府窗口项目，在利民便民的同时，对新型立体停车设备的推广和发展具有示范、带动效应。全年完成20个停车场、3949个泊位建设，完成率132%。

（伍　君）

【道路提质改造工程】 雨花区道路“六位一体”提质改造工程（韶山路、芙蓉路、长沙大道、香樟路），全长26.5千米，是雨花区第一个PPP项目，在项目规划设计阶段，区城建投坚持“以人为本、科学便民、因地制宜”，通过设置自行车绿道、改造港湾式公交站、10千伏高压电力杆线下地、老旧社区改造等一系列举措，提升道路通行能力和建设品质。（伍　君）

规划管理

【概况】 长沙市城乡规划局雨花区分局（简称“区规划分局”）为垂直管理单位。内设办公室、规划审批室、规划监察室3个职能科室，下辖规划监察执法大队。2017年，定编制13名；有工作人员19人，正式在编10人，区规划分局聘用人员6人，市政府雇员1人，区政府雇员2人；中共党员11人，民主党派1人。国家注册房地产估价师1名，注册规划师1名。

2017年，区规划分局建立和健全各项规章制度，将37项具体工作分解到人，明确责任领导和经办人员；召开分局例会47次，共同研究规划编制、批后管理、临建审查、拆违鉴违、信访安全、廉政建设等日常工作，形成会议纪要；加强“学习型”机关建设，订阅《规划师》《建筑师》等各类专业书籍。全年办理来文683件，办理发文253件，办理会议429个，办理人大建议13件，政协提案10件。完成信访件176件（其中包括省网上平台信访2起、“12345”工单件83起、市局转办信访件7起、市长信箱11起、区长信箱22起、网络问政10起、电话信访32起、来信来文9起）。（黄文博）

【规划编制】 2017年，经过多次论证，区政府决定投入400万余元在全市率先编制《雨花区控规实施评估》《雨花区城乡建设四年行动计划》《海绵城市建设规划》等3个专项规划。2017年，市勘测院完成初步成果。其中编制的《雨花区控规实施评估》，范围包括雨花区控规覆盖的区域，重点为现状建成区48平方千米城市建设用地，主要是对控规依据图、控规实施绩效、控规的外部影响等方面的实施评估，主要就存在的缺口和差异进行分析，提出规划优化建议，为总规修编提供参考依据。编制的《雨花区城乡建设四年行动计划》，范围包括雨花区行政区全境，总面积304.9平方千米，主要是从现状建设情况及问题、上层次规划与相关计划梳理、城乡建设行动计划指引等方面加强规划统筹引领，重点解决要做什么，什么时候做，在哪里做等实际问题。编制的《雨花区海绵城市建设规划》主要解决雨花区排水防涝问题，建立雨花区排水管网指标体系，确定海绵城市近期建设的示范片区，提出示范片区内低影响开发建设项目，明确海绵城市建设的重点区域及重大工程总体布局，提出分期建设要求。完成《雨花区在新一轮长沙市总体规划中发展诉求的专题报告》，主要从功能分区、产业布局、人口规模、交通规划、公共服务基础设施以及乡村发展六大方面进行规划构想，统筹推进高铁会展新城开发建设，推进雨花经开区产业聚集以及加速推进跳马全域旅游开发建设，重点就红星片区、雅塘片区、跳马镇以及电子商务物流园提出发展构想，为总规修编提供参考依据。按照全市“多规合一”“城市设计”“城市双修”等专项工作部署，完成15个区直单位的资料收集上报工作；配合做好4个重点地段街区、3个重点建设区、2处重要滨水临水及风景区、13处重要交通枢纽的城市设计；启动圭塘河流域29千米海绵城市试点工作；完成跳马镇总规批前公示。（黄文博）

【规划审批】 2017年，区规划分局主要负责六类行政审批业务：临时建设工程；国有土地及集体土地上的个人住宅；公房“四原”危房翻建（原址、原面积、原高度、原使用性质）；“乡村建设规划许可证”核发；村民住宅安置房；市规划局授权的其他审批业务。行政审批的主要环节为报建图审查及核发“建设工程规划许可证”或“乡村建设规划许可证”。全年受理报建24次，核发“建设工程规划许可证”14本，共计面积41499.17平方米（其中农民安置房2本，面积21121.47平方米，临建12本，面积20377.7平方米）；核发跳马镇农民建房“乡村规划许可证”279本、面积58050平方米。无越权审批行为，案卷正点率、合格率100%。

（黄文博）

【规划执法】 2017年，接管批后管理项目数65个、受理批后管理案卷105卷，现场放线102次，正负零复验45处，竣工核实项目工程56处，建设跟踪检查71次，竣工测量70次，现场公示124次，下达《责令停止建设通知书》14份，移送区城管部门案件24件，进行违法建设立案调查案件8件（其中上报市执法支队审理7件，分局立案审理1件）。完成历史建筑合法认定31起，确认合法建筑面积6155.63平方米；完成专业技术鉴定204起，鉴定违法建筑面积32.59万平方米。完成2017年第十五期、第十六期卫星图斑的核查工作，共计核查异常图斑1895处(其中第十五期1287处、第十六期608处)，第十七期卫星图斑完成前期图面核查，发至各街道进行现场核实。重点对名都花园、旭辉广场、幸福满庭等老信访问题进行政策宣讲和协调。2017年10月，多次到圭塘街道与区维稳办、派出所等部门对接，制定突发事件预案，于10月27日在圭塘村村部组织召开泰禹家园教育用地调规听证会，避免群发性的上访事件。（黄文博）

【规划服务】 2017年，组织长沙市规划设计院的设计人员对左家塘街道嘉园社区开展社区微更新改造规划设计，拆除300余平方米的违法建筑，硬化1000余米的道路，新建500余平方米的绿化，亮化小区道路，疏通下水管道；对全区的试点社区—井湾子街道井巷社区提质提档方案进行技术把关，提出初审意见，并对社区范围的过期临建进行违法鉴定。区委副书记、区长刘素月组织召开第十四次、第十五次、第十六次区国土规划领导小组会，主要审议省人大、省公安厅、省植物园等22个临建项目以及6个消纳场和3个搅拌站规划选址问题，对一些申请调规项目进行审议，对卫星图斑的核实查处进行部署。邀请市规划局局长冯意刚带队，到雨花区就规划相关问题进行现场办公，协调解决雨花区工业用地发展、养老公寓基础配套设施、跳马镇规划建设项目办证、村民安置房历史遗留问题等19个重点工程、民生工程、规划建设等难题。

（黄文博）

【过期售楼部拆除】 2017年3月24日，在区规划分局和雨花规划执法大队的努力下，位于韶山南路与先锋路交叉口的冠铭广场项目售楼部由建设单位进行自行拆除。冠铭广场项目售楼部始建于2014年，由湖南省冠铭房地产开发有限公司以临时建筑形式向区规划分局报批建成，建筑结构为钢结构二层，总面积1828.53平方米。区规划分局于2014年1月9日对其核发“建设工程规划许可证”，有效期两年，至2016年1月8日止。临建到期后，区规划分局多次要求建设单位拆除过期售楼部，按照总图实施，但建设单位一再申请暂缓拆除。考虑项目所处位置为城市重要交通枢纽区域，完成绿化广场建设对提升城市形象、优化居住环境至关重要，经区规划分局、雨花规划执法大队与建设单位反复约谈，说服建设单位自行拆除。（黄文博）

【冯意刚到雨花区现场办公】 2017年8月4日，市城乡规划局党委书记、局长冯意刚到雨花区就区内规划问题与该区领导进行工作对接、现场办公。市城乡规划局党委副书记、副局长吴学超主持现场办公会。市城乡规划局相关处室负责人，区委副书记、区长刘素月，区政府副区长陈怀宇，区工务局、区园林局、区处遗办、黎托街道等相关部门参加会议。会上，双方围绕雨花区园区工业用地发展、养老公寓基础设施配置、跳马镇规划建设项目、村民安置房历史遗留问题等19个重点工程建设项目进行会商。市城乡规划局相关处室负责人就相关建设项目提出建议。冯意刚了解每个项目的进展情况，表示将从资源合理分配和生态底线管控等要求出发，对雨花区道路管线规证办理、村民安置用地调规、跳马镇建设用地选址以及其他历史遗留问题进行细化研究和综合考虑，更好地实现雨花区空间资源的城乡统筹。刘素月指出，该次现场办公会既解决实际问题，又收获城市规划建设的建议，希望市城乡规划局继续对雨花区的城市建设给予指导和支持。（黄文博）

【雨花区专项规划编制专题研究会】 2017年9月22日，召开《雨花区控规实施评估》《城乡建设四年行动计划（2017—2020）》《海绵城市建设规划》三项专项规划编制研究会。区规划分局局长李定平结合区情战略、上层区域规划、总体规划、专项规划、控制性详细规划、城市设计等方面系统汇报三项专项规划编制的必要性和现实性，就雨花区率先启动区级《海绵城市建设规划》编制，先行试点建设圭塘河流域海绵城市进行说明。长沙市规划勘测设计研究院作为编制单位分别对三个规划编制项目的主要内容和实际作用进行汇报。参会各单位就规划编制项目面临的问题、解决的建议和措施等提出意见建议。区委副书记、区长刘素月指出，编制三项专项规划旨在制定符合雨花区当前实况和未来趋势的指导性纲要，提高雨花区城市战略发展的前瞻性；《雨花区控规实施评估》要争取成为长沙市总体规划修编、推进多规合一的参考依据；《四年行动计划》要突出雨花区自身特色，提出具体的、操作性强的项目铺排和政府投资计划；《城乡建设四年行动计划（2017—2020）》要根据灾害评估报告，与在编的《圭塘河流域海绵城市规划》相统一，同时结合高铁新城、跳马镇、红星片区等重点片区先期开展相关工作，力争将雨花区海绵城市规划成果纳入市政府法定规划成果库。（黄文博）

2017年9月22日，雨花区专项规划编制专题研究会（黄文博/提供）

国土资源

【概况】 长沙市国土资源局雨花区分局（简称“区国土分局”）为市垂直管理单位，主要职能有：承办农用地转用、征收、征用、使用的前期工作；承办国有土地划拨、使用的前期工作，组织辖区内拆迁补偿具体实施工作；开展国土资源动态巡查，做好国土资源跟踪管理、地质灾害防治，负责辖区内土地、矿产违法案件的查处；承办农民建房和居民房原宅基地的改、扩建，临时用地报批等工作；编报区域内土地利用年度计划，负责基本农田保护区划定和基本农田保护管理工作等工作。内设办公室、监察室、财务科、信访科、用地科、地籍科、征地拆迁科，下辖执法大队、征地拆迁事务所、中心、黎托、洞井和跳马4个管理所。2017年，全局在职在编干职工46人；退休人员17人；党员56人。办公地点在雨花区香莲路69号

2017年，区国土分局贯彻落实省、市国土资源工作会议精神，坚持以服务区域经济社会发展为主线，把保发展与保资源、积极主动服务与严格规范管理有机结合起来，狠抓各项工作目标任务的落实。2017年，处理土地权属纠纷1件、核实土地权属3件。配合环保部门做好天际岭森林公园、石燕湖森林公园生态红线的划定工作，配合环保部门做好耕地土壤污染调查整治工作。按时完成省国土厅下发的55个两型图斑核查处置工作；对生态绿心保护区内采矿权进行清理，对跳马境内采矿证到期的方正、沙仙、砖佳、百胜等四家砖厂采矿权依法注销。全年接待来访群众33批次，116人次，收

到来信 19 封，办结信访事项 50 件，缠访、闹访问题得到有效解决。公开各类政务信息 221 条（篇），其中：工作动态信息 24 条，人事信息 4 条，征地拆迁信息 194 条。回复群众申请信息公开 54 起，办理区长信箱 5 件，落实上级领导批示件 50 余件，及时、高效办结 10 个雨花区人大建议和政协提案工作。获得区绩效考核先进单位，市国土局绩效考核先进单位等称号，征地拆迁工作在内五区排名第一。（周永平）

【保障用地】 2017 年，区国土分局完成各类项目用地报卷 43 宗，其中国家建设用地 38 宗，集体建设用地 5 宗；涉及用地面积 151.68 公顷，其中征用面积 142.30 公顷，使用面积 8.86 公顷；发布预征地公告 28 个，用地面积 78.02 公顷；配合雨花区政府立项审查 30 个，加快区招商引资项目相关手续的办理。与雨花经开区对接，探索工业园区工业用地弹性供地机制。规范临时用地审批程序，依法依规开展临时用地的审批工作，临时用地审批无差错。全年批准强德企业管理有限公司、湖南长运建设发展有限公司两宗临时用地，服务项目发展。（周永平）

【征地拆迁】 2017 年，全区实施集体土地征地补偿项目 120 个，征地 1091.99 公顷。拆除合法房屋 1268 栋，动迁人口 5558 人，拆除合法面积 288203.42 平方米，实现 94 个项目 733.33 公顷结算腾地。潭阳园博园项目，如期拆除合法房屋 1205 栋，为长沙市申报园博会奠定基础；京港澳高速东西辅道、消防特情站、时代阳光大道东延线、洞井路、曙光路等项目实现腾地，确保城市基础设施建设推进；圭塘河生态景观、李洞中学、城投 14 号地保障住房等项目顺利完成，推进民生工程的进展。（周永平）

【土地执法】 2017 年，巡查发现违法用地 69 宗，涉用地面积 23.87 公顷，均下发停工通知书，责令停工，有效制止 18 宗。69 宗违法用地中，违法建设 34 宗，涉用地面积 3.55 公顷；违法填土及其他 35 宗，涉用地面积 20.32 公顷。2016 年度土地卫片执法检查中，共有 10 宗违法用地，其中 8 宗违法用地移交给雨花区城市管理综合执法大队依法处理；1 宗占用林地违法用地移送市林业局依法处理；1 宗督促拆除后复绿整改到位，卫片执法检查顺利通过上级的验收。全区违法占用耕地面积占新增建设用地占用耕地总面积的比例为 5.5%，履职到位率 100%，查处到位率 100%，整改到位率为 72.68%。实现无扣分、无问责的工作目标。2017 年，督促土地利用监测、监管平台中新增疑似闲置土地开工建设 29 宗，面积共 144.55 公顷；按照动工、收回、置换三种方式对雨花区 2014–2015 年闲置土地进行处置，4 宗处置到位。（周永平）

【地质灾害防治】 2017 年，制定并印发《雨花区地质灾害防治工作方案》，明确责任分工，确保全区地质灾害预警预报和巡查措施到位。在 2017 年 6 月下旬以来的强降雨中，雨花区地质灾害险情严峻，启动防汛 I 级响应，出动抢险救灾 660 人次，向市地质灾害应急中心和区应急办报送地质灾害灾情 64 条，成功疏散撤离群众约 293 人，搬迁群众 4 户。全年排查地质灾害隐患点 343 起，对 64 起重点隐患点进行防治；普及地质灾害科普常识，逐点下发地质灾害防灾、避险工作明白卡 51 份，制作并设立地质灾害安全警示牌 230 块。全区所有危害人民生命和财产安全的崩塌、滑坡、地面塌陷、地裂缝、地面沉降等与地质作用有关的灾害都得到有效防范。（周永平）

【耕地保护】 2017 年，雨花区划定的基本农田为 3546.73 公顷，涉及跳马镇的 14 个村。根据《长沙市雨花区永久基本农田划定方案》，完善基本农田图斑的边界、坐落、地类、质量等信息；对非耕地划出的基本农田进行补划，进行编号，完成基本农田数据库的建设工作。组织签订基本农田保护责任书，制定多个部门联动的共同责任机制。制做 14 块保护标志牌和 14 块界桩，制作并发放 2 万余张基本农田保护责任卡，严查破坏基本农田的违法违规用地行为。严格落实耕地占补平衡，开设专用资金账户，开展耕地指标网上竞拍工作，全区首次通过省公共资源交易网上平台竞拍22公顷旱地指标，竞拍5公顷水田指标。（周永平）

【特约人员见面会】 2017年6月23日，区国土分局召开特约人员见面会，分局班子成员和中层以上干部参加会议。见面会上，区国土分局局长雷世良向特约人员介绍分局建制情况和主要职能，汇报上半年国土资源管理工作；参会的特约人员对拆迁和土地执法工作提出一些意见和看法，双方进行交流。雷世良表示，区国土分局将进一步加强和特约人员的联系，虚心接受特约人员的监督，对提出的问题及时整改，坚决落实到位。（周永平）

【国土日宣传活动】 2017年6月25日是第27个全国“土地日”，区国土分局围绕宣传主题“土地与生态文明建设”，开展“土地日”宣传活动。区国土分局分别在局机关、东山街道、跳马镇3个地点设立宣传点，在辖区所在镇、街道悬挂宣传标语、发送宣传资料，向群众发放《国土资源知识100问》《不动产登记暂行条例》《不动产登记热点问与答》等材料千余份，向群众进行国土科普知识的宣讲，营造节约集约用地、保护耕地与生态环境的氛围。（周永平）

【村民建房】 2017年，为进一步规范农村宅基地审批程序，明确各级职责，优化办事效率，区国土分局根据《湖南省人民政府办公厅关于加强农村建房管理的通知》和市国土局《关于规范和改进农村宅基地管理的实施意见（试行）》以及《雨花区跳马镇农村村民住宅建设管理暂行办法》等规定，结合实际，印发《长沙市国土资源局雨花分局农村村民住宅用地办理操作规程（试行）》，按照新的建房办法，截至2017年年底，共受理跳马镇280户村民建房资料，审批发放村民建房证240本，批准面积35240平方米。（周永平）

住房保障

【概况】 长沙市雨花区住房保障局（简称“区住保局”）为区政府直属事业单位，主要负责贯彻落实住房保障工作政策、法规，全区住房保障发展规划、建设计划，辖区内保障性住房建设的协调工作，管理和分配全区保障性住房，负责全区经济适用房货补凭证及资格单的审核，全区廉租房租赁补贴和实物配租的审核，全区棚改安置补贴和VIP购房奖励的审核，全区公共租赁住房的筹集和审核，区属单位住房货币化补贴的申报和审核等。内设办公室、计财科、安居办、登记审批科、住房管理科5个职能科室。2017年，核定编制17名；全体在职干部职工数24人，其中雇员7人；局内设2个党支部，共有党员25人，其中退休支部9人。办公地点设在区治大院。

2017年，区住保局创造性开展系列工作，完成区委、区政府和市住房保障局交办的各项工作任务，得到市区相关领导和基层困难群众的肯定。

【保障性住房项目建设】 2017年，雨花区保障性住房建设结转项目：粟塘小区项目计划建设公租房8栋1512套，建筑面积8万平方米，实现基本建成；万家园项目计划建设公租房4栋1500套，项目4栋住宅于2017年年底完成主体封顶。公租房小区提质改造有序推进，力争取将鄱阳小区及天凯东苑小区纳入市局提质改造的范围，多次陪同市住保局及设计单位一行到实地进行勘察，调动社区及物业公司的积极性。（彭菊芬）

【住房保障审批】 2017年，公共租赁住房保障新增658户，累计保障3671户（其中廉租住房租赁补贴新增审批14户，累计保障1532户；廉租住房实物配租新增审批458户，累计保障1953户；非定向公共租赁住房新增审批50户，定向公共租赁住房新增136户）；经济适用房货币补贴（5万元、8万元）新增审批96户，累计保障6888户；经济适用住房实物安置新增审批14户，累计审批45户；15万元棚改安置补贴新增审批1200户，累计保障4792户；购房VIP奖励新增审批2147户，累计发放10714万元奖励。（彭菊芬）

【保障性住房管理】 2017年，区住保局将历年取消资格未腾退143户情况全部摸清后，确定劝退一批、引导一批、强腾一批的工作策略。2017年，有效腾退110户，其中劝退62户，强腾10户，引导二次申请35户，走司法途径3户，余下的分不同情况做工作进行清退。开展清欠收缴工作，催缴欠费61.5万元。针对凤凰苑凤凰佳园小区因紧靠南雅中学出现的违规转租转借现象，区住保局在暑假期间在小区内部形成宣传强阵，要求服务外包公司每周每户上门巡查不少于2次，将多起转租现象及转租苗头及时纠正扼杀，对发现转租的住户做工作要求及时腾退，承诺不再违规。2017年，区住保局对辖区内公租房安全巡查2100人次，实施房屋维修44处，组织消防培训及演练8次，共收缴公租房租金220万元。（彭菊芬）

【干部职工住房货币补贴】 2017年，雨花区有165个单位参与该次职工住房补贴工作，区住保局职工住房补贴工作完成初复审92个单位3881人，发放职工住房补贴3500人3821万余元，累计完成163个单位6500余人资料审核，146个单位初复审4597人，发放职工住房补贴4473余万元。截至2017年年底，全区职工住房补贴工作完成88%。（彭菊芬）

【网格化属地管理试点】 2017年，以粟塘小区为网格化管理试点小区，区住保局建立竖向由市、区、社区、物业公司管理人员及志愿者组成，横向由内五区住房保障局、民政、公安、教育等工作人员组成的网格管理微信平台，形成"有人巡查、有人报告、有人负责、有人解决、有人督查"的工作流程。实行网格化管理以来，区住保局剪私搭乱接电线120根，清理楼道垃圾47车，清理车棚内僵尸车40台，整治室内违规行为4例，拆除违规搭建13处，还原绿化带500平方米等。（彭菊芬）

【党员乐帮团服务机制】 2017年，区住保局实行一站式服务，对办事群众以及征拆迁户反映的问题，综合协调，能解决的快速解决，暂时不能解决的耐心做好解释工作，跟进问题解决进程。组织进行重点工程棚户区改造项目住房保障政策业务、住房保障审批业务的指导培训。解决棚改征收中特殊个案的住房保障手续，发挥住房保障"利民生、促征收"的重要作用。（彭菊芬）

【市住房保障服务局督查雨花区公租房】 2017年4月14日，市住房保障服务局局长周飞、副局长李昌贵到雨花区万家园、粟塘小区公租房项目现场督查。周飞一行到粟塘小区、万家园公租房项目进行实地察看，项目负责人汇报工程概况，相关进度情况、节点目标以及需要协调的问题，并承诺按计划进度完成建设任务。周飞表示要加大在建项目建设进度，确保按时完成建设任务；要优化在建项目施工流程，确保以高质量验收达标；要严格落实安全生产责任，确保无重大安全事故发生。5月17日，李昌贵带领设计单位及相关处室负责人对制定保障性住房天凯东苑提质改造设计方案进行现场勘察并组织雨花区住保局、辖区街道、社区、物业、租住户代表进行讨论。李昌贵一行现场先实地考察天凯东苑公租房部分房屋漏水、道路不平整、配套设施落后等问题。召开天凯东苑公租房提质改造项目设计方案意见征求会，李昌贵要求，提质改造要因地制宜考虑公租房老人、残疾人较多的现状，致力于彻底解决老旧保障性住房漏水、道路不平整、基础设施方面落后的情况。11月27日，周飞一行深入雨花区粟塘、凤凰苑公租房小区，实地考察2018年公租房提质改造项目细节。周飞一行到粟塘小区、凤凰苑察看，检查公租房装修配备、小区基础设施配套等情况，听取社区负责人和物业公司对小区提质改造工程细节汇报。周飞表示，要提升老百姓获得感、幸福感；提质改造工程要充分征求群众意见，满足群众需求；要根据项目实际发力；要切实提高小区居民生活质量、改善居民生活环境。2017 年，雨花区公租房小区鄱阳小区、天凯东苑列入市住房保障服务局提质改造计划，粟塘小区和凤凰苑、凤凰佳园也列入当地街道提质改造范围，并都开始制定具体改造方案。（彭菊芬）

【住保信息审批系统】 2017 年 7 月 12 日，市住房保障局登记管理处处长肖娟、信息档案处处长陈旭东一行到砂子塘街道调研长沙市住房保障网上审批系统工作情况，区住保局副局长付光雄、登记审批科科长李玉双等陪同调研。调研组在街道召开住房保障信息系统调研会。李玉双介绍长沙市住房保障信息系统项目在砂子塘街道的试点情况，强调区住保局在试运行阶段，多举措推进把信息系统与街道社区实际情况相结合。街道社区自治办主任戚耀俊分析在住房保障信息化建设工作中存在的困难和问题，提出加强住房保障信息化建设的意见和建议。肖娟、陈旭东在调研中指出，雨花区积极探索长沙市住房保障信息化建设试点工作，就缩短审批时间的工作流程，做好为民办实事，提高办事效率，对促进全市住房保障信息化建设有显著作用。经雨花区试点运行，长沙市住房保障网上审批系统将全面进入推广使用阶段。2017 年 10 月，雨花区住保信息审批系统在全市全面推广运用，发挥电子审批系统优势，缩短审批时限，从大厅受理初审、科室负责人复审、分管领导复核缩短审批时间，促使本要求在收到资料后 15 个工作日内完成复核内容的审批时间，大幅提速至 7.5 个工作日，审批效率提高 50%。（彭菊芬）

【公共租赁住房新政培训会】 2017 年 11 月 10 日，区住保局组织开展新政政策讲解、审批业务和系统操作培训会议。市住房保障局党组成员、副局长潘宏、信息档案处处长陈旭东、登记审批处副处长李铖以及 13 个街道、镇、154 个社区、各棚改指挥部住房保障专干约 200 余人参会。会议由区住保局副局长付光雄主持。培训会主要围绕住房保障资格审核管理工作重点，对市 2017 年出台的一系列关于加快和推进公共租赁住房资格审核新规定、新措施、新政策向参会人员重点进行宣讲解读。区住保局邀请信息系统软件工程师蔡建文对 2017 年全面推广的电子审批系统操作进行相关应用培训。通过该次培训，有利于使街道、社区住房保障专干对长沙市保障性住房新政策有更明确的认识，推动共同做好住房保障工作。（彭菊芬）

2017 年 11 月 10 日，公共租赁住房新政培训会（彭菊芬 / 提供）

城市管理

行政管理

【概况】 长沙市雨花区城市管理和行政执法局（简称“区城管执法局”）主要职能是主管全区城市管理工作；编制全区城市管理工作的总体规划、年度计划并组织实施；草拟全区城市管理方面的规章、制度，组织召开城市管理工作会议；依托城市管理信息平台，对全区城市管理工作进行监督、考核和评价等。内设办公室、政工科、计财科、基础设施科、市容督查科、基层指导科、行政审批科、拆控违科8个职能科室，下设雨花区城市管理综合执法大队和雨花区数字化城市管理指挥协调中心。2017年，行政编制15名（其中领导职数5名），实有13人；事业编制10名，事业编12人；全体在职干部职工数23人；引进人才2人，雇员6人；退休9人。局内设立一个党支部，共有党员26人，其中在职党员21人。办公地点设在长沙市雨花区香樟路592号。

2017年，区城管执法局夯实基层基础，转变管理与服务方式，在环保督查、防汛抢险、项目建设、拆违控违、文明创建、基层治理等重点工作中主动作为。雨花城市管理工作在全市考核中获评一类单位。（谢　菁）

【项目建设】 2017年，区城管执法局启动建设项目48个，其中纳入市级考核项目14个，纳入区级考核项目26个。永祥、长重、浦沅、阿弥岭、梨子山、井巷、长钢、桔园、嘉园、曲塘10个老旧社区提质改造全面完工，井巷社区被列为全市重点观摩社区，11月15日接受全市观摩；“一点三线”（东二环与长沙大道）、香樟路、花侯路、万家丽路、市广电大楼、广济桥、桂花路高架桥、沙湾路高架桥亮化工程，树木岭及桂花路立交桥亮化美化绿化项目按期完工；联合区发改局、区财政局制定下发《雨花区2017年农安小区提质改造“以奖代补”实施办法》，经街（镇）自主申报、城管系统项目建设指挥部研究决定对圭塘二小区、白田小区等9个小区进行提质改造，强化对街（镇）的业务指导，组织开展设计方案集中评审，督促各街（镇）按加快建设、加强管理，规范招投标、规范程序、规范运作，统一铺排、统一政策、统一标准、统一评审的原则推进改造，洞井安置小区、高升家园改造完成。（谢　菁）

【专项整治】 2017年，区城管执法局坚持以“三车”运输、主次干道市容秩序、户外广告、餐厨垃圾、早夜市、专业市场、违法建设等主要内容，以人民路、劳动路、韶山路、芙蓉路、万家丽路等主要路段，高铁长沙南站、汽车南站过渡站、东塘商圈等重要区域，节假日、空档时间等重要时段为重点开展常态执法整治；开展城市乱象、“脏、乱、差”、人行道违停等专项整治；配合做好“两节两会”、大气污染防治特护期、全省城市基层党建工作经验交流座谈会、首届中国青少年足球公益联赛、世界杯亚洲区预选赛、中部（湖南）国际农博会等重大活动期间的执法保障工作；全年受理、处置市数字化平台下派案件约12万条，对主次干道、重要路口开展视频巡查约5.8万次，处置监控采集有效立案4712条、专业巡查队伍采集立案约4万条、网格巡查立案约15万条；办理各类行政处罚案件约1.2万起，罚款约630万元。其中办理市容乱象类案件5154起，罚款约48.10万元；人行道违停类案件5371起，罚款53.71万元；渣土类案件534起，罚款约154.22万元；环保噪音类案件50起，罚款15.60万元；户外广告类案件438起，罚款6100元。

（谢　菁）

【拆违控违】　2017年，区城管执法局制定《雨花区城市建成区违法建设专项治理工作五年行动》，完成年度拆违任务646处26.05万平方米，及时对拆后地块进行清场覆绿，共计覆绿27.22万平方米。拆除圭塘河两厢违法建设，除红星大市场段需待市场搬迁后再行拆除，沿河两厢5.54万平方米违法建设全部拆除完毕。组建专门督查队伍，对跳马、同升等重点区域，别墅区、洋房、农安小区等住宅小区进行严密巡查，对发现的新建违章"零容忍"，全年下发督办函260份、交办函62份，累计拆除新增违建305处1.57万平方米。推进图斑及普采数据处置工作，依法处置规划图斑109处、国土卫片图斑20处，接收并核查新增违建普采数据65条，历史违建数据2019条，核实并拆除新增违建43处。

（谢　菁）

【城市网格化管理工作】　2017年，区城管执法局全面推行"区域式联动、网格化管理"模式，构建科学的网格单元体系、合理的网格人员体系、完善的事项处置体系及客观的考核评价体系，健全"网格通—二级平台—区平台—市平台"四位一体的网格智能管理体系，形成雨花经验。8月7日，市委副书记、市长陈文浩专题调研雨花区城管网格化管理工作，雨花经验被全市推广。截至2017年年底，全区有146个大网格，下设671个网格单元，组建1200余人的网格员队伍，每月先查先处各类城市管理问题4万余个。

（谢　菁）

【餐厨垃圾收运全覆盖】　2017年，雨花区在人财物方面对餐厨垃圾收运全覆盖给予充分保障，采取先行试点、后全面铺开的方式，于4月28日率先全市与餐厨垃圾收运专业公司签订餐厨垃圾全覆盖收运服务合同，实现全区2810家小散餐饮门店餐厨垃圾的市场化有偿集中收运，实现投桶率、收运率、处置率"三个一百"的目标。全区日均收运餐厨垃圾100余吨。8月，全市餐厨垃圾全覆盖收运处理现场经验交流暨工作推进会在雨花召开，雨花区做经验介绍。

（谢　菁）

【井巷社区提质改造】　井巷社区成立于20世纪80年代末，占地0.24平方千米，常住人口6000余人，社区内脏乱、破败、拥挤不堪，楼外私搭乱建、道路破损，楼内设施陈旧、潮湿阴暗。2017年，区政府投资近1亿元对社区进行全面提质改造，改善小区内道路、立面、排水管网、护坡等基础配套，翻新小社区公园，新建市民休闲运动广场、占地近1400平方米的社区便民点和占地3.5万平方米的燕子岭公园，在园内增设井巷塔、景观凉亭、健身广场、儿童游乐设施等，并结合社区"俭·美"文化，打造"悦读花园"、老人家爱心联盟等服务阵地，实现社区品质的蝶变，被列为全市重点观摩社区。

（谢　菁）

【王早生调研雨花区城管执法体制改革工作】2017年1月5日，住房和城乡建设部城市管理监督局局长王早生一行在湖南规划督察组组长（部驻长沙督察员）王智光、市城管执法局局长邓鹏宇等陪同下，就城市管理执法体制改革工作和"强基础、转作风、树形象"专项行动开展情况到区城管综合执法大队进行实地调研，现场察看队伍建设、执法装备和城管智慧平台等情况。区政府副区长王明玖就雨花区城管执法队伍建设和具体执法工作进行汇

报。王早生肯定雨花区在落实国务院关于城管执法体制改革中投入力度大、队伍形象佳、执法效果好。（谢　菁）

【雨花区城市管理工作业务培训会】　2017年3月3日，雨花区城市管理工作业务培训会在区会议中心中型会议室召开，市城管执法局副局长邹自强、市城管执法局考核考评处副处长龚科，区政府副区长王明玖，城管四局一队和街道、社区城管业务骨干等200余人参加培训。会上，王明玖对培训提出要求：要重视；要珍惜培训时间；要学以致用。邹自强对雨花城市管理工作提出要求，一是做城市管理工作；二是在用心和用力的情况下，如何做好开卷考试；三是不要走捷径，走销案程序，要注重处理；四是平时督查督办，一定要管控好。龚科作为这次新的考核体系和规则的起草参与者，围绕2017年新的城市管理考核系统和规则，讲解2017年长沙市城市管理考核体系八个方面调整和变化以及新的考核办法的具体内容。（谢　菁）

【长沙市城市管理工作现场会在雨花区召开】2017年6月2日，长沙市城市管理工作现场会在雨花区召开。市政府副市长刘明理，市政府副秘书长肖思源，市城管执法局党委书记、局长邓鹏宇，市城管执法局相关班子成员、机关相关处室、局属单位负责人，高新区管委会、各区（县）人民政府分管负责人，高新区城管环保局局长、城管执法大队大队长，内五区城管执法局、环卫局、市政局、园林局局长及执法大队常务副大队长，望城区、长沙县城管局局长，浏阳市、宁乡市城管执法局局长参加会议。与会人员观摩雨花区数字化平台建设情况、砂子塘街道城市管理网格化工作情况。在区会议中心中型会议室召开现场会，区政府副区长王明玖就区城市管理网格化管理工作进行汇报；邓鹏宇推介雨花经验，对2016年全市城市管理工作进行讲评，对后阶段工作进行部署。刘明理对雨花区强化信息平台建设，资源共享、责任明确，整改提速、重在实效等网格化管理举措给予肯定，要求各区积极借鉴，结合区县实际落实网格化管理工作；要抓紧时间推进重点工作、重点工程；要全面推动网格化管理工作落地、落细、落实；要持续抓好环保督查期间投诉最多的小餐饮油烟、噪音扰民等问题；要继续做好广告招牌、违章建设、城市乱象等问题的整治；要不断深化改革，优化城市管理体制机制；要高度重视抓队伍、树形象；对老旧社区提质改造、人行道规范停车、门前三包责任制落实、垃圾分类处置、建筑垃圾无害化资源化处置、城管考核体系优化等难题以作业形式一对一布置给各区县（市）。（谢　菁）

【陈文浩调研雨花区城管网格化管理工作】　2017年8月7日，市委副书记、市长、湖南湘江新区党工委书记陈文浩在调研雨花区城管网格化管理工作。陈文浩来雨花区城管监督指挥中心、高桥街道网格化管理二级平台、高桥街道怡园社区等地调研。陈文浩指出，城市管理和社区治理要强化党组织的核心力量，要科学划分管理网格，建成全覆盖、无死角的网格管理体系，要以人民满意为中心，实施信息化引领，要以人民满意为标准，建立数据共享平台；强调城管网格化管理工作要处理好大网格与小网格的关系，让小网格尽早发现问题、尽快解决问题，大网格做好监督工作、着力解决小网格解决

市委副书记、市长、湖南湘江新区党工委书记陈文浩（前左二）在调研雨花区城管网格化管理工作　（谢菁/提供）

不了的问题，要处理好集中治理和分散治理的关系，形成全社会参与、多部门联动、组团式服务的联合作战机制，要通过城管先行，创新基层治理模式。

（谢　菁）

城管执法

【概况】 长沙市雨花区城市管理综合执法大队（简称“区城管执法大队”）为参照公务员法管理的正科级全额拨款事业单位，负责城市管理方面的重大行政执法工作的组织实施，相对集中行使规划、市容环境卫生、城市园林绿化（不含园林公园）、环境保护、工商、公安交通、市政道路、户外广告、国土等9个方面的全部或部分行政执法权。内设办公室（含110接处警室）、法制科（含处罚中心）、政工科（含纪检监察室）、督查科4个职能科室；下设20个执法中队，分为辖区执法中队、专业执法中队、纠察应急中队三类。2017年有事业编制234名，其中领导职数7名；在职干部233人；辅助执法人员（特勤队员）307人；党员人数224人。

2017年，区城管执法大队以建设品质雨花为目标，以最严城管执法为工作主线，开展城区立面专项整治、桥下空间专项整治、占道施工围挡专项整治、人行道清障专项整治、渣土扬尘专项整治、乱吐乱扔、车窗抛物不文明行为专项整治、夜市专项整治、餐饮油烟专项整治、大气污染防治等一系列执法行动。加大控违拆违、执法办案力度，强化数字化城管平台案件处置及城管110接处警工作，在服务区域经济发展，省市两会期间维稳，农博会、非遗展演、中国机器人大赛等重要活动期间维稳，巩固文明创建成果上提供执法保障。全年办理行政处罚案件11934件，罚款629.77万元；承办行政复议案件3件，全年立案查处各类违法建设案件142件；拆除违法违章建筑26.05万平方米，拆除违章户外广告、招牌4100处，93582.8平方米；处置数字化平台执法类案件80288万件，受理群众来信来电9720件；处理“12345”案件2119条，办结率100%，满意率95%；受理市、区两级信访件184件，督办件批办件22件，办理人大代表建议、政协委员提案件15件，回复率100%，满意率98%。全年开展各种理论、技能培训培训13次，参训人员达2214人次。

（李　波）

【控违拆违】 2017年，区城管执法大队将控违拆违列为工作重点，先后抽调32名执法干部和46名特勤队员参与潭阳洲拆违、雅塘村拆迁、黎托片区拆违、东山街道拆违、洞井街道拆违、井湾子街道拆违等区域的拆违工作，大队被抽调人员与各街道、部门分工合作，各司其职，制定可行工作方案，开展拆违控违的宣传、摸底、调查、认定等各项工作，及时疏散群众321人，上门做通思想工作100余户，化解险情5次，全年拆除各类违法建设26.05万平方米。

（李　波）

【环境综合整治】 2017年，对全区市容环境进行综合整治，以渣土运输、扬尘污染、“两河”流域水污染、焚烧垃圾、规范工地市场管理、违规户外广告、发光字、桥下空间整治、人行道清障、乱吐乱扔、车窗抛物不文明行为整治、落实“门前三包”责任、强力整治违法建筑9个方面为主要内容，涵盖市容卫生、街面管理、基础建设各个方面。加强中午、白晚班交接空档巡逻，实行全天24小时值班制。全年门前三包类案件719起，罚款8.55万元；乱吐乱扔类案件2681起，罚款5.36万元；店外经营类案件386起，罚款11.50万元；占道设摊类案件1368起，罚款22.69万元；渣土类案件534起，罚款154.22万元；环保噪音类案件50起，罚款15.6万元；市政道路类案件52起，罚款3.11万元；园林绿化类案件5起，罚款4900元；市容环卫类案件115起，罚款4.96万元；违规洗车场2起，罚款700元；人行道违停案件5371起，罚款53.71万元；餐厨类案件145起，罚12.07万元；户外广告类案件438起，罚款6100元；立案查处违法建设55起，罚款336.19万元；其他类案件10起，罚款5300元。

（李　波）

【日常执法】 2017年，区城管执法大队组织日常市容巡查，加大对流动摊贩、店外经营、违章占道停车、违法设置临时性户外宣传等各项违法行为的整治和查处力度；强化夜间市容管控，处置夜间城市管理各种违法违规行为，维护夜间市容市貌及城市管理正常秩序。各中队每天安排1名执法人员及2名特勤队员，负责本辖区晚23时至次日8时期间的市容秩序控制及接处警工作，控制夜间市容秩序。全年办理乱吐乱扔、车窗抛物案件2355起，餐厨垃圾非法收运案件112起，没收潲水收运车100台次，查处夜间噪音扰民案件48件，查处案件344件，罚款人民币107.50万元，对非法占用人行道停放的机动车抄牌4940台次，调离违法亭棚41个，拆除各类非法占用人行道电力电信杆线箱95个。（李　波）

【广告招牌整治】 2017年，区城管执法大队针对时效性较强的违章户外广告尤其是临时性户外广告做到及时发现、及时制止、及时拆除；对所有户外广告案卷实行“一案一卷”，确保执法行为公平；全面摸底清查全区户外广告，建立完善以户外广告设置期限、规格和所有者为主要内容的动态管理台账；重视安全施工工作，做到大型广告拆除有行动方案和应急预案，加强户外广告拆除环节的施工保障和安全监督。制定《2017年度发布公益广告实施工作方案》，确保户外电子显示屏每天公益广告发布数量不少于30%。全年查处各类违法违章户外广告案件2536件，拆除2378处，拆除面积约99677平方米。（李　波）

2017年4月1日，高桥东二环沿线广告牌拆除整治　（李波/提供）

【迎中央环保督查工作】 2017年，区城管执法大队抽调专人全脱产地投入迎中央环保督查工作当中，环保督查期间，接到市、区政府交办环境类执法案件16起，协办与城管执法相关的交办案件71起，均按时整改结案。中央环保督查期间大队共收集上级环保督查相关文件10册；汇总区环保督查交办件回执单8册、市环保督查交办件回执单7册；大队每天向市城管局指挥部、区环委员报送信息，共完成简报37期，完成日信息报送37篇；上报省突出问题交办函22册；上报区环保交办件反馈材料22册；上报市环保交办件反馈材料10册；上报市环保交办件反馈材料15册（市8册、区7册）；备份电子资料档案若干。（李　波）

【“律师驻队”参与执法】 2017年，雨花区率先全市在侯家塘城管执法中队开展律师参与城市管理执法试点工作，让律师参与处置疑难复杂城管执法工作，参与对接受行政处罚的执法相对人进行说服沟通，发挥第三方监督作用，督促城市管理执法人员履行职责，依法规范执法程序等工作。试点工作受到《中国建设报》《长沙晚报》《潇湘晨报》和湖南卫视、湖南经视、红网、长沙政法频道等多家媒体关注报道。（李　波）

【城区立面专项整治】 2017年，区城管执法大队以整治违章户外广告、发光字为主要内容，结合主次干道综合提质改造，重点对韶山路、芙蓉路、中意一路沿线建筑物外立面吊挂物、活动遮雨棚、晒衣架等构筑物进行集中整治。对东塘交易大楼楼顶、人民路家润多超市墙面、劳动路兽医站墙面三处登报通报的大型广告实施拆除。全年拆除各类有碍瞻观、存在安全隐患的发光字、张贴画3460处，共查处各类违法违章户外广告案件438件，拆除2378处，拆除面积约99677平

方米。（李　波）

【渣土扬尘污染专项整治】 2017年，雨花城管全面开展渣土扬尘污染整治专项行动，严厉打击“三黑”（黑工地、黑渣土车、黑消纳场）违规行为。抽调人员组成专门的巡查小组，每天对区内所有渣土、建筑工地及各主次道路开展循环巡查。设立守点组，填补白晚班、上下班的真空时段，不定时、不定点的设立渣土整治临时检查点，加强跨境运输管理和运输线路掌控。各中队分别在二环线、湘府路、时代阳光大道、香樟路等主要运输线路设卡守点，严查各类违法违规行动，每周不定期开展两次以上联合执法行动。采取抓源头、保线路的“两点一线”管理模式，针对渣土工地的公示栏破损、洗车设备不全、洗车不净、出入口卫生不达标、裸露黄土未覆盖等问题进行重点打击。出台一套处置标准，对渣土工地未办理渣土处置许可手续、使用老旧渣土车进入新合围区运渣等行为一经查处，一律从严从重顶格处罚。截至2017年8月27日，累计整改工地102处，对其中36处环境污染较严重的工地下达“停工整改通知单”。完善渣土日常巡查、管控、执法的责任体系和工作机制，坚持每周一调度，坚决防止各类违法违规现象的反弹，确保整治效果常态、长效。全年办理渣土执法类案件535件，罚款154.32万元。（李　波）

【市容环境专项整治】 2017年，雨花城管推进“史上最严城管”行动，全方位对城市进行净化、绿化、亮化、序化，推动城市文明程度和文明水准的提升。8月下旬，左家塘城管中队对违章广告牌负责人下达自行拆除通知书；黎托中队对施工未围挡商家进行处罚教育；高桥中队对农贸市场进行巡查管控，控制店外经营现象；洞井中队对汽车南站过渡站、恒大城进行综合整治，劝离流动摊贩，整治机动车占用人行道停放；砂子塘中队整治湖南中医药大学第一附属医院附近环境卫生，专项整治流动摊贩，对违章经营商家采取劝导教育，严重的给予行政处罚，没收经营工具，禁止占道经营等现象发生，保证人行道行人正常通行；井湾子中队在山水庭院门前对占道经营行为进行整治，禁止占道经营及店外经营，控制流动摊贩；雨花亭中队在曲塘路进行徒步巡查，严查店外经营、户外烧烤及流动摊贩；火车南站中队整治乱停乱放的共享单车。8月28日，区城管执法大队各中队对雨花区主次干道、广场、车站、商圈、公园等路段开展市容环境专项整治行动，共查处店外经营行为100起、乱摆乱卖130起、乱贴乱画50起、违规户外广告宣传151起，处罚机动车违规停放34辆，规范“门前三包”68起、非机动车乱停放65起，劝离流动摊贩44起。区城管执法大队自8月2日起，每天19—23时增加15人的执法力量，配备2辆执法巡逻车配合各街道（镇）在全区范围内开展应急机动巡查和整治，严控违规夜市、扬尘污染和噪音扰民等违法行为。（李　波）

【市场综合整治】 2017年，区城管执法大队成立专业市场综合整治工作领导小组，联合各区直部门，先后对高桥、黎托、东山、洞井等非法物流市场进行综合整治，并形成日常保洁、动态巡查、联合执法相结合的长效机制。全年累计出动任务50

2017年4月7日，嘉业物流园整治行动　（李波/提供）

余次，整顿市场内店外经营300余家，下达限期整改通知书731份，清离商家重型设备乱堆放234处，清理市场内乱堆物810处，拆除市场内违章搭建亭棚3000余平方米。（李　波）

【人行道清障专项整治】　2017年，区城管执法大队加大人行道违章停车抄牌处罚力度，对城区主要干道车行道、人行道、公共广场范围内违规设置的地锁、占道亭棚、U形杆等进行全面清除。全年对非法占用人行道停放的机动车抄牌5371台次（其中锁车4175台次，拖车369台次），处罚到位5371台次，罚款53.71万元。配合街道，在人行道秩序复杂地段设置U型、I型隔离管4500余处，吊离违法占用人行道的各类亭棚41个，整治非法在人行道设置的停车锁（位）793处，拆除各类非法占用人行道电力电信杆线箱95个。（李　波）

【文明创建迎国检工作】　2017年，区城管执法大队开展“不文明行为”专项整治、校园周边市容环境秩序整治、人行道清障专项执法整治等行动，着力美化市容环境，规范城市秩序。迎国检期间，区城管执法大队开展“不文明行为”联合执法行动78余次，出动执法力量1261余人次，劝导“不文明行为”3089人次，处罚案件944起，处罚金额84940元。（李　波）

【城管执法档案室建设】　2017年，区城管执法大队规范妥善保管各项执法案卷、资料和台账，在原左家塘城管基地档案室库容不足、条件落后的情况下，投资14万元组建档案室，配备恒温恒湿的自动化系统、消防器材等专业设备，制定完善各项档案管理制度，规范各项管理措施，建成全市一流的标准档案室。2017年，区城管执法大队完成建队以来所有执法案卷的搬迁入库工作，先后分拣整理2001年至2016年散放的各类文件5000余份，整理归档违法停车、一般程序行政处罚案卷2000余盒。（李　波）

市容管理

【概况】　长沙市雨花区市容环境卫生管理局（简称“区环卫局”）是全区市容环境卫生事业的工作管理机构，公益一类事业单位。2017年，全局负责全区915万平方米的主次干道、179.4万平方米的主次干道绿化带、112座公共垃圾站、75座公共厕所、36座人行地下通道、9000余个果皮筒等日常维护。区环卫局有280台设备，其中垃圾运输车88台，机扫车43台，大洒水车78台、小洒水车71台。2017年6月16日，长沙普惠环保机械有限公司为雨花区环卫局捐赠价值6万余元的电动车20辆。局机关内设党政办、环卫科（下设信息中心）、人事科、基建科、计财科、安委办、物业科、机修科8个职能科室，13个环卫所和1个渣土所。核定编制数为163名，其中领导职数6名；在职职工131人；退休144人；党员102人，其中在职党员82人。办公地点设在雨花区曲塘路70号。

2017年，区环卫局创新提质与管理增效，致力推进精细化作业管理，提升环卫综合服务能力和水平，实现环境更洁净、群众更满意。建立健全清扫保洁网格化，划分1448个清扫网格，57个管理网格，156个环卫设施网格，实施环卫智慧平台对设施设备的监控考核，成立“巡查保洁一体化”机动快保队，完成7套新建站厕（二年期）的选址和用地协议签订，10套老旧站厕的提质改造和1座示范性厕所建设。全年各项设施设备维护维修5500余次，清运生活垃圾58万吨。全年办理各级领导批办件、交办件共14件；完成9件人大、政协提议案办理工作，代表见面率、满意率均为100%；受理、处置“12345”市民服务热线派单559件。区环卫局携手湖南中医附一开展“情系马路天使 关爱环卫工人”大型爱心健康检查活动，为全区2000余名环卫工人进行健康体检。渣土工作获得“长沙市城市管理区县一类单位专业类别排名”渣土类第一名。（赵伊冰）

【清扫保洁】 2017年，区环卫局对全体作业人员进行核岗、定编，制定《2017年雨花区环卫局网格化责任分工表》，划分1448个清扫网格，57个管理网格，156个环卫设施网格，规范清扫员作业量和作业标准。将主次干道绿化带的清扫保洁划分到每一个清扫保洁网格，按照“多劳多得”的原则，以每月每平方米0.22元并划分四个标准档次的形式给清扫员计算绿化带清扫工资。制定优化《绩效考核实施方案》《业务竞赛考核方案》《工作人员值班制度》《机关工作秩序制度》等，重点加强对局系统节假日和交接班的考勤管理和岗位考核。建立机械作业督查平台，实现24小时全天候不间断巡查，设立晚班机械作业第一责任人。建立数字环卫平台，专职晚班人员监管，实行作业车辆跟踪监控，驾驶员、车辆、晚班管理员“2+1”签到考核，实现对环卫设施、机械作业设备的全时段全覆盖监管。 （赵伊冰）

【垃圾运输管理】 2017年，制定完善《垃圾运输工作管理补充方案》《雨花区社会挂靠垃圾运输车清退工作实施方案》《垃圾运输车辆监管协议》，加强社会垃圾运输车辆的管理。加强对垃圾运输车辆的日常管理与督查，2017年共查处内部车辆违规18起，共计实施考核扣款10800元。查处社会运输车辆违规12起，共计考核扣款8500元。全年清运生活垃圾58万吨。3月份，重点就京珠高速以东、武广片区、井湾子、洞井市场周边、环科园片区等开展环境卫生专项整治行动，清运500余车垃圾、黄泥及其他杂物。 （赵伊冰）

【设施建设】 2017年，完成7套新建站厕（二年期）的选址和用地协议签订，新建的白田站厕投入使用，建设北路站厕进行施工，其他5套新建站厕的施工手续进行办理；完成10套老旧站厕的提质改造；完成1座示范性厕所建设。每月巡视督查维护维修情况3~4次，全年各项设施设备维护维修共5500余次。 （赵伊冰）

【环卫作业】 2017年，将42台机扫车，41名驾驶员下派到各环卫所，科学安排机扫作业路线及时间，促进机械作业力量的合理配置。参与“洁净大长沙·扮美中心城”专项行动，成立以局长为组长的工作领导小组，班子成员联点负责，各二级机构分解任务。实行分片分所分路段督查指导，形成每日一督查、每周一通报、每月一汇报机制。 （赵伊冰）

【渣土管理】 2017年，采取抓源头、保线路的“两点一线”管理模式，在全区设置6个巡查小组，重点巡查和整治工地出入口监管情况和渣土运输线路卫生保洁情况。设立守点组，早晚班无缝对接，不定时、不定点的设立渣土整治临时检查点，加强跨境运输的管理，强化渣土运输线路的掌控。开展联合执法，每周不定期开展2次以上的联合整治。 （赵伊冰）

【环境综合整治】 2017年，新增果皮桶700个，全区范围内更换维护果皮桶800余处，新增保洁收集车1300余台。成立“巡查保洁一体化”机动快保队，对发现的路面污染及作业问题实时采集、快速响应、限时整改，确保全区主次干道动态垃圾滞留时间不超过15分钟。采取“机械到段，人工到面”的人机互补作业模式，通过人工快速保洁与机械洗扫的分时段无缝衔接作业，做到匝道引桥、桥面、涵洞立面机械化清扫、冲洗每天不少于2次的全覆盖作业。组织开展36次圭塘河两岸连片环境卫生集中整治，对沿岸河道以及滩涂垃圾杂物进行全面清理，出动人员560余人次，清理垃圾300余车。 （赵伊冰）

【法律知识讲座暨业务培训会议】 2017年2月24日，区环卫局举办法律知识讲座和工作培训会，区环卫局党委书记刘新辉，局长黎大强，副局长何伟华、赖庆龙，以及局中层干部及环卫管理人员参加培训。讲座邀请区环卫局法律顾问、湖南中楚律师事务所律师唐朝晖作专题讲授，讲座以“解读《劳动合同法》在环卫局的实务操作指引”为主题，学习法律常识、环卫法律法规及典型案例分析、现场解疑等。讲座后，何伟华做环卫业务工作通报，赖庆龙进行机械设备作业情况讲评，对照业务新标准提出措施和整改要求。刘新辉组织全体学习《关于对领导干部和机关工作人员“有错无为”“不在状态”实施问责的暂行办法》。黎大强要求，要遵守培训工作的各项纪律，强化责任意识、服务意识，加深对环卫相关法律法规的认识和理解。（赵伊冰）

【“环卫 110”应急演练】 2017 年 8 月 4 日，区环卫局在东山黎托路开展“环卫 110”应急演练，出动应急人员 120 人，37 台作业车辆。演练模式以“快速集结”的方式进行。“智慧城管”环卫终端平台发出指令，要求应急队伍在半个小时内赶到东山黎托路开展应急处置工作。接到指令后，“环卫 110”6 支应急队伍着好环卫制服，携带作业工具，开着作业车辆迅速赶到集结地点。半个小时内，6 个环卫所应急队伍均到达应急演练位置。集结完毕后，区环卫局副局长何伟华对各队伍的集结速度、队容风纪、作业设备等方面进行现场检验和检测，对集合演练情况进行现场点评。该次应急演练，有利于考验环卫队伍处理突发事件实战水平，并查找问题、积累经验。（赵伊冰）

2017 年 8 月 4 日，“环卫 110”应急演练（赵伊冰 / 提供）

市政建设

【概况】 长沙市雨花区市政工程管理局（简称“区市政局”）为区直属差额拨款正科级事业单位，全面负责辖区道路面积 622 万平方米，人行道 205 万平方米（主干道 22 条，全长 82.8 千米；次干道和支路 141 条，全长 134.8 千米）和 710 千米排水管网的管理维护任务（其中包括未纳入市、区财政预算的雨花经开区范围 120.47 万平方米道路和武广片区 94.2 万平方米道路以及跳马镇 1.74 万平方米）。内设办公室、政工人事科、督查效能室、财务科、路政管理科、设备管理科、后勤保障科、工程建设科、维护管理科 9 个职能科室。2017 年，核定编制 76 名；全局在职干部职工 58 人；退休职工 64 人；党员 59 人。办公地点设在香樟路 592 号。

2017 年，区市政局做好迎接中央环保督察工作；落实“生态修复、城市修补”深化改革工作任务；落实潭阳洲征拆工作，提前全部完成 27 栋拆迁任务；及时办结市长信箱 16 件、区长信箱 9 件，领导批示件 3 件、批办件 10 件，办理人大、政协提议案 18 件，代表委员见面率、满意率均为 100%。落实网格化管理、精细化作业、专业化维护，推进城区道路环境集中整治和“八大专项整治”，快速处置路面坑洞、翻浆、龟裂，及时清掏疏浚管井，保障设施排水安全通畅。推进“畅通城市”建设，落实城区断头瓶颈路的改造任务，完成多条道路交通堵点改造任务；中意路新韶路口人行天桥全面完工；曲塘路人行地下通道进行建设；推进城区粪污无害化处理，对辖区内农安小区的 6877 座老旧化粪池进行清掏和改造；实施城区立面整治，完成 5 处立面桥洞整治工程；推进圭塘河截污控源、河道清淤，常态化开展圭塘河黑臭水体综合整治。加强各类管线、井座、井盖的规范管理，对辖区主次

雨花区市政局办公原办公楼拆除前合影　　（黄芳 / 提供）

干道进行常态化巡查，对市政道路巡查发现的翻浆、坑洞、积水、井座下沉等问题做到及时处理。配合万家丽高架桥、湘府路快速化通道、地铁3#4#5#6#号线现场施工，派专人负责协调、督查，对施工现场进行督促、规范管理；协调供水公司对中意路供水管道进行更换，解决管道老化易爆的老大难问题；对11家“511帮扶项目”企业进行现场指导和上门帮扶服务，开辟绿色通道，完善企业政务服务渠道和措施。（黄　芳）

【基础工作】　2017年，数字化案卷来单8238条（其中市平台6009条，区平台2229条），办结疑难案卷167条，“12345”市民服务热线来单769条，大城管110来单111条，110投诉工单共完成181条，办结率100%，。规范市政道路临时挖掘、临时占用查勘、审批工作，组织开展规范围挡、人行道专项整治行动，对区内28处不达标工程项目，联合建设、执法部门进行跟踪管理，并按标准督促整改到位。办理行政审批421件（其中占道手续302件，挖掘审批119件），办理排水入网验收20件。切实加强批中、批后监管，对302处围挡进行督查整治，开展人行道清障41处，联合执法队处理违章占道、违法开挖案件9起；全年派出维护修复工单1140张，办结大城管各类管线、井座、井盖整改工单675件、数字化案卷1241条；对圭塘河沿线70个排口进行常态化巡查，发现13处排污口问题及时做好巡查记录，向相关部门进行问题反馈；完成67处自来水公司爆点、35处新奥燃气爆点的抢修应急处置；对辖区范围内组织进行专线巡查，迎接各级领导检查工作19次。（黄　芳）

【维护管理】　2017年，区市政局完成路面修复13.6万余平方米，修复人行道及盲道7.7万余平方米，调修侧平石2.1万米，修复隔离设施883余处，调整各类井座1046套，更换各型井盖、沟盖板900块。推进城区道路环境集中整治和“八大专项整治”，快速处置路面坑洞、翻浆、龟裂，及时清掏疏浚管井，保障设施排水安全通畅。开展圭塘河沿线巡查、维护、清淤、截污工作，设立排口管护公示牌72处，加强与区直相关部门进行联动执法和处置。对圭塘河截污干管和沿线排口清淤约10千米，清理淤泥约60余吨。全年总计新建D300截流管1558米、截污井15座，完成位于香樟路以南区域为主要改造排污口的15处排口截污改造工程，做好圭塘河截污治理的工作任务。对环保大道、劳动中路、树木岭路、香莲路、中意路、湘府路、振华路等主次干道进行重点维护，出动人员400人次，车辆100余台次，大型设备30余台次。全年接收各级市政类文明创建督办案卷104条，办结率100%。（黄　芳）

【城区防汛】　2017年，制定并下发《雨花区强降雨天气防汛排涝应急预案》，召开调度部署会议，组建相应应急队伍。组织人员对重要排水管网和检查井、低洼易积水区域，进行全面排查疏浚，对在建工地、重大工程项目等进行检查，确保防汛排涝设施运行良好、设备运转正常。做好管网疏浚清淤，及时排查整改隐患，确保排水管网安全通畅。全年管网疏浚18万余米，清掏泄水井4万余座次、清

万家丽绕城高速桥下防汛　　　　（黄芳 / 提供）

掏化粪池 1194 座，清淤 470 余吨，对城区 180 余处易涝易渍堵点进行微改造。 汛期出动抢险人数 1000余人次，车辆200余台次，排涝设备160余台次，采取揭盖助流、人工机械抽排、及时填补积水坑洞等措施确保内涝险情得到处置。对湘府东路、振华路、香樟东路渍涝险情，对韶山路潇湘晨报点、环保大道比亚迪点、劳动东路与红旗路交汇处等 5 处易堵点进行系统改造，对 1.3 万余平方米受损道路、1.1 万余平方米人行道进行修复，组织疏浚排水管道 6840 米、清掏各类井座 1392 座。全力支援跳马曙光垸、黎托合丰垸抽排积水，调派人员设备驰援宁乡灾后重建工作，共出动人员 7000 余人次，设备 400 台次，排除险情 72 处，保障群众生命财产安全，涌现出防汛“悍将”徐英等先进典型，《中国建设报》以及省市媒体均予以报道。（黄　芳）

【易污染社会路口硬化工程】　2017 年 3 月，区市政局联合环卫局、街道、社区对辖区内的主要社会路口进行摸底排查，统计确认 29 处路口需要硬化整治。4 月 10 日至 5 月 14 日，对需要整治的 29 处社会路口进行集中整治，项目预算 360 万元，硬化面积约 11210 平方米。 整治工程采用机械拆除原路面结构层，然后土方开挖深度 0.2 米，开挖完成后人工整平场地并夯实、摊铺 0.2 米厚水泥稳定砂，浇筑 0.3 米厚 C30 商品混凝土，路面采用专用压纹机械进行拉纹处理。历时一个月 ，完成包含香樟路东山镇、劳动路与花侯路东南角、劳动路派出所东面、石燕湖大道南侧路口等 35 处社会路口的硬化工程，硬化面积 13895 平方米。（黄　芳）

【曙光南路绿化用地提质改造工程】　2017 年 3 月 28 日，区市政局对中国烟草湖南中烟工业公司西北侧约 8000 平方米的绿化用地进行提质改造，改造预算 56.88 万元，改造项目包括原有步道及设施拆除，新建步道及相关配套设施、新增绿化苗木，园林小品设备安装、给水设备安装等。改造工程有利于提升企业形象，美化周边居民生活环境。

（黄　芳）

【排水管网清淤工程】　2017 年 5 月 5 日至 7 月 5 日，区市政局对辖区内桂花路、城南路沿线区域内的排水管网进行全面清淤，清淤工程预算 1200 万元。这一区域属于老城区，排水管网复杂且人口密集，作业难度大，通过现场勘测之后决定采取机械加人工的方式进行，管道内淤堵情况简单的采用大型设备直接清掏，管道淤堵情况复杂且杂物多的先采取人工下井的方式清理，然后再用设备清掏，累计清理排水管道约 120 千米。清理过后的管道排水能力得到增强，有利于缓解内涝情况，保证周边居民的日常生活和出行。（黄　芳）

圭塘河截污干管清淤（劳动路箱涵）　　（黄芳 / 提供）

【树木岭路道路维护提质工程】　2017 年 5 月 5 日至 6 月 15 日，区市政局对树木岭路的劳动路—曲塘路段的道路进行提质改造，改造工程预算 800 万元，整个工程整修路面约2万平方米、整修人行道约8000平方米、人行道锁石外地坪整修约6200平方米，整修侧石约2800米，调整更换检查井260余座，出入口整修约3232平方米。改造工程的竣工，有利于缓解该路段的交通压力。（黄　芳）

【化粪池无害化处理工程】 2017年5月5日至7月5日，区市政局对辖区内的东塘街道、砂子塘街道、圭塘街道等11个街道的6800座化粪池进行无害化处理，项目总投资约1063万元，项目安排专业人员采用专用的化学试剂和专业清理设备对化粪池中的污物进行处理，处理能够将垃圾和有机肥料进行有效分离，分离后的垃圾和有机肥料再分别处理。该项工程的实施有利于减少污物对环境造成的污染，做到废物利用。（黄　芳）

【非遗文化街区背街小巷道路提质改造工程】 2017年5月20日至6月10日，区市政局对卉园路的非遗文化街区背街小巷道路进行提质改造，改造项目预算57万元，改造项目包含道路工程、交通工程和排水工程，首先对路面整体加铺沥青，并进行病害恢复处理和破除废旧的人行道设施，然后设置新的交通标识标线，最后将堵塞的雨水篦子挖除重建，在积水严重的路口增加雨水口，并将检查井盖抬高。改造后的街区不再出现下雨就积水横流的现象，有利于缓解社区的日常维护压力，给周边居民提供良好休闲环境。（黄　芳）

【劳动东路桥洞立面粉刷工程】 2017年6月6—30日，区市政局对长沙大道下穿的京珠高速桥洞、劳动东路花侯路—红旗路南北两厢桥洞立面及挡墙进行粉刷，粉刷工程预算130万元，粉刷面积约2.7万平方米。（黄　芳）

【红旗路与劳动路交叉口西北角抢修工程】 2017年6月，区市政局对红旗路与劳动路交叉口西北角的沉塌情况进行抢修，组织检测人员对沉塌位置进行勘察，整个塌陷洗空长度达到15米，宽度在3米左右。抢修工程克服沉塌位置各种线缆、管道错综复杂，排水管道埋置较深，破损排水管道修复施工难度大等困难，采用明挖法，连续钢支撑护壁工艺进行分层施工。经过20余天的抢修，在2017年7月10日完成抢修任务。抢修工程项目预算100万元，恢复道路面积约面积200平方米。抢修工程有利于排除沿线居民出行的安全隐患，保护人民群众的人身和财产安全。（黄　芳）

【橡胶制品厂和造化堂社区文明创建补损工程】 2017年7月4日至8月5日，区市政局对侯家塘街道所在的橡胶制品厂和造化堂社区进行补损改造，补损工程预算40万元，包含两个位置约5000平方米道路沥青摊铺及2000平方米的混凝土路面浇筑，重新铺设排水管道130米，提质改造明沟40米。改造工程有利于解决该居民区的内涝情况，为长沙的文明创建工作提供保障。（黄　芳）

【融和巷和七里庙护坡抢修工程】 2017年7月11日至8月20日，区市政局对东塘街道融和巷和七里庙路护坡进行抢修施工，抢修工程预算300万元，抢修工程修复路面塌陷一处，护坡垮塌一处，改造路面长约240米，宽6米至8米，面积约1500平方米，排水改造长度约100米，新建人行道长约240米，宽约3米至5米，共计约1000平方米。抢修工程及时的恢复，有利于解决地面沉降及护坡垮塌问题，解除相关区域的安全隐患，保证周边居民的日常出行。（黄　芳）

【长华巷城南路—曙光路文明创建补损工程】 2017年7月25日至8月3日，区市政局对长华巷城南路—曙光路段进行补损施工，补损工程预算60万元，包含路面基础处理，整体铣刨罩面，零星破损人行道修补，侧平石的修补和更换，拆除曙光路口原有花坛，新建人行道及其他配套设施等。修补工程有利于改善城南路—曙光路段的交通状况，提升该区域的道路品质。（黄　芳）

【侯家塘街道文明创建补损工程】 2017年7月25日至8月3日，区市政局对侯家塘街道相关区域进行补损施工，施工预算92万元，包含湖南建材宿舍前后坪、中杨大厦前坪、银轩铭誉小区地坪、人民路南侧龚得包前坪等项目。湖南建材宿舍前后坪项目施工主要是对宿舍前坪进行整体罩面，后坪混凝土重新浇筑，再整体罩面1500平方米，井座井盖调整若干，明沟清捣更换盖板328米；中杨大厦前坪项目施工是先破除广场砖面层，然后在原混凝土基础上摊铺沥青混凝土810平方米，调整井座14个；银轩铭誉小区地坪施工是拆除井字植草砖，清除多余土方，重新浇筑混凝土基础，摊铺沥青混凝土路面约1100平方米，车行道与停车位之间采用麻石锁边；人民路南侧龚得包前坪是拆除前坪广场面层，在原混凝土基础上摊铺沥青混凝土630平方米。 （黄　芳）

【跳马镇文明创建补损工程】 2017年7月25日至8月3日，区市政局对跳马镇进行文明创建补损施工，施工预算380万元，对跳马镇区域内的人行道进行零星补损、对辖区部分雨水口内的管道进行疏通、对破损和沉塌的35座井座进行调整和更换。 （黄　芳）

【中意路新邵路口人行过街天桥工程】 2017年7月25日至12月20日，区市政局完成中意路新邵路口过街天桥工程的安装，工程预算793万元，人行天桥跨中意路总长50.05米，分两跨，跨径布置为2.3米+24.5米+26.5米+1.75米，采用钢箱梁形式，梁高1.2米，桥面总宽为4.6米，净宽3.7米，中意路东侧楼梯总宽度为3.5米；人行天桥跨新韶路总长81.3米，分两跨，跨径布置为2.3米+39米+39米+1米，采用钢箱梁形式，标准梁高1.2米，3#桥墩支点梁高1.2米，4#、5#桥墩支点梁高1.6米，桥面总宽4.6米，净宽3.7米，新韶路北侧楼梯总宽度为4.0米，南侧梯道总宽度为3.5米。项目的实施，有利于缓解中意路新邵路口路段的拥堵情况，减少交通安全隐患，方便周边居民的日常出行。 （黄　芳）

中意一路公交站徒手清理排水管道 （黄芳／提供）

【跳马镇辖区内道路提质改造工程】 2017年10月9—20日，区市政局对跳马镇辖区内金屏加油站至石燕湖中学路段及石燕湖大道路口至跳马派出所路段进行提质改造工程，工程预算146万元，包含道路基础处理，原混凝土施工缝增贴抗裂贴，沥青罩面和施画热熔标线等。

【街道小巷提质改造工程】 2017年9月29日至12月20日，区市政局对辖区内冯家冲组内巷、水电街、电院街、水院巷等21条背街小巷进行提质改造，改造项目总投资4000万元，包括对所有改造路段的破损道路进行整治修复、人行道破除新建、车行道侧石及停车位处树围石破除后重建，人行道外侧增设麻石锁边石、绿化苗木补植和重新种植、新种植苗木处新建树池、新增排水排污管、车行道热熔标线及人行道交通标志杆制安、路灯及其控制柜的安装、预埋电缆、电缆配管、电缆手孔井等。改造面积约9.5万平方米，人行道铺砖约2万平方米，管道铺设约3000米，安装侧石约8000米。 （黄　芳）

【港湾式公交站改造工程】 2017年10—12月，区市政局于对辖区内汇金路、正大路沿线的12个公交站点进行改造，改造项目总投资造价约536万元，项目包含破除人行道或绿化带，拓宽为港湾式公交停靠站，部分站台迁移，重画交通标线，路灯迁移，拆除乔木，管线迁移或下沉，人行道维护以

及完善站台相关配套设施等。（黄　芳）

【圭塘河流域截污工程】2017 年 10—12 月，区市政局完成雨花区境内圭塘河流域——环保大道至劳动路段 15 个雨污合流排水口的污水截污工程，项目新建 2260×3890 截污井 14 座、2000×500×500 截流坎 1 座、新建 d300 钢筋混凝土排水管 1558 米，并完成土石方等其他配套工程。工程的实施有利于保护圭塘河水体环境，改善雨花区生态环境，美化城市形象，提升城市品味，建设资源节约型和环境友好型雨花区。（黄　芳）

【省人大院内提质改造工程】 2017 年 10 月 1 日至 12 月 15 日，区市政局对省人大院内进行提质改造施工，工程预算 300 万元，主要就是对院内道路重新铣刨罩面约 2 万平方米，地坪油漆约 3000 平方米，院内围墙粉刷约 4000 平方米，更换井座井盖约 300 余座，施划标线 1500 平方米，更换沟盖板 2000 余米，更换麻石侧石 300 余米，人行道透水沥青混凝土 600 余平方米，栏杆翻新 400 余米。（黄　芳）

【化粪池改造工程】 2017 年 10 月 10 日至 12 月 20 日，区市政局对东塘街道、侯家塘街道、砂子塘街道、左家塘街道 4 个街道的 60 座老旧化粪池进行进行全面改造和清理，项目总投资约 1600 万元，包含清掏和拆除老旧化粪池、建设新的化粪池、管道铺设6000余米及周边市政基础设施的修复等。（黄　芳）

【曲塘路人行过街设施建设工程】 2017 年 10 月 20 日，区市政局开始进行曲塘路人行过街设施的建设工作，工程项目预算 1200 万元，主通道布置在北侧小区出入口位置。通道北侧延伸至小区出入口两侧，地道出入口布置在小区出入口两侧，避免对小区的影响。北侧出入口占用红线外小区绿化用地，保持人行道 2.5 米通行宽度。通道南侧出入口紧邻道路侧石线布置，留出南侧位置供管线迁改位置。通道布置完成后，道路北侧：小区出入口维持现状不变，小区前坪宽度基本维持原状不变，最小位置宽 5.5 米。道路人行道由原来 3.5 米缩窄至 2.5 米。道路南侧：道路人行道移至地道出入口外侧，人行道宽度由原来 3.5 米缩窄至 3 米，局部 2.3 米。（黄　芳）

【窨井整治工程】 2017 年 11 月 1 日至 12 月 30 日，区市政局对韶山路沿线及周边道路的 1800 座窨井进行整治，整治预算 731 万元，整治工程包括拆除老旧窨井，安装新的井座，并修复相关附属设施。（黄　芳）

园林绿化

【概况】 长沙市雨花区园林管理局（简称“区园林局”）为区政府直属事业单位，主要职能是负责辖区内 678.9 万平方米公共绿地管理与维护，办理树木砍伐、移栽、绿地占用手续，承接园林绿化工程，负责区绿委办的工作。内设办公室，维护管理北、中、南所，维护管理科，查勘科，绿委科，工程技术科，财务科和后勤保障科。2017 年，有职工 100 人，其中在职人员 57 人（含人才引进 1 人），退休人员 43 人。设立 3 个党支部（局机关党支部、维护所党支部和退休党支部），共有党员 43 人，2017 年发展 1 名入党积极分子。办公地点设在雨花区曲塘路 19 号。

2017 年，区园林局坚持精细维护、依法护绿、品质建设，三年造绿绿化建设面积 170.2 公顷，新增绿地面积 79.95 公顷，建成区绿化覆盖率 40.4%，打造“城在林中、路在绿中、人在景中”的景象。全年“12345”工单来单 161 条，办理 161 条，按期办理率 100%，满意度 100%；市、区平台数字化总案卷数共 2790 条，其中应结案数共 1972 条，结案数 1972，结案率 100%，按期结案率 100%，一次性结案率 100%。（黄　菲）

【绿化维护】 2017年，区园林局梳理绿化维护体制，实施“绿地保洁移交”“绿化维护重心下移”的改革计划。成立“维护科”，对维护所全年工作进行科学安排、提供技术指导、开展日常督查，建立网格化二级平台，出台完善网格化管理、“三级巡查”“督查讲评”等配套管理制度。打造芙蓉路、韶山路2条精细化维护管理示范路，新建路、曙光路2条行道树修剪整形示范路，其中行道树修剪工作获得市园林局的肯定，洞井路树穴用生态环保木屑改造，凸显维护特色；“两会两节”期间在辖区内7处节点组团摆放鲜花，在长沙南站打造立体花墙。全年补栽乔木1620株；大小苗补栽补种共13.3万株，铺草皮、麦冬共7万平方米；完成主要干道的绿篱、花草修剪工作共730万平方米；中耕、抽沟15750米、作围3000个；完成设施修复12050米，辖区内各主次干道、社区公园洗尘、浇水共计2200余车次。11月24日，区园林局邀请绿友集团对维护线全体干职工进行植物保护及机械维护专题培训；12月8日，在沙湾路（劳动路－曲塘路）西侧开展冬季绿化维护技能比武活动，邀请湖南农业大学教授吴铁明围绕悬铃木、香樟等行道树的修剪进行现场示范授课。（黄　菲）

古树名木摸底调查　　（周立新／摄）

【工程业务】 2017年，对三年造绿大行动涉及的绿化项目，对外实行公开、公正遴选招标，符合条件的申请人均可参加项目投标。全年完成绿化提质改造项目1个（长沙市广播电视台），对1个社区公园（燕子岭公园）、2个小游园（赤岗游园和长钢游园）进行改造和新建，建设面积为5.03公顷；完成环城绿带（绕城绿带和莫家坳出入口）建设6.3公顷；完成立体绿化建设（雅塘村人行天桥和板塘村人行天桥）640平方米。（黄　菲）

【查勘审批】 2017年，严把树木移伐和毁绿许可关，重点对在绿地私搭乱建行为重拳出击，全年查处占绿毁绿、园林110案件194起；查勘审批共54件，其中配合区“三定三抓”工作任务，为联点对象和各项重点工程办理审批手续9件；处理死危树79株，处置数字化城管案卷91件。（黄　菲）

【绿委办工作】 2017年，雨花区完成八大类52个建设项目，总计投入资金12.38亿元，全年新增绿地79.95公顷（年度任务30公顷）。完成燕子岭公园、赤岗公园、永祥社区小游园、时代阳光小游园、长钢社区小游园建设及4个乡村公园建设。在圭塘河风光带建成2个林荫广场，建成新圭塘河路、香樟路、万芙路、振华路、山塘路林荫道路5条，建设5个林荫停车场，其中圭塘河风光带2个、圭塘街道1个、中航城1个、燕子岭社区公园1个。建成香樟路、长沙大道2条花卉特色道路；在火车南站西广场建成特色花坛1个。完成雨花区代建段两厢100米长4公顷范围补栽补种、提质增绿。完成圭塘河风光带浏阳河段、湘府段、经开区段3项“一江六河”建设任务；完成宜林地造林133.33公顷、跳马16千米生物防火林带。建成1个户外露营基地、400个生态停车位、41千米自行车道、44千米步行道。完成绕城高速绿带景观工程（雨花段）绿化提质；完成长沙大道、绕城高速莫家坳出入口周边2处出入城口绿化提质改造。成功创建5个绿色示范社区、4个绿色示范村庄和20个绿色示范庭院；完成道路坡塝立体绿化2处、屋顶绿化2处。完成23家市区单位的拆墙透绿工作。（黄　菲）

【体育新城周边路段景观改造】 2017年2月22日，区园林局接居民投诉，反映体育新城地段周边公共空置处黄土裸露、杂草多等问题。区园林局工作人员到现场进行查勘，发现此处空地约700平方米，确有多处黄土裸露、泥土板结。为尽快改善该路段景观，区园林局维护中所连夜制定出整改方案，2月23日委派7人、1台水车和1台工程车，耗时2天半对该地段进行除杂、整土、铺设草皮等工作。

（黄　菲）

【植树节活动】　2017年3月12日，区园林局协助区绿委办在环保中路万家丽路至金海路两厢开展以“绿色长沙‘森’呼吸，绿水青山‘林’距离”为主题的全民义务植树活动。该次义务植树以在微信、QQ上发起“绿客”招募令的形式动员全民参与，旨在结合“三年造绿大行动”，通过义务植树的形式，将雨花经开区周边绿化品质一般的道路打造成林荫大道，增强全民兴绿、植绿、爱绿、护绿意识，加快长沙市造林绿化和生态文明建设步伐。当天共植树1500余株，在道路两侧构成一道风景线。3月10—18日，在植树点发放园林绿化宣传资料，增强全区人民对义务植树的公益性、法定性的认识。

（黄　菲）

【社区绿化】　2017年3月21—22日，区园林局群工工作分管负责人熊青牵头，组织工作人员到麻园湾和荷叶塘社区开展补栽补种工作，对绿化带内损毁的绿植进行补栽，修复破损的花坛边。4月26日，区园林局安排专业人员到桔园社区实地查看，对社区的乔木进行隐患排查，安排高空作业车1台、货车1台、工作人员5名到社区修剪树木。4月28日，区园林局排专业队伍到五一社区现场排查隐患，对紫薇路、西子街等道路沿线树木进行修枝整形，以达到整齐划一、视线良好、路标醒目的效果。5月25日，区园林局工作人员到红花坡社区采取高压药车喷洒、地下灌根、撒药等多种方式对树木病虫害进行治理，对树木的枯枝、病虫枝进行清理，并适当增肥，对小区内的树木和草皮带进行修剪。

（黄　菲）

【赤岗游园项目】　2017年5月底，完成赤岗社区公园项目绿化建设，竣工开园。赤岗社区公园是“千园之城”建设项目之一，地址位于劳动路与赤黄路西南角，紧靠泰禹大厦，总面积约0.75公顷。该项目遵循高起点规划、高标准建设的要求，结合周边商业氛围浓、人口密度高的特点，设计采用简洁明快的现代风格，由三个广场、两块大面积草坪、两处特色绿化景观组成，多条步道与主入口广场相连，北面设置高密度特色树阵，在广场上形成大面积林荫，便于市民夏日游憩；南面利用原有地形，顺势设计具有高低落差的特色阶梯花池、花墙，并在沿线布置曲折的漫步道，贯穿整个公园。为确保公园建成后的景观效果及游人安全，雨花区投入近400万元，对公园用地范围内裸露在外的高压杆线及弱电线进行下地铺设。

（黄　菲）

【曹再兴调研雨花区拆墙透绿工作】　2017年5月4日，市委副秘书长、市委办公厅主任曹再兴一行到雨花区现场考察调研拆墙透绿工作。曹再兴在长沙卷烟厂拆墙透绿项目现场，察看工程建设情况，询问雨花区拆墙透绿开展情况，指出拆墙透绿是一种绿色福利，值得推广；到省水利厅和省建设厅，实地察看院内绿化情况和围墙现有状况，鼓励拆除围墙，让绿色成为公共资源。2017年，区委、区政府与湖南中烟公司和长沙卷烟厂对接，投资56万元，拆除长沙卷烟厂大门至一号车库100多米挡土围墙，在保留现有绿化的基础上增加林荫乔木，修建游步道及一个中心广场，添置休闲设施，安放垃圾箱，建成社区公园并开放。

（黄　菲）

【缪赐立调研雨花区“千园之城”建设】　2017年9月8日，市园林管理局党委委员、总工程师缪赐立携省建筑设计院风景园林所、市园林管理局科技处工作人员到雨花区调研“千园之城”建设项目的规划编制和设计方案审查情况。区园林局局长李勇、副局长唐术江和雨花区城建投项目负责人参加调研。缪赐立一行实地查看在建项目燕子岭公园及已完工项目圭塘河风光带（浏阳河段），召开会议专题听取李勇、雨花区城建投项目负责人的有关工作情况汇报。缪赐立提出建议：要站在行业管理的角度，要对全区的公园建设把好质量关；要提升“千

园之城”建设项目的规划设计水平；要将地域文化特色融入公园中，打造一批具有“个性化”的公园。（黄　菲）

【“绿色示范社区”通过市级验收】　2017年10月24日，市林业局副调研员、林业高级工程师杨志惠一行，到雨花区验收市级“绿色示范社区”创建工作，雨花区创建的洞井街道龙庭社区、侯家塘街道韶山路社区、圭塘街道美林景园社区、井湾子街道井旺社区、高桥街道金环社区5个“绿色示范社区”顺利通过验收。区园林局副局长唐术江就“绿色示范社区”创建工作进行汇报。验收组现场抽查井旺社区及龙庭社区，按照“绿色示范社区”创建标准进行实地验收，肯定区园林局、涉及本次验收的街道及社区在“绿色示范社区”创建工作上所取得的成绩和实效，并对如何进一步巩固和深化创建成果提出要求。（黄　菲）

市委办到雨花区验收“绿色示范社区”创建工作（许玉龙/摄）

【市园林局观摩雨花区绿色城市及公园建设】2017年12月7日，市园林管理局全体局班子成员、正副调研员、处室主要负责人、直属单位主要负责人集中到雨花区现场观摩绿色城市及公园建设情况。观摩团一行对雨花区燕子岭公园、圭塘河生态景观区进行实地观摩。在燕子岭公园，沿公园绿道环园一圈，区园林局局长李勇从公园建设前的情况、名字的由来、设计理念做解说。观摩团一行实地考察圭塘河生态景观区。市园林管理局局长李志坚对雨花区绿色城市及公园建设工作给予肯定，表示要将先进经验进行推广。（黄　菲）

【冬季绿化维护技能比武活动】　2017年12月8日，区园林局在沙湾路（劳动路—曲塘路）西侧开展冬季绿化维护技能比武活动，维护所全体技术人员参加，湖南农业大学教授吴铁明受邀参加。该次活动为2017年度“爱绿护绿党员先行工程”的项目之一，旨在通过传、帮、带，进一步提升绿化维护专业技术水平。吴铁明围绕悬铃木、香樟等行道树的修剪，对全体维护人员进行授课。该次参赛人员均为首次参加技能比武的新人，每个维护所有3组队伍参赛，每组由3人组成（正式职工1人+聘用人员2人），共9组27人参加比赛，操作区域以现场抽签的形式选出，比赛内容为行道树（悬铃木、香樟）修剪，限时45分钟。比赛评出3组以参赛小组为单位的维护作业标兵奖，维护北所3个参赛小组以总分第一的成绩获得团队优胜奖，由局领导现场点评并颁奖。该次绿化维护技能比武活动，有利于营造一线职工钻研技术、爱岗敬业、开拓进取的工作氛围，展示园林绿化养护工人团结协作、奋勇向前的精神风貌，调动职工学习和工作主动性，提高维护队伍的整体专业素质和技术水平。（黄　菲）

交通运输

【概况】　长沙市雨花区交通运输局（简称“区交通运输局”）为区政府直属事业单位，主要职能是负责全区从事道路货物运输、搬运装卸、运输服务、三类汽车维修业的开业申请及管理工作，维护交通运输市场秩序，对辖区内农村公路进行改造和养护。内设办公室、财务科、运输管理科、运输稽查科、公路管理科、政策法规科6个职能科室。2017年，核定编制27名；全体在职干部职工数89人，其中正式干部职工26人，无编聘用1人，政府雇员20人，局雇用12人，劳务派遣30人；退休9人。局内设立一个党支部，共有党员29人，其中在职党员23人，退休党员6人。办公地点设在区治大院后勤服务中心A栋1层2层。

2017年，区交通运输局以建设“平安交通”

为目标，开展“打击非法物流促进安全生产”“打击非法营运”专项整治行动、“公交都市”创建等活动，提升交通工作的服务质量和水平。2017 年 3 月被市政府办公厅评为“长沙市 2016 年治理车辆超限超载工作优秀单位”；2018 年 3 月被市政府办公厅评为 2017 年度治超工作优秀区县。（颜　丹）

【非法营运治理】　2017 年，区交通运输局以汽车南站过渡站、火车南站周边营运秩序整治为重点，规范客运市场运输行为，加强对客运班线车辆乱班乱线、站外上下客或者沿途揽客的行为进行整治。严格落实节假日期间 24 小时领导带班值班制度，狠抓客运市场的管理，规范执法，文明服务。全年组织 290 余次执法行动，出动执法人员 1000 余人次，查扣非法营运客运车辆 455 台。开展“打非”工作宣传 3 次，“打非”工作安全生产宣传活动 1 次。结合长沙网约车新政，编印《拒乘黑车安全出行》宣传页驻站设点宣传，为旅客和市民提供咨询和服务。2017 年，省市媒体多次报道，省级媒体报道 3 次，市级媒体报道 2 次。（颜　丹）

【运输市场管理】　2017 年，区交通运输局严格按照法律法规规定办理各项行政审批手续，整理 2015 年以来“双公示”信息，梳理区级交通系统行政许可事项 14 项。完善一站式审批工作，2017 年办理车辆行政许可 1440 台，年审道路运输证 3865 本，换发道路运输证 1580 本，转出货车 257 台，办结率 100%；商事平台接收办理事项 1885 件，办理事项 1876 件，办证 1876 次，办证率 99.52%；注销黄标车 59 台，处罚车辆 723 台次。吸取“7·25”事故教训，成立物流市场专项整治工作领导小组，区委副书记陈永高担任政委，常务副区长邹春林担任组长，9 个区直部门和街道（镇）联合行动，打击非法物流，促进安全生产。2017 年，出动检查人员 1760 人次，检查物流企业 1307 家次，检查危货运输企业 40 家次，检查车辆 1600 台次，查扣危险货物 1177 件，立案调查车辆 200 余台，处罚金额 40 万余元，关闭具有较大安全隐患的嘉业物流市场。区交通运输局牵头，组织区环保局、12 个街道和跳马镇对雨花区三类维修企业进行摸底排查，出动检查人员 550 人次，检查维修企业生产和安全工作 423 家次，处理商事平台 352 条，检查私设烤漆房的维修企业 85 家，现场进行责令关闭整改，并由领导带队，组织环保局和街道查封东二环一段、唐湘电器城、汽车南站周边私设烤漆房进行整治，关闭 24 家、停业整顿 5 家。（颜　丹）

【干线公路建设】　2017 年 6 月，雨花区启动 G107 南段（雨花区段）前期手续办理工作，明确办理手续的主体，确定线形，推进前期手续办理。根据洞株公路车速较快，事故较多的特点，启动洞株公路交安设施提质改造工程，洞株公路沿线新增红绿灯 7 处 25 套，人行灯 7 处 14 套，电子警察 7 处 14 套，电子测速设备 2 处 4 套，波形护栏 1500 米，缆索护栏 3630 米。结合跳马镇城镇化进程的要求，启动洞株公路照明设施提质改造工程，沿线安装太阳能路灯 714 盏。（颜　丹）

【农村公路工作】　2017 年，完成跳马镇农村公路 50 千米建设计划、危桥新改建 5 座 54 延米计划的验收，并下拨补助资金 1291 万元。推进安保设施项目，2016 年启动的跳马镇主要农村公路 180 千米安保设施建设完成验收，第二批农村公路安保设施建设项目 128 千米启动，完成设计。对全区 304.61 千米路网内里程的路面情况展开调查，形成大修路段基本台帐；编制 2017 年长沙市雨花区养护计划，计划资金 176 万元。启动省管县道 X047、X049 大修项目，提质改造省管县道 21.68 千米，改变省管县道破损、病害等问题。对曙光垸内 13 处水毁道路、垸外 14 处水毁道路开展灾后重建工作，由区交通运输局邀请设计院出具图纸，跳马镇组织施工，2017 年年底垸内垸外水毁项目全部完工，等待验收。（颜　丹）

【公交都市建设】　2017 年，加快推进公交都市建设工作，港湾式公交中途站改造工作 12 个任务、

13.1 千米的公交专用道建设全部完成；城区建成区公交覆盖率 99%；中心城区公交站点 500 米覆盖率 96%。召开专题会议进行部署，要求各街道、镇对辖区内港湾式公交中途站、小区、社区的公交站点和公交覆盖进行全面摸底，在调查摸底的基础上，区交通运输局联合区交警大队、区市政局、区园林局等部门进行现场勘查，结合实际，确定具体路段。坚持定期调度与实地督查相结合，与区市政局分工合作实地督查。坚持在建工程与拟建工程相结合，通过与区工务局、区城投、区城建局对接，将港湾式公交站改造纳入在建项目或拟建项目建设内容。

（颜　丹）

【超限超载治理】　2017 年，区交通运输局与交警、城管、路政、公安等部门密切协调，坚持源头企业监管与路面治理相结合，重点治理与长效治理相结合，开展治理超限超载专项整治行动。开展路面路地联合执法行动 128 次，出动人员 720 人次，检查企业 144 家次；开展联合治超执法行动 24 次，出动人员 416 人次，检查车辆 348 台次，查扣违章车辆 13 台。（颜　丹）

【全区打击非法物流促进安全生产专项整治工作阶段总结会议】　2017 年 1 月 10 日，全区打击非法物流促进安全生产专项整治工作阶段总结会议在区会议中心 303 会议室召开。区委副书记陈永高、区政府副区长刘江红、区政府副调研员陈立参加会议。会上，刘江红从成效上肯定付出的努力，从差距上正确分析存在的问题，从长远上谋划后段工作。陈永高强调要看到该项工作的艰巨性，把握好形势，树立物流安全生产的信心。（颜　丹）

【“情满旅途，助力春运”志愿者服务活动】
2017 年 2 月 10 日，区交通运输局组织开展“情满旅途，助力春运”志愿者服务活动。在长沙火车南站落客平台、出站口等人流集中区域，区交通运输局干部职工为有需要的旅客提供帮助，帮助旅客换领车票、帮助旅客提行李、为旅客指引方向；负责协助指挥交通，维护营运秩序；负责维护周边环境，清扫垃圾。共帮助旅客 28 人次，劝离乱停车辆 20 台次，提供咨询服务 80 次。（颜　丹）

【农村公交运行】　2017 年 2 月 13 日，经跳马镇政府、杨林新村申请，区交通运输局协调沟通，试运行跳马镇—杨林公交专线，该专线运营时间为 6:30—18:30，按定点、定时班线发车，营运计划为 4 趟 / 日。该专线的开通，有利于解决杨林新村及沿线复兴村、跳马村、喜雨村等地村民出行的问题，填补 20.4 千米公交空白，有利于促进跳马镇全域旅游项目的发展。5 月 19 日，试运行跳马镇—关刀新村公交专线，按定点、定时班线发车，营运计划为 8 趟 / 日，这是关刀新村首次开通公交车。截至 5 月 19 日，已开通 15 路（跳马镇—赤岗冲）、15 路区间线（杨林—跳马镇）、27 路（汽车南站过渡站—长沙航空职业学院）、229 路（石燕湖村—省住建委）、50 路（跳马镇—关刀新村）等 5 条公交线路。（颜　丹）

2017 年 2 月 13 日，跳马镇杨林村开通公交车（颜丹 / 摄）

【办理公交爱心卡】　2017 年 2 月 14—15 日，区交通运输局、跳马镇政府与公交 IC 卡中心进行沟通，邀请相关工作人员到跳马镇为老年人现场办理公交爱心卡。该项工作得到公交 IC 卡中心的大力支持，在跳马镇政务中心设立一个窗口，专门办理老年公交爱心卡，共为 960 名老年人采集信息。

（颜　丹）

【雨花区打击非法物流、促进安全生产专项行动推进会】 2017年2月28日，雨花区打击非法物流、促进安全生产专项行动推进会议在区会议中心303会议室召开。区委副书记陈永高，区政府副区长黄健元、刘江红，全区各街（镇）行政负责人、区直相关责任部门主要负责人参加会议。刘江红对2017年打击非法物流、促进安全生产工作进行部署，提出推进打击非法物流、促进安全生产专项行动一定要强化认识、强化措施、强化担当、强化责任。陈永高强调，要进一步明确任务、责任上肩、细化举措，要心如铁石抓打击、全力以赴保安全、锐意创新攻难点、持之以恒强推进，确保物流专项整治更有突破、更有成效。（颜　丹）

【雨花区货运车辆检查点启动】 2017年3月14日，雨花区启动万家丽路与中意路交汇处检查点，由区交警大队、区交通运输局等部门联合对过往货运车辆进行检查。检查点重点对货运车辆道路运输手续、驾驶员、车辆相关证件及承运货物进行检查，对疑似超载车辆进行过磅检查，根据职能分工，分别由相关职能部门对违法违规行为进行查处。（颜　丹）

【客运站场周边“黑车”专项整治行动】 2017年3月31日至4月6日，为确保清明节期间雨花区辖区客运站场周边的良好秩序，区交通运输局对火车南站、汽车南站周边开展“黑车”专项整治行动。区交通运输局与长沙火车南站地区综管办执法部、雨花巡警大队、雨花区治安三大队、洞井街道等联合行动，形成合力联合出击，对重点区域、重点路段安排专人值守巡查，打击扰乱破坏正常经营秩序，共查扣“黑车”27台。（颜　丹）

【道路交通安全专项整治行动】 从2017年3月起，在全区开展为期2个月的道路交通安全专项整治行动，专项行动主要为日常交通整治和专项交通整治，其中，专项交通整治主要针对安全隐患比较突出的校车、客运和货运车辆、渣土车和搅拌车等。5月4日，由区交通运输局牵头，火车南站地区综管办、区交警大队、东山街道、黎托街道等部门单位共20余人在火车南站西广场集中，分组选点，在火车南站周边的花侯路、红旗路、川河路等设立检查点，重点检查“黑车”非法营运、货车超限超载、危货运输、没有取得道路运输证和从业资格证或证照过期、车辆闯禁、违规停放等违法违规行为。联合执法行动期间，共检查车辆50余台，查处各类违法违规车辆8台，其中班线客运车辆不按线路行驶1台、非法运营车辆1台、未办理道路运输从业资格证4人、货运车辆交通违法行为2起。（颜　丹）

【交通运输安全生产监管人员培训】 2017年5月25日，区交通运输局举办安全生产监管人员培训班。区交通运输局全体干部职工以及区内各街道、镇交通运输的分管领导和安全专干共计90人参加培训。区政府办副主任熊灿与区交通运输局局长刘诺奇做开班动员讲话。熊灿指出，安全生产绝不能有任何闪失；刘诺奇表示，培训旨在进一步提高交通运输行业一线安全生产监管水平。培训由市安监局副局长刘金泽授课，列举往年重大事故原因，强调红线意识的重要性，解读《湖南省安全生产监督管理职责规定》中“行业监管部门职责”相关条文。省运管局货运科科长沈民围绕湖南省货运管理体系现状，剖析相关政策。（颜　丹）

【雨花区召开治超工作总结会】 2017年5月26日，雨花区治超工作总结会召开。区政府副区长刘江红，各街（镇）及全区治超成员单位负责人参加会议。会议由区政府办公室副主任、区治超办主任熊灿主持。会上，区交通运输局局长、区治超办常务副主任刘诺奇做关于《雨花区治超工作情况和2017年工作重点》的讲话，刘江红对雨花区治超工作提出要求：源头治超要把握三个源头“思想源头、货运源头、车辆源头”；路面治超工作实现治超站点建好、用好的目标，学习浏阳市“路长制”，坚持责任细化、明确任务；实现科技治超，在洞株路建设非现场执法系统；联动治超方面加强路警结合，坚持“一超四罚”的原则；常态化治超力争实现“机构常态、人员常态、工作常态”。（颜　丹）

【G107南段（黄兴—暮云）雨花区段线形研究】G107（黄兴至暮云）起于黄兴镇火烧坪黄江大道与G107调规（南粉墙至黄兴段）公路交叉处，终于芙蓉大道，路线全长21.49千米。从浏阳河中线至跳马盘古坎在跳马镇境内，设计初定为境内路线全长15.25千米。2015年因区划调整，跳马镇划入雨花区，根据相关要求，G107南段的线型、设计要统一；由天心区政府、雨花区政府、长沙县政府安排专人协调办理省级相关手续。为推进G107南段项目，确保G107南段项目符合雨花区发展规划，雨花区政府组织国土、规划、交通、两型、环保、农水、跳马镇等单位召开专题会议研究，组织相关部门进行现场踏勘。2017年6月19日，再次组织相关部门进行专题研究，邀请市交通运输局公路处处长李学俊听取情况汇报。会上，各部门结合各自职能，对G107南段雨花区段线形进行讨论，并形成一致意见，G107南段雨花区段线形在符合两型发展的前提下，利用既有道路，少占基本农田，由设计院对线形再次进行优化，确保优化后的线形符合国道快速通行的功能，又满足雨花区城市发展需求。（颜　丹）

【道路货物运输一般突发事故应急救援演练】2017年6月23日，道路货物运输一般突发事故应急救援演练在洞株公路与环保大道交汇处举行。该活动由区交通运输局主办，长沙市莲湖医用氧厂与长沙市莲湖乙炔有限公司联合承办。活动中，市运管处安全科科长呙雄军对厂内干部和运输从业人员进行理论知识培训，讲解道路危货运输安全事故案例与事故应对技巧，随后开始应急演练。演练模拟一辆运输高压氧气瓶的车辆在行驶中遭遇爆胎故障。驾驶员立即驾驶车辆安全驶离主道进入辅道，押运员带灭火器下车，放置三角木，在事故现场后方150米处设立警示牌，驾驶员查看事故原因并报告车队长请求安排车辆转运。调控中心锁定故障车辆位置，集结应急救援队伍与转运车辆，赶赴现场进行转运。该次演练，有利于巩固企业从业人员的交通运输安全意识，提升从业人员面对道路货物运输突发事故应急救援的应变能力和处置能力。

（颜　丹）

【治超常态化管理工作专题会议】2017年6月28日，区政府副区长刘江红带队，区政府办、区交通运输局、区公安分局、区交警大队、跳马镇等单位对全区治超工作进行调研，在跳马镇组织相关部门召开治超常态化管理工作专题会议。会上，区交通运输局局长刘诺奇重点就各有关成员单位如何步调一致，协调各方力量形成合力做出安排，跳马镇政府就如何依照属地管理原则开展好治超工作发表意见。区公安分局、区交警大队等单位负责人对如何行动提出建议。刘江红要求，下一步治超行动由区交通运输局牵头，跳马镇负责联系，区公安分局、区交警大队配合，联合市公路管理局路政执法大队，定期在辖区内开展路警联合治超行动。在跳马镇范围内合适位置设置治超点，对过往车辆进行检查，公安、交警驻点执法。（颜　丹）

【黎托物流市场巡查整治】2017年6月，区交通运输局联合黎托街道，对黎托物流市场开展为期三个月的巡查整治行动，通过巡查，查获非法运输的危险货物，暂扣非法运输车辆8台。通过巡查整治行动的开展，黎托街道7月份以来，未发生火灾事故。8月8日，区政府副区长刘江红对黎托物流市场整治进行专题调度。会上分析整治行动存在的主要问题，对后段如何推进物流市场整治工作进行专题研究。刘江红指出，在物流市场整治工作中，要牢记“四个第一”，即“把讲政治摆在第一位，把促安全摆在第一位，把保稳定摆在第一位，把重民生摆在第一位”，通过各部门齐抓共管，取得实效，实现物流市场文明创建常态化管理。（颜　丹）

【联合治超行动】2017年8月8日，由区治超办牵头，湖南省公路管理局长沙管理处长潭路政中队和湖南省高速公路交通警察局长沙支队㮾梨大队、长沙市公路管理局城郊路政执法大队、区交通运输局、同升街道办事处、同升派出所等单位共出动执法人员40人，在京珠高速公路李家塘收费站开展“路地”联合治超行动。联合治超队伍分工协作，对过往的货运车辆一一拦停检查，共检查货运车辆103台，查扣5台疑似超限超载货运车辆，移送湖南省交警总队高警局㮾梨大队和长沙市公路局路政执法大队处理。9月1日，区治超办联合市公路局城郊路政执法大队、区交通运输局、区公安分局、区交警大队、跳马镇人民政府、跳马派出所等相关部门，在跳马镇集中开展为期一个月的“重拳治超秋季行动”。通过定点蹲守布控和路面流动稽查相结合的方式进行执法，对有超载行为货运车辆查扣至长沙市公路局城郊路政执法大队，依法依规进行处理。9月4—6日，共检查来往货运车辆150台，疑似超限超载车辆16台，查扣超限超载货运车辆6台。

（颜　丹）

【白竹村道路交通安全整治工作调度会】　2017年8月26日，区政府副区长刘江红召集区政府办、区城建局、区环保局、区城管执法局、区交通运输局、区交警大队、区环卫局、跳马镇和跳马镇白竹村等单位负责人，召开白竹村道路交通安全整治工作调度会，专题研究跳马镇白竹村道路交通安全整治工作。跳马镇就白竹村道路交通安全整治工作提出在准入上要从严、在投入上要加大、在线路上要优化、在执法上要经常四点请求，区交通运输局提出道路交通安全整治工作方案，各部门、单位针对方案提出的相关措施进行讨论研究。刘江红要求，要高度重视，强势整治，加强管理，联合执法。

（颜　丹）

【县道大修项目】　X047、X049大修项目纳入长沙市公路管理局2016年县道大修计划，每条公路给予3千米补助计划。2017年6月，经区政府研究决策，决定对两条县道全线进行大修。10月19日，在长沙市公共资源交易中心进行公开招投标，分别由湖南高岭建设有限公司、湖南沙坪建筑有限公司中标。11月6日，在跳马镇二楼会议室，召开县道大修通气会，市交警支队、区交通运输局、区交警大队、跳马镇人民政府、交警大队跳马中队、两条省管县道沿线各村主要负责人参加会议。2017年11月进场施工，2017年12月底完成工程量的50%。

（颜　丹）

火车南站地区综合管理

【概况】　长沙火车南站地区综合管理办公室（简称“火车南站地区综管办”）为区人民政府承担行政职能的全额拨款事业单位，主要负责火车南站地区的“四管理一服务工作”，即：交通秩序管理、市容秩序管理（不含环卫、市政、园林管理和维护作业）、治安秩序管理、经营秩序管理及其综合服务工作；负责做好火车南站等铁路部门、政府有关职能部门、企事业单位的综合协调工作；牵头做好火车南站地区公共配套设施管理和维护的协调工作。管理区域的范围为：北至曲塘路，南至香樟路，西至黎托路，东至川河路；站内管理按照“滴水为界”与火车南站等部门协商确定。内设机构有综合管理部、执法协调部、社会事务部。核定事业编制30名，雇员编制3名；全体在职干部职工数31人，其中事业编28人，雇员3人。另招聘协警120人，区公安分局、区交警大队、区城管综合执法大队、区交通运输局等4家执法部门向站区派驻常驻正式执法人员35人。综管办设一机关党支部，有党员19人。

2017年，火车南站综管办围绕“扮靓湖南窗口，打造全国标杆”的总体目标，秉持“旅客至上、服务第一”的工作理念，开展“最严交通”“最严治安”“最严城管”“最严运输”等一系列专项行动，落实“一碰头三登记五巡查”值班制度，窗口形象得到改善，服务品质得到提升。获评“2015—2016年度全国青年文明号”“2013—2016年度全国社

会治安综合治理先进集体”“全省春运工作先进单位”“湖南省最佳志愿服务组织”。（郑瑞雅）

【站区管理】 2017年，开展“最严交通”“最严治安”“最严城管”“最严运输”等四个专项行动，对“黑车”“摩的”非法经营、出租车宰客、车辆乱停乱放、流浪乞讨等影响站区安全、环境及交通秩序的重要问题进行专项整治。开展联合执法行动200余次，查处治安案件984起，查处喊客拉客人员1526人，其中治安拘留135人；查扣摩的、电的1451台；违停抄牌、锁车21078起；现场执法5297起；查扣黑车266台。（郑瑞雅）

【站区服务】 2017年，发挥“和谐号”党建联盟的引领作用，打破站区各党组织“各自为战”格局，开展“亮身份，强服务，争先锋”主题实践活动；明确“和谐号”党建联盟16个“共产党员突击队”和“共产党员志愿服务队”，42个“共产党员先锋岗”，607名共产党员志愿者。各成员党组织每月固定时间轮流开展党员志愿服务、党员学习交流和党员创先争优等活动。7月初，“和谐号”党建联盟全体成员成功应对防涝排渍、旅客滞留两个I级应急响应，保障旅客安全顺畅出行；11月，市机关工委组织全市机关党员代表到站区观摩交流。（郑瑞雅）

【春运、暑运工作】 2017年春运40天，长沙火车南站共到发送旅客655万人，日均16.4万人次。客流最高峰为2月18日（正月二十二），到发总量20.3万人次，较2016年最高峰单日增加2.6万人次。1月11日，雨花区2017年春运工作动员暨长沙火车南站地区春运工作调度会在综管办四楼会议室召开。2017年暑运，从7月1日至8月31日，共到发旅客1214万人次，同比增长10%，日均19.4万人次（超过2016年暑运日高峰17.6万人次），最高峰日21.8万人次。由于主动应对客流高峰，长沙火车南站地区没有出现大面积旅客滞留和车辆拥堵现象，客流过渡平稳，疏散有序，车辆、旅客“快进快出”目标基本实现。（郑瑞雅）

【综合治理联勤联动】 2017年，为解决治安防控体系建设中的突出问题，火车南站地区综管办推进社会治安防控体系改革，打破原有的行政壁垒，构建“地方与铁路协同”“公安与武警联勤”、相关职能部门共同参与的常态化治安防控联勤联动工作机制，打造“指挥同台”“通讯同频”“视频同网”“信息同享”“看图作战”于一体的长沙火车南站地区联勤联动指挥中心。综合治理联勤联动工作被中央领导肯定并在《人民日报》刊登推广；2017年9月，在北京召开的全国综治工作会议上获“2013-2016年度全国社会治安综合治理先进集体”。（郑瑞雅）

【网格化服务管理】 2017年，为打造共建共治共享的社会治理格局，火车南站综管办根据实际情况，划分为8个单元网格，按照“1+N”模式配备网格管理员，处置城市管理、治安管理、交通管理、经营管理、旅客服务5大类、25小类事件，实现力量在网格、责任在网格、服务在网格、考核在网格、问责在网格，构建“党建引领、网格管理、信息支撑、联勤联动、多元服务、法治保障”的网格化服务管理联勤联动新模式。（郑瑞雅）

【智慧南站建设】 2017年，火车南站地区综管办以信息化为支撑，推进“智慧枢纽”建设，提升站区治理体系和治理能力的现代化，打造共建共治共享的社会治理格局。整合站区高铁、地铁、磁浮等车站内语音系统资源，统筹设计站区语音系统，开通“人脸识别”功能，完善站区电子导航地图，设置自主交通服务区；购置移动“网格通”，联通数字城管综合应用平台，打造智慧高铁枢纽服务管理示范区。（郑瑞雅）

环境保护

【概况】 长沙市雨花区环境保护局（简称“区环保局”）为区政府工作部门，主要职能是组织编制全区环境保护规划、计划，开展全区的污染减排工作，负责环境污染的防治、建设项目的环保审批、环境问题的统筹协调和调查处置、环境执法及现场监管、环境监测、环境统计、环境宣传教育、自然生态、城郊结合部环境综合整治和核辐射安全的监督管理工作。内设办公室、污染监督管理科(加挂行政审批科牌子)、污染总量控制办、宣教法规科4个职能科室。2017年，核定编制8名；在职干部职工数22人，其中在职在编干部9人，引进人才1人，雇员4人，协管员8人；退休6人。下设区环境监察大队（加挂环境应急办公室牌子）、区环境保护监测站两个二级机构。区环境监察大队为副科级参公事业编，核定编制12名，在职干部职工8人,其中大队长1名;区环境保护监测站为事业编，核定编制9名，在职干部职工9人。局内设一个党支部，共有党员31人，其中在职党员27人。办公地点设在区治大院2号办公楼5楼。

2017年，区环保局贯彻落实省、市、区有关生态环保工作的指示和部署，全面贯彻环境主体责任，深入落实绿色发展理念，以改善环境质量为核心，以解决突出环境问题为重点，推进生态环境保护工作。完成生态环境保护项目45个，其中噪声防治项目11个，水污染防治项目23个，土壤污染防治项目11个。全年空气质量优良天数266天，优良率73.3%，辖区内无污染土壤地块，区域噪声达国家声环境标准。全年召开环委会全会6次，区政协派出6名委员作为环保特约监督员。制定出台《雨花区生态文明建设与环境保护法定职责内容清单》和《雨花区环境保护工作责任规定（试行）》，明确和压实各部门街镇的环保责任；出台《雨花区环境保护联合督查制度》，对各责任单位履职尽责和问题整改情况常态督查。2017年审批项目81个，依法依规征收排污费376万元。汽车4S店挥发性有机污染治理（VOCS）被省、市环保部门列为样板工程；绿色夜市创建全域推进，夜宵烧烤油烟整治经验全省推广；圭塘河治理被推选为全国生态成果展示侯选项目并作为全省黑臭水体治理工作示范现场,“6+”治河模式得到住建部和环保部肯定;“政府河长＋民间河长”的双河长机制得到住建部、财政部、水利部肯定；环境监管执法工作获湖南省环境执法大练兵案卷评查县级一等奖(长沙唯一区县)和2016—2018年度全省依法办事示范窗口单位。

（李　欣）

【环保督查】　2017年4月24日至5月27日，中央环保督察组向雨花区交办群众信访投诉件229件，交办件全部提前办结；资料收集任务8件，均按时、按质、按量完成收集报送。全区责令整改企业88家，立案处罚21家，总处罚金额102.7万元，立案侦查1件，行政拘留4人，17人因环境问题被问责。雨花区“一把手主抓、第一时间反应、一条龙办理、一视同仁落实整改、群众满意第一位”的“五个一”工作法，作为“雨花经验”受到市委、市政府肯定。

（李　欣）

【环境治理】　2017年，全区推进绿色夜市创建，在五江天街安装在线油烟监控系统。全市率先完成21家汽车4S店和3家工业企业挥发性有机物（VOCs）整治任务。10月，全市VOCs（挥发性有机物）治理现场观摩会议在雨花区召开，VOCs治理被列为省、市样板工程。统筹协调住建、城管、农林水、圭塘河指挥部、各街镇等单位完成相关项目建设。

（李　欣）

【环境执法】　2017年，落实执法领域“双随机”制度，制定“一单两库一细则”，形成完善的雨花

2017年6月3日，雨花区开展三考静音联合执法行动　（李欣/提供）

区环保“双随机”执法事项清单、污染源监管库及执法人员库。全年出动环境执法人员4000余人次，检查污染源800家，开展专项行动120余次，下达行政处罚决定书81份，罚款金额200万余元，移送公安行政拘留6起（行政拘留6人）、移送涉嫌环境污染犯罪案件5起（刑事拘留9人）、申请法院强制执行1起。全市率先建成“环保数字网格化处置调度中心”。截至2017年年底，在册环境监管网格员1200人，每天稳定在线网格员约400人，实现全区各级网格环境监管全覆盖，2017年实施污染源网格化环境监管5100家次。（李　欣）

【环境信访】　建立重点难点信访案件“领导包案”制度，妥善解决跳马镇活牛交易市场臭气扰民、湖南怡天保温新材料有限公司违法排放废水、同升湖山庄污水站不正常运行污水处理设施等重点难点信访案件。严格落实24小时举报受理和环境投诉有奖举报机制，组织开展历史信访案件“回头看”，从近五年的3500余件环境信访案件中筛查出175件重点投诉案件，再次梳理信访产生的原因、处理过程、适用的法律政策等问题，对其中11件需进一步核实整治整改情况的案件进行现场复查。全年受理各类环境投诉900余件，案件办理迅速、信访回复及时、处置程序规范，无信访积案，无群体事件及越级上访等事件发生。（李　欣）

【黄标车淘汰】　协同交警大队和各街镇完成4418台黄标车淘汰任务（内五区淘汰数量第一）。（李　欣）

【环保宣教】　2017年，组织开展“世界环境日”“世界水日”“世界地球日”等各类大型环保主题活动12次，累计发动参与人员1.5万余人。其中，“六·五”大型环保公益志愿活动中，150余名环保志愿者徒步圭塘河，捡拾垃圾，向沿河的居民、商户派发宣传资料2万余份。加大新《环境保护法》、新《大气污染防治法》、新《环境影响评价法》等的宣传力度，在全区开展各类环保知识讲座14次。双河长制”全面推进，跳马镇和环科园设置上百平米永久环保宣传牌，组织200余农民参加土壤污染风险防控培训环保督察期间，编写环保督察简报29期，及时报送典型案例。2017年在各类媒体发表文章共计135篇，其中国家级媒体12篇。（李　欣）

【绿色创建】　2017年，推进美丽乡村创建工作，完成跳马镇石燕湖村、喜雨村、团然村、复兴村4个示范点建设；在圭塘街道美林景园社区开展静音达标区创建；在圭塘街道长塘社区开展无烟烧烤街创建；在雨花亭街道五江天街开展无烟餐饮特色街创建。（李　欣）

【环境监测】　2017年，完成全部大气、水、土、噪声监测任务。完成浏阳河团然水质自动监测站建设，达到全省一流水平。与三家符合资质的监测机构合作，实现环境质量第三方监测，累计提供监测服务400余次，监测数据4000余个。（李　欣）

【农村环境综合治理】　2017年，全域推动农村生活垃圾分类处理；启动圭塘河上游跳马段环境综合整治；开展常态巡查，巩固前期畜禽退养工作成果，严防畜禽养殖污染；调整农业种植结构，开展粮食绿色高产高效品种推广，推广低吸镉品种66.67公顷，推广水稻后期深入管理80公顷。（李　欣）

【环境应急能力建设】　2017年，制定全区重污染天气应急预案，启动重污染天气蓝色、橙色预警；指导和组织红星盛业、高科气体等重点企业开展突发环境事件应急演练，提升处置突发环境事件实战能力；妥善处置东山候照“7·6”火灾事故和10月4日环氧固化剂泄露突发事件，全年未发生一起环境污染事故。（李　欣）

【建设项目环境影响登记表备案】　2017年1月1日起，新《建设项目环境影响登记表备案管理办法》正式实施，雨花区建设项目环境影响登记表网上备案管理同步实施，备案系统登录、公示地址已在区

政府区环保局网站首页进行链接公示。（李　欣）

【生态环境保护委员会会议】　2017年，雨花区召开生态环境保护委员会会议6次。

1月23日，生态环境保护委员会2017年第一次会议暨“春雷行动”推进会议召开。区委副书记、区长刘素月，区政府副区长王明玖，区政协副主席彭可佳、区政府副调研员文洲，区生态环境保护委员会成员单位主要负责人、分管负责人、各街镇环监站站长等共计80余人参加会议。

3月10日，雨花区召开环境保护工作大会。会议由刘素月主持，王明玖作工作报告，区委书记张敏讲话。

7月13日，2017年生态环境保护委员会第三次全会暨环境治理战役“夏季攻势”工作推进会召开，会议文洲主持，刘素月，雨花经开区党工委副书记、管委会主任李国军，王明玖，彭可佳，各街镇行政一把手及区环委会成员单位的主要负责人参加会议。

8月11日，雨花区生态环境保护委员会第四次召开，专题部署推进中央环保督察及省市反馈问题整改工作。会议由区政府副调研员易云和主持，陈怀宇、王明玖，相关部门和街镇共81人参加。会上，雨花区环委会办公室对各责任单位下发问题与单位一一对应的环境问题交办函。城建、农林水、环保三部门主要负责人针对生态环保绩效考核扣分情况表态发言。

8月31日，雨花区生态环境保护委员会第五次会议召开，刘素月，王明玖，易云和出席会议。区委办、区政府办、区环保局等61个单位行政负责人参加会议。会议由王明玖主持。会上，易云和宣读《中央环保督察反馈意见长沙市雨花区整改工作方案》。刘素月向各责任单位下发涉及中央、省市反馈的环境问题、环保项目建设和生态环保市对区考核任务等三个方面的交办函。会上下发《中央环保督察反馈意见长沙市雨花区整改工作方案》《雨花区环境保护工作责任规定（试行）》《雨花区重污染天气应急预案》及黄标车淘汰、黑臭水体整治、空气质量进展情况表

11月14日，雨花区生态环境保护委员会第六次会议召开，刘素月、王明玖，雨花经开区、宣传部、环保、城建等34个部门行政主要负责人，各街镇行政一把手、相关分管副职及相关工作人员参会。会议刘素月主持。调度黄标车淘汰、大气污染防治和环保项目建设推进等工作。（李　欣）

【环境违法行为举报奖励】　2017年，为鼓励公众积极参与环境保护监督管理，加强对环境违法行为的社会监督，雨花区环保局制定《环境违法行为举报奖励办法（试行）》。2月17日，区环保局对二起环境违法案件举报者进行奖励，分别给予400、600元奖励。（李　欣）

雨花区召开生态环境保护委员会2017年第一次会议暨“春雷行动”推进会议（李欣/提供）

【“寻找圭塘河的故事”征集活动】　2017年3月22日，雨花区第25个“世界水日”主题活动——“寻找圭塘河的故事”征集活动启动仪式暨青少年环境教育示范基地挂牌仪式在圭塘河岸·悠游小镇举行。该次活动由市文明办、区政府、区文明委主办，区圭塘河综合治理指挥部、区文明办、区环保局、区农林水局、雨花区城投集团联合承办。活动上，德国河流治理专家史密斯在介绍保护水资源及河道治理的经验，呼吁公众不要做一个旁观者、指责

者，而是参与者、贡献者。圭塘河综合治理部启动“寻找圭塘河的故事”征集活动，对圭塘河历史故事、历史文物、老照片进行有奖征集。雨花区环委会将圭塘河岸·悠游小镇挂牌为“青少年环保教育示范基地”。中国最大的环保公益组织阿拉善 SEE 和长沙市社会组织益友会联合在悠游小镇挂牌“绿伞卫士研学旅行基地”。来自砂子塘万境水岸小学的学生参加水资源保护知识讲座，讲座设置知识抢答赛。（李　欣）

【夏季攻势挥发性气体专项整治工作会议】　2017年7月18日，雨花区组织召开“夏季攻势”挥发性有机物专项整治工作会议，全区范围内35家汽车4S店、10家工业涂装行业负责人参加会议。会上解读《雨花区挥发性有机物治理试点实施方案》，企业代表表态发言，区环保局从监管执法上提出具体要求，并组织企业进行培训。市环保局大气处处长陈子珍，勉励雨花区大胆创新、积累经验，为其他地区实施提供经验借鉴。区环保局党组书记、局长钟智宏强调要充分认识到企业是污染治理主体，认真履行企业和个人在大气污染治理的主体责任和义务，行动起来治理 VOCs。区政府副调研员文洲提出下步 VOCs 治理总原则是“全区域治理，全过程控制”，要求企业与区环保局全力做好重点区域 VOCs 整治工作。（李　欣）

【《雨花区环境保护工作责任规定（试行）》审议通过】　2017年8月22日，《雨花区环境保护工作责任规定（试行）》（以下简称《规定》）经雨花区第五届人民政府第9次常务会议审议通过，按照规范性文件有关规定进行登记、编号和公布。区环保局依据《中华人民共和国环境保护法》《湖南省环境保护条例》《长沙市环境保护工作责任规定（试行）》以及于2017年8月1起施行的《湖南省城市综合管理条例》等法律、法规、规章进行《规定》的起草，并融入重污染天气应急预案有关内容，历时两个多月进行意见征求、内容修订及法制审查，经政府常务会审议，形成正式稿。《规定》中对区政府、园区、13个街镇、35个区直部门、企事业单位及其他生产经营者、公民及其他社会机构环境保护责任进行明确，建立健全相应的环境保护目标考核机制。《规定》的制定，标志着雨花区将生态文明建设和环境保护工作摆上更加重要位置。（李　欣）

【网格化环境监管能力提升专题培训】　2017年10月31日，雨花区网格化环境监管能力提升专题培训在区委党校举办，区环境监察大队、各街镇、各社区（村）网格监管负责人员共230余人参加培训。培训邀请省环保厅环境应急与事故调查中心王鲁宁、环境监察局刘焱明、市环境监察支队副支队长肖劲羽就雨花区网格化环境监管进行现场授课和业务指导。培训有利于提高街镇、社区（村）级网格监管能力，构建全区规范、科学、高效的网格化监管体系。（李　欣）

【大气污染防治特护期突发期工作调度会】　2017年12月5日，雨花区召开大气污染防治特护期突发期工作调度会，雨花经开区等20个职能部门和各街镇分管副职参加。会上，区环委会办公室主任，区环保局党组书记、局长钟智宏分析雨花区大气污染防治工作进展情况和存在问题。钟智宏认为要全体重视、落实措施，全力降低大气污染物排放；要突出重点、落实责任，突出汽车尾气、餐饮油烟、工地道路扬尘、垃圾秸秆焚烧等的整治重点，突出夜间、周末、节假日等重点整治时段，突出重点环境敏感区域污染防治；加强执法、信息对称，各部门要加大执法力度，城管、环保、城建等单位要强势出击，坚决遏制违法源头。区政府办副主任杨胜传达区政府副区长王明玖的要求，要群防群治、联防联控，各部门要紧密配合形成合力共同发力，各街镇要落实属地责任，区环委会办、区政府督查室将对各单位履职情况进行督察。（李　欣）

【土壤污染风险防控培训】　2017年12月12日，雨花区在区党校多功能报告厅开展土壤污染风险防控知识培训，组织全区 8 个街道、镇近 200 名农村居民代表参加。培训邀请中南林业科技大学教授廖柏寒和中南大学教授郭朝晖分别对土壤污染危害及风险防控进行解说，向群众宣传相关法律、法规及绿色环保理念，教育广大群众重视土壤保护与污染防治。雨花区先后向居民群众发放《土壤污染风险防控科普手册》《环保科普手册》等宣传资料近 2.5 万份，张贴宣传海报 900 张，在雨花区经开区及跳马镇分别设立 100 平大型公益宣传广告牌 1 块，并在全区所有电子户外广告屏滚动播放土壤污染防治宣传片。（李　欣）

园区建设

雨花经开区

【概况】 长沙雨花经济开发区（简称“雨花经开区”）的前身为湖南环保科技产业园，是湖南省人民政府批准成立的省级开发区，2003年开园建设；2006年国家对开发区清理整顿后予以保留，国家发改委命名为长沙雨花工业园区；2012年3月5日，湖南省人民政府办公厅对全省开发园区进行统一规范命名，改为长沙雨花经济开发区。中共长沙雨花经济开发区工作委员会、长沙雨花经济开发区管理委员会，分别为市委、市政府的派出机构，合署办公，为正县级机构，委托区委、区政府管理。内设办公室、招商合作局、经济发展局、规划建设局、工务局、社会事务局、纪检监察室7个职能科室，原安监局于2017年6月调整为安委办。派驻机构有财政分局、城管中队、交警中队、国税分局。2017年编制35名；全体在职干部职工数38人；中共党员37人，致公党党员1人。

2017年，雨花经开区推动“招商引资看雨花、项目建设看雨花、改革开放看雨花，非公党建看雨花、精准扶贫看雨花”实践，完成全年的目标任务。2017年，雨花经开区紧紧围绕“开放、搞活、发展”总体目标，全面启动园区的体制机制改革，制定《长沙雨花经开区改革创新发展总体实施方案》及配套系列子方案。累计四上新入规企业19家、新增高新技术企业21家、产值保持在10%以上增长的企业25家、税收保持在20%以上增长的企业492家。全年完成规模工业总产值377亿元；实现工业增加值95亿元；完成工业投资47亿元，完成固定资产总投资105亿元；完成进出口额9000万美元，实际利用外资1.85亿美元，纳税过百万的企业133家，实现全口径税收20亿元，同比增长39%。园区在全市重点产业项目观摩中获省级园区第一、内五区第一；在年度绩效考核综合评比中，名列内城区省级园区第二，全市8个省级园区第三；获评全市建设用地节约集约“优秀”等次，园区创新设计产业园获批为国家技术标准创新基地（长株潭）标准孵化基地、湖南省机器人产业集聚区综合实力迈进全国十强，园区拥有省、市技术中心9个、省级科研机构1家、市级院士工作站2家，企业申请专利总数为596件，累计增长3.11%（申请数量排名市内省级开发区第

雨花经开区管委会鸟瞰图 （王健／提供）

一）；在省政府办公厅关于对2017年度真抓实干成效明显地区予以表扬激励的通报中获评推动产业发展、招商引资、项目建设成效明显的园区；园区节约集约、转型创新、绿色发展的做法和经验，获得《人民日报》《学习时报》《瞭望中国》等中央级媒体的关注与专题报道。获评湖南省推动产业发展、招商引资、项目建设成效明显的园区、全省经济技术开发区先进单位、2015—2016年度湖南省水利建设工程文明工地。（王 健）

【基础设施建设】 2017年，完成园区“百日整治”“拆围透绿”、圭塘河生态景观带、圭塘河河道治理、荷新路、白秋路一期、花卉路一二三标、杨洪路、洪塘学校、比亚迪东侧边坡抢险、园区24条道路亮化整治、职教城学生公寓外墙维修、管委会绿化提质等22个项目。全年累计基础设施投资超过12亿元，新建道路13.5千米，复绿透绿面积34万平方米，建成3.5千米长、占地面积近30万平方米的圭塘河生态景区，投入近5000万元对白田、联盟、金井社区进行提质改造，鹤城医院于2017年2月份开业运营，辐射园区全范围，长郡雨外洪塘学校于2017年9月份正式投入使用。（王 健）

【招商引资】 2017年，雨花经开区招商接待超过3000人次，外出拜访600人次，包括中国航天科技集团，西门子公司，中国建筑工程总公司，中国五矿集团公司，中国航天科工集团、恒大集团、绿地控股集团等世界五百强企业。全年举办或参与“智能制造人才论坛”“2017人工智能湖南高峰论坛”等各类大型活动10场次，邀请ABB、发那科、库卡等近40家世界顶级机器人企业，钟掘、郭爱克、王巍等50余名院士，微软、滴滴出行、中联重科、上海大众、比亚迪等500余家知名企业代表参加。与深圳市机器人协会、中国机器人产业联盟、中国工业设计协会等7家机构建立合作伙伴关系。2017年园区引进项目34个，其中10亿元以上重大项目5个，5亿~10亿元项目2个，2亿~5亿元项目3个，0.5亿~2亿元项目24个，共有25个是主特产业链补链、强链项目。主导产业方面，引进文超自动化（比亚迪汽车配套生产企业）、耀通科技（汽车自动化产线配套企业）等重点项目。特色产业方面引进航天十三所（世界500强中国航天科技集团直属机构）、大族激光（全球前三智能激光设备商）等知名企业，实现军民融合与智能制造深度融合发展、世界500强和全球行业前10强引进新的突破；机器人视觉感知与控制技术国家工程实验室长沙中心、湖南医疗人工智能联合实验室等一批国家级战略科研平台落户园区，成功推动并完成长泰机器人联合收购，中南智能成为省属国有企业转型智能制造的典型代表，全年累计新引进机器人企业30余家，累计引进机器人企业168家，其中本体2家，研发设计29家，集成应用41家，特种特型18家，零部件46家，服务机器人16家，配套16家。（王 健）

【项目建设】 2017年，园区东片因两型“绿心”控规和中央环保督查，项目推进遇到困难，为此雨花经开区提出“东片调规解难解套、西片提质腾笼换鸟”的思路，加大对西片区存量土地资源的二次开发和利用，引进晓光新能源汽车车身装备及零部件智能制造工厂项目和比亚迪汽车发动机生产总部，开启二次招商、二次开发。全年34个新引进项目全部开工，续建项目进度加快，比亚迪电动卡车及特种车、电动汽车零配件生产基地等项目完工投产，长沙国际研创中心、康庭园等一期竣工、二期主体完工，金杯云冷全面开工，三栋主体封顶。（王 健）

【服务企业】 2017年，雨花经开区召开“工业30条”“人才新政22条”、科技创新“1+4”等系列政策宣讲会，组织送政策到企业系列“巡讲宣传活动”，制定出台《雨花经开区产业投资指导政策及奖励扶植办法》《雨花经开区关于科技创新“1+4”实施细则》等配套政策，有7家企业、30余名人才享受到政策红利。开展“企业服务提质年”

活动，践行“随叫随到、不叫不到、服务周到”的“三到服务”理念，为企业解决各类问题100余个，其中涉及资金问题20余个、科技问题20余个、人才问题60余个。解决职工子女入学260人次，帮助企业申报项目28个，争取上级资金5000万元。率先在全市启动人才公寓建设，出台人才公寓的管理办法。在园区范围内开通免费穿梭巴士、搭建企业一站式服务中心、助保贷平台等为企业与人才提供全方位服务。2017年园区帮助解决10余家企业融资问题，融资超过7亿元。（王　健）

【放管服改革】　2017年，雨花经开区承接131号令下放的市、区行政职权共47项，具体承接部门为规划建设局18项、经济发展局13项（含环保局4项）、社会事务局1项、工务局3项、安委办（原安监局）2项、招商局1项、财政分局1项、工商部门8项。全年办结131号令下放各类行政审批事项74项，其中建筑工地夜间临时施工审核、临时占用挖掘城市道路审批、政府出资的投资项目立项审批等办结事项分别为25件、16件、10件，三项办结量占比约为68.9%。制定出台《雨花经济开发区承接市级区级下放的经济管理权限目录》《长沙雨花经开区行政审批管理办法》等文件，编制涉及33项行政审批事项的40个审批流程办事指南，办结总时限由434日缩减至210日，审批流程整体提速50%以上，常规事项即来即办、复杂事项三天办结、公示事项公示结束后次日办结，制定出台《长沙雨花经开区企业一站式服务中心窗口设置工作方案》。根据园区承接的涉及发改、经信、住建等19个市区直部门的55项（此前区级已下放8项）行政职权，分别整合纳入项目服务窗口、企业服务窗口、综合服务窗口三个服务窗口，工商窗口、人社窗口由区相关部门派驻，另增设党群服务窗口，企业一站式服务中心于2017年10月投入使用。结合智慧园区建设，设立网上行政审批窗口。（王　健）

【高新技术企业认定】　雨花经开区争取或到位各类资金（含协助企业申报的资金）近5000万元，涉及发改、经信、科技等专线专项，市级科技计划立项7个，区级科技计划立项21个，新认定高新技术企业21家；在知识产权工作方面，企业申请专利总数为596件，增长3.11%（申请数量排名市内省级开发区第一）；企业累计通过知识产权融资抵押贷款超过4000万元。（王　健）

【金融创新】　2017年，雨花经开区与中国银行、建设银行等2家银行签订战略合作协议，获得金融市场授信49.3亿元，发放贷款34.1亿元，园区平台公司率先在全省成功注册规模25亿元的PPN（非公开定向发行的债务融资）；组织150余批次金融机构考察指导园区；完成各类债务巡查、审计及开发公司评级工作；严格按照各债券、银行贷款等合同约定的时间节点，完成共计175笔、25亿元的资金支付；制定园区《项目融资管理办法》和《对外投资管理办法》。（王　健）

【环境整治】　2017年，开展“蓝天保卫战”和环境专项整治行动，对225家重点企业全面摸底与整治，会同同升街道对全园范围黄土裸露情况进行摸底透绿，累计透绿面积20.24万平方米，种草面积14.4万平方米。处理“12345”市民热线投诉20起，查扣违章渣土车28台。（王　健）

【拆迁安置】　2017年，完成杨洪路项目的征地拆迁，拆迁合法房屋2栋，清理鱼塘、山林、菜地2.67余公顷；协助街道按时完成新兴安置地项目（81号地）14栋房屋的顺利签约；妥善处理洪塘村湾塘组前期水系、道路等遗留问题；完成洪塘学校最后的土方清表工作。协同街道落实解决亚鑫置业、高铁绿化带彭某、游某等搬迁等及其他遗留个案；完成同升高尔湖球场拆违工作，保障花卉路、振东路的正常施工进度。核实解决白田村委、洪塘村委多次反应的部分青苗遗漏问题及拆迁工资问题。园区全年未发生任何生产安全责任事故，无安全生产责任死亡事故。（王　健）

【公司运营】 2017年，开发公司围绕“一体两翼”发展战略，立足园区，服务大局，确保康庭园、智庭园二期基本完成项目建设，党群活动服务中心于9月18日顺利交付；南庭城果全年销售公寓191套，成交金额5694万元，康庭园新引进4家企业，完成招商面积1.6万平方米，回款金额约3000万元；创新设计产业园策划各类大中型活动30余场，接待各级领导、各界考察人士近3000人次。（王　健）

【党群建设】 2017年，雨花经开区推动机关党建、非公党建、项目党建、国企党建、青春党建“五位一体”党建体系构建。聚焦发展、服务和人才三个重点，突出抓好非公党建组织覆盖、服务管理和示范引领工作，2017年紧贴产业链、非公企业、产业平台、项目工地，建立了2个产业链党支部、2个项目临时党支部，新建30个非公企业党组织、3个联合党组织，全年吸引优秀企业骨干入党23人次，园区有基层党组织70家、党员462名。园区党群服务活动中心投入使用，长沙比亚迪、湖南晓光模具非公党建工作经验在全市推介。以庆祝建党96周年暨党建工作推进会为契机，表彰一批非公党建之友、优秀共产党员、优秀基层党务工作者。非公党建经验做法接受中央组织部组织一局副局长黄川，组织二局巡视员苏金鑫，省委常委、组织部部长王少峰，省委常委、市委书记胡衡华，省委组织部副部长、省委“两新”工委书记蔡建和市委常委、组织部长张宏益等各级领导和部门的调研考察以及各市州有关兄弟单位的观摩。全年举办12次学习大讲堂，开展20余次政治学习和业务学习。5次专题研究党风廉政建设和反腐败工作，累计整改问题41个。（王　健）

【金融机构新春园区行暨银企座谈会】 2017年1月12日，2017年金融机构新春园区行暨银企座谈会在雨花经开区创新设计产业园会议中心召开。该次会议的主题是“合作、创新、共赢”。中国建设银行、光大证券、省高新创投等逾40家银行、券商和投资机构，以及雨花经开区晓光模具、驰众机器人等20余家重点企业的主要负责人参加活动。雨花经开区党工委副书记、管委会主任李国军以二十个字——“优势明显、产业朝阳、家底殷实、后盾强大、合作共赢”概括园区发展特点，提出下一步园区、企业和金融机构合作的具体设想，要求进一步拓宽发展思路，扩大融资渠道，充分利用多层次金融资本市场。（王　健）

【智能制造企业家沙龙】 2017年1月19日，雨花经开区组织机器人企业代表在南庭戴斯酒店召开2017雨花经济开发区智能制造企业家沙龙活动。区委常委、雨花经开区党工委书记郭四军，雨花经开区党工委副书记、管委会主任李国军，雨花经开区党工委委员、管委会副主任魏建良，长沙智能机器人研究院、自兴人工智能研究院、长泰机器人、连硕教育、泰达机器人、湖南瑞森可等近20家具有代表性的机器人企业（机构）代表参加活动。郭四军、李国军、魏建良、招商局、经发局等部分负责人与参会企业代表共同探讨产业发展前景、规划园区发展蓝图。郭四军结合园区企业发展需求提出产业发展构想，力争在未来三年内达成“打造500亿元产业集群，打造工业机器人的三个特色品牌，打造五位一体全产业链发展模式”的目标。（王　健）

【2017年度重点工作研讨推进会】 2017年2月10日，雨花经开区召开2017年度重点工作研讨推进会。长沙市委巡察一组组长黄静安、副组长龙志忠，区委常委、雨花经开区党工委书记郭四军，雨花经开区党工委副书记、管委会主任李国军，园区各局（办、室）、财政分局、安监局、开发公司全体干部职工，城管中队、交警中队、国税分局主要负责人参加会议。李国军就各部门重点核心工作及调研课题进行一一点评，强调要认真抓好2017年五项重点工作。郭四军指出，要把准2017年发展思路，围绕挺进国家队，打造全省最高水准、最具综合实力的千亿园区的总目标，加快打造长沙智能制造中心的核心区、引领区和长沙创新创意中心的示范区、转化区；强调要从经济指标、财税增长、

项目建设、融资争资、绿化提质、人才建设六个方面着手，推进各项工作取得新的突破。（王　健）

【2017 年园区信访维稳及安全生产工作调度会】 2017 年 2 月 21 日，雨花经开区党工委副书记、管委会主任李国军召集区国土分局、区征地办、同升街道、白田村相关领导，及园区相关部门，在园区三会议室召开 2017 年园区信访维稳及安全生产工作调度会，同升街道党工委副书记、街道办事处主任邓星，街道办事处副主任王东山参加会议。会上，传达区信访积案化解交办暨全国“两会”特护期信访维稳和安全生产工作调度会会议精神，对信访维稳工作进行专门部署。李国军指出，要从五个方面抓好园区安全生产工作：一是“六大举措、18 条”要具体细化，出台相应操作细则；二是要解放思想，适当加大力度；三是通过“百日行动”，把氛围营造好；四是建立好台账；五是 2017 年安监工作要以《安全生产奖惩办法》、“六大举措 18 条”“三百工程”“百日行动”等几项重点工作为抓手。（王　健）

【工业机器人人才基地落户】 2017 年 3 月 10 日，以工业机器人应用开发为核心的智能制造人才培训基地——湖南连硕智能制造人才基地落户雨花经开区，市政府副市长邱继兴和市有关部门负责人参加基地揭牌活动。邱继兴表示，期待湖南省机器人集聚区为机器人产业的发展提供技术过硬、能力过人的专业人才，成为湖南省乃至全国智能制造人才培育行业的标杆。（王　健）

【中国（长沙）国际健康小镇研讨会】 2017 年 3 月 28 日，中国（长沙）国际健康小镇研讨会在雨花经开区召开。来自于法国国家注册建筑师，城市规划大师、法中建筑与城乡可持续发展研究院（IFADUR）法方院长特里・梅洛及团队，台湾精准医疗品质策进会理事长张珩以及副秘书长黄燕姝，中央美术学院博士、国家一级注册建筑师王京红等国内外知名专家省市住建、卫计部门的主管负责人为雨花经开区将在“清泉寺”板块内的打造的国际健康小镇提供智力支持。会上张珩就健康产业营造策略进行专题演讲，就健康服务产业城市中的主要板块“旅游医疗”以台湾的现金经验进行经验传授。（王　健）

【雨花区园区建设工作领导小组会议】 2017 年 4 月 10 日，雨花区园区建设工作领导小组会议在园区三楼会议室召开，领导小组全员出席会议，会议由区委副书记陈永高主持。会前，区委书记张敏，区委副书记、区长刘素月带领区委办、区政府办、区发改局等十余个区直部门负责人实地考察唐智科技公司、国际健康小镇项目与连硕教育公司。区委常委、雨花经开区党工委书记郭四军，雨花经开区党工委副书记、管委会主任李国军，区电子物流园、同升街道及园区相关部门负责人一同调研并参加会议。会上，郭四军汇报 2017 年工作计划与一季度以来各项工作开展情况。刘素月指出，全区上下要全力帮助园区解决发展中存在的重点、难点问题，助推园区快速发展。张敏强调，加快推进园区建设：一是改善人才结构，合理配置园区人才资源，强化竞争意识；二是加大招商力度，要招大商、招巨商，要围绕产业链和大项目进行招商；三是提升园区形象，要加快提质提档园区环境。（王　健）

【“智造长沙・智汇雨花”主题招商集中签约】 2017 年 4 月 20 日，雨花经开区举行“智造长沙・智汇雨花”主题招商集中签约，航天中南先进光机电技术创新中心等四大项目签约落户雨花经开区。市政府副市长邱继兴出席签约仪式。该次签约的航天中南先进光机电技术创新中心、大族激光中西部运营中心、天然气分布式能源项目、创研自动化中部总部 4 大项目，涉及航天航空、物联信息、智能制造、精密加工、能源供给等高新技术关键领域，总投资额超 30 亿元。中国航天科技集团公司第十三研究所所长、中科院院士王巍表示，此次与雨花经开区联手共建项目，将依托该所在航天航空、精密光机电等领域的绝对优势，打造集惯性技术及精密光机电产品检测中心、北斗多元组合导航系统应用中心、物联网信息系统、智能制造、精密加工服务等项目于一体的产业创新平台。邱继兴表示这批高新技术项目将助推长沙产业品质提升，带来新的经济增长点。（王　健）

【雨花经开区知识产权保护与运用论坛】 2017年4月19日，雨花经开区知识产权保护与运用论坛活动在中国（长沙）创新设计产业园举行，活动旨在进一步普及知识产权知识，增强企业的知识产权保护意识和能力，激发中小企业的创新活力。市工商局商标处处长何大荣、雨花经开区经济发展局局长袁海军、区科技局副局长余伍等参加并讲话，表示相关部门将在知识产权政策上做引导，在财政多支持。培训会上，长沙市商标协会会长田达良就企业商标运用实务展开培训。参与培训的企业就商标、专利等知识产权问题展开一对一式的咨询，企业与政府相关部门，代理机构，相关事务所就企业自身遇到的实际问题进行交流沟通，现场的专家为企业排忧解难。（王　健）

【“服务企业·携手发展”主题沙龙活动】 2017年5月17日，雨花经开区举办“服务企业·携手发展”主题沙龙活动。活动由服务企业“百日走访行动”工作领导小组主办，雨花经开区党工委委员、工会联合会主席、园区企业党委书记傅建辉，30余家新入园企业代表，园区财政、国税、地税、工商、经发、招商、安监等部门及同升街道负责人参加沙龙活动。沙龙以“沟通表达，传递信息”的企业自我推介开始，企业家推介产品服务、描述发展蓝图、谈困难问题和建议。各职能部门负责人针对企业家提出的问题耐心答疑、宣讲相关政策。傅建辉指出，园区要切实帮企业解决困难，要做到“三个一切”：一切为了企业，一切围绕企业，一切服务企业；强调要强化财税工作，要压实工作责任，要突出工作重点、抓住关键和要点。6月1日，雨花经开区组织重点企业开展以“服务企业·携手发展”为主题的沙龙活动。沙龙会上来自不同行业的20余驻园位企业家代表进行交流，就子女上学、企业融资、人才引进等问题与各职能部门进行沟通。各职能部门负责人针对企业负责人提出的困难和请求进行解答。傅建辉指出，要全力以赴帮扶企业走出困境做强做大；向与会企业家介绍园区的发展思路和重点工作；企业要攻坚克难，充满信心，抢抓机遇精准发力。9月13日，举办“服务企业·携手发展”主题沙龙活动。沙龙活动现场，企业家分享企业生产经营情况及未来发展方向，提出当前遇到的困难和问题。各职能部门针对企业家们提出的问题进行了现场解答，对企业在发展建设过程中遇到的困难给予相关建议。傅建辉提出：要明确活动目的，要强化服务意识，要坚定发展信心。（王　健）

【司迪方一行参观考察雨花经开区】 2017年5月19日，冰岛驻华大使司迪方、大使夫人博吉特、冰岛驻华大使馆商务代表杨力一行到雨花经开区参观考察。区委常委、雨花经开区党工委书记郭四军陪同考察。司迪方一行参观考察园区比亚迪汽车有限公司、创新设计产业园、机器人集聚区、科比特、昭泰医疗，表示愿为国内企业在冰岛合作开发项目提供优质的合作平台，希望通过考察交流，双方持续开展友好合作，推动双方共同发展。郭四军表示，雨花经开区期待与冰岛开展更多方面的国际交流与合作，共同发展，以实现互惠双赢。（王　健）

【PPN债券成功注册】 2017年5月24日，湖南环保科技产业园开发建设投资有限责任公司正式获得中国银行间市场交易商协会的PPN注册发行批文，成为长沙市首个成功注册PPN的省级园区平台公司。这是雨花经开区创新融资方式，拓宽融资渠道的新成果。该次获批注册的PPN债券的注册规模为25亿元，无担保，偿债期限为5（3+2）年，可在2年有效期内分期发行，发行利率采用固定利率方式付息，票面利率通过簿记建档程序最终确定。该支债券是雨花经开区成立以来最大的单笔融资项目，其注册规模也为同类地方国企之最。（王　健）

【“工业三十条”政策解读会】 2017年6月17日，雨花经开区在比亚迪大会议中心召开“工业三十条”政策解读会。市经信委党委书记、主任黄滔对“长沙工业三十条”出台的背景和发展实体经济的重要性进行解读。长沙长泰机器人有限公司董事副总经理高金锐表示，有关“扶持首台(套)重大技术装备研发”以及“鼓励两型产品采购”等政策，对于破解公司发展的资金和销售难题有很大帮助。湖南普斯赛特光电科技有限公司董事长刘德权表示，“加强落实监督”就是强调把政策落到实处。雨花经开区党工委副书记、管委会主任李国军表示，雨花经开区加快出台与政策匹配的落地方案，要吸引更多资金、技术、人才等要素进入实体经济领域。

（王　健）

【童旭东调研雨花经开区】 2017年6月28日，省科技厅党组书记童旭东调研雨花经开区。省科技厅党组成员、副厅长鲁先华和规划财务处、高新处、示范区协调推进处相关负责人陪同。童旭东一行到中国（长沙）创新设计产业园，参观创新设计产业园设计博物馆，指出园区要做好规划引导，围绕产业发展打造一批基础性的、专业性的产学研结合平台，要把园区做专、做强，做成长株潭国家自主创新示范区的标志性工程，表示省科技厅将全力支持园区众创空间和孵化器的建设。童旭东一行到机器人集聚区研发演示中心，参观编钟演奏机器人、斩道机器人、家用机器人等一系列功能多样的机器人演示，指出园区要通过共享机器人企业技术资源，开展实用型机器人技术的研发及演示，为湖南省乃至中部地区机器人产业应用和发展提供技术支撑。童旭东一行考察长沙比亚迪汽车有限公司，表示新能源汽车市场前景远大，对企业发展过程中遇到的瓶颈，省科技厅将做好服务工作，尽力帮扶，支持企业进一步提高创新能力。（王　健）

【雨花经开区庆祝中国共产党成立96周年暨基层党建工作推进大会】 2017年6月30日，雨花经开区召开庆祝中国共产党成立96周年暨基层党建工作推进大会。市委组织部副部长、市绩效办主任、市两新工委书记易敏华，市委两新工委专职副书记肖剑锋，区委常委、组织部部长龚畅，区委常委、雨花经开区党工委书记郭四军，雨花经开区党工委在家全体班子成员、机关第一、第二、第三、第四支部和开发公司85名党员、38个非公企业党组织的160名党员代表、20家规模以上非公企业负责人代表、离退休干部和全园干部职工参与会议。会议由雨花经开区党工委委员、工会联合会主席、企业党委书记傅建辉主持。会上，中共长沙市比亚迪汽车有限公司委员会等6个基层党组织获评“先进基层党组织”、中共长沙市比亚迪汽车有限公司委员会书记周晓州等6名党组织书记获评“优秀党组织书记”、中共长沙市比亚迪汽车有限公司委员会十九部支部宣传委员喻健强等10名党务工作者获评“优秀党务工作者”、中共长沙市比亚迪汽车有限公司委员会张平心等10名党员获评“优秀共产党员”、湖南晓光模具汽车有限公司董事长朱晓永等5位非公企业负责人被评为非公企业“党建之友”。郭四军要求相关部门要明确工作举措，强化责任担当，切实把园区基层党组织建强。龚畅表示，要以“两学一做”学习教育常态化制度化为工作抓手，打牢基础解决难题，要健全基本组织、完善基本制度、开展基本活动、提供基本保障。易敏华要求，对于非公党组织要摸清底数，各级党（工）委强化为非公党组织的服务，要加强对人才的引进和培养。（王　健）

【张敏专题调研雨花经开区工作】 2017年7月17日，区委书记张敏深入雨花经开区调研园区工作。会上，区委常委、雨花经开区党工委书记郭四军介绍上半年园区的总体工作情况，汇报园区当前重点工作推进情况、存在问题困难以及下一步的工作打算。张敏要求，园区的发展要围绕“打造新实力，树立新形象，争创国家级园区”的目标下功夫：一是要在园区实力上下功夫，要加强招商引资，继续拉长新能源汽车零配件和机器人及智能装备产业链条；要启动商业地产招商；二是要在园区形象上下功夫，要分批次、分区域、分主次，推进园区的环境提质提档工作，要引导园内企业提升企业环境和形象，打造花园式企业办公环境；三是要在干部队伍建设上下功夫。8月10日，张敏，区委副书记、区长刘素月带队调研雨花经开区机器人产业发展情况。张敏一行调研长沙智能机器人研究院、自兴机器人研究院、连硕教育基地、大族激光中西部运营中心、泰达机器人和三兴精密等企业，与企业家交流，询问企业的生产情况与存在问题，对企业下一步的发展提具体建议。在园区召开座谈会，区委常委、雨花经开区党工委书记郭四军汇报重点机器人企业的发展状况、园区企业形象的提标提档、招商引资以及机器人企业发展困难问题情况，区直各部门就有关问题提出具体建议。刘素月要求园区要内外兼顾、软硬同步的提质好园区形象，要瞄准龙头企业，抓好精准招商，通过2~3年努力，更好地推动湖南机器人产业集聚区做大做强、做优做特，促进湖南机器人产业集聚区的综合竞争力与形象品牌再上台阶。10月31日，张敏调研园区重大产业项目建设发展。张敏一行到湖南自兴机器人研究院、中国航天十三所中南先进光机电技术创新中心、湖南晓光汽车模具有限公司和金杯冷链等企业，与企业家进行交流，询问企业的发展状况、生产情况及存在问题，对企业下阶段的发展提出建议；强调企业负责人要加快项目建设、加快投产达效、抢占市场高地，雨花经开区要全面贯彻落实好长沙市政府“131号”令，做好协调服务工作，优化园区经商营商环境。（王　健）

【胡衡华调研雨花经开区非公党建工作】　2017年8月17日，省委常委、市委书记胡衡华一行到中国（长沙）创新设计产业园调研非公党建工作。市委常委、秘书长夏建平，市委常委、组织部部长张宏益等参加调研。胡衡华一行到设计园党群交流活动中心、党员学习教育中心和设计博物馆党员示范岗，听取中共中国（长沙）创新设计产业园总支部邵继民书记关于设计园非公党建工作和设计师党员发展情况的介绍，对设计园“把优秀的设计师发展为党员，把党员培育成优秀设计师”的党建思路表示肯定。胡衡华强调，要充分发挥基层党组织的领导核心作用，切实强化政治引领功能，切实提升服务能力和水平，切实加强对群众的教育引导。

（王　健）

【蔡建和调研雨花经开区非公党建工作】　2017年8月22日，省委组织部副部长、省委“两新”工委书记蔡建和率省“两新”工委相关负责人到雨花经开区调研党建工作，市委常委、组织部部长张宏益，区委常委、雨花经开区党工委书记郭四军等陪同调研。蔡建和一行到雨花经开区中国（长沙）创新设计产业园，听取党建工作有关情况汇报，查看党员学习教育活动中心、设计博物馆等阵地，对雨花经开区将党建文化与设计文化相结合，通过把“优秀的设计师发展为党员，把党员培育成优秀设计师”双向培养模式，入乡村、进农户开展精准扶贫等系列主题党日活动肯定。蔡建和要求，要摸清党员底子，建好党的组织，做好年轻党员的思想政治工作；要以党建引领企业文化建设，阵地建设上要突出党建元素，党建活动要强化经费、阵地、人员保障；要加强党建工作业务指导和培训，争取将设计园打造成设计行业党建品牌。（王　健）

【王少峰调研雨花经开区非公党建工作】　2017年8月25日，省委常委、组织部部长王少峰一行到雨花经开区中国（长沙）创新设计产业园调研基层党建工作。市委副书记徐宏源，市委常委、组织部部长张宏益等陪同调研。王少峰一行查看雨花经开区《党建铸园·党建兴企》宣传展板、党群交流活动中心、党员学习教育中心和设计博物馆党员示范岗。

（王　健）

【湖南省城市基层党建工作经验交流团调研园区非公党建工作】　2017年8月30日，湖南省城市基层党建工作经验交流团，省委组织部办公室主任、省委非公有制经济组织和社会组织工作委员会专职副书记罗缵吉一行30余人，到中国（长沙）创新设计产业园调研基层党建工作。调研中，区委常委、雨花经开区党工委书记郭四军向观摩团作汇报。交流团一行通过实地调研，察看设计园党群交流活动中心、党员学习教育中心和设计博物馆党员示范岗，听取设计园党总支书记邵继民对基层党建工作的汇报。（王　健）

【省“两新”组织党组织书记暨出资人（负责人）示范班观摩雨花经开区基层党建工作】　2017年9月20日，全省“两新”组织党组织书记暨出资人（负责人）示范班观摩团共100人分两批到雨花经开区长沙比亚迪汽车有限公司、长沙创新设计产业园，实地考察、交流非公党建工作经验。省“两新”工委办公室主任蔡文辉、省“两新”工委办公室副主任郑静等陪同调研。观摩团参观比亚迪企业展厅和乘用车生产线的观光长廊，观看比亚迪党建工作展板和乘用车生产一线，听取比亚迪党委负责同志对党建工作的介绍；参观中国（长沙）创新设计产业园“1+N”党员服务体系，即以党群服务中心为核心，脑力加油站、党员学习教育室、企业助力站、园区党校为多翼的体系，听取设计园党总支相关负责人对设计园党建工作的情况介绍。观摩团对设计园党建工作思路、工作方法、工作措施，特别对设计园“把优秀的设计师发展成党员，把设计师党员培养成企业骨干”的特色工作思路给予肯定。（王　健）

【航天中南先进光机电技术创新中心揭牌】　2017年9月26日，航天中南先进光机电技术创新中心揭牌暨签约仪式在中国（长沙）创新设计产业园举行。省政府党组成员、副省长张剑飞，中国航天科技集团公司第十三研究所所长、中国科学院院士王巍，省政协原副主席蔡自兴，市委副书记、市长、湖南湘江新区党工委书记陈文浩，北斗卫星导航系统副总设计师、中国卫星导航系统管理办公室主任冉承其，省经济和信息化委员会副主任黄东红等，国防科大等知名院校、科研院所、企业的领导和专家参加。张剑飞指出，航天中南先进光机电技术创新中心是中国航天科技集团和省政府共同努力、积极推进的重要成果；强调下阶段将加大政策引导力度，深化与军工央企合作，积极搭建平台，创造良好环境，促进军民融合向更深层次、更宽领域发展。航天中南先进光机电技术创新中心，是航天第十三所与长沙雨花经开区联合共建的产业项目基地，双方拟合作共建5个项目——惯性技术及精密光机电产品检测中心、北斗多源组合导航系统应用中心、物联网信息系统、智能制造项目、精密加工服务项目。拥有科研生产面积4000平方米，及各类环境及可靠性检测等大中型科研设备30余套。会上，航天十三所和省、市领导，专家，企业家代表进行交谈。雨花经开区管委会与北京航天控制仪器研究所就共建“康庭园智慧科技园区”示范项目签订合作协议；北京航天控制仪器研究所、中国计量科学研究院、湖南航天电子科技有限公司、国信军创（岳阳）六九零六科技有限公司、湖南北斗天汇信息科技有限公司就成立“北斗多源组合导航应用与检测产业联盟”签订合作协议。航天中南先进光机电技术创新中心分别与长泰机器人有限公司、长沙职能机器人研究院、湖南自兴人工智能研究院进行项目签约，该项目将在智能机器人、民用惯性技术、智能制造等方面开展技术和产业合作。（王　健）

【中组部组织二局调研雨花经开区非公党建工作】
2017年10月28日，中组部组织二局副巡视员苏金鑫、组织二局一处副处长范士鹤等一行到园区调研指导。省委组织部副部长、省委“两新”工委书记蔡建和，市委组织部副部长、市委基层办主任杨俊，区委常委、组织部部长龚畅，区委常委、雨花经开区党工委书记郭四军等陪同调研。在设计产业园，苏金鑫实地察看设计园党建服务核心阵地和设计博物馆党员先锋岗，了解企业党组织发展和党员活动情况，并对设计园党建工作思路、工作方法、工作措施，特别对设计园“把优秀的设计师发展成党员，把设计师党员培养成企业骨干”的特色工作思路给予肯定。在比亚迪，苏金鑫一行听取比亚迪党委负责人汇报党建工作开展情况，观看比亚迪党建观摩展板，参观比亚迪企业展厅，对比亚迪“双

向进入强组织、双重培养提素质、双创目标激活力”等系列党建工作特色给予肯定。（王 健）

【机器人企业座谈会】 2017年11月8日，园区机器人企业座谈会在雨花经开区三楼召开，会议对机器人企业服务及产业链招商工作进行专题研究。会议由区委常委、党工委书记郭四军主持，长泰机器人有限公司、湖南人工智能科技有限公司、湖南驰众机器人有限公司、湖南新硕自动化科技有限公司、湖南省泰达机器人制造有限公司、湖南安冠智能科技有限公司、湖南创研智能装备有限公司、大族激光科技产业集团股份有限公司、湖南省自兴人工智能研究院、长沙智能机器人研究院有限公司等10家企业参加会议。座谈会上，各企业负责人就园区机器人产业链“缺什么”“何处薄弱”“如何发挥现有优势”等问题发表意见。郭四军询问各企业在发展中遇到的问题，就这些问题和与会企业进行探讨，表示园区将继续坚定不移地发展机器人产业，为机器人产业的发展创造最优质的环境、给予最大力度的支持。（王 健）

【省、市政协调研雨花区生态绿心片区保护与发展情况】 2017年11月15日，省政协提案委员会主任王剑平、副主任骆伟，市政协副主席段安娜以及省、市政协提案委、人口资源环境委等委室相关负责人一行到雨花区就生态绿心片区保护与发展开展联合调研。调研组一行走访位于雨花经开区的智庭园并现场听取雨花经开区绿心片区产业情况汇报，随后到跳马涧建材与天赐园两家企业进行实地了解。走访结束后，在跳马镇召开座谈会，会议由市政协提案委主任张业军主持。会上，跳马镇、区两型办、区环保局等部门单位对雨花区绿心保护工作情况进行汇报，就绿心片区的产业布局及产业发展提出意见与建议。区政协主席冯聪龙指出，雨花区在绿心保护上发现存在规划之间、项目落地、保障资金等方面的问题，希望省、市政协、把该问题纳入省市区三级联办的重点提案，助推雨花区绿心片区更好地保护与发展。段安娜从发展理念、高位协调、政策保障、创新机制等方面深度分析绿心地区保护与发展所面临的问题，表示市政协将进一步将问题、原因挖深挖透，分析到位，以省、市、区三级政协联动办理重点提案为契机，贯彻好创新、协调、绿色、开放、共享的发展理念。王剑平指出，下一步将向省政协主要领导专题汇报，就调规问题与省两型办沟通对接，在重点提案工作中更深入地贯彻以人民为中心的理念。（王 健）

【两岸媒体集中采访雨花经开区】 2017年11月16日，由国台办组织的“第十四届海峡两岸媒体联合采访活动”到雨花经开区集中采访。该次集中采访由来自新华网、人民网、中央电视台四套《海峡两岸》、中新网、中天电视台、中国电视台、TVBS电视台、东森电视台等央媒、台湾媒体和地方媒体60余人组成。采访团参观中国（长沙）创新设计产业园，考察设计博物馆和IDS国际设计中心、云山海相关企业；随后来到中国（长沙）创新智造中心，调研自兴人工智能研究院和航天科技先进光机电创新中心，与项目负责人深入交流，了解园区人工智能和科技创新情况；到机器人产业集聚区智能制造中心，考察机器人演示中心、湖南连硕、湖南安冠智能、泰达机器人，就智能机器人产业进行采访。各网络媒体通过门户网站、微博、微信等新媒体工具，通过文字、图片、视频等形式，刊发关于园区经济发展、科技孵化器建设、企业自主创新等方面的稿件。（王 健）

【第三届精密智造高层论坛】 2017年11月16日，以“创新超精密加工技术迎接智能制造新时代”为主题的第三届精密智造高层论坛暨第三十八届航天精密加工技术交流会开幕。该次会议由中国航天科技集团公司科技委、中国航天科技集团公司第九研究院、国防科技工业超精密机械加工技术研究应用中心等联合主办，北京航天控制仪器研究所、哈尔滨工业大学、国防科技大学、雨花经济开发区联合承办。中国科学院院士王巍，中国工程院院士钟掘、蒋庄德、王华明，国防科技大学教授李圣怡，国家

“千人计划”、博士生导师程凯，北京航空航天大学教授田象军，市人大会常委会主任程水泉，区委副书记、区长刘素月及来自全国科研院所、高校、军工单位负责人参加会议。会上，王巍指出，大数据、人工智能、3D 打印等技术与军工装备制造领域不断融合、加速应用，引发军工行业发展理念、研制生产模式、制造手段和价值链的重大变革。钟掘、李圣怡、程凯、田象军作报告。大会展示国防科技工业超精密机械加工技术研究应用中心成立十年来在载人航天、探月工程、北斗导航等国家重大科技专项、重大国防装备研制中取得的主要科研成果。该次会议，有利于推动湖南省发展精密加工技术，促进智能装备发展，打造以中国智能制造示范引领区为目标的现代制造业基地。（王　健）

【金杯云冷产业园项目封顶】 2017 年 11 月 21 日，位于雨花经开区的云冷产业园 1#、2# 厂房主体结构封顶。区委常委、党工委书记郭四军一行到现场，共同见证云冷产业园厂房的封顶。在封顶仪式上，郭四军对金杯集团支持园区的发展表示感谢，强调园区将一如既往地为项目的建设、为企业的发展，提供各种高效便捷的服务。（王　健）

【中国（长沙）创新设计产业园周年成果展】 2017 年 11 月 25 日，长沙壹起设计展暨中国（长沙）创新设计产业园周年成果展在雨花经开区开幕。该届设计成果展集中展示长沙创新设计产业园一年来创新设计发展所取得的成就和设计产学研合作的最新成果，汇集设计园 60 余家设计企业和省内 10 余所高校的最新设计成果。围绕“设计 + 智慧生活”“设计 + 科技应用”“设计 + 智能制造”“设计 + 绿色低碳”“设计 + 美丽乡村”“设计 + 非遗传承”等主题版块，涵盖智能机械、智能家电、陪护机器人、军工防护服等多个领域的 2000 余件设计新品，3000 余平方米的展览面积，展览持续至 11 月底。雨花创意设计月暨中国（长沙）创新设计产业园周年庆系列活动包括长沙壹起设计展暨中国（长沙）创新设计产业园周年成果展、2017 设计成果发布会、长沙设计走进高校、小记者看设计、“我是小小设计师”设计体验活动等丰富的专题专项活动。开幕式上，东方麦田工业设计、基准设计、乡旅文创设计、熙木创意、IDS 国际设计中心华中孵化基地等长沙设计园设计机构代表发布最新设计成果。（王　健）

【全市项目建设流动观摩团走访雨花经开区】 2017 年 12 月 19 日，省委常委、市委书记胡衡华，市委副书记、市长、湖南湘江新区党工委书记陈文浩等带领 2017 全市项目建设流动观摩团走进雨花经开区，现场观摩新能源汽车车身装备及零部件智能制造工厂项目，并召开全市项目建设观摩现场点评会，对各个项目、园区、区县（市）进行评分排位。市委、市人大、市政府、市政协在职副市级以上领导和各市直部门、区县（市）、园区负责人参加观摩。点评会上，胡衡华指出，要以高质量的产业项目支撑高质量发展，产业项目建设必须贯彻新理念，要始终突出精准、舍得、执着开展产业招商，产业项目建设必须注重高质量，产业项目建设必须营造好生态。陈文浩指出，必须始终坚持“项目为王”，深入实施“产业项目建设年”活动；要创新园区管理，进一步深化放管服改革；要保持定力，确保方向无误，围绕智能制造、创新创意、交通物流“三大中心”的建设，聚焦产业链条引项目，突出 22 个工

2017 年 12 月 19 日，全市项目建设流动观摩团走访雨花经开区（王健 / 提供）

业新兴及优势产业链；要创新招商方式引项目，深入开展产业链招商和二次招商；要创新考核模式。

（王　健）

雨花现代电子商务产业园

【概况】　长沙市雨花现代电子商务产业园是由区政府投资兴建的园区，规划面积约11.73平方千米。长沙市雨花现代电子商务物流管理委员会为正科级机构，主要职责是负责编制园区中长期发展规划和年度工作计划，制定园区产业规划和组织实施；负责项目引进、招商引资、对外贸易、对外经济技术合作交流及相关服务工作、协助企业申报争取上级优惠政策；负责办理项目规划、国土、立项、环境测评、能源测评等手续等工作。内设办公室、规划报建部、工程建设部、综合协调部、融资财务部、招商合作部、综合管理办公室7个职能科室。2017年12月21日，管委会成立综合管理办公室，负责园区范围内的渣土管理、违章建筑管理、环保、安全、治安等工作。2017年事业编制15名，其中领导职数4名；全体在职干部33人，其中正科职领导2人，副科职领导2人，其他在编干部3人，聘用人员26人。2017年1月4日，成立中共长沙市雨花现代物流中心开发建设有限公司党支部委员会，选出支部委员3名，共有党员15人。办公地点设在雨花区东山街道侯照村部。

2017年，雨花现代电子商务物流管理委员以改革创新为动力，以招商引资为第一要务，以加快基础设施建设工作为重点，以提高服务水平为突破口，大力推进项目建设，深入实施“项目带动、基础配套，电商聚集、产业兴园”战略，全力推进园区开发建设进度，园区建设有新突破，项目引进卓有成效，知唯品会、万科物流等相继落户园区。

（谢胜男）

【园区规划】　2017年，综合园区产业发展规划、红星实业集团农副产品大市场迁建项目、白竹村村民生活生产用地及白竹村范围内原已批项目的用地需求，优化设计黎托南片控规修编方案，主要对跳马镇白竹村范围内473.5公顷用地进行规划控制，该方案通过规划审查；确定雨花日用化工品综合基地项目的规划落地，完成前期手续办理；多次与长沙市水业集团对接，调整供水加压泵站用地，解决红星大市场迁建项目及片区内产业项目供水问题。

（谢胜男）

【手续办理】　2017年，仓储4号、5号、6号、7号地及商业8号地办理完成调查红线及用地预审工作。道路手续办理方面，PPP项目一期4条道路完成监理招标相关审批工作，于6月中旬在市公共资源交易网挂网进行招标，并开标确定监理单位，二期道路柳树塘路及杨子路完成国土农用地转征一阶段工作；红星全球采购中心项目配套道路新平路、柳树塘路项目完成划拨手续，取得正式红线图。

（谢胜男）

【招商引资】　2017年，园区先后与唯品会、苏宁、万科物流等近40家大型电商、快递、物流及物流地产企业建立紧密联系，成功引进唯品会、万科物流、丰彩实业三个重点项目，总投资规模约14.5亿元。园区协助首个启动建设的项目普洛斯开展二次招商，加强与京东、苏宁、九裕、美宜佳等项目的紧密对接、商谈，考察走访近20家意向租赁项目，与苏宁、准时达等5家企业签订意向租赁书。

（谢胜男）

【资金运行】　2017年，雨花现代电子商务物流管理委员会向市政府争取到按省级园区的相关政策给予土地成本返还，仓储2号、3号地土地成本返还款和土地出让金返还款到位；争取市财政局100万元建设扶持资金和市商务局300万元现代服务业试点扶持资金，主要用以入园企业的优惠政策，加大园区招商吸引力；积极对接银行贷款，全方位进行融资，力保项目建设需求，缓解资金压力。

（卞丽姣）

【征地拆迁】 2017年，雨花现代电子商务物流管理委员共参与仓储3号地新增用地及牛角冲路（红旗路—殡仪馆西入口）、红旗路（战备路—柳树塘路）、侯照南路（牛角冲路—柳树塘路）等7条道路的征拆工作，其中下半年新启动项目4个，总共涉及合法建筑75栋，拆除合法建筑49栋（不含已签未拆）。战备路、牛角冲路、红旗路、宝湾地块、东联地块签订交地协议。 （谢胜男）

【红星全球采购中心项目】 2017年，园区范围内省级重点民生类项目红星全球采购中心项目一期主体基本建成，市场交易区开工的26栋建筑，包括低层钢筋混凝土结构档位交易区、大棚钢结构车板交易区、配套3栋22层高公寓式办公楼全部封顶，招商中心成功交付。项目二期在2017年完成用地统征和拆迁工作。项目配套道路新平路、柳树塘路进场施工，主体工程完成约60%左右。 （谢胜男）

【普洛斯长沙雨花物流园项目部分主体封顶】 2017年，普洛斯长沙雨花物流园项目的综合楼、A2和A3单层库完成主体建设。该项目是普洛斯在长沙市区内建设的第一个电商化、快速、城配仓储落地项目，是其在中部地区投资额度最大，建设标准、电商化和自动化程度最高的项目。 （谢胜男）

【220千伏榔边高压线杆迁到位】 2017年4月17日，经过一周时间，220千伏榔边高压线完成全部施工，顺利改迁到位，恢复供电。220千伏榔边高压线是高铁的专用供电线路，停电窗口极为短暂并受各方外部环境限制，其中长1200米的046#~051#杆线，跨越园区仓储1号地块、杨子路、战备路、仓储2号地块、新增3号地块、红旗路，严重制约园区的开发建设。在方案设计中，园区考虑到之后杨子路、战备路的高填高挖施工，均按规划的道路标高确定杆塔的基础顶面，避免项目二次杆迁。 （谢胜男）

【品骏快递湖南总部落户雨花区】 2017年4月26日，在“2017湖南（香港）投资贸易洽谈周”的长沙市“一区一廊”暨楼宇招商推介会现场，唯品会自营快递业务板块——品骏快递湖南项目签约落户雨花现代电子商务产业园。品骏控股系唯品会自建物流企业，作为唯品会自营的快递业务板块，品骏快递面向唯品会体系内80%的订单以及导购、电视购物、品牌商等社会化第三方提供快递配送、干线运输、航空货运、仓储管理等服务，运输配送范围涵盖国内30余个省级行政区，全自营配送网点2000余个，员工2万余人。品骏快递业务涵盖三大板块，形成多个区域子公司的整体布局、建设五大仓储中心、设立航空货运区域性分拨中心。该次签约项目定位为区域公司总部及仓储中心，覆盖湖南全省的物流配送及快递结算业务。项目选址雨花现代电子商务产业园，规划用地面积约26.67公顷，项目预计总投资10亿元，分二期开发，一期投资5亿元。项目整体分为四大核心功能中心进行建设，包含品骏湖南总部、湖南结算中心、湖南分拨中心、湖南物流中心。项目建成可实现税收亩均20万元以上，新增至少1000个就业岗位。（谢胜男）

2017年4月26日，长沙市“一区一廊”暨楼宇招商推介会 （谢胜男/提供）

【道路基础设施建设PPP项目开工】 2017年8月28日，雨花现代电子商务产业园道路基础设施建设PPP项目开工。该道路PPP项目总投资额约20.1亿元，为雨花区投资规模最大的道路PPP项目，采取“政府与社会资本合作”的PPP模式，由区政府授权雨花现代电子商务物流管理委员会为实施主体，与中国电力建设集团合作实施，形成政府与社会资本间的利益共享、风险分担及长期合作关系。项目将雨花电商产业园 14 条待建道路（分三期 19 段建设）及配套管网设施进行“打捆”建设，预计路网在五年内基本搭建完成。项目一期四条道路中当日启动牛角冲路（红旗路—殡仪馆西入口）建设，其他三条东山路（牛角冲路—柳树塘路）、杨子路（川河路—跳马镇边界）、侯家冲路（红旗路—杨子路）。12 月 7 日，雨花现代物流中心开发建设有限公司与长沙市盛道基础设施建设管理有限公司签订《长沙市雨花现代电子商务产业园道路基础设施建设 PPP 项目合同》。该法律文件的签订，可确保项目全生命周期内的顺利实施。（谢胜男）

【丰彩好润佳物流项目签约】 2017 年 9 月 12 日，雨花现代电子商务产业园与丰彩投资发展有限公司下属子公司湖南丰彩实业发展有限公司，在“开放雨花 · 梦想直达——2017 年长沙楼宇经济高峰论坛暨雨花重点项目签约仪式”的现场，实现签约丰彩好润佳物流项目。参加该次活动的有市政府副市长邱继兴，市政府副秘书长王体泽，市商务局党委书记、局长高伟等市领导及市有关部门负责人，区委书记张敏，区委副书记、区长刘素月等区相关领导以及工商界人士参加。丰彩好润佳物流项目拟规划占地约 3.33 公顷，总投资约 5 亿元，拟建总建筑面积约 8 万平方米。项目定位为丰彩实业发展有限公司总部、丰彩实业发展有限公司电子商务平台及物流配送基地。项目主要服务于丰彩好润佳现有 20 余家及规划 2020 年年底达 50 家左右超市的物流配送，物流配送涵盖 2 万余只单品，设计吞吐量近 20 亿元。（谢胜男）

【万科长沙云计算智慧物流产业园项目】 2017 年 9 月 12 日，深圳市万科物流管理有限公司通过司法竞拍取得雨花现代电子商务产业园仓储 1 号地，规划在该地块建设万科长沙云计算智慧物流产业园项目。该地块为雨花区 2017 年首个闲置土地成功处理的案例，项目占地面积约 11.47 公顷，拟建总建筑面积约 14.5 万平方米，物流仓储用地建设投资强度约 200 万元 / 亩。12 月 20 日，万科长沙云计算智慧物流产业园项目开工仪式在雨花现代电子商务产业园仓储 1 号地上举行。项目初始总投资约 4.45 亿元，将打造成以长沙为服务核心，同时辐射湘潭、株洲城市群的云服务物流产业基地。项目建成运营后，重点引进大型优质电商、互联网服务、供应链服务品牌企业，拟进驻企业的业态以电商、冷链生鲜、快递快运、O2O 云服务为主，其中万科家装、万科家政等万科集团新成立的社区 O2O 服务品牌优先进驻，直接服务万科在长沙的数十万户中产家庭。（谢胜男）

【与平江县实现国土资源领域战略合作】 2017 年 9 月 15 日，雨花现代电子商务物流管委会与平江县人民政府签订“国土资源领域暨战略合作框架协议”，雨花现代物流中心开发建设有限公司与平江县国土资源局签订“城乡建设用地增减挂钩指标异地流转使用协议书”。该次合作范围主要包括增减挂钩试点合作、工矿废弃地复垦利用试点合作、经济发展合作三个方面。双方积极研究省内经济发达地区对口支持贫困加快发展合作路径，发挥两地国土资源比较优势，推动双方经济领域深度合作，加快平江县脱贫攻坚步伐。该项目的签约和实施，有利于缓解雨花现代电商产业园在发展经济过程中面临的建设用地紧缺和耕地保护的双重压力，节约土地开发建设成本约 2 亿元，推进平江县基础设施建设和产业发展，促进两地关系发展。（谢胜男）

【宝湾项目二期摘牌】 2017 年 9 月 21 日，雨花现代电子商务产业园仓储 3 号地新增用地二由宝湾物流控股有限公司以4676万元的成交额成功摘得。该地块为长沙宝湾国际电商物流港项目二期用地，出让面积 4.89 公顷。项目总用地面积约 9.07 公顷，总投资约 4.34 亿元。该宗地位于园区仓储 3 号地以南，牛角冲路以北，规划用途为工业仓储用地。园区加紧办理该地块的各项手续，年内启动土方平整。此外，项目一期用地完成 10 千伏杆迁、水泥道路和水渠改移工程。项目建成后，有利于提升区域辐射能力，增强城市竞争力；改善投资环境，促进招商引资；提高物流基础设施水平，加快现代物流业发展；整合区域资源，引领行业发展；改善城市交通和居住环境；增加政府税收，提供就业机会。（谢胜男）

2017 年 11 月 9 日，川河南路（殡仪馆东门—时代阳光大道）施工队伍交接见面会（谢胜男 / 提供）

【川河南路（殡仪馆东门—时代阳光大道）施工队伍交接见面会】 2017 年 11 月 9 日，区工务局将川河南路（殡仪馆东门—时代阳光大道）项目中标施工、监理单位交给雨花现代电商物流管委会建设指挥部的见面会召开。项目相关负责人介绍该项目的实际情况和工程概况，并要求施工、监理单位服从指挥部安排和调度，熟悉现场施工环境，做好图纸会审和现场核对。指挥部与跳马镇做好对接，抓紧征地拆迁，为项目尽快进场清表启动施工做好准备。川河南路（殡仪馆东门—时代阳光大道）北起于殡仪馆东入口（与川河路已建路段对接），往南止于时代阳光大道，道路全长 1178.3 米，路幅宽度 26 米，道路等级为城市次干道，设计车速 40 千米 / 时。该项目的启动实施，有利于完善园区物流道路网络组建。（谢胜男）

经济监管管理

宏观经济管理

【概况】 长沙市雨花区发展和改革局（简称“区发改局”）为正科级区政府工作机构，内设办公室、发展规划科、投资管理科、价格管理科，归口管理区“两型社会”建设配套改革办公室和区公共资源服务中心，下设区产业办、区能源局2个二级事业单位，区物价检查所为局派出机构。2017年编制数30名，其中局机关行政编制7名（领导职数5名）、局机关工勤编1名、两型办行政编1名（领导职数1名）、物价检查所行政编8名、产业办事业编4名、能源局参公编5名、交易中心事业编制4名。在职干部28人；退休干部14人；党员人数36名（含退休9人）。办公地点设区治大院2号楼。

2017年，区发改局着力稳增长、调结构、促改革，完成各项工作任务。2017年，全年完成全社会固定资产投资619.34亿元，同比增长13.6%；实现服务业增加值730亿元；同比增长11.5%，服务业增加值占GDP比重为66.36%。2017年全市项目建设与管理年度考核、重大项目流动观摩考评均取得内五区第一名成绩，能源（油气管道）安全生产工作年度考核居内五区一等；重大项目建设的有效举措及积极成效获《长沙晚报》两次专版推介；区发改局作为长沙城区唯一代表，在全省发展和改革工作会议上作“项目建设管理”典型发言。（甘　银）

【政策研究】 2017年，以总部经济、会议经济、现代商贸、现代金融、文化创意、智能制造、旅游康养为重点，整合和完善区域产业发展政策体系，在招大引强、片区开发、做大做强、结构优化等方面加大扶植引导力度，构建符合中央、省、市政策导向和产业发展规律、雨花实际情况的现代产业体系。初步确定产业政策修订的几个原则和方向：坚持总体平稳，确保政策的延续性；坚持改革创新，确保政策的引导力；坚持适度前瞻，确保政策的竞争力；坚持科学严谨，确保政策的操作性。

（甘　银）

【项目建设】 2017年，对纳入市级重大项目库的94个项目，建立“清单式台账”，实施“精细化管理”，分别列表建档，分类调度化解难点。37个新建项目开工率为100%；政府类重大项目投资完成118.3亿元，社会类重大项目投资完成183.8亿元，年度重大项目总投资302亿元，达年度计划的153.55%；全年申报新增社会投资项目20个，年度完成投资约35亿元；19个预备项目全部完成前期手续，5个预备项目实现提前开工。对于政府投资项目，加强项目审查力度，确保方案更科学、投资更准确、造价更节约。2017年，可研、概算审查共审减金额3.12亿元，审减率为6.58%。对于社会投资项目，推行“放管服”，自2月份实行企业投资项目网上备案以来，共办理网上备案105件，项目投资总额约414.37亿元，简化流程，提高效率。

【项目服务】 2017年，全区铺排重点产业项目154个，计划总投资1746亿元，年度计划投资374亿元；重点帮扶项目78个，其中纳入市重点项目库的项目21个、闲置项目9个，计划总投资1644.11亿元、年度计划投资287.4亿元。2017年第一批集中交办问题31个，全部限时督办完成21个，对尚未解决的相关问题及时通报，督促各责任限时办结或答复。联点领导实地调研，主持召开专题调度会议50余次，专题调研项目60余次，重点解决共性问题67个。街道共收到项目方提出的困难和诉求150余个，自行组织召开协调会70余次，精准解决项目问题80个。组织召开项目协调会60余次，共交办问题60余个。全年办理或答复项目方提出的困难和诉求102个；万里时代广场等44个项目实现全面复工，保利·大都汇等7个项目实现开工建设，旭辉国际广场、清溪川九号、中建嘉和城等7个项目实现建成销售。（甘　银）

【项目招标】 2017年，规范雨花所有工程建设项目的承发包程序，更好发挥交易平台的作用。2017年成功完成项目共344个，其中政府采购项目242个，成交金额约1.98亿元，节约财政资金约500万元；工程建设项目95个，成交金额约5.88亿元，节约资金约125.03万元；产权交易项目7个，溢价资金约200万/年。服务中心在区政府官网、网上竞价系统共计发布各类信息约890次，牵头组织100个项目的招标文件联审会，办理450个工程项目上限值备案手续。（甘　银）

【资金争取】 2017年，共争取各级各类资金约3400万元，9月，圭塘河（跳马镇段）作为湖南首次且唯一获批的“长株潭绿心区域生态综合治理项目”的子项目，获金砖国家新开发银行贷款4.18亿元。通过积极对接，荷新路获“中央预算内投资保障性住房配套设施建设资金”、跳马3个灾后修复项目获“中央预算内投资救灾应急补助资金”、雨花实验小学、吉联小学获“国家足球战略专项资金”、中机国际、天闻数据获“国家创新驱动发展战略资金”、电商物流园市政道路PPP项目获“中央预算内投资PPP项目前期费用”、湖南晓光获“省产业链创新专项资金”、跳马矿坑矿洞修复项目获“长株潭生态绿心地区两型综合示范带创建资金”、德思勤获“省现代服务业示范区资金”、天晟儿童城、湖南工业设计集聚区获“省现代服务业发展专项资金”。（甘　银）

【“两型社会”建设】 2017年，牵头开展雨花区绿心总规局部调整工作，拟调出绿心4.98平方公里，调入0.3平方公里，调整三区约0.5平方公里；深化绿心生态补偿，区本级投入1300万余元对有关组织或个人进行基础性补偿，争取市级奖励性补助资金980余万元对有关组织或个人进行奖励性补助。严格实行项目准入，共受理准入申请32个，通过准入21个；推动建立区卸土场审批联席会议制度，严格控制绿心地区毁林卸土行为；完善“核查—交办—督查”工作流程，针对省两型委通报的20宗违规用地，加大督查整改力度，除历史遗留问题和省级特色产业园区项目外，全部按要求整治到位；加强绿心巡查，全年巡查28次，及时叫停、处置、提前干预违规用地4宗。完成中央环保督察阶段性整改任务。除33宗历史遗留问题和省级特色产业园区项目外，其余28宗全面完成整治，关停、转移及退出绿心地区工业企业60家，圆满完成年度整改任务。推动两型社会建设。“长株潭绿心地区两型综合示范带”11个示范项目全部通过市两型办验收；10家单位及2个家庭获评市级两型创建单位；3家单位通过两型认证；组织推广有机气体（VOCs）生物净化处理技术；会同区城管局，完成2000户老旧小区餐厨油烟净化治理年度任务。（甘　银）

【物价管理】 2017年，价格备案26宗，其中：公办学校伙食费24宗，公办幼儿园伙食费2宗。取消停征或免征一批行政事业性收费项目，对部分收费项目降低收费标准，减轻企业负担。全年办理涉案物价格认证393例，共涉及金额494.13万元。

在春节等节假日期间，进行市场巡查。开展教育收费专项检查、“减轻企业负担收费措施落实情况专项检查”和商品房明码标价及高考期间宾馆、酒店价格专项检查。发挥“12358”价格举报投诉服务平台作用，受理各类价格举报投诉817起，并按照相关规定向举报者做好回复。在区政府门户网站共公开价格监测数据4464条、月分析12篇、总结1篇、信息2条，保障社会公众对民生采价领域价格的知情权。利用政府门户网站先后两次更新调整版本之际，在政务公开栏的物价专栏以外，专门开辟价格监测专栏——民生价格监管和价格信息。（甘　银）

【能源管理】　2017年，雨花区在建筑节能、公共机构节能等重点行业领域中推动节能工作，加强重点用能单位管理、节能技术推广、节能监察、投资项目节能评审、节能宣传，节能工作。建立重点用能单位能源利用状况定期报告、能源消费分析监控制度，配合市完成能耗“晴雨表”分析工作，掌握区域能耗状况。按照《雨花区固定资产投资项目节能评估和审查暂行办法》规范项目准入。（甘　银）

【重点帮扶项目问题集中交办会】　2017年5月9日，雨花区2017年重点帮扶项目问题集中交办会在1号楼A101会议室召开。区委常委、常务副区长、区项目帮扶指挥部常务副指挥长邹春林，区政府副调研员、区项目帮扶指挥部专职副指挥长陈立出席，各街道（镇）、要素保障单位、交办问题承办单位行政主要负责人、各街道（镇）分管副职和指挥部办公室全体工作人员近60人参会。会上，指挥部办公室就该次集中交办的32个项目问题情况进行说明，区教育局等26个交办问题承办单位表态发言。陈立要求各部门单位要真心帮、积极帮、依法依规帮，为项目排忧解困。邹春林强调，在帮扶过程中要讲究技巧和方法，要真心实意帮扶；要依法依规帮扶；要千方百计帮扶，确保交办问题按时办结，办理情况将及时通报，纳入年度绩效考核。

（甘　银）

【绿心保护工作推进会】　2017年8月17日，区政府副区长陈怀宇、王彦峰组织召开雨花区绿心保护工作调度会，雨花经开区、区两型办、区城建局、区财政局、区农林水局、区城管执法局、区环保局、跳马镇等部门单位相关负责人参加会议。会议由区政府办公室副主任张辉煌主持。会上，区两型办分别就雨花区绿心地区生态补偿、中央环保督查组反馈的涉及绿心问题的整改、以及老旧社区居民餐厨油烟整治工作向与会领导进行汇报。区直各相关部门单位和街镇对相关工作提出意见和建议。陈怀宇提出要求：绿心地区生态补偿工作按长沙市人民政府相关文件精神严格落实，并加快推进绿心补偿范围确定、土地确权等相关基础工作；中央环保督查组反馈的涉绿心有关问题要加强联动，落实街道属地责任、部门监管责任，联合督查，要限期整改；餐厨油烟整治工作要倒排工作时间，提早完成任务。

（甘　银）

统　计

【概况】　长沙市雨花区统计局（简称“区统计局”）为正科级区政府直属事业单位，主管区域内国民经济与社会发展统计工作、实施经济运行监测的部门管理机构，全额拨款，编制7名，其中领导职数3名；区统计普查中心为区统计局二级事业单位，全额拨款，副科级，事业编制5名，其中领导职数1名；区统计调查队为区统计局二级事业单位，全额拨款，事业编制4名，与区统计普查中心合署办公。全局在职干部职工数28人，其中引进人才2人，雇员10人；退休8人。局内设立一个党支部，共有党员20人，其中在职党员17人。办公地点设在雨花区人民政府机关大院2号楼。区辖长沙雨花经开区、12个街道和跳马镇均建立统计站，有专职统计员45人。每个街道统计站均至少配备2名以上专职统计员。每个社区配备统计员1名。

2017年，区统计局深化统计改革，优化统计服务，创新开展工作，完成年度各项统计工作任务。

在推进统计改革工作中，省、市统计局领导多次到雨花区指导和调研工作。2017 年度统计从业人员教育培训工作获全省先进单位；2017 年度长沙市限额发下批发零售住宿餐饮行业抽样调查获全市特等奖；2017 年度长沙市规模以下服务业抽样调查获全市特等奖；2017 年度统计信息化建设工作获全市一等奖；2017 年度普查工作获全市一等奖；2017 年度贸易外经统计工作获全市一等奖；2017 年度长沙市新设小微企业和个体经营户跟踪调查获全市一等奖；2017 年度长沙市采购经理调查获全市一等奖；2017 年度工业生产价格统计调查工作获全市一等奖；2017 年度长沙市全市城乡住户调查样本轮换获全市一等奖；2017 年度农民工监测调查工作获全市一等奖。（程钰超）

【数据统计】 2017 年，全年实现一般公共预算收入 1487122 万元，同比增长 8.2%；其中税收收入 1233802 万元，占一般公共预算收入的比重 82.9%，较上年提高 6.5 个百分点。地方一般公共预算收入 536262 万元，同比下降 4.2%。一般公共预算支出 888316 万元，同比下降 2.8%。城镇居民人均可支配收 50327 元。按含中烟公司长沙卷烟厂部分（含长烟）口径初步核算，全年实现地区生产总值（GDP）1230.87 亿元，同比增长 8.9%。分产业看，第一产业实现增加值 5.74 亿元，同比下降 15.6%；第二产业实现增加值 403.91 亿元，同比增长 3.8%，其中工业实现增加值 282.06 亿元，同比增长 6.3%；第三产业实现增加值 821.22 亿元，同比增长 12.0%。一、二、三次产业分别拉动 GDP 增长 -0.1 个、1.3 个、7.7 个百分点，三次产业对 GDP 增长的贡献率分别为 -1.0%、14.9%、86.1%。按常住人口计算，人均地区生产总值达 138611 元，较上年增加 5473 元。三次产业结构比为 0.5：32.8：66.7。按含中烟湖南省工业公司（含中烟）口径初步核算，全年实现地区生产总值（GDP）1728.92 亿元，同比增长 5.4%；第二产业实现增加值 901.96 亿元，同比增长 0.6%。三次产业结构比为 0.3 ：52.2 ：47.5。（程钰超）

【统计基础建设】 2017 年，雨花区建立以政府统计为主、部门统计为辅的统计格局。区统计局内部机构健全，14 个街道（镇）、园区统计站均按“六有”要求建设。在此基础上，将统计网络延伸到社区，每个社区有一名兼职统计人员。全区各部门都明确兼职的统计人员，负责统计相关的各项工作，向统计部门提供数据。2 月 17 日，区统计局组织全区统计人员对岳麓区橘子洲统计站、开福区洪山桥统计站、浏阳市沙市镇统计站进行观摩学习。打造一批有特色、有影响的乡街统计站品牌。11 月，推出高桥统计站代表雨花区参加全市基层统计站现场观摩，获得第一名的好成绩。2017 年雨花区两个街道统计站被评为全市统计站目标管理考核一类统计站。（程钰超）

【统计服务】 2017 年，区统计局编辑出版《雨花统计》《雨花统计公报》《雨花统计年鉴》，用全面、真实的统计数据及统计分析服务于领导决策。区统计局撰写根据当前经济环境和区情实际，以民调民生、投资、建筑业、区域产业链等为研究课题。撰写分析报告 19 篇，篇数较 2016 年增长 73%，《2017 年一季度雨花区固定资产投资情况分析》《“营改增”对雨花区建筑业发展的影响》《雨花区道路交通状况调查分析》《社会公认评估报告》《基于网格化理念的经济活动单位管理探索》等 5 篇得到区主要领导的批示。策划“中国统计开放日”活动，提高统计公信力。4 月，组织召开全区重点建筑企业座谈会。5 月以来，区政府采纳区统计局建议，由区领导带队，每季度对区域内重点企业分批次进行“定期走访、精准服务”。全年走访企业 29 家，全面了解企业的经营情况、发展状况，遇到的困难和相关诉求，为企业提供精准服务工作。（程钰超）

【统计法治工作】 2017 年，区统计局深入学习贯彻落实中央《关于深化统计管理体制改革提高统计数据真实性的意见》，做好统计法治工作。对区内 20 家联网直报企业进行统计执法检查，重点检查基础工作和数据质量。对同升街道、侯家塘街道统计站开展巡查，出具巡查报告。开展统计法治宣传，在利用好统计开放日、统计法颁布日宣传活动和政府网站开设专栏等原有宣传手段的基础上，针对阅读群体的不同编印内、外版《统计普法宣传手册》。重点做好《统计法实施条例》《统计上严重失信企业信息公示暂行办法》等法规的宣传普及。7月25日，邀请市统计局专家作统计法治专题授课。（程钰超）

【统计业务培训】 2017年，区统计局组织对街道和大型企业统计专业人员，根据不同的专业，分专业、分批次组织年报培训，定期开展“统计大讲堂”专业培训交流活动，提高专业统计人员的基本业务技能。区统计局组织城乡一体化抽样调查全区八个调查点的辅助调查员和记账户110人分层次、分批次进行城乡一体化业务培训。组织街道和报表企业统计专业人员召开2017年度专业培训会。对辖区内规模工业、商贸业、房地产、固定资产投资、建筑业、能源和高新技术、科技年报、劳动工资、服务业2017年年报及2018年定期报表人员进行业务培训，1500余家定期报表企业，按一套表的要求分专业、分批次组织培训，企业统计员到会率98%以上。会上表彰2017年报表工作先进单位30个、先进个人133名，优秀记账户15户。培训会由区统计局专业负责人授课为主，并邀请市统计局专业人员进行授课。分别就工业、商贸业、房地产、建筑业、能源和高新技术、科技年报、劳动工资、固定资产投资等相关专业知识进行讲解，并布置2017年的年报和2018年的定期报表工作。统计法宣传列入培训内容。通过培训，有利于使企业了解年报、定报和经济普查工作的基本流程，增长业务知识，提高业务工作能力。（程钰超）

【统计工作改革】 2017年，区统计局探索网格化管理维护统计基本单位名录库新模式，推进“互联网+统计网格化管理”的数字化技术整合，打造内容完整、实时动态更新、信息共享和安全可靠的智能化大数据处理系统——统计数据一体化服务平台。在服务决策方面，一体化统计服务平台有“全、活、新”等特点，拥有数据查询、监测预警、单位信息及统计资讯四大模块，开发考核指标预警模块、“三去一降一补”监测模块等，按照“共建共享”原则，区统计局将工商信息、税务缴税信息及原统计名录库信息比对处理后导入监测平台发布给街道，街道根据自身需要可将税务清查、党建、安全等工作与名录库清查相结合，区统计局提供技术支持，街道组织清查活动，切实搞准单位信息，为第四次经济普查摸清家底，同时也为名录库实时动态管理夯实基础。（程钰超）

【2017年统计工作会议】 2017年2月22日，区统计局召开全区统计工作大会，会上听取13个镇（街）统计站和雨花经开区统计站汇报2017年重点工作的思路、措施，局分管领导就各线工作做点评和工作部署，区统计局局长刘波提出“深化统计改革，打造雨花品牌”工作主题，对2017年统计工作提出三点要求，一是落实责任，勇于担当；二是树立信心，夯实基础；三是坚定决心，打造品牌。（程钰超）

【国家统计局调研高桥大市场统计工作】 2017年4月17日，国家统计局贸经司专项处处长罗卫华一行调研湖南高桥大市场股份有限公司发展情况及统计报表填报工作。省统计局贸外处处长唐根深，市统计局党组成员、副局长曹敬波，贸外处副处长胡志伟，区政府副区长张良欣，区统计局局长刘波，高桥大市场总经理助理刘亚娟、财务总监刘纯、运营总监戴超波、国际展贸中心主任曾辛参加调研座谈。调研组实地观览市场极富代表性的酒店用品城、富仕家纺城、现代商贸城、茶叶茶具城、酒水食品城五大专业批发市场，与其中的代表商户进行交流，在国际商品展示贸易中心观看市场宣传片。调研座谈会上，罗卫华听取市场管理方财务总监刘纯有关情况介绍，就有关问题与市场管理方代表进行互动交流和探讨。罗卫华对高桥大市场的统计工作予以肯定，希望高桥大市场一如既往支持统计工作。唐

根深表示，高桥大市场数据可信，来源有据可依，更有具体措施保障工作，会将市场的成功经验予以推广。（程钰超）

2017年4月17日，国家统计局贸经司专项处处长罗卫华（左四）一行调研雨花区经济工作（赵丽红/摄）

【全区重点建筑企业座谈会】 2017年4月21日，区统计局组织召开全区重点建筑企业座谈会。相关区直部门及部分街道主要负责人，重点建筑企业负责人及统计员等50余人参加座谈会。区委副书记、区长刘素月，区委常委、常务副区长邹春林，副区长陈怀宇等参加会议。邹春林主持会议。会上，区发改局、区城建局、区商务和旅游局、区科技局、区统计局等单位负责人，对区重点企业的基本情况、扶持政策、奖励制度等情况进行汇报。中建五局、五矿二十三冶、湖南路桥、中铁建电气北局、红星建设等十七家企业负责人就企业生产经营情况进行汇报，并围绕政府政策支持、企业人才待遇、民营国营企业合作、市场分级管理等话题展开讨论。刘素月感谢各企业对雨花区经济发展做出的重要贡献，提出雨花区要支持建筑企业的发展，让建筑业成为雨花区主打产业和战略新兴产业，打造建筑业强区，提出要加强开拓意识，要增强抱团意识，要践行品质意识，要担当社会责任。（程钰超）

【德思勤楼宇网格化试点】 2017年5月开始，井湾子街道统计站按照“以楼宇为基、以服务为本、发展壮大企业”的服务理念，开展对德思勤楼宇网格化试点单位摸排活动。截至11月初，共将895家单位的核实情况更新至“单位网格化信息监测平台”。按照“属地担责、部门联动、定阶定人、按阶分责”的构建理念，对德思勤城市商业广场办公裙楼“网格化”监管工作设立起以井湾子街道、工商、税务、公安为一阶网格、井湾子统计站为二阶网格、红星社区居委会为三级网格、湖南德思勤物业有限公司楼宇网格员为四阶网格的层级式责任监管体系。上门为企业发放“长沙市楼宇网格化试点工作告知书”，提前告知企业配合工作；在办公楼宇公共位置粘贴“告知书”海报，悬挂统计标语横幅。在前期对原有的统计、税源、楼宇、房屋租赁、招商等资料进行全面整合的基础上，对德思勤开展调查摸底工作，并将摸排情况与工商、税务部门的企业信息进行比对，建立辖区楼宇及入驻企业的数字化档案资料，形成“一企一表”“一楼一档”楼宇经济数据库。四是建立楼宇经济服务机制。依托单位网格化信息监测平台，为楼宇管理员巡查走访提供信息查询、走访情况记录、上报发现问题等三大功能，如企业迁入上报、企业迁出上报、新注册企业核实、注册经营纳税地不一致核实、私房租赁未缴税核实等，实现信息数据的动态更新，实现楼宇管理服务的标准化。（程钰超）

【落实市委科技创新专题调度会议精神推进会】 2017年11月21日，区统计局与区科技局联动，召开雨花区贯彻落实市委科技创新专题调度会议精神推进会。市统计局人口与社会处处长孙铁如、市科技局副局长宋新和、市科技局发展规划处处长曾敏出席会议。区政府副区长易静，雨花经开区、区科技局、区统计局、区教育局、区财政局、区卫计局和区经信局主要负责人及13个街道（镇）分管负责人及经济办主任参加会议。会议由区政府副调研员盘正元主持。会上，曾敏介绍全市R&D经费投入有关情况，孙铁如就R&D经费统计工作进行业务培训，各参会单位负责人就如何扎实有效开展R&D统计摸底工作表态发言。宋新和对如何开展R&D经费统计工作提出意见。易静传达区委书记张敏关于雨花区R&D经费统计工作的指示，对R&D统计工作的开展提出五点要求：一是要高度重视，明确责任，层层落实；二是要突出重点，明确导向，抓好“存量”；三是吃透精神，掌握标准，搞好培训；四是要摸清家底，建立台账，抓住核心；五是要跟踪指导，加强对接，长期联系。（程钰超）

【2017年统计年报预备会】 2017年12月29日，区统计局召开2017年统计年报预备会，布置2017年统计年报和2018年定期报表培训及相关事宜。区统计局各专业负责人，雨花经开区、13个街道（镇）的统计站站长及相关人员参加会议，会议由区统计局普查中心主任吕伟主持。会上，区统计局局长刘波要求要把2018年作为统计改革落实年和能力提升年，全面提升统计运作效率和服务水平，坚定不移推动统计创新，提高统计数据质量，夯实和完善统计基层基础。区统计局副局长朱慧就年报会提出具体要求，区统计局统计科科长向昱进行5000万以下投资统计改革培训及调查问卷、年报会送达单等工作的安排，其他各专业人员分别进行统计法制、名录库、农业、网格化、规下服务业、规下工业、限下商贸、高新科技等方面的统计专业知识培训。

（程钰超）

审　计

【概况】 长沙市雨花区审计局系正科级区政府工作部门，主要工作职能有对区本级预算执行和其他财政收支情况进行审计监督，对区直属党政机关、事业单位、群众团体和依法属于审计机关监督对象的其他单位的主要负责人任期经济责任进行审计监督，对全区政府投资和以政府投资为主的建设项目招标控制价（上限值）进行审核等。内设办公室（综合计划科）、查证科、审理科、执行科、经济责任审计科、投资审计科，下属1个二级机构：政府投资审计中心（副科级事业单位）。2017年有编制20名，其中行政编11名（领导职数6名），政府投资审计中心事业编9名。在职干部21人；退休干部6人；支部党员22人，其中在职党员18人。

2017年，区审计局围绕“发展、改革、安全、绩效”目标，依法履行审计监督职责，推进审计全覆盖，发挥审计工作的作用。全年区政府批复的审计项目计划79个，截至12月底完成213个。常规项目查处管理不规范金额18337.08万元，违规金额288.59万元，收缴和归还原渠道资金202.23万元，提出审计建议15条，区政府主要领导对审计事项做出批示2次，被审计单位健全完善相关制度3个。政府投资审计完成招标控制价审核项目88个，抽审区财评结算评审项目117个，节约财政资金444万元。区审计局获评长沙市文明单位、长沙市内部审计先进集体。（刘　庆）

【财政审计】 2017年，完成2016年度区本级预算执行及其他财政收支审计，发现存在部分部门项目预算执行不及时、跳马镇农村公路建设项目管理不规范等问题。完成区民政局2016年度预算执行审计，发现存在“双带双促”专项资金100万元使用不及时、对流浪乞讨人员医疗救助监管不到位、居家养老政府购买服务管理欠规范、“中福在线”资金管理欠规范等问题。上述问题，审计指出后，区财政局、区交通运输局、跳马镇、区民政局采取有效措施进行整改。具体整改情况，审计2017年年底向区政府、区人大常委会作专题汇报。（刘　庆）

【政府投资审计】 2017年，将领导关心的重点工程、群众关注的民生工程、投资额较大的工程、结算资金超合同达到一定比例的工程作为审计重点，抽审区财评结算评审项目117个，抽审率56.75%。在区财评编制建设项目招标控制价的基础上，组织专业力量对在市级平台进行公开招标的项目进行审核，出具招标控制价审定意见，全年完成招标控制价审核项目88个。参与保障住房、道路提质改造、引水工程等重大项目前期筹备、变更签证、工程验收等重要环节，强化过程监督。（刘　庆）

【经济责任审计】 2017年，落实《雨花区领导干部离任经济事项交接办法》《雨花区领导干部经济责任告知和承诺办法》，以领导干部重大经济决策、经济政策执行、资金监督管理和个人廉政建设等方面情况为审计重点，采取党政领导同步审计、任中和离任相结合等审计模式，加大经济责任审计力度，完成廖昌规、黎大强等9位干部的任期经济责任审计，为区委、组织部门考察任用干部提供参考依据。（刘　庆）

【内部审计工作】　2017年，为内审人员订阅《中国审计报》《审计研究》等学习资料，组织内审人员参加上级审计机关组织的各类培训，11月邀请内审专家在区委党校对内审人员进行集中培训。以上门指导、电话及信息沟通等方式加强日常指导，年底组织开展内审项目质量检查和评优，促进提高内审工作质量。全区内审机构开展项目30余个，区审计局指导开展7个。高桥街道鑫华社区经济责任审计项目获全省优秀内部审计项目一等奖，区教育局桂花树小学经济责任审计项目获全省优秀内部审计项目三等奖。洞井街道《内部审计在风险管理中实现企业增值的途径》获全省优秀内部审计论文三等奖。（刘　庆）

【审计结果公开】　2017年，将审计结果公开写入年度工作要点，拟定公开计划，严格按照《审计结果公布办法》规定的流程进行层层审批。全年在政府门户网站公布审计结果3个，广泛接受社会各界监督。公布结果的三个项目分别是：2016年度区本级预算执行和其他财政收支审计结果、区民政局2016年度预算执行情况审计结果、三力公寓商住楼项目建安工程结算审计结果。（刘　庆）

【专项审计】　2017年，对雨花区城镇保障性安居工程进行跟踪审计，在财政同级审中连续五年跟踪关注政府性债务风险管控情况和开发园区运营情况，完成新城新世界拆迁资金收支情况专项审计，在督促被审计单位整改问题、落实建议的同时，及时将审计查出的重大问题和线索向区委、区政府报告，为领导决策提供参考。对圭塘河井塘段城市双修及海绵示范公园建设等PPP项目的实施方案、合同拟定、招投标等环节从审计角度提出意见和建议，供区政府决策。（刘　庆）

【审计整改】　2017年，及时跟踪审计意见、建议落实情况，全年督促被审计单位制定和健全完善相关制度3个。区人社局制定《长沙市雨花区人力资源和社会保障局政府采购管理制度》，规范部门日常政府采购管理，雨花润雨公司制定《关于财务报账流程的通知》，规范日常费用、公务接待、工程项目款项审批流程，区财政局对各街镇及区直部门下达《关于加快财政支出进度的通知》，对上级补助资金、本级基本支出及项目支出的拨付及结余结转资金的管理等事项做出明确要求。（刘　庆）

【发挥审计作用】　2017年，加大对区属企业及其领导人员的审计监督力度，起草《雨花区国有企业和国有资本审计监督实施办法》，报区政府常务会议审议通过。调整政府投资审计工作职责，明确审计不再承担的部分职能，打破以往审计“既当裁判员又当运动员”的工作格局，提交区长办公会审议通过。向区政府汇报2016年度审计查出问题的整改情况，并于年底代区政府向区人大常委会报告。对鄱阳村农民安置房建设及大桥、合丰村两安用地合作开发项目进行指导，对全区两安用地政策性返还资金进行审核把关，加强对合同履行情况、资金拨付环节的监督。（刘　庆）

【提升审计质量】　2017年，将查处大案要案、揭示体制机制制度层面问题作为审计工作重中之重，集中力量突破重大问题和线索。建立班子成员联系项目机制，班子成员下到项目一线，负责项目的组织、协调、监督。建立项目点评机制，定期由“一把手”主持对审计项目方案制定、问题定性、处理处罚、建议提出、审计成效等进行点评，促进提升项目质量。加强审理工作，健全完善《审计项目时限管理规定》《优秀审计项目评选办法》《重大事项集体审定制度》《审计执法过错责任追究制度》等业务制度，全年提出审理意见120余条，召开审计业务会议8次，确保审计项目事实清楚、定性准确、处理处罚适当，做到无行政复议和行政诉讼。（刘　庆）

【审计信息化建设】　2017年，强化审计视频会商系统的应用，上级审计机关工作部署、业务探讨等均通过网络远程互动完成。积极运用OA系统进行审计管理，行政公文和业务文书网上快速批转。加大运用计算机辅助审计工作力度，全年所有项目均运用AO系统采集和分析被审计单位财务数据。建立财政联网审计分析子系统，与财政系统网络互连，实现对各预算单位财政财务收支的真实、合法、效益进行适时、远程检查监督。加大计算机审计成果研发力度，财务收支审计中“文明创建”支出真实性审查、利用游标剔除二重数据保留单项可用数据两个计算机审计成果获市优秀。（刘　庆）

【审计工作调研会议】　2017年3月24日，雨花区领导干部经济责任审计工作领导小组暨审计工作调研会议召开，区委副书记、区长刘素月，区委常委、组织部部长龚畅，区委常委、常务副区长邹春林，以及区领导干部经济责任审计工作领导小组成员单位有关负责同志参加了会议。会议邹春林主持。会议听取区审计局、区委组织部有关工作汇报，确定2017年经济责任审计对象名单，对区审计局提出的有关事项进行讨论，明确相关意见。会议肯定2016年审计工作成效，认为2016年区审计局深入开展预算执行、政府投资、经济责任和专项资金审计，履行审计监督职能，在防风险、提效益、反腐败等方面发挥重要作用。会议对2017年审计工作提出要求：一是要抓好成果运用，将审计整改情况作为领导班子民主生活会、年终述职述廉重要内容，作为领导干部使用、财政预算安排的重要参考；二是要抓好问题整改，2016年审计指出的问题，各被审计单位要列出问题清单、明确责任领导、明确整改期限，严格按照审计要求进行整改；三是要抓好长效机制的建立，防止“屡审屡犯”现象出现；四是要逐步构建“大审计”工作格局，审计要督促各街道、区直有关部门建立内审机制。（刘　庆）

【内部审计工作会议和内部审计培训】　2017年11月21日，雨花区内部审计工作会议和内部审计培训在区委党校七教室进行。区审计局党组书记、局长罗春晖，市内审协会执行会长周锦云，湖南理工学院审计处处长、高级审计师谢光安，湖南工程学院财务处处长、高级审计师李亚坤等参加。内部审计工作会议上，罗春晖传达区委副书记、区长刘素月要求各单位的内部审计工作，要在大审计机制下有成效的精神，要将审计触角延伸到最基层。罗春晖要求：一是要加强学习，主动适应新时代，不断提升内审人员综合素质；二是要找准定位，在审计全覆盖中，做好内部风险控制工作；三是要认真履职，不断提高内审有作为的水平。周锦云肯定雨花区内审工作开拓创新，在抓学习，提素质；抓项目，提服务；抓课题，提成效；抓运用，提影响这“四抓”方面成效显著，提出三点要求：加强内审是适应形势的必然要求；加强内审是强化内部风险控制的必要环节；加强内审是促进改革的重要举措。内部审计培训阶段，谢光安做《大数据分析与发展趋势研判》的讲课；李亚坤做《行政事业单位预算执行审计实务》的讲课。雨花区把素质教育摆在首位，抓好促进内部审计工作的系统工程，以促进内审项目质量的不断提高，通过内部审计工作的指导和国家审计机关的审计监督。（刘　庆）

安全监管

【概况】　长沙市雨花区安全生产监督管理局（简称“区安监局”）为正科级区政府工作部门，主要职能是负责安全生产示范创建、企业标准化建设、安全生产宣传教育培训工作；承担工矿商贸生产经营单位安全生产监督管理责任和全区用人单位职业卫生监督检查责任；承担全区危险化学品和烟花爆竹经营单位行政许可工作；负责非煤矿山、危险化学品、烟花爆竹安全生产监督管理工作。依法监督检查新建、改建、扩建工程项目可行性研究的安全评价及安全设施与主体工程同时设计、同时施工、同时投产使用（简称“三同时”）情况；负责组织一般事故调查处理工作；负责组织协调生产安全事故应急救援工作；指导协调、监督检查有关部门和各街（镇）安全生产工作。内设办公室（综合监管科、宣教科），人事财务科，危险化学品、烟花爆竹、矿山安全监管科（行政审批科），工贸职安科，执法大队（政策法规科），应急管理科6个职能科室。2017年编制19名，其中行政编制10名，事业编制8名，工勤编1名；全体在职干部、职工数31人，其中引进人才1人，雇员8人；退休3人。局内设立一个党支部，有党员23人，其中退休党员3人。办公地点设在区治大院1号楼。

2017年，全区高度重视安全生产工作，落实党中央、国务院和省市关于安全生产工作的一系列决策部署和安全生产法律法规，提早铺排部署，压实责任，联勤联动，严密值守，确保区域安全生产形势平稳可控。区安监局获评2017年全省安全生产工作良好单位、2017年全省“安全生产月”活动优秀组织奖、长沙市2017年度安全生产目标管理考核优秀单位。区安监局执法大队大队长曹智勇获评长沙市2016年“十佳行政执法人员”，由区安监局曹智勇、陈亮友办理的行政处罚案卷“周吉未经许可经营烟花爆竹案”，被评为长沙市2016年“十佳行政执法案卷”。（刘丽香）

【安全生产宣教培训】 2017年，举办2017年湖南省暨长沙市“安全生产宣传咨询日”活动；推动安全知识七进活动，印制《刚性执法标准》《雨花区主体责任清单》、隐患随手拍系列宣传资料等5万余份，分居家、作业、出行、综合四大篇，印制安全生产随身行系列丛书2万册，免费发放到广大市民、企业职工、中小学生。邀请省市安全生产专家，围绕贯彻落实中共中央国务院出台的《意见》，着力构建“一体两翼”工作格局，为全区领导干部和企业负责人500余人做安全生产专题授课。组织全区安监系统干部、街镇安监员、社区信息员共3000余人，开展安全监管专题培训。下发《关于组织开展2017年企业主要负责人安全管理人员安全大培训工作的通知》，分行业、分区域开展企业安全大培训，累计培训人数3万人次。选取和指导2家企业进行安全文化示范企业创建，以典型示范带动全区企业安全文化发展。（刘丽香）

【应急救援】 2017年，承办以“健全应急救援体系，构建平安和谐跳马”为主题的全省防灾减灾宣教演练活动，现场展示蓝天救援队的实战演习；在湖南红星冷冻食品有限公司实地开展大型液氨泄漏事故应急救援综合演练；在东塘街道承办“11·2”消防日主题宣传活动，现场通过消防专业志愿服务技能大比拼，提高微型消防站灭火救援实战能力。针对重点行业领域开展消防、高层建筑逃生、危险化学品、气体泄漏、粉尘防爆等应急救援实战演练300余次，检验政企应急救援联动机制、部门齐抓共管机制的高效性。成立全区十九大安保维稳工作指挥部，实行区直部门、街镇、社村联勤联动。

（刘丽香）

【检查执法】 2017年，检查危险化学品企业178家（次），排查事故隐患27条，整改27条，整改率100%；检查烟花爆竹经营门店1560余家（次），发现隐患103处，整改103处，全年依法关闭非法经营烟花爆竹的小超市、门店27家，立案查处非法违法行为21起，罚款10.8万元，收缴烟花爆竹1506件（箱）；检查工矿商贸企业124家，下达整改指令70份。全年立案32起，实施经济处罚102.83万元，与2017年同期相比，立案数、罚款数量分别增加220%、333%。（刘丽香）

【粉尘防爆专项治理】 2017年，区安监局重点对粉尘作业场所20人以上企业进行核查，对照工作实施方案列出企业存在的问题和隐患清单，制定针对性措施，按照行业风险从高到低、粉尘场所作业人员数量从多到少，逐步实现所有粉尘涉爆企业的全面整改。按照粉尘作业场所人数，分级调度企业检查整改情况，完善执法台帐，实现管理闭环，指定专人负责治理进展调度工作，掌握和汇总工作进展。督促涉爆粉尘企业进行技术改造，发挥好安全生产技术专家和第三方专业机构在涉爆粉尘企业检查、整改、验收等环节工作中的指导作用，培育整改典型企业，取得可复制、可推广的经验做法，加大区际间的交流学习，引领全区涉爆粉尘企业按照相应模式开展工作。（刘丽香）

【张敏带队检查安全生产工作】 2017年1月22日，区委书记张敏带领安监、交通、卫计部门的主要负责人检查跳马镇安全生产工作。张敏一行到跳马镇鑫广大酒店检查防火门、安全通道等消防设施和员工的安全教育培训、应急演练工作开展情况。在跳马镇中心卫生院查询医疗卫生的风险点管控情况，全线查看洞株公路沿线的生命防护设施。张敏要求责任必须到位，排查必须严格，隐患必须整改，重点必须突出，值班必须履职。9月14日，张敏一行实地检查五江天街二期建筑工地和湘府新都大酒店安全生产工作，询问企业负责人日常安全管理情况，现场抽查有关安全制度执行和落实情况，查阅企业教育培训、持证上岗、日常检查整改记录等资料，随机抽查企业员工使用安全器材的能力。张敏强调要牢固树立安全意识，提升全民安全素质；牢固树立统揽意识，解决好安全生产面临的难题；牢固树立监管意识，形成齐抓共管工作格局；牢固树立履职意识，健全完善安全监管网格；牢固树立责任意识，压实企业、部门、街镇的责任。（刘丽香）

2017年1月22日，区委书记张敏（左前二）带队检查安全生产工作（刘丽香/提供）

【胡春山调研雨花区安全生产工作】 2017年2月16日，市安委办主任，市安监局党组书记、局长胡春山带领市安监局相关人员对雨花区落实企业主体责任情况、化工产品综合基地筹建情况以及落实行业部门三个必须体制建设情况进行督查调研。区委书记张敏，区委副书记、区长刘素月，区委常委、常务副区长邹春林，区政府副调研员、区安委办主任陈立及区相关部门负责人参加调研。督查组一行抽查比亚迪汽车公司落实企业主体责任情况和化工产品综合基地筹建情况以及东山街道落实行业部门三个必须体制建设情况。胡春山认为雨花区的安全生产工作体现四个特点：组织保障更加有力、监管执法更加有为、基层基础更加有底、特色亮点更加有效；要求雨花区加强安全生产宣传、教育、培训，强力推进落实企业主体责任年，强化安全生产监管执法，紧紧扭住防范事故的牛鼻子，抓实重点行业的治本攻坚，抓好八部委联合发文《关于加强全社会安全生产宣传教育工作的意见》、长沙市人民政府印发的《危险化学品全程安全管理整治三年行动方案》等上级精神的落实，狠抓当前安全生产工作。（刘丽香）

【2017年安全生产工作大会】 2017年3月17日，雨花区2017年安全生产工作暨“落实企业安全生产主体责任年”活动动员大会在雨花大会堂召开，区委书记张敏，区委副书记、区长刘素月，区委常委、常务副区长邹春林，区委常委、区委办主任周海毅等，以及各部门、各街道（镇）、各社区（筹委会）村党政主要负责人、分管负责人，规模以上企业负责人等共350余人参加。会议由刘素月主持。会上，邹春林传达省市安全生产会议精神，铺排部署

年度重点工作；周海毅宣读《关于2016年度全区安全生产工作考核结果的通报》；各部门、各街镇向张敏递交2017年安全生产目标管理责任书；东山街道、东塘街道、区质监分局分别就落实“三个必须”（管行业必须管安全、管业务必须管安全、管生产经营必须管安全）、“8341”安全工作法（“8”即推行“八大”机制：推行网格化管理机，推行“四查”机制，推行“安全工作日”机制，推行书记、主任带队检查机制，推行联合执法处置机制，推行应急处置机制，推行定期宣教机制，推行问责督办奖惩机制；“3”即保障“三大”投入：保障人员投入，保障经费投入，保障物资投入；“4”即突出“四大”重点：盯紧重点区域，关注重点人群，聚焦重点行业，排查重点隐患；“1”即实现“一大”目标）、电梯安全监管改革创新作典型经验介绍。张敏要求要把安全发展的意识树得更牢，要把安全领域的重点把得更准，要把安全生产的责任抓得更实。

（刘丽香）

【区委中心组安全生产专题学习】 2017年4月13日，市安委办主任、市安监局局长胡春山为区委中心组（扩大）理论学习做安全生产专题授课。区全体在职县级干部，各部门行政主要负责人、分管副职及联络员，各街道（镇）党政主要负责人、分管副职及联络员，各社区（筹委会）、村主要负责人及区重点企业负责人共计420余人参加学习。胡春山带领全区干部重温和学习习近平总书记关于安全生产的系列重要论述及指示批示精神，通过具体事例、详细数字剖析长沙市和雨花区安全生产面临的机遇和挑战，分析安全生产的形势和薄弱环节，阐释牢固树立安全发展理念的时代背景和现实需求，从强化红线意识、做到零麻痹，强化重管严治、做到零容忍，强化责任落实、做到零懈怠三个方面对全区抓好安全生产工作提出建议。区委书记张敏强调：安全生产工作无小事；安全生产工作是一项细致工作，务必要把握重点治标治本；安全生产工作是底线工作，必须强化责任严格奖惩。 （刘丽香）

【职业病防治法宣传周活动】 2017年4月26日，区安监局与市安监局联合举办以“健康中国，职业健康先行”为主题的2017年《职业病防治法》宣传周活动启动仪式暨长沙市首届噪声防护论坛。宣传周活动由市安监局副局长李志兵动员部署，市安监局职安处，区安监局和其他区县安监局、企业主要负责人共400余人参加活动。活动中，区安监局整理印发“雨花区职业卫生监管执法清单”，对从业人员单位应该履行的职业卫生责任和不履职后果“一清表”，并提出将严格按照执法清单加强对职业卫生专项执法。活动邀请职业病防治专家进行职业病防治相关法律法规和职业卫生知识的宣传教育，针对职业病噪声聋做解说和防治方法。李志兵强调，要落实职业病防治工作企业主体责任，要提高劳动者的职业病危害防治意识，要加强职业卫生监督执法队伍和职业卫生技术服务机构建设。

（刘丽香）

【2017年第二次安委会例会暨防范生产安全事故会议】 2017年5月10日，雨花区组织召开2017年第二次安委会例会暨防范生产安全事故会议，会议由区政府副调研员、区安委办主任陈立主持。雨

2017年5月10日，雨花区第二次安委会例会 （刘丽香/提供）

花经开区、火车南站地区综管办、现代电子商务物流管理委员会、区安委会各成员单位分管负责人，各街道办事处行政分管负责人和安监站站长参加会议。会上，区安委办常务副主任、区安监局局长刘归传达学习4月28日长沙市安委例会和5月8日省市电视电话会议精神，通报“落实企业安全生产主体责任年”活动工作情况，分析安全生产形势，对后段工作进行部署，强调要全力做好“安全生产月”活动、市对区安全生产巡查、国务院巡查交办问题整改及日常宣传等工作。会议专门就安全生产巡查及有计划、常态化开展物流市场、危险化学品联合执法行动等工作进行研究部署。区委常委、常务副区长邹春林提出要求：要防火烧身，全面开展检查排查；要防事惹身，推进行业执法、常态开展联合执法、务必确保严管重罚；要防责追身，做到坚定“三个责任”（企业主体、部门监管、街镇属地）、坚持巡查督导、坚决兑现奖惩。（刘丽香）

【湖南省暨长沙市“安全生产宣传咨询日”活动在雨花区举行】 2017年6月16日，雨花区承办的湖南省暨长沙市“安全生产宣传咨询日”活动在德思勤城市广场举行。活动由省、市、区三级合力打造，省政府副省长杨光荣，省安委办主任、省安监局党组书记、局长李大剑，市委常委、常务副市长张迎春，市政府副市长刘明理，市安委办主任、市安监局党组书记、局长胡春山，区委书记张敏等参加活动。活动形式丰富多样，安全文化知识宣传融入到情景剧、快板、歌舞、沙画、诗歌朗诵等文艺节目。活动开辟“领导面对面”环节，通过现场连线，让一线员工、现场媒体、企业代表面对面提问，邀请省、市、区领导登台，现场接受咨询。同步开展守护湖南安全接力，启动湖南“12350”微信有奖举报平台。（刘丽香）

【液氨泄漏事故大型应急救援演练】 2017年6月21日，区安委办组织部分成员单位并联合红星实业集团有限公司，在湖南红星冷冻食品有限公司开展大型液氨泄漏事故应急救援演练。企业在演练中展示应对突发事件的快速反应机制和应急处险能力。政府各部门在演练中同样展示了面对突发的安全生产事故，各自专业技能单兵作战的能力，以及各部门相互配合、分工协作的合力。（刘丽香）

2017年6月21日，红星冷冻食品公司液氨泄露事故大型应急救援演练（刘丽香/提供）

【区政府常务会专题部署安全生产大检查和研究领导责任清单】 2017年7月28日，区委副书记、区长刘素月组织召开第五届人民政府第8次常务会议，专题部署安全生产大检查和研究领导责任清单，区政府常务会全体组成人员和区安委会所有成员单位主要负责人参加会议。会议部署全区安全生产大检查工作，对13个重点领域确定牵头单位，明确各行业领域的工作职责。会议重点研究区委、区政府领导的安全生产责任清单，强调要对分管部门的安全生产工作负直接领导责任，要负责指导联系部门、街镇的安全生产工作。刘素月强调：要抓实抓细安全生产大检查工作；要按照“每案必查”的要求，对“6·3”“6·13”两起交通安全事故开展调；要按照“党政同责、一岗双责”和“三个必须”要求，开展好安全生产大检查；要严格按照办文程序要求，尽快向区委常委会汇报。（刘丽香）

【区委常委会专题研究部署安全生产重点工作】 2017年8月1日，区委书记张敏组织召开区委常委会专题听取全区安全生产工作情况汇报，专题研究安全生产大检查、领导责任清单等重点工作。会议传达“7·20”全国全省全市电视电话会议精神及领导讲话精神，通报市对区上半年安全生产考核结果，分析安全生产形势及事故情况。会议审议通过《关于印发〈区委区政府领导安全生产工作责任清单〉的通知》（送审稿），明确区委、区政府领导对分管行业的直接领导责任、联点单位的督导责任、突发情况的组织指挥应急救援责任等内容。张敏强调：要把工作抓实，引导全民树立安全意识；要严格落实安全生产责任制；要确保监督检查到位，全面铺开安全生产大检查。（刘丽香）

【职业卫生“三同时”专项治理培训班】 2017年9月1日，区安监局举办建设项目职业卫生“三同时”专项治理培训班。长沙比亚迪汽车有限公司、长沙克明米粉有限责任公司等20家企业负责人接受培训。工贸职安科现场解读国家安全生产监督管理总局第90号令《建设项目职业病防护设施“三同时”监督管理办法》，强调建设项目职业病防护设施必须与主体工程同时设计、同时施工、同时投入生产和使用，并就如何编制预评价报告、设计内容、职业病控制效果评价和职业病防护设施验收依法明确。该次培训，有利于明确建设单位的主体责任，压实监管部门的监管责任。（刘丽香）

【刘素月督查交通运输和危化领域安全生产工作】 2017年10月10日，区委副书记、区长刘素月带队对全区交通运输及危化品领域开展安全生产专项检查，区政府办、区安监局、区交通运输局等部门参加。在大桥物流园，刘素月重点督查区交运局、黎托街道和大桥社区安全生产大检查工作开展情况，随机抽查两个企业门店主体责任落实情况，强调要严格执行各项安全生产制度，落实安全监管责任，强化市场安全管理。在湖南和顺石油股份有限公司，刘素月重点检查油品配送车辆和加油站监控中心，询问企业监控机制、监控范围、监控时段等信息，就突发时间应急预案等安全生产制度落实情况和企业安全生产工作等关键问题进行现场抽查。刘素月强调，各责任单位一定要树牢底线意识，坚守安全红线，要提高警惕，加强防范，做到治理任务不落实不放过、隐患不消除不销号，对整改过的隐患要“回头看”。（刘丽香）

【雨花区承办全省第28个国际防灾减灾日演练活动】 2017年10月13日，第28个国际防灾减灾日，防灾减灾救灾宣传演练活动在雨花区在同升湖山庄举行，该活动由省防灾委、省民政厅、市政府主办，区政府、同升街道承办。省政府副省长杨光荣，省、市、区各级各相关部门负责人，长沙市蓝天救援队、长沙市绿色方舟防灾减灾促进中心、同升街道志愿者等单位参与演练活动。该次演练活动，是湖南省对本地应急队伍防灾救援能力的一次检验和演习，是迎接十九大，全力保安全的一次宣传活动。

（刘丽香）

【安全教育进校园活动】 2017年10月17日，区安监局、区教育局联合在砂子塘新世界小学举办“喜迎十九大·安全随身行”安全教育进校园暨《安全随身行》系列科普图书捐赠仪式。市安监局副局长刘金泽、副调研员冯卫、宣教处处长王大政，以及500余师生参加。区安监局经过两年多时间的撰写编辑，自制2万份《安全随身行》系列从书（居家、出行、作业、综合四篇），以图文并茂的形式为小学生普及安全预防与避险自救知识。赠书仪式后，冯卫给学生做安全常识讲座：现场模拟地震、火灾等应急情景，邀请小朋友通过亲身体验学习安全知识。（刘丽香）

2017年10月17日，安全教育进校园活动（刘丽香/提供）

【安监干部专题培训】 2017年11月22—26日，区安监局、区委党校联合组织全区安监系统骨干力量40余人，开设安监干部综合素质提升班。培训班采取报告研读、现场教学、素质拓展等方式，邀请市委党校副校长、教授刘国杰带领全体学员解读十九大报告；市委政研室机关党委书记、工会主席王小平结合工作实践，宣讲十九大精神的实质内涵和精髓，指导安监干部运用习近平新时代中国特色社会主义思想武装头脑，指导工作。培训班邀请省、市安监局专家讲授“依法治安”业务，加强学员沟通合作。该次培训，有利于锻炼学员们的团队精神和发散思维，促进安监干部综合素质的提升。

（刘丽香）

【“全面贯彻落实新《安全生产法》”宣传周活动】 2017年12月7日，“全面贯彻落实新《安全生产法》”宣传周活动在长沙市比亚迪汽车有限公司举办。市、区安监局有关负责人、各街镇基层安监工作人员与企业代表220余人参加活动。活动现场，雨花区向企业代表赠送一套安全生产法律知识读本，包括新《中华人民共和国安全生产法》《中华人民共和国职业病防治法》《雨花区安全生产案例警示录2017》；举行有限空间作业应急救援演练现场观摩会，让与会人员身临其境感受应急救援，体会做好应急救援预案的重要性；由区安监局局长刘归授课，宣讲新《中华人民共和国安全生产法》。现场悬挂横幅30余条，下发安全生产宣传资料2000份，设置主题宣传展板、咨询台进行宣传。（刘丽香）

工商行政管理

【概况】 长沙市工商行政管理局雨花分局（简称“区工商分局”），机构级别为正科级，是长沙市工商行政管理局派出机构。主要职责为负责国家、省有关工商行政管理的方针、政策和法律、法规，负责市场监督管理和行政执法的有关工作，是负责区域范围内各类企业（外资企业除外，需取得授权后登记）、农民专业合作社、个体工商户和从事经营活动的单位、个人等市场主体的登记注册和监督管理，依法查处、取缔无照经营行为，依法规范和维护区域范围内各类市场经营秩序，依法承担区域范围内流通领域商品质量的监督管理，依法查处区域范围内传销案件，依法组织监督区域范围内市场竞争行为等。区工商分局设办公室、计划财务科、政策法规科、企业和个体私营经济监督管理科、反不正当竞争科、消费者权益保护科、网络交易监督管理科、广告监督管理科、市场规范管理科、信息技术科、人事教育科12个职能科室。设立经济检查局、商事登记局（行政审批科）2个直属行政机构。设立洞井工商行政管理所、井湾子工商行政管理所、雨花亭工商行政管理所、高桥工商行政管理所、左家塘工商行政管理所、侯家塘工商行政管理所、圭塘工商行政管理所、砂子塘工商行政管理所、跳马工商行政管理所、黎托工商行政管理所、东塘工商行政管理所11个工商行政管理所。12月5日，市工商局与市知识产权局签订“商标监管人员交接书”，区工商分局划转1人至市知识产权局，标志着区工商分局划转商标监管职能。2017年行政编制11名、工商所行政编制110名、机关全额拨款事业编制25名，机关后勤服务编制7名（人员只出不进）；实际在职干部152人；离退休干部43人；党员162名，其中在职党员130人。

2017年，区工商分局以商事制度改革为统揽，以加强事中事后监管为主线，以服务经济社会发展为目标，推动工商行政管理工作不断向前发展，通过全国文明单位复评。4月1日起，区工商分局全面停征企业工商信息费，包括企业工商信息检索费、企业工商复印费、企业工商信息邮寄费。区工商分局干部莫艳芝、邹实、余奕分别获评长沙市最美志愿者、长沙市最美新时代青年长沙市青年岗位能手。

（陈　婷）

【商事主体登记注册】 2017年，主动对接省、市级权限下放，29项登记服务事项实现“一次申请、一窗受理、一次办成”；实行企业名称网上自主申报、自由选择，共自主申报名称4413个；推行未开业或无债权债务企业“简易注销”，共注销企业198户。

推行“四十三证合一”，企业不再受困“办证难”。在原“五证合一”的基础上，新整合21个单位38个证照，实现四十三证合一，审批材料进一步精简87%，审批时限缩短91%。全市第一个发放四十三证合一营业执照。推行“电子营业执照”“全程无纸化”“人证合一”“互联网+”“一照走天下”。启用网上全流程电子化登记，足不出户即可获取电子营业执照；与工商银行、建设银行合作，实现电子营业执照和金融服务“一键通”；启用“人证合一”工商登记。共核发电子营业执照46户，办理全程电子化各类登记4459户。2017年全区新增商事主体2.91万户，其中私营企业1.09万户，个体工商户1.82万户，分别同比增长14.2%和28.2%。辖区商事主体总量为14.35万户，企业存活率80%以上，商事主体增量和存量居全省县（区）之首。

（陈　婷）

【商事主体监管】　2017年，升级完善电子地理监管平台，新完成电子地理标注3.93万户，开展实地检查市场主体并录入监管信息3.82万户，向相关部门抄告监管信息6718条。督促全区13个审批部门对全区新设立商事主体涉及后置审批事项5352项进行处置，办证5247项，办证率98.04%。建立“双随机、一公开”监管平台，随机抽查企业1207户，其中非融资性投资担保企业329户，抽查结果全部在网上公示。推进以社会共治为目标的信用监管，组织全区35个单位归集企业信用信息7442条；7508户市场主体列入异常名录，2.65万户个体工商户标记为经营异常状态，出具信用证明22份，限制失信被执行人36次。推进以整治惩戒为手段的专项监管，部署开展八大专项整治行动，共立案315件，结案185件，罚没561万元，同比增长158%。万元以上案件75件，其中10万元以上大要案件9件，同比增长60%。移送司法处理4件。立案数、结案数、罚没数、大要案件数均列全市工商系统第一。区工商分局两个广告案件被评为2017年国家工商总局典型案例。（陈　婷）

【服务企业发展】　2017年，新增小微企业6099户，规模以上电商50余户，2户第三方平台，第三方平台内部网店517户，总户数5.16万户。协助30户中、小电子商务企业入户雨花区电子商务基地，协助15家公司筹备上市相关工作，启动将红星商圈打造成全省放心消费示范商圈工作，支持高桥大市场申报国家级“市场采购贸易方式试点市场”。指导企业申报商标2612件，协调5户规模以上企业从外区迁入经开区经营，对区招商引资企业开辟绿色通道。通过动产抵押、股权质押帮助87户企业融资7.18亿元，担保债权52.02亿元。推荐51家企业参评省级重合同守信用企业，推荐69家企业参评市级重合同守信用企业。（陈　婷）

【消费者权益保护】　2017年，提高家装材料、家用电器、母婴用品、日化用品、电线电缆、汽车配件、家具等商品质量的抽检、监管执法，抽检各类商品113个批次，对不合格商品在责令下架的同时进行依法查办并给予公示。对辖区内原100家消费维权站进行规范清理，规范保留79家，选定5家消费维权站为绿色直通车企业，参与群体性投诉事件调处5起，受理消费者投诉、举报6643件，位居全市工商系统第一，查处的某汽车销售公司侵害消费者权益案处罚230万余元。对全区12家农贸市场的基础设施进行升级改造，协调区财政出资120万元，对农贸市场标牌、地面、下水道和一些基础设施进行整修。组织第三方每月对农贸市场文明创建工作开展暗访，督促整改存在的问题1297个。针对区内农贸市场整体硬件设施落后的情况，积极向区政府呼吁，区政府出台农贸市场提质三年规划和《人民满意农贸市场评比办法》，出资3000万元。

（陈　婷）

【打击整治传销集中行动】　2017年9月1日至12月31日，雨花区在全区范围内开展打击传销专项执法行动，制定并分发《长沙市雨花区2017年打击整治传销集中行动实施方案》。以井湾子街道、雨花亭街道、洞井街道、同升街道、圭塘街道为打击聚集型传销重点区域，联合各街道、综治办、公安、工商等部门开展日常清传行动900余起，劝返遣送传销人员1748人，解救误入传销人员51人，区检察院依法批准逮捕涉嫌组织、领导传销活动罪5人。以东塘街道、砂子塘街道、侯家塘街道、左家塘街道等为打击网络传销重点区域，对辖区内的“网络科技公司”“电子商务公司”“信息科技公司”进行清查，其中的12家可能存在传销行为的公司被列为重点监控对象，对10家未在登记地址经营存在较大涉传风险的公司列入经营异常名录并在互联网上对外公示。通过电视、报纸、公示栏、横幅等载体进行集中宣传，揭露传销本质和危害，报道专项整治成果，在传销活动重点地区发放宣传手册和宣传单8000余份，悬挂宣传横幅102条，各类专题讲座4场，设立咨询点8个。（陈　婷）

【核发“四十三证合一”营业执照】 2017年6月28日，市政府副市长邱继兴在在区工商分局注册大厅给创业者汤利“湖南省中青旅国际旅行社有限公司树木岭营业部”的营业执照，这是长沙市首张“四十三证合一”营业执照，标志着长沙市顺利推行“四十三证合一”登记制度改革。该次改革是在原“五证合一”基础上，按照“一窗受理、并联审批、一照一码、信息共享”模式，将38项涉及企业登记、备案及相关后置审批事项的证照与营业执照整合，改为由工商行政管理部门核发加载统一社会信用代码和“多证合一”信息二维码的“四十三证合一”营业执照。被整合证照不再发放，被整合证照事项不再办理。该次改革整合的证照事项具体有：广告发布登记、中介机构从事会计代理记账业务审批、粮食收购资格认定、职业介绍服务许可、从事出版物零售业务许可、林区设立木材经营单位审批、公章刻制核准备案、住房公积金缴存单位登记、预拌砂浆企业备案、房地产经纪机构备案、保安服务公司设立分公司备案、自行招用保安单位备案、派出保安员跨省提供保安服务备案、从事货运代理等相关服务的经营者备案、船舶代理、水路旅客运输代理以及水路货物运输代理业务备案、道路运输经营者设立分公司备案、在水功能区从事旅游、水上运动等经营活动且不需要申请取水许可证的备案、种子生产经营者设立分支机构备案、生产、经营森林植物及其产品的企业备案、二手车交易市场备案、对外贸易经营者备案登记、外商投资企业设立备案、外商投资企业变更备案、再生资源回收经营者备案、第一类医疗器械生产企业备案、第一类医疗器械产品备案、第二类医疗器械经营备案、电梯维护保养单位信息备案、演出场所经营单位备案、艺术品经营单位设立备案、企业或者其他经营单位增设艺术品经营业务备案、体育经营活动场所备案、旅行社分社设立备案、旅行社服务网点备案、粮油仓储企业备案、进出口货物收发货人注册登记、出入境检验检疫报检企业备案、原产地企业登记证。企业办理全套证照从原来需往返86次减至2次。审批时限由原43个证照共需225个工作日，减至7个工作日。邱继兴表示，“四十三证合一”改革的推行，有利于避免申请人多部门奔波，破解审批部门多、程序繁、时间长等群众反映突出的问题，提高行政效率。（陈　婷）

【区工商分局与中国建设银行签订合作协议】2017年6月30日，区工商分局与中国建设银行股份有限公司长沙湘江支行签订“‘服务企业发展’战略合作协议”，自此区工商分局与雨花区内中国工商银行、中国建设银行联合实施“长沙工商企业通”项目。“长沙工商企业通”是为新注册企业提供网上注册、商事登记和账户开立、网上银行、结算服务等一站式金融综合服务的平台。通过该平台，注册申请人可以选择就近的工商银行、建设银行营业网点委托办理注册登记；延伸工商行政管理系统的服务网络，延展工商登记的新渠道，解决注册辅导，解决注册申请人可能不熟悉工商注册流程的问题。（陈　婷）

【甘霖调研高桥大市场】 2017年10月20日，国家工商总局副局长甘霖一行调研高桥大市场。国家工商总局广告司司长刘敏，副司长黄新民，企业监管局副局长庹登夫，省工商局党组书记、局长李金冬，市政府副市长邱继兴等陪同调研。甘霖一行调研高桥大市场提质改造和转型升级的情况，重点考察高桥酒店用品城、服饰家纺城、医药流通园和高桥国际商品展示贸易中心，了解商户的市场规模、诚信经营、品牌建设等情况，听取高桥大市场负责人相关工作汇报；表示将大力支持高桥大市场申报“市场采购贸易方式试点市场”，助力湖南内外贸事业的发展。（陈　婷）

2017年10月20日，国家工商总局副局长甘霖（前右二）调研高桥大市场（陈婷／提供）

【雨花区企业登记全程电子化工作启动】 2017年11月2日，区工商分局向湖南天赋共享网络科技有限责任公司负责人刘某发出雨花区第一张电子营业执照，雨花区企业登记全程电子化工作启动。在保留窗口登记的同时，开通涵盖所有业务、适用所有企业类型的网上登记系统，实现各类型企业的设立、变更、备案、注销等各个业务环节均可通过互联网办理。电子营业执照与纸质营业执照具有同等法律效力，可进行电子化管理、身份认证、数字签名、网上亮照等多项功能。雨花区启动的企业全程电子化工商登记实现“网上提交材料、网上审查核准、网上亮照公示、网上自动存档”，做到足不出户办理工商登记注册业务。（陈　婷）

【雨花区涉企信息统一归集公示工作会议】 2017年11月1日，雨花区涉企信息统一归集公示工作会议在区工商分局四楼大会议室召开。会议旨在贯彻落实《湖南省涉企信息统一归集公示工作实施方案》和《长沙市政府部门涉企信息统一归集公示工作实施方案》等文件精神，对雨花区涉企信息统一归集公示工作进行动员、安排及部署。会议由区政府办组织，区政府副区长张良欣，区工商分局承办，区法院、区发改局等36个涉企信息归集部门的分管负责人及信息采集员参加会议。会议由区政府调研员李文主持。会上，分发《雨花区涉企信息统一归集公示工作实施方案》，按照方案要求，各涉企信息归集单位要依托条件，将企业信息按照本方案要求进行归集，并对信息的真实性、准确性、及时性负责，要将自2014年10月1日起产生的行政许可、行政处罚、抽查检查和企业实施信用约束公示的“黑名单”等信息通过国家企业信用信息公示系统统一归集于企业名下，依法向社会公示。张良欣指出，涉企信息统一归集公示工作要依托国家企业信用信息公示系统，全面、及时、准确地将全区政府有关部门产生的企业信息，通过公示系统归集于企业名下，依法向社会公示，实现企业信息公示率达到100%，准确率超过98%，归集率达到99%；强调各涉企信息归集单位都应根据本单位信息化建设实际，通过政务外网、互联网或其他有效的信息传递方式，按照涉企信息归集公示数据格式规范要求与国家企业信用信息公示系统（湖南）进行数据交换；要求各涉企职能部门要加快部门协同监管平台的推广应用力度，全面履行涉企信息归集公示职责，在开展工作中要把企业信用信息作为重要考量因素，实现对被列入经营异常名录、失信被执行人名单等失信主体的依法限制或禁。会后，全区36家涉企监管职能部门信息采集员接受授课培训。截至2017年年底，全区归集涉企信息4000余条。（陈　婷）

质量技术监督

【概况】 长沙市质量技术监督局雨花分局（简称“区质监分局”）内设办公室、质量和监督科、标准计量科、特种设备安全监察科4个职能科室。2017年编制数8名，其中领导职数3名；局干部职工5人；党员人数7人。办公地点位于长沙市雨花区香樟路592号1号楼。区质监分局获评全省依法办事示范窗口单位。（胡　蓉）

【质量监督管理】　2017年，区质监分局对辖区内食品相关产品获证生产企业进行全面监督检查，进行区级监督抽查19批次，合格率100%，对辖区9家企业签订“企业落实主体质量安全责任承诺书”。组织开展“质监利剑”农资、水泥、电线电缆、日用消费品等专项行动，捣毁两家无证假冒加工作坊，出动执法人员200余人次。共处理各类投诉举报10起，处理回复率100%。开展以“3·15”为载体的食品相关产品和产品质量“你点我查”宣传活动及“双随机一公开”随机检查及抽查制度，组织辖区生产企业参加各类培训50余人次，组织开展辖区食品相关产品和重点工业产品的监督抽查，全年完成71批次抽查送检工作，总体合格率98.6%。指导和帮扶湖南楚天电气工业股份有限公司、湖南美龙饲料科技有限公司、长沙鼓风机厂有限公司3家企业成功申报湖南省名牌产品。（胡　蓉）

【特种设备安全监察】　2017年，区质监分局出动特种设备安全监察人员360人次，检查特种设备使用单位217家，检查设备5231台，下达特种设备现场检查记录217家，特种设备安全监察指令书91份；完成25台老旧电梯安全技术评估；处理特种设备安全投诉72起，投诉处理率和回复率100%。在电梯等特种设备数量大幅增加的情况下，特种设备安全投诉同比减少30%。区质监分局巩固2016年改革成果，破解安全生产机制障碍，探索和完善“四级两类”监管模式，并形成全省经验。3月30日，省质监局在雨花区召开全省电梯安全监管现场经验交流会，省质监局、市质监局、区政府多位领导出席会议，区政府副区长张良欣代表区政府作典型经验介绍，雨花区经验向全省予以推广。区质监分局组织开展特种设备安全知识培训班4次，培训人员500余人；组织辖区内特种设备使用单位负责人、气瓶充装单位负责人参加市局专题培训班3次，培训人员100余人。结合“3·15”消费者权益保障日、安全宣传月、质量月电梯安全宣传周活动，在左家塘、黎托、井湾子等街道，及德思勤广场、上海城小区分别开展大型特种设备安全知识宣传活动。（胡　蓉）

【计量工作】　2017年，区质监分局投入经费10万元，委托省计量院对辖区农贸市场衡器及在线水表依法进行检测。检测衡器394台（件），合格373台（件），合格率94.7%，对于不合格设备，区质监分局均严格按照法定程序进行处理。全年受理投诉，处理各类农贸市场在用衡器缺斤少两现象违法行为共14起，现场执法行动36人次。2017年对砂子塘街道、雨花亭街道、圭塘街道社区卫生服务中心及跳马镇卫生院的在用医疗计量器具进行免费检定。强化辖区环境监测设备计量监督，确保环保监测设备计量准确可靠，排污监测数据是否准确有效。摸排辖区环保监测企业数据共15家。5月20日世界计量日，区质监分局、省计量检测研究院、省科学技术厅联合主办2017年科技周“世界计量日”精密计量实验室开放活动。（胡　蓉）

【标准化工作】　2017年9月，区质监分局联合区经信局、雨花经开区经发局、区中小微企业服务中心组织一次百人以上企业负责人标准化项目申报培训暨标准自我声明公开宣贯，截至2017年年底，雨花区有59家企业上报161项标准，涵盖196种产品，其中国家标准7个，行业标准5个，企业标准149个。2017年帮扶2家小微企业申报“两创”扶持资金，向雨花区9家省级标准化项目承建单位划拨项目经费96万余元（共10个项目）。（胡　蓉）

【电梯安全监督员队伍建设】　2017年，区质监分局破解安全生产机制障碍，探索和完善“四级两类”监管模式〔以区政府（部门）、街道（社区）、物业（维保单位）、楼栋电梯安全监督员（业主代表）的4个管理层级，做到以企业主体责任为核心，政府依法监管为保障，把责任压实到电梯安全管理各个环节、链条的最末端，确保责任落实无盲区、安全管理无死角；动员政府的监管力量（政府执法人员和街道、社区工作人员）和社会力量（物业企业人员、社区居民）两类人员共同参与电梯安全监管，实现监管社会共治〕，在部分小区试点建立楼栋电梯安全监督员队伍，由小区居民对电梯日常管理和维护保养状况实施监督，让小区居民参与到电梯安全管理中来，增进互信，融洽各方关系，对电梯管理和日常维护保养实施有效监督，提升电梯可靠性，并形成全省经验。3 月 30 日，省质监局在雨花区召开全省电梯安全监管现场经验交流会，省质监局、市质监局、区政府多位领导出席会议，区政府副区长张良欣代表区政府作典型经验介绍，雨花区经验向全省予以推广。（胡　蓉）

【“世界计量日”精密计量实验室开放日活动】2017 年 5 月 21 日，为纪念第 18 个世界计量日，区质监分局、省计量检测研究院、省科学技术厅联合主办 2017 年科技周“世界计量日”精密计量实验室开放活动，长沙雅礼实验中学初二级的数十名同学参加活动。在计量院负责人做介绍后，长沙雅礼实验中学学生们开始参观计量院的精密实验室。该次开放的实验室有电磁兼容实验室、力学实验室、燃气表计量实验室、长度计量实验室、热工计量实验室、电能计量实验室、医学计量实验室等。每个实验室都安排有计量工程师为学生们讲解相应实验室内的实验内容、实验基本原理等等。参观完实验室后，由省计量检测研究院理化研究所副所长彭丽华进行计量科普讲座，介绍计量检测的基本工作内容和工作形式，包含一些适合这些学生们现有知识面的检测原理与检测方式。区质监分局相关工作人员发放计量相关的行政知识与法律知识的资料。计量院组织计量科普实验活动，计量工程师介绍并展示一些计量检测的实际操作及实验活动。通过该次活动，有利于使学生们发挥动手动脑的能力，激发对知识、对实践的热情，并宣传并普及计量工作的内容，增进学生和家长对计量行业的了解。（胡　蓉）

2017 年 5 月 21 日，“世界计量日”精密计量实验室开放日活动（胡蓉 / 提供）

【2018 年度标准化项目申报培训暨标准自我声明公开宣贯会】2017 年 9 月 22 日，2018 年度标准化项目申报培训暨标准自我声明公开宣贯会在雨花区退伍军人培训中心举行。该次会议是区质监分局、区经信局、雨花经开区经发局、区中小微企业服务中心等部门联合主办，获省质监局、市质监局、湖南省高新创业投资管理有限公司、湖南省商务人才交流中心大力支持，旨在以标准化工作为抓手，助推质量强区战略实施，着力提高全区质量水平和服务水平，打造一批具有核心竞争力的企业和品牌。会上，湖南童仔美食臻好餐饮管理有限公司作为湖南省现代服务业标准化试点示范企业，进行经验介绍；湖南天赐园生态农庄作为省级标准化示范区单位，将各项标准化建设纳入到公司的整体运营中，天赐园相关负责人进行经验分享。会议针对 2018 年度标准化项目申报工作、企业标准自我声明公开，进行培训宣贯，为与会企业代表答疑。会议采取与企业面对面沟通、答疑、解读文件等方式，从技术、资金、信息等方面，全方位为企业提供服务。市质监局党组成员、副局长张炼指出，要以标准全面提升产业升级，形成新的竞争优势。区政府副调研员肖集林表示，要鼓励企业积极参加行业标准、国家标准乃至世界标准的制修订。（胡　蓉）

食品药品监管

【概况】 长沙市雨花区食品药品监督管理局(食品安全委员会办公室)(简称“区食药监局”“区食安办”)为正科级区政府工作部门，主要职能是负责区食品安全委员会日常工作，承担全区食品安全综合协调职责，组织、指导、协调、监督查处全区食品安全重大事故，组织开展食品安全重大整治和联合检查。内设办公室、食品药品安全综合管理科、政策法规科、食品生产安全监管科、食品流通安全监管科、餐饮服务安全监管科、药品医疗器械监管科、保健食品化妆品监管科8个职能科室和所属事业单位稽查大队。2017年单位编制数58名，领导职数10名；在职干部58人；退休干部数2人；党员人数60人。

2017年，区食药监局以“创建国家食品安全城市”为契机，完善监管机制，提高执法效能，构建共治格局，实现食品药品安全全年“零事故”的目标，确保人民群众饮食用药安全。前三季度市对区创建工作考核成绩排名第一。年内顺利迎接全国政协副主席卢展工，省委常委、市委书记易炼红，省人大常委会党组书记、副主任韩永文等国家、省市领导到雨花区的调研和执法检查。 （文妍霞）

【基础工作】 2017年，压实街道（镇）监管责任，逐步建立健全区、街道（镇）、社区（村）三级食品安全监管网络。9月23日区委常委会议专题听取区食品药品监管工作汇报，研究解决工作中存在的问题和困难，明确由区委常委、宣传部部长余宏卿联系食品安全工作。区食安委实行每季例会制度，及时通报、调度食品安全工作；完善区、街（镇）食品安全综合协调机构，印发《关于调整区食品安全委员会领导及成员的通知》，要求各街道（镇）建立食安委，设立街道食安办并配备社区（村）食品安全专干，并明确不得兼任综治、城管等其他专干工作。区纪委（监察局）依据《长沙市开展创建国家食品安全城市专项行政效能监察工作方案》，启动对区食安委各成员单位、各街（镇）创建工作开展情况的行政效能监察，强化监督、严肃问责。构建“全面覆盖、分级管理”的区、街道（镇）、社区（村）的三级食品药品监管网络，全区划分监管网格169个，在各网格内铺排近200名食品安全协管员。全区各街道（镇）食品药品监管所阵地建设全部到位，井湾子所按示范所的标准建成；为基层食药监所配发一批快速检测设备和移动执法设备。全区13个街道（镇）食品药品监管所核定编制45人年初全部到位。另外采取劳务派遣、购买社会服务的方式，分批引进15名从事以检验检测为主的专业技术人员；定期组织业务培训，实现每月组织一次执法业务培训，每周开展一次理论学习。开展作风建设、宣传业务、检验检测、信息公开等业务培训，全年开展培训40期，培训人数4000余人次；每月对13个街道（镇）食药监所开展常态化的作风纪律及行政效能专项督查。全年受理食品经营许可申请9033件，发放许可证5536本，建立以高桥大市场、红星大市场、红星冷链三个大型批发市场为重点的食品市场监管体系。 （文妍霞）

【食品安全创建工作】 2017年，区委书记张敏多次专题调研创建工作或作出重要批示，区委副书记、区长刘素月多次主持召开会议，对创建工作进行研究部署；联点县级领导督查街道（镇）食安创建工作；人大主任会议成员、政协主席会议成员全体参加，集中督查食安创建工作；区食品安全委员会坚持每季召开一次全体会议，全区专题研究创建工作的区委、区政府会议20余次。食品安全工作列入区委深化改革重点项目，食安创建工作纳入区政府工作报告目标任务，将“人民满意”农贸市场建设、示范社区菜店建设、示范米粉（面）店建设、食用农产品检验检测、“明厨亮灶”工程纳入民生实事项目。成立区级食安创建工作指挥部，刘素月担任指挥长，在区食安办设立日常办公室，负责统筹调度、协调推进全区创建工作。从食药监、农林水、卫计、城管、工商等部门抽调10名工作人员全脱产从事食安创建工作。区政府与各街道（镇）、食安委各成员单位签订食品安全工作责任状，实行食品安全“一票否决”。将食安创建工作纳入全区绩效考核，和对街道（镇）、部门领导班子的考核，权重达到3%。实行县级领导牵头督导制度，实施创建专项行政效能监察，明确对落实不力的单位和个人严肃追责问责。（文妍霞）

【食品安全管理】 2017年，各街道（镇）结合网格管理，将学校周边、“三小”门店等重点巡查任务派单至各社区网格，社区食安专干对社区网格进行业务指导，网格员逐户入店进行食品安全检查，逐级细化监管职责。全区13个街道（镇）食药监所建设全部达标，其中井湾子食药监所达到示范所的标准，跳马镇食用农产品质量安全监管站建设到位。各街道（镇）食安办均配备2名以上的食安专干，各社区（村）均配备1~2名食安协管员。区财政按照每个社区（村）每年5万~6万元的标准安排专项经费，明确食安专干工资待遇，严格落实各项补助。区商旅局牵头启动农贸市场三年提质改造工程，重点建设一批“人民满意”农贸市场。区教育局推进学校食堂视频厨房建设，为中小学、幼儿园食堂配备快检设备76套；实施学校及周边食品安全综合治理，辖区500余家大中专院校、中小学、幼儿园全部悬挂食品安全综合治理公示牌；开展中小学、幼儿园负责人食品安全专项培训600余人次。区农林水局重点加强对食用农产品种养殖基地的监管，强化农业投入品使用规范，生猪“瘦肉精”、畜禽水产品药残、蔬菜农残检出率均为零；开展生猪屠宰“扫雷行动”12次，取缔私屠滥宰窝点15个；完善动物无害化处理中心和收集体系，病死畜禽无害化处理率100%。区城管局强化大中型餐饮服务单位餐厨废弃物的收集运输管理，餐厨废弃物100%处置规范；加大对农贸市场、学校周边等重点区域流动摊贩的整治力度，教育劝导800余个，取缔300余个。区卫计局加强饮用水卫生监督检测，对全区121家供水单位实行管罚并举；加强食品从业人员健康证办理，办理率100%。区公安分局加大对食品安全涉刑案件的立案和查处，办理涉刑案件11起，起诉犯罪嫌疑人26人。区法院完善食品药品行政执法与刑事司法衔接制度，保障食品药品行刑衔接工作更加紧密、顺畅、高效。区食药监局健全以高桥大市场、红星大市场、红星冷链三个大型批发市场为重点的靶向监管防控体系，按风险等级对辖区近2万家食品、食用农产品、保健食品、食品添加剂生产经营主体进行全覆盖、立体式、常态化的监管。（文妍霞）

【稽查执法】 2017年，多部门联合组织开展文明创建与食安创建“双创”行动、校园及周边食品安全“护苗行动”、网络食品“清网行动”、保健食品“护老行动”，豆制品米粉湿面、肉及肉制品、畜禽水产品等十大专项整治，以及小餐饮、夜宵摊点的集中整顿。全年出动人员2.8万人次，检查各类食品生产经营单位3万余家，关停取缔“黑窝点”60余处，培训责任主体10万余人次。建立公安、食安、农安“三安联动”机制，加大对违规使用高毒剧毒农药、滥用抗生素激素、制售有毒有害食品、非法屠宰、制售走私食品等违法行为的打击力度。全年查办各类食品安全违法案件274起，移送司法机关案件11起，罚没总额近150万元。（文妍霞）

【民生实事项目】 2017年，高标准建成13个基层食药监所快检室，农贸市场、生鲜超市快检室30所，学校食堂快检点76处。开展“你建议，我抽检”活动。全年完成检验检测12096批次，合格11995批次，合格率达99.16%。委托第三方检验检测公司对农贸市场、大中型生鲜超市食用农产品抽检4万批次。推进餐饮单位“明厨亮灶”工程，“视频厨房”建设和“透明厨房”改造基本完成。加快推进生鲜食品冷链销售建设，建成豆制品米粉湿面等生鲜食品冷链销售门店60家、豆制品集中生产基地1个。实施“产销对接”，促成红星农副产品市场与51家食用农产品种养殖基地实现对接。加快推进示范创建工程，将示范社区菜店和示范米粉（面）店建设纳入社区提质提档重要项目，打造万科鲜开心“人民满意”农贸市场，家润多朝阳店“国家级放心肉菜示范超市”，鸿铭示范商业街、五江天街等“食品安全示范街”和“绿色环保餐饮示范街”，砂子塘小学、黎郡新宇小学、雅礼雨花中学、长郡雨花外国语学校、航空学校等校园周边食品安全示范路段初现雏形。联合湖南红星盛康生物科技有限公司开展“三同三进”((同线、同标、同质；进社区、进家庭、进厨房)系列活动，由公司提供“三同”产品体验、基地建设及宣传推广等多方面的支持。建成13个社区（村）宣教基地，完成首批75名食品安全志愿者的招募和培训，在各社区巡回开展食品安全宣教活动。（文妍霞）

【肉及肉制品食品安全专项检查】 2017年，为有效规范肉及肉制品市场，确保市民“放心吃肉”，区食药监局组织基层各食药监所对辖区肉及肉制品市场进行逐一排查、逐一整改、逐一达标过关。1月17日，区食药监局针对辖区肉及肉制品经营单位开展食品安全专项检查。该次专项检查主要对辖区肉及肉制品生产加工企业、经营门店以及学校食堂、包子店、饺子店、火锅店和大型快餐连锁等餐饮服务单位进行检查，重点检查相关单位的食品经营资质、添加剂使用情况、生产经营环境、索证索票制度落实情况等。2月16日，区食药监局稽查大队、食品生产流通安全监管科执法人员，对辖区长沙红星农副产品大市场生鲜市场，开展肉及肉制品突击执法整治“断臂行动”。收缴未经检验检疫的猪肉1000余千克，收缴猪肉均送至红星盛业未经检验检疫肉及肉制品无害化处置中心进行无害化处理。5月16日，东塘街道食安办、东塘食药监所、新雨社区对社区农贸市场开展联合整治。该次行动采取先摸查后整治的方式，首先安排社区工作人员上面进行上门排查，经排查发现，市场上8家肉及肉制品经营摊点有7家销售的为“白板肉”（未经检验的鲜肉）。根据摸排情况，执法人员立即对该7家肉及肉制品经营摊点进行现场执法，对销售的“白板肉”进行收缴，并组织市场上肉及肉制品经营户集中学习食品安全法相关规定。5月18日，区食药监局联合黎托街道，对黎托街道花桥社区八组一居民房内的一加工经营拆骨肉的“黑作坊”进行突击查处。该作坊在未取得经营许可的情况下，非法从事拆骨肉加工行为，且加工设施极其简陋、场所内卫生条件恶劣，存在较大安全隐患。执法人员当即对该作坊依法查封，责令立即停产，对加工原料、成品及工具进行扣押封存。7月19日，区食药监局与左家塘街道联合工商、城管、公安等部门，对桂花公园赤新农贸市场及周边开展肉及肉制品专项整治行动，行动累计出动执法人员42人次，检查肉类经营户38家，查处不能提供检验检疫证明的经营户6家，收缴未经检验检疫猪肉200千克；区食药监局在红星盛业动物无公害化处理中心对近段肉及肉制品专项整治行动中收缴的未经检验检疫猪肉进行集中销毁，数量1.1吨。9月6日，井湾子食药监所与红星大市场食安办对红星大市场零售区开展肉及肉制品突击检查，检查各类肉品经营单位的进货渠道、供应商资质以及检验检疫合格证明，此次行动出动执法人员20人，收缴“白板肉”150余千克。（文妍霞）

【校园及周边食品安全专项检查】 2017年，为保障广大师生饮食安全，及时整治食品安全隐患，区食药监局组织辖区街道食安办、食药监所开展多次校园及周边食品安全专项检查。自2月13日始，开展2017年春季学校食品安全专项检查。该次检查主要是针对辖区大中专院校、中学、小学、幼儿园食堂和校内食品商店进行检查，重点检查学校（幼儿园）食堂经营资质、食品安全校长（园长）负责制等制度落实情况、食品及原材料索证索票落实情况、食品储存情况、餐用具消毒情况、食堂环境卫生状况等。对于检查中发现的存在少数学校（幼儿园）食堂存在食堂环境卫生有待改善等问题，执法人员依法责令相关负责人限期整改。从2月15日起，组织辖区各食药监所、街道食安办对校园周边食品经营门店开展突击检查。该次突击检查主要针对学校（幼儿园）200米范围内的食杂店、饮食店以及食品摊贩的食品安全状况开展集中检查和排查，依法取缔不符合法定经营条件的门店，坚决查处经营假冒伪劣和不符合食品安全标准食品的行为。区食药监局在在辖区范围内学校（幼儿园）广泛开展食品安全知识进校园活动，提高广大师生自我保护、自我维权意识和能力。9月11日，砂子塘街道对辖区砂子塘路学校及学校周边食品安全工作进行专项检查。该次共检查稻田中学、湖南中医药大学湘杏学院、砂子塘第一小学等学校周边的食品经营户50余家，出动人员200余人次，发现问题10个，下达“责令改正通知书”10份。（文妍霞）

【雨花区食品安全知识及安全食品“三进”系列活动】 2017年，为广泛宣传普及食品安全科普知识，区食安办以“创建国家食品安全示范城市，打造家庭健康厨房”为主题，举办雨花区食品安全知识及安全食品“进社区、进家庭、进厨房”系列活动。7月4日，雨花亭街道香南郡社区举行食品安全及安全食品“三进”主题知识讲座，社区食品安全宣教基地志愿者50余人参加。7月11日，洞井街道在星苑社区食品安全知识宣教基地开展食品安全及安全食品“三进”系列活动，此次活动累计发放《食品安全宣传手册》500余份，接受咨询50余次，摆放宣传展板12块。7月12日，东塘街道芙蓉南路社区联合东塘街道办事处食安办、安监中心、雨花区红星盛康生物科技有限公司，开展以食品安全及安全食品为主题的知识讲座，社区居民群众近50人参加。（文妍霞）

【守护“雨花食安”】 2017年，区食药监系以“日常监管”为重点，以“食安宣传”为关键，以“专项整治”为抓手，全力守护“雨花食安”，助力长沙市创建国家食品安全示范城市。4月28日，区食药监局东山食药监所联合东山街道食安办，依法对一无证炒制品加工“黑作坊”进行现场执法检查。该作坊位于东山街道侯照社区内一仓库内，经执法人员现场检查，该作坊食品经营许可已过期，在未办理许可延续的情况下，进行瓜子、花生等炒制品的加工。对此，执法人员依法对该作坊进行查封。5月2日，高桥街道对高桥大市场相关负责进行约谈，要求市场主办方要切实落实食品安全主体责任，加大人力、物力、财力投入；要建立健全食品安全监管机制，组建食品安全专管队伍，建立食品安全溯源体系，严格把控食品安全风险；要强化食品安全抽样检测，加快快检室建设。5月3日，砂子塘街道组织街道食安办、砂子塘食药监所开展校园周边食品安全专项整治行动，对辖区内砂子塘小学、稻田中学、王家冲小学校园周边的食品（杂）店、小超市、食品小摊点、餐饮服务单位进行执法检查。共计检查食品经营门店80余家，责令整改问题10余个。5月4月，砂子塘食药监所对辖区新建东路食品安全示范街食品经营门店开展监督检查。5月5日，侯家塘街道组织街道食安办联合侯家塘食药监所、工商所、城管执法中队等部门对辖区活力生鲜市场开展联合执法，对执法中发现的涉嫌非法经营的1家榨油坊和1家酒坊进行依法取缔，对4家无证经营的豆制品店依法责令整改；东山街道食安办联合东山食药监所、环保站，对位于辖区黎郡社区一居民出租屋内的豆制品加工作坊进行现场执法，执法人员依法对该非法豆制品加工作坊予以取缔。5月6日，高桥街道组织高桥食药监、城管、工商等部门，对辖区桂友路沿线餐饮店进行专项检查，行动累计出动执法人员43人，执法车辆6台，检查餐饮门店12家，下达执法文书12份。5月15日、16日，圭塘食药监所、黎托食药监所分别对广益实验中学开展食品安全“护苗”行动，检查食品经营门店20余家，整改问题9个。5月16日，同升街道食安办联合同升食药所对辖区桃阳商业广场内餐饮经营门店进行执法检查，对其中存在环境卫生恶劣、无食品许可证等问题的2家餐饮经营门店依法下达相关法律文书，责令限期整改，要求其合法经营；跳马食药监所对石燕湖旅游景区食品安全负责人进行约谈，要求景区要增强食品安全责任意识，严格落实各项食品安全制度。砂子塘街道组织街道食安办、联合砂子塘食药监所，对夜宵一条街的27户夜宵经营门店逐户进行检查，对责令整改的厨房设施不规范、门店无经营资质、工作人员无健康证等问题的整改情况进行“回头看”。5月

17日，圭塘街道食安办联合圭塘食药监所开展农贸市场专项整治，对辖区大塘农贸市场内经营户经营资质、卫生环境等进行逐一检查，召集市场负责人进行座谈，责令市场方限期整改；区食药监局洞井食药监所联合餐饮科组织辖区华文森林酒店从业人员进行食品安全知识培训，就餐饮单位食品安全责任、餐饮服务操作规范等进行讲解。5月19日，井湾子街道食安办联合井湾子食药监所组织香樟路社区范围内的72家食品经营户开展食品安全知识培训；洞井街道食安办联合洞井食药监所，组织召开社区食安专干、协管员会议，全面总结前期“双创”（食安创建和文明创建）工作情况，部署下阶段工作任务；黎托街道食安委联合黎托食药监所、黎锦苑社区对该餐饮店进行复查。5月20日，洞井食药监所联合洞井街道食安办及相关社区，针对前期摸排情况，对辖区内无证小作坊开展专项整治行动，执法人员依法对两家无证制酒作坊和一家炸油作坊进行依法取缔。5月20—22日，侯家塘街道食安办联合侯家塘食药监所在辖区红旗广场开展食品安全宣传活动，活动累计发放宣传资料500余份，接受咨询120余人次。5月24日，高桥街道食安办、高桥食药监所组织辖区内的高桥大市场、火焰市场、神农茶都、冷链市场及农贸市场负责人到红星大市场进行学习考察；左家塘街道组织街道食安办、食药所、工商所、城管执法中队对车站南路沿线夜宵门店进行专项整治，此次行动出动执法人员12人次，检查餐饮经营门店15家，下达责令整改通知书2份；东塘街道组织召开农贸市场综合整治专项行动工作部署会，会议传达雨花区农贸市场综合整治专项行动相关要求，会后东塘食药监所立即联合东塘工商所、各社区对辖区马家冲农贸市场和雨花巷农贸市场内经营户食品安全相关规定落实情况进行逐一检查。5月25日，圭塘食药监所联合圭塘街道食安办对辖区中小学校开展食品安全专项检查。5月27日，砂子塘食药监所联合砂子塘街道食安办组织辖区农贸市场经营户开展食品安全专题培训；东山街道食安办、食药监所对为辖区侯照社区龙舟队聚餐活动提供聚餐服务餐饮单位等进行食品安全专项检查，未发现违法违规行为。6月6日，洞井街道食安办联合洞井食药监所，组织辖区大中型超市、酒店负责人、从业人员进行食品安全知识培训，培训重点围绕如何落实食品安全主体责任、强化食品安全日常监管等方面进行集中学习，会上发放《食品安全科普知识手册》1500余份。6月7日，圭塘街道召开创建国家食品安全示范城市工作推进会。6月9日，左家塘街道食安办联合左家塘食药监所组织开展食品安全知识培训，辖区100余家食品经营门店负责人参加培训，培训发放《食品安全科普知识册》、创建国家食品安全示范城市宣传资料400余份。6月30日，井湾子街道对长沙环保学院周边食品经营门店进行食品安全专项整治，累计出动执法人员100人，依法取缔无证小餐饮门店9家；井湾子街道组织召开创建国家食品安全示范城市迎检工作调度会，学习创城工作市对区工作绩效考评细则，对规范化检查和网格化监管工作作了安排部署；高桥街道对火焰大市场、高桥商贸城、神农茶都、冷链市场等大市场负责人进行食品安全约谈；东山街道食安办、食药监所组织辖区内90余家食品经营单位在黎郡社区开展食品安全知识培训。7月2日，雨花亭食药所将黄辣椒快检结果送达树木岭菜市场20家干货店，依法下达有关法律文书，暂扣有关食品，并要求商户提供进货票据，对源头进行追查；圭塘食药监所与中南院社区食品安全专干对辖区食品经营单位进行检查。7月6日，跳马镇镇党联合跳马镇食药监部门对为跳马镇曙光垸防汛救灾指挥部和受灾群众安置点运送盒饭的两家餐饮单位进行食品安全突击临检查；井湾子街道食安办联合食药监所对冯家冲社区内食品经营门店进行食品安全检查。7月7日，区食药监局带队组织黎托食药监所对吉纽思御玺幼儿园、东澜湾彬群食品店及陈权米粉店的食品安全管理工作进行检查指导。7月8日，黎托街道食安办联合黎托食药监所对辖区食品经营门店进行专项检查，行动累计检查食品经营单位21家，依法查缴过期食品103包，未经检验检疫猪肉45.3千克，被洪水浸泡黑木耳520.68千克。7月11日，砂子塘街道食安办、食药监所联合工商所、经济办、城管中队对茶园坡社区食品经营单位进行无证经营行为专项整治，此次行动累计检查食品经营门店18家，责令整改3家；高桥食药监所对火焰、高双湖批发市场的23家食品经营单位食品原材料进行专项抽检，未发现不合格产品。7月18日，东塘食药监所组织芙蓉南路社区工作人员对社区食品经营单位进行食品安全工作检查，此次行动累计检查食品经营单位10余家，下达责令整改通知单2份，芙蓉南路社区将对整改情况进行跟踪检查；圭塘食药监所约谈百事佳超市法人代表。7月19日，砂子塘食药监所联合第三方检测机构专业对茶园坡社区蔬菜水果经营门店进行食品安全抽样检查，累计抽检25批次食用农产品，其中蔬菜10批次，水果15批次；井湾子街道食安办联合食药监所对井湾子社区食品经营门店进行检查。7月20日，东山食药监所对辖区豆制品生产基地进行突击检查，约谈12位车间负责人；砂子塘食药监所组织金科园社区经营户及党员监督团进行食品安全知识培训。7月21日，井湾子食药监所与香樟路社区工作人员对辖区食品经营门店开展无证经营专项整治行动，对5家无证经营的食品经营门店进行查封；针对蛏子快检结果氯霉素呈阳性的情况，雨花亭食药监所对树木岭市场罗瑞银摊位进行检查，依法查缴不合格蛏子4千克，在树木岭市场垃圾站进行现场销毁；东塘食药监所对社区融科三万英尺周边食品经营门店进行检查。7月25日，圭塘街道圭塘社区为辖区食品相关从业人员集中办理健康证150余本；东塘食药监所对新建西路女书咖啡店开展执法行动，执法人员依法下达责令整改通知单；左家塘街道左家塘社区工作人员对辖区内食品经营单位进行检查。7月27日，东山食药监所对黎群市场销售未经检验检疫猪肉开始执法行动，依法查缴未经检验检疫猪肉50余千克；东塘街道组织街道安监中心、驻街食药监所对浦沅社区的门店、企业等单位进行检查。7月28日，砂子塘食药监所与桔园社区食安专干对社区无证经营门店进行检查。11月9日，同升街道、同升食药监所对辖区兴安路、圭白路、职教城周边食品经营门店开展食安创建排查整治行动；高桥食药监所组织辖区冷链市场新疆籍食品经营户进行食品安全知识培训；井湾子食药监所组织红星大市场豆制品、米粉经营户召开食品安全会议。

（文妍霞）

【雨花区创建国家食品安全示范城市工作】 2017年2月17日，雨花区召开2017年创建国家食品安全示范城市工作座谈会，区政府副区长易静，区食药监局全体班子成员、各街道（镇）食品安全工作分管负责人、各街道（镇）食安办主任、雨花区食药监局机关各科室和稽查大队负责人、各食药监所所长参加会议。会上，由区食药监局组织与会人员就“如何构建食品安全社会共治格局，创建国家食品安全示范城市”“如何通过专项整治构建长效常态的管理机制”“如何加大宣传力度，提升知晓率和满意度”等9个议题进行讨论，各街道（镇）分管领导、食安办主任、各食药监所所长等做交流发言。易静强调，2017年雨花区创建国家食品安全示范城市工作要建立共管机制、浓厚共建氛围、构建共治格局、形成共赞局面，要在强化指挥调度、强化日常监管、强化宣传教育、强化执法办案上下功夫。6月29日，雨花区创建国家食品安全示范

2017年6月29日，雨花区创建国家食品安全示范城市推进会
（文妍霞/提供）

城市推进会召开。区委书记张敏，区委副书记、区长、区食安委主任刘素月，区人大常委会副主任杨仕斌，易静，区政协副主席彭可佳，区政府副调研员盘正元出席，会议由区委常委、宣传部部长余宏卿主持。会上，刘素月作工作报告，强调全区上下要吃透标准、找准问题、精准发力，从对照创建标准，补齐工作短板；坚持责任导向，加强执法监管；推进社会共治，凝聚创建合力；创新工作举措，打造雨花模式等四个方面着力，全力做好创建工作。易静宣读《区食品安全委员会关于表彰2016年度食品安全工作先进单位、先进个人和示范单位的通报》，对12个食品安全安全工作先进单位、50名食品安全工作先进个人和10家食品安全示范单位进行表彰。张敏强调，一是认识要再提高；二是措施要再强化，要重点在源头治理上下功夫、在严格监管上下功夫、在社会共治上下功夫；三是保障要再加力，要进一步理清工作思路、强化组织领导、夯实基层基础、加强考核督查。井湾子街道、区城管执法局、高桥大市场、桂花农贸市场等相关单位代表负责人作表态发言，相关部门及各街道（镇）递交食品安全工作责任状。8月16日，雨花区召开国家食品安全示范城市创建工作调度会、刘素月、易静，区政府办、区绩效办、区食药监局相关负责人参加。会上，区食药监局党组书记、局长韩哲汇报2017年上半年食品安全和创建工作的开展情况，分析形势，查找差距，对下阶段工作进行安排部署。易静要求从主观上查找不足，严格落实创建工作要求；从行动上出实招，在强化调度、强化宣传、强化监管、强化督查、强化考核的五个“强化”上下功夫。刘素月提出要求：责任分解到位、全面动员到位、指挥调度到位。10月19日，长沙市创建国家食品安全示范城市调研暨推进会在雨花区召开。市委副书记、市长、湖南湘江新区党工委书记陈文浩，市政府副市长邱继兴，市政府办公厅秘书长张能峰，市直有关部门主要负责人，各区县（市）政府负责人、食安办主任参加会议。推进会由邱继兴主持。陈文浩一行实地调研雨花区圭塘街道万科鲜开心农贸市场，听取创建国家食品安全示范城市的工作汇报，询问该农贸市场的具体做法，表示要建设更多干净整洁、便民利民的农贸市场。在推进会上，市食安办主任、市食药监局局长郭埗就全市创建国家食品安全示范城市工作情况作汇报，对下阶段工作做部署安排。长沙高新区管委会、各区县（市）政府及市直部门负责人表态发言。刘素月指出，雨花区在全市率先成立区创建国家食品安全示范城市工作指挥部，建立以高桥大市场、红星大市场、红星冷链等为重点的长效监管体系，全面启动“菜篮子、米袋子、油罐子”放心工程，深入开展“三同三进”活动；表示雨花区将围绕“提高站位、聚焦问题、凝聚合力”三个方面，做好创建国家食品安全示范城市相关工作。陈文浩指出，要以市场的需求、社会的需求为出发点，维护好人民的利益，全力推进创建工作；强调要抓紧补齐创建工作突出的短板，强化全程监管，严格违法惩治，要配齐监管装备，优化队伍建设，要抓好项目建设、产业升级、示范创建。12月4日，张敏、刘素月深入基层一线，对区食安委相关成员单位、街道（镇）创建国家食品安全示范城市工作进行专项督查。区食药监局、区教育局、区城管执法局、区工商分局、街道相关负责人陪同。张敏一行对雨花亭街道五江天街、砂子塘街道砂子塘小学及周边“三小”门店、侯家塘街道活力生鲜农贸市场进行实地检查。张敏强调，要以高标准、严要求推动各项工作落实落地；要加强部门联动，凝聚创建合力，抓好学校周边、农贸市场整治以及示范创建等重点工作；要加大宣传力度，浓厚宣传氛围。11月27日至12月8日，雨花区开展县级领导专项督导食安创建工作，采取听取汇报、查阅资料、抽查现场、随机询问等方式对各街道（镇）食安创建迎检冲刺工作进行全面检查。区委副书记陈永高，区人大常委会主任龚景顺，区委常委、区政府副区长王彦锋带领相关县级负责人对联点街道食安创建工作进行督查指导。（文妍霞）

【2016年度药（械）、化妆品不良反应（事件）通报表彰暨业务培训会议】 2017年2月23日，2016年度药（械）、化妆品不良反应（事件）通

报表彰暨培训会议召开，区政府副调研员盘正元、区卫计局副局长陈云清、区食药监局副局长邱晓峰，全区二级及以下医疗机构业务负责人500余人参会。会议通报2015年12月至2016年11月药品不良反应、医疗器械不良事件监测工作情况，2015年12月至2016年11月，在国家药品不良反应监测系统中，雨花区共接收41家药械经营、使用单位上报药品不良反应报告394份，其中以湖南省地质矿产勘查开发局职工医院、雨花区跳马镇中心卫生院等12家单位上报情况最为突出，被予以通报表彰。盘正元要求，医疗机构业务负责人要提高认识，增强工作自觉性和主动性，要明确职责，确保工作效果和实效，要加强学习，提高工作质量和水平，要广泛宣传，营造工作氛围和环境。区食药监局药品医疗器械监管科围绕药品相关法律法规、医疗器械使用相关法律法规、医疗机构如何开展药品医疗器械安全性监测等多个方面授课。（文妍霞）

【聘任政风行风义务监督员】 2017年3月3日，区食药监局举行政风行风义务监督员聘任仪式，区政府副调研员盘正元，区监察局副局长杨胜艳，区食药监局党组书记、局长韩哲，党组副书记、副局长王强等参加会议。会上，王强就政风行风义务监督员管理制度进行讲解，宣读雨花区食药监局政风行风义务监督员名单。韩哲向34名政风行风义务监督员颁发聘书。受聘的34名政风行风义务监督员来自于区级人大代表、政协委员、民主党派、有关职能部门，以及企业、群众团体等社会各界人士，义务监督员将对区食药监局全体干部职工依法行政、廉洁自律、执行作风纪律规定以及工作态度、工作效率、工作质量等情况进行监督。区人大代表方燕平、红星农副产品市场食安办负责人张晓玲代表被聘任的义务监督员作表态发言。盘正元要求，全体义务监督员要当好纪律作风监督侦察员、舆情民意信息员、干群沟通联络员和食安工作参谋，共同守住食药安全防线。（文妍霞）

【食品行业从业人员食品安全知识培训】 2017年3月22日至5月17日，为强化食品行业从业人员法律意识、责任意识、安全意识，区食药监局联合辖区165个社区食品安全监管网格开展食品行业从业人员食品安全知识培训活动。重点就食品安全相关法律法规、食品经营相关规定、食品从业人员相关要求进行学习培训。累计开展培训165场次，培训人数6700余人次，发放食安创建宣传资料近20万份，实现食品安全宣传在食品行业中的全覆盖。（文妍霞）

【“双创”工作培训】 2017年3月28日，雨花区“双创”工作（食安创建和文明创建）培训会在区委党校举行，辖区街道食安办、食药监所食安监管工作人员近100人参加培训。该次培训由区食药监局餐饮服务安全监管科科长宋学芳、办公室主任李焱照、侯家塘所所长周智林担任主讲，分别围绕餐饮门店检查重点、“双创”宣传要点以及工作摄影技巧等三个方面进行讲解。该次培训，重点对监管人员日常监管工作进行培训，有利于提升监管人员的专业素养和履职能力。

【“3·31”全国食品药品投诉举报主题宣传日活动】 2017年3月31日，雨花区2017年“3·31”全国食品药品投诉举报主题宣传日活动暨食品安全知识及安全食品“进社区、进家庭、进厨房”系列活动启动仪式在井湾子国际家居MALL举行。该次活动由区食品安全委员会办公室牵头组织，各街道（镇）和湖南省唯一开通“三同”产品公共服务平台的湖南红星盛康生物科技有限公司共同实施，旨在通过建立社区食品安全宣教基地，并依托基地深入开展食品安全知识及安全食品“进社区、进家庭、进厨房”系列活动，以提高公众食品安全维权意识和食品安全知识认知水平。市食药监局党组成员、副局长陈明南，区政府副区长易静，区政府副调研员盘正元，区食药监局、井湾子街道主要负责人，各街道（镇）食安分管负责人、食安办主任、各社区食安专干，相关媒体人士近400人参加。在启动仪式上，与会领导共同启动水晶球，启动雨花区食品安全知识及安全食品“进社区、进家庭、进厨房”系列活动，盘正元为湖南省首个社区食品安全宣教基地——井湾子街道红星村社区食品安全宣教基地授牌，10位家庭主妇代表宣读“健康厨房建设倡议书”活动设置“三同”食品体验区、“投诉举报受理区”“‘你建议、我抽检’活动区”“关注有礼活动区”四个展区，活动参与者可以在“三同”食品体验区体验品尝“三同”食品，在“‘你建议、我抽检’活动区”免费体验食品快速检测。现场众多市民主动关注“雨花食事药闻”微信公众号并参与食品安全知识抢答。（文妍霞）

【雨花区食品安全委员会全会】 2017年4月21日，雨花区食品安全委员会2017年第一次全会召开。会议全面总结2016年以来食品安全工作情况，研究部署食品安全重点任务。区委常委、宣传部部长余宏卿，区人大常委会副主任杨仕斌，区政府副区长易静等。区直有关部门分管副职，各街道（镇）分管副职、食安办主任，区食药监局全体班子成员、各科室（队）负责人、各食药监所所长共计100余人参加会议。会上，区食安办主任、区食药监局党组书记、局长韩哲代表区食安办向大会作工作报告，表示接下来区食安办将重点围绕加强基础建设、深化综合治理、推进重点项目、构建社会共治、探路智慧食安五个方面做好工作。余宏卿强调，要把食品安全工作的意识树得更牢，要把创建工作重点把得更准，要把创建责任压得更实。易静要求，要强化部门责任，制定主要成员单位定期会商机制，定期会商研讨食安创建工作；要把握工作重点，抓好学校及周边、农贸市场、夜宵及流动摊担集中点等重点区域的整治工作。8月25日，雨花区食品安全委员会第二次全会召开。会议全面总结2017年上半年食品安全和食安创建工作情况，研究部署下阶段食品安全重点任务。 会上，韩哲代表区食安办向大会作工作报告，介绍食品风险抽检合格率99.08%；表示下阶段区食安办将推动“护苗行动”“明厨亮灶”工程、农贸市场专项治理、以及示范创建等重点工作。 易静要求严格对照创建标准，对各责任单位实施月度考核排名，运用奖惩机制推动创建工作有效有序开展。 刘素月提出要求：要坚持正确导向，切实提高政治站位；要把握创建重点，切实强化工作举措；要全面落实责任，切实守住食品安全底线。（文妍霞）

【全区食品安全“护苗行动”】 2017年6月12日，区食安办组织召开食品安全“护苗行动”等食品安全专项整治工作调度会，就2017年下半年开展的“食品安全护苗行动”等8个专项整治行动进行调度和部署。区政府副调研员盘正元，区食安办主任、区食药监局党组书记、局长韩哲，区食药监局副局长李志忠等参加会议。会上，韩哲传达长沙市“食品安全护苗行动”等食品安全专项整治动员部署会会议精神；李志忠就《长沙市雨花区中小学校校园及周边“食品安全护苗行动”工作方案》等8个专项整治行动方案进行讲解。8个专项整治行动包括“食品安全护苗行动”以及豆制品米粉湿面、批发市场及农贸市场等。盘正元强调，要高度重视，协同一致，形成整治合力；要严格执行，落实责任，确保整治工作效果。区食安办牵头，组织区食药监局、区教育局、区工商局等九个部门拟定《长沙市雨花区中小学校校园及周边食品安全“护苗行动”工作方案》，全面启动全区食品安全“护苗行动”，对辖区中小学校校园及周边食品经营单位相关资质、从业人员情况等进行检查，共摸底检查中小学、幼儿园332所，学校食堂318个，校内食品经营门店105家，校外食品经营门店829家。6月19日，雨花区召开食品安全“护苗行动”等专项整治工作动员部署会。区食安委副主任、区政府副区长易静，区直有关部门分管负责人，各街道（镇）分管负责人、食安办主任，区食药监局全体班子成员、科室负责人、各食药监所所长参加会议。会议由盘正元主持。韩哲针对“一个行动，七个专项整治”进行说明并做工作部署。易静强调，认识要再提高，措施要再强化，责任要再压实。6月20日，区食安办牵头，组织区食药监局、区教育局召开全区中小学校“食品安全护苗行动”动员部署会暨公办中小学校及幼儿园食品安全培训会。会上，区教育局党委委员、纪委书记李宏伟传达易静在食品安全“护苗行动”专项整治工作动员部署会上的讲话精神，结合教育单位的情况特点对各中小学校校长及幼儿园园长进行责任督促。李志忠督促校长（园长）要提高认识，将食品安全作为重点安全项目进行研究，严格把关学校食品安全，完善问责机制，与各部门和机构联合，通过信息的互通共享实现有效沟通，从而有效行动起来。区食药监局综合管理科科长于向光对参会人员进行食品安全业务培训，从主体责任的落实、餐饮单位的行为规范、宣传教育三个方面进行解说。6 月 26 日，区食药监局联合砂子塘街道在砂子塘小学校园沿线开展食品安全专项整治行动。该次行动主要集中在砂子塘小学周边小卖部、小超市及小餐饮门店，重点对食品经营门店相关资质以及是否存在销售“三无食品”等情况进行检查，累计检查食品经营门店 20 余家，下达责令整改通知 8 份，关停小餐饮 2 家。9 月 12 日，左家塘街道食安办联合食药监所、卫计办对辖区幼儿园食堂及周边食品经营单位进行食品安全专项检查，对个别单位存在现场卫生较差、人员健康证过期的问题，责令其立即整改。9 月开学季，东山街道食安办联合东山食药监所对辖区内的南雅中学、雅礼雨花中学、黎郡小学及黎托中心幼儿园等 6 家幼儿园进行食品安全工作检查，对无证经营的多美瑞幼儿园，执法人员依法下达相关法律文书，责令立即整改；左家塘街道食安办组织食品安全检查队对桂花树小学、长郡雨外、雅礼实验中学的周边的 39 家食品经营门店进行专项检查；东塘食药监所联合枫树山社区对中雅培粹学校和雅礼中学食堂进行食品安全工作检查；高桥街道食安办、食药监所对市二十六中、砂子塘小学周边的食品店、小超市、食品小摊点、餐饮服务单位开展“护苗行动”专项整治，此次行动累计出动执法人员 28 人次，检查校园周边门店 20 余家，责令整改 6 家；侯家塘街道联合侯家塘食药监所、工商所、城管办、城管执法中队及特勤队等部门对学校周边食品经营单位逐户进行检查，累计组织执法行动 6 次，出动执法人员 300 余人次，收缴“五毛食品”“三无食品”100 余千克，关停无证经营门店 2 家，督促经营业主整改 30 余户。9 月 21 日，同升街道对辖区长郡雨外洪塘校区及周边进行文明创建食品安全专项检查。

（文妍霞）

【守护汛期食品安全】 2017 年，为防止灾后疾病传播保障辖区居民饮食安全，区食药监局加强监督检查力度，一手抓防汛值守，一手抓汛期及灾后食品安全监管工作。7 月 4 日，东山食药监所对辖区各食品经营门店开展检查工作，并向食品经营户宣传普及汛期食品安全相关知识。7 月 5 日，区食药监局对黎托街道部分食品经营门店进行食品安全督查工作，黎托食药监所在社区服务中心以及各小区张贴“黎托汛期食品安全告知书”，引导人民群众强化食品安全意识，提高防范能力；左家塘街道食安办、左家塘食药监所对辖区阿弥岭社区、长铁社区的食品经营门店进行统一检查，对四面八方餐馆、老江湖餐馆 2 家门店进行现场执法，执法人员依法下达有关法律文书，责令立即整改；跳马食药监所对盒饭供应单位以及公益捐赠食品进行检查。工作人员重点检查了供餐单位的经营资质、从业人员健康证明、原材料进货查验记录、餐具消毒记录以及食品加工制作条件、操作是否规范等，并要求供餐单位严格落实食品经营良好行为规范的要求，确保受灾群众和工作人员的用餐安全。7 月 6 日，东山食药监所对辖区凤凰苑农贸市场的食用蔬菜、肉类制品、米粉、豆类制品等农产品进行检验检测，并在各社区发放“汛期食品安全告知书”；东塘食安办、食药监所对辖区生鲜市场和食品经营单位进行食品安全专项检查，未发现违法违规行为；洞井街道在恒大城组织企业、经营户参加安全生产月宣传活动，向居民进行食品安全知识宣传，并组织餐饮门店代表当众承诺保障食品安全。（文妍霞）

【区食药监局驻红星农副大市场管理办公室揭牌】 2017 年 7 月 18 日，区食药监局驻红星农副大市场管理办公室揭牌仪式举行。区政府副区长易静，区食药监局党组书记、局长韩哲，红星农副产品大市场总经理胡超等参加。仪式由区食药监局党组成员、副局长李海舟主持。韩哲、胡超共同为长沙市雨花区食品药品监督管理局驻红星农副大市场管理办公室揭牌。胡超介绍红星农副产品大市场的整体情况和管理现状，表示抓实抓牢食品安全工作，努力构建食品安全平安市场。易静指出，区食药监局驻红星农副大市场管理办公室正式挂牌，不仅是落实食品安全监管责任的重要举措，也是推动区域农副产品流通行业健康发展的务实之举；要求区食药监局要与红星农副产品大市场一道，切实将市场日常食安监管工作抓好抓处成效。参与活动者参观区食药监局驻红星农副大市场管理办公室和食品快速检测室，调研红星大市场食品安全工作。（文妍霞）

【雨花区食品安全管理示范农贸市场创建工作】2017 年 9 月 20 日，雨花区食品安全管理示范农贸市场创建工作会议召开，区政府副区长易静，区食药监局、区城管执法局、区工商分局、各街道（镇）相关负责人，五一市场、活力市场等农贸市场负责人参加会议。会上，区食药监局生产流通科科长刘建光介绍示范农贸市场的创建目标和标准，明确相关部门工作职责，对创建的步骤和要求进行讲解。区工商分局、区城管执法局相关负责人表示将严格对照标准，抓好落实。各街道（镇）分管负责人提出示范农贸市场创建工作的建议和意见。易静要求，要提高认识；要明确责任；要明确标准，要按照整洁亮丽、规范有序、质量可靠、服务一流的标准打造示范农贸市场；要明确奖惩。为推进雨花区食品安全城市示范创建工作，雨花区试点打造侯家塘街道活力生鲜农贸市场、东山街道黎托农贸市场、高桥街道五一农贸市场、砂子塘街道砂子塘生鲜市场、左家塘街道赤新农贸市场五个示范农贸市场，逐步向全区市场进行推广。9 月 27 日，区委副书记、区长刘素月，易静对圭塘街道万科鲜开心农贸市场和东山街道曲塘路黎托农贸市场示范创建工作进行督查指导，区食药监局、区工商分局以及圭塘街道、东山街道相关负责人陪同。刘素月一行到圭塘街道万科鲜活新开鲜生鲜市场、东山街道曲塘路黎托市场实地查看农贸市场现场情况，听取街道和市场负责人农贸市场示范创建的汇报，并根据相关问题提出指导意见。易静指出，要打造亮点，完成快检室的高标准建设；要落实责任；要严格标准，对农贸市场实行规范化管理。刘素月强调，要加快市场更新换代的步伐，彻底扭转市场设施陈旧，功能不全，管理难度大的被动局面，强化市场功能，提高管理水平；要建立健全市场管理的长效机制，实现农贸市场常态化运行管理，将示范农贸市场建设打造为雨花区食品安全工作亮点。10 月 9 日，区食药监局党组副书记、副局长王强，副局长李海舟对圭塘万科鲜开心农贸市场的建设情况进行督查。在实地查看现场情况并听取农贸市场示范创建的汇报后，督查组指出农贸市场要以“保供应，保物价，保安全”为导向，按照“地不湿、无异味、菜安全、价公道、计量准、可休息”的标准，为老百姓提供放心、舒心、称心的“菜篮子”服务；在后期的改造中，要合理规划布局，加快设施改造，推进农贸市场的软硬件升级建，要建章立制，全面完善农贸市场长效管理机制。（文妍霞）

【执业药师大讲堂活动】 2017 年 10 月 11 日，长沙市 2017 年“安全用药月”启动仪式暨执业药师大讲堂“安全用药 共享健康”活动在区治大院会议中心举行。市食药监局党组书记、局长郭塨，市食药监局党组成员、副局长钟卫，区政府副区长易静，各区县（市）局、高新分局分管负责人活动，市、区（县）食药监系统干部职工、益丰大药房连锁股份有限公司职工代表、雨花区街道卫生服务中心代表、社区居民代表参加活动。活动由市食药监局副局长罗昶主持。易静指出，雨花区将以打造“健康雨花 幸福雨花”为整体目标，贯彻落实“将健康融入所有政策”策略，向广大市民宣传和普及安全用药理念和实用知识，推动家庭重视、关注药品安全，推进“国家健康促进区”创建，助力“健康雨花”建设。钟卫要求强化监管措施和手段，夯实基层基础，探索创新监管模式。郭塨宣布 2017 年长沙市“安全用药月”正式启动。湘雅附一临床药师杨瑞现场普及用药知识，从高血压并发症和治疗方法，降压药物服用的常见问题，特殊人群的降压治疗，以及抗血栓药物、抗心绞痛药物、降脂药物的合理使用等方面做讲解，倡导公众安全用药、合理用药。

（文妍霞）

【雨花区食品生产加工企业大会】 2017年11月10日，雨花区食品生产加工企业暨食品安全知识培训会议召开，区政府副区长易静、市食药监局生产处副处长周新悌，区食药监局相关负责人，各食药监所所长，雨花区生产加工企业、食品加工小作坊、豆制品生产加工基地负责人及食品安全管理员参加。会上，区食药监局党组书记、局长韩哲介绍区食药监局分管生产线的部门情况，说明企业健全完善、认真落实各项监管制度和措施的重要性，要求各食品生产加工企业落实好安全生产主体责任。区食药监局副局长李海舟介绍雨花区食药监局的基本情况和生产加工企业的现状，要求严格按照标准组织生产，提高食品质量安全保障能力。易静指出，各食品生产加工企业要增强责任意识、良心意识、法律意识、管理意识、红线意识；要从保障消费者生命健康安全的大局出发；要懂法学法；要站在自身发展需要和维护市场秩序的高度，，共同努力构建公平公正、安全和谐的食品消费环境。食品生产加工企业代表表态发言，各食品生产加工企业负责人向区食药监局递交食品安全承诺书。周新悌为参会人员进行食品安全知识培训，主要从食安创建工作形势、生产加工企业存在的问题、以及如何落实企业主体责任、实施良好行为规范等方面进行讲解。

（文妍霞）

2017年11月10日，雨花区食品生产加工企业大会 （文妍霞/提供）

商务·旅游·服务业

商　务

【概况】　雨花区商务和旅游局（简称“区商旅局”）为区政府工作部门。内设办公室、商业贸易科、外经外贸科、招商科、重点招商项目服务科5个职能科室，下设1个二级机构商业旅游办（加挂雨花区投资促进中心牌子）。核定编制17名，全体在职干部职工数28人，其中雇员8人；退休2人。局内设立一个党支部，有党员18人，其中在职党员16人。办公地点设在雨花区人民政府机关大院1号楼。

2017年，区商旅局发挥部门职能，创新工作理念，强化工作举措，推进招商引资、商贸流通、外经外贸、旅游管理各项工作，以创新谋发展，以开放促崛起。2017年，全区完成实际到位外资6.91亿美元，同比增长8.53%。全区完成市外境内资金形成固定资产306.20亿元，同比增长13.04%。全区完成进出口总额10.52亿美元，同比增长11.21%。全区完成社会消费品零售总额693.28亿元，同比增长8.2 %。区商旅局获评2017年度开放型经济目标管理考核优秀单位。　（钟智敏）

【招商引资】　2017年，以高铁片区、红星片区、雅塘片区、跳马片区及经开区、物流园为重点片区，以科技金融业、现代物流业、高端服务业、先进制造业为重点产业，引导重点产业和大型企业向重点片区集聚。联合德思勤中国编制推出《雨花区“1+4”招商推介手册》和《开放雨花·梦想直达——六大重点片区，七大重点产业》项目简册。到北京、广州、杭州、上海、深圳等地走访考察启客集团、289文化创意产业园、第一商务控股等企业，达成合作意向和共识。策划包装推出长沙鼓风机厂物业“活化”暨文化创意产业园项目、梨子山棚改项目、省话剧团棚改项目、小林子冲棚改项目、众创空间和联合办公项目及特色小镇项目，邀请复地集团、富力集团等开发商到区考察洽谈。全年接待或考察中建、华润、万科、绿地、宝能、鲁能等重点企业和客商170余批次。2017年，全区重点招商引资项目581个，其中100亿以上项目3个（世界500强企业华润置地签约投资500亿元推进红星“城市双修”；世界500强企业中国建筑集团签约投资500亿元实施跳马绿心两型保护、发展全域旅游；华夏幸福签约投资300亿元打造清泉生态健康小镇）；20亿~50亿元项目1个（世界500强企业中国电建集团投资20亿元进行雨花电商产业园建设）。落地项目和企业544个，重点在谈项目37个，签约总投资1400亿元。一批世界500强企业和项目如沃尔玛山姆会员店、交银康联、上海二十冶、中国有色金属长沙勘测院、爱奇艺湖南一起看等公司落地。普洛斯、宝湾物流、万科物流、唯品会等大型仓储物流项目实现开工和签约；平安普惠、恒丰银行等金融企业成功落户；沃尔玛山姆会员店、天虹百货、保利MALL等商业综合体顺利开业；泰达机器人等一批智能制造企业在雨花经开区运营。加快推进周大生、永清环保、长方东旭等项目开工。打造雨花区创新创意中心，建设中国（长沙）创新设计产业园、飞马旅 & 德思勤长沙创业基地、夸克仓库等一批创业孵化基地；华为、阿里、东方麦田等 164 个创业团队成功入驻雨花。组建成立区投资促进中心，配备中高级招商引资专业人才 3 名。该中心的成立对建立全区投资促进信息网络、加强与境内外客商接洽、加大政策与信息宣传、推介投资环境、精准开展项目对接等方面发挥作用。组织参加 2017 年湖南“港洽周”、央企湘企“一带一路”产能合作对接会、2017 湖南经济合作洽谈会暨第八届湘商大会、第十三届湘台经贸合作会等省、市大型招商引资活动；自主举办“长沙楼宇经济高峰论坛暨雨花区重点项目签约仪式”“城市更新专题招商沙龙”等大型招商引资活动；促成华润红星片区城市双修项目、长沙市跳马生态片区两型保护与发展项目、毕马威长沙分公司项目、丰彩好润佳物流基地项目、万科物流项目等签约项目 10 余个，为全区招商触角的延伸、招商方式的创新以及招商服务的提升注入了新的力量。全区商务商业楼宇总去库存量 38 万平方米。其中，爱奇艺一起看、利安人寿保险股份有限公司、华夏在线保险代理服务有限公司、交银康联人寿保险有限公司等均在雨花区设立湖南分公司，北海石基信息科技有限公司设立长沙分公司，上海二十冶建设有限公司成立华中分公司，湖南省福利彩票发行中心成功落户。（钟智敏）

【商贸流通】 2017 年，区商旅局以民生为重点、以市场转型为方向，以“合理布局新建一批、就地提质改造一批、关停拆迁取缔一批”为目标，启动为期三年的建设人民满意农贸市场工作。该项工作自 8 月份开展以来，组织相关部门到长沙县、益阳市等地考察学习农贸市场管理先进经验，区委书记张敏，区委副书记、区长刘素月等多次主持召开区委常委会议、区政府常务会议、区长办公会议等会议专题研究全区农贸市场建设及提质改造工作，区政府出台《雨花区建设人民满意农贸市场三年行动计划（2018—2020 年）》《雨花区示范社区菜店建设标准、管理规范及奖励办法》等规范性文件。组织召开全区动员部署大会，各成员单位向区政府递交工作责任书，明确三年工作目标，细化责任分工。成立建设人民满意农贸市场工作领导小组和建设工作指挥部，统筹推进人民满意农贸市场建设工作。高桥大市场迁建和提质改造任务全面有序完成，市场片区周边的东进路、桂友路、民主路、石坝路华雅段等多条断头路顺利拉通。由区财政投入 1.8 亿元对原高桥物流市场和涟源百货城、长沙茶市、高桥水暖器材城、高桥农副产品城、高桥商贸城、火焰大市场六大无主体市场的提质改造工作于 12 月全面竣工。高桥“国际农创园”项目商业门面统一集约率 80%。红星农副产品大市场迁建取得成效，项目一期市场交易区开工的 26 栋建筑全部封顶，招商中心完成建设和室内外装修，主体工程全面完工；项目二期全面启动集体土地拆迁工作。关闭杨家山、石马、天华家禽批发市场。打造“樱花消费节”“汽车消费节”“乐购雨花购物节”等旅游和消费节会品牌，开展区域综合性购物促销活动，使节会模式与市场化运作得到有效融合。鼓励发动各大企业自行推出有奖购物、折扣优惠等促销推广活动，刺激节日消费。10 月，保利 Mall、天虹 CC • Mall、旭辉 Mall 和沃尔玛山姆会员店的集中开业亮相。加快发展物流仓储建设，中国最大的物流基础设施服务商普洛斯（中国）实现开工，单层建设基本完成，双层库启动主体建设；宝湾物流项目完成一期和二期用地的供地与摘牌并启动项目主体建设。全区全年进入市商务局电子商务、服务外包与现代物流信息统计平台的电商企业 43 家，完成电子商务交易额 270 亿元，同比增长 60.7%。重点引进爱奇艺一起看，长沙至名电子商务有限公司、长沙雅丰电子科技有限公司等重点电商项目；举办“雨花区第二届电子商务发展论坛”等活动。

（钟智敏）

【外经外贸】 2017 年，省、市、区分别召开会议专题研究高桥大市场开展“市场采购”贸易方式试点各项工作，邀请商务部副部长傅自应、工商总局副局长甘霖、商务部外贸司促进处处长张利分别到高桥大市场指导调研，对“市场采购”贸易方式试点申报工作给予指导。“市场采购”贸易方式试点申报工作进入攻坚阶段，联网信息平台建设相关报批工作基本完成。鼓励企业拓宽对外贸易渠道，组织凯尔盛工业、湘佳金属、克明面业等区内重点外贸企业参加广州食博会、香港美食展、春秋广交会、汉诺威工业展等大型境内外展交会共100余场。高桥大市场在2017年“港洽周”期间在香港成功成立境外营销网点。2017年，中南勘测设计院、电力设计院等企业在境外工程业务量持续增长；中轻长沙工程、东一工贸等企业分别在越南、缅甸等地顺利成立分公司；齐鲁工贸成功开展海外并购项目。开展企业走访工作，对比亚迪、东一工贸、湘佳金属、佰仕达钢铁、中南设备成套等20余家外贸龙头企业进行走访和对接，组织召开重点外贸企业座谈会，及时了解掌握企业运营、销售情况，为企业健康发展排忧解难。组织企业开展外经贸专项发展资金、供给侧结构性改革资金、服务外包等资金申报，全年完成100余家企业共2560万元资金申报。通过组织开展“推进雨花区市场采购试点工作暨外贸政策宣讲会”“撸起袖子干外贸——推进雨花区市场采购试点工作暨‘旅游购物’通关业务培训会”“外贸业务培训会”等大型业务培训，积极宣讲雨花区外贸回稳向好等扶持政策。截至2017年12月底，雨花区有1251家进出口经营权备案企业，其中年度新增111家；进出口实绩企业375家，较上年度新增55家。（钟智敏）

【鲁能集团考察小组到雨花区实地考察】 2017年2月9日，鲁能集团考察小组一行赴雨花区实地考察，区委常委、区纪委书记、雅塘片区指挥部副指挥长王清政，区人大常委会副主任、雅塘片区指挥部副指挥长叶松等，以及雅塘片区指挥部、区商旅局、区城建投等相关领导参会。会上，播放“雨花飞梦”宣传片并专项推介雅塘片区基本情况、招商优势及重点地块等，双方就雅塘片区1号、2号地块信息深入探讨交流并进行实地考察。（钟智敏）

【“采购贸易”方式试点工作暨外贸政策宣讲会】 2017年2月15日，区商旅局在高桥大市场举办关于推进雨花区市场“采购贸易”方式试点工作暨外贸政策宣讲会。市出入境检验检疫局党组书记、局长葛军凯以及主要科室负责人，市商务局副局长汪东华，市口岸办主任王光辉，区政府办、区商旅局相关负责人，以及湖南高桥润川进口商品展示交易有限公司、湖南生意圈供应链有限公司、湖南欧易湘供应链有限公司、湖南智中供应链有限公司、长沙悠湘诱惑食品有限公司等高桥大市场的重点商户参加活动。会议主要就“旅游购物”“市场采购”贸易方式以及进口业务检验检疫政策进行宣讲和培训，并与广大外贸企业和商户进行互动交流，区政府、市商务局、口岸办相关负责人就推进高桥园区外贸工作提出意见建议。2017年，雨花区重点抓公共服务平台建设，探索完善海关、检验检疫、税务、外汇、工商五大配套政策，建设集质量安全、公共预警、知识产权保护等于一体的市场综合服务平台，抓好联网信息平台建设，抓好相关政策体系实施，推进“市场采购”贸易方式试点申报落地。

（钟智敏）

2017年2月15日，雨花区推进市场采购试点工作暨外贸政策宣讲会 （魏琦/摄）

【外贸发展重点企业访谈会】 2017年3月14日，区商旅游召开“服务重点企业，推动外贸发展——雨花区外贸发展重点企业访谈会”，访谈会由区商旅游副局长宁丽主持，邀请湖南高桥大市场、科源医疗器材销售有限公司、古堤茶叶有限公司等重点外贸企业代表以及中国农业银行股份有限公司湖南省分行营业部国际业务部的相关人员参加。会上，各企业代表就各自 2016 年的外贸情况进行总结分析，对 2017 年外贸整体形势作预估和研判，明确 2017 年进出口的目标和举措，提出企业发展中需政府协调解决的问题以及对区级外贸发展政策的意见和建议，区商旅游就部分企业反映的问题作现场解答。邀请农行工作人员对中小微外贸企业出口融资无抵押式担保以及 " 湘贷汇 " 等业务进行讲解，为企业提供解决进出口业务中信贷和资金流动等难题的途径。（钟智敏）

【海关业务培训会】 2017 年 4 月 7 日，为推进高桥大市场“旅游购物”业务开展和“市场采购”试点申报，由星沙海关主办，区商旅局、湖南高桥大市场股份有限公司承办的“关于推进雨花区市场采购试点工作暨通关业务培训会”在高桥国际商品展示贸易中心盛大举行。星沙海关业务科室负责人、市商务局、区政府及区商旅局相关负责人以及高桥大市场主要负责人、高桥园区外贸平台企业、园区外贸商户等共计 200 余人参加活动。培训会主要就“旅游购物”“市场采购”贸易方式通关实际操作以及海关通关便利政策进行培训和讲解，并与广大园区外贸企业和商户进行互动交流。星沙海关、市商务局、区政府相关负责人就推进雨花、推进高桥外贸工作提出意见建议，推动雨花区外贸发展，为 2017 年雨花区“旅游购物”贸易方式全面拓展和“市场采购”贸易方式的成功申报打下基础。（钟智敏）

【肉菜追溯体系建设调度及业务培训会】 2017 年 4 月 13 日，“科技追根溯源，保障‘舌尖上的安全’”暨肉菜追溯体系建设调度及业务培训在区会议中心举行。市商务局市场秩序处副处长彭友良，相关街道、区内大型连锁超市、标准化农贸市场、名牌餐饮企业、区直管学校等单位相关负责人参会。区商旅局党组副书记、副局长李泽友主持。会上，区商旅局通报肉菜流通追溯体系开展情况。中软件公司技术人员就肉菜追溯建设情况、数据上传情况及设备运行和维护工作进行讲解和培训。九洲公司体表就电子溯源秤的使用及维护进行现场授课。各街道、各节点单位负责人就肉菜追溯运行中的容易遇到的问题和难点进行发言与表态，区级承建公司湖南亿盛公司技术人员就下步节点巡检工作谈安排和想法。最后市商务局市场秩序处副处长彭友良就系统下步运行和维护以及职能的顺利移交做指导。会议要求：一是要高度重视，要加强对追溯体系的运维管理，发挥肉菜流通追溯体系来源可追溯、去向可查证、责任可追究的作用；二是做好追溯设备基础台账，建立长效管理机制；三是加强各节点的联系，做到对全区肉菜追溯情况心中有数；四是中软公司、九洲公司和亿盛公司三家要加强对肉菜追溯各节点巡检并现场指导，确保系统正常运行；五是各街道要对辖区追溯节点加强督促管理，确保系统运行和传送追溯数据。（钟智敏）

【启迪控股股份有限公司、中国长城科技集团考察武广片区项目】 2017 年 4 月 28 日，启迪控股常务副总裁、启迪科服集团董事长兼总裁、启迪古汉集团董事长王书贵，中国长城科技集团股份有限公司高级副总裁戴湘桃一行到雨花区考察武广片区项目，省科技厅副厅长朱皖，市政协副主席段安娜，区委书记张敏，区委副书记、区长刘素月，区商旅局、区征地办、东山街道等相关负责人陪同考察。王书贵一行考察高铁新城片区，对雨花区高铁新城武广片区的产业规划、发展定位等方面给予高度评价，在座谈会上介绍启迪控股和中国电子高铁科创走廊产业新城合作开发方案，希望可以就该项目与雨花区开展深度合作。（钟智敏）

【产业政策调整意见征询会】 2017 年 5 月 9 日，区商旅局、区发改局、区工商联联合组织召开雨花区产业政策调整意见征询会，区直相关部门负责人及旅游、地产、物流、电商等企业界代表 30 余人参加会议。区商旅局副局长周彬主持会议，向与会企业界代表介绍该次产业政策调整的背景、意义及相关要求和具体举措。在企业代表发言环节，来自世界500强的全球仓储物流领军企业普洛斯湖南地区负责人表示，相关政策要对细分行业的技术指标和认定标准进行科学合理的界定，提高政策的可行性和落地性；湖南贝贝熊孕婴连锁商业有限公司负责人认为，政策要对各行业和产业进行平衡；高桥和红星两大商贸流通市场的相关负责人将雨花区与先进地区进行政策对比，对进出口贸易、商贸物流及提质改造等专项补贴提出意见和建议；华润置地有限公司、通程集团、恒丰银行湖南分行、中惠旅智慧景区管理股份有限公司、湖南新康辉国际旅行社有限公司等企业分别结合自身企业和行业发展特点与需求提出意见。该次意见征询会搭建政府与企业沟通交流的平台，倾听和凝聚各界企业的意见与力量，征集的相关意见和建议可为全区产业政策调整提供重要依据和参考。（钟智敏）

【傅自应考察高桥大市场】 2017年6月7日，商务部国际贸易谈判代表兼副部长傅自应以及商务部相关负责人一行考察高桥大市场，省政府副省长何报翔，省商务厅厅长徐湘平，市政府副市长邱继兴，区委副书记、区长刘素月等省、市、区领导陪同考察。傅自应对高桥大市场的发展情况进行了高度肯定，对高桥大市场建设“中部国际采购中心”和开展“市场采购”贸易方式试点工作给予指导。傅自应调研嘉美、新百悦、中山厨具等多家高桥大市场外贸重点商户，了解高桥商户的外贸开展情况；分析国际形势，鼓励高桥大市场根据国内外有益环境，抓住机遇，做好市场建设工作的同时，带领更多的企业“走出去”。（钟智敏）

【金地商置集团赴雨花区考察鼓风机厂项目和雅塘片区】 2017年7月5日，金地商置集团资本总监孙李军率领集团旗下启客商务咨询（上海）有限公司和广电地产（长沙）公司负责人一行到雨花区考察，区政府副区长张良欣，区商旅局、区棚改办、区文产办、雅塘片区三年改造指挥部、雨花亭街道等相关区直部门、街道负责人参加考察。金地商置集团一行考察鼓风机厂项目和雅塘片区1号、2号地块，查看项目情况，对两个项目的产业规划、发展定位等方面给予肯定，表达明确的投资意向。座谈会上，区商务局、区棚改办、区雅塘片区三年改造指挥部等相关部门介绍鼓风机厂和雅塘片区的具体情况。金地商置集团相关负责人介绍金地商置集团、启客和广电地产的发展情况和投资的项目情况，表示希望能与雨花区在城市开发建设、创意产业园区开发等方面进行深入合作。张良欣对金地商置明确下段工作计划和相关部门工作责任，确保项目加速推进。（钟智敏）

2017年7月5日，金地商置集团赴雨花区考察鼓风机厂项目和雅塘片区（魏琦／摄）

【中兴网信科技有限公司到雨花区考察健康医疗产业项目】 2017年7月20日，深圳中兴网信科技有限公司副总裁罗英群、湖南中兴网信科技有限公司总经理郎海等一行到雨花区考察，区委副书记、区长刘素月，雨花经开区党工委副书记、管委会主任李国军，区政府副区长张良欣等，以及区商旅局参加考察。罗英群一行对雨花区以及雨花经开区的产业规划、发展定位等方面给予肯定，介绍中兴健康医疗大数据产业基地情况，希望可以就该项目与雨花区开展深度合作。刘素月介绍雨花区域发展情况，要求雨花经开区会同区卫生、民政、商务等部门积极对接，主动服务项目后续工作。（钟智敏）

【十二届全国人大代表长沙小组调研高桥大市场】 2017年8月21日，十二届全国人大代表长沙小组一行调研高桥大市场融入“一带一路”建设情况。

区委副书记、区长刘素月，区人大常委会主任龚景顺、区政府副区长张良欣，湖南高桥大市场股份有限公司董事长罗映红、副董事长刘金华、总经理罗晓陪同。十二届全国人大代表长沙小组详细调研高桥国际商品展示贸易中心，在各个国家和区域馆内了解进口商品货源、展馆运营、销售代理的相关情况；观看高桥大市场融入“一带一路”建设的专题汇报片，对高桥大市场开展提质改造和转型升级，申报市场采购贸易方式试点市场和努力提升市场外向度的成果表示肯定。高桥大市场响应“一带一路”倡议，坚持以“内贸促进外贸、进口带动出口”的思路促进外贸发展；积极申报市场采购贸易方式试点市场，构建多渠道国际采购商拓展网络。高桥大市场每年来访国际采购商达 1 万余人，常驻国际采购商 300 余人，与 40 余个国家和地区的政府、协会和企业建立合作关系。（钟智敏）

【雨花区重点项目签约仪式】 2017 年 9 月 12 日，2017 年长沙楼宇经济高峰论坛暨雨花区重点项目签约仪式活动在长沙（运达中央广场瑞吉酒店）举行。市政府副市长邱继兴，市政府副秘书长王体泽，市商务局局长高伟，区委书记张敏，区委副书记、区长刘素月，区政府副区长张良欣，部分区直单位、街道的主要负责人，以及 100 余家大型企业、跨国集团和商会协会代表，包括毕马威在内的 10 余位重大招商项目代表和签约企业代表共 200 余人参加活动。会议由刘素月主持。会议在雨花形象宣传片《开放雨花，梦想直达》中拉开序幕。张敏表示，雨花区将以更加现代、开放的眼光，更加全面、优质的服务，更加高效、务实的政务环境，打造更加广阔的发展平台，与企业界携手共进。张良欣简要介绍雨花区区情以及雨花区重点楼宇项目推介情况，重点以雨花片区商圈为核心，推介运达中央广场、万博汇世界商会中心、德思勤城市广场等具有代表性的高端商务楼宇，并就 2017 年开展的楼宇竞赛活动、楼宇去库存情况进行说明。万博汇表达对投资雨花的信心和决心。享受国务院政府特殊津贴专家、湖南省重大决策咨询智囊团专家、经济学教授、博士生导师刘茂松作《长沙楼宇发展态势》的演讲。毕马威中国长沙分所、裕天万达城、中国有色金属长沙勘察设计研究院有限公司、丰彩好润佳产业物流项目、爱奇艺线下体验中心、西南证券湖南分公司、湖南昌言律师事务所等产业项目和现代服务业项目在会上签约。邱继兴对雨花区的招商工作给予肯定并提出建议，希望通过该次交流会，增进各界对长沙市以及雨花区的了解，加深友谊、加强合作，扩大双方在各个领域的交流与合作。（钟智敏）

【区商旅局与戴德梁行签订合作协议】 2017 年 9 月 28 日，区商旅局与戴德梁行房地产顾问有限公司签订战略合作协议。区商旅局党组书记、局长舒畅，副局长周彬，戴德梁行房地产顾问（武汉）有限公司长沙分公司董事、副总经理文学，企业服务部高级经理黄凯等相关负责人参加签约仪式。 签约仪式上，双方就招商引资工作进行座谈交流，文学表示，戴德梁行作为全球领先的房地产服务运营商，将充分发挥自身的专业服务、资源平台及全球网络等优势，全方位的服务雨花区的招商引资尤其是不动产领域的国际化合作。舒畅认为，双方的合作可以最大程度的实现资源共享、互利共赢，更好地策划和推广重点招商引资项目。该次合作作为雨

2017 年 9 月 28 日，区商旅局与戴德梁行房地产顾问有限公司签订战略合作协议（魏琦／摄）

花区探索代理招商、中介招商、委托招商等新形式的重要举措，有利于发挥专业机构的平台和资源优势，在更大范围、更广领域、更高层次宣传和推广雨花区社会经济发展资源，吸引国内外大型战略投资者选址落户和投资兴业。戴德梁行是全球领先的房地产服务运营商，为客户提供多元化的服务，以满足人们办公，购物及居住方面的需求。其在大中华区设有20家分公司。其核心服务包括租赁代理，资产服务，资本市场、设施服务、环球企业服务、投资管理、项目及开发服务、租户代表、以及估价及顾问服务。戴德梁行遍布全球60余个国家的4.3万名员工为世界各地的租户和投资者提供服务。

（钟智敏）

【第五届英国精品购物节暨高桥进口商品展销会】 2017年10月26–30日，第五届英国精品购物节暨高桥进口商品展销会在高桥大市场举行。该次购物节旨在把长沙消费者心中的“高品质”和“英国精品”联系起来，让长沙市民“一站式”体验来自英国的吃穿住行各领域的品牌文化。省商务厅厅长徐湘平、英中贸易协会零售行业总监平萍、市政府副秘书长王体泽等参加开幕式。该次活动展览面积2700平方米，同步举行2017高桥进口商品展销会。英中企业商贸对接会让中英企业现场交流，促进产销对接。购物节现场共有50个英国本土品牌参展，展品类别近20种，涵盖汽车、箱包、服饰、母婴、食品、日常护理用品等类别，包括皇室高端御用品牌如Royal Premier、Scarlet & Argent、Di Palomo等，还有“英国最受欢迎的饼干之一”的Go Ahead、被誉为“最纯、最真的巧克力”love cocoa等进口食品品牌。购物节除英国本土品牌的展示，长沙高桥大市场国际商品展示贸易中心的11个国际商品展示馆，来自46个国家的红酒、果汁饮料、休闲食品、乳制品、日化护肤品等数千种商品也同步在现场展示销售，为消费者带来更多选择。活动期间，现场有多场活动，英式名车展在户外展示Mini等四大品牌的新款车型，同时邀请消费者现场进行驾乘体验；英伦方式生活俱乐部展示英国高端生活用品品牌，消费者可现场体验；外籍乐队演绎披头士经典曲目，穿插魔术、舞蹈等内容。 （钟智敏）

【刘素月会见马铭泽】 2017年11月9日，区委副书记、区长刘素月，区政府副区长张良欣等在区治大院1号楼会见当当文化产业公司董事长马铭泽一行，就当当文智产业综合体项目进行洽谈。区政府办、区商务和旅游局、区城建投、区电商物流园等相关部门负责人陪同会见。马铭泽介绍，将整合当当旗下产业总部、实体书店与文化产业资源，打造产业、商业和城市文化功能多元融合的“华中文化创智产业集中区”，引入“当当阅界生活”O2O书城全国旗舰店，表示希望能借助雨花区大力发展文化创意产业的政策环境支持，将该项目打造成长沙引以为傲的文化地标与城市名片。刘素月介绍雨花的区域发展情况，要求城建投、物流园、商务等部门与该项目进行对接，服务项目的后续工作，区政府将会在扶植政策、项目服务等方面给予支持。

（钟智敏）

【2017雨花区购物节】 2017年11月11日，“乐购雨花 福满星城”2017雨花区购物节在保利Mall开幕。该次活动由区商旅局主办，黎托街道办事处、保利Mall承办。该届购物节从11月11日持续到

2017年11月11日，“乐购雨花 · 福满星城”2017雨花区购物节启幕 （魏琦／摄）

12月28日，集休闲、娱乐、美食、购物于一体。包含开闭幕式、“乐游乐购劳动路”“乐游乐购悠游小镇”“双11”同乐购、吉祥物征集、圣诞欢乐购等7个活动。购物节期间，通程万惠超市购物满减活动，通程百货圣诞大战，湖南首家“超级黑科技”超市天虹CC.Mall享受自助买单和自助收银机两种新型无现金、无收银员买单形式的全新体验等。活动组织6组亲子家庭沿劳动路游览8大时尚的商场；组织到圭塘河岸·悠游小镇，徜徉在海立方海洋公园、圭塘河滨水公园逛各大特色商家；征集“乐购雨花 福满星城”2017雨花区购物节吉祥物。

【“聚焦雨花‘戴’领城市更新”专题招商沙龙活动】 2017年11月29日，雨花区联合戴德梁行共同举办“聚焦雨花‘戴’领城市更新”专题招商沙龙活动，市投资促进局局长黄首平，区政府副区长张良欣，戴德梁行长沙分公司董事、副总经理文学，区商旅局副局长周彬及部分区直单位、街道的相关负责人参会。华润、万科、绿地、碧桂园、富力、融创等十余家500强企业应邀参会。活动由区商旅局局长舒畅主持。活动中张良欣指出，雨花区策划推出六大重点片区和七大重点产业，重点发力集中大规模片区产业招商，同时关注核心城区的单个项目招商，期待携手广大企业共同推进城市全面更新发展。戴德梁行策略咨询部主管易勇、上海投资咨询公司PPP研究中心副主任张彬结合城市更新的发展新趋势、新动态分别作《城市更新4.0》和《片区开发PPP实务操作研究》主题演讲。周彬现场推介雅塘片区、长沙鼓风机厂等5个重点城市更新项目，分享每个项目的特点、优势和合作条件等。黄首平肯定雨花区探索中介招商、代理招商等形式的做法和经验，邀请广大企业参与城市的片区开发和土地一二级联动开发。 文学表示，城市更新作为一个新兴的城市发展模式，正引领着新一轮的城市变革，不断提升着城市品质、生态环境、人文关怀和生活质量，戴德梁行将继续携手政府、企业、投融资机构搭建三方交流合作的招商引资平台。参会的企业嘉宾就城市更新模式及具体项目投资合作进行交流。 （钟智敏）

【张敏会见易鹏】 2017年12月8日，区委书记张敏会见北京盘古智库理事长易鹏一行，双方就区域产业发展规划、招商引资合作进行座谈交流，听取盘古智库关于建设“城市大脑”智慧综合体的项目介绍及《关于雨花区新发展十条实操建议》，双方就具体项目对接交换意见。盘古智库成立于2013年，是由中外知名学者共同组成，植根于中国的公共政策研究机构，是中联部金砖国家智库中方理事会成员和中联部“一带一路”智库合作联盟理事单位。 （钟智敏）

【2017东盟·湖南名优产品交易会在雨花区举行】 12月8—12日，2017东盟·湖南名优产品交易会雨花区。12月8日开幕式当天，马来西亚、泰国、老挝、越南、柬埔寨、印尼等东盟国家带着燕窝、乳胶枕头、红木家具、芒果干、菠萝干等几百种名、优、特产品参展亮相。与此同时，湖南省各市州也组织一批优质企业赴展，以全力推介各自的名优特产。该次交易会将分两大板块开展。一是展览展示版块，主展区在长沙红星国际会展中心一楼，内有东盟各国展馆、湖南省展馆，参展范围包括农副产品、高新技术及电子产品、工艺品、家居及日用品等。二是活动板块，包括启动仪式、主题活动考察、2017泛珠三角城市会展联盟（长沙）年会、东盟大礼包抽奖等系列活动。 （钟智敏）

【建设“人民满意农贸市场”工作动员大会】 2017年12月13日，区政府召开建设“人民满意农贸市场”工作动员大会，宣布将启动三年行动计划，对全区农贸市场进行建设和提质改造。会上，区政府表示将从改善购物环境、加强食品安全监督、提升市场品质等方面推进农贸市场“菜篮子”焕新颜。出台《雨花区建设“人民满意农贸市场”三年行动计划（2018—2020年）》，按照每年建设和改造10家左右的计划，分类分批推进；制定《雨花区示范社区菜店建设标准、管理规范及奖励办法》《雨花区农贸市场管理考核奖励办法》，打造布局合理、功能完善、管理规范、环境舒适的农产品市场供应体系。区委副书记、区长刘素月表示，建设好“人民满意农贸市场”是一项意义重大的惠民工程、德政工程，要坚持民生导向，盯紧满意目标，强化保障措施。（钟智敏）

旅游

【全域旅游】 2017年，区商旅局配合区全域旅游开发建设指挥部开展全域旅游工作，将跳马镇打造成为省级全域旅游示范镇。4月，长沙市雨花全域生态旅游开发有限责任公司注册成立，6月底与中国建筑签订战略框架协议后启动对跳马特色小镇的打造。邀请专家开展雨花区全域旅游专题讲座，深化对全域旅游的认知。指导育景山庄、天石山庄参与2017湖南首届“雨花杯”民宿设计创新创业大赛，为全域旅游民宿村项目建设打下基础。（钟智敏）

【旅游品牌与示范】 2017年，举办“省森林植物园樱花节”“石燕湖景区风车节”“泼水节”等旅游节会活动，其中，樱花节最高日接待量7万人次，实现旅游收入2000万元。通过2017年港澳青少年游学推广活动暨内地游学联盟大会，组织港澳青少年来雨花非遗馆游学。将龙骧“老长沙”臭片子打造为2017长沙市十大游客最喜爱的旅游商品。与《长沙晚报》《时代邮刊》等媒体在中国旅游日、国庆黄金周等节假日联合策划特色宣传方案。以“雨花交响”为主题，融合食住行游购娱六大旅游要素，拍摄雨花区旅游宣传片。制作雨花旅游地图，挖掘、整合、扶持、打造雨花经开区工业旅游资源、跳马镇生态旅游资源，策划雨花区一日游、二日游精品旅游路线。成功将天石山庄创建为五星级乡村旅游区（点），将雨花非遗馆创建为市级文化旅游示范基地，将比亚迪创建为市级工业旅游精品示范基地，将创新设计产业园创建为市级中小学研学旅行创建基地，将沙湾公园创建为市级体育旅游示范基地。组织考察兄弟区县工业旅游项目。（钟智敏）

【旅游规划与监管】 2017年，督促省植物园、石燕湖景区对照AAAA级景区标准进行硬件、软件升级提质。邀请专家对石燕湖景区全体员工进行服务质量培训，培训后4个月内景区保持“12301”平台零投诉。联合市旅游局、相关区直部门多次对等级景区安全生产隐患开展现场督察，确保安全零事故。响应旅游“厕所革命”号召，完成对全区23座旅游厕所的质量等级评定工作，提升旅游环境质量。（钟智敏）

【“旅游购物”国税实施细则研讨会】 2017年6月27日，由区国税局组织召开湖南高桥大市场“旅游购物”实施细则研讨会。市国税局、区国税局相关职能科室、区商旅局负责人，湖南高桥大市场股份有限公司、经认定为“旅游购物贸易经营者”的三家高桥园区平台公司：湖南高桥润川进出口商品展示交易有限公司、湖南生易圈供应链有限公司、湖南美达供应链有限公司业务和财务负责人参加研讨会。会上，参与单位就美达和高桥润川两家公司2016年度“旅游购物”出口业务免税收入申报逾期的问题和制订国税系统“旅游购物”操作细则的问题进行讨论。（钟智敏）

【国庆、中秋两节期间旅游】 2017年国庆、中秋两节期间，湖南省森林植物园、长沙市石燕湖生态旅游景区、雨花非遗馆等企业开展向日葵展、泼水节、中秋大联欢。两节期间，同升湖山庄可出租客房数1800间，实际出租客房数719间，出租率39.94%；金叶神农酒店可出租客房数976间，实际出租客房数766间，出租率78.4%。新康辉旅行社累计接待团队数18个，共995人，累计组团数40个，共2007人。两节期间，辖区内湖南省森林植物园策划向日葵主题花展，实现旅游总收入50.3万元，同比增长6.34%，接待游客2.23万人次，同比增长7.21%；长沙市石燕湖生态旅游景区策划泼水节

等主题活动，实现旅游总收入200万元，同比增长25%，接待游客2万人次，同比增长15%。（钟智敏）

现代服务业

【概况】 长沙市雨花区现代服务业发展办公室（简称“区现代服务业办”）是由雨花区人民政府主管的正科级事业单位，主要职责是负责雨花区打造中国中部现代服务业中心和国家级示范基地培育各项工作，具体包括现代服务业规划编制、服务平台打造、政策制定、举办各类现代服务业推介会、负责引进和培育以现代物流业、电子商务业、金融服务业、专业服务业、会展服务业、服务外包业等为代表的现代服务业企业。2017年，机构编制5名，其中领导职数2名。根据定编6名以下不设内设机构的原则，区现代服务办不设内设机构。党员3人。办公地点设在区治大院1号楼。

2017年，区现代服务业办顺应经济发展新常态，以转型创新发展为主线，采取跨部门联动协同机制，贴近现代服务业发展需求，全力以赴优化营商环境，激发雨花区现代服务业企业经营活力。雨花区的长沙研发设计服务集聚区、高桥大市场现代服务业集聚区等项目成功获批长沙市现代服务业示范集聚区。（夏　娟）

【政策体系构建】 2017年，深化对《长沙市服务业发展综合考核办法》和《〈长沙市服务业发展综合考核办法〉2017年度补充规定》的研究，细化考核重点、配套评价标准，出台《2017年雨花区现代服务业发展综合考核实施细则》，明确考核范围及统计数据口径；制定全区服务业发展综合考核系统责任分解体系，并形成统计数据填报规范标准。每月收集、汇总、分析各街道（镇）考核指标完成情况，每季度组织服务业考核责任单位召开考核指标调度会。与区发改局、区统计局等有关单位多次上门与中烟投资、博瑞新特药、省交水建集团、城际铁路、长沙广电等大型服务业企业对接，协商月度新增“四上”服务业单位入框等事宜。区现代服务业办立足构建国家中心城市新格局，对接《长沙市“十三五”现代服务业发展规划》，结合区划调整，完成现代服务业发展规划修编工作。重点对高铁新城片区、红星商圈、雅塘片区、跳马片区等区域调研分析，提出规划方案。（夏　娟）

【现代服务业数据库】 2017年年初，雨花区开始着手数据库升级工作。收集各街道（镇）关于数据库升级的意见，反复多次与软件开发公司沟通数据库升级的升级方向和实施方案。采用政府购买方式，与软件开发公司明确项目实施进度安排，形成周反馈联动机制，顺利完成数据库升级。（夏　娟）

【现代服务业重点项目（楼宇）】 2017年，雨花区有20个项目纳入第一至第五批国家级现代服务业综合试点，其中，10个重点项目，9个一般项目，1个储备项目。各项目进展顺利，年底综合试点全面收官。育成“互联网+”物流园等9个服务业重点项目，涵盖商贸物流、文化创意等八大领域；湖南商会大厦等11栋服务业重点楼宇，主导现代金融、商贸商务等多个产业。打造顺天国际金融中心等13栋现代服务业示范楼宇，承载平安人寿、中原地产等涉及现代金融、专业服务等关键领域企业873家。（夏　娟）

【争取市级现代服务业引导资金】 2017年，雨花区有21个项目申报2017年度长沙市现代服务业引导专项资金，经过区现代服务办与区发改局负责对申报单位的申报材料进行初审和现场勘查，按市发改委要求，推荐爱尚通程O2O微商城平台建设项目等8个项目为2017年度长沙市现代服务业引导专项资金项目。市发改委对市级现代服务业引导资金扶持结果进行公布，雨花区8个项目全部获得资金扶持，扶持金额180万元。（夏　娟）

【全区现代服务业数据库系统操作培训】 2017年5月5日，区现代服务业办组织召开全区现代服务业数据库系统操作培训，各街道（镇）服务业专干参加培训。会上，区现代服务业发展办副主任对数据库的录入提出具体要求，强调录入信息的准确性、及时性和全面性，指出数据库工作将纳入对街道（镇）的工作考核，并且将不定期对各街道（镇）数据库录入情况进行现场督察。数据库研发工程师就系统各项功能及操作演示进行讲解。参与培训的专干结合各辖区的实际情况，就使用过程中出现的具体问题和信息录入过程中遇到的困难与工程师进行探讨、交流，对下一阶段数据库升级改版提出意见。雨花区现代服务业数据库一期于2015年研发并投入使用，2017年雨花区在一期的基础上对数据库进行升级改版，采用信息化的分析工具进行统计、分析和评估，科学地、客观地分析服务业各行业发展的主要特点，细致准确地评估各行业对地区经济的影响。 （夏　娟）

【2017年雨花区服务业发展综合考核指标培训会】2017年6月8日，区现代服务业办组织召开2017年雨花区服务业发展综合考核指标培训会，区各服务业重点产业牵头部门负责人和各街道（镇）的经济办主任和服务业专干参加培训会上，区统计局副局长韩彬彬从现代服务业的重要组成、“四上”服务业的精准划分到各考核指标的构成进行讲解，强调营利性服务业营业收入绩效考核指标的重要性。区发改局有关业务科长对各街道（镇）考核指标如何打分、在操作层面如何计算等做解释，并希望各街道（镇）相关负责人对辖区内楼宇商铺应多走访、多了解，尽早发现新企业现状、更新老企业数据，确保政策制定的依据真实可靠。区现代服务业发展办主任万多对2017年市对区服务业发展考核的重要性做强调。各参会人员表示认真对待此次考核，及时了解辖区内企业的详细情况，做好入库、入框工作。 （夏　娟）

工业和信息化

【概况】 雨花区经济和信息化局（简称“区经信局”）为区政府直属事业单位，主要负责全区工业经济以及信息化工作，承担对规模以上工业和信息化企业的管理职能。内设办公室、经济运行科、企业服务科、工业节能科、区改制分离办，二级机构为中小企业服务办公室〔含区改革改制事业单位退休人员管理办公室（退管办）〕。区经信局有事业编制13名（实有13人），其中二级机构中小企业服务办公室有编制4名（实有4人）。全局在职在编人员13人，其中中共党员10人。局退休人员12人，其中党员10人。雇员编制5名，有雇员5人，其中4名非党员。区经信局党委下辖8个支部，共75位党员。办公地点设在雨花区人民政府机关大院2号楼。

2017年，区经信局助推产业转型升级、拓宽开放创新平台、优化区域营商环境等重点工作，完成目标任务。2017年，含中烟，全区完成规模工业总产值1236.4亿元；含长烟，完成规模工业总产值643.48亿元，完成规模工业增加值277.54亿元；不含两烟，完成规模工业总产值410.26亿元，其中雨花经开区实现规模工业总产值377.41亿元。2017年，雨花区政府获2017年长沙市工业和信息化工作优秀单位称号。 （赵 佩）

【工业运行】 2017年，对园区、街镇辖区内规模工业企业运行情况加强监测，对重点企业工业运行情况实时了解，加强运行分析研判，把握运行趋势。发展培育新型产业，引导企业改造优化传统产业，以智能制造为主线，推动工业转型升级。推荐晓光模具、科达智能等企业申报工信部智能制造试点示范项目；对照《长沙建设国家智能制造中心三年行动计划（2017—2019）》，对区内项目进行摸底；组织企业参加每月一期的“2025智造学院专家讲堂”培训。雨花区列入市级智能制造试点示范企业有20家，其中园区内17家。加快工业机器人项目建设，推动形成支柱性产业。推荐长沙比亚迪汽车有限公司、长沙长泰智能装备有限公司、长沙迪沃科技有限公司、中机国际工程设计研究院等企业的重大项目申报省制造强省专项资金，省工业转型升级专项项目资金，省、市首台（套）重大技术装备认定及奖励、省军民融合产业发展等各级专项资金。重点引进挖掘和培育新的规模工业企业入规，为雨花区培育新的经济增长点。 （赵 佩）

【企业服务】 2017年，开展“星创同行·五彩雨花”——2017年双创嘉年华系列活动和“多层对接”活动，开展专题活动25场，同步举办经济论坛及工业企业专家行等主题活动，全年各类“双创”活动覆盖近千家中小微企业。由区经信局牵头，组织全区各中小微企业服务工作站、各创客空间，成立雨花区创业创新服务联盟，加强交流、整合资源、凝聚合力。2017年，完成高桥服务工作站、中国（长沙）创新设计产业园服务工作站、新城新世界服务工作站3家站点建设和验收认定工作，与各工作站点协同开展“雨花设计沙龙——2017 CES & 美国科技设计趋势”等系列服务主题活动45场。组织全区60余家工业和信息化企业开展2017年湖南省中小企业发展专项资金项目、2017年湖南省工业转型升级专项项目、2017年湖南省制造强省专项资金项目、2017年度湖南省产品创新奖等十余类项目申报工作，为雨花区工业和信息化类企业争取到国家省市扶植奖励补贴各类资金10.1亿元；兑现2016年区级贡献奖820万余元，2017年兑现近1000万元。（赵　佩）

【创业创新】　2017年，雨花区上新三板企业3家，上Q板企业4家，集聚创业创新平台企业和项目256个，营业收入1.27亿元，为区内带来税收5060.03万元，估值达近8亿元，接受社会各轮各类投资近2亿元，区政府直接投入的孵化器场地租金、运营资金、考核奖励1800万元。阿里巴巴创新中心（长沙雨花）获得“国家级众创空间”“湖南省优秀众创空间”“长沙市示范性创客空间”等多项称号；新世界夸克仓库原创设计创客空间进入2017中国国家级众创空间推荐名单，获得“湖南省省级众创空间”称号；D1设计工场众创空间获“湖南省省级众创空间”称号；时间的味道创客平台被授予国家文化消费试点合作单位；夸克仓库孵化器内“幻想家”自行车获德国工业设计红点奖。

（赵　佩）

【改制分离】　2017年，围绕深化国企改革，推进中央驻长企业“三供一业”分离移交工作。全年雨花区接到39家中央驻长企业79个生活小区“三供一业”分离移交任务，涉及年度考核任务的有29家企业51个生活小区，年度考核任务外的有10家企业28个生活小区。2017年，完成年度考核任务内的27家49个生活小区协议签订任务，签订率96%，完成市对区要求的95%的签订率考核指标；超额完成年度考核任务外6家企业18个生活小区协议签订工作。对72家市属企业三年过渡期物业管理补贴资金进行下拨，共计1263.12万元，落实市里资金下拨不少于70%的要求，达到73.6%，同步制定《雨花区企业办社会职能分离移交补贴资金使用管理规定》，规范资金使用。与市交通集团签订协议，完成市公交公司企业办社会职能分离移交的任务。开展国有企业退休人员社会化管理试点工作，制定《中南勘测设计院有限公司“三供一业”分离移交及退休人员社会化管理试点工作实施方案》，与中南院签订“企业退休人员社会化管理移交协议”。

（赵　佩）

【雨花区小微双创座谈会】　2017年2月23日，区经信局在区政府2号楼B117会议室组织召开雨花区小微双创工作座谈会。区中小微企业服务中心、区中小微企业服务工作站、辖区内创客空间相关负责人参与座谈。会上，各服务站点和创客空间就各自的平台特点和工作开展情况做介绍。阿里巴巴创新中心、亚马逊AWS联合孵化器作为全球两大互联网巨头，以互联网、科技创新为导向，整合国内外最前沿的技术支持及优质资源，帮助企业快速发展、走向国际化，中国（长沙）创新设计产业园聚集40余家工业设计、包装设计、旅游设计等优质创新设计团队。与会者对区创新创业工作领导小组办公室筹备的“创新改变生活、创业成就梦想”——2017五彩雨花嘉年华系列活动提出建议和意见。

（赵　佩）

【夸克仓库原创设计创客空间启动运营】　2017年4月7日，由香港新世界集团投资的创客空间——夸克仓库原创设计创客空间举行启动仪式暨雨花区中小企业服务·新城新世界工作站点授牌仪式。省文化厅文化产业处副处长何作利、市经信委副主任周双铠、香港特别行政区驻武汉经济贸易办事处驻湖南联络处副主任许斐娜、区政府副调研员肖集林等参加启动仪式。肖集林表示，以原创设计和手工艺为主题的创客空间，是对于消费升级这一巨大风口的呼应，对工匠精神的弘扬，是文化创意产业发展中不可或缺的支柱。夸克仓库原创设计创客空间的入驻团队超过13家，入驻的创业人员有大学生、

海外留学归国青年等。其中，“智能家居平台”4家核优居项目与上海一家广告公司达成融资意向，估值7200万元。（赵　佩）

2017年4月7日，夸克仓库原创设计创客空间启动运营（赵佩/提供）

【全区企业办社会职能分离移交工作会议】2017年6月2日，全区企业办社会职能分离移交工作会议召开，区政府副区长张良欣，市企改办督查部部长、市国资委改革处副处长彭亚辉等参加会议，彭亚辉肯定雨花区企业办社会职能分离移交工作，从增强信心、提高认识，加强组织、落实责任，强化举措、确保完成年度工作任务三个方面提出意见。张良欣强调，一要提高认识；二要明确工作任务，2017年的主要工作任务是中央驻长企业“三供一业”分离移交，国有企业退休人员社会化管理工作试点，市属企业办社会职能分离移交工作扫尾；三要强化责任。（赵　佩）

【雨花区开启“工业三十条”绿色通道】2017年7月17日，雨花区率全市之先启动运行“工业三十条”（《关于振兴长沙工业实体经济的若干意见》）咨询、办理绿色通道，在区政务服务大厅设立专门窗口，由雨花经开区、区经信局分别指派专人坐班，专门处理企业申报办理享受“工业三十条”优惠政策有关手续。窗口实行一口式当场受理和一站式全程办理的“1+1”服务模式，采取两头尖中间宽的橄榄型服务流程，当场受理属于“工业三十条”服务范围的工业企业申报事项、当场答复工业企业咨询事宜，全程办理工业企业申报事项，为企业减负，缩短办事流程，提高办事效率。在绿色通道开设8天内，为晓光模具争取到报建费减免82万元，使晓光模具成为全市第一家享受到工业30条新政红利的企业，全年为企业争取新政红利约300万元。

2017年7月17日，雨花区全市率先开设新政落地绿色通道窗口（赵佩/提供）

农业·林业·水利

综　　述

【概况】 长沙市雨花区农业林业水利局（简称“区农林水局”）为区人民政府工作部门，全额拨款行政单位，主要职能是负责全区农业、林业、水务、蔬菜、畜牧、水产、农村经营管理、农机、移民等方面的行政管理与相关技术服务、业务指导工作。内设办公室（行政审批科）、林业科（区森林防火指挥部办公室）、水利水建科（区防汛抗旱指挥部办公室）、畜牧水产科、农经科5个职能科室，以及6个局属二机机构、6个挂牌机构：雨花区动物卫生监督所、雨花区动物疫病预防控制中心、雨花区跳马镇动物防疫站、雨花区合丰堤委会、雨花区河道堤防管理站、雨花区河长制工作办公室、长善垸雨花堤委会、雨花区农机监理站、雨花区农业服务中心、雨花区林业站、石燕湖森林公园管理办公室、雨花区跳马电排站。核定编制90名，其中领导职数7名；全体在职干部职工数125人，其中引进人才2人，雇员4人，二级机构临聘人员44人；退休39人；党员68人，其中在职党员50人。办公地点设在区治大院内2号楼。

2017年，区农林水局赢得防汛抗旱工作的胜利，完成全区农业农村工作。获评全省农村集体“三资”管理工作先进单位、湖南省第四届家具博览会暨首届林业博览会“最佳组织奖”、全市抗洪救灾先进集体、2017年度长沙市林业工作绩效考核“先进单位”、长沙市2017年森林火灾应急预案演练先进单位等称号。（胡　靖）

【精准扶贫】 2017年，改善基础设施发展社会公共事业，发挥部门优势实施专项帮扶工程，开展驻村帮扶和“一对一”结对帮扶，帮助发展产业和解决就业。2017年，跳马镇原有的建档立卡贫困户444户，1257人中有394户，1175人在全国扶贫开发系统中标识脱贫。文化广场、卫生室、一站式办公房、居家养老中心等公共服务设施完成改造，新建一处200平方米垃圾分类回收站；提质改造村级、组级公路13千米；安装路灯3.2千米；推广近13.33公顷芦笋种植，发展20余户养蜂户；帮扶单位累计向贫困户投入帮扶物资及资金折合164.5万元，为400余户贫困户引导发展苗木、草皮种植及蜜蜂养殖；通过“三走访三签字”活动，解决贫困户子女就读、子女就业和贫困户就医等一批重点问题。区政府2017年投入近百万元，帮助新光社区新建40千伏安光伏发电站一座，可为社区每年增加4万元收入；拓宽村级道路5千米道路；疏浚河道3千米；美化、绿化、亮化移民安置小区；引进和发展邓豪、李雪战等2家专业合作社，加快土地流转，解决70余户贫困户劳动就业；易地搬迁集中安置22户，分散安置4户，危房改造11户；各帮扶单位帮扶资金累计约24.8万元。2017年，有62户，202人脱贫，实现贫困村摘帽。雨花区投入150万元帮助镇头镇重点实施浏阳河风光带三期恢复工程和金田小学建设。浏阳河风光带三期堤防加固工程基本扫尾；金田小学完成3公顷征地拆迁工作，进入招投标程序。浏阳河风光带四期完成项目设计。（胡　靖）

【美丽乡村建设】　2017年，以发展全域旅游为契机，以跳马镇石燕湖村、喜雨村、团然村、复兴村为示范创建点，通过办点示范、以点带面、以点扩面，全面铺开美丽乡村建设。在2017年度全市美丽乡村示范（特色）创建村考核中，区级试点的4个村均被评为一类村，其中，石燕湖村、喜雨村、复兴村成功纳入省级示范创建村；田心桥村成功纳入省农村人居环境整治重点村。（胡　靖）

【综合执法】　2017年，区农林水局加强与公安、工商、质检、食药监局、城管等部门的配合，强化农业领域综合执法。在农产品质量安全执法方面：立案查处违法案件10起，结案10起，移送公安机关2起。联合食药监、公安、工商、城管等部门开展打击生猪私屠滥宰联合执法行动12次，取缔私屠滥宰窝点11个，收缴未经检疫的白板肉5吨、猪内脏等产品2.78吨、活猪80余头、私屠乱宰工具200余套。在林业执法方面：配合调查处理非法占用林地案件10件，配合调解林权纠纷3起，重点配合处理恒大城小区周边种菜的环保督查交办案和石燕湖森林公园玻璃桥违规建设问题。在水行政执法方面：结合城乡环境综合整治，对80余处在建工程项目进行水土保持监管，查处4处不达标的涉水工程，配合市水务局立案查处1起往圭塘河倾倒建筑垃圾的违法行为。（胡　靖）

【精准扶贫走访慰问】　2017年1月16—19日，区火车南站综管办、区编委办、区史志档案局、区科技局、区民政局、区农林水局、区食药监局、区工务局、区物业中心、区总工会、区残联、区科协12个部门分别在单位主要负责人带领下，到浏阳市社港镇龙华村慰问结对的贫困户，折合慰问资金6万余元。各帮扶责任领导深入贫困户家中，与他们进行交流沟通，送上关心和问候，填写扶贫记录手册，共谋2017年扶贫工作计划打算。（胡　靖）

【农村土地承包经营权确权登记颁证工作】　2017年3月31日全省农村土地承包经营权确权登记颁证工作会议召开以后，雨花区启动农村土地承包经营权确权登记颁证工作，成立工作机构，出台工作方案，召开动员部署大会，开展村组确权人员业务培训。2017年，雨花区跳马镇14个村423个组，有404个村民小组完成外调工作，完成率95.51%，调查承包方15007户，实测承包地块数65067块，外调面积4394.39公顷，占二轮承包的119.85%；14个村完成第一、二轮公示，占100%。12月18日，在跳马镇跳马村举行雨花区首批农村土地承包经营权证颁发仪式，向农户颁发土地承包经营权证42本。（胡　靖）

【农村集体产权制度改革试点】　2017年6月，雨花区被确定为全国100个农村集体产权制度改革试点县之一。针对全区各村的不同情况，组织完成7个村分类实地调研，制定出台《关于开展农村集体产权制度改革工作的通知》《雨花区农村集体资产产权制度改革清产核资工作方案》等文件，并组织外出学习考察和业务培训，为完成改革试点任务打下基础。（胡　靖）

农　业

【农村经济管理】　2017年，开展村级组织成员任期经济责任审计和整改回头看工作，做好村级财务公开和“互联网+监督”平台数据录入工作，出台《关于在被撤并社区筹委会设立“集体资产管理委员会”相关事项的通知》《雨花区集体经济组织成员资格界定指导性意见》等系列文件，完成“三资”网络监管平台升级。通过完善基层“三资”管理办法，加强宣传培训和网络监管，实现集体经济管理的信息化、规范化。推进农村土地承包经营权确权登记

颁证工作。2017年6月，雨花区被确定为全国100个农村集体产权制度改革试点县之一。（胡　靖）

【农产品质量安全监管】　2017年，完成农产品质量安全检验监测33248批次，其中蔬菜农残自检2743批次，屠宰检疫“瘦肉精”同步监测3万批次，日常检测采集送检样品330批次，协助市级例行抽检175批次，蔬菜农残检测合格率100%，“瘦肉精”阳性、畜禽水产品药残检出率均为零。全区未发生一起重大农产品质量安全事故。（胡　靖）

【动物防疫】　2017年，完成生猪产地检疫3071头，生猪屠宰检疫622855头，监督处理不合格生猪454头、处理不合格生猪产品3余吨，生猪屠宰检疫率100%。完成免疫注射猪瘟疫苗1.2万头、生猪五号病疫苗1.2万头、生猪蓝耳病疫苗1.2万头、禽流感疫苗3.79万只，免疫率均达应免数的100%。免疫犬只狂犬病1.3万只。全区未发生一起重大动物疫情事故。（胡　靖）

【活禽交易市场防疫监管】　2017年，对城区80余家农贸市场、冷库、家禽批发市场监督检查247次，责令整改5次，收缴不合格动物产品超过2吨。石马家禽批发市场搬迁前，派出5名官方兽医驻场实施检疫、防疫监管，要求市场每日进行消毒，每周进行清栏消毒。2017年年初，石马家禽批发市场环境样品先后2次检测出禽流感阳性后，区农林水局作出清栏休市消毒的决定，2次共休市达50天，对活禽交易市场进行全面彻底的消毒和环境卫生的清理。对辖区内的农贸市场，区农林水局要求相关街道定期送消毒药到市场进行消毒，并不定期的派出人员对市场消毒情况等进行监督。（胡　靖）

【动物无害化处理体系建设】　2017年，区动物卫生监督所采取委托处理的方式对辖区内的病死畜禽进行处理，与红星盛业签订委托处理合同，发现有病死畜禽需要处理的，由区动监所派出人员对病死畜禽进行消毒密封后，送至红星盛业屠宰场动物无害化处理中心处理。该中心采取生物发酵的方式进行无害化处理，具备日处理10头病害猪（约1.5吨）的能力，处理后的产品可用作为生物有机肥。（胡　靖）

【动物诊疗机构管理】　2017年，区农林水局对雨花区内动物诊疗机构进行摸底，全区办理动物诊疗许可证的有24家。制定动物诊疗机构专项整治方案，对辖区内的动物诊疗机构进行全面检查，提出整改要求，并对整改后的情况进行一次回头看检查。对不符合法律法规要求的动物诊疗机构，进行立案处罚。全年开展动物诊疗场所监督检查84次，立案查处2家宠物诊所。动物诊疗许可证核发事项纳入政务窗口办理，有8家机构申请办理动物诊疗许可，均办结发证。（胡　靖）

【农产品质量安全专项检查】　2017年3月9日，区农林水局组织开展农产品质量安全专项检查活动。检查人员实地走访查看跳马镇农资经营点、利佳蔬菜合作社、绿茵茵蔬菜合作社，重点检查进销货台账、农业投入品使用情况、生产档案、检测记录等。通过检查，各单位均未发现禁限用农药销售使用情况，农产品质量安全总体情况较好，但检查中发现进销货台账不够规范。检查组及时督促责任单位进行整改，要求农资经营点、蔬菜基地进一步规范、完善档案台帐。（胡　靖）

【春防工作督查】　2017年4月14日，雨花区重大动物疫病防制指挥部组织区农林水局畜牧水产科、区动物卫生监督所组成督查组，对跳马镇春季动物防疫工作及散养户免疫工作情况进行检查。主要检查防疫物资台账及管理、病死动物无害化处理、散养户动物免疫“三位一体”落实情况和基础免疫密度等工作。从督查结果看，跳马镇春防工作按照春防工作要求全面完成，但在督查中发现个别村的台账记录不完善、一些散养户存在没挂免疫耳标的情况，督查组对检查中出现的问题当面提出整改要求。通过督查，有利于促进跳马镇防疫工作的开展，

确保春防工作取得实效。（胡　靖）

【农机年检审工作】　2017年5月3日，雨花区在跳马镇关刀新村部开展农机年检审工作。通过前期广泛宣传发动，逐户通知，跳马镇67户农机用户按时有序来到指定地点进行农机年检，区农机监理站工作人员重点对农机车辆保险、车架号与发动机号一致性、车身标语进行审核。该次年检审雨花区减免农户的年检费用，督促他们购买农机交强险和互助险，投保率100%，确保雨花区农机生产工作的安全。（胡　靖）

【取缔生猪非法屠宰窝点】　2017年5月4日，区农林水局联合市动物卫生监督所和区公安分局对位于东山街道一居民区内生猪私宰窝点采取执法行动。联合执法行动由区动物卫生监督所所长王光辉指挥，共计出动执法车辆8台，行政执法人员32人，现场抓获涉案人员11人，查封扣押未经检疫的生猪12头，白板肉725千克，屠宰工具26件，电子台秤1台。（胡　靖）

【全区经营动物及动物产品从业人员培训】　2017年5月25日，区动物卫生监督所组织全区动物卫生监督工作人员和红星盛业、红星冷库经营业主450余人，在红星盛业三楼大会议室进行培训，省动物卫生监督所副所长陈军、市动物卫生监督所副所长文炼钢现场指导授课。培训会上，给每一位参训人员下发雨花区动物卫生监督所编写的《动物及动物产品质量安全法律汇编》，为从业人员查询相关法律知识和守法经营提供便利。（胡　靖）

【重大动物疫病防控应急演练】　2017年11月29日，雨花区2017年突发重大动物疫情应急演练在跳马镇石燕湖村举行。该次应急演练由区政府主办，区农林水局、跳马镇政府、区动物卫生监督所共同承办。市农业委员会副主任陈锦，区政府副区长、区重大动物疫病防制指挥部指挥长刘江红，区农林水局局长、区重大动物疫病防制指挥部副指挥长莫志刚，跳马镇党委委员、人大副主席李奕，市农委、市动物疫病预防控制中心领导、区重大动物疫病防制指挥部成员单位、跳马镇政府等有关单位负责人观摩演练全过程。刘江红下达演练开始指令，莫志刚、李奕分别致辞。演练背景假定跳马镇辰午山庄养鸡场突发高致病性禽流感疫情，需要作出Ⅳ级应急响应为背景进行突发重大动物疫情应急演练，演练分疫情报告诊断与先期处置、应急响应与应急处置、应急响应终止与善后处置三大科目。演练队伍由区重大动物疫病防制指挥部成员单位、跳马镇政府有关人员组成，分为先期应急处置、专家技术、现场封锁和治安保卫、扑杀无害化处理、消毒灭源、免疫及疫情监测、人员防护、市场监管、宣传综合、后勤保障10个工作小组，现场演练疫情报告、诊断，响应、处置与终止、善后全过程。通过该次演练，有利于验证雨花区重大动物疫病防控应急预案的科学性和可操作性，提高雨花区重大动物疫病防控队伍的管控水平和现场处置能力。（胡　靖）

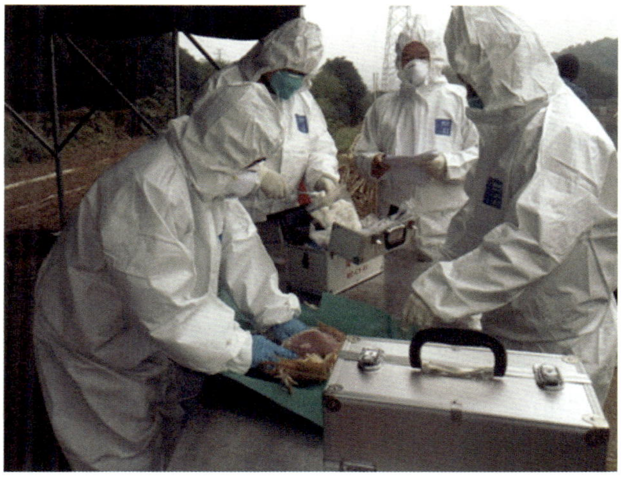

2017年11月29日，重大动物疫病防控应急演练（胡靖/提供）

林　业

【森林资源保护】　2017年，完成“五边”植树绿化140公顷，完成创建绿色示范庭院30个、绿色示范村庄4个、乡村公园4个。对枯死树木和“一枝黄花”进行清理，面积10.67余公顷，有害生物防治率100%。启动27千米森林防火生物隔离带二期建设和环城绿带跳马段建设。狠抓各项森林防火措施落实，实现全区零火灾事故。（胡　靖）

【省林业厅督查雨花区森林防火工作】　2017年1月22日，省林业厅党组书记胡长清、省森林公安局政委隆义华到雨花区跳马镇进行森林防火工作暗访督查，实地检查跳马镇森林防火护林巡查、消防队伍准备、扑火装备物资准备情况，对雨花区森林防火工作给予肯定，并要求抓好春节期间森林防火值班备勤和重点区域巡查，落实24小时值班和领导带班制度，做好应急处置准备，确保春节期间不发生森林火灾事故。（胡　靖）

【森林防火实战演练】　2017年10月16—18日，区森林防火指挥部在本辖区重点防火区域跳马镇组织召开为期三天的全区森林防火队伍实战训、演练。该次实战训、演练活动由省森林指挥机动支队驻湘部队教官主讲主训，参加人员以跳马镇三仙岭村、冬斯港村、杨林新村、新田村、关刀新村的50名兼职森林消防队员为主及各涉林街道森林消防队员、护林员、消防车驾驶员等90人。训、演练重点为森林灭火安全、灭火战法的理论知识培训，队列，消防设备器具使用，森林消防灭火技能和实战演练。通过此次实战训、演练，有利于让队员系统掌握各项灭火知识，提高业务素质和扑救林火能力。（胡　靖）

水　利

【水利防汛】　2017年，防汛形势严峻，浏阳河榔梨段水位最高达到40.98米，区农林水局上下紧急动员，为区委、区政府积极参谋，压实各级防汛责任，开展汛前安全工作大检查，加强水利防汛体系建设，做好防汛抢险物资储备和抢险队伍演练、加强防汛值班值守，精准调度处置险情。推进水利防汛体系建设，圭塘河生态引水工程实现通水运行；石塘、颜家塘水库除险加固工程、渔山港泵站改扩建工程全面验收完工；完成山塘清於14.67公顷、沟渠疏浚15千米和机埠改造1处、小型河坝整修1处。在2017年汛期中发现的涉及跳马镇、黎托街道、东山街道、洞井街道、高桥街道等地的33处险点完成整改30处。（胡　靖）

【河长制工作】　2017年，成立区河长制委员会，设立雨花区河长制工作办公室，办公室人员、经费、办公场所、工作设施设备全部到位，制定河长制会议制度等10余项工作管理制度。对全区河湖库基本情况进行调查摸底，完成“一河一档”，制定“一河一策”。印发《雨花区全面推行河长制工作实施方案》和《2017—2020年河长制行动方案》，对水资源保护、水域岸线管理保护、水污染防治、水环境治理、水生态修复、执法监管六项任务进行分解细化，提出工作目标。统筹推进水环境综合治理，将圭塘河、浏阳河水面漂浮物和河岸垃圾等作为整治重点，确保河道两岸环境卫生常态化保洁。相关的10个街道（镇）出台乡级河长制实施方案和工作制度，确保河长制工作责任落实。（胡　靖）

【水务安全生产大检查】　2017年1月20日，区农林水局对渔山港泵站改扩建工程、石塘水库除险加固工程、圭塘河生态引水工程3处在建的水利工程进行安全生产大检查。检查组对在建工程的基坑围护、警示标志、临时用电、现场安全防控等方面进行检查，查阅安全生产台帐资料。检查过程中，发现石塘水库除险加固工程堤坝回填压实不符合设计规范，检查组当场责令施工方停工进行整改，对检查中发现的其他4处安全隐患要求立整立改。（胡　靖）

【全面推行“河长制”工作推进会】　2017年4月14日，雨花区召开防涝排渍、防汛抗旱、城乡环境卫生整洁行动和全面推行“河长制”工作推进会。区委副书记、区长刘素月，区委常委、常务副区长邹春林，区政府副区长王明玖、刘江红等，区防指成员单位和各街（镇）主要负责人参加会议。会上，刘江红全面回顾总结雨花区2016年防汛抗灾工作，对2017年防汛抗旱和全面推行“河长制”工作做安排部署。刘素月要求全区防汛防涝责任单位做好汛期防汛防涝和全面推行河长制工作，强调要高度重视，思想上不能有任何懈怠；要狠抓落实，工作上不能打半点折扣；要强化举措，管理上不能有丝毫疏忽。（胡　靖）

【防汛抗灾和险情抢护技术培训】　2017年5月10日，雨花区防汛抗旱指挥部组织举办2017年雨花区防汛抗灾和险情抢护技术培训班。街道（镇）分管水利工作负责人和专干、堤委会和水管站全体工作人员、社区（村）主管水利工作负责人和专干、水库管护员及信息员共130余人参加培训。会议由区农林水利局副局长伍勇主持。培训会上，伍勇作动员讲话；市防办副主任、高级工程师陈集中讲解决策基本要点及水库防汛管理知识；市水务局副调研员肖志海结合防汛抢险知识谈体会和经验。通过该次培训，有利于使基层干部进一步掌握防汛基本知识和防汛抢险基本技能，提高科学决策、指挥调度和快速反应能力。（胡　靖）

【水利设施修复工作调度会】　2017年8月7日，雨花区召开水利设施修复工作调度会。区委书记张敏，区政协主席冯聪龙，区委常委、组织部部长龚畅，区委常委、常务副区长邹春林，区委常委、区委办主任周海毅以及有区有关负责人参加会议。会上，区防汛抗旱指挥部负责人汇报全区水利设施修复工作情况，跳马镇汇报曙光垸灾后重建进展情况，与会人员就相关工作进行研究讨论，区有关负责人分别提出要求。张敏对全区水利设施修复提出要求：彻底消除各类防汛隐患；全面提升大堤防洪标准，按百年一遇的标准进行达标整治；全面维护维修水利设施；做好防汛物资储备；做好旱情研判应对工作；抓好灾后重建工作。（胡　靖）

财政·税收·金融

财 政

【概况】 长沙市雨花区财政局为区政府综合经济部门，负责组织、协调全区财源建设、编制年度预算草案并组织预算执行、管理非税收入、国有资产、政府内外债务等全区财政工作。内设办公室、综合科（加挂税政法规科和津补贴工作办公室牌子）、预算科、财源建设管理办公室、财政监督检查局（加挂绩效评价科牌子）、行政政法科（加挂农业科和外经济贸易科牌子）、教科文科、社会保障科、经济建设科、信息科（加挂金融与债务科牌子）、政府采购监督管理科（加挂资产管理和控制社会集团购买力办公室牌子）、街道财政管理科、会计科13个职能科室和财政投资评审中心、国库管理局、非税收入管理局3个二级机构，以及财政局雨花经开区财政分局1个派出机构。下辖12个街道和跳马镇政府，设13个财政所。总编制54名，其中行政编制20名，事业编制33名，工勤编制1名；全系统有在职在编干部职工49人，人才引进2人；退休干部6人；党员41人。办公地点设在区政府机关大院一号楼B座。

2017年，区财政局狠抓财税收入征管，全力保障各项重点支出需要，较好地完成各项财政工作任务。获得“湖南省财政管理绩效综合评价A级”“湖南省预算绩效管理工作一等奖”、长沙市会计学会“学会工作先进单位”等称号。 （谭署燕）

【财源建设】 2017年，雨花区完成一般公共预算收入148.71亿元，排名长沙市“内五区”（芙蓉区、天心区、雨花区、岳麓区、开福区）第一，同比增长8.17%。制定财政收入目标任务；研究制定《雨花区建设项目税收管控及项目管理员工作管理方案》《关于加强我区建安项目税收管理的通知》《雨花区建筑行业税收征管工作机制》等一系列工作制度；镇街配备专职项目管理员，负责项目摸排与税收管理；督促建安项目及建安企业及时足额纳税；参与全区“定期走访，精准服务”活动，走访中建五局、五矿二十三冶、湖南路桥集团、中机国际等重点建安企业，提高区内建安企业纳税积极性；开展重点楼宇清查与异地税源清理两项专项税收清理工作，强化综合治税工作力度；组织区国税、地税召开三部门财税工作研讨会，深入分析税收形势，讨论应对措施；对接上级部门，收集整理市轨道交通集团税收分成、跨区搬迁企业等相关材料和数据。

（谭署燕）

【财政支出】 2017年，重点保障征地拆迁、基础设施建设项目资金；推进餐厨垃圾分类、社区和背街小巷综合整治、主次干道亮化建设和维护、社区全面提质提档等工作；配合市政管理部门开展清淤工程建设、道路提质改造、人行天桥、地下通道建设、堵点改造等项目；支持道路绿化提质建设、环城绿带建设、社区公园建设、清场复绿建设、立体绿化建设等工作。2017年，拨付区本级工程款共计8.5亿元；安排区12个街道城管协管员人员经费共817.74万元；安排区12个街道环卫工作重心下移经费共3455.18万元；拨付绿建补贴专项资金2087.74万元（含市局绿建补贴专项）；拨付跳马镇2017年度危房改造资金158万元；拨付上级环保专项826.5万元。进行“三公”经费预决算公开；发展教育事业，支持科技创新能力建设、深化文化体制改革、科普事业改革发展。2017年，教育经费安排12.77亿元，科技经费安排1.21亿元，文化体育事业经费安排4366万元，科普经费安排285万元；建立防汛救灾资金拨付的绿色通道，优先保障防汛救灾资金拨付；规范和完善惠农补贴“一卡通”发放管理，发放惠农补贴596.84万元，发放户数15148户。（谭署燕）

2017年10月27日，区财政局迎接省财政厅惠农补贴升级专项检查（谭署燕/提供）

【财政管理】2017年，全面推进预决算公开工作，公开覆盖率100%。出台《雨花区公司项目融资管理工作实施办法》《雨花区国有投融资平台公司设立运行暂行办法》等债务管理制度，规范对融资平台公司的管理；实行固定资产办公资产配置计划申报、国有资产信息化管理；开展财务人员培训、行政事业单位内部控制报告编制；推动社会资本参与公共服务领域投资运营（PPP），鼓励和引导社会资本参与公共服务领域投资运营，初步形成重点推进、梯次配备的PPP项目建设格局；在全市率先实现微信等移动支付方式缴纳学费，提高非税征管资金清缴入库效率；全面完成镇街国库集中支付制度改革，严格规范街镇账户管理，严格控制收入收缴程序和支出拨付程序；协调代发金融机构开展惠农补贴两卡两折和安全数据平台升级事项，实现资金发放即时免费短信通知；完成公车改革收尾工作，分类处置公务车辆；按照“绩效目标与预算编制同步申报、同步审核、同步批复”的要求，全面推进绩效管理工作，促进绩效管理与预算编制深度结合。（谭署燕）

2017年3月30日，乡镇财政业务培训（谭署燕/提供）

【财政保障】2017年，助推社会救助标准化项目由全国试点成功上升为全国示范；全面落实各项政策，保证全区抚恤、军休、退役安置、社会救助等经费及时足额发放；全面推进居家和社区养老服务试点工作；推动完善居家养老政府购买服务，落实老年人助餐实施办法等扶持政策；对原有残疾人康复、残疾人扶贫、残疾人慰问等项目进行提标扩面，推动能让残疾人得到实惠的民生项目，全面落实扶残助残惠残政策；助推医疗卫生事业发展，保障基本公共卫生服务、基层医疗机构建设；推动全区人力资源和社保工作；加大对社区全面提质提档工作经费投入；推进就业工作，加大对全区创新创业、引进人才、就业扶贫等专项资金的投入；完善教育经费保障机制，改善学校基础设施条件，加快学校配套资源的提质改造；推进义务教育标准化学校建设，加快建设“儿童友好型”城市。（谭署燕）

【财政监督】2017年，参加由区纪委牵头对13个街镇2016年度“八项规定执行情况”“三公经费”使用情况、防治财政资金“雁过拔毛”专项整治检查工作；组织各业务科室按要求梳理雨花区民生资金公开目录，梳理上报公开目录129项；对2017年雨花区部门预决算公开情况进行三次检查，对区69家预决算公开情况进行检查；绩效评价自评工作范围由项目自评扩展到部门支出整体自评，2017年确定12个项目和6个部门整体支出为重点评价项目，等级评为“优”的4个，评为“良”的13个，评为“中”的一个。将评价结果应用到财政预算编制中，为预算编制提供参考依据。（谭署燕）

【全区建设项目税收管理员工作会议】 2017年2月17日，区财政局召开全区建设项目税收管理员工作会议，区财政局副局长张柱、财源办工作人员及各街、镇项目管理员参加会议。会上，各街、镇项目管理员汇报项目建设和管理基本情况，提出2017年工作计划；财源办对开展的报验登记数据清理、复核，建设项目管理平台上线等几项重点工作进行总结与点评，要求项目管理员围绕项目管理台账、项目税收清单和建筑公司信息清查等几项任务开展工作。张柱提出要求：要加强业务学习，提升自身业务素质；要突出工作重点，确保项目税收落地；要强化绩效考核，实现工作成效与绩效挂钩；严肃工作纪律，改进工作作风。（谭署燕）

【非税移动缴费平台上线】 2017年9月7日，雨花区在全市率先实现微信等移动支付方式缴纳学费，雨花区教育系统，纳入试点的学校为：区教育局第一幼儿园、长塘里小学、明德雨花实验中学。缴费义务人只需关注湖南非税移动缴费微信公众号，选择微信支付或者银联银行卡支付即可完成缴费。该缴费方式操作简单、高效便捷，有利于顺应“互联网＋政务服务”的新形势、新要求，实现“让群众少跑腿、让信息多跑路”。（谭署燕）

【雨花区政府与社会资本合作(PPP)模式培训研讨班】 2017年9月24—25日，区财政局组织召开2017年雨花区政府与社会资本合作(PPP)模式培训研讨班，参加培训的有区PPP工作小组成员单位及区属各平台公司相关人员。培训邀请理论知识深厚和实践经验丰富的专家从PPP政策解读、PPP项目全流程管理及实操与案例分析、PPP项目建设成本管理、PPP法律讲解等方面对PPP进行全过程解读和剖析，培训的内容偏重于实务，包括操作实践、案例分析，以及工作交流、业务问答，旨在释疑解惑，帮助大家尽快进入PPP实践操作阶段。（谭署燕）

【雨花区2017年部门决算工作会议】 2017年12月27日，区财政局组织召开2017年度财政决算工作会议，全区各预算单位报账员、会计人员参加会议。会上，区财政局副局长方金莲在指出重视报表数据质量、密切配合决算工作、注意新旧变化转换三方面的内容，要求各单位精心组织实施，确保2017年决算工作完成。会议总结2016年部门决算工作，对2016年度决算工作优秀的单位和个人进行表彰；布置2017年年终决算工作，对2017年部门决算报表进行培训，讲解部门决算相关报表的编审要点、新增报表的填报，注意事项、常见问题和审核要求，对相关决算软件的操作进行演示说明。会议对国库集中支付流程优化、部门预决算公开、单位账户管理、经费报告处理等具体业务工作进行讲解。（谭署燕）

国家税务

【概况】 长沙市雨花区国家税务局负责雨花区范围内的国税征管，设办公室、财务管理科、监察室、人教科、党办、工会、信息中心、征收管理科、税政法规科、纳税服务科、收入核算科、税源管理一科、税源管理二科、税源管理三科、税源管理四科、退税科16个科室，辖井湾子、高桥、东塘、左家塘、经开5个税务分局。

2017年，区国税局落实组织收入原则，关注收入进度，构建系统化、规范化、常态化、长效化的“四化”风险防控体系，深入开展执法大督查工作，落实国务院6项减税政策等税收优惠政策，坚持以纳税人满意为服务的最高标准，做好各项工作。

加强人力资源优化配置，6月底区国税局启动人事调整工作，提拔任用科长1名，副科长8名，在适当范围内对中层正副职进行轮岗。区国税局2名干部分别被国家税务总局、省国税局记功、嘉奖，其中傅小华被国家税务总局授予三等功，并作为省国税系统基层干部代表参加全国税务系统基层工作会议。在湖南大学开办全员干部综合能力提升培训班2期，培训干部164人。2017年，区国税局获评"2017-2019年度湖南省国税系统法治基地""全省国税系统全面推开营改增工作先进区县单位""全市国税系统绩效考核先进单位"等称号，左家塘税务分局被评为湖南省国税系统先进集体。（孙 雯）

【税收收入】 2017年，组织入库国税收入91.53亿元。将136户重点税源企业列入动态监控，关注营改增新纳入的重点监控企业，全面掌握企业生产经营情况，重点税源税收贡献率超过60%。全年风险管理入库税收2.23亿元，风险管理成效贡献率2.44%。，国地税联合开展欠税公告，压缩陈欠税款，杜绝新欠，全年清理陈欠税款5303万元，清理新欠税款4199万元。（孙 雯）

【税收征管】 2017年，打击虚开虚抵，梳理出8类33个涉税风险事项，自主编写27个风险分析识别语句，推送各类风险任务百余批次。全年查处涉嫌虚开虚抵专用发票纳税人13户、虚开普通发票纳税人9户，为国家挽回税款损失6443万元。通过广泛宣传、优化服务，内外培训等措施，推广电子税务局应用，有55119户纳税人完成注册。加强发票管理工作，创新采取发票集中统一配送至分局。采取动态管理的方式，堵塞个体税收征管漏洞，全年调增个体定税1287户，月调增税额合计48.26万元，个体征税面32.46%。全年入库非居民税收1643万元，其中反避税调查实现收入1336万元。推行实名办税，确保采集全覆盖，加强业务运维和数据质量管理，全年处理业务运维单534笔，事件单319笔。探索国地税合作新模式，多次召开国地税合作联系会，推行"一窗一人"办税服务模式，推出联合办税、联合数据清理等系列合作项目，整合管理资源，提高效率，减轻负担。（孙 雯）

【依法治税】 2017年，开展执法大督查工作，将四大项工作内容分解至全局13个责任部门，贯彻落实税收执法权力清单制度。加强行政许可事前事中事后管理，加大专用发票审批监控力度，加强与税源管理部门的互动沟通，严明税管员下户程序，合理、审慎核定企业专用发票使用数量。制定《行政执法全过程记录制度》等13项制度，将全局49项涉税事项纳入试点，对17项涉税事项进行公示，对24项涉税事项进行全过程记录制度，对8项涉税事项开展重大法制审核，规范税务行政执法程序，实现税务行政执法全过程痕迹管理。（孙 雯）

【税收优惠】 2017年，严格落实国务院6项减税政策等税收优惠政策，对内做好培训；对外做好宣传，通过公告栏、门户网站、微信平台等多渠道向纳税人主动推送政策，全年组织各类优惠政策专项培训11次，培训纳税人3.5万人次。建立税收优惠全程跟踪服务机制，加大数据监控，及时掌握企业享受优惠情况，开展优惠核查等后续管理工作。选定3200余户纳税人作为走访对象，组建12个业务骨干团队，针对纳税人提出的9条意见建议，逐条整改、及时反馈。全年为各类企业办理减免税8909万元，办理出口退税4.52亿元。（孙 雯）

【纳税"大服务"】 2017年，区国税局深化纳税"大服务"机制建设，提升纳税服务的整体能力，助力雨花区企业发展。一是推行"大创新"服务。依托电子税务局、自助办税ARM机的应用，构建以网上办税为主、自主办税为辅、窗口办税为补的一体化办税模式。全区有纳税人62179户，电子申报率超过98%，自该办税模式推行以来，纳税人在前台人均办理业务所需时间由2016年的25分钟缩短至7分钟。推行畅易开票和畅易代开，制作畅易开票使用"温馨提示"2000余份，解决开票录入难、易出错、等候时间长的难题。二是发挥"大网络"

优势。开发电子税务局配套服务，推出网上领票、快递送票的发票领用方式，截至9月底，有6622户纳税人通过此方式领到发票。设立专门窗口，方便纳税人进行首次信息采集，在微信公众号宣传实名认证“一次身份确认，终身零障碍办税”的优势，提高纳税人办理实名认证的主动性。三是深化“大合作”办税。开展国地联合办理税收业务、联合税收宣传、联合纳税人学校、联合纳税信用登记评定等工作，雨花区国地税办税服务厅（室）有57个综合窗口实现“一窗一人办税”，雨花区国地税局共联合开办纳税人学校培训43场，培训纳税人13240人次。区国税局与中国建设银行、中国交通银行、中国招商银行、长沙银行、中国银行五家银行达成“银税互动”合作意向，多次举办“银税企”互动工作对接会，宣传以“纳税信用”换“银行信用”。2017年，区国税局向纳税人发放宣传折页4100余份，推介短信2000余条，向银行推荐税信企业9103户，银行成功授信269户，共计授信金额3.07亿元，占整个长沙市“银税互动”合作项目贷款累计额的70%。四是关注“大企业”需求。组建业务骨干团队12支，为企业提供个性化“一对一”服务，为企业减免税申报提供便利，帮助企业用足、用好高新技术优惠政策。开展“百名党员服务万企”大走访活动，对纳税人提出的9条意见建议，逐条进行整改并及时向纳税人反馈。（孙　雯）

【开展执法监察】　区国税局对税源管理部门从2017年1月1日起行政处罚基准是否正确、程序是否合法、征管资料是否齐全规范、税务人员工作中是否存在廉洁问题等事项进行执法监察。采取系统搜索比对和人员分组现场核实相关资料的方式进行。抽查核实55户，有问题户数33户，其中处罚过重20户、处罚过轻8户、其他问题5户。找准薄弱环节，重点解决第9号公告执行不准确、处罚事由不清晰、具体违法情节未列明、行政处罚资料不齐全等问题。对纳税人税收违法行为进行处罚的同时应告知执行标准，让纳税人明明白白接受处罚。对执法监察中未按照规定实施处罚的税管员由所在税源管理部门负责人进行提醒谈话，批评教育，并写出整改措施。各税源管理部门对本单位6月、7月执行9号公告情况进行自查，对仍未执行到位的说明原因，并由监察室对相关部门负责人和当事人进行约谈并问责。（李丽梅）

【实名制办税】　2017年，区国税局召开实名制办税工作专题布置会议，明确各部门责任分工，加强各部门协调配合的精细度。抽调业务骨干指导操作人员进行培训。在办税服务厅显要位置张贴实名制办税公告，通过公告栏、电子显示屏、12366短信平台及微信公众号等媒介进行宣传和引导。在国税、地税局办税服务厅均设有实名办税窗口，安排专人进行人流疏导和政策解答。各税务服务厅添置“高拍仪”现场采集人员身份信息和影像信息，确保数据采集准确无误。及时跟进实名信息采集率的数据即时状态，通过税源管理部门及时通知尚未实名认证的纳税人到区国税局进行实名信息采集。（徐　辉）

【引进自助办税柜员机】　2017年，区国税局引进2台自助办税柜员机，代替人工办理领购发票和代开发票业务。为确保自助办税柜员机使用初期正常运转，区国税局配备1名专职工作人员负责辅导纳税人使用机器自助办税。自助办税柜员机通过智能化操作，24小时运作，方便纳税人，减轻办税服务厅的工作压力。截至2017年5月，有2161户纳税人通过自助领票机领购发票64410份；1483户纳税人通过自助领票机验旧发票57786份；220户纳税人通过自助开票机开具增值税专用发票566份；139户纳税人通过自助开票机打印完税凭证505份。（刘　早　陈曼琪）

【“银税企”互动工作对接会】　2017年5月27日，区国地税携手建设银行天心支行、长沙银行总行中小企业部、交通银行湖南省分行营业部，举办“银税企”互动工作对接会，帮助企业畅通融资渠道，助推企业发展。税务、银行双方相关负责人和辖区内300余家中小企业负责人参加会议。会上，银行负责人介绍针对小微企业推出的“税易贷”“税E融”“税融通”等融资产品，说明产品特点、申请条件、办理流程等事项。企业与银行现场达成合作意向的有43户，成功签约2户，授信金额分别为100万元、40万元。（蒋　悦）

2017年5月27日，“银税企”互动工作对接会（孙雯／提供）

地方税务

【概况】 长沙市雨花区地方税务局（简称区“区地税局”）为市垂直管理单位，负责雨花区范围企事业单位、个体工商户、建安房地产项目以及负有纳税义务的自然人的地方税、费（金）征管和服务工作。内设7个行政科室，5个税源管理科，3个直属机构(其中2个直属行政机构，1个直属事业机构)，外派7个税务分局。核定编制258人，2017年，在职干部职工数238人，退休45人。设党总支部1个，党支部21个，党员209人，其中在职党员185人。办公地点设在雨花区湘府中路108号。

2017年，区地税局按照“全员参与、贴近岗位”的原则，分级、分类、分岗位在湖南大学举办全员脱产培训，邀请国家税务总局人才库成员、国家税务干部学院讲师、湖南作家协会主席等专家开展相关政策辅导、业务培训、文学讲座，拓宽知识视野。为7个税务分局建立标准化党员活动室，为机关支部增设2个党员活动室。与跳马镇喜雨小学、浏阳唐家园小学开展乡村学校少年宫结对帮扶，联系解决资金80万元，用于慰问走访、硬件改造和学校建设。在报纸上开设《心·光芒》《心·能量》等专栏，挖掘、培育、推介先进典型。开展作风建设明察暗访37次，对5个相关科室正副职进行提醒谈话。区地税局获评第五届“全国文明单位”“2016—2018年全省依法办事示范窗口单位”“第二批全省地税系统法治基地”。局团总支获评“湖南省五四红旗团总支”。（彭　芳）

【组织收入】 2017年，完成地方各税费680435万元，其中完成省地税局计划口径669031万元，比上年同期增收96094万元，增长16.77%。围绕营改增后税源结构、产业行业税收变化，加强收入趋势预测，重点预测户范围覆盖全面税收的70%，平均收入预测差错率控制在2%以内。严格按要求做好企业所得税按月、按季预缴申报管理，确保汇缴申报率100%，申报准确率99.90%。做好12万元以上个税自行申报工作，自行申报17966人，同比增长78%。完成土地增值税清算24户，入库土地增值税27948.82万元。做好环保税开征的前期准备工作，环保部门移交污染源信息档案资料201户。组织开展“两个行业”（教育培训机构、盈利性医疗机构）专项清查、异地税源专项清查、房地产中介机构税收专项清查、私房出租专项清查。清理“两个行业”纳税人406户，入库税费1681.63万元，录入私房税收信息10159条，入库私房税收4139.68万元，对38334户单位纳税人的房土数据进行清理核实，清理面99.7%。加大稽查案件查处力度，全年查补税款、滞纳金及罚款1119.5万元。（彭　芳）

【税收征管】 2017年，国地税45项合作事项全面落实到位，其中，国地税联合办理设立登记15250户，对2525户纳税人联合开展定期定额核定工作，共享外出经营建筑服务业信息2890条，通过协同管理，增加地方税收15685万元。联合推进“银税互动”工作，通过“银税互动”为269户纳税人提供贷款30700万元。出台税管员、税源管理部门、区地税局3个层面的《征管风险分析报告》，完成推送风险任务28批次12728户，查补税收3772.25万元，建立模型推送风险应对任务4批次303户，查补税收616.32万元。加大零散税收委托代征力度，对保险、证券、电信等行业代理经纪人的地方税费实行委托代征模式，与36户纳税人签订委托代征协议，代征税款3423.95万元，委托代征户数居全市系统首位。加强催报催缴工作，对46863户纳税人逾期缴纳税款征收滞纳金2041.65万元。强化征管考核执法督查，对全局半年度税源管理、信息采集、申报征收、个体税收等7大类19项工作进行检查评比。（彭　芳）

【纳税服务】 2017年，区地税局构建“网上办税为主、电子办税自助终端为辅”的办税服务新格局，“一窗一人办税”服务模式全面推开，推行实名办税，整合办税窗口资源，开展纳税信用等级评定，国地评价结果发布户数15134户，评定A级纳税人417户，B级纳税人8789户，C级纳税人3173户，D级纳税人2755户。协助开展省十三届人大代表、省级文明单位、非公有制经济人士单位等资格审查161人（户）。在长沙税务干部学校开设6期纳税人学堂，培训7000人次。组织“税收大走访”，主动为企业送政策、问需求、办实事、解难题。扶持企业发展，确保小微企业、高新技术、创业就业等税收优惠政策落到实处。236户次企业办理财行税税收优惠备案，为16户企业减免房土两税1215.44万元，对515户小微企业减免企业所得税1570万元。（彭　芳）

【税收宣传】 2017年4月1日，区地税局开展“情牵雨花·税润万家”主题税收宣传活动，推出“春风暖税连万家、牵手话税进万家、讲堂释税惠万家”三大板块内容。4月12日，开展纳税服务日“我为诚信纳税代言”活动，制作内容新颖、形式活泼的诚信标语，由纳税人合影拍照并转发微信朋友圈，扩大宣传影响。4月27日，赴跳马镇喜雨小学开展“书香伴成长 税宣进校园”活动，借“世界读书日”春风为孩子们购买近300本图书，制作《税收故事会》小册子，引导大家从小学税法、懂税法。8月，区地税局联合湖南电影频道摄制原创税收宣传公益歌曲MV《心·微光》，用歌声和镜头展现地税干部形象，讲述纳税人故事。该歌曲由“心·微玉”爱文社成员创作，雨花区知名企业的职工代表、个体纳税人与地税干部一道演唱拍摄，在长沙市内推送30万条微信进行宣传推广。（彭　芳）

自创税收公益歌曲《微光》　（彭芳/提供）

【“两个行业”税源专项清查】 2017年10—12月，区地税局对全区范围内的教育培训机构和盈利性医疗机构开展为期3个月的“两个行业”税源专项清查，主要清查纳税人税务登记办证情况以及近3年的纳税申报情况，分为清查摸底、宣传培训、清理征收、整章建制等4个阶段，清查过程中加强与国税、教育、卫生、人社等部门的联系，在摸清税源底子的同时加大宣传力度，组织教育培训机构和盈利性医疗机构财务人员进行税收业务培训。根据纳税人自查情况，有针对性地对部分机构、个别税种开展专项纳税评估，清理“两个行业”纳税人406户，入库税费1681.63万元。（彭　芳）

【“三项制度”试点推行】 2017年，区地税局探索行政执法“三项制度”（行政执法公示制度、执法全过程记录制度、重大执法决定法制审核制度）改革试点，出台《推行三项制度试点工作实施方案》及《税务执法记录仪使用管理办法》，集中采购执法记录仪30台，存储U盘21个和大容量移动硬盘

1个，作为推行税收执法过程全记录的硬件支持。针对试点工作中的难点，开辟执法过程全记录实战教室，通过课堂讲授、分组演练、实战PK，全面培训执法人员。各部门在对外的执法工作中全面启用执法记录仪，实现音像与文字结合的配套记录方式。成立由法律及业务精英组成的法制审核委员会，设立法制审核联络员，负责对全局执法行政决定审核事项进行分级分类管理。（彭　芳）

农商银行

【概况】　长沙农村商业银行股份有限公司雨花支行（简称“雨花支行”）是长沙农商银行下辖的十四家一级支行之一，主要经营范围是中国银行业监督管理委员会依照有关法律、行政法规和其他规定批准的业务，经营范围以批准文件所列的为准。支行下辖10个二级支行、1个营业部，共11个网点；支行机关办公地点设在雨花区政府大院内，内设综合管理部、运营管理部、授信与风险管理部、公司金融部、零售金融部5个职能部室。支行在职员工134人，其中员工111人，留用工9人，业务岗位劳务派遣工14人；研究生学历17人，本科学历78人，大专学历26人；退休员工23人。党员78人。

2017年，雨花支行大力发展业务，不断优化内部管理，加强风险防控，推进各项工作。至2017年12月末，各项存款余额为635361万元，较年初增加92582万元，各项贷款余额为272456万元，较年初增加88301万元；表内不良贷款余额为5141万元，较年初增加4756万元；占比1.89%，较年初增加1.68个百分点；收回表外不良贷款本息7473万元。（余素梅）

【机构设置】　2017年，对下辖铁桥支行进行迁址，将其从碧翠园迁址到万家丽中路二段539号万科金域华府B区102号。对业务部门设置及岗位职责进行调整，撤销市场拓展部，设立公司金融部、零售金融部，公司金融部下设政务营销管理岗、大客户营销管理岗、小微企业营销管理岗，零售金融部下设高端客户营销管理岗、普惠金融营销管理岗、电子银行营销管理岗。（余素梅）

【经营管理】　2017年，在全行开展“今年我最旺”厅堂布置活动、“神秘人”暗访活动，提高全行营业网点外部环境卫生、员工服务意识、员工责任意识。采取“每周一训”“以会代训”等方式，推行差异化培训，开展理财业务知识、柜面应知应会知识等业务培训。在第一届业务技术比武中，取得五个单项、团体第二的成绩。选拔任用4名中层干部，选拔5名年轻员工进入支行后备库。参与总行“群狼计划”“睿鹰计划”、对公及零售客户经理考试等人才培养工程。（余素梅）

【业务发展】　2017年，对接省市区各级财政部门，成功开立长沙市社会保障资金专户、长沙市财政局国库集中支付中心、长沙市财政局一般非税局、长沙市棚改投资有限公司、长沙市轨道交通集团有限公司等账户；获得雨花区黎托街道潭阳洲社区居民3亿元拆迁补偿款的发放代理行资格；搭建雨花区非税移动缴费平台并成功试点，争取到日均存款1.4亿元的区法院“一案一账号”执行案款管理系统研发应用资格。截至12月末，全行财政类资金超过13亿元。与中惠旅信息产业有限公司、长沙晚报集团、湖南明大投资、湖南珠江实业等优质客户建立合作关系。开展市场营销活动，开展“首季开门红”“火热一夏”“幸福相伴·感恩有礼”、零售业务双季联动等业务营销竞赛活动。参与“睿鹰计划”外拓营销实战。将服务商户、个人、小微企业作为工作重点，推广“随薪贷”“公积金流量贷”等产品，争取优质客户，拓展中惠旅、立承建设、炜坤汽车等战略客户。环科园支行向湖南环保科技产业园开发建设投资有限公司授信5亿元，发放贷款4.2亿元，向湖南新兴电器控制设备有限公司授信1.5亿元，发放贷款7000万元；跳马支行向湖南中惠旅信息咨询有限公司授信1.5亿元，发放贷款3500万元；圭塘支行向湖南圭塘建设有限公司、长沙圭发建筑工程有限公司、长沙市雨花城市建设投资集团有限公司等原存量优质客户综合授信5.9亿元。以便民卡、福民卡为依托，重点拓展支持农副产品加工、特色制造、物流仓储、医疗卫生、民营教育、文化旅游等相关行业的客户群，发展对私和零售业务；严控“两高一剩”、房地产、政府投融资平台贷款，杜绝超比例垒大户。多次组织工作小组，深入社区、深入村组，推进社保卡发放，全年发卡超过1.8万张。向雨花区促进就业小额贷款担保中心授信2500万元，发放就业小额贷款993万元，有贷款余额1442万元。动员全行员工营销“手机银行”“点点攒钱”“信用卡”等产品，加强市场拓展。通过网点LED显示屏、液晶电视、自助设备、微信等载体宣传金融知识及各类新产品，通过“学雷锋、树新风”“普及金融知识万里行”以及“两扫五进”等主题营销活动，提升各项新产品的客户知晓度。至12月末，新增手机银行4773户，推广直销银行2441户，新增信用卡并激活396张，电子银行替代率81.91%。（余素梅）

【风险防控】 2017年，出台《关于规范贷款放款等事项的通知》，对贷前调查、信贷资料审查、贷款放款、贷后检查、借据及信贷档案管理等事项进行统一规范。严把贷款特别是大额贷款户的审批关，严格审查贷款的投向、期限、利率、抵押物、担保人等要素，确保贷款申报资料真实、齐全、完整。提前两个月督促下辖支行在贷款到期前采取措施清收，确保不良贷款总额不再增加，促进到期贷款收回率达标。对贷款发放及管理、信用风险、表外不良贷款、企业集资风险、全行押品进行风险排查，对发现的风险隐患，及时督促整改到位。对全行表内外不良贷款进行全面清理，联合法院开展诉讼贷款清收，开展“压不良、控风险”百日攻坚竞赛活动。至12月末，累计收回表外不良贷款本息7473万元，其中，营业部收回表外不良贷款建荣机动车7000万元，圭塘支行收回潭阳洲农户贷款165万元。对重要空白凭证管理、新一代演练、对帐制度执行等进行现场检查，对单位结算账户、大额资金审批、利息补付业务等进行专项检查，对检查中发现的问题予以通报并及时督促整改。组织开展案件风险排查、“两加强、两遏制”“三违反、四不当”“九种人”、银行乱象整治工作自查等为主要内容的全面风险排查。对29人次重要岗位人员进行轮岗，完成53名员工离岗、换岗、辞职（移交）审计工作。对辖内二级机构财务管理、费用开支、其他应收款及其他应付款等方面进行了财务自查。推进网点建设，完善技防、物防；坚持柜面经理“每日一查”、支行行长“每周一查”、安全专干“每月一查”及节前重点检查；举行安全知识培训暨消防、防抢防暴演练，增强员工的消防安全和防抢防暴意识。（余素梅）

【2016年度总结表彰暨2017年度工作会议】
2017年1月15日，雨花支行在三楼会议室召开2016年度总结表彰暨2017年工作会议。会议由雨花支行副行长邓志刚主持，120余员工参加会议。会上，雨花支行行长张中豪作题为《抓住机遇，加快发展，推动雨花支行各项工作实现新突破》的工作报告，对支行2016年的工作进行全面回顾，对2017年各项工作进行安排。会议期间，副行长杨军宣读表彰决定，邓志刚向参会人员传达1月9日总行纪检工作会议精神，并对几项工作进行布置；雨花支行相关负责人为2016年度先进个人、先进集体颁奖，铁桥支行员工邹艳代表先进个人发言。（余素梅）

【金融知识宣传志愿服务活动】 2017年3月3日，雨花支行组织一支由信贷、理财、综合业务等岗位的骨干所组成的“学雷锋”志愿服务队，在雨花区政府大院内开展以“学雷锋、树新风”为主题的金融知识宣传志愿服务活动。活动现场，志愿者们发放各类宣传折页400余份，推广“点点攒钱”30余户，达成“随薪贷”“公积金消费贷”等贷款初步意向客户10余户。（余素梅）

【雨花支行第一届业务技能比赛】 2017年3月22日，雨花支行第一届业务技能比赛在综合办公楼309会议室举行，下辖11个二级支行及营业部派出了64名选手，参加运营知识笔试、信贷及新业务知识笔试、计算器翻打百张传票、单指单张点钞、机器点钞、数字录入及汉字录入等六个项目的比赛。营业部贺为、环科园支行陈婷、同升支行肖凯分别获得运营业务知识笔试一、二、三名；营业部杨博、营业部张婵、同升支行张珍分别获得计算器翻打百张传票一、二、三名；湘府东路支行李吉利、木莲路支行张洪、跳马支行成斯分别获得单指单张点钞一、二、三名；营业部陈文川、同升支行肖凯、营业部张婵分别获得机器点钞一、二、三名；环科园支行龚泽皇、井塘支行朱丽萍、井塘支行赵辉煌分别获得信贷及新业务知识笔试一、二、三名；营业部陈文川、营业部张婵、同升支行肖凯分别获得数字录入及汉字录入一、二、三名。（余素梅）

【防范和打击非法集资进社区宣传活动】 2017年6月6日，雨花支行宣传小分队在雨花家园社区、雨花区治大院政务大厅，开展防范和打击非法集资宣传活动。活动通过设立宣传点、发放宣传资料、宣传品等形式面对面地向社区居民宣讲非法集资的性质、种类、形式和危害性，以及从事非法集资活动会受到的法律处罚等相关知识。针对网络金融、投资理财、公积金流量贷、“点点攒钱”等进行解答。活动发放宣传资料、宣传品300余份。（余素梅）

【社保卡发放】 2017年7月20日至8月8日，营业部发放社保卡1486张，平均每天发卡近百张。营业部提出“三到位”工作原则：一是宣传到位，通过发送短信、张贴海报和电话告知等方式，及时通知辖区客户到营业网点领卡，邀请客户相互转告；二是审查到位，在发放过程中，工作人员认真核对信息，领卡人凭有效身份证件领取卡片；三是服务到位，秉承优质文明服务理念，确保每一位客户开心而来满意而归。（余素梅）

【收回不良贷款】 2017年9月30日，雨花支行以协议清收处置方式，与金侨投资控股有限公司签署协议书，由该公司出资8100万元清偿湘潭市建荣机动车安全技术检验有限公司和其原法人扶建云所欠共计7800万元表外不良贷款本金及部分利息，且于签署还款协议书当天收回贷款本金1000万元，余下7100万元协定于12月底前分两次收回。

（余素梅）

【雨花社保卡管理服务跳马分中心揭牌】 2017年12月12日，设在长沙农商银行跳马支行营业厅内的雨花区社会保障卡管理服务中心跳马分中心揭牌开业，为跳马镇及周边地区居民办理社保卡申办领取、信息录入、社保功能激活、密码修改、挂失、解挂、补换卡以及注销等日常业务，实现社保业务“一站式”服务。（余素梅）

教育·科技

教　育

【概况】　长沙市雨花区教育局是雨花区政府主管全区教育工作的职能部门。内设10个职能科室，即：办公室、基础教育科、政工人事科、计财科、基建规划科、综合科（监察室）、民办幼教科、教育督导室、教育工会、学生科（团委）；局属二级机构8个，即：教育公共服务中心、教育科学研究所、艺术体育科技中心、会记核算中心、考试中心、信息技术与装备中心、教育后勤办、素质教育基地。2017年，区教育局机关行政编制为20名；在职干部17人，引进人才2人，雇员3人；退休29人。办公地点设在雨花区人民政府机关大院2号楼。

2017年，雨花区有学校、幼儿园267所（中学12所、小学65所、民办学校3所、幼儿园187所），在职教师5593人，在校学生100922人，幼儿园32133人；民办培训学校70所。

2017年，雨花教育系统围绕办好人民满意教育目标，重点实施"六大工程"（党建引领工程、教育教学改革工程、名校名师培育工程、学校扩容提质工程、民办学前教育普惠优质工程、教育治理现代化工程），推动雨花教育公平而有质量发展。获"湖南省平安校园建设先进区""湖南省教师普通话水平抽查工作先进单位""湖南省校车安全管理工作优秀单位"等16项市级称号；入选湖南省第二轮义务教育学校校长教师交流轮岗试点区；通过全国中小学校责任督学挂牌督导创新区现场核查，得分排名全省第一；实施"名校带动战略""特色发展战略"。（何兵生）

【教育事业】　2017年，雨花区有公办幼儿园和普惠性民办幼儿园136所，占全区园所总数的72.7%，学前教育三年毛入园率99.3%；2017年秋季全区学生净增6130人，中小学起始年级消除大班额。发放学生、幼儿资助1003.18万元。长郡雨外洪塘学校、砂子塘小学第六都校区、枫树山莲湖小学等7所新校（公办幼儿园）投入使用，新增学位（园位）9400个；完成26所标准化学校建设。开展洞口支教、龙山扶贫和跳马片区学校"一对一"帮扶；推进教师幸福工程"十件实事"，教工之家提质改造、困难职工精准帮扶、"影视福利"实事工程实现100%全覆盖。全年承担国家教育考试任务35次，服务考生7万余人。创新课程设置，组织62所学校，1.2万名学生开展素质拓展培训。加强经费保障，提高义务教育学校生均公用经费标准至小学每生每年800元、初中1000元；按照每人每年2000元的标准，落实教师中餐补贴；按照每人每年5万元的标准提高临聘教师待遇；根据考核等第首次发放教师综合治理奖。建立清理整治无证办学长效机制，共获准办证机构19家，取缔关停11家。（何兵生）

【教育教学】 2017年，通过德育项目化管理，提升德育工作实效性；承办湖南省2017年度未成年人“珍爱生命、快乐成长”主题教育活动，雨花区分享未成年人心理教育经验；天华寄宿制学校“欧阳爱湘少先队名师工作室”被评为全国少先队名师工作室。2017年雨花区中考6A人数（含对口直升生）262人，高二学业考试一次性合格率95.1%，高考一本上线381人，二本上线1162人，二本上线率55.5%。雨花区在湖南省、长沙市教育信息化建设大会上作经验发言，《中国教育报》报道雨花区教育信息化应用工作；2件作品代表湖南省参加全国创客作品大赛，一件获特等奖，一件获一等奖。承办第十届“德馨杯”国际少儿足球邀请赛，“成基金”首届中国青少年足球公益联赛，雨花区有18所学校入选为全国校园足球特色学校。（何兵生）

【教师队伍建设】 2017年，开展“强师德、正师风、铸师魂”师德师风建设主题教育活动，涌现出刘道丰、陈梅等一批省市优秀教师、优秀校长；教师节前夕，区委、区政府表彰261名“名校长、名教师、名班主任”。全年开设校长、骨干教师、新进教师等16个培训班，2808人参加培训；全区有区级以上名师工作室（工作站）21个，李臻校长工作室入选长沙市首批中小学名校长工作室；认定区级以上骨干教师1111人，首批学科带头人31人。推进校长、教师交流轮岗，雨花区教师交流、培养培训工作在《湖南教育》推介报道。公开招聘教师335名，其中选聘名优教师24名。（何兵生）

【校园安全】 2017年，全年教育系统无安全事故。砂子塘泰禹小学被评为湖南省安全文明校园，红星第二小学、砂子塘湘天小学被评为长沙市安全文明校园，市一中雨花新华都学校等27所学校被评为长沙市平安校园。“明厨亮灶”第二期工程完成施工，举办雨花区学校食品安全培训暨厨艺比赛，强化食品安全。投入1140万元，聘请326名专业保安，保安配备率100%，实现校园专业化安防全覆盖。开展6次校车安全专题培训，9次校车安全督查整治行动，保障学生上、下学安全。（何兵生）

【2017年雨花区春季教育工作会议】 2017年2月6日，2017年雨花区春季教育工作会议在砂子塘泰禹小学举行，会议总结2016年工作，部署2017年工作。区人大常委会副主任杨仕斌、区政府副区长易静，区教育局党委书记、局长王青春等参加。王青春作题为《坚定信心矢志跨越，推动雨花教育更加公平更高质量更加和谐》工作报告，2017年重点抓好“六大工程”：全面推进党建引领工程，全面深化教育教学改革工程，全面实施名校名师培育工程；全面推进学校项目建设工程；全面推进民办学前教育优质普惠工程；全面推进教育治理现代化工程。（何兵生）

【2017年民办教育、学前教育工作会】 2017年2月22日，雨花区教育局2017年民办教育、学前教育工作会在区会议中心中型会议室召开。会上，民办教育系统工作规划与评优，安全工作讲座与责任书签订，党建工作推进落实讲话，区教育局党委书记、局长王青春关于民办教育的讲话，区政府副区长易静关于民办教育讲话。雨花区思齐培训学校和李章分别获2016年雨花区民办教育、学前教育先进单位和先进个人称号。（何兵生）

2017年2月22日，2017年民办教育、学前教育工作会 （何兵生/提供）

【杜占元调研雨花区教育工作】 2017年3月16日，教育部党组成员、副部长，国家语言文字工作委员会主任杜占元调研雨花区教育工作。杜占元在砂子塘万境水岸小学，重点考察雨花区“一校一特色，一生一特长”工作，参观科技创新、艺术教育、剪纸、书法、皮影戏等特色项目的成果展示；对区委、区政府重视教育工作，对雨花区实施集团化办学，带动全区教育均衡优质发展的做法给予肯定。杜占元希望雨花教育乘势而上，坚持集团化办学思路，更加关注孩子的全面发展，为国家和民族培养更多优秀人才。（何兵生）

2017年3月16日，教育部副部长杜占元（前左一）调研雨花教育工作（何兵生/提供）

【第十届“德馨杯”国际少儿足球邀请赛】 2017年4月29日至5月3日，第十届“德馨杯”国际少儿足球邀请赛在长沙民政职业技术学院、砂子塘万境水岸小学、长塘里小学、德馨园小学与湖南体育职业学院等处举行，该届邀请赛由省体育局、市人民政府外事侨务办公室、湖南省足球协会、市体育局主办，区教育局承办，雨花区德馨园小学协办。第十届德馨杯分为国际组、校园足球赛甲组以及校园足球赛乙组三个大组别。甲组及国际组均为U-11组别即参赛球员为2006年1月1日后出生，乙组为U-9组别即参赛球员为2008年1月1日后出生。国际组采取“4+4+4”的比赛模式，即由两支境外球队和两支国外球队+四支足校队伍+四支校园队伍组成。来自日本、尼日利亚、中国香港以及境内的76支队伍参赛。德馨园小学代表队获乙组冠军。（贺　勇）

【张敏调研全区教育工作】 2017年6月15日，区委书记张敏调研全区教育工作。张敏要求，加大教育经费投入，推进学校硬件均衡发；加强队伍建设，推进师资力量的均衡发展，培育一批骨干教师，关心教师发展，选拔一批事业心强、管理水平高的优秀校长；要加强教学管理，推进教学质量均衡发展；要加强校园文化建设，推进可持续发展。（何兵生）

【第五届中国中（小）学生舞龙舞狮锦标赛】2017年7月17—20日，第五届中国中（小）学生舞龙舞狮锦标赛在雨花区明德洞井中学举行。该次活动由中华体育协会主办，区教育局、雨花区明德洞井中学承办。明德洞井中学代表队获“奥运五环龙项目金牌”。明德洞井中学是雨花区非物质文化遗产优秀传承基地，是“全国中小学舞龙舞狮教育示范学校”。来自北京、广东、福建、重庆、山东、浙江、湖南等省份共28支参赛队伍567人参加比赛，明德洞井中学代表队获“奥运五环龙项目金牌”。（贺　勇）

第五届中国中（小）学生舞龙舞狮锦标赛（何兵生/提供）

【雨花区庆祝第33个教师节】 2017年9月9日，2017年雨花区庆祝第33个教师节暨“三名”“四优”颁奖典礼在雨花大会堂举行。大会对评选出的梁志军等5位名校长、黄生英等10位名教师、柳晓芝等10位名班主任以及一批优秀教育工作者、优秀教师、优秀班主任进行表彰。区委书记张敏代表区委、区政府，向全区教育工作者致以节日的问候；希望全区教育工作者以先进为榜样，实现“校校成优校、师师做良师、生生皆成才”目标。（刘　洁）

【雨花区“诵读国学经典 纪念孔子诞辰”主题活动】 2017年9月28日，孔子诞辰2568周年纪念日，雨花区王家冲小学在校园里举行长沙市“我们的节日——中秋”系列活动暨雨花区“诵读国学经典 纪念孔子诞辰”主题活动。该次活动分为祭孔仪式、“我们的节日——中秋”经典诵读两个环节。祭孔仪式中，王家冲小学86名学生身着汉服向孔子画像进献鲜花、献果；在18名家长的带领下，106名学生迈着稳健的部分向孔子画像上香、行拜礼，表示崇敬之意。行拜礼后，全校1000余名师生及现场来宾齐诵《论语》，并向孔子画像行三鞠躬礼。活动的第二个环节是“我们的节日——中秋”经典诵读活动。配乐诗朗诵《中秋的思念是团圆》、童谣舞蹈《中秋夜、望明月》、教师民族舞《思月》等节目通过经典诵读，展现出追梦、家梦、中国梦的画卷。该次传统仪式，延续着中华民族数千年以来的文化根基。 （何兵生）

2017年9月28日，雨花区“诵读国学经典 纪念孔子诞辰”主题活动 （何兵生/提供）

【雨花外国语洪塘学校揭牌】 2017年10月19日，雨花区人民政府与长沙市长郡中学合作办学签约暨

2017年10月19日，长郡雨花外国语洪塘学校揭牌 （何兵生/提供）

长郡雨花外国语洪塘学校揭牌仪式在长郡雨花外国语洪塘学校举行。市教育局党委书记、局长卢鸿鸣，长郡中学校长李素洁，长郡中学党委书记杜慧，区委副书记、区长刘素月等参加签署协议，并为学校揭牌。长郡雨花外国语塘学校是长郡雨花外国语学校发展史上一校三址的第三所学校，为九年一贯制公办学校，2017年9月正式开学。学校有27个班级，1234名学生。 （陈 俊）

【国务院教育督导委员会专家督导雨花区】 2017年11月13—14日，国务院教育督导委员会专家沈国才、李强、杨虎先一行对雨花区中小学校责任督学挂牌督导创新区创建工作进行实地核查。省教育厅副主任督学贺照，市教育局党委委员、副局长邓芸，区委书记张敏等参加核查。专家组一行通过听取汇报、查阅资料、随机访谈以及查看梅怡岭小学，长郡雨外环科园校区，明德雨花实验中学督学责任区建设情况等方式，全面核查雨花区挂牌督导的工作情况和工作实效。 （何敬之）

科学技术

【概况】 长沙市雨花区科学技术局（区知识产权局）（简称“区科技局”）为区政府正科级行政单位，主要职能是负责全区科技成果转化、科技平台建设、科技项目及资金管理、科技计划的申报及审核、科普宣传、专利申报指导、知识产权的宣传与保护等工作。核定编制6名，其中领导职数3名，机关后勤服务编制1名；全体在职干部职工12人，其中改非2人，雇员4人；退休7人；党员15人，其中在职党员7人；在职预备党员1人。办公地点设在雨花区人民政府机关大院内。

2017年，区科技局深入推进科技创新和经济紧密结合，以提升区域科技创新能力为主线，按照“总体规划、多方联动、协调配合、系统推进”的工作思路，优化产业布局，提质重点产业，推进大众创业、万众创新，实现科技与产业无缝对接，提

高科技进步对经济增长的贡献度；以加大知识产权保护力度、浓厚知识产权文化氛围为重点，全面落实省、市、区关于知识产权工作的重大决策部署，统筹推进知识产权宣传、“双打”执法、专利权质押融资、专利申报、软件正版化等工作，为创建知识产权强区打下坚实基础。2017 年，雨花区完成技术合同交易额 30.09 亿元，完成市对区考核目标任务的 501.5%，名列长沙市各区县市第一名。技术合同交易额是 2017 年新增的考核指标，2017 年 3 月市科技局对全市技术合同交易额进行任务分解，雨花区的任务指标是 6 亿元。对此，区科技局采取“开展调研、摸清底数，宣传发动、分解指标，走访企业、加强协调”等一系列措施，攻克这一难题。

（赵　昊）

【科技工作】　2017 年，全区认定高新技术企业 79 家，高新技术产业增加值占 GDP 比重（含长烟）为 48.9%。有 15 家企业与高校、科研院所签订合作协议。完成企业技术合同交易额 30.09 亿元，占到全市份额 30%，排名全市第一。审核科技项目 61 个，41 个项目通过验收。出台政府规范性文件《长沙市雨花区科技计划项目及科技发展专项资金管理办法》（雨政办发〔2017〕84 号），对科技创新平台建设、高端科技成果研发、高端人才创业等给予扶植奖励。2017 年雨花区科技计划项目立项 67 项，其中重点项目 43 个，一般项目 24 个，支持资金 850 万元。率全市之先设立“长沙‘1+4’科技新政”服务窗口，开辟政策宣传、项目申报的绿色通道，全区 58 家企业共 61 个项目享受科技新政的支持，科技计划专项经费各类资金支持 1486.2 万元。全年全区认证备案的众创空间 8 个，占地总面积为 25204.4 平方米。

（赵　昊）

【知识产权工作】　2017 年，协调各成员单位开展“双打”执法行动 487 次，出动执法人员 3216 人次，立案查处“双打”案件 264 件，办结案 214 件，捣毁生产假冒商品窝点 31 个，查处涉嫌假冒专利案件 67 件。引导企业开展自主创新，申报专利，全年专利申请总量 3828 件，同比增长 8.53%，授权总量 2399 件，同比增长 15%。全年辖区企业完成质押融资金额 2860 万元。全年计补助发明专利 16 项，实用新型专利 57 项，发放补助资金 4.45 万元。组织全区性软件正版化业务知识培训一次，组织辖区企业和知识产权专职人员参加省、市组织的维权大讲堂活动多次；外请专家组织专利权普法讲座、商标沙龙活动 3 次，参训人员 400 人次。

（赵　昊）

【2017 年知识产权宣传周】 2017 年 4 月 19 日，2017 年知识产权宣传周启动仪式暨企业知识产权保护与运用论坛、专利权普法知识讲座在雨花经开区创新设计产业园举办。活动由区科技局、区工商分局和雨花经开区经济发展局主办，长沙市商标协会、北京集佳知识产权代理有限公司承办，区相关部门分管领导、各街道负责人及辖区内 200 余家企业主管参加活动。活动邀请北京集佳知识产权代理机构的资深专家和湖南金凯华律师事务所的专业律师分别就“如何利用知识产权制度建立企业核心竞争力”和“专利权纠纷维权案例剖析”等主题进行授课辅导，展开互动交流。

（赵　昊）

【2017 雨花区科技活动周启动仪式】　2017 年 5 月 22 日，2017 雨花区科技活动周启动仪式暨科技企业推介活动于雨花经开区管委会举行。该次活动由区政府主办，区科技局、区文明办、雨花经济开发区经济发展局、区科学技术协会承办，雨花区群英公益发展促进中心、唐智科技湖南发展有限公司、湖南晓光模具有限公司、长沙环康环保科技有限公司协办。市科技局党组成员、副局长周一平，区委副书记陈永高，雨花经济开发区党工委副书记、管委会主任李国军等参加活动。雨花区围绕主题开展科技企业经验交流活动、送农业科技下乡活动、雨花区中小学生创客大赛等七大主题活动，动员全区力量，大力发展科技创新、推进科普宣传。

（赵　昊）

【专利行政执法检查】 2017年5月23日，区科技局联合市知识产权局专利行政执法人员一行6人，分别到左家塘街道和侯家塘街道开展专利执法检查。执法人员对涉嫌假冒专利或专利标识不规范的24种商品进行调查取证，对相关商家下达协助调查通知书，要求商家在规定时间内提供有效专利证明材料、专利缴费发票和专利产品进货合法来源等资料。就专利标识标注、有效专利查询辨识等相关知识，现场对商家及消费者进行宣讲，引导商家开展专利商品自查自纠，进一步把好进货关，杜绝假冒专利产品进入市场。（赵　昊）

【科技服务业企业座谈会】 2017年5月26日，区科技局联合区政协经科委召开2017年雨花区科技服务业企业座谈会。区政协副主席罗艳辉、区科技局全体班子成员及20余家科技服务业企业相关负责人参加会议，会议邀请中南大学教授关选国、湖南大学教授滕召胜、长沙理工大学教授徐学军与企业代表们进行座谈交流。区科技局党组书记、局长张蛟龙介绍区科技服务业的发展现状，就省市区相关科技政策与企业进行分享。各企业负责人介绍各自企业当前的发展情况、科研项目情况，以及在发展中遇到的一系列问题，并提出意见和建议。针对企业代表们提出的问题，与会专家们一一进行解答，与企业进行交流。（赵　昊）

【打击侵权假冒工作领导小组成员单位联席会议】 2017年6月12日，雨花区组织召开全区2017年度打击侵犯知识产权和制售假冒伪劣商品工作领导小组成员单位联席会议。会议由区打击侵权假冒工作领导小组副组长、区政府副区长易静主持，区科技局、区食药监局、区农林水局、区工商分局等17个打击侵权假冒工作领导小组成员单位和各街道（镇）分管负责人参加会议。易静提出要求：要统一思想，认清形势，切实增强打击侵权假冒工作的责任感紧迫感；要加强领导，凝聚合力，确保打击侵权假冒工作落到实处；要突出重点，攻坚克难，不断提升打击侵权假冒工作的质量效益。（赵　昊）

【雨花区首届中小学生创客大赛】 2017年8月3日，区科技局、区文明办、区教育局、区经信局联合主办雨花区首届中小学生创客大赛，充分结合区科技企业资源，吸引了天闻数媒科技（湖南）有限公司、湖南燚熵科技发展有限公司、阿里巴巴创新中心（长沙基地）、夸克仓库众创空间、亚马逊AWS创梦孵化器、湖南盈方科技有限公司、长沙理工大学无人机应用研发中心等单位积极参与，成为小创客活动实践基地。区科技局在暑假组织三批共150名区中小学生到这些基地实践学习。（赵　昊）

2017年8月3日，雨花区首届中小学生创客大赛　（赵昊/提供）

【贯彻落实长沙“1+4”科技新政】 2017年8月23日，市委、市政府召开全市科技创新大会，公布“1+4”科技创新政策体系（“1”即《中共长沙市委长沙市人民政府关于建设国家科技创新中心的意见》。该《意见》以问题为导向，提出诸多破解科技创新发展瓶颈的宏观性、指导性的见解和处理办法。“4”即贯彻落实《意见》的相关配套措施。先期瞄准扶持企业自主创新、加快科技平台建设、促进科技成果转化、深化科技金融结合4个关键点发力）。8月26日，区委、区政府召开区委常委会，成立“雨花区政策落地办”，区政府办、区委宣传部、区发改局、区财政局、区人社局、区经信局、区科技局、区商务局、区税务局、区科协、经开区经济发展局等为成员单位，共同推进新政策落地工作。在雨花区政务中心成立“雨花区政策落地服务窗口”，开辟政策咨询、申报项目受理等绿色服务通道。8月30日，组织全区300家科技企业进行新政策培训辅导，邀请专家对长沙“1+4”科技创新政策进行解读。区委、区政府对该项工作提出了四点要求：一是研究政策，吃透政策的创新点、涵盖点、着力点，分析雨花区争取政策红利的优劣势；二是宣讲政策，将政策送到每一个企业；三是用好政策，摸清企业底数，加强对企业的指导力度；四是出台政策，由区政府办牵头，区科技、经信、人社、发改、财政、税务等部门参与，整合长沙“1+4”科技新政、“长沙工业30条”、“长沙人才新政22条”等政策精神，出台雨花区引导科技创新、推进产业升级发展的新政策。（赵　昊）

【“工业科技特派员”入驻雨花区】 2017年9月15日，2017年度首届长沙市“工业科技特派员”见面洽谈会暨入驻仪式活动在长沙生产力促进中心举行。市政府副秘书长康小平，市科技局党组书记、局长赵跃驯以及各区县（市）科技局负责人，各高校工业科技特派员专家，各科技型企业负责人等相关人员参会。会上，来自中南大学、湖南大学、湖南师范大学、长沙理工大学、湖南农业大学、中南林业科技大学6所高校的科技人才汇聚，作为长沙市首批工业科技特派员，与46家长沙科技型工业企业现场签约。长沙长泰智能装备有限公司、长沙环康环保科技有限公司 、长沙长泰机器人有限公司、湖南奇思环保有限公司四家企业成功入选本次工业科技特派员派驻企业。签约仪式上，长沙环康环保科技有限公司作为签约代表，成功“牵手”中南大学教授黄家玮，双方约定派驻期间，将在知识产权管理、紧急广播系统技术、救援人员自主定位技术、引进应急产业科技创新资源和后续校企合作等方面深度交流，展开合作。（赵　昊）

【推进政府机关软件正版化工作培训会】 2017年9月29日，区科技局、区电子政务中心组织全区近60个部门信息专干召开推进使用正版软件工作专题培训会议。会议传达国家、省、市关于做好软件正版化工作的一系列指示要求，分析政府机关推进使用正版软件工作的形势，对推进使用正版软件工作做安排。区电政办通报前期对该项目工作的摸底情况，对自查汇总、整改规范和台账建立标准朝廷讲解。国家软件正版化推进实践专家陈新华围绕政府机关软件正版化工作实务、正版软件大数据管理和正版软件产品鉴别等方面的知识进行讲解，并进行现场互动交流。（赵　昊）

【知识产权保护专题讲座】 2017年12月15日，区科技局邀请金凯华律师事务所资深律师开展一次以“知识产权保护”为主题的专题讲座，对各街道分管专干和部分执法人员进行业务培训。在培训中，张晓、彭理两名律师结合自己10余年来经手的处理侵犯知识产权方面的经典案例，从专利权基本知识介绍、专利侵权的类型、专利权保护的途径、专利执法线索获取、典型案例分析等方面进行讲解。该次培训对增强基层一线工作人员提高知识产权保护的能力具有一定的促进作用。（赵　昊）

文化·体育

综　述

【概况】　长沙市雨花区文化体育新闻出版局（简称“区文体新局”）为区人政府工作部门，主要职能是负责全区文化体育新闻出版工作。内设办公室、公共文体艺术科、文化产业科（市场科）3个职能科室，核定行政编制7名，其中领导职数4名（另备案1名）。下设4个二级事业单位：正科级二级事业单位文化市场综合执法局，核定事业编制8名，其中领导职数2名；副科级二级事业单位文化馆，核定事业编制3名，其中领导职数1名；副科级二级事业单位公共图书馆，核定事业编制4名，其中领导职数1名；二级事业单位文物管理所，核定事业编制1名。2017年，全局有干部职工39人，其中在职干部23人，引进人才1人，雇员15人；退休10人；全局党员30人，其中在职党员24人，退休党员6人。办公地点设在区政府机关大院文化中心。

2017年，区文体新局把培育和弘扬社会主义核心价值观作为根本任务，紧扣市、区党代会确立的“繁荣城市文化、建设国际文化名城”和“建设财富、品质、幸福雨花”的战略目标，加强雨花文化各项建设，让“文化惠民”落在实处，推进文化领域各项工作上档次、出成效。2017年接受国家公共文化服务体系效能评估、区公共图书馆国家一级馆复评、创建国家文明城市、文化市场政策落实和行政审批规范化全国督查4个国家级评估、督查；推进“书香雨花”建设，打造1个全国“书香社区”；打造雨花区公共文化示范点；推进为民办实事工程，全民健身中心闪耀星城；致力保护传统文化，打造雨花“非遗”名片。文体实事工程和群众工作联点代表雨花区迎接长沙市实事办和群工办验收。全年获国家级奖项6项、省级奖项11项、市级奖项22项、区级奖项52项；获全年国家级报道71篇次、省级报道48篇次、市级报道16篇次。（戴娟娟）

【标准化试点】　2017年，区、街、社区三级公共文体设施网络不断健全，并全面深化免费开放，创新活动开展。公共图书馆中心馆—总分馆建设和农家书屋转型升级全面推进，提质服务水平，创新活动开展。（戴娟娟）

【实事工程】　2017年，实施党员联点实事工程，市、区政府投资300万余元，新建示范性社区综合文化服务中心5个——永祥社区、浦沅社区、丰园社区、美林景园社区、牛角塘社区，区域性全民健身中心1个——东山闪耀全民健身中心，街道（镇）级户外全民健身中心1个——洞井丰园全民健身中心，投放全民健身路径111处。争取省、市、区三级投入100万余元（其中区文体新局投入50万元）将丰园社区文体活动中心打造为省级示范点。

（戴娟娟）

文　化

【文化活动】　2017年，打造原创文艺精品，创作《歌唱社会主义核心价值观》《浏水笠影》《秋收秋收》《雨润花开》《绿色的约定》等音乐作品，其中《绿色的约定》获市新人新歌赛通俗组金奖，《浏水笠影》获市“欢乐潇湘”群众文艺汇演金奖；原创音乐作品《入党宣誓》《善行天下》《丰园之恋》获市“新人新歌大赛”民族组优秀奖。《燃烧岁月》等9幅画作入选国家级各类画展，《盛放》等5幅画作获湖南省第三届花鸟画展优秀奖。举办“杜鹃花”艺术月暨“飞梦雨花”文化艺术节、“书香雨花”读书节、“喜迎十九大·欢乐潇湘·品质长沙·幸福雨花”群众文艺展演、“弘扬长征精神·走好新长征路”长征颂歌天天唱暨雨花区新人新歌大赛、“我们的节日”之春节、端午系列活动、“歌唱社会主义核心价值观”广场舞比赛、“军民共建·携手共创”纪念建军暨秋收起义90周年双拥专题文艺汇演、“翰墨丹青·清白传家”主题书画展和“喜迎十九大，传扬家文化”专题访谈等丰富多彩的主题文化活动。组队参加“2017东亚文化之都·中国长沙活动年”开幕式、闭幕式和长沙市“杜鹃花”艺术月系列活动。深化文化馆、公共图书馆免费开放，举办春季、暑期少儿、秋季、寒假公益性文化艺术培训班共14期，涵盖声乐、太极拳、瑜伽、拉丁、少儿陶艺、少儿柔道、少儿美术、少儿小主持人、有氧健身操、爵士等10余个项目；开展送春联、送图书、送戏曲等“六送”系列活动，开展公益电影放映月雨花专场活动、学雷锋志愿服务系列活动，弘扬传统文化，传播正能量；开展“书海导读”新书推荐、湖湘文化讲坛、“圈圈故事会”未成年人读书系列活动、“幸福悦读 知识共享”图书漂流、“书香校园”快乐阅读日、“创意美劳·分享阅读”亲子手工活动、绘本导读等读书活动。　（戴娟娟）

【全民阅读】　2017年，推进“书香雨花”建设，制定建设规划，整合资源开展读书活动，在丰园社区试点建设丰园图书馆、24小时自助图书馆，推送丰园社区获评全国“书香社区”。首创区委、区政府机关阅读花园、卫计大楼干部职工图书室。建设图书馆总分馆，建成区级中心馆1家、社区分馆5家，新建48个社区（村）“农家书屋（图书室）”、2个小区“图书屋”。完成区公共图书馆国家一级馆复评工作。加强全区公共文化服务体系建设、管理的指导和督查，接受国家公共文化服务体系效能评估（文化部委托第三方评估）。　（戴娟娟）

【文物保护】　2017年，开展“雨花寻”历史文化脉络调研及资料收集工作，形成《文脉千秋》第三稿，召开两次论证座谈会，将成果试点运用。制定《雨花区不可移动文物安全管理制度》等各类不可移动文物安全管理相关制度，组织编制《雨花区文物保护利用工程五年规划》。完成文物消防安全大排查、市级以上不可移动文物保护区域划定、文物巡护员培训、辖区内省级文物保护单位的科学记录档案工作；召开张文忠墓迁移工程的专家论证会；完成中冶长天大楼内部装修方案、长沙钢铁厂炼钢车间外部修缮方案、英功桥和湖南省建材机械厂职工楼拆除后续工作；办结市政协委员“关于请求恢复红一方面军总前委指挥部旧址的提案”；启动石马铺陕西忠义官弁兵夫合墓修缮工程、跳马镇航空博物馆建设、长沙重型机器厂职工楼维修加固工作及第八批全国重点文物保护单位申报材料编制工作；推动左宗棠墓修缮工程。　（戴娟娟）

【非遗传承】　2017年，推进非遗特色街区建设，入驻非遗项目349个，入驻传承人200余名，聚集非遗项目和非遗传承人数量走在全国前列。承办2017年长沙市首届“文化与自然遗产日”启动仪式、湖南省首届“文化与自然遗产日”闭幕式；组织7场“非遗”专场演出开进农博会，参与国际经济文化交流；雨花非遗馆代表长沙市接待各级领导以及东亚文化之都国际访问团考察；组织柳建新刺绣艺术馆参加第四届“丝绸之路”国际艺术节展演；组

织雨花非遗馆到阿联酋阿治曼展会中心参加“一带一路”湖南主题展。（戴娟娟）

【文化市场管理】 2017年，接受文化市场政策落实和行政审批规范化全国督查（各省交叉检查），受理在线行政审批75件、行政备案5件、行政变更11件，实行“一个岗位对外”制度，网上在线办理各类审批件到位，办结率100%，群众满意率100%，行政审批整体提速50%。全面落实商事制度改革和“四十五证合一”并联审批工作。全区在运行的未成年人绿色上网场所41家，其中示范型的2家，标准型的39家。加强、规范文化市场执法，开展错时执法，开展“扫黄打非”“清源”“净网”“护苗”“秋风”“固边”五大行动及出版物、印刷品、“两节两会”、春秋开学季三项整治，组织“阳光暑假”网吧集中整治、互联网上网服务经营场所“利剑行动”、无证出版物市场整治、校园周边文化市场环境整治、文化市场意识形态工作集中整治、娱乐行业“春雷”整治等行动，全年检查文化市场经营单位5400余家次，办理行政处罚案件79起，结案73起，取缔关停黑网吧10家，收缴非法出版物4300余册、盗版淫秽光盘1500余张。区文体新局获评湖南省“扫黄打非”办案有功集体、长沙市“扫黄打非”优秀集体。在市、区法制办开展的2017年度行政执法案卷评查中获得满分。（戴娟娟）

【文化产业发展】 2017年，制订出台《雨花区打造创新创意文化高地三年行动计划》，明确未来三年将重点扶持“互联网+”、新媒体、虚拟现实、影视节目、数字出版、动漫游戏、广告会展、演艺娱乐、创意设计等业态。实施“双引、双带、双培、双推”工程，促进文创产业整体蓬勃发展，全年引进新增文化企业400余家，重点打造长沙广电示范基地，打造长沙乃至湖南最具影响力的泛娱乐文化创意产业园区。形成《左宗棠墓历史文化暨墓园建设可行性调查报告》。针对雨花区实际情况起草修改和增设系列扶植政策，增设引进总部企业奖、税收贡献奖、创新创意奖、产品质量奖、获得知识版权和专利权奖等；开展企业走访，解决企业发展难题；雨花区文化创意产业协会新增20余家会员单位，会员单位数量70家。举办7次座谈会、9次各类沙龙活动、5次调研考察企业活动、6次企业互访活动。制定《雨花区文化消费试点工作实施方案》，突出重大文化项目建设，完善文化产业重点项目（活动）数据库，明确32家文化企业作为区文化消费试点单位，其中20家被市级授牌“国家文化消费试点合作单位”，在具体实施中通过社会购买、消费补贴等形式，鼓励社会参与，活跃市场、促进消费、实惠百姓。（戴娟娟）

【雨花区读书分享会成立】 2017年1月21日，雨花区读书分享会在洞井街道丰园社区公共图书分馆成立。雨花区读书分享会是区政府发起成立的文化社团，旨在汇聚全区阅读爱好者，传播阅读文化，培养全民阅读求知的良好风气。读书分享会面对全区爱读、善读的阅读爱好者，每月举办一次读书分享沙龙，依托区级馆和各分馆开展阅读推广活动。（戴娟娟）

【湖湘中医药非遗传承基地项目研讨会】 2017年2月16日，湖湘中医药非遗传承基地项目研讨

2017年2月16日，湖湘中医药非遗传承基地项目研讨会（戴娟娟/提供）

会在雨花非遗馆召开。项目总投资预计3500万元，以雨花非遗馆为基地，打造中医药特色非遗疗法一条街。省文化厅非遗处处长处长陈友材、湖南中医药大学副校长何清湖、区委宣传部副部长尹世俊、雨花非遗馆馆长邓运姣、湖南中和亚健康服务中心主任涂波以及善慈健康管理发展有限公司董事长蓝锡滨等参加。何清湖、省文化厅、省中医药管理局的到会人员相续发言，对本项目的重要性和建设性做出肯定，同时鼓励项目组成员对整个项目要坚持三颗心：对中医药传统项目的信心，弘扬中医药传统文化造福社会大众的恒心，以及长期作战坚持到底的耐心。整个项目的建设目标是打造中医药特色非遗疗法一条街，整个项目以长沙市雨花非遗馆为基地，建设规模2000~5000平方米，装修风格以中式简装风为主，装修投资预计2000万元，总投资预计3500万元。项目建设有四个关键，其一以传播弘扬中医药传统文化为目标，其二挖掘整理民间单方、偏方、验方，其三为传统中医药文化学术交流提供平台，其四打造社区就业培训提供平台与窗口。项目的运营以中医药儿童预防保健工程为先导，以全国中医药传统中医疗养项目为主体，以湖湘中医药特色疗法为亮点，打造系统中医药特色健康服务和特色中医疗法体系。项目由湖南善慈健康管理发展有限公司投资发起，和湖南中和亚健康服务中心共同打造，第一期儿童项目投入建设，营业面积约380平方米。（戴娟娟）

【湖南省文化厅机关联基层活动在雨花非遗馆开展】 2017年2月28日，湖南省文化厅、湖南省艺术研究院到雨花非遗馆开展湖南省文化厅机关联基层活动，参观体验湘绣、浏阳菊花石、醴陵釉下彩、湘西蜡染及扎染、安化黑茶、剪纸、棕编、红木家具、陶瓷、木工、禹州钧瓷等非遗项目。与会人员就如何贯彻落实《关于实施中华优秀传统文化传承发展工程的意见》及雨花非遗馆如何发展展开讨论。省文化厅副厅长张帆表示，将“非遗”塑造成“体验馆”融入市场及老百姓生活的做法非常好，要将非遗馆做成一个试点，使雨花非遗馆定位更准确，打造得更好。（戴娟娟）

【长沙市雨花区美术家协会成立】 2017年3月16日，长沙市雨花区美术家协会成立暨第一次会员代表大会召开。会议审议并通过协会章程，选举产生雨花区美术家协会第一届理事会和主席团，颜秋礼当选为主席。雨花区美术家协会聘请湖南省美协副主席兼秘书长旷小津、长沙市美协主席刘昕文为顾问；聘请长沙市美协副主席兼秘书长王礼、副主席萧剑、长沙画院常务副院长郭文光、岳麓印社副社长张建明4人为名誉主席。（戴娟娟）

2017年3月16日，长沙市雨花区美术家协会成立（戴娟娟/提供）

【“我的阅读我做主”自主选购图书活动】 2017年4月23日“世界读书日”，区公共图书馆把选书权交给读者，组织一批“小书虫”来到湖南省新华书店开展“我的阅读我做主”自主选购图书活动。该次活动有利于丰富区公共图书馆馆藏资源，提高图书利用率，激发市民阅读激情，浓厚“书香雨花”读书氛围。（戴娟娟）

【新人新歌大赛】 2017年5月19日，“弘扬长征精神·走好新长征路”长征颂歌天天唱暨2017年雨花区新人新歌大赛总决赛在长沙实验剧场举行。该活动由区文明委、湖南省延安精神研究会、长沙市群众艺术馆联合主办，旨在鼓励和推动全区文艺创作，发掘和培育音乐人才的文化交流平台。湖南省文化艺术基金会主席肖雅瑜，省文化厅副厅长肖凌之等参加。该次大赛于2017年年初启动，经过街道决赛、区级海选、区级半决赛层层选拔，10名优秀选手登上总决赛的舞台。现场评出一等奖1名，二等奖2名，三等奖3名。（戴娟娟）

2017年5月19日，2017年长沙市雨花区新人新歌大赛决赛（戴娟娟/提供）

【雨花区举行“文化和自然遗产日”系列活动】2017年6月10日，2017全国“文化和自然遗产日”长沙站启动式在雨花非遗馆举行。启动仪式上，长沙市级非物质文化遗产代表性项目“长沙童谣”等和省级非遗代表项目“长沙花鼓”与市民见面。九大濒临失传的非遗项目江氏正骨术，唐市金银首饰加工技艺，金井绿茶制作技艺，浏阳、宁乡、望城皮影，长沙县、黄材、浏阳客家山歌，捞刀河刀剪制作技艺，长沙花鼓戏，巫家拳等被现场授予第4批省级非遗代表性项目资格。该次开幕式是“非遗保护——传承发展的生动实践”非物质文化遗产宣传展示活动系列子活动之一，该系列活动由省文化厅、市委宣传部和市文化广电新闻出版局主办，从6月10日持续至30日，共有八个学非遗、赏非遗活动，旨在展示独特湖湘非遗文化。八个学非遗、赏非遗活动为：非童一班 亲子体验，市民可带着孩子到雨花非遗馆各体验馆现场报名，参与“我和大师学非遗”“我和网红学非遗”等非遗项目体验；非遗大戏台，6月10—24日，雨花非遗馆中厅连续三个周末举办“非遗大戏台”展演活动，非物质文化遗产国家级、省级、市级传承人与“非二代”将同台竞技；长沙2017年首届“文化和自然遗产日”宣传展示活动暨第三届中国·雨花非遗文化艺术节启动仪式；非遗校园、进社区，6月18日、6月25日，市青少年宫、湘天小学举行非遗进校园、进社区活动，有剪字、剪纸、竹编等传统手工艺展示和现场教学，还有茶道、香道、古筝、陶笛等艺术表演；我是非遗接班人，6月14日，长沙晚报《你说话吧》在雨花非遗馆开讲，讲述不为人知的“非遗”故事，畅谈“非遗”的传承与创新；中国梦·非遗情——千人扎染，6月10—30日，招募1000人共同完成一幅长96米以“中国梦·非遗情”为主题扎染作品，献礼中国共产成立96周年；湖南省直单位高雅艺术进机关——湖湘优秀传统文化展示体验活动；湖南2017年首届“文化和自然遗产日”宣传展示活动闭幕式暨第三届中国·雨花非遗文化艺术节闭幕式。（戴娟娟）

2017年6月10日，雨花非遗文化艺术节启动仪式（戴娟娟/提供）

【雨花区喜迎十九大群众文艺汇演】2017年7月28日，雨花区喜迎十九大群众文艺汇演海选拉开帷幕。13个街镇的200余支草根文艺发烧友团队轮番登场，为迎接中共十九大献歌献舞。雨花区以喜迎十九大为契机，以唱响主旋律为主题，打造“欢乐潇湘·品质长沙·幸福雨花”这一重点文化品牌。即日起至8月，雨花区13个街镇的200余支民间文艺团队通过14场PK海选，在合唱、民族舞、歌伴舞、诗乐舞、情景舞、广场舞、模特秀、戏曲、器乐、交响乐、小品、诗朗诵等才艺上各显其能，角逐出的草根明星团队晋级区级决赛。8月28日，喜迎十九大群众文艺汇演决赛在长沙实验剧场上演。省文化馆副馆长周固坚，省舞蹈家协会副主席向美华，省音协副主席、省文化馆国家一级演员付辽源等担任该次比赛的评委。200余名群众演员走上舞台当明星，通过情景剧、配乐诗朗诵、器乐演奏、大合唱、独唱、戏剧、小品等形式生动地展示雨花区的经济社会发展和文化底蕴。比赛现场评出一等奖1名，二等奖2名，三等奖3名，优秀奖9名。（戴娟娟）

【秋收起义90周年双拥专题文艺汇演】 2017年8月23日，“军民共建 携手共创”长沙雨花区纪念中国人民解放军建军暨秋收起义90周年双拥专题文艺汇演在长沙实验剧场举行。该次演出由区委、区政府、区人武部主办，区委宣传部、区文明办、区民政局、区文体新局、区双拥办承办。演出现场，退役军人代表，驻区部队、武警、消防及军属代表，民兵预备役代表，爱国拥军模范，拥政爱民模范，优秀士官代表、及群众代表等近千人参加。当天有歌曲、舞蹈、杂技、小品等10个节目上演。开场歌舞《军队和老百姓》以说唱与歌舞相结合的形式呈现；舞蹈《浏阳河畔》展现红军在雨花区白田铺肖家祠堂（红一方面军总前委指挥部遗址）浴血奋战的场景；小品《今天》以真实故事为基础改编，利用二度空间转换的创新形式，体现军人爱岗敬业、无私奉献的崇高精神；歌舞《雨中的你》现抗洪救灾的英勇场景；雨花区军休所的离退休干部带来合唱《永远的老兵》。演出在歌舞《七律·军民情》结束。该次文艺汇演展现雨花区积极参与长沙创建全国双拥模范城活动，军民携手促发展的激昂旋律，赞颂“军爱民、民拥军”的情谊。（戴娟娟）

【共话家庭文化建设与清新风气涵养主题活动】 2017年8月24日，“喜迎十九大，传扬家文化”雨花区共话家庭文化建设与清新风气涵养主题活动在雨花区文化活动中心举行。前期，区纪委和区文体新局从全区各部门单位及广大书画爱好者推送的300余作品中精选90余件作品装裱，组织举办“翰墨丹青·清白传家”主题书画作品评选及展览活动，共评选出6幅优秀作品参加长沙市展览。一周时间里，书画作品展吸引区直机关干部及广大书画爱好者等上千人参观。活动中，阎真、易静、谢国富、刘爱民、郑宪春、彭思毛、唐樱、杨学成、谭石光等嘉宾和文化名家分别从“建设廉洁社会与传承家风家训之间的联系”“家规家训家风对儿童日后的成长教育有哪些塑造作用”“主流媒体如何弘扬传播好廉洁家庭文化”等方面阐释家庭文化建设的重要意义和现实价值所在；首届“全国文明家庭”成员罗华介绍自己家庭在文明家庭建设上的成功经验以及家风家训给整个家庭、给孩子的教育带来的积极影响。会后，大家参观“翰墨丹青·清白传家”主题书画作品展。（戴娟娟）

【长沙市喜迎党的十九大系列实践活动在雨花区举行】 2017年9月19日，长沙市“美丽长沙·美德先行”主题系列实践活动暨喜迎党的十九大“欢乐潇湘·品质长沙·幸福雨花”文艺汇演活动在侯家塘街道红旗法治广场举行。该活动由市文明办、区文明委主办，区委宣传部、区委群工办、区文明办、区文体新局、侯家塘街道工委、办事处承办。市、区、街道相关负责人，辖区社会组织、志愿服务组织负责人、志愿者代表、居民群众代表等200余人共同参加。全国第五届道德模范提名奖获得者孟繁英宣读《文明幸福侯家塘，你我共建共享倡议书》。活动中，上演舞蹈《草原牧歌》、花鼓戏《毒品三大害》、歌伴舞《社会主义核心价值观之歌》等节目；开展文明创建和迎党的十九大知识抢答比赛。现场发放《长沙市民文明手册》和文明倡议书等资料500余份。该次活动，有利于丰富居民群众的精神文化生活，培育和践行社会主义核心价值观。（戴娟娟）

【丰园社区获评全国“书香社区”】 2017年10月19日，中国图书馆学会公布2017年“书香社区”发现活动名单（中图学字〔2017〕83号），雨花区丰园社区获评全国“书香社区”。为推进“书香雨花”建设，区文体新局从打造“书香社区”入手，以洞井街道丰园社区为试点，加大投入，打造丰园图书馆、丰园社区24小时自助图书馆，指导成立“丰园读书俱乐部”，指导联合雨花区作家协会、“书香雨花”读书会等机构，整合周边高校资源，成立汇聚100余人的“读书推广会”。经过近一年的努力，丰园社区居民阅读量大幅提升，阅读氛围更加浓厚，成功获全国“书香社区”称号。（戴娟娟）

丰园社区获评全国“书香社区”　（戴娟娟/提供）

【2017年长沙市校园戏曲进社区雨花专场活动】 2017年10月26日，雨花区开展“欢乐潇湘·品质长沙·幸福雨花”2017年长沙市校园戏曲进社区雨花专场活动。该次校园戏曲进社区活动是2017长沙市“欢乐潇湘·品质长沙”的系列活动之一，是长沙校园戏曲进社区的首个区县专场活动，活动旨在让孩子们在不知不觉中接受博大精深的戏曲文化，感受其中的乐趣和魅力。活动中，圭白路小学带来《新刘海砍樵》，长塘里小学的独唱节目《北京胡同》。活动请来国家一级演员、著名京剧表演艺术家徐米娣担任评委，对小戏骨们的表演给出评价，并针对表演中的小细节现场为孩子们示。活动通过专家评审对小戏骨的表现进行综合考量和评判，最终评审出一、二、三等奖各一名。砂子塘湘天小学带来的表演唱《稚气梨园》获得一等奖并直接晋级总决赛，二、三等奖的获得者通过网络投票竞争晋级名额。（戴娟娟）

【湖南省巾帼巧手创业就业孵化基地落户雨花非遗馆】 2017年11月1日，“芙蓉匠心·助力脱贫”湖南省巾帼巧手创业就业孵化基地授牌暨首届女红艺术节启动仪式在雨花非遗馆举行。该活动省妇联、省人社厅、省扶贫办主办，今日女报/TOP旅行、湖南省女红协会、长沙市雨花区宣传部、区文明办、区文体新局承办。全国妇联妇女发展部部长崔卫燕、省政府副省长杨光荣等为雨花非遗馆、湖湘女红文化创客中心颁发“湖南省巾帼巧手创业就业孵化基地”奖牌。（戴娟娟）

【悦享会·公益图书馆免费开放】 2017年11月10日，由南雅社区和市人防办共同打造的悦享会·公益图书馆在香樟东路南雅中学地段地下通道免费开放。这座公益图书馆占地面积近180平方米，设阅读座位近100个，拥有图书3000余册，以“共同阅读，快乐分享”为宗旨，通过“共建、共治、共享、共读”的运营方式营造全民阅读的社会好风气。（戴娟娟）

【雨花区第九届"书香雨花"读书节举行】 2017年12月3日，雨花区举行第九届“书香雨花”读书节活动。该活动由区委宣传部、区文体新局主办，旨在通过倡导读书，不断提高广大市民的文化素质，提升城市文化品味和城市竞争力，在全社会形成人人读书、多读书、读好书的氛围。场前暖场创意视频《那些年，我们读过的书》讲述着雨花区各行各业的爱阅读的市民有关读书的记忆。在国学经典诵读《子曰》中，20名小学生代表身着传统服饰，手拿书籍《论语》，采取“诵读+舞蹈”的表演形式，传递国学魅力。表演结束后，获评全国“书香社区”称号的丰园社区主任蒋战勇介绍用党建文化引领打造惠民阅读的经验。区公共图书馆带来智能机器人展演。（戴娟娟）

【雨花区送戏下乡启动仪式】 2017年12月8日，“贯彻十九大，欢乐送万家”长沙市雨花区送戏下乡启动仪式在跳马镇文体广场举行。活动旨在贯彻文化惠民、振兴传统戏曲、繁荣乡村文化、助推美丽乡村建设。区文体新局全体领导班子、跳马镇党政班子成员、区财政局相关负责人、区“两新”组织代表、雨花区各街道镇文化分管领导及文化站长、区文化馆全体工作人员，以及现场观众1000余人参加活动。活动现场，区政府、区文体新局向13

个街镇及部分非公文化企业分别赠送图书和电影票，让现代文明发展成果惠及广大人民群众。从即日起到 12 月 15 日，雨花区 8 个街镇的居民都可在

雨花区送戏下乡启动仪式　　　　（戴娟娟 / 提供）

体　　育

【概况】　2017 年，开展政府购买服务，暑假向中小学生免费开放游泳场馆、球类场馆，提供游泳、足球、羽毛球、篮球、乒乓球、棋类等免费培训项目，聘请世界冠军为青少年授课，40 天接待中小学生 3.3 万余人次；组织广场舞、柔力球、太极拳、排舞等多元化的社会体育指导员培训，培训人数 100 余人；组队参加长沙市九运会并承办相关比赛项目，获金牌 84 枚；组队参加长沙市“公仆杯”篮球赛、“羽协杯”羽毛球赛、乒乓球教学赛等均获优异成绩；举办第七届全民健身节；承办、参加各级各类赛事，获评长沙市政府颁发“2013—2016 年度群众体育工作先进单位”。　（戴娟娟）

卫生医疗

卫生行政

【概况】 长沙市雨花区卫生和计划生育局（简称“区卫计局”），为区政府直属正科级全额拨款行政单位，为区人民政府工作部门，主要负责全区的医改、医政、卫生监督、疾病预防控制、妇幼保健、中医药、卫生和计划生育宣传、健康教育、基层卫生、红十字会等业务工作的管理、指导，实施国家药物政策和国家基本药物制度，协助有关部门制定与人口问题相关的社会经济政策，推动统筹解决人口问题。区卫计局设8个内设机构：办公室、规划与信息科、医政医管科（行政审批科）、公共卫生科（区卫生应急办公室）、基层卫生科（区深化医药卫生体制改革领导小组办公室）、计划生育基层指导科、计划生育家庭发展科、流动人口服务管理科，纪检（监察）机构按照有关规定设置。下设雨花区健康促进中心（主要负责全区健康促进工作），雨花区卫生和计划生育局会计核算中心（主要负责全区卫生和计划生育专项资金管理工作）、雨花区疾病预防控制中心（主要负责雨花区疾病防控等方面工作）、雨花区卫生计生综合监督执法局（主要负责卫生计生综合执法）、雨花区妇幼保健计划生育服务中心（主要负责区妇幼保健工作）5个局二级事业单位机构。管理10个街道社区卫生服务中心（其中圭塘、井湾子、左家塘、侯家塘4个中心为民办中心）、1个乡镇中心卫生院。辖区有三级医院5家，二级医院13家，一级医院41家，社区卫生服务站55家，村卫生室45家，门诊部162家，诊所151家，医务室55家。辖区范围内共注册卫生技术人员17626人，其中区内发证机构注册执业（助理）医师3543人，注册护士2264人。全年完成新设医疗机构设置审批20家、到期换发《医疗机构执业许可证》130家、完成医疗机构年度校验239家；发“放放射诊疗许可证”11本、“母婴保健执业许可证”10家、“母婴保健技术合格证”111人次、办理执业（助理）医师注册登记1558人（含变更注册）；护士注册登记2876人（含变更注册和延续注册）。区卫计局机关行政编制为16名，其中领导职数4名：局长1名（乡科级正职），副局长3名（乡科级副职）。机关后勤服务编制1名。有干部职工43人，其中在职在编34人（含红十字会）、青年引进人才2人、政府雇员9人。局班子成员11人（含两名政府督办员）、副县级干部1人。局机关离退休人员17人、黄兴医院离退休人员133人。党员257人，其中在职党员167人。全区有13个街道（镇）卫计办、173名社区（村）卫计专干、139名流动人口协管员。办公地点设在雨花区人民政府机关大院。

2017年，区卫计局按照省市卫生计生委和区委、区政府确定的工作目标和工作要求，贯彻落实全国卫生与健康大会精神，围绕“强基础、稳队伍、优服务、惠民生”的整体目标，大力促进人口均衡发展，推进健康雨花建设，深化医药卫生体制改革和计划生育服务管理，成功创建为全国健康促进区、全国妇幼健康优质服务示范区、全国基层中医药工作先进单位，2017年度全省人口与计划生育工作考核评估。（陈嘉琪）

【健康促进】 2017年，以打造"健康雨花、幸福雨花"为整体目标，落实"将健康融入所有政策"，开展"八进八促"健康专项行动，成立健康促进中心，召开卫生和健康大会。推出"雨小卫"公众号，推送相关信息1万条，点击量10万人次；在《大众卫生报》开辟媒体健康专栏，刊发报道80余期；免费向市民发放宣传书籍、手册、海报38万份；在全区中小学校和托管机构广泛推广"十分钟健康课堂"，开展"健康促进微课堂"评选活动，以生动活泼、通俗易懂的方式传播健康知识。开展"健康雨花大讲堂"。邀请儿科名医张涤、国家首批健康教育专家李定文等专家，进行宣讲38场次，惠及群众9万余人次。招募320余名志愿者组成"健康生活方式指导员"团队，上门开展健康服务。开展健康主题活动。组织"健康中国行·急救知识进校园""新市民健康城市行""防治出生缺陷"等主题宣传活动100场次。率全市之先评选一批健康促进先进单位、示范场所、健康家庭等，其中健康促进工作先进单位、医院、企业、学校、机关各10家、健康社区（村）16家、健康家庭100户。评选出健康促进优秀实践案例10个，其中2例被省卫计委推到国家卫计委。建设健康示范阵地。建设4类区级健康教育示范基地，建成"沙湾健康公园""歇马亭健康公园"等5家健康主题公园，"圭塘河风光带健康步道"等12处健康步道，建成3条健康长廊、2条健康一条街，推动全民健身和全民健康深度融合。启动4000人的健康人群调查专业评估，全区居民健康素养水平由2015年的11.3%提升到了17.5%。9月，全国健康促进区试点工作顺利通过全国健康促进区专家组验收，中国健康教育中心研究员孙建国、柴燕一行先后到雨花区调研挖掘健康促进优秀案例、考察健康促进工作。（陈嘉琪）

【妇幼健康】 2017年，免费产筛和农村妇女"两癌"检查项目纳入省为民办实事项目，产筛、新筛分别补助7622人、7322人，共补助经费367.66万元。为户籍人口和流动人口均等提供妇幼健康11项免费优质服务。加强母婴保健技术服务机构和高危孕产妇管理工作，应对高龄高危孕产妇，在市中心医院成立雨花区危重孕产妇急救中心、儿科急救中心，开展危重症孕产妇急救演练。重点管控"艾梅乙"母婴传播，组织2次对全区10家助产医疗机构产科质量、出生医学证明管理、计划生育综合治理、爱婴医院等方面进行工作督查。免费孕前优生检查4791人；计划生育技术服务手术14701例；完成避孕节育技术服务目标人群覆盖率100%，再生育手术6例；发放爱心助孕卡80张；为90余对夫妇开展高危人群出生缺陷干预免费检测。5岁以下儿童死亡率2.79‰，孕产妇死亡率为0。成功创建为全国妇幼健康优质服务示范区。

（陈嘉琪）

【中医药管理】 2017年，通过健全中医药服务网络、完善中医药管理机制、建设中医药人才队伍、宣传推广中医药文化等途径，提升中医药服务能力，成功创建为湖南省基层中医药工作先进单位。建立中医药适宜技术培训基地，聘请中医药专家进行中医适宜技术培训共计1000余人次。推荐6名中、高级职称中医类别医师进入长沙市中医类别全科医师转岗培训师资库。开展名老中医师承工作。邹济南等4名老中医成功申报成为长沙市第二批中医药专家经验传承工作指导老师，遴选徐玉斌等5位继承人，签订师承协议。成立雨花区中医药专家库。特聘请国医大师、中央保健组成员孙光荣为雨花区中医药工作顾问，遴选具有较高的专业素质、丰富的实践经验以及良好的职业道德的中医药专家35位知名专家入库。6月，雨花区成功创建为湖南省基层中医药工作先进单位，11月底，迎接国家中医药管理局对雨花区创建"全国基层中医药工作先进单位"的评审。（陈嘉琪）

【基层医疗卫生模式】 2017年，组织各社区卫生服务中心（卫生院）申报创建长沙市开展群众满意社区卫生服务中心，成功创建国家优质示范中心2个、省级示范中心3个。跳马中心卫生院五七分院完成加固改造和室内装修工程，添置225万元医疗设备、办公设备，并投入使用。跳马镇复兴村、白竹村、石桥村村卫生室完成新建并投入使用。洞井街道社区卫生服务中心主体建设完工，区健康教育馆开工建设。实行政府买单，建设规范化、标准化家庭医生社区工作室，让老百姓定期定点在家门口享受签约服务，由老百姓点单，社区卫生机构提供定制化服务，实现上下机构联动，纵向化合作。截至2017年年底，开设家庭医生社区工作室20家，家庭医生团队134个，签约居民25.56万人，常住人口签约率30.98%，重点人群签约率61.35%。全区11个基层医疗机构均签订医联体服务协议，坚持“三统一”模式，即统一诊疗方式，建立分级诊疗、双向转诊机制；统一资源配置，建立人才流动的双向机制；统一业务管理，建立同质化的医护质量管理体系，提升基层服务能力。在东山街道社区卫生服务中心和跳马镇中心卫生院分别设立2个名医工作站，由长沙市中心医院呼吸内科专家杨洪忠、朱锦其携科技特派员陈华妹、黄碧、张佑生等医生入驻，承担大量日常医疗工作。（陈嘉琪）

【流动人口服务】 2017年，依托卫计联手医疗架构，创新惠民服务体系，为全区流动人口提供生殖健康保健、优生优育、孕情保健以及法律援助、子女入托入学、社会救助等各项服务。洞井街道创建为省流动人口基本公共卫生计生服务均等化示范街道，东塘、东山街道创建为市级流动人口卫生和计划生育基本公共服务均等化重点培植优秀单位，井湾子井旺社区、侯家塘廖家湾社区被评为国家流动人口社会融合示范社区。结合服务育龄群众百日行活动，开展春节期间流动人口关怀关爱专项行动，在宣传教育、卫计均等服务、帮扶救助、信息采集、数据清理等方面加大工作力度。开展区域协作工作。与岳阳经开区、汨罗市、湘阴县等地开展区域协作，协同为流动人口办理一、二孩服务登记，落实免费技术服务，生殖健康服务，健康教育，比对流动人口数据等。6月雨花区在湖南省流动人口卫生计生服务管理业务培训班上就均等化工作作经验交流发言。（陈嘉琪）

【基层指导】 2017年，构建“择优选用、培训练兵、目标管理”三位一体的工作机制，打造职业化人口计生干部队伍。加强人口信息化建设，在全区建立计生队伍“四级工作网络”；强化技能培训，采取集中培训与分级、分类培训相结合的方式，组织信息化应用、计生统计、流管等业务知识集中培训8次。优化网上办事流程，规范各级计生依法行政窗口建设，截至8月31日，完成2017年度一孩服务证登记3920本、二孩生育服务证登记5478本、再生育服务证审批173本。共审核各级人大代表、政协委员、村支“两委”候选人2920人次，审核文明社区创建、干部提拔任用等各类资格单位387个、个人1457人次。完成全国生育状况抽样调查，录入信息准确率100%。（陈嘉琪）

【基本药物制度】 2017年，公开遴选5家企业作为雨花区本年度基本药物配送企业，完成低价药议价并挂网确认，满足基层人民群众的用药需求。强化分类评估管理，组织14家D类社区卫生服务站（村卫生室）集中进行约谈，召开基层卫生工作大会，表彰奖励双十佳基层医疗卫生单位。落实基本药物制度，六个政府办社区卫生服务中心和跳马镇中心卫生院门诊人次40万人次，较上年同期上涨17.34%；住院人次6513人次，较上年同期上涨7.83%。（陈嘉琪）

【计划生育协会】 2017年，依托区、街、社区三级计生服务平台，打造新型人口和家庭公共服务网络体系。实施“幸福家园”“家庭医生”计划和成立家庭发展指导中心，加大对辖区家庭的帮扶力度。全年为全区821户特扶家庭购买综合保险共计12.31万元；为计生、伤残、失独家庭共16953户购买计划生育家庭意外伤害保险，共计50.65万元。开展走访慰问和帮扶活动，发放慰问金、物资共计52.1万元。形成“社区（筹）委会—企业—行业协会—经营商户—婚育对象”的“行协主导型”计生服务管理模式，“蓝丝带——流动女工生殖健康及权益保护促进计划”“他乡美”、寸草心、小蜜蜂等国家省和市级项目。（陈嘉琪）

【奖励扶助】 2017年，以维护计生家庭利益为出发点，构建全区统一的利益导向政策体系。整合民政、人社、住建、教育等职能部门为计生特殊家庭提供政策咨询、社会救助、家政对接等多项帮扶服务，奖扶工作准确率100%，惠及19153人，帮扶资金1787.67万余元。雨花区户籍的失独家庭居民，在区内各街道社区卫生服务中心（跳马镇卫生院）门诊就诊或住院治疗，由区财政出资给予每人每年累计1000元的专项定点医疗补助。发挥辖区“孙建华志愿者联盟”“同心工作站”、爱心企业、志愿组织等社会资源，开展系列亲情帮扶活动，引导社会力量关爱帮扶特殊家庭。（陈嘉琪）

【红十会工作】 2017年，开展救灾、救助、救护工作，推进无偿献血、造血干细胞以及遗体捐献工作，全区共计献血4657人次，上报13名遗体器官捐献自愿者名单；强化应急救护培训，提高居民自救互救能力；抓好红十字青少年工作，发展红十会会员，完善基层红会网络建设；全区注册志愿者400余名，参加健康咨询、义诊和各项便民利民助民的社工服务活动。（陈嘉琪）

【陈中调研基层医疗卫生服务工作】 2017年1月19日，市政府副市长陈中带领市卫计局副主任刘激扬等一行来到东山街道社区卫生服务中心调研基层医疗卫生服务工作。区委副书记、区长刘素月，区政府副区长易静，区卫计局局长周宏伟，东山街道办事处主任周少敏及相关部门负责人参加调研。陈中一行查看东山街道社区卫生服务中心各科室运行情况，肯定中心医联体和科技特派员驻点等工作，与基层一线医务工作者进行交谈，提出要做好基层卫生服务、加强能力提升，确保全民健康，着力实现全面小康。（陈嘉琪）

【雨花区卫计系统2017年度务虚会议】 2017年1月22日，区卫计局召开全区卫生计生系统2017年度务虚会。区政府副区长易静，区卫计局班子成员、局机关干部职工，各街道计生主管、计生办主任，局直二级机构党政负责人、各社区卫生服务中心主要负责人参加会议。会议回顾2016年的工作，分析成绩、问题和困难，并提出2017年卫计工作的主要思路、目标任务和具体建议。区卫计局党委书记、局长周宏伟提出2017年要“强基础、强队伍、强作风、强品牌”，一是要认清形势、凝心聚力，构建大健康、大卫生、大人才的格局；二是要狠抓落实、精准发力，实现四个提升（提升基本公共卫生服务能力、提升疾病防控与应急能力、提升妇幼健康能力、提升中医药服务能力）、四个突破（在规范医疗监控上有所突破、在卫计综合监督执法上有所突破、在人才培养上有所突破、在阵地建设上有所突破）；三是要守住底线、保持定力。易静提出三点意见：一是肯定成绩、再接再厉，要改革创新铺新点，不安于现状守摊子；二是认清形势，勇于担当，要围绕公共服务抓业务拓展、抓工作创新；三是通过“七个强化”（强化保障、强化对接、强化整合、强化联动、强化监管、强化关怀、强化宣传）。（陈嘉琪）

【刘素月调研全区卫计工作】 2017年3月13日，区委副书记、区长刘素月深入调研全区卫计工作，区政府有关负责人，区政府办、区编委办、区财政局、区人社局等部门主要负责人参加。刘素月一行实地考察新公卫大楼、洞井街道社区卫生服务中心，并召开座谈会，听取区卫计局关于全区卫计工作情况汇报。与会人员就卫计队伍建设以及重点项目等问题进行研究。刘素月指出，卫计工作是民生工作，也是发展工作，重点抓好三个方面：一是要抓基层基础，坚持基层医疗卫生服务的公益性方向和目标，全面推进雨花区基层医疗卫生服务能力提升三年行动，加快实现街道一级卫生服务中心建设全覆盖，家庭医生社区工作室试点工作要与公共卫生服务中心建设、社区提质提档相结合，与基层医疗卫生服务相关制度结合；二是要抓改革创新，围绕推进分级诊疗等创新重点，从体制机制、服务模式等方面为健康中国发展提供借鉴；三是要抓实事工程。要把卫计工作好的思路通过实事工程让群众有实际感受，集中财力办好实事。（陈嘉琪）

2017 年 3 月 13 日，区委副书记、区长刘素月深入调研全区卫计工作（陈嘉琪 / 提供）

【雨花区卫计系统后备人才公开遴选】 2017 年 4 月 21 日，雨花区卫生计生系统后备干部公开遴选面试在区委党校举行。市卫计委医政处处长张树生，区监察局局长、纪委副书记谢国富，区直机关工委副书记王石等领导受邀担任评委。区卫计局党委书记、局长周宏伟等班子成员观摩。参与面试的选手，均来自雨花区卫生计生系统各基层医疗卫生机构，系笔试排名前 30 名的优胜者。选手们通过自我介绍、必答题、评委提问三个环节，展示雨花区卫计人形象。经过笔试、面试和实地考察，最终筛选出 20 名优胜者进入雨花区卫计系统后备人才库。（陈嘉琪）

2017 年 4 月 21 日，区卫计系统举行后备干部公开遴选面试（陈嘉琪 / 提供）

【三无空巢老人集体生日会】 2017 年 5 月 8 日是第 70 个世界红十字会纪念日，为践行“人道、博爱、奉献”的红十字精神，满足新聚园社区三无空巢老人精神层次的需求，5 月 10 日，三无空巢老人集体生日会举行，该活动由雨花区红十字会和同升街道红十字会主办，新聚园社区携手“微爱”志愿者协会、社会组织指导支持中心、洞井街道社区卫生服务中心承办。活动中，救护师资进行应急救护讲座，让三无空巢老人和部分社区志愿者了解应急救护知识。社区“微爱”志愿者为老人进行歌唱表演、诗歌朗诵、书法展示等节目。设置“招财进宝夹弹珠”“比耐力乒乓球王”“反口令比反应”等小游戏。游戏结束后，进入抽奖环节与生日祝福环节。该次活动，挖掘出了辖区老年人的情感诉求，帮助老人驱逐孤独感。（陈嘉琪）

【危重症孕产妇急救演练活动】 2017年6月30日，为提高雨花区产儿科急救中心的应急救治能力，雨花区在长沙市中心医院组织开展危重症孕产妇急救演练活动。辖区内 10 家助产机构的医务科科长、

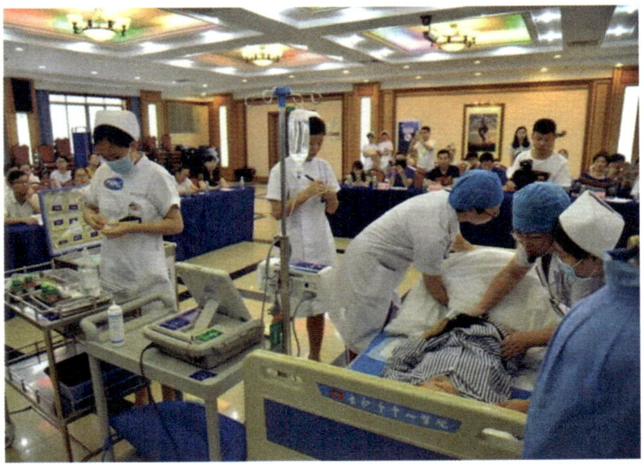

2017 年 6 月 30 日，危重症孕产妇急救演练活动（陈嘉琪 / 提供）

产科主任及护士长共70余人参加演练，市卫计委副主任刘激扬、妇幼健康处处长王伏秋、区卫计局副局长陈泽香参加。该次活动包含危重孕产妇、新生儿复苏急救模拟演练，是对区产儿科急救中心应急能力和绿色通道机制的实战检测，对团队合作和救治能力的集中培训。陈泽香要求全区危重症孕产妇救治管理工作人员：一要强化内部训练，提升自身能力和水平；二要完善危重孕产妇救治网络，规范危重孕产妇救治、转诊等机制，确保危重孕产妇转诊绿色通道的畅通；三要守住母婴安全的底线，高度重视孕产妇急救工作，常态化保持这种演练模式。刘激扬评价：整个演练组织有序、反应快速、救治规范、贴近实战，非常成功。（陈嘉琪）

【公共卫生大楼搬迁】 2017年8月17日，雨花区公共卫生大楼完成整体搬迁，举行揭牌仪式。区委副书记陈永高、区政府副区长易静等参加仪式。投资约1.5亿元的区公卫大楼建筑面积1.2万平方米，集妇幼保健、疾病防控、公共卫生监督、健康教育等功能为一体，功能建设水平居全市前列。增加并单独设立儿童抚触室、儿童口腔室、孕妇学校等，增设乳腺检查室、阴道镜检查室、独立的艾滋病检测室等，配置全自动生化分析仪、全自动血球分析仪、彩超等先进检查设备。在应对水体、食品、空气污染时，具备11类201项检测硬件能力，生活饮用水检测项目由原31项检测能力增加到70项，在应对禽流感、诺如病毒等病毒感染疫情上，能够自行快速开展鉴定工作。（陈嘉琪）

2017年8月17日，雨花区公共卫生大楼完成整体搬迁（陈嘉琪/提供）

【岳阳临湘市卫计局到雨花区卫计系统交流学习】 2017年9月5日，岳阳临湘市卫计局副局长胡继新、中医股股长元咏梅一行17人，组团到雨花区交流学习全国基层中医药工作先进单位创建工作。区卫计局党委书记、局长周宏伟，副局长张丽娜参加。座谈会上，区卫计局向临湘市卫计局介绍雨花区2017年6月成功创建湖南省基层中医药工作先进单位的的经验做法，交流双方基层医疗卫生机构中医药工作现状和发展前景。张丽娜陪同参观雨花区东山街道社区卫生服务中心和东塘社区卫生服务中心中医馆，查阅雨花区创建全国基层中医药工作先进单位的迎检资料，并对东山街道万家城社区、东塘街道枫树社区2个卫生服务站的中医药开展情况进行实地考察。通过座谈交流和实地考察，有利于促使临湘市卫计系统和雨花区卫计系统在工作上互通有无、取长补短。（陈嘉琪）

【雨花区全国健康促进区创建工作】 雨花区从健康生活、健康环境、健康服务、健康保障、健康产业、健康机制等方面推进全区健康事业发展。2017年9月14日，在雨花区创建全国健康促进区省级评审工作汇报与评审反馈会上，省级评审组对雨花区的健康促进创建工作给予肯定。区委副书记、区长刘素月，区政府副区长易静参加会议。9月13日，国家健康教育专家、吉林省健康教育中心主任钱晓波，省健康教育宣传中心主任虞江丽，省健康教育宣传中心副主任齐瑛等评审组一行到东塘街道社区卫生服务中心、枫树山东南海小学、长沙克明面业有限公司、黎郡社区、雨花亭街道办事处等雨花区“健康阵地”展开实地调查，通过查阅档案资料、现场考察、口头问卷调查等形式对全区创建工作进行了全面了解和评估。省级评审专家组对雨花区在机制创建、活动开展、阵地建设、健康干预等方面所做的大量工作给予肯定；表示雨花区的健康促进工作在全省乃至全国都有一定示范作用，尤其是积极探索实行科级以上领导干部健康保护责任离任审计制度，具有创新意义，要争取在全国范围推广；希望雨花区建立长效机制，将健康融入所有政策，为全国全省健康促进工作发挥示范引领作用。刘素月表示，该次评审让雨花区创建工作受益良多，雨花区将接受专家组意见，把绿色理念、健康理念融入日后经济社会发展各项事业中，建立长效机制，通过机制引领、良性循环，促进全区以健康为中心的各项工作。雨花区自2015年开展创建工作以来，创办健康促进微信公众号，推送相关信息6000余条；开辟媒体健康专栏，刊发报道80余期；免费向市民发放宣传书籍、手册、海报38万份；邀请著名健康教育专家开展宣讲300余场次，惠及群众19万余人次；组织开展万人V跑赛、广场舞竞赛等各类主题宣传活动500场次，参与人数近20万人，2017年开展4000人的健康人群调查专业评估，全区居民健康素养水平从2014年底的13%提升到2017年的17.5%。2017年2月，雨花区在全省率先设立健康促进中心，让健康促进形成长效机制。

（陈嘉琪）

【省级评审组对雨花区创建妇幼健康优质服务示范单位进行评审】 2017年9月15日，省级评审组对雨花区创建妇幼健康优质服务示范单位进行评审。区委副书记、区长刘素月，区政府副区长易静参加。省卫生计生委妇幼处处长王若平、主任科员曹咏梅、株洲市妇幼保健院主任医师陈湘兰等专家组成的评审组一行分妇产科组、儿科组、管理组先后到东山街道社区卫生服务中心、长沙市中心医院、绿城育华幼儿园、长沙安贞妇产医院、区妇幼保健计划生育服务中心开展现场调查，通过实地评估、查阅资料、问卷调查等方式对雨花区的妇幼健康工作进行全面检查和评估。省评审组专家在领导重视、部门合作、管理到位、指标落实、群众满意五个方面对雨花区妇幼健康工作给予肯定，希望雨花区在体系建设、服务质量、宣传倡导三个方面再进一步加强，创建雨花区妇幼健康服务品牌。刘素月表示，该次创建对雨花妇幼健康工作水平和标准提升起到促进作用，雨花区将提高工作水平和服务质量，让全区的妇女儿童健康水平再上新台阶。（陈嘉琪）

【省计划生育工作检查组对雨花区进行考评】2017年10月14日，省计划生育工作检查组对雨花区计划生育党政综治工作进行考评。区委副书记、区长刘素月，区人大常委会副主任杨仕斌，区政府副区长易静，区政协副主席廖云伟及18个计生综治部门主要负责任人参加会议。湖南省卫生计生综合监督局调研员刘晓雄、省卫生计生委科教处副处长徐超伍、苏仙区卫生计生局副局长李燕等组成的检查组，通过查阅资料、实地考察、现场汇报等方式考察雨花区计划生育工作情况，对长沙市中心医院、梨子山街道进行延伸调查。检查组评价雨花区计划生育工作改革有新思路、服务有新举措、创新有新机制、工作有新成效；建议雨花区加强综合治理，形成系统合力；加强整体推进，提炼试点经验，争取全面突破；加强计生家庭扶助，让他们切实感受党和政府的温暖。刘素月表示雨花区将把得到检查组肯定的一些做法，继续完善和拓展，争取形成工作特色亮点；针对反馈的问题和不足，举一反三逐项梳理，迅速拿出有效措施进行整改。区卫计局在全市率先启动全国健康促进区创建工作，2017年评选健康促进先进单位66家、健康家庭100户，建设四类区级健康教育示范基地，全面推进健康公园、健康步道等室外场所建设，开展38场次“健康雨花大讲堂”活动，健康雨花建设走在全省前列；卫生计生社会征信机制是全省唯一；计生家庭扶助惠及18802人，帮扶资金1721.33万元，补助标准全省最高；被确定为国家首批医养结合试点区。先后获“全国计划生育优质服务先进单位”“湖南省计划生育优质服务先进单位”等称号。（陈嘉琪）

【2017年健康扶贫工作推进会议】 2017年11月9日，雨花区召开2017年健康扶贫工作推进会议。跳马镇、各街道，区直相关部门分管负责人及专干50余人参加会议。会上，区卫计局健康扶贫办就雨花区健康扶贫前期工作情况、“三个一批”救助措施落实情况（大病集中救治一批、慢病签约服务管理一批、重病兜底保障一批）进行通报。区卫计局副局长陈军就如何有效推进健康扶贫工作进

行指导，希望各单位要高度重视、制定方案，要明确职责、完善措施，要摸清本底、精准识别，要一户一策、精准救助，要总结经验、打造亮点。区扶贫办副主任王义文介绍全区精准扶贫工作模式、工作开展情况、扶贫帮扶取得的成效，并要求大家相互配合、共同做好健康扶贫工作。区卫计局党委书记、局长周宏伟要求：工作认识上要再提高；工作力度上要再加强，在建档立卡、分类救治、救助措施上再精准，确保农村贫困人口健康扶贫工作准确无误；工作责任要再压实。（陈嘉琪）

【雨花区接受创建“全国基层中医药工作先进单位”国家级评审】 2017年11月24日，北京市中医药管理局原医政医管处处长朱桂荣带领评审专家组一行，对雨花区创建“全国基层中医药工作先进单位”进行国家级评审。评审专家分成3个小组，一组查看政府中医药创建资料，两组分别实地考察高桥、东山街道社区卫生服务中心和莲湖、七里庙社区卫生服务站。专家组通过部门访谈、查阅资料、实地走访、满意度测评等方式，对雨花区中医药创建工作进行全面考评。评审过程中，专家组肯定雨花区在中医药工作上取得的成绩，提出希望能够完善基层中医药扶持政策，加大财政投入和中医药人才引进、培训力度，加强基层机构中医馆建设，深化中医适宜技术的培训与推广。朱桂荣介绍，此次评审旨在推进基层中医药事业可持续发展，方便城乡居民更好地享受高效、优质的中医药服务。评审组专家的意见和打分结果，将上报国家中医药管理局，由国家中医药管理局结合评审情况再综合评估，决定是否授予“全国基层中医药工作先进单位”称号。（陈嘉琪）

2017年11月24日，雨花区接受创建“全国基层中医药工作先进单位”国家级评审（陈嘉琪/提供）

【卫计系统安全生产工作督查】 2017年12月29日，区卫计局党委书记、局长周宏伟带队对圭塘街道社区卫生服务中心、圭塘街道泰禹家园社区卫生服务站安全生产工作进行督查。在检查中，周宏伟询问医疗机构负责人落实安全生产主体责任及开展安全生产大检查情况，查阅安全生产应急预案、巡查记录等资料，现场查看医疗机构中心供氧房、急救药品、消防器材设施设备及两节期间值班备勤等情况，对圭塘社区卫生服务中心中心供氧房未按照要求安装防爆灯、防爆开关及防爆通风扇提出整改要求。周宏伟要求各级各类医疗机构要落实责任、强化举措、突出重点，做好安全生产工作，确保卫计系统“两节”期间的安全稳定。（陈嘉琪）

疾病预防

【概况】 长沙市雨花区疾病预防控制中心（简称“区疾控中心”）成立于2004年8月17日，是由政府全额拨款的副科级事业单位，为区卫生和计划生育局二级机构。作为政府设置的履行公共卫生职能的公益性事业单位，承担着全区疾病预防与控制、突发公共卫生事件应急处置、免疫规划、卫生监测、健康教育与健康促进、实验室检测检验与评价、技术指导等职能。内设办公室、财务科、质管科、传防科、免疫规划科、地方病慢性病防治科、结核病艾滋病防治科、健教科、公卫科、检验科等9科1室。核定事业编制30名，雇员编制25名；在职在编干部27人，雇员22人，劳务派遣2人；退休职工27人；领导班子5人；党员19人。原地址在雨花区政府机关大院东南角，办公楼面积为3304平方米，2017年8月17日，搬迁至雨花区公共卫生大楼，位于洞井街道中意一路772号。

2017年，区疾病中心以“一个中心，两个创建，三个强化，四个加强”为重点，夯实基础工作开展，加强业务培训和指导，全面提升综合管理水平和技术服务能力，推进疾控事业发展，保障全区人民群众健康安全。2017 年，获“湖南省肿瘤防治工作最具执行力奖”“湖南省肿瘤防治工作最佳卫生经济学评价完成奖”“湖南省肿瘤防治研究办公室长沙市雨花区基地”“湖南省质量监督局检验检测机构资质认定证书”“长沙市卫生应急技能竞赛职业中毒组团体一等奖”“长沙市卫生应急技能竞赛突发急性传染病防控组团体二等奖”等 10 余项省市称号。2017 年 9 月，顺利通过全国健康促进区创建评估验收。（程　燕）

【疫情监测】　2017 年，组织开展 3 次涵盖传染病及死因报告管理、疫情处置及卫生应急、重点传染病－人感染 H7N9 禽流感防控、救灾防病消毒等相关知识培训。全区有网络直报单位 29 家，每月无零缺报单位，审核传染病报告卡 43470 张、死亡报告卡 7538 张，综合率 100%，网络报告及时率 100%，审核及时率 100%，辖区内网络直报单位每月疫情报告率 100%，无零缺报单位。处理 282 条预警信息，24 小时内处理及时率 100%，处置 4 起突发公共卫生事件。报告住址为雨花区的甲乙丙类传染病 20 种 10399 例，发病前五位的病种为手足口病、流行性感冒、其它感染性腹泻、流行性腮腺炎、乙肝，占总报告数的 86.92%。无甲类传染病报告，报告乙类传染病 14 种 1764 例，死亡 14 例；丙类 6 种 8635 例，无死亡病例。报告住址为雨花区的死亡病例 5244 例，死因居前三位的疾病是循环系统疾病、肿瘤、呼吸系统疾病，死亡病例网络报告及时率、审核及时率均为 100%。定期对辖区内二级以上医疗机构开展传染病、死亡病例的报告管理督查，对辖区内医疗机构开展 2 次传染病及 1 次死亡病例的漏报调查。（程　燕）

【重点传染病防控】　2017 年，①霍乱防控：4 家医院（市中心医院、省儿童医院、省中医附一、建设医院）共接诊腹泻病例 1818 例、检索数 1264 例。医院腹泻病门诊开展率为 100%，其中接诊报告率为 100%，检索率为 69.53%。霍乱弧菌环境监测共采集标本 180 份，采样率为 100%，均未检出霍乱弧菌阳性标本。顺利完成霍乱腹泻病门诊病例监测、水产品及水体常规监测任务。②手足口病防控：共报告本地手足口病病例 3618 例，无本地重症及死亡病例。共送检手足口病例咽拭子标本 60 份，送检率为 100%。③狂犬病防控：雨花区犬伤门诊共接诊处置狂犬病暴露病例 3827 例，无本地狂犬病病例报告。对发生的 7 例外地疑似狂犬病病例均进行了流行病学调查、指导疾病防控、样品采集及送检。④肾综合征出血热防控：下发肾综合征出血热疫苗 1000 人份，处置出血热病例 10 例，其中流行性出血热病毒抗体检测阳性 9 例，阳性率为 90%，处置及时率为 100%。⑤不明原因肺炎主动搜索：监测报告总住院病例 91705 例，发热肺炎病例数 22930 例，重症肺炎病例 3033 例，因重症肺炎死亡数 105 例。对 6 例重症肺炎排查病例有效开展流行病学调查及相关防控排查、处置。⑥人感染 H7N9 禽流感：对石马家禽批发市场开展职业暴露人群血清学监测，共采集样本 50 人份，开展 9 次禽流感监测；开展禽流感应急监测 1 次，采集禽类饮水及环境粪便涂抹样共 8 个；开展禽流感强化监测 4 次，共采集 39 份禽类饮水、清洗禽污水等环境样本，送至市疾控进行检测，结果全阴性。现场调查并及时处置 1 例外地人感染 H7N9 禽流感确诊病例和 1 例本地人感染 H9N2 禽流感病例，处置率及处置及时率均为 100%。日常开展对虫媒及自然疫源性疾病、肠道、呼吸道、血源及性传播等传染病的常规监测。（程　燕）

【免疫规划】　2017 年，对辖区内免疫规划专员开展 3 次专题培训。2017 年全区接种疫苗 613091 剂次，其中一类疫苗 437939 剂次，二类疫苗 175152 剂次，处置 81 例疑似预防接种异常反应病例，全区未发生任何预防接种安全事故。疫苗针对性疾病监测敏感，及时调查处理免疫规划针对性疾病 713 例，其中 AFP 病例 53 例、麻疹、风疹疑似病例 134 例、实验室确诊麻疹病例 155 例、风疹病例 7 例、流脑病例 2 例、乙脑病例 31 例、百日咳病例 4 例。全面实施入托入学儿童查验预防接种证工作新模式，开展抽查督导。全区查验学校 71 家，托幼机构 295 家，入托入学新生 24139 人，查验率 100%；持有接种证人数 24040 人，应补接种证 50 人，实补证 50 人；接种记录完整人数 21629 人，应补种疫苗剂次数 3420 剂次，实补种剂次数 3320 剂次，补种率 97.1%。完善《疫苗和冷链设备管理制度》，配有专人负责管理。雨花区所有二类疫苗均按规定从省公共交易资源平台购进，使用疫苗数据库管理系统进行电脑管理，确保帐苗相符。全区共下发到接种单位一类苗疫苗 455130 人份，二类疫苗 197458 支。（程　燕）

【性病、艾滋病防控】 2017 年，报告住址为雨花区的性病共计 6 种 1344 例，报告发病率为 181.55/10 万。自 2003 年发现首例 HIV 感染者以来，全区累计报告 HIV/AIDS 共计 662 例，存活在访 629 人。2017 年新增 129 例，其中男性 118 例，女性 11 例。全区 4 家艾滋病自愿咨询点（VCT）均运行良好，共完成咨询检测 577 人次，指标完成率 103.96%。完成对黎托强制戒毒所新入所的 335 名被监管人员梅毒、丙肝及艾滋病病毒抗体筛查。完成国家级孕产妇 HIV 监测任务 400 名，哨点监测完成率 100%。全区 12 所 HIV 初筛实验室均运行良好，共筛查重点人群及自愿检测者 243307 人，其中性病病人 9138 人，受血或输血液制品者 31199 人，术前检查者 105527 人，孕产妇 40026 人，自愿检测者 6770 人，其他 50647 人。对艾滋病高危行为人群进行预防艾滋病、性病宣传教育等干预工作，发放宣传资料 1 万余份，动员 HIV 检测 946 人。对 34 例住院治疗患者的住院治疗费用给予 60% 的补贴，对 234 名 HIV/AIDS 感染者发放电话补助费约 14 万余元。（程　燕）

【结核病防控】 2017 年，雨花区非结防机构报告肺结核患者或疑似肺结核患者 422 例，转诊 124 例，转诊到位 103 例，转诊到位率 83.06%。经对 199 例疑似肺结核患者开展追踪工作，追踪到位 159 例，其他到位 46 例，总体到位 325 例，总体到位率 92.33%。累计发现活动性肺结核患者数 273 例，累计完成率 107.46%，其中发现新涂阳患者 110 例，累计完成率 118.07%。区疾控中心每两个月对辖区内各街道社区卫生服务中心（卫生院）结核病防治工作督导 1 次，全年累计督导 66 次，督导完成率 100%；每季度对定点医院督导 1 次，全年累计督导 4 次。上年同期登记活动性肺结核患者 297 例，成功治疗 268 例，成功治疗率 90.23%。发现耐多药患者 6 例、完成耐多药可疑者筛查数 73 例，完成率分别为 300%、143%，实行软件管理结核药，药品报表无差错、无缺项，准确率 100%。处理学校结核病聚集性疫情 1 起，散发疫情 14 起，落实学校密切接触者的筛查管理及开展防病知识的宣传。（程　燕）

【慢性病防控】 2017 年，全区共建立居民健康档案 740287 份，建档率 90.48%。老年人档案 62988 份，建档率 92.42%，2017 年度体检老年人 48129 人，体检进度 70.62%；高血压患者档案 54095 份，健康管理率 43.96%；糖尿病患者档案 22893 份，健康管理率 36.06%；重性精神疾病患者国家系统在册档案 3727 份，发现报告率 4.56‰；在管档案 3625 份，发现管理率 97.26%。全年报告新发肿瘤病例数为 1323 例，报告发病率 203.73/10 万，恶性肿瘤死亡病例 922 例，死亡率 137.74/10 万。完成城市癌症早诊早治项目工作，完成临床筛查 2128 例，其中肺部 652 例、乳腺 387 例、胃部 342 例、肠部 277 例、肝部 470 例。（程　燕）

【地方病防控】 2017 年，开展“4·26 全国疟疾日”和“5·15 防治碘缺乏病日”系列宣传活动；对 7 例外地报住址为雨花区的输入性恶性疟病人和 1 例输入性间日疟病人进行疫点调查处置；完成 489 例“三热”病人的疟原虫血片镜检（任务数 360 人）；培训指导各街道社区卫生服务中心做好碘缺乏病监测工作和碘缺乏病健康教育宣传，积极开展碘盐的入户采样及检测，共完成对300户居民食用盐的入户采盐、实验室检测及结果分析和上报工作；完成2例本区报告布鲁氏菌病患者流行病学调查、采样和健康教育工作。（程　燕）

【卫生监测】　2017年，采集餐饮具、直饮水、二次供水、公共用具等各类样品2437份，合格数2404份，合格率98.6%。对“三考”期间接待单位的餐饮具、公共用具和饮用水等进行抽样检测工作，共检测样品数68份。审核上报国家食源性疾病监测报告系统373例病例，完成率104%；上报2起食源性疾病暴发事件，处置率100%，流行病学调查报告书写率100%。完成国家下达的20批次蔬菜、40批次大米中砷、镉化学污染危害因素监测及20批次凉菜微生物危害因素监测。“职业病防治法宣传周”启动仪式上，制作展板26块，悬挂宣传条幅10条，发放宣传资料500余份，邀请市疾控专家金若刚作《职业病防治知识》专题讲座，106名职业病防治管理人员参加培训。（程　燕）

【健康教育】　2017年，雨花区建立覆盖政府部门、街镇、社区（村）、医院、学校、机关、企业的工作网络，分类开展培训6期1000余人次，健康教育专业人员培训12期3100余人次，健康促进指导员培训班14期1000余人次。2017年，组织开展“新市民健康城市行”“急救知识进校园”等大中型主题活动75场，参与人数3万余人。组织开展“千户健康家庭”评选表彰活动。探索建立“社区＋社会＋社工”的“三社”联动模式，引进社会组织，建立“优儿推”“蒲公英”“寸草心”等社会公益组织。以“八进八促”为重点，建设健康促进场所，有58个社区（村）、29家医院、40家中小学、48家机关事业单位、11家大中型企业经评估验收合格。开展健康食堂（餐厅）、健康自测点建设和无烟单位创建，新建14个健康自测点（健康小屋），完善40个“健康书屋”；建设163个社区免费健身场地，配备健身器材200余套，实现全覆盖。建设“沙湾健康公园”“歇马亭健康公园”“圭塘河风光带健康步道”等健康室外场所，推进健康公园和健康步道建设。在区政府网站专门开辟健康专栏，每月至少更新两次内容，通过手机短信传播健康信息；创设雨花特色标示，征集“健康雨花”萌物，制作《“雨润滋长 健康之花”健康促进专题宣传片》。编印健康书籍，成立健康促进书籍编辑委员会，向群众免费发放《十分钟健康课堂》等宣传书籍、手册、海报38万份。在中小学校和托管机构推广《十分钟健康课堂》。开展“健康促进微课堂”优秀作品评选活动，20个获奖作品在全区推介。成立由65名讲师组成的宣讲团队伍，邀请著名生殖医学与医学遗传学家卢光琇、儿科名医张涤、国家首批健康教育专家李定文等专家授课，2017年宣讲115场次，惠及群众2.8万余人。利用辖区医疗资源丰富的优势，与辖区医院深入合作，开展名医促健康特色服务。砂子塘街道“中医‘治未病’健康工程”、省脑科医院“健康促进进社区 三甲名医下基层”、市中心医院名医专家“健康促进下社区进学校”等主题活动93次。（程　燕）

【县级甲等疾控机构创建】　区卫计局和区疾控中心成立专门领导小组和技术指导组，严格按照《湖南省县级疾病预防控制机构等级达标验收管理办法》，明确分工，责任到人。雨花区多次召开专题会议，研究部署等级达标工作。雨花区在创建县级甲等疾控机构的工作中，对照等级达标考核标准，抓住新公共卫生大楼建设的契机，投资2000万余元装修两层1800余平方米的县级甲等疾控机构实验室。投入1300万余元采购各类大中型仪器设备140套，添置气相色谱、气质联用、液相色谱、离子色谱、原子吸收、PCR实时荧光定量、细菌鉴定仪、全自动酶免分析仪等10余台大型仪器，提升雨花区应对各类事件的检测能力。2017年11月30日至12月1日，省卫计委委派专家组对雨花区疾控中心进行县级疾病预防控制机构等级达标现场评审工作。（程　燕）

【实验室检验检测资质认证】 2017年，根据《检验检测机构资质认定评审准则》《湖南省县级疾病预防控制机构等级达标验收管理办法（试行）》及开展技术服务工作必需和实用性的技术项目仪器设备要求，在对原有设备清理、维修的基础上，经多次向区委、区政府专题汇报，多次请区领导现场调研，投资2000万余元装修实验室，添置1300万元检验检测仪器设备。11月24日，湖南省检验检测机构资质认定长沙评审组4位专家到区疾控中心进行现场评审，完成常规检验检测技术服务工作和资质认定评审，具备7类138项检测能力。12月22日，获得湖南省质量技术监督局颁发的检验检测机构资质认定证书。（程　燕）

【雨花区健康促进医院评估培训及现场会】 2017年3月14日，雨花区健康促进医院评估培训及现场会在湖南省脑科医院召开，辖区内各大医疗机构、各街镇健康促进负责人共计71人参加培训。会上，湖南省脑科医院作为健康促进医院代表做经验分享。区卫生计生局负责人倡议各医疗机构，加大力度，转变服务理念、工作方式和宣传方式，改善治疗环境，使医院角色从手术和药物治疗中心向健康促进中心转变，提高居民的健康意识、健康水平，推动健康雨花、健康长沙、健康湖南的发展。省卫生计生委健康教育宣传中心负责人指出，各医疗机构在健康促进活动中要定位清晰，其中，三级医院要发挥权威作用、特色优势，一要面向社区居民进行健康宣教，二要面向社区医务人员提供技术指导和支持，将健康促进工作融入医院发展的方方面面，打造真正的健康促进基地。湖南省脑科医院健康教育科科长介绍，自2007年成立健康教育科始，医院搭建健康促进三级网络，成立健康教育领导小组，院长书记亲自挂帅，全院全员参与，层层推进，形成健康促进八大亮点，包括博士专家团下基层学术巡讲、体验式教学、脑卒中筛查防治、“关注大、中、小学生心理健康”讲座咨询、倡导健康生活方式的“健康团队”、居民家门口的健康教育学校、精神卫生主题宣传、网络医院建设等。会后，与会人员参观湖南省脑科医院神经内科、神经外科、骨科、网络医院等健康促进特色科室以及健康培训室。（程　燕）

【2017年麻疹类疫苗查漏补种工作部署和技术培训会议】 2017年3月24日，区卫计局、区教育局、区疾控中心、各街道办事处/镇政府、各社区卫生服务中心/卫生院等相关领导成员在区会议中心召开雨花区2017年麻疹类疫苗查漏补种工作会议。会上，区疾控中心主任周建湘就全国和全省麻疹疫情进行通报，对雨花区2017年麻疹类疫苗查漏补种工作实施方案进行解读。区卫计局副局长陈泽香会上提出，各相关单位应根据工作要求，尽快成立领导工作小组，召开动员部署会议，进行专题培训，确保该次麻疹类疫苗查漏补种工作有效实施。区卫计局局长周宏伟提出三点要求：一要高度重视此次麻疹类疫苗查漏补种工作；二要分头部署、多头联动；三要密切配合，充分履职，完成该次麻疹类疫苗查漏补种工作的督导评估。区卫计局组织各街道、镇、区疾控中心和各社区服务中心、卫生院对全区2017年麻疹类疫苗查漏补种工作开展了技术培训，就相关操作流程和技术方面的内容进行学习。（程　燕）

【“规范接种疫苗，共建健康中国”的宣传活动】 2017年4月23日，在第31个全国预防接种日到来之际，由雨花区健康促进委员会、区疾控中心、井湾子街道共同举办，在德馨园小区罗马广场开展

2017年4月23日，雨花区组织“规范接种疫苗 共建健康中国”主题全国儿童预防接种宣传日活动（程燕/提供）

主题为“规范接种疫苗，共建健康中国”的宣传活动。活动以文艺汇演的形式开展，活动中，雨花区疾控中心工作人员为现场的群众进行预防接种健康知识宣教，解说接种疫苗的相关知识，回答到场群众提出的疑问。举行疫苗接种知识的抢答赛。活动现场设宣传台，为群众提供一对一知识答疑和宣讲。该次活动免费向居民发放宣传资料 500 余份，免费义诊 60 余人，有奖问答参与人次 40 余人，发放奖品 30 余份，摆放宣传展板 13 块，悬挂横幅 5 条。通过宣传，营造了全社会关心和支持免疫规划工作的浓厚氛围，使广大市民了解了国家免疫规划疫苗接种的相关政策及有关预防接种的科普知识，提高了群众自觉接种疫苗的意识。（程　燕）

【2017 年二类疫苗规范化管理会议】 2017 年 5 月 27 日，区疾控中心组织召开雨花区 2017 年二类疫苗规范化管理会议。区卫计局纪委书记黄够多、副局长陈泽香，全区各街道社区卫生服务中心主任、镇卫生院院长、18 家二类疫苗公司湖南区域负责人参加会议。会上，区疾控中心就雨花区二类疫苗使用情况进行介绍，指出疫苗接种工作中存在的问题。各参会公司代表围绕如何提高群众对预防接种工作满意度、提升儿童疫苗接种率以及更好地融入雨花区疾病防控工作等议题发言。到会的各街道社区卫生服务中心主任、镇卫生院院长提出工作中遇到的困难，如部分疫苗短缺问题、预防接种异常反应的处置问题等，并向区疾控中心提出解决思路。黄够多指出，要严格按照《疫苗流通和预防接种管理条例》操作，区疾控中心与疫苗公司需密切配合做好雨花区二类疫苗的配送冷链运转工作，要求各街道社区卫生服务中心、镇卫生院要认真做好疫苗供应和接种安全管理的自查自纠。陈泽香提出意见，要求疫苗公司加强公众宣传、提供优质的服务；要求各单位守住廉洁底线，不去触碰底线；要求各接种门诊必须做到安全接种，及时、快速地处置预防接种异常反应；四是要求区疾控中心加强对接种门诊的业务指导。（程　燕）

【国家Ⅱ型脊灰封存工作督导组到雨花区调研】 2017 年 9 月 6 日，国家实验室管理处副处长魏强、国家疾控脊灰病毒研究室主任严冬梅在省市疾控部门负责人陪同下，对雨花区脊灰野病毒感染性和潜在感染性材料销毁和转运工作以及Ⅱ型脊灰相关病毒的登记清册工作进行现场调研。雨花区辖区医疗机构实验室及疾控中心实验室均报自查材料至区卫计局，区卫计局将通过市卫计科教处及街道卫计办对辖区卫计系统外实验室进行摸底、致函。

（程　燕）

2017 年 9 月 6 日，国家Ⅱ型脊灰封存工作督导组到雨花区调研　（程燕 / 提供）

【雨花区承办 2017 年长沙市健康教育工作现场经验交流会】 2017 年 10 月 19 日，雨花区作为长沙市首个“国家健康促进县（区）项目试点区”，受市卫计委、市疾控委托，承办 2017 年全市健康教育工作现场经验交流会。市卫计委副主任欧志明、厉卫东，市健康教育所副所长朱江等一行 6 人，以及各区县卫计局健康教育工作分管局长、疾控中心分管领导、健康教育科长（专干）共计 40 人参加会议。与会人士实地察看克明面业（健康促进企业）、黎郡社区（健康社区）、沙湾公园（健康公园）三个健康场所，听取讲解员介绍，了解雨花区健康场所创建的实践经验。在雨花区公共卫生大楼召开现场会，区卫计局党委书记、局长周宏伟致辞，区卫计局副局长陈泽香介绍国家健康促进区创建经验，播放雨花区健康促进宣传片。朱江对全市健康教育工作提出三点要求：一是提高认识，加强宣传，推进“健康长沙”建设；二是明确目标，重点推进“健康长沙”实施；三是强化保障，确保目标实现。厉卫东指出，各区县健康教育工作应该把握三个方面：一是深化认识，把握形势，切实增强创建国家健康促进区县的责任感和使命感；二是突出重点，抓住关键，坚持以创建活动为统揽推动健康促进工作落到实处；三是壮大队伍，严格督导，确保全市健康教育与健康促进工作再上新台阶。欧志明强调，健康教育工作必须适应形势需求，各区县要主动发挥能动性，积极行动，加快健康促进县（区）创建步伐，以推动全市“健康长沙”的宏伟目标实现。（程　燕）

卫生监督

【概况】　长沙市雨花区卫生计生综合监督执法局（简称“区卫监执法局”），是由政府全额拨款的、实行参照公务员法管理的副科级事业单位，为雨花区卫生和计划生育局二级机构。区卫监执法局负责实施卫生计生专项整治和日常监督检查；对公共场所卫生、生活饮用水卫生、学校卫生及消毒产品和涉及饮用水安全产品进行监督检查；对医疗机构、采供血机构及其从业人员的执业活动进行监督检查，对医疗机构、采供血机构、疾病预防控制机构的传染病疫情报告、疫情控制措施、消毒隔离制度执行情况、医疗废物处置情况和菌（毒）种管理情况等进行监督检查，查处违法行为；打击非法行医和非法采供血；整顿和规范医疗服务秩序；对医疗机构的放射诊疗进行监督检查，查处违法行为等。内设办公室（法制稽查科）、公共场所卫生监督科、饮用水卫生监督科（消毒产品卫生监督科）、学校卫生监督科、医疗卫生监督科（职业卫生监督科）、传染病防治监督科（放射卫生监督科）、计划生育监督执法科等10科1室。有编制数25名，其中领导职数2名；全体在职干部职工数31人，雇员7人；退休1人；党员19人，其中在职党员18人。办公地点设在雨花区人民政府机关大院一号楼。2017年8月17日搬至雨花区公共卫生大楼。

2017年，区卫监执法局以“执法为民、护卫健康”为宗旨，按照年初工作计划，狠抓各项日常工作，创新工作方式，基础工作得到夯实，监督工作得到强化，执法质量得到提高，先后获“卫生计生工作先进单位”“先进基层党组织”“卫生计生综合监督先进单位”等称号，在2017年度市对区卫计综合监督执法稽查考核中名列第一名，两次代表长沙市接受省级稽查。全年立案94件，结案94件，其中医疗机构31件，传染病防治5件，放射诊疗1件，公共场所41件，饮用水10件，计划生育6件。（杨震宇）

【医疗执业监管】　2017年，开展医疗机构依法执业培训，对区属医疗机构法定代表人和负责人进行法律法规知识讲授，完成区属医疗机构监督检查全覆盖，重点对医疗机构诊疗范围，人员执业资质，诊疗活动记录等内容进行检查，对机构超范围执业，使用非卫生技术人员单独执业进行严肃查处，全年共检查区属各级各类医疗机构485家，下达责令整改监督意见书160余份。开展口腔医疗机构专项督导，检查口腔门诊部诊所共计58家。全年立案结案19起，共计罚没款43080元，吊销“医师执业证书”1本。（杨震宇）

【打击非法行医】　2017年，健全打击非法行医新模式，利用卫计监督三级网络，制定《2017年雨花区打击非法行医工作方案》，全年开展打击非法行医行动20余次，取缔黑诊所10余家。开展两次打击非法医疗美容专项行动，对全区15家医疗美容机构进行全面检查，下达卫生监督意见书20余份，累计罚款9.1万元，没收违法所得374877元，吊销“医疗机构执业许可证”1本，移送公安机关1起。（杨震宇）

【传染病防治监督】　2017年，全年检查各级各类医疗机构522家次，下达卫生监督意见书150余份。开展生物制品专项检查，检查预防接种医疗机构22家，聘请市中心医院专家指导开展病原微生物实验室检查，共检查医疗机构17家，规范病原微生物实验室检验活动。立案结案5起，罚款

4800 元。（杨震宇）

【计划生育执法】 2017 年，加强对计划生育母婴保健技术服务机构检查，全年核查湖北监利，长沙县等地移送“两非”线索 3 条，查处一家医院非法为孕妇开展非医学需要选择性别的人工终止妊娠。查处一名孕妇经他人介绍施行非医学需要的胎儿性别鉴定和选择性别的人工终止妊娠，查处两家医疗机构非法实施计划生育手术。立案结案 6 起，罚款 5.6 万元，没收违法所得 11317.5 元。（杨震宇）

【公共场所卫生监督工作】 2017 年，检查公共场所经营单位 1520 家，责令整改单位 752 家，立案处罚 41 家，罚没金额 5.04 万元，公共场所经营单位监督覆盖 100%。公共场所从业人员的体检和培训率达 90%。对辖区内监督执法机构开展了住宿场所、游泳场所、沐浴场所、美容美发场所、集中空调通风系统和无证经营单位等专项整治行动 8 次。开展公共场所监督抽检和“双随机”工作，共出动执法人员 100 人次，车辆 35 台次，重点监督抽检沐浴场所 7 家、美容美发场所 17 家、住宿场所 14 家，商场 2 家，影剧院 2 家，游艺厅 1 家，歌舞厅 2 家，候车室 2 家，共计 47 家，其中合格 40 家，合格率 85.1%，对于不合格的单位下达“卫生监督意见书”，督促限期整改，开展“双随机”单位 12 家，开展监督执法检查 6 家，6 家单位在开展监督执法检查前停止营业或注销，完结率 100%。开展公共场所量化分级工作，对全区 733 家公共场所单位实施量化分级管理评定，实施率 100%，其中 A 级单位 48 家，B 级单位 90 家，C 级单位 579 家，不予评级单位 0 家，新开三个月内未定级单位 49 家，实施率 100%。（杨震宇）

【生活饮用水卫生监督】 2017 年，开展饮用水卫生专项检查，共检查二次供水单位 111 家，出动执法人员 240 人次，出动执法车辆 80 余台次，下达卫生监督意见书 43 份，立案处罚 10 家；重点监督抽检二次供水单位 10 家，“双随机”检查涉及学校饮用水 7 家，完成率 100%。全年开展饮用水卫生单位负责人培训 1 次，开展学校饮用水卫生专项检查 2 次，开展饮用水宣传活动 1 次，共发放宣传资料 200 余份，制作展板 5 块。（杨震宇）

【学校卫生监督】 2017 年，春、秋季开学前，协调区教育局、区疾控中心和各街道卫计办重点组织开展全区学校饮用水和传染病防控专项检查，共检查大、中小学校 220 余家，出动卫计监督员约 480 人次，下达卫生监督意见书责令整改 46 家，立案处罚 2 家。（杨震宇）

【职业卫生、放射卫生监督工作】 2017 年，对辖区内 32 家持有“放射诊疗许可证”（含市所下发）医疗机构进行放射卫生的监督检查，下达“卫生监督意见书”1 份，立案 1 起，罚款 1000 元；开展《中华人民共和国职业病防治法》宣传活动 1 次，发放宣传单 1000 余份，悬挂宣传横幅 10 条，制作宣传版面 8 块，发放科普读物 100 余本。（杨震宇）

【食品安全监督管理】 2017 年，强化二次供水和直饮水的监管执法，加大餐饮具集中消毒单位监管力度，推进创建国家食品安全示范城市工作，维护广大人民群众食品安全合法权益。全年结合饮用水卫生专项开展好食品安全饮水健康监督管理工作，结合创建国家文明城市开展好食品安全城市创建工作；每月开展餐饮具集中消毒单位专项整治项行动，重点检查餐饮具集中消毒单位许可备案、场地环境、设施设备、卫生条件、流程布局、从业人员的情况，针对现场检查情况下达“卫生监督意见书”。每季度联合区疾控中心组织监督抽检和感官评价抽查，全年抽检 44 个批次，44 个批次全部合格，抽检结果及时公示，加强餐饮具集中消毒服务单位事中事后监管和诚信经营。（杨震宇）

【法制稽查工作】 2017 年，制定《卫生计生综合监督执法局卫生监督稽查工作制度》及其实施细则；将党风廉政建设、中央八项规定、日常行政事务管理、工作纪律、宣传报道等事项纳入稽查范围，构建“大稽查格局”，对卫计监督员在证件使用、着装风纪、执法程序等关键环节方面存在的问题，狠抓整改，开展稽查22次，下达稽查文书40份。设立举报信箱、举报电话等方式畅通双向交流渠道，主动接受群众监督。对于受理的举报信息，由法制稽查科指定专人进行分类处置，共受理投诉举报79件，其中医疗投诉38件，公共场所投诉39件，二次供水类投诉2件，办结率100%，满意率100%。受理行政许可288件，其中公共场所249件，二次供水39件，办结率100%，无一例投诉。

（杨震宇）

【培训宣传】 2017年，在省、市、区政府网站发表文章46篇，在政法频道、湖南经视、长沙新闻频道正面报道5次；组织开展所内培训3次（行政处罚培训、计生执法培训、案卷制作培训等），监管对象培训8次（生活、医疗美容培训，学校卫生培训，饮用水卫生培训，公共场所卫生培训，游泳场馆卫生培训等）。（杨震宇）

【全所干部职工大会】 2017年3月2日，雨花区卫生监督所召开以“明确目标，主动有为”为主题的全所干部职工大会。区卫计局分管领导及业务科室负责人参加会议。会上，各科室负责人、职工、分管副局长、书记依次发言，对2016年的工作做简要回顾，剖析工作中存在的不足，着重就卫生计生综合监督职能整合后，如何在做好原有的公共场所卫生、生活饮用水卫生、医疗执业、传染病防治、放射卫生监督等工作的基础上，抓好卫生计生综合执法工作献言献策，提出看法。区卫计局分管领导及业务科室负责人也就如何做好新形势下的卫生计生综合监督执法工作作出指示。区卫监执法局局长黎雪军总结发言，指出要从有机整合卫生、计生执法资源，抓好基层基础，改进执法方式等方面入手，突出重点，精准发力。通过该次会议，全体干部职工理清了思路、明确了目标。（杨震宇）

【三级网络建设】 2017年3月，研究制定《雨花区卫生计生综合监督三级网络试点工作方案》。5月，在砂子塘、黎托、同升三个街道开始试点，10月，编制雨花区卫计综合监督执法三级网络《文件汇编》《工作手册》《操作流程》《表格汇总》等4本手册，12月中旬，结合四季度文明指数测评对街道（镇）卫计办主任实行“请进来”理论教学与“走出去”现场教学相结合的“三上三下”教学模式。

（杨震宇）

【医疗美容机构专项检查】 2017年8月30至9月6日，区卫监执法局对辖区内医疗美容门诊部（诊所）开展专项执法检查。重点围绕执业许可、医务人员、医疗广告、医疗收费、医疗管理、药品器械管理、消毒隔离及医疗废物管理等方面，共检查医疗美容机构12家，各医疗机构均在核准的诊疗科目内开展执业活动，发现开展的项目未进行备案，医疗文书书写不规范，医疗管理制度不健全，药品器械索票索证不到位。针对存在的问题共计下达卫生监督意见书9份，责令其限期整改，对1家机构责令立即停止执业活动，对1家机构立案调查。通过开展专项执法，加强现场指导，注重整改效果，规范辖区内医疗美容机构执业行为，保障医疗美容服务市场秩序，促进医疗美容行业健康发展。

（杨震宇）

【打击非法行医专项整治】 2017年12月6—18日，为整顿医疗服务市场秩序，区卫监执法局在全区范围内的健康相关领域开展打击非法行医专项整治行动。此次专项整治行动以打击非法开展治疗近视、弱视等眼部疾病和非法开展治疗小儿感冒、发烧、咳嗽等诊疗活动为重点，出动执法人员140人次，执法车辆18台次，重点监督机构18家，下达卫生监督意见书18份，对其中1家涉嫌非法行医的机构进行立案查处。（杨震宇）

妇幼保健

【概况】 长沙市雨花区妇幼保健计划生育服务中心（简称“区妇幼保健所”）为副科级全额拨款事业单位，是区卫生局二级机构。主要负责全区妇女保健、生殖保健、孕产妇保健、儿童保健、婚前保健服务；负责全区计划生育技术服务、健康教育、妇幼卫生信息统计；负责街（镇）、社区（村）、区辖围保医院及幼儿园的保健管理等工作等。内设机构有8个：分别是妇保科、儿保科、婚检科、计指科、检验科、健教科、信息科、办公室。核定编制48名，其中领导职数1名；全体在职干部职工数47人，其中雇员20人；退休13人；党员20人，其中在职党员17人。办公地点位为雨花区公共卫生大楼内。

2017年，雨花区妇幼健康服务工作紧紧围绕全区卫生计生中心工作，结合卫生计生事业发展规划，全面加强妇幼健康服务能力建设，保障全面二孩政策顺利实施。以推进出生缺陷防治工作和重大妇幼公共卫生项目实施为重点，改善服务质量，提高服务效能。获评湖南省妇幼健康优质服务示范区、长沙市妇幼健康优质服务示范区。（汤 林）

【妇女保健】 2017年，加强高危孕产妇管理及救助力度。实行区、街两级管理，一般高危街道管理，每月随访一次，2017年共有高危孕产妇9145人（未分娩的2663人），≥20分1624人（未分娩475人），年度新增红色预警3人（其中平安分娩1人），橙色预警473人、黄色预警6344人。以社区（村）为末端管理单位，对流入外地孕产妇使用统一的委托书，实行委托管理，指定专人负责。对区内寄居外地的21名孕妇，由区妇幼保健所书面形式委托当地妇幼保健机构进行管理，并电话与孕妇及单地妇幼保健机构保持联系，保证追访到位。落实高危孕产妇筛查登记制度，全年10家产科医院共报活动性高危4203人，填报新增孕情卡23401张，平安分娩26563人，共抢救危重孕产妇427人。定期组织开展危重孕产妇评审、死亡孕产妇评审、助产机构妇幼健康服务围产会议，邀请驻区医院产科主任全部参加会议。开展农村妇女“两癌”和妇女病查治工作，明确长沙市妇幼保健院为确诊转诊单位并签约。农村适龄妇女免费“两癌”筛查按每人140元由区财政足额保证，妇女病普查按每人80元由街道财政安排。全年“两癌”应查人数5574人，实查6658人，普查率119%，妇女病普查应查8605人，实查17331人，查出4例乳腺癌（小叶原位癌1例，浸润性导管癌3例），4例宫颈癌（原位腺癌2例，浸润癌2例），卵巢癌1例；CIN1-15例，CIN2和CIN3共20例，所有癌症和高风险病人都进行追访和登记。在农村“两癌”筛查工作中，对于家庭困难的患病人群，区妇幼所及时将情况反馈区妇联等上一级单位，为20位“两癌”对象争取4万元的补助。执行《雨花区农村孕产妇住院分娩基本医疗全免费实施方案》，取多种途径提高住院分娩补助率，洞井、东山街道社区卫生服务中心及跳马镇中心卫生院按月做好农村孕产妇住院分娩补助，共补助到6月30日分娩的对象1171人，共35.4万元。（汤 林）

【儿童保健】 2017年，重点控制新生儿死亡率，加强儿科医疗急救能力建设，定点长沙市中心医院为雨花区儿科急救中心，采取绿色通道及时转诊，设区级立儿科急救专项基金，确保儿童及时救治。定期到辖区医院收集“新生儿死亡调查表”和“儿童死亡报告卡”，开展新生儿死亡评审工作，对在辖区医院住院死亡的12例新生儿组织专家组成员进行评审。落实出生缺陷综合防治，对新筛阳性患者，安排专人进行定期的追踪随访，阳性召回率90.9%。全区10家开展新生儿听力筛查的产科医院，建立台账，有专人管理，对初筛未通过儿童要求再登记，追踪按时复筛，追踪复筛率100%，对听筛复筛未通过儿童，100%要求填写转诊通知单及时转诊，提高复筛率和转诊率。对听力筛查确诊异常儿童，由专人进行100%追踪的随访。规范0-6岁儿童健康管理，每季度召开儿童保健工作例会，做好儿童保健工作技术指导及督导。要求认真做好新生儿访视、婴幼儿体检和4~6岁儿童体检工作，重点加强儿童心理行为监测、儿童眼保健及早产儿管理工作。2017年7岁以下儿童建档率100%，3岁以下系统管理率94.64%，新生儿访视访视率99.45%，儿童入园体检15062人，体检率100%。组织全区托幼机构进行业务知识培训，组织新上岗的托幼机构卫生保健人员参加岗位培训考核，保证执证上岗。对年度新提交申请的16所新建幼儿园进行卫生保健评估，对评估合格的15所幼儿园发放“长沙市雨花区托幼机构卫生评估合格报告”，同时对30%幼儿园进行卫生保健的综合评估。

（汤　林）

【出生缺陷综合防治】　2017年，推进婚前医学检查与婚姻登记一条龙服务，提高婚前医学检查率，全年免费婚检8882人。利用“一站式”服务模式宣传免费孕前优生检测政策及孕前优生健康检查的重要作用，规范技术服务，提高服务质量，全年孕前优生健康检查共2258对，早孕随访率及妊娠结局随访率100%。重点对实验室的操作规范提出更高的要求，连续4年在省计生委组织的室间质评中取得5项检查结果准确率为100%的成绩。对全区准备怀孕和早期妊娠的妇女免费增补叶酸（包括流动人口），扩大发放渠道，实行区妇幼所、驻区助产机构、各街道社区卫生服务中心、街道计生等多方位同时发放；完善区、街（镇）、社区（村）三级台账，对叶酸的领取、发放及服用情况及时进行登记，逐级汇总上报。全年免费发放叶酸35238瓶，服用率99.70%（11622/11656），依从率96.02%(11160/11622)。为提高出人口素质，降低畸形儿的出生，配合市产前筛查中心对184名唐氏筛查高风险孕妇进行孕期追踪随访，督促进行产前诊断，召回率88.6%。

（汤　林）

【计划生育技术服务】　2017年，制定《雨花区2017年卫生和计划生育绩效考核实施细则》，将管理要求细化，全年组织全区计生服务人员进行4次培训，对街道社区卫生服务中心、辖区产科机构进行2次计生督导。实行三送三上门（送避孕药具入户、送宣传资料入户、送优惠政策入户，计生政策法规宣传上门、术后跟踪随访上门、扶贫帮困上门）模式，每月定期上门随访，定期定点进行查环查孕。全年举办人口学校、孕妇学校、家长培训班共计312期，制作和维护计生宣传板、标语、折页等共计15万份；联合市妇幼在东山街道进行爱心助孕义诊宣传活动。省级计划生育手术补助专项资金到位后，按街道人口数将手术经费及时下拨街道，考虑到雨花区高桥、红星两大市场流动人口众多且集中的特点，对所属的高桥街道、井湾子街道各增拨2万元，用于流动人口计划生育手术补助。开展围绝经期妇女免费取环工作，与辖区长沙市妇幼保健院、长沙市中心医院签订转诊协议，对取环前的各项检查、麻醉费、手术费等实行全免。开辟“绿色通道”，取环妇女只要凭各街道社区卫生服务中心开具的转诊单，就可以到这2家医院免费取出宫内节育器。全年排查围绝经期妇女1万余人，符合条件的取环对象1000余例，取环374例，转诊24例，无一例不良反应发生。开展爱心助孕活动，上报爱心助孕免费服务对象9对，其中有4对进入助孕周期，对70余对不孕不育症夫妇发放爱心助孕优惠卡。帮助计划生育特殊家庭、不孕不育家庭解决实际困难。

（汤　林）

【健教工作】　2017年，成立雨花区健康教育书籍编辑委员会，成员由辖区各级医疗保健机构健康教育人员组成，4月13日召开编辑委员会会议，部署安排2017年雨花区健康教育书籍开发的中心任务，并责任到人。印制宣传折页5.5万余份，5000份海报下发街道社区卫生服务中心、社区(村)，通过“雨小卫”微信公众号定期向群众推广妇幼健康知识。指导街道、各单位通过粘贴海报、更新宣传栏、孕妇学校、人口学校、课堂讲座、信息员会议等形式向育龄妇女宣传“十免十优”（即免费健康教育及优生咨询、免费计划生育基本项目技术服务、免费妇女病查治、免费婚前医学检查、免费叶酸增补、免费孕前优生健康检查、免费爱心助孕、免费孕产妇艾滋病、梅毒和乙肝检测、免费产前筛查、免费新生儿疾病筛查）和“两癌”筛查、妇女病查治等妇幼健康、公共卫生政策，提高目标人群的疾病防治知识知晓率、检查参与率及产筛新筛补助率。举办孕妇学校24次，家长学校12次。开展不同形式的健康教育活动6次。辖区内助产机构均建立母乳喂养咨询门诊，所有社区卫生服务中心均建立母乳喂养室，所有社区卫生服务中心及90%的爱婴医院建立互动式孕妇学校。对辖区内的助产医疗机构及社区卫生服务中心督导44次，督导率100%。（汤　林）

【创建妇幼健康优质服务示范区】 2017年，雨花区从年初申报妇幼健康优质服务示范区的创建工作。全年将“提升服务质量”作为一条主线一直贯穿于整个妇幼工作中，确保全区的妇幼健康工作向先进行列迈进。8月28日雨花区成功创建为长沙市妇幼健康优质服务示范区；12月20日成功创建为湖南妇幼健康优质服务示范区，被推荐参加国家级妇幼健康优质服务示范区评选。（汤　林）

【免费产前筛查、新生儿疾病筛查工作】 2017年，全区免费产筛任务数为7500人，为全年落实该项工作，制定《雨花区孕产妇免费产前筛查工作方案》《免费产前复查工作督导方案》《雨花区新生筛查工作方案》等文件，区财政安排560万元专项资金。通过采取回补+直补的报销的方式，2017年1月至10月产前筛查报销人数7622人，新筛报销人数7322人，共补助经费367.66万元。（汤　林）

【管控“艾梅乙” 母婴传播工作】 2017年，推进孕期“艾滋病、梅毒、乙肝”的免费检测，制定《艾滋病、梅毒、乙肝母婴传播阻断实施方案和资金使用管理方案》，成立雨花区预防艾梅乙母婴传播工作项目管理办公室，对助产机构免费检测情况进行专项工作督导。争取区财政的支持，全年辖区各医疗机构共免费检测14850人，全年区级财政配套79万元用于预防艾梅乙母婴传播工作，4名艾滋病孕产妇经费全部补助到位；区内各助产机构对梅毒产妇及婴儿基本补助到位。加强孕期及产后随访、干预及信息沟通和报送，全年对辖区51位梅毒孕产妇及所生婴儿进行104人次随访，对3名艾滋病孕妇及所生婴儿随访。（汤　林）

【为家庭困难群众成功申请专项补助】 2017年，在农村“两癌”筛查工作中，对于家庭困难的患病人群，区妇幼所及时将情况反馈区妇联等上一级单位，为20位“两癌”对象争取到4万元的补助，使患病妇女能及时治疗，保障了妇女的身心健康，得到了广大妇女的好评。（汤　林）

【2017年度妇幼卫生工作会议】 2017年4月12日，雨花区妇幼所组织辖区各医疗单位医务科负责人、社区卫生服务中心主任及辖区所有妇幼保健相关人员共80余人召开2017年度妇幼卫生工作会议。会上，对2016年雨花区妇幼保健工作进行总结，对存在的问题给与合理化建议，对2017年新增妇幼健康民生实事项目进行安排部署；说明农村妇女“两癌”筛查、妇女病查治工作和免费产前筛查工作的具体要求；对妇幼信息，妇幼基本公卫的内容进行培训。通过该次会议，明确了2017年全区妇幼保健工作各项工作任务目标，统一了认识，梳理了工作思路。（汤　林）

【国家卫计委妇幼司督导雨花区出生缺陷防治工作】 2017年4月22日，国家卫计委妇幼司出生缺陷防治处处长许宗余一行7人到雨花区督导出生缺陷防治工作。督导组了解雨花区在出生缺陷预防和救治工作方面各项措施的落实情况，与省、市、区三级进行座谈交流，就雨花区如何推进出生缺陷防治工作提出指导意见。许宗余提出要落实出生缺陷三级预防措施，协调各部门开展综合预防救治，落实《健康中国2030规划纲要》，实施遗传代谢类、先天结构畸形类出生缺陷儿救助项目，传递公益爱心，帮助出生缺陷患儿早诊断、早治疗。（汤　林）

【全区新生儿窒息复苏技术培训班】 2017年6月13日，为规范新生儿窒息复苏抢救技术，区妇幼所举办全区新生儿窒息复苏技术培训班。辖区内10家助产机构的82名妇产科、儿科、麻醉科医护人员参加培训。省儿童医院新生儿科专家高喜容作为特邀专家，就新生儿窒息复苏理论进行授课。该次培训采取理论讲解、实践操作相结合的方式，培训课程以中国第六版新生儿心肺复苏指南为依据，由长沙市中心医院新生儿科主任王团美等4位儿科主任医师带教，分别就新生儿复苏原理、复苏的最初步骤、正压人工呼吸复苏装置的应用、胸外按压、气管插管等进行分组现场操作示范，带教老师深入到四个学员小组当中，手把手地进行操作指导。学员一边做笔记，一边通过模拟婴儿和气囊等教学模具对整个复苏过程的要点、重点和难点进行反复练习。在专家的指导下，大家准确掌握新生儿窒息复苏的抢救程序和技术要领。 （汤　林）

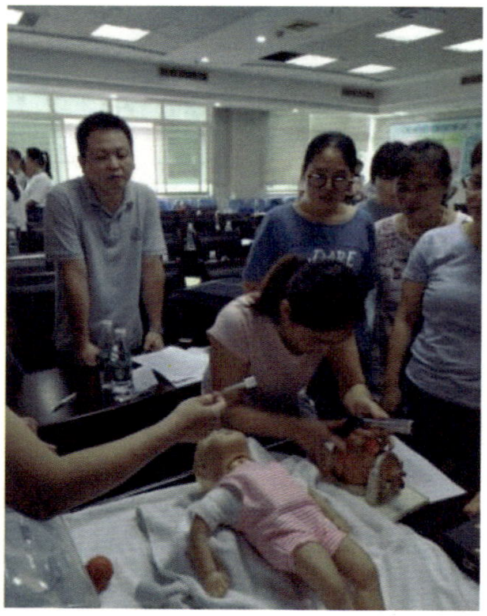

2017年6月13日，全区新生儿窒息复苏技术培训班 （汤林/提供）

【危重孕产妇及新生儿急救演练】 2017年6月30日，雨花区在长沙市中心医院组织开展全区危重症孕产妇急救演练活动，市卫计委副主任刘激扬、妇幼健康处处长王伏秋以及辖区10家助产机构的医务科科长、产科主任及护士长共70余人参加并观摩活动。此次合并前置胎盘大出血的孕妇，由下级医院转诊到产儿科急演练活动包含危重孕产妇、新生儿复苏急救模拟演练，通过模拟一例妊娠高血压救中心，从电话联系转诊、医院接诊、院前急救，院内组织抢救处理、新生儿复苏流程的演习，将临床科室、医技科室的工作穿插在一起，重点考察医务人员对危重孕产妇急救的快速反应能力，紧急情况下与患者家属、上级医师、各相关科室的沟通协调能力以及急救技能掌握水平。 （汤　林）

【“让救护走进校园，让知识呵护生命”大型健教活动】 2017年9月4日，“让救护走进校园，让知识呵护生命”大型健教活动在雨花区砂子塘泰禹小学体育馆举行，该活动由区妇幼所与长沙市中心医院联合主办、砂子塘泰禹小学承办、圭塘街道社区卫生服务中心协办，砂子塘泰禹小学五年级的600余名学生参加活动。活动包括理论知识的解析与实际操作技巧的演示。该活动有利于普及急救知识，增强学生的安全防范意识，提高学生现场救护和自我保护能力。 （汤　林）

【“军民同心，让爱无缺”健教活动】 2017年9月14日，“军民同心，让爱无缺”的大型健教活动在雨花区洞井街道卓越蔚蓝城邦前坪举行，该活动由区卫计局、区妇幼保健计划生育服务中心联合主办，洞井街道办事处、洞井街道计生协会承办，星苑社区、湖南监狱管理局中心医院、洞井街道社区卫生服务中心协办。活动以防止出生缺陷为主题，贯彻全国卫生与健康大会精神，宣传普及出生缺陷防治知识，动员全社会更加关注和支持出生缺陷防

2017年9月14日，“军民同心，让爱无缺”健教活动 （汤林/提供）

治工作。活动由阳光星苑舞蹈健身队的表演拉开序幕。区卫计局党委书记、局长周宏伟讲话，强调出生缺陷重在预防，防控出生缺陷，启航健康生命的重要意义。圭白路小学的学生表演，患有先天缺陷的记者分享自己的故事，星苑自闭症培训中心老师分享工作感悟，出生缺陷防控知识有奖抢答，向到场的近200位居民朋友普及先天缺陷基础概念及预防知识。活动邀请洞井街域内5户特殊计生家庭参与并慰问他们。来自湖南监狱管理局中心医院的医疗小组为居民现场义诊。活动共有193人参加，发放有关健教资料1000余份。该次宣传活动使防控出生缺陷知识深入人心，唤起社会力量的积极参与，为提高出生人口素质起到积极促进作用。

（汤　林）

社会生活

民政事务

【概况】 雨花区民政局是雨花区政府主管社会行政事务的工作部门，负责区属内救灾救济、基层政权和社区建设、城乡低保、福利彩票发行、社会组织、优抚安置、流浪救助、殡葬工作等方面的工作。内设办公室、计财科、基层政权和社区建设科、优抚安置科、社会福利科、社会事务科、社会组织管理科等7个科室；有区社会救助局、生活无着人员救助管理站、社会服务管理中心（加挂雨花区社会工作局牌子）、社会福利中心（加挂雨花老人之家牌子）4个二级机构。有编制36名（行政编制7名，机关工勤编1名，参公编制8名，全额拨款事业编制20名），其中，区社会救助局有参公编制8名，区生活无着人员救助管理站有事业编制7名，区社会服务管理中心有事业编制11名，区社会福利中心有事业编制2名。2017年，有在职在编干部34人，退休干部12人。局内设立一个党总支部：机关党支部和退休党支部，共有党员39人，其中在职党员31人、退休党员8人。办公地点设在雨花区治大院。

2017年，雨花区民政工作落实省、市、区“十三五”民政事业发展规划及相关工作会议精神，以创建全省“五化”民政示范区为契机，保障基本民生，优化为民服务，创新社会治理，开展全国社区居家和养老服务改革试点，成功获评全国社会救助标准化示范单位、全市爱国拥军模范单位；获评“2016年度全市民政工作先进单位”称号，连续十五年获评全市目标考核先进单位。（邓颖晴）

【社会救助】 2017年，完善梯级社会救助体系，社会救助标准化项目由全国试点成功上升为全国示范，建立社会救助“一门受理、协同办理”工作机制。临时救助最高标准可达10万元，扩大救助范围，增大对边缘贫困户的救助力度。全年城市低保累计救助30313户次、47189人次，保障资金1998.3万元，人均补差水平423.46元，农村低保累计救助8781户次、18795人次，保障资金530.53万元，农村低保人均补差水平282.27元。特困救助6141户次、6326人次，发放供养金468.45万元，人均补差740.5元。困难居民医疗救助1852人次，救助金额814.42万元；精神障碍患者住院救助242人次，救助金额39.87万元；精神障碍患者药物救助5714人次，支出金额58.45万元；临时救助767人，救助金额194.26万元；对各类社会救助申请家庭8970户15671人进行居民家庭经济状况核对和收入认定。开展农村低保和社会保障兜底脱贫对象认定清理整顿工作，低保动态管理退出农村低保270人、城市低保149人，新增农村低保30人、城市低保123人。为流浪乞讨人员提供食宿2025人次，乘车凭证753人次，提供医疗救助258人次，救助危重病人32人次。（邓颖晴）

【救灾救济】 2017年，制订自然灾害应急预案，全面完成区、街道、社区三级自然灾害信息员队伍建设，组织开展“5·12防灾减灾”宣传周活动及“10·13国际减灾日”活动，指导左家塘街道嘉园社区成功获评全国减灾示范社区。做好防汛救灾工作，紧急转移安置人口近8000人，农作物受损2142公顷，倒塌房屋70户，严重损房13户，一般损房125户，制定《雨花区跳马镇救灾保障组工作实施方案》和《雨花区民政局勘灾核灾工作方案》，有序开展灾后应急救助以及因灾倒损农村居民住房恢复重建等工作，出台《长沙市雨花区人民政府办公室关于印发〈雨花区2017年受灾困难群众生活救助和因灾倒损农村居民住房恢复重建实施方案〉的通知》（雨政办发〔2017〕56号），对受灾的7个街道（镇）按受灾程度的轻重紧急下拨80万元救灾资金，对全区67户倒房户、106户损房户分别进行10万元的倒房重建补助和3000~5000元损房补助。（邓颖晴）

【福利工作】 2017年，出台《雨花区困境儿童保障工作的实施意见》和《雨花区关于加强农村留守儿童关爱保护工作的实施意见》，健全全区的困境儿童和农村留守儿童保障机制。全年发放孤儿生活费17人11.76万元，困境儿童211人29.55万元，残疾人两项补贴791.8万元。完成中福在线洞井厅的维修改造，全年福彩销售金额8394.8万元，募集公益金419.7万元，比上年增长6.4%。（邓颖晴）

【老龄工作】 2017年，全面推进全国居家和社区养老服务试点工作，出台《长沙市雨花区人民政府办公室关于印发〈长沙市雨花区居家和社区养老服务改革试点工作方案〉的通知》（雨政办发〔2017〕47号）。8月10日，民政部财政部中期考评组来到雨花区考评居家养老服务工作，听取侯家塘街道韶山路老年人日间照料中心运行情况汇报，实地察看中心的老年人信息平台、老年人活动室等基础设施设备，了解老年人健康档案建设情况，与中心的老人们进行交流，对雨花区的居家养老服务工作给予肯定。开展医养结合试点，出台《长沙市雨花区民政局长沙市雨花区卫生和计划生育局关于印发〈长沙市雨花区医养结合试点工作实施方案〉的通知》，制定老年人助餐实施办法等扶持政策。探索“邻家照护+邻家在线”嵌入式养老服务模式，建成7个嵌入式小微型养老机构，获得省、市肯定和湖南卫视等媒体的推介，省民政厅党组书记、厅长唐白玉多次到雨花区现场考察。全年发放老年人高龄生活津贴14509人931.04万元，新建民办养老机构1个、新增床位99张，新建街道老年人日间照料中心1个、社区居家养老服务中心7个。制定《雨花区开展养老机构服务质量建设专项行动实施方案》，逐一对辖区内9家养老机构进行检查。开展居家养老政府购买上门服务2891人次106.76万元，开展金秋惠老等活动。（邓颖晴）

【婚姻登记】 2017年，依法依规办理婚姻登记，办理结婚登记5491对，离婚登记3301对，补发婚姻证件1022对。（邓颖晴）

【殡葬管理】 2017年，组织殡葬改革宣传活动，开展殡葬改革执法行动，处置城区违规搭棚治丧行为，进行惠民殡葬补助，发放惠民殡葬直补资金73.25万元。（邓颖晴）

【区划地名】 2017年，配合做好全国第二次地名普查工作并高分通过省级验收，分别于6月18日、7月18日上交国家包和湖南包数据，按时按质完成地名普查的各项任务。重点指导井湾子街道、雨花亭街道析置后的区划工作，完成井湾子街道原五局路更名和3条新建道路命名，完成全区80块路名牌的设置工作，对高桥街道西子街延长线归属问题进行准确定位。对雨花区、天心区行政界线进行联合检查，推进两区边界的平安建设。（邓颖晴）

【基层政权和社区建设】 2017年，牵头制定村（居）民委员会换届选举工作实施方案和操作办法，于5月26日、27日依法依规完成148个村（居）民委员会选举，产生新一届村（居）委会班子成员703名，实现换届工作依法依规依程序。集中开展换届选举专项检查和新一届村（社区）书记、主任学习培训，于6月底完成全部村（社区）整章建制和总结验收等工作。开展村（社区）基本情况及专职人员待遇普查，摸清社区人口、类型、阵地面积、管辖范围、人员配备等基本数据，完善社区建设基础台帐，为科学划分社区、推动社区专职人员薪酬制度改革提供参考依据。推进社区全面提质提档，全年铺排建设项目891个，投入政府资金5亿余元，撬动社会资金近1亿元，完成井巷、浦沅等50个社区全面提质提档。推进社区规范化和达标建设，完成浦沅、牛角塘、自然岭等15个社区阵地达标建设任务。打造社区特色品牌，评选区级社区服务品牌21个。探索自治协商模式，提炼出“一提两议两评”“邻里爱心角”“清风苑”等经验做法。举办第一期“创享家”小巷总理沙龙，搭建社区治理交流的平台。

（邓颖晴）

【社会组织工作】 2017年，加大社会组织培育扶持发展力度，全区社会组织1343家。推动“三社联动”深入发展，举办全区公益创投，投入300万元支持78个项目开展实施。成功举办2017年雨花区社工宣传月活动，与长沙民政职业技术学院社会工作学院共同签署“雨花区青年社工人才导引计划协议”，举办社会工作师资格考试培训。积蓄社工人才，跳马镇成为省里首批社工服务站试点单位，代表长沙市迎接民政部民间组织服务中心工作督查。完成3家区级行业协会商会脱钩工作。区社会组织在抗洪救灾、志愿服务等工作中发挥作用。组织开展区级行业协会商会第二批脱钩试点工作，截至8月9日，参加试点的有雨花区花卉苗木协会、医疗机构协会、东山街道商会和文化市场协会等4家区级行业协会商会，其中雨花区文化市场协会申请注销，其余3家区级行业协会商会和3家相关业务主管单位涉及脱钩的具体事项全部完成。（邓颖晴）

【优抚军休】 2017年，组织开展纪念建军暨秋收起义90周年双拥专题文艺汇演，开展“返军营、看发展、忆初心、保本色”等主题活动。在春节和“八一”期间，全区支出慰问经费310万余元，走访慰问驻地部队22个、各类优抚安置对象6100余人。做好退役军人联席会议制度等相关工作，开展下岗（失业）转业志愿兵和转业士官再就业帮扶，选岗达成意向人数104人，选岗率72%。规范对优抚军休经费的管理和发放，按政策发放各类优抚经费2689.72万余元、军休经费3323.58万余元。组织开展军队退役人员座谈会、区领导走访慰问困难优抚对象、优抚短期疗养及在烈士纪念日期间走访慰问烈士遗属等活动。对各类重点军队退役人员进行全面摸底登记，登记各类优抚对象564人。组织18名重点优抚对象进行短期疗养，对全区由部队移交政府安置的军队无军籍退休退职职工落实有关年终津补贴待遇，全面开展军休社会化服务管理。

（邓颖晴）

【退伍安置】 2017年，做好市级统筹27名转业退役士兵安置上岗，接收安置8名转业士官到街道（镇）二级事业岗位，及时、足额为退役士兵发放义务兵优待金、艰苦地区补助、大学生奖励和差旅补助费、待安置期间生活费、自谋职业补偿费等各类经费1345.76万元。落实现役、退役士兵各项优待政策，组织68名退役士兵免费参加技能培训。联合公安、人社部门完成2003年以来雨花区符合安排工作退役士兵信息及1978年到1982年5个年度的长沙市安排工作7000余退役士兵信息采集数据工作。完成转业安置在雨花区非企事业单位岗位退役士兵待遇调整的工作，8名转业士官上岗到位，39名转业士官落实工资福利参照全额拨款事业单位执行，完成69名符合安排的城镇退伍义务兵和复员士官安置“清零”任务。（邓颖晴）

【雨花区第二次地名普查完成验收】 2017年1月11日，市地名普查办组织省、市有关领导、专家，对雨花区第二次全国地名普查工作进行预验收。市地名普查办、区地名普查办等领导、专家参加验收会议。检查组严格按照第二次全国地名普查质量评价体系要求，对档案管理、地名数据库录入、内外作业等工作进行全面检查。雨花区就地名普查工作开展情况进行汇报，全区地名普查工作完成共涉及9大类，63个小类的1.3万条地名信息条目。市专家组对雨花区地名普查工作给予肯定，要求做好后续相关工作，确保地名标准化处理、地名普查成果转化和应用等工作走在全市前列。区地名普查工作领导小组办公室主任、区民政局党组成员欧阳伟军及外包单位负责人表示将加大工作力度做好资料整理、成果转换等工作，做好迎接省民政厅专项检查。5月4日，省地名普查专家验收组一行在省民政厅区划地名处处长姚李维的带领下，到雨花区检查验收第二次全国地名普查工作。区政府副区长、区地名普查领导小组组长刘江红作表态发言；区民政局党组书记、局长、区地名普查领导小组副组长尹江华作工作汇报。在完成各项议程后，专家代表当场宣布雨花区地名普查得分，姚李维宣布雨花区通过省级检查验收，并将雨花区作为优秀单位向省政府推荐。（邓颖晴）

【雨花区村（居）委会换届投票选举】 2017年3月7日，雨花区村（居）委会换届选举工作全面启动，历经两个多月时间，截至5月27日，参加选举的148个社区、村（筹委会）全部顺利产生新一届村（居）委会成员，共计716人，其中，主任148人，副主任51人，委员517人。通过该次换届选举，雨花区产生一批政治素质高、办事能力强、年龄结构优的村（居）委会新班子。（邓颖晴）

【2017年社工宣传月启动】 2017年3月31日，2017年雨花区社工宣传月启动暨青年社工人才导引计划签约仪式在区会议中心举行，该活动由区民政局主办、区社会组织指导支持中心承办。省民政厅人事（社工）处副处长姜波、市民政局副局长伍仁华、区政府副区长刘江红参加启动仪式。活动仪式上，刘江红致辞；《幸福雨花·社工同行》公益宣传片分享优秀社会组织的故事。行业专家史铁尔、基层干部代表砂子塘街道工委书记刘燕妮、社会组织代表银发族陈玲、社工代表快乐美人鱼肖卓作发言。区民政局党组书记、局长尹江华与长沙民政职业技术学院社会工作学院院长史铁尔共同签署“雨花区青年社工人才导引计划协议”，强化雨花区社会工作持续发展的人才支撑。（邓颖晴）

【全区殡葬改革集中宣传日活动】 2017年3月31日，区民政局联合高桥街道在永祥社区文化广场举行主题为“推行节地生态安葬，促进城市文明，让爱和温暖永远延续”大型社区公祭暨全区殡葬改革集中宣传日活动，并结合活动开展清明“邻里守望 文明祭扫”志愿服务活动。活动现场主要开展鲜花公祭、微信祭奠、寄语思念树和沙龙辩论等活动。社区志愿者向居民发放“党员干部带头推进殡葬改革”“殡葬管理法规”“惠民殡葬政策”等宣传手册。通过该次活动，有利于引导社区居民认知、尊重和继承传统，营造“文明祭扫，平安清明”的节日氛围。（邓颖晴）

2017年3月31日，全区殡葬改革集中宣传日活动
（邓颖晴/提供）

【雨花区养老机构服务质量建设专项行动核查工作】 2017年6月8—9日，由区民政局牵头，区卫计局、区食药监局、区质监分局、区消防大队等部门参与，在全区开展养老机构服务质量建设专项行动核查工作。核查工作依照《养老院服务质量大检查指南》和《养老院服务质量大检查操作手册》，对辖区内8家养老机构逐一核查并打分，检查条款22大项115小项，完成核查评估和表格汇总工作，

制定全区问题清单和整改清单，有针对性地研究解决。通过核查，有利于提升2017年底雨花区养老机构服务质量，推进养老服务质量标准和评价体系建设，实现全区养老机构服务有标准、人员有专长、质量有保证。（邓颖晴）

【民政部中民社会救助研究院专家调研雨花区社会救助标准化建设】 2017年6月14日，民政部中民社会救助研究院院长宋宗合、北京科技大学MSW中心主任许斌、中国人民大学劳动人事学院社会保障系郭瑜等专家，到雨花区调研社会救助标准化建设情况。调研组实地查看砂子塘街道社会救助工作站社会救助标准化建设情况后，组织召开专题座谈会，认为雨花区社会救助标准化建设为全国社会救助标准化的国标制定提供重要的参考和借鉴。宋宗合就社会救助标准化建设体系的完善、服务标准的延伸和拓展、标准执行的绩效评价等方面提出意见。（邓颖晴）

【首期“创享家”小巷总理交流分享会】 2017年9月11日，为深入推进雨花社区分类治理，区民政局在高桥街道永祥社区举办首期“创享家”小巷总理交流分享会。活动以案例为抓手、问题化导向、小众化讲解、风趣化探讨，让2017年新当选的13位年轻的社区主任们，各自介绍本社区工作特色、创新案例以及面临的困惑，交流学习抓住问题导向和居民需求导向，研判问题、解决问题，开启社区分类治理新征程。（邓颖晴）

【“10·13”国际减灾日宣传活动】 2017年10月13日，省、市、区三级减灾委办公室在同升街道同升湖社区开展2017年“10·13”国际减灾日启动仪式暨集中宣传演练活动。省政府副省长、省减灾委主任杨光荣，省减灾委秘书长、省民政厅副厅长邓磊，市政协副主席段安娜以及省减灾委成员单位相关负责人，区委书记张敏等区领导和雨花区有关社会组织、志愿者、街道、社区干部群众共300余人参加活动。活动现场，政府相关部门、企事业单位和社会组织、志愿者设置60余套防灾减灾宣传展板、条幅、气球等宣传器材。现场工作人员向前来参观的市民发放防灾减灾宣传资料，提供防灾减灾政策知识的咨询服务，现场发放宣传手册、挂图、光盘、各类减灾书籍1万余册（套）。（邓颖晴）

2017年10月13日，国际减灾日暨减灾救灾项目启动仪式（邓颖晴/提供）

民族事务

【概况】 长沙市雨花区民族宗教和外事侨务局（简称“区民宗外侨局”）为区政府直属事业单位，主要职能是负责全区民族宗教和外事侨务方面的事务管理，宣传民族、宗教、外事、侨务法律、法规和政策并开展执法工作。核定编制5名，其中领导职数3名；2017年年末，在职干部职工数4人，雇员1人。局内设立一个党支部，有党员5人。办公地点设在雨花区治大院2号楼3楼。

2017年，区民宗外侨局围绕促进“民族团结”这一主题，围绕创建“和谐寺观教堂”这一主线，坚持以法治思维推进民族宗教事务管理；坚持以创新精神推动重点难点问题落实，维护全区民族宗教领域的和谐稳定；紧紧围绕“强外事、兴侨务、拓港澳”的外事侨务工作目标，营造良好的涉外涉侨环境。（王 卓）

【民族政策宣传】 2017年，通过制作宣传橱窗、宣传展板、发放宣传资料等方式宣传民族政策法规和民族知识常识，增进各民族同胞之间的了解和友谊。编印《民族政策常识宣传手册》2000本，《雨花区少数民族流动人员服务指南》3000册，用于在全区范围内宣传民族政策常识和服务来长少数民族人员。（王　卓）

【少数民族流动人口服务管理】 2017年，发挥高桥街道“少数民族群众服务站”平台作用，加强少数民族流动人员服务管理，2017年审核普通高校招生享受民族优惠政策考生140余名，接待少数民族群众来访9批次，为6名少数民族流动人员随迁子女入学提供帮助。联合多部门到高桥大市场“民族之家”开展调研活动，对接少数民族商户。加强与新疆驻湘工作组的沟通联系，通过建立联席会议、交流互访、维稳处突、培训合作、项目协作机制，探索少数民族流动人口服务管理新模式。分别于6月、10月对少数民族涉稳因素进行排查，未发现不稳定因素。（王　卓）

【民族交流服务】 2017年，组织举行民族联谊会雨花分会新春座谈会、迎春茶话会。高桥大市场“民族之家”组织市场内少数民族经营户和员工开展拓展和参观活动。指导左家塘街道牛角塘社区获得“全省民族团结进步创建活动”示范单位。加强社区民族阵地建设，下拨专项经费用于补助社区“民族文化墙”、宣传栏板、“同心结”楼道灯建设和民族文化活动。牛角塘社区书记在全省民族团结进步示范单位工作交流会上代表雨花区发言。长沙政法频道《法润长沙》报道左家塘街道牛角塘社区民族团结进步创建进社区的情况。参与民族团结进步行捐资助学活动，到湖南省宁远县走访慰问少数民族同胞。（王　卓）

牛角塘社区正式授牌为全省民族团结进步创建活动示范单位（卢桂／摄）

【少数民族维权帮扶】 2017年，加强区民族宗教工作领导小组各成员单位的协调配合，加强少数民族流动人员流入地与流出地政府之间的联系沟通，妥善处理少数民族突发事件，协调少数民族矛盾纠纷，维护少数民族群众的合法权益，处理涉及少数民族的突发事件8起。有序推进石马回民公墓外迁工作，7月启动回墓外迁工作，协助市伊斯兰教协会将石马墓葬迁至开福区汉回村回民公墓内。（王　卓）

【新疆驻湘工作组到雨花区调研新疆籍务工经商人员服务管理工作】 2017年6月2日，中共新疆维吾尔自治区驻湖南省新疆籍务工经商人员服务管理工作组委员会副书记、新疆维吾尔自治区驻湖南省新疆籍务工经商人员服务管理工作组副组长牟鹏一行5人到雨花区调研新疆籍务工经商人员服务管理工作，探讨基层部门支持新疆籍务工经商人员服务管理工作新途径新模式。区委常委、组织部部长龚畅接待牟鹏一行。区委统战部副部长、区非公党工委副书记和区民宗外侨局局长参与接待，邀请区委政法委、区教育局、区工商分局、区城管局、区公安分局、国安局、区人社局和部分街道参加座谈会。座谈会上，牟鹏介绍设立驻湘工作组的背景、工作组人员组成情况、工作组职责任务以及驻湘半年多以来的工作开展情况，就如何及时与雨花区各部门加强联系合作，保持工作衔接，及时了解掌握新疆籍务工经商人员动态和帮助协调解决涉疆突发事件等事项表达工作组的想法和意愿。区直有关部门负责人向工作组简单介绍雨花区新疆籍务工经商人员服务管理的有关情况。龚畅表示要加强与工作组的合作与对接，逐步建立健全服务管理新疆籍务工人员的信息共享机制、联络协调机制和应急处理机制，坚持民族平等和民族团结的政策。座谈会后，工作组一行与到会的相关街道负责人分别进行交流

和沟通。（王　卓）

【全区民族宗教工作会议】 2017年9月21日，雨花区召开全区民族宗教工作会议，安排部署下阶段工作。区委常委、统战部部长成钢，区委统战部副部长程缅，区民宗外侨局局长冯粤，区民族宗教工作领导小组各成员单位的主要负责人及街道（镇）统战专干、区民宗局全体干部共50余人参加会议。会议由区政府副区长张良欣主持。会上，程缅传达中央、省、市民族宗教工作相关会议和文件精神；冯粤总结前段工作情况，提出下阶段工作意见；区委政法委、跳马镇和高桥街道分别发言。成钢要求，要把握好民族工作重点，维护好宗教场所安全稳定，提高民族宗教工作法制化水平。（王　卓）

2017年9月21日，全区民族宗教工作会议（王卓/摄）

宗教事务

【宗教政策法规宣传培训】 2017年，在清泉寺、大安寺、丰田古寺、团头河福音堂、川河占白龙王庙、谭阳战白龙王庙、佛圣禅寺等场所制作固定宣传栏开展宗教政策法规、文明创建等专题宣传。向群众发放《宗教工作法律法规政策汇编》《民族宗教知识问答》《雨花区宗教工作资料汇编》等宣传资料1000余册。5月，组织全区统战专干和部分宗教教职人员，参加雨花区统一战线党外中青年干部培训班，市民宗局副局长彭晓军应邀以《当前我国民族宗教形势我们怎样应对》为题进行专题讲座。在全区统战工作会议上，向各街道（镇）印发并传达中央、省、市民宗工作会议精神。（王　卓）

【和谐寺观教堂创建活动】 2017年，对全区宗教场所进行摸底，建立场所信息数据库，开展宗教活动场所社会信用代码赋码和“宗教活动场所登记证”换发工作。通过开展相关培训，增强宗教教职人员、管理人员的法律意识和安全意识。以创建活动为契机，严把人员入口关、活动审批关和财务管理关，规范全区宗教活动场所的建筑安全、食品安全、消防安全等制度。指导活动场所开展“四型”场所创建，清泉寺开展“学习型”场所创建，大安寺开展“道德型”场所创建，督促佛教场所做好寺院住持换届工作。（王　卓）

【宗教活动场所专项督查】 2017年，重点开展六查：建筑安全隐患督查、文明环境优化督查、消防隐患督查、财务工作督查、涉恐隐患排查和网络安全排查，全区督查情况整体良好。所有的宗教活动场所重新配备消防器材，消除场所的消防安全隐患。督查中发现不同程度的建筑安全隐患，区民宗外侨局均对相关场所下达整改通知书，通过采取加固修理或关闭停用等措施，确保场所建筑安全。对教职人员的QQ、微信、网站进行摸底排查，建立台账。（王　卓）

【民间信仰场所管理】 2017年，督促各街镇制订宗教场所管理工作方案，全面摸清民间信仰场所底数，指导3个已登记的民间信仰场所成立场所民主管理小组，健全建筑安全、消防安全、食品安全等管理制度。将未登记的73处民间信仰场所全部纳入各街镇综合治理。（王　卓）

【寺院住持换届选举会议】 2017年11月14日、15日，位于雨花区辖区内的大安寺、丰田古寺、清泉寺组织召开寺院住持换届选举会议。区委统战部常务副部长邹开其、区民宗外侨局局长冯粤、跳马镇党委委员文宵乾参加会议。会上，寺院住持候选人释悟心、释圣源、释能云讲述对党的宗教政策和法律法规执行情况和履行工作职责情况，接受寺院两序大众民主评议，并全票当选。冯粤要求寺院民主管理组织及时报区民宗外侨局备案，要求各寺院以创建和谐寺观教堂创建作为工作主线，做好寺院日常管理，依法依规开展宗教活动，团结寺院僧众、居士、信众，维护宗教领域和谐稳定。邹开其希望新一届的住持继续带领寺院僧众、居士、信众加强学习，依法开展宗教活动。（王　卓）

外侨事务

【外事工作管理和服务】 2017 年，以雨花非遗馆为重点，培育涉外参观点，组织申报湖南省外事侨务港澳专项资金项目，争取省市政策支持，下拨专项经费，提质对外交流窗口。做好长沙强劲机电科技有限公司和湖南方圆建筑工程设计有限公司邀请外国人到长沙审批工作；与区科技局、区侨联、区商旅局等职能部门多次深入侨资企业湖南欧翔科技有限公司走访调研，帮助企业答疑解难；严格规范雨花区公务人员因公出国（境）管理，对因公出国（境）严格审核、严格把关。（王　卓）

【外事文化交流合作】 2017 年，指导雨花区外国语学校成功承办长沙市与日本鹿儿岛市缔结友好城市 35 周年纪念活动之一的青少年书法交流活动；参加市外侨办组织的海外侨务和华文教育工作出访团，到美国、菲律宾、马来西亚三国调研，加强海外侨务和华文教育工作，深化与海外华文学校的交流合作。（王　卓）

【归侨侨眷帮扶】 2017 年，通过定期走访、电话问候和发放慰问金或物资等方式，慰问部分老归侨和困难归侨侨眷家庭。协调两户华侨、侨眷拆迁安置相关事宜。妥善处理华侨信访事件，为 8 名英国华侨处理旅行纠纷。（王　卓）

街道·镇

雨花亭街道

【概况】 雨花亭街道地处长沙市雨花区“腹地开发”和长株潭三市融城的前沿阵地，北起南二环、劳动东路，西至韶山南路，南抵香樟路，东临万家丽路，是城区建设改造的攻坚区域。2017年，街道辖曲塘、雨新路、路桥、正圆、新星、自然岭、华云、雅塘村、香南郡、麻塘桥社区10个社区，井塘、自然、石马3个社区筹委会。辖区面积8平方千米，常住人口近7.5万人，有政府机关、企事业、驻区单位400余家。街道办事处内设党政办、经贸办、社会事务办、综治办、城管办、卫计办、财政所，二级事业单位有社区公共服务中心、综合文化服务中心、安全监督管理中心、征收安置服务中心、人民来访接待暨矛盾纠纷调处中心，街道机关核定行政编制16名，其中领导职数11名，机关后勤服务人员事业编制1人，二级事业单位事业编制核定38名。2017年，在职在岗人数51名，其中行政编18名，行政待编1个，事业编32名。

2017年，雨花亭街道以“聚力项目攻坚，深耕转型提质”为工作主题，牢牢把握项目建设主方向，努力实现街域经济社会全面、协调、可持续发展，为打造“融城幸福地，筑梦雨花亭”，助力“三个雨花”建设贡献力量。2017年，雨花亭人民调解委员会获“全国模范人民调解委员会”称号；街道作为健康促进机关，代表雨花区接受“国家健康促进区”国检；香南郡社区获“全国科普示范社区”称号；综治工作《聚焦“六个转变”实现积案清零》登上省联席办工作简报；华云社区创建为“省防灾减灾示范社区”，雨新路社区获“省级充分就业星级社区”，自然岭、香南郡社区获“长沙市基层科普行动计划先进单位”，雅塘村、雨新路、新星社区创建为“市残疾人工作五星级社区”，“‘580’互助联盟”获“长沙市优秀服务品牌”。（陈嘉雪）

【街域经济】 2017年，雨花亭街道完成财税收入7.43亿元；实现固定资产投资46.38亿元，服务业投资占比100%；完成限上社会消费品零售总额11.62亿元，同比增速24.89%。全街有五江天街、叠彩兰亭、清溪川玖号等在建产业项目8个，占地面积51.8公顷，总建筑面积233.5万平方米，全年投资额83.9亿元；有航空路“215”、嘉天广场等待建项目3个，占地面积18.95公顷，建筑面积约85万平方米。成功引入湖南交通水利建设集团、长沙有色冶金设计研究院、大润发、保利影院等企业。（陈嘉雪）

【社会事业】 2017年，第九次社区居委会换届选举工作为村居第一次同时进行，街道10个社区中有2个合并村加入社区要按《中华人民共和国城市居民委员会组织法》实施，1个社区筹委会按《中华人民共和国村民委员会组织法》进行。11个社区（筹委会）共登记选民32756人，参加投票选民数 29159 人，参与率 89.02%。2017 年，街道有 5 个社区全面提质提档，分别为：曲塘社区、香南郡社区、自然岭社区、路桥社区和雨新路社区。2017 年，街道慰问 1052 户，47.71 万元。街道审核通过社区惠民资金（预算类）项目 38 个，其中：社区服务类项目 14 个，社区活动类项目 3 个，社区环境类项目 9 个，社区社会组织培育发展项目 6 个，累计金额 200 万元。为 6 个社区申报残疾人工作明星社区，为 35 户残疾人家庭申请辅助器具，金额 1.05 万元；为 2 名下肢残疾人申报“义肢助残项目”。为 19 名重残对象申报“两补”，发放补贴 1.14 万元，为 15 名残疾人申请机动轮椅车燃油补贴 3900 元，为 6 名残疾人申请“叭叭”车置换金 9000 元。为 29 名残疾人办理爱心公交卡。为 6 户残疾人家庭申报无障碍改造。为有康复需求的残疾人发放康复手册 155 本。摸底登记 50 名困难就业年龄阶段的残疾人。引进“寸草心”社会服务中心、“大森林”老年人日间照料中心、自然睦邻公益服务中心，“孝为先”社会组织以及“绿丝带”家庭综合服务中心，针对不同人群不同需求提供多元化的服务。重点申报打造 寸草心“亲邻郡”家庭综合服务项目。

（陈嘉雪）

【综合治理】 2017 年，全街无重特大群体性事件，无影响较大的社会治安案件，项目建设得到顺利推进。进京非访登记次数由 2016 年的 18 人次下降到 11 人次，同比下降 38.8%。全街刑事发案总数由 2016 年的 570 起下降至 491 起，刑事总数下降 79 起，同比下降 13.9%。开展 10 余次校园及周边环境综合治理的“护校安园”专项整治行动，对辖区内寄递物流企业、校车、危爆车辆、源头企业和车辆改装及维修企业进行摸底排查，维护辖区良好秩序，提升周边群众的安全意识。联合派出所对涉毒人员进行摸底排查，落实帮教措施，针对社区戒毒困难家庭进行走访慰问，努力帮他们解决部分生活困难。1 月、6 月，全街开展禁毒宣传教育活动。9 月，市委常委政法委书记钟钢，区委书记张敏，区委副书记陈永高先后到街道考察老兵联络站工作。引导退役老兵群体自发成立社会组织，为退役老兵搭建平台，引导老兵群体表达合理诉求。街道提供公益性岗位、办公场所、搭建对话平台，多维度为老兵群体提供帮扶。自 2017 年 7 月成立至年底，走访慰问困难老兵 36 次，特困救助老兵 15 名，公益性岗位安置 6 名（其中护河岗位 4 名，护学岗位 2 名），解决老兵个案问题 5 个。2017 年 2 月，《雨花亭街道聚焦“六个转变”实现积案清零》登上省联席办工作简报，雨花亭街道关于落实“三到位一处理”的实践与探索经验在全省范围内得到推广。在 2017 年 3 月召开的市护路护线联防工作会上，雨花亭街道护路微信平台被评为全市优秀平台。

（陈嘉雪）

【环境保护】 2017 年，按属地原则，将全街划分为 13 个网格管理，配合区环保局建设电子网格，动态管理。建立环保文字台账、电脑台账和影像台账等，确保环境保护工作的有序开展。取缔一家无证经营洗砂场，在大气污染防治特护期间每天巡查辖区易焚烧垃圾点、在建工地，并通过微信、QQ 等平台发送宣传信息。开展清理圭塘河行动，实现河堤无种菜行为，河面无漂浮垃圾，全年共进行两次大面积清理河堤杂草行动，5 次大型清洁河堤河岸行动。“三考”期间处理各种噪音投诉 10 余起，张贴发放控制噪声污染通知书 1000 余份。联合区城管办、城管中队共开展 5 次油烟整治行动，收缴煤炉 6 个。开展生态环保宣传活动，宣传新《中华人民共和国环境保护法》及环保法律法规。全年组织环保培训 2 次，人员 200 余人。打造“五江天街”无烟餐饮食品安全示范街，推进油烟净化和油烟在线监控，引领行业标杆。（陈嘉雪）

【食品安全】 2017 年，强化食品安全宣传，组织大型文艺演出 1 次、大型宣传标牌 1 块、宣传活动 40 余次、安全知识咨询和讲座 20 余次、专题展板 110 余块、悬挂标语或横幅 180 余条、发放“双创”及其他食安宣传资料共计 1.51 万余份。组织辖区食安专干、学校、幼儿园、餐饮行业负责人开

夜间流动摊担、非法夜市整治　　（陈嘉雪/提供）

展8次食安知识培训，约460余人。社区（筹委会）专干坚持每周2次以上的抽查，共出动1600余人次，检查12600余店次；街道食安办坚持每周2次以上的巡查，共出动800余人次，检查3600余店次。开展学校及周边、食品安全“护苗行动”、肉及肉制品、保健食品等各类专项整治行动52次，共出动执法人员约820余人次，取缔豆制品摊贩4家，收缴白板肉1余吨，查处保健品非法会议营销店4家，关停无证小餐饮门店15家，小食品经营门店10家，取缔黑作坊3家，湿面加工作坊1家，办案2起（小红帽幼儿园大米镉超标、雅塘村咔滋咔滋零食店销售来自日本和辐射区产品），在办案件6起。截至2017年年底，办理食品经营许可证155本，小餐饮许可证85本，小餐饮备案登记证26本，食品摊贩登记证178本，食品药品监督公示牌发放273块，投诉承办79起，办理64起，示范引领。打造“五江天街”食品安全示范街。　（陈嘉雪）

【城市建设】 2017年，雨花亭街道涉拆项目12个，其中5个项目结算交地建设。221石马保障住房：征地面积14.77公顷，共215栋房屋；签约205栋；拆除206栋；进入司法程序法院裁决3户栋；进入行政拆违程序的6户栋。107自然保障住房：征地面积7.43公顷。共66栋房屋；签约63栋；拆除63栋，项目结算交地。洞井路（劳动路—雅塘冲路）：征地面积1.70公顷，共25栋，项目结算交地建设。曙光路（车站路—雅塘冲路）：征地面积2.20公顷，共17栋，项目结算交地建设。星光游园配套用房：征地面积0.47公顷，共6栋，项目结算交地建设。叠彩兰亭：征地面积0.38公顷，共1栋，项目腾地清零。圭塘河综合整治（圭塘河防汛河道改道工程）：征地面积16.13公顷，项目共75栋，签约清零，拆除73栋，红线内结算交地。圭塘路三标：征地面积1.97公顷，项目结算交地建设。雅塘冲路（石马村段）：征地面积1.90公顷，共17栋，签约12栋，2017年11月29日发布二轮公示，项目顺利推进。中城苑扩征：征地面积0.74公顷，共10栋，签约3栋。车站南路（曙光路—劳动路）：征地面积2.45公顷，发布征地公告。东方红小学：征地面积2.39公顷，共11栋房屋，签约10栋，拆除10栋。2017年，组织进行三批次分房交房工作，共分房334套，安置491人，其中井塘社区筹委会井塘苑保障房分房17套，自然社区筹委会颐景苑保障房分房371套；对曙光路项目组织进行保障房资格联审工作，共审核13户，对石马社区筹委会各拆迁项目的半边户、世居非农进行资料收集及送审，审核通过半边户15户；收集送审圭塘河综合整治项目的半边户20户、世居非农7户；街、村安置人员主动上门与部分未安置对象进行前期的交流沟通，宣讲政策。落实自然社区筹委会30平方米非住宅未安置完需发放延期过渡费的问题，发放延期过渡费193万余元，发挥好街道的桥梁纽带作用，加强与区征地办、筹委会之间的沟通交流，妥善处理好安置对象的合理诉求。2017年，雨花亭街道未有阻工闹事现象，未有安全生产责任事故，市重点工程洞井路、曙光路创立“边拆迁、边交地、边建设”同步模式。井塘村城中村改造完成目标任务。井塘安置用地，总面积1.73公顷，拆除实体围墙400米，复绿1500平方米，拆除复绿完成率100%。全年办理房屋产权证明2起，新增2处历史性建筑单位成功进入办理窗口。　（陈嘉雪）

【基层党建】 2017年4月，完成11个社区（筹）换届选举工作，严格按照选举程序推选49名委员。升格香南郡党总支，新建3个非公党支部，完成2023名党员信息采集，发展15名党员，打造2个党建品牌（新星庭苑党建和路桥午间半），梯次推进金凤滩、长丰源、龙吉湾等“四方联动”工作。培育全街党建人才，参加市、区、街三级培训10余次。组建信息员队伍20人，党建专干中30岁以下8人，大学以上13人，研究生2人，基层工作10年以上书记2人。4月，选派优秀非公指导站长进驻街道，全面指导非公党建工作。通过“新春第一访”“岗位故事分享会”等多种形式、多个平台做好党建工作。华翼府商务楼宇将“百企联建”模式升级为“百企互联”，接待中央、省、市、区各级调研5次，受到中央、省、市、区级媒体多次报道。全街开展党员春节、七一困难党员走访慰问100余人次，落实市区街党员经费50万余元。雨花亭街道非公有制经济组织148家，社会组织27家，从业人数4300余人，“两新”党委1个，党支部25个。2017年新组建党支部7个，撤销8个搬迁、空壳党支部，党员人数194人，直管党员51人，“两新”新发展党员4人，转入党组织关系到街道11人，开展党建活动30余场次。5月19日，街道党工委组织对华翼府楼宇党委换届选举，推选出新一届党委领导班子。调整5个非公党支部书记，组织1个楼宇党委书记参加市委党校理论培训，安排22个非公支部书记、1个社会组织支部书记参加区委“两新”书记理论培训。在全街迎“七一”庆祝党的96岁生日活动上，非公党员纷纷登台表演分享故事。防汛救灾期间，非公党支部一天募集5万余元物资立即送往跳马东斯港受灾群众手中。正圆医院，谋信物业非公党支部代表街道接受长沙市基层党建迎检，受到检查组肯定。21个非公支部书记参加街道十九大报告宣讲会。 （陈嘉雪）

【“凝心聚力‘十三五’·同心筑梦雨花亭”主题活动】 2017年3月1日，雨花亭街道组织辖区内非公企业管理技术人员、社会组织从业人员、新媒体从业人员和自由职业人员近40人组建“新的社会阶层人士同心志愿服务队”，在万坤图通程喜乐会广场前坪开启“凝心聚力‘十三五’·同心筑梦雨花亭”学雷锋志愿服务主题活动。在志愿服务现场，街道辖区华翼府楼宇党委召集楼宇内非公企业管理人员搭台唱戏，“寸草心”“大森林”“尚学堂”“孝为先”等社会组织轮番登场，朗慧科技、视点建筑等90后新媒体从业人员同台竞技。开展创新创业、心理咨询、亲子教育、敬老孝亲、临终关怀等服务和宣教传播。 （陈嘉雪）

2017年3月1日，“凝心聚力“十三五”·同心筑梦雨花亭”主题活动 （陈嘉雪/提供）

高桥街道

【概况】 高桥街道位于雨花区东北部，东临浏阳河支流圭塘河，南接劳动东路，西靠二环线，北至人民东路，总面积4.71平方千米。2017年，高桥街道辖高桥、友谊2个集资委和火焰、金环、怡园、高桥大市场、五一、永定、永祥、鑫华8个社区，有省邮政局、长沙海关等驻街单位28家，有高桥大市场、高建市场、高桥汽配城等综合（专业）型市场8个。辖区总人口16万人，其中常住人口3万人，流动人口13万人。街道内设机构：党政综合办、党建群工办、经济发展办、社会事务办、社会管理综合治理办、城市管理办、环卫办、人口与计划生育办、财政所、安全监督管理中心、征收安置服务中心、人民来访接待暨矛盾纠纷调处中心、司法所、市场管理办、两保站及政务服务中心、食品药品监督管理所。街道机关工作人员 112 人，其中在职在编干部 49 人（其中行政编 16 人、事业编 33 人、工勤编 0 人），随军家属 2 人，挂编学生 1 人，临聘人员 37 人，司法所 5 人，“两保”人员 13 人（6 人在街道机关），食药监所 4 人。全街有党员 1192 人。街道办事处地址在万家丽中路 88 号。（成丽辉）

【街域经济】 2017 年，高桥街道完成财税总收入 8.1 亿元，社会固定投资 51 亿元，限额以上社会消费品零售额 36 亿元，外贸进出口总额 19492.2 万美元，引进市外境内资金 24.6 亿元。高桥大市场历时三年投资近 20 亿元全面完成提质改造任务。区财政投入近 1.8 亿元对六大无主体市场和原高桥物流市场实施提质改造，并全面竣工。完善“中部国际农创园”项目基础设施建设。建成湖南信息园办公楼主体部分，进行外墙装修，住宅部分封顶。锦湘国际商业部分建设完成，学校主体建设基本完成，幼儿园进行主体建设。锦湘国际星城四期、金地格林苑、金鸿宇国际商业广场开盘销售 4.2 万平方米。成功引进企业 20 家，商务楼宇去库存 21920 平方米。（成丽辉）

【城市建设】 2017 年，推进友谊村项目用地拆迁，零星用地、华晨公司项目用地全部完成，两安用地完成 92%。签拆迁安置协议 262 栋、498 户，完成总任务的 82%，多层安置房开工建设 57 栋，封顶 38 栋。万丽路快速化改造、山塘路（石坝路—长沙大道）、六号路和景园路（万家丽路—马王堆路）全面建成通车。石坝路（马王堆路—东二环线）、美联路（万家丽路—沿河路）进场施工。开展 60 余次专项整治行动，清渣覆绿 1.5 万余平方米，粉刷建筑物外立面 2 万余平方米，拆除违章建筑 43 处 1 万余平方米，违规户外广告招牌 400 余块 7000 余平方米；配合做好中央环保督察工作，全年清理辖区黄标车 1082 台，督促永定美食街夜市规范点全面安装油烟净化器与环保无烟烧烤炉，18 件承办件 100% 办结。（成丽辉）

【社会事业】 2017 年，全面推进社区提质提档工作，火焰社区被评为市级示范社区，金环、五一、永定三个社区被评为市级先进社区，支持永祥社区积极创建多功能一体的市级示范性社区综合文化服务中心。火焰社区着力打造“诚”文化；五一社区大力倡导“德”文化，打造百“德”文化长廊；永定社区深化“美食七街”示范引领作用，推承“善”文化，打造“善”文化宣传长廊；金环社区引进“携众社工”社会组织，设置“书香小筑”图书漂流点，丰富居民群众文体生活。全年新增城镇就业人员 1076 人，新增农村劳动力转移就业 113 人，新增创业主体 850 个，鑫华社区被评为省级充分就业社区。开展第三届“高桥好人”评选，涌现出“中国好人”游端霞、“湖南好人”万寿康等先进典型。全街社会组织备案 77 家，登记“他乡美”“驴友仁善爱心社”“洞见公益文化发展中心”“高桥国学馆”“启善读书堂”“携众社会工作服务中心”“蓝天救援队”等社会组织 7 家，引进“创乐福”“益友会”“优儿帮”“康乃馨”社会组织 4 家。全街社会组织广泛开展扶贫帮困、助学助残、养老服务等公益活动，“他乡美”俱乐部、“优儿帮”分别获省级最佳志愿服务组织、最佳志愿服务项目。（成丽辉）

【综合治理】 2017 年，督促企业落实安全生产主体责任，共下达立即整改通知书 327 份，限期整改通知书 163 份，行政处罚决定书 17 份，组织开展消防灭火、应急演练 140 余场次。全年未发生一起重大安全生产事故。围绕创建国家食品安全示范城市，组织培训经营户 5000 余人，查报案件 24 起，罚没入库 22 万余元，办理食品经营许可证 4674 本。2017 年成功调解矛盾纠纷 552 件，化解信访积案 6 件，群众上访率同比下降 51%。实现进京非访“零登记”。在全街范围内设立 70 个治安巡防站，投入 60 万元对巡防队伍等级考核。开展打击违法犯罪专项清查行动 41 起，侦破刑事案件 71 件，派出所刑事拘留 78 人，治安拘留 213 人。街道城市网格化管理信息指挥平台，按照主次道路和市场区位划分为五个网格，设立五个网格综合管理站、一个机动站及47个管理网格单元，配备网格综管员77名、电动巡逻车14台、网格通移动终端40部，负责辖区内的常态巡逻管理，协同城管执法中队日常执法办案。（成丽辉）

【基层党建】 2017年，街道依法依规依程序完成8个社区换届选举。组织全体党员干部认真学习党内法规，自觉当好廉洁从政表率。在防汛抗洪、征地拆迁、环保督查、农创园门面集约等急难险重的中心工作、突发事件中，全街广大党员干部冲锋在前、无私奉献。（成丽辉）

【创建市级示范性社区综合文化服务中心】 2017年，永祥社区综合文化服务中心以“和气致祥，崇善尚美”为主题，打造“和文化”品牌，完善基础设施建设，建成2270平方米集图书阅览、体育健身、文化娱乐、教育培训、道德讲堂等为一体的多功能社区综合文化服务中心，中心设有未成人活动室、心理咨询室、老年人日间照料室等服务场所，联合优儿帮、益友会等社会组织开展丰富多彩的文体活动，提升社区文化生活品质。（成丽辉）

【“农民工创业服务站”挂牌成立】 2017年2月28日，高桥街道在永祥社区市民广场举行“农民工创业服务站”挂牌成立仪式暨2017年“春风行动”招聘会，市就业服务局局长易伟军、市就业服务局副局长李洪、区人社局局长罗玲、区总工会主席秦勇忠等参加活动。“农民工创业服务站”为有意创业的外来农民工提供集创业培训、创业指导、创业帮扶、政策咨询、金融对接、权益保护为一体的贴心服务，引导、帮助更多有志创业的外来农民工实现创业梦想。“农民工创业服务站”聘请4位曾获各级创业大赛的冠军担任创业导师，为外来农民工提供创业指导、项目评估等创业帮带服务。“农民工创业服务站还为外来农民工找工作，区人社局邀请华雅大酒店、华晨豪生酒店、步步高、比亚迪、科源医疗等60余家企业进场，为求职的外来农民工提供1000余个岗位。（成丽辉）

2017年2月28日，“农民工创业服务站”挂牌成立仪式暨2017年“春风行动”招聘会（成丽辉/提供）

【雨花区“放飞梦想 共筑未来”活动】 2017年6月10日，长沙市“我的中国梦”主题教育暨雨花区“放飞梦想·共筑未来”活动在高桥街道火焰社区举行。市委宣传部副部长、文明办主任郭润葵，市文明办副主任梁飞彩等，辖区少年儿童、学生、党员、市场经营户、居民群众共300余人参加。活动以节目表演，诠释社会主义核心价值观的内涵。（成丽辉）

【“喜迎十九大·涵养好家风”主题活动进社区】 2017年6月27日，高桥街道纪工委联合高桥大市场社区、“七彩光”志愿服务队共同举办“喜迎十九大·涵养好家风”主题活动。辖区非公党支部党员、学校师生、社会组织义工、小区党员代表等200余人参加。活动在《祖国你好》舞蹈中拉开帷幕；十位穿着军装的阿姨们用自编自演的舞姿诠释《歌唱社会主义核心价值观》这首舞曲；火焰社区东方明星幼儿园小朋友带来的廉洁美德操《手语舞蹈》；有诵读国学经典《三字经》与《西班牙斗牛士》舞曲等节目上演；举行廉政知识抢答比赛；书法家万齐桓赠送廉政主题书法作品给社区的廉政工作人员和廉政单位。该次活动，有利于形成社会带群众、老师带学生、家长带小孩的良好氛围，由点向面、由小向大逐步延伸，让孩子们能在潜移默化中传承传统美德和礼仪，践行社会主义核心价值观。（成丽辉）

【家庭医生社区工作室落户鑫华社区】 2017 年 10 月 29 日，雨花区 2017 年首个家庭医生社区工作室在高桥街道鑫华社区华雅花园小区投入使用，年内雨花区 20 个社区全覆家庭医生工作室。鑫华社区家庭医生工作站设在小区一楼，和社区养老服务社工站一起，免费提供基本健康检测，开展“医养结合”居家养老服务。每周五有全科医生和护士免费坐诊，平时签约居民可通过电话预约家庭医生服务。鑫华社区 2000 居民中有 600 余人签约。（成丽辉）

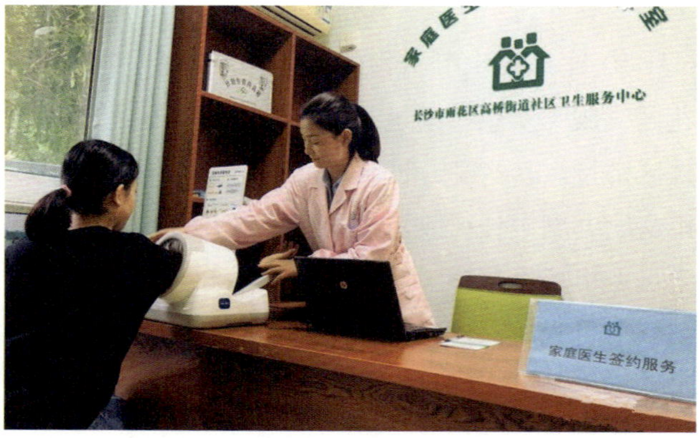

家庭医生社区工作室落户鑫华社区 （成丽辉 / 提供）

【游端霞当选“中国好人”】 2017 年 12 月，高桥街道党建群工办副主任兼怡园社区党总支第一书记，“他乡美”俱乐部创始人游端霞成功上榜中央文明办发布 2017 年“中国好人榜”12 月榜单。游端霞为不计其数的外来人员解决住房、就业、上学等各种难题，将无数老上访户、前科犯人、街市混混、三无人员转化成社区志愿者，把一个原本环境恶劣、人口混杂、秩序混乱的“不安定”社区，打造成全省有名的“省级文明社区”，创造出治理人口倒挂社区的“怡园”经验。（成丽辉）

“中国好人”游端霞（第一排右一）参加中国好人颁奖典礼 （成丽辉 / 提供）

【湖南—芬兰农业及经贸合作推介会在中部国际农创园举行】 2017 年 12 月 12 日，湖南—芬兰农业及经贸合作推介会在中部国际农创园举行，芬兰驻华大使雅莫·叙日雅拉率芬兰经贸考察团出席。省外办、省商务厅、省贸促会等有关单位及 40 余家农林业相关企业负责人参加。北欧健康食品馆开馆仪式暨湖南北欧经济合作中心揭牌仪式在中部国际农创园举行，北欧健康食品馆是落实“湘—芬”合作的成果之一，是北欧湖南农业产业园与中部（国际）农创园联合之作。在推介会上，中部（国际）农创园运营公司董事长杨德品介绍，中部（国际）农创园拥有 11 万平方米线下体验园区，目标是融合中部六省农产品企业，为其做好线上平台共享服务，打通大供应链通道，为企业构建“生态农业物联网产业链”，接下来园区将重点吸纳中部六省尤其是湖南农、林业企业总部基地的入驻。湖南—芬兰农业及经贸合作推介会，有利于促进湖南农业与国际现代农业发达国家接轨，推进湖南农产品的引进来和走出去。（成丽辉）

左家塘街道

【概况】 左家塘街道地处雨花区北部，总面积 7.80 平方千米，系长沙市城区面积最大的街道。人口 118297 万人，其中常住人口 100036 人、流动人口 18261 人。街道辖 21 个社区。街道办事处内设党政综合办公室、财政所、司法所、重点办、经济发展办公室、社会管理综合治理办公室、城市管理办公室、人口和计划生育办公室、社会事务办公室、安监站。街道党政机关核定行政编制16名，核定领导职数9名，核定后勤服务人员事业编1名，核定二级事业单位事业编制36名。2017年，街道机关工作人员57人：在职在编干部实有43人（其中行政编13人、工勤编2名、事业编28人），临聘人员14人。全街党员3875人。街道办事处驻桂花路271号。

2017年，左家塘街道围绕“发展提质，项目攻坚，绩效争优”的工作主题，主攻项目建设、调整产业结构；开展提质提档，提升宜居品质；全力保障民生，维护社会稳定；强化组织建设，提升队伍活力，推动街域经济社会持续健康发展。

（卢金慧）

【街域经济】 2017年，左家塘街道完成财税总收入12.35亿元，完成全社会固定资产投资总额为25.76亿元；完成社会消费品零售总额26.2亿元。街道国有土地征收工作共签约454户，腾房580户，拆除建筑面积3094.51平方米。其中，省话剧团老旧宿舍区及周边地块棚改项目4月7日在全区率先实现清零，长沙衡器厂项目、劳动东路项目A地块实现签约清零，劳动东路项目BCD地块、长岭市政宿舍项目进展顺利。天翼未来城、汇财中心等商务楼宇招商引资效果明显。全年引进恒丰银行长沙分行等11个重点项目，协助湖南联盛网络科技股份有限公司成功上市，实现服务业企业营业收入55亿元，年度缴税额度2亿元。 （卢金慧）

【城建城管】 2017年，街道组织开展基础设施补损专项工程，实施社区环境整治工程，完成阿弥岭、嘉园、长钢等社区环境综合整治以及红花坡路、荷叶塘路等背街小巷提质改造建设，开展韶山路全方位的亮化提质改造，完成长钢社区公园、湖橡社区停车场周边复绿建设。集中力量开展20余次综合整治行动，拆除影响市容市貌的大型户外广告、楼顶广告牌47处，违章广告设施和不规范的门店招牌共计850余处。拆除历史违法建筑31处、1341平方米，在建新建违章22处、487.6平方米，拆除计划外历史违建4处2712平方米。顺利迎接中央环保督察，完成督查件19件，整改率100%。探索建立长效机制，城管工作数字化采集案件12926件，数字化信息结案率和整改率每月都达到100%，基本实现按月清零”。8月，街道在长沙市城市管理工作集中考核取得全市第一名。 （卢金慧）

【社会事业】 2017年，左家塘街道投入经费1.1亿元，对长钢、桂花、湖橡等11个社区进行提质提档，因地制宜推行七彩社区建设，237个提质提档项目全面完成，顺利通过市、区考核验收，牛角塘、嘉园和长钢社区获得提质提档示范社区称号。推进居家养老，狮子山、阿弥岭、官塘冲等社区探索实施一站式养老综合性服务；在21个社区建立标准化的人社服务中心，超额完成社保线10余项任务指标，成功创建为长沙市城乡居民养老保险经办服务示范点；全年对1260名低保对象发放各类

左家塘街道赤岗社区提质改造对比图

左家塘街道牛角塘社区提质改造对比图 （卢金慧/提供）

救助资金约577万元，医疗救助318人，救助金额约105万元，审批认定并发放低收入证明176户。被评为长沙市红会无偿献血工作优秀单位、雨花区妇幼服务工作优秀单位、计划生育协会工作优秀单位。打造曹家坡社区的“居民说事吧”、牛角塘社区“七巧板”青少年素质基地，窑岭社区刘娟娟家庭被评为“全国最美家庭”。（卢金慧）

【综合治理】 2017年，在街道、社区成立11家“退役军人之家”，成立街道志愿兵（士官）临时支部，化解矛盾纠纷，十九大期间街道实现零进京上访，成功创建国家级无邪教示范街道，成为长沙市唯一一个获此称号的街道。成功处置官塘冲护坡、树木岭湖工家园护坡因特大暴雨导致的护坡滑坡等安全隐患，全年街道未发生一起重特大安全事故，未发生较大的刑事案件，刑事发案下降12%。

（卢金慧）

【基层党建】 2017年，街道开展“一把手讲党课”“主题党日”等活动，组织全街各级党组织开展学习十九大精神、学党章、学党规、学习习近平总书记系列重要讲话80余场次，全街党员撰写心得3000余篇，覆盖党员3000余人。自觉接受区委第三巡察组的巡察监督，主动认领巡察组提出的意见建议，主动抓好整改。完成21个社区的“两委”换届选举，社区“两委”班子成员平均年龄比换届前年轻5岁，文化程度均达到大专以上；全面实施“党小组＋网格”的模式，全街划分党建网格72个，3200余名在职党员到社区报到，有40个党员服务团队活跃在服务群众的一线。创新实施“七彩党建”项目，以“党建＋七彩”项目化建设推动各社区全面提质提档工作，市提质提档办专刊刊发左家塘街道党建引领提质提档工作的做法；出台《小区党建工作实施方案》，对佳润新都、颐美园、鑫天鑫城等小区党支部阵地进行提质改造，新建天翼未来城等3个小区党支部；深化“项目先锋”工程，探索实施“党小组工作法”，引领党员在棚改征迁中攻坚克难。（卢金慧）

【“七彩”社区建设】 2017年，左家塘街道党工委推行“红、橙、黄、绿、青、蓝、紫”七彩社区建设，将纳入全市社区全面提质提档三年行动计划的11个社区进行硬件提质、软件提档，共计投入12710万元，完善各社区阵地，翻新粉刷房屋楼道、围墙，安装电子监控探头和智能电子门禁系统，改造小区绿化、停车棚、休闲区域、网线入箱、居民水表入户，硬化绿化妹子巷、桂花树街、丹桂巷、长华巷等，形成社与社不同，景与景有别，楼与楼各异的新气象。针对社区实际情况，因地制宜，借助佳润新都小区党支部成立十周年，创新“红色引擎，党建引领提质提档”路径；深化“雷锋志愿服务大本营”“向日葵之爱”志愿品牌，建立“橙色温暖，关爱辖区居民群众”长效机制；发挥“党群共建社区圆桌会议”“嘉园百分百服务”作用，凸显“金色阳光，拓展社区服务功能”的民主自治；推出庭院式绿化，实现“绿色希望，着力打造生态家园”可持续发展；打造长沙首条法治廉洁文化警示长廊，体现“青色廉洁，提高居民法治素质”的目标追求；建立“智慧e家”，借助互联网的力量彰显“蓝色智慧，网格服务惠及百姓”的实效；打造诗词文化一条街、群众喜乐会和“孝”文化公园，弘扬“紫色传统，墨香陶冶文化情操”的向善向上新风尚；拓展“七彩同心联盟”党建微阵地，实现“七彩同心，整合资源共享共建”的提质增效。《长沙市提质提档工作简报》第7期、《雨花区提质提档工作简报》第8期专版刊发《赤橙黄绿青蓝紫 谁持彩练当空舞》推介街道社区建设特色工作。

（卢金慧）

【“爱心棉鞋”送老人】 2017年1月21日，左家塘街道树木岭社区的“五老”志愿者和65位放寒假的孩子到雨花区福利院和康怡养老院给357名老人每人送上一双“爱心棉鞋”。在前期的实地走访中，社区“邻里帮帮团”志愿者了解到，雨花区福利院的老人们过年心愿是想拥有一双温暖的棉鞋。1月16—20日，树木岭社区“邻里帮帮团”携手区卫生计生综合监督执法局“青年文明号”、劳动东路小学、湖南人民广播电台交通频道、《潇湘晨报》公开向社会征集“爱心棉鞋”。活动启动后，湖南人民广播电台交通频道、《潇湘晨报》、雨花区团委公众号向社会发布众筹“爱心棉鞋”的消息，树木岭社区“邻里帮帮团”和劳动东路小学“红领巾微城市”开通捐赠热线，得到社会各界爱心人士的积极响应。活动截止，共收到“爱心棉鞋”850双。（卢金慧）

【圣辉结对帮扶左家塘街道困难群众】 2017年1月25日，中国佛教协会副会长、湖南省佛教协会会长、湖南省佛慈基金会会长圣辉大师到左家塘街道牛角塘社区进行走访慰问并结对帮扶困难群众。圣辉大师查看牛角塘社区经过提质改造后的新阵地；对牛角塘社区“圣辉代表工作室”的相关工作进行安排和指导；对社区七户困难家庭进行逐一慰问，为他们送去慰问金和慰问物资。牛角塘社区与圣辉大师结缘于2012年，社区结合自身实际情况，将圣辉大师“日行一善”的慈善精神践行到实处，发扬佛教的大爱，将助人的心都化成行动。近5年的时间，圣辉为社区创建无障碍社区筹集资金30万余元，每年对社区50户残疾人进行长期帮扶和慰问，为社区制作60余块妙心慧语板。（卢金慧）

【左家塘街道迎新春系列活动】 2017年春节前，左家塘街道以培育和践行社会主义核心价值观为主题，策划一系列惠民文化活动。桂花社区工作人员到帮扶结对的跳马镇团然村，开展进村入户送温暖活动，对廖正其等4户贫困家庭进行走访慰问，帮助他们解决妇女就业等实际问题。长岭社区的青少年和长沙市第十一中学1604班的小志愿者们一起走访看望社区7户孤寡老人，为孤寡老人送去慰问物资。官塘冲社区联合麓山国际实验中学的学生们上门慰问军休干部代表，与老干部话家常，向老干部表达新春的祝福。红花坡社区开设“城里的家”免费义务教育培训班，解决外来务工家庭的子女假期无人看管的问题。窑岭社区蒲公英成长教育基地为未成年人开展法律知识讲座和法律知识抢答赛。荷叶塘社区组织60名志愿者参与到“名家挥墨送春联 文化庙会迎新春”暨荷叶塘社区邻里文化艺术节学雷锋志愿服务活动。阿弥岭社区的“崇德向善迎新春，红红火火过大年”学雷锋志愿活动暨辞旧迎新先进表彰群众文化活动中，志愿者自编自导自演节目。窑岭社区联合雨花区艺术体育中心举办“鸡迎锦绣春——送祝福”义务写春联送春联活动，现场派送出100余幅春联。（卢金慧）

【雨花区志愿服务活动宣传策划会】 2017年3月2日，雨花区志愿服务活动宣传策划会——“春风送暖，善润雨花”在左家塘街道举行。区委宣传部副部长李绍萍、区新闻中心主任苏继纯，《人民日报》《光明日报》《经济日报》、中央人民广播电台、《湖南日报》、湖南卫视、《长沙晚报》、长沙新闻频道等多家主流媒体记者参加。策划会由李绍萍主持。会上，树木岭社区“邻里帮帮团”、益友会、井湾子好人多公益粉店等多家志愿服务组织代表和个人向媒体介绍各自的发展过程。树木岭社区党总支副书记翟勇和志愿服务先进个人老党员雷定夺现场讲述在志愿服务路上经历的心路历程。该次见面会，给媒体创造了了解和掌握志愿服务组织和个人发展现状、存在问题的机会，通过媒体的报道，引发社会的思考和关注，从而吸引更多的人加入到志愿服务中来。（卢金慧）

【“春天遇见你，共植幸福树”相亲交友户外活动】 2017年3月11日，左家塘街道长铁社区“铁娘子帮帮团”联合辖区单位开展“春天遇见你，共植幸

2017年3月11日，“春天遇见你，共植幸福树”相亲交友户外活动 （卢金慧/提供）

福树”相亲交友户外活动。30位长沙市妇幼保健院的单身女士和来自长沙市车辆段的30位男士在社区“铁娘子帮帮团”的安排下建立“微微一笑幸福嫁到”微信群，参观铜官古镇，安排“我爱泥（你）”陶泥制作，到植树基地开展“大手拉小手，共植幸福树“活动。（卢金慧）

【左家塘街道开展防范和处置非法集资宣传月活动】 2017年5月，左家塘街道组织21个社区集中开展防范非法集资宣传月活动，通过一系列的宣传教育活动，在居民群众中掀起防范非法集资的热潮。活动采取多种宣传方式，在用好、用活海报、展板、横幅、广播、短信等方式的同时，利用社区等各类场所的LED电子屏、街头广告屏等设施，滚动播放打非字幕和宣传片，多条途径。组织各社区在人流密集处设立宣传点，设立宣传展板、宣传画，进行集中宣传。向群众发放《防范和处置非法集资活动宣传手册》《致中老年朋友的一封信》《提高自我防范能力，自觉抵制非法集资宣传册》等宣传资料，向群众大力宣传打击和处置非法集资相关的国家政策法规，提高群众风险意识和依法程序维权的法律意识。（卢金慧）

【“感恩母亲、分享经典”母亲节活动】 2017年5月12日，为营造尊重母亲、感恩母亲、热爱母亲的良好氛围，“感恩母亲、分享经典”母亲节活动在左家塘街道牛角塘社区举行。该活动由市文明办、区文明委主办，左家塘街道工委承办，牛角塘社区联合协办。市文明办副主任丁德喜，市文明办综合处处长刘爱梅，区委党校副校长龚剑新，左家塘街道工委纪委书记王炯，街道人大工委副主任陈丹丹等市、区、街道、社区负责人参加活动。母亲节活动围绕感恩母亲为核心，旨在倡导群众关爱母亲、歌颂母爱、分享传统经典。这也是牛角塘社区的首届街坊文化艺术节。该次活动包括：组诗朗诵，给“最美妈妈”献花，赠送感恩卡，献礼“好妈妈”，诗吟献祝福等一系列内容。活动现场，来自赤岗冲小学的40位孩子们给母亲们献上诗朗诵。市、区、街道负责人给11位“好妈妈”们颁发证书。11位母亲，包括拾金不昧的“最美妈妈”——杨菊芝；助人为乐的“最美妈妈”——王淑敏；以及义捐独子器官，用生命点亮他人，一命拯救七人的“最美妈妈”——十六岁少年叶沙陵赛的母亲段辉群。牛角塘社区玉壶诗社的诗人为社区大爱家庭叶沙陵赛家庭创作诗歌。两弹一星”功勋80岁老人彭海蛟朗诵《最美的鲜花献给母亲》。（卢金慧）

2017年5月12日，“感恩母亲、分享经典”母亲节活动（卢金慧/提供）

【“健康中国、幸福雨花、和谐左家塘”健康俱乐部大型宣传服务主题活动】 2017年5月23日，左家塘街道举办“健康中国、幸福雨花、和谐左家塘”健康俱乐部大型宣传服务主题活动。市计生协会常务副会长胡平，左家塘街道工委书记周建雄，区卫计局党委副书记、副局长龚文波等，以及王公塘社区居民、健康志愿者150余人参加宣传活动。活动现场王公塘社区向居民发放“健康中国、幸福雨花、和谐左家塘”健康俱乐部宣传服务行宣传画册和健康手册；龚文波向左家塘街道社区卫生服务中心授牌“全科医生工作室”，在王公塘社区挂牌开展医疗进社区服务；长沙市公安局监管支队长沙市第一看守所党支部书记杨弢为王公塘社区“幸福工程救助贫困母亲”代表赠送慰问金；市妇幼医护人员演示海姆立克急救法，活动现场王公塘社区文艺宣传队表演计生快板舞“计划生育开新花”等文艺节目。（卢金慧）

【刘娟娟家庭获评“全国最美家庭”】 2017年5月24日，2017年全国“最美家庭”结果揭晓，雨花区唯一一户——左家塘街道窑岭社区刘娟娟家庭获评。刘娟娟为长沙市按摩医院推拿医生，因一岁时意外灼伤后高烧，眼睛几乎失明。她曾是一名优秀的运动员，累计在国内国际大赛中共获得22金6银1铜。通过学习，进入按摩医院以后她在医院首创中医特色科乳腺治疗中心，成为项目负责人，治愈患者数以千计。丈夫李炜是湖南省新华书店一名工作人员，结婚后，刘娟娟的开朗大方、多才多艺和自立自强感染了公公婆婆，大家庭充满温情、和睦美满。 （卢金慧）

“全国最美家庭”刘娟娟（左二）一家 （卢金慧/提供）

【“最美家风，幸福家庭”为主题的活动】 2017年7月13日，左家塘街道长铁社区联合广州铁路(集团)公司长沙机务段，在机务段门球场开展“最美家风，幸福家庭”主题活动，弘扬中华民族优秀传统文化。活动在一曲《歌唱社会主义核心价值观》中拉开帷幕，辖区志愿团队“铁娘子”通过歌曲、相声多种形式传递文明家庭的力量。活动现场长铁社区“模范家庭”分享家庭最美故事，传承文明家风。活动现场对群众投票选出的社区最美家庭、优秀计生工作者进行表彰，对辖区两孩家庭和失独家庭进行慰问。活动结束后，长沙机务段、长铁社区立即组织职工居民献爱心，将首批联合捐赠物资：20箱肥皂、400盒蚊香、400瓶花露水共计5000元的物资转交市卫计局，由市卫计局统一运往灾区。 （卢金慧）

【“我要当小法官”主题活动】 2017年7月28日，左家塘街道左家塘社区联合长沙市中级人民法院组织辖区内的未成年人开展暑假职业体验活动——“我要当小法官”主题活动。该次活动是以“未成年人保护”为主题，针对未成年人开展的暑期专题法院体验日活动。活动中，家长和孩子们到长沙市中级人民法院，旁听一起教唆未成年人贩毒案件的庭审；听一堂法制课，法官通过平时办理的典型案例对学生们进行法制教育；在小审判庭开展“模拟法庭”活动，20余名孩子体验。活动结束后，每位学生收到由长沙市中级人民法院出具的社会实践证明。通过活动的开展，有利于普及未成年人法律知识，增强未成年人法律意识，培育未成年人法治信仰，引导未成年人树立正确的世界观、人生观、价值观。 （卢金慧）

【左家塘街道举办2017年社区“两委”班子成员培训班】 2017年8月22日，为促使左家塘街道新一届社区“两委”班子成员尽快适应新岗位、新角色，左家塘街道在区委党校举办2017年新一届社区“两委”班子成员培训班。21个社区“两委”班子成员、街道党务工作者共158人参加培训。左家塘街道工委副书记、人大工委主任喻思旭主持开班仪式。街道工委书记周建雄出席并作学习动员讲话，提出要求：希望大家更好地进入新角色；希望大家进一步提高素质、提高能力；希望大家加强沟通、增进感情，互相交流、共同提高。该次培训为期一天，重点围绕《学习习近平总书记“7·26”重要讲话精神》《当前国际形式与中国外交战略》《不忘初心，坚定信仰，在新长征路上奋勇前行》三个主题，邀请市委党校教授徐少兵、金碧庭，市委讲师团金牌讲师徐佐林授课。课上徐少兵讲述习总书记“7·26”讲话重大意义以及如何准确把握讲话精神实质，号召基层干部们以新的精神状态迎接十九大的胜利召开。金碧庭从“今夕是何年”“变故有几何”“何去何从”三个方面解读中国的外交策略。徐佐林运用丰富的典型事例以创新的理念、认真的态度、清廉的品格、奉献的精神四个方面讲述如何加强基层党组织建设。在结业仪式上，区人大常委会主任龚景顺表达嘱托：要坚定政治立场，争当顾全大局的“明白人”；要练就过硬本领，争当推动落实的“带头人”；要树立优良作风，争当群众信任的“贴心人”。通过该次培训，有利于社区干部在理论水平的提高，思想认识的进步，以及工作方法的创新，为各项工作的顺利开展奠定基础。（卢金慧）

【左家塘街道诗书画展】 2017年9月1日，左家塘街道诗书画展在赤岗社区桂花公园举行。活动中，区退休党员陈谷山、魏正湘等“五老”志愿者现场挥毫泼墨并将所作的近百幅好家风、好家训的诗词书画作品无偿展出。“五老”志愿者们选取19幅作品赠送给社区百岁老人、失独家庭和残疾家庭，践行“好家风”内涵。孩子们朗诵《家风颂》。（卢金慧）

【长沙首条法治廉洁文化警示长廊】 2017年9月6日，长沙首条法治廉洁文化警示长廊在左家塘街道荷叶塘社区落地。社区0.48平方千米之地，一条长华巷穿过市公安局禁毒支队、长沙监狱、市中级人民法院三所重要政法机关。提质提档工程让这个老旧社区变靓变美，让昔日交通拥堵、路面破损的长华巷变得平整敞亮。（卢金慧）

【谭慧慧调研左家塘街道】 2017年9月11日，市委副秘书长、市社区全面提质提档工作联席会议

2017年9月11日，市委副秘书长、市社区全面提质提档工作联席会议总协调谭慧慧（右二）调研左家塘街道社区全面提质提档工作 （卢金慧／提供）

总协调谭慧慧，到左家塘街道调研社区全面提质提档工作。市民政局副调研员、市提质提档联席办主任杨文斌参与调研。区政府副区长王明玖、区提质提档办公室领导和左家塘街道工委书记周建雄等全程参与。谭慧慧实地察看赤岗社区、阿弥岭社区、湖橡社区、荷叶塘社区提质提档施工现场，听取社区工作汇报，了解社区的基本情况、提质提档建设推进的进度。谭慧慧提出，抓好提质提档工作，要在共建共享上下功夫；要在形式和内容上做到有机结合；“软件”和“硬件”要全面同步提质提档。（卢金慧）

【长钢佳润新都小区党支部成立十周年庆祝活动】 2017年11月23日，左家塘街道举行学习宣传贯彻党的十九大精神暨长钢佳润新都小区党支部成立十周年庆祝活动。区委常委、组织部部长龚畅，左家塘街道工委领导、21个社区书记、13个小区党支部书记及佳润新都小区部分党员群众参加庆祝活动。佳润新都小区2007年成立全市首个小区党支部，探索小区党支部、业主委员会、业主监委会、物业公司“四位一体”党建模式，有效化解物管小区治理矛盾，并作为样本在全区推广。2017年，街道有11家小区党支部。在各小区党支部引领下，颐美园小区完成1018户的户表改造，鑫天鑫城小区化解停车难等10余个老大难问题。佳润新都、颐美园、鑫天鑫城小区同时入选小区党建雨花十大品牌榜。（卢金慧）

侯家塘街道

【概况】 侯家塘街道东起韶山北路，南至劳动西路，西到芙蓉中路，北抵人民中路，总面积1.78平方千米，辖12个社区，常住人口7万余人，流动人口近3万人。内设机构7个，即：党政综合办公室、财政所、经济发展办公室、社会管理综合治理办公室、城市管理办公室、卫生和计划生育办公室、社会事务办公室。二级事业单位6个，分别是：

综合文化服务中心、公共服务中心、安全监督管理中心、计划生育服务所、征收安置服务中心、人民来访接待暨矛盾纠纷调处中心。核定行政编制16名，核定领导职数11名，核定后勤服务人员事业编1名，核定二级事业单位事业编制36名；党员75人，其中在职党员53人。办公地点设在雨花区胜利路2号。

2017年，侯家塘街道坚持把稳增长、促转型、惠民生放在突出位置，全力以赴保持经济平稳发展、推进项目建设、提升城市品质、深化平安建设、改善民生福祉、优化社会管理。2017年，街道获“全省和谐社区建设示范街道”“2016年度雨花区巡防工作红旗单位”“2016年度全市综治工作优秀单位”“2016年度雨花区政法工作优秀集体”“2012—2016全市防范处理邪教工作优秀单位”等称号。廖家湾社区书记刘映先被评为全国岗位学雷锋标兵，韶山路社区未成年人心理健康辅导站被评为全市示范站点。（刘　婧）

【街域经济】 2017年，侯家塘街道完成全口径财税收入9.78亿元，完成全社会固定资产投资22.66亿元，规模工业总产值17.99亿元，实现全社会消费品零售总额（限上）31.54亿元。加大嘉熙中心、大财门等高端商务楼宇招商推介力度，新增企业411家（注册资金500万以上105家）、个体户725家，清理异地纳税企业36家、落地引转10家成功引进年纳税额500万以上的重点税源企业1家。为全新建成的高端城市商务综合体嘉熙中心引入湖南仁和环保科技有限公司（注册资金1亿元）、然健环球（中国）日用品有限公司湖南分公司、湖南力普及实业有限公司、长沙市盛大实业有限公司等企业入驻。（刘　婧）

【城建城管】 2017年，完成小林子冲棚户区改造项目扫尾清零、拆除倒地，实现签约、腾房470户（其中公房47户，私房423户）。抽调7名街道干部支援高铁片区拆违拆迁，完成中泛四期项目任务（累计合法签约90大栋，拆除81栋）。向社会招录10名特勤队员，解聘一批超龄协管队员，完成街道环卫工作外包。将城管线160余人铺排到全街11个网格中。66名网格员每日通过自查向区级平台发送5条数字化案卷，且及时处置到位。联合公安、工商、食药、交警等职能部门，在全街范围内对开展大规模综合整治行动20余次。完成全街208余台黄标车淘汰任务。（刘　婧）

【社会事业】 2017年，全年投入1094万元，对侯家塘、广济桥、湘农桥、电院、麻园湾5个社区进行全面的提质提档：5个社区通过阵地扩容、共建共享、场所购买等方式全部实现阵地面积达标；路面进行“白改黑”硬化2.2万余平方米，增绿补绿1150余平方米，拆除违法建筑880余平方米，改造老旧楼栋化粪池、雨水沟、雨水管等1080余米，增设停车位212个，新增休闲座椅41个、便民晾衣架129个、安装路灯13盏、增设雨阳棚43个等。实施开放式楼栋水、电、燃气入户改造，进行室外公共设施维修翻新、监控系统的改造维护、增添健身器材、社区文化墙改造等等工程。完成处置核工业地质局护坡危墙、华盛家园危墙、杂技团护坡等安全隐患。4月28日，完成社区居委会换届选举试点工作；5月26日，全街11个社区完成社区居委会换届选举工作；9月14日，完成街道残疾人联合会换届工作。各社区推选产生655名新一届社区居民代表和72个居民小组，并登记造册。选举日共登记选民41658人，参加投票选举37591人，参选率90%，12个社区选出60名社区居委会成员。廖家湾雷锋号志愿者工作站等社会组织保持有序发展。新引进的培源、康乃馨、湖南发展侨亚等7家专业社会组织，为社区群众提供残疾服务、失独关爱、居家养老、心理咨询等专业社工服务。开展群众文化活动及“民意快线”主题活动共150余场。举办2017年度“星级”物业表彰大会，在3个小区挂牌“四方联动物业服务中心”，成功处理和化解多起物业纠纷。（刘　婧）

【综合治理】 2017年，“综治中心”分流非警务事项1456起，占期间全部警情近20%，其中，现场调处简易纠纷555起。成功协调西南石油局“鸿运佳苑”维权等重大纠纷，调解成功率90%以上。全年未发生一起进京非访事件。（刘 婧）

【基层党建】 2017年，指导社区完成“两委”换届选举，以98%的得票率选出上级党组织认可、党员群众拥护、综合素质较强的社区负责人，指导韶山路社区完成换届试点工作，并在全市经验交流会上作经验发言。推行“一提两议两评”社区协商“122”模式，创新打造小区“党建微家”品牌。全年开展作风建设专项督查10次，下发督查通报6期，针对发现的问题，及时督促整改。开展廉洁文化建设，打造梓园社区清风亭、广济桥社区家风宣传长廊等宣教阵地，组织指导廖家湾社区举行“倡勤廉家风·扬清风正气”诗文朗诵会，麻园湾社区举办“晒晒我的传家宝·传承中华好家风”活动。（刘 婧）

【侯家塘街道年度工作会议】 2017年1月18日，侯家塘街道召开2016年度工作总结大会，回顾总结2016年度街道工作，表彰一批推动街道经济社会发展作出突出贡献的先进单位和先进个人。区委常委、组织部部长龚畅，区政协副主席康长萍，街道工委、办事处全体班子成员，驻街科所队负责人、各社区负责人、受表彰的先进单位、个人以及街道、社区两级干部参加会议。会议由街道工委副书记、人大工委主任蒋多利主持。会上，街道工委副书记、办事处主任刘助斌总结街道2016年度工作并部署2017年度工作。街道工委副书记、纪委书记陈燕武宣读《关于表彰2016年度先进单位和先进个人的决定》。龚畅要求街道立足党建强基工程，结合社区“两委”换届工作，为未来五年打牢坚实的工作基础。街道工委书记向星对2017年工作提出要求：要始终坚持忠诚于党，筑牢基层基础；始终坚持精准发力，努力造福于民；始终坚持务实作风，切实履职担当；始终坚持引领创新，实现跨越发展。1月19日，侯家塘街道在街道六楼会议室召开工作务虚会，集中座谈讨论。街道全体党政班子成员、科所队负责人、部门负责人及各社区书记和主任参加会议。会议由蒋多利主持。会上，参会人员围绕会前确定的中心课题并结合各线工作实际交流思想。各条线分管领导铺排2017年的工作重点。刘助斌强调会议的目的是：会议务虚、工作务实，集体思考、集思广益，作风转变、态度转变。向星明确2017年工作思路，强调要着力抓好当前三项重点工作：一要实现全年工作“开门红”；二要搞好社区“两委”换届工作；三要开展党建工作“强基工程”。（刘 婧）

【“爱在社区，梦圆中华”全国社区网络春晚活动】 2017年1月19日，侯家塘街道廖家湾社区举行“爱在社区，梦圆中华”全国社区网络春晚廖家湾社区专场。活动现场上演舞蹈、诵读、快板等节目；对2016年支持社区工作的先进单位、个人进行表彰，共表彰优秀驻区单位5家、优秀志愿团队10支、优秀志愿者30名、文明家庭10户、健康家庭10户、优秀楼栋长5名。该次活动营造了崇德向善、团结奋进的的社区氛围，展示了志愿服务团队的良好形象。（刘 婧）

2017年1月19日，“爱在社区，梦圆中华”全国社区网络春晚廖家湾社区专场活动（刘婧／提供）

【李春劳一行考察侯家塘街道红旗法治广场】 2017年2月15日，宁夏司法厅党委委员、副厅长李春劳一行7人，在省司法厅、市司法局、雨花区等各级领导的陪同下参观考察侯家塘街道侯家塘社区红旗法治广场。考察组实地参观广场及外围环境，听取广场筹建、法治文化建设等情况介绍，与社区工作人员就社区居民自治、活动开展等相关内容进行交流。李春劳对社区居民依法行使权利主动参与社区建设的协商共治模式给予肯定，表示该次考察很有意义。（刘　婧）

【“春暖雨花·爱满星城”志愿服务项目认领暨《大爱妈妈》赠书仪式】 2017年3月2日，“春暖雨花·爱满星城”志愿服务项目认领暨《大爱妈妈》赠书仪式在侯家塘街道红旗法治广场举行。该活动由市文明办、区文明委主办，区委宣传部、区文办、侯家塘街道主办。长沙市第五届全国道德模范提名奖获得者孟繁英到现场，参与首发以她为创作原型的《大爱妈妈》一书，并将上百本书籍赠送给社区居民。活动现场举行志愿服务项目认领仪式。湖南省核工业地质局机关团委、湖南农业大学食科学院等10个志愿团队根据自身优势认领志愿服务组织提供的服务项目，签订协议书。（刘　婧）

2017年3月2日，“春暖雨花·爱满星城”志愿服务项目认领暨《大爱妈妈》赠书仪式（刘婧/提供）

【侯家塘街道社区“两委”换届选举工作】 2017年3月15日，侯家塘街道召开社区“两委”换届选举工作动员暨业务培训会。区委常委、组织部部长龚畅，区政协党组副书记、副主席康长萍，区换届选举业务指导组的全体领导，街道全体党政班子成员、全体机关干部、各社区“两委”成员、街道换届领导小组办公室及各工作组全体工作人员等130余人参加会议。会上，宣读换届选举工作方案，强调有关纪律要求，对换届选举工作进行部署和安排，12个社区书记递交换届选举工作责任书，组织开展有关法规政策的解读和培训辅导。侯家塘街道工委书记向星强调，全街各社区要统一思想，深刻认识换届工作的重要性；要坚持原则，牢牢掌握工作主动权；要把握关键，切实提高工作执行力；要强化领导，全面履行工作责任制，完成社区“两委”换届选举任务。龚畅认为韶山路社区的试点工作取得良好效果，在全区起到示范、引领、推动作用，提出要求：必须坚定不移地贯彻全面从严治党的要求；必须坚持严格依法依规依程序；必须坚决打击干扰、破坏选举的行为；必须浓厚宣传氛围。3月30日，侯家塘街道组织召开社区党组织换届工委推荐会议，区委组织部副部长、区老干局局长章波，区农林水局纪检组长王义文，区农林水局干部罗胜到会监督指导，街道工委全体班子成员参加会议。会议由街道工委书记向星主持。会议通报全街各社区党组织换届“一推”工作有关情况，通过总监票人、监票人、计票人名单，各与会工委成员逐一对各社区“一推”推选出来的人选进行发言，采取无记名方式进行推荐，并现场计票、通报结果。章波对下阶段工作进行强调。向星传达区委换届选举工作调度会精神，要求全体工委班子成员严格落实“进一步压实责任，进一步形成从严从实的氛围，进一步马上开展全面督查”的具体要求。4月18日，侯家塘街道组织召开社区居委会换届选举工作业务培训会，各社区居委会换届选举负责人及专干参加会议。会议组织学习《雨花区社区居委会换届选举工作操作办法（草案）》文件精神，就社区居委会换届选举前的准备、选民登记、候选人提名、投票选举、选举后的工作等事项进行解释和说明，对换届选举法规、步骤、流程、操作细则、注意事项等进行逐一答疑释惑。全区换届选举试点社区——韶山路社区主任贺亚利在培训会上同与会人员进行互动交流，分享试点工作开展以来所取得的实践经验。与会人员表示，将严肃换届纪律，严格程序规范，选好社区当家人。9月29日，侯家塘街道新一届社区“两委”班子及社区公共服务中心全体工作人员专题培训班在街道六楼会议室举行。侯家塘街道12个社区第五届“两委”班子成员，以及全体社区公共服务中心工作人员约130人参加培训。开班动员会上，向星提出要求：一要深刻领会学习意义；二要深度把握学习方法；三要深入群众扎根基层。长沙市妇女儿童心理咨询服务中心首席心理服务专家李卫，结合社区工作中遇到的实际问题，讲授如何有效解决社区工作中遇到的难题。市委党校公共管理教研部副主任关媛媛围绕“长沙创建国家中心城市的实践与思考”这个主题阐述什么样的城市才能担当得起国家中心城市的使命。通过培训班，提升了全街社区工作人员适应新形势、应对新情况、驾驭新局面的能力。

（刘　婧）

2017年4月27日“共建平安社区·共享平安生活”平安志愿者、平安志愿服务队及平安家庭表彰暨文艺汇演　（刘婧/提供）

【“我们一起来聊聊抑郁症”世界卫生日主题活动】2017年4月7日，为号召全社会共同关注青少年心理健康，“我们一起来聊聊抑郁症”世界卫生日主题活动在长沙市第十五中学举行。该活动由市文明办、区文明委、区健康促进委员会主办，区卫生和计划生育局、区疾控中心、侯家塘街道、市第十五中学承办，此项活动是长沙市青少年“珍爱生命·快乐成长”主题活动内容之一。参加活动的老师、学生、家长、医务人员、各界人士代表等有500余人。活动现场，湖南省第二人民医院著名专家、教授陈曦一对一接受家长和学生的心里悄悄话咨询，在学校大礼堂开展《青少年如何防范抑郁症》的专题讲座，从什么是抑郁症、如何识别抑郁症、青少年抑郁症的特点及抑郁治疗与预防进行讲解。活动现场设置心理咨询点，省第二人民医院的多位心理专家现场接受学生、家长咨询，发放1000余份心理健康宣传资料，展出世界卫生日和心理健康知识宣传展板20余块。（刘　婧）

【“共建平安社区·共享平安生活”平安志愿者、平安志愿服务队及平安家庭表彰】2017年4月27日，侯家塘街道在红旗法治广场举办“共建平安社区·共享平安生活”平安志愿者、平安志愿服务队及平安家庭表彰暨文艺汇演。开场节目为舞蹈《共圆中国梦》；辖区单位原创小品《撮你没商量》，以真实案例为蓝本，提升居民防范电信诈骗能力；演出穿插平安知识挑战赛，将平安创建、民调知识等融入其中，现场观众踊跃答题；现场表彰一批“平安志愿者”“平安家庭”“平安志愿团队”。现场设置法律咨询台、政法宣传台，制作宣传展板4块，发放宣传资料300余份，现场为居民解决法律问题。该次活动展现了侯家塘的平安建设成果，扩大了平安建设的宣传效果，引导居民共同参与平安建设，营造幸福美好家园。（刘　婧）

【“倡勤廉家风·扬清风正气”诗文朗诵会活动】2017年4月28日，为推进勤廉文化进家庭，在侯家塘街道廖家湾社区举办长沙市“倡勤廉家风·扬清风正气”诗文朗诵会活动。参加活动的现场观众和志愿者200余人。活动现场，主办方发放弘扬优良家风建设的各种宣传资料500余份。活动通过朗诵勤廉诗歌，讲述勤廉故事，传递正能量，传承好家风。（刘　婧）

【“朗读春天·悦动青春”朗读比赛暨五四青年节活动】2017年5月7日，侯家塘街道组织开展“朗读春天·悦动青春”朗读比赛暨五四青年节活动，来自各部门、各社区、各驻街科所队的近30支队伍参与比赛。区委常委、组织部部长龚畅，区政协副主席康长萍，区文体新局局长王琳，团区委书记余静雯等参加并为比赛评分，全体党政领导班子成员、全体街社干部、驻街科所队等200余人参加活动。各组选手朗诵形式有独诵、双人朗诵、多人组合朗诵。该次活动为干部职工提供一个平台，展现了工作以外的风采。（刘　婧）

【侯家塘开展“两代表一委员”专题视察调研活动】2017年5月12日，侯家塘街道组织开展“汇聚代表委员力量，助推雨花升级发展”专题视察调研活动，侯家塘地区“两代表一委员”深入跳马调研跳马镇全域旅游工作并进行学习培训。活动中，区政府办副主任、雨花全域旅游公司副总经理熊灿介绍跳马镇打造生态名镇旅游强镇特色小镇的初步设想，代表委员们通过听取汇报、查看资料、交流探讨等方式，对主题工作进行了解，围绕打造过程中的整体规划、文化引领、招商引资、加强交通配套设施、加强宣传引导等方面提出意见建议。湖南省水利水电设计研究总院原副院长，雨花区第二、第三、第四届人大代表夏月云从“认真参会、积极议政，联系选民、写好议案，搭好桥梁、做好宣传”等三个方面，分享十几年来的履职经验。活动下发《侯家塘街道党代表履职手册》《人大代表履职口袋书》《侯家塘街道政协委员履职手册》。（刘　婧）

【雨花区第十期“政研沙龙”活动在侯家塘街道举行】2017年5月18日，“品质雨花，让幸福在家门口升级”——雨花区第十期“政研沙龙”活动在侯家塘街道举行。该活动由区委政研室主办，侯家塘街道工委、办事处承办。市政府研究室党组书记、主任唐曙光，市委办公厅副主任吕发祥，市委政研室副主任欧阳浩、周敏，市政府研究室副主任王德志，市委政研室党刊处处长周群，区委常委、区委办主任周海毅等参加活动。活动在杂技表演《力与美》中拉开序幕，侯家塘街道工委书记向星致词，全体与会人员观看微电影《你眼中的品质雨花》。由政研人组成的内街组、外街组、绿心组，分别围绕“社区提质提档”“拆违拆迁”“跳马全域旅游”等主题，通过朗诵、小品等方式，再现品质升级给群众生活带来的幸福转变。与会领导对每一组的发言进行点评。区委办副主任、区委政研室主任钟波带领大家重温雨花“政研沙龙”自2012年举办以来的事迹。唐曙光寄语政研人。（刘　婧）

【侯家塘街道物业管理工作推进会】2017年7月4日，侯家塘街道召开物业管理工作推进会，部署和推进全街物业管理改革和创新工作。会议由侯家塘街道工委副书记喻运科主持，工委副书记、政协联络处主任陈勇，工委委员杨建立，办事处副主任孙雷、陈志刚及各社区书记、主任、物业专干、辖区各物业企业负责人共90余人参加会议。陈勇对各物业小区发案情况进行通报与点评，对“红袖章”巡防工程、“天网”工程、门禁系统和防盗门升级等加强小区人防技防物防的措施做出要求；陈志刚从数字化城管建设、控违拆违、防汛防涝、规范招牌广告、清洁城市、门前三包等方面着手对城市管理工作进行安排部署；杨建立对物业企业参与文明创建工作提出要求，物业企业要配合社区做好文明创建迎国检的各项工作。喻运科通报上半年物业督察中发现的问题，对下半年物业管理工作作出安排，强调要通过推进“星级物业服务项目”评比活动、完善物业管理纠纷调解机制、引导加强业委会自治管理，实现侯家塘辖区物业管理规范有序、行业功能逐步健全、管理机制协调发展、诚信服务品质优良、行业文化氛围浓厚、人居环境舒适和谐。（刘　婧）

2017年7月4日，侯家塘街道召开物业管理工作推进会（刘婧/提供）

【侯家塘街道文明创建工作动员暨星级物业表彰大会】 2017年7月27日，侯家塘街道在韶山路社区核工业地质局12楼会议室召开文明创建工作动员暨星级物业表彰大会。区城建局党委书记、局长张学军，侯家塘街道工委副书记、办事处主任刘助斌等街道负责人及各社区书记、主任、物业专干、辖区各物业企业负责人参加会议。全体与会人员现场观摩学习电院社区家佳物业、韶山路社区天祥物业这两家企业的设施设备、人员管理及管理机制。会上，街道工委副书记喻运科对街道物业工作进行全面总结，并结合文明创建工作要求部署全街物业管理改革和创新工作。会议举行街道2016年星级物业服务项目的颁奖仪式，天祥、家佳物业负责人作为典型代表作经验介绍。刘助对物业企业提出三点要求：一要统一思想，提高认识，增强搞好物业管理的责任感；二要立足实际，破解难题，创新物业改革工作的新模式；三要勇于担当，主动作为，确保物业管理工作见实效。张学军强调，物业企业要有所担当，做好人员到位、管理到位、经费到位。（刘　婧）

【核工业二三〇所宿舍边坡应急抢险工程技术交底会】 2017年8月22日，核工业二三〇研究所宿舍边坡应急抢险工程技术交底会在侯家塘街道韶山路社区会议室召开。区财评中心、区质安站、侯家塘街道、韶山路社区、梓园社区、有色金属长勘院、湖南园艺建设公司、湖南建科监理公司、核工业二三〇所等单位的相关负责人参加会议。会上，有色金属长勘院、湖南园艺建设公司、湖南建科监理公司、核工业二三〇所等单位负责人围绕边坡隐患治理相关技术问题一一进行阐述，针对如何科学施工交流意见。区质安站负责人就设计、施工、监理等方面提出：一是要落实施工单位和监理单位的责任，要严格审查施工单位的施工图；二是要制定既有优化和保障；三是要落实安全员、质监员的到位情况；四是街道、社区要广泛宣传。（刘　婧）

【“圆梦七夕，白首之约——残疾人集体婚礼”暨残疾预防日主题活动】 2017年8月27日，“圆梦七夕，白首之约——残疾人集体婚礼”暨残疾预防日主题活动在侯家塘街道廖家湾社区点子广场举行，该活动由省民政厅、市民政局主办，区民政局、侯家塘街道办事处、长沙市培源社会工作服务中心承办。值为提高更多人对残疾人的服务意识，侯家塘街道、培源社工结合“七夕节”，组织侯家塘街道7对残障夫妻举行集体婚礼。通过该次活动，号召更多的市民成为志愿者，共同参与“益起助残·共筑无碍”志愿活动。（刘　婧）

2017年8月27日，“圆梦七夕，白首之约——残疾人集体婚礼”暨残疾预防日主题活动（刘婧/提供）

【“女性与糖尿病——我们拥有健康未来的权力”健康主题宣传活动】 2017年11月14日，联合国糖尿病日，“女性与糖尿病—我们拥有健康未来的权力”的健康主题宣传活动在长沙南枫大酒店举行。该次活动由区健康促进委员会、区卫生和计划生育局、区疾控中心主办，侯家塘街道健康促进工作领导小组、侯家塘街道计划生育协会、侯家塘街道社区卫生服务中心承办。参加活动的医务人员、女性朋友及女性糖尿病患者共计200余人。该次宣传活动主要由专题讲座和健康义诊组成，现场发放500余份糖尿病健康宣传资料，展出女性糖尿病防治与健康生活知识指南宣传展板10块，为80余名女性开展测血糖等健康义诊。（刘　婧）

【“文明，从排队礼让开始”市民素质提升行动】 2017年11月17日，“文明从排队礼让开始，城

2017 年 11 月 17 日，“文明从排队礼让开始，城市因你而美丽”长沙市市民素质提升行动　　（刘婧 / 提供）

市因你而美丽”长沙市市民素质提升行动暨文明单位文明行为集体承诺践诺活动在长沙市第十一中学举行，该活动由市文明办、区文明委、侯家塘街道主办。文明志愿监督员聘任环节，全国道德模范提名奖获得者孟繁英、全国岗位学雷锋标兵刘映先、湖南省金牌义工、鲁爷爷工作室主任鲁遐龄、雨花区人大代表胡灿、雨花区政协委员周湘玉、居民代表廖逸英受聘成为雨花区首批文明志愿监督员。文明监督员代表孟繁英发表履职宣言，承诺以自己的实际行动弘扬文明新风尚，传递社会正能量。文明单位承诺践诺环节，全国文明单位长沙市雨花区地税局负责人宣读“文明单位文明行为承诺书”，各级文明单位代表向雨花区文明办递交“文明单位文明行为承诺书”，承诺将发挥好文明单位的示范带动作用，为城市文明出谋划策、添砖加瓦。活动现场，枫树山小学学生带来情景剧《为文明礼让点赞》，展示《文明礼让漫画》，发放“告别不文明行为，争做文明市民”的宣传资料。　（刘　婧）

【张敏、刘素月一行专项督查侯家塘街道活力生鲜市场及周边食安创建工作】　2017 年 12 月 4 日，区委书记张敏，区委副书记、区长刘素月带队专项督查侯家塘街道活力生鲜市场及周边食安创建工作。督察组一行实地查看活力生鲜市场及周边食品安全主体责任落实情况、街道食品安全专项整治情况、食安创建宣传工作开展情况、食安红黑榜及示范创建工作开展进度等，重点察看侯家塘街道推出的放心猪肉公示牌、活力生鲜市场食用农产品溯源体系公示牌以及多个米粉湿面豆制品冷链销售示范门店，现场听取街道主管食安负责人陈朔副的食安创建工作的汇报。根据街道实际问题提出四项要求：一是突出抓好创建宣传、巡查、基础建设、冷链门店建设、“护苗行动”五大重点工作；二是促进街道食安办、食药监所深度融合；三是要求街道每周进行工作调度；四是深化食安创建氛围，加大示范创建力度，突出示范带动作用。　（刘　婧）

砂子塘街道

【概况】　砂子塘街道地处东塘商圈东南角，面积 2.6 平方千米，人口 7 万人，辖砂子塘、桔园、茶园坡、白沙、金地、金科园、梨子山、野坡 8 个社区，其中 2 个单位型社区、6 个纯居民社区。辖区内有曙光南路、韶山南路、劳动东路、新建东路、赤黄路“三横二纵”五条主次干道，有长沙卷烟厂、沃尔玛、中医药大学等驻街单位 60 余家。街道打造“红色服务联盟”、流动党员管理服务站、赤黄路教育文化街、就业联姻会所、社区巡防站、砂子塘社区“砂家帮”、桔园社区“家文化”、野坡社区“法制化社区”、梨子山社区“农民工子女社区课堂”等亮点。2017 年街道行政编 15 人，事业编 21 人，在职干部 189 人，党员 124 人。

2017 年，街道紧抓项目建设这条主线，全街有在建项目 3 个；完善商务楼宇动态管理数据图；开展“同心同行”商务沙龙活动 4 次，组织职能部门与企业之间的沟通交流；以畅通联系服务群众最后一公里为目标，实施社区公共服务一口受理，群众办事时间平均缩短 50%；街道设立网格办，负责运行“砂子塘街道智慧社区云管理平台”，通过将全街划分为 50 个网格，建立人房、人户、人业“三关联”的海量信息数据；投入资金 1400 万余元对茶园坡社区 33 个项目进行提质提档改造，打造“五彩茶园”理念；全年无安全生产责任事故发生；依托“就业联姻会所”特色平台，全街零就业家庭动态清零，城镇登记失业率下降 0.5%。（康丽洁）

【街域经济】 2017年，砂子塘街道完成财政总收入10.59亿元，完成社会消费品零售总额31.55亿元，完成固定资产投资总额29.98亿元，完成规模以上服务业营业收入6.95亿元。中国平安人寿保险股份有限公司湖南分公司、平安普惠小额贷款有限责任公司、九州证券、华林证券、海通期货、金元证券、太平洋证券等金融企业入驻顺天国际金融中心，210米超高层AAAAA级商务写字楼万博汇三期进入竣工验收阶段，泰禹国际项目主体完工进入内部装饰阶段。全年新增企业9家，其中月度新增5家，年度新增4家。主动与顺天国际金融中心、潇影大厦、万博汇3期和泰禹国际等商务楼宇招商负责人联系，定期走访楼宇，街道重点楼宇招商共实际完成22618平方米。（康丽洁）

【城建城管】 2017年，万博汇项目3期裙楼交付使用；泰禹国际主体工程建设进行内部装饰装修阶段；东友星座项目交付使用；拿铁空间交付使用。实现3个项目清零交地：洞井路项目12月12日拆除腾地；车站路项目发布征收征收四公告；顺特模拟征收项目用时不到3个月完成签约、腾房、交地；省纺机稳步推进公房清租，186户顺利清零；梨子山长电扫尾项目攻坚克难，剩余最后一户。优化城管网格化管理方案，将城管数字处理中心和网格办合署办公，打通区级城管网格智慧平台，实现数据对接，街道网格化管理平台能承接、处理、反馈区级城管派发的A、B类事项，同时上报网格巡查中发现的C、D类事项。保持每周2次的整治频率，对韶山路中医附一医院路段、桔园社区、王家冲等难点路段、路口的市容秩序进行严格管控，对砂子塘夜宵一条街“门前三包”不到位店外经营、桔园路洗车、新塘冲巷流动摊贩等难点问题进行重点整治。探索全街环卫外包模式，定期组织开展卫生大清洗，组织主次干道绿化带专项清理、楼道堆物集中清理，累计清理堆物400余车。实施违规招牌整治行动，对阳光锦城裙楼招牌进行整体拆除重新规划设计制作，拆除辖区楼顶立面违规招牌30余块。完成中央环保督察组驻湘期间交办的各项环保问题督办件，对桔园路、夜宵一条街的油烟扰民等问题进行根本性解决。完成桔园社区新塘冲巷、湘银巷路面以及桔园四片的提质改造工作，实施果茶巷、今利园巷、金科院巷提质工程，建设赤岗游园工程，落实韶山路人行道提质改造以及沿街楼栋立面改造任务。街道作为城管网格化工作看点单位，迎接副市长刘明理及全市城管干部的参观考察。（康丽洁）

【社会事业】 2017年，街道以就业与再就业为重点，凭借“国家级充分就业社区”和省级“创新创业带动就业示范社区”等品牌优势，依托“砂子塘就业创业联姻会”特色平台，实现城镇新增就业1304人，完成110%。失业人员再就业571人，完成112%。就业困难人员再就业374人，完成187%。新增创业主体811户，完成112%。带动城乡就业人数1591人，完成102%。扶持大学生创业51人，完成102%。小额担保贷款141万元，完成率141%（居全区第一）。企业养老保险新增参保人数1774人，城乡居民医疗保险缴费人数13197人。城乡居民养老保险个人缴费46.8万元(303人)，完成427%。市民服务热线工单办结373件，满意率96.89%。深化“区级社会组织孵化中心—街道社会组织实践园—社区社会组织服务站”三级联动发展模式，在8个社区构建服务站。投入100万元与孝为先、阳光公益等8个社会组织签订关于失独家庭关爱、孤寡空巢老人帮扶、残疾人救助、心理咨询、救援救护知识培训等方面的服务协议，开展20余类社区服务52场。加快“爱乐幸福家”生活服务平台建设，投入200万余元建设街道医养融合日间照料中心，自5月运营至年底，提供老年餐桌等服务5791人次。投入资金1400万余元对茶园坡社区33个项目进行提质提档改造，打造“五彩茶园”理念。投入1596.5万元对桔园社区13个项目进行提质提档改造，以“家文化”为主题，打造“桔香情·幸福梦”理念。投入资金150万元对野坡社区15个项目进行提质提档改造，打造“四德文化·野坡记忆”特色亮点，深化社区“爱心加油站”服务品牌。在野坡公交小区、新锐湘都小区、白沙社区推进社

区、党组织、物业、业委会“四方联动、交叉任职”模式，推动业委会建设。（康丽洁）

【综合治理】 2017年，全面建立社区微消防站，与8个社区、172家企事业单位签订安全责任书，与1300余家“五小”门店签订防火公约。组织开展安全生产检查187批次，排查生产经营单位1600余家，发现隐患320处，全部现场整改纠正，下发整改通知书120份。完成省纺机宿舍高挡土墙，今利园小区围墙、砂子塘小学围墙等9处突出隐患的整治，对94家企业进行执法检查，其中对14家企业进行简易处罚，共罚款到位8300元。组织企业单位开展安全培训3次，联合省消防学校上门入户开展消防培训，组织主题活动4次。打造砂子塘路食品安全示范商业街，设置手绘宣传墙，制作环保袋、胸牌、横幅、宣传栏、围档及楼栋电梯海报，统一门店招牌，规范操作经营。开展桔园夜市、护苗行动、“三小”、农贸市场、豆制品、肉制品等食品安全专项整治，建立健全快检室，受理投诉举报近115件，办结103件，立案6件。设置食品安全诚信“红牌榜”，建立“食安妈妈监督团”，定期每周四下午开展监督检查活动，全年无食药品安全事故发生。集中开展交通整治行动，完善梨子山、金地交通微循环建设，新增智能停车场，落实智能停车系统。全年未发生一起重大刑事案件、群体性事件、非正常上访。开展禁毒、防诈骗、平安家庭、平安单位等宣传活动，发放各类宣传资料1.2万份，制作各类宣传横幅20余条。做好涉军、涉拆等群体的稳控和疏导工作，实现零进京非访。对社会重点人群实施有效帮扶，定期组织社矫、社戒人员进行学习、劳动，对困难对象实施点对点救助，对心理障碍对象引入社会组织开展心理干预。针对砂子塘、稻田、万博汇等学校周边进行整治，净化校园周边环境，投入资金实施儿童友好校园建设工程，成功创建省级“扫黄打非”示范街道。（康丽洁）

【基层党建】 2017年，实施党建引领下的“减负增效”工程，在实施“6+2”大部制内设机构改革的基础上，加强党建办力量配备，成立党群服务中心，设置社区党群服务站点。由社区党组织牵头实行社会事务“一口受理”和社区工作AB岗改革，对下放街道的68类135项服务事项实施“一口受理、全街通办”。推行基层党组织书记职业化改革项目，将在社区工作时间长、能力强、群众基础好的原社区居委会主任推荐选举为社区党委(党总支)书记。配齐配强8个社区的党建专职副书记和党建专干，调优充实26个社区楼栋支部书记，确定50个网格党小组长，选聘16名专职的“两新”党组织党建联络员。依托网格化系统，对网格党建工作进行派单系统管理，实施党员积分制管理。通过党员在网格内亮身份、领岗位、做贡献，每个党员都在网格内公示自己的姓名、联系方式和工作技能，在网格党小组的组织下领取公益服务岗位，定期参与网格内各类志愿服务和社区建设活动，实现党员就近参加活动、群众就近接受服务。建立和上线“爱乐幸福家”APP，开辟“党建＋”模块，将上下联系的终端延伸。组织各级党组织、党员干部在APP内展示学习教育活动、志愿服务活动、文娱体育竞赛，换取相应积分，进行线下相应的物质兑换。将“党组织关系接转”纳入“一口受理”系统。打造“街道党建群工办–各网格”组织体系，推行砂子塘群众工作“十分钟服务圈”。开展“与群众交朋友，帮基层解难题”大走访二次，慰问党员群众240余人次。发放“民情大走访”1000份问卷，收回890份。社区内有关居民的重点难点问题都通过“三级六步”社区自治民主协商进行解决。依托“幸福文化”建设，“以文化人”，开展“平安夜话”“砂子塘人自己的故事汇”“中医保健义诊”等系列活动。在万博汇举行民意快线工程之“魅力半边天，绚丽妇女节”；举办“名师经典进基层”；举行民意快线工程之“春风暖桑拿月，群工送健康”；在凯德广场民意快线工程之“2017我们爱在一起”爱心义演主题活动；开展民意快线工程之“平安夜话”；开展民意快线工程之“党建进网格·服务惠民生”书记职业化改革工作掠影活动。以街道社会组织实践园为基础，探索建立和完善“城管帮帮帮义工工作室”“砂家帮文明创建工作室”等一批优质工作室。开展家风文化、孝老文化、志愿义工文化的典型宣传工作，推出彭旦如、付强、赵际云等一批省、市、区甚至国家级的文明标兵或道德模范。（康丽洁）

【“医养融合·和乐安康”养老新模式】 2017年，砂子塘街道探索“医养融合·和乐安康”养老新模式，从生活、身体、精神上为老年人提供全面服务。街道在金地社区新建三层780平米的居家养老日间照料中心，引进长沙市和乐健康产业有限公司，为辖区内老人提供了就餐、娱乐、休养的阵地和平台。在此基础上，中心为老人提供上门协助洗澡、代理烹饪、协助洗衣、理发及修剪指甲等服务，让老人生活无忧。在日照中心新开医疗护理功能，设有18个床位，为老人提供中医泡脚、针灸推拿、注射医疗、上门换药等服务。通过专业的医疗机构指导老年人学习“健骨操”等健康运动，指导营养搭配，接受养身咨询，将治病向防病延伸，让老人健康无忧。中心设置电子阅览室、棋牌活动室，街道社会组织实践园和社区服务站主动参与，引导老人开展健康活动，为老人提供心理辅助。整合孝为先、慈爱公益、阳光天使等社会组织，开展“我教爷爷奶奶学电脑”“小手牵大手”等系列慰问活动，让老人幸福无忧。（康丽洁）

金地社区居家养老日间照料中心（康丽洁/提供）

【砂子塘街道工作会议】 2017年1月10日，砂子塘街道组织召开2017年党政务虚会，街道全体党政领导班子成员，各大办主任，各社区书记、主任、公共服务中心主任等30余人参加会议。会议由街道工委委员、人大工委主任赵正坤主持。会上，10位党政领导分别结合分管工作，阐述各条线2017年工作的思路和打算。街道办事处主任陈伟奇提出24字方针，即“保稳定、实党群、实服务、实网格、保投入、强整治、谋发展、争一流”，对全街2017年的工作思路进行谋篇划局，阐明2017年砂子塘的新看点，新观点，新要点。街道工委书记刘燕妮指出，全街上下要做到“思想认识、工作理念、治理效果”三个提升，做好“强基、深耕、增效”三项工程，建好“大数据信息化、健康促进行动、楼宇经济招商、棚改道路建设”四个驱动，科学布局2017年砂子塘的新面貌、新发展、新作为。（康丽洁）

【“美丽半边天，巾帼志愿情”妇女节活动】 2017年3月8日，由砂子塘街道主办，梨子山社区承办的民意快线工程之“美丽半边天，巾帼志愿情”妇女节活动在梨子山社区万博汇广场举行，活动旨在调动辖区妇女同胞、文艺爱好者等各类社会主体积极性，引导她们参与到基层事业发展中去，来自街道和社区的200余位妇女群众参加活动。活动中，街道妇女联合会开展对社区困难女职工的慰问，送上妇女节礼品；田园乐队带来乐器合奏《喜洋洋》；社区文艺队献上“志愿”主题群舞、独唱、表演等节目。活动现场，设置“学雷锋志愿服务”版块，免费提供各类生活便民服务；街道文化站发起“一元捐活动”，开展志愿捐书活动，号召机关妇女捐书，由街道统一存放到梨子山社区阳光书吧，供社区广大居民免费借阅。该次活动，有利于营造“关心女性，尊重女性”良好社会风气和氛围。（康丽洁）

【砂子塘街道“平安夜话”】 2017年5月18日，砂子塘街道民意快线工程系列活动之——“平安夜话”在东塘步步高广场举行。活动以防盗窃、防火灾、防诈骗为主要宣讲内容，区相关部门负责人、街道工委领导、派出所领导、街道综治办工作人员及辖区单位、居民共300余人参加。活动上，砂子塘派出所负责人通报上半年治安形势；户籍民警宣讲防盗、防抢、防诈骗知识；辖区单位带来文艺表演。省消防安全协会教讲解消防常识，对火灾现场进行剖析，强化消防安全意识；居民群众踊跃参与现场灭火演练。安盾锁业公司派来的专业人员进行现场演示，讲解几种常见的盗窃手段，强化社区居民群众的防范意识。活动过程包括现场访谈等互动环节，并在现场设立多个宣传台。现场发放宣传资料共2000余份，接受群众咨询200余人次。

（康丽洁）

2017年6月10日，砂子塘街道传统文化进社区主题活动（康丽洁/提供）

【传统文化进社区活动】 2017年6月10日，砂子塘街道联合辖区内的中医药大学湘杏学院在凯德广场开展中医药传统文化进社区活动。湖南中医药大学湘杏学院党总支书记王云辉，区食药监局党委书记、局长韩哲，区卫计局副局长李春云，砂子塘街道工委书记刘燕妮等参加活动。活动中，王云辉介绍与砂子塘街道合作“中医药传统文化进社区”项目的情况，明确“健康促进”专业小分队的进驻和提供的优质服务项目，并进行现场签约。砂子塘街道卫生计生监督执法所、食品药品监督管理所、社区卫生服务中心组成的“健康卫士”进行宣誓。活动中的文艺节目有街道卫计办自行组建的《健骨操》队伍的表演、街道食安办选送的文艺节目《食品安全之歌》，以及湖南中医药大学湘杏学院派出的未来白衣天使们展现的传统保健运动《太极·无极而生》等。分舞台的活动现场，包括健康促进小分队们提供的议诊、推拿的精细化医疗服务；街道社区卫生服务中心为群众提供免费的健康体检，发放免费的养生粥、茶和香囊；街道食安办也设置咨询台、发放食品安全及“创建国家食品安全示范城市”宣传资料，搭建食品安全快速检测台，砂子塘食药监所的工作人员与专业检测机构一起为居民提供现场检测。9月26日，砂子塘街道举办主题为民意快线之“弘扬传统文化、争做文明市民”的传统文化进社区活动。活动中，花鼓戏《刘海砍樵》、长沙弹词《三婿拜寿》颇具地方特色的专业表演轮番登场；皮影戏、京剧、越剧等极富中国特色的传统文化节目也亮相活动现场，有众多国家级、省级、市级的非遗项目展览。《社会主义核心价值观》的大合唱，唱出社区群众心声；志愿者向现场群众发放《雨花区市民文明手册》。通过传统艺术节目的展现，中国传统艺术的真谛与魅力将得到全面弘扬。

（康丽洁）

【“爱在雨花暨壹家人温暖湖南”公益活动在砂子塘街道举行】 2017年12月10日，湖南民间联合救灾、长沙群英会携手壹基金，在砂子塘街道雨花区社会组织孵化中心前坪开展2017年“爱在雨花暨壹家人温暖湖南”公益活动，各级领导，街道、社区相关人员，众多志愿者、社区居民及多名受赠家庭的家长与孩子参与活动。活动中，万有暖力爱心大使发表活动感言；进行歌舞表演；开展温暖包的捐赠仪式，雨花区20名特困孩子上台接受爱心大使与领导一起颁发的温暖包；志愿者为受赠对象穿上捐赠的衣服与鞋子。该次活动湖南民间联合救灾、长沙群英会携手壹基金募集价值100万余元的温暖包（内含棉衣、棉鞋、棉袜、围巾、帽子、手套、书包等），以送达龙山、桑植、平江、会同、桂阳、临武、石门、城步、隆回等凝冻地区的3260个困境孩子们手中。

（康丽洁）

东塘街道

【概况】 东塘街道地处东塘广场西南角，四周韶山路、劳动路、芙蓉路、二环线环绕，新建西路、雨花路贯穿其中，三横四纵的路网格初步形成，交通便利。辖区内有东塘、省人大、枫树山、牛婆塘、芙蓉南路、浦沅、华银园、政院、新雨、七里庙10个社区居委会。街道内设党政、安监、综治、重点、经济、财政所、社会事务、城管、政务中心、卫计10个部门，建有共青团街道工作委员会、工会、妇女联合会等群众组织。街道核定编制52名，其中领导职数11名；全体在职干部职工数92人，其中引进人才1人，雇员30人，退休干部16人。办公地点设在雨花区新建西路188号。

2017年，东塘街道着力抓好总体部署，牢固树立"三种"理念（小街道，大服务；小街道，慧生活；小街道，有作为），充分发挥"六大"作用（充分发挥党建核心的统揽作用、充分发挥社会治理的互动作用、充分发挥楼宇经济的主导作用、充分发挥智慧管理的效能作用、充分发挥优势资源的共享作用、充分发挥草根领袖的带头作用），全力打造"四个"东塘（更具实力的财富东塘、更加精致的品质东塘、更有尊严的民生东塘、更为愉悦的幸福东塘），抓好重点推进，将"难题攻坚大竞赛、项目创新大比拼"活动贯穿到全年工作当中，贯穿到全街各线工作当中。2017年获湖南省计划生育居民自治示范单位、基层群众自治先进示范街道，市级"社会治安综合治理红旗街道"，市级卫计优秀单位，市计划生育户外宣传示范单位，区"和"系列智慧委员工作室，街道政协评为"三好政协工作联络处"。浦沅社区获湖南省计划生育基层群众自治示范社区、湖南省平安示范社区。新雨社区获2017年省级充分就业星级社区。政院社区获湖南省科普示范社区、全省"无邪教创建"示范社区、"军地平安创建"示范单位、湖南省科学技术协会。"老首长"工作室党支部获全省示范离退休干部党支部。微孝扶老"项目获湖南优秀志愿服务项目。（宋彧颖）

【街域经济】 2017年，东塘街道完成税收8.43亿元，社会固定资产完成22.24亿元，限额以上零售品消费额完成16.19亿元，完成外贸进出口350万美元，完成实际到位外资5388万美元，实现商务商业楼宇去库存量37966.47平方米。打造六都国际综合大楼10层作为其总部办公用地，预计税收超1.5亿元；成功签约五星级酒店威斯汀酒店入驻，预计税收超3000万元；财富证券湖南总部、湖南省路桥公司总部等多家企业进行招商洽谈。（宋彧颖）

【城管工作】 2017年，协调市区政府投资城管项目建设，注重资金投入，确保环境提质提档。年初，对浦沅社区进行环境综合整治提质提档，投入资金1600万余元，进行路面、立面整治及社区公园建设。东塘街道作为雨花区共享单车管理的试点单位，在辖区公交站、地铁站、学校、商场、居民小区附近共设置34处共享单车停放点，方便居民群众"随用随骑"。打造枫树山社区分类垃圾亮点工作，指定专人负责垃圾分类的宣传、指导、服务和统计等工作，设立垃圾分类专题宣传栏4个、每个单元设置1块垃圾分类宣传牌，每个容器收集点设立详细说明牌，指导居民进行垃圾分类工作。发放湿垃圾收集容器共计251个。采取集中培训等方式，居民知晓率95%，参与率80%，正确投放率75%。举办"垃圾分类宣传大使""垃圾分类学生共参与"等系列活动，调动全民参与的积极性，增进对垃圾分类相关知识的了解。对街道辖区内餐厨垃圾进行全盘摸底，3月份投放餐厨垃圾桶共计175家。迎接中央环保督察组，处置督办件10件，完成211台黄标车的淘汰。全年处置100余件投诉件。（宋彧颖）

【社会事业】 2017年，重点推进华银园、浦沅、省人大、牛婆塘社区提质提档工作，省人大社区和浦沅社区争创提质提档示范社区，浦沅社区多次接受各级领导考察。推进社区标准化、规范化建设，规范10个社区标识标牌、调整社区政务中心功能设置、开设前台综合受理窗口，社区服务更加便民高效。协调解决社区办公阵地问题，七里庙社区与“建发·中央公园”签订社区办公阵地配套协议；芙蓉南路、新雨社区与单位实现资源共享或开发项目配套建设，进行施工建设。牛婆塘、省人大、浦沅、华银园社区办公阵地依托提质提档完成全面升级。组织社区负责人等外出学习考察2次，举办培训班2期，组织社区工作人员参加社工师资格认证。截至2017年年底，街道共36人获得社工师证，其中中级8个。抓好惠民资金的使用，确定并经公示惠民资金项目34个，其中环境类类项目20个、社会组织类项目7个，服务类5个，其他类2个。策划并举办职业技能培训班1期，参加培训对象31人，创业培训班2期，参加培训人员53人，创业大讲堂一期，参加人员101人，举办专场招聘会5场，成功签订就业意向180起。协调用工矛盾，调处劳动争议6起，涉及金额近3万元。抓好扶贫助困助残工作，发动两代表一委员、辖区爱心企业捐资捐物近3万元，全部分配给困难急需民众。62个备案社会组织完成年检，撤销社会组织备案1家。注册社会组织年检13家。2017年街道内新增备案社会组织5家，新引进一家在全国具有影响力的关爱老兵社会组织“龙越和平公益发展中心”。组织举办“中秋微笑扶老活动”和发起99公益捐献等活动，其中“不忘你我初心，益行幸福东塘”参赛者有400余人，发布长沙市第一张公益地图。“金牌帮女郎”“老首长工作室”“老口子亲情服务队”“心晨心理”等社会组织成为品牌。2017年，街道辖区内低保95户136人，月发放低保金60093元，累计保障574户826人，累计发放低保金337799元；特困供养4户4人，月发放特困供养金2860元。为11户办理区级临时救助，救助金额23200元。街道临时救助2户，救助金额3000元。累计对90名精神病人进行药物救助及免费体检，救助金额9878元；精神病人住院救助3人，救助金额17574元，重症病人实施应救尽救；困难人群医疗救助17人次，救助金额57865元；办理住房保障低收入认证5户。为3户办理8万经适货补，5户办理15万棚改补贴，5户办理廉租实配，2户办理廉租补贴，半年累计组织53户无房户、4户住房困难户进行住房租金补贴发放签字认证。抗洪救灾期间，东塘街道工作人员、驻街单位捐赠现金、物资合计为扶贫对口单位跳马镇杨林新村捐赠18万余元。街道有枫树山老年人日间照料中心、和润养护院等老年服务机构，共拥有养老床位269张，有智慧养老平台1个，为老年人提供送餐、护理、理发、心理陪护等服务。“健康东塘”为主题，全面深化“健康集市、健康套餐、健康版图、智慧医疗”等特色服务，打造服务全生命周期的“健康生活馆。发挥“草根领袖”带头作用，在浦沅社区成立新市民计划生育协会组织，开展流动人口社会融合试点工作。

（宋彧颖）

【基层党建】 2017年，东塘街道打造“党建行动吧”，实施“七大行动”、开展“难题攻坚大竞赛，项目创新大比拼”、党员干部正向激励“12345”工程和“正风”行动、实施“1+5+5”工程，打造“五位一体、四方联动”中江国际花城小区党建模式、“四联四共”政院小区党建模式、鑫融国际楼宇党建“六位一体”融模式党建品牌，并在全区小区党建观摩两次推介。深入宣讲十九大精神，组建“微理论.微宣讲”宣讲团，市区街开展宣讲300余场，徐佐林评为长沙市“最美基层宣讲人”。街道评为全市“五四红旗团支部（总支）”，浦沅社区评为全市示范性文化阵地，政院社区评为市“示范妇儿之家”，浦沅，枫树山社区评为“市五老四教示范阵地”。打造非公企业“红色引擎”鑫融汇党总支；加强思想引导，依托“东塘百事通”“大家讲堂”，开展理想信念教育；实施“同心创建”“先锋陪伴”“枫邻同行”品牌深入人心，政院社区被评市级同心社区；开展“出一个金点子、办一件好事、提一第建议”的“三个一”活动，收议案提案12个、调研报告20余篇，开展贫困学子助学项目“圆梦计划”“我要爱——快乐助学夏令营”、就业招聘会、跳马镇精准扶贫等工作。

（宋彧颖）

【"公益市集助力，红枫爱心护航"主题活动】 2017年3月3日，以"公益市集助力，红枫爱心护航"为主题的党员志愿者进社区活动在东塘街道枫树山社区举行。该次活动旨在弘扬雷锋精神，集中展现枫树山社区志愿服务团队的风采，展示社区培育、引进社会组织发展成果。在文艺展演中，由雅礼中学在职党员表演的舞蹈《节日欢歌》拉开活动序幕，社区未成年志愿者演唱《学习雷锋好榜样》，号召大家一起学雷锋、做雷锋。雅礼中学艺术团带来《共筑中国梦》。活动现场，医务志愿者与社区居民签订"家庭契约式服务协议"，通过与居民建立相对稳定的自愿服务关系，为居民提供综合便捷、主动连续的健康责任性管理，社区孤寡老人、残疾人、老党员、失独家庭将能享受到免费的医疗服务。现场设置"红枫公益市集""红枫家园新市民健康加油站""红枫安全之家"等志愿服务活动区，吸引200余名居民群众参与。枫树山社区先后培育或引进"青枫义工""雷锋侠""慈济环保志愿站""红枫义工"等各类志愿服务团队，为社区居民带来丰富的便民服务，发动更多居民参与到公益市集、社区慈善天天一元捐、垃圾分类处理、健康义诊等公益事业中。 （宋彧颖）

2017年3月3日，"公益市集助力，红枫爱心护航"主题活动 （宋彧颖/提供）

【融和巷灾后重建工程顺利验收】 2017年9月1日，东塘街道东塘社区惠民项目——融和巷灾后重建工程，在区市政局督导组的检验评定下，顺利通过验收。区市政局副局长宋兴武、东塘街道办事处副主任陈伟参与。验收组听取区市政局负责人关于融和巷工程实施情况的汇报，到融和巷进行现场勘查，就路面硬化、护坡围栏、U形杆安装布局、车位划线等诸多方面进行查看验收。融和巷因道路坑洼、下水管道堵塞等原因，每逢下雨便常积水，居民出门非常不便。2017年年初，东塘社区便将其写入2017年为民办实事承诺书中。7月连日的暴雨侵袭，致使融和巷东塘社区阵地西南角绿化带地面塌陷，威胁着居民的出行安全。7月9日，抢险维修队伍进场施工，修复融和巷的被毁路段，排除险情，完成主体路段下水道改造、人行道铺砖、护坡水泥围栏、路面硬化和车位划分等工作。（宋彧颖）

【东塘街道城市基层党建工作推进会】 2017年9月11日，为形成市—区—街—社区党组织四级联动体系，东塘街道组织召开城市基层党建工作推进会，各社区党组织书记及党建专干参加会议。会上，各社区书记依次就"一社一特"特色党建推进情况进行汇报。"一社一特"包括浦沅社区"商务楼宇"、政院社区"四联四共"、新雨社区"5280"党员服务自助餐、东塘社区"融科·三万英尺"小区党建、枫树山社区"红枫家园"、牛婆塘社区党风民情观测站、芙蓉南路社区"五色芙蓉"、华银园社区"华银之光"、七里庙社区"四社联动"、省人大社区"三双"党建。街道工委副书记、办事处主任黄金就推进城市基层党建工作提出要求：一是要坚强党的执政基础、增进人民福祉的有效途径；二是要树牢"小街道、大服务"思想，以群众满意为最高标准；三是要明确阶段目标、计划，狠抓落实；四是要严格落实区委转作风、提效率、优服务工作思想。

（宋彧颖）

【国家健康促进评估组考察东塘街道社区卫生服务中心】 2017年9月13日，国家健康促进评估组专家到东塘街道社区卫生服务中心进行创建点现场考察。区政府副区长易静，区卫生计局党委书记、局长周宏伟，东塘街道工委副书记、办事处主任黄金等参加。专家组考察东塘中心的健康促进建设情况，参观中医药服务区、戒烟门诊、儿童保健区、网络医院、住院病房及计划生育服务中心，对东塘中心的功能分区、就诊环境、健康促进氛围、上下联动的健康促进机制，以及对中心文化育人、环境育人的情况表示肯定。（宋彧颖）

【东塘街道快速检测室启用】 2017年10月30日，东塘街道快速检测室启用，中联快检培训教师对东塘街道食药监所新进快检工作人员刘刚进行培训。快速检测室以检测蔬菜、水产品为主，重点检测生菜、菜心等蔬菜存在的有机磷类农药、氨基甲酸酯类农药、拟除虫菊酯类、有机氯类及杀菌剂农药，鲫鱼、扇贝、淡水虾等水产品的孔雀石绿、氯霉素、硝基呋喃类代谢物残留。通过快检工作人员的检测，能让广大居民吃上放心、健康的食品，保障广大居民的舌尖安全。（宋彧颖）

【长沙首届城市公益穿越挑战赛在东塘街道开赛】 2017年12月3日，长沙首届城市公益穿越挑战赛在东塘街道开赛，首份社会公益机构地图也同步发布，400余市民在公益地图指引下，穿行东塘商圈，闯关体验公益机构的服务项目，倡导“人人公益”理念。市民平时可凭该地图，在东塘商圈范围内寻求公益机构帮助或参与公益活动。在挑战赛启动仪式上，长沙市红十字会志愿服务队向东塘街道社会组织发展扶持中心赠送一套价值8万元的应急救援培训岛设备；长沙首张“公益NGO地图”在东塘街道免费发放。东塘街道辖区内共有社会公益机构80家，其中已经注册和备案的15家，公益地图上清晰地标注全街10个社区及每一个公益机构所在位置，并配备二维码，只要扫一扫，就能知晓各公益机构服务的范围、服务对象、联系方式。该次穿越挑战赛在东塘街道2.4平方千米范围内，设置29个通关打卡点。按照比赛规则，参赛者4人为一队，每队中至少有1名女性队员，大家参照比赛点位地图，手持指南针，自选徒步、跑步、骑行、公交等方式，前往各签到点完成相应的公益挑战任务。全街10个社区及办公室为必签到点，19个社会组织中可自选10个点进行打卡，完成20个签到后按指引抵达终点，用时最短的队伍将获得胜利。（宋彧颖）

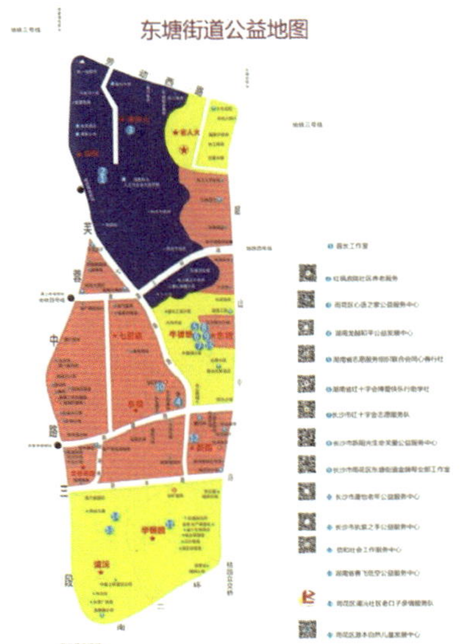

东塘街道公益地图（宋彧颖/提供）

圭塘街道

【概况】 圭塘街道为雨花区区治所在地，西临京广铁路，东连京珠高速公路，北靠机场高速、高桥大市场，南抵省森林植物园。街道面积12.1平方千米，下辖3个社区筹委会和11个社区，常驻人口5.47万，法人单位1200余家，个体户2300余家，中央驻街单位8家，厅、处级驻街单位11家。街道是长株潭经济一体化融城前沿阵地，是中部崛起发展规划建设贯通湖南省南北经济走廊一点一线的中心地带。街道内设党政综合办公室（纪检监察室）、经济发展办公室（统计站）、社会事务办公室、社会管理综合治理办公室、城市管理办公室、卫生与计划生育办公室和财政所（“三资”监管服务中心、审计站）；公共服务中心（政务服务中心）、综合文化服务中心、安全监督管理中心（水务农业生态服务中心）、计划生育服务所、征收安置服务中心和人民来访接待暨矛盾纠纷调处中心。机关核定行政编制16名，后勤服务人员编制1名，事业编制36名，其中科级实职领导11人，退休干部10人。全街入库党员1116人，其中机关党总支党员78人。

2017年，圭塘街道围绕“政治要街、经济强街、品质兴街”工作目标，破解发展难题，后置发展优势，推进产业高端化、城区品质化、管理精细化、民生幸福化、党建科学化建设，提升街道经济社会发展综合水平。（吴　伟）

【街域经济】 2017年，圭塘街道完成两税总收入12.3亿元，同比增加9.2%；完成规模工业总产值17959万元，同比增长263%；完成社会固定资产投资486519万元，同比增长22%；完成外资引进4300万美元，同比增加13.16%；新增各类企业900余家，2000万以上的40家。全年帮助解决项目建设难题40个，开展项目环境优化集中行动12次，打击非法传销非法集资行动10余次，创元时代、平吉上苑、中天·星耀城等新建项目顺利开工，“电视互联网+”文化传播平台、中国民宿共享服务平台等多元化产业项目有序推进，五江天街、旭辉国际广场、欧亚达国际家居广场、友阿奥莱城、保利·大都汇等项目顺利推进；纳入区级的13个重点产业项目，完成投资22亿元，投资率74.58%；关于月塘片区整体开发“智慧新城”的设想，获得区委书记张敏批示；旭辉国际广场项目确定为区级观摩项目。全年共有拆迁项目13个，涉及集体土地拆迁、棚改项目拆迁、圭塘河综合整治，以及基础设施建设用地拆迁等方面。集体土地拆迁共签约74栋，签约率83.14%，倒地73栋，拆除完成率82.02%，共腾地17.98公顷。白云棚改项目，6月29日294户全部签约，12月28日6栋住宅全部倒地，成为全区200户以上棚改项目率先签约清零和拆除清零项目，按要求在2017年底实现拆迁腾地清零，项目总共腾地1公顷，拆除房屋面积25678.03平方米。地铁四号线树木岭站2017年底实现清零交地。引入友阿奥特莱斯进驻原喜乐地项目，引入恒大进驻原兴旺正佳广场项目；全力扶持创客空间发展，新世界创邸夸克仓库的孵化模式，获国家文化消费试点合作单位、湖南省级众创空间等称号，吸引众业达、拼图公司等企业入驻。 （吴　伟）

【城市管理】 2017年，全街13个管理网格和3个执法网格有序运营，实现网格的全覆盖。市区城管数字化平台共受理案卷12490件，按期处置率99.8%，处置率100%。对市平台案件高发类型，如店外经营、流动摊贩、占道堆物等类别问题，各社区加强点位管控，执法中队、协管员守点巡查，采集扣分立案率明显减少；通过区平台视频监控，设置曲塘路城市山水豪园等监控点位，对店外经营、流动摊贩进行长效管控。组织多部门联合执法，开展市容秩序专项整治、早夜市专项整治等整治行动100余次，出动执法干部、特勤队员、协管员、民工等4000余人次，办理各类案件360件，缓解劳动路早市、香山街店外经营、大塘菜市场场外经营、长重桥下茶市等问题。拆除违法违章建筑40余处，共计约1.5万平方米；拆除不符合标准的招牌广告、发光字、电子显示屏、横幅等1000余块（处）；完成新增绿地4.06公顷。拆除6处围而未建项目2300余米围墙，复绿面积1.7万平方米。泰禹8号地、大塘安置地等项目的拆围复绿工作得到肯定。试点推行“圭塘社区商铺治理服务项目”，从源头上解决商铺经营、居民生活、城市管理、文明创建等问题。发动志愿者和社区居民近3000人次，集中开展创建迎检10次，及时整改问题100余个。组织开展各类精神文明、未成年思想道德建设活动54场次，其中22场活动获得市文明办的批文，“文明我践行 共创食安城”“三关爱”学雷锋志愿服务、社会主义核心价值观“四进”等群众文化活动，被光明网、中国文明网、《湖南日报》等媒体报道。全年接到上级交办以及群众直接投诉件50起，涉及噪音扰民、油烟污染、扬尘污染、非法排污、焚烧垃圾等多个方面，均进行及时处置。承办黄标车清退274台，清退任务全部完成。4月23日，中央环境保护督察组进驻湖南省开展环保督察工作后，圭塘街道配合中央环保督察各项工作，办理26宗环保案件，办结率100%。 （吴　伟）

【社会事业】 2017年，圭塘街道对辖区低保户做到应保尽保，对重症（性）精神病患者应救尽救，对高龄老人、困境儿童、育龄妇女、残疾人、优抚对象等特殊群体，对困境家庭、失独家庭、残疾人家庭等特困户家庭，落实相关保障政策。全年实现居民养老保险征缴18.99万元，城乡居民医疗保险缴费877万元。城镇新增就业1244人。为1168名高龄老人发放津贴36.73万元，为困境儿童、特困家庭子女申请生活补贴和慈善助学金57120元，为443名残疾人申请康复救助、困难生活补助、助学、护理补贴等10余种政策关爱举措。按标准及时足额发放优抚金560376.92元，按时完成退役士兵安置清零工作。发放殡葬补助25万元。指导社区惠民资金申报及项目实施工作，推进社区38个惠民资金项目的备案和实施工作。为1069户家庭及时足额发放计生奖扶资金、优惠资金126.28万元，组织育龄妇女、65岁以上老年人、儿童开展各类检查。2017年度春节，对831户特殊困难户开展慰问，发放慰问金36.02万元。对校园周边环境、食品安全、交通安全以及无证办学进行清理整顿，抓留控保学工作。探索建设高品质社区菜店，鲜开心新鲜超市获得市委书记、市长陈文浩肯定，并在鲜开心新鲜超市召开长沙市现场办公会。完成月雅苑第二批314人、230套房的分配工作。完成第九届社区居民委员会选举。完成劳动东路、美林景园社区办公服务用房验收工作。圭塘社区、景程社区，在市级全面提质提档评估验收中评定为优秀，长重、泰安、雨花家园、美林景园四个社区完成区级提质提档初评和市级提质提档评定。“五彩一家”“幸福港湾”成功申报“三社联动”市级示范项目品牌。管理46家物业公司，实现“四方联动”小区3个。组织健康培训、救护演练、疾病义诊等活动45场次，人数4300人次。稳控圭塘小学和砂子塘吉联小学突发的腮腺炎疫情，依法查处非法行医6家，7月份汛后消毒1.2万余平方米。探索医养结合服务新模式，圭塘街道日间照料中心完成建设并投入运营，受益老年人1.4万人次。景程、中南院、大塘三个社区居家养老服务中心完成标准化验收。推行“12345”计生特殊家庭服务模式，持续深化“温心家园”项目品牌打造，为37名失独对象提供家庭医生服务。公共服务中心接待办事群众6304人次，受理事项4876件，全部按期办结，无一例投诉事件。“12345”市民服务热线受理问题365件次，办结232件次，解释说明132件次，回访满意率98.62%。社区完成承诺事项36个，完成湖南省长沙市两级为民办实事11项。 （吴　伟）

【综合治理】　2017年，推进“平安圭塘”建设，组织综治宣传月活动，集中发放宣传资料2万余份，建设专业巡防队伍和物业保安队伍，不定期开展重点区域、重点行业治安排查，针对性开展专项整治行动近百次。成功处置和稳控长重退休职工堵门行为，圭塘村60号令低保收入群体等11大类群体的群体上访行为。建设社会治安防控体系，排查处置不稳定因素80起。建设预防和化解社会矛盾机制，累计接访群众211批521人次，化解初信初访36件，签订息访息诉协议书19份。市交办的三个信访积案全部结案，宾某、吴某夫妇、谢某夫妇等涉拆群体，袁某、李某、肖某等涉军群体多年的信访积案问题成功化解。全年召开安全生产工作专题会议25次，班子成员全年带队检查156次，开展“打非治违”专项行动4次，排查安全隐患60余处，对7月份汛期安全抢险等工作进行了处置。建设街道安全生产文化长廊，迎接国家安监总局调研，得到肯定。

（吴　伟）

【基层党建】　2017年，学习贯彻中共十九大精神，推进“两学一做”常态化制度化，街道党员全部纳入积分制管理；组织全街45个党支部开展“转作风、提效率、优服务”等集体学习、专题讨论3次。社区（村）“两委”换届选举成功，新一届党组织班子成员39人，居委员会委员55人，全部一次性高票当选。组织开展以“四比四晒”（书记晒党课、支部晒骨干、组织晒项目、党员晒积分）为主线的庆祝建党96周年主题活动，抓强基工程四大行动（领头雁起飞行动、夯堡垒行动、先锋行动和亮剑行动）。发送廉政提醒短信40条，组织开展“喜迎十九大·涵养好家风”、“4·20”廉政文化节、重温《中国共产党党内监督条例》和《中国共产党问责条例》等。监督“两委”换届选举过程、新成立社区人员确定、物管专职人员选聘等选人用人工作，监督社区（村）“三务公开”、重点项目经费收支等重点领域，提醒党员干部在“八小时外”、节假日等重要节点做好自律，按要求开展纠四风、治陋习、“雁过拔毛”式腐败问题等经营性活动专

项整治等工作。全年受理并办结信访案件11件，问责8人，查处违法违纪案件6件。（吴 伟）

【圭塘街道党建特色品牌】 2017年，雨花家园社区以打造“党员365天天工作室”党建服务品牌，全年接待来访、办事群众80余人次，帮助答疑解难40余件，解决因房户漏水问题6起；组建“红管家志愿服务队”，发挥社区老党员在安全巡逻、解决纠纷、宣讲政策等方面的特殊作用，成为老党员奉献社区的宽广平台。泰安社区建设1000余平方米“厚德之家”，打造党员综合服务中心与居民文体活动场所一体化新模式，推动实现资源共享、场所共用、党群一体、党群共建，成为党组织引领小区党员和居民，进行政治学习、开展日常交流互动、提供各类服务、破解管理难题的创新平台。2017年，泰安社区发案率同比下降30%，因物业服务管理纠纷引发的群众上访率大幅度下降，惠民资金和社区提质改造资金使用等重大事项，得到居民的普遍支持。（吴 伟）

【新建社区阵地】 2017年，雨花家园社区新建1500平方米的社区公共服务中心，完成搬迁工作，并全面投入使用。新阵地集居家养老服务中心、综合文化中心、青少年多功能活动中心、四点半学校、社会组织孵化基地为一体，为全面服务居民群众奠定硬件基础。美林景园社区新建1200平方米的社区公共服务中心，完成用房验收工作。新阵地配备日照中心、多功能活动室、居委会办公室、图书阅览室、综治警务室、计生卫生室、社区一站式服务大厅等场所，设立党员服务、城市管理和爱国卫生服务、综合治理和安全管理服务、综合服务和文明创建、劳动就业社会保障服务、社会救助服务、计生服务、住房保障服务8个窗口，以及雷锋超市和未成年人绿色网吧等，完善社区基础设施建设，改善社区办公环境。（吴 伟）

【圭塘街道老年人日间照料中心建成并运营】 老年人日间照料中心建在美林景园社区旭辉国际广场小区内，场所属于美林景园社区。中心总面积820平方米，设置多功能活动室、医务室、健身房、心理咨询室、棋牌室、电子阅览室、书画图书馆、餐厅、休息室、浴室等场所，生活照料床位16张，配备空调、热水器、放映设备、棋牌、血压计血糖仪、电脑、乒乓球、轮椅桌等设备，集生活照料，文体娱乐，保健康复为一体。中心由独立法人社会组织“福轮社”负责运营，属于公办民营性质。中心目前有服务人员8人，其中国家二级心理咨询师1人，护理3人，护工2人，志愿者2人。老年人日间照料中心探索协议型“医养结合”养老模式项目。2017年3月13日，圭塘街道和街道卫生服务中心签订合作协议，合作协议明确街道和街道卫生服务中心的合作方式，即由日间照料中心场地所在社区美林景园社区，与街道卫生服务中心申请注册的社会组织圭塘街道福轮社老年人日间照料中心，具体执行双方的合作，并由街道对双方的合作进行政治引导和日常管理引导，街道卫生服务站对合作进行业务指导。合作协议明确双方12大类的责之权限，以及配置方案、补充清单等内容，作为老年人日间照料中心建设运营的基础。项目实施涉及全方位基本照料服务，深层次专业医疗服务，多渠道专业特护服务等三大方面，截至2017年年底，服务人数1.4万人次，被评为2017年雨花区敬老模范单位。（吴 伟）

【圭塘街道推进月塘片区整体规划工作】 圭塘街道月塘社区筹委会，地处雨花腹地，因其极佳的区位优势和充足的土地资源，获得后发优势，是圭塘街道乃至全区具备片区开发的区域之一。2017年6月，区委政研室会同圭塘街道，就月塘片区开发进行调研。调研认为，可以利用片区后发优势，将可开发土地整体规划，对比红星、高桥、东塘“三大商圈”，以“智慧新城”为目标，高品质开发建设，将其打造成为雨花新的经济增长极。调研成果《对标“三大商圈” 打造“智慧新城”——关于雨花区圭塘街道月塘片区开发的调研与分析》在《雨花调研》第4期发表。6月13日，区委常委、常务副区长邹春林一行对圭塘推进月塘片区整体规划工作进行专题调研，听取街道关于月塘片区整体打造的设想。圭塘街道月塘片区位于玉竹路以南，湘府路以北，沙湾路以东，京珠高速以西。该区域毗邻高铁枢纽、长沙黄花国际航空枢纽和京港澳高速公路，由湘府路、沙湾路等城市主干道、城际轻轨以及规划建设中的城市地铁共同构建区域化便捷交通网络。该区域可供开发土地总面积达155.18公顷，依照现有规划，可供开发商业地块39.4公顷，住宅98.43公顷（含杨子冶金地块），配套绿地9.88公顷，配套教育用地7.47公顷。（吴　伟）

【“仁义礼智信、勇勤俭廉洁”国学传统文化主题活动】 2017年3月23日，圭塘街道美林景园社区邻帮邻志愿服务站、扉聆青少年成长公益中心联合举办“仁义礼智信、勇勤俭廉洁”国学传统文化主题活动。在校学生、社会组织义工、小区党员共300余人参加。该次活动节目内容均由志愿者自编自演，包括勤俭节约“我先说”、文明典范“我先学”、廉政节俭“我倡议”、诚信节俭“我承诺”、节俭养德“我光荣”、和谐歌舞“我快乐”等环节。活动在诗朗诵《爱莲说》中拉开序幕；女声独唱《祖国你好》，歌颂人们对祖国的热爱和感激之情；“老来俏”舞蹈队队长张秋莲带来的舞蹈《敖包再相会》。活动现场，开展廉政知识抢答赛；开展廉政承诺签名活动，退休老党员、廉政义工谌林英和辖区单位代表在承诺墙上签署“我承诺：廉洁节俭养德我先行”承诺书。活动现场为“节俭之星”“文明之星”“廉洁之星”现场颁奖。（吴　伟）

2017年3月23日，“仁义礼智信、勇勤俭廉洁”国学传统文化主题活动（吴伟/提供）

【圭塘街道完成社区（村）“两委”换届选举】 2017年4月22日、23日，圭塘街道完成社区（村）“两委”换届选举。全街设11个中心会场，设立56个投票站，辖区1.5万名选民参加投票选举，依法有序选举产生新一届社区居民委员会委员共55人，主任11名、副主任10名；依法有序选举产生新一届党组织班子成员39人，全部一次性当选。（吴　伟）

【拆除围而未建地块的围墙】 2017年5月5日，圭塘街道启动围而未建地块的围墙拆除工作，用7天时间，拆除泰禹7号、8号地，储备2号地，大塘提质改造项目、五江天街项目等6个围而未建地块的围墙，拆除围墙长度达2300余米。围墙拆除清理后，挖掘机进行土地平整，栽种草皮和景观树，复绿面积1.7万平方米。潇湘茗城项目由于存在安全隐患，申请建设通透式围墙，获市建委批准，进行整改提质，拆除原来围墙，于6月5日完成通透式围墙建设，重新粉刷墙体，并对周边杂草进行清理。泰禹8号地、大塘安置地等项目的拆围复绿工作得到肯定。（吴　伟）

【圭塘街道完成泰禹7号地项目拆除清零】 泰禹七号地项目征地3.78公顷，涉及到大塘、月塘两个村，该项目共计合法建筑7栋，该项目于2016年8月5日进行一公示，2016年12月4日进行二公示。2017年5月26日，圭塘街道组织储备2号地和泰禹7号地党员，召开未签约涉拆党员座谈会，要求所有未签约涉拆党员主动拆迁，带头拆迁，就党员的诉求进行政策方面的答复。圭塘街道工委书记、圭塘拆迁指挥部常务副指挥长姜泽红要求与会党员强化党员身份意识，发挥带头拆迁和带领拆迁作用。5月31日，实现最终签约。6月8日，整个项目完成全部拆除。（吴　伟）

【安全应急预案演练】 2017年6月25日，圭塘街道联合湖南悍豹武装押运有限公司，在体院路社区举办的大型武装守押应急预案演练，演练包括全员安全宣誓、擒敌拳表演、运钞车防抢劫演练和消防演练等内容。圭塘街道工委副书记、办事处主任肖向东介绍，通过演练，检验辖区单位应急预案的科学性、操作性和实用性，考验辖区单位企业事故应急救援能力和相关部门协同配合作战能力，增强企业安全生产意识，提高突发事件处置能力。

（吴　伟）

【城投27号地项目签约清零】　城投27号地项目征地5.65公顷，共计合法建筑39栋，2017年应签38栋。2017年8月31日完成所有拆迁户的签约（其中，36栋签订拆迁协议，2栋因拆迁户自身原因放弃在此项目征收），完成项目的签约清零。（吴　伟）

【国家安监总局调研组考察圭塘街道安全生产文化长廊】　2017年9月5日，国家安监总局人事司（宣教办）监察专员杨占科，率领国家安监总局调研组，在省、市、区有关负责人陪同下，现场观看圭塘街道安全生产文化长廊，听取街道关于安全文化建设工作的情况汇报，重点询问具体工作做法，对圭塘街道安全生产工作给予肯定。圭塘街道安全生产文化长廊，位于湖南省航空职业技术学院旁的体院路上，全长30余米，主要针对安全生产法律法规、上级文件指示精神要求和辖区单位监管实际开展宣传，宣传内容每季度更新一次，重点对“全面落实企业安全生产主体责任年”活动、街道开展的各项重点工作，以及安全生产“五进”活动进行宣贯，让安全意识在企业负责人、从业人员和辖区居民群众中入心入脑。（吴　伟）

黎托街道

【概况】　黎托街道位于长沙高铁新城核心片区，是长沙东大门入城口，东西北三面分别为浏阳河、圭塘河环绕，辖区内长沙大道、劳动东路、沙湾路、花侯路、曲塘路等构成纵横交错的交通路网。街道总面积15.5平方千米，辖区人口约5.7万人，辖内共有4个社区居委会、4个社区筹委会和3个集体资产管理委员会。街道内设党政综合办、纪检监察室、经济发展办、社会事务办、社会管理综合治理办、卫生和计划生育办、城市管理办、财政所、征收安置服务中心一（拆迁）、征收安置服务中心二（安置）、安监站、人民来访接待暨矛盾纠纷调处中心等12个部门，街道行政机关编制16名，实际15人；工勤编1人，实际无；事业单位编制36名，实际28人；退休干部31人（含集体退休干部），全街党员1084人。

2017年，黎托街道紧扣街道“打造先锋团队，争创一流业绩”的工作主题，组织实施“十大重点工作”，全街上下同心同德、苦干实干、克难攻坚，黎托片区城市化进程快速推进，经济社会各项事业取得成效。

（周李琦）

【街域经济】　2017年，黎托街道财税总收入14.04亿元，超额完成年度任务近2亿元，为历年最高，总量和进度排名全区第一；完成固定资产投资68亿元，增长36%，全区第一；实现社会消费品零售总额20.4亿元，增长9.3%。社会投资重点产业项目10个，年度计划投资54亿元，超额完成近1亿元。市级重点产业项目明昇壹城年度计划投资11亿元，实际投资21.9亿元，完成199.1%。项目帮扶解决和答复企业问题8个。承办“雨花购物节”。制作招商资源和产业项目手册，开展去库存楼宇招商竞赛活动，累计签约面积14430余平方米。沃尔玛山姆会员店、保利MALL、天虹CC MALL集中开业，体育新城新商圈基本成型。平阳商业楼整体招租正式签约；大桥与上海绿厝、江西商会的合作开发用地完成调规；大桥一、四区与运达实业集团合作签订意向协议；花桥与东远置业合作签订协议，启动项目拆迁；合丰与兴旺集团完成协议签订；粟塘与浩翔置业交付武广美誉物业相关事宜得到协调解决。推进合丰、花桥、大桥城中村改造，大桥14.33公顷两安用地的土地变性和修建性详规编制基本完成。2017年合丰和花桥新纳入城改范围，完成整村改造方案制定。合丰两安用地拆迁签约基本清零，土地变性手续完成办理。花桥整村 19.87 公顷未开发土地修编进入规划指标调整公示期，两安用地变性为国有划拨用地，稳步推进拆迁。

（周李琦）

【城建城管】 2017 年，区委、区政府计划征拆的项目全面启动并自我加压全年铺排项目 42 个，任务占全区近 70%。全年合法建筑签订协议 804 栋、拆除倒地 940 栋，腾地交地项目 23 个、腾地面积 283.33 公顷，签约量、拆房量、交地量均位居全区第一。潭阳洲片区作为高铁会展新城拆迁的重要板块和长沙申办园博会的主场，征拆提前 4 个月基本清零，累计拆除合法建筑 1205 栋，腾地 175.33 公顷。文化产业园、合丰两安用地、湘诚壹佰、东旭国际、城投 15 号地、七里小学、片区 20 号地等项目全部清零。市委政研室通过内参向省、市主要领导就潭阳洲片区基本清零作专题汇报，《长沙通讯》以《拆迁大势下的“黎托现象”》为题，对黎托拆迁经验进行专门推介。街道代表雨花区在全市征拆培训会上介绍征地拆迁补偿安置工作方法和经验。深化文明创建，整改问题 300 余条，农安小区、农贸市场、主次干道等重要区域环境好转。开展“美丽长沙·美德先行”等主题活动 20 余场次。投入 50 万余元建成网格化二级平台，实现人员、责任、处置、奖惩、机制“五个到位”。坚持物流市场铁腕整治，成立专项整治小组，分网格片区查处违规运输危险化学品，排查物流单位 505 家，查处涉危单位和货物 50 家 5463 件。全年拆除违法建筑 9 万余平方米。迎接中央环保督查，11 批 15 件问题全部整改到位。落实河长制，开展“清霾”“碧水”“静音”“净土”行动，黄标车淘汰、黑臭水体整治全面完成。开展新一轮“三年造绿大行动”，新增覆绿项目 6 个 9.4 公顷。（周李琦）

【社会事业】 2017 年，开展失地农民就业工程，完成 1.37 万余人就业情况摸底调查，初步建立劳动力资源和用人单位数据库，342 人与用人单位达成就业意向，失业人员再就业等 6 项指标全部超额完成。川河苑安置房建设进展顺利，黎锦苑西片区分房交房 1078 套，560 余户群众迁新居，黎锦苑物业配套租赁项目历经数十次商议顺利签约。联点跳马镇新田村开展精准扶贫，投入 7 万余元帮扶发展养蜂产业，20 户帮扶对象人均收入达 4000 元标准。成功将沙湾公园打造成市级健康公园，辖区近 5 万名居民受益。全年完成妇女病普查 4303 人，占全区任务数的 77%，为 541 名新生儿、831 名孕产妇提供产筛、新筛等“十免十优”服务，全年投入公共卫生服务经费 71 万余元。（周李琦）

【综合治理】 2017 年，全年投入专项经费 70 余万元，标准化安监站创建完成验收，清理完善制度 20 余项，安排专题培训 2 次，为企业送培训 9 次，参与人员近 1200 人。汲取“7·25”安全事故教训，成立货运物流市场整治小组，分 3 个片区、6 个小组对 5 个物流市场开展常态整治，严厉查处违规运输危化品行为，505 家物流公司全部排查到位，共查处 50 家危化货物 5463 件，265 家物流公司搬离，搬离率 52.5%，农安小区全年未发生危化品燃爆事故。首次实施街对大办、社区安全生产季度考核，下拨 30 万余元经费分级奖惩。“夜莺行动”作为全区特色亮点工程之一予以推广。计划执法检查 156 家次，下达执法文书 156 份，处罚单位 5 家，约谈违规企业 4 家。全年火灾事故率下降 75.5%，未发生一起安全生产责任事故。举办“共创共享平安黎托”安全生产月活动；加强专群结合的治安防控体系建设，刑事发案率同期下降 89 起，降幅 14%；铁路护路、禁毒工作被推荐迎接省检；矛盾纠纷调处率连续多年保持 100%。推进“信访积案百日攻坚行动”，3 个省市交办重点对象签订息访息诉协议。十九大期间，实现进京“零非访”。

（周李琦）

【黎托街道社区提质提档】 2017 年，黎托街道打造品质高端、功能完善、服务一流、群众满意的新型社区。广益社区被评为 2016 年市提质提档示范社区。2017 年投入 1000 万余元对黎锦苑社区提质改造，纳入项目34个，整改问题20余个，新增设施设备10余项，2017年黎锦苑被评为市级科普示范社区。推进物业管理改革，新成立黎锦苑、星城印象、三江花中城业主委员会，黎锦苑、绿城桂花城、运达中央广场、泰来居、和卉家园小区建立“四方联动”机制。召开全街物业服务工作推进会，首次明确物业公司服务情况纳入年度考核。（周李琦）

【基层党建】 2017年，黎托街道举办十九大精神宣讲11场、专题学习讨论16场、主题党日活动16次，组织党的十九大知识竞赛，覆盖党员900余人次。完成社区（筹委会）两委换届选举，全街“两委”成员队伍结构全面优化。召开党建专题会议20余次，研究解决难题20个。开展两委班子轮训、“干部夜校”，推进党员分类教育管。创建“绿润先锋”小区品牌，创新实施六方联动，创立“党建共商、事务共管、难题共解、活动共办”的“四共”新机制。新组建“两新”组织党组织6家，实现“两新”组织党建全覆盖。办结纪检监察范围内信访案件20件、违纪违规案件9件，开展村级换届选举各类督查50余次，运用“四种形态”给予党纪政纪处分13人次。（周李琦）

【星城新宇·黎锦苑交房】 2017年2月22—28日，由区城建投、黎托街道、社区组织的星城新宇·黎锦苑（西片区）集中交房，涉及粟塘、合丰、平阳、大桥、川河和潭阳6个社区筹委会，共637户，994套，可安置人口约1100人。交房现场，区城建投、街道、社区组成的业务部门（包括政策解释组、维稳组、工程维保组、验证组、费用结算组、合同组、后勤服务组和物业公司等）为前来的村民，办理资格验证、费用缴纳、合同签订到交房验房等一系列手续，为村民们介绍交房工作流程和相关细节。（周李琦）

【黎托街道专场招聘会】 2017年3月3日，黎托街道被征地群众“春风行动”专场招聘会在黎锦苑安置房一期与二期之间的通道举行。该招聘会由区政协，区人社局、区征地办、区妇联、区残联、黎托街道办事处共同承办，区政协群团联络委主任汤艳辉、区人社局局长罗玲、区征地办党组书记彭聪颖、区妇联主席郑迎春、区残联主席张福新及黎托街道王润虎等参加活动。该次招聘会有世界500强中航工业旗下的天虹商场、全国知名卖场运达美美等40余家用人单位参与，提供近300个就业岗位。发放《雨花区就业精准帮扶用工手册》《中华人民共和国反家庭暴力法》、“就业服务卡”及反家暴宣传折页等相关宣传资料600余份，到场的被征地群众400余人，现场达成就业意向87人。天虹商场为鼓励征地群众积极参与招聘，针对达成就业意向人员开展摸奖活动，符合要求人员现场签订正式上岗劳动合同15人。6月16日，黎托街道组织天虹超市、运达商场等多家用工单位在天虹超市前坪举办“就业直通车”招聘会，现场提供255个岗位。黎托街道人社站通过自建的“就业新干线”用工微信群，了解到天虹超市有招商主管、营业员、助理客服经理等255个岗位需求，部署和组织天虹超市专场招聘会，制定具体方案。招聘会上设置政策宣讲台，现场解答群众在就业创业中的各种问题；发放《雨花区用工服务指南》等宣传资料500余份；黎托街道专门制作500把就业政策及用工信息宣传雨伞和手扇，出动专车接送来参加招聘会的各村失地农民。到场的被征地群众200余人，现场达成就业意向30人。天虹超市为鼓励征地群众积极参与招聘，针对达成就业意向人员开

2017年6月16日，黎托街道“就业直通车”招聘会（周李琦／提供）

展摸奖活动，符合要求的人员现场签订正式上岗劳动合同15人。（周李琦）

洞井街道

【概况】 洞井街道是长株潭“两型社会”建设的前沿阵地、“生态绿心”区域和三市一体化的“功能纽带”，东连武广新城，西通湘江生态产业经济带，北融红星商圈，南接雨花经济开发区，是长沙新南城的东南门户，长株潭城际轻轨在辖区设置汽车南站、湘府路两个站点，坐拥省森林植物园，圭塘河风光带横贯全境。洞井街道总面积22平方千米，总人口约10万，辖高升、新城、商贸城、丰园、新裕、湘天、植物园、南庭、龙庭、歇马亭以及年底新成立星苑社区和天际岭社区，共12个社区，牛头、洞井、天华、桃花、和平、板塘、鄱阳7个社区筹委会（天华社区筹委会合并至商贸城社区，板塘社区筹委会合并至植物园社区）。洞井街道办事处内设党政综合办、经济发展办、社会事务办、社会管理综合治理办、城市管理办、人口与计划生育办、财政所、司法所，二级机构有公共服务中心、综合文化服务中心、安全监督管理中心、计划生育服务所、征收安置服务中心、人民来访接待暨矛盾纠纷调处中心。街道机关核定编制53人，实有在职在编43人（其中领导人数14人）、引进人才1人、随军参编家属1人、退休16人。设立一个机关党支部和离退休干部党支部，共有党员70人。

2017年，洞井街道坚持“坚持固本强基，全面转型提质，建设富强美丽幸福新洞井”工作主题，突出党建引领、狠抓经济发展、实现管理提质、落实民生保障。（乔玉冰）

【街域经济】 2017年，洞井街道财税收入完成11.23亿元，完成年计划的123.68%。全街共有产业项目33个，街道走访项目60余次，召开专题会议12次，重点解决裕天国际、湘雅健康谷、高升复地星光天地等项目的各种重大困难问题15个。在全区项目观摩讲评中获一类街道。在全区商务商业楼宇招商竞赛中完成招商37017平方米，成功引进湖南轻盐集团总部、温德姆国际大酒店、银兴乐天国际电影城、湘雅五医院投资公司、新阳光投资公司和林枫酒店等一批重点企业。新建“两安”项目投入使用，村级集体经济收入稳定增长。获“长沙市经济社会发展十快街道”称号。（乔玉冰）

【城建城管】 2017年，全面完成区年初下达的5个征拆项目和5个新增项目拆迁清零，完成13个项目清表腾地及交地工作，共拆除合法房屋93栋，腾地35.31公顷（不含牛头代拆项目30.67公顷），拆除项目内违章面积45747.6平方米。其中牛头代拆项目、板塘储备地项目及城投26号地项目均采取集中签约方式，实现3天签约95%、5天签约清零的成绩。在鄱阳城中村改造过程中，18户3830平米的合法建筑和10531平方米的违章建筑，实现三天签约一天拆除。完成历经十年的鄱阳小学项目的拆迁扫尾清零，实现项目拆迁腾地“既拆得快，又拆得稳”。汽车南站综合交通枢纽C地块实现高升实业公司签约。做好地铁五号线、湘府路管廊、湘府路高架桥、万芙路建设等重点工程项目的协调服务工作。商贸城房产办证遗留问题取得进展。和平生活安置项目顺利推进。全年拆除违章建筑面积约7万平方米。重点拆除嘉业物流园和建通物流园历史违章建筑群；加强对省林业厅、省质监局、恒大城、明德洞井中学及部分农安小区等重点区域的集中整治。7月1—15日，拆除违6348平方米，其中拆除牛头代征片区违章2875.77平方米；拆除景观路沿线违章危房1024平方米，拖运垃圾15车，对裸露的黄土进行绿网覆盖并进行草籽撒播，对破损路面进行修复，在路边修砌围墙等系列措施对景观路进行整体改造，给沿线居民营造良好的生活环境；拆除建通物流市场办公室和湘邵早餐店348.24平方米；拆除嘉业物流违章搭建1840平方米；拆除奥林匹克贡院、植物原著、欧莱雅郡地下车库的违章建筑面积约260平方米。开展“清霾”“碧水”“静音”“净土”四大行动，中央环保督查交办案卷全部结案，黄标车治理淘汰任务全面完成。投入资金近百万元，建好街道城市管理指挥中心，落实城市管理网格化和“门前三包”责任制，数字化案卷处置率和按期处置率每月均保持100%。对高升等4个农安小区进行提质改造。全街完成新增绿地任务3.7公顷。推进城中村改造工作，对列入市、区计划的6个社区筹委会，摸清基本情况，建立工作档案和台账，牛头43栋合法房屋、板塘20栋合法房屋和鄱阳19栋合法房屋按期完成拆迁工作。

（乔玉冰）

【社会事业】 2017年，街道老年人日间照料中心投入使用，全年未发生重大传染病疫情流行和重大突发公卫事件。在丰园社区打造“健康一条街”和示范家庭医生工作室。争创省级流动人口基本公共卫生计生服务均等化示范街道。完成文明创建迎国检工作。将丰园社区打造成为市级“最美志愿服务社区”。全年受理群众各类事项1.1万余件，实现零投诉。按时办结市民服务热线工单，及时回应群众诉求。承诺办事完成率100%。完成市文化体育重点民生实事项目丰园社区户外全民健身中心建设；创立“美井悦读者”微信读书平台，开设“美井星讲堂”课堂；以歌唱社会主义核心价值观等为主题，发挥街道群众综合文化站的作用，开展各类群文活动、公益培训班；推进“校社共建”工作。街道被评为“2017年全国社区教育示范街道”，丰园社区被评为“全国书香社区”。高升、丰园社区分别获得市级提质提档示范社区、先进社区称号。完成新城、龙庭、湘天、植物园4个社区的提质提档工作，完成商贸城、新城社区阵地建设。全街共获得市级以上称号近20项。 （乔玉冰）

【综合治理】 2017年，接待来访群众140余批次1100余人次。完成综治中心“110”非警务事项处理分流站和社区戒毒康复中心的建设。完成各特护期的维稳工作，奥园物业交接等群体性事件防控有效。对高铁沿线加强巡查，重点整治汽车南站过渡站周边、商贸城等区域的涉黄行为。街道联合工商、公安对辖区内传销违法犯罪的整治17次，共清退传销人员1000余人。司法部《人民调解》杂志推介洞井司法所标准化建设，顺利通过全国模范司法所的复查验收。开展安全生产打非治违专项行动，累计排查各类重大安全隐患并全部整改到位。加强对食品安全的宣传教育，组织开展专项行动，共检查餐饮门店、食品流通经营单位、幼儿园食堂、企业和工地食堂近2000家（次）。全年没有发生较大以上安全生产责任事故。街道机关干部、社区（筹委会）工作人员、党员群众积极投身到防汛抗灾战斗中，妥善处置中航城、鄱阳华美家园等区域的安全隐患问题，确保汛期辖区无人员伤亡和居民正常的生产生活不受影响。组织街道和社区干部到联点帮扶的跳马镇冬斯港村开展精准扶贫和防汛慰问工作。落实“河长制”责任，重点加强圭塘河的巡查和环境保护力度。 （乔玉冰）

【洞井街道社区提质提档】 2017年，以“伴春‘新’生、随夏‘植’绿、秋‘湘’寻梦、‘龙’腾冬暖”为理念，由政府主导、街道牵头、部门支持、社会联动，对新城、植物园、湘天、龙庭4个社区进行全面提质提档，累计投入资金7539万元，通过实施道路白改黑、小区环境整治、增设便民服务设施、打造“一社一特”文化品牌等，建设“服务至上、人文浓厚、青山绿水、精致精美”的现代化新型社区，探索出基层社会治理新模式。推进物业管理工作，率先在植物园社区湘府十城小区建设物业纠纷调解办公室。在4个提质提档社区专门统一设立“小区物业管理公示栏”。成立小区党组织10个、小区监事会10个、建成“四方联动”小区4个。规范物业管理操作规程，奥林匹克花园、弘欣公寓等住宅小区更换物业企业平稳过渡，物业管理工作有效改。

【党建工作】 2017年，完成17个社区（筹委会）“两委”换届选举，成功选出社区（筹委会）“两委”成员127人，其中党组织69人，居民委员会77人，“两委”交叉任职19人。社区（筹委会）监事会、议事会、党小组长、居（村）民代表、村民组长及共青团、工会、妇联等群团组织完成换届。探索建立“党建+N”基层党建体系洞井模式。深入开展“两学一做”学习教育常态化制度化工作。从严规范党员教育管理，探索实施党员分类积分制考核和党建网格化管理，推进楼宇党建和“四位一体”小区党建。抓实“两新”组织党建“两个覆盖”。加大对基层的帮扶力度，在重点社区（筹委会）、合并村分别派驻帮扶工作组、第一书记、专职副书记。圆满完成了街道工会、共青团、妇联等群团组织的换届。全面推动党风廉政建设。落实“两个责任”和“一岗双责”，打造“廉韵洞井”廉洁文化建设品牌，打造南庭廉政文化主题园和湘天“湘风园”。全年办理信访件16件、纪律审查案件12件。制定《洞井街道绩效考核管理办法》，逐步建立科学的考核体系。组织开展中层干部竞聘上岗，实现选人用人“双推进”。通过面向社会公开选聘和从公益性岗位上民主推荐选拔社区工作人员，畅通街道人才队伍阶梯化成长平台。全面贯彻民主政治建设。街道定期组织人大代表、政协委员召开政情通报会、民心恳谈会，多次组织代表、委员开展调研活动，人大代表提交建议、政协委员撰写提案27件。在丰园社区打造街道“和善”政协委员工作室。（乔玉冰）

【“提高全民国家安全意识，增强全民国家安全责任”主题宣传活动】 2017年4月14日，洞井街道以“提高全民国家安全意识，增强全民国家安全责任”为主题，在洞井商贸城中心花园开展阵地宣传，向过往的市民群众宣传《中华人民共和国国家安全法》《国家安全知识漫画》等宣传品，使群众更深入地了解国家安全的意义，提高群众“平安洞井，人人参与”的意识。洞井街道组织干部职工和社区群众集中收看、学习国家安全宣传教育视频或法律知识，提高社区干部、居民对维护国家安全重要意义认识，利用政务公开栏、QQ群、微信平台，LED电子显示屏，以及在主要交通要道悬挂横幅等形式，宣传保卫国家安全，促进文明社区建设，维护国家安全的权利和义务等相关知识，使群众更深入地了解“国家安全、人人有责”的意义。（乔玉冰）

【廉韵讲坛第一季开讲】 2017年4月28日，洞井街道召开2017年党风廉政建设和反腐败工作大会暨廉韵讲坛第一季开讲活动，会议主要任务是：深入贯彻落实习近平总书记系列重要讲话和中央、省、市、区纪委全会的重要精神，总结2016年党风廉政建设和反腐败工作，部署2017年反腐倡廉工作。区纪委常委张磊参加会议，会议由街道党工委副书记、办事处主任宋电主持。会上，街道党工委书记张小军从三个方面就如何做好新常态下的党风廉政建设工作提出要求：一是要学习新精神、拧紧思想开关；二是要明确新任务、净化政治生态；三是要落实新要求，端正三大观念。张小军强调，为官要牢记宗旨，端正群众观，要恪尽职守中，端正事业观，秉公用权，端正权力观。街道党工委副书记、纪工委书记李敏作大会报告，对2017年的工作提出要求：深化规矩意识、推进责任落实；强化监督管理，狠抓作风建设；推进固本强基，加强自身建设；努力创新举措，打造特色品牌；严格纪律审查，加大问责力度。各大办（中心）主任和社区（筹委会）书记依次向张小军递交2017年党风廉政建设责任书，新任各社区（筹委会）党组织书记、副书记、委员共69人进行集体廉政宣誓。张磊为洞井街道廉韵讲坛授牌，指出要通过教育促廉，打好预防针；通过制度促廉，穿好防弹衣；通过家风促廉，守好亲人后院，并要常怀进取之心、敬畏之心、平常之心。街道廉韵讲坛第一季“专家说廉”活动开讲，长沙市委党校法律教研部副主任罗凤作为特邀专家，围绕《当前我国反腐倡廉的形势与任务》为在座的116位党员干部讲授反腐倡廉课。（乔玉冰）

【“为青春点赞·让梦想飞扬”庆五四青年节“美井”系列活动】 2017年5月4日，洞井街道举办“为青春点赞·让梦想飞扬”庆五四青年节“美井”系列活动启动式，全体党政班子成员，机关各大办（中心）全体成员，各社区（筹委会）书记、主任、文化专干、文明创建专干参加。会议由街道党工委副书记、人大工委主任文健雄主持。街道办事处分管文化工作的副主任王微艳宣读“美井悦读者”“美井星讲堂”系列文化活动方案，街道党工委副书记、办事处主任宋电发起“同读书 共成长·做知行合一的人”倡议，高升社区主任石柳朗诵《美丽的高升家园》。街道党工委书记张小军提出三点希望：要有立身百行，以学为基的精神；要有知行合一，积极作为的态度；要有青春不息，奋斗不止的追求，并祝愿“美井”文化主题活动真正实现全民化、常态化、成果化，通过开展“美井”系列文化活动，使广大人民群众参与其中，让全民素质和城市内涵在知识积累中得到升华。会后，“美井星讲坛”第一期开讲，宋电讲授《发现美·欣赏美·表达美·践行美》摄影课。（乔玉冰）

【洞井街道奖励优秀园丁】 2017年9月5日，洞井街道将总额逾20万元的街级奖励奖给洞井的“十佳园丁”以及学校社区共建的先进工作者。明德洞井中学门口杨林路全路段安装道路隔离护栏、配备分类垃圾桶；在圭白路小学与时代阳光大道交汇处新增斑马线、学校标识和交通标识，规范停车位；砂子塘湘天小学门口新增道路隔离护栏。将枫树山中航城小学外路段，纳入时代阳光大道整体提质规划，新增学校标识、交通标识等。（乔玉冰）

【“党建+N”“廉政+N”洞井模式】 2017年，洞井街道探索建立“党建+N”基层党建体系洞井模式，全面实施“党建+责任+教育+网格+考核+示范”，推进强基“十大工程”建设。成立街道工委党校，开办洞井网上“云党校”，组织专题培训20余次。探索实施党员分类积分制考核和党建网格化管理，推进楼宇党建和“四位一体”小区党建，打造高升金典楼宇党建品牌，在郡阳小区、南贡雅苑2个小区试点推行小区党建，建设丰园、高升等5个党建示范点。深化“廉政+N”基层党风廉政体系建设，建设“廉韵洞井”廉洁文化品牌，以“公开亮廉、教育树廉、活动倡廉、品牌优廉、示范践廉”为主线，办好“廉韵讲坛、廉韵书社、廉韵沙龙”教育平台，开展“专家说廉、书记讲廉、大众赛廉、家庭助廉、基层述廉”五大板块活动，打造南庭廉政文化主题园、湘天湘风园等廉洁文化基地，在人民网、光明网、中国新闻网、《湖南日报》《长沙晚报》、长沙新闻频道等多家中央、省、市级媒体报道48次，其中《用“廉政+N”润活“从严治党”基层土壤——探索“廉政+N”基层党风廉政体系建设新模式》调研文章在《长沙纪检监察》杂志上刊登，《“微廉政党课”教干部“如何赢反腐保卫战”雨花区以演讲竞赛促廉洁》被《组织人事报》采用。（乔玉冰）

【“礼赞廉洁好家风”睦邻节活动】 12月12日，雨花区廉洁文化进社区暨“礼赞廉洁好家风”睦邻节活动在洞井街道南庭社区举行，廉政文化主题园开放。主题园内，120米长的家风文化墙，包括“看古代家风家训”和“学今朝先锋榜样”两幅人物故事画卷，“看古代家风家训”画卷中有岳母刺字、孟母三迁、周公一饭吐三哺、司马谈命子迁、诸葛亮诫子书等古代先贤的故事；“学今朝先锋榜样”画卷呈现雷锋、杨善洲、焦裕禄、孔繁森、吴仁宝等助人为乐好人、敬业典范的人物事迹。 同日，洞井街道的居民通过文艺互动的形式欢度睦邻节。

2017年12月12日，睦邻节主题活动 （乔玉冰/提供）

活动现场，上演幼儿歌舞、老年志愿者合唱、青年职工朗诵等节目。（乔玉冰）

井湾子街道

【概况】 井湾子街道东临圭塘河，西靠韶山路，南至红星美凯龙，北抵香樟路，地理位置优越，扼据长沙东南门户，紧邻湖南省政府新址，长株潭轻轨、长沙地铁纵贯其间。街道下辖冯家冲、赤岗岭、三湘、香樟路、德馨园、井湾子、融城苑、红星村、井湘、井圭路、井巷、井旺、湘莲、农博社区 14 个社区，辖区面积 9.8 平方千米，有常住人口近 11 万人。

井湾子街道办事处内设 8 个机构：党政综合办公室、经济发展办公室、社会事务办公室、社会管理综合治理办公室、城市管理办公室、人口与计划生育办公室、财政所、人民武装部，6 个二级事业单位：公共服务中心、综合文化服务中心、安全监督管理中心、计划生育服务所、征收安置服务中心、人民来访接待暨矛盾纠纷调处中心 ,1 个派驻机构：司法所。街道党政机关行政编制核定 16 名，机关后勤服务人员核定事业编制 1 名，街道二级事业单位均为全额拨款，核定事业编制 36 名，领导职数 9 人。有党政班子成员 10 人，其中男 7 人，女 3 人，平均年龄 41.8 岁，研究生学历 7 人，本科学历 3 人。机关在职在编干部 31 人（其中：行政编 4 人，事业编制 26 人，后勤服务事业编制 1 人），随军家属 1 人，转业士官 4 人，挂编学生 6 人，两保人员 6 人，职业化工会工作者 1 人，区司法局外派人民调解员 3 人。另有机关雇员 63 人，社区工作人员 144 人。街道内设立一个党支部，共有党员 68 人，预备党员 4 人。办公地点设在雨花区井湾路与洞井路交汇处东南角（湖南省煤炭科学研究所院内）。

2017 年，井湾子街道以“破解难题，厚植优势，争当三个雨花的排头兵”为主题，团结一心，奋力拼搏，加强产业项目建设、城市综合整治、两型社会建设、民生实事建设、维稳和谐建设和基层组织建设，经济社会各项事业呈现出稳中有为、稳中有进的态势。获得“长沙市乡镇街道统计站目标管理综合考评一类单位”“信访红旗单位”“社会管理综合治理优秀街道”“攻坚克难突击队”“雨花区文化产业工作先进单位”等多项称号。（唐良云）

【街域经济】 2017 年，井湾子街道实现公共财政预算收入 12.8 亿元，同比增长 30.07%，总量完成全区第二；全年实现固定资产投资 53 亿元；实现限额以上社会消费品零售总额 23 亿元；完成市外境内固定资产投入 22. 4 亿元，合同利用外资 4000 万美元，外贸进出口总额 4000 万美元，100% 完成全年任务。红星片区与华润集团实现签约，投资 500 亿实施城市更新，建设森林公园商务区、“千亿级”产业聚集区，打造全市“城市双修”试点示范片区，打造未来长株潭城市群的经济中心、商务中心、文化中心。阿里巴巴、亚马逊、中海油等企业落地，中建总部国际、紫檀一品、红星联合广场、红星怡景苑等项目顺利完成年度目标任务。雨花非遗馆成为全国聚集非遗传承人和非遗项目数量最多的场馆。御才·天晟儿童文体城项目进展顺利，推动商业地产向文化地产转型。长橡棚改项目 AB、C、D、E 地块私房部分基本完成签约任务，公房部分稳步推进。燕子岭公园、莲湖村 9 号地项目全面签约腾地。（唐良云）

【城建城管】 2017 年，开展拆控违行动，拆除违章 66 处面积 26038.73 平方米；整治占道经营 246 起，整治违规店外经营 205 起，拆除违规广告牌 392 块；受理数字化案卷 20367 条，处理案卷 20355 条，11 次获得数字化结案率和按期结案率的双 100%。新增维护面积 21300 平方米，水车周清洗面积 18 万平方米。开展主次干道综合整治行动，对曙光南路、建设路、洞井路人行道安装及补损挡车 400 余杆根；对东联名园巷、冯家冲组、绿荫家园北侧、机械化道路、向阳街、德馨园商业街南侧、非遗馆周边等前期改造区域进行提质，提质路面 30 万平方米，改造下水管网 1 万米，安装路灯 50 余盏；规范电动车、共享单车管理，设置标线100处，面积约2万平方米；疏通无物业小区化粪池800余个。井旺社区获评“2017年长沙市爱卫示范社区”；红星村社区德思勤城市广场获评2017年市级文明卫生单位。（唐良云）

【社会事业】 2017年，推进井巷、德馨园、红星村、冯家冲、农博5个社区提质提档，实现老旧社区的蝶变新生。以井巷提质提档为例，累计完成：搬离7家危化企业，拆除4万平方米违章建筑、14处立面违章、260余处楼道违章，撤离并妥善安置27户危房居民；新增3.47公顷绿化用地建成燕子岭公园，完成21栋居民楼、康和医院、社区阵地立面改造及地下管网、绿化带、围墙全面改造；打造多功能一体化社区阵地、1400平方米的“悦读书苑”和居民休闲运动广场。井巷社区提质提档成为全市标杆、全省示范，市委副书记徐宏源、市政协主席文树勋等多次来现场指导调研，吸引长沙县、浏阳市、杭州市江干区等团体到井巷社区参观考察。共组织3场招聘会，提供就业岗位2000余个，达成就业意向150人；新增创业主体数648户，带动城乡就业1324人，扶持大学生创业40人；实现城镇新增就业人数1072人，失业再就业和困难人员就业828人。新办灵活就业社保补贴320人，养老保险672人，居民医保1136人。发放1098名高龄老人、39名困境儿童补助津贴，59名优抚对象、12名精减退职人员双定经费，290名残疾人两项补助和5名残疾人叽叽车补，完成17人慈善助学申报。发放小额担保贷款5笔共50万元。审核申请非定向公共租赁住房55人，经济适用房货币补贴15人，发放无房户、住房困难户租赁补贴9人。指导社区申报惠民资金项目40个，协调解决湘莲社区新阵地建设和农博、冯家冲社区办公阵地优化问题。实施“一卡直通，三就惠民”服务举措，发放就医、就学、就业“一卡通”惠民服务卡3600张，解决流动人口家庭就学事项85件，落实享受就医优惠家庭1000余户。建立融城苑、莲湖、井旺三家家庭医生工作室，发挥社区“健康守门人”作用。探索成立赤岗岭社区恒爱之家助残公益社会组织，为残障家庭提供针对性服务。深化井旺社区卫生计生融合服务，“优儿推”获国家级公益慈善项目和第三届中国青年志愿服务大赛银奖；“小蜜蜂”获省计生协会“三结合”扶植资金。（唐良云）

【综合治理】 2017年，开展安全教育培训18场次，培训人员7860余人次；开展应急演练12次，参与演练人数1000余人次；开展执法检查1950余家次，发现隐患408处（整改376处），辖区没有发生一起较大安全生产事故。开展防汛工作，及时处理井湾子工业泵厂、康和医院护坡、井巷和赤岗岭危房、冯家冲护坡等10余处汛情隐患，确保区域安全度汛。全年排查矛盾纠纷176起，调处176起，其中驻派出所调解室案件52起，红星大市场调委会调处案件43起，履行率100%，为当事人挽回经济损失200万余元，化解重大复杂疑难纠纷6起。化解汇景豪庭、红星现代等信访案件，做好全街重点对象的安抚工作，全年接待、处理信访总量246件，完成上级及网上交办件86件，办结率100%，化解信访积案5起，实现进京非访下降50%，实现全国“两会”“一带一路”、中共十九大等特护期进京零非访登记。对辖区内烧煤门店进行整治，收缴并销毁煤炉灶40余个、蜂窝煤400余块；强制夜市规范点烧烤摊安装无烟烧烤机和油烟净化器；加大对焚烧垃圾的惩处力度，制止焚烧行为50余次，扑灭4次；排查夜间施工工地6处，治理建设工地（道路）扬尘4次，裸露黄土复绿面积约1万平方米；通过市民服务热线、环保投诉热线等平台共接到环保投诉84起，处理率100%，没有群众集体环境上访事件，没有一次等级环境污染事故，没有一次造成负面影响事件。推进黄标车整治工作，全部完成348台黄标车治理。全面推进“河长制”，打造美丽圭塘河，每月组织专项整治，清理圭塘河沿线及河道内垃圾；实施排污口截污工程，不定期巡查乱排污水等现象，开展整治黑臭水体工作；在圭塘河畔义务植树，建设6片特色林。

（唐良云）

【基层党建】 2017年，融城苑社区探索“五位一体”的小区党建管理模式，被誉为“现代都市桃花源”，经验做法在中宣部杂志《思想政治工作研究》发表，融城苑社区成为全省城市基层党建推进会现场观摩点；德馨园社区“好人多粉店”“好人好店一条街”、24小时社区读书吧被中央电视台、《人民日报》等主流媒体集中报道，刘国兴跻身“中国好人”评选行列；井旺社区探索“四位共建”的小区党建管理模式，“优儿推”“小蜜蜂”品牌得到省、市肯定，经验做法在《长沙通讯》发表；红星村社区打造2400平方米的全新阵地，“影像红星”村史党史展厅成为全市党员干部学习教育基地，红星非公党建成为全区名片。（唐良云）

【2017优儿天使千人盛典】 2017年1月8日，井湾子街道井旺社区优儿帮·共创2017优儿天使千人盛典在湖南中医药大学学生活动中心举行。湖南省妇女儿童基金会、湖南省中医药大学、长沙市民间组织管理局、区民政局、区妇联、区群工办、区委统战部、井湾子街道办事处等相关负责人参加活动。活动中，上演万境水岸服务队的大合唱《风吹麦浪》、新城新世界服务队的《穴位义演》、学联服务部的《指尖爱、天使情》等节目。活动颁发“最美优儿天使”“最美优儿讲师”“最美优儿社区”“最美优儿企业”称号。优儿帮是中医儿童健康教育服务领导者。针对0~12岁儿童及其家长，以1个平台、2个讲堂、3个场馆为依托，开展“中医、营养、心理、安全”儿童四维成长管理（4D-MKG）教育和服务，致力于成为汇聚健康、快乐、友爱、事业、财富5大元素的幸福组织。（唐良云）

【井湾子街道举行首届爱心年货节】 2017年1月14—15日，为让贫困地区村民能尽快卖出滞销农副产品，井湾子街道“德馨帮扶·第一届爱心年货节”在德馨园社区商业街的“好人好店一条街”举行。该年货节由德馨园社区和大爱义工、长郡中学志愿者服务队、湘西凤凰腊尔山台地生态农产品合作社、美人鱼公益工作站、怡维怡心理咨询中心等联合举办。年货节上的年货有湘西凤凰腊尔山的萝卜、大米，桂东的茶叶，沅江的腐乳、火培鱼，新化的香干、猪血丸子，江永香柚、冰糖橙，宁乡的土鸡蛋、土鸡等。现场为贫困家庭爱心义卖柚子4500千克、香干1500片、冰糖橙4000千克、苹果800余千克等，累计金额10万余元。在雨花区纪检部门监督下，爱心年货节成本均由组织方承担，所有利润均归属贫困村民。（唐良云）

【井湾子街道2016年度工作总结暨2017年工作动员会】 2017年2月14日，井湾子街道召开2016年度工作总结暨2017年工作动员会，总结工作、表彰先进，安排部署2017年工作。区委副书记陈永高、区人大常委会副主任杨仕斌、原区人大常委会副主任刘海秋参加会议。会议由街道工委委员、人大工委主任陈昊主持。会上，街道工委副书记、办事处主任龙峥嵘作工作报告，街道工委书记肖司昊提出要求。区委副书记陈永高要求全街以更高的境界、更高的思路、更高的层次、更高的目标来引领各项工作。会上，街道工委副书记、政协联络处主任、武装部部长李卫宣读《井湾子街道关于2016年度“当雨花建设主力·建南城发展核心”各类考核评估结果的通报》，街道工委副书记、纪工委书记陈琳传达区纪委全会精神，先进集体和先进个人代表作典型发言。会议分批对2016年度先进单位和先进个人代表进行表彰颁奖。（唐良云）

2017年2月14日，井湾子街道2016年度工作总结暨2017年工作动员大会 （唐良云/提供）

【“国学读经班”在长沙首个社区24小时读书吧开课】 2017年2月18日，井湾子街道德馨园社区组织开展主题为“诵中华经典、做美德少年”的“国学读经班”在社区24小时图书馆德馨读书吧开班，100余名青少年报名参加，品赏经典。社区“国学读经班”发掘和利用社区文化资源，周末定期面向小区青少年开放。“国学读经班”的开展，教育孩子们从小养成讲礼貌、遵道德的良好品德，使大家在汲取传统文化、启迪思想、培养心智的同时，将良好习惯自觉地践行到日常生活中。（唐良云）

【井湾子街道首届乒乓球联谊赛】 2017年2月25日，井湾子街道开展首届乒乓球联谊赛，融城苑社区为主办方，该次比赛由每个社区自行组织初赛选拔乒乓球队员，经过层层筛选，64名选手从各个社区脱颖而出，64名选手既有当地居民，也有流动人口。经过角逐，井圭路社区、融城苑社区、冯家冲社区代表队分获一、二、三名，井湾子街道办事处副主任黄芳分别给获奖的队伍颁奖。

（唐良云）

【井湾子街道“春风行动”专场招聘会】 2017年3月9日，雨花区2017年“春风行动”专场招聘会在井湾子街道井圭路社区万象美域小区前坪举行。招聘会由井湾子街道主办，井圭路社区、井湾子社区、井湘社区、冯家冲社区承办，共有50余家用人单位参加，提供职位500个。招聘会持续近3小时，最终有54名登记失业人员与招聘单位达成初步意向。（唐良云）

【井湾子街道社区“两委”换届选举工作】 2017年3月15日，井湾子街道召开社区“两委”换届选举工作动员暨培训会。区人社局党组书记、局长罗玲，区民政局党组副书记、副局长汤勇，区人才办主任朱剑锋，区民政局慈善办主任彭波平到会指导。井湾子街道党工委书记肖司昊作动员讲话，罗玲提出要求。会议由街道工委副书记、办事处主任龙峥嵘主持。街道党工委委员、人大工委主任陈昊宣读《长沙市雨花区井湾子街道社区党组织和社区居民委员会换届选举工作方案》；党工委副书记、纪工委书记陈琳部署井湾子街道各社区“两委”换届选举期间纪律要求；党工委委员黄滔部署井湾子街道“两委”换届选举工作。各社区党组织书记向街道党工委书记肖司昊递交社区“两委”换届选举工作责任书。湘莲社区第一书记袁京长作表态发言。动员会后，井湾子街道邀请区委组织部组织科科长彭彬、区民政局基层政权科科长李岚对社区“两委”换届选举工作进行培训。3月14日，区委常委、组织部部长龚畅调研指导井湾子街道社区“两委”换届选举工作。肖司昊就社区“两委”换届选举工作前期开展情况、下阶段打算进行汇报，并与联点业务指导组进行探讨交流。龚畅针对街道换届选举工作中存在的疑问，现场进行分析解答并给予指导意见。4月20日，区政府副区长陈怀宇深入井湾子街道农博社区、红星村社区就“两委”换届选举工作进行调研和指导；区委副书记陈永高深入井湾子街道井巷、井旺、湘莲社区调研和指导社区“两委”换届选举工作。4月21日，区政府副区长、区公安分局党委书记、局长黄健元到井湾子街道井湘社区指导换届选举工作，听取换届工作进展情况。

（唐良云）

【井巷社区提质提档工作】 2017年3月24日，区委副书记陈永高、区政府副区长刘江红深入井湾子街道井巷社区提质改造样板楼及燕子岭社区公园，指导社区全面提质提档工作，区委督查室、区民政局、区园林局、区城管局、井湾子街道相关负责人参加。陈永高一行实地查看社区示范楼栋，听取街道井湾子街道党工委书记肖司昊关于示范楼栋的建设、社区护坡等基本情况汇报，深入群众家中，听取群众意见，了解群众急需解决的困难和问题，对相关问题进行明确。4月5日，区委书记张敏深入井湾子街道井巷社区，就社区全面提质提档项目建设调研。张敏一行查看井巷社区示范楼栋和井圭游园项目建设情况，并就项目建设过程中遇到的困难和问题进行现场研究，强调要强化责任意识，加压力、添干劲、增动力，毫不动摇做到“三个确保”：一是确保施工进度；二是确保施工质量；三是确保施工安全。4月20日，市委副秘书长谭慧慧一行深入井湾子街道井巷社区，指导社区全面提质提档工作。谭慧慧一行实地查看社区示范楼栋、燕子岭公园社区提质提档进展等，对街道、社区全力有序推进社区全面提质提档工作予以肯定，并就社区楼栋建设、公园规划等工作，与区城管局、井湾子街道相关负责人现场沟通，并提出具体要求，要求将井巷社区打造成为全区形象、全市示范、全省标杆。（唐良云）

【张敏调研井湾子街道】 2017年4月12日，区委书记张敏调研井湾子街道，区委常委、区委办主任周海毅，井湾子街道工委书记肖司昊等参加调研。张敏一行深入红星村社区、三湘社区、融城苑社区，听取各社区情况汇报。在井湾子社区中铁十八局项目部和长橡棚改项目调研时，张敏指出，项目建设要坚持党建引领，高标准规划，高质量施工，完善基础设施配套和社会事务配套，确保项目早建成、早见效；要积极和部门、企业对接，加快长橡棚改项目清零扫尾，全力改善城市面貌，提升城市形象。5月12日，张敏就红星片区发展情况进行专题调研，区委办、区政府办、区委组织部及区发改、财政、民政、工务、金融、征收、征地、市政、环卫、市场迁建办、电子物流园、洞井街道、井湾子街道、跳马镇、红星村社区、红星实业集团等部门和单位主要负责人参加。张敏一行实地察看红星村社区办公楼投入使用情况，询问红星农副产品全球采购中心项目建设进展情况，在社区三楼会议室召开现场办公会。现场会由区委常委、常务副区长邹春林主持。会上，红星实业集团董事长罗跃汇报红星坚持“党建引领、公司运作、社区服务、居民参与”发展模式所取得的新成效，提出“强党建、富经济、纯民风”等工作设想及请求解决的问题。与会部门和单位负责人围绕有关具体问题发言。张敏明确“坚持党建引领，继续围绕建设实力、品质、幸福新红星，朝着国内一流的村级企业集团迈进”的目标，提出要求：突出发展提质，突出品质提升，突出党的建设。（唐良云）

2017年4月12日，区委书记张敏（左四）调研井湾子街道（唐良云/提供）

【“垃圾分类减量”主题宣传活动】 2017年4月15日，井湾子街道井湾子社区联合长沙市青山绿水环境保护志愿者协会，组织60余名志愿者开展“垃圾分类减量”主题宣传活动。志愿者们从井湾子社区出发，沿井湾路沿线向居民小区、临街门店、过往群众发放垃圾分类相关宣传资料，向居民讲解宣传爱护身边环境、生活垃圾分类处置、不乱丢乱扔垃圾等环保知识，宣扬垃圾分类蕴含的重大环保意义，引导居民浏览垃圾分类宣传知识。志愿者沿圭塘河风光带一路步行参观学习，由圭塘河河长介绍圭塘河由原来的臭水沟演变成宜居的风光带的历史。（唐良云）

【第44届世界技能大赛砌筑项目中澳交流赛】 2017年4月18—20日，第44届世界技能大赛砌筑项目中澳交流赛在长沙建筑工程学校举行。世界技能大赛砌筑项目首席专家特洛伊·埃弗雷特，澳大利亚选手特里斯坦·萨马特·彼得应邀来华交流技艺。该次交流赛为期3天，由省人社厅指导，世赛砌筑项目中国集训基地中建五局长沙建筑工程学校承办。交流赛模拟第44届世界技能大赛技术标准和比赛规则，采用闭卷形式，赛前不公开试题，由中澳双方各出一题，

比赛时间为15个小时，来自澳大利亚的世赛专家埃弗雷特担任裁判长。 （唐良云）

【“扬就业之帆，启梦想之旅”招聘会】 2017年5月4日，“扬就业之帆，启梦想之旅”专场招聘会在德思勤四季汇购物中心前坪举行，该次招聘会由井湾子街道主办，红星村社区、农博社区承办，湖南中小微企业服务中心、湖南德思勤投资管理有限公司、长沙九龙医院、红星村社区志愿者服务站协办。招聘会共吸引40余家企业参加，其中有湖南德思勤投资管理有限公司等知名企业参加，现场提供200余个就业岗位，重点面向井湾子街道辖区内的未就业人员、未就业大学毕业生、就业困难人员、企业下岗职工等。现场有300余人参加招聘会，20余人与用人单位达成就业意向。 （唐良云）

【林怀调研雨花非遗馆】 2017年5月10日，长沙市台协会会长林怀带领台商深入井湾子街道考察，区台办主任唐荣欢，井湾子街道党工委书记肖司昊等参加。林怀一行参观湘西蜡染、湘绣、菊花石雕、芒果大叔等非遗项目；在德思勤城市广场，林怀一行深入写字楼、亚洲电视中心、二十四小时书店、购物中心等地考察，对德思勤的规划定位、运营状况、台商入驻等情况进行全方位了解，肯定德思勤商务楼宇的地理位置优、规划定位高，就推动双方经贸交流合作进行沟通。 （唐良云）

【彭振国检查指导雨花区健康促进区创建工作】 2017年5月11日，省卫计委副主任、党组成员彭振国一行到井湾子街道井旺社区和五矿二十三冶集团，检查指导健康促进区创建工作。彭振国一行到井旺社区阵地，听取健康促进区创建工作开展情况汇报，查看社区健康公益组织“优儿推”，肯定“优儿推”社会组织的公益理念以及取得的成绩；到社区室内健康步道，查看社区体检设备，体验健康体检；到五矿二十三冶集团，现场检查企业健康工作开展情况，参观企业文化厅、母婴室、健身室、羽毛球场等健康促进工作阵地建设情况。 （唐良云）

【“生育关怀 感恩母爱”活动】 2017年5月13日，井湾子街道“生育关怀·感恩母爱·幸福融城”活动在融城苑社区举行，活动吸引上百名家长和小朋友参加。来自仁和医院的医师免费为辖区女性开展测血压、测血糖、B超等多项检查，全方位、立体化地向居民宣传健康、科学、文明的生活方式。活动中，社区工作人员朗读《致母亲的一封信》，为“生育关怀·二孩宝宝成长记”主题摄影比赛中的优秀作品现场颁奖，设置“与母亲合照”换鲜花的环节。 （唐良云）

【第六届“红星杯”文体运动会】 2017年5月18日，第六届“红星杯”文体运动会开幕式在红星国际会展中心南广场举行，该运动会由区文明办、井湾子街道主办，红星村社区、农博社区和红星实业集团联合承办。区政府副区长易静，区未成年人办主任别必雄，井湾子街道工委书记肖司昊，红星实业集团党委书记、董事长罗跃等，各参赛队伍代表、集团总部员工、各子分公司、各组级公司及居民代表800余人参加开幕式。该届运动会以“全民健身、文明生活”为主题，赛程历时9天，有包括集团公司总部、12家子（分）公司、10个组级公司及辖区居民在内的23支队伍报名参赛，600余名选手参加跳绳、拔河、乒乓球、羽毛球和篮球5项赛事的激烈角逐，争夺15枚团体奖牌。 （唐良云）

2017年5月18日，第六届“红星杯”文体运动会 （唐良云／提供）

【2017届长沙环境保护职业技术学院毕业生夏季招聘会】 2017年5月26日，井湾子街道井圭路社区联合长沙环境保护职业技术学院举办2017届

长沙环境保护职业技术学院毕业生夏季招聘会。现场招聘会齐聚120余家用人单位参与招聘。该次招聘会共提供就业岗位2046个，其中环保企业72家，提供专业就业岗位910个，非环保企业48家，提供适宜岗位1136个。参会单位有广电计量检测（湖南）有限公司、惠州TCL环境科技有限公司、蓝思科技（长沙）有限公司、湖南索奥检测技术有限公司等。（唐良云）

【井湾子街道开展经营类门店证件专项整治行动】从2017年7月27日开始，井湾子街道组织工商、食安、食药所、卫计以及14个社区对辖区门店进行4次地毯式摸底清查，分区域、分行业进行上报，清查121家门店无食品经营许可证，89家无健康证，52家无消毒记录。根据摸底情况，按照餐饮类、零售类、市场等进行科学划分6类，于8月3日至5日对300余户经营户开展针对性培训，建立6类门店微信群，实行常态化宣传，全面规范办证流程，强化居民安全意识。街道组织业务部门设立集中办证点，结合培训情况和二次上门核实情况，达到办证条件给予办证。截至8月8日，260户经营户提交办证资料，办理食品经营许可证151张，补办和更换健康证1148张。（唐良云）

【曹跃斌评估检查井湾子街道“卫生计生依法办事示范窗口”创建工作】 2017年8月10日，省卫计委法制处处长曹跃斌一行到井湾子街道评估检查依法办事示范窗口创建工作。市卫计委副主任李淑环，区卫计局党委书记、局长周宏伟，井湾子街道党工委书记肖司昊以及区卫计局家庭发展指导科、医政医管科、井湾子街道卫计办、红星村社区有关负责人陪同迎检。创建工作汇报会在井湾子街道红星村社区举行。会上，肖司昊从“全面落实4433工作机制，开创卫生计生依法行政工作新局面”介绍井湾子街道依法行政的具体做法。李淑环从精细化管理效果好、服务为民举措多、依法办事做法实、群众自治作用显四个方面进行点评。曹跃斌重点从普法宣传、依法办事、优质服务、卫计融合等方面提出工作建议，要求街道立足自身，发挥家庭的作用，将依法行政抓好抓实，起到辐射带动的作用。曹跃斌一行查阅软件资料，走访考察红星村社区一站式服务大厅和三楼红星发展史影像展厅。（唐良云）

【中共湖南融港信息科技有限公司支部委员会成立】 2017年10月10日，井湾子街道工委会批复同意成立中共湖南融港信息科技有限公司（阿里巴巴创新中心）支部委员会，这是井湾子街道响应“大众创业，万众创新”政策，探索互联网业党建新模式迈出的重要一步。“阿里巴巴创新中心”位于德思勤城市广场，面积近4000平方米，是一家集阿里巴巴资源、政府专项扶持政策、全方位创业孵化服务、大量知名创投机构于一体的创新创业孵化基地，由湖南融港信息科技有限公司负责实际运营和管理。阿里巴巴创新中心（雨花基地）登记在册党员24人，党员平均年龄35岁以下，文化程度均为大专、本科及以上学历，党员多为企业高管、业务骨干、优秀员工，在实际工作中能发挥着党员模范带头、吃苦实干的积极示范作用。井湾子街道工委经过多次认真审核、研讨，鼓励支持“阿里巴巴创新中心”成立党支部。10月11日，区委常委、组织部部长龚畅一行带领区“两新”工委的多名负责人到阿里巴巴创新中心进行党建工作调研和指导。井湾子街道党工委肖司昊书记作汇报。龚畅鼓励创新+党建模式要充分发挥自身特点，借助全市首家“创客+”党支部的优势，打造出党建金字招牌，强调要将商圈党建工作不断加强，让党建工作更好的为商圈经济的发展提供服务保障和持续的动力。（唐良云）

【健康促进部指导调研守护“天使”健康工作】 2017年10月24日，中国健康教育中心健康促进部副研究员柴燕一行调研考察井湾子街道健康促进工作，特选取优儿帮作为调研考察点之一，进行现场调研与研讨会议。柴燕一行参观优儿帮各场馆，听取优儿帮理事蒋莉介绍其发展历程及“一区一园一校”各项服务，与优儿帮专家顾问李江山对儿童干预手法、家长参与情况，案例报告、优儿天使志愿服务队、新加坡儿童健康管理基地建设等多方面进行了解与交流；肯定优儿帮进行中医文化的传播和治病理念普及所做的贡献；表示要多思考如何在健康教育促进领域将优儿帮模式复制发展。

（唐良云）

东山街道

【概况】 东山街道南起劳动东路，北至湘府路，西到京珠高速，境内主要道路包括：劳动东路、新花侯路、香樟东路、曲塘路、北支路、南支路、杜花路以及下穿京珠高速路。辖长托、黎托、东山、边山、侯照、渔场6个社区便民服务点，东山镇、南雅、黎郡、黎雅4个社区。辖雨花区合丰堤委会、星辰农电公司城区分公司雨东供电所、雨花区黎托邮电所、长沙市雅礼雨花中学、黎郡小学11家企事业单位。内设机构：党政综合办公室（加挂纪检监察室的牌子）、经济发展办公室（加挂统计站的牌子）、社会事务办公室、社会管理综合治理办公室（加挂高速铁路协调管理中心的牌子）、城市管理办公室、人口与计划生育办公室、财政所(加挂“三资”监管服务中心、审计站的牌子)二级事业单位：公共服务中心（加挂政务服务中心的牌子）、综合文化服务中心、安全监督管理中心（加挂水务农业生态服务中心的牌子）、计划生育服务所、征收安置服务中心、人民来访接待暨矛盾纠纷调处中心。派驻机构：司法所。街道党政机关行政编制核定为16名，其中领导职数核定为9名；后勤服务人员核定事业编制1名；核定事业编制为36名，其中：公共服务中心（政务服务中心）9名；综合文化服务中心6名；安全监督管理中心（水务农业生态服务中心）8名；计划生育服务所3名；征收安置服务中心8名；人民来访接待暨矛盾纠纷调处中心2名。2017年街道实有行政编制16人；事业编制30人；工勤编制1人。其中党政领导9人；在职在编干部47人；机关直管党员58人。街道办事处办公地点位于花侯路黎雅苑东山大厦。

2017年，东山街道以实现“四有东山”（有信、有情、有勇、有效）为总目标，狠抓“项目征拆、产业帮扶、城市管理、民生改善”四大核心任务，做好交通、生活、教育、医疗、娱乐等各种配套设施，推进街域经济社会升级发展。（饶　亮）

【街域经济】 2017年，东山街道实现全口径财税收入35432万元（地税完成14230万元，国税完成21157万元，其他征收45万元），完成比例103%。完成社会固定资产投资37亿元、完成社会消费品零售总额1525.1万元、完成规模工业总产值1.38亿元。开展税收专项治理，对临街门面全面排查，查出无证个体户50余家，督促办证42家。开展私房税专项行动，联合国税、地税及社区开展查楼扫楼，上户300余家，收回私房出租登记表264份。加强监控，严格税源管理，没有重大税源企业流出。建立重点项目联点帮扶责任制，加强与高铁新城管委会、武广公司和区直部门的对接，分级分类帮扶项目方解决问题6个，高速噪音问题解决取得实质性进展，万里时代、绿地之窗、恒大国际广场等重点项目稳步推进。（饶　亮）

【城建城管】 2017年，东山街道完成片区24号地、片区17号地、沪昆配套、战备路、城投14号地等25个项目结算交地，腾地面积145.08公顷，签约合法房屋157栋，拆除169栋。国家级重点项目京港澳东西辅道（综合管廊）项目2个月内全部签约拆除；市级重点项目片区17号地（绿地智慧城、新城控股）3个多月攻坚清零；川河路“梗塞”1年多的最后1栋合法房屋成功拆除；市对区重点考核项目东山地块棚改项目在9个月时间内全面完成51户签约拆除腾地工作。组织4次强拆行动，促使京港澳东西辅道（综合管廊）、片区17号地项目、物流园仓储3号地新征用地项目交地。（饶　亮）

【社会事业】 2017年，发放城市低保金161户、

277人，共计116万余元；为75名困难群众申请发放临时救助和医疗救助24万余元；走访慰问贫困、残疾、重病等家庭1379户，发放慰问金61万余元。新增城镇就业1362人。筹措资金1200万余元，提质改造南雅社区，顺利通过市、区考核验收，“悦享会·公益图书阅览室”等系列品牌获人民网、新华网、湖南卫视等新闻媒体宣传报道。指导建成全省第一家区域性全民健身中心，并通过政府购买服务的方式，向辖区居民提供免费健身场所与服务。开展各类社会组织活动30余场，丰富居民文化生活。组织防汛抢险工作，确保汛期“无重大险情、无一人伤亡”。（饶　亮）

【综合治理】　2017年，将街域划分为10个网格组，实行定人定岗定责的网格化管理责任制。投资40万余元建成城管智慧指挥中心，全方位管控辖区市容秩序等问题。完善数字化平台系统建设，处理案件5800件，结案5779件，结案率99.6%。接收中央环保督察组交办信访件11件，重点案件1件，100%整改到位。全年拆违25处，6800余平方米，新建违章零增长。对京珠高、铁路沿线环城绿带、磁浮生态景观和花侯路等多条主干道进行定期环境整治。完成杜花路项目、片区31、32、33号地和京珠高速以西项目地块的覆绿工作，覆绿面积18万平方米。新增园林绿地面积8.4公顷。联合相关职能部门开展综合执法90余次，重拳整治店外经营1080余起、拆除违章广告519处、清理占道摊担890余个、规范基建工地围挡及装修占道行为220余处。坚持24小时不间断渣土值守与管控，累计查处违规渣土车辆140余次，移交执法处罚20余起。完成159台黄标车注销任务，完成速度排名全区第一。开展矛盾纠纷排查，调处各类矛盾纠纷108起，接待信访35人次。强化司法建设，东山法律维权工作室先后为700余名群众提供法律咨询服务300余次。开展安全生产执法检查262次，检查生产经营单位1336家，排查安全隐患1044处，均整改完毕。全年未发生一起重特大安全责任事故。开展安全生产大检查工作，街道共出动人员1621人（次），检查经营单位950家（次），排查安全事故隐患204处，行政处罚4起，处罚金额3046元。开展打非治违“春雷”“飓风”“霹雳”行动，重点组织对街道辖区内烟花爆竹、危险化学品、物流企业、燃气（液化气）、建筑施工、有限空间、渣土堆场（违规弃土堆场）、家庭旅馆、出租场所等行业（领域）开展专项联合检查行动，街道组织集中执法262次，出动执法人员858人（次），检查生产经营单位1336家，排查安全隐患1044处。开展有限空间作业、工贸企业粉尘防爆、危险物品道路运输安全、加油站等专项整治。采用安全生产移动执法设备开展执法检查，对违反安全生产法的单位、个人依法进行处罚。全年出动安全生产检查人员3877余人（次），监督检查企事业单位和场所3010家（次），对辖区内企业单位开展各类执法检查187次，行政处罚41起，罚款共计21383元。（饶　亮）

【基层党建】　2017年，制定并印发《东山街道学习传达贯彻党的十九大精神工作方案》，利用街道网站、微信群、QQ群、宣传橱窗、显示屏等宣传党的十九大精神。邀请市委党校教授作十九大精神专题辅导报告，购买理论书籍2000余册，制作宣传横幅80余条、宣传展板50余块。完成6个社区（筹委会）“两委”换届工作，举办“两委”成员集中轮训10余期。强化党员日常教育管理，开展集中学习40余次、专题讨论50余次、举办培训班10余期、“支部主题党日”等活动70余场次。规范发展新党员13名，黎郡、黎托两个软弱涣散基层党组织整顿“销号”。创新农安小区党员“双向管理”模式，凝聚基层治理合力。（饶　亮）

【东山街道全民健身中心】　东山街道全民健身中心项目是街道辖区内政府引入社会民营资本投资建设的区域性综合健身服务场所，是市、区、街三级政府给予支持的为民办实事的民生工程。该项目由长沙闪耀体育文化有限公司全额投资建设，面向社会公众可提供球类、武术、体操、冰上、游泳等多

东山街道全民健身中心羽毛球场（饶亮/提供）

项体育健身活动。东山街道办事处在项目引进、项目建设等各个环节给予支持，街道财政通过向长沙闪耀体育文化有限公司购买服务的方式实现为辖区居民提供免费或优惠健身场所，支持民营企业的发展的同时发展街道全民健身文化事业。该健身中心投资4000万余元，面积1.5万余平方米，包括两座新建综合性场馆，内设综合恒温游泳馆、拳击馆、健身房、室内羽毛球馆、室内篮球场、台球、乒乓球、排球等十几个运动项目，场馆还提供沐浴室、更衣室、休息区、运动员餐厅、运动员宾馆、购物商店、无线WiFi、独立停车场等配套设施，能承接雨花区及周边大型赛事。通过政府购买服务的方式，将中心的一个羽毛球馆、一个篮球场、3个乒乓球台免费向辖区居民开放，其他场馆分不同时段向居民提供免费服务，定期提供健身知识公益讲座。除免费场馆、免费时段外，其他场馆和时段的收费标准均低于其他同等场所。2017年，东山全民健身中心承接和承办全国或全省公益性赛事15场，为辖区居民提供近1万人次免费服务。（饶　亮）

【2017年雨花区“春风行动”首场“送政策、送服务、送岗位”的专场招聘会】 2017年2月14日，为做好失地农民和农村富余劳动力转移就业工作，2017年雨花区“春风行动”首场“送政策、送服务、送岗位”的专场招聘会在东山街道农民安置小区熙春园乐活广场前坪举行。该次招聘会邀请长沙市比亚迪汽车、湖南华天大酒店等40余家企业进场招聘，提供门店店长、销售顾问等200余个工作岗位招聘会。街道人社站号召各社区（筹委会）利用电子显示屏、短信平台、喇叭、微信平台等多种形式广而告知。招聘会当天，现场设立政策咨询台，为群众现场解答社保政策、医保政策、就业创业等相关人社服务政策，将政策措施和就业服务信息送到农村富余劳动力和进城务工农民手中。活动现场共免费发放《长沙市人力资源和社会保障百问百答》《农民工综合服务指南》《长沙市创业指南》等宣传资料150份，分发春风卡等宣传资料180余份。该次招聘会共有50余名失地农民与用工单位签订就业意向协议。（饶　亮）

【南雅社区首届社区邻里节】 2017年9月28日，雨花区“提质提档为民生、文明共建促和谐”暨南雅社区首届社区邻里节在东山街道南雅凤凰佳园前坪举行，该活动由区文明办、区民政局、东山街道主办、东山街道南雅社区承办，500余名居民群众参加活动。活动中，以舞蹈《歌唱社会主义核心价值观》拉开序幕；东山街道党工委书记杨钦涵致辞，表示将继续扎实推进社区提质提档和文明创建工作，为创建宜居宜业、精致精美的社区环境而不懈努力。在活动表彰环节，2017年创建文明城市中涌现出的热心志愿者及最美楼栋长接受表彰。活动上演歌舞、朗诵、戏曲等各种风格和题材的综合文艺节目。现场有奖竞猜，出题内容包括社会主义核心价值观、文明创建、计生、安全等知识。南雅社区自3月启动社区提质提档工程，截至9月28日，完成凤凰佳园电动车棚建设、雅致名园小区停车坪

2017年9月28日，南雅社区首届社区邻里节（饶亮/提供）

改造、雅致名园小区“君师里”综合文化活动中心、公益广告宣传示范街、凤凰佳园高清监控和路灯、分类垃圾桶安装、健康步道重新铺设、脏旧架空层立面粉饰、小区的小花园改造、水池翻新景观喷泉等利民工程。（饶　亮）

【东山街道2017年科普日活动】　2017年12月6日，东山街道2017年科普日活动暨“科普中国百千万行动”启动仪式在黎郡社区举行。东山街道办事处副主任杨国辉和辖区10个社区（筹委会、集体资产管委会）负责人参加。该次科普活动旨在大力普及宣传“创新、协调、绿色、开放、共享”的发展理念，突出“节约能源资源、保护生态环境、保障安全健康、促进创新创造”的工作主题，在全社会弘扬科学精神、普及科学知识、传播科学思想和科学方式，提高全民科学文化素质。活动中，设宣传区1个，制作宣传展板6个，悬挂宣传横幅10条，发放宣传手册500余份，知识普及群众2000余人。各社区（筹委会、集体资产管理委员会）以此次活动为契机，加强科普e站建设，实现“科普中国”落地应用全覆盖，普及科学知识、弘扬科学精神、传播科学思想、倡导科学方法，提升公民科学素质。（饶　亮）

【东山街道“推进生育关怀·创建幸福家庭”宣传活动】　2017年12月21日，为推进辖区居民和流动人口卫计均等化服务，东山街道在黎雅社区开展以“推进生育关怀·创建幸福家庭”为主题的宣传活动。活动在歌舞《花开盛世》中拉开序幕。

2017年12月21日，“推进生育关怀·创建幸福家庭”宣传活动（饶亮/提供）

活动现场设立卫生计生咨询服务台，街道、社区工作人员向居民发放《流动人口均等化服务指南》《健康素养》《计生协会》《计划生育药具知识》《预防“两癌”健康知识》《红十字知识手册》等宣传资料和避孕药具，向居民群众答疑解惑，宣传卫生计生政策、优生优育知识、避孕节育措施等知识。社区卫生服务中心的全科医生为居民们免费测量血压血糖，并指导其合理用药。活动发放卫生计生宣传资料2000余份，发放药具300余盒，计生宣传袋200个。通过此次宣传活动，宣传了卫生计生法规政策及服务理念，倡导了优生优育的婚育新风，提高了居民对计划生育政策法规和健康知识的知晓率，引导辖区居民更加重视人口和家庭均衡发展。（饶　亮）

同升街道

【概况】　同升街道地处长沙市东南角，东与跳马镇接壤，西南与长沙县大托镇为邻，北邻洞井街道，绕城高速、京珠高速、武广高铁、沪昆高铁从中穿过，拥有李家塘、绕城互通和万家丽路三个入城口，是长株潭一体化的“桥头堡”和两型社会建设的核心区域，总面积23.3平方千米，是雨花区面积最大的街道。2017年，街道辖白田、洪塘、新兴、同升、金井、桃阳6个社区筹委会，景环、同升湖、古樟树、联盟、新聚园5个社区及仙姑岭社区筹建办公室，户籍人口1.8万余人，流动人口2.8万余人（不包括学生，春季比亚迪招工人数）。街道内设党政综合办公室、纪检监察室、财政所、经济发展办公室、社会管理综合治理办公室、城市管理办公室、安全生产监督管理中心、社会事务办、劳动与社会保障办公室、卫生与计划生育办公室、国土城建与拆迁安置办公室、司法所、城管中队，设公共服务中心（政务服务中心）、综合文化服务中心、计划生育服务所、征收安置服务中心（城乡一体化服务中心）、人民来访接待暨矛盾纠纷调处中心6个二级事业单位。街道机关核定行政编制16名，领导职数11名，事业编制36名，后勤服务人员事业编制1名。干部职工总人数198人，其中，在职在编干部行政编13人，事业编26人，引进人才1人，随军家属无编雇用1人，雇员46人；退休12人。街道机关党支部分为两个党小组，党员48人。

2017年，同升街道构建党建和文化两根支柱，用党建和文化贯穿全年工作，把同升街道的工作推向纵深，文化同升、品质同升、幸福同升取得成绩。（陈　岚）

【街域经济】 2017年，同升街道全年完成税收8.9亿元；完成固定资产投资32.64亿元；社会消费品零售完成6.5亿元；实现市外境内实际固定资产投资16.6亿元；完成服务固定资产投资3.26亿元；营利性服务业营业收入1.04亿元，增速65.1%；楼宇招商竞赛完成6万平方米，完成216%。（陈　岚）

【城市建设】 2017年，街道顺利完成狮子山公园、新兴生产安置地等7个项目的街域提质提档工程，白田小区、洪塘佳苑、金井小区、粟塘小区全面完成提质提档整治工作，新聚园文化改造项目、古樟树新办公阵地顺利完工。完成拆违10处，超额完成任务（任务面积为4965平方米）；腾地14.54公顷；拆除实体围墙15846米，复绿面积35233平方米。（陈　岚）

【社会事业】 2017年，街道推行“劝导就业”“平安街道建设”等民生实事，做好大病救助、临时救助、同心圆救助三大救助工作，开展精准扶贫工作，联合党政班子成员与龙山石牌60余名群众建立结对帮扶关系，与跳马镇团然村30户贫困户成功结对，给跳马镇团然村拨付17万元灾后重建资金；审批各类救助金额30万余元，救助困难群众200余人；规范同升街道老年人日间照料中心、古樟树社区居家养老服务活动中心，引进联盟社区“快乐老年生活馆”，成功创建长沙市城乡居民养老保险经办服务示范点；增加创业就业财政专项补助，全年吸纳4050人员就业，新增创业主体410家；全年共计受理数字化案卷5582条，已处理5406条；排查各类矛盾纠纷98件，调处成功32起；推进“蓝丝带行动”项目，夯实流动女工健康服务。制作文明创建宣传扇2万把、张贴公益广告2.4万余张，涌现出张双、彭祥文、张岚等典型；开展“乡情文化节”“两型同升·低碳出行”“绿心保护在我心·两型文明我先行”等文化活动100余场；指导同升湖社区成功创建区两型社区，指导古樟树社区建立两型宣教基地，协助清泉古寺做好示范性宗教场所的创建。（陈　岚）

【综合治理】 2017年，开展“创建食品安全城市，共享健康品质同升”“安全进校园”等各类大中型宣教演练活动30余次；开展打击非法物流、东正仓储关停、洪塘村疑似伪劣水泥黑窝点拆除等专项整治30余次；开展安全生产检查1004次，对全街1000余家餐饮门店建立了食品安全预警管理机制；完成莲湖医用氧厂南侧山体滑坡隐患整治、同升湖幼儿园山体护坡隐患整治、高铁特大桥下金属加工厂违建隐患拆除、白竹水乡850号别墅后方山体护坡滑坡隐患抢险等重大安全隐患整治；做好三、四类维修企业、黑车、非法客运站点的摸底建档工作；安全生产全年无事故、食安民调工作知晓率第一。制定同升街道河长制组织体系、全面实行河长制实施方案和河长制工作制度及考核办法，对辖区圭塘河沿线的违建拆除200平方米；开展户外广告整治、围挡标准化、垃圾不落地等专项整治行动；加强对重污染天气的日常巡查、燃煤禁烧摸底、环保投诉工单处置等日常工作；全力配合中央环保督察，受理中央环保督办一般案件10件，案件办结率为100%，全面完成黄标车淘汰任务。开展平安社区、平安家庭、“红袖章”平安志愿者工作，打造一支1200余人的“红袖章”队伍；刑事发案数量由2016年的453件减至2017年的431件；创建街社两级“平安志愿者大联盟”微信平台和高速路、铁路沿线护路应急微信群，处理各类信息100余次；接待来访群众89批次、930人次，受理信访案件9起，办结9起；配合公安、工商、质监等部门打击

非法传销，捣毁非法传销组织15起，解救被传销人员及非法限制人身自由人员120人。（陈　岚）

【基层党建】　2017年，全年开展14次“书记讲党课·主任谈社会治理”，为8个社（筹）配备专门的党建副书记，打造金井党建综合示范点、金炬实业非公党建示范企业、桃阳严肃党内组织生活示范点；依托社区提质提档工程，“金井党建阵地”“古樟树党建家园”“新聚园党建阵地”相继完工，每个阵地均达到800平方米，实现党建阵地大提标；防汛救灾时期，街道全体机关干部涌现出一批优秀典型。街道联点领导和群工队员全街累计走访群众1123余人次，下发万卷问民心问卷共计2000份，收集解决群众切实关心的民生问题158余件，群工站解决群众反映问题65件，化解矛盾纠纷55件。街道领导干部与60余名群众建立结对帮扶关系，定期联系、走访，收集民情民意。两委换届，8个社（筹）党组织38人当选为党组织班子成员。在换届选举前期，开展井冈山“红色教育周”实践活动，组织辖区内638名党员和居民代表分四批赴井冈山参加为期四天的换届选举“红色集训”。利用“同升三微”平台（微博、微信、微电影），发布微信专刊265期；组建通讯队伍，全年开展4次“同升通讯大课堂”活动；全年共在人民网、《光明日报》等中央、省、市媒体上稿224篇。（陈　岚）

【“党建新引擎·文化创品牌”2017年工作大会】2017年2月10日，同升街道在汽车工业学校召开“党建新引擎·文化创品牌”2017年工作大会，同升街道党工委书记张建、街道全体机关干部、街属各党组织党员代表260余人参加会议，会议由同升街道党工委副书记、办事处主任邓星主持。会议以短片《同升党建，2016@我们在路上》拉开序幕，从“社区跟班学习月、书记讲党课、井冈山红色经典教育”等方面对同升街道2016年党建工作进行回顾，并对街道落实党建责任及“两学一做”学习教育工作中涌现出的先进组织和个人进行表彰。（陈　岚）

【同升街道公开竞选社区主要负责人】　2017年2月16日，同升街道采取“公开竞选社区主要负责人岗位”的方式，确保择优配强社区党组织带头人，通过前期宣传、公示，17名竞选者在街道305会议室进行擂台打拼，公开竞选演讲。17名竞选者各展本领，阐述各自当选的优势、决心，围绕任期目标和主要打算进行竞职演讲，并开展当选表态。街道纪检督察室工作人员对现场党政领导班子成员的评分（占总分值的40%）、机关大办主任以及社（筹）书记、主任的评分（占总分值的30%）、一般干部的评分（占总分值的30%）进行统计，最终按分数从高至低排出名次，上报至街道备案，后续将通过街道党政会议讨论决策。（陈　岚）

2017年2月16日，同升街道公开竞选社区主要负责人　（陈岚／提供）

【同升街道“新闻大课堂”第二课】　2017年4月26日，同升街道“新闻大课堂”第二课暨新闻摄影培训在同升街道305会议室召开。培训由街道人大工委副主任王宇主持，街道各大办、各社区（筹委会）主任、宣传专干、文明创建专干、文化专干等参加培训。活动邀请星辰在线影像中心主任凌坚主讲，凌坚从新闻摄影、手机新闻摄影等方面漫谈《新媒体时代下的手机摄影》。（陈　岚）

【“心手相连”党建联盟暨党员干部精准帮扶活动】2017年4月29日，同升街道党工委书记张建率党政领导班子成员到龙山县石牌镇开展“心手相连”党建联盟暨党员干部精准帮扶活动。在石牌镇政府召开党建联盟对接会，双方签订党建联盟合作书，同升街道现场向石牌镇捐赠扶贫资金10万元。同升街道党政领导班子、石牌党政领导班子一同来到石牌镇城堡村，进行帮扶贫困学生现场捐赠仪式。现场以干部个人名义给每名学生捐赠2000元助学金。捐赠仪式结束后，一行人到贫困户邹胜林、方明菊、曾新兰等家中，与他们座谈交流，了解他们的家庭情况和致贫原因，并与邹静等13名学生结成“一对一”精准帮扶，对他们进行长期帮扶。

（陈　岚）

2017年5月24日，雨花区第四届同升商圈消费文化节 （陈岚／提供）

【全域“旅游+”工业智造游创新创业活动】 2017年5月24日，长沙市雨花区全域“旅游+”工业智造游创新创业活动在中国(长沙)创新设计产业园会议中心启动。市文明办副主任梁飞彩，市文明办未成年人工作处处长朱治东，雨花经开区党工委委员、管委会副主任魏建良等，雨花区全域旅游建设指挥部代表、雨花区部分学校校长代表、工业旅游企业参与代表、职教城学生代表、雨花区创新创业企业代表近1000人参加活动，共同领略工业文明，创享全域旅游，智汇品质雨花。活动中，雨花区全域旅游建设指挥部与同升街道签署《雨花区全域旅游+共建协议》，标志着雨花区全域“旅游+”工业智造游创新创业活动正式投入进程。两批参观者在参观创新设计产业园，比亚迪、克明面业等。该次启动仪式后，同升街道携手比亚迪提供免费大巴，每周末为辖区内游客提供免费接送观光活动。

（陈　岚）

2017年5月24日，全域“旅游+”工业智造游创新创业活动 （陈岚／提供）

【雨花区第四届同升商圈消费文化节】 2017年6月16日，雨花区第四届同升商圈消费文化节在黄谷路湖南力天林肯4S店展示大厅启动，标志着一场为期3月由政府联合企业跨界打造，整合汽车、房产和工业智造旅游资源的消费节会在同升商圈拉开帷幕。该活动由市商务局、市旅游局、区人民政府共同指导，雨花经开区管委会、区商旅局主办，同升街道办事处承办，区文明办、区发改局、区经信局、区统计局、区现代服务业办、区两型办、区工商联协办。活动现场，同升商圈logo设计大赛和首届“同升特产”评选结果一一揭晓，15家汽车企业代表接受“绿心同升梦想直通车”的授旗并发车。同升街道党工委书记张建表示，雨花区第四届同升商圈消费文化节暨“同升商圈梦想生活季”汇聚生态宜居、汽车消费、酒店住宿、购物美食、全域旅游等各个业态的展示，希望以此让雨花同升走出去，并吸引更多的人来到这里，致力于将黄谷路汽车6S街区打造成为长沙南部最受消费者欢迎、人气最旺的汽车文化一条街，推动品质同升、文化同升和幸福同升大发展。该次活动有四大特点：一是参与企业多元化。由过去的车企和房企唱独角戏扩充为餐饮、酒店、家居卖场、汽车服务、工业旅游等企业加入的“大合唱”，形成同升消费资源的立体推介效果。二是优惠活动互补化。活动期间推出全新的消费地图和“1+4”消费代金券，1即工业旅游亲子券，4即1张价值500元的家具代金券、1张价值200元的汽车消费代金券、1张价值200元的餐饮代金券、1张价值200元的酒店代金券，市民可以在同升商圈畅享消费之乐，又为商圈企业拉动消费提供机会。三是文化引领深入化。无论是

LOGO 征集、同升特产评选，还是绿色直通车、汽车小宝贝选拔、亲子科技之旅、团购嘉年华等活动，都高扬绿色文化、美食文化、亲子文化、商圈文化和消费文化的旗帜。四是政企合作实效化。该次活动由政府搭台、企业唱戏、消费者受益，政府用少量的财政资金撬动社会企业投入 2000 万元优惠让利，实现多方合作共赢。（陈　岚）

【雨花同升商圈汽车小宝贝选拔大赛】 2017 年 7 月 15 日，雨花区第四届“同升商圈梦想生活季”暨雨花同升商圈汽车小宝贝选拔大赛初赛在长沙美华斯巴鲁汽车 4S 店举行，92 名参赛小选手唱歌、跳舞、乐器、脱口秀各种才艺轮番上演，30 位选手晋级复赛。8 月 11 日，在鹏龙瑞丰奔驰 4S 店现场，同升商圈内十五大车商品牌奔驰、奥迪、林肯、宝马、凯迪拉克、东风本田、东风日产、东风启辰、北京现代、荣威 IMG、五菱汽车、宝骏汽车、东风标致、斯巴鲁、一汽大众、长安福特全程给予鼎力支持，十五强选手分别为所属汽车品牌代言，携手呈现一场比赛。小选手们围绕“我的汽车梦”主题，与各自代言的汽车品牌密切合作。现场诞生晋级角逐冠亚季军的 6 强选手，最终，代言北京现代品牌的选手陈雨逸以 96 分的成绩摘得“最佳才艺宝贝”桂冠。（陈　岚）

【刘素月实地观摩和考察中南国际眼镜城项目】 2017 年 7 月 12 日，区委副书记、区长刘素月带队深入同升街道中南国际眼镜城项目进行实地观摩和考察。观摩现场，中南国际眼镜城项目负责人介绍项目建设进度、销售进度、招商进度、存在的问题等，就项目开工建设以来各级政府的帮扶和关注表示感谢。同升街道工委书记张建就街道项目整体情况进行简要介绍，重点就下半年帮扶工作举措和思路进行汇报，并表态将加强项目帮扶服务，推动街域产业发展。刘素月强调各区直部门、街道要主动作为，为项目解决实际问题，推动项目健康发展，尽早实现经济效益，为区域经济发展作出贡献。中南国际眼镜城项目定位于中南地区“业内最专业、链条最完善、配套最齐全”的眼镜产业综合体项目，集研发、制造、体验及眼保、销售等眼镜产业于一体，同时配套星级酒店、资本住宅、loft 公寓等业态，建成后将提供“眼镜零售 + 批发 + 品牌文化 + 仓储物流 + 体验商务”全套服务，拟打造为中南五省最大的眼镜专业市场。（陈　岚）

【张宏益一行调研同升街道党建工作】 2017 年 8 月 9 日，市委常委、组织部部长张宏益，区委常委、组织部部长龚畅，区委常委、雨花经开区党工委书记郭四军等深入同升街道，实地考察金井党建阵地，召开城市基层党建座谈会，调研党建工作。张宏益邀请雨花区乡镇(街道)、村(社区)、企业等 6 位基层党组织书记，同调研队伍实地考察同升街道集办公、党员活动、党史陈列(本支部为主)等多功能于一体的金井党建阵地。整个座谈会围绕基层党组织工作中面临的问题、困惑，以及如何做好基层党组织工作。（陈　岚）

【同升街道第三届“乡情文化节”】 2017 年 11 月 23 日，同升街道学习贯彻十九大精神文艺汇演暨“印象同升·红色金井”第三届乡情文化节在在长郡雨花外国语学校举行。同升街道全体党政负责人观看演出。该次汇演节目形式丰富多样，上演小品、舞蹈、快板等 10 个节目。同升街道党工委书记张建表示该次汇演是一次“党建引领·文化浸润”的结合，“乡情文化节”作为全街的特色文化品牌，着力创新文艺表现形式，展现街道文化特色。（陈　岚）

【“全力扶持创业，实现精准创业”主题创业沙龙活动】 2017 年 11 月 23 日，为营造“大众创业、万众创新”的浓厚氛围，同升街道在中国（长沙）创新设计产业园举办以“全力扶持创业，实现精准创业”为主题的创业沙龙活动。参加活动的有学生创业群体、辖区创业初期居民和失业人员 200 余人。活动中，区人社局局长罗玲致辞；新道科技股份有限公司湖南区首席双创专家、副总经理成忠通过政策解读、与创业成功者交流互动、给创业者答疑解惑等方式，使创业者增强创新意识，提升创业水平。活动后，同升街道组织与会的领导和创业者们参观创新设计产业园设计博物馆。（陈　岚）

跳马镇

【概况】　跳马镇地处长株潭三市结合部，因三国蜀国名将关羽战长沙时跃马跳涧而得名，是长株潭两型社会综合配套改革试验区核心区域。东与浏阳市柏加镇、株洲市云龙新城、龙头铺街道、井龙街道、白马镇相邻，西与雨花区同升街道、天心区暮云街道相接，南与湘潭市昭山镇接壤，北部紧邻雨花经开区、长沙县黄兴镇。镇域东西最大距离17千米，南北最大距离23千米，镇政府所在地在斑竹塘。全镇总面积183平方千米。全镇辖15个村（社区），423个村民小组，总人口近10万人，户籍人口6.7万余人，186个党小组，党员总数2848人。机关在职在编共81人，其中行政编46人，事业编35人；党政领导12人，其中挂职1人。纳入生态绿心保护区面积172平方千米，占全镇总面积的97%，占全市生态绿心区面积的56%，占长株潭绿心保护区面积的33%。有全国花木之乡、省级百里花木走廊、国家级生态乡镇、长沙市首届“魅力乡镇”等称号。

2017年，跳马镇以“发展全域旅游，建设生态名镇”为方向，成功申报为长沙市城乡环境整洁行动“三星乡镇”，成功申报石燕湖村为“省级卫生村”，成功申报喜雨村、田心桥村为“市级卫生村”，成功申报田心桥村为“市级垃圾分类回收示范村”，成功申报石燕湖村、喜雨村、团然村、复兴村为市级一类“美丽乡村”，成功申报新田村为“市文明创建示范村”“市级文明村”。（刘希贤）

【镇域经济】　2017年，跳马镇完成财政总收入7605万元；实现企业总产值7.92亿元，工业企业总产值4.545亿元。规模工业企业共9家，实现规模工业总产值3.2528亿元；完成全社会固定资产投资16.07亿元，城镇固投16.07亿元，房地产总产值886万元，社会消费品零售额563万元，建筑业产值9701.7万元，完成服务业1.42亿元；实现农林牧渔总产值12亿元；居民人均可支配收入到17839.2元。（刘希贤）

【镇村建设】　实现时代阳光大道、洞株公路（匝道）、圭塘河生态引水工程和白竹安置地四个清零目标，争创红星大市场二期、川河路和时代阳光大道东延线三个加分目标，共腾地133.33公顷。跳马镇周边水系、周边路网和土地整合等工作全部完成，其中圭塘河引水工程投资1.58亿元，实现按期通水、打造靓丽风景线的规划目标。长沙红星全球农副产品全球采购中心项目一期配套路网时代阳光大道、新平路、柳树塘路、红旗路的拆迁任务均提前完成。加大项目建设服务力度，获全区观摩评比第一，完成2017年固定资产投资17.76亿元。完成村组级公路硬化50千米，改扩建危桥5座，启动跳茅线路面换板工程；投资1130万元对曙光垸外各村（社区）30处交通设施进行修复；投资60万元完成冬斯港村枫树河渡口提质改造工程。完成洞株公路、斑竹塘集镇、金屏安置区、石燕湖大道的亮化工程；斑竹塘集镇提质改造投入2000万余元；老洞株公路、李白路、白竹至冬斯港3条道路提质改造全面铺开；小型农田水利共完成山塘整治120口，山塘清淤13口，沟渠疏浚37处。浏阳河与峡山河大堤、禾公山撇洪渠堤、新竹支渠堤等加高培厚工程基本完成。（刘希贤）

【综合治理】　2017年，中央环保督察组入驻湖南期间，全镇启动应急机制，清查绿心范围内的工业企业及在建项目，对已关停单位适时开展“回头看”，顺利完成环保督查11项任务。全镇黄标车清理整治工作任务车辆291台。推进绿心保护，从两型、安监、环保等多角度对绿心地区申请工商登记注册的单位进行联合审批，2017年共审批登记单位533家，实现绿心地区工业企业零进入。开展企业走访调查工作，通过执法关停、劝停生产及劝导转型等方式，共退出工业企业53家。落实生态补偿机制，按照“以人为本”“谁保护，谁受益”的原则进行精准统计，形成方案，助推绿心保护。按照2017年第三批中央环保督察组对长株潭绿心地区提出的工业项目退出分类处置整改要求，跳马镇共有136家需要退出的工业企业，2017年12月31日前通过执法关停、劝停生产及劝导转型等方式，共退出工业企业60家。开展绿心保护宣传，实现绿心保护宣传到组到户。全面开展集贸市场整顿，规划停车位293个，签订门前三包责任状273份。查处违章渣土运输车辆69辆，共处罚金17万余元。完成第十五、十六、十七期长沙市规划遥感卫星图斑调查2005处，拆除市“五年拆违大行动”年度任务3200平方米，完成率100%。另拆除新增违章建设19处。落实安全生产检查工作，做好森林防火工作，开展集中执法，狠抓食品药品安全监管，主动排查电气火灾等安全隐患。做好信访维稳，严厉打击违法犯罪，开展矛盾纠纷排查工作。印发《跳马镇全面推行河长制工作实施方案》《跳马镇河长制工作制度》等相关文件，明确各级河长职责和管理范围，做到“一河一长、一河一策”。（刘希贤）

【基层党建】 2017年，跳马镇完成15个村（社区）换届选举工作，选举新一届两委班子成员95人。号召全镇党员投身浏阳河曙光垸大堤防汛救灾的第一线，组建“党员先锋队”“银发先锋队”等党员突击队伍。跳马镇积极应对相关险情，没有出现人员伤亡。灾后提前实现人员安置到位、浏阳河大堤加固、物资发放有序、卫生清理消毒、群众生产生活基本恢复等工作目标，完成房屋、交通、水利等灾后重建工作。通过公开竞聘选拔镇中层干部12人，激发干部真拼实干的工作激情。通过组织党员集中学习、召开专题会议、挂横幅、学习“红星云”等多种方式开展中共十九大精神学习活动。在中央、省、市媒体共刊发或转载稿件441篇；开展无证办学清理工作；顺利通过文明创建国检。推进精准扶贫，同区内12个街道、红星实业集团分别结对帮扶14个村（社区），跳马镇成立精准扶贫工作小组，结对帮扶复兴村37户建档立卡贫困户。（刘希贤）

【全域旅游】 2017年，与多家设计团队就跳马全域产业规划的顶层设计进行深入互动。与中国建筑签订战略合作框架协议，启动全镇编制的顶层概念性规划设计和“一点一线”项目规划设计方案工作，顺利通过区委常委工作会议审定。依托生态优势，将花卉苗木产业与全域旅游工作结合，聘请专家开展花卉苗木种植技能培训，发展种植项目，推动花卉苗木产业的提质升级。推进土地确权、土地流转等配套工作，实现经济、生态保护协调性发展。1月16日，长沙市雨花区全域旅游开发建设指挥部成立。指挥部由区委书记张敏、区委副书记、区长刘素月担任顾问，由区委常委、区委办主任周海毅担任指挥长，由叶松、陈怀宇、张良欣、刘江红、康长萍、谭爱兵、刘志平担任副指挥长。4月21日，长沙市雨花全域生态旅游开发有限责任公司完成工商登记。公司法定代表人兼董事长由刘志平担任，公司注册资本金6亿元整。公司经营范围为：旅游景区规划设计、开发、管理；休闲旅游；民间工艺品制造；工艺品零售；文化用品销售；土地整理、复垦；房地产开发经营；物业管理；商业管理；停车场、立体车库的投资、建设；花卉种植；广告发布服务；农家餐饮服务。（刘希贤）

跳马田园风光 （刘希贤／提供）

【精准扶贫工作】 2017年，跳马镇党委以换届选举为契机，对15个村（社区）中的8个书记人选进行调整。成立跳马镇精准扶贫工作领导小组，建立帮扶机制，形成全区帮扶合力。雨花区12个街道及红星实业集团抽调人员实行“一对一”的帮扶并组建工作队，举全区之力助跳马打赢脱贫攻坚战，全年共走访各类帮扶对象近500余次，各帮扶责任人调查解帮扶对象的致贫原因，制定脱贫措施，精准施策、精准帮扶，在产业帮扶，教育帮扶，医疗帮扶等方面下功夫。跳马镇启动就业扶贫等14个专项扶贫项目，争取上级政策，在低保，危房改造，教育医疗等方面对贫困对象精准发力，帮助解决贫困对象最迫切的需求，加大基础设施建设力度，在道路设施建设、亮化等方面下工夫。2017年，镇政府在原有花卉苗木产业的基础上，专门聘请专家开展花卉苗木种植技能培训，引进绿色生态种植项目，推动花木产业提档升级。在新屋坡组和彭家塘组打造10公顷的芦笋种植基地，依托本地丰富的集体林地资源优势，发展林下种植项目。启动一项产业扶贫新项目——养殖蜜蜂，通过组织开展养蜂技术推广培训班，吸引40余户贫困户参与，并有18户贫困户现场签订养蜂协议书，领取产业扶贫项目扶持的养殖蜂箱。9月27日，成功收获2017年的第一桶“蜜”，每户平均产蜜5余千克，增收1000余元，许多党员干部帮助进行销售宣传，蜂蜜转瞬间就销售一空。除政府专门召开招聘会引导贫困人口劳动力资源进行就业之外，跳马镇提出“就业帮扶1+1”帮扶项目，引导党员帮助帮扶对象寻找到合适的工作，扩展其收入。成功就业100余人。（刘希贤）

【跳马镇曙光垸浏阳河大堤及相关配套水利设施应急抢险工程】 跳马镇曙光垸浏阳河大堤及相关配套水利设施应急抢险工程，共计有3处项目，分别为曙光垸堤防修复工程、禾公山撇洪渠工程、新竹支渠工程。总投资4500万元。7月2日浏阳河曙光垸决堤后，7月3日正式动工，从7月5日开始施工，经过几个月，曙光垸堤防修复工程（压渗平台）全长2575米，完成的主要工程量有：清表17340.70立方米，清淤33140.43立方米，片石碾压填筑143415.11立方米，块石回填27861.57立方米，土方填筑30155.39立方米等。禾公山撇洪渠工程全长1989米，完成的主要工程量有：渠道清表1989米，渠道清淤1989米，土方填筑1989米，渠道浆砌石衬砌1989米，机耕桥6座，节制闸1座等。新竹支渠工程全长1500米，完成的主要工程量有：渠道清表1390米，土方填筑1390米，渠道清淤1390米，渠道左岸浆砌石护坡400米，右岸浆砌石护坡600米，砼道路1390米，节制闸7座，机耕桥1座，人行桥1座。（刘希贤）

【金屏安置区】 金屏安置区位于跳马镇金屏社区荷花塘组，石燕湖大道以东，规划西湖大道以北，一期用地3.47公顷，规划房屋19栋，安置73户222人，系金屏社区执行103号令拆迁政策的洞株公路、石燕湖大道、省发改委、金屏安置区、建盛加油站等5个项目相对集中安置点。项目估算投资约3400万元，主要用于征地拆迁、场地土方平整、房屋桩基础、配套道路及雨污、强弱电、自来水、天然气管道、绿化等基础设施建设。（刘希贤）

【圭塘河生态引水工程】 圭塘河生态引水工程项目由圭塘河生态引水工程（主线）项目和圭塘河生态引水工程扩征项目组成。全长7.9千米，共计占地约29.28公顷（含租用地）。项目主要经过跳马镇冬斯港村、白竹村、石燕湖村、金屏社区，涉及红线内被拆房屋4栋，（主线2栋，扩征2栋），

圭塘河生态引水工程 （刘希贤/提供）

截至 2017 年底，完成所有房屋的拆除腾地工作，圭塘和生态引水工程（主线）完成结算交地。

（刘希贤）

【红星大市场项目（二期）工程】 红星大市场项目（二期）主要涉及跳马镇白竹村吊楼子组、木乙冲组、泉塘组和水碧冲组，共需征地 29.61 公顷，涉及被拆迁房屋 22 户。该项目完成所有房屋的拆迁腾地工作，并于 2017 年 11 月 24 日召开结算会，完成结算腾地。（刘希贤）

【川河路项目】 川河路项目共计征地 3.06 公顷，主要涉及跳马镇白竹村长安冲组、黎家冲组和汪家冲组。共需拆迁房屋 5 户，全部完成所有房屋的拆迁腾地工作。于 2017 年 11 月 24 日完成项目结算会，实现结算腾地。（刘希贤）

【白竹安置地】 时代阳光大道东延线项目：时代阳光大道东延线项目由时代阳光大道东延线（花卉路—川河路）项目、时代阳光大道东延线（花卉路—电商路）边坡扩征项目和时代阳光大道东延线（电商路—川河路）边坡扩征项目三部分组成。发布征地通告的是主线项目时代阳光大道东延线（花卉路—川河路）和边坡扩征项目时代阳光大道东延线（花卉路—电商路），两项目共计征地 12.32 公顷，主要涉及跳马镇白竹村。时代阳光大道东延线（花卉路—川河路）项目于 2016 年 9 月份启动，共计征地 9.01 公顷，涉及被拆迁房屋 42 户。截至 2017 年底，该项目完成红线内所有房屋的清零拆除扫尾工作，完成线内青苗、迁坟等工作，实现全面腾地并交付施工方进场施工。时代阳光大道东延线（花卉路—电商路）边坡扩征项目于 2017 年 8 月份启动，共计征地 3.30 公顷，涉及跳马镇白竹村大塘组、水碧冲组和吊楼子组。红线内涉及被拆迁房屋 7 户，该项目完成所有房屋的拆除清零工作。于 10 月 14 日召开项目结算会；时代阳光大道东延线（电商路—川河路）边坡扩征项目为 2017 年新启动项目，暂未发布征地通告。红旗路南延线项目主要分为红旗南路项目（主线）和红旗路边坡扩征项目。其中红旗南路项目（主线）于 2015 年 9 月发布征地公告，征地面积 14.37 公顷，涉及被拆迁房屋 22 栋，该项目于 2016 年完成结算及腾地工作。红旗路边坡扩征项目共计征地 3.58 公顷，于 2017 年 8 月份启动。主要涉及跳镇白竹村水碧冲组、木乙冲组、大塘组和小塘组，共需拆迁房屋 11 户。该项目所有房屋的拆除清零工作，于 2017 年 12 月份完成结算及交地工作。（刘希贤）

【斑竹塘社区集镇提质改造】 斑竹塘社区邻里中心位于跳马镇斑竹塘集镇，成立于 2010 年 2 月，是跳马镇非农社区，辖区总面积 0.8 平方千米。社区于 2017 年纳入长沙市社区全面提质提档工作范围。2017 年 6 月开工建设，投入 2000 万元，对原集镇进行白改黑，在石燕湖大道两侧全面构建宣传社会主义核心价值观体系，完善基本设施配套，石燕湖大道人行道的绿化补栽种、小区亮化、停车坪的规划、室外文体广场、新建湖心公园等方面进行便民、为民的提质提档。在社区主次干道配置 300 个垃圾箱、街面路灯安装 100 盏，完成下水道管道 1000 米，新增小区绿化 2000 平方米，疏通下水道 500 米，新增车位 80 个车位。社区公共服务中心的一站式服务大厅，党小组活动室、道德讲堂、社会组织孵化中心、多功能的会议室、阳光居民议事厅等都让社区居民在邻里中心感受到零距离的 100% 服务。（刘希贤）

【跳马镇村（社区）“两委”班子换届选举】 2017 年 3 月至 5 月，跳马镇经近 50 天时间，完成 15 个村（社区）“两委”换届选举工作，选举产生新一届村（社区）两委班子成员 95 人。该次村级换届选举是跳马镇划入雨花区之后的第一次换届选举。针对跳马“一广两多三特殊”即面积广，党员多，外出党员多，有关刀、団然、杨林 3 个合并村，党员居住分散，选情复杂等特点，镇党委深入调研，科学谋划，统筹抓好村（社区）两委的换届选举工作。区委派驻跳马镇的换届选举工作监督指导组领导、区纪委、区委组织部、区民政局、镇党政班子成员及联村干部全程参与指导和监督试点村（社区）的换届选举工作，建立“倒排”时间进度表，把好难点、重点环节关口，选优配强“两委”班子。取得党员参会率 90%，支委平均得票率 90%，书记、副书记得票率 100% 的成绩，全镇 15 个村、社区调整书记 8 人，调整率 53.33%，3 名后备村干部被选入进支委。完成班子交接和三个合并村的“财、物、人、心”的合并。（刘希贤）

【“义诊进社区，健康伴你行”活动】 2017 年 4 月 20 日，跳马镇卫计办、群工办、跳马镇健康促进委员会、跳马镇计生协会、跳马镇斑竹塘社区联合长沙鹤城医院在跳马镇佳兆业小区开展“义诊进社区，健康伴你行”活动。该次义诊活动包括测血压、量血糖、量身高体重、心电图以及疾病预防和健康宣传等众多环节。检查过程中，医务人员对每位参检居民的身体进行检查，对他们提出的健康问题一一进行耐心解答，从日常保健、身体锻炼、营养摄取等多方面对其进行健康指导。活动现场，跳马镇斑竹塘社区的工作人员认真登记每位居民的基本信息，建立完善居民健康档卡，并免费为其发放《健康素养 66 条》《合理膳食指南》等健康知识宣传资料。该次义诊活动的开展，使居民在享受免费体检的同时提升自我保健意识，丰富了健康知识，健康观念得到了有效增强。（刘希贤）

【“长沙市跳马生态片区两型保护与发展项目投资合作框架协议”】 2017 年 6 月 21 日，在湖南省人民政府主办的“央企湘企暨‘一带一路’产能合作对接活动”上，区政府与世界 500 强、央企巨头中国建筑股份有限公司签订“长沙市跳马生态片区两型保护与发展项目投资合作框架协议”，湖南最大的绿心保护与发展创新和试点项目落户雨花区。（刘希贤）

2017 年 6 月 21 日，区政府与中国建筑股份有限公司签订合作协议（刘希贤／提供）

【跳马镇全面推进“河长制”启动仪式】 2017 年 12 月 24 日，跳马镇全面推进“河长制”启动仪式举行。启动式上，跳马镇向首批民间河长颁发“民间河长证书”及民间河长志愿服务队旗帜。跳马镇辖区内有浏阳河、圭塘河源头及上游、双溪港、官桥撇洪渠、团头河等 5 条河流，为激发全镇群众共同参与“河长制”工作的积极性和主动性，跳马镇在全镇范围内公开招募 50 名口碑好、威信高、熟悉河道、热心公益的村民，分别担任这 5 条河流的民间河长。民间河长是对“河长制”的有益补充，可以时时关注身边河道的变化，第一时间反映河道整治的问题。启动仪式后，主办方组织区级资深民间河长授课，现场取水由技术人员检测水质。（刘希贤）

2017 年 12 月 24 日，“绿水青山就是金山银山”跳马镇全面推进“河长制”启动仪式（刘希贤／提供）

人　物

一、人物简介

王彦锋

王彦锋，1974年8月出生，1997年7月参加工作，1999年6月加入中国共产党。

1994年9月至1997年7月，在宁夏银川师范高等专科学校政史专业学习。1997年7月至1999年9月，任宁夏惠农县红果子学校教师。1999年9月至2002年9月，任宁夏惠农县政府办公室秘书。2002年9月至2003年3月，任宁夏惠农县政府办公室副科级秘书。2003年3月至2004年2月，任宁夏惠农县委组织部副部长。2004年2月至2004年9月，任宁夏石嘴山市惠农区党工委组织部负责人。2004年9月至2004年11月，任宁夏石嘴山市惠农区党工委组织部副部长。2004月11月至2005年8月，任宁夏石嘴山市惠农区委组织部副部长。2005年8月至2007年10月，任宁夏石嘴山市惠农区委组织部副部长、机关工委书记（其间：2003年8月至2005年12月，中央党校函授学院行政管理专业学习）。2007年10月至2009年4月，任宁夏石嘴山市惠农区燕子墩乡党委书记、乡长。2009年4月至2011年12月，任宁夏石嘴山市惠农区中街街道党工委书记（其间2006年9月至2009年7月，宁夏党校公共管理专业学习）。2011年12月至2012年2月，任宁夏石嘴山市惠农区中街街道党工委书记、石嘴山市委统战部办公室主任。2012年2月至2012年5月，任宁夏石嘴山市委统战部办公室主任。2012年5月至2016年8月，任 宁夏石嘴山市委宣传部副部长。2016年8月至2017年8月，任宁夏平罗县委常委、城关镇党委书记。2017年8月，任长沙市雨花区委常委。2017年9月，雨花区第五届人民代表大会常务委员会第六次会议，决定任命王彦锋为长沙市雨花区人民政府副区长（挂职一年）。（柳　旻）

龙凤舞

龙凤舞，1968年5月出生，大学文化，湖南天福景观建设有限公司总工程师，湖南省民革课题调研组专家。

1995年，龙凤舞踏入园林景观建设行业，一步步成为该行业的技术能手。在以他为核心的技术团队的努力下，湖南天福景观建设有限公司跻身国

家城市园林绿化施工承包一级企业，成为湖南园林景观建设行业的“排头兵”。他牵头完成长沙大王山旅游度假区门户广场、云南曲靖市文化中心室外景观绿化工程等项目200多个，累计完成绿化面积320多万平方米，移栽苗木花卉6亿多株，工程规模50多亿元，其中20多个项目获得湖南园林行业的最高荣誉，为湖南生态文明建设作出重要贡献，为长沙的“三年造绿大行动”立下了汗马功劳。作为园林景观建设行业专业技术人员中的佼佼者，龙凤舞相继当选为长沙市第十四届、第十五届人大代表。长沙市人大常委会第十四届、第十五届城乡建设环境与资源保护委员会委员。近10年来，他的提案大多得到很好的解决，部分提案写入长沙每年的人大工作报告和政府工作报告中。他还积极投身社会公益事业，经常给一线工人送去关爱。2017年4月，获全国五一劳动奖章。（凌　敏）

马贤兴

马贤兴，1962年2月出生，湖南浏阳人，法律硕士，中共党员。长沙市雨花区人民检察院党组书记、检察长。

马贤兴，曾任浏阳三中教师、浏阳市农业银行办公室主任、金融经济师、长沙市中级人民法院研究室主任、天心区人民法院副院长（挂职），长沙市中级人民法院政治部副主任。2006年，调任宁乡县人民法院党组书记、院长。2007年年初，马贤兴在全国政法系统率先提出“心态建设”，致力于政法干警心态建设和法院文化建设。在宁乡县人民法院开展心态建设实验，设立法院系统首家“法官心态建设办公室”和“法官关爱中心”，公开考录一名专职心理学硕士，为干警提供心理咨询和疏导，他被誉为“全国政法系统心态建设首倡者”。宁乡法院的“心态建设”实践，得到最高人民法院、湖南省人大常委会、湖南省高级人民法院、长沙市委政法委和长沙市中级人民法院等上级机关和领导的积极肯定和悉心关怀。《半月谈》《法制日报》《人民法院报》《中国青年报》《湖南日报》《三湘都市报》、新华网、人民网、法制网、中国法院网等权威主流媒体专题报道推介。湖南省高级人民法院、长沙市中级人民法院党组做出在全省、全市法院开展心态建设的决定。宁乡县正式将心态建设工作纳入党员干部教育体系，印发专门文件，成立由县委书记、县长领衔的心态建设领导小组，任命马贤兴担任副组长，在全县范围内开展党员干部心态调研、理论宣讲与工作推进。2010年，他受邀参加清华大学承办的首届中国国际积极心理学大会，作《心态建设的提出、定位和科学推进》的专题学术报告，率先提出把心态建设纳入社会主义和谐社会建设体系的构想，与20多个国家的专家学者共同探讨转型期的社会建设与国民心态问题。马贤兴任职期间，宁乡县人民法院获9项国家级、15项省级、100余项市县级荣誉称号，2011年被授予“全国法院文化建设示范单位”称号，2012年被评为全省优秀法院。从2008年起，该院按照“司法形象与法官心态建设年”“司法责任与法官心态建设年”“司法和谐与心态建设年”“司法良知与心态建设年”等主题逐年推进心态建设。2010年，他受聘担任湖南省省情与对策研究专家，受委托主持省社科联重点调研课题《转型期公职人员心态研究》，2010年被评为湖南省十大最具影响力法治人物；2011年被评为中国共产党成立90周年全国政法系统优秀党员干警、“CCTV2011年度中国法治人物二十佳”。2012年11月，马贤兴调任长沙市天心区人民法院党组书记、院长。在天心区人民法院，马贤兴开展“节俭风尚与心态建设”主题活动，提出“三多三少三不”口号，即“多办案、多运动、多读书；少玩乐、少应酬、少交友；“三不”即不去高档场所、不去娱乐场所、不去暧昧场所，队伍因此风清气正。在马贤兴的主导下，天心区人民法院获得“全国司法公开示范法院”“全省创建学习型党组织先进单位”“湖南省级文明标兵单位”等荣誉称号。2013年，马贤兴组织天心区人民法院开展“弘扬诚信，防治虚假诉讼”专项活动，力推“诉讼打假”，以司法诚信推动社会诚信。2014年1月，马贤兴提出的防治虚假诉讼八项建议，获最高人民法院主要院领导批示，并倡导和推动天心区政法系统区域防治虚假诉讼，马贤兴被省高院授予“全省首届审判业务专家”称号，并记个人二等功。2015年，马贤兴以天心区人民法院被确定为“全国人民陪审制度改革试点法院”为契机，扩大司法民主，积极推进陪审制度改革。落实司法责任要求，通过挖潜增效、构建大民事审判格局，打造高效科学审判团队，推行审判长负责制改革和立案登记制，被评为长沙市首届最具影响力十大法治人物。马贤兴多次向最高人民法院提出完善婚姻法司法解释二第24条等相关司法建议，得到最高人民法院院长周强的关注和批示。2016年10月，在全国妇联召开的座谈会上，某知名大学一名诉讼法学教授提出“根据我国婚姻家庭实行共同财产制，必须实行共同债务制。而且，在执行程序中直接追加债务人配偶为被执行人，不是以执代审”， 马贤兴马贤兴当场站起来反驳。他直接向最高法院主管执行工作的党组副书记、副院长江必新反映，“在执行中直接追加债务人配偶的做法很危险”。周强和江必新予以采纳，否决“直接追加债务人配偶为被执行人”的提议。2016年11月27日，马贤兴全票当选为雨花区人民检察院检察长，2016年12月15日，长沙市第十四届人民代表大会常务委员会第三十五次会议，批准马贤兴为湖南长沙市雨花区人民检察院检察长。2017年3月31日，马贤兴被评为“全国维护妇女儿童权益先进个人”，全国人大常委会副委员长沈跃跃向他颁发荣誉证书。

马贤兴出版《法官心态建设漫谈》《政法职业心态建设漫谈》《心开路宽——职业人生与心态建设》3部专著。在《人民司法》等期刊发表论文40余篇，先后担任中南大学、湘潭大学法学院兼职教授、清华大学继续教育学院特聘教师和长沙理工大学法学研究所特约研究员等教研职务，经常应邀到全国各高校和党政机关、政法单位宣讲法律和心态建设。

（柳　旻）

梁云伟

梁云伟，1967年3月出生，长沙县人，中共党员，研究生学历，长沙市雨花区司法局党组书记、局长。

2010年，梁云伟走马上任雨花区司法局局长。2012年，他推动建立群众“点单式+免单式”的砂子塘街道“群众维权工作室”。2015年，长沙开展“史上最大规模的拆违行动”，他因势而谋、应势而动、顺势而为，梁云伟牵头在高铁片区建立全省首个专门针对拆迁控违的“法律维权工作室”，促进依法、和谐、高效拆迁拆违，为980名村民提供咨询和维权服务，成功调解纠纷380件；他谋划推动区司法局投入82万元经费，在全市率先开展“一社区一法律顾问”工作，实现全区村（居）法律顾问全覆盖，把法律服务做到群众心坎上；建立全市首个驻区交警大队人民调解室，致力于构建“三调联动”大格局及道路交通事故纠纷“四位一体”解决机制，加强人民调解驻公安派出所工作，推进“公调对接”有序开展；首个落实司法所副科级建制，他率先探索社工介入社区矫正工作新模式，在社区矫正工作中融入感恩教育，发动社区服刑人员结对帮扶家境困难的中小学生。深化法治文化建设，打造全省法治文化示范项目——侯家塘红旗法治文化广场。他任职期间，雨花区先后获得首批“全国法治县（市、区）创建活动先进单位”“全国‘五五’普法先进县（市、区）”“全国‘六五’普法先进县（市、区）”等称号；雨花区司法局获评“全国司法所建设工作先进单位”“全省司法行政系统先进集体”“全省社区矫正工作先进集体”，荣立全省司法行政系统集体三等功。2017年4月27日，全国司法行政系统先进集体先进工作者和劳动模范表彰电视电话会议在北京召开，梁云伟作为全省各县（市、区）司法局唯一代表赴京参会，接受“全国司法行政系统先进工作者”颁奖。（柳　旻）

王青春

王青春，1969年4月出生，湖南浏阳人，中共党员，湖南师大历史系毕业，大学学历，中学高级教师。

王青春曾执教浏阳农村中学13年，担任过高中校长。2004年至2011年，王青春担任雨花区教育局副局长，2011年到2015年9月，任雨花区委组织部副部长、常务副部长，2015年9月，任长沙市雨花区教育局党委书记、局长。曾公开发表论文和出版著作30多篇（部），多篇被国内核心期刊转载，个人事迹被《中国教师报》专题报道。

2016年，雨花区进一步加快推动学校扩容提质建设，确保“三个一批”，即建成一批、落地一批、启动一批。6所中小学和一所幼儿园建成。雨花区重点工程项目建设中，教育建设项目占19个。雅境中学、枫树山中航城小学、砂子塘平阳小学秋季投入使用，新增108个班。启动川河中学、潭白小学、黎托小学、明昇壹城小学的建设项目，郡阳小学、莲湖小学、和平小学、东方红小学、德馨园小学、李洞中学、新世界小学、素质营地等项目落地。跳马片区10所小学提质改造全面完成。2016中国教育明德论坛暨第15届全国基础教育学习论坛上，王青春作为基层教育局长唯一代表在开幕式上发言，阐述对核心素养的理解，推介雨花教育的经验。推进“一校一特色、一生一特长”素质教育战略，新创建8所区级特色学校，王家冲小学、明德雨花实验中学顺利通过市级特色学校验收，泰禹小学被授予“湖湘木偶皮影特色学校”。明德洞井中学、一中新华都学校、吉联小学、天华小学、万境小学、东南海小学6所学校新增为全国校园足球特色学校。2017年，雨花区实施党建引领工程、教育教学改革工程、名校名师培育工程、学校扩容提质工程、民办学前教育普惠优质工程、教育治理现代化工程六大工程”，推动雨花教育公平而有质量发展。实施“名校带动战略”“特色发展战略”，巩固小学教育阶段教育品牌，砂子塘教育集团“一校十址”，枫树山教育集团“一校八址”，长塘里教育集团“一校两址”。对辖区内每一所规模相对较小、发展滞后的学校均指定区内一所品牌学校与之结对“手拉手”；所有区属中学已经全部实现与省市一流学校的合作办学或委托管理，如稻田中学、明德雨花实验中学、周南雨花中学、长郡雨花外国语学校、一中新华都学校、雅礼雨花中学、明德洞井中学等，推动区属中学的快速发展和迅速成长。全区特色学校比例达到53.2%，实现特色项目100%全覆盖。加快新校建设、老校布局调整及改扩建，有效缓解入学压力，满足人民群众和城市化发展对优质教育的需求。秋季，全区有长郡雨外洪塘学校、砂子塘小学第六都校区、枫树山莲湖小学，省二幼恒大绿洲幼儿园、教育局六幼等7所新校（公办幼儿园）投入使用，新增优质学位8200个，公办幼儿园园位1200个。2017年11月30日，王青春被授予“2017中国教育领军人物”称号。（柳　旻）

安　志

安志，1984年10月出生，湖南慈利县人，大专文化，中共党员。长沙市公安局雨花分局东山派出所打击多发性侵财犯罪中队长。

2016年7月28日14时许，犯罪嫌疑人章某（男，40岁，长沙县黄兴镇人）因感情纠葛，携带刀具

和用火药制成的爆炸装置来到雨花区东山街道黎郡新宇康景园2栋1单元101房，刺伤并挟持正在打麻将的受害人吴晓建（女，49岁，雨花区东山街道人），同时将在麻将馆内其他人员驱散。接到报警后，东山派出所值班民警迅速赶往现场。章某点爆爆炸装置引燃麻将馆，并持将已经被刺伤的吴某建逼至楼梯处，始终持水果刀抵住受害人吴某建颈部，情绪十分激动，并对出警民警非常抵触。安志当着嫌疑人的面解除武器装备后与其交流。安志以章某对吴某建仍有较深感情为切入口，提出先对吴晓建进行救治。在安志的劝说下，该男子终于同意让受害人接受治疗。在受害人搬上担架，运送至救护车途中，为防止章某对受害人进行二次伤害，安志抓住空隙冲向章勇，紧紧抓住其持刀的右手，将其摔倒在地。章某察觉后，倒地同时将刀刺向安志，将安志左手割伤转而将刀刺向自己左胸自杀。安志死死抓住刀不让其伤害自己，在众人协助下，将章某制服，被挟持的受害人被成功解救。中央电视台新闻频道《法治在线》栏目、《人民公安报》头版头条、湖南经视、湖南都市、长沙政法频道等主流媒体争相报道。9月25日，湖南省委常委、政法委书记、副省长、公安厅长黄关春作出批示，号召全省民警向他学习。2017年5月19日，全国公安系统英雄模范立功集体表彰大会上，安志被授予“全国优秀人民警察”称称号。（柳 旻）

刘映先

刘映先，女，1969年3月出生，湖南宁乡人，本科文化，中国党员，侯家塘街道廖家湾社区党总支书记、居委会主任、廖家湾社区志愿者工作站站长。

2003年，在大型国有企业工作的刘映先参加长沙市两保人员招考，到侯家塘街道枫树岸社区工作。她牵头成立“党员会客亭”，组织社区十几位有爱心的退休党员，轮流开展爱心活动，一些困难居民得到帮助，多年的臭水沟得到治理，社区秩序明显好转。2005年3月，刘映先任长塘里社区党支部书记，刘映先开通24小时的党建热线“情牵一线”，向社区老党员虚心请教，与他们谈心，开展丰富多彩的党建活动，同时接受居民投诉，整治社区卫生、环境，一改社区党群关系僵化的旧貌，社区党支部凝聚力增强。2008年，刘映先到廖家湾社区担任社区书记、居委会主任。2011年，刘映先争取雨花区政府2000多万的建设资金，率先启动社区标准化建设，对社区十大工程进行改造升级，牵头成立社区物业服务中心，网格化管理中心，完成社区水网改造和煤气入户等工作，为居民提供全方位、一站式的社区公共服务奠定坚实基础。设立雷锋号志愿者工作站，社区逐步建立起以社区党总支为主导、党团员为核心、社区居民为外围、社会各界共同参与的爱心帮扶、志愿服务等网络，形成“10886”（邀您帮帮乐）志愿服务模式体系，开展文明畅交通、真情系夕阳、雨花润青苗、七彩雷锋日等十大志愿服务项目。依托“孟妈妈青少年保护家园”和“鲁爷爷爱心室”等工作品牌，开展丰富多彩的志愿服务活动。牵头将廖家湾社区志愿服务经验总结提炼成《社区志愿服务管理规范》。2012年廖家湾社区获得“全国优秀志愿服务组织”（全省唯一）、“湖南省雷锋号志愿者工作站”“湖南省创先争优先进基层党组织”等荣誉100余项，她本人获得“全国青年志愿者先进个人”“湖南省志愿服务突出贡献个人”“民政工作先进个人”等荣誉称号。2013年12月，《社区志愿服务管理规范》作为全国首个“地方标准”正式发布。2014年3月，《社区志愿服务管理规范》正式实施，填补一

项国内空白。2016年，廖家湾社区学雷锋志愿服务站有67个团队，4000多名志愿者，服务6万多人。涌现全国最美志愿者、第五届全国道德模范提名奖孟繁英、全国首批五星志愿者傅强等先进典型。2017年3月，刘映先被评为全国岗位学雷锋标兵。

（柳 旻）

刘娟娟

刘娟娟，女，1983年10月出生，湖南长沙人，大专文化。长沙市中医康复医院医生。

刘娟娟一岁时，因意外导致眼睛几乎失明，9岁入选湖南省残疾人游泳队，1994年在北京第六届远南运动会400米自由泳比赛中夺得第一枚亚洲金牌。此后的运动生涯中，累计在国内国际大赛中获得22金6银1铜。曾被湖南省妇联和省团委授予“三八红旗手”及“新长征突击手”光荣称号。多次在省市级歌唱比赛中获奖。退役后，刘娟娟被湖南中医药大学录取，通过5年的刻苦学习，以优异的成绩进入长沙市中医康复医院，成为一名按摩医师。以扎实的专业技能和精湛的诊疗经验，在医院首创中医特色科乳腺治疗中心，治愈的患者数以千计。在做好本职工作的同时，她身体力行，整合本院医疗资源，竭尽所能帮助残疾朋友创业，教授针灸按摩等技能，带领残疾群体提升生活技能、自立自强。2007年夏，刘娟娟遇到丈夫李炜。婚后，公婆视刘娟娟为己出，大家庭夫妻恩爱、和睦温馨，健康活泼的宝宝出生后，丈夫把家里所有的事情都打理得熨熨帖帖，大家庭变得更加完整和温馨。2017年5月24日，刘娟娟家庭获全国“最美家庭”。

（柳 旻）

二、人物表

2017年区级劳动模范

姓名	性别	出生年月	籍贯	学历	政治面貌	单位职务
刘映先	女	1969.3	湖南宁乡	大专	中共党员	侯家塘街道廖家湾社区书记、主任、社区志愿者服务工作站站长
刘革新	男	1981.9	湖南岳阳	本科	中共党员	同升街道办事处副主任
李芳	女	1977.8	湖南宁乡	研究生	中共党员	区纪委派驻区委组织部纪检组组长
陈丽琼	女	1970.1	湖南	大专	中共党员	高桥环卫所所长
罗跃	男	1970.1	湖南长沙	大专	中共党员	红星实业集团有限公司副董事长兼总经理
唐博杰	男	1984.1	湖南娄底	大专	中共党员	湖南晓光汽车模具有限公司模具事业部模二车间副主任
梁志军	男	1962.7	湖南望城	本科	中共党员	长沙市稻田中学校长，中学语文高级教师
曾正良	男	1964.3	湖南益阳	中专	群众	长沙威龙保安服务有限公司保安三大队班长
曾竟成	男	1965.9	湖南益阳	大学	中共党员	区民政局副主任科员、生活无着救助管理站副站长
潘昊	女	1978.2	湖南长沙	硕士	群众	区人民法院刑庭副庭长

（凌 敏）

统计资料

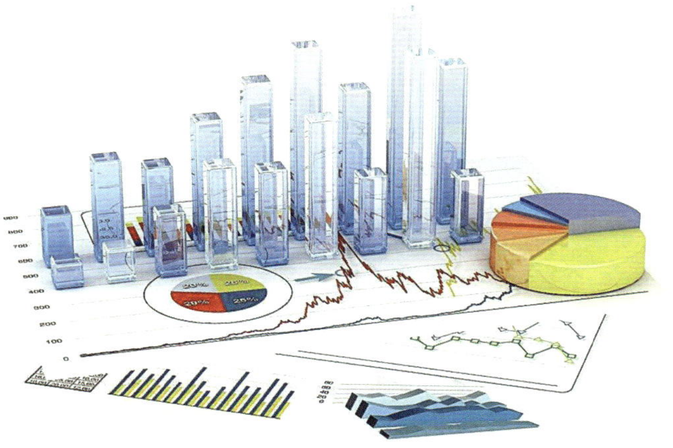

表 1　　行政区域

指标	单位	社区居民委员会	社区筹委会	行政村
总计	个	121	15	13
雨花亭街道办事处	个	10	1	0
高桥街道办事处	个	8	0	0
左家塘街道办事处	个	21	0	0
侯家塘街道办事处	个	12	0	0
砂子塘街道办事处	个	8	0	0
东塘街道办事处	个	10	0	0
圭塘街道办事处	个	11	0	0
黎托街道办事处	个	4	4	0
洞井街道办事处	个	12	5	0
井湾子街道办事处	个	14	0	0
东山街道办事处	个	4	2	0
同升街道办事处	个	5	3	0
跳马镇	个	2	0	13

表 2　　经济社会发展主要指标

指标	单位	2017 年	2016 年	同比增长（%）
一、土地面积	平方千米	292.2	292.2	—
二、年末总人口（户籍人口）	万人	69	66.94	3.1
三、地区生产总值	亿元	1230.87	1105.71	8.9
第一产业	亿元	5.74	6.9	-15.6
第二产业	亿元	403.91	376.24	3.8
第三产业	亿元	821.22	722.57	12
四、工业总产值	亿元	—	—	—
规模工业总产值	亿元	634.58	595.66	15.3
五、农林牧渔总产值	亿元	8.82	10.56	-14.5
# 农业	亿元	8.09	9.03	-8.1

续表 2 经济社会发展主要指标

指标	单位	2017 年	2016 年	同比增长（%）
六、粮食产量	吨	1741	2010	–13.4
七、全社会固定资产投资	亿元	619.34	563.95	13.6
#城镇固定资产投资	亿元	396.44	399.57	4.1
八、社会消费品零售总额	亿元	712.61	693.28	4.8
九、进出口总额	亿美元	10.5	9.45	11.2
#出口总额	亿美元	9.5	7.5	26.8
十、实际利用外资金额	亿美元	6.91	6.37	8.5
十一、引进市外境内项目固定资产投资	亿元	306.2	270.87	13
十二、地方公共财政预算收入	万元	536262	584052	–8.2
地方公共财政预算支出	万元	888316	914309	—
十三、城市居民人均可支配收入	元	50327	46435	—
十四、高新技术产值	亿元	1660.93	1402.14	—
高新技术产业增加值	亿元	601.52	523.58	—
十五、城镇化率	%	97.7	97.7	—

表 3 经济社会发展综合指标

指标	单位	2017 年	2016 年	同比增长（%）
科学技术支出	亿元	1.2339	0.4123	199.3
认定国家级企业（集团）技术中心	家	0	0	0
省部级以上科技成果	项	27	26	3.8
专利申请	件	3928	3527	8.5
授权专利	件	2399	2086	15.0
签订产学研技术合同	项	552	516	7.0
年技术市场成交合作合同金额	万元	300000	27000	1011.1
产学研科技人员服务企业人数	人	12915	12620	2.3
人均水资源	立方米	1375	1441	–4.6
平均年降水量	毫米	1632	1422.4	14.7
总用水量	亿立方米	3.98	3.65	9.0
人均用水量	立方米	448	510	–12.2
森林覆盖率	%	44.47	44.47	0
完成造林面积	公顷	140	80	75.0
园内企业个数	个	745	649	14.8
园内企业产值[注]	亿元	377	347	8.6
新签约企业数	个	72	62	16.1
合同签约总额	万元	85054	76045	11.8
新登记个体工商户个数	个	18236	15468	17.9
新登记企企业户数	个	10993	9740	12.9
新修市政道路	千米	7.8	6.8	14.7
基础设施投资总额	万元	59800	61800	–3.2
维修路面及人行道	万平方米	23	21.1	9.0

续表 3　　经济社会发展综合指标

指标	单位	2017 年	2016 年	同比增长（%）
计划投资立项数	个	268	189	41.8
备案数	个	105	71	47.9
计划立项总额	万元	245.55	131.81	86.4
备案总额	万元	364.37	160.95	126.4
改建县乡公路	公里	50	55	-9.1
年末实有道路长度	公里	305	305	0
社区改造	个	11	17	-35.3
拆违面积	平方米	32.6	180.05	-81.9
高新技术产值	亿元	1660.93	1402.14	—
高新技术产业增加值	亿元	601.52	523.58	—

说明：1. 该产值不含中烟公司

表 4　　生产总值

指标	单位	2017 年	2016 年	同比增长（%）
地区生产总值 [注]	万元	12308666	11057082	8.9
第一产业	万元	57366	69001	-15.6
第二产业 [注]	万元	4039083	3762374	3.8
工业 [注]	万元	2820572	2606579	6.3
建筑业	万元	1230252	1167704	-2.2
第三产业	万元	8212217	7225707	12.0
交通运输、仓储邮政业	万元	209202	190396	9.2
批发和零售业	万元	1079971	1029682	3.4
住宿和餐饮业	万元	309688	291776	7.3
金融业	万元	822218	726820	9.3
房地产业	万元	413804	340262	-1.0
其他服务业	万元	5363110	4602683	15.9
营利性服务业	万元	2744995	2264819	25.1
非营利性服务业	万元	2618115	2337864	6.6
人均地区生产总值 [注]	元 / 人	142759	133138	—

说明：1. 地区生产总值、第二产业、工业均为仅含中烟公司长沙卷烟厂部分口径，速度是用不变价计算；
2. 人均地区生产总值按现价计算

表 5　　财政收支情况

指标	单位	2017 年	2016 年	同比增长（%）
一、财政总收入	万元	1487122	1374782	8.2
上划中央两税	万元	120173	199511	-39.8
其中：公共财政预算收入	万元	536262	584052	-8.2
二、公共财政预算支出	万元	888316	914309	-2.8

表 6

招商引资情况

指标	单位	2017 年	2016 年	同比增长（%）
一、进出口总值	万美元	105031	94452	11.2
其中：出口	万美元	95128	75047	26.8
二、当年新签项目（合同）个数	个	30	26	15.4
三、合同利用外资	万美元			
四、实际到位外资	万美元	69134	63701	8.5
其中：已投产（开业）企业	个			
五、引进市外境内项目固定资产投资	亿元	306.20	270.8712	13.0
海关进出口总额	亿美元	10.50	9.34452	11.2
出口	亿美元	9.51	7.5047	26.8
进口	亿美元	0.9903	1.9505	-49.2
#一般贸易	亿美元	10.45	9.3662	11.2
加工贸易	亿美元	0.052	0.059	-11.9
外商直接投资额	亿美元	0.245	6.3701	-96.2
实际利用外资金额	亿美元	6.9134	6.3701	8.5
对外承包工程和劳务合作合同金额	亿美元	0.413	0.88	-53.1
对外承包工程和劳务合作完成营业额	亿美元	2.5188	1.6202	55.5
实际引进省外境内资金	亿元	123.5	104.0175	18.7
国内旅游人数	万人次	2858.67	1863.49	53.4
国内旅游收入	亿元	362.31	180.5	100.7
境外入境人数	万人次	27.1	19.72	37.4
旅游业总收入（人民币）	亿元	374.41	214.01	74.9
国内旅游收入（人民币）	亿元	362.31	180.5	100.7
旅行社总数	个	56	42	33.3
星级饭店总数	个	10	12	-16.7
其中：五星级	个	1	1	0
四星级	个	4	4	0
三星级	个	5	6	-16.7
二星级	个	0	1	-100
星级饭店客房总数	间	1981	2212	-10.4

表 7

教育事业基本情况

指标	单位	2017 年	2016 年	同比增长（%）
一、中等专业学校数	所	0	0	
1、中等专业招生数	人	0	0	
2、中等专业毕业生数	人	0	0	
3、中等专业在校学生数	人	0	0	
二、普通中学学校数	所	4	4	0
普通高中在校生	人	5434	5038	7.9
三、普通初中学校数	所	14	12	16.7
普通初中在校生	人	19508	18601	4.9

续表 7　　教育事业基本情况

指标	单位	2017 年	2016 年	同比增长（%）
四、小学学校数	所	71	67	6.0
其中：小学在校学生数	人	75980	67856	12.0
五、幼儿园数	所	187	168	11.3
其中：幼儿园在园幼儿	人	32133	28922	11.1
教职工数	人	4955	4281	15.7
六、小学生初中入学率	%	100	100	0
七、高中阶段毛入学率	%	100	99.85	0.2
高中阶段辍学率	%			
八、义务教育阶段合格学校建设	所	3	3	

表 8　　文化体育事业基本情况

指标	单位	2017 年	2016 年	同比增长（%）
艺术表演团体	个	26	21	23.8
文化馆	个	1	1	0
公共图书馆	个	1	1	0
放映农村公益电影	万	0.0678	0.06	13.0
全区共有体育场地	万平方米	179.1	179.1	0
体育场	个	16	16	0
体育馆	座	11	11	0
运动场	个	40	40	0
游泳场	个	24	21	14.3
各种训练房	个	369	368	0.3
全区全民健身运动参加人数	万人	60.5	60	0.8
全区开展全民健身项目	项次	33	33	0

表 9　　卫生事业基本情况

指标	单位	2017 年	2016 年	同比增长（%）
卫生机构数	个	556	431	29.0
医院、卫生院	个	70	59	18.6
妇幼保健院（所、站）	个	1	1	0
专科疾病防治院（所、站）	个	0	0	0
医院、卫生院床位数	张	1678	1711	-1.9
卫生技术人员	人	16738	16891	-.09
执业医师和执业助理医师	人	5847	3660	59.8
注册护士	人	2362	1866	26.6
全区疾病预防控制中心（防疫站）	个	1	1	0
全区疾病预防控制中心（防疫站）卫生技术人员	人	41	22	86.4
卫生监督检验机构	个	1	1	0
卫生监督检验机构卫生技术人员	人	24	22	9.1

续表 9　　卫生事业基本情况

指标	单位	2017 年	2016 年	同比增长（%）
社区卫生服务中心	个	10	10	0
社区卫生服务中心床位数	张	529	529	0
社区卫生服务中心卫生技术人员	人	548	452	21.2

说明：上表中“卫生机构数”、“医院、卫生院”和“卫生技术人员”的备注信息为“辖区内（含省、市发证）”，“卫生监督检验机构”的备注信息为“区级”，其他指标的备注信息为“区内发证”

表 10　　环境卫生事业基本情况

指标	单位	2017 年	2016 年	同比增长（%）
一、完成工作量				
收运垃圾	万吨	57.29	54.7	4.7
清扫街道	万平方米	1094	872	25.5
保洁从业人数	人	2060	2090	-1.4
二、环卫专用设备				
垃圾运输车	辆	88	85	3.5
扫路车	辆	44	44	0
洒水车	辆	149	57	161.4
三、环卫设备				
公共厕所	座	76	72	5.6
其中：本年新建	座	7	3	133.3
垃圾站	个	135	139	-2.9
其中：本年新建	个	7	3	133.3

表 11　　园林绿化基本情况

指标	单位	2017 年	2016 年	同比增长（%）
园林绿化覆盖面积	万平方米	2673.5	2607.78	3.4
绿化覆盖率	%	40.4	45.35	3.4
绿地面积	万平方米	2430.45	2370.71	3.4
新增绿地面积	万平方米	79.95	70	14.2
绿地率	%	37.13	41.23	3.4
公共绿地面积	万平方米	1165.9	1112.5	4.8
公园个数	个	43	35	22.9
公园面积	万平方米	337.02	283.62	18.8

表 12　　环境保护基本情况

指标	单位	2017 年	2016 年	同比增长（%）
工业废水排放总量	万吨	153.3	138.03	11.1
工业废气排放总量	万标立方米	199754	212154	-5.8
工业固体废物产生量	万吨	2.69	2.55	5.5

续表 12　　环境保护基本情况

指标	单位	2017 年	2016 年	同比增长（%）
其中：工业固体废物综合利用率	%	100	100	0
水质满足Ⅲ类标准的断面比例	%	33.3	33.3	0
水质满足Ⅳ类标准的断面比例	%	33.3	33.3	0
城市污水处理率	%	99	96.9	2.2
空气质量达到二级标准的城市（区）	个	1	1	0
烟尘控制区	个	5	5	0
其中：烟尘控制面积	平方千米	47.6	47.6	0
区域环境噪声功能达到二级标准的城市（区）	个	1	1	0
环境噪声控制区	个	3	3	0
其中：环境噪声控制面积	平米千米	28	28	0
全省已批准国家生态示范区个数	个	1	1	0

表 13　　劳动就业和社会保障情况

指标	单位	2017 年	2016 年	同比增长（%）
城镇新增就业人员	人	15216	15591	-2.4
城镇登记失业人员	人	5334	4768	11.9
城镇登记失业率	%	2.5	2.58	-3.1
安排下岗失业人员再就业	人	6509	5966	9.1
其中：大龄就业困难对象再就业	人	2933	2611	12.3
失业人员培训	人	0	441	-100.00
农村富余劳动力转移就业增加人数	人	625	613	2.0
农村劳动力转移培训	人	795	811	-2.0
年末企业职工参加基本养老保险人数	人	133772	102462	30.6
在职人员 [注]	人	124143	90076	37.8
退休人员	人	18074	16376	10.4
年末城乡居民养老保险参保人数	人	67039	66972	0.1
年末参加工伤保险职工人数	人	106492	88220	20.7
年末参加失业保险职工人数	人	93261	71690	30.1
年末领导失业保险金职工人数	人	2846	2720	4.6
年末参加生育保险职工人数	人	106660	80594	32.3

说明：指标口径除含正常参保人员外，还包含机关养老保险参保人员和暂停参保人员

表 14　　人事工作基本情况

指标	单位	2017 年	2016 年	同比增长（%）
一、各类专业技术人员总计	人	4209	4186	0.5
其中：工程技术人员	人	32	30	6.7
农业技术人员	人	6	6	0
卫生技术人员	人	209	210	-0.5
教学人员	人	3935	3900	0.9

续表 14　　人事工作基本情况

指标	单位	2017 年	2016 年	同比增长（%）
会计人员	人	12	12	0
经济人员	人	5	6	-16.7
二、各类专业技术人员构成				
其中：工程技术人员	%	0.76	0.72	5.6
农业技术人员	%	0.14	0.14	0
卫生技术人员	%	4.97	5.02	-1.0
教学人员	%	93.5	93.16	0.4
会计人员	%	0.29	0.29	0
经济人员	%	0.12	0.14	-14.3

表 15　　安全监督基本情况

指标	单位	2017 年	2016 年	同比增长（%）
一、特殊行业人员培训（全区总计）	人	1416	1318	7.4
其中：雨花亭街道	人	60	80	3.4
高桥街道	人	117	38	-40.9
左家塘街道	人	47	20	23.7
侯家塘街道	人	80	83	0
砂子塘街道	人	90	76	8.4
东塘街道	人	90	58	18.4
圭塘街道	人	89	198	345.0
黎托街道	人	125	310	4.2
洞井街道	人	23	120	-92.6
井湾子街道	人	68	60	13.3
东山街道	人	40	22	-7.0
同升街道	人	24	43	9.1
跳马镇	人	3	10	-70.0
雨花经开区	%	560	210	166.7
二、重大危险源监控率（全区总计）	%	3 处	3 处	
其中：雨花亭街道	%			
高桥街道	%			
左家塘街道	%			
侯家塘街道	%			
砂子塘街道	%			
东塘街道	%			
圭塘街道	%			
黎托街道	%			
洞井街道	%			
井湾子街道	%	1 处	1 处	
东山街道	%			
同升街道	%	2 处	2 处	
环科园				

表 16 民政工作及社会救助情况

指标	单位	2017 年	2016 年	同比增长（%）
一、登记结婚数	对	5491	5545	-1.0
二、离婚总数	对	3301	2584	27.7
登记离婚	对	3301	2584	27.7
三、城镇居民得到政府最低生活保障	人	3976	3963	0.3
四、各类收养性社会福利单位床位数	张	1274	861	48.0
五、各类收养性社会福利单位收养人员数	人	885	568	55.8
六、城镇各种社区服务设施	个	1075	940	14.4
七、财政预算安排“低保”资金增长率	%／万元	2850	2016	41.4
八、社会救济总人数	人	5950	6180	-3.7
城镇居民最低生活保障人数	人	3976	3963	0.3
农村“三无”人员低保	%	558	420	32.9
其它特困人员低保	人	1416	1797	-21.2
九、综合性社区服务中心	个	121	100	21.0
十、接受社会捐赠资金	万元	900	41.58	2064.5
直接接收社会捐赠	万元	900	41.58	2064.5
十一、销售社会福利彩票	万元	8394	7889	6.4
十二、筹集社会福利资金	万元	419	394.45	6.2

表 17 档案事业与馆藏情况

指标	单位	2017 年	2016 年	同比增长（%）
机构数	个	1	1	0
专（兼）职工作人员	人	14	14	0
馆藏档案				
全宗	个	126	126	0
案卷	卷	58476	58476	0
录音、录像、影片	盘	155	155	0
照片	张	6300	6200	1.6
资料数量	册	3820	3820	0
利用人数	人次	4300	4000	7.5
利用档案	卷次	6000	5000	20.0
利用资料	册次	500	400	25.0
利用档案资料	页	25000	20000	25.0
公开出版	种	2	1	100.0
公开出版字数	万字	128.6	82.3	56.3
内部参考	种	—	—	
内部参考字数	万字	—	—	

表 18　　农林牧渔总产值、现价、可比价、速度

项目	单位	2017 年	2016 年
一、按现价计算			
农林牧渔服务业总产值	万元	88166	105580.8
农业产值	万元	80885	90301.3
林业产值	万元		
牧业产值	万元	2379	6079.1
渔业产值	万元	1554	5969
服务业产值	万元	6648	3231.4
二、按可比价计算			
农林牧渔服务业总产值	万元	90278	96486.9
农业产值	万元	82973	82198
林业产值	万元		
牧业产值	万元	2448	5275.2
渔业产值	万元	1509	5795.2
服务业产值	万元	3348	3218.5
农林牧渔服务业总产值速度	%	3.6	3.2

说明：速度 =（本年现价 / 价格指数—上年同期数）/ 上年同期数

表 19　　主要农作物生产情况

项目	单位	2017 年	2016 年	同比增长（%）
农作物总播种面积	千公顷	0.75	0.73	2.74
一、粮食作物播种面积	千公顷	0.23	0.28	-17.86
总产量	吨	1741	2010	-13.38
谷物播种面积	千公顷	0.23	0.28	-17.86
总产量	吨	1741	2010	-13.38
稻谷播种面积	千公顷	0.23	0.28	-17.86
总产量	吨	1741	2010	-13.38
（1）早稻播种面积	千公顷			
总产量	吨			
其中：优质稻面积	千公顷			
总产量	吨			
（2）中稻与一季晚稻播种面积	千公顷	0.23	0.28	-17.86
总产量	吨	1741	2010	-13.38
优质稻面积	千公顷		0.28	-100.00
总产量	吨		2010	-100.00
（3）晚稻播种面积	千公顷			
总产量	吨			
优质稻面积	千公顷			
总产量	吨			
二、蔬菜播种面积（含菜用瓜）	千公顷	0.49	0.45	8.89
总产量	吨	12116.16	10371	16.83

表 20 茶叶、水果生产情况

项目	单位	2017 年	2016 年	同比增长（%）
一、茶叶产量	吨			
绿毛茶	吨			
二、水果产量	吨	99.98	120	-16.68
1. 园林水果	吨		120	-100.00
柑	吨		120	-100.00
桔	吨			
柚	吨			
葡萄	吨			
其他园林水果	吨			
2. 瓜果类水果（西瓜、甜瓜、草莓）	吨	99.98		
三、年末果园面积	千公顷		0.12	
其中：柑桔园面积	千公顷			

表 21 畜牧业生产情况

项目	单位	2017 年	2016 年	同比增长（%）
当年出栏猪头数	万头	0.52	2.65	-80.38
出栏肉猪	万头	0.52	2.65	-80.38
当年出售和自宰的肉用牛	万头	0	0.02	-100.00
当年出售和自宰的肉用羊	万只	0.02	0.13	-84.62
当年出售和自宰的家禽（鸡鸭鹅）	万羽	4.39	9.8	-55.20
当年出售和自宰的的狗	只			—
当年肉类总产量	吨	540.68	2208	-75.51
猪肉产量	吨	462.25	1961	-76.43
牛肉产量	吨	0	28	-100.00
羊肉产量	吨	3.91	23	-83.00
禽肉产量	吨	74.52	196	-61.98
其他肉产量	吨			—
当年禽蛋产量	吨	217	920	-76.41
生猪存栏	万头	0.31	1.1	-71.82
羊存栏	万只			—
山羊存栏	万只	0.01	0.03	-66.67
家禽存笼	万羽	6.81	5.28	28.98

表 22 渔业生产情况

项目	单位	2017 年	2016 年	同比增长（%）
水产品总产量	吨	850	4600	-81.52
淡水产品捕捞产量	吨	0	2000	-100.00
鱼类（含鳝鱼、泥鳅）	吨	0	1900	-100.00
虾蟹类	吨	0	100	-100.00

续表 22　　渔业生产情况

项目	单位	2017 年	2016 年	同比增长（%）
淡水产品养殖产品	吨	850	2600	-67.31
鱼类（含鳝鱼、泥鳅）	吨	850	2400	-64.58
虾蟹类	吨	0	200	-100.00
淡水养殖面积合计	千公顷	0.18	0.58	-68.94
池塘养殖	千公顷	0.13	0.18	-72.92
其中：精养池塘	千公顷			
水库养殖	千公顷	0.05	0.39	-50.00

表 23　　2016 ~ 2017 年规模工业企业主要经济指标

指标	单位	2017 年	2016 年
企业单位数	个	104	107
工业总产值（现价）	万元	6345764	5956567
工业销售产值（现价）	万元	6323736	5959600
工业增加值（现价）	万元	2775443.0	2362704.0

表 24　　2017 年建筑业企业生产情况（综合）

指标	单位	总计	国有及国有控股企业
一、企业个数	个	119	29
有工作量的企业个数	个	114	27
二、建筑业合同情况			
签订的合同额	千元	559212182	519014562
1. 上年结转合同额	千元	296834549	280360035
2. 本年新签合同额	千元	262377633	238654527
三、承包工程完成情况			
1. 直接从建设单位承揽工程完成的产值	千元	150411826	129872906
（1）自行完成施工产值	千元	150378314	129872906
（2）分包出去工程的产值	千元	33512	
2. 从建设单位以外承揽工程完成的产值	千元	1272782	833160
四、建筑业总产值	千元	151651096	130706066
其中：装饰装修产值	千元	3585833	3179995
其中：在外省完成的产值	千元	98168599	93142962
1. 建筑工程产值	千元	144263652	126723611
2. 安装工程产值	千元	4382185	2560988
3. 其他产值	千元	3005259	1421467
五、竣工产值	千元	78149849	68008586
六、房屋建筑施工面积	平方米	134318654	120785015
其中：本年新开工面积	平方米	41363557	35575135
其中：实行投标承包面积	平方米		

续表 24　　2017 年建筑业企业生产情况（综合）

指标	单位	总计	国有及国有控股企业
七、从业人员情况			
从业人员期末人数	人	294047	249488
其中：工程技术人员	人	29422	20949
其中：一级建造师	人		

表 25　　房地产企业

指标	单位	2017 年	2016 年
房地产企业数	个	124	116
计划总投资	万元	13974815	13300016
自开始建设累计完成投资	万元	10086347	8804262
本年完成投资	万元	2229041	1643750
本年新增固定资产	万元	622614	541804
本年购置土地面积	平方米	129154	355654
房屋施工面积	平方米	15985954	15461193
竣工面积	平方米	1412063	1798261
竣工价值	万元	553904	487759
商品房销售面积	万平方米	3351596	347.23
商品房销售额	万元	3077913	2360382

表 26　　2017 年全社会固定资产投资完成情况表

指标	单位	本期	上年同期	同比增长（%）
固定资产投资	万元	6193392	5451930	13.60
一、城镇及以上投资	万元	6193392	5451930	13.60
1. 城镇 500 万元以上固定资产投资	万元	3964351	3808180	4.10
其中：500 万 -5000 万元城镇固投	万元	1538701	1349699	14.00
5000 万元以上城镇固投	万元	2425650	2458481	-1.34
2. 房地产投资	万元	2229041	1643750	35.61
二、商品房销售情况				
1、商品房销售面积	平方米	3351796	3472310	-3.47
其中：住宅销售面积	平方米	2659127	3009971	-11.66
2. 商品房销售额	万元	3077913	2360382	30.40
其中：住宅销售额	万元	2312062	1974211	17.11
附一：工业投资	万元	313118	444877	-29.62
附二：更新改造投资	万元	152321	37742	303.58
附三：建安工程投资	万元			
其中：生产性服务业投资（占比）	万元	94.9		
园区工业投资	万元	1131351	916956	23.38
园区技改投资	万元	306693	379003	-19.08

表 27　　2017 年固定资产投资完成情况

指标	单位	合计（按隶属关系分）
一、计划投资	万元	
1. 计划总投资	万元	22058740
其中：本年新开工项目	万元	0
2. 自开始建设累计完成投资	万元	16039614
二、自年初累计完成投资	万元	6183510
其中：本月完成投资	万元	443983
其中：国有经济控股	万元	1468059
其中：住宅	万元	1301544
1. 按登记注册类型分	万元	
内资企业	万元	6092954
国有企业	万元	488364
集体企业	万元	75255
股份合作企业	万元	37646
联营企业	万元	
国有联营企业	万元	
集体联营企业	万元	
国有与集体联营企业	万元	
其他联营企业	万元	
有限责任公司	万元	2639397
国有独资公司	万元	489890
其他有限责任公司	万元	2149507
股份有限公司	万元	396861
私营企业	万元	2284324
私营独资企业	万元	10330
私营合作企业	万元	29898
私营有限责任公司	万元	2126418
私营股份有限公司	万元	117678
其他企业	万元	171107
港、澳、台商投资企业	万元	68237
合资经营企业（港或澳、台资）	万元	36507
合作经营企业（港或澳、台资）	万元	
港、澳、台商独资经营企业	万元	31730
港、澳、台商投资股份有限公司	万元	
其他港、澳、台商投资企业	万元	
外商投资企业	万元	22319
中外合资经营企业	万元	
中外合作经营企业	万元	
外资企业	万元	
外商投资股份有限公司	万元	22319
其他外商投资企业	万元	
个体经营	万元	
个体户	万元	

续表 27　　2017 年固定资产投资完成情况

指标	单位	合计（按隶属关系分）
个人合伙	万元	
2. 按建设性质分	万元	
（1）新建	万元	3648548
（2）扩建	万元	47770
（3）改建和技术改造	万元	192608
3. 按构成分	万元	
建筑工程	万元	4727634
安装工程	万元	564694
设备工器具购置	万元	136687
其中：购置旧设备	万元	0
其中：用于更新的设备	万元	0
其他费用	万元	754495
其中：房屋建筑物购置费	万元	6402
其中：建设用地费	万元	522068
4. 按国民经济行业分	万元	
（一）农、林、牧、渔业	万元	
农业	万元	
林业	万元	
畜牧业	万元	
渔业	万元	
农、林、牧、渔服务业	万元	
（二）采矿业	万元	
煤炭开采和洗选业	万元	
石油和天然气开采业	万元	
黑色金属矿采选业	万元	
有色金属矿采选业	万元	
非金属矿采选业	万元	
开采辅助活动	万元	
其他开采业	万元	
（三）制造业	万元	313118
农副食品加工业	万元	
食品制造业	万元	27680
酒、饮料和精制茶制造业	万元	
烟草制品业	万元	
纺织业	万元	
纺织服装、鞋、帽制造业	万元	
皮革、毛皮、羽毛（绒）及其制品业	万元	
木材加工及木、竹、藤、棕、草制	万元	
家具制造业	万元	
造纸及纸制品业	万元	
印刷业和记录媒介的复制	万元	
文教体育用品制造业	万元	

续表 27 2017 年固定资产投资完成情况

指标	单位	合计（按隶属关系分）
石油加工、炼焦及核燃料加工业	万元	
化学原料及化学制品制造业	万元	
医药制造业	万元	
化学纤维制造业	万元	
橡胶和塑料制品业	万元	
非金属矿制品业	万元	1100
黑色金属冶炼和压延加工业	万元	
有色金属冶炼和压延加工业	万元	
金属制品业	万元	
通用设备制造业	万元	22900
专用设备制造业	万元	42929
汽车制造业	万元	214919
铁路、船舶、航空航天等制造业	万元	
电气机械及器材制造业	万元	
计算机、通信和其他电子制备制造业	万元	
仪器仪表制造业	万元	3590
其他制造业	万元	
废弃资源综合利用业	万元	
金属制品、机械和设备修理业	万元	
（四）电力、热力、燃气及水的生产和供应业	万元	
电力、热力的生产和供应业	万元	
燃气生产和供应业	万元	
水的生产和供应业	万元	
（五）建筑业	万元	
房屋建筑业	万元	
土木工程建筑业	万元	
建筑安装业	万元	
建筑装饰和其他建筑业	万元	
（六）交通运输、仓储和邮政业	万元	343374
铁路运输业	万元	
道路运输业	万元	62077
水上运输业	万元	3210
航空运输业	万元	
管道运输业	万元	
装卸搬动和运输代理业	万元	8353
仓储业	万元	266348
邮政业	万元	3386
（七）信息传播、软件和信息技术服务业	万元	429970
电信、广播电视和卫生传输服务业	万元	4900
互联网和相关服务业	万元	85971
软件和信息技术服务业	万元	339099
（八）批发和零售业	万元	266243

续表 27　　2017 年固定资产投资完成情况

指标	单位	合计（按隶属关系分）
批发业	万元	243287
零售业	万元	22956
（九）住宿和餐饮业	万元	20250
住宿业	万元	16390
餐饮业	万元	3860
（十）金融业	万元	16068
货币金融业	万元	
资本市场业	万元	5928
保险业	万元	
其他金融业	万元	10140
（十一）房地产业	万元	2689260
房地产业	万元	2689260
（十二）租赁和商务服务业	万元	508945
租赁业	万元	29128
商务服务业	万元	478917
（十三）科学研究和技术服务业	万元	518097
研究与试验发展	万元	297540
专业技术服务业	万元	98537
科技交流和推广服务业	万元	122020
（十四）水利、环境和公共设施管理业	万元	666475
水利管理业	万元	18378
生态保护和环境治理业	万元	3900
公共设施管理业	万元	644197
（十五）居民服务和其他服务业	万元	15525
居民服务业	万元	10129
机动车、电子产品和日用产品修理业	万元	5396
其他服务业	万元	
（十六）教育	万元	126784
教育	万元	126784
（十七）卫生、社会保障和社会福利业	万元	105849
卫生	万元	74790
社会工作	万元	31059
（十八）文化、体育和娱乐业	万元	163552
新闻和出版业	万元	2180
广播、电视、电影和影视录音制作业	万元	3843
文化艺术业	万元	46870
体育	万元	7174
娱乐业	万元	103485
（十九）公共管理和社会组织	万元	
中国共产党机关	万元	
国家机关	万元	
人民政协和民主党派	万元	

续表 27

2017 年固定资产投资完成情况

指标	单位	合计（按隶属关系分）
社会保障	万元	
群众团体、社会团体和其他成员组织	万元	
基层群众自治组织	万元	
（二十）国际组织	万元	
国际组织	万元	
三、新增固定资产	万元	3007814
四、项目个数		
1、施工项目个数	个	0
其中：500 万元以下项目	个	
其中：本年新开工	个	0
2、本年投产项目个数	个	0
五、房屋建筑面积		
1、施工面积	平方米	16548559
其中：住宅	平方米	10556890
2、竣工面积	平方米	1444887
其中：住宅	平方米	960379
六、本年资金来源合计	万元	0
1、上年末结余资金	万元	7681825
2、本年资金来源小计	万元	25192703
（1）国家预算资金	万元	489121
其中：中央预算资金	万元	15590
（2）国内贷款	万元	3968885
（3）债券	万元	0
（4）利用外资	万元	6950
其中：外商直接投资	万元	0
（5）自筹资金	万元	8321687
其中：企、事业单位自有资金	万元	0
其中：股东投入资金	万元	0
其中：借入资金	万元	0
（6）其他资金来源	万元	12406060
七、各项应付款合计	万元	4844317
其中：工程款	万元	2390164

表 28

社会消费品零售总额及增速（2000—2017 年）

年份	单位	总额	增幅 %
2017	万元	7126054.9	4.80
2016	万元	6932847.4	8.20
2015	万元	6407559.3	7.88
2014	万元	5939602	9.50
2013	万元	5264307.3	12.67

续表 28　　社会消费品零售总额及增速（2000—2017 年）

年份	单位	总额	增幅 %
2012	万元	4672148.8	14.95
2011	万元	4072964.8	19.15
2010	万元	3441217.4	20.80
2009	万元	2853144.0	20.16
2008	万元	2374522.2	21.57
2007	万元	1953167.0	19.60
2006	万元	1633073.2	16.96
2005	万元	1396301.0	16.96
2004	万元	1193827.8	17.00
2003	万元	1020365.6	17.00
2002	万元	872107.4	15.48
2001	万元	755202.1	16.21
2000	万元	649860	16.08

说明：经省统计局统一评估，社会消费品零售总额的累积增长速度采用滚动基数计算，2013 年、2014 年数据按经普资料进行调整

表 29　　全社会消费品零售总额分类

项目	单位	2017 年	2016 年	同比增长（%）
社会消费品零售总额	万元	7126054.9	6932847.4	4.8
一、按销售单位所在地	万元			
1、城镇	万元	7036732.7	6853037.2	4.6
2、乡村	万元	89322.2	79810.2	19.6
二、按行业分组	万元			
1、批发业	万元	830481.4	790550.7	5.1
限额以上企业	万元	473867.6	529985.4	2.3
限额以下及个体户	万元	356613.8	260565.3	9.0
2、零售业	万元	5814709.9	5662159.8	4.4
限额以上企业	万元	2441570.5	2644199.7	－1.4
限额以下及个体户	万元	3373139.4	3017960.1	9.0
3、住宿业	万元	58185.4	61017.5	－4.6
限额以上企业	万元	39630.3	44399.5	－9.9
限额以下及个体户	万元	18555.1	16618.0	9.0
4、餐饮业	万元	422678.2	419119.4	11.5
限额以上企业	万元	59412.9	173784.8	30.0
限额以下及个体户	万元	393265.3	245334.6	9.0

表 30　　2017 年商品交易额亿元以上市场

序号	市场名称	商品交易额
1	湖南高桥大市场	4729120

续表 30　　2017 年商品交易额亿元以上市场

序号	市场名称	商品交易额
2	长沙市红星实业集团有限公司农副产品大市场	3152180
3	长沙市雨花区五金机电大市场	245000
4	长沙市大都市商业街	29703
5	长沙市红星大市场建材交易中心	28000
6	长沙红星花卉大市场	23500
7	长沙市高桥建筑装饰材料市场	22900
8	长沙市红星糖酒批发大市场	21969
9	长沙市高桥火焰大市场	19200
10	红星实业集团有限公司湖南井湾子家具广场	18500
11	湖南高桥汽配城	14650
12	长沙市东塘交易市场	11568
合计		8316290

表 31　　2017 年大型会展情况表

序号	会展名称	举办时间	举办级别
1	2017 中国（湖南）非洲地方产业合作对接会 2017 中非地方农业产业博览会暨中国（湖南）非洲商品节	9 月 21 — 24 日	国际级
2	2017 第七届中国（湖南）教育博览会	12 月 8 — 12 日	国际级
3	第 27 届中国（长沙）兰花博览会	3 月 25 — 28 日	国家级
4	中国遥感应用协会 2017 年年会	3 月 25 — 29 日	国家级
5	2017 中国（湖南）教育博览会	6 月 26 — 27 日	国家级
6	2017 中国（湖南）国际动漫游戏展暨湖南 AGF 动漫游戏嘉年华	7 月 15 — 17 日	国家级
7	2017 全国出版物馆配馆建交易会	9 月 14 — 15 日	国家级
8	第八届中国（长沙）国际孕婴童产业博览会	10 月 27 — 30 日	国家级
9	2017 第三届中国果业品牌大会暨中国（长沙）优质果品博览会	11 月 3 — 5 日	国家级
10	2017 海峡两岸（长沙）电子信息博览会优质果品博览会	11 月 3 — 6 日	国家级
11	2017“春之约”第五届红星年华物资交易会	1 月 7 — 24 日	省级
12	第二届孩子王·达能孕婴童艺术节	5 月 12 — 15 日	省级
13	2017 第九届湖南茶业博览会	9 月 8 — 11 日	省级

注：以上会展的承办单位均为长沙红星国际会展中心。

表 32　　2017 年星级宾馆

序号	宾馆名称	星级	举办级别	联系电话
1	长沙神农大酒店管理有限公司	五星	长沙市芙蓉中路三段 298 号	15874817257
2	湖南省大华宾馆	四星	长沙市劳动西路 528 号	13574119818
3	长沙湘城大酒店	四星	长沙市韶山南路 133 号	13017286013

续表 32　　2017 年星级宾馆

序号	宾馆名称	星级	举办级别	联系电话
4	湖南五华酒店有限公司	四星	长沙市芙蓉中路三段 255 号	13787155004
5	湖南金源阳光酒店有限公司	四星	长沙市芙蓉中路二段 279 号	13100318888
6	湖南金赋大酒店	三星	长沙市芙蓉中路三段 5 号	13723881199
7	湖南神禹大酒店	三星	长沙市劳动西路 529 号	15364061500
8	湖南金叶神农大酒店	三星	长沙市曙光中路 249 号	15200769930
9	长沙市华宇酒店有限责任公司	三星	长沙市劳动中路 87 号	13755043808
10	长沙市天洋大酒店	三星	长沙市劳动中路 98 号	13787154910

表 33　　城乡一体化城镇住户收支调查

项目	单位	附加单位	2017 年	2016 年	增幅 %
家庭基本情况	—	—			
调查户月数	户		840	840	
可支配收入	元	人	50327.37	46435.35	8.38
消费性支出	元	人	42472.57	39422.42	7.74
恩格尔系数	—	%	23.0	23.5	
现金收支情况	—				
一、家庭总收入	元	人	85223.50	47479.26	79.50
# 可支配收入	元	人	50327.37	46435.35	8.38
（一）工资性收入	元	人	25615.81	23596.86	8.56
（二）经营净收入	元	人	8376.87	7566.23	10.71
（三）财产净收入	元	人	4213.61	4123.16	2.19
（四）转移净收入	元	人	12121.09	11149.10	8.72
二、家庭人均总支出	元	人	82238.00	49631.39	65.70
（一）消费性支出	元	人	42472.57	39422.42	7.74
1. 食品烟酒	元	人	9649.70	9255.81	4.26
2. 衣着	元	人	2494.21	2368.61	5.30
3. 居住	元	人	8145.45	7584.67	7.39
4. 生活用品及服务	元	人	5953.26	5252.87	13.33
5. 交通和通讯	元	人	4258.26	4091.18	4.08
6. 教育文化娱乐服务	元	人	7915.86	7301.20	8.42
7. 医疗保健	元	人	3191.91	3040.46	4.98
8、其它用品和服务	元	人	863.92	527.62	63.74
（二）财产性支出	元	人		39.69	—100.00
（三）转移性支出	元	人	973.33	724.50	34.39
（四）购置资产及非经常性转移支出	元	人	4386.64	9056.16	—51.56
（五）生产经营费用支出	元	人		92.23	—100.00
（六）部分商业保险支出	元	人	210.52	54.24	288.12
（七）借贷性支出	元	人	457.92	242.13	89.12

续表 33

城乡一体化城镇住户收支调查

项目	单位	附加单位	2017 年	2016 年	增幅 %
主要消费品拥有量	—	—			
1. 汽车	辆	百户	54.59	48.89	11.67
2. 助力车	辆	百户	33.97	25.48	33.33
3. 洗衣机	台	百户	100.61	97.28	3.42
4. 电冰箱	台	百户	103.49	100.95	2.52
5. 彩色电视机	台	百户	134.76	129.39	4.15
6. 家用电脑	台	百户	110.25	100.02	10.22
7. 摄像机	架	百户		9.32	– 100.00
8. 微波炉	台	百户	70.31	71.72	– 1.97
9. 空调器	台	百户	237.87	234.76	1.33
10. 淋浴热水器	台	百户	89.46	86.13	3.86
11. 消毒碗柜	台	百户		29.25	– 100.00
12. 健身器材	套	百户	14.55	2.84	412.18
13. 固定电话	部	百户	58.73	53.68	9.40
14. 移动电话	部	百户	226.64	218.25	3.84
15. 接入互联网的移动电话	部	百户	212.39	187.65	13.18
16. 接入有线电视网络的电视机	台	百户	118.53	119.35	– 0.68
17. 接入互联网的计算机	台	百户	108.96	93.89	16.05
住房情况	—	—			
1. 家庭居住人口	人	户	3.03	2.87	5.57
现住房总建筑面积	平方米	人	40.13	40.76	– 1.54

鼓足干劲 加压奋进
以优异成绩向党的十九大胜利召开献礼
——在区委五届九次全体（扩大）会议上的报告

区委书记 张 敏

（2017 年 8 月 17 日）

同志们：

这次区委全体（扩大）会议，是在区委换届刚刚一年、全区上下喜迎党的十九大胜利召开的重要节点上召开的一次重要会议。主要任务是，回顾总结一年来工作情况，分析当前发展形势，安排部署下段工作，动员带领全区上下进一步鼓足干劲、加压奋进，以优异成绩向党的十九大胜利召开献礼！

下面，我受区委常委会委托，向全会报告工作。

一、真抓实干，砥砺奋进，一年来全区各项工作运行平稳有序，保持了良好发展态势

区委换届以来，区委常委会按照中央和省委、市委的决策部署要求，团结和带领全区广大干群，紧扣主题主线，精准施策，攻坚克难，经济社会各项事业保持稳步健康发展的良好态势。一年来，区委牢固树立“四个意识”，严守政治纪律和政治规矩，坚决维护以习近平总书记为核心的党中央权威，坚决落实中央和省委、市委各项决策部署。严肃党内政治生活，严格落实《关于新形势下党内政治生活的若干准则》《中国共产党党内监督条例》，刚性执行制度，确保政令畅通。全面落实管党责任，坚持把抓好党建工作作为最大的政绩，进一步压实基层党组织书记管党责任。推进“两学一做”学习教育常态化制度化，切实管好意识形态，大力实施强基工程。落实党风廉政建设责任制，机关作风建设进一步加强，巡视巡察工作实现全覆盖，惩治和预防腐败体系进一步健全。切实加强自身建设，贯彻执行民主集中制，充分发挥区委常委会的集体领导作用，召开全体会议 8 次、常委会议 20 次，集体研究决定重大决策、重要工作、重大问题和重要人事安排。具体而言，体现在以下五个方面：

1. 形成了一个好思路。区委常委会认真贯彻习近平总书记系列重要讲话精神和治国理政新理念新思想新战略，按照省委、市委的战略部署，在深入调研、充分酝酿、多方听取意见的基础上，提出了

“建设财富雨花、品质雨花、幸福雨花，打造中部领先、国内一流的现代化强区”的奋斗目标和“发展提质、城市提档、品质提升、民生提标”的工作举措。换届一年来的实践证明，发展目标和工作思路的提出，切合中央“五大发展理念”，与建设富饶美丽幸福新湖南，与长沙创建国家中心城市实现基本现代化目标高度契合、一脉相承，已成为全区上下的共同愿景和矢志追求。

2. 营造了一个好氛围。严格选举程序，贯彻组织意图，圆满完成区“四大家”换届选举，镇、村（社区）换届工作平稳顺利，换届选举风清气正，政治生态山清水秀。一年来，区“四大家”精诚团结、同心同德、和衷共济，有事多商量、遇事多通气，心往一处想、劲往一处使；全区各级各部门讲政治、讲规矩，大局意识和执行意识强，为雨花各项事业发展奠定了基础；广大党员干部急难险重中扛得起、顶得住，特别能战斗、特别能奉献，在征地拆迁、项目建设、防汛救灾一线，冲锋在前，攻克了一个又一个难关，取得了一个又一个胜利。

3. 构建了一个好格局。将雨花置于全市、全省、中部乃至全国的大格局中去谋划、推进和提升。明确了“内城区、主城区、新城区、开发区、生态区”等五个组团的发展格局，高铁新城、红星商圈、经开区、跳马、雅塘等片区开发的架势已经拉开。面向全国、全球招大商引大资，华润置地投资500亿元推进红星“城市双修”，中国建筑投资500亿元实施跳马绿心两型保护、发展全域旅游，华夏幸福投资300亿元打造清泉生态健康小镇，航天科技集团十三所、绿地智慧城、新城控股、唯品会等一批战略项目落子各大片区，由单个零散的项目招商，向集约化大规模片区产业招商转变，思路一变天地宽，格局一变气象新。在片区开发的引领下，全区征拆工作势如破竹、气势如虹，潭阳洲园博园、红旗路改扩工程（北段）、红旗路上下匝道、沪昆配套、华云棚改、劳动东路两厢棚改等一批项目实现扫尾或基本清零，上半年集体土地征拆、棚改征收双双在市对区绩效考核中位列一类单位。

4. 完善了一个好机制。在传承过来好经验、好做法的基础上，进一步理顺体制机制，致力于抓全局、抓重点、抓统筹，确保各层级之间运行顺畅高效。加强重点工作统筹，组建或调整了党的建设、深化改革、重点工程、财税建设、人事人才、园区发展等工作机构。坚持精心谋事、有序推事、科学干事，对各类指挥部进行全面清理，对人员抽调和力量摆布进行规范，注重提高工作效率，不搞人海战术和疲劳战术。进一步理顺安全生产、环境保护、综治维稳、城市管理体制机制，领导配强、力量集中、梗阻打通，全区各项工作真正做到有人抓、抓得好、落得地、放得心。

5. 彰显了一个好成效。主要指标再攀新高，在2016年区域经济排名全国34位、小康实现全省四连冠的基础上，今年1—7月全区地区生产总值增长8.3%，一般公共预算收入增长10.9%，固定资产投资增长13.8%；社会消费品零售总额增长8.6%，实现了“三量齐升”。城区面貌焕然一新，长沙大道、芙蓉路、韶山路提质升级按期完成，香樟路、树木岭路提质推进顺利；政院、永祥、浦沅等社区完成改造，顺利通过全国社区治理和服务创新实验区验收；圭塘河生态景观区二期、景观区经开区段等区域造绿取得实质效果，上半年城管考核排名内五区第一。民生事业协调发展，社会保险、社会福利和社会救助水平切实提高；新建改建学校60所，新增学位1.3万个；加快推进基层医疗机构标准化建设，群众就医更为便捷；配合完成中央环保督察，环保观念深入人心；积极做好防汛抢险，确保超“98洪水”平稳度汛；狠抓安全生产、治安防控、信访稳定等工作，社会大局平稳有序。

一年来，区委发挥总揽全局、协调各方的作用，积极支持区人大及其常委会依法履行职责，充分发挥人大代表的作用，社会法制化水平、依法执政能力不断增强；大力支持区“一府两院”行使职能、依法行政，工作效能、服务水平进一步提升；全力支持区政协围绕团结民主两大主题履行职能，政治协商、民主监督和参政议政等工作取得实效。与此同时，人民武装、统一战线、民族宗教、对台、侨务政策全面落实，工会、共青团、妇联、科协、残联、侨联等群团组织作用进一步发挥，史志档案、老龄、老干、关工委等工作取得新的成绩。在此，我谨代表区委，向所有关心、支持和参与雨花改革发展的同志们，表示衷心的感谢并致以崇高的敬意。

同志们，从区委换届到今年，大事要事特别多，不仅是党的十九大的召开之年、区“四大家”换届和开局之年，也是村（社区）组织的换届年，文明创建的大考年，党建引领的强基年，基层治理的改革年，最严环保的督察年，征地拆迁的清零年，意识形态的强化年。“千淘万漉虽辛苦，吹尽狂沙始到金”。一年来的工作，让我们深刻认识到：必须始终强化党建不动摇，把思想建党摆在首位，切实加强基层组织建设、干部作风建设和党风廉政建设，将党建优势转化为发展优势。必须始终坚持发展不动摇，贯彻创新、协调、绿色、开放、共享五大发展理念，一门心思抓发展、聚精会神搞建设。必须始终改善民生不动摇，坚持以人民为中心，把实现好、维护好、发展好人民群众的根本利益作为一切工作的出发点和落脚点。必须始终强化作风不动摇，持之以恒抓作风、强作风，使马上就办、真抓实干、精准落实的务实之风成为常态。

在总结成绩和经验的同时，我们也清醒认识到发展中存在的问题和不足：片区开发形成规模尚需时日，传统商圈提质步伐仍有待进一步加快，产业档次和品质提高还需较长的时间；城市建设、管理的水平仍需不断提高，建设更高水准的文明城区任重道远；就学难、就医难、行路难等问题依然未得到根本改变，社会保障水平有待进一步提高；社会领域的信访、稳定、安全问题依然复杂，平安雨花建设依然任务繁重；少数党员干部狠抓落实、勇于担当的意识还不强，作风建设有待进一步巩固加强。等等这些问题，我们将高度重视，采取切实措施妥善解决。

二、科学研判，提振信心，保持“三个雨花”建设不断向前发展的战略定力

当前，在新常态下谋划区域发展，必须科学研判发展形势、认清自身优势、把握发展态势，找准规律，统筹推进，稳步实施，实现突破。

从宏观层面来讲，我们要把握大势、顺势而为。全球主要经济体需求回升，国际货币基金组织六年来首次将经济增速预期上调至3.5%；国内经济稳中有进，经济增速连续8个季度保持在6.7%~6.9%之间，为区域经济发展营造了良好的外部环境。“一带一路”、长江经济带、长江中游城市群、长株潭自主创新示范区等国家战略在雨花叠加，为我们培育经济发展新动能带来了重大利好；省委大力实施创新引领开放崛起战略，市委推出“工业30条”、人才新政22条、科技创新1+4等举措，为发展提供了要素保障。

从微观层面来讲，我们要坚定信念、树立信心。第一，信心来源于省委、市委的关注关心。雨花作为湖南的对外窗口、长沙东部开放型经济走廊核心区域，区位交通优势明显，发展空间十分广阔，省委省政府、市委市政府对雨花寄予厚望、充满期待。第二，信心来源于不断厚植的发展基础。经过这些年的积累和发展，雨花的经济总量不断壮大，财政实力不断增强，成为名副其实的“中部强区”，在湖南、中部乃至全国的知名度、美誉度不断扩大，建设中部领先、国内一流的现代化强区基础更牢、底气更足、前景更广。第三，信心来源于团结干事的优良传统。区几大家班子精诚团结、全区上下患难与共，这是雨花发展的力量之源、成事之基。和衷共济、团结干事的优良传统，必将会薪火相传、生生不息，成为推动雨花发展的不竭源泉和动力。第四，信心来源于日益浓厚的干事氛围。全区上下人心思齐、奋勇争先，广大干部奋战在征地拆迁、项目建设、城市管理、防汛抢险等工作一线，善打硬仗、能打胜仗。我们完全有理由相信，只要全区上下按照区委、区政府的决策部署，一条心、一起拼、一同干，雨花的事业发展就能无往而不胜。

基于此，区委确立下半年工作的总体要求是：以迎接宣传贯彻党的十九大为工作主线，全面落实中央和省市决策部署要求，鼓足干劲，加压奋进，全面超额完成年度各项目标任务，以“绩效夺第一、工作争一流”的优异成绩向党的十九大献礼！

确立“绩效夺第一、工作争一流”的目标，就是希望全区各级各部门自我加压、对标看齐，各项工作都要有争一流的决心，绩效考核要有夺第一的勇气。“取法其上、得乎其中，取法其中、得乎其下”。区委确立这一目标，既是责任与担当的体现，也是发展和工作的要求，是一个“跳起来摘桃子”的目标。要按照要求，精准施策，矢志突破，推动增长动力由“要素驱动”向“创新驱动”转变，产业结构由“传统产业主导”向“新兴产业引领”转变，城市发展由“外延式扩张”向“内涵式提升”转变，社会治理由“单一治理”向“多元共治”转变，加快培育新动能、拓宽新空间、形成新优势。我们相信，只要全区上下同心同德、同向同行，就一定能再攀新高、再创辉煌，将“三个雨花”建设推向前进。

三、务实举措，把握重点，抢抓窗口期机遇，全力以赴抓好今年后段的各项工作

后段，全区上下务必要紧盯目标，扭住重点，促推各项工作再上新台阶，实现新跨越，确保全面超额完成年初制定的各项目标任务。

1. 要在项目建设全面提速上实现新突破。强化项目首位意识，坚持以项目论英雄、排座次、定奖惩。要围绕“抓紧拆迁为项目腾空间”的要求加快征拆清零，全力攻坚高铁新城、红星片区、雅塘片区及棚户区、城中村征拆工作，年初明确的清零任务必须按时间节点要求完成。要围绕“全面招商为发展增后劲”的要求加快招大引强，把招商引资作为经济工作的头等大事来抓，既要策划包装一批好项目，又要致力引进一批大项目，重点引进高端商业地产、金融、现代物流、先进制造等项目。要围绕“落地投产为雨花强税源”的要求加快建设达效，推进红星片区“城市双修”、跳马全域旅游、清泉生态健康小镇等项目建设，确保红星农副产品全球采购中心一期投入运营、二期启动建设，实现智能制造中心二期、晓光模具二期等项目建成投产。

2. 要在产业结构全面提质上实现新突破。要做大做强新型工业，发挥园区主战场作用，全面落实“工业30条”，振兴实体经济，重点培育新能源汽车、机器人等主导产业，延伸上下游产业链，做大做强产业集群。依托临空临铁优势，大力发展现代物流，淘汰落后物流市场，加快普洛斯、宝湾仓储物流等项目建设，加紧打造电商聚集区和现代物流核心区。围绕长沙创新创意中心建设，在新能源、人工智能等领域寻求突破，建设一批技术创新中心、研发总部、新型技术研究院。要推进现代服务业发展，加快传统商圈提质升级，大力发展总部经济、楼宇经济，培育文化创意、健康养老、现代金融等业态。

3. 要在城乡环境全面提升上实现新突破。牢固树立精明增长、精细管理的理念，以绣花的功夫抓好城市建设管理。要高标准抓建设，配合地铁3号、4号、5号线、汽车南站综合枢纽、湘府路快速化改造等重点工程，加快推进杜花路、万芙路、侯照路等14条市政道路建设。完善防洪基础设施建设，推进浏阳河大堤修复和加固。要精细化抓管理，推行城市网格化、精细化、常态化管理，加强市容秩序、广告招牌、渣土扬尘的管控与整治。加强智慧站区建设，打造高铁南站综合管理升级版。全力投入创建迎检工作，查漏补缺，常态保持，确保万无一失。要高品质抓环境，完成年度社区提质提档任务，加快农安小区提质改造。推进大气、水、土壤、噪声等污染防治，深入实施三年造绿大行动。推进跳马镇全域旅游开发建设，年内打造一批特色景点。

4. 要在民生保障全面提标上实现新突破。持续加大民生投入，努力实现发展指标与幸福指数同步提升。提升社会保障水平，强化社保兜底，实施就业托底，致力构建更高层次的社保体系。带着感情和责任做好扶贫攻坚工作。提升公共服务水平，推进教育、科技、文化体育、卫生等社会事业均衡、优质发展。提升社会治理水平，加强社会综合治理，狠抓安全生产、信访维稳等工作，确保社会大局和谐稳定，人民群众安居乐业。

5. 要在党的建设全面提效上实现新突破。把管党治党作为义不容辞的政治责任，强化基层党组织和党员的政治意识，增强政治定力，严把政治方向，压实管党责任。加强基层党组织建设，抓好村（社区）“两委”换届选举后的运行管理，分类推进机关、社区、学校、“两新”组织等各领域的党建工作，做大做强小区党建、楼宇党建、商圈党建等品牌。加强领导班子和干部队伍建设，加强党员教育管理。压实意识形态工作责任，加强新闻宣传和舆论引导。把握选人用人导向，真正让想干事、会干事、干成事的有舞台，让不作为、乱作为的挪位子、摘帽子。要落实“两个责任”，履行“一岗双责”，构建更加完善的惩治和预防腐败的长效机制。

四、凝心聚力，狠抓落实，为建设财富品质幸福雨花提供坚强保证

推动雨花事业发展，关键在于发挥党组织的战斗堡垒作用和党员的先锋模范作用。全区各级各部门要一心思发展、全力为发展、努力促发展，凝聚起推动雨花又好又快、率先发展的强大合力。

1. 要解放思想、聚精会神抓发展。要切实增强发展的使命感、责任感和危机感，把发展作为压倒一切的中心任务来抓，将思想行动统一到区委、区政府的决策部署上来，自觉置身于雨花改革、开发、建设的大潮中来。要围绕“创新引领、开放崛起”，来一场思想解放的头脑风暴，要从陈旧观念、定式思维、条条框框中解脱出来，以开阔的思维、全新的视野、前瞻的理念，把雨花发展得更好更快、更上档次、更有水准。

2. 要提高本领、提升能力抓发展。要克服“本领恐慌”，善用习近平政治经济学，提高政治素养、理论水平、专业技能、治理能力。要提高政治站位，在大事大非和政治方向、原则问题上敏锐把握，科学研判。要提高统筹水平，从战略全局高度分析和解决问题，不能顾此失彼、打乱仗或者头痛医头、脚痛医脚。要提高推事能力，到意见大、呼声大的地方去理顺情绪，到工作难推动、问题较复杂的地方去打开局面。

3. 要敢于担当、强化执行抓发展。新常态下，有的同志一提到规矩就慢作为，一提到法治就不作为，一提到担当就乱作为。在座的都是雨花发展的中坚力量、关键少数，“关键少数”就应该发挥关键作用，要坚持说实话、办实事、出实招、求实效，切实把该担的担子担起来、该负的责任负起来，做到一级做给一级看、一级带着一级干。要有“功成不必在我，建功必须有我”的胸襟和“舍我其谁”的闯劲，立说立行，干就干成，确保工作快速落实、精准落实、有效落实。

4. 要优化环境、营造氛围抓发展。要牢固树立“权力就是责任，管理就是服务”的理念，为了雨花的大环境，哪怕我们担点担子、受点委屈也是值得的。在政策扶植上，要避免“碎片化”的政策，突出政策的导向性、引导性；在办事流程上，要让企业群众少跑路，让后台数据多跑路；在发展秩序上，要严厉整治强买强卖、强包强揽等不当竞争，严肃处置不作为、乱作为等不法行为，为雨花的发展扫清障碍、保驾护航。

5. 要锤炼品格、精诚团结抓发展。大家为了共同的理想信念在一起工作，这是一份难得的人生机缘。要提升个人品格，互相支持补好台、互相信任不猜疑、互相尊重讲感情、互相配合不推诿。要增强大局观念，自觉跳出一时一事、一地一己的局限，自觉把本部门本单位的工作，放到全区大局中去定位、去统筹。要强化协作意识，遇事做到多沟通、多通气、多配合，开创“一心一意谋发展、同心同德干事业”的良好局面。

同志们，风正劲足、风清气正，正是干事创业的大好时期。让我们紧密团结在以习近平同志为核心的党中央周围，在省委、市委的坚强领导下，鼓足干劲，加压奋进，全面超额完成年度各项工作任务，以优异的成绩向党的十九大胜利召开献礼！

长沙市雨花区人民代表大会常务委员会工作报告

——在长沙市雨花区第五届人民代表大会第二次会议上

区人大常委会主任　龚景顺

（2017年12月28日）

各位代表：

我受区五届人大常委会委托，向大会报告工作，请予审议。

换届以来的主要工作

承载着全区人民和各位代表的期望与重托，区五届人大常委会于去年11月底产生并开展工作。一年多来，区人大常委会在区委的坚强领导下，以迎接党的十九大召开和学习贯彻党的十九大精神为主线，始终坚持履职不懈怠、监督不失职、尽责不越位的工作理念，认真履行宪法和法律赋予的职权，共召开常委会会议10次、主任会议20次，听取审议专项工作报告4项，作出决议决定14项，开展专项工作评议1次、集中视察和专题调研18次，圆满完成了区五届人大一次会议确定的各项目标任务。

一、坚持尽责思为，依法确保履职行权实效

常委会坚持法治思维、为民理念、问题导向和立足实际、突出重点、讲求实效的思路，紧跟区委决策部署、紧扣全区发展大局、紧密联系工作实际，围绕涉及改革发展稳定的重大问题和人民群众普遍关注的热点问题，注重选择好角度、把握好尺度、掌控好力度，实现了人大监督权、决定权、任免权的依法落实。

1. 加强全口径预决算审查监督。常委会高度重视预算监督工作，不断完善监督形式。加强程序性计划预算监督，依法审查和批准2016年区本级决算、2017年区本级预算调整方案。强化预算执行监督，听取审议财政决算草案、预算调整、预算执行和审计工作等报告。完善全口径预算监督体系，制定《财政预决算审查监督办法》，建立预算审查前听取区人大代表和社会各界意见工作机制，邀请部分区人大代表、聘请相关财税专家组建预算代表小组和预算审查专家库，提前介入、深度参与2018年预算编制工作，推动预算决算、财政专项资金使用和绩效评价向社会公开。坚持审计整改跟踪问效，制定《建立和完善审计查出问题整改情况向区人大常委会报告机制的意见》《开展审计查出问题整改情况满意度测评实施办法》，听取审议区人民政府关于审计查出问题整改情况报告和区直14个部门单位所涉45个问题的整改情况汇报，并进行满意度测评。

2. 加强对经济工作的监督。加强财税运行监督，听取区财政关于全区国库集中支付和区国、地两税税收征管情况汇报，督促政府加大“三公”经费监管力度，加强税源建设和税收清缴，将更多财力投向民生领域，促进财政资金使用效益的提升。督促推进片区发展和产业项目建设，听取全区发展改革工作、红星片区与华润集团战略合作等情况汇报，视察调研2017年区重点帮扶项目，督促政府在片区开发、政策支持、争资跑项等方面加大工作力度。听取雨花经开区工作汇报，集中视察机器人产业示范企业，推动园区加快成为创新开放的重要功能区。

积极参与重大项目建设，按照区委安排，主任会议成员及部分委室负责人参与到红星市场迁建、圭塘河流域综合整治、雅塘片区和潭阳片区征拆扫尾等项目现场和抗洪救灾、文明城市复检等一线，积极推动工作开展。

3. 加强对环保工作的监督。针对各方面和全社会高度关注的环境保护工作，常委会历时4个月，通过听取汇报、查看资料、实地视察、代表调查等方式，形成专题调研报告，召开工作评议大会，对区人民政府及7个区环委会成员单位进行了环保专项工作评议，进一步凝聚了贯彻“绿水青山就是金山银山”重要理念的共识，聚焦了环保突出问题，落实了环保工作责任，促进了人民群众反映强烈的大气、水体、土壤、噪声等方面问题的逐步解决。开展圭塘河流域综合治理专题询问“回头看”工作，对沿河水量状况、沿线治理情况、沿岸生活境况等进行督查，提出32条整改意见。组织开展“环保世纪行”活动，营造了守护碧水蓝天、建设美丽雨花的良好氛围。根据上级要求，督促区人民政府提交全区生态环境保护工作报告，并首次提请大会审查批准。

4. 加强对民生问题的监督。人民对美好生活的向往就是我们的奋斗目标。常委会始终把着力推进解决人民群众最关心、最直接、最现实的利益问题作为依法履职的出发点和落脚点。关注乡村振兴战略，听取区“三农”工作和跳马全域旅游情况汇报，主任会议成员实地调研圭塘河引水工程、浏阳河曙光垸段大堤恢复情况和喜雨村美丽乡村建设，推动农业农村可持续发展。关注食品药品安全，深入开展“农产品质量安全行”和“三湘农民健康行”活动，主任会议听取区食品安全工作汇报，支持区人民政府高标准推进创建国家食品安全示范城市工作，确保群众“舌尖上的安全”。高度重视优化公共服务，主任会议听取区文体工作汇报，推动文化体育事业的加快发展。

5. 加强对法治工作的监督。推进“司法公正长沙·雨花行”，主任会议听取社区矫正工作情况汇报，督促政府从资金、人员配备方面保障社区矫正工作顺利开展；调研法院执行难工作情况，支持公检法系统探索建立破解法院执行难的协作机制；组织人大代表旁听和评议法院庭审工作、参加检察院开放日活动、督促处理涉法涉诉信访案件等方式，全面了解审判、检察机关执行法律和有关政策的情况，促进司法公正，提高司法效率。配合开展执法检查和立法调研工作，协助上级人大对《环境保护法》《老年人权益保障法》《促进科技成果转化法》的实施情况开展执法检查，对《省人大常委会关于预算审查前听取人大代表和社会各界意见建议的若干规定》《长沙市动物无害化处理管理条例》等法规制定情况开展立法调研。加强规范性文件备案审查工作，对区人民政府报备的13件规范性文件进行备案审查，维护了国家法制的统一。高度重视群众来信来访工作，共接待来访人员40人次，受理涉法涉诉信访案件31件，均按法律法规和政策规定进行转办、交办和督办，促进了社会和谐稳定。

6. 加强依法讨论决定重大事项工作。积极推动将政府性债务纳入预算监督范围，听取区人民政府债务融资规模与偿还计划情况汇报，及时督促清理债务存量、严控债务增量、防范债务风险。专题调研雨花现代电子商务物流园建设，支持通过实施PPP项目推进园区道路基础设施建设。

7. 加强依法选举任免工作。常委会始终坚持党管干部和依法任免相统一的原则，认真做好人事任免工作。进一步规范和完善任免制度，制定《干部任后监督管理暂行办法》，严把拟任命人员任前法律考试、任前调查、任前陈词、颁发任命书、向宪法宣誓等法定程序关。全年共接受区人大代表辞职11人、补选11人，任命委室兼职委员23人，任免国家机关工作人员61人次、法院人民陪审员56人次，提高了选举任免工作的规范性和公信力。

二、坚持人民至上，充分发挥代表主体作用

人民是历史的创造者。人大代表由人民选举，对人民负责，受人民监督。常委会坚持以人民为中心的发展思想，贯彻“人大工作的主体是代表，人大工作的开展靠代表，人大工作的潜力在代表”的工作理念，不断激发代表履职热情，充分保障代表

履职行权，努力为人民掌好权、履好职。

1. 认真做好代表联系。常委会坚持开展“双联”活动，推进代表活动室、代表微信群等联络平台建设，及时通报常委会公报、计划安排、审议意见及区情信息等，加强了常委会委员与代表、代表与人民群众的联系。扩大代表对常委会工作的参与，全年共邀请代表列席常委会会议 27 人次，参加企业界人大代表“聚焦雨花经济、加快转型发展”议政会、调研视察、政情通报等活动 285 人次。开展代表向选民述职工作，共安排 53 名区人大代表向原选区选民述职，进一步畅通了代表与群众之间的联系。

2. 认真督办代表建议。常委会高度重视代表建议办理工作，实行“牵头领办、重点交办、跟踪查办、全面督办”相结合的办理工作机制，及时召开意见建议交办专题会议，先后两次听取区人民政府关于代表建议办理情况的汇报，组织主任会议成员对大会立案件、重点督办件所涉及的问题进行重点视察督办。目前，区五届人大一次会议期间和闭会期间代表共提出意见建议 104 件，所有议案建议的答复工作已全部完成，办结率达 100%。通过这些议案建议的办理落实，进一步推进了各方面的工作，维护和实现了人民群众的根本利益。

3. 认真组织代表活动。常委会注重闭会期间代表活动，对发挥代表作用的形式、内容和途径进行了深入探索。继续开展“项目推进雨花行”，组织省人大代表雨花区小组代表、市人大代表雨花区联组代表集中视察圭塘河二期项目、湖南机器人产业集聚区智庭制造园、石碑大港、运达中央广场、中国（长沙）创新智造中心、新能源汽车车身装备及零部件智能制造工厂和高铁南站东广场等项目，增进了省市人大代表对雨花发展建设的关心和支持。组织区人大代表听取“一府两院”上半年政情通报，收集整理交办代表审议意见 104 条，有效发挥了代表知情督政的作用。加强代表小组制度规范、工作台账和活动阵地建设，各代表小组结合工作实际围绕项目、民生、环境、公益等主题扎实开展代表活动 84 次。

4. 认真搞好代表服务。常委会积极推进代表工作制度化、程序化、规范化建设，逐步完善代表履职学习培训、履职行为规则等 8 项制度。组织市人大雨花联组代表参加市十五届人大代表履职培训班，举办“代表如何提出议案和建议”专题培训班，邀请省人大议案建议处处长文显科作专题授课，聘请网站技术人员对代表履职平台的功能和操作进行专题培训，不断提高代表履职能力。建立代表履职档案，落实代表履职登记办法和考勤考绩等制度，进一步激发代表依法履职的热情。加大履职典型的推介力度，代表投身发展、创新创业、为民代言、热心公益的责任意识和履职意识进一步增强。

三、坚持从严从实，努力加强人大自身建设

打铁必须自身硬。常委会坚持贯彻落实中央和省市区委加强县乡人大工作和建设的各项部署要求，以扎实推进“两学一做”学习教育常态化制度化为契机，始终把讲政治、严规矩、守纪律挺在前面，全面加强自身建设，不断提高履职能力。

1. 始终坚定正确政治方向。常委会党组坚持学习贯彻习近平新时代中国特色社会主义思想，举办“深入贯彻落实十九大精神，新时代扎实推进全面从严治党”专题党课，扎实推进“两学一做”学习教育常态化制度化，不断增强“四个意识”，始终以严和实的标准做好人大工作。坚决执行全面从严治党各项规定，严守政治纪律和政治规矩，严格执行党风廉政建设责任制，落实重大事项报告制度，努力营造风清气正、干净干事的良好氛围。

2. 切实加强机关规范建设。常委会坚持破立并举，努力构建程序规范、运转高效、充满活力的运行机制，对常委会议事规则、讨论决定重大事项等 27 项规章制度进行了全面修订，形成了较为完善的规章制度体系。落实中央和省、市委关于加强县乡人大工作和建设的中发〔2015〕18 号、湘发〔2015〕26 号、长发〔2016〕14 号等文件精神，完善人大机构设置，设立代表服务中心，增核人员编制，切实解决了“一人委”问题。在区委高度重视和大力支持下，配强街镇人大工作力量，全区 13 个街（镇）均配齐了人大工委主任（人大主席）、专职副主任（人大副主席）和专干。

3、不断提高人大履职能力。常委会注重提升人大系统业务水平，组织常委会组成人员、镇人大和人大各街道工委负责人赴复旦大学参加履职能力提升研修班集中培训，举办“全国县级人大常委会负责同志学习班”辅导报告解读会。注重发挥委室兼职委员作用，专项工作充分听取兼职委员的专业意见。注重对上联系和对外交流，安排机关干部参加省市人大学习培训，有重点地选择财政预算联网监督课题，赴深圳、珠海专题学习，使人大干部不断适应新形势、承担新任务、符合新要求。注重加强对镇人大工作的指导和人大街道工委的领导，通过列席常委会会议、召开人大工作联系会等方式共同推进全区人大工作。注重人大工作宣传，建成并发挥雨花人大网站、手机客户端和微信公众号等新媒体平台作用，为常委会和人大代表履职营造良好舆论氛围。

各位代表！

区五届人大常委会实现工作的良好开局，这是区委坚强领导的结果，是全体区人大代表、常委会组成人员、各委室兼职委员、镇人大及人大各街道工委和常委会机关工作人员辛勤努力的结果，是区人民政府、区人民法院、区人民检察院密切配合的结果，也是各位老领导、老同志及全区人民和社会各界关心支持的结果。在此，我谨代表区人大常委会，向重视、关心、支持和共同推进人大工作的领导和同志们，表示衷心的感谢和崇高的敬意！

各位代表！一年多来的工作，常委会所有同志不忘初心、牢记使命、恪尽职守、勤勉务实，很多工作仅仅是开始，很多工作还需加大力度，很多工作还需着力探索，比如，监督工作的力度需要进一步加大，重大事项决定权的行使需要进一步完善，代表履职服务保障水平需要进一步提高，等等，我们深感坚持和完善人民代表大会制度使命崇高、责任重大，必须始终提高政治站位、把牢政治方向，必须始终服务发展大局、依法履职尽责，必须始终密切联系群众、维护人民利益，必须始终提升自身素质、树立人大良好形象。对于常委会工作中的差距和不足，我们将虚心听取各位代表和各个方面的意见建议，自觉接受监督，认真加以改进。

2018年的主要任务

2018年是全面贯彻落实党的十九大精神的开局之年和改革开放40周年，做好人大常委会工作，意义重大、任务重大、责任重大。区人大常委会工作的总体思路是：高举习近平新时代中国特色社会主义思想伟大旗帜，深入学习贯彻党的十九大精神，坚持党的领导、人民当家作主、依法治国有机统一，坚持依法治国基本方略，坚持以人民为中心的价值取向，更加紧扣发展大局，更加注重为民代言，更加依靠制度保障，努力建设能担负起宪法法律赋予的各项职责的工作机关和同人民群众保持密切联系的代表机关，为我区加快“三个雨花”建设而不懈奋斗！

一、提高政治站位，牢牢把握人大工作的正确方向

人大工作正确的政治方向，最根本的就是坚持党的领导、人民当家作主、依法治国有机统一，并贯穿于行使职权的全过程，落实到履行职责的各方面。

1. 坚持党的领导不动摇。党政军民学，东西南北中，党是领导一切的。要充分发挥常委会党组的领导作用，自觉把党的领导贯穿于人大工作的方方面面，紧紧围绕区委确立的建设财富品质幸福雨花战略目标和2018年“项目大攻坚，管理大提质”工作主题及重大决策部署，依法行使监督权、决定权、任免权。要坚持重大事项请示报告制度，人大开展的重点工作、召开的重要会议、组织的重要活动、作出的重大决定、谋划的重要创新，经区委批准后再组织实施，始终做到与区委在思想上同心、政治上同向、行动上同步，使党的主张通过法定程序转化为全区人民的共同意志。

2. 坚持人大制度不走样。人民代表大会制度是人民行使当家作主权利的根本途径和最高实现形式。要坚持以人民当家作主为根本目标，支持和保证人民通过人民代表大会行使国家权力。要通过邀请人大代表和市民代表列席常委会会议、参加常委会各项活动，多渠道听取群众对监督、决定、任免的意见建议，不断扩大公民有序政治参与，依法保障和实现群众依法享有民主选举、民主决策、民主管理、民主监督权利。

3. 坚持依法治国不放松。党的十九大报告指出，依法治国是党领导人民治理国家的基本方式。要坚持依法治国基本方略，始终弘扬法治精神，大力推进真心信法、公众学法、全民守法。重点调研司法体制改革情况，高度关注加快社会治安防控体系建设及依法打击“黄赌毒黑拐骗”等违法犯罪活动，有计划听取区人民法院立案工作、区公安分局防范和打击非法融资类案件情况等汇报，着力推进法治雨花、平安雨花建设。继续深入推进“司法公正长沙·雨花行”活动，落实规范性文件备案审查制度，督促政府完善法治化、网格化、常态化的安全防控体系。配合上级人大开展执法检查和立法调研工作，监督和推动“一府一委两院”更好依法履职作为。

二、增强履职实效，牢牢把握人大监督的重点铺排

加强对“一府一委两院”的监督是宪法和法律赋予人大及其常委会的重要职责。常委会要坚持紧扣中心、依法监督、突出重点，认真行使监督职权，不断改进监督方式，在监督中予以大力支持，在支持中实现有力监督。

1. 着力推动经济发展。党的十九大报告指出，发展是解决我国一切问题的基础和关键。要抓住事关雨花长远发展的全局性问题，督促政府贯彻新发展理念，围绕推动高质量发展，积极构建更高层次的现代化经济体系。围绕深化改革，听取区改革工作汇报，重点关注财税体制、产业扶植、城管体制等重点领域改革进展。围绕财税运行，听取和审议区本级财政预决算、政府性债务管理、国地两税税收征管等工作汇报。围绕片区建设，以“项目推进雨花行”为抓手，加强对高铁、红星、圭塘河、雅塘和跳马五大重点片区产业布局、项目建设和功能配套的监督。围绕产业升级，听取区招商引资、城建投资等工作汇报，组织人大代表对安商营商环境开展调研。围绕园区发展，加强对雨花经开区、电商物流园建设及政府投融资项目等重大事项的支持。围绕“城市让生活更美好”，对棚户区改造、社区提质提档、圭塘河黑臭水体专项治理、跳马全域旅游等工作开展视察。

2. 着力促进民生改善。坚持“问题引导监督，监督解决问题”的工作思路，围绕人民群众最关注的“小事”“琐事”“烦心事”依法加强监督。探索实施重大民生项目代表票决制，启动对“城市病”治理、区域生态治理、脱贫攻坚等民生实事项目的试点票决。围绕“幼有所育、学有所教、劳有所得、病有所医、老有所养、住有所居、弱有所扶”，听取区教育工作汇报，促进让每个孩子都能享有公平而有质量的教育优先发展；听取区社会保障工作汇报，督促政府持续努力补齐民生领域短板，不断满足人民群众对就业、教育、医疗、居住、养老等方面的美好生活需要。继续深化“三湘农民健康行”“农产品质量安全行”“民族团结进步行”活动，支持政府加大对跳马镇及雨花区对口扶贫地区的精准扶贫力度，坚决打赢脱贫攻坚战。

3. 着力改进监督方式。要不断推进专题询问、工作评议、执法检查、专题调研、集中视察、监督审查、代表约见、满意度测评等人大监督方式的制度化常态化，组织对防汛救灾和灾后恢复重建工作开展专题询问，对基层医疗卫生工作开展专项工作评议，对久拖不决的基础设施建设开展专项督查，对全区环境保护工作专项评议整改落实情况进行“回头看”，对常委会决议决定和审议意见研究处理情况进行跟踪问效监督，对财政资金使用推行预算联网审查监督，对审计查出问题的整改情况向常委会报告，并进行满意度测评，着力推动解决一些长期想解决而没有解决的难题、过去想办成而没有办成的难事。认真办理涉法涉诉信访工作，切实维护当事人合法权益。

三、贯彻区委意图，牢牢把握人大行权的制度规范

常委会要围绕区委决策部署，紧扣全区发展大局，加强人大制度规范，抓住带有全局性、根本性的重大事项，在充分调研、广泛论证、集体讨论的基础上，及时听取和审议，依法作出决议和决定，始终做到“与区委合拍、与政府合力、与群众合心”。

1. 健全人大讨论决定重大事项制度。按照中央和省市区委要求，对《中共中央关于健全人大讨论决定重大事项制度、各级政府重大决策出台前向本级人大报告的实施意见》进行深入研究，根据雨花实际提出相关实施意见，进一步明确人大讨论重大事项、政府重大决策出台前向人大报告的范围、内容、程序和方式，增强讨论决定重大事项的规范性和实效性，确保全区重大决策、重大事项落到实处。

2. 健全人大选举任免工作机制。坚持党管干部和依法任免相统一的原则，严守政治纪律和政治规矩，不断完善选举任免工作程序，推动国家机关领导干部依法用权、依法行政、依法司法。落实干部任后监督管理暂行办法，通过听取履职报告、开展履职测评等方式，加强对“一府两院”领导班子成员及政府组成局局长的履职监督。依法做好代表辞职补选工作，适时向原选举单位和选民通报代表履职情况。依法选举任命新设立的区监察委组成人员，加强履职情况和工作监督。

四、加强服务保障，牢牢依靠人大代表的履职作为

人大代表依法履行职权受宪法法律保护，国家和社会为代表依法履职提供保障。常委会要坚持把尊重代表主体地位、提升代表素质能力、发挥代表履职作用摆到更加重要的位置，支持、规范和保障代表依法履行职务。

1. 拓宽代表知情知政渠道。继续深化代表“双联”、主任接待日和“集中走访代表月”等工作，加快推进代表活动室和网络平台建设，把平台打造成代表的宣传阵地、学习园地和履职场地，努力推动常委会联系代表、代表联系群众常态化、零距离。拓展代表参与常委会和专门委员会工作的广度和深度，围绕全区中心工作和常委会工作重点，采取集中、分组、专题等形式，有计划地组织人大代表参加各种视察调研、执法检查、专题询问和工作评议等活动，更好发挥代表在了解民情、反映民意、集中民智方面的独特作用，使人大工作更接地气、更得民心。

2. 加强履职服务制度保障。健全代表闭会期间履职机制，加强对人大代表闭会期间活动的组织和指导，为代表依法履行职责和行使权力提供保障。严格落实代表学习培训计划，提高人大代表的综合素质和履职能力。建立健全无固定收入代表履职补贴制度，帮助代表解决实际困难和具体问题。坚持和完善代表履职登记、向选民述职等激励、约束机制，健全代表履职档案库，切实增强代表的荣誉感和责任感。做好驻区省、市人大代表联络和服务工作。加大对代表履职典型的推介力度，充分展示人大代表风采。

3. 提高议案建议办理质效。抓好建议分类交办工作，组织召开代表建议交办会，及时将代表建议转交“一府一委两院”及有关部门办理。加强和改进建议督办工作，强化挂牌督办、分工督办、现场督办、重点督办、跟踪督办力度，努力使代表建议办理过程成为国家机关密切联系群众、加强改进工作的过程，不断提高办理工作的实效和质量。发挥代表履职服务平台作用，逐步推进代表建议公开工作，办理结果适时向社会公开，为代表提出意见建议等提供便利和服务。扎实开展议案建议办理情况集中视察活动，听取区五届人大二次会议代表议案、建议办理工作报告，不断提高代表建议办结率和满意度。

五、突出时代要求，牢牢抓紧人大机关的自身建设

新时代要有新气象，更要有新作为。常委会要主动落实新时代新要求，全面加强政治建设、机关建设、作风建设，努力开创人大机关建设新局面。

1. 加强政治建设，强化理论武装。把加强政治建设放在首位，旗帜鲜明地讲政治，自觉维护党中央权威和集中统一领导。全面落实从严治党责任，深入推进党风廉政建设，坚持把纪律规矩挺在前面，进一步严肃党内政治生活，为各项工作开展提供思想和组织保障。坚持在区委领导下开展工作，常委会党组率先垂范，以上率下，在机关自觉营造风清气正的良好政治生态。组织开展“不忘初心、牢记使命”主题教育，用习近平新时代中国特色社会主义思想武装头脑，引导常委会机关干部坚定理想信念和政治立场，做政治上的“明白人”。

2. 加强机关建设，提升队伍素质。要进一步完善人大专门委员会设置，优化人大常委会和专门委员会组成人员结构，选优配强工作人员。强化机关日常管理，切实营造团结协作、积极向上、和谐共事的良好氛围。建立健全各项制度，对已有的规章制度要及时进行修订完善，并适时制定一些新的工作规范，致力于建设一个制度化、程序化、规范化的人大机关。加强人大干部队伍建设，注重培养专业能力、专业精神，倡导机关干部不断加强学习，有计划地开展业务培训，努力打造一支“有本事、靠得住、过得硬”的高素质人大工作队伍，做业务上的“带头人”。

3. 加强作风建设，树立良好形象。加强上下级人大机构和兄弟区县人大工作联系交流，定期召开街镇人大工作联系会议，妥善解决街镇人大干部兼职过多、兼而不专的问题，进一步提升全区人大工作的整体水平和活力。继续改进工作作风，从办公秩序、会风会纪等小事抓起，严肃工作纪律，严控“三公”支出，自觉接受人大代表和人民群众监督，切实增强机关内部约束力和服务保障水平。做好人大工作宣传，加强与新闻媒体的沟通联系，利用雨花人大门户网、手机客户端、微信公众号等新媒体平台，扩大人大工作影响力，树立人大良好形象。全面落实从严治党的要求，进一步密切与群众的联系，做群众的“贴心人”。

各位代表！新时代赋予我们新使命，新征程期待我们新作为。让我们更加紧密地团结在以习近平同志为核心的党中央周围，高举习近平新时代中国特色社会主义思想伟大旗帜，在区委的坚强领导下，不忘初心、牢记使命，履职尽责、担当作为，不断开创我区人大工作新局面，努力在建设财富品质幸福雨花新征程中做出新的更大贡献！

政府工作报告

——在长沙市雨花区第五届人民代表大会第二次会议上

区委副书记、区长 刘素月

（2017 年 12 月 27 日）

各位代表：

现在，我代表区人民政府向大会报告工作，请予审议，并请各位政协委员和其他列席人员提出意见。

一、今年来取得的新成绩

2017 年是全区上下喜迎党的十九大、加快建设财富品质幸福雨花极不平凡的一年。一年来，在区委的坚强领导下，在区人大、区政协的监督支持下，我们坚持以习近平新时代中国特色社会主义思想为指引，认真贯彻创新引领、开放崛起战略，主动担当长沙全面建设现代化强市排头兵，抢抓机遇、开拓创新，真抓实干、攻坚克难，打赢了抗洪救灾保卫战，完成了中央环保督察迎检整改、村（社区）换届选举、征拆攻坚扫尾、文明城市创建等重大任务，实现了区五届人大一次会议既定目标，推动“三个雨花”建设取得新成绩。

1. 综合实力跨上新台阶。全年预计完成地区生产总值 1229 亿元（含长烟，下同），增长 8.5%；完成一般公共预算收入 148.5 亿元，增长 8%；完成固定资产投资 609 亿元，增长 13.5%；实现规模工业增加值 282 亿元，增长 6.1%；实现社会消费品零售总额 734 亿元；城镇居民人均可支配收入达 50150 元，增长 8%；服务业、高新技术产业增加值占 GDP 比重分别提升至 66%、46%，经济发展质量和效益明显提升，主要指标稳居中部省会城区前列，综合实力跻身全国百强区第 31 位，较 2016 年上升 3 个名次，蝉联全省第一，投资潜力排名全国百强区第 17 位。

2. 片区开发形成新格局。积极融入发展大局，重点片区开发取得实质进展。高铁片区完成 47 个项目拆迁清零、腾地 6331 亩，京港澳高速东西辅道、核心片区 17 号地等一批重点项目实现交地，潭阳洲园博园主会场3000亩提前四个月完成拆迁。红星片区与华润集团达成战略合作，投资 500 亿元实施城市更新，打造全市城市双修试点示范片区。引入德国汉诺威水协，推进圭塘河全域系统治理和海绵城市建设，总规编制基本完成，井塘示范公园建设顺利启动，生态引水工程实现通水，黑臭水体治理经验在全省推介。雅塘片区完成湘民制药厂、白云电器厂、鼓风机厂等棚改项目征收，加快洞井路、曙光路、中城苑等重点项目建设。与中国建筑签订框架协议，投资 500 亿元保护跳马生态绿心、发展全域旅游，规划修编、项目策划、矿坑整治、大堤修复等工作顺利推进。

3. 产业转型迈出新步伐。以项目为支撑，围绕产业链建设精准发力，全年引进各类项目 351 个，爱奇艺、西南证券、毕马威、上海二十冶等一批优质企业纷纷落户雨花。154 个重点产业项目进展顺利，比亚迪电动卡车及特种车、晓光新能源汽车车身装备及零部件智能制造工厂陆续投产；引进大族激光、创研智能等 30 余家智能制造企业，合作完成长泰机器人收购，10 余个机器人孵化项目进展顺利，园区机器人企业达 150 余家；积极推进军民融合，航天十三所先进光机电技术创新中心投入运营。20个国家级现代服务业项目综合试点全面收官，商务楼宇去库存达31.58万平方米，普洛斯、宝湾等电商物流项目加快建设。红星全球农产品批发中心一期主体完工；成功举办第十九届农博会，首设“袁隆平农业博览奖”。

4. 城乡品质实现新跃升。持续打造智慧城市、海绵城市、宜居城市。积极服务地铁、湘府路快速化改造及地下综合管廊等省、市重点工程建设。万芙路、山塘路、新缘路等10条市政道路建成通车，实施韶山路、长沙大道、芙蓉路、香樟路“六位一体”提质改造，完成树木岭路、太和园路、果茶巷等21条支路街巷提质改造，新修农村公路50公里。完成国有土地项目征收14个；94个集体土地项目结算交地，腾地11000余亩。郁阳、牛头、合丰等城中村改造扎实推进。理顺城市管理体制机制，全面推行网格化管理，雨花经验在全市推广。持续开展户外广告招牌整治、扬尘污染防控、围挡标准化等专项行动，率先开展绿色夜市创建活动。切实加强生态环境保护，全力配合中央环保督察，229个交办问题全部整改到位。强力开展“清霾”“碧水”“静音”“净土”行动，黑臭水体整治、4418台黄标车淘汰等任务全面完成。建成环城绿带雨花段，完成圭塘河风光带二期、浏阳河段、经开区段、湘府段建设，新建燕子岭、赤岗等7个公园、游园，全年新增绿地80公顷。深入推进跳马美丽乡村建设。

5. 重点改革取得新突破。蹄疾步稳、纵深推进9大类35项85小项改革事项，攻坚15个重点改革项目。推动长沙市第五轮简政放权、工业30条、人才新政22条、科技创新“1+4”、开放型经济“2+4”等改革政策落地见效，全市率先设立工业、人才服务窗口，首推企业组团服务。加速推进“放管服”改革，高效承接落实市级下放的58项经济管理权限，同步下放7项权限到雨花经开区，动态调整区本级权力清单88项，优化政务服务事项目录562项，推进园区财税体制改革。稳步推进城区街道管理体制改革，积极推进基层治理网格化，砂子塘、东塘、火车南站地区试点取得成效。出台《智慧雨花建设三年行动计划（2017—2019）》，启动智慧政务建设。推行高铁站区综合治理联勤联动，火车南站地区综管办荣获“全国社会治安综合治理先进集体”称号。落实“河长制”要求，在圭塘河率先实施“一河一策”，首创“政府河长＋民间河长”双河长体系。扎实推进住宅小区物业管理改革，加快“三供一业”分离移交。深入推进全国居家和社区养老服务试点。探索开展农村集体产权制度改革全国试点。

6. 民生福祉有了新改善。深入贯彻以人民为中心的发展思想，推出一系列惠民举措，全面完成民生实事工程。扎实推进跳马精准扶贫，对口支持龙山县石牌镇取得成效。就业形势保持稳定，新增城镇就业1.4万人，城镇失业登记率控制在2.8%以内。圆满完成社保全民参保登记，城乡居民医疗保险覆盖率达98.8%。统筹推进困难居民医疗救助、城乡低保救助，社会救助标准化项目成为全国示范。启动雨花市民之家建设，推进退役军人服务中心建设。推进义务教育标准化学校建设，新改扩建学校40所，洪塘学校、砂子塘小学第六都校区、莲湖小学等学校和区六幼、七幼等公办幼儿园启用，新增优质学位8200个、园位1200个。以砂子塘、燕子岭、桂花树小学为示范，加快推动“儿童友好型城市”建设。大力推进基层医疗机构标准化建设，全市率先建成高标准公卫大楼并投入使用，全国健康促进区创建通过验收。率先探索“邻家照护＋邻家在线”、医养结合等养老服务新模式。桃花苑、川河苑等保障性住房基本建成，太和园、黎锦苑等完成提质，全年安置被征地农民2173人。完成房产处遗4565户。完成50个社区全面提质提档，打造井巷、浦沅等一批示范社区。建成自行车道44公里、步行道41公里，改造港湾式公交站18个，开通跳马镇公交线路4条。深入推进文明城区建设，开展“欢乐潇湘文艺汇演”等群众文化活动，打造36个地下通道文化墙，建成示范性社区综合文化服务中心5个、全民健身中心1个。积极创建国家食品安全示范城市，完成明厨亮灶工程580余个。大力开展非法物流、交通运输、危化物品等安全生产专项整治，扎实抓好信访维稳、治安防控等工作，建立区交通管理指挥中心，推行110非警务事项分流处理机制，安全形势持续向好，社会大局平稳有序。

7. 抗洪救灾彰显新担当。积极应对超历史特大洪水，广大党员干部群众众志成城、奔赴一线，开展了一场守护家园的保卫战。及时妥善处置合丰垸竹沙桥泵站河水倒灌、火车南站站场多处地面渗水、湖南交通职院深基坑和东山街道渔场社区管涌等多处险情；不惜一切代价全力开展曙光垸、潭阳洲抢险救援工作，及时转移受困群众，坚决保障了人民群众生命财产安全。迅速开展灾后重建，快速推进临时救助、卫生防疫、垃圾清运、慈善捐赠以及居民房屋、基础设施、水利设施修复等各项工作，启动跳马镇曙光垸大堤重建工程，全面整治 33 处险点险段，16 户房屋全倒户完成重建、迁入新居，受灾群众的生产生活得到及时恢复、更好保障。

8. 自身建设得到新加强。深入学习贯彻党的十九大精神，着力增强“四个意识”，严格遵守政治纪律和政治规矩，全面落实党风廉政建设责任制，扎实推进“两学一做”学习教育常态化制度化，积极开展“转作风、提效率、优服务”主题活动，营造了政府系统勤勉尽责、廉洁干事的良好风气。严格执行“三重一大”集体决策制度，坚持重大行政决策合法性审查，全年审查政府规范性文件 497 件、合同 81 件。主动接受人大和政协监督，认真落实人大及其常委会的决议决定，办结人大代表建议 103 件、政协委员提案 118 件。148 个村（社区）换届圆满完成。针对工程招投标、政府采购等重点领域、重点环节，切实强化事前、事中、事后全过程的财政监督、审计监督、行政监察，完成城镇保障性安居工程等政府投资审计项目 81 个，政府性资金使用效益明显提高。

同时，积极支持国防和军队改革，国防动员和后备力量建设得到新的加强；人事编制、史志档案、保密、民族宗教、外事侨务、对台、人防、机关事务管理等工作取得新的成效，工会、共青团、妇联、工商联、残联、侨联、科协、老干、老龄、关工委等事业实现新的进步。

各位代表！回顾一年来的工作，取得的成绩来之不易，发展的态势令人鼓舞！成绩的取得，是深入贯彻习近平新时代中国特色社会主义思想，坚定推动中央、省、市战略部署在雨花落地生根的结果；是始终坚持区委正确领导，坚决执行区委决策部署，紧紧依靠区人大、区政协监督支持的结果；是雨花广大党员干部以“绩效夺第一，工作争一流”的决心和担当，团结和带领全区人民并肩作战、奋力拼搏的结果。在此，我谨代表区人民政府，向在各个岗位辛勤劳动、无私奉献的雨花人民，向给予政府工作大力支持的各民主党派、工商联、人民团体、驻区单位，向各位人大代表、政协委员、老领导、老同志和社会各界人士，表示衷心的感谢，并致以崇高的敬意！

在肯定成绩的同时，我们也清醒认识到工作中还存在一些不足，面临发展不平衡不充分的问题：区域经济保持健康平稳发展态势，但实体经济内生动力不足，产业链集聚效应有待增强，开放创新仍需深入推进；片区开发取得突破，但品质提升、产业培育、效益释放尚需时日；城市规划、建设、管理的水平仍需不断提高，建设更高水准的文明城区任重道远；生态环境治理压力较大，一些深层次问题需要花大力气解决；民生领域还有不少短板，满足人民群众在就业、教育、医疗、居住、出行、养老等方面的美好生活需要面临不少挑战；政府自身建设仍需进一步加强等等。这些问题，我们将采取有力措施，切实加以解决。

二、当前形势与发展目标

各位代表！党的十九大胜利召开，标志着中国特色社会主义进入新时代，也意味着财富品质幸福雨花建设开启新篇章。当前世界经济仍面临深度调整和转型压力，经济弱势复苏的态势仍在延续；我国社会主要矛盾发生新变化，我国经济已由高速增长阶段转向高质量发展的新阶段，经济长期向好的基本面没有变，经济平稳运行的基础更加坚实，增长韧性持续加强。机遇和挑战并存，机遇大于挑战。

新机遇体现在时代引领上。中国特色社会主义进入新时代，我国综合实力进入世界前列，国际地位前所未有提升，为我们推动开放创新、参与协作分工带来了更多的机遇、创造了更好的环境。新时代更加突出解决发展不平衡不充分的问题，更加突出以人民为中心的发展思想，让改革发展的成果更多更公平地惠及人民群众。特别是“两个一百年”奋斗目标的战略部署，进一步指明了发展方向、发展路径，为我们统筹做好各项工作提供了理论指导和行动指南。只要我们坚定理想信念、增强政治定力，一心一意谋发展、全心全意为人民，锲而不舍、持之以恒，雨花就一定能在新时代续写新辉煌。

新机遇体现在改革创新上。在新的历史方位，全面深化改革将朝着领域更广、举措更多、力度更强的新阶段纵深推进，蕴含着巨大的制度红利。供给侧结构性改革、“放管服”改革等重大部署的深入实施，农村、生态、住房、教育、医疗、文化、安全等民生领域改革的全面发力，科技创新、对外开放、人才培育等系列新政的陆续出台，进一步加快了治理体系和治理能力现代化建设，破除了阻碍发展的体制机制弊端，释放了让人民群众有更多获得感的温暖信号。只要我们紧跟步伐、保持韧劲、主动担当，更加注重理念更新、更加注重改革破局、更加注重人民感受，雨花就能增创更多制度优势、分享更多改革成果。

新机遇体现在战略转型上。党的十九大部署了加快建设创新型国家、实施乡村振兴、区域协调发展等一系列重大战略，将发展经济的着力点放在实体经济上，推动经济发展由数量和规模扩张向质量和效益提升转变。省委强调继续大力实施创新引领、开放崛起战略。市委提出全面建设现代化强市，加快推进22个工业新兴及优势产业链发展，统筹推进六大片区开发，雨花有份量更有担当。只要我们自觉融入发展大局，找准坐标、抢抓机遇、乘势而上，雨花的战略支撑功能将更加凸显。

新机遇体现在优势释放上。经过全区上下多年的努力，雨花的区位、空间、生态、资源等优势叠加释放，特别是区第五次党代会以来，在建设“三个雨花”的生动实践中，谋篇布局的重点片区已打好基础、形成新引擎，开放合作的战略平台已落地见效、构筑新高地，精心培育的产业项目已产生效益、增添新动能，今天雨花创新创业的土壤更加肥沃，宜居宜业的环境更加美好，干事成事的舞台更加广阔，只要我们团结务实、开拓进取，一张蓝图绘到底，不折腾、不动摇，“三个雨花”建设将全面进入快车道、迈上新台阶。

基于以上判断，2018年政府工作的基本思路是：高举习近平新时代中国特色社会主义思想伟大旗帜，坚持稳中求进工作总基调，始终以人民为中心，践行新发展理念，按照高质量发展的要求，坚决落实中央、省、市和区委决策部署，紧扣“项目大攻坚、管理大提质”工作主题，突出抓重点、补短板、强弱项，全面推进产业升级、推动开放创新、完善城市功能、创新社会治理、保护生态环境、普惠民生福祉，在建设财富品质幸福雨花，打造中部领先国内一流的现代化强区征程中再立新功。

2018年全区经济社会发展的预期目标是：地区生产总值增长8%；一般公共预算收入增长8%；固定资产投资增长10%以上；城镇居民人均可支配收入增长8%以上；城镇登记失业率控制在4%以内；全社会研发经费投入占地区生产总值比重、产业投资占固定资产投资总额比重、城镇保障性住房覆盖率等重点指标稳步提升；节能减排等约束性指标全面完成。

三、2018年工作重点

各位代表！2018年是落实党的十九大精神的开局之年，也是实施“十三五”规划、加快建设“三个雨花”承前启后的关键一年。实现上述目标，我们将重点抓好以下工作：

1. 持续推进产业升级

深化供给侧结构性改革，牢固树立抓经济向产业聚集、抓产业向产业链聚焦的导向，把产业建设作为全年经济工作的重中之重，在建链、强链、补链、延链中优化产业布局、提升产业层次，构建具有雨花特色的现代产业体系。

加快发展先进制造业。把发展经济的着力点放在实体经济上，抢抓长沙创建“中国制造2025”试点示范城市机遇，以智能制造为统领，以“一主一特”为方向，推动雨花经开区对标国家级开发区、瞄准千亿级园区发展。壮大龙头企业、培育配套企业，做大做强新能源汽车及零部件主导产业，确保比亚迪特种车、晓光新能源汽车车身装备及零部件智能制造工厂达产放量。以系统集成、推广运用、工业机器人为重点，充分发挥航天中南先进光机电技术创新中心、长沙智能机器人研究院、自兴人工智能研究院等产学研合作平台作用，加快完善中国（长沙）创新设计产业园、智庭制造园集约集聚功能，做优做精机器人及智能装备特色产业。立足“六化”要求，纵深推进园区综合改革，加快推动园区跨越转型、创新发展。

集聚发展现代服务业。紧扣区域发展定位，补齐现代服务业短板，加快培育和推动现代商贸、现代物流、现代金融、文化创意、会议会展、健康养老等新兴产业向重点片区、重点商圈、重点楼宇集聚。着力培育总部经济，深化专业示范楼宇创建，继续推进商务楼宇去库存。放大区位优势，加快完善雨花现代电商物流园基础设施，加快建设普洛斯、宝湾、万科、云冷产业园等重点项目，打造电商聚集区和现代物流核心区。

推进农业农村现代化。以乡村振兴战略为引领，深入推进农村集体产权制度改革全国试点，加快推进“筹改居”工作，稳步壮大村集体经济。以全域旅游为统揽，挖掘农业农村的生态价值、休闲价值、历史文化价值，按照规模化、市场化、专业化、特色化的发展导向，加快跳马花卉苗木产业转型步伐，积极培育观光体验、运动休闲、森林康养等产业链，促进农村一二三产业融合发展。

2. 深入推动开放创新

推进创新引领、开放崛起战略，积极构建更高层次的创新生态、开放格局，不断提升区域竞争力和经济外向度。

深化开放合作。坚持引进来和走出去并重，主动融入东部开放型经济走廊、临空经济示范区建设，放大临空、临铁优势，围绕重点产业，聚焦园区、片区，集中力量、资源，大力实施产业链招商、专业化招商、以商招商，瞄准世界500强、国内100强、行业20强优质企业，在精准、执着和舍得上下功夫。加快推动内外贸一体化，全力支持高桥大市场申报“市场采购贸易方式试点”，积极推动红星全球农产品批发中心创建“国家检验检疫综合试验区”、完成二期建设。鼓励本土企业发展壮大，开拓国际市场。创新模式、优化机制，充分发挥好农博会、东盟湖南名优产品交易会等开放平台的展示、展销、引领功能。

强化创新驱动。支持各类重点实验室、知名企业研发中心、创新创业街区、新型孵化器等科技创新平台载体建设，鼓励骨干企业加大技术创新、技术引进、技术改造，提升产业链创新能力。以长沙知识产权综合管理改革试点和中国（长沙）知识产权保护中心运营为契机，打通知识产权创造、运用、保护、管理、服务全链条。

优化营商环境。全面对接企业和市场需求，着力提高政策落实的速度和温度，持续推动工业30条、人才新政22条、科技创新“1+4”、开放型经济“2+4”等重大政策在雨花落地生根、释放红利。优化完善区域产业政策，以“引得进、长得大、留得住、聚得拢、转得优”等为重点，发挥区域产业扶植政策“1+N”体系引导作用，推动人才、技术、资金等要素集聚雨花。全方位为在雨花创新者、企业家、投资人提供服务，切实做到不叫不到、随叫随到、服务周到，打造政策精准、服务贴心的营商环境。

3. 加快完善城市功能

积极践行精明增长、紧凑城市、海绵城市等新理念，抢抓长沙新一轮城市总体规划修编契机，坚持以人为本，着力优化布局，完善城市功能，打造宜居城市、品质雨花。

突出片区示范引领。加快推动高铁会展新城建设，全面完成片区拆迁清零，以拆迁促建设，让地等项目。积极推动红星片区试点政策落地、产业转型、品质提升，启动红星国际会展中心、红星大市场等地块拆迁，推动城投9号地开发建设，打造中部首创、国内标杆、全球领先的城市双修示范片区。打造圭塘河“全国海绵城市建设4.0版”，以流域综合治理为统揽，着力健全常态化、法治化管控机制，完成总规编制，基本建成井塘示范公园，启动跳马段综合治理项目。打造雅塘综合改造示范区，完成洞井路、曙光路等路网建设，加快建设中城苑，启动竹塘路、雅塘冲路、长沙汽车制造厂等项目征拆，完善公共服务配套，高标准建设雅塘新城。打造跳马两型示范区，全面融入“南部新城”建设，加快发展全域旅游，建成农村公路50公里，推进107国道（雨花段）、南横线建设，实施“一点一线”示范项目，完成曙光垸大堤建设，打造金屏特色小镇。

加快打通城市脉络。全力支持地铁3号、4号、5号线建设、湘府路快速化改造，积极构建以高铁南站和汽车南站为核心的综合交通枢纽。全面实施城乡建设四年行动计划，统筹推进官寺冲路、侯照路、扬子路等8条续建道路建设，启动川河路、花卉路、柳树塘路等5条道路建设，加快打通“断头路”“瓶颈路”，实施时代阳光大道“六位一体”提质改造。坚持公交优先、行人优先，完善城市慢行系统、城市绿道；推进“公交都市”建设，完成港湾式公交站改造任务；年内新建公共停车场18个、新增停车位3610个。推行联勤联动机制，下大力气解决交通拥堵问题，积极构建车畅人欢出行格局。

持续推动城市更新。落实“四增两减”要求，加快推进小林子冲、省话剧团、梨子山等项目及配套建设，实施二十三冶、天心煤建、省机械化施工公司等棚改项目。完成天华、大塘、高桥、井塘城中村改造验收。坚决打好社区全面提质提档三年行动收官战。完成10个老旧社区、10条支路街巷提质改造、1处人行过街设施建设。加快完善消防站点通道、市政网管等公共设施，推进“厕所革命”，高标准建设环卫站厕。

4. 积极创新社会治理

围绕打造共建共治共享的社会治理格局，坚持党建引领、信息支撑，大力推进社会治理网格化改革，着力提升基层治理体系和治理能力现代化水平。

深化城市精细管理。以网格化管理为抓手，持续深化城管体制机制改革，进一步明晰街道、社区边界，科学划分网格和网格单元，配齐网格力量，升级区级信息平台，做实街道二级平台，让城市管理更精细、更到位。扎实开展“四保十看四查”文明城市综合整治，切实抓好门前三包、拆违控违、围挡标准化等专项行动，集中整治乱停乱靠、乱摆乱放等城市乱象，打造一批人行道管理示范路。

创新基层社会治理。总结推广试点经验，全面推进基层社会治理改革，按照“一网打尽”的思路，整合城管、环保、卫计、安监、食药监等力量下沉社区、组团服务。进一步巩固社区减负增效成果，全面实施“一口式受理、一站式办理”。持续深化住宅小区“四位一体”物业管理改革，着力加强社会工作专业人才队伍建设，支持社会组织参与社区公共事务和公益事业，实现政府治理、社会调节、居民自治良性互动。

推进智慧雨花建设。全面实施智慧雨花建设三年行动计划，加快启动智慧雨花调度指挥中心建设，统筹推进智慧城管、智慧环保、智慧交通、智慧水务、智慧园区等智慧城市建设专项，重点完善“互联网+政务服务”信息平台，推行“马上办、网上办、一次办”，让信息多跑路、让群众少跑腿，切实提高服务效能。

5. 坚决保护生态环境

牢固树立绿水青山就是金山银山的理念，坚持生态优先、保护第一，推动生态文明建设与经济社会发展协调统一。

着力解决突出环境问题。巩固中央环保督察反馈问题整改成果，坚决打赢“蓝天、碧水、净土、静音”四大战役。攻坚大气污染防治，切实加强建设工地、拆迁现场等扬尘治理，有效改善雨花空气质量；加快水污染防治，全面消除建成区黑臭水体；强化土壤污染管控和修复；落实噪音污染防治措施，着力解决噪音扰民问题。积极探索构建政府为主导、企业为主体、社会组织和公众参与的环境治理体系。

切实加强生态环境保护。优化生态文明建设顶层设计，实施最严环境保护执法，将环境影响评估贯穿项目实施全过程，坚决制止和惩处破坏生态环境行为。积极创建“长株潭绿心地区两型综合示范带”，严肃查处违法用地行为，落实生态补偿机制，稳步推进工业企业退出转型，开展矿山矿洞生态修复。落实“河长制”要求，全面实施“一河一策”，完善制度体系，突出源头治理，有效改善河湖生态环境。

统筹提升城乡生态品质。全面加强城区主次干道绿化常态养护，不断提升精细化、专业化水平；推进联盟社区公园、仙岭游园等6个社区公园建设，新增一批“微绿地”，着力提高城市绿化生态品质。持续开展跳马农村环境综合整治，深入实施美丽乡村建设三年行动，加快建设生态名镇。积极倡导简约适度、绿色低碳的生活方式，大力开展创建绿色家庭、绿色学校、绿色社区、绿色出行等行动，打造绿色生态雨花。

6. 着力普惠民生福祉

积极回应人民对美好生活的向往，围绕“衣食住行、生老病死、安居乐业”抓服务、办实事，让雨花人民的获得感、幸福感、安全感更加充实、更有保障、更可持续，让改革发展成果更多更公平地惠及雨花人民。

完善多渠道、全覆盖的社会保障体系。大力推动创新创业带动就业，为被征地农民、家庭困难人员等重点群体创造更多就业机会，确保全年新增城镇就业1.4万人以上。进一步加强社会保障体系建设，确保扶贫对象医疗保险、大病保险参保率100%。深化社会救助标准化建设，加快完善孤寡老人、留守儿童、失独家庭、特困人员等弱势群体救助体系，切实保障妇女和未成年人合法权益，支持残疾人事业发展。依法落实优抚安置政策，积极推动退役军人服务中心完善功能、发挥作用。启动园博家园、自然苑、东升家园保障住房建设，加快发展住房租赁市场，完成限价商品房建设。

完善多元化、普惠性的公共服务体系。实施更高水平的社区全面提质提档工程，推进普惠性幼儿园、卫生服务站、养老机构、标准化菜店、示范米粉店等进社区，新建、改造11个“人民满意农贸市场”，打造方便放心的居民生活服务圈。优先发展教育事业，建成李洞中学、东方红小学、鄱阳小学等8所学校，新建2所公办幼儿园，完成28所学校义务教育标准化建设，选拔、引进、培育一批名优特、骨干教师，促进学生全面发展，努力办好人民满意教育。深化居家和社区养老服务改革试点，引进3家民办养老机构，新建3个老年人日间照料中心、7个居家养老服务中心。深入推进“健康雨花”建设，新建黎托街道社区卫生服务中心，积极探索医养结合，创建省级卫生计生综合监督示范区，争创国家级慢性病综合防控示范区，为群众提供全方位全周期健康服务。打造“书香雨花”，建设一批24小时书店和农家书屋，推动雨花“非遗”文化进校园、进社区。

完善法治化、常态化的安全防控体系。牢固树立安全发展理念，深入推进司法体制改革，不断促进社会公平正义，加快建设平安雨花。建设立体化、信息化社会治安防控体系，依法打击和惩治黄赌毒黑拐骗等各类违法犯罪活动。继续开展信访积案化解攻坚行动，依法处理、妥善解决各类矛盾纠纷。健全食品安全监管体系，努力创建全国食品安全示范城区。进一步压实“党政同责、一岗双责、齐抓共管、失职追责”的安全生产责任体系，落实企业安全生产主体责任，推进安全生产领域改革发展，加强农安小区、物流市场等区域隐患排查整治，保障电梯等特种设备安全，坚决遏制重特大安全事故，确保雨花发展和谐稳定、雨花人民安居乐业。

7. 全面提升行政能力

坚持把执政为民落实到政府工作全领域、全过程，不断提升行政能力，努力建设人民满意政府。

提升科学发展的能力。深入学习贯彻党的十九大精神，用习近平新时代中国特色社会主义思想武装头脑、推动实践。全面贯彻新发展理念，树立战略眼光，坚持底线思维，增强创新本领，注重政府谋划工作的系统性、整体性和协同性，提高互联网技术和信息手段运用水平。加强政府智库建设，实施重大行政决策专家咨询、风险评估、集体研究，健全决策后评价机制，努力防控各种风险。

提升依法行政的能力。自觉接受人大的法律监督、工作监督和政协的民主监督，主动接受群众监督、舆论监督。把法治思维、法治方式贯穿政府工作决策、执行、监督各个环节，坚持法无授权不可为、法定职责必须为，严格落实“三张清单”，规范政府行政权力。全面实施“七五”普法，推动行政机关、事业单位法律顾问全覆盖，完善法治政府建设指标体系，落实行政机关负责人出庭应诉责任，让政府工作在法治轨道上稳步前行。

提升狠抓落实的能力。以工匠精神抓落实，树牢精准精细精致的工作理念，更加聚焦细节、注重品质，更加注重发展的质量。以开拓精神抓落实，强化舍我其谁的责任担当，敢啃最硬的骨头，勇挑最重的担子，扭住关键、精准发力，以重点突破带动全局发展。以钉钉子精神抓落实，锤炼“功成不必在我、建功必须有我”的胸怀和境界，盯紧目标持续抓、反复抓，久久为功、善作善成。以民本精神抓落实，带着责任和感情解决好群众实际困难，多做雪中送炭的工作，多与群众沟通、让群众参与、请群众评议，用实际行动和成效赢得群众的支持和点赞。

提升廉洁干事的能力。把纪律和规矩挺在前面，落实党风廉政建设责任制。强化审计监督职能，切实加强公共资金分配、运行、使用环节监督管理和绩效评价，严格管理工程招投标、政府采购，严控工程变更。完善集体资金、资产、资源等重点领域监管机制，坚决整治侵害群众利益的不正之风和腐败问题。

各位代表！乘风好破浪，奋进正当时。让我们更加紧密地团结在以习近平同志为核心的党中央周围，在市委、市政府和区委的坚强领导下，不忘初心，牢记使命，为建设财富品质幸福雨花，打造中部领先国内一流的现代化强区继续奋斗！

名词解释

1. 城市双修：指生态修复、城市修补。生态修复指通过一系列手段恢复城市生态系统的自我调节功能，修复被破坏的山体、河流、植被；城市修补是指不断改善城市公共服务质量，改进市政基础设施条件，发掘和保护城市历史文化和社会网络，使城市功能体系及其承载的空间场所得到全面系统的修复、弥补和完善。

2. 海绵城市：指城市在适应环境变化和应对雨水带来的自然灾害等方面具有良好的“弹性”，下雨时吸水、蓄水、渗水、净水，需要时将蓄存的水“释放”并加以利用。

3.“六位一体”提质改造：指对主次干道进行路面、人行道、绿化、立面、公共空间、亮化综合提质改造。

4.“放管服”改革：指以转变政府职能为核心，以更有力举措推进简政放权、放管结合、优化服务。

5. 河长制：由各级党政主要负责人担任“河长”，以保护水资源、防治水污染、改善水环境、修复水生态为主要任务，构建责任明确、协调有序、监管严格、保护有力的河湖管理保护机制，为维护河湖健康生命、实现河湖功能永续利用提供制度保障。

6.“三供一业”分离移交：指将国企（含企业和科研院所）家属区水、电、暖和物业管理职能从国企中剥离，转由社会专业单位实施管理。

7. 儿童友好型城市：指将儿童的根本需求纳入街区或城市的规划中，形成完善的、儿童友好的城市空间，使之在日常生活中惠及城市中所有儿童，儿童可以方便、安全的玩耍与学习。

8.“三重一大”集体决策制度：指重大事项决策、重要干部任免、重要项目安排、大额资金的使用，必须经集体讨论做出决定的制度。

9. 一主一特：指雨花经开区重点发展的新能源汽车及零部件主导产业、机器人及智能装备特色产业。

10. 六化：指园区作为经济发展的主战场，应突出功能分区，在工作中体现便捷化、差异化、集约化、信息化、生态化、品牌化要求，走质量效益型发展的道路。

11.“筹改居”工作：指以城中村改造为抓手，通过有形改造与无形改造相结合的途径，实现“村民变股东、农民变市民”，推动全区各涉农街道社区筹委会向社区居委会转变。

12. 四增两减：指在推进棚改工作中，增加公共绿地、增加公共空间、增加配套设施、增加支路网密度，减少居住人口密度、减少开发强度，改善城市居民生活环境，让群众有更多“获得感”。

13. 四保十看四查：“四保”指环境保洁净、交通保畅通、社会保平安、服务保优质；“十看”指看市容环境卫生洁不洁、社区宜居建设好不好、街道立面整修靓不靓、安全保障措施实不实、公共市政设施齐不齐、大街广场绿地美不美、城市交通秩序畅不畅、经营秩序管理严不严、校园周边环境净不净、窗口便民服务优不优；“四查”指查长效机制是否健全、岗位责任是否落实、监管制度是否规范、考核奖惩是否兑现。

14. “四位一体”物业管理：即小区党组织、业委会、监事会、物业公司共同参与的业主自治管理。

15. 三张清单：即“权力清单”，明确政府该做什么，应做到“法无授权不可为”；“负面清单”，明确企业不该干什么，应做到“法无禁止皆可为”；“责任清单”，明确政府怎么管市场，应做到“法定责任必须为”。

以党的十九大精神为指引 为建设财富品质幸福雨花作出新贡献

——在政协长沙市雨花区第五届委员会第二次会议上

区政协主席　冯聪龙

（2017 年 12 月 26 日）

各位委员、同志们：

我受政协长沙市雨花区第五届委员会常务委员会的委托，向大会报告工作，请予审议，并请列席的同志提出意见。

2017 年工作回顾

2017 年是雨花区五届政协履职的第一年，也是区“十三五”规划实施的关键之年。在中共雨花区委的坚强领导和市政协的关心指导下，全区政协系统深入学习贯彻党的十九大精神，紧紧围绕区第五次党代会确定的目标任务和“加快转型提质，彰显实干善为”工作主题，不断夯实基础、务实创新、科学履职。一年来，区委、区政府高度重视政协工作，区委主要领导专程调研政协机关，区委常委会议专题听取政协工作，区委政府主要领导参与专题协商会议。一年来，我们以开阔的思路谋划工作，服务大局更为主动；以务实的态度落实工作，关注民生更加深入；以过硬的举措抓好工作，服务品牌更具亮点；以团结的力量带好队伍，自身建设更添动力。一年来，我们的社情民意信息在全国政协有声音、“和”系列智慧委员工作室在全省政协有形象、两个专题调研协商在市区两级有作为、“真情五助 +”活动在群众中有口碑，各项工作精彩开局，为建设财富品质幸福雨花，打造中部领先、国内一流的现代化强区作出了积极贡献。

一、服务大局、服务发展彰显新担当

我们坚持把服务大局、服务发展作为尽责之要、履职之基，把握主题，突出重点，积极开展调查研究、协商议政。一是重点课题为发展献策。针对发展的难点、基层的热点，选取了统筹推进高铁会展新城建设和加快社区筹委会向社区居委会转变两个课题作为今年的重点协商。在统筹推进高铁会展新城建设的调研中，我们广泛听取各方意见建议，吸纳杭州、郑州等地经验，形成了《破解瓶颈难题，深耕片区发展，加快打造“开放崛起新高地、品质长沙新标杆”》的调研报告，提出“六统”对策（思想统一、规划统揽、地域统辖、拆迁统领、资源统配、管理统制）共 28 条建议。该课题调研协商中先后有百余名委员参与其中，15 名委员在协商会上发言。该题目被列入市政协的重点提案协商办理，廖建华副市长组织相关市直部门召开了专题协商会，推动协商成果转化，许多建议已在落实之中。在加快推进筹改居转变的调研中，我们逐一走访 8 个涉农街道、39 个社区及筹委会，及时将调研中发现的关于公租房管理问题通过社情民意信息上报，分别得到陈文浩市长、廖建华副市长的批示。经过认真梳理，我们提出了“五抓”举措（抓优顶层设计、抓紧突破瓶颈、抓好全面保障、抓活集体经济、抓实社区治理）共 50 条建议。协商会后，区委、区政府对调研报告进行专门研究，将建议逐一分解、落实到各有关部门，有效助推全区筹改居进程。二是视察协商为发展建言。主席会议成员先后围绕雨花智能制造、火车南站站场建设、现代电子商务物流园发展、精致精美品质雨花、社区提质提档、国家食品安全示范城市创建等工作开展主题调研视察11次。5个专委会组织对提高全域旅游环境质量、经济和信息化发展水平、跳马足球小镇开发、法治雨花建设、民族宗教工作等进行专题视察调研6次。各街（镇）结合实际，组织委员开展辖区热点问题视察16次。全区政协系统通过调研视察形成各类调研报告20余篇，为区委、区政府科学决策及各级各部门排忧解难、推动工作发挥了积极作用。三是提案工作为发展出招。进一步完善提案领办、批办、督办、评议等机制。五届一次会议以来，收到委员提案145件，审查立案120件，明确重点提案5件。其中，周谊、谭荣欢等4位委员的《促进跳马生态保护开发，实现雨花区全域旅游发展的建议》，夏晓波、邹异明等6位委员的《关于提质长沙火车南站地区周边路网的建议》2个重点提案分别由区委书记、区长亲自批示与督办。五届一次会议提案办复率100%，满意和基本满意率100%。不少提案成功纳入区委、区政府的决策范畴，得到了区直部门的采纳。启动争取将绿心地区保护与发展列入省市区三级联办重点提案，省市政协已就此专题来区调研。四是参与中心工作为发展聚力。在潭阳拆迁、跳马全域旅游、农博会筹备、环保督查、文明创建、安全生产、信访积案化解、社区换届、高铁会展新城招商、学校建设等中心工作中，区政协全力以赴、勇于担当。政协系统还抽调多名精干力量在各个片区参与拆迁安置工作，比较圆满地完成区委、区政府交办的相关任务。

二、增进共识、增进团结凸显新亮点

我们坚持在创新协商机制、丰富履职载体、拓宽协商渠道上多想办法、多下功夫、多出实招。一是“三好六优”浓厚履职氛围。在全区政协系统开展“三好六优，助力雨花”主题活动，把组织好委员活动、履行好政协职能、服务奉献好社会作为基层政协联络处评先的标准；把政治过硬素质优、履职积极成果优、服务大局奉献优、促进和谐作用优、爱岗敬业成绩优、热心公益形象优作为委员评先的标准，新制定《雨花区政协委员履职考核办法》。一年来，通过主题活动，评选出高桥、井湾子、左家塘、东塘、同升、东山街道等6个“三好”政协联络处和丘文、龙燕等32名“六优”委员，进一步增进全区政协系统创先争优的履职共识。二是“智慧政协”建设持续出彩。我们适应“互联网+”的发展大势，立足各街（镇）、社区，在线下实体建设的基础上，率全省之先在全区每个街（镇）重点建设1个线上智慧委员工作室，建成和谐园、和馨园、和美园等13个“和”系列智慧社区委员工作室。科协、残联、妇联、民族宗教界和多个民主党派积极参与，做好结合文章，形成了各有千秋的界别特色，吸引了省市政协委员和一些社会人士积极参与，得到省市政协高度认可。一年来，全体政协委员通过线上明情、线下发力，走访居民、接待群众3000余人次，解决各类民生诉求400余件。“和”系列智慧政协委员工作室的建设，延伸了政协工作触角，打通了政协履职“最后一公里”。三是“政协之友”谱写联谊新篇。我们一直关注离任委员的工作、生活，我们将历届老政协委员以及热心参与公益行动、乐于参与政协活动的社会各界人士70余人凝聚起来，在全省率先成立了雨花“政协之友”，建立了学习交流、团结联谊和参政议政的新平台，举行了“雨花精英献良策”、理事专题座谈会、助力传统文化发展沙龙、法制讲座等专场活动。政协之友拓展了政协工作面，扩大了政协“朋友圈”。

三、情系民生、情系基层体现新作为

我们坚持以人民为中心的理念，充分发挥政协作为党和政府联系群众、团结各界的桥梁和纽带作用，做到真作为、实作为。一是“真情五助+”惠民生。结合省市政协“三个一”（一名政协委员资助一名贫困家庭在校学生完成学业、结对一个贫困家庭增加收入、帮助贫困家庭一名成员解决就业）扶贫行动，推出“真情五助+”系列活动，全年开展活动40余场次，委员参与率达70%以上。在财富雨花·助力行动中，开展了“春风行动”大型招聘活动4场，为失业人员提供工作岗位300多个。在品质雨花·增智行动中，开展系列讲学近20场次，建立了“委员书屋”，特邀作家王跃文与委员及居民群众一起开展读书活动；在砂子塘吉联小学开展“大手牵小手·委员进校园”读书活动；由区政协委员牵头、政协之友参与的社会公益组织益友会在全省建立“益友书屋”6个。在幸福雨花·温暖行动中，委员参与扶贫帮困、跳马“爱心仓”等系列公益活动，走访慰问600多人，资助慰问金近300万元。一年来，助老、助残、助困、助学、助业活动已深入委员心中，成为了委员的自觉行动，打造了雨花政协委员服务民生的“亮丽名片”。二是社情民意畅民心。新一届委员履职激情高涨，关注社情民意的意识和撰写信息的量与质均有大幅提高。全年共收到社情民意信息122篇，往上级政协报送109篇，其中谭秋荣委员撰写的《药品价格大幅上涨、货源紧张或将成为医患矛盾新的导火索》被全国政协采用，陈红委员撰写的《关于给小学生书包“减负”的建议》被民进中央采用，这也是雨花政协社情民意信息首上全国政协和民主党派中央。省政协采用5篇，市政协采用和转办9篇，省市采用比例均大幅提升。通过社情民意途径，不少影响老百姓生活的问题引起重视或得到解决，社情民意信息作为“民情直通车”的作用得到有效发挥。三是抗洪救灾解民忧。面对长沙特大洪灾，区政协系统迅速反应、积极行动，主席会议成员、机关干部第一时间坚守抗洪第一线，奔赴救灾最前沿。各基层政协联络处、各民主党派及各位政协委员、政协之友和一大批社会公益组织都积极响应号召，主动参与抗洪救灾，提供志愿服务，积极支援全区乃至省市其他受灾严重地区，全区政协系统捐款捐物达400万元。区政协委员、益友会副理事长刘雄八进宁乡，区政协委员、金牌帮女郎工作室理事长陈旭主动承担全市抗洪救灾物资的接收分发，彰显了雨花政协人的社会担当和民本情怀。

四、班子建设、队伍建设呈现新气象

我们秉承“勇智善雅”雨花政协文化传统，不断提升政协能力建设。一是班子建设更加夯实。充分发挥政协党组的核心作用，定期召开主席会议、常委会议。结合工作实际，明确每名主席会议成员的职责分工，健全对口联系，突出示范带动，分别从领办重点提案、调研文章、社情民意信息等七个方面量化工作任务，有效地把委员履职积极性调动起来，把委员的智慧和力量集聚起来。主席会议协商通过了会议、工作、学习、管理等28个制度，促进了政协工作的制度化、规范化。加强政协常委会队伍建设。落实《常务委员会会议制度》，全年召开常委会议4次，组织常委专题视察项目，常委们在尽责履职、助推发展、关注民生、遵纪守法等方面起到带头作用。二是委员作用更加明显。我们组织委员就政治理论、履职业务等集中培训和经验交流3次，邀请专家进行法律和社会问题专题讲座，读书沙龙等活动深受委员欢迎。组建委员微信群，委员“政协云”开通率达100%，征订“两刊一报”向全体委员免费赠阅，让政协委员及时了解上情。同时，夯实各基层政协联络处工作基础，让委员履职、学习、沟通、交流实现“线上+线下”全新融合。根据委员意愿，将每位委员相应安排进5个专委会，加强了专委与委员交流互动。召开了界别会议，明确界别“五个一”（一篇调研发言、一份提案、一篇社情民意信息、参与一次活动、组织一次学习）的要求，界别作用进一步显现，残联界别余其安委员身残志坚，打造了全国残疾人就业创业示范基地；科协界别彭知委员将界别特色与智慧委员工作室建设有机融合；工商联界别彭拥军委员在“民间河长”中发挥了监督作用；民盟党派吴尚委员主动参与大众环保教育等公益行动。通过一年来的实践，区五届政协委员的履职意识、履职经验、履职水平得到了提升；各基层政协工作联络处全面完成各项任务，工作有声有色，为本届政协工作打下了基础。三是机关建设更加强化。全面推进“两学一做”学习教育常态化制度化，切实加强机关党风廉洁建设。机关支部及时组织十九大精神学习，每月主题党日活动严肃认真。选派10余人次参加各级各类学习培训。选派优秀干部驻省人大社区开展群众工作，承诺实事全部圆满完成。配优区政协委员服务中心工作人员，为委员履职提供了组织保障。加大宣传力度，编发“政协云”资讯近40条，在省市各类媒体广泛宣传报道，展示了雨花政协的工作成果和委员风采。建立机关图书室，组队参加市政协“同心杯”篮球赛，展现了积极向上、充满活力的精神风貌。

各位委员、同志们，团结凝聚力量，民主成就伟业。以上成绩的取得，都是中共雨花区委正确领导的结果，是区人大常委会、区人民政府和社会各界大力支持的结果，也是各位老领导、老委员共同关心的结果，更是全区各政协组织、广大政协委员、政协之友和政协机关干部共同努力的结果。在此，我代表区政协常委会，向大家表示衷心的感谢和诚挚的敬意！

回顾一年来的履职实践，我们深切体会到：第一，讲政治是政协工作的首要原则。只有牢固树立“四个意识”、坚定“四个自信”，认真贯彻落实中央和省市区委决策部署，才能确保政协工作与党的领导同心、同向、同行。第二，以人民为中心是政协工作的初心使命。把人民对美好生活的向往作为我们全部工作的出发点和落脚点，深怀爱民之心、恪守为民之责、多办利民之事，我们才能赢得群众的支持，政协工作才能有旺盛的生命力。第三，聚焦中心大局是政协工作的基本任务。要始终坚持在党委政府领导下开展工作，把“党委政府的工作推进到哪里，政协工作就跟进到哪里”自觉作为工作着力点，积极参与全区发展各项工作，主动谋事、积极干事、努力成事。第四，发挥委员主体作用是政协工作的坚实保障。政协工作重在委员参与、贵在委员参与、更成在委员参与。只有把全体委员的主体作用充分发挥，“人才库”的优势、“智囊团”的作用才能充分体现。第五，务实创新是政协工作的不竭动力。我们坚持“走出去、学回来”，先后赴一些兄弟区县政协学习交流，开拓我们的视野；把好的经验、好的做法带回来，推动了全区政协事业创新发展。

我们也清醒地认识到，对照新时代的目标、区委的要求以及人民群众的期望还有一定差距。比如：履职的深度和实效有待进一步提高；民主监督的作用还需进一步发挥；少数委员的履职意识、履职能力需要进一步提升，等等这些，都需要切实加以改进。

2018 年工作部署

2018 年是全面贯彻落实党的十九大精神的开局之年，也是雨花发展的关键之年。全区政协工作指导思想是：以习近平新时代中国特色社会主义思想为指引，践行以人民为中心的发展理念，在中共雨花区委坚强领导下，围绕区委“项目大攻坚、管理大提质”工作主题，高举团结和民主旗帜，坚定政治站位、提升工作定位、落实作为到位，加强基层协商民主、强化民主监督职能、增强参政议政实效，发挥委员主体作用，为建设财富品质幸福雨花再聚新力量，再作新贡献。

一、突出坚定政治站位，广泛凝聚雨花力量

1. 深入贯彻落实党的十九大精神。习近平总书记在十九大报告中指出“有事好商量，众人的事情由众人商量，是人民民主的真谛。政协是社会主义民主政治的特有形式和独特优势。”全区政协系统要深入学习领会党的十九大精神，深刻领会习近平新时代中国特色社会主义思想。要在学懂、弄通、做实上下功夫，通过认认真真、原原本本地学，把握精神实质、增强政治定力。要坚决维护党的全面领导，维护党委权威，精心组织“不忘初心、牢记使命”主题教育，开展“红心向党、务实为民、助力雨花”主题活动。要认真把握十九大对政协工作的新要求，充分发挥政协协商民主的重要渠道和专门协商机构的作用，把协商民主工作融入到政协履职全过程和各方面，在区委的坚强领导下，确保政协正确的政治方向和履职方向。

2. 做好大团结文章。习近平总书记强调“人民政协要发挥统一战线组织团结联谊功能”“最大限度为党和国家事业凝聚共识、凝聚智慧、凝聚力量”。要坚持“脚步为亲”，主席会议成员、各专委会要加强与常委互动交流，开展委员走访座谈，完善委员履职服务工作。多听取政协委员、政协之友的心声和意见，多帮助他们把自己的项目做强，把本职工作做优。在委员和政协之友中继续开展各类主题沙龙、“雨花精英献良策”等活动，锻造一支讲政治、

善学习、有情怀、勇担当的政协队伍，营造务实创新、生动活泼、团结协作的政协氛围。每一位委员和政协之友都要当好传达上情的宣传员、反映下情的联络员、服务发展的参谋员、改进工作的监督员、促进和谐的调解员，凝聚更多的雨花发展力量。

二、突出聚焦中心任务，强化政协责任担当

1. 加大基层协商力度。协商民主是实现党的领导的重要方式。要完善专题协商、界别协商、提案协商、对口协商等方式，加强协商民主制度建设，形成完整的制度程序和参与实践。稳妥推进基层协商民主，各基层联络处、各界别要围绕老百姓关注的问题，开好"民情专题协商会"，为群众搭建倾听桥梁、参与平台、联系纽带，努力为群众解难事、办实事、做好事，促进大局和谐稳定。

2. 深化民主监督职能。认真落实中央《关于加强和改进人民政协民主监督工作的意见》（中办发〔2017〕13 号），注重问题导向，特别是各类满意度测评中反映的突出问题，选择民生、执法等领域重点、难点、热点问题开展民主评议。完善监督机制，选派民主监督工作小组，抓实专项监督、重点监督。发挥专委会在民主监督中的作用，利用调研、视察、协商等形式进行民主监督。对统筹推进高铁会展新城建设、加快推进筹改居进程等专题协商"回头看"，推动调研成果转化和落实。组织社情民意信息培训，健全报送、办理、落实的跟踪机制，编印区政协《意见与建议》，发挥社情民意的民主监督作用。通过政情通报会、民主评议会，搭建委员知情明政、民主监督、参政议政的平台。

3. 提升参政议政实效。党政关注的重点、群众关切的焦点，就是委员参政议政的课题。要提升提案工作实效，既要找准、又要提好、更要办实。广大委员要沉到基层、吃透民意，直面问题讲真话，提出有针对性、操作性、实效性的提案建议。要遴选重点提案开展专题协商，办结一批有质量、有效果、有影响的提案。要关注绿心地区保护与发展等重大问题，有效发挥提案为雨花发展助力的作用。要提高重大课题专题协商成效，围绕产业链建设、基层治理、民生事业等问题，选取 1—2 个具有综合性、前瞻性的区域发展的重大课题精心组织调研，认真开展协商，推动成果转化。

三、突出助推高质量发展，贡献更多政协智慧

1. 服务产业建设，积极参与项目大攻坚。围绕雨花"产业建设年"，对实体经济、新兴产业、雨花优势产业链等进行调研视察，助推发展智能制造、机器人、新能源汽车为主导的新型工业，助推发展以总部经济、楼宇经济为载体的现代金融、文化创意、商务旅游、电子物流、健康养老等现代服务业。关注"五大组团"（内城区、主城区、新城区、开发区、生态区）集聚发展，为高铁会展新城、雅塘新城等重点片区开发建设以及红星片区"城市双修"（生态修复、城市修补）、跳马全域旅游等重点项目建言献策。"开放雨花，梦想直达"，全区政协系统要为雨花在精准招商、以商招商上汇智聚力、添柴加薪。

2. 服务品质雨花，深度关注管理大提质。围绕城市功能、城市建设、城市管理，就人民满意的农贸市场、人行步道建设、停车场建设、"厕所革命"、农安小区提质、保障住房等开展调研视察。积极关注生态建设，针对大气污染及水环境综合治理等问题，组织委员开展环保公益宣传、专题视察等活动，为推动雨花的品质提升、精明增长、内涵发展献计出力。

四、突出关注民生福祉，提升雨花幸福指数

1. 打造服务民生的精品工程。围绕"衣食住行、生老病死、安居乐业"，高度关注教育、医疗、文化等民生事业，高度关注安全稳定的和谐社会建设。创新深化"真情五助 +"主题活动的品牌内涵，做精"助力、增智、温暖"行动。助推精准扶贫，开展有针对性的、有特色的帮扶活动，动员全体委员和政协之友积极参与。

2. 做实反映民意的民心工程。以"和"系列智慧委员工作室为抓手，引导各民主党派、界别、各基层政协联络处和全体委员，依托社区委员工作室开展基层协商、民主监督。通过线上察民情、线下解民忧的互动模式，进一步做实雨花政协品牌履职平台。全面对接做好省、市政协委员和政协之友进社区工作，“三级联进、三级联动”，让人民群众真切感受到政协委员就在身边，感受到政协工作真有作为。

五、突出增强履职本领，迸发委员奉献激情

1. 加强政协组织能力建设。发挥政协党组的核心作用，发挥主席会议、常委会议集体领导作用。举办全体常委服务发展专题培训。开展界别联谊活动，加强各专委会的横向沟通联系，探索成立委员文化、体育等各种兴趣活动小组。举办“和谐杯”趣味运动会，增强委员活动的活力和成效。继续开展“三好”政协联络处评选，切实加强对基层政协组织的工作指导和帮助，探索开展联组活动。政协机关要严格落实中央八项规定、省委九项规定，适应监察体制改革要求，主动接受监督，自觉践行雨花政协文化，建设风气正、氛围好、工作实、形象佳的政协机关，并真正成为能凝聚人、激励人、温暖人的政协委员之家、政协之友之家。

2. 加强政协委员队伍建设。落实《委员履职考评办法》，完善委员履职考核评价机制。继续评选“六优”政协委员，充分挖掘和宣传推介身边的优秀委员，通过树典型、搭平台，让广大委员学有榜样、赶有目标。抓好委员履职培训，提高履职素质。引导委员用好“政协云”、微信群等信息平台，加强委员之间的交流互动。

各位委员、同志们，新的时代承载新的梦想，新的征程孕育新的希望。党的十九大为新时代政协工作指明了前进的方向，让我们高举习近平新时代中国特色社会主义思想伟大旗帜，在中共雨花区委的坚强领导下，不忘初心，牢记使命，同心同德，砥砺前行，为财富品质幸福雨花建设，再做新贡献、再谱新篇章！

2017 年中共雨花区委
雨花〔2017〕文件目录

▲雨发〔2017〕1 号

▲雨发〔2017〕2 号　转发《区委宣传部、区司法局关于在全区公民中深入开展法治宣传教育的第七个五年规划（2016–2020 年）》的通知

▲雨发〔2017〕3 号　关于废止和宣布失效一批党内规范性文件的决定（秘密文件）

▲雨发〔2017〕4 号　关于转发《长沙市雨花区第五届人民代表大会常务委员会 2017 年工作要点》的通知

▲雨发〔2017〕5 号　关于转发《政协长沙市雨花区委员会 2017 年工作要点》的通知

▲雨发〔2017〕6 号　关于 2016 年度民兵预备役工作考评结果的通报

▲雨发〔2017〕7 号　印发《关于加强新提任科级领导干部廉政教育预防的实施方案》的通知

▲雨发〔2017〕8 号　印发《关于巩固不敢腐氛围构建不能腐不想腐机制推动全面从严治党向基层延伸的工作方案》的通知

▲雨发〔2017〕9 号　印发《关于建立中共长沙市雨花区委巡察制度的意见》的通知

▲雨发〔2017〕10 号　印发《关于认真学习宣传贯彻党的十九大精神的实施方案》的通知

▲雨发〔2017〕11 号　关于开展农村集体产权制度改革工作的通知

（胡炜阳）

2017年雨花区政府雨政发〔2017〕文件目录

▲1号　关于《红旗路扩征（支路12、13-湘府东路）项目侯照社区筹委会征地补偿安置方案》的批复（1月16日）

▲2号　关于《黎托片节约集约试点项目6、8号地（核心区—城投）川河社区筹委会征地补偿安置方案》的批复（1月16日）

▲3号　关于《中泛置业·万家城（四期）项目川河社区筹委会征地补偿安置方案》的批复（1月16日）

▲4号　关于《中泛置业·万家城（四期）项目合丰社区筹委会征地补偿安置方案》的批复（1月16日）

▲5号　关于长沙市雨花区发展和改革局2017年度安全生产监督检查计划的批复（1月17日）

▲6号　关于长沙市雨花区教育局2017年度学校安全生产监督检查计划的批复（1月17日）

▲7号　关于长沙市雨花区城乡建设局2017年度安全生产监督检查计划的批复（1月17日）

▲8号　关于长沙市雨花区民政局2017年度安全生产监督检查计划的批复（1月17日）

▲9号　关于长沙市雨花区农业林业水利局2017年度安全生产监督检查计划的批复(1月17日)

▲10号　关于长沙市雨花区文化体育新闻出版局2017年度文化市场安全生产监督检查计划的批复（1月17日）

▲11号　关于长沙市雨花区环境保护局2017年度环境保护网格化监管工作计划的批复（1月17日）

▲12号　关于长沙市雨花区安全生产监督管理局2017年度安全生产监督检查计划的批复（1月17日）

▲13号　关于长沙市雨花区人民防空办公室2017年度安全生产监督检查计划的批复(1月17日)

▲14号　关于长沙市雨花区经济和信息化局2017年度安全生产监督检查计划的批复(1月17日)

▲15号　关于长沙市雨花区交通运输局2017年度安全生产监督检查计划的批复（1月17日）

▲16号　关于长沙市雨花区工务局2017年度安全生产监督检查计划的批复（1月17日）

▲17号　关于长沙市公安局雨花分局2017年度安全生产监督检查计划的批复（1月17日）

▲18号　关于长沙市工商行政管理局雨花分局2017年度安全生产监督检查计划的批复(1月17日)

▲19号　关于长沙市国土资源局雨花区分局2017年度安全生产监督检查计划的批复(1月17日)

▲20号　关于长沙市质量技术监督局雨花分局2017年度特种设备安全监察执法检查计划的批复(1月17日)

▲21号　关于长沙市雨花区公安消防大队2017年度消防监督检查计划的批复（1月17日）

▲22号　关于长沙市雨花区人力资源社会保障局2017年度安全生产监督检查计划的批复（1月17日）

▲23号　关于长沙市雨花区市政工程管理局2017年度安全生产监督检查计划的批复(1月17日)

▲24号　关于《长沙市报业中心、媒体广告交流中心、报刊发行及物流配送中（二期）项目合丰社区筹委会征地补偿安置方案》的批复(1月22日)

▲25号　关于《长沙市报业中心、媒体广告交流中心、报刊发行及物流配送中（二期）项目粟塘社区筹委会征地补偿安置方案》的批复(1月24日)

▲26号　长沙市雨花区人民政府兵役登记通告（2月9日）

▲27号　关于兑现2016年度促进区域产业发展政策的决定（2月13日）

▲28号　关于拆除英功桥工程的批复（2月21日）

▲29号　关于拆除湖南省建材机械厂九号职工楼的批复（2月21日）

▲30号　长沙市雨花区人民政府通告（3月1日）

▲31号　关于《汽车南站综合交通枢纽项目洞井社区筹委会征地补偿安置方案》的批复(3月9日)

▲32号　关于《杨洪路（白秋路—比亚迪路）项目洪塘社区筹委会征地补偿安置方案》的批复（3月8日）

▲33号　长沙市雨花区人民政府通　告（3月15日）

▲34号　关于《洞井路（劳动路－雅塘冲路）项目石马社区筹委会征地补偿安置方案》的批复（3月28日）

▲35号　关于《长沙市2014年度第二批次（物流园仓储3号地新征用地）项目边山社区筹委会征地补偿安置方案》的批复（3月28日）

▲36号　关于《红旗路（湘府东路－战备路，35号地）项目侯照社区筹委会征地补偿安置方案》的批复（3月28日）

▲37号　关于《长沙市2014年度第二批次（物流园仓储3号地新征用地）项目侯照社区筹委会征地补偿安置方案》的批复（4月28日）

▲38号　关于《旺华三期项目长托社区筹委会征地补偿安置方案》的批复（4月28日）

▲39号　关于《旺华三期项目黎托社区筹委会征地补偿安置方案》的批复（4月28日）

▲40号　关于依法强制拆除湖南嘉业物流有限公司违法建筑的通知（4月28日）

▲41号　关于印发《雨花区国有投融资平台公司设立运行暂行办法》的通知（4月18日）

▲42号　通告（5月11日）

▲43号　关于实施城区环境综合提质改造的通告（5月12日）

▲44号　关于印发《雨花区集体土地拆迁安置对象保障住房建设及申购办法》的通知（5月17日）

▲45号　关于《京港澳东西辅道（综合管廊－片区27号地内）项目长托社区筹委会征地补偿安置方案》的批复（5月23日）

▲46号　关于《京港澳东西辅道（综合管廊－片区27号地内）项目边山社区筹委会征地补偿安置方案》的批复（5月23日）

▲47号　关于《京港澳东西辅道（综合管廊－片区26号地内）项目长托社区筹委会征地补偿安置方案》的批复（5月23日）

▲48号　关于《京港澳东西辅道（综合管廊－片区28号地内）项目边山社区筹委会征地补偿安置方案》的批复（5月23日）

▲49号　关于《黎托片节约集约试点项目27号地（综合管廊—城投21号地）边山社区筹委会征地补偿安置方案》的批复（5月23日）

▲50号　关于《长沙市报业中心、媒体广告交流中心、报刊发行及物流配送中心（二期）项目粟塘社区筹委会征地补偿安置方案》的批复（6月6日）

▲51号　关于《红旗路（湘府东路—战备路，35号地内）项目边山社区筹委会征地补偿安置方案》的批复（6月6日）

▲52号　关于对泰禹家园三期实行挂牌督办整改的通知（6月13日）

▲53号　关于整顿道路货物运输市场秩序的通告（6月17日）

▲54号　关于依法强制拆除违法建筑的通知（6月22日）

▲55号　通告（6月29日）

▲56号　关于严厉打击利用结（离）婚方式骗取国家征地拆迁补偿安置利益违法行为的通告（6月29日）

▲57号　关于印发《雨花区全民健身实施计划（2016—2020年）》的通知（7月5日）

▲58号　关于《黎托片节约集约试点项目2号地（花侯小学）合丰社区筹委会征地补偿安置方案》的批复（7月6日）

▲59号　关于《黎托片节约集约试点项目2号地（花侯小学）大桥社区筹委会征地补偿安置方案》的批复（7月6日）

▲60号　关于《黎托片节约集约试点项目26号地（综合管廊—城投6号地）长托社区筹委会征地补偿安置方案》的批复（7月6日）

▲61号　关于《圭塘村村民安置地项目自然社区筹委会征地补偿安置方案》的批复（7月6日）

▲62号　关于实施雨花区树木岭路（曲塘路—劳动路）楼宇立面及招牌整治项目的通告（7月12日）

▲ 63 号　关于集中开展城区货运物流市场综合整治的通告（7 月 13 日）

▲ 64 号　关于表彰第三届雨花区劳动模范的决定（7 月 17 日）

▲ 65 号　关于《黎托片节约集约试点项目 13 号地潭阳社区筹委会征地补偿安置方案》的批复（7 月 21 日）

▲ 66 号　关于《黎托片节约集约试点项目 14 号地潭阳社区筹委会征地补偿安置方案》的批复（7 月 21 日）

▲ 67 号　关于《黎托片节约集约试点项目 15 号地潭阳社区筹委会征地补偿安置方案》的批复（7 月 21 日）

▲ 68 号　关于《黎托片节约集约试点项目 16 号地川河社区筹委会征地补偿安置方案》的批复（7 月 21 日）

▲ 69 号　关于《黎托片节约集约试点项目 16 号地潭阳社区筹委会征地补偿安置方案》的批复（7 月 21 日）

▲ 70 号　关于《黎托片节约集约试点项目 10 号地川河社区筹委会征地补偿安置方案》的批复（7 月 21 日）

▲ 71 号　关于《黎托片节约集约试点项目 10 号地潭阳社区筹委会征地补偿安置方案》的批复（7 月 21 日）

▲ 72 号　关于《黎托片节约集约试点项目 11 号地潭阳社区筹委会征地补偿安置方案》的批复（7 月 21 日）

▲ 73 号　关于《黎托片节约集约试点项目 12 号地潭阳社区筹委会征地补偿安置方案》的批复（7 月 21 日）

▲ 74 号　关于实施雨花区桔园社区、长钢社区环境综合提质改造工程的通告（7 月 21 日）

▲ 75 号　关于《合丰垸防洪堤（23 号地、24 号地夹缝地）项目东山社区筹委会征地补偿安置方案》的批复（7 月 23 日）

▲ 76 号　关于《黎托片节约集约试点项目 5 号地（核心区）黎明渔场社区筹委会征地补偿安置方案》的批复（7 月 21 日）

▲ 77 号　关于《黎托片节约集约试点项目 30 号地零星地补征东山社区筹委会征地补偿安置方案》的批复（7 月 23 日）

▲ 78 号　关于《黎托片节约集约试点项目 30 号地零星地补征长托社区筹委会征地补偿安置方案》的批复（7 月 21 日）

▲ 79 号　关于《牛角冲路（红旗路—殡仪馆西入口）项目侯照社区筹委会征地补偿安置方案》的批复（7 月 21 日）

▲ 80 号　关于《黎托片节约集约试点项目 27 号地（区城投保障住房 14 号地）项目边山社区筹委会征地补偿安置方案》的批复（7 月 21 日）

▲ 81 号　关于承接市级下放经济管理权限和向园区下放部分区级经济管理权限的通知（8 月 8 日）

▲ 82 号　关于《雨花区花侯路“6·3”道路交通事故调查报告》的批复（8 月 7 日）

▲ 83 号　关于延长雨花区川河路“6·13”道路交通事故调查期限的批复（8 月 14 日）

▲ 84 号　关于《黎托片节约集约试点项目 20 号地川河社区筹委会征地补偿安置方案》的批复（8 月 15 日）

▲ 85 号　关于《黎托片节约集约试点项目 7 号地（核心区）川河社区筹委会征地补偿安置方案》的批复（8 月 15 日）

▲ 86 号　关于《黎托片节约集约试点项目 7 号地（核心区—城投）川河社区筹委会征地补偿安置方案》的批复（8 月 15 日）

▲ 87 号　关于《叠彩兰亭补征项目石马社区筹委会征地补偿安置方案》的批复（8 月 15 日）

▲ 88 号　森林防火禁火通告（8 月 17 日）

▲ 89 号　关于实施雨花区嘉园社区、曲塘社区、新城社区环境综合提质改造工程的通告（8 月 22 日）

▲ 90 号　关于《长沙德庆·欧风花都小区（城投 27 号地）项目月塘社区筹委会征地补偿安置方案》的批复（8 月 20 日）

▲ 91 号　关于印发《雨花区环境保护工作责任规定（试行）》的通知（8 月 29 日）

▲ 92 号　关于《黎托片节约集约试点项目 4 号地川河社区筹委会征地补偿安置方案》的批复（9 月 5 日）

▲ 93 号　关于《红旗路（战备路—柳树塘路）项目牛头社区筹委会征地补偿安置方案》的批复（9 月 5 日）

▲ 94 号　关于《板塘村农民安置用地（城投 26 号地）项目板塘社区筹委会征地补偿安置方案》的批复（9 月 5 日）

▲ 95 号　关于《板塘储备地项目板塘社区筹委会征地补偿安置方案》的批复（9 月 5 日）

▲ 96 号　关于表彰 2017 年雨花区“名校长”“名教师”“名班主任”的决定（9 月 7 日）

▲ 97 号　关于依法关闭长沙莲湖乙炔有限公司的批复（9 月 20 日）

▲ 98 号　关于《雨花区川河路“6·13”道路交通事故调查报告》的批复（9 月 25 日）

▲ 99 号　关于加强农村留守儿童关爱保护工作的实施意见（9 月 27 日）

▲ 100 号　关于《红旗路（战备路—柳树塘路）项目边山社区筹委会征地补偿安置方案》的批复（9 月 27 日）

▲ 101 号　关于《红旗路（战备路—柳树塘路）项目侯照社区筹委会征地补偿安置方案》的批复（9 月 23 日）

▲ 102 号　关于《李洞中学（S2 地块）项目洞井社区筹委会征地补偿安置方案》的批复（10 月 19 日）

▲ 103 号　关于《长沙市红星农副产品全球采购中心（一期）项目白竹村征地补偿安置方案》的批复（10 月 19 日）

▲ 104 号　关于《长沙市黎托片节约集约试点项目 24 号地长托社区筹委会征地补偿安置方案》的批复（10 月 19 日）

▲ 105 号　关于《黎托片节约集约试点项目 29 号地长托社区筹委会征地补偿安置方案》的批复（10 月 19 日）

▲ 106 号　关于《自然村城中村改造以及航空路修建安置用地项目自然社区筹委会征地补偿安置方案》的批复（10 月 19 日）

▲ 107 号　关于《板塘路（万家丽路—瓦窑路）项目板塘社区筹委会征地补偿安置方案》的批复（10 月 19 日）

▲ 108 号　关于《黎托片节约集约试点项目 24 号地（核心区）东山社区筹委会征地补偿安置方案》的批复（10 月 24 日）

▲ 109 号　关于《长沙市黎托片节约集约试点项目（24）东山社区筹委会征地补偿安置方案》的批复（10 月 24 日）

▲ 110 号　关于《洞株公 C 路（跳马段）项目喜雨村征地补偿安置方案》的批复（10 月 24 日）

▲ 111 号　关于《洞株公路（跳马段）项目跳马村征地补偿安置方案》的批复（10 月 24 日）

▲ 112 号　关于《洞株公路（跳马段）项目嵩山村征地补偿安置方案》的批复（10 月 24 日）

▲ 113 号　关于《洞株公路（跳马段）项目石燕湖村征地补偿安置方案》的批复（10 月 24 日）

▲ 114 号　关于《洞株公路（跳马段）项目金屏社区征地补偿安置方案》的批复（10 月 24 日）

▲ 115 号　关于《洞株公路（跳马段）项目关刀村征地补偿安置方案》的批复（10 月 24 日）

▲ 116 号　关于《长沙红星农副产品全球采购中心（一期）项目牛头社区筹委会征地补偿安置方案》的批复（10 月 24 日）

▲ 117 号　关于取缔关闭长沙砖佳建材厂等四家非煤矿山的决定（11 月 2 日）

▲ 118 号　关于《泰禹 7、8 号地补征项目大塘社区筹委会征地补偿安置方案》的批复（11 月 4 日）

▲ 119 号　关于《泰禹 7、8 号地补征项目月塘社区筹委会征地补偿安置方案》的批复（11 月 4 日）

▲ 120 号　关于《雀园路（万家丽路—仙姑岭路）项目桃阳社区筹委会征地补偿安置方案》的批复（11 月 10 日）

▲ 121 号　关于《长沙红星农副产品全球采购中心（二期）项目侯照社区筹委会征地补偿安置方案》的批复（11 月 10 日）

▲ 122 号　关于《红旗路扩征（浏阳河大桥—曲塘路）项目川河社区筹委会征地补偿安置方案》的批复（11 月 10 日）

▲ 123 号　关于《狮子山公园项目桃花社区筹委会征地补偿安置方案》的批复（11 月 14 日）

▲ 124 号　关于《长沙市牛头村住宅项目零星补征用地项目桃花社区筹委会征地补偿安置方案》的批复（11 月 14 日）

▲ 125 号　关于《狮子山公园项目桃阳社区筹委会征地补偿安置方案》的批复（11 月 15 日）

▲ 126 号　关于《长沙市储备用地（月塘村 2 号地）项目月塘社区筹委会征地补偿安置方案》的批复（11 月 15 日）

▲ 127 号　关于《长沙市新兴村储备用地项目新兴社区筹委会征地补偿安置方案》的批复（11 月 15 日）

▲ 128 号　关于《长沙市时代阳光大道东延线（红旗路—川河路）项目白竹村征地补偿安置方案》的批复（11 月 20 日）

▲ 129 号　关于《桃花村农民拆迁安置保障住房（城投 19 号地）项目桃花社区筹委会征地补偿安置方案》的批复（11 月 20 日）

▲ 130 号　关于《长沙市时代阳光大道东延线（花卉路—红旗路）项目白竹村征地补偿安置方案》的批复（11 月 20 日）

▲ 131 号　关于《合丰村安置用地项目合丰社区筹委会征地补偿安置方案》的批复（11 月 23 日）

▲ 132 号　关于《侯照路（牛角冲路—柳树塘路）项目侯照社区筹委会征地补偿安置方案》的批复（11 月 28 日）

▲ 133 号　关于《长沙红星农副产品全球采购中心（二期）项目白竹村征地补偿安置方案》的批复（11 月 28 日）

▲ 134 号　关于《黎托片节约集约试点项目 4 号地合丰社区筹委会征地补偿安置方案》的批复（11 月 28 日）

▲ 135 号　关于《长沙市新兴村生产安置地项目新兴社区筹委会征地补偿安置方案》的批复（11 月 28 日）

▲ 136 号　关于同意长沙市雨花区洞井街道办事处调整社区区域范围的批复（11 月 28 日）

▲ 137 号　关于同意长沙市雨花区圭塘街道办事处调整社区区域范围的批复（11 月 28 日）

▲ 138 号　关于同意长沙市雨花区跳马镇人民政府调整社区区域范围的批复（11 月 28 日）

▲ 139 号　关于实施雨花区 2017 年度主次干道两厢立面整治项目的通告（12 月 6 日）

▲ 140 号　关于《川河路（殡仪馆东入口—时代阳光大道）项目白竹村征地补偿安置方案》的批复（12 月 11 日）

▲ 141 号　关于《新世纪小学项目联盟社区筹委会征地补偿安置方案》的批复（12 月 14 日）

▲ 142 号　关于《新世纪小学项目新兴社区筹委会征地补偿安置方案》的批复（12 月 14 日）

▲ 143 号　关于《泰禹 7 号地项目大塘社区筹委会征地补偿安置方案》的批复（12 月 14 日）

▲ 144 号　关于《泰禹 7 号地项目月塘社区筹委会征地补偿安置方案》的批复（12 月 14 日）

▲ 145 号　关于推进质量强区建设的实施意见（12 月 22 日）

2017 年新闻存目

序号	时　间	报道媒体	标　题	备　注
1	1 月 1 日	《湖南日报》、红网、人民网	新年出行有新规高铁票多机票价优	《湖南日报》头版
2	1 月 2 日	《人民日报》（海外版）、网易、凤凰网	雨花经开区领跑湖南工业园	央媒
3	1 月 2 日	《人民日报》（海外版）	比亚迪：新能源带动“汽车革命”	央媒
4	1 月 2 日	《人民日报》（海外版）	长泰机器人：走在智能智造前沿	央媒
5	1 月 3 日	《湖南日报》	“身边车水马龙，心中时刻警惕”	《湖南日报》头版
6	1 月 3 日	《湖南日报》、华声在线、新华网、人民网、中新网	无人机“紧盯”管理盲区 全省首个智慧城管平台正式运行	《湖南日报》头版
7	1 月 4 日	《长沙晚报》、红网、星辰在线	实现水域环境“治”“调”并举	《长沙晚报》头版
8	1 月 5 日	《长沙晚报》、红网、星辰在线、掌上长沙	品质雨花满园春色	《长沙晚报》专题（半版）
9	1 月 6 日	《潇湘晨报》	长沙每天开行动车组增至 454 列	《潇湘晨报》头版
10	1 月 6 日	《湖南日报》	长沙增开 14 对高铁	《湖南日报》头版
11	1 月 7 日	《长沙晚报》、红网	推进“海绵城市”建设 推动圭塘河流域治理	《长沙晚报》头版
12	1 月 7 日	中新网	长沙市雨花区跳马镇开展岁末年初宗教活动场所安全大检查行动	央媒
13	1 月 8 日	《潇湘晨报》	火车南站西广场交通岛绿化完工	《潇湘晨报》头版
14	1 月 10 日	《三湘都市报》	移动“绿岛” 吸尘还净化空气	《三湘都市报》头版
15	1 月 11 日	中新网	长沙市雨花区跳马镇“四个坚持”助力发展	央媒
16	1 月 11 日	中新网	长沙市雨花区倾力打造跳马生态家园	央媒
17	1 月 12 日	中新网	长沙市雨花区跳马镇：社区办实事 群众送赞誉	央媒
18	1 月 14 日	《长沙晚报》、红网、凤凰网	锦绣潇湘等你来，湖南旅游推介会举行，易炼红出席并致辞	《长沙晚报》头版
19	1 月 14 日	中新网	长沙市雨花区跳马镇开展“健康素养 66 条”知识讲座活动	央媒
20	1 月 14 日	人民网	街道迎基层党建工作“期末考” 社区书记晒“成绩单”	央媒
21	1 月 15 日	《长沙晚报》、红网、掌上长沙、新浪网	为长沙的发展感到骄傲，省政协港澳委员视察长沙	《长沙晚报》头版
22	1 月 15 日	《湘声报》	创新之城的雨花蝶变：长沙市雨花区构建创新发展大格局	《湘声报》专题
23	1 月 15 日	人民网、搜狐网	长沙自然岭社区：信用积分激发党员积极性	央媒
24	1 月 15 日	光明网、中新网	长沙洞井街道迎来党建“期末考试”	央媒
25	1 月 15 日	光明网、大众网	长沙：社区新春喜乐会获点赞	央媒
26	1 月 16 日	中新网	长沙市雨花区跳马商会召开 2016 年度工作总结大会	央媒

续上表

序号	时 间	报道媒体	标 题	备 注
27	1月16日	人民网	长沙市雨花区左家塘街道年终“党建大考”动真碰硬	央媒
28	1月17日	人民网	长沙社区表彰年度先进 全民同欢共乐迎新年	央媒
29	1月17日	中新网	长沙市雨花区文化创意产业协会赴跳马镇开展全域旅游调研工作	央媒
30	1月18日	光明网	长沙基层党建“大考” 社区党组织书记“答题”	央媒
31	1月18日	光明网、红网	长沙：文化庙会迎新春	央媒
32	1月21日	光明网	长沙侯家塘近千人开展大扫除活动	央媒
33	1月21日	光明网	长沙：850双“爱心棉鞋”送老人	央媒
34	1月21日	光明网	全国社区网络春晚走进长沙廖家湾社区	央媒
35	1月22日	光明网、网易	长沙小学生拼出美食版中国“地图”	央媒
36	1月22日	人民网	长沙市雨花区举办文化艺术节 居民热闹迎新春	央媒
37	1月22日	中新网	长沙雨花区举办首届文化艺术节 增进群众获得感	央媒
38	1月22日	光明网、东方网	长沙：“六送”活动点亮“飞梦雨花”首届文化艺术节	央媒
39	1月23日	《湖南日报》	湖南省第二届“十大同心人物”评选揭晓	《湖南日报》头版
40	1月23日	《长沙晚报》	平安温馨过大年	《长沙晚报》头版
41	1月24日	光明网、网易、东方网	交警叔叔辛苦了 长沙学生娃体验“站岗”	央媒
42	1月24日	中新网	雨花区跳马镇团然村开展流动人口宣传服务活动	央媒
43	1月24日	光明网、东方网	爱心手套温暖人心，义诊情深铺洒雨花	央媒
44	1月25日	中新网	长沙市雨花区跳马镇组织召开森林防火紧急会议	央媒
45	1月26日	《长沙晚报》	幸福指数上涨 文明就是密码	《长沙晚报》专题（半版）
46	1月26日	《长沙晚报》	你们的贡献，将写在星城大地	《长沙晚报》头版
47	1月31日	《长沙晚报》	“城市美容师”唤醒新年	《长沙晚报》头版
48	2月3日	《长沙晚报》	从火车南站东广场进站更轻松	《长沙晚报》头版
49	2月3日	《长沙晚报》、红网、新浪网、华声在线	今年将新增500公顷绿地	《长沙晚报》头版
50	2月3日	《湖南日报》	全省工业经济喜迎“开门红”	《湖南日报》头版
51	2月7日	《潇湘晨报》、网易、红网、新湖南、腾讯网、搜狐网	长沙万家丽路双城路口天桥开放	《潇湘晨报》头版
52	2月7日	光明网	“好人多粉店”为爱坚守五年	央媒

续上表

序号	时　间	报道媒体	标　题	备　注
53	2月8日	人民网	长沙市雨花区劳务协作 携60多家企业赴省内贫困地区茶陵县招聘	央媒
54	2月8日	中央电视台《焦点访谈》	为法治建设铸魂	央媒
55	2月9日	中新网	洞井街道新裕社区70余志愿者义务陪伴劳模	央媒
56	2月9日	新华社、大众网	长沙：一个粉店的爱心传递	央媒
57	2月10日	《长沙晚报》	确保造绿复绿工作实现“开门红” 徐宏源出席市造绿复绿工作领导小组会议	《长沙晚报》头版
58	2月12日	光明网	湖南长沙：“小小志愿者”陪孤寡老人过元宵	央媒
59	2月13日	新华每日电讯	米粉店“不主动收钱”浸染“好人好店一条街”	央媒
60	2月13日	《经济日报》、新浪网、中国网、中国青年网、中国经济网	长沙火车南站：新技术让春运出行更便捷	央媒
61	2月14日	《长沙晚报》、红网、华声在线	揽名师育名校 生生皆成才	《长沙晚报》专题（半版）
62	2月15日	《长沙晚报》	在非遗中寻回长沙的美丽乡愁——回味近年来长沙市非遗保护	《长沙晚报》头版
63	2月15日	《长沙晚报》、星辰在线、红网	6000万巨奖兑现让“靓女先嫁”	《长沙晚报》专题（整版）
64	2月15日	人民网、《人民日报》客户端	长沙市雨花区2016年地区生产总值突破千亿	央媒
65	2月15日	中新网	长沙雨花区2016年地区生产总值逾1100亿	央媒
66	2月15日	中新网	长沙市雨花区跳马镇至杨树新村开通公交车	央媒
67	2月17日	《长沙晚报》	打造创新创意中心 推进品质长沙建设	《长沙晚报》头版
68	2月26日	《工人日报》	一碗米粉里的“老长沙”邻里情	央媒
69	2月26日	《长沙晚报》、红网、华声、星辰在线、掌上长沙	“文艺范雨花”强势崛起	《长沙晚报》头版头条
70	2月27日	人民网、搜狐网	长沙社区每月发送随身党课 严把执纪倡廉“底线关”	央媒
71	2月28日	中新网	长沙市雨花区跳马镇：借党性之力 促全域旅游	央媒
72	3月1日	人民网、搜狐网	长沙市公共餐具消毒与民生研讨会今日举行	央媒
73	3月1日	光明网	长沙市雨花亭街道开启学雷锋志愿服务主题活动	央媒
74	3月2日	《人民日报》、《光明日报》、《经济日报》	第三批全国岗位学雷锋标兵名单	央媒
75	3月3日	人民网、搜狐网、东方网	长沙雨花区：志愿服务基层遍地开花 好人好事构筑大爱雨花	央媒
76	3月3日	中新网	雨花区洞井街道召开2017年工作大会	央媒
77	3月3日	央广网	湖南长沙：“雨花模式”与“雷锋志愿服务”	央媒
78	3月4日	光明网	长沙社区开展关爱女性健康志愿服务	央媒

续上表

序号	时　间	报道媒体	标　题	备　注
79	3月4日	光明网	长沙：社会组织成服务百姓的“超人”	央媒
80	3月4日	光明网	长沙：公益市集走进枫树山社区	央媒
81	3月5日	光明网、东方网	长沙倡导未成年人向雷锋同志学习活动举行	央媒
82	3月5日	光明网、人民网、东方网	长沙洞井街道：“转型融城 创新示范”见成效	央媒
83	3月6日	光明网	长沙社区纷纷开展学雷锋志愿服务活动	央媒
84	3月6日	新华每日电讯	身边的“雷锋”，就是这样做的	央媒
85	3月8日	《长沙晚报》、红网、星辰在线、华声在线、掌上长沙	发挥“半边天”作用 勇担长沙发展重任	《长沙晚报》头版
86	3月9日	光明网、东方网	发挥基层妇联在群众工作的“三站”效应	央媒
87	3月10日	光明网、东方网	长沙雨花区荷叶塘社区让“三无老人”安然养老	央媒
88	3月11日	光明网、东方网	长沙：春风送暖促就业	央媒
89	3月12日	光明网、东方网	长沙：社区送“五福” 百善孝为先	央媒
90	3月12日	光明网	长沙：“铁娘子”牵线当红娘，最环保的告白受青睐	央媒
91	3月14日	光明网	长沙：市民在家门口听名师讲国学	央媒
92	3月15日	央广网、东方网	长沙雨花区社区志愿服务接地气，邻里互助暖意浓	央媒
93	3月18日	人民网	长沙雨花经开区举行2017年产业发展大会	央媒
94	3月20日	《经济日报》	用设计装点“大美乡村”	央媒
95	3月20日	《湖南日报》、红网、华声、人民、中新、凤凰、光明	打造生态强省展示窗口 推动生态建设全民参与	《湖南日报》头版
96	3月21日	光明网	长沙：千名学子进社区开展志愿服务	央媒
97	3月22日	光明网	长沙社区组织居民参观水厂倡导节约用水	央媒
98	3月23日	人民网	湖南省商务厅李后军考察雨花非遗馆 为对外文化交流遴选项目	央媒
99	3月23日	人民网	长沙雨花区：街道党工委开展大走访 确保换届选举风清气正	央媒
100	3月23日	人民网	长沙市文广新局副局长周永康调研雨花非遗馆	央媒
101	3月24日	光明网	长沙：国学传统文化走进社区	央媒
102	3月25日	人民网	雨花区村社党组织换届选举同升湖社区试点成功	央媒
103	3月26日	《经济日报》、新浪网、中国网、中国经济网	“雷锋城”里“雷锋”多 点滴小事暖人心	央媒
104	3月26日	人民网、搜狐网	长沙市委副书记徐宏源考察雨花非遗馆	央媒

续上表

序号	时　间	报道媒体	标　题	备　注
105	3 月 26 日	《长沙晚报》、星辰在线、搜狐网、新浪网、新湖南	8000 余盆精品兰花 扮靓雅致星城	《长沙晚报》头版
106	3 月 27 日	人民网、搜狐网	政企合力：长沙圭塘河畔种下六片“连心林”	央媒
107	3 月 28 日	《湖南日报》、红网、华声在线、新华网、中新网	抢摘“皇冠顶端的明珠”	《湖南日报》头版
108	3 月 30 日	光明日报	以文明创建提升市民幸福感	央媒
109	3 月 30 日	《人民日报》、人民网、网易、凤凰网	长沙 文明面貌日日新（全国文明城市巡礼）	央媒
110	3 月 30 日	新华网	长沙：群众工作日的生命救援	央媒
111	3 月 30 日	中央电视台《新闻直播间》	“雷锋”家乡“雷锋”多	央媒
112	3 月 31 日	《长沙晚报》	长沙文明面貌日日新	《长沙晚报》头版
113	3 月 31 日	中央人民广播电台《新闻与报纸摘要》	长沙高铁南站打造志愿服务文明窗口 志愿者引领文明之风	央媒
114	3 月 31 日	央广网	长沙百姓践行雷锋精神 志愿者竞相引领城市文明之风	央媒
115	3 月 31 日	光明网	长沙：社区全科医生工作室受欢迎	央媒
116	3 月 31 日	光明网	社区微型消防站危急时刻作用大	央媒
117	3 月 31 日	人民网、凤凰网、掌上长沙	兰博会接待市民过 15 万人次 交易额达 1.53 亿	央媒
118	4 月 1 日	《长沙晚报》	发挥两大核心优势 打造品质长沙标杆，陈文浩调研长沙高铁新城开发建设情况	《长沙晚报》头版
119	4 月 7 日	人民网	长沙雨花经开区：扎紧“腐败”绳索 强化执纪监督	央媒
120	4 月 11 日	光明网	长沙雨花探索科级干部廉政教育预防体系建设	央媒
121	4 月 12 日	《长沙晚报》、红网、新浪网、掌上长沙	全面提升绿化品质 切实做好管理维护	《长沙晚报》头版
122	4 月 12 日	《湖南日报》、人民网、红网、新浪、中新网、搜狐	努力培养德才兼备全面发展的技能型人才	《湖南日报》头版
123	4 月 12 日	《长沙晚报》、红网	警务分流“创”出平安新天地	《长沙晚报》头版头条
124	4 月 13 日	央广网、东方网、大众网	长沙雨花区：扣好廉洁从政“第一粒纽扣”	央媒
125	4 月 15 日	光明网、网易、星辰在线	长沙梨子山社区爱心助残“圆梦”	央媒
126	4 月 18 日	光明网	长沙社区发起“爸妈伴我成长”亲子陪伴计划	央媒
127	4 月 19 日	《长沙晚报》、红网	奏响东亚文化交流新乐章	《长沙晚报》头版
128	4 月 19 日	光明网	长沙社区举办廉政书画展	央媒
129	4 月 20 日	央广网	实施“名校带动”战略，促进教育均衡优质	央媒
130	4 月 21 日	中新网	长沙市雨花区跳马镇开展“义诊进社区，健康伴你行”活动	央媒

续上表

序号	时　间	报道媒体	标　题	备　注
131	4月22日	《长沙晚报》	选优配强“两委”班子确保实现“四好”目标，长沙召开村（社区）“两委”换届选举工作推进会	《长沙晚报》头版
132	4月22日	人民网	长沙市雨花区：街道召开集体谈话会 确保换届风清气正	央媒
133	4月24日	《长沙晚报》、红网、星辰在线	踏春赏项目 雨润花开正当时	《长沙晚报》专题（跨版）
134	4月25日	《湖南日报》、新浪网、华声在线	从“输血”到“造血”——解读雨花区非遗保护新模式	《湖南日报》头版
135	4月25日	《湖南日报》、新浪网、华声在线	守护中华传统文化的“根”	《湖南日报》专题（整版）
136	4月26日	中新网、红网、东方网	长沙市雨花区跳马镇开展全国“4·25”儿童预防接种宣传活动	央媒
137	4月26日	《长沙晚报》	下“绣花功夫”抓问题整改 确保如期实现脱贫目标	《长沙晚报》头版
138	4月27日	光明网	长沙：应急救护安全知识走进校园	央媒
139	4月27日	人民网、红网、东方网、星辰在线、华声在线	湖南首家退役士兵定点医院揭牌	央媒
140	4月28日	光明网、新湖南、东方网	长沙雨花亭：一封家书小 万家廉风传	央媒
141	4月28日	人民网	新媒体“爱心直播” 长沙砂子塘街道线上线下涌动“正能量”	央媒
142	4月29日	《长沙晚报》、红网、星辰在线	陈文浩督查全市环保工作时强调，把问题找得更准 把责任落得更实	《长沙晚报》头版
143	4月29日	光明网	长沙：不是亲人胜是亲人 八旬老人送锦旗	央媒
144	4月29日	光明网	长沙：湖橡社区慰问劳模欢庆五一	央媒
145	4月30日	《长沙晚报》	200多个社区今年“换新颜”，长沙推进社区全面提质提档三年行动2018年所有社区完成“家门口幸福升级”	《长沙晚报》头版
146	5月1日	《湖南日报》	接到中央环保督察组交办件，长沙市雨花区环保局连续调查10小时——食品园排污暗管“现形记”	《湖南日报》头版
147	5月3日	《人民日报》、人民网、网易	新提任科级干部 转正须过廉政考试	央媒
148	5月3日	《长沙晚报》、红网、星辰在线、新浪网、凤凰网	在创建国家中心城市中书写精彩雨花答卷	《长沙晚报》头版
149	5月4日	《长沙晚报》、红网、网易、东方	全力推进项目建设 全方位提升绿化品质	《长沙晚报》头版
150	5月4日	《长沙晚报》、中国网、凤凰网、星辰在线、新浪网	立说立行抓好环保问题整改	《长沙晚报》头版
151	5月5日	《长沙晚报》	“易爷爷”回信点赞感谢“小小管理员”	《长沙晚报》头版
152	5月6日	新华网、东方网、华声在线	长沙建设更高水准全国文明城市 提升市民幸福感	央媒
153	5月6日	中央电视台《共同关注》	长沙纪委公布基层党员干部违纪违法案例	央媒
154	5月7日	《长沙晚报》	“以生态修复生态”理念值得推广，住建部副部长倪虹督察圭塘河治理	《长沙晚报》头版

续上表

序号	时　间	报道媒体	标　题	备　注
155	5月8日	新华社	长沙：师生争做文明大使	央媒
156	5月9日	光明网	长沙：专家现场“帮传带” 服务求职毕业生	央媒
157	5月10日	《长沙晚报》、掌上长沙	都市“桃花源记”	《长沙晚报》头版头条
158	5月10日	中新网	长沙市雨花区跳马镇全力推进文明创建	央媒
159	5月10日	人民网	湖南高桥大市场转型升级 打造千亿级商贸产业集群	央媒
160	5月11日	《湖南日报》、红网、中国网、凤凰网	不断增进政治共识 为党的十九大召开营造和谐稳定环境（调研雨花群英会）	《湖南日报》头版头条
161	5月11日	《经济日报》、新浪网、中国新闻网、中国经济网、人民网	不断增进政治共识 为党的十九大召开营造和谐稳定环境（调研雨花群英会）	央媒
162	5月11日	中央电视台《第1时间》	湖南长沙：女子站台晕倒，公交司机开车送医	央媒
163	5月13日	《长沙晚报》	长沙强力推进中央环保督察组交办信访问题整改办结，市委书记全会会场催办环保问题整改工作	《长沙晚报》头版
164	5月13日	光明网	关爱计生特殊家庭 助力创建幸福雨花	央媒
165	5月16日	光明网	科学防灾，安全连着千万家	央媒
166	5月16日	人民网	长沙雨花区侯家塘街道晒出传家宝 传承好家风	央媒
167	5月16日	光明网	长沙：专家门诊来到家门口	央媒
168	5月18日	《潇湘晨报》、红网、网易、东方网	雨花区取缔8处违规夜宵摊	《潇湘晨报》头版
169	5月18日	人民网	长沙市雨花区社会主义核心价值观“四进”活动启动	央媒
170	5月18日	光明网	长沙市雨花区：把社会主义核心价值观融入群众生活	央媒
171	5月18日	中新网	长沙雨花区启动"四进"活动 弘扬社会主义核心价值观	央媒
172	5月18日	中央电视台《新闻直播间》	乘客昏厥，公交车紧急送医	央媒
173	5月19日	《长沙晚报》	复绿8万多平方米	《长沙晚报》头版
174	5月19日	光明网	长沙：社区宣传绷紧“安全生产”弦	央媒
175	5月20日	光明网	灯火斓珊话平安 共建群众幸福家	央媒
176	5月21日	人民网	长沙雨花区：中国好人牵手环卫工人共庆浓情端午	央媒
177	5月24日	光明网、东方网	长沙左家塘街道“全科医生工作室”挂牌成立	央媒
178	5月27日	《长沙晚报》、凤凰网、中新网、新湖南、红网	突出特色 放大优势 完善功能 当好创新引领开放崛起的示范区和排头兵	《长沙晚报》头版头条
179	5月27日	《湖南日报》、华声在线、新浪网、掌上长沙、新华网	突出特色 放大优势 完善功能 当好创新引领开放崛起的示范区和排头兵	《湖南日报》头版

续上表

序号	时间	报道媒体	标题	备注
180	5月27日	《长沙晚报》、掌上长沙、红网	雨花递交环保“大考”满意答卷	《长沙晚》专题（整版）
181	5月29日	光明网	长沙：千余市民跳绳比赛展文明团结风采	央媒
182	5月29日	光明网	长沙：让少年儿童爱上传统节日	央媒
183	5月29日	光明网	长沙：“爱在学乐”点亮快乐童年	央媒
184	5月29日	光明网	长沙社区评选美德少年庆“六一”	央媒
185	5月29日	光明网	长沙：校社共建助力未成年人多元发展	央媒
186	5月29日	《光明日报》	湖南：县乡人大换届选举对违法违纪“零容忍”	央媒
187	6月1日	光明网	长沙湖橡社区欢歌笑语庆“六一”	央媒
188	6月3日	中新网	长沙市雨花区跳马镇党委书记谭爱兵到团然村指导精准扶贫工作	央媒
189	6月4日	《长沙晚报》	长沙开展“三考”静音联合执法护考行动，高考临近，扰民大嗓门请“闭嘴”	《长沙晚报》头版
190	6月7日	人民日报	“改变我们看世界的角度”	央媒
191	6月7日	《长沙晚报》、红网	加强统筹规划 打造特色亮点	《长沙晚报》头版
192	6月8日	《长沙晚报》、红网	带着深厚感情建设百姓家园	《长沙晚报》头版
193	6月9日	《长沙晚报》	加大绿心保护力度 加快园区转型发展	《长沙晚报》头版
194	6月9日	《长沙晚报》	以只争朝夕精神 推动高铁新城精彩蝶变	《长沙晚报》头版
195	6月9日	中新网	长沙市雨花区跳马镇多举措确保农产品质量安全	央媒
196	6月10日	人民网	长沙市雨花区举行徒步比赛 模拟两万五千里长征	央媒
197	6月12日	《长沙晚报》、人民网、华声在线、红网、搜狐网	今年内实现高铁会展新城 核心区拆迁清零	《长沙晚报》头版
198	6月12日	光明网、华声在线	长沙：传家风家教 育美德少年	央媒
199	6月13日	《长沙晚报》	50个老旧社区提质，看看有你们家社区么	《长沙晚报》头版
200	6月13日	《长沙晚报》、红网	长沙首条综合管廊月底投入运行	《长沙晚报》头版
201	6月13日	新华社	湖南创新模式促进非遗保护传承	央媒
202	6月14日	央广网	来这里体验非遗的独特魅力——长沙雨花区举行“文化和自然遗产日”系列活动	央媒
203	6月15日	《长沙晚报》、红网	奋力推进品质长沙建设	《长沙晚报》头版
204	6月16日	人民网、华声在线、新浪网	长沙市雨花区人社局为企业授牌 为大学生提供见习机会	央媒
205	6月17日	光明网、东方网	长沙商铺签“良好规范承诺书”倡诚信经营	央媒

续上表

序号	时 间	报道媒体	标 题	备 注
206	6月17日	《长沙晚报》	全市首站"长沙工业30条"政策解读会在雨花区启动，工业企业将获五大政策红利	《长沙晚报》头版
207	6月18日	光明网	传承革命精神，践行"两学一做"	央媒
208	6月18日	人民网、新华网、东方网	全国东西南北中羽毛球大赛长沙开幕	央媒
209	6月20日	《长沙晚报》、红网、新浪网、星辰在线	坚定不移推动巡察工作向纵深发展 涵养山清水秀的政治生态	《长沙晚报》头版头条
210	6月20日	光明网	长沙：社区联合工会为企业"提神补钙"	央媒
211	6月21日	光明网	长沙新雨社区党员结对帮扶困难群众	央媒
212	6月22日	《长沙晚报》、星辰在线	智慧城管网格化"雨花经验"将全市推广	《长沙晚报》专题（整版）
213	6月22日	《长沙晚报》、华声在线、凤凰网、星辰在线、网易	一批央企落户长沙 签约金额189亿元	《长沙晚报》头版
214	6月22日	光明网	长沙："雷锋"上门为独居老人洗空调	央媒
215	6月22日	人民网	探索两型发展之路 中国建筑助推长沙雨花区跳马轻盈起跳	央媒
216	6月22日	中央电视台《新闻直播间》	长沙全面排查牙签弩，禁售危险玩具	央媒
217	6月23日	《长沙晚报》	游大姐，你是我的"亲"	《长沙晚报》头版
218	6月23日	央广网	中国建筑牵手长沙雨花区 探索两型发展之路	央媒
219	6月23日	央广网	长沙有位暖心"游大姐" 社区居民称她"小巷总理"	央媒
220	6月23日	人民网	长沙雨花区落实企业安全生产主体责任 强化全民安全意识	央媒
221	6月23日	新华社	浓厚城市文明的底色——湖南长沙一社区主任游端霞16载奉献诠释"他乡美"	央媒
222	6月24日	光明网	"落实安全生产主体责任，强化全民安全意识"	央媒
223	6月24日	光明网、东方网	"两学一做"送上门 "服务手册"聚人心	央媒
224	6月24日	光明网	长沙：群众文艺汇演喜迎十九大	央媒
225	6月25日	央广网	长沙雨花区全力以赴防汛 确保安全度过汛期	央媒
226	6月26日	《长沙晚报》	绿心跳马 崛起一流"田园综合体"集群	《长沙晚报》专题（整版）
227	6月27日	光明网、凤凰网、华声在线	千余名中学生宣誓拒绝毒品	央媒
228	6月27日	《长沙晚报》、中国青年网、红网	雨润花开披绿裳	《长沙晚报》专题（整版）
229	6月28日	《湖南日报》、央广网、凤凰网、红网、新浪网	列车"贴地飞" 如在画中行	《湖南日报》头版
230	6月28日	《长沙晚报》、红网、掌上长沙、星辰在线	大美长沙绿意浓	《长沙晚报》头版头条
231	6月28日	光明网	湖南长沙："喜迎十九大·涵养好家风"主题活动进社区	央媒

续上表

序号	时 间	报道媒体	标 题	备 注
232	6月28日	光明网	长沙：荷叶塘社区党员“两学一做”主题党日忙学习	央媒
233	6月28日	央广网	湖南举行“高雅艺术进机关”活动	央媒
234	6月29日	光明网、东方网	长沙：迎“七一”东塘街道党员集体过政治生日	央媒
235	6月29日	人民网、东方网	湖南长沙：社区举办主题活动 涵养好家风颂扬新风尚	央媒
236	6月30日	中国新闻社	洞井街道举办好党员、好家风主题党日活动	央媒
237	6月30日	光明网、东方网	长沙：洞井街道党群文化展演活动庆“七一”	央媒
238	6月30日	光明网	长沙八旬老党员签署遗体捐献志愿书	央媒
239	6月30日	光明网	长沙：青年党员讲述“我们的党员故事”	央媒
240	6月30日	人民网	长沙市雨花亭街道10多位基层代表分享岗位故事 激励党员干部干事创业	央媒
241	6月30日	中国新闻社	千名游客湖南共同完成近百米扎染作品	央媒
242	6月30日	央广网	第三届中国·雨花非遗文化艺术节闭幕	央媒
243	7月1日	光明网	不忘初心守信念 唱首红歌给党听	央媒
244	7月1日	光明网	“七一”慰问老党员 党的关怀暖人心	央媒
245	7月1日	人民网	长沙雨花区砂子塘街道喜庆建党96周年树廉政家风	央媒
246	7月1日	人民网	长沙市雨花区左家塘街道：党员干部讲述“责任与担当”	央媒
247	7月1日	光明网	“与信仰对话 为梦想导航”	央媒
248	7月3日	人民网、网易	长沙浏阳河曙光垸段今天下午漫堤后出现溃口险情	央媒
249	7月3日	新华社、和讯网、环球网、华龙网、汉丰网、21CN新闻网	长沙：彻夜守城 齐心协力	央媒
250	7月3日	中央电视台《新闻联播》	洪水来袭，湖南广西等地展开抢险救灾	央媒
251	7月3日	中央电视台《新闻直播间》	曙光垸段大堤溃口，上千人受灾	央媒
252	7月3日	中央电视台《东方时空》	曙光垸段大堤溃口，上千人受灾	央媒
253	7月3日	中央电视台《朝闻天下》	浏阳河曙光垸溃口，航拍溃口现场，溃口超过30米	央媒
254	7月3日	中央电视台《新闻直播间》	浏阳河曙光垸溃口，航拍溃口现场，溃口超过30米	央媒
255	7月3日	中央电视台《新闻30分》	浏阳河曙光垸溃口，水位回落较快，决定暂不堵口	央媒
256	7月3日	中央电视台《新闻直播间》	浏阳河曙光垸溃口，水位回落较快，决定暂不堵口	央媒
257	7月3日	中央电视台《东方时空》	浏阳河曙光垸溃口，水位回落较快，决定暂不堵口	央媒

续上表

序号	时　间	报道媒体	标　题	备　注
258	7月3日	中央电视台《新闻直播间》	浏阳河曙光垸溃口，垸内积水开始外流，抢险救援指挥部决定暂不堵口	央媒
259	7月4日	央广网	全国12支青少年足球队会师长沙市雨花区	央媒
260	7月4日	人民网、怀化新闻网、东方网、华声在线、湘潭在线	千余名军民顶日奋战 积极处置竹沙桥泵站险情	央媒
261	7月4日	光明网	首届中国青少年足球公益联赛开幕	央媒
262	7月4日	《长沙晚报》、红网、中国青年网、掌上长沙	加大巡堤查险力度 做好群众安置工作	《长沙晚报》头版
263	7月4日	中国新闻网、中国网、央广网	长沙曙光垸内积水回流浏阳河	央媒
264	7月4日	《长沙晚报》、红网、新浪网、东方网、凤凰网、华夏经纬网、长城网	齐心协力众志成城 保卫长沙安宁祥和	《长沙晚报》头版
265	7月5日	《潇湘晨报》	【图片新闻】有种考验叫坚持	《潇湘晨报》头版
266	7月5日	《长沙晚报》	【图片新闻】防汛保安全 长沙在行动	《长沙晚报》头版
267	7月5日	《长沙晚报》、红网、掌上长沙	不到安全水位 绝不松劲	《长沙晚报》头版
268	7月5日	《长沙晚报》、红网、东方网、星辰在线、新浪网	将巡堤查险作为重中之重	《长沙晚报》头版
269	7月5日	中央电视台《新闻直播间》	浏阳河曙光垸段大堤溃口已修复	央媒
270	7月5日	中央电视台《新闻30分》	浏阳河曙光垸段大堤溃口已修复	央媒
271	7月5日	中央电视台《晚间新闻》	南方多地暴雨成灾，曙光垸大堤溃口，已基本完成修复	央媒
272	7月5日	中央电视台《晚间新闻》	竹沙桥泵站倒灌，武警官兵齐心救援	央媒
273	7月5日	中央电视台《东方时空》	多处堤坝出现管涌，军民合力抢险	央媒
274	7月6日	《长沙晚报》	以人民为中心 维护受灾区域社会和谐稳定	《长沙晚报》头版
275	7月6日	光明网	长沙：党员干部筑起防洪大堤	央媒
276	7月6日	人民网	长沙雨花区侯家塘街道为社区纪检干部队伍业务“充电”	央媒
277	7月6日	央广网、东方网、红网、长城网、三湘都市报网	长沙雨花区“党员银发先锋队”助力跳马镇曙光垸抗灾抢险	央媒
278	7月6日	央广网	他为什么在这次抗洪抢险中这么拼	央媒
279	7月6日	央广网	湖南长沙：最美孕妇坚守抗洪一线	央媒
280	7月6日	央广网	12位老人组成“党员银发先锋队”奋战抗洪一线	央媒
281	7月7日	《长沙晚报》、掌上长沙、星辰在线、中国青年网、长城网、搜狐网	全力排水除险 确保尽快恢复交通	《长沙晚报》头版
282	7月7日	《人民日报》、网易、搜狐网、凤凰网、人民网、河南网、中国网	洪水不退，就把家安在河堤上”（两学一做·抗洪救灾榜样）	央媒
283	7月7日	光明网、网易、东方网	雨花区爱心汇聚跳马镇 东塘街道捐赠物资15万元	央媒

续上表

序号	时 间	报道媒体	标 题	备 注
284	7月7日	光明网、新湖南、中国江苏网、大众网、央广网、环球网、东方网、长城网	长沙市雨花区："外乡人"的乡亲情	央媒
285	7月7日	光明网	长沙市官塘冲社区二孩新政普及到家庭	央媒
286	7月7日	中央电视台《朝闻天下》	京广高铁浏阳河隧道恢复通车	央媒
287	7月7日	中央电视台《新闻直播间》	京广高铁浏阳河隧道恢复通车	央媒
288	7月7日	光明网、环球网、大众网、华龙网、长城网、参考网、未来网	成基金·首届青少年足球公益联赛闭幕	央媒
289	7月8日	央广网、中国江苏网、搜狐网	成基金·首届青少年足球公益联赛闭幕	央媒
290	7月8日	央广网、搜狐网、环球网、东方网、长城网、华龙网、参考网、北京时间、大众网	用生命践行党的誓言 记长沙东山街道党员李兴其	央媒
291	7月9日	《长沙晚报》	易炼红深入城区检查指导灾后恢复重建工作"让长沙城更加坚挺秀美安宁"	《长沙晚报》头版
292	7月9日	《湖南日报》、凤凰网、新浪网、湖南在线、华声在线	一场惊心动魄的保卫战——长沙城区抗御超历史特高水位洪水纪实	《湖南日报》头版
293	7月10日	《长沙晚报》、星辰在线、新浪网、长沙市政府门户网、长城网、凤凰湖南	提前研究部署 迎战新一轮强降雨，陈文浩督查指导雨花区防汛抢险救灾工作	《长沙晚报》头版
294	7月10日	《长沙晚报》	再战新一轮暴雨来袭，记者暗访河堤及易滑坡区域巡查值守情况，发现干群深夜仍坚守一线	《长沙晚报》头版
295	7月11日	新华社	长沙火车南站地区综管办全力应对防汛抗洪挑战	央媒
296	7月14日	《长沙晚报》	陈文浩调研全市教育工作时强调，强力推进教育改革 实现更高层次均衡发展	《长沙晚报》头版
297	7月14日	《长沙晚报》、星辰在线、红网	做好群众工作 凝聚发展合力，徐宏源调研雨花区群众工作	《长沙晚报》头版
298	7月14日	《长沙晚报》	至高利益佑民生——2017长沙抗击超历史特大洪水纪实之四	《长沙晚报》头版
299	7月14日	光明网	长沙：社区有家"健康厨房"	央媒
300	7月14日	光明网	长沙：夏季送清凉 关爱沁人心	央媒
301	7月15日	《长沙晚报》	岿然屹立奏凯歌——2017长沙抗击超历史特大洪水纪实之五	《长沙晚报》头版
302	7月15日	人民网	长沙市雨花区侯家塘街道传勤廉家风 庆祝建党96周年	央媒
303	7月18日	光明网	第五届中国中（小）学生舞龙舞狮锦标赛开幕	央媒
304	7月20日	新华网、网易	长沙民政职院开展"情牵脱贫攻坚"主题实践活动	央媒
305	7月20日	光明网	长沙：未成年人暑期传承红色经典	央媒
306	7月21日	光明网	"坚决把深化改革落到实处"	央媒
307	7月21日	光明网	长沙：高温不退，社区喊你来消暑	央媒

续上表

序号	时　间	报道媒体	标　题	备　注
308	7 月 22 日	人民网、红网	攻坚改革难点 长沙市雨花区组织收看《将改革进行到底》	央媒
309	7 月 26 日	光明网	长沙市长岭社区开展“快乐暑假助成长”系列活动	央媒
310	7 月 27 日	《长沙晚报》、华声在线	鏖战 18 天，高铁大枢纽“峰”雨不动安如山	《长沙晚报》头版
311	7 月 29 日	光明网	长沙老奶奶搬家发现五十年前自制步枪	央媒
312	7 月 29 日	光明网	“八一”慰问驻区部队武警官兵	央媒
313	7 月 29 日	光明网	长沙：未成年人暑期体验当“法官”	央媒
314	7 月 29 日	人民网、红网、新浪网、网易、汉丰网	湖南首届民宿设计创新创业大赛在跳马启动 最高可获 5 万元奖励	央媒
315	8 月 1 日	人民网	湖南长沙：“小喇叭”助力创城迎检 传播文明好声音	央媒
316	8 月 3 日	光明网	最真的祝福，给最可爱的人	央媒
317	8 月 4 日	中新网	长沙市雨花区跳马镇迎接农村低保对象精准认定大检查 实现精准兜底保障	央媒
318	8 月 5 日	《长沙晚报》	胡衡华主持召开市委常委会（扩大）会议，陈文浩出席，分析研判经济形势 研究部署下半年工作	《长沙晚报》头版
319	8 月 5 日	《长沙晚报》、掌上长沙、中国青年网、中华网	坚定信心 凝聚共识 驰而不息推进发展，市“一府两院”向市十五届人大代表望城区联组 通报今年上半年工作	《长沙晚报》头版
320	8 月 6 日	人民网	长沙雨花区聚集失独老人们 共同开展避暑活动	央媒
321	8 月 7 日	《长沙晚报》、红网、华声在线、人民网、中新网	重大项目完成投资近两千亿元	《长沙晚报》头版
322	8 月 8 日	《长沙晚报》、红网、中华网、掌上长沙、中国青年网	将社区大小事务 在网格内“一网打尽”	《长沙晚报》头版
323	8 月 13 日	《湖南日报》、红网、新华网	幸福，在家门口升级	《湖南日报》头版
324	8 月 14 日	《湖南日报》、三湘都市报	地下通道“讲述”湖南故事	《湖南日报》头版
325	8 月 29 日	《湖南日报》	关于表彰 2017 年全省抗洪救灾先进集体和先进个人的决定	《湖南日报》头版
326	8 月 29 日	《长沙晚报》、红网、新浪网、凤凰网	科技、工业、人才服务 一个窗口轻松办妥 雨花区在全市首开三大惠民新政落地绿色通道	《长沙晚报》头版
327	8 月 29 日	光明网、东方网	长沙：健康讲座走进雨新路社区	央媒
328	8 月 29 日	光明网、东方网	长沙：手绘斗笠送给环卫工人	央媒
329	8 月 29 日	光明网、红网、hao123 新闻网、东方网	长沙东塘街道精准帮扶贫困大学新生	央媒
330	8 月 29 日	光明网	长沙市雨花区群众文艺汇演喜迎十九大	央媒
331	8 月 29 日	光明网	长沙：趣味食品安全知识抢答赛吸引未成年人	央媒

续上表

序号	时 间	报道媒体	标 题	备 注
332	8月30日	《长沙晚报》、湖南省人民政府网、红网、新浪网、凤凰网、中国青年网、中华网	长沙市第二届“三社联动”社区服务供需对接会启动 徐宏源出席	《长沙晚报》头版
333	9月2日	《长沙晚报》	党的十九大即将召开，长沙广大干部群众立足新起点，展望新征程，心潮澎湃喜迎盛会	《长沙晚报》头版
334	9月2日	《长沙晚报》、潇湘晨报、掌上长沙、星辰在线、新浪新闻	长沙推出首批“限房价 竞地价”地块，两宗土地交易价要求不高于挂牌起始价150%，住宅分别限价为每平方米7700元、7195元	《长沙晚报》头版
335	9月3日	《长沙晚报》	湖南4人上榜8月“中国好人榜”长沙“爱心粉店”店主5年免费提供3万份米粉	《长沙晚报》头版
336	9月4日	《湖南日报》、新湖南、红网、新浪湖南、华声在线、凤凰网	湖南首获金砖国家新开发银行贷款 长株潭绿心项目获贷20亿元，为我省利用国外贷款金额最大项目	《湖南日报》头版
337	9月4日	光明网	长沙雨花区开展纪念抗战胜利72周年大型亲子教育活动	央媒
338	9月5日	人民网	长沙砂子塘街道创作廉洁微电影 让廉洁文化走进群众生活	央媒
339	9月9日	《潇湘晨报》	看看别人学校的食堂，长沙理工大学云塘校区食堂升级，除了吃饭还能看表演	《潇湘晨报》头版
340	9月9日	人民网	长沙雨花区：动漫加入廉政元素 传递廉政文化新声音	央媒
341	9月10日	光明网	长沙市雨花区系列活动庆祝第33个教师节	央媒
342	9月11日	《长沙晚报》、红网、星辰在线、华声在线、掌上长沙、腾讯网、凤凰网、网易	厚植绿底色，长沙迈向“千园之城”	《长沙晚报》头版
343	9月11日	中央电视台《新闻直播间》	面包车变身移动加油站，及时查处	央媒
344	9月12日	《长沙晚报》、湖南省人民政府网、掌上长沙、新浪网	圭塘河实施巡河三级网格化机制“蓝马甲”全天候巡护 长沙唯一城市内河	《长沙晚报》头版
345	9月14日	新华网	第五届全国出版物馆配馆建交易会在长沙开幕	央媒
346	9月15日	中新网	长沙市雨花区跳马镇卫计办：全力以赴保八争七	央媒
347	9月21日	《湖南日报》	长沙，在平安中前行	《湖南日报》头版
348	9月22日	《长沙晚报》、掌上长沙、红网	百万群众共享精品“文艺大餐”	《长沙晚报》头版
349	9月22日	新华网	2017阿里巴巴“诸神之战”全球创客大赛湖南赛区决赛落幕	央媒
350	9月23日	《长沙晚报》	“喜迎十九大 共圆中国梦”2017年“欢乐潇湘”群众文艺汇演决赛长沙市专场举行，在群众文艺中品味长沙精彩	《长沙晚报》头版
351	9月23日	《潇湘晨报》	地铁站上演反恐擒匪大片？	《潇湘晨报》头版
352	9月25日	《长沙晚报》、红网、掌上长沙、星辰在线、凤凰网	长沙火车南站地区综管办变铁地分治“九龙治水”为协同联动“握指成拳”，荣获全国综治先进集体——跨麻石球一小步，平安枢纽一大步	《长沙晚报》头版

续上表

序号	时　间	报道媒体	标　题	备　注
353	9 月 25 日	中新网	长沙市雨花区跳马镇开展“9.26 世界避孕日”主题	央媒
354	9 月 27 日	《长沙晚报》、红网、掌上长沙、星辰在线	让群众享受国家顶尖科研技术成果，中国航天科技集团在中南地区首个精密光机电产业项目基地落户长沙 张剑飞出席	《长沙晚报》头版
355	9 月 27 日	《长沙晚报》、掌上长沙	绿心崛起长株潭 生态雨花惹人醉	《长沙晚报》专题（半版）
356	9 月 27 日	《长沙晚报》、红网、掌上长沙、星辰在线、长沙政府网	长沙市法治文艺调演活动举行 徐宏源等观看演出	《长沙晚报》头版
357	9 月 27 日	人民网	航天中南先进光机电技术创新中心在长沙雨花经开区揭牌	央媒
358	9 月 27 日	光明网、东方网	长沙雨花区砂子塘街道举办传统文化进社区主题活动	央媒
359	9 月 28 日	光明网、东方网	长沙两社区合伙搭台唱戏共庆双节	央媒
360	9 月 28 日	光明网、中国青年志愿者网	长沙：社区志愿服务暖人心	央媒
361	9 月 28 日	光明网	长沙：群众自编自演文艺演出喜迎十九大	央媒
362	9 月 29 日	光明网、东方网	尊师重道祭孔子 中秋佳节寄深情	央媒
363	9 月 29 日	人民网	湖南长沙：集结志愿力量 维护文明创建成果	央媒
364	9 月 29 日	光明网、东方网	长沙：集结志愿力量迎接十九大胜利召开	央媒
365	9 月 30 日	《长沙晚报》、掌上长沙	徐宏源出席全市新的社会阶层人士统战工作会议，扎实推进新的社会阶层人士统战工作	《长沙晚报》头版
366	9 月 30 日	《长沙晚报》、掌上长沙、红网、星辰在线、和讯网	跳出园林看园博 立足长远求发展，陈文浩赴郑州出席第十一届园博会并检查长沙参展园“曲园”	《长沙晚报》头版
367	10 月 2 日	人民网	长沙爱心企业百万资金帮扶特困眼疾患者	央媒
368	10 月 2 日	人民网	长沙井湾子街道井旺社区创建主题党日 争做文明居民	央媒
369	10 月 5 日	《长沙晚报》、华声在线、红网	带着自信，带着使命，枫树山大桥小学校长邹硕明日赴英国任孔子学院教师 临行前坦陈心声祝福祖国	《长沙晚报》头版
370	10 月 5 日	《长沙晚报》、新华网、红网、星辰在线、新浪网	多彩中秋日 快乐共此时，亲子活动、乡村团圆、美食相伴，118 万游客昨在星城“花式”过中秋	《长沙晚报》头版
371	10 月 5 日	央广网、东方网	长沙市雨花非遗馆亮相“湖南－非洲商品节”	央媒
372	10 月 8 日	《湖南日报》	秋日赏花正当时	《湖南日报》头版
373	10 月 8 日	中央人民广播电台《新闻纵横》	[小目标在路上·中国脱贫攻坚样本调查]城市里一样少不了“精准”	央媒
374	10 月 10 日	《长沙晚报》、红网	城市有颜值，更要有气质，近年来长沙倾力建设“品质长沙”，城市面貌焕然一新，老百姓获得感越来越强	《长沙晚报》头版
375	10 月 11 日	《湖南日报》	三个着力：开拓发展新境界——“牢记嘱托，奋进潇湘”系列述评之四	《湖南日报》头版

续上表

序号	时　间	报道媒体	标　题	备　注
376	10月11日	《三湘都市报》	这条新干道 下雨能吸水	《三湘都市报》头版头条
377	10月12日	《长沙晚报》、红网	打造最优营商环境 推动转型创新发展，徐宏源调研雨花经开区重大产业项目建设	《长沙晚报》头版
378	10月12日	《长沙晚报》、人民网、光明网、掌上长沙、凤凰网	2017年全市第一次总河长会议召开，陈文浩强调，全面推行河长制 做好管水治水兴水工作	《长沙晚报》头版
379	10月12日	《长沙晚报》、掌上长沙	良法善治的长沙范本——“四个全面”长沙实践报告之三	《长沙晚报》头版
380	10月13日	中新网湖南频道	长沙市雨花区跳马镇首户灾后重建房落成	央媒
381	10月14日	央广网、中华网、东方网	长沙雨花区“四位一体”交通事故调处机制开辟绿色便民通道	央媒
382	10月14日	人民网、新华网、中新网、掌上长沙、新湖南、红网、星辰在线、凤凰网、新浪网	湖南农博会11月18日开幕五大洲国际“土产”等你淘	央媒
383	10月14日	中国经济网	中部（湖南）农博会11月18日开幕 将首次评出“农博士”	央媒
384	10月16日	《长沙晚报》、掌上长沙、红网	飞阅雨花 读你的感觉像三月	《长沙晚报》专题（跨版）
385	10月16日	《长沙晚报》、掌上长沙、星辰在线、新浪网	努力建设财富、品质、幸福雨花，打造中部领先、国内一流的现代化强区，雨花区各项主要经济指标持续多年稳居中部省会城区前列，蝉联2017年度全国综合实力百强区湖南第一位，领跑中部，“大道雨花”越走越宽	《长沙晚报》头版
386	10月17日	《湖南日报》、华声在线、新浪网	阔步挺进现代化强区——长沙市雨花区五年经济发展纪实	《湖南日报》专题（整版）
387	10月20日	《长沙晚报》	长沙召开创建国家食品安全示范城市工作推进会，陈文浩出席坚持问题导向 全力打好创建攻坚战	《长沙晚报》头版
388	10月20日	《长沙晚报》	陈文浩主持召开2017年市环委会第五次全会，守护好山好水好风光 让幸福在家门口升级	《长沙晚报》头版
389	10月20日	中新网	长沙市雨花区跳马镇召开绿心生态补偿工作调度会	央媒
390	10月20日	中新网	长沙市雨花区跳马镇经济发展办：走访重点企业单位 加强项目入库管理工作	央媒
391	10月21日	《长沙晚报》	务实高效抓好农博会各项筹备工作，徐宏源调度2017年中国中部（湖南）农业博览会筹备工作	《长沙晚报》头版
392	10月23日	《长沙晚报》、星辰在线	雨花区在长沙首创党建引领“四位一体”小区治理新举措——小区党建众人划桨，破解城市物管“痛点”	《长沙晚报》专题（半版）
393	10月26日	中新网	11家“星级”农贸市场将于2018年亮相长沙雨花区	央媒
394	10月27日	《湖南日报》、华声在线、红网、凤凰网	升级蝶变，谱写商贸传奇——湖南高桥大市场辉煌二十一载纪实	《湖南日报》专题（半版）
395	10月27日	长沙晚报、掌上长沙	高桥商贸，买全球卖全球，提质改造转型升级，确立“国际高桥、世界商港”战略愿景，湖南高桥大市场21周年庆邀你共享辉煌	长沙晚报专题（整版）

续上表

序号	时　间	报道媒体	标　题	备　注
396	10 月 27 日	光明网	长沙举办“我们的节日・重阳”文艺汇演	央媒
397	10 月 27 日	人民网	长沙校园戏曲进社区活动启动 小戏骨社区亮嗓	央媒
398	10 月 27 日	人民网	传承家风家训弘扬敬老美德 长沙社区推出重阳盛宴	央媒
399	10 月 27 日	新华网	第五届英国精品购物节长沙启幕	央媒
400	10 月 29 日	中新网	长沙市雨花区跳马镇专题研究绩效考核工作	央媒
401	11 月 2 日	中新网	长沙市雨花区跳马镇举办乡村规划与发展知识讲座	央媒
402	11 月 4 日	《长沙晚报》、红网、网易、凤凰网	奋力打造 全国果业示范区，中国果业品牌大会在长举办 徐宏源出席开幕式	《长沙晚报》头版
403	11 月 7 日	《长沙晚报》、掌上长沙	“一廊两环”激活街域经济能量，雨花区洞井街道今年再次跻身长沙经济社会发展强街行列	《长沙晚报》头版
404	11 月 7 日	《长沙晚报》、掌上长沙	借力红星片区升级契机，雨花区洞井街道“破而后立”，大刀阔斧开展城乡综合整治，推动产业转型升级，美丽新洞井开启融城南大门	《长沙晚报》专题（整版）
405	11 月 8 日	中央电视台《新闻直播间》	平安回家路 整治乱占道	央媒
406	11 月 9 日	《长沙晚报》、红网、星辰在线、东方网、和讯网	为推动项目发展积极建言献策，市政协主席会议成员集中调研雨花区工作，文树勋参加	《长沙晚报》头版
407	11 月 11 日	人民网	长沙市雨花区委书记张敏携手 4 位老教授深入社区宣讲十九大精神	央媒
408	11 月 11 日	中新网	长沙市雨花区学习宣传贯彻党的十九大精神	央媒
409	11 月 12 日	《长沙晚报》	地下通道飘出浓郁书香，南雅中学附近一地下通道被改建成迷你图书馆，藏书免费读	《长沙晚报》头版
410	11 月 14 日	《湖南日报》	“量”“质”双提升—— 聚焦 2017 中国中部（湖南）农业博览会	《湖南日报》专题（半版）
411	11 月 16 日	人民网	2017 中部农博会：5 千平米生态农业馆 带你亲近“大自然”	央媒
412	11 月 17 日	《长沙晚报》、掌上长沙、红网、星辰在线、东方网、齐鲁网	胡衡华调研高铁会展新城时强调 以新发展理念加快建设有特色的高铁会展新城	《长沙晚报》头版
413	11 月 17 日	《长沙晚报》、红网、掌上长沙、中国农业网	精心办好农博盛会 服务乡村振兴与精准扶贫，徐宏源检查 2017 中国中部（湖南）农博会筹备工作	《长沙晚报》头版
414	11 月 17 日	《长沙晚报》	中部崛起看雨花 “一带一路”新农博 特别报道 “世界超市”农博会，更有温度更具气场更有范	《长沙晚报》专题（半版）
415	11 月 17 日	中新网	中央统战部八局长沙调研新的社会阶层人士统战工作	央媒
416	11 月 17 日	中新网	长沙市雨花区跳马镇司法所开展法律宣传服务进农村活动	央媒
417	11 月 17 日	新华网	这个周末 一起去农博会展馆里看“大自然”	央媒

续上表

序号	时间	报道媒体	标题	备注
418	11月17日	中新网	烟花爆竹经营门店换证审核在跳马镇拉开帷幕	央媒
419	11月18日	《长沙晚报》	长沙再度蝉联全国文明城市荣誉称号，全国精神文明建设表彰大会昨在北京举行，胡衡华出席	《长沙晚报》头版
420	11月18日	《湖南日报》、人民网	花香袅袅迎“农博”	《湖南日报》头版
421	11月18日	《湖南日报》、人民网、华声在线、红网、新浪网、搜狐网、齐鲁网	长沙比亚迪提升新能源汽车比重，全年预计实现产值180亿元以上	《湖南日报》头版
422	11月18日	人民网	2017中部农博会生态农村馆：看一棵树如何开创精准扶贫新模式	央媒
423	11月18日	新华社	中部农博会聚焦“新农事”	央媒
424	11月18日	人民网	湖南省林业厅党组书记胡长清点赞农博会生态农村馆	央媒
425	11月18日	中新网	非遗创意市集“开”进湖南农博会 苗族姑娘演绎“高山流水”	央媒
426	11月18日	《经济日报》客户端、新湖南、红网、掌上长沙、凤凰网、大公网、天天快报、今日头条、搜狐网	2017中国中部（湖南）农博会开幕3000多家中外企业参展	央媒
427	11月18日	人民网	天工造物非遗大舞台：苗族阿妹“高山流水”来献礼 山歌唱响农博会	央媒
428	11月18日	中新网	中国中部农博会成“世界超市” 首设袁隆平农业博览奖	央媒
429	11月18日	光明网、红网	市长叫卖“土特产”着力“乡村振兴战略”	央媒
430	11月18日	光明网	“土特产”“洋特产”齐亮相中部（湖南）农博会	央媒
431	11月18日	人民网、红网	“湘西门户”飞出“金凤凰”“硒有慈利”新名片亮相农博会	央媒
432	11月19日	《湖南日报》	2017中国中部（湖南）农业博览会开幕，齐续春宣布开幕 许达哲 屈冬玉致辞 乌兰出席	《湖南日报》报眼
433	11月19日	《长沙晚报》	五大洲3000商家荟萃农博会	《长沙晚报》头版头条
434	11月19日	《潇湘晨报》	家门口买遍五大洲	《潇湘晨报》头版头条
435	11月19日	《湖南日报》	30个国家和地区的近500家境外企业参展，逛农博会像逛“世界超市”	《湖南日报》专栏
436	11月19日	《湖南日报》	2017中国中部（湖南）农业博览会在长沙国际会展中心开幕	《湖南日报》专栏
437	11月19日	《湖南日报》	养殖业重大项目集体签约，观赏鱼新产业或迎爆发期	《湖南日报》专栏
438	11月19日	《湖南日报》	副市（州）长为农产品代言	《湖南日报》专栏
439	11月19日	《湖南日报》	展馆内“草长莺飞”	《湖南日报》专栏
440	11月19日	长沙晚报	中部崛起看雨花“一带一路”新农博 农博会特别报道——“米粉硕士”，一碗圆粉京城解乡愁	《长沙晚报》专题（半版）

续上表

序号	时　间	报道媒体	标　题	备　注
441	11月19日	中新网	多业态创新融合 湖南探索非遗发展新模式	央媒
442	11月19日	央广网	2017中国中部(湖南)农博会开幕 五大洲“洋土产”等你来	央媒
443	11月19日	人民网	非遗荟萃！“千年市集”进农博	央媒
444	11月19日	央广网	湖南农博会聚焦现代农业成果 农业黑科技齐亮相	央媒
445	11月20日	《湖南日报》	农博峰会热议农业供给侧改革	《湖南日报》专栏
446	11月20日	《湖南日报》	富硒农产品受青睐“硒有慈利”惊艳农博会	《湖南日报》专栏
447	11月20日	《湖南日报》	地方特色农副产品受追捧	《湖南日报》专栏
448	11月20日	《湖南日报》、新湖南	一棵树开创绿色扶贫新模式	《湖南日报》专栏
449	11月20日	《长沙晚报》、掌上长沙、红网	逛农博，带晚报，大大方方“捡篓子”本报与四大品牌参展商达成优惠联盟，凭今日《长沙晚报》农博会特刊可享多重“农博惠”	《长沙晚报》专题（半版）
450	11月20日	中新网、北京时间	创客团队解码扶贫新模式 扶贫群英亮相湖南农博	央媒
451	11月20日	中新网、大公网	湖南举行“对话传承人”匠人峰会 聚焦传承与发展	央媒
452	11月20日	人民网、新湖南、凤凰网	白发老人把“木活字印刷术”带到农博会：不能让它失传	央媒
453	11月21日	《湖南日报》、新华网湖南频道、新湖南、掌上长沙、新浪网、和讯网、华声在线	农博会扶贫群英会提出扶贫新模式——“+扶贫”拔穷根	《湖南日报》专栏
454	11月21日	《湖南日报》	专家就非遗发展献计“使用是最好的传承”	《湖南日报》专栏
455	11月21日	《湖南日报》	“木活字印刷术”盼传人	《湖南日报》专栏
456	11月21日	中新网、星辰在线、和讯网	异域奇果亮相农博会 “互联网+”开启软籽石榴新卖场	央媒
457	11月21日	央广网	湖南首届“对话传承人”匠人峰会献礼农博会	央媒
458	11月21日	中央电视台《新闻联播》	中部（湖南）农博会：品牌升级 绿色健康	央媒
459	11月22日	《人民日报》	2017中部农博会举行 生态农业的新鲜事越来越多	央媒
460	11月22日	《湖南日报》、新湖南、红网、光明网	逛农博，与文化来一次大约会	《湖南日报》专栏
461	11月22日	《湖南日报》、华声在线、搜狐网、新浪网	传承人对话传承人——非遗1+1，道路更宽阔	《湖南日报》专栏
462	11月22日	中新网	长沙市雨花区残联为跳马镇残障人士赠送爱心轮椅	央媒
463	11月22日	央广网、当代商报	中国中部农博会 张开“湘嘴巴”吃美食	央媒
464	11月22日	中新网	长沙市雨花区跳马镇田心桥群工站组织开展铁路护路安全巡查活动	央媒

续上表

序号	时　间	报道媒体	标　题	备　注
465	11月24日	《长沙晚报》、掌上长沙	看雨花教育如何破题——打造完备民办教育格局 与优质公办教育并驾齐驱	《长沙晚报》专题（整版）
466	11月25日	《光明日报》	统一思想 凝聚力量 增强实效——湖北、湖南、吉林、黑龙江等地组织丰富多彩的活动宣讲十九大精神	央媒
467	11月29日	人民网	长沙市雨花区：聚力弘扬传统文化 深入传承良好家风	央媒
468	12月2日	人民网	湖南长沙："防艾"进校园 科普入人心	央媒
469	12月3日	《湖南日报》	《湖南省扶贫协作考核办法（试行）》出台，重点考核组织领导、人才支援、资金支持、产业合作、劳务协作5方面	《湖南日报》头版
470	12月3日	光明网	湖南未成年人主题教育活动在长沙举行	央媒
471	12月4日	《长沙晚报》	长沙首届城市公益穿越挑战赛昨开赛，首张社会公益机构地图同步发布，公益地图助市民轻松求助	《长沙晚报》头版
472	12月5日	《湖南日报》	无限精彩"话"农博——2017中国中部（湖南）农博会回眸	《湖南日报》专题（半版）
473	12月5日	人民网、腾讯网、和讯网	长沙雨花区公益地图城市穿越挑战赛开跑 400余名选手玩转东塘	央媒
474	12月6日	《湖南日报》、新湖南、人民网、红网、华声在线、齐鲁网、新浪网	从电池"跨界"到汽车，比亚迪抓住了中国大力发展新能源汽车的机遇，建立了属于自己的"新能源车王朝"。如今，比亚迪长沙基地——新能源车"军团"驶向世界	《湖南日报》头版
475	12月6日	《长沙晚报》	张家界市党政代表团来长考察，虢正贵陈文浩参加	《长沙晚报》头版
476	12月7日	人民网	长沙雨花经开区机器人聚焦区筑成"智博会"亮丽风景线	央媒
477	12月8日	《湖南日报》、红网、华声在线、星辰在线、腾讯网	老旧社区的"幸福升级"	《湖南日报》头版
478	12月8日	《湖南日报》	"一湖四水" 绘就生态新画卷	《湖南日报》头版
479	12月8日	中新网、新湖南	雨花区委"四大家"领导深入视察观摩红星全球农批中心项目建设	央媒
480	12月9日	人民网	2017东盟·湖南名优产品交易会开幕 东盟特产长沙"赶集"	央媒
481	12月12日	《长沙晚报》、掌上长沙	"字述湖湘 祝福祖国"2017年度字首场集中推选活动走进雨花非遗馆，以字"传"情，这一年很精彩	《长沙晚报》专题（半版）
482	12月13日	人民网、星辰在线、东方网	颂家风扬美德 雨花区廉政文化主题园正式开放	央媒
483	12月15日	《长沙晚报》、红网	提升社区功能品质 确保成果惠及居民，徐宏源调研社区全面提质提档工作	《长沙晚报》头版
484	12月17日	《长沙晚报》	长沙市行政区划图有了最新版，乡镇区划调整改革成果得以体现	《长沙晚报》头版
485	12月18日	《长沙晚报》、红网	"冬日探春"发现，雨花区区域发展格局全面拉开、产业升级阔步前行、项目建设加速奔跑，GDP连续14年蝉联中部城区第一——财富、品质、幸福雨花五朵春蕾绽放	《长沙晚报》专题（跨版）

续上表

序号	时　间	报道媒体	标　题	备　注
486	12 月 19 日	《长沙晚报》	全市项目建设流动观摩会举行，胡衡华陈文浩参加，高质量产业项目提速长沙发展	《长沙晚报》头版
487	12 月 19 日	《长沙晚报》、红网、掌上长沙	立足社区治理，破解治理难题，提升宜居品质，雨花区今年 50 个社区全面提质提档，数量品质居全市之最——幸福雨花，颜值更靓民生更爽	《长沙晚报》专题（整版）
488	12 月 20 日	《湖南日报》	今年以来，我省招商引资精准务实，签约项目加速落地，为加快建设开放强省注入新的活力与动力——招商引资按下“快进键”	《湖南日报》头版
489	12 月 20 日	《长沙晚报》、掌上长沙、红网	全市项目建设“打擂台排座次”，胡衡华陈文浩参加观摩点评，以高质量项目支撑高质量发展	《长沙晚报》头版
490	12 月 22 日	中新网	长沙市雨花区跳马镇大力推进水生态文明建设	央媒
491	12 月 23 日	人民网	长沙市雨花区砂子塘街道：社区搭舞台 党群颂廉洁	央媒
492	12 月 24 日	人民网	“微廉政党课”决赛在雨花区举行 党员干部争做廉洁先锋	央媒
493	12 月 25 日	中新网	长沙雨花区打造儿童乐园成长中心	央媒
494	12 月 26 日	《湖南日报》、东方网、华声在线	砥砺前行赋华章——长沙市雨花区 2017 年经济社会发展纪实	《湖南日报》专题（整版）
495	12 月 26 日	《长沙晚报》、红网	雨花区成立长沙首家关爱“空巢儿童”公益机构“雨滴儿”，其成功经验近日被中央文明办推介，雨润花开，爱的阳光洒满孩子心田	《长沙晚报》头版
496	12 月 26 日	人民网	长沙市雨花区为爱“护航” “雨滴儿”助力未成年人健康成长	央媒
497	12 月 27 日	《长沙晚报》、掌上长沙	程水泉调研全市人工智能及机器人产业链推进工作，强化招商引资 形成集聚效应 做强做特产业	《长沙晚报》头版
498	12 月 27 日	《长沙晚报》	雨花区在综合实力、片区开发、产业转型、城乡品质、重点改革和民生福祉上实现自我迭代，辞旧迎新跨越发展——财富品质幸福共享 雨花递交“六新”答卷	《长沙晚报》专题（整版）
499	12 月 28 日	《湖南日报》、华声在线、新浪网	“三个百分百”折射民生温度——雨花区委、区政府重视建议提案办理纪实	《湖南日报》头版
500	12 月 29 日	人民网	长沙雨花区砂子塘街道：学校、社区、物业“三联动”护廉洁文化	央媒

创新之城的雨花蝶变：长沙市雨花区构建创新发展大格局

罗　语

“创新是一个民族进步的灵魂，是一个国家兴旺发达的不竭动力，也是中华民族最鲜明的民族禀赋”。党的十八大以来，习近平总书记从决定民族前途命运的高度反复强调创新的极端重要性。

2016 年，中共中央、国务院印发《国家创新驱动发展战略纲要》，确立了创新驱动“三步走”的战略部署；这一年，《“十三五”国家科技创新规划》出台，描绘出未来五年国家科技创新的宏伟蓝图；这一年，湖南省第十一次党代会明确大力实施创新引领、开放崛起战略，描绘了富饶美丽幸福新湖南的宏伟蓝图。

东风吹来满眼春，潮起正是扬帆时。

雄踞长沙东南门户的雨花区，近年来地区生产总值、一般公共财政预算收入总量等稳居全省城区第一，持续领跑中部省会城区，资料显示，2016 年前三季度，雨花区实现高新技术产业增加值 365.43 亿元，其占 GDP（含长烟）比重高达 45.8%，其中规模工业高新技术增加值同比增长 14.1%，居全省城区首位。

成绩的背后，流淌着独具雨花特色的创新基因，从信念到行动，从经济发展到社会治理，从文化事业到党建工作，无不闪烁着创新光芒，无不砥砺着发展自信。

新一轮的蝶变正在开启。

在雨花区第五次党代会上，雨花区委书记张敏明确提出“建设财富、品质、幸福雨花，朝着中部领先、国内一流的现代化强区阔步迈步”奋斗目标，强调深入推进“建设创新创业的财富雨花，加快实现经济现代化”。在嘹亮的号角声中，“雨花号”巨轮正乘风破浪、稳健前行。

经济发展
渐成雨花现象

“梦想是什么？梦想就是一种让你感到坚持就是幸福的东西。”

这句话，80 后郴州伢子徐智峰听过两次，一次是电影《中国合伙人》里的对白，一次是雨花区委书记张敏在跟他们座谈时的讲话。即使这样，在记者面前说出这句话时，徐智峰仍有些许激动。

此前不久，徐智峰放弃在中国移动总部的优渥薪水和职位，入驻雨花区阿里云创客 + 孵化器，开始投身“互联网 +”智慧社区创业。

吸引徐智峰的，除了互联网的大前景，还有雨花区扑面而来的创新气息。

在德思勤创业大街的精致小楼里，全球两大互联网企业巨头阿里巴巴和亚马逊做起了邻居，相继将创业孵化器落子雨花区；国内顶尖的北斗导航机器人将烙上“雨花智造”的闪亮名片；雨花区两个创业项目喜获全国青年创业创新大赛金翼奖；《长沙市雨花区创新创业带动就业实施意见》颁发，截至 2016 年 11 月带动全区新增创业主体 9564 户；创业带动就业示范单位创建工作领跑全省；湖南首个设计产业园区——长沙创新设计产业园落户雨花经开区……

值得一提的是雨花经开区，在省级及以上产

业园区发展综合评价中，以综合得分110.07分在全省134个工业园中排名第一，远超全省平均得分67.68分。园区三大主导产业——新能源汽车、智能机器人、现代服务业并驾齐驱。作为新能源汽车产业龙头企业，比亚迪已正式进入全车系时代，今年将在长沙投资20亿~30亿元，建设跨座式单轨列车全国配套中心基地。作为湖南唯一一个机器人产业集聚区，雨花经开区目前已引进长泰、拓野、大捷等机器人企业项目百余个，基本实现了从研发、生产、销售到培训的全覆盖。湖南首个工业设计产业园~长沙创新设计产业园在雨花经开区开园，意味着一个国家级设计创意示范项目、中西部地区最重要的创新设计高地将在雨花经开区崛起。未来3到5年，雨花经开区将形成产值为500亿元的智能装备产业集群、500亿元的新能源汽车产业集群和200亿—300亿元的创新设计产业集群。智能装备产业集群将助力长沙打造国家智能制造中心。创新设计产业集群成型后，将助推长沙成为国家级创意设计示范基地、中部地区最重要的创新设计高地。

“产业高端化”发展战略正在为“十三五”和国家中心城市建设发展积蓄强劲动能。雨花区正构建现象级的经济创新发展大格局。

文化建设
独具雨花方式

美国思想家爱默生有一句名言：“文化开启了对美的感知。”这句话在雨花文化建设中依然得到了应验。雨花主政者对他们眼中的“美”——发展文化产业、传承文化经典、搭建文化平台——格外的敏感。

近年来，雨花区文化产业以年增速高达20%的快速发展，成为推动经济发展的重要力量。该区文化企业数量从2012年的不足300家发展至1800余家，形成了影视传媒、数字出版、创意设计、演艺娱乐四大产业，“文创之城、最美雨花”名副其实。

从“传承文脉”出发，雨花人大做历史文章，在两河一街中拾串“历史珍珠”：将浏阳河沿线打造成充满文化内涵、历史韵味和人文情怀的文化旅游产业带；在圭塘河风光带沿线打造能承接国际、国家级大型赛事活动的国际水准综合型健身、休闲体育中心；依托雨花非遗馆，在红星商圈打造雨花区“非遗”特色文化产业街区和中部地区最大“非遗”项目集散地、传承地、销售地。

将图书馆建在公园里、安置小区中，把文化设施送到居民家门口，以活动为载体塑造浓厚文化氛围，整合优秀社会资源参与公共文化服务建设——雨花区的平台“硬件”充满活力，精神“软件”能量满满，从摸着石头过河，到大胆创新，雨花区开辟了一个又一个独具“雨花方式”的文化建设新途径。

社会治理
彰显雨花榜样

“没想到能够这么快捷，现在办事真是太方便了！”正在砂子塘街道政务服务大厅办理退休人员建模认证的曹奶奶，赞美着雨花区推出的“一口式”受理服务（政务大厅只设综合受理和回复反馈两类窗口）。

这项被人民日报专题推介的改革，让群众的平均办件时间由40分钟，缩短至10分钟。

而被新华社等媒体推介的“四方联动机制”，则是雨花区在物业管理改革上的一次精彩创新：在全区41个试点小区中，成立小区党支部、业委会、监事会、物业公司的“四方联动”机制，共同治理物业小区并及时协商处理小区物业矛盾，并率全市之先出台了《长沙市雨花区物业服务项目星级评选活动实施方案》，引导物业行业规范化、标准化服务。此外，在全省率先建成了“96366”电梯应急处置区（县）级分中心，并建立了区、街、社区三级基层监管人员队伍，有效实现了全区住宅小区物业管理有序、服务完善、治安良好、和谐宜居。

“社区治理理念先进，各项工作扎实创新，雨花区为全国提供了多项值得借鉴的案例和榜样。”2016年11月，在第二批全国社区治理和服务创新实验区评估验收会上，国家民政部专家组对长沙市雨花区社区治理工作给予高度评价，纷纷点赞，“特别是引导社区以居民需求为导向开展服务形成了风格不同的社会治理特色，达到了共治目标。”

“雨花区不仅有财力雄厚的硬实力，更有精细化管理、高品质城区的软实力。”2016年8月，雨花区委副书记、区长刘素月在湖南沪洽周雨花区招商推介会上的一席话，彰显了雨花区非凡的底气和自信。

党建工作
铸就雨花灵魂

前几年，圭塘街道雨花家园小区盗窃案件时有发生，而现在居民们却可以放心离家上班。这源于一个个带红袖章的老人不时在社区巡视——社区“红管家”党支部的老党员们轮流值班，提供服务。

近年来，雨花区在加强基层党建上频出新招，实效显著。他们探索推行了“社区党总支＋小区党支部＋楼栋党小组”党组织的设置模式，健全区、街道（镇）、社区三级联动网络，有效调动街道（镇）、社区党组织、居委会“兼职委员”资源，建立社区兼职委员队伍和“两代表一委员”工作室，健全社区党员服务中心，推动非公党建、项目党建、商圈党建、楼宇党建的全覆盖，在党组织领导下形成了“一核多元、融合共治”的党建体系。

在以问题为导向创新基层党建模式、增强基层党组织活动的同时，雨花区在党的制度建设方面，也交出了出色的答卷。

在全市率先对全区所有科级干部个人重大事项报告实行电子信息化管理；在全省区县中率先出台《雨花区推进领导干部能上能下实施细则（试行）》；出台《关于建立纪检监察工作片区（联组）联动协作机制的实施办法》、《领导干部经济责任告知》、《审计约谈制度》等文件，强化纪律检查体制改革，推进了纪检监察工作一体化建设……

“雨花的发展事业，关键在党，核心在一支凝聚力、战斗力强的干部队伍。”区委书记张敏说，“我们一定要按照‘党要管党、从严治党’的要求，全面加强党的建设，提升干事创业精气神，为雨花发展提供坚强的组织保证。”

（原载于2017年1月15日《湘声报》）

“雨花模式”与“雷锋志愿服务”

傅 蕾

近年来，长沙雨花区坚持以人民为中心的工作导向，以培育和践行社会主义核心价值观为根本，以深化建设更高水准全国文明城市为契机，秉承“服务他人、奉献社会”的理念，积极探索学雷锋志愿服务制度化建设，涌现了全国文明单位、全国优秀志愿服务组织廖家湾社区，全国岗位学雷锋标兵刘映先，全国最美志愿者、第五届全国道德模范提名奖孟繁英，全国首批五星志愿者傅强等先进典型，培育推介了19名中国好人、5名湖南好人、近70名长沙好人，制定全国首个社区志愿服务规范，建立了全省首个志愿服务孵化（培训）基地，成立全省首个“雷锋超市”，学雷锋志愿服务在雨花成为一块文化品牌，一种生活方式。

制定“雨花标准”

随着全国文明城市创建工作的不断深化，雨花区学雷锋志愿服务工作也在不断探索制度化，推进常态化，开启标准化，学雷锋志愿服务“雨花模式”强力凸显。在全国率先试行志愿服务组织登记零门槛制度，登记发展了长沙群英会、金牌帮女郎、孝为先、老首长工作室、“他乡美”俱乐部、孙建华义工工作室等全国、省、市著名的志愿服务组织。组织起草了《社区志愿服务管理规范》，成为湖南省地方标准，属全国首款。制定“邻里守望”学雷锋志愿服务考核标准与管理办法，完善邻里守望志愿服务网格图、流程图及邻里守望公约，在全市首发“邻里守望互助卡”，以空巢老人、留守儿童、农民工、残疾人、社区矫正人员为主要对象，与志愿者进行“一对一，多对一”结对造册，真正把志愿服务做到基层、做进社区、做进家庭。制定《雨花区关于加强文明志愿者管理工作的指导意见》，从招募注册、培训管理、星级认定、嘉许激励、退出机制等方面进一步健全志愿服务相关机制制度。

打造“雨花平台”

为了让制度更好地落地扎根、发挥效用、产生影响，雨花区率先在全市建立了区级志愿服务孵化（培训）基地，首试政府采购、服务外包、社会组织运作的新模式，让“专业人做专业事”，打造了“和谐号”高铁志愿服务联盟品牌，创新“留痕管理”模式，获得省委宣传部副部长、省文明办主任刘进能批示肯定，得到中央文明办、中志联等各级领导的点赞。基地目前孵化支持了上百家社会组织，分布在全市多个社区，形成了志愿服务“1+N”模式，进一步推动了志愿者的专业性和志愿服务的常态化。

营造“雨花氛围”

大力弘扬“奉献、友爱、互助、进步”的志愿服务精神，全面发动辖区党团员、机关干部、驻地单位、社区群众当志愿者，志愿者人数不断增多，共有注册志愿者9万多人。在各社区志愿者工作站基础上，全区主要公共场所建立近400个学雷锋志愿服务站，规范点200个，全市首批公共文化设施志愿服务站点6个。2014年全区评选“八个最美”，2015年启动“最美雨花 幸福家园”创建活动，2016年评选表彰了105位优秀志愿者、30个学雷锋优秀志愿服务组织。发布文明交通公益图书《对路》、未成年人安全文明读本《安全谱》，打造了长沙首条“好人好店一条街”德馨园社区商业街、长沙市首批社会主义核心价值观公益广告示范点政院社区。

培育“雨花人物”

充分利用家庭和学校等重要教育阵地，把学雷锋志愿服务与文明家庭、文明校园创建活动结合起来，以身边榜样的力量影响周边人，以先进典型添彩雨花形象，先后培育推介了首届“全国文明家庭”罗华家庭，“全国岗位学雷锋标兵”刘映先，“全国十佳最美志愿者”、“第五届全国道德模范提名奖”孟繁英，全国首批优秀五星级志愿者傅强，“全国美德少年”唐荟，全国“十佳最美孝心少年”游柘楠，“全国百名美德少年”欧阳龙棂，“湖南省雷锋式志愿者”陈旭和鲁遐龄，“2013 届湖南省学雷锋优秀志愿者”肖卓作，“长沙市学雷锋十佳先进个人”彭旦如等全国、省、市典型。“真情呵护·化茧成蝶”帮扶特殊青少年项目获首届中国青年志愿服务项目大赛银奖，绿色湘依旧物循环利用环保项目、优儿帮互联网 + 儿童健康公益服务项目荣获第三届中国青年志愿服务项目大赛银奖。廖家湾社区创建为“全国文明单位”、“全国优秀志愿服务组织”、“全国岗位学雷锋示范点”、中国志愿服务联合会“第三批优秀志愿服务党组织”。长沙市雨花区群英公益发展促进中心、长沙市雨花区东塘街道“老首长”工作室获“2016 年全省学雷锋志愿服务百强社团”称号。2015 年 7 月，首期全国志愿服务实践基地培训班暨“邻里守望”社区志愿服务座谈会在武汉召开，我区廖家湾社区书记刘映先在座谈会上作经验发言交流。2016 年 2 月，在中国志愿服务联合会调研长沙的座谈会上，雨花区文明办、牛婆塘社区红十字会志愿服务组织优秀志愿代表陈旭做典型发言。

锻造“雨花品牌”

先后打造了“七彩雷锋日”、“爱心公益市集”、“向阳花青少年社工服务站 ”、“和谐号高铁志愿联盟”等活动品牌，成立长沙首个爱心顺风车队（团区委）、首个家长护学志愿服务队（五一小学）、首个关爱进城务工人员志愿服务队（高桥）。依托全省首个电商公益平台“雷锋 e 超市”（侯家塘）开展爱心义卖和 1+1 行销，爱尚随手正能量，帮助困难群体排忧解难。廖家湾社区及芙蓉南路社区微心愿活动在 cctv13 新闻直播间“认领微心愿 实现微梦想”播出，对我区落实社会主义核心价值观，善行善举蔚然成风的社会风貌进行了报道。在全国“邻里守望”志愿服务成果展示活动中，我区《“他乡美”外来务工人员俱乐部志愿服务项目》获优秀实践成果奖，歌伴舞《身边好人—孟繁英》、微视频《不孤》获优秀作品奖。

志愿服务是加强和促进精神文明建设的重要载体，是培育和践行社会主义核心价值观的生动实践。通过多年的努力，“有时间做志愿者、有困难找志愿者”为生活方式的志愿文化在雨花生根开花。今后，雨花区还将继续探索志愿服务制度化、常态化、规范化、创新化建设，大力营造“人人为我 我为人人”的社会风尚，争取为促进市民文明素质和社会文明程度的全面提升作出新的贡献。

（原载于 2017 年 3 月 3 日央广网）

绿心跳马 崛起一流“田园综合体”集群

李　卓

无锡拈花湾灵山小镇的“小清新”禅修风，徐徐吹进长株潭绿心跳马小镇；“山顶有泉，泉水甘洌，四季不涸，有天鹅舞蹈其间”——《长沙县志》记载的旧时天鹅湖畔舞蹁跹的胜景，将重现跳马……日前，在央企湘企暨“一带一路”产能合作对接活动上，随着雨花区与世界500强央企巨头中国建筑股份有限公司签订跳马生态片区两型保护与发展项目框架协议，湖南最大的绿心保护与发展创新和试点项目花落雨花区。

一方是长株潭生态绿心保护区的核心，占长沙市绿心绿肺面积的三分之二，占湖南省绿心绿肺面积的三分之一，地处长株潭三市20分钟旅游圈的圆心；一方是世界500强排行27位的央企大佬，创下了无锡禅意小镇和上海首个新型城镇化PPP项目重固镇经典手笔。跳马镇和中国建筑的联姻，可谓是“靓女嫁好”。那么问题来了，为何世界500强实力央企会牵手绿心之心？两者联姻，将在长株潭融城核心绘出怎样一幅两型发展和全域旅游的唯美画卷？

“跳马这个金饭碗，一定要装上好食材，接受一流水准的烹饪！”提及跳马生态片区的两型保护与全域旅游发展，雨花区委书记张敏打了一个形象的比方。与中国建筑合作，金饭碗装上好食材，可谓实至名归。值得一提的是，今年2月5日，“田园综合体”作为乡村新型产业发展的亮点措施被写进中央一号文件，支持有条件的乡村建设以农民合作社为主要载体、让农民充分参与和受益，集循环农业、创意农业、农事体验于一体的田园综合体。“一号文件”刚新鲜出炉，雨花区即和中国建筑携手，将以“一带一路五特色小镇”为规划重点，依托浏阳河生态风光带、洞株路，打造白竹、金屏、跳马涧、田心桥、杨林五个小镇组团，建设国内一流的“田园综合体”特色小镇集群。今年将启动首批20亿元的PPP项目，开展一系列基础设施建设和生态修复保护工程。

绿心之心划出长株潭“20分钟旅游圈”

世界500强排行27位的央企大佬，为何会相中雨花区跳马生态片区？如果说“靓女嫁好”，那么跳马“靓”在哪里？

“绿水青山是跳马最靓的‘颜值’，我们为跳马这个闺中待嫁的靓女，一定要找一个好婆家，最好是找一个有实力、有责任、有担当、有情怀的央企来进行战略合作。”雨花区委副书记、区长刘素月这样说道。跳马镇面积177平方公里，是长株潭两型示范核心保护区，是唯一一个几乎全镇都位于长株潭绿心范围内的乡镇，拥有得天独厚的绿肺优势。全镇森林覆盖面积128平方公里，花卉苗木8万多亩，生态绿心地区面积172平方公里，素有中国花木之乡、国家级生态乡镇之美誉。

优越的区位，也让以跳马为圆心划分的长株潭“20分钟旅游圈”呼之欲出。跳马地处长沙、株洲、湘潭三座城市的中心位置，以跳马镇政府为出发点，距长沙城区12公里，距株洲城区10公里，距湘潭城区18公里，从三座城市到跳马观光旅游，以现有的交通条件，坐车只需20分钟。从跳马的关刀新村到著名的株洲方特乐园，仅5分钟车程。

此外，跳马还有成熟的丰厚旅游资源。这里有AAAA级景区石燕湖公园，占地面积5000亩，水面面积700亩，是新三板上市公司中惠旅集团的大本营；这里还有成规模的现代农庄11家，不乏五星级农庄，最大的投资达到5000余万元。同时，跳马还是有故事的小镇。三国关羽战长沙，跃马过山涧的故事以及左宗棠墓、明藩王陵墓等历史遗址，给这里留下了跳马涧、关刀村、跳马村以及关帝古庙等等一系列有掌故的去处。雨花区委常委、区委办主任、雨花全域旅游指挥部指挥长周海毅说："一般而言，有跳马这么好的区位，就难有这么好的生态，有这么好的生态，就难有这么好的区位，而跳马双重优势叠加，我们一定要不负天赐之美、守护融城之心、彰显田园之秀、回应群众之盼，为跳马寻找一条适合两型发展、绿色发展的生态之路。"

跳马不仅有着原生态的山水，更有世居于此、代代传承的民间非遗匠人。跳马的老篾匠正在展示他精湛的篾编手艺。

跳马不仅有着原生态的山水，更有世居于此、代代传承的民间非遗匠人。跳马的老篾匠正在展示他精湛的篾编手艺。

"一带一路五特色小镇"
建一流田园综合体集群

对集吃、玩、购于一体的"城市综合体"，人们都耳熟能详；在原生态的农村，是否也能建设集种植采集、农耕体验、山水观光等于一体的"田园综合体"？中央一号文件的要求言犹在耳，雨花区即在跳马生态片区启动了探索尝试。

田园综合体是集现代农业、休闲旅游、田园社区为一体的特色小镇和乡村综合发展模式，是在城乡一体格局下，顺应农村供给侧结构改革、新型产业发展，结合农村产权制度改革，实现中国乡村现代化、新型城镇化、社会经济全面发展的一种可持续性模式。雨花区与中国建筑携手，由中国建筑西南设计研究院有限公司具体操刀，根据绿心规划和跳马镇总体规划，以"一带一路五特色小镇"为规划重点，用国际视野、国家格局、湖湘标志的高起点，按照长沙市南部片区的总体定位，以长株潭绿心保护区为主体，重点保护好全国独有的生态、绿心资源禀赋，发挥好生态屏障功能，打造城市绿肺，着重发展生态 + 旅游、生态 + 文化、生态 + 养老等高端服务业和地理信息、现代商贸、高端制造等两型产业，建设中部领先、全国一流的田园综合体和特色小镇集群。

雨花区与中国建筑合作，主要致力于对跳马生态片区进行四个方面的打造：一是进行顶层设计。由中国建筑西南设计研究院有限公司对跳马生态片区进行顶层设计（即概念性规划），着眼国际视野，体现湖湘标志，对跳马生态片区进行全方位地规划设计。二是打造特色小镇和田园综合体。深入贯彻落实中央一号文件精神，争取特色小镇和田园综合体的国家政策，体现国家格局，建设特色小镇和田园综合体的样板区、示范区和先行区。三是进行基础设施建设。加大前期投入和政策争取，大力建设基础设施，尤其是进行107国道、西湖大道、洞株公路沿线景观打造等交通基础设施建设。四是带动花木产业升级。助力跳马镇原有的花卉苗木产业提质升级、农民提效增收，开发以花卉苗木为特色的现代农业观光旅游。"蛰伏了这么多年，跳马到了该'起跳'的时候了。"跳马镇党委书记、雨花全域旅游指挥部副指挥长谭爱兵对跳马的一切如数家珍。见证了从偏居长沙南城一隅，到如今的融城核心，谭爱兵笃信跳马的春天就要来临。

保护性开发绿心杜绝挖山填土

大规模片区开发，会不会大拆大建破坏绿心生态？"我们将坚守绿线、不碰红线、把住底线，不挖山、不填土，变被动保护为主动保护！"跳马镇党委副书记、镇长、雨花全域旅游公司董事长刘志平回答了这一问题。他表示，中国建筑投资跳马生态片区，将践行两型发展理念、严守绿心保护条例和绿心规划，对跳马生态片区进行整体保护性开发建设，在保护中开发，绝不是大拆大建。

雨花区委、区政府通过积极争取绿心规划、城市规划、土地规划、产业规划"四规合一"，践行创新、协调、绿色、开放、共享的五大发展理念，探索绿色发展、两型发展之路，对跳马生态片区进行整体保护性开发建设。雨花区全域旅游指挥部将通过争取国家特色小镇和田园综合体等政策支持，充分借鉴上海、江苏等地建设特色小镇的经验，发展全域旅游产业，建设特色小镇集群，立足长株潭，面向全世界，探索中央五大发展理念先行区的新路径、新示范。跳马生态片区将率先建设社会、经济、文化和自然高度协同、复合发展的两型生态创新区，实现城市“双修”、补齐民生短板，着力打造“长株潭融城核心区、城市群生态绿心样板区、全国两型发展示范区”。

（原载于2017年6月26日《长沙晚报》）

雨润花开披绿裳

李 卓

直径仅0.5厘米的食藻虫，和刺苦草、金鱼草组成的“水下森林”一起，滤过圭塘河的污水，吐出一片1.5万平方米清澈如镜的羽燕湖：可以沿着湖边绿道晨跑、骑车，在滨湖时尚店铺里血拼扫货，甚至还可以带着孩子湖畔露营，在滨河足球公园里临门一脚……不用出远门，市民就能在家门口的圭塘河公园来一趟城市滨水微旅行。

由一条令人掩鼻的脏臭“龙须沟”，到一片岸芷汀兰、清溪潺潺的滨河生态景观区，作为长沙惟一的城市内河，圭塘河的变清变美，正是雨花区三年造绿工程春风化雨之下，“城在林中、路在绿中、人在景中”的一个缩影。

前一番三年造绿，绘出怎样一个绿城雨花？驱车畅行绕城高速、京港澳高速，一条长沙最长的环城封闭绿带在车窗前徐徐展开，22.5公里满目青葱的“绿丝巾”轻舞飞扬；漫步圭塘河生态景观区，一条清流两岸叠翠，“城市双修”、海绵城市的先进理念在风景中变为现实。过去三年来，雨花区累计实施绿化项目136个，共投入资金36.8亿元，造绿复绿新增面积807公顷，全区绿化覆盖率达57.8%，建成区绿化覆盖率提升至45.35%。

新一轮三年造绿，又将如何描摹出一个诗意雨花？在原有的环城封闭绿带之上，雨花区将添一段全长12公里、累计逾241.1公顷的“绿围脖”，居民家门口也将新增17个公园和小游园，出门即可轻松徒步、骑车甚至露营数星星……根据新一轮三年造绿大行动总体方案，该区拟投入76亿元共铺排106个造绿项目，到2019年末，全区将实现建成区绿化覆盖率达到50%以上。围绕雨花山水相融、城景相依的区域景观特色，“一环、两河、三带、多路、百园”的城市绿化新格局呼之欲出。不妨随记者探绿、品绿的“绿镜头”，追寻雨润花开之下的绿野仙踪。

绿镜头1
“海绵流域”将首现圭塘河生态景观区

探 绿

“小时候的圭塘河河道弯曲，两岸都是草地而不是水泥河堤，下水摸鱼轻轻松松。”在圭塘河畔住了一辈子的雨花区居民吴炳松一直盼着家门口的圭塘河不仅能变清澈干净，更能像儿时一样恢复自然生趣。记者在圭塘河生态景观区（香樟路—湘府路）看到，如老吴描述儿时景象相似，茂密的草地替代了陡直的水泥堤，借食藻虫水生态修复技术，清澈的羽燕湖成了圭塘河的“河上湖”，平添几分野趣。

品 绿

将笔直如水渠的河道“拉弯”，恢复蜿蜒九曲的自然生趣；河堤外延之后变陡峭为平坦，面对一汪清流，人们不仅可远观，还可以亲水嬉戏……作为雨花区三年造绿标杆项目，以德国汉诺威水协先进理念建设的圭塘河井塘示范公园，将让圭塘河在变清澈的同时变得更加亲切可触，再现老吴记忆中生机勃勃的圭塘河。

今年，雨花区与全球著名的德国汉诺威水协合作，联合市规划局启动圭塘河流域综合治理总体规划编制工作，同时动工建设圭塘河井塘示范公园，将其打造为长沙城市“双修”（生态修复、城市修补）和海绵城市建设的标杆项目。生态化滤池将像海绵一样吸收、过滤雨水，补充给“叫渴”的圭塘河；蜿蜒低矮的河道，将让市民能够和自然状态的圭塘河亲密接触——随着井塘示范公园今年底开建，“海绵流域”将首现圭塘河。

绿镜头 2

徜徉圭塘河生态景观区浏阳河段看两河浪漫相拥

探 绿

“以前河堤上杂草丛生，没想到路一拉通，风景就跟着风光带来了！”最近，雨花区大桥社区居民杨文惊喜地发现，家门口的圭塘河堤大变样：一条两车道的圭塘河路替代了原来狭窄的土路，路旁原本长满荒草的河堤种上垂柳、银杏、桂花、水杉以及正在开花的樱花树和桃花树，乔木、灌木错落有致。

品 绿

这段从长沙大道北一直延伸到人民东路浏阳河大桥的景观带，正是圭塘河生态景观区浏阳河段。全长约 3 公里，面积约 21.3 公顷，总投资约 0.5 亿元。除了河堤上的风光带外，河堤与圭塘河路之间还有一条 2 米宽的彩色沥青慢行道，市民可沿路骑行或漫步。风光带建设结合圭塘河河道污水治理，预计本月底将竣工，成为圭塘河入浏阳河口的一道风景。这只是雨花区居民今年家门口将增添的系列公园、小游园之一，雨花区今年将建设 9 个公园、小游园，预计年底将完成建设。

除了圭塘河生态景观区浏阳河段外，它们分别是：圭塘河生态景观区万家丽段（东侧），位于香樟路 - 劳动路的东侧，面积 24.6 公顷；圭塘河生态景观区湘府段，位于木莲冲路 - 湘府路，面积 62.4 公顷；圭塘河生态景观区经开区段，位于环保大道至沪昆高铁，面积 18.6 公顷；井圭社区公园，位于井湾路与圭塘河路交会处西北角，面积 5.8 公顷；永祥社区公园，位于高桥街道永祥社区内，面积 0.1 公顷；长钢社区公园，位于左家塘街道长钢社区内，面积 0.15 公顷；狮子山公园，位于万家丽路与万芙路交会处西北角，面积 11.6 公顷；赤岗社区公园，位于劳动路与赤黄路交会处西南角，面积约 0.75 公顷。

绿镜头 3

“一环、两河、三带、多路、百园”呼之欲出

探 绿

“从这段路进长沙城绿荫夹道，真有在珠海大道上开车的感觉。”昨日，家住珠海的长沙伢子杨明驾车从绕城高速黄谷路口驶入长沙城，满目绿意的景致让他连连点赞。京港澳高速和绕城高速作为进城必经之路，过去违法建筑和垃圾夹道，现在一路风景一路绿，真给家乡长了面子。

杨明经过的就是长沙最早建成的环城绿带雨花段，如今，环城绿带由一段而变成闭合的环城绿带生态保护圈，已经成为雨花区新一轮三年造绿的“小目标”。

品 绿

这个“小目标”就是：“一环、两河、三带、多路、百园”的绿化格局。“一环”即对绕城、京港澳高速沿线进行绿化，形成闭合的环城绿带生态保护圈。“两河”即依托圭塘河、浏阳河两条水系，在沿河建设高品质的人文滨水景观。“三带”即在磁浮沿线打造生态景观走廊、在道路两侧的山体建设生态风景带、在跳马绿心区域建设森林生物防火林带。“多路”指将辖区内的主要道路打造成绿色林阴通道。“百园”指加大“规而未建”公园建设力度，按照“成熟一个建一个”的原则，让风景遍布雨花。

根据新一轮三年造绿大行动方案，环城绿带建设不仅将给东入城口添绿，还将串起一个生态公园群落。2017 年底，该区将完成绕城高速两厢各 100 米、全长 12 公里、累计 241.1 公顷以上的绿带建设，构成“点上成景、线上成阴、面上成林”的格局。同时，将牛头山生态公园、托子冲公园、同升湖湿地公园等纳入环城绿带生态圈建设范围，建成环城公园群。5 处出入城口将进行景观提质改造。

（原载于 2017 年 6 月 27 日《长沙晚报》）

升级蝶变，谱写商贸传奇

——湖南高桥大市场辉煌二十一载纪实

张　慧　周　佳

10月18日，一场以“高桥大市场·政府指定不搬迁市场——辉煌二十一年 蝶变升级 年度大庆”为主题的高桥大市场21周年活动拉开了序幕。

二十一载风雨兼程，从最初的荒郊野岭，到今天的经营面积达1000亩、优质商户达6000多户、年交易额超过1000亿元的中南地区最大的千亿级商贸产业集群和全国第三大综合性市场、全国转型升级示范市场、全国内外贸结合示范市场。高桥大市场以“国际高桥、世界商港”为战略愿景，立足第五代专业化市场建设，砥砺前行、开拓创新，不断加快提质改造和转型升级，实现了华丽蝶变，谱写了一部伟大的商贸传奇。

提质改造
第五代市场“华灯初上”

1996年，高桥大市场宣告开业的时候，这里还只是长沙市的荒郊野外。2004年，在“长沙扩容 市场外迁”的大势下，长沙市政府指定高桥大市场为不搬迁市场，投入30亿元进行提质改造，以此为契机，高桥大市场开启了转型升级之路。

如今的高桥大市场，旧貌已经换新颜，完成了酒店用品城、医药流通园、农副产品城、茶叶茶具城等的改造，同时还配套建设了智能停车管理系统、消防安全系统、无线智能导购系统等现代化设施，完成了向第五代专业化市场的转变，形成了现代化的新市场。

商品种类不断完善升级。目前，高桥大市场经营商品范围已涵盖：陶瓷、中药材、医疗器械、纺织品、鞋服、玩具、茶叶茶具、酒店用品、酒水食品、文体用品等达170多万种，承担着湖南70%的日用品消费，惠及中部2亿人口。

蝶变升级，全新呈现。10月18日至11月18日，在成立二十一周年之际，高桥大市场推出了八大商城促销盛会。市场准备了180个品牌供消费者选购，包括：日用百货、家居家纺、服装鞋包、数码产品、酒店用品、体育器材、休闲食品、农副产品、进口食品等优质商品。10月27日–10月29日，高桥大市场还将举行名优商品免费大派送活动，金鹰955广播秀，全天六小时直播，“听见什么拿什么”，赢得高桥大市场精心准备的优质商品。

优化服务
运营管理水平不断提升

10月31日，长沙2017年度金融服务节将举行高桥大市场专场活动，政府金融办将与高桥大市场一道，联动长沙市内中国工商银行、中国农业银行、中国建设银行、中国交通银行等10多家主流金融机构，结合市场举办的促销活动，为消费者谋福利，推出针对消费者的各项金融优惠、刷卡优惠、信用卡双倍积分等福利。

值得一提的是，长沙2017年度金融服务节高桥大市场专场活动，是专门为高桥商户和消费者量身打造的金融服务活动，活动将针对高桥大市场商户需求，开发在贷款、利率、交易、增值、保障等方面的优惠产品和配套服务，为商户的长期发展给予大力支持。

21年来，面对瞬息万变的市场，高桥大市场从以前的粗犷式口碑管理，通过统一形象、统一标识、统一宣传，形成了完整的高桥品牌化体系。为全面提升专业化运营管理和服务水平，高桥大市场组建了专业化的运营管理团队，形成了品牌运营中心、商业运营中心、电商运营中心、国际业务中心、物业管理中心、金融服务中心、物流服务中心和客户服务中心“八大”服务平台和服务体系。目前，高桥大市场拥有自主品牌商户2500余家，拥有全国总代理434家，区域和省级代理1288家，是各行业在湖南的品牌集聚地。

高桥大市场负责人表示：今年，高桥大市场继续优化运营服务，开展运营活动，推进诚信商户体系建设，投资建设食品安全快检室，具备农产品常规理化快速检测等功能，并可对预包装食品进行微生物检测，是同类批发市场功能最全的快检室。

更新理念
智慧市场强势崛起

今年9月26日下午，第十届中国商品市场峰会上，发布了2017年“中国商品市场百强”、“网上网下融合市场30强”等榜单，高桥大市场斩获了“中国商品市场百强”和“网上网下融合市场30强”两项殊荣，成为湖南省唯一上榜的商贸企业。

近年来，面对“互联网+”的发展潮流，高桥大市场主动拥抱互联网，成立电商事业部，大力建设电子商务平台，目前已建成“高桥商城”“高桥智慧商城”两大电子商务平台，推动了线上线下大融合。

同时，高桥大市场不仅在全国专业市场中率先建设了防伪溯源系统，可以进行正品认证和溯源信息查询，还为广大商户发展电商提供店铺开设、商品拍摄、线上运营、营销推广等全方位的服务，让商户可以零成本实现线上线下双线运营。

商户和商品的高度聚集使高桥大市场具备了得天独厚的电子商务平台基础，高桥大市场总经理罗晓说：“高桥大市场将继续建设创客空间，引入电商创客团队，促进电商孵化，更好地帮助商户转型升级，促进创新创业发展。”

据了解，“高桥商城”定位为连接消费者、分销商、制造商的电商生态服务体系，将依托线下市场，整合厂商、商户、零售商等产业链资源和供应链资源，打造线上产业带。目前，已入驻3000多家商户，4000多个品牌，60000多个单品，已发展下游采购商用户3000多个，实现了市场主要商户的上线。“高桥智慧商城”定位为移动O2O平台，实现高桥大市场所有区域的智能化，为消费者提供免费WIFI、在线导航、商铺查询、商品导购等功能。目前，“高桥智慧商城”已上线运营。

为提供货运中转功能，满足商户日益增长的货运物流需求，高桥大市场着眼于“大商贸实体店+互联网”、“大仓储、大物流+互联网”，谋划建设2400余亩的现代物流园，引入专业第三方物流企业，搭建“统一仓储、统一物流、统一配送”的现代化、高效率经营模式，使商户降低经营成本，实现商户和市场的大发展，形成“线上展示、店内体验、统一配送”的新型商贸流通布局。

走向世界
“国际高桥”声名远扬

10月26日至10月30日，第五届英国精品购物节暨高桥进口商品展销会在高桥大市场举行。

购物节上有英国高端汽车、食品饮料服务、时装和生活用品、家居用品、皇家御用品、母婴产品等众多行业的系列商品，为湖湘大地的消费者和采购商带来纯正的英伦体验。市场会为商户提供进口货源的一手厂家资源，促进市场商户与英国厂家的深层联系。因此，长沙市民除了在本次购物节上体验到英国商品外，今后也能在高桥大市场各大商铺里购买到纯正的英国名优商品。

如今的高桥大市场，越来越有“国际范”。从2015年开始，高桥大市场以“创新”驱动转型，以现有八大专业市场集群为载体，集聚湖湘文化特色和世界各国经贸文化，积极把市场打造成为区域性国际采购中心、转运中心、配送中心和物流枢纽的国际化批发交易中心，重点布局建设了“四中心、三平台、二基地”的战略支撑点。

其中，于2016年11月11日开业的高桥国际商品展示贸易中心，是高桥大市场国际贸易服务平台最重要的组成部分，引进中东欧馆、摩尔多瓦馆、法国馆、澳新馆、西欧馆等11个国家和区域馆，涵盖45个国家的1000个厂商一手货源，是一座进口商品的常设会展平台，也是各级政府精心打造的湖南与其他国家B2B贸易的展会、经济、文化交流于一体的一站式平台。

高桥大市场，正通过内外贸商品结合市场和“中部国际采购中心”的建设，率先抢占了中部地区对外贸易窗口地位，成为了“一带一路”倡议在中部地区的桥头堡，在与世界联通中越走越远。未来，在中国特色社会主义的新时代里，高桥大市场将继续领军中国商贸流通行业的发展。

（原载于2017年10月27日《湖南日报》）

砥砺前行赋华章

——长沙市雨花区 2017 年经济社会发展纪实

姚学文　陈文美

又到年末“揭榜”时。继连续多年“考”得“高分”之后，2017 年，长沙市雨花区又交出一份骄人的“成绩单”：预计全年实现生产总值 1229 亿元 (含长烟)，完成一般公共预算收入 148.5 亿元，增长 8%，固定资产投资增长 13.5%，镇居民人均可支配收入增长 8%，区域综合实力跻身全国百强区第 31 位 (全省第一)，投资潜力排名全国百强区第 17 位，全面小康工作有望夺取“五连冠”。

如此一份亮丽的“成绩单”是如何得来的？“干任何事情，班子团结共事都是关键。”区委书记张敏动情地说：“就像一个乐队演奏一首乐章，出不得任何杂音。”

雨花区区委副书记、区长刘素月说，亮丽“成绩单”的背后，是区委常委会决策层运筹帷幄、决胜千里的结果，是区政府“一班人”砥砺奋进、努力奋斗的结果，是区人大依法履职、强力监督的结果，是区政协积极参政议政、献计献策的结果。

一枝独放不是春，万花齐放春满园。正是区委、区政府、区人大、区政协“四大班子”围绕“财富雨花、品质雨花、幸福雨花”的目标，齐心合奏，才演绎出雨花经济社会发展“百花齐放”、“万紫千红”的和美乐章。正所谓，琴瑟和鸣奏佳乐，凝心聚力绘宏图。

和全省其他地区一样，2017 年对于长沙市雨花区而言，也是极其不平凡的一年，这一年，抗洪救灾、中央环保督察、项目征迁扫尾、文明城市创建等众多难题相继来袭。雨花区政府“一班人”，在区委的坚强领导下，在区人大、区政协的监督支持下，不畏困难，抢抓机遇、开拓创新，取得了一个又一个胜利。

不断加大经济和社会改革力度——经济结构和产业转型迈出新步伐

“我想咨询一下，要做到什么样的规模，才能享受到长沙人才新政规定的优惠条款？”12 月 25 日，长沙市雨花区政务大厅，开设不久的人才服务窗口迎来了一批客人。有大学毕业生，也有即将走出校门的大学生。区人社局有关负责人热情地接待他们，并一一回答提问。

为了引进高层次人才，长沙市出台了人才新政 22 条。为使这一人才新政落实落细，真正给人才以宽松的环境，雨花区委、区政府高度重视，建立了人才联席会议制度，确定责任领导和具体责任人。人才服务窗口，采取“3+4”模式为人才提供全方位的咨询服务。“3”即“1 张服务卡、1 张登记表、1 张宣传单”。“4”即“4 个通道”，通过政务窗口、政务网、官方微信、热线电话等方式，为各类人才提供线上线下服务和交流互动。

在长沙市率先开设人才窗口，使长沙市人才新政快速落地，只是雨花区不断加大改革力度的一个缩影。

2017 年，雨花区委、区政府不断加大改革力度，改革，特别是重点改革取得新突破。推进 9 大类 35 项 85 小项改革事项，攻坚 15 个重点改革项目。简政放权、工业 30 条、人才新政 22 条、科技创新“1+4”、开放型经济“2+4”等改革政策落地见效，率先建立工业、人才服务窗口，首推企业组团服务。

加速推进“放管服”改革，高效承接落实市级下放的58项经济管理权限，下放7项权限到雨花经开区，动态调整本级权力清单118项，优化政务服务事项目录582项，同步推进园区财税体制改革。稳步推进城区街道管理体制改革，积极推进基层治理网格化，砂子塘、东塘、火车南站地区试点取得成效。出台《智慧雨花建设三年行动计划(2017–2019)》，启动智慧政务建设。推行高铁站区综合治理联勤联动，火车南站地区综管办荣获“全国社会治安综合治理先进集体”称号。落实“河长制”要求，在圭塘河率先实施“一河一策”，首创“政府河长＋民间河长”双河长体系。扎实推进住宅小区物业管理改革，加快“三供一业”分离移交。深入推进全国居家和社区养老服务试点。探索开展农村集体产权制度改革全国试点。

通过改革推动，产业转型迈出新步伐。以项目为支撑，围绕产业链建设精准发力，全年引进各类项目351个，爱奇艺、西南证券、毕马威、上海二十冶等一批优质企业纷纷落户雨花。154个重点产业项目进展顺利，比亚迪电动卡车及特种车、晓光新能源汽车车身装备及零部件智能制造工厂陆续投产；引进大族激光、创研智能等30余家智能制造企业，合作完成长泰机器人收购，10余个机器人孵化项目进展顺利，园区机器人企业达150余家；积极推进军民融合，航天十三所先进光机电技术创新中心投入运营。20个国家级现代服务业项目综合试点全面收官，商务楼宇去库存达31.58万平方米，普洛斯、宝湾等电商物流项目加快建设。红星全球农产品批发中心一期主体完工；成功举办第十九届农博会，首设“袁隆平农业博览奖”。

经济结构更加优化。目前，雨花区形成了先进制造业、现代服务业、现代农业协调并进良好局面。新型工业化加速推进，雨花经开区跻身全省一类园区，入驻企业突破600家，获批“国家新型工业化产业示范基地”；比亚迪成为长沙市首家产值过百亿汽车企业、全球最大的新能源示范基地；引进瑞森可、新松等机器人项目81个，湖南省自兴人工智能研究院、长沙智能机器人研究院投入运行，成为湖南省政府唯一挂牌的“机器人产业集聚区”。

产业转型、经济结构优化的背后，不乏区人大代表、区政协委员献计献策的助推作用。区人大通过积极改革干部任后监督方式、改革预算监督等，推进改革进程。区政协积极创新协商机制、丰富履职载体、拓宽协商渠道上下足了功夫，鼓励政协委员参政议政，参与改革。区政协委员《关于做大做强机器人产业聚集区的建议》《进一步发挥高端写字楼与星级酒店的群体效应，促进雨花经济新一轮跨越发展》等优秀提案，都纷纷就产业转型和经济结构优化提出了诸多良好意见和建议。

持续打造智慧城市、海绵城市、宜居城市——城乡品质实现新跃升

“非常感谢‘四大家’领导的关注，我们社区通过提质改造，现在变得亮堂了。”黎托街道黎锦苑社区的居民们满怀感激地说。

成立于2016年5月的黎锦苑社区，是黎托街道唯一的农民高层安置小区。社区成立初期，面临着“市民”身份转变慢、环境品质低、矛盾困难多等一系列管理难题，群众怨声较多。区人大五届一次会议上收到了《关于请求加强黎锦苑安置小区综合治理的议案》，人大常委会将其作为重点案例进行督办。区政府高度重视，区委副书记、区长刘素月，区人大常委会主任龚景顺，区政协主席冯聪龙，区委常委、常务副区长邹春林，副区长刘江红等，都相继到社区调研。全面启动社区提质提档工作，投入1000多万元，历经数月，如今社区已焕然一新。小区内20多个方面的问题得到全面整治与提质，新增电动车停车棚、篮球场、羽毛球场、楼顶晾晒衣架、儿童乐园、分类垃圾桶、垃圾桶底座、交通标识标牌、交通路障设施等，小区路面积水、车库渗水、楼栋外墙墙砖空鼓脱落、沟井盖(窨井盖)缺损、路面及道路辅助设施损坏、围墙破损、违章搭建、缺绿毁绿等20多个问题得到全面整改，监控系统、居民文化广场、架空层、社区阵地等也全面升级。

黎锦苑社区的提质改造，是雨花区“四大家”齐心协力推动，加快社区体制提档、提升城市品质一个典型案例。

2017年，雨花区委、区政府持续打造智慧城市、海绵城市、宜居城市。积极服务地铁、湘府路快速化改造及地下综合管廊等省、市重点工程建设。万芙路、山塘路、新缘路等10条市政道路建成通车，实施韶山路、长沙大道、芙蓉路、香樟路“六位一体”提质改造，完成树木岭路、太和园路、果茶巷等21条支路街巷提质改造，新修农村公路50公里。完成国有土地项目征收14个;94个集体土地项目结算交地，腾地11000余亩。鄱阳、牛头、合丰等城中村改造扎实推进。理顺城市管理体制机制，全面推行网格化管理，雨花经验在全市推广。持续开展户外广告招牌整治、扬尘污染防控、围挡标准化等专项行动，率先开展绿色夜市创建活动。切实加强生态环境保护，全力配合中央环保督察，229个交办问题全部整改到位。强力开展“清霾”“碧水”“静音”“净土”行动，黑臭水体整治、4418台黄标车淘汰等任务全面完成。建成环城绿带雨花段，完成圭塘河风光带二期、浏阳河段、经开区段、湘府段建设，新建燕子岭、赤岗等7个公园、游园，全年新增绿地80公顷。深入推进跳马美丽乡村建设。

推动片区开发，五大重点片区协同发展。高铁片区完成47个项目拆迁清零、腾地6331亩，京港澳高速东西辅道、核心片区17号地等一批重点项目实现交地，潭阳洲园博园主会场3000亩提前四个月完成拆迁。红星片区与华润集团达成战略合作，投资500亿元实施城市更新，打造全市城市双修试点示范片区。引入德国汉诺威水协，推进圭塘河全域系统治理和海绵城市建设，总规编制基本完成，井塘示范公园建设顺利启动，生态引水工程实现通水，黑臭水体治理经验在全省推介。雅塘片区完成湘民制药厂、白云电器厂、鼓风机厂等棚改项目征收，加快洞井路、曙光路、中城苑等重点项目建设。与中国建筑签订框架协议，投资500亿元保护跳马生态绿心、发展全域旅游，规划修编、项目策划、矿坑整治、大堤修复等工作顺利推进。

在城乡品质提升上，区人大、区政协也积极作为。针对发展的难点、热点，区政协选取了统筹推进高铁会展新城建设作为今年的重点课题协商。在深入调研的基础上，周谊、谭荣欢等4位政协委员提出了《促进跳马生态保护开发，实现雨花区全域旅游发展的建议》的提案，夏晓波、邹异明等6位委员提出《关于提质长沙火车南站地区周边路网的建议》的提案。这两个提案，因为针对性强，措施切实可行，区政协将其列入重点提案。区委、区政府对其给予高度重视，分别由区委书记、区长亲自批示与督办。值得高兴的是，这一年中，雨花区政协委员的不少提案成功纳入区委、区政府的决策范畴，被区直部门采纳。启动争取将绿心地区保护与发展列入省市区三级联办的重点提案，省市政协已就此专题来该区调研。

在城市化推进过程中，社区筹委会转为居委会也面临许多难题。比如，集体资产如何处置，社区治理如何加强等一系列难点问题。为了破解这些难题，这一年，区政协将其列为重点课题进行调研。他们逐一走访8个涉农街道、39个社区及筹委会，及时将调研中发现的关于公租房管理问题通过社情民意信息上报，分别得到长沙市长陈文浩、副市长廖建华的批示。他们还提出了“五抓”举措，即抓优顶层设计、抓紧突破瓶颈、抓好全面保障、抓活集体经济、抓实社区治理等，共50条建议，有效助推了全区筹改居进程。

区人大、区政协还积极配合区委、区政府打好“组合拳”，全力聚焦区中心工作。在潭阳拆迁、跳马全域旅游、农博会筹备、环保督察、文明创建、安全生产、信访积案化解、社区换届、高铁会展新城招商、学校建设等中心工作中，区人大、区政协全力以赴、勇于担当，抽调多名精干力量在各个片区参与拆迁安置工作，比较圆满地完成区委、区政府交办的相关任务。

推出系列惠民举措，全面完成民生实事工程——民生福祉有了新改善

生病了，一个电话，家庭医生就能上门，这是很多人梦想的场景。如今在长沙市雨花区，这样的场景正逐渐成为现实。2017年，雨花区财政投入80万元专项经费，新建了20个家庭医生社区工作室。目前，雨花区家庭医生签约人数达 20.5 万，签约率为 25%，家庭医生社区工作室由政府买单，规范化建设，通过签约和预约服务形式，为社区家庭成员提供安全、有效、连续的基本卫生服务。无处不在、体贴入微的家庭医生，得到了雨花区群众的交口称赞：“在家门口就可看病就诊，而且检查免费，大大方便了广大群众。”

居民拥有家庭医生，只是雨花区委、区政府改善民生的一个侧面。今年雨花区推出一系列惠民举措，全面完成民生实事工程。扎实推进跳马精准扶贫，对口支持龙山县石牌镇取得成效。就业形势保持稳定，新增城镇就业 1.4 万人，城镇失业登记率控制在 2.8% 以内。圆满完成社保全民参保登记，城乡居民医疗保险覆盖率达 98.8%。统筹推进困难居民医疗救助、城乡低保救助，社会救助标准化项目成为全国示范。

启动雨花市民之家建设，推进退役军人服务中心建设。推进义务教育标准化学校建设，新改扩建学校 40 所，洪塘学校、砂子塘小学第六都校区、莲湖小学等学校和区六幼、七幼等公办幼儿园启用，新增优质学位 8200 个、园位 1200 个。以砂子塘、燕子岭、桂花树小学为示范，加快推动“儿童友好型城市”建设。大力推进基层医疗机构标准化建设，全市率先建成高标准公卫大楼并投入使用，全国健康促进区创建通过验收。率先探索“邻家照护 + 邻家在线”、医养结合等养老服务新模式。桃花苑、川河苑等保障性住房基本建成，太和园、黎锦苑等完成提质，全年安置被征地农民 2173 人。完成房产处遗 4565 户。

完成 50 个社区全面提质提档，打造井巷、浦沅等一批示范社区。建成自行车道 44 公里、步行道 41 公里，改造港湾式公交站 18 个，开通跳马镇公交线路 4 条。深入推进文明城区建设，开展“欢乐潇湘文艺汇演”等群众文化活动，打造 36 个地下通道文化墙，建成示范性社区综合文化服务中心 5 个、全民健身中心 1 个。积极创建国家食品安全示范城市，完成明厨亮灶工程 580 余个。大力开展非法物流、交通运输、危化物品等安全生产专项整治，扎实抓好信访维稳、治安防控等工作，建立区交通管理指挥中心，推行 110 非警务事项分流处理机制，安全形势持续向好，社会大局平稳有序。

在改善民生上，区人大、区政协也积极作为。如今，环保成为各界关注的热点。区人大充分监督职能，对经济工作、环保工作、民生问题、法治工作开展监督。区人大常委会历时 4 个月，对环保工作进行调研，在此基础上召开评议大会，对区政府以及区城乡建设局、区城管执法局、区环保局等 7 个环委会组成单位进行专项评议。还开展圭塘河流域综合治理专题询问“回头看”工作，对跳马镇等街道、沿途项目企业、建筑工地等进行督察，提出整改意见 30 余条。开展“环保世纪行”活动，营造全社会共同关注、积极参与大气和水污染防治的良好氛围。据透露，区五届人大一次会议期间和闭会期间，代表们共提出意见建议 104 件，所有建议(议案)的答复工作已全部完成，办结率达 100%。

由区政协打造的 “智慧政协”信息平台，通过了解社情民意，在构建和谐社区中发力。“智慧政协”信息平台适应“互联网 +”的发展大势，立足各街(镇)、社区，在线下实体建设的基础上，在全区每个街(镇)重点建设 1 个线上智慧委员工作室，建成和谐园、和馨园、和美园等 13 个“和”系列智慧社区委员工作室。一年来，全体政协委员通过线上明情、线下发力，走访居民、接待群众 3000 余人次，解决各类民生诉求 400 余件。“和”系列智慧政协委员工作室的建设，延伸了政协工作触角，打通了政协履职“最后一公里”。据透露，会议闭会期间，区政协收到委员提案 145 件，审查立案 120 件，明确重点提案 5 件。一年来，这些提案的办复率 100%，委员们的满意和基本满意率 100%。

（原载于 2017 年 12 月 26 日《湖南日报》）

索　　引

说明：

1. 本索引采用分析索引方法，按索引词首字汉语拼音顺序排列（阿拉伯数字开头的索引词转成对应的汉语再按拼音顺序排列），首字母音序相同者，按第二音序排列，依次类推。
2. 类目、分目、人名作索引词的用黑体字标明。
3. 索引词后的阿拉伯数字表示内容所在页码，拉丁字母 a、b 表示左右栏。
4. “大事记”“统计资料”“附录”中内容未作索引。

A

B

C

D

K

L

R

S

T

W

Z